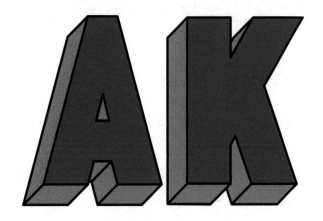

AK

경제학

1거3득

기출문제집

1292

허역 편저

박영사

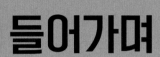

들어가며

『AK 경제학 1거3득 기출문제집 1292』라는 이름으로 기출문제집을 출간합니다.

저는 어떤 책이든 항상 수험생의 눈높이에서 접근합니다. 강의 중 수험생들로부터 들어왔던 다양한 어려움, 불편함, 희망사항 등을 담고자 노력합니다. 이번 기출 문제집도 예외는 아니었습니다.

이렇게 설정된 집필 방향에 따라 공인회계사, 감정평가사, 공인노무사, 보험계리사 등 다양한 직류에서 출제되었던 문제 중에서, 기존 7급 공무원이나 국회직 8급 기출문제와 비슷한 유형 및 난이도를 보였던 문제들까지도 수록하였습니다. 물론 모든 직류의 7급 기출문제와 국회직 8급 기출문제는 2020년 10월 17일 시행되었던 서울시 공개경쟁 시험문제까지 모두 포함하였습니다.

아무쪼록 이 교재에서 다룬 내용을 통해 모든 수험생들이 '合格'이라는 선물을 받기를 충심으로 기원 드립니다.

끝으로 촉박한 시간에도 불구하고, 그리고 여러 가지 어려운 상황 속에서도 마지막까지 편집에 온갖 정성을 쏟아준 김보라 과장과 김민경 대리에게 마음 속 깊은 곳에서부터 고마움을 전합니다. 그리고 본 교재를 출간할 수 있는 기회를 준 안종만 회장님, 안상준 대표이사님, 조성호 이사님께도 감사함을 전합니다.

2021년 봄을 앞둔
노량진 어느 작은 방에서……

편저자 **허 역**

※ QR코드를 촬영하시면 정오사항 및 도서 정보 업데이트를 확인하실 수 있습니다.

도서의 방향

수험생들이 이 책과 함께 꿈을 키우는 동안 참고하면 좋겠다고 생각되는 몇 가지를 적어봅니다.

이번 출간에서 가장 먼저 고려한 것은 수험생들이 가장 필요로 하는 것을 담아보자는 것이었습니다. 강의 진행 중에 또는 강의 종료 후에 참으로 다양한 질문을 받습니다. 그래서 그동안 교재를 출간할 때마다 가능한 한 다양하고도 많은 문제를 책 속에 담아보고자 노력했습니다. 특히 이번 교재는 수험생들이 겪고 있는 어려움에 귀 기울여 기본 구성을 전면적으로 바꾸었습니다.

이에 따라 본 교재가 담고자 하는 방향에 대해 몇 가지 소개하고자 합니다.

우선 2020년에 시행된 모든 직류의 7급과 국회 8급 시험은 물론이고, 이전 최소 10년 이내의 기출문제를 가능한 범위 내에서 수록하였습니다.

또한 국가직 9급은 물론이고 CPA, 감정평가사, 공인노무사, 보험계리사, 행정고시, 입법고시 등 다양한 직류에서 출제되었던 문제 중에서 기존 기출문제와 비슷한 난이도의 유사 유형 문제들을 엄선하여 과감하게 수록하였습니다.

혹자는 다른 직류의 문제는 필요 없다고 강변합니다.

그러나 이 책을 통해 수험 준비를 하는 동안, 다른 직류에서 출제되었던 기존 문제와 이후 출제되었던 또 다른 문제와의 엄청난 유사성에 놀라게 될 것입니다. 심지어 어떤 문제는 기존의 문제를 토씨 하나 바꾸지 않고 그대로 출제하는 출제자들의 용기(?)에 경의를 표하게 해 주기도 합니다.

이것은 모든 기출문제에 대한 반복풀이를 통해서 하나의 정형화된 출제 패턴을 알게 해 주어 이론 복습을 할 때에 지향해야 할 방향을 알려주는 이정표 역할을 할 것입니다. 다른 직류의 문제라고 소홀히 하지 말고 꼼꼼하게 정리해 두면 시험 당일, 시험장에서 묘한 기쁨을 얻을 수 있으리라 기대합니다.

무엇보다 이번 출간에서의 가장 큰 특징은 모든 기출문제를 각각 '개념 적용형', '공식 계산형', '이론 종합형' 등의 유형으로 나누어 구성한 것입니다. 이러한 구성의 의도는 우선 유형별로 집중적인 문제 해결능력을 키우고, 이러한 순서를 통해 각 부분에 대한 1거3득의 반복 학습 효과를 기대하고자 하였습니다.

아무쪼록 이 교재에서 다룬 내용을 통해 모든 수험생들이 '合格'이라는 선물을 받기를 충심으로 기원 드립니다!

고맙습니다!!!

구성과 특징

1.

미시 · 거시 · 국제경제학
으로 분류, 효율적인
학습 가능

2.

유형별 문제해결능력을
높이는 3가지 구성

- 개념 적용형 : 개념 정리를 통한
  기본 이론 숙지
- 공식 계산형 : 다양한 공식 적용을
  통한 계산 능력 제고
- 이론 종합형 : 심화이론 대비
  완전 학습

PART 01

개념 적용형

미시경제학

THEME 01 경제학 일반론

0001

甲 국장은 다음과 같은 <상황>에서 10억 원의 예산을 경제학적 원리에 따라 지출하여 순편익(총편익 - 총비용)을 극대화하고자 한다. <보기>에서 옳은 것을 모두 고르면?

10 국회 8급

상 황

- 신규 프로젝트인 A 프로젝트의 총비용은 10억 원이며 총편익은 25억 원이다.
- B 프로젝트에는 이미 20억 원이 투자되었으며, 프로젝트를 완성하기 위해서는 추가적으로 10억 원의 예산이 필요하다. 더 이상 예산을 투자하지 않으면 10억 원의 금액을 회수할 수 있다. 프로젝트가 완성되면 30억 원의 총편익이 발생한다.
- 모든 비용과 편익은 현재가치로 환산한 액수이며, 다른 상황은 전혀 고려하지 않는다.

보 기

가. 10억 원을 A 프로젝트에 투자할 때의 기회비용은 15억 원이다.
나. 추가로 10억 원을 B 프로젝트에 투자할 때의 기회비용은 25억 원이다.
다. B 프로젝트의 매몰비용은 10억 원이다.
라. 甲 국장은 B 프로젝트에 예산 10억 원을 투자한다.

① 가, 나　　　　　② 가, 다
③ 나, 다　　　　　④ 나, 라
⑤ 다, 라

해설

합리적 선택은 '한계적 판단'에 의해서 이루어진다. 여기서 '한계적 판단'은 선택을 하게 되는 '현재 시점을 기준'으로 미래를 향한 판단을 한다는 것이다. 즉 과거 회귀적 판단이 아닌 미래 지향적인 판단을 한다는 것이다. 이러한 이유로 현재 어떤 판단을 해도

미래에 회수가 불가능한 비용인 이른바 '매몰비용(Sunk cost)'은 판단을 할 때 고려해서는 안 되는 것이다.

- 주어진 <상황>에서 A 프로젝트에 투자할 때의 총편익은 A 프로젝트에 투자할 때 얻을 수 있는 편익(= 25억 원)과 A 프로젝트에 투자하게 되면 더 이상 진행하지 않게 되는 B 프로젝트에서 회수가 가능한 금액(= 10억 원)의 합이다. 그 크기는 '25억 원 + 10억 원 = 35억 원'이 된다. 이러한 총편익을 얻기 위해 필요한 총비용은 10억 원이다. 따라서 A 프로젝트에 투자할 때의 순편익(= 총편익 - 총비용)은 '25억 원'이 된다.
- 한편 B 프로젝트에 투자할 때의 총편익은 30억 원이다. 이러한 총편익을 얻기 위해 필요한 총비용은 기존에 투자된 20억 원 중에서 회수가 가능한 금액(= 10억 원)과 현재 추가적으로 필요한 예산(= 10억 원)의 합인 20억 원이다. 따라서 B 프로젝트에 투자할 때의 순편익(= 총편익 - 총비용)은 '10억 원'이 된다. 여기서 기존에 투자된 금액 중에서 회수가 불가능한 10억 원은 매몰비용으로 경제적 선택을 하는 경우에 고려해서는 안 된다는 것을 주의한다(다).
- 이러한 내용을 표로 정리하면 다음과 같다.

구분	총편익	총비용	매몰 비용	순편익(= 총편익 - 총비용)
A 프로젝트	25억 원 + B프로젝트에서 회수 가능한 10억 원 = 35억 원	10억 원	0 원	25억 원
B 프로젝트	30억 원	20억 원	10억 원	10억 원

- 여기서 기회비용(Opportunity cost)은 어떤 선택을 위해 포기해야 하는 최상의 가치를 의미한다. 어떠한 선택이 합리적 선택이라고 평가받기 위해서는 기회비용이 가장 작은 대안을 선택해야 한다. 그런데 A 프로젝트에 투자할 때의 기회비용은 B 프로젝트에 투자할 때 얻을 수 있는 순편익이고, 그 크기는 10억 원이다(가). 또한 B 프로젝트에 투자할 때의 기회비용은 A 프로젝트에 투자할 때 얻을 수 있는 순편익이고, 그 크기는 25억 원이다(나). 따라서 주어진 <상황> 하에서 甲 국장의 합리적인 선택 대안은 'A 프로젝트'가 된다(라).

정답 ③

AK Tip 기회비용(Opportunity cost)과 매몰비용(Sunk cost)

- 기회비용: 한 경제에서의 선택은 반드시 어떤 것을 포기함을 수반 ⇒ 경제적 선택의 결과로 포기되는 여러 대안의 가치 중에서 가장 경제적 가치가 큰 대안(the next best alternative)이 바로 기회비용 ⇒ 경제학에서의 비용은 모두 이 기회비용으로 이해
- 매몰비용: 어떠한 경제적 선택을 한다고 하더라도 회수가 불가능한 비용을 의미한다.

3.

총1292제로 경제학 기출 완벽 정복

4.

시행처 표기로 빠르게 기출 확인

5.

상세하고 명료한 해설로 경제학의 흐름을 한눈에 파악

6.

부족한 이론은 AK Tip으로 보충

목 차

PART 02 공식 계산형

PART 03 이론 종합형

AK 경제학

1거3득

기출문제집

1292

AK 경제학

1거3득

기출문제집

1292

PART 01

개념 적용형

미시경제학

0001

甲 국장은 다음과 같은 <상황>에서 10억 원의 예산을 경제학적 원리에 따라 지출하여 순편익(총편익 - 총비용)을 극대화하고자 한다. <보기>에서 옳은 것을 모두 고르면?

10 국회 8급

상 황

- 신규 프로젝트인 A 프로젝트의 총비용은 10억 원이며 총편익은 25억 원이다.
- B 프로젝트에는 이미 20억 원이 투자되었으며, 프로젝트를 완성하기 위해서는 추가적으로 10억 원의 예산이 필요하다. 더 이상 예산을 투자하지 않으면 10억 원의 금액을 회수할 수 있다. 프로젝트가 완성되면 30억 원의 총편익이 발생한다.
- 모든 비용과 편익은 현재가치로 환산한 액수이며, 다른 상황은 전혀 고려하지 않는다.

보 기

가. 10억 원을 A 프로젝트에 투자할 때의 기회비용은 15억 원이다.

나. 추가로 10억 원을 B 프로젝트에 투자할 때의 기회비용은 25억 원이다.

다. B 프로젝트의 매몰비용은 10억 원이다.

라. 甲 국장은 B 프로젝트에 예산 10억 원을 투자한다.

① 가, 나   ② 가, 다

③ 나, 다   ④ 나, 라

⑤ 다, 라

해 설

합리적 선택은 '한계적 판단'에 의해서 이루어진다. 여기서 '한계적 판단'은 선택을 하게 되는 '현재 시점을 기준'으로 미래를 향한 판단을 한다는 것이다. 즉 과거 회귀적 판단이 아닌 미래 지향적인 판단을 한다는 것이다. 이러한 이유로 현재 어떤 판단을 해도 미래에 회수가 불가능한 비용인 이른바 '매몰비용(Sunk cost)'은 판단을 할 때 고려해서는 안 되는 것이다.

- 주어진 <상황>에서 A 프로젝트에 투자할 때의 총편익은 A 프로젝트에 투자할 때 얻을 수 있는 편익(= 25억 원)과 A 프로젝트에 투자하게 되면 더 이상 진행하지 않게 되는 B 프로젝트에서 회수가 가능한 금액(= 10억 원)의 합이다. 그 크기는 '25억 원 + 10억 원 = 35억 원'이 된다. 이러한 총편익을 얻기 위해 필요한 총비용은 10억 원이다. 따라서 A 프로젝트에 투자할 때의 순편익(= 총편익 - 총비용)은 '25억 원'이 된다.

- 한편 B 프로젝트에 투자할 때의 총편익은 30억 원이다. 이러한 총편익을 얻기 위해 필요한 총비용은 기존에 투자된 20억 원 중에서 회수가 가능한 금액(= 10억 원)과 현재 추가적으로 필요한 예산(= 10억 원)의 합인 20억 원이다. 따라서 B 프로젝트에 투자할 때의 순편익(= 총편익 - 총비용)은 '10억 원'이 된다. 여기서 기존에 투자된 금액 중에서 회수가 불가능한 10억 원은 매몰비용으로 경제적 선택을 하는 경우에 고려해서는 안 된다는 것을 주의한다(다).

이러한 내용을 표로 정리하면 다음과 같다.

구분	총편익	총비용	매몰비용	순편익(= 총편익 - 총비용)
A 프로젝트	25억 원 + B프로젝트에서 회수 가능한 10억 원 = 35억 원	10억 원	0 원	25억 원
B 프로젝트	30억 원	20억 원	10억 원	10억 원

- 여기서 기회비용(Opportunity cost)은 어떤 선택을 위해 포기해야 하는 최상의 가치를 의미한다. 어떠한 선택이 합리적 선택이라고 평가받기 위해서는 기회비용이 가장 작은 대안을 선택해야 한다. 그런데 A 프로젝트에 투자할 때의 기회비용은 B 프로젝트에 투자할 때 얻을 수 있는 순편익이고, 그 크기는 10억 원이다(가). 또한 B 프로젝트에 투자할 때의 기회비용은 A 프로젝트에 투자할 때 얻을 수 있는 순편익이고, 그 크기는 25억 원이다(나). 따라서 주어진 <상황> 하에서 甲 국장의 합리적 선택의 대안은 'A 프로젝트'가 된다(라).

정답 ③

AK Tip 기회비용(Opportunity cost)과 매몰비용(Sunk cost)

- 기회비용: 한 경제에서의 선택은 반드시 어떤 것을 포기함을 수반 ⇨ 경제적 선택의 결과로 포기되는 여러 대안의 가치 중에서 가장 경제적 가치가 큰 대안(the next best alternative)이 바로 기회비용 ⇨ 경제학에서의 비용은 모두 이 기회비용으로 이해
- 매몰비용: 어떠한 경제적 선택을 한다고 하더라도 회수가 불가능한 비용을 의미한다.

0002

다음 설명 중에서 저량(stock) 변수와 관련된 것은? 03 CPA

① 한국 식당의 하루 매상고는 500만 원이 넘는다.
② 내 컬러 프린터는 1분에 20장씩 인쇄할 수 있다.
③ 햄버거 가게 아르바이트생의 임금은 시간당 2,000원이다.
④ 박 사장은 우리 동네에서 부동산을 가장 많이 가진 사람이다.
⑤ 아빠 월급은 줄었는데도 우리 가족 씀씀이는 커져서 걱정이다.

저량(Stock) 변수는 일정 시점에서 측정되는 변수를 말하며, 여기에는 국부, 통화량, 국제대차, 예금 잔고 등이 해당한다. 이에 반해 유량(Flow) 변수는 일정 기간동안 측정되는 변수를 말하며, 여기에는 국민소득, 수요량, 공급량, 국제수지 등이 해당한다.
• ① 매상고(하루), ② 인쇄량(1분), ③ 임금(1시간), ⑤ 급료(1개월) 등은 모두 일정 기간을 전제로 하는 시간의 흐름이므로 이와 관련된 변수들은 모두 유량 변수에 해당한다.
• 박 사장이 보유하고 있는 부동산의 크기는 지금 이 순간 보유량을 의미하므로 저량 변수에 해당한다(④).

정답 ④

AK Tip 유량과 저량

• 유량(플로우, Flow): 일정 기간에 걸쳐서 측정할 때 의미 있는 변수 ⇨ 수요(구매, 소비)와 공급(생산, 판매), 정부재정적자, 저축, 투자, 소득, 수출, 수입, 국제수지 등
• 저량(스톡, Stock): 일정 시점에 측정할 때 의미 있는 변수 ⇨ 통화량, 저축 잔고, 재산 총액, 정부 부채, 인구, 자본량, 외환보유액, 외채 등
• 양자의 관계: 유량은 저량의 크기를 변화시킨다.

0003

중상주의의 정책내용과 거리가 먼 것은? 12 지방직 7급

① 자유무역
② 수출증진
③ 수입억제
④ 식민지 개척

중상주의는 국가의 부가 유통과 무역에서 창출되므로 상업을 중시하는 이론을 의미하는 '상업자본주의'에 해당한다.
• 중상주의 시대의 경제정책은 수출을 장려하고 수입을 억제하는 보호무역 정책을 기조로 하였다. 또한 자국 상품의 시장을 확보하기 위해 식민지 개척에 적극적으로 나섰다.
• 자유무역은 산업자본주의 시대의 자유방임 사상을 기초로 하여 주장된 무역형태이다.

정답 ①

AK Tip 자본주의의 변천과정

• 상업자본주의: 15세기 중엽~18세기 중엽 시기에 귀금속 보유 중시, 국가의 경제 개입, 보호무역주의를 주장했던 중앙집권적 중상주의를 말한다.
• 산업자본주의: 18세기 초~19세기 중엽 시기에 가치 창출의 원천을 생산 자체라고 인식하고, 시장가격 기구의 "보이지 않는 손"에 의한 경제문제 해결을 신뢰하여 자유방임주의를 주창하고 정부 개입을 반대하는 주장을 했다.
• 독점자본주의: 19세기 후반~제2차 세계대전 시기에 자본주의 경제의 팽창에 따른 자본의 집중 및 집적, 독과점 산업자본과 금융자본의 결합으로 소수의 대자본이 형성되면서 성립했다. ⇨ 제국주의 탄생을 가져오게 되었고, 이로 인해 제1차 세계대전의 발발을 가져오게 되었으며 후에 세계대공황의 원인을 제공했다.
• 수정자본주의: 1930년대 세계대공황에 대응하면서 등장했다. ⇨ 유효 수요 증대, 실업 구제 등의 정부 역할을 강조하여 혼합경제 체제가 성립했다.
• 신자유주의: 복지자본주의의 문제점을 해결한다는 의식에서 출발하여 공기업의 민영화 등을 주요 내용으로 내세운다. ⇨ '대처리즘', '레이거노믹스'

THEME 02 | 소비자 이론

0004

주어진 예산을 여러 재화의 소비에 나누어 지출하는 어떤 소비자가 합리적 선택을 한 경우에 대한 다음의 설명 중 옳은 것은?

13 서울시 7급

① 각 재화에 지출되는 금액 단위당 한계효용은 같아진다.
② 각 재화의 한계효용이 극대화된다.
③ 각 재화에 대한 수요의 가격탄력성이 1이 된다.
④ 가격이 낮은 재화일수록 소비량은 더 크다.
⑤ 각 재화에 대한 지출금액은 동일하다.

해 설

주어진 예산 하에서 여러 재화를 동시에 소비하는 경우에 각 재화에 지출되는 동일한 화폐 단위당 한계효용이 같도록 소비할 때 효용의 극대화가 달성된다.

정답 ①

AK Tip | 한계효용 균등의 법칙(Law of equimarginal utility): Gossen의 제2법칙

> 상품가격이 각각 다를 때, 화폐 한 단위당 한계효용(MU)이 균등하게 되도록 재화를 소비하면 극대의 총효용을 얻을 수 있다. ⇒ 고센(Gossen)의 제2법칙
>
> $$\frac{MU_X}{P_X} = \frac{MU_Y}{P_Y}$$

AK Tip | Smith의 역설(Smith's Paradox = 가치의 역설: Paradox of value)

> 물이나 공기같이 사용가치(어떤 재화가 인간에게 만족감을 주는 능력: 총효용)가 큰 재화의 교환가치(다른 재화를 구매할 수 있는 능력: 가격)가 다이아몬드와 같이 사용가치가 거의 없는 재화의 교환가치보다 오히려 작은 현상처럼 사용가치와 교환가치 간 존재하는 괴리현상을 'Smith의 역설(Smith's Paradox = 가치의 역설: paradox of value)'이라고 한다.
>
> 한계효용이론에 따르면 재화의 가격(교환가치)은 그 재화의 총효용(사용가치)이 아니라 그 재화의 한계효용과 비례하며, 재화의 한계효용은 소비량 혹은 존재량이 증가함에 따라 체감하게 된다. 그런데 현실적으로, 물의 존재량은 무한대에 가까움에 따라 그 한계효용은 0에 가깝게 되고, 반면에 다이아몬드의 존재량은 극히 적어 그 한계효용은 매우 크다. 이에 따라 상품가격에 영향을 미치는 것이 총효용이 아닌 한계효용인 한 다이아몬드의 가격이 물의 가격보다 비싼 것은 결코 역설적 현상이 아닌 합리적 현상인 것이다.

0005

정상재들에 대한 무차별곡선의 설명으로 옳은 것을 모두 고른 것은?

10 국가직 7급

> ⊙ 소비자에게 같은 수준의 효용을 주는 상품묶음의 집합을 그림으로 나타낸 것이다.
> ⓒ 원점에서 멀어질수록 더 높은 효용수준을 나타낸다.
> ⓒ 기수적 효용 개념에 입각하여 소비자의 선택행위를 분석하는 것이다.
> ⓔ 무차별곡선들을 모아 놓은 것을 무차별지도라고 부른다.

① ⊙, ⓒ

② ⓒ, ⓔ

③ ⊙, ⓒ, ⓔ

④ ⊙, ⓒ, ⓒ

ⓒ 무차별곡선이론은 기수적 효용 개념이 아닌 서수적 효용 개념을 전제로 하여 소비자의 선택행위를 분석하는 것이다. 기수적 효용 개념을 전제로 하는 것은 한계효용이론이다.
⊙ 무차별곡선이란 소비자에게 동일한 만족을 주는 두 재화 소비량의 궤적을 의미한다.
ⓒ 무차별곡선은 강단조성과 욕망의 불포화성의 가정을 전제로 하기 때문에 원점에서 보다 멀어질수록 더 높은 효용수준을 나타낸다.
ⓔ 동일한 소비자의 다양한 무차별곡선을 동일한 공간에 모아 놓은 것을 무차별지도라고 한다.

정답 ③

AK Tip 무차별곡선에서의 가정

- 서수적 효용 가정
- 선호 관계의 완전서열성(complete ordering: 완비성) 가정
- 선호 관계의 완전이행성(transitivity) 가정
- 선호 관계의 연속성(continuity) 가정
- 선호 관계의 강단조성(strong monotonicity)
- 선호 관계의 강볼록성(strict convexity)
- 욕망의 불포화성(non-saturation) 가정

0006

무차별곡선(indifference curve)에 대한 설명으로 가장 옳은 것은?

17 서울시 7급

① 선호체계에 있어서 이행성(transitivity)이 성립한다면, 무차별곡선은 서로 교차할 수 있다.
② 두 재화가 완전대체재일 경우의 무차별곡선은 원점에 대해서 오목하게 그려진다.
③ 무차별곡선이 원점에 대해서 볼록하게 생겼다는 것은 한계대체율 체감의 법칙이 성립하고 있다는 것을 의미한다.
④ 두 재화 중에 한 재화가 비재화(bads)일 경우에도 상품조합이 원점에서 멀리 떨어질수록 더 높은 효용수준을 나타낸다.

무차별곡선이 원점에 대해서 볼록하다는 것과 한계대체율이 체감한다는 것은 동전의 양 면과 같다. 여기서 한계대체율이 체감한다는 것은 한 재화의 소비량을 한 단위 증가시킬 때, 이전과 동일한 효용을 유지하기 위해 필요한 다른 재화의 감소분이 점점 작아진다는 것을 의미한다.
① 선호체계에 있어서 이행성(Transitivity)의 가정에 따라 '동일한 소비자'의 무차별곡선은 서로 교차할 수 없다. 다만 서로 다른 선호체계를 갖는 '서로 다른 소비자'의 무차별곡선은 교차할 수 있다.
② 두 재화가 완전대체재일 경우에는 한계대체율이 항상 일정하게 되어, 이때의 무차별곡선은 우하향하는 직선의 모습을 보인다.
④ 두 재화 중에 한 재화가 비재화(Bads)일 경우에는 다음 그림과 같이 좌상향 또는 우하향할수록 더 높은 효용수준을 나타낸다.

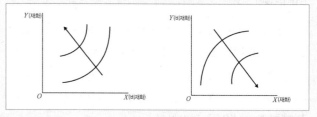

정답 ③

AK Tip 무차별곡선의 특성

- 원점에서 멀리 떨어진 무차별곡선일수록 높은 만족수준을 갖는다.
- 무차별곡선은 우하향이다.
- 무차별곡선은 서로 교차하지 않는다.
- 무차별곡선은 원점에 대해 볼록(Convex toward origin)하다.
- 무차별곡선의 기울기는 X, Y 두 재화 간의 한계대체율(MRS$_{XY}$)이고, 체감한다.
- 무차별곡선의 곡률은 재화의 성질을 나타낸다.

0007

무차별곡선이론에 대한 설명으로 옳지 않은 것은? 11 국가직 7급

① 효용의 주관적 측정 가능성을 전제한다.
② 무차별곡선의 기울기는 한계 기술대체율이다.
③ 무차별곡선은 우하향하며 원점에 대해 볼록(convex)하다.
④ 무차별곡선과 예산제약선을 이용하여 소비자 균형을 설명한다.

한계 기술대체율(MRTS_{LK})은 생산자가 노동(L) 투입을 1단위를 추가적으로 증가시킬 때 동일한 생산량을 유지하기 위해 포기할 수 있는 자본(K)의 수량을 의미하고 이것은 등량곡선의 기울기이다(②).

① 무차별곡선이론은 효용의 주관적 측정 가능성을 전제한다. 다만 그 측정은 서수적으로만 가능할 뿐 기수적으로는 불가능하다.
③ 두 재화가 대체 가능하면 무차별곡선은 우하향하며 한계대체율(MRS_{XY})이 체감하여 원점에 대해 볼록한 모습을 보인다.
④ 무차별곡선과 예산선이 접할 때 소비자 균형이 달성된다.

정답 ②

0008

두 재화(X재화와 Y재화)를 소비함으로써 효용극대화를 하는 소비자가 있고, 그의 선호는 효용함수 $U = 2 \times (x+y) + 100$으로 표현된다고 한다. 주어진 효용 함수로부터 유추할 수 있는 것으로 가장 옳은 것은? (단, x와 y는 각 재화의 소비량을 의미한다.) 20 서울시 공개경쟁 7급

① 이 소비자는 두 재화를 완전 대체재로 인식하고 있다.
② 이 소비자는 두 재화를 완전 보완재로 인식하고 있다.
③ 이 소비자는 두 재화를 열등재로 인식하고 있다.
④ 이 소비자는 두 재화를 비재화로 인식하고 있다.

주어진 효용함수를 전제로 한계대체율(MRS_{xy})를 구하면 다음과 같다.

$$MRS_{xy} = \frac{MU_x}{MU_y} = \frac{2}{2} = 1$$

- 한계대체율(MRS_{xy})은 기하학적으로 효용함수의 접선의 기울기를 의미한다. 한계대체율의 값이 '1'이라는 것은 효용함수의 모든 점에서 접선의 기울기가 '1'이라는 의미이고, 이것은 또한 효용함수가 기울기가 '1'인 선형함수(=직선)라는 의미이기도 하다.
- 이처럼 효용함수가 한계대체율(MRS_{xy})이 항상 '1'인 경우는 소비자가 두 재화를 항상 1:1로 대체할 수 있는 재화라고 인식하고 있다는 것을 의미한다.

정답 ①

0009

다음 설명 중 옳은 것은?

01 7급

① 열등재는 항상 기펜의 역설 현상을 나타낸다.
② 정상재는 절대로 기펜의 역설 현상을 나타낼 수 없다.
③ 대체효과는 항상 가격의 변화와 같은 방향으로 나타난다.
④ 소득효과는 항상 가격의 변화와 같은 방향으로 나타난다.

기펜의 역설 현상이란 가격이 하락(상승)함에도 불구하고 소비량이 오히려 감소(증가)하는 현상을 의미하며, 이것은 수요의 법칙의 예외적인 현상이다.

① 기펜의 역설(기펜재)은 열등재 중에서 소득효과가 대체효과보다 큰 재화에서만 나타난다.
③ 대체효과는 항상 가격 변화의 변화 방향과 반대 방향으로 나타나 성질의 부호가 항상 (-)이 된다.
④ 가격 변화에 따른 소득효과는 정상재인 경우는 가격 변화와 반대 방향으로 나타나고(성질의 부호(-)), 열등재인 경우는 가격 변화와 같은 방향으로 나타난다(성질의 부호(+)).

정답 ②

0010

정상재에 대한 설명으로 옳은 것만을 <보기>에서 모두 고르면?

20 국회 8급

> **보기**
>
> ㄱ. 소득과 소비량 간에 정(+)의 관계가 존재한다.
> ㄴ. 가격 상승 시 대체효과는 소비량을 증가시킨다.
> ㄷ. 가격 하락 시 소득효과는 소비량을 증가시킨다.
> ㄹ. 가격 변화 시 소득효과와 대체효과가 반대 방향으로 작용한다.

① ㄱ, ㄴ
② ㄱ, ㄷ
③ ㄴ, ㄷ
④ ㄱ, ㄴ, ㄹ
⑤ ㄱ, ㄷ, ㄹ

<보기> 내용을 검토해 보면 다음과 같다.

ㄱ. 정상재는 소득이 증가(감소)할 때 소비량이 증가(감소)하는 재화이다. 따라서 소득과 소비량 간에 정(+)의 관계가 존재한다.
ㄴ. 가격 상승 시 해당 재화의 상대가격이 상승하여 소비량이 감소하는 대체효과가 나타난다. 이러한 효과는 정상재는 물론 열등재에서도 나타난다.
ㄷ. 가격 하락 시 소비자의 실질소득이 증가하고, 이에 따라 정상재의 소비량이 증가하는 소득효과가 나타난다.
ㄹ. 정상재는 가격이 하락(상승)하는 경우 실질소득이 증가(감소)하여 소비량이 증가(감소)하는 소득효과가 나타나고, 상대가격이 하락(상승)하여 소비량이 증가(감소)하는 대체효과가 나타나는 재화이다. 따라서 정상재는 가격 변화 시 소득효과와 대체효과가 동일한 방향으로 작용하게 된다.

정답 ②

0011

주어진 소득으로 밥과 김치만을 소비하는 소비자가 있다. 동일한 소득에서 김치가격이 하락할 경우 나타날 현상에 대한 설명으로 가장 옳은 것은? (단, 밥은 열등재라고 가정한다.)

19 서울시 7급

① 밥의 소비량 감소
② 김치의 소비량 감소
③ 밥의 소비량 변화 없음
④ 김치의 소비량 변화 없음

문제 조건에서 김치의 열등재 여부에 관한 언급이 없으므로 김치는 정상재라고 전제하고 접근한다. 김치가격의 하락으로 나타나는 김치와 밥의 가격효과(=대체효과+소득효과)를 정리하면 다음 표와 같다.

	대체효과	소득효과	가격효과
김치 가격 하락	김치 상대가격 하락 ⇒ 김치 소비량 증가	실질소득 증가 ⇒ 김치 소비량 증가 (∵ 김치는 정상재)	김치 소비량 반드시 증가
	밥 상대가격 상승 ⇒ 밥 소비량 감소	실질소득 증가 ⇒ 밥 소비량 감소 (∵ 밥은 열등재)	밥 소비량 반드시 감소

정답 ①

0012

다음 (   ) 안의 용어가 순서대로 올바른 것은?

11 감정평가사

> 후방굴절하는 노동공급곡선은 여가 – 소득 선택모형에서 임금율의 변화에 따라 도출되는 (ㄱ)소비곡선에서 유도되고, 소득효과와 대체효과를 비교할 경우 노동공급곡선의 우하향하는 구간에서는 (ㄴ)효과가 더 크다.

① ㄱ. 소득, ㄴ. 대체
② ㄱ. 가격, ㄴ. 소득
③ ㄱ. 가격, ㄴ. 대체
④ ㄱ. 소득, ㄴ. 소득

임금률의 변화는 다른 조건이 일정할 때 노동의 '가격'이 상승하는 경우이고, 이를 바탕으로 노동시장에서의 가격-소비 곡선을 도출할 수 있고 이를 통해 노동공급곡선을 유도할 수 있다.
• 노동공급곡선이 우하향하는 후방굴절 구간에서는 대체효과보다 소득효과가 더 크게 작용하게 된다.

정답 ②

AK Tip 보상수요(Compensated demand)

> 보상수요란 다른 조건이 일정할 때 한 재화의 가격변화에 따른 가격효과 중에서 소득효과를 제외하고 대체효과만을 고려한 수요개념이다. 모든 재화의 대체효과는 가격이 하락(상승)함에 따라 수요량이 증가(감소)하는 방향으로 나타난다. 따라서 보상수요만을 고려한 보상수요곡선은 반드시 우하향하며, 기펜재도 예외가 아니다. 만약 대체효과가 0이 되면 (상대)가격 변화에 따른 수요량의 변화가 없으므로 보상수요곡선은 수직선의 모습을 보인다.

AK Tip 행태경제학(Behavioral economics)

> 행태경제학은 합리적인 인간을 전제로 하는 전통이론과 달리, 주먹구구식의 결정(휴리스틱: Heuristics)이나 현상유지나 기정사실에 편향(Bias)적인 인간의 비합리적 행태를 전제로 이론을 전개한다. 예를 들면 "앞으로 진행되는 방향이 이미 적응된 과거 상황에서 크게 벗어나지 않는다"는 닻 내리기 효과(Anchoring effect)나 "선택에 따른 이득과 손실을 판단하는 기준점이 있다"는 것이다. 또한 "이득이든 손실이든 그것이 커질수록 이에 대한 민감도는 체감한다"고 보며, 이익과 손실에 대한 반응이 동일하다고 보는 전통이론과 달리 이익보다 손실에서 더 민감하게 반응한다고 본다. 한편 전통이론에서는 일반적으로 위험기피적 태도를 전제로 하지만, 행태경제학에서는 이득에 대해서는 위험기피적, 손실에 대해서는 위험선호적인 태도를 보인다고 본다. 행태경제학은 이외에도 과거 소유했던 경험에 대해서 높은 가치를 부여하는 '부존효과(Endowment effect)', 바라보는 관점에 따른 상이한 선택이 이루어진다는 '틀 효과(Framing effect)', 동일한 돈이지만 사용하는 용도에 따라 다르게 인식하는 '심적 회계(Mental accounting)' 등의 비합리적인 인간의 행태를 전제로 이론을 전개한다.

0013

위험선호자에 대한 설명으로 옳은 것만을 <보기>에서 모두 고르면?

20 국회 8급

보기

ㄱ. 확실성등가가 복권의 기대수익 이상이다.

ㄴ. 효용함수가 원점에 대해 볼록하다.

ㄷ. 소득에 대한 한계효용이 체감한다.

ㄹ. 위험 프리미엄이 양수이다.

① ㄱ, ㄴ

② ㄱ, ㄷ

③ ㄴ, ㄷ

④ ㄴ, ㄹ

⑤ ㄷ, ㄹ

해 설

<보기> 진술 중 'ㄱ' 진술만이 옳다. 위험선호자를 전제로 한 효용함수(U)와 기대효용함수(EU)는 다음 그림으로 나타낼 수 있다.

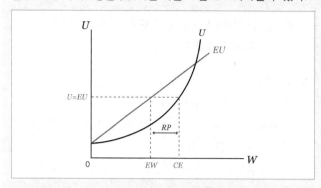

- 앞의 그림을 전제로 주어진 <보기> 내용을 검토하면 다음과 같다.

ㄱ. 효용(U)과 기대효용(EU)이 동일한 수준에서 확실성등가(CE)가 복권의 기대수익(EW) 오른쪽에 위치하게 되어 확실성등가가 기대수익보다 크게 된다.

ㄴ. 효용함수는 아래쪽으로 볼록한 모습을 보인다.

ㄷ. 아래쪽으로 볼록한 효용함수의 모습에 따라 소득이 증가함에 따라 소득에 대한 한계효용은 체증하게 된다.

ㄹ. 위험 프리미엄(RP)은 기대소득에서 확실성등가의 크기를 차감한 값이다. 따라서 위험선호자의 위험프리미엄은 음수(-)가 된다.

정답 없음

0014

수확체감의 법칙이 작용하고 있을 때 가변생산요소의 투입이 한 단위 더 증가하면?

02 감정평가사

① 총생산물은 반드시 감소한다.

② 한계생산물이 마이너스가 된다.

③ 한계생산물은 반드시 감소하지만 총생산물과 평균생산물은 반드시 증가한다.

④ 평균생산물은 반드시 감소하지만 총생산물은 증가할 수도 있고 감소할 수도 있다.

⑤ 한계생산물은 반드시 감소하지만 총생산물과 평균생산물은 증가할 수도 있고 감소할 수도 있다.

해설

자본을 고정생산요소, 노동을 가변생산요소라 할 때, 자본투입량이 고정되고 노동투입량만 변화시키는 단기에서 노동의 평균생산물(AP_L)과 노동의 한계생산물(MP_L)의 관계를 그림으로 나타내면 다음과 같다.

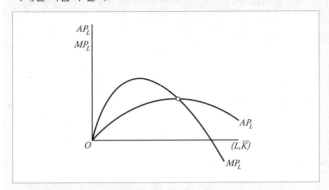

• 여기서 수확체감의 법칙이란 노동투입량이 증가할 때 한계생산의 크기가 지속적으로 감소하는 현상을 의미한다.

① 총생산량은 한계생산이 0이 될 때까지는 완만하게 증가하고, 한계생산이 음(−)의 값을 갖게 되면 이때부터 비로소 총생산량은 감소하게 된다. 따라서 증가할 수도 있고 감소할 수도 있다.

② 한계생산물이 양(+)의 값에서 음(−)의 값으로 바뀌므로 (+)일 수도 있고 (−)일 수도 있다.

③ 한계생산물은 반드시 감소한다. 그러나 총생산물과 평균생산물은 증가하다가 감소하게 된다. 따라서 증가할 수도 있고 감소할 수도 있다.

④ 평균생산물과 총생산물은 증가하다가 감소하게 된다. 따라서 증가할 수도 있고 감소할 수도 있다.

정답 ⑤

0015

등량곡선에 대한 설명 중 옳지 않은 것은? (단, 투입량의 증가에 따라 산출량의 증가를 가져오는 표준적인 두 종류의 생산요소를 가정한다.) 08 지방직 7급

① 등량곡선이 원점에 대해 볼록한 이유는 한계기술대체율(marginal rate of technical substitution)이 체감하기 때문이다.

② 등량곡선이 원점으로 접근할수록 더 적은 산출량을 의미한다.

③ 기술진보가 이루어진다면 등량곡선은 원점으로부터 멀어진다.

④ 동일한 등량곡선 상에서의 이동은 생산요소 결합비율의 변화를 의미한다.

기술진보가 이루어지면 이전보다 적은 노동과 자본을 투입해도 이전과 동일한 생산량을 생산할 수 있다. 이에 따라 기술진보가 이루어지면 등량곡선은 원점에 가까워진다.

- 한계기술대체율이 체감한다는 것은 생산과정에서 생산요소 사이에 대체성이 불완전하여, 한 생산요소를 다른 생산요소로 대체하는 것이 점점 더 어려워진다는 것을 의미하기도 한다.
- 등량곡선의 특징을 정리해보면 다음과 같다.

> - 원점에서 멀수록 등량곡선이 표시하는 생산량은 많게 된다. 여기서의 수량은 기수적 수량이다.
> - 등량곡선은 서로 교차할 수 없다.
> - 등량곡선은 우하향 ⇨ 두 재화의 연속적 대체가 가능하다는 것을 의미 ⇨ 이러한 의미에서 '신고전학파 생산함수'라고도 한다.
> - 등량곡선은 원점에 대하여 볼록한 형태 ⇨ 기술적 한계대체율이 체감하기 때문이다.

정답 ③

AK Tip 등사곡선(Iso-cline) 및 확장선(Expansion path)과 분계선(Ridge line)

> 등사곡선은 $MRTS_{LK}$가 동일한 점들을 연결시킨 궤적을 총칭한다. 그리고 확장선은 등량곡선과 등비용선이 접하는 생산자 균형점의 궤적을 의미한다. 한편 분계선은 무수한 등량곡선 상에서 $MRTS_{LK} = 0$인 점들의 궤적과 $MRTS_{LK} = \infty$인 점들의 궤적을 함께 일컫는다. 이 분계선으로 경제적 영역과 비경제적 영역으로 나누어진다. 결국 확장선이나 분계선은 모두 등사곡선의 일종이다.

0016

다음은 대체탄력도(elasticity of substitution)에 관한 설명이다. 옳지 않은 것은? 02 입시

① 한계기술대체율이 1% 변할 때 요소집약도가 얼마나 변하는가를 나타낸다(단, 생산량 수준은 일정하게 유지시킴).

② Leontief 생산함수일 경우 대체탄력도는 0이다.

③ Cobb-Douglas 생산함수일 경우 대체탄력도는 1이다.

④ 생산함수가 선형일 경우 대체탄력도는 0에서 1 사이의 값을 갖는다.

⑤ 생산함수가 CES일 경우 대체탄력도는 일정한 값을 갖는다.

생산함수가 선형이라는 것은 생산함수가 1차함수인 직선의 형태라는 의미이다. 이 경우 노동과 자본 사이에는 완전대체관계가 성립하고, 이에 따라 대체탄력도는 무한대(∞)의 값을 갖게 된다.

정답 ④

AK Tip 대체탄력성

> - 요소집약도(=자본-노동비율)$= \dfrac{K}{L} = k$(1인당 자본량)
>
> - 대체탄력성 $= \dfrac{\text{요소집약도}(k) \text{ 변화율}}{\text{상대가격}\left(\dfrac{P_L}{P_K} = \dfrac{w}{r}\right) \text{ 변화율}}$
>
> $= \dfrac{\text{요소집약도}(k) \text{ 변화율}}{\text{기술적 한계대체율}(MRTS_{LK}) \text{ 변화율}}$
>
> ⇨ 대체탄력성은 일정한 생산자 균형 상태에서 상대가격(또는)가 1%만큼 변화했을 때, 요소집약도(=자본-노동비율=1인당 자본량)의 % 변화의 크기로 정의된다. 결국 탄력성이란 노동과 자본의 상대가격이 변할 때, 상대가격이 상승한 생산요소를 상대가격이 하락한 생산요소로 얼마나 쉽게 대체할 수 있는가를 의미한다.

0017

장기에는 모든 생산요소가 가변요소이므로 생산요소 투입량을 증가시킬 수 있다. 생산요소 증가에 따른 생산량 변화를 '규모에 대한 수익(Returns to Scale)'으로 설명할 때, 다음 중 옳지 않은 것을 모두 고르면?

09 국회 8급

보기

ㄱ. 모든 생산요소가 2배 증가하면 생산량이 3배 증가하는 경우를 '규모에 대한 수익 체증(IRS: Increasing Returns to Scale)'이라 한다.

ㄴ. 모든 생산요소가 10배 증가하면 생산량이 10배 증가하는 경우를 '규모에 대한 수익 체감(DRS: Decreasing Returns to Scale)'이라 한다.

ㄷ. 어느 기업의 A공장 생산함수가 '규모에 대한 수익 체증'을 나타내면, 이 기업이 생산량을 증가시키기 위해서는 동일한 공장 B를 세워 생산하는 것이 바람직하다(A, B 생산함수는 동일).

ㄹ. 어느 기업이 생산량을 2배 증가시키려고 한다. 이 기업의 생산함수가 '규모에 대한 수익 체증'을 나타내면, 이 기업은 생산요소를 2배 이상 투입해야 한다.

ㅁ. 생산함수가 $Q = L^{1/2}K^{1/2}$(L: 노동, K: 자본)이면, 생산함수는 '규모에 대한 수익 불변(CRS: Constant Returns to Scale)'을 보인다.

① ㄴ, ㄹ
② ㄹ, ㅁ
③ ㄱ, ㄷ, ㄹ
④ ㄴ, ㄷ, ㄹ
⑤ ㄴ, ㄷ, ㅁ

해설

모든 생산요소가 k배 증가할 때 생산량도 k배만큼 증가하는 경우를 '규모에 대한 수익 불변'이라고 한다(ㄴ). '규모에 대한 수익 체증' 즉 '규모의 경제'가 존재하면 대량생산의 이점을 살리기 위해 A공장을 확장하는 것이 바람직할 수 있다(ㄷ). '규모에 대한 수익 체증'이 나타나면 생산량을 k배 증가시키기 위해서는 생산요소는 k배보다 적게 투입해도 목표 생산량을 달성할 수 있다(ㄹ).

정답 ④

0018

생산함수 $Q = f(L, K)$에 대해 모든 생산요소를 h배 투입하였을 때 $f(hL, hK) < hf(L, K)$의 관계가 성립한다. 이 생산함수에 대한 설명으로 옳은 것은? (단, L은 노동, K는 자본이다)

18 국가직 9급

① 규모에 대한 수익 감소
② 규모에 대한 수익 불변
③ 규모에 대한 수익 증가
④ 한계생산 체감

해설

'$f(hL, hK) < hf(L, K)$' 관계가 성립한다는 것은, 모든 생산요소를 h배 투입하였을 때의 생산량[$f(hL, hK)$]이 기존 생산량의 h배[$hf(L, K)$]보다 작다는 것을 의미한다. 이것은 규모에 대한 수익이 감소한다는 것을 의미한다.

정답 ①

0019

다음 표는 노동과 자본의 다양한 결합으로 얻을 수 있는 생산물의 양을 나타낸다. (예를 들면 노동 1단위와 자본 1단위를 결합하여 생산물 100단위를 얻을 수 있다.) 표에 나타난 생산함수에 대한 설명으로 가장 옳지 않은 것은?

18 서울시 공개경쟁 7급

노동량 자본량	1	2	3
1	100	140	150
2	130	200	240
3	150	230	300

① 규모에 대한 수익불변(constant returns to scale)이 성립한다.
② 규모의 경제(economies of scale)가 성립한다.
③ 자본의 한계생산은 체감한다.
④ 노동의 한계생산은 체감한다.

주어진 표에 따르면 하나의 생산요소 투입을 고정시킨 상태에서 나머지 생산요소 투입량을 증가시키면, 이에 따른 생산량의 증가분(=한계생산)이 체감하고 있다(③, ④).

• 자본량과 노동량을 동일하게 '1⇒2⇒3'으로 증가시키면 생산량도 '100⇒200⇒300'으로 동일한 비율로 증가하고 있다. 이에 따라 '규모에 대한 수익 불변'이 성립한다(①).

• 생산량 증가에 따라 평균비용이 지속적으로 하락하는 '규모의 경제'는 자본량과 노동량의 투입비율보다 생산량의 증가비율이 더 크게 나타나는 '규모에 대한 수익 증가'인 경우에 나타나는 현상이다(②).

정답 ②

0020

어느 경제에서 생산량과 기술 및 요소 투입 간에 $Y = AF(L, K)$의 관계가 성립하며, $F(L, K)$는 노동, 자본에 대하여 규모에 대한 수익불변(CRS)의 특징을 가지고 있다. 이에 대한 설명으로 가장 옳은 것은? (단, Y, A, L, K는 각각 생산량, 기술수준, 노동, 자본을 나타낸다.) 19 서울시 공개 경쟁 7급

① 생산요소인 노동이 2배 증가하면 노동단위 1인당 생산량은 증가한다.
② 생산요소인 노동과 자본이 각각 2배 증가하면 노동단위 1인당 생산량은 증가한다.
③ 생산요소인 노동과 자본이 각각 2배 증가하고 기술수준이 2배로 높아지면 노동단위 1인당 생산량은 2배 증가한다.
④ 생산요소인 자본이 2배 증가하고 기술수준이 2배로 높아지면 노동단위 1인당 생산량은 2배 증가한다.

노동과 자본에 대하여 '규모에 대한 수익 불변'이라면, 노동과 자본 투입이 2배가 되면 생산량도 2배가 되어 노동단위 1단위당 생산량 역시 불변이 된다(②). 그러나 동시에 기술수준이 2배로 높아지므로 노동단위 1단위당 생산량은 이에 따라 2배가 된다(③).

① 노동과 자본에 대하여 '규모에 대한 수익 불변'이라면, 노동만 증가하는 경우에는 '수확체감'이 나타나게 되어, 노동이 2배 증가할 때 생산량은 2배보다 작게 증가하게 되어, 노동단위 1인당 생산량이 감소하게 된다.

④ 노동과 자본에 대하여 '규모에 대한 수익 불변'이라면, 자본만 증가하는 경우에는 '수확체감'이 나타나게 되어, 자본이 2배 증가할 때 생산량은 2배보다 작지만 증가는 하게 된다. 또한 기술수준이 2배 증가하면 생산량도 2배 증가한다. 그런데 기존의 노동투입량은 변화가 없으므로 노동단위 1인당 생산량은 2배 이상 증가하게 된다.

정답 ③

0021

비용에 대한 설명으로 옳은 것은?

11 지방직 7급

① 매몰비용은 경제적 의사결정을 하는 데 있어서 고려되어서는 안 된다.
② 공장부지나 재판매가 가능한 생산시설을 구입하는 데 지출된 비용은 고정비용이자 매몰비용이다.
③ 평균비용곡선이 U자 형태로 되어 있을 때, 한계비용곡선은 평균비용곡선의 최저점을 통과할 수 없다.
④ 수입보다 비용이 커서 손실이 발생한 기업은 조업을 중단하여야 한다.

매몰비용이란 어떠한 선택을 한다고 하더라도 회수가 불가능한 비용을 의미한다. 합리적 의사결정 시 이러한 매몰비용은 고려되어서는 안 된다(①).
② 고정비용이란 생산의 유무, 생산량의 크기와 무관하게 지출되는 비용을 의미한다. 따라서 생산시설을 구입하는 데 지출한 비용은 곧 고정비용이다. 그러나 그 투입비용이 재판매 등을 통해 회수될 수 있다면 매몰비용은 아니다.
③ 평균비용이 U자 형태로 되어 있다면, 한계비용 역시 U자 형태가 되며 한계비용은 상승할 때 평균비용의 최저점을 통과하게 된다.
④ 한편 수입보다 비용이 커서 손실이 발생한다고 하더라도, 수입으로 총가변비용을 충당할 수 있는 경우라면 조업을 지속하는 것이 손실을 극소화하기 위한 합리적 선택이다.

정답 ①

0022

기업의 장기평균비용곡선이 U자형으로 나타나는 이유는?

02 7급

① 규모의 경제 및 불경제
② 한계생산체감의 법칙
③ 한계대체율 체감의 법칙
④ 범위의 경제 및 불경제

장기에 생산규모의 확대에 따라 장기평균비용이 지속적으로 하락하는 경우 규모의 경제, 상승하는 경우 규모의 불경제가 나타난다. 이에 따라 장기평균비용곡선은 U자형을 보이게 된다.
② 한계생산체감의 법칙은 단기에 노동투입을 증가시킴에 따라 한계생산의 크기가 지속적으로 감소하는 것을 의미한다.
③ 한계대체율 체감의 법칙은 무차별곡선 이론에서 한 재화(예컨대 X재)의 소비량을 1단위 늘릴 때 이전과 동일한 만족을 유지하기 위하여 포기할 수 있는 다른 재화(예컨대 Y재)의 소비량이 지속적으로 감소하는 것을 의미한다.
④ 범위의 경제란 여러 재화를 함께 생산하는 경우가 따로따로 생산하는 경우보다 생산비가 적은 경우를 의미한다.

정답 ①

0023

한 기업이 여러 상품을 동시에 생산함으로써 비용 상의 이점이 생기는 경우를 잘 나타내는 경제개념은?

12 지방직 7급

① 규모의 경제(economies of scale)
② 범위의 경제(economies of scope)
③ 규모의 비경제(diseconomies of scale)
④ 범위의 비경제(diseconomies of scope)

예를 들어 X재와 Y재 두 상품을 생산하는 경우 '$C(X) + C(Y) > C(X+Y)$'라는 관계가 성립하면 범위의 경제가 존재한다고 한다. 이는 공통된 생산요소를 함께 사용할 수 있는 것에서부터 오는 이점이다.
• 반면에 규모의 경제는 생산규모가 커짐에 따라 (장기)평균비용이 지속적으로 하락하는 경우를 의미한다.

정답 ②

0024

'한 기업이 여러 제품을 함께 생산하는 경우가 각 제품을 별도의 개별기업이 생산하는 경우보다 생산비용이 더 적게 드는 경우'를 설명하는 것은?

17 국가직 7급

① 범위의 경제
② 규모에 대한 수익체증
③ 규모의 경제
④ 비경합적 재화

어떤 상품들(X재, Y재)을 개별적으로 생산하는 것보다 함께 생산할 때 오히려 비용이 적게 들면 '범위의 경제'에 있다고 한다. 즉 $C(X+Y) < C(X) + C(Y)$의 관계가 성립하면 범위의 경제가 존재하는 것이다. 일반적으로 생산 공정이 비슷한 상품들 간에는 범위의 경제가 존재한다.

② 규모에 대한 수익체증: 생산요소들의 투입을 동일한 비율로 증가시켰을 때, 생산량은 그보다 더 큰 비율로 증가하는 경우를 의미한다. 이것은 생산비용 측면에서 규모의 경제와 맞물린다.

③ 규모의 경제: 생산규모를 확대할 때 '장기평균비용이 지속적으로 하락'하는 현상을 의미한다. 이것은 생산 측면에서 규모에 대한 수익체증과 맞물린다.

④ 비경합적 재화: 공공재와 같이 한 재화를 소비할 때 소비 순서와 관계없이 모든 소비자가 동일한 양을 소비할 수 있는 재화를 의미한다.

정답 ①

0025

정보재(information goods)의 일반적인 경제적 특성에 대한 설명으로 옳은 것은?

08 국가직 7급

① 초기 개발비용뿐만 아니라 재생산비용도 매우 커서 생산에서 규모의 경제가 존재한다.
② 정보재에 대한 수요가 증가함에 따라 네트워크 효과가 발생하여 수요에서 규모의 경제가 존재한다.
③ 잠김효과(lock-in effect)가 강하게 나타나기 때문에 소비자들의 교체비용(switching cost)이 최소화된다.
④ 치열한 가격 경쟁이 발생하기 때문에 완전경쟁적인 시장구조가 유도되어 정보재 거래가 효율적으로 이루어진다.

정보재란 상품 속에 담겨있는 정보내용이 중요한 의미를 갖는 상품을 의미한다. 책, 영화, 컴퓨터 데이터베이스, 소프트웨어, 음악 등이 여기에 해당한다. 이러한 정보재는 같은 상품을 소비하고 있는 소비자들의 소비 망(Network)이 확대될 때 소비자들이 얻는 만족감이 더욱 커지는 효과가 생긴다. 이를 네트워크 효과라고 하며, 이러한 효과로 인해 수요에서 규모의 경제가 존재하게 된다.

① 정보재는 초기 개발비용은 아주 크지만 일단 생산이 이루어지면 추가적인 재생산비용은 거의 들지 않는다.

③ 정보재는 일단 소비를 시작하면 도중에 쉽게 다른 상품으로 바꾸기가 어려운 특징을 갖는다. 이와 같은 현상을 '잠김효과'라고 한다. 이에 따라 다른 상품으로 바꾸기 위한 교체비용이 커지게 된다.

④ 정보재는 고정비용은 크지만 한계비용은 매우 작아 생산 규모가 커질수록 평균비용 역시 지속적으로 하락하게 되는 규모의 경제가 존재하게 된다. 그 결과 시장구조는 완전경쟁시장보다는 자연독점이 성립하게 되며, 이에 따라 가격차별의 유인이 커지게 된다.

정답 ②

THEME 04 수요-공급 이론

0026

수요의 개념을 이해하는 데 있어서 옳지 않은 것은? 03 행시

① 수요의 법칙은 가격과 수요량이 서로 반대방향으로 변하는 것을 의미한다.
② 수요는 유량(Flow)의 개념이다.
③ 수요량은 주어진 가격 하에서 구매력을 갖고 구입하고자 하는 최대 수량을 의미한다.
④ 각각의 수요량 수준에서 소비자가 지불할 용의가 있는 최대한의 가격은 수요곡선을 통해서 알 수 있다.
⑤ 수요함수에서 소득은 종속변수이다.

$Q_D = f(P, I, P_E \cdots)$의 형태의 수요함수에서 가격(P), 소득(I), 예상가격(P_E) 등은 독립변수이고, 수요량(Q_D)은 종속변수이다.
- 독립변수 중에서 가격이 변화하는 경우는 수요곡선상의 변화이며 가격 이외에 다른 외생변수들의 변화는 수요곡선의 변화를 초래한다.
- 한편 ④의 내용은 수요가격에 대한 설명이다.

정답 ⑤

0027

다음은 비합리적 소비에 대한 설명이다. ㉠과 ㉡에 들어갈 효과를 바르게 연결한 것은? 17 국가직 9급

> 고가품일수록 과시욕에 따른 수요가 증가하는 (㉠) 효과는 가격에 직접 영향을 받고, 보통사람과 자신을 차별하고 싶은 욕망으로 나타나는 (㉡) 효과는 가격이 아닌 다른 사람의 소비에 직접 영향을 받는다.

	㉠	㉡
①	밴드왜건(bandwagon)	베블렌(Veblen)
②	밴드왜건(bandwagon)	스놉(snob)
③	베블렌(Veblen)	스놉(snob)
④	스놉(snob)	밴드왜건(bandwagon)

- '밴드왜건 효과(Bandwagon effect)'는 특정 상품을 소비하는 사람이 많아질수록 그 상품에 대한 수요가 더욱 늘어나게 되는 현상을 말한다. 유행에 민감한 소비자들에 주로 나타날 수 있는 소비행태이다.
- '스놉 효과(Snob effect)'는 다른 사람들과 뚜렷이 구별되는 배타적인 상품을 차별적으로 소비하는 것을 의미한다. 즉 다른 사람들의 소비를 따라가는 편승효과와 반대되는 소비를 말한다.
- '베블렌 효과(Veblen effect)'는 오직 자신들의 우월한 사회적 신분을 다른 사람들에게 상기시키기 위한 과시소비를 의미한다. 여기서 스놉 효과는 타인의 소비량에 영향을 받는 것에 비해, 베블렌 효과는 상품의 가격에 의해 영향을 받는다는 측면에서 양자는 구분된다.

정답 ③

0028

노동시장에서 최저임금제도가 시행됨에 따라 임금이 25% 높아졌으며, 이러한 최저임금 수준에서 노동자에 대한 기업들의 수요는 비탄력적인 것으로 확인되었다. 만약 정부가 현재 시행되는 최저임금제도를 폐지하는 경우, 해당 시장에서 발생할 상황에 대한 설명으로 가장 옳은 것은?

20 서울시 공개경쟁 7급

① 고용은 감소하나, 그 감소량은 현재 고용수준 대비 25%를 넘지 않을 것이다.
② 고용은 증가하나, 그 증가량은 현재 고용수준 대비 25%를 넘지 않을 것이다.
③ 고용이 현재에 비해 25% 이상 감소할 것이다.
④ 고용이 현재에 비해 25% 이상 증가할 것이다.

임금 변화에 따른 기업들의 노동에 대한 수요가 비탄력적인 경우는 다음과 같이 나타낼 수 있다.

$$노동수요의\ 임금탄력성 = \frac{노동수요량\ 변화율(\%)}{임금\ 변화율(\%)} < 1$$

• 최저임금제도 시행으로 25%만큼 높아진 임금이 최저임금제 폐지에 따라 다시 하락하게 되면 기업의 노동에 대한 수요량은 증가하게 된다. 그런데 노동수요의 임금탄력성이 비탄력적이므로 노동에 대한 수요량의 증가율은 25%보다 작게 된다.

정답 ②

0029

탄력성에 대한 설명으로 옳은 것은?   09 국가직 7급

① 수요의 소득탄력성은 항상 0보다 크다.
② 잉크젯 프린터와 잉크 카트리지 간의 수요의 교차탄력성은 0보다 작다.
③ 가격이 1% 상승할 때 수요량이 4% 감소했다면 수요의 가격탄력성은 1이다.
④ 소득이 5% 상승할 때 수요량이 1%밖에 증가하지 않았다면 이 상품은 기펜재(Giffen goods)다.

보완재에서 수요의 교차탄력성은 0보다 작고, 대체재에서 수요의 교차탄력성은 0보다 크고, 독립재에서 수요의 교차탄력성은 0이 된다. 잉크젯 프린터와 잉크 카트리지는 서로 보완재 관계에 있으므로 수요의 교차탄력성은 0보다 작다.
① 수요의 소득탄력성이 0보다 큰 경우는 정상재인 경우이고, 열등재인 경우의 수요의 소득탄력성은 0보다 작은 값을 갖는다.
③ 가격이 1% 상승할 때 수요량이 4% 감소했다면 수요의 가격탄력성은 4이다.
④ 기펜재는 가격의 변화 방향과 수요량의 변화 방향이 같아서 수요의 법칙이 성립하지 않는 재화를 의미한다. 또한 기펜재는 열등재 중에서 소득효과가 대체효과를 압도할 때 성립하는 재화이다. 소득이 5% 상승할 때 수요량이 1% 증가했다면 이 재화는 정상재(구체적으로 필수재)이므로 열등재를 전제로 하는 기펜재와는 거리가 멀다.

정답 ②

CHAPTER 01 미시경제학   **19**

0030

탄력성에 대한 설명으로 가장 옳지 않은 것은? 19 서울시 7급

① 공급곡선이 원점을 지나는 직선일 때, 공급의 가격탄력성은 1이다.

② X재와 Y재 간 수요의 교차탄력성이 1보다 작을 때, 두 재화는 보완재이다.

③ 수요의 가격탄력성은 재화를 정의하는 범위와 탄력성 측정 기간에 영향을 받는다.

④ 기펜재(Giffen goods)에 대한 수요의 소득탄력성은 영(0)보다 작다.

해설

교차탄력성(E_{XY})과 두 재화와의 관계를 표로 정리하면 다음과 같다.

	$E_{XY} < 0$	$E_{XY} = 0$	$E_{XY} > 0$
X재와 Y재의 관계	보완재	독립재	대체재

따라서 두 재화가 보완재인 경우는 수요의 교차탄력성이 0보다 작은 경우이다.

① 공급곡선이 원점을 지나는 직선인 경우에는 '공급곡선의 기울기와 관계없이' 모든 점에서 공급의 가격탄력성은 1이다.

③ 수요의 가격탄력성은 재화의 범위를 좁게 정의할수록, 탄력성 측정 기간을 길게 할수록 상대적으로 탄력적이 된다.

④ 열등재에 대한 수요의 소득탄력성은 영(0)보다 작다. 그런데 기펜재(Giffen goods)는 열등재의 특수한 경우이다. 따라서 기펜재 역시 수요의 소득탄력성은 영(0)보다 작아야 한다.

정답 ②

0031

탄력성에 대한 설명 중 가장 옳지 않은 것은?

20 서울시 공개경쟁 7급

① 가격 변화와 관계없이 반드시 소비해야 하는 물건에 대한 가격탄력성은 0이다.

② 대체관계인 연필과 샤프펜슬의 교차탄력성은 양(+)의 값을 가진다.

③ 사치품의 경우 가격탄력성은 1보다 크지만 소득 탄력성은 1보다 작은 경향이 있다.

④ 소득탄력성이 0보다 크면 정상재라고 한다.

해설

사치품은 수요의 소득탄력성이 1보다 크게 나타나는 탄력적인 상품이다.

① 가격 변화와 관계없이 반드시 소비해야 하는 경우에는 수요의 가격탄력성이 완전비탄력적이 되어 가격탄력성은 0이 된다.

② 수요의 교차탄력성이 양(+)의 값을 갖는 재화 사이에는 대체관계가 성립하고, 수요의 교차탄력성이 음(-)의 값을 갖는 재화 사이에는 보완관계가 성립한다.

④ 수요의 소득탄력성이 0보다 작으면 열등재이고, 0보다 크면 정상재이다. 특히 정상재 중에서 수요의 소득탄력성이 0과 1 사이 값을 갖는 재화는 필수재이고, 1보다 큰 값을 갖는 재화는 사치재에 해당한다.

정답 ③

0032

수요의 가격탄력성에 대한 설명으로 옳지 않은 것은?

19 지방직 7급

① 재화의 수요가 비탄력적일 때, 재화의 가격이 상승하면 그 재화를 생산하는 기업의 총수입은 증가한다.
② 재화에 대한 수요의 가격탄력성이 1일 때, 재화의 가격이 변하더라도 그 재화를 생산하는 기업의 총수입에는 변화가 없다.
③ 재화의 수요가 탄력적일 때, 재화의 가격이 하락하면 그 재화를 소비하는 소비자의 총지출은 증가한다.
④ 수요곡선이 우하향의 직선인 경우 수요의 가격탄력성은 임의의 모든 점에서 동일하다.

해 설

수요의 가격탄력성(E_P)을 구하는 공식은 다음과 같다.

$$E_P = -\frac{dQ}{dP} \times \frac{P}{Q}$$

- 여기서 $\frac{dQ}{dP}$는 수요곡선 상의 한 점에서 접선기울기의 역수인 탄력성 계수이고, $\frac{P}{Q}$는 원점에서부터 수요곡선 상의 한 점까지 그은 직선의 기울기를 의미한다.
- 만약 수요곡선이 직선인 경우, 수요곡선 상의 모든 점에서 접선의 기울기는 수요곡선의 기울기와 동일한 값을 갖는다. 따라서 그 역수 값 또한 동일한 값을 갖는다. 그러나 원점에서부터 수요곡선 상의 한 점까지 그은 직선의 기울기는 수요곡선 상의 한 점의 위치에 따라 달라진다.
- 결국 수요곡선이 우하향의 직선인 경우, 수요의 가격탄력성은 임의의 모든 점에서 서로 다른 값을 갖게 된다. 이를 그림으로 나타내면 다음과 같다.

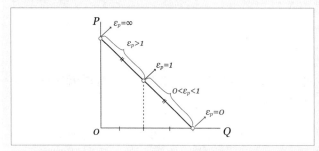

정답 ④

0033

소비자 잉여에 대한 설명으로 옳은 것은?

09 지방직 7급

① 가격이 같을 경우 수요가 탄력적일수록 커진다.
② 가격이 같을 경우 공급이 탄력적일수록 커진다.
③ 수요가 완전 탄력적일 경우 소비자 잉여는 0이다.
④ 공급이 완전 탄력적일 경우 소비자 잉여는 0이다.

해 설

수요가 완전 탄력적이라는 것은 수요곡선이 수평이라는 의미이다. 이것은 수요가격이 항상 시장에서 실제 지불하는 가격과 일치한다는 의미이다. 따라서 소비자 잉여는 존재하지 않는다(③). 한편 가격이 같은 경우 수요가 탄력적일수록 소비자 잉여는 작아진다(①). 이것을 그림으로 나타내면 다음과 같다.

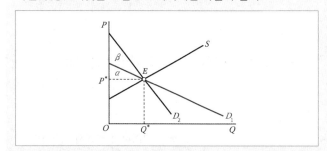

- 그림의 E점에서 수요곡선 D_1이 수요곡선 D_2보다 수요의 가격탄력성이 보다 탄력적이다. 그런데 수요곡선이 D_1일 때 소비자 잉여는 α이고, 수요곡선이 D_2일 때 소비자 잉여는 $\alpha + \beta$가 된다. 따라서 가격이 같은 경우 수요가 탄력적일수록 소비자 잉여는 작아진다.
- 한편 소비자 잉여에 영향을 주는 것은 수요가격과 실제 소비자가 지불한 가격이므로 공급의 가격탄력성은 소비자 잉여와 관련이 없다(②). 따라서 공급이 완전탄력적이라고 하더라도 수요가 완전탄력적인 경우와 달리 소비자 잉여는 존재한다(④).

정답 ③

0034

조세부담의 귀착(Tax Incidence)에 대한 설명으로 가장 올바른 것은? (수요곡선은 우하향, 공급곡선은 우상향한다고 가정한다.)

① 소비자에게 세금을 부과하면, 소비자와 생산자는 이 세금을 반씩 지불한다.

② 생산자에게 종량세를 부과하면, 시장의 균형가격은 세금만큼 상승하게 된다.

③ 동일한 종량세를 생산자에게 부과하거나, 소비자에게 부과하거나 그 경제적 효과는 동일하다.

④ 생산자에게 종량세를 부과하면, 모든 세금을 생산자가 부담하게 되고, 소비자에게는 영향이 없다.

조세의 귀착은 조세가 누구에게 부과되었는가와 관계없이 동일하게 나타난다.

① 수요곡선과 공급곡선의 기울기에 따라(가격탄력성의 크기에 따라) 소비자와 생산자의 조세부담의 크기는 달라진다.

② 생산자에게 종량세를 부과하면 부과한 종량세만큼 공급곡선은 상방으로 이동하고, 수요곡선이 우하향하므로 시장의 균형가격은 부과된 종량세보다 작게 증가한다.

④ 생산자에게 종량세를 부과하면, 모든 세금을 생산자가 부담하게 되는 것은 공급의 가격탄력성이 완전비탄력적이어서 공급곡선이 수직인 경우이다. 그런데 공급곡선이 우상향하고 수요곡선은 우하향하고 있으므로 일부의 세금은 생산자가, 일부의 세금은 소비자가 부담하게 된다.

정답 ③

0035

완전경쟁시장에서 정부가 시행하는 가격상한제에 대한 설명으로 옳은 것은?

① 최저임금제는 가격상한제에 해당하는 정책이다.

② 가격상한제를 실시할 경우 초과공급이 발생한다.

③ 가격상한은 판매자가 부과할 수 있는 최소가격을 의미한다.

④ 가격상한이 시장균형가격보다 높게 설정되면 정책의 실효성이 없다.

실효성 있는 가격상한제가 되기 위해서는 가격상한이 시장균형가격보다 낮게 설정되어야 한다. 마찬가지로 가격하한제가 실효성이 있기 위해서는 가격하한이 시장균형가격보다 높게 설정되어야 한다.

① 최저임금제는 가격하한제에 해당하는 정책이다.

② 실효성 있는 가격상한제는 시장균형가격보다 낮게 설정되어 이 수준에서는 초과수요가 발생한다.

③ 가격상한은 판매자가 부과할 수 있는 최대로 높은 가격을 의미한다.

정답 ④

0036

<보기>의 빈 칸에 들어갈 것으로 가장 옳은 것은?

18 서울시 정기공채 7급

> **보기**
>
> 정부에 의한 가격통제가 효력을 발휘하기 위해서 가격상한 (price ceiling)은 균형가격보다 (㉠)하고 가격하한(price floor)은 (㉡)한다.

	㉠	㉡
①	낮아야	낮아야
②	높아야	높아야
③	낮아야	높아야
④	높아야	낮아야

실효성 있는 가격통제가 되기 위해서 가격상한(=최고가격)은 시장균형가격 수준보다 낮게 설정되어야 하고, 가격하한(=최저가격)은 시장균형가격 수준보다 높게 설정되어야 한다.

정답 ③

THEME 05 | 시장 이론

0037

기업의 이윤극대화에 대한 설명으로 옳은 것만을 모두 고른 것은?

13 지방직 7급

> ㄱ. 한계수입(MR)이 한계비용(MC)과 같을 때 이윤극대화의 1차 조건이 달성된다.
> ㄴ. 한계비용(MC)곡선이 한계수입(MR)곡선을 아래에서 위로 교차하는 영역에서 이윤극대화의 2차 조건이 달성된다.
> ㄷ. 평균비용(AC)곡선과 평균수입(AR)곡선이 교차할 때의 생산수준에서 이윤극대화가 달성된다.

① ㄱ, ㄴ
② ㄱ, ㄷ
③ ㄴ, ㄷ
④ ㄱ, ㄴ, ㄷ

평균비용(AC) 곡선과 평균수입(AR) 곡선이 교차할 때의 생산수준에서는 '총비용($AC \times Q$)'과 '총수입($AR \times Q$)'의 크기가 일치하게 되어 총이윤은 '0'이 된다.
- 시장형태와 관계없이 이윤극대화의 1차 조건은 '한계수입(MR)=한계비용(MC)'이다.
- 한계비용(MC) 곡선이 'U자형'일 때 선형인 한계수입(MR)곡선과 두 점에서 만나게 된다. 이때 한계비용곡선이 상승하면서 한계수입곡선과 만나는 것이 이윤극대화의 2차 조건이 된다.

정답 ①

0038

다음 빈 칸의 A, B, C, D에 들어갈 말로 맞는 것은?

06 감정평가사

> 이윤을 최대로 하고자 하는 기업은 (A)와 (B)의 차이를 최대로 하고자 한다. 이를 위하여 기업은 (C)와 (D)가 일치하도록 생산량을 조절한다.

① A: 총수입, B: 한계비용, C: 한계수입, D: 한계비용
② A: 총수입, B: 총비용, C: 한계수입, D: 한계비용
③ A: 평균수입, B: 평균비용, C: 한계수입, D: 한계비용
④ A: 평균수입, B: 평균비용, C: 가격, D: 한계비용

총이윤은 총수입(TR)에서 총비용(TC)을 차감한 값이며, 이러한 총이윤이 극대가 되는 수준은 한계이윤이 '0'이 될 때이다.
- 한계이윤은 한계수입(MR)과 한계비용(MC)이 일치하는 수준에서 '0'의 값을 갖는다.

정답 ②

0039

다음 특징을 지닌 시장의 장기균형에 대한 설명으로 옳은 것은?

17 추가채용 국가직 7급

특징	응답
비가격경쟁 존재	아니다
가격차별화 실시	아니다
차별화된 상품 생산	아니다
새로운 기업의 자유로운 진입 가능	그렇다
장기이윤이 0보다 작으면 시장에서 이탈	그렇다

① 단골고객이 존재한다.

② 규모를 늘려 평균비용을 낮출 수 있다.

③ 시장 참여 기업 간 상호의존성이 매우 크다.

④ 개별 기업은 시장 가격에 영향을 미칠 수 없다.

해설

문제에서 주어진 표의 내용은 동질적인 상품이 거래되며, 일물일가의 법칙이 성립하는 '완전경쟁시장'에서 나타나는 특성들이다. 완전경쟁시장에 자유롭게 참여하는 모든 거래자들은 상품가격에 영향을 주지 못한다. 또한 단기이윤이 0보다 작아도 가격이 평균가변비용보다 높기만하면($P > AVC$) 조업이 가능하지만, 장기이윤이 0보다 작으면 완전경쟁기업은 시장에서 퇴거를 결정하게 된다.

① 단골고객은 상품차별화가 전제되어야만 존재할 수 있다. 따라서 이질적인 상품이 거래되는 과점시장이나 독점적 경쟁시장의 특성이라고 할 수 있다.

② 생산규모의 확대가 평균비용의 하락을 가져오는 규모의 경제는 큰 규모의 생산이 가능한 독점시장에서 볼 수 있는 특성이다.

③ 시장 참여 기업 간 상호의존성이 큰 시장은 소수의 기업이 시장에 참여하는 과점시장의 특성에 해당된다.

정답 ④

0040

완전경쟁시장에 대한 설명으로 가장 옳지 않은 것은?

20 서울시 공개경쟁 7급

① 개별기업이 직면하는 수요곡선은 시장가격에서 그은 수평선이다.

② 단기에서 기업은 초과이윤을 얻을 수 있다.

③ 기업은 한계비용이 상품의 가격보다 낮다면 이윤 증대를 위해 생산량을 늘려야 한다.

④ 기업은 고정비용이 모두 매몰비용일 때 가격이 평균 비용보다 낮다면 생산을 중단한다.

해설

기업이 생산을 중단하는 경우는 상품가격이 평균가변비용보다 낮아지는 경우이다. 따라서 고정비용의 존재 여부는 생산 중단과 관계가 없다.

① 완전경쟁시장에 참여하는 개별기업은 가격수용자이다. 이에 따라 개별기업은 완전탄력적인 수요곡선에 직면하고 그 모습은 시장가격에서 그은 수평선이다.

② 완전경쟁기업도 '$P > AC$' 조건만 충족할 수 있다면 단기에서 초과이윤을 얻을 수 있다. 다만 진입과 퇴거가 자유로운 장기에는 '$P = AC$'가 성립하게 되어 초과이윤은 사라지고 오직 정상이윤만 얻게 된다.

③ 한계비용(MC)이 상품의 가격(P)보다 낮다는 것은 완전경쟁기업의 이윤극대화 조건인 '$P(= MR) = MC$'가 성립하는 수준에 비해 생산량이 작다는 것을 의미한다. 그 이유는 한계비용은 우상향하면서 시장가격수준에서 수평인 한계수입(MR)곡선과 만나기 때문이다. 따라서 현 수준에서 생산량을 증가시키면 기업의 이윤은 증가하게 된다.

정답 ④

0041

X-비효율성과 관련이 없는 것은?

01 입시

① H. Leibenstein이 제시한 개념이다.
② 노동자뿐만 아니라 경영자 측에서도 발생할 수 있다.
③ 책임소재의 명확성이 결여될 때 X-비효율성이 감소한다.
④ 인센티브 제도가 잘 정립될수록 X-비효율성은 감소한다.
⑤ 도덕적 해이가 가능한 상황일수록 X-비효율성이 증대한다.

해설

H. Leibenstein이 제기한 X-비효율성이란 조직의 관료제적 특성으로 인해 발생할 수 있는 방만한 경영 등을 원인으로 초래되는 비효율성을 총칭하는 개념으로 특히 독점시장에서 가장 뚜렷하게 나타난다.

* X-비효율성은 노동자는 물론이고 경영자 측에서도 발생하며, 도덕적 해이를 방지할 수 있는 인센티브(Incentive) 제도 또는 책임소재를 명확히 밝힐 수 있는 제도 등이 정립될수록 그 정도를 감소시킬 수 있다.
* 독점시장은 완전경쟁시장에 비해 우월한 기술력을 바탕으로 R&D에 유리하고 이를 통해 국가 경쟁력의 원천이 되기도 한다. 이처럼 독점시장은 비효율성과 효율성이 불가피하게 공존할 수도 있다. 이러한 독점의 비효율성과 효율성 간의 공존을 윌리암슨의 상충(Williamson's trade-off)이라고 부른다.

정답 ③

0042

완전가격차별하의 독점은?

04 입시

① 이윤을 극대화시킬 뿐만 아니라 최적의 사회후생을 달성시키는 산출량을 생산한다.
② 독점가격과 마찬가지로 후생손실(welfare loss)을 초래한다.
③ 이윤을 극대화하지만 사회적 후생을 최적화하는 산출량수준을 생산하지 않는다.
④ 이윤을 극대화시킬 뿐만 아니라 소비자 잉여와 생산자 잉여를 증가시킨다.

해설

완전가격차별은 구입단위별로 상이한 가격(수요가격)으로 판매하는 것을 의미하며 1급 가격차별이라고도 한다.

* 완전가격차별이 이루어지면 수요곡선이 곧 기업의 한계수입(MR)이 된다. 이에 따라 시장수요곡선(=한계수입곡선)과 한계비용(MC) 곡선이 만나는 점에서 균형이 달성되어, P = MC를 만족하게 되어 최적의 효율적인 자원배분이 이루어짐으로써 독점시장에서 발생할 수 있는 사회적 후생손실(Welfare loss)이 사라진다.
* 완전가격차별의 결과 소비자 잉여의 전부가 생산자 잉여로 전환된다.

정답 ①

0043

가격차별과 관련된 다음 설명 중 옳지 않은 것은? 10 국회 8급

① 제 2급 가격차별은 정보의 비대칭성과 무관하다.

② 소비자를 수요의 가격탄력성 등 특성에 따라 집단별로 구분하지 못하면 가격차별을 할 수 없다.

③ A, B 두 시장에서 가격차별로 이윤극대화를 하려면 $MR_A = MR_B = MC$의 조건이 만족되어야 한다(MR_A: A시장에서의 한계수입, MR_B: B시장에서의 한계수입, MC: 한계비용).

④ 제1급 가격차별 하에서 소비자 잉여는 전혀 존재하지 않는다.

⑤ 가격차별이 반드시 나쁜 것은 아니고 경우에 따라서는 가격차별로 인해 사회후생이 증대될 수 있다.

해설

제2급 가격차별에서는 판매자가 소비자의 수요가격에 대한 정보를 모르는, 정보의 비대칭성으로 인해 현실에서 나타나는 구입량에 따라 소비자의 성향이 파악되는 가격차별이 이루어진다.
- 제1급 가격차별은 판매자가 각각의 구입단위에 대한 소비자의 수요가격에 대해 정확히 알고 있다는 것을 전제한다. 이러한 제1급 가격차별을 하게 되면 시장 균형이 P = MC 수준에서 성립되어 다른 형태의 가격차별에서와는 달리 자원 배분의 효율성을 달성하게 된다. 다만 소비자 잉여는 모두 생산자 잉여로 전용되어 소비자 잉여는 존재하지 않게 된다.
- 제3급 가격차별은 판매자가 시장수요곡선을 통해 각 시장에 속해 있는 소비자의 가격에 대한 반응성향인 수요의 가격탄력성을 알고 있다는 것을 전제한다.

정답 ①

0044

다음의 괄호 안에 들어갈 말로 옳은 것은? 05 7급

> 자연독점에서는 평균비용이 (㉠)하므로, 한계비용곡선은 평균비용곡선보다 (㉡)

	(㉠)	(㉡)
①	감소	위에 놓여있다.
②	감소	아래에 놓여있다.
③	증가	위에 놓여있다.
④	증가	아래에 놓여있다.

해설

자연독점은 장기에 생산규모의 증대에 따라 장기평균비용이 지속적으로 하락하는 규모의 경제가 존재할 때 성립한다.
- 한계비용곡선은 감소하다가 증가하면서 평균비용곡선의 극소점을 지나므로 이에 따라 평균비용이 하락하면 한계비용곡선은 반드시 평균비용곡선 아래에 위치하게 된다.

정답 ②

0045

자연독점에 대한 설명으로 가장 적절한 것은? 05 CPA

① 생산량이 증가할수록 자연독점기업의 평균비용은 증가한다.

② 자연독점기업이 부과할 가격을 평균비용과 일치하도록 규제한다면, 이 독점기업의 이윤은 0이 되고, 자원배분의 비효율성이 초래된다.

③ 규제완화정책으로 자연독점시장에 여러 기업이 진입하여 서로 경쟁하도록 하면 개별 기업의 평균비용은 하락하게 된다.

④ 자연독점기업이 부과할 가격을 한계비용과 일치하도록 규제한다면, 이 독점기업은 양(+)의 이윤을 얻고 경제적 효율성을 달성한다.

해설

생산규모가 확대될 때 장기평균비용이 지속적으로 하락하는 규모의 경제가 성립하는 경우 자연독점은 성립한다. 만약 여러 기업이 진입하여 서로 경쟁을 한다면 개별 기업은 규모의 경제의 이점을 살리지 못하게 되므로 평균비용은 상승하게 된다(①, ③).

- 정책당국이 자연독점기업에게 한계비용(MC) 또는 평균비용(AC) 수준으로 가격규제를 실시하는 경우를 그림으로 나타내면 다음과 같다.

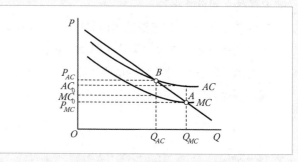

- 자연독점기업이 부과할 가격을 한계비용과 일치하도록 규제(A점)한다면 $P_{MC} = MC$를 만족하여 최적 생산이 이루어지는 경제적 효율성은 달성되지만, $P_{MC} < AC_0$가 되어 이 독점기업은 손실을 보게 된다(④).
- 자연독점기업이 부과할 가격을 평균비용과 일치하도록 규제(B점)한다면 $P_{AC} = AC$가 되어 이윤은 0이 되고, $P_{AC} > MC_0$이 되어 최적 생산이 이루어지지 못하는 자원배분의 비효율성이 나타난다(②).

정답 ②

0046

자연독점에 대한 설명으로 가장 옳지 않은 것은? 19 서울시 7급

① 규모의 경제가 있을 때 발생할 수 있다.

② 평균비용이 한계비용보다 크다.

③ 생산량 증가에 따라 한계비용이 반드시 하락한다.

④ 가격을 한계비용과 같게 설정하면 손실이 발생할 수 있다.

해설

자연독점은 생산량 증가(생산규모 확대)에 따라 평균비용이 지속적으로 하락하는 규모의 경제가 존재하는 산업에 발생한다(①).

- 일반적으로 'U자형'의 한계비용은 생산량 증가(생산규모 확대)에 따라 하락하다가 상승하면서 'U자형'의 평균비용의 최저점을 지나는 모습을 보인다. 이에 따라 규모의 경제가 발생하는 구간에서 평균비용은 반드시 한계비용보다 큰 값을 갖게 된다(②).
- 규모의 경제가 존재하는 구간에서 한계비용은 하락하다가 상승하면서 평균비용의 최저점을 지나게 된다. 따라서 생산량 증가에 따라 상승하는 구간도 존재하게 된다(③).
- 규모의 경제가 존재하는 구간에서 가격을 한계비용과 같게 설정하게 되면, 평균비용과 다음과 같은 관계가 성립한다.

> - $P = MC < AC$
> - 여기서 P는 가격, MC는 한계비용, AC는 평균비용이다.

이에 따라 '$P < AC$'가 성립하게 되어 자연독점기업은 손실을 보게 된다(④).

정답 ③

0047

독점적 경쟁시장에 대한 설명으로 옳지 않은 것은?

14 국가직 7급

① 진입장벽이 존재하지 않기 때문에 기업의 진입과 퇴출은 자유롭다.
② 개별 기업은 차별화된 상품을 공급하며, 우하향하는 수요곡선에 직면한다.
③ 개별 기업은 자신의 가격책정이 다른 기업의 가격결정에 영향을 미친다고 생각하면서 행동한다.
④ 개별 기업은 단기에는 초과이윤을 얻을 수 있지만, 장기에는 정상이윤을 얻는다.

해설

기업의 가격이나 생산량이 다른 기업의 행동에 영향을 주는 기업 간 상호의존성이 높은 시장의 형태는 과점시장이다.

정답 ③

0048

다음 중 과점시장의 특성과 가장 거리가 먼 것은? 02 7급

① 상품의 가격이 경직적인 경우가 많다.
② 기업 간의 강한 상호의존성이 존재한다.
③ 가격선도기업과 추종기업들을 흔히 목격할 수 있다.
④ 과점시장에서 결성된 카르텔은 지속적인 경우가 많다.

해설

과점시장의 특징은 다음과 같이 요약할 수 있다.
㉠ 소수의 기업이 전체 시장을 지배하는 시장 형태로 인하여 기업 간에 강한 상호의존성을 갖는다. 즉 한 기업의 생산량과 가격의 변화는 다른 기업에게 큰 영향을 미치게 된다. 이에 따라 기업 간에는 전략적 상황이 빈번하게 발생하게 된다(②).
㉡ 기업 간에 발생하는 전략적 상황에서 벗어나기 위한 담합(카르텔 형성)에 대한 강한 유인이 존재한다. 선도기업의 의사결정을 추종기업이 묵시적으로 따르는 것도 그 유형의 하나이다. 그러나 이러한 담합(카르텔 형성)은 내재적 불안정성으로 인해 장기적으로 지속되기가 어렵다(③, ④).
㉢ 가격 경쟁이 어려워 가격의 경직성이 강하게 나타난다(①).

정답 ④

0049

다음 중 과점시장 모델에서 추측된 변화(conjectural variation)에 대한 설명으로 옳지 않은 것을 모두 고르면?

08 지방직 7급

> ㄱ. 쿠르노(Cournot) 모형에서는 산출량의 추측된 변화가 0이라고 가정한다.
> ㄴ. 베르뜨랑(Bertrand) 모형에서는 가격의 추측된 변화가 1이라고 가정한다.
> ㄷ. 스위지(Sweezy)의 굴절수요곡선 모형에서는 가격 인하를 시도할 때 가격의 추측된 변화는 양의 값을 갖는다.

① ㄱ, ㄷ   ② ㄷ
③ ㄴ, ㄷ   ④ ㄴ

해설

쿠르노(Cournot) 모형에서는 상대 기업의 '산출량'을 주어진 것으로 전제하므로 산출량의 추측된 변화는 '0'이 된다(ㄱ).
• 베르뜨랑(Bertrand) 모형에서는 상대 기업의 가격을 주어진 것으로 전제하므로 가격의 추측된 변화는 '0'이 된다(ㄴ).
• 스위지(Sweezy)의 굴절수요곡선 모형에서 가격 인하를 시도할 때 상대 기업도 가격을 인하하여 '동일한' 방향으로 조절하므로 가격의 추측된 변화는 '양(+)'의 값을 갖는다(ㄷ).

정답 ④

0050

상품시장과 경쟁에 대한 설명으로 가장 옳지 않은 것은?

18 서울시 공개경쟁 7급

① 최소효율규모(minimum efficient scale)란 평균비용곡선의 최저점이 나타나는 생산수준이다.

② 꾸르노 경쟁(Cournot competition)에서는 각 기업이 상대방의 현재가격을 주어진 것으로 보고 자신의 가격을 결정하는 방식으로 경쟁한다.

③ 부당염매행위(predatory pricing)는 일시적 출혈을 감수하면서 가격을 낮춰 경쟁기업을 몰아내는 전략이다.

④ 자연독점(natural monopoly)은 규모의 경제가 현저해 두 개 이상의 기업이 살아남기 어려워 형성된 독점체계이다.

해설

'꾸르노 경쟁(Cournot competition)'에서는 각 기업이 상대방의 '생산량'을 주어진 것으로 보고 자신의 '생산량'을 결정하는 방식으로 경쟁한다.

· 각 기업이 상대방의 '현재가격'을 주어진 것으로 보고 자신의 '가격'을 결정하는 방식으로 경쟁하는 것은 '베르뜨랑 경쟁(Bertrand competition)'이다.

정답 ②

AK Tip | 비용할증 가격결정 원리(Full-cost or mark-up pricing principle)

R. C. Hall과 C. J. Hitch에 의해 주장된 과점기업의 비용할증 가격결정 원리에 따르면 전통적인 한계 원리에 따른 '$MR=MC$ 수준에서 가격을 결정하지 않고 '$P=AC \times (1 + 이윤부가율)$'에 의해 결정된다. 이러한 비용할증 가격결정 원리에 따르면 기업의 이윤극대화를 위한 기술적인 가격결정 원리로 기업에 의해 일방적으로 가격이 결정된다. 이에 따라 소비자의 의사가 무시되고 기업만의 논리에 의한 생산자 주권이 반영된다.

0051

다음의 게임이론과 관련된 내용 중 틀린 것은? 06 7급

① 우월전략을 찾을 수 없는 경우에도 내쉬균형 전략은 찾을 수 있다.

② 내쉬균형 전략이란 상대방의 전략이 주어져 있을 때 자신의 입장에서 최적인 전략을 뜻한다.

③ 완전균형이란 내쉬조건을 충족하는 전략의 짝을 뜻한다.

④ 우월전략이란 상대방이 어떤 전략을 선택하느냐에 관계없이 자신에게 언제나 더 유리한 결과를 가져다주는 전략이다.

⑤ 내쉬조건은 상대방이 현재의 전략을 그대로 유지한다고 할 때, 자신만 일방적으로 전략을 바꿈으로써 이득을 볼 수 없다는 조건이다.

해설

완전균형은 내쉬조건을 충족한 조합 중에서 '신뢰성 조건'까지 충족한 조합을 의미한다.

· 우월전략 균형은 내쉬균형도 달성하지만, 그 역(-)의 관계는 성립하지 않는다.

정답 ③

0052

죄수의 딜레마(Prisoner's dilemma) 모형에 대한 설명으로 옳은 것은?

08 국가직 7급

① 우월전략이 존재하지 않는다.

② 완전경쟁시장에서의 기업 간 관계를 잘 설명할 수 있다.

③ 죄수의 딜레마 상황이 무한 반복되는 경우 참가자들 간의 협조가 더 어려워진다.

④ 과점기업들이 공동행위를 통한 독점이윤을 누리기 어려운 이유를 잘 설명할 수 있다.

죄수의 딜레마는 과점시장에서 서로 담합(협조)을 약속한 당사자들이 막상 최종적인 의사결정을 할 때는 담합 약속을 지키는 것보다는 위반하는 것이 더 유리하다는 판단 하에 애초의 담합 약속을 지키지 않고자 하는 유인이 존재하고, 이에 따라 당사자 간에 사전 담합 내용이 잘 지켜지지 않고 '담합이 쉽게 이루어지는 것만큼 쉽게 깨지는 것'을 비유적으로 설명한 예이다.

• 다만 죄수의 딜레마 상황이 무한 반복되는 경우에는 담합 약속을 위반하게 되면 동일한 다음 상황에서는 상대방에게 보복을 당할 수 있다는 불이익 때문에 쉽게 담합 약속을 위반할 수 없어 상대적으로 참가자들 간의 협조가 잘 이루어지게 된다.

정답 ④

0053

카르텔에 대한 다음 설명 중 옳지 않은 것은?

12 국회 8급

① 일회적인 용의자의 딜레마 게임 상황과 같이 기본적으로 카르텔은 붕괴할 위험이 존재한다.

② 유한반복게임의 상황을 도입하더라도 여전히 카르텔의 불안정성은 제거되지 않는다.

③ 카르텔의 시장균형조건은 한계수입과 각 기업의 한계비용의 합이 같다는 것이며 이 조건 하에서 총산출량과 시장가격이 결정된다.

④ 카르텔의 시장균형조건 하에서 각 기업의 산출량은 시장점유율에 비례하여 할당되어야 한다.

⑤ 카르텔의 이윤극대화조건은 독점시장에서의 다공장 독점의 이윤극대화조건과 동일하다.

개별 기업의 한계비용이 일정한 수준에서 동일한 경우에서는 카르텔의 시장균형조건이 다음과 같아진다.

$$MR = MC_1 = MC_2 = \ldots\ldots$$

이에 따라 한계수입과 각 기업의 한계비용의 '합'이 같은 것이 아니라, 한계수입과 '각 기업의 한계비용'이 같은 것이다.

• 만약 개별 기업의 한계비용이 체증하면서 서로 다른 경우에는 개별 기업의 한계비용을 수평으로 합하여 시장 전체 한계비용을 도출하고, 이렇게 도출된 한계비용과 한계수입이 일치하는 수준에서 총산출량과 시장가격이 결정된다. 이 경우에도 여전히 '$MR = MC_1 = MC_2 = \ldots\ldots$' 조건은 성립한다.

정답 ③

THEME 06 요소시장과 분배이론

0054

노동수요곡선에 대한 설명으로 옳은 것을 <보기>에서 모두 고르면?

15 국회 8급

보 기

ㄱ 노동의 한계생산물이 빠르게 체감할수록 노동수요는 임금 탄력적이 된다.

ㄴ 생산물에 대한 수요가 증가하면 노동수요곡선이 우측으로 이동한다.

ㄷ 노동 1단위당 자본량이 증가하면 노동수요곡선이 좌측으로 이동한다.

① ㄱ   ② ㄴ

③ ㄱ, ㄴ   ④ ㄴ, ㄷ

⑤ ㄱ, ㄴ, ㄷ

해 설

생산요소에 대한 수요는 생산물 시장의 상태에 영향을 받는 '파생수요'이다. 이에 따라 생산물에 대한 수요가 증가하게 되면, 생산물을 생산하기 위해 필요한 노동에 대한 수요도 증가하게 되어 노동수요곡선이 우측으로 이동하게 된다(ㄴ).

• 노동 투입 증가에 따라 노동의 한계생산물이 빠르게 체감하게 되면, 임금이 하락한다고 하더라도 노동수요를 증가시킬 유인이 적어진다. 이에 따라 노동수요는 임금에 대해 비탄력적이 된다(ㄱ).

• 노동에 대한 수요는 생산물 시장으로부터 기인하는 파생수요이다. 이에 따라 노동 1단위당 자본량이 증가하면 생산물 시장에서 노동의 한계생산물이 증가하게 되어, 노동수요가 증가하게 되어 노동수요곡선은 우측으로 이동한다(ㄷ).

정답 ②

0055

다음 <보기> 중 경제학에서 사용하는 '한계(marginal)'와 관련된 설명으로 옳은 것은 모두 몇 개인가?

14 국회 8급

보 기

ㄱ. 한계대체율은 동일한 효용수준을 유지하면서 한 재화 소비량을 한 단위 증가시키기 위하여 감소시켜야 하는 다른 재화의 수량을 의미한다.

ㄴ. 한계개념은 수학의 도함수 개념을 응용한 것이다.

ㄷ. 한계요소비용은 평균요소비용곡선의 기울기로 측정된다.

ㄹ. 한계비용은 생산을 한 단위 더 할 때의 비용의 변화액이다.

ㅁ. 한계생산은 생산요소를 한 단위 더 투입할 때의 생산의 변화량이다.

① 1개   ② 2개

③ 3개   ④ 4개

⑤ 5개

해 설

한계요소비용은 총요소비용의 접선의 기울기로 측정된다(ㄷ).

정답 ④

0056

다음 중 경제지대에 관한 설명 중 옳은 것은?   01 CPA

① 일반적으로 지대추구행위는 수요측면의 확대를 도모하고자 하는 행위를 말한다.
② 지대추구행위는 효율성과 형평성을 제고시켜 사회복지 증진에 기여한다.
③ 완전경쟁적인 생산요소시장에서는 경제지대가 발생하지 않는다.
④ 공급곡선이 수평에 가까울수록 경제지대는 줄어든다.
⑤ 전용수입(이전수입)이 커질수록 경제지대도 커진다.

요소공급곡선이 수직에 가까울수록 경제지대가 커지고(이전수입이 작아지고), 수평에 가까울수록 경제지대는 작아진다(이전수입은 커진다)(④, ⑤). 이때 경제지대는 다음과 같이 측정된다.

경제지대(rent) = 그 요소가 받는 총 보수 - 이전수입(전용수입)

• 이전수입(전용수입)이란 요소가 다른 용도로 전용되어 사용되는 것을 막기 위해 지불해야 하는 최소한의 보수크기를 의미한다.
• 지대추구행위란 특정 생산요소시장에의 진입장벽을 높이는 행위로서 이로 인해 공급측면의 축소를 통해 높은 소득(경제지대)을 추구하는 행위이다. 이로 인해 자원배분을 왜곡하여 사회후생을 저해하는 요인으로 작용하게 된다(①, ②).
• 완전경쟁기업이 직면하는 요소공급곡선은 수평이지만 완전경쟁 '시장'의 요소공급곡선은 우상향한다. 따라서 시장 전체에서의 경제지대는 여전히 발생하게 된다(③).

정답 ④

0057

소득분배의 불평등 정도를 나타내기 위해 가장 많이 사용되는 지표는?   12 지방직 7급

① 엥겔(Engel) 계수
② 샤프 지수(Sharpe's ratio)
③ 지니(Gini) 계수
④ 빅맥 지수(Big Mac index)

지니(Gini) 계수는 로렌츠 곡선을 이용하여 불평등의 정도를 수치로 나타낸 것이다. 지니 계수는 $0 \leq G \leq 1$의 값을 가지며, 그 수치가 1에 가까울수록 불평등의 정도가 크다는 것을 의미한다.
① 엥겔(Engel) 계수는 가계소득에서 지출된 음식물비가 차지하는 비율을 의미한다.
② 샤프 지수(Sharpe's ratio)는 위험이 존재하는 자산에 투자된 펀드의 초과수익이 얼마인가를 측정하는 지표를 의미한다.
④ 빅맥 지수(Big Mac index)는 각 국에서 판매되는 맥도널드의 빅맥 가격을 현재의 대미 달러 환율을 전제로 하여 달러로 환산한 값을 의미한다. 이 값을 미국의 빅맥 가격과 비교하여 현재의 환율이 구매력 평가설에 따른 적정한 환율인가를 판단하게 된다.

정답 ③

0058

소득 불평등 지표에 대한 설명으로 옳지 않은 것은?   18 국가직 9급

① 10분위분배율의 값이 커질수록 더 평등한 분배 상태를 나타낸다.
② 로렌츠곡선이 대각선과 일치할 경우 지니 계수는 0이다.
③ 지니 계수가 $\frac{1}{2}$이면 소득 분배가 완전히 균등하다.
④ 지니 계수의 값이 커질수록 더 불평등한 분배 상태를 나타낸다.

지니 계수는 로렌츠 곡선을 전제로 해서 소득 분배의 평등도를 기수적으로 평가한 지표이다.
• 로렌츠 곡선은 대각선에서 멀어질수록 불균등의 정도가 크다는 것을 의미하고, 지니 계수는 '$0 \leq G \leq 1$'의 값을 가지며, 그 수치가 1에 가까울수록 불평등의 정도가 크다는 것을 의미한다. 즉 로렌츠 곡선이 대각선에서 가장 멀어져 직각선의 모습을 보이면 이때 지니 계수는 '1'의 값을 갖게 되어 완전 불평등한 소득 분배를 보이게 된다.
• 로렌츠 곡선이 완전평등선을 의미하는 대각선과 겹치는 경우 지니 계수는 '0'의 값을 갖게 되고 완전 평등한 소득 분배를 보이게 된다.
• 10분위분배율은 '$0 \leq G \leq 2$'의 값을 가지며, 그 값이 커질수록 더욱 평등한 분배 상태를 나타낸다.

정답 ③

0059

최근 소득 불평등에 대한 사회적 관심이 커지고 있다. 소득 불평등 측정과 관련한 다음의 설명 중 가장 옳은 것은?

18 서울시 공개경쟁 7급

① 10분위 분배율의 값이 커질수록 소득 분배가 불평등하다는 것을 의미한다.
② 지니 계수의 값이 클수록 소득 분배는 평등하다는 것을 의미한다.
③ 완전 균등한 소득 분배의 경우 앳킨슨 지수 값은 0이다.
④ 로렌츠 곡선이 대각선에 가까워질수록 소득 분배는 불평등하다.

소득 불평등 측정과 관련된 지표를 정리하면 다음과 같다.

지표	평가
10분위 분배율	작을수록(클수록) 불평등(평등)하다. $0 \leq$ 10분위 분배율 ≤ 2
5분위 분배율	클수록(작을수록) 불평등(평등)하다. $1 \leq$ 5분위 분배율 $\leq \infty$
로렌츠 곡선	대각선에서 멀어질수록(가까울수록) 불평등(평등)하다.
지니 계수	클수록(작을수록) 불평등(평등)하다. $0 \leq$ 지니 계수 ≤ 1
앳킨슨 지수	클수록(작을수록) 불평등(평등)하다. $0 \leq$ 앳킨슨 지수 ≤ 1

정답 ③

THEME 07 | 일반균형과 시장의 실패

0060

A, B, C 3인으로 구성된 경제상황에서 가능한 자원배분 상태와 각 상태에서의 3인의 효용이 <보기>와 같다. 다음 중 각 자원배분 상태를 비교했을 때 파레토 효율적이지 않은 자원배분 상태를 모두 고르면?

16 국회 8급

자원배분 상태	A의 효용	B의 효용	C의 효용
가	3	10	7
나	6	12	6
다	13	10	3
라	5	12	8

① 가
② 나, 다
③ 가, 다, 라
④ 나, 다, 라
⑤ 가, 나, 다, 라

해설

만약 '가' 상태에서 '라' 상태로 가면 다른 어떤 사람의 효용을 감소시키지 않아도 모두의 효용을 증가시킬 수 있다. 따라서 '가' 상태는 파레토 효율상태가 아니다.

• 만약 '나' 상태에서 '다' 상태로 가면 비록 A의 효용은 증가하지만 B와 C의 효용은 모두 감소하게 된다. 이에 따라 '나' 상태는 파레토 효율상태에 해당한다.

정답 ①

AK Tip 발라(L. Walras)의 법칙

발라(또는 왈라스) 법칙은 어떠한 가격체계 하에서도 시장 전체의 초과수요의 합은 항상 0이라는 것이다. 따라서 n개의 시장이 있을 때 $(n-1)$개의 시장이 균형이라면 나머지 하나의 시장은 당연히 균형이 성립하게 된다. 주의할 것은 시장 전체의 초과수요의 합이 0이 되어 전체 시장이 균형이 되어도 개별 시장 모두가 균형이 도달해 있다는 것을 의미하는 것은 아니라는 점이다. 이러한 내용은 당연히 개인이 예산제약 범위 내에서 합리적 선택을 한다는 것을 전제한다.

0061

에지워드 상자도 내의 소비 계약 곡선의 설명 중 틀린 것은?

03 7급

① 두 소비자의 무차별곡선이 접하는 점의 궤적이다.
② 소비 계약 곡선 상에서 두 소비자의 한계대체율은 같다.
③ 소비 계약 곡선 상에서는 모든 점들은 파레토 효율적이다.
④ 소비 계약 곡선 상에서 두 소비자의 예산선의 기울기는 다르다.

해설

소비 계약 곡선은 두 소비자의 한계대체율이 일치하여 파레토 최적을 달성하는 점들로부터 도출된다.

• 개별소비자의 소비자 균형은 이러한 한계대체율과 상대가격이 일치하는 수준에서 이루어진다. 여기서 상대가격은 소비자의 의사와 관계없이 시장에서 결정되는 객관적인 교환조건이다. 따라서 모든 소비자에게 상대가격은 동일하다.

• 소비자의 예산선(=가격선)의 기울기가 곧 상대가격이므로 두 소비자의 예산선의 기울기는 동일해진다.

정답 ④

0062

두 제품만 생산할 수 있는 경제의 생산가능곡선에 대한 설명으로 가장 옳지 않은 것은?
20 서울시 공개경쟁 7급

① 생산 비효율적인 생산점이 생산 효율적인 생산점으로 이동하기 위해서는 경제성장이 이루어져야 한다.

② 생산가능곡선이 원점에 대하여 오목하다면 생산 효율적인 생산점에서 한 제품을 더 생산할수록 기회비용이 점점 커진다.

③ 이 경제에서 생산하는 두 제품에서 기술진보가 이루어진다면 생산가능곡선이 바깥쪽으로 이동한다.

④ 생산가능곡선이 직선이라면 두 제품의 기회비용은 일정하다.

비효율적인 생산점에서 효율적인 생산점으로 이동하기 위해서는 생산가능곡선 자체의 이동 없이 생산가능곡선 내부의 한 점에서 생산가능곡선 상의 한 점으로 이동하면 된다. 이 경우 생산가능곡선 자체의 바깥쪽으로의 이동은 불필요하므로 별도의 경제성장이 이루어질 필요도 없다.

② 생산가능곡선이 원점에 대하여 오목(볼록)하면 생산 효율적인 생산점인 생산가능곡선 상의 한 점에서의 접선 기울기인 한계변환율(MRT)이 체감(체증)하게 된다. 여기서 한계변환율은 한 제품을 더 생산하기 위해서 포기해야 하는 기회비용으로 다른 상품의 수량으로 측정된다.

③ 생산가능곡선이 바깥쪽으로 이동하는 경우는 부존자원이 증가하거나 기술진보가 이루어지는 경우이다.

④ 두 제품의 기회비용(=한계변환율)은 생산가능곡선 상의 한 점에서 접선의 기울기로 측정할 수 있다. 그런데 생산가능곡선이 직선이라면 모든 점에서 접선의 기울기는 일정한 값을 갖게 되므로 두 제품의 기회비용은 일정하게 된다.

정답 ①

0063

효율적 자원배분 및 후생에 대한 설명으로 옳은 것은?

12 국가직 7급

① 후생경제학 제1정리는 효율적 자원배분이 독점시장인 경우에도 달성될 수 있음을 보여 준다.

② 후생경제학 제2정리는 소비와 생산에 있어 규모의 경제가 있으면 완전경쟁을 통해 효율적 자원배분을 달성할 수 있음을 보여준다.

③ 롤스(J, Rawls)의 주장에 따르면 사회가 A, B 두 사람으로 구성되고 각각의 효용을 U_A, U_B라 할 때, 사회후생함수는 $SW = \min(U_A, U_B)$로 표현된다.

④ 차선의 이론에 따르면 효율적 자원배분을 위해 필요한 조건을 모두 충족하지 못한 경우, 더 많은 조건을 충족하면 할수록 더 효율적인 자원배분이다.

롤스(J, Rawls)의 주장에 따르면 사회후생의 크기는 사회 최빈자의 효용(후생) 크기에 의해 결정된다고 한다. 이에 따라 최빈자의 후생 증진이 없이 다른 사람의 후생이 아무리 크게 증가한다고 하더라도 사회 전체의 후생 크기는 변화가 없게 된다.

① 후생경제학 제1정리는 시장구조가 완전경쟁적이고 시장이 제 기능을 다한다고 한다면 이때 달성되는 균형에서의 자원배분은 파레토 효율을 달성한다는 것이다.

② 후생경제학 제2정리는 목표 파레토 효율 상태가 주어질 때, 초기의 부존자원을 적절히 재분배할 수만 있다면 효율성을 희생시키지 않아도 자원배분의 공평성도 달성되는 파레토 효율을 달성할 수 있다는 것이다.

④ 차선의 이론에 따르면 효율적 자원배분을 위해 필요한 조건을 모두 충족하지 못한 경우, 더 많은 조건을 충족한다고 하더라도 사회적으로 더 바람직한 상태가 된다는 것은 아니다.

정답 ③

AK Tip 차선의 이론

> R. Lipsey와 K. Lancaster에 의해 주장된 '차선의 이론'에 따르면 k개의 조건이 만족되면 자원배분의 효율성이 이루어지는 경우에, 만약 (k - 1)개의 조건이 만족된다고 하더라도 그것이 반드시 차선의 결과가 되는 것은 아니다. 예컨대 k개의 효율성 조건 중에서 두 조건이 충족되지 못하고 있는 상황이 세 조건이 충족되지 못하고 있는 상황에 비해 반드시 더 우월한 것은 아니라는 것이다. 이러한 '차선의 이론'은 효율성과 관련된 우리의 직관이 틀릴 수 있음을 지적하고, 비합리성의 부분적인 제거를 통한 점진적인 접근법을 통한 제도 개혁이 예기치 않은 난관에 부딪칠 수 있음을 보여준다.

0064

점수투표제란 투표자가 각 대안에 대해 자신의 선호 정도를 점수로 표시하여 투표하고 가장 많은 점수를 획득한 대안이 최종적으로 선택되는 방식을 의미한다. <보기>의 표는 각 투표자가 10점을 후보 A, B, C에 대한 선호에 따라 나누어 배분하는 방식으로 표시하였다. <보기>와 같은 상황에서 당선되는 후보는?

16 국회 8급

보기

- 투표자1~투표자5는 진실하게 자신의 선호를 표시하여 투표에 임한다.
- 투표자6은 다른 투표자들의 점수 배점에 대한 정보를 보유하고 있다.
- 투표자6은 자신에게 유리한 결과를 이끌고자 전략적 행동을 취하여 투표에 임한다.

	투표자 1	투표자 2	투표자 3	투표자 4	투표자 5	투표자 6
후보 A	3	3	3	1	7	2
후보 B	6	4	5	7	0	1
후보 C	1	3	2	2	3	7

① 후보 A
② 후보 B
③ 후보 C
④ 후보 A와 후보 C 모두 가능
⑤ 세 후보 모두 가능

해 설

투표자1~투표자5가 진실하게 자신의 선호를 표시하여 투표에 임하게 되면, 후보 A는17점, 후보 B는 22점, 후보 C는 11점을 얻게 된다. 이에 따라 투표자 6이 가장 선호하는 후보 C에게 10점을 모두 주어도 21점밖에 안 되어 후보 B가 선택된다.

- 따라서 투표자 6은 자신에게 유리한 결과를 이끌어내고자 전략적 행동을 취함으로써 자신이 두 번째로 선호하는 후보 A가 당선될 수 있도록 최소 6점 이상을 배분하여 선택되게 할 것이다.

정답 ①

0065

시장실패(market failure)에 대한 설명으로 옳은 것만을 모두 고른 것은?

17 지방직 7급

ㄱ. 사회적으로 효율적인 자원배분이 이루어지지 않는 경우이다.
ㄴ. 공공재와 달리 외부성은 비배제성과 비경합성의 문제로부터 발생하는 시장실패이다.
ㄷ. 각 경제주체가 자신의 이익을 위해서만 행동한다면 시장실패는 사회 전체의 후생을 감소시키지 않는다.

① ㄱ   ② ㄴ
③ ㄱ, ㄷ   ④ ㄴ, ㄷ

해 설

시장의 실패란 희소한 자원이 효율적으로 배분되지 못하는 상황을 의미한다.

- 시장실패의 주요 원인은 각 경제주체들이 사회 전체의 이익이 아닌 자신의 이익을 위해서만 행동하는 데서 비롯된 것이고, 이로 인해 사회 후생을 감소시키는 결과를 초래하게 된다(ㄷ).
- 비배제성과 비경합성의 문제로부터 발생하는 시장실패는 외부성이 아닌 공공재와 관련된다(ㄴ).

정답 ①

0066

외부성의 예로 옳지 않은 것은? 11 지방직 7급

① 브라질이 자국의 커피수출을 제한하여 한국의 녹차가격이 상승한다.
② 현란한 광고판이 운전자의 주위를 산만하게 하여 사고를 유발한다.
③ 제철회사가 오염된 폐수를 강에 버려 생태계가 변화된다.
④ 아파트 층간 소음이 이웃 주민들의 숙면을 방해한다.

브라질이 자국의 커피수출을 제한하면 한국의 커피시장에서는 커피공급이 감소하여 커피가격이 상승하게 된다. 이에 따라 커피와 대체관계에 있는 녹차에 대한 수요가 증가하여 녹차가격이 상승하게 된다.
• 이러한 모든 과정은 시장기구의 작동에 따라 발생하는 것이므로 외부성과는 관계없게 된다.

정답 ①

0067

다음 중 ⊙~ⓒ에 들어갈 용어로 적합한 것은? 12 국가직 9급

> 양(+)의 외부성(positive externality)으로 인한 (⊙)생산 문제는 (ⓒ)을 통해 (ⓒ)시킴으로써 해결할 수 있다.

	⊙	ⓒ	ⓒ		⊙	ⓒ	ⓒ
①	과소	세금	외부화	②	과잉	세금	내부화
③	과잉	보조금	외부화	④	과소	보조금	내부화

생산에서 양(+)의 외부성이 발생하게 되면 시장 생산량은 사회적 최적생산량 수준에 비해 '과소생산'되고, 이러한 문제는 생산자에게 '보조금'의 지급을 통해 해결할 수 있다.
• 생산자는 지급된 보조금을 생산비를 절감시키는 요인으로 인식하게 되고, 이를 생산조건에 반영하게 되는데 이러한 과정을 '내부화'한다고 한다.

정답 ④

0068

외부효과를 내부화하는 사례로 가장 거리가 먼 것은?

13 서울시 7급

① 독감예방주사를 맞는 사람에게 보조금을 지급한다.
② 배출허가권의 거래를 허용한다.
③ 환경기준을 어기는 생산자에게 벌금을 부과하는 법안을 제정한다.
④ 초・중등 교육에서 국어 및 국사 교육에 국정교과서 사용을 의무화한다.
⑤ 담배 소비에 건강세를 부과한다.

국정교과서 사용을 의무화한다는 것은 정부에 의한 직접 규제에 해당되는 것이므로 외부효과의 내부화와는 무관하다.

정답 ④

0069

외부효과(또는 외부성)와 관련된 설명 중에서 옳지 않은 것은?

15 서울시 7급

① 부정적 외부효과가 존재할 때 정부의 정책은 시장의 자원 배분 기능을 개선할 수 있다.

② 긍정적인 외부효과가 존재할 때 정부의 정책은 시장의 자원 배분 기능을 개선할 수 있다.

③ 시장실패는 부정적 외부효과의 경우뿐만 아니라 긍정적 외부효과의 경우에도 발생한다.

④ 정부의 정책개입이 없다면 부정적 외부효과가 존재하는 재화는 사회적으로 바람직한 수준보다 과소 공급된다.

해설

시장실패로 인한 외부효과가 존재하면 정부의 조세정책(부정적 외부효과의 경우)이나 보조금정책(긍정적 외부효과의 경우)을 통해 자원을 보다 효율적으로 배분할 수 있다.

• 정부의 정책개입이 없다면 부정적 외부효과인 경우에는 재화는 사회적으로 바람직한 수준보다 과잉 공급되고, 긍정적 외부효과인 경우에는 과소 공급된다.

정답 ④

0070

외부효과에 대한 설명 중 옳은 것을 모두 고르면?

16 서울시 7급

> ㄱ. 외부효과는 시장실패의 전형적인 사례로 볼 수 있다.
>
> ㄴ. 외부효과가 발생하는 경우 한 기업의 생산 활동이 다른 경제주체의 후생을 변화시키며, 동시에 이에 대하여 적절한 보상이 이루어진다.
>
> ㄷ. 코즈(Coase)정리에 의하면 소유권이 명백하게 정의되고 협상에 비용이 들지 않는다면, 외부효과를 발생시키는 주체와 그 피해를 입는 주체 간의 협상을 통하여 자원의 효율적 배분이 이루어진다.

① ㄱ

② ㄱ, ㄴ

③ ㄱ, ㄷ

④ ㄱ, ㄴ, ㄷ

해설

외부효과는 적절한 보상이 없이, 즉 대가를 주고받음이 없이 다른 경제주체의 후생에 영향을 미치는 것을 의미한다.

정답 ③

0071

외부효과(external effect)에 대한 설명으로 가장 옳지 않은 것은?

18 서울시 공개경쟁 7급

① 학교 주변에 고가도로가 건설되어 학교 수업이 방해를 받으면 외부불경제이다.

② 노숙자들에 대한 자원봉사로 노숙자들의 상황이 좋아졌다면 외부경제이다.

③ 노후 경유차로 인하여 미세먼지가 증가하였다면 외부불경제이다.

④ 내가 만든 정원이 다른 사람에게 즐거움을 주면 외부경제이다.

해설

노숙자들에 대한 자원봉사는 노숙자들의 상황을 개선시키고자 하는 '의도적인' 행동이다. 따라서 이로 인해 발생하는 결과는 '의도된 결과'이기 때문에, '의도하지 않은 결과'를 의미하는 외부효과에 해당하지 않는다.

정답 ②

0072

공공재에 대한 설명으로 옳지 않은 것은?

10 국가직 7급

① 무임승차자의 문제가 있다.
② 공공재라고 할지라도 민간이 생산·공급할 수 있다.
③ 소비에 있어서 경합성 및 배제성의 원리가 작용한다.
④ 시장에 맡기면 사회적으로 적절한 수준보다 과소 공급될 우려가 있다.

공공재의 대표적 특징은 비경합성과 비배제성이다. 민간에 의해 생산·공급될 수 있는 대표적인 공공재에는 불꽃놀이 등이 있다.

정답 ③

0073

<보기>에서 제시된 재화들이 공통적으로 나타내는 특성은?

20 서울시 공개경쟁 7급

> **보 기**
>
> 국방 및 치안 서비스, 케이블 TV, 공중파 라디오 방송

① 배제성
② 비배제성
③ 경합성
④ 비경합성

재화를 특성에 따라 다음과 같이 분류할 수 있다.

	배제성	비배제성
경합성	사적재(사용재, 사유재)	혼잡한 국도, 공유자원
비경합성	통신 서비스, 케이블 TV, 혼잡하지 않은 고속도로	순수 공공재(국방, 치안, 공중파 라디오 방송, 일기예보, 불꽃놀이, 등대 등)

• 비배제성은 비용을 부담하지 않고 소비하려는 것을 막을 수 없는 특성을 의미하고, 비경합성은 모든 소비자가 소비 순서와 관계없이 항상 동일한 양의 상품을 소비할 수 있는 특성을 의미한다. <보기>에서 제시된 모든 상품들은 비경합성을 특성으로 하는 상품에 해당한다.

정답 ④

0074

공공재(public goods)와 공유자원(common resources)에 대한 옳은 설명을 모두 고른 것은?

05 CPA

> ㉠ 공공재는 비배제적이고 비경합적이며, 공유자원은 비배제적이지만 경합적이다.
>
> ㉡ 공유자원이 과다하게 사용되어 고갈되는 공유자원의 비극(The Tragedy of the Commons)은 음(−)의 외부효과로 인해 발생할 수 있다.
>
> ㉢ 무임승차자(free rider) 문제는 공공재의 시장공급량을 효율적 수준보다 작게 하는 결과를 초래한다.

① ㉠

② ㉠, ㉡

③ ㉠, ㉡, ㉢

④ ㉢

공공재와 공유자원의 특성을 비교하면 다음과 같다.

㉠ (순수)공공재는 비배제성과 비경합성을 특징으로 하고, 공유자원은 비배제성은 갖고 있으나 경합적이다. 이에 따라 공유자원은 소비의 기회가 늦어질수록 소비할 수 있는 양은 점점 감소하게 된다.

㉡ 공유자원이 갖고 있는 비배제성이라는 특성으로 인해 공유자원은 소유권이 정해지지 않게 된다. 그러나 경합성을 특징으로 갖기 때문에 이전 소비자들의 소비행위로 인하여 나중 소비자들의 소비량(효용)이 감소하는 현상이 나타나게 된다. 이는 이전 소비자들의 소비행위로 인해 부정적 외부효과가 발생하고 있음을 의미하는 것이다.

㉢ 무임승차 문제가 발생하는 경우 각 개인은 자신의 선호를 숨기거나 적게 나타내게 되고 이를 기초로 생산된 공공재의 양은 사회 전체의 적정수량에 비해 과소 생산되는 문제가 발생하게 된다.

• 이를 표로 정리하면 다음과 같다.

	배제성	비배제성
경합성	사적재(사용재, 사유재)	혼잡한 국도, 공유자원
비경합성	통신 서비스, 혼잡하지 않은 고속도로, 클럽재	순수 공공재

정답 ③

0075

공공재와 공유자원에 대한 설명으로 옳은 것만을 모두 고르면?

20 국가직 7급

> ㄱ. 공공재는 경합성이 낮다는 점에서 공유자원과 유사하다.
>
> ㄴ. 공유자원은 남획을 통한 멸종의 우려가 존재한다.
>
> ㄷ. 정부의 사유재산권 설정은 공유자원의 비극을 해결하는 방안 중 하나이다.
>
> ㄹ. 막히지 않는 유료도로는 공공재의 예라고 할 수 있다.

① ㄱ, ㄴ

② ㄱ, ㄷ

③ ㄴ, ㄷ

④ ㄴ, ㄹ

공공재는 비배제성과 비경합성을 특징으로 하는 재화이고, 공유자원은 비배제성과 경합성을 특징으로 하는 재화이다. 따라서 공유자원은 공공재에 비해 경합성이 높다(ㄱ).

• 공유자원은 비배제성이라는 특징으로 인해 필요 이상의 소비를 하게 되어, 이로 인한 남획으로 이른바 '씨가 말라버리는' 자원고갈 문제를 유발하게 된다. 이것이 이른바 '공유자원의 비극'이다(ㄴ).

• '공유자원의 비극'이 생기는 근본원인이 비배제성에 있으므로 이를 해결하기 위한 방법으로 자원에 대한 사유재산권 설정을 도입할 수 있다. 배타적인 사유재산권을 가지고 있다면 "자신의 것은 누가 시키지 않아도 스스로 아낀다"는 인간의 이기심을 이용한 접근방법이다(ㄷ).

• 막히지 않는 유료도로는 '비경합성(⇐ 막히지 않는)'과 '배제성(⇐ 유료도로)'을 특징으로 하는 '준공공재'이다(ㄹ).

정답 ③

0076

재화는 배제성과 경합성의 정도에 따라 사적 재화, 공유자원, 공공재, 클럽재(club goods)로 분류할 수 있다. 다음 재화에 대한 분류를 바르게 연결한 것은?

19 국가직 9급

> ㉠ 막히는 유료도로
> ㉡ 막히지 않는 유료도로
> ㉢ 막히는 무료도로
> ㉣ 막히지 않는 무료도로

	㉠	㉡	㉢	㉣
①	사적 재화	클럽재	공유자원	공공재
②	사적 재화	공공재	클럽재	공유자원
③	사적 재화	공유자원	클럽재	공공재
④	사적 재화	클럽재	공공재	공유자원

해 설

주어진 재화의 특성을 살펴보면 다음과 같다.

㉠ 막히는 유료도로: 경합성과 배제성을 특성으로 하는 사적 재화이다.
㉡ 막히지 않는 유료도로: 비경합성과 배제성을 특성으로 하는 재화로 '클럽재'라고도 한다. 이러한 '클럽재'의 대표적인 예가 '통신 서비스'이다.
㉢ 막히는 무료도로: 경합성과 비배제성을 특성으로 하는 공유자원에 해당한다.
㉣ 막히지 않는 무료도로: 비경합성과 비배제성을 특성으로 하는 '순수' 공공재이다.

정답 ①

0077

공공재와 외부성에 대한 설명 중 옳지 않은 것은?

08 지방직 7급

① 코우즈 정리(Coase theorem)란 외부성으로 인해 영향을 받는 모든 이해 당사자들이 자유로운 협상에 의해 상호간의 이해를 조정할 수 있다면 정부가 적극적으로 개입하지 않아도 시장에서 스스로 외부성 문제를 해결할 수 있다는 것이다.

② 환경오염과 같은 부의 외부성이 존재하는 경우 사적비용(private cost)이 사회적 비용(social cost)보다 크기 때문에 사회적으로 바람직한 수준보다 더 많은 환경오염이 초래된다.

③ 한 소비자가 특정 재화를 소비함으로써 얻는 혜택이 그 재화를 소비하는 다른 소비자들의 수요에 의해 영향을 받는 경우 네트워크 외부성이 존재한다고 한다.

④ 인류가 환경 파괴적 행동을 계속하게 된다면 궁극적으로 지구의 파멸을 초래할 수 있다는 것은 공유지 비극의 한 예이다.

해 설

환경오염과 같은 부의 외부성이 존재하는 경우 사적비용(Private cost)이 사회적 비용(Social cost)보다 작기 때문에 사회적으로 바람직한 수준보다 더 많은 환경오염이 초래된다.

• 공유지는 비배제성과 경합성(경쟁성)을 특징으로 하고 있기 때문에 항상 남획·남용의 문제를 야기한다.
• 네트워크 외부성이 존재하는 대표적인 재화는 '이메일', '영화' 등과 같은 정보재이다.

정답 ②

0078

지방자치제도의 당위성을 이론적으로 뒷받침하는 티부 모형(Tiebout model)의 기본 가정에 해당하지 않는 것은?

20 국가직 7급

① 사람들이 각 지역에서 제공하는 재정 프로그램의 내용에 대한 완전한 정보를 갖는다.
② 사람들의 이동성에 제약이 없다.
③ 생산기술이 규모수익체증의 특성을 갖는다.
④ 외부성이 존재하지 않는다.

지역주민들이 지방정부가 제공하는 공공서비스에 대해 불만을 갖는 경우, 지역주민들이 그 지역에서 다른 지역으로 이사함으로써 자신들이 갖는 불만을 표시하는 것을 이른바 '발에 의한 투표(voting with the feet)'라고 한다. 티부 모형(Tiebout model)은 이러한 '발에 의한 투표'가 완벽하게 이루어질 수 있다면 지방정부에 의한 최적의 공공서비스 공급이 가능하다는 것을 설명하는 이론이다. 이러한 티부 모형의 기본가정은 다음과 같다.

1) 다수의 자치지역이 존재한다.
2) 지역주민들은 각 자치단체의 재정 프로그램에 대해 완전한 정보를 가지고 있다.
3) 지역주민들이 자치단체 간을 이동할 때의 비용은 무시해도 좋을 만큼 작아 지역 간 이동에 전혀 제약이 없다.
4) 자치단체의 규모에 따른 공공서비스 공급에 필요한 비용 상의 이점이 존재하지 않는다. 즉 규모에 대한 수익 불변의 생산 기술을 전제한다.
5) 각 자치단체가 수행하는 재정프로그램의 혜택은 오직 그 지역 주민들만이 누릴 수 있어 외부성이 존재하지 않는다.

정답 ③

0079

정보의 비대칭성(information asymmetry)의 원인, 문제, 사례 및 해결책이 바르게 연결된 것은? 12 국가직 7급

	원인	문제	사례	해결책
①	숨겨진 특징	도덕적 해이	중고차 시장	강제 보험
②	숨겨진 특징	역선택	신규차 시장	성과급
③	숨겨진 행위	도덕적 해이	주인과 대리인	감시 강화
④	숨겨진 행위	역선택	노동 시장	최저 임금

역선택은 중고차 시장, 노동 시장, 대부 시장, 생명 보험 시장 등에서 숨겨진 특징에서 비롯된다. 이 문제를 해결하기 위해서 선별(장치), 신호발송, 신용할당, 효율성 임금 등의 수단을 활용할 수 있다.

• 도덕적 해이는 손해 보험 시장, 노동 시장, 주인-대리인 관계 등에서 숨겨진 행위로 인해서 비롯된다. 이 문제를 해결하기 위해서는 유인설계, 감시 강화, 성과급 지급, 기초 공제, 공동 보험, 효율성 임금 등의 수단이 있다.

정답 ③

0080

다음 중 정보경제와 관련된 설명으로 가장 옳지 않은 것은?

16 서울시 7급

① 선별(screening)이란 사적정보를 가진 경제주체가 상대방의 정보를 더욱 얻어내기 위해 취하는 행동이다.
② 신호발생(signalling)이란 정보를 가진 경제주체가 자신에 관한 정보를 상대방에게 전달하려는 행동이다.
③ 탐색행위(search activities)란 상품의 가격에 대한 정보를 충분히 갖지 못한 수요자가 좀 더 낮은 가격을 부르는 곳을 찾으려고 하는 행위이다.
④ 역선택(adverse selection)이란 상대방의 감추어진 속성으로 인해 정보가 부족한 쪽에서 바람직하지 않은 선택을 하는 현상이다.

해설

선별(Screening)이란 정보의 비대칭적 상황에서 사적정보를 '가지지 못한' 경제주체가 상대방의 정보를 더욱 얻어내기 위해 취하는 행동이다.

정답 ①

0081

다음 중 역선택과 관련된 설명은?

06 7급

① 화재 보험에 가입한 건물주가 화재 예방을 위한 비용지출을 줄인다.
② 상해의 위험이 높은 사람일수록 상해보험에 가입할 가능성이 높다.
③ 소비자의 소득이 증가할수록 수요가 감소하는 재화가 있다.
④ 국민소득이 증가할수록 지출 중 식품비의 비중이 감소한다.

해설

역선택은 계약 전에 정보가 비대칭적으로 주어져 있을 때 상대적으로 정보와 관련하여 불리한 상황에 놓여있는 당사자가 바람직하지 않은 선택을 하게 되는 경우를 의미한다. 이에 따라 상해의 위험이 높은 사람일수록 상해보험에 가입할 가능성이 높게 되고, 반대로 보험회사에 입장에서는 그러한 상해위험이 높은 사람을 보험에 가입시키는 역선택 상황에 직면하게 되는 것이다.
① 화재 보험에 가입한 건물주가 화재 예방을 위한 비용지출을 줄인다는 것은 '도덕적 해이'와 관련된 내용이다.
③ 소비자의 소득이 증가할수록 수요가 감소하는 재화가 있다는 것은 '열등재'에 대한 내용이다.
④ 국민소득이 증가할수록 지출 중 식품비의 비중이 감소한다는 것은 '엥겔의 법칙'과 관련된 내용이다.

정답 ②

0082

다음 중 역선택(adverse selection)과 관계없는 것은?

15 국가직 9급

① 악화가 양화를 구축한다.
② 채무 지불 능력이 양호한 기업임에도 불구하고 은행으로부터 대출을 받지 못한다.
③ 기업이 자사 제품 브랜드에 대한 명성을 쌓으려고 노력하는 것은 역선택 문제를 해결하는 방법일 수 있다.
④ 주인－대리인(principal－agent) 문제는 역선택 현상을 일반화한 것이다.

해설

주인-대리인(Principal-agent) 문제는 대리인에 의해 이루어지는 '숨겨진 행동'으로 인해 발생하는 '도덕적 해이'와 관련된다.
• '악화가 양화를 구축한다'라는 것은 이른바 '그래샴의 법칙'에 해당하는 것으로, 우량품(양화)은 시장에서 퇴장하고 불량품(악화)만 거래되는 역선택 상황에 대한 대표적 예이다.

정답 ④

0083

역선택 문제에 대한 대책으로 옳은 것은? 18 지방직 7급

① 교통사고 시 자동차 보험료 할증
② 피고용인의 급여에 성과급적 요소 도입
③ 감염병 예방주사 무료 접종
④ 의료보험 가입 시 신체검사를 통한 의료보험료 차등화

보험 가입자의 건강상태에 정확한 정보를 갖고 있지 못하는 보험회사에서는 보험 가입자의 신체검사를 통해 가입자의 건강에 대한 정보를 얻을 수 있게 된다. 이에 따라 신체검사는 역선택을 피할 수 있는 일종의 식별(Screening)의 기능을 수행한다.
• 나머지 사례는 계약 체결 후에 계약 내용을 이행하기 위한 최선을 다하지 않음으로 인해 발생하는 도덕적 해이를 막기 위한 방법이다.

정답 ④

0084

갑(甲)과 을(乙)은 TV를 생산하여 판매하고 있다. 그런데 갑의 제품이 을의 제품보다 고장 가능성이 낮지만, 소비자들은 이를 모른다. 따라서 갑은 이를 알리기 위해 품질보증(warranty)을 시행하였고, 을의 제품보다 더 높은 가격으로 제품을 판매하였다. 이 사례의 품질보증과 가장 관련 있는 개념에 해당하는 것은? 20 서울시 공개경쟁 7급

① 외부효과(externality)
② 신호발송(signaling)
③ 가격차별(price discrimination)
④ 골라내기(screening)

정보의 비대칭성 하에서 상품에 대해 보다 정확한 정보를 갖는 판매자가 적극적으로 구매자에게 필요한 정보를 알려주어 원활한 거래를 할 수 있도록 해주는 것을 신호발송(signaling)이라고 하고, 판매자에 의한 품질보증(warranty)이 대표적인 예이다.
① 외부효과(externality)는 생산 또는 소비활동을 하는 데 있어 제 3자에게 대가관계가 존재하지 않는 의도하지 않은 손해나 이익을 주는 것을 의미한다.
③ 가격차별(price discrimination)은 동질의 상품을 상이한 가격으로 판매하는 전략을 의미한다.
④ 골라내기(screening)는 상품 구매자가 불량품과 우량품을 구분하기 위한 노력이나 수단을 의미한다. 보험회사가 보험가입자에게 건강진단서를 제출하게 하는 것이나 금융기관이 대출희망자에게 담보나 보증인을 요구하는 것 등이 이에 해당한다.

정답 ②

0085

도덕적 해이의 예로서 가장 적절한 것은? 00 7급

① 환경보호운동에 참여하지 않더라도 그 운동의 효과를 누릴 수 있다.

② 암보험에는 암에 걸릴 확률이 높은 사람이 가입하는 경향이 있다.

③ 노동자는 실업기간이 길어지면 구직을 위한 노력을 포기한다.

④ 화재보험에 가입한 후에는 화재예방의 노력을 줄인다.

화재보험에 가입하기 전에는 스스로 화재 발생 방지를 위해 노력을 하지만 막상 화재보험에 가입하면 보험금 지급이라는 장치가 마련되어 있어 그것을 믿고 화재보험 가입 이전에 비해 화재 발생 방지를 소홀히 하는 도덕적 해이에 빠질 수 있다.

① 환경보호운동에 참여하지 않더라도 그 운동의 효과를 누릴 수 있다는 것은 공공재와 관련된 '무임승차'에 대한 내용이다.

② 암보험에는 암에 걸릴 확률이 높은 사람이 가입하는 경향이 있다는 것은 보험회사가 '역선택'에 직면하게 될 수 있다는 내용이다.

③ 노동자는 실업기간이 길어지면 구직을 위한 노력을 포기한다는 것은 '실망노동자' 또는 '이력현상'과 관련된 내용이다.

정답 ④

0086

다음 사례를 역선택(adverse selection)과 도덕적 해이(moral hazard)의 개념에 따라 올바르게 구분한 것은? 14 국가직 7급

ㄱ. 자동차 보험 가입 후 더욱 난폭하게 운전한다.

ㄴ. 건강이 좋지 않은 사람이 민간 의료보험에 더 많이 가입한다.

ㄷ. 실업급여를 받게 되자 구직 활동을 성실히 하지 않는다.

ㄹ. 사망 확률이 낮은 건강한 사람이 주로 종신연금(life annuity)에 가입한다.

	역선택	도덕적 해이
①	ㄱ, ㄹ	ㄴ, ㄷ
②	ㄴ, ㄹ	ㄱ, ㄷ
③	ㄱ, ㄴ	ㄷ, ㄹ
④	ㄴ, ㄷ	ㄱ, ㄹ

'건강이 좋지 않은 것'과 '사망 확률이 낮은 것'은 숨겨진 '특성'에 해당되고 이로 인해 발생하는 것이 '역선택'이다.

• '난폭 운전'과 '불성실한 구직 활동'은 숨겨진 '행동'에 해당되고 이로 인해 발생하는 것이 '도덕적 해이'이다.

정답 ②

0087

'역선택'과 '도덕적 해이'는 정보의 비대칭성에 의해 발생하는 문제들이다. 건강보험과 관련된 다음의 두 가지 현상을 일컫는 용어로 바르게 연결한 것은? 16 국가직 9급

> ㉠ 자기부담률이 낮은 보험은 과잉진료 수요를 초래할 수 있다.
> ㉡ 건강한 사람보다 건강이 좋지 않은 사람이 보험에 가입할 가능성이 더 크다.

	㉠	㉡
①	역선택	역선택
②	역선택	도덕적 해이
③	도덕적 해이	역선택
④	도덕적 해이	도덕적 해이

해설

'과잉진료'는 '숨겨진 행동'에 해당하고 이로 인해 발생하는 것이 도덕적 해이이다.
• '건강이 좋지 않은 것'은 '숨겨진 특성'에 해당하고 이로 인해 발생하는 것이 역선택이다.

정답 ③

0088

도덕적 해이에 관한 예시로 옳지 않은 것은? 20 국회 8급

① 정부의 은행예금보험으로 인해 은행들이 위험한 대출을 더 많이 한다.
② 경영자가 자신의 위신을 높이기 위해 회사의 돈을 과도하게 지출한다.
③ 정부부처가 예산낭비가 심한 대형국책사업을 강행한다.
④ 정부가 신용불량자에 대한 구제책을 내놓자 채무자들이 빚을 갚지 않고 버틴다.
⑤ 은행이 대출이자율을 높이면 위험한 사업에 투자하려는 기업들이 자금 차입을 하는 경우가 늘어난다.

해설

은행이 대출이자율을 높임에 따라 위험한 사업에 투자하려는 기업들이 자금 차입을 하는 경우가 늘어나게 되면, 장래에 기업의 투자가 실패로 돌아갈 경우 은행은 대출자금을 회수할 수 없게 되는 '역선택' 상황에 직면할 수 있다.

정답 ⑤

0089

노동시장에서 교육의 신호이론에 관한 다음 <보기>의 설명 중 옳은 것은?

10 국회 8급

보 기

ㄱ 교육은 한계생산성이 낮은 노동자의 생산성을 향상시킨다.

ㄴ 교육은 그 사람의 사회적 위치에 대한 신호이다.

ㄷ 천부적인 능력에 따라 한계생산성이 결정된다.

ㄹ 높은 학력은 높은 한계생산성을 가진 사람이 보내는 신호이다.

① ㄱ, ㄴ
② ㄱ, ㄷ, ㄹ
③ ㄱ, ㄹ
④ ㄴ, ㄷ
⑤ ㄷ, ㄹ

해 설

'교육의 인적자본론'은 교육이 노동자의 역량을 제고시켜 한계생산성이 낮은 노동자의 생산성을 향상시킨다고 주장한다.

• '교육의 신호이론'은 교육은 노동자에게 높은 학력을 얻게 하여 기업에게 자신이 높은 한계생산성을 갖고 있다는 것을 알리는 신호역할을 하는 것이지 사회적 위치에 대한 신호역할이 아니라고 주장한다. 즉 기업이 높은 수준의 교육을 받은 사람에게 높은 임금을 주고 있는 현실 속에서 숙련노동자가 대학교육을 받음으로써 자신의 능력에 대한 신호를 보낸다는 것이다.

정답 ⑤

0090

경매이론(Auction theory)에 대한 설명으로 옳은 것은?

18 지방직 7급

① 비공개 차가 경매(Second price sealed bid auction)에서는 구매자가 자신이 평가하는 가치보다 낮게 입찰하는 것이 우월전략이다.

② 영국식 경매(English auction)의 입찰전략은 비공개 차가 경매의 입찰전략보다는 비공개 최고가 경매(First price sealed bid auction)의 입찰전략과 더 비슷하다.

③ 네덜란드식 경매(Dutch auction)는 입찰자가 경매를 멈출 때까지 가격을 높이는 공개 호가식 경매(Open outcry auction)이다.

④ 수입등가정리(Revenue equivalence theorem)는 일정한 가정 하에서 영국식 경매, 네덜란드식 경매, 비공개 최고가 경매, 비공개 차가 경매의 판매자 기대수입이 모두 같을 수 있다는 것을 의미한다.

해 설

비공개 차가 경매(Second price sealed bid auction)는 가장 높은 금액을 써내 낙찰자가 된 사람이 그 다음으로 높이 써 낸 금액을 지불하면 되는 방식이다. 이에 따라 자신이 써낸 금액이 낙찰을 받느냐 못 받느냐에만 영향을 줄 뿐 지불해야 하는 금액과는 관련이 없다. 따라서 자신의 평가액을 진실하게 제시하는 것이 우월전략이 된다(①). 이러한 방식은 부르는 가격을 계속 올려가다가 더 이상 높은 가격을 부르는 사람이 없으면 그 가격에서 거래가 이루어지는 영국식 경매(English auction)와 유사하다(②).

• 비공개 최고가 경매(First price sealed bid auction)는 각자가 다른 사람 모르게 입찰가격을 써내고, 이 중 가장 높은 가격을 써내는 사람에게 낙찰되는 방식을 말하며, 경매인이 가장 높은 가격을 부르기 시작하여 살 사람이 나서지 않으면 가격을 차츰 내려가는 방식으로 진행되는 네덜란드식 경매(Dutch auction)와 유사하다(③).

• 수입등가정리는 다음과 같은 가정(ⓐ∞ⓓ)이 충족되는 경우, 영국식 경매, 네덜란드식 경매, 비공개 최고가 경매, 비공개 차가 경매의 판매자 기대수입이 모두 같을 수 있다는 것을 의미한다(④).

ⓐ 경매에 참여하는 사람이 경매 대상 물건의 가치에 대해 갖고 있는 정보는 다른 사람들이 갖고 있는 정보와 독립적이다.

ⓑ 경매에 참여하는 사람은 모두 위험부담에 대해 중립적인 태도를 갖는다.

ⓒ 경매에 참여하는 사람은 모두 동질적이다.

ⓓ 경매에 이긴 사람이 지불하는 금액은 사람들이 부른 금액(Bids)만의 함수이다.

정답 ④

0091

경매(auction)에 관한 설명으로 가장 옳은 것은?

20 서울시 공개경쟁 7급

① 경매는 상대방의 입찰금액을 모르는 상황에서 자신의 입찰금액을 정해야 하므로 게임이론으로 연구하기 적합하지 않다.

② 예술품 경매로 유명한 소더비와 크리스티에서는 입찰제(sealed bid) 방식의 경매를 실시한다.

③ 제2가격입찰제(second — price auction)는 두 번째로 높은 가격을 제시한 사람에게도 기회를 주는 경매 방식이다.

④ 승자의 불행(winner's curse)은 경매의 승자가 실제 가치보다 더 높은 금액을 지불하는 경향을 뜻한다.

'승자의 불행(winner's curse: 승자의 저주)'은 경매 참여자가 경매 상품의 가치를 지나치게 높게 평가하여 경매 상품의 진정한 가치보다 훨씬 더 높은 금액으로 응찰하여 낙찰 받게 되어 결과적으로 손실을 보는 경우를 말한다. 이러한 승자의 불행은 각자가 다른 사람 모르게 입찰가격을 써내고, 이 중 가장 높은 가격을 써내는 사람에게 낙찰되는 방식인 비공개 최고가 경매(First price sealed bid auction)에서 나타나게 된다.

① 경매는 상대방의 입찰금액을 모르는 전략적 상황에서 자신의 입찰금액을 정해야 하므로 오히려 전략적 상황에서 최적 선택을 하고자 하는 게임이론으로 연구하기 적합한 대상이 된다.

② 예술품 경매로 유명한 소더비와 크리스티에서는 경매 참여자들이 점점 더 높은 가격을 부르게 하여 최고 금액을 제시한 참여자에게 낙찰하는 영국식 공개 경매(English auction)방식을 채택하고 있다.

③ 제2가격입찰제(second - price auction)는 가장 높은 금액을 써내 낙찰자가 된 사람이 그 다음으로 높이 써 낸 금액을 지불하면 되는 방식을 말하며, 비공개 차가 경매(Second price sealed bid auction)라고도 불린다.

정답 ④

거시경제학

0092

국내총생산(GDP)의 측정방법으로 옳지 않은 것은?

17 지방직 7급

① 일정 기간 동안 국내에서 새로이 생산된 최종생산물의 시장가치를 합한다.

② 일정 기간 동안 국내 생산과정에서 새로이 창출된 부가가치를 합한다.

③ 일정 기간 동안 국내 생산과정에 참여한 경제주체들이 받은 요소소득을 합한다.

④ 일정 기간 동안 국내 생산과정에서 투입된 중간투입물의 시장가치를 합한다.

해설

GDP는 일정 기간 동안 자국 내에서 생산된 '최종생산물'의 시장가치만을 측정한 '순계(純計)' 개념이다. 이에 따라 생산과정에서 투입된 중간투입물의 시장가치는 GDP 측정에서 제외된다.

정답 ④

0093

다음 중 올해의 GDP를 계산할 때 포함되지 않는 것은?

08 지방직 7급

① 올해 구입한 중고차의 가치

② 내년의 판매를 위해 올해 생산한 중간재의 가치

③ 올해 집안 청소를 위탁하고 지불한 대가

④ 기존 주택에서 올해 창출되는 주거서비스의 가치

해설

중고차는 '당해 기간 동안' 생산된 것이 아니기 때문에 GDP 계산에서 제외된다.

• 내년 판매 목적으로 올해 생산한 중간재는 판매 이전에서만큼은 최종재이므로 재고투자로 간주되어 GDP에 포함된다.

정답 ①

0094

GDP(Gross Domestic Product)의 측정에 대한 설명으로 옳은 것은?

17 국가직 7급

① 식당에서 판매하는 식사는 GDP에 포함되지만, 아내가 가족을 위해 제공하는 식사는 GDP에 포함되지 않는다.

② 발전소가 전기를 만들면서 공해를 발생시키는 경우, 전기의 시장가치에서 공해의 시장가치를 뺀 것이 GDP에 포함된다.

③ 임대 주택이 제공하는 주거서비스는 GDP에 포함되지만, 자가 주택이 제공하는 주거서비스는 GDP에 포함되지 않는다.

④ A와 B가 서로의 아이를 돌봐주고 각각 임금을 상대방에게 지불한 경우, A와 B 중 한 사람의 임금만 GDP에 포함된다.

GDP는 '시장에서 거래된' 최종생산물(= 식당에서 판매하는 식사)의 가치를 측정의 대상으로 한다. 따라서 가정에서 제공된 것(= 가족을 위해 제공하는 식사)은 대상으로 하지 않는다.

② 발전소가 전기를 만들면서 공해를 발생시켜 생활수준을 악화시킨다고 하더라도 공해의 시장가치는 GDP 측정에서 제외되지 않는다. 오히려 그러한 공해를 제거하기 위한 경제활동이 GDP에 포함된다. 이에 따라 생산과정에서 공해가 발생하게 되면 GDP는 과대 계상되는 문제점을 노출시킨다.

③ 자가 주택이 제공하는 주거서비스도 기회비용으로 환산해서 GDP에 포함시킨다.

④ A와 B가 서로의 아이를 돌봐주고 각각 임금을 상대방에게 지불한 경우, 형식적으로는 '아이 돌봄 서비스'라는 것이 시장을 통해 거래된 것이므로 A와 B 모두의 임금이 GDP에 포함된다.

정답 ①

0095

국내총생산(Gross Domestic Product)에 포함되지 않는 것은?

18 지방직 7급

① 자국기업이 해외 공장에서 생산하여 국내에 들여온 재화의 양

② 자국기업이 국내 공장에서 생산하여 외국 지사에 중간재로 보낸 재화의 양

③ 외국기업이 국내 공장에서 생산하여 제3국에 수출한 재화의 양

④ 외국기업이 국내 공장에서 생산하여 국내 소비자에게 판매한 재화의 양

국내총생산(GDP)은 생산 주체의 국적과 관계없이 '생산지'가 '국내'인 것만을 측정의 대상으로 한다. 따라서 해외 공장에서 생산된 재화의 가치는 GDP에 포함되지 않는다.

정답 ①

0096

다음 중 GDP 개념과 관련하여 옳지 않은 설명을 모두 고른 것은?

07 국회 8급

보기

ㄱ. GDP는 일정 기간 동안 측정되므로 유량변수이다.

ㄴ. 가계의 새로 건축된 주택의 구입은 가계소비에 해당한다.

ㄷ. 자가 주택으로부터의 주거서비스는 GDP에 산정되지 않는다.

ㄹ. 빈곤층을 위한 정부 보조금 지출은 GDP 산정에 포함되나, 연말까지 팔리지 않은 중간재 생산량은 포함되지 않는다.

ㅁ. 국내의 외국인 기업의 생산도 GDP에 산정된다.

ㅂ. 가사서비스 생산은 시장에서 생산된 것이 아니므로 GDP에 산정되지 않는다.

① ㄱ, ㄴ, ㄷ
② ㄹ, ㅁ, ㅂ
③ ㄱ, ㄷ, ㅁ
④ ㄷ, ㄹ, ㅁ
⑤ ㄴ, ㄷ, ㄹ

해설

<보기>의 내용 중 옳지 않은 내용을 살펴보면 다음과 같다.

- 가계의 새로 건축된 주택의 구입은 건설투자(주택투자)로 분류되어 GDP에 포함된다(ㄴ).
- 자가 주택으로부터의 주거서비스는 기회비용 개념인 귀속임대료로 추정하여 GDP에 포함된다(ㄷ).
- 빈곤층을 위한 정부 보조금은 이전지출로 생산과 무관하기 때문에 GDP 산정에서 제외되고, 오히려 팔리지 않은 중간재는 재고투자로 간주되어 GDP에 포함된다(ㄹ).

정답 ⑤

0097

다음 <보기> 중 국내총생산이 증가되는 경우를 모두 고르면?

13 국회 8급

보기

ㄱ. 국내 A사의 자동차 재고 증가

ㄴ. 중고자동차 거래량 증가

ㄷ. 은행들의 주가 상승

ㄹ. 주택임대료 상승

ㅁ. 맞벌이 부부 자녀의 놀이방 위탁 증가

① ㄱ, ㄴ, ㄷ
② ㄱ, ㄷ, ㄹ
③ ㄱ, ㄹ, ㅁ
④ ㄴ, ㄷ, ㄹ
⑤ ㄷ, ㄹ, ㅁ

해설

<보기> 내용 중 국내총생산 증가와 무관한 내용을 살펴보면 다음과 같다.

- 중고자동차 거래는 당해 연도 국내총생산(GDP)에 포함되지 않는다(ㄴ).
- 주가 상승은 생산 활동과 무관한 '저량'에 해당하는 '자산' 재평가와 관계되므로 '유량'에 해당하는 '국내총생산'에 포함되지 않는다(ㄷ).

정답 ③

0098

다음 <보기> 중 GDP가 증가하는 경우는 모두 몇 개인가?

14 국회 8급

보기

⊙ 국세청이 세무조사를 강화함에 따라 탈세규모가 줄어들었다.

ⓒ 도시에 거주하는 사람에 대한 농지매입규제가 폐지됨에 따라 농지가격이 상승하였다.

ⓒ 자가 보유주택의 귀속임대료가 상승하였다.

ⓔ 금융구조조정이 성공적으로 마무리되어 은행들의 주가가 급등하였다.

ⓜ 자동차 제조기업에서 판매되지 않은 재고증가분이 발생하였다.

① 1개   ② 2개

③ 3개   ④ 4개

⑤ 5개

<보기>의 내용을 각각 살펴보면 다음과 같다.

⊙ 국세청이 세무조사를 강화함에 따라 탈세규모가 줄어들었다면, GDP 측정에서 제외되었던 지하경제에서의 거래가 시장에서 정상적으로 이루어진다는 것을 의미한다. ⇒ 증가 요인

ⓒ GDP는 생산 활동을 전제한다. 그런데 단순한 농지가격의 상승은 생산 활동이 아니다. ⇒ 무관

ⓒ 자가 보유주택의 귀속임대료는 GDP의 측정 대상이다. ⇒ 증가 요인

ⓔ GDP는 생산 활동을 전제한다. 그런데 단순한 주가의 급등은 자산 재평가와 관계가 있을 뿐 생산 활동이 아니다. ⇒ 무관

ⓜ 재고증가분의 존재는 재고투자로 간주되면서 GDP에 포함된다. ⇒ 증가 요인

정답 ③

0099

GDP에 대한 설명으로 옳은 것을 <보기>에서 모두 고르면?

17 국회 8급

보기

⊙ 정부가 출산장려금으로 자국민에게 지급하는 금액은 GDP에 포함된다.

ⓒ A사가 생산한 자동차의 재고 증가는 GDP에 영향을 주지 못하지만, 중고자동차의 거래량 증가는 GDP를 증가시킨다.

ⓒ 중국인의 한국 내 생산 활동은 한국의 GDP산출에 포함된다.

ⓔ 아파트 옥상에서 상추를 재배한 전업주부가 이 생산물을 가족들의 저녁식사에 이용한 경우 이는 GDP에 포함되지 않는다.

ⓜ 한국의 의류회사가 베트남에서 생산하여 한국으로 수입 판매한 의류의 가치는 한국의 GDP에 포함되지 않는다.

① ㉠, ㉡, ㉢

② ㉠, ㉡, ㉥

③ ㉠, ㉢, ㉥

④ ㉡, ㉢, ㉣

⑤ ㉢, ㉣, ㉥

<보기> 내용을 각각 살펴보면 다음과 같다.

⊙ 정부가 출산장려금으로 자국민에게 지급하는 금액은 생산활동과 무관하게 지급되는 '이전지출'에 해당하여 GDP에서 제외된다.

ⓒ A사가 생산한 자동차의 재고 증가는 '재고투자'로 간주되어 GDP에 포함되지만, 중고자동차의 거래량 증가는 '일정 기간'에 생산된 상품이 아니기 때문에 GDP에서 제외된다. 다만 그러한 중고자동차 거래에서 이루어지는 '중개 서비스'는 GDP에 포함된다는 것을 주의한다.

ⓒ GDP는 경제주체의 국적과 관계없이 자국 내에서 이루어지는 생산 활동을 대상으로 하는 '속지주의' 개념이다. 따라서 중국인의 한국 내 생산 활동은 한국의 GDP 산출에 포함된다.

ⓔ 아파트 옥상에서 상추를 재배한 전업주부가 이 생산물을 가족들의 저녁식사에 이용한다고 하더라도, 이러한 상추라는 생산물은 시장을 통해 거래되지 않은 것이기 때문에 GDP에서 제외된다. 다만 농부가 상추를 재배하고 소비했다면 이것은 농부의 자가소비 생산물에 해당하여 GDP에 포함된다는 것을 주의한다.

ⓜ 한국의 의류회사가 베트남에서 생산하여 한국으로 수입 판매한 의류의 가치는 한국의 GDP에 포함되지 않는다. 의류의 '생산지'가 베트남이기 때문이다.

정답 ⑤

0100

A국의 GDP에 포함되는 사항만을 <보기>에서 모두 고르면?   20 국회 8급

보기

ㄱ. B국 국적자인 김씨가 A국 방송에 출연하여 받은 금액
ㄴ. A국에서 생산된 자동차에 들어갈 부품을 납품한 뒤 받은 대가
ㄷ. A국의 중고차 딜러가 서비스를 제공한 뒤 받은 대가
ㄹ. A국 소재 주택에서 발생한 임대료
(단, ㄱ~ㄹ은 모두 A국 내에서 발생하였다.)

① ㄱ, ㄴ
② ㄴ, ㄷ
③ ㄱ, ㄷ, ㄹ
④ ㄴ, ㄷ, ㄹ
⑤ ㄱ, ㄴ, ㄷ, ㄹ

주어진 <보기> 내용을 검토해보면 다음과 같다.

ㄱ. 김 씨의 국적이 비록 B국이지만 경제활동은 A국에서 이루어졌으므로 김씨가 A국 방송에 출연하여 받은 금액은 A국 GDP에 포함된다.
ㄴ. 자동차 부품은 자동차를 생산하기 위한 중간재 성격을 가지고 있으므로 그 대가는 GDP에서 제외된다.
ㄷ. 거래된 중고차 가치는 GDP에 포함되지 않지만 이러한 거래를 위해 제공된 중고차 딜러의 서비스에 대한 대가는 GDP에 포함된다.
ㄹ. 임대료는 주거서비스에 대한 대가이므로 GDP에 포함된다.

정답 ③

0101

<보기>의 국내총생산(GDP)에 대한 설명 중 옳은 것을 모두 고른 것은?   20 서울시 공개경쟁 7급

보기

ㄱ. 국내총생산에서 생산, 지출, 분배 측면의 값은 본질적으로 동일하다.
ㄴ. 개인 간 중고거래는 국내총생산에 포함되지 않는다.
ㄷ. H기업은 2020년 100억 원어치의 자동차를 생산하였으나 시장에서 80억 원만 거래되었다. 기업 활동 중 2020년 국내총생산에 포함되는 것은 시장에서 거래된 80억 원이다.
ㄹ. 개인투자자 A씨의 2020년 주식시장 시세차익은 1,000만 원이다. 이는 국내총생산에서 가계부문의 금융 소득에 포함된다.

① ㄱ, ㄴ
② ㄱ, ㄴ, ㄷ
③ ㄱ, ㄷ, ㄹ
④ ㄱ, ㄴ, ㄷ, ㄹ

국내총생산에서 생산, 지출, 분배 측면의 값은 본질적으로 동일하다는 것이 국민소득 3면 등가의 법칙이다(ㄱ).

• 국내총생산은 일정기간 동안 이루어진 생산 활동만을 측정의 대상으로 한다. 따라서 그 기간 이전에 생산된 중고품 거래는 국내총생산에 포함되지 않는다(ㄴ).
• 당해 연도에 생산되었지만 같은 기간 동안 판매되지 않고 남은 재고는 그 해의 '재고투자'로 간주되어 당해 연도의 국내총생산에 포함된다(ㄷ).
• 주식거래는 생산 활동과 무관하게 이루어진 단순한 재산권 이전에 불과하기 때문에 주식거래를 통해 얻게 된 시세차익은 국내총생산에서 제외된다(ㄹ).

정답 ①

0102

국내총생산(GDP)에 대한 설명으로 옳은 것은? 15 지방직 7급

① 국내총생산이 상승하면 소득불평등이 심화된다.
② 실질국내총생산은 명목국내총생산보다 항상 작다.
③ 밀수, 마약거래 등 지하경제(underground economy)
   에서 생산되는 것은 국내총생산에 포함된다.
④ 자가 주택의 경우, 귀속가치(imputed value)를 계산하
   여 국내총생산에 포함시킨다.

각 선택지 내용을 검토해보면 다음과 같다.
① 국내총생산으로 대표되는 '성장'과 소득평등도로 대표되는
   '분배'는 서로 다른 문제이다. 따라서 국내총생산이 증가한다
   고 해서 소득불평등이 심화된다고 볼 수는 없다.
② 실질 $GDP = \dfrac{명목\ GDP}{GDP\,deflater} \times 100$이다. 따라서 GDP deflater가

100보다 작다면 실질국내총생산이 명목국내총생산보다 오
히려 클 수 있다.
③ 밀수, 마약거래, 뇌물, 탈세 등과 같은 지하경제 활동은 측정
   되기 어려운 측면이 있다. 지하경제 활동은 국내총생산 측정
   에서 제외된다.
④ 자가 주택의 경우, 귀속가치(Imputed value)를 기회비용 개념
   으로 계산하여 국내총생산에 포함시킨다.

정답 ④

0103

**근로자의 실업수당이 현재 GDP에 미치는 영향으로 올바른
것을 고르시오.** 14 서울시 7급

① 실업수당은 일종의 소득이기 때문에 GDP에 포함된다.
② 실업수당은 과거 소득의 일부이므로 GDP에 포함되지
   않는다.
③ 실업수당은 부가가치를 발생하므로 GDP에 포함된다.
④ 실업수당은 정부지출이기 때문에 GDP에 포함된다.
⑤ 실업수당은 이전지출이기 때문에 GDP에 포함되지 않는다.

실업수당은 단순한 자금이전인 이전지출에 해당하고 생산 활동과
무관하게 이루어지므로 생산지표인 GDP에는 포함되지 않는다.

정답 ⑤

0104

GDP에 대한 다음 설명 중 옳은 것을 모두 고르면? 10 CPA

> ㉠ 2009년에 생산되어 재고로 보유되다가 2010년에 판매된
>   재화의 가치는 2010년 GDP에 포함된다.
> ㉡ 부동산 중개업자가 2001년 지어진 아파트의 2010년 매
>   매중개로 받은 수수료는 2010년 GDP에 포함된다.
> ㉢ 2010년 들어 학교교육에 실망한 부모들이 직장을 그만
>   두고 집에서 자식을 가르치면 GDP는 감소한다.
> ㉣ 홍수 피해를 복구하는 데 들어간 비용은 GDP에 포함된다.
> ㉤ 한국의 자동차 회사가 2010년에 미국에서 생산하여 한국에
>   서 판매한 자동차의 가치는 한국의 2010년 GDP에 포함된다.

① ㉠, ㉡   ② ㉠, ㉣
③ ㉡, ㉢   ④ ㉡, ㉢, ㉣
⑤ ㉡, ㉣, ㉤

GDP에 대한 잘못된 설명은 다음과 같다.
㉠ 재고의 증가는 재고투자로 간주되어 당해 연도 GDP에 포함
   된다. 따라서 2009년에 생산된 재고품은 2009년의 GDP에 포
   함된다.
㉤ GDP는 경제주체의 국적과 관계없이 '생산 장소'를 중심으로
   정의된 개념이다. 따라서 미국에서 생산된 자동차는 비록 생
   산주체가 한국이라고 해도 미국의 GDP에 포함될 뿐이다.

정답 ④

0105

GDP(국내총생산)에 대한 설명으로 옳지 않은 것은?

11 지방직 7급

① GDP는 한 국가 내에서 모든 경제주체가 일정 기간 동안에 창출한 부가가치(value added)의 합이다.

② GDP는 한 국가 내에서 일정 기간 동안에 생산된 모든 생산물의 시장가치이다.

③ 기준연도 이후 물가가 상승하는 기간에는 명목 GDP가 실질 GDP보다 크다.

④ 기준연도의 실질 GDP와 명목 GDP는 항상 같다.

해 설

GDP는 일정 기간 동안 생산된 최종생산물의 가치이다. 따라서 다른 상품을 생산하기 위해 투입된 중간재가 제외되는 순계개념이다.

정답 ②

0106

GDP에 대한 다음 서술 중 옳은 것은? 04 공인노무사

① 실제 GDP는 잠재 GDP를 초과하지 못한다.

② 기준연도의 실질 GDP는 명목 GDP와 일치한다.

③ 잠재 GDP에서 실제 GDP를 공제하면 명목 GDP가 도출된다.

④ 어느 해의 명목 GDP가 실질 GDP보다 크다면 기준연도에 비해 물가가 하락하였다.

해 설

실질 GDP는 특정의 기준연도 가격으로 가격이 고정된 것으로 보고 측정한 GDP이고, 명목 GDP는 당해 년도의 시장가격으로 측정한 GDP를 말한다.

• 기준연도에서는 당해 년도 자체가 기준연도이므로 기준연도 가격으로 측정하는 실질 GDP와 당해 년도 가격으로 측정하는 명목 GDP의 크기는 반드시 일치하고, 이에 따라 GDP 디플레이터는 100이 된다.

① 경기가 호황일 때는 단기적으로 실제 GDP는 잠재 GDP를 초과할 수 있다.

③ 잠재 GDP에서 실제 GDP를 차감한 것을 GDP 갭이라고 한다.

④ 일종의 물가지수인 GDP 디플레이터는

$$GDP \text{ 디플레이터} = \frac{명목\ GDP}{실질\ GDP}(\times 100)$$으로 측정된다.

따라서 어느 해의 명목 GDP가 실질 GDP보다 크다면, GDP 디플레이터는 100보다 큰 값을 갖게 되고 이에 따라 기준연도에 비해 물가는 상승하게 된다.

정답 ②

0107

GDP 디플레이터(deflator)에 대한 설명으로 옳은 것은?

16 지방직 7급

① GDP 디플레이터는 소비자물가지수(CPI)에 비해 국가의 총체적인 물가변동을 측정하는 데 불리한 지표이다.
② GDP 디플레이터는 명목 GDP를 실질 GDP로 나눈다는 점에서 명목 GDP 1단위에 대한 실질 GDP의 값을 확인하는 지표이다.
③ GDP 디플레이터는 생산량 변화효과는 제거하고 기준가격에 대한 경상가격의 변화분만 나타내는 지표이다.
④ 우리나라의 GDP 디플레이터는 장기간 증가하는 경향을 보이고 있는데 이는 국내 기업들의 생산량 증가에 기인한다.

해 설

선택지 내용을 각각 살펴보면 다음과 같다.
① 가계소비 지출액 중 1/10,000에 해당하는 일부 품목만을 측정대상으로 삼는 소비자물가지수와 달리, GDP 디플레이터는 한 경제 내에서 생산된 모든 상품을 전제로 측정되는 지표이므로 국가의 총체적인 물가변동을 측정하는 데 보다 적절한 지표이다.
② GDP 디플레이터는 명목 GDP를 실질 GDP로 나누어 도출한다. 따라서 그 결과는 실질 GDP 1단위에 대한 명목 GDP의 값을 확인하는 지표에 해당한다.
③ GDP 디플레이터는 비교 시의 생산량을 전제로 생산량은 불변이라는 전제로 측정하는 지표이므로 생산량의 변화와는 무관하고 가격의 변화만을 나타내는 지표이다.
④ GDP 디플레이터는 일종의 물가지수로 일정 기간 동안의 물가변동을 나타내는 지표이다. 이러한 GDP 디플레이터가 장기간 증가한다는 것은 생산량의 증가보다 물가변동이 더 빠르게 증가하는 것을 의미한다.

정답 ③

0108

다음은 한 국민경제의 총수요를 정의한 것이다. ㉠~㉣에 대한 설명으로 옳은 것은?

19 국가직 9급

총수요 = ㉠ 소비 + ㉡ 투자 + ㉢ 정부지출 + ㉣ 순수출

① ㉠에는 수입 소비재에 대한 지출이 제외된다.
② 당해에 발생한 재고는 ㉡에 포함되어 국내총생산의 일부가 된다.
③ ㉢에는 이전지출(transfer payments)이 포함된다.
④ ㉣은 개방경제에서 0이 될 수 없다.

해 설

재고가 당해 기간 동안 발생하여 재고 변화에 영향을 주게 되면 '재고투자'로 간주되어 국내총생산의 일부를 구성하게 된다.
① ㉠에는 국내에서 생산된 소비재에 대한 지출은 물론이고 해외에서 생산된 수입 소비재에 대한 지출까지 포함된다.
③ ㉢에는 정부구매만이 포함되고, 생산활동과 무관한 이전지출(Transfer payments)이 제외된다.
④ ㉣의 순수출은 '수출에서 수입을 차감한 크기'로 정의된다. 따라서 수출과 수입의 크기가 같다면 순수출도 0이 될 수 있다.

정답 ②

0109

국민총소득(GNI), 국내총생산(GDP), 국민총생산(GNP)에 대한 설명으로 옳지 않은 것은?

14 국가직 9급

① GNI는 한 나라 국민이 국내외 생산 활동에 참여한 대가로 받은 소득의 합계이다.
② 명목 GNI는 명목 GNP와 명목 국외순수취요소소득의 합계이다.
③ 실질 GDP는 생산 활동의 수준을 측정하는 생산지표인 반면, 실질 GNI는 생산 활동을 통하여 획득한 소득의 실질 구매력을 나타내는 소득지표이다.
④ 원화표시 GNI에 아무런 변동이 없더라도 환율변동에 따라 달러화표시 GNI는 변동될 수 있다.

해 설

문제에서 묻고 있는 각 지표를 정리해보면 다음과 같다.

- 명목 GNI = 명목 GDP + 명목 국외순수취요소소득 = 명목 GNP
- 실질 GNI = 실질 GDP + 실질 국외순수취요소소득 + 교역조건 변화에 따른 실질무역손익
  = 실질 GNP + 교역조건 변화에 따른 실질무역손익
  = 실질 GDI + 실질 국외순수취요소소득

- 현재 자국민이 국내외 생산 활동에 참여한 대가로 받은 소득의 합계인 실질 GNI를 소득지표로 사용하고, 자국 내 생산 활동을 기준연도 가격으로 집계한 실질 GDP를 생산지표로 사용하고 있다.

정답 ②

0110

명목 GDP(국내총생산)와 명목 GNI(국민총소득)에 관한 설명으로 옳은 것을 모두 고른 것은? 12 감정평가사

> ㉠ 폐쇄경제에서 명목 GDP는 명목 GNI와 크기가 같다.
> ㉡ 한국인이 해외에서 벌어들인 이자수입은 한국의 GDP에 포함된다.
> ㉢ 외국인이 한국에서 벌어들인 근로소득은 한국의 GDP에 포함된다.
> ㉣ 한국인이 해외에서 벌어들인 요소소득이 외국인이 한국에서 벌어들인 요소소득보다 더 큰 경우에 명목 GDP가 명목 GNI보다 더 크다.

① ㉠, ㉡
② ㉠, ㉢
③ ㉡, ㉢
④ ㉡, ㉣
⑤ ㉢, ㉣

잘못 설명하고 있는 내용을 각각 살펴보면 다음과 같다.
㉡ 한국인이 해외에서 벌어들인 이자수입은 한국의 GNI에는 포함되지만 이자발생지가 한국이 아니므로 한국의 GDP에는 포함되지 않는다.
㉣ 한국인이 해외에서 벌어들인 요소소득이 외국인이 한국에서 벌어들인 요소소득보다 더 큰 경우에는 국외 순수취 요소소득이 양(+)의 값을 갖게 되므로 명목 GNI가 명목 GDP보다 더 크다.

정답 ②

0111

국내총생산(GDP)와 국민총소득(GNI)에 대한 다음 설명 중 옳지 않은 것은? 11 CPA

① GDP가 증가해도 GNI는 감소할 수 있다.
② 20017년에 생산된 자동차가 2018년에 중고차 중개회사를 통해 매매되면서 지급된 중개료는 2018년 GDP에 포함된다.
③ 임대주택이 제공하는 주택서비스의 가치는 GDP에 포함되지만, 자가 주택의 주택서비스 가치는 GDP에 포함되지 않는다.
④ 전업 주부의 경제활동참가는 GDP 증가를 가져올 수 있다.
⑤ GNI에는 감가상각된 자본재를 대체하는 데 사용되는 자본재의 가치도 포함된다.

자가 주택의 주택서비스 가치도 기회비용으로 환산된 귀속임대료의 크기로 GDP에 포함된다.
① GDP가 증가해도 교역조건이 악화되면 GNI는 감소할 수 있다.
② 2017년에 생산된 자동차가 2018년에 중고차 중개회사를 통해 매매되면, 중고차 매매대금은 2017년에 생산된 중고품 거래에 해당하기 때문에 2018년 GDP에는 포함되지 않지만, 매매를 원활하게 도와준 중개서비스에 대한 대가인 중개료는 2018년 GDP에 포함된다.
④ 전업 주부가 경제활동에 참가하여 구직을 통해 생산 활동에 나서면 GDP가 증가한다.
⑤ 감가상각된 자본재를 대체하기 위해 자본재를 구입하는 투자는 GDP와 GNI 모두를 증가시킨다.

정답 ③

0112

국내총생산에 대한 설명으로 옳은 것은?   19 국가직 9급

① 어떤 한 시점에서 측정되는 저량(stock)의 성격을 갖는다.
② 중간재(intermediate goods)의 가치는 국내총생산의 계산에 포함된다.
③ 어떤 나라의 수출품 가격이 하락하면 실질무역손실이 발생하기 때문에 국내총생산은 국내총소득보다 작아진다.
④ 대외수취 요소소득이 대외지급 요소소득보다 클 경우, 국내총생산은 국민총생산보다 작다.

국내총생산(GDP)와 국민총생산(GNP) 간에는 다음과 같은 관계가 성립한다.

> 국민총생산(GNP)=국내총생산(GDP)+대외순수취 요소소득(대외수취 요소소득-대외지급 요소소득)

만약 대외수취 요소소득이 대외지급 요소소득보다 클 경우에는 대외순수취 요소소득이 양(+)의 값을 갖게 되어, GNP는 GDP보다 대외순수취 요소소득만큼 커진다.
① 국내총생산은 일정 기간 동안 측정되는 유량(Flow)의 성격을 갖는다.
② 국내총생산은 최종생산물의 가치를 측정의 대상으로 한다. 따라서 최종생산물을 생산하기 위해 투입된 중간재(Intermediate goods)의 가치는 국내총생산의 계산에서 제외된다.
③ 국내총생산(GDP)과 국내총소득(GDI) 간에는 다음과 같은 관계가 성립한다.

> 국내총소득(GDI)=국내총생산(GDP)+교역조건 변화에 따른 실질무역손익

다른 모든 조건이 일정할 때, 어떤 나라의 수출품 가격이 하락하면 교역조건 악화에 따른 실질무역손실이 발생한다. 이에 따라 GDI는 GDP보다 '교역조건 변화에 따른 실질무역손익'만큼 작아진다.

정답 ④

0113

한계소비성향의 정의로 옳은 것은? 11 감정평가사

① 소비를 소득으로 나눈 것이다.
② 소비를 가처분소득으로 나눈 것이다.
③ 소비의 증가분을 저축의 증가분으로 나눈 것이다.
④ 소비의 증가분을 가처분소득의 증가분으로 나눈 것이다.

해설

한계소비성향(MPC)이란 한 단위의 가처분소득이 증가할 때, 소비가 얼마나 증가하는가로 정의된다. 이를 식으로 나타내면 다음과 같다.

$$MPC = \frac{\Delta C}{\Delta Y}$$

정답 ④

0114

A국의 2016년 처분가능소득(disposable income)과 소비가 각각 100만 달러와 70만 달러였다. 2017년에 A국의 처분가능소득과 소비가 각각 101만 달러와 70만 7천 달러로 증가하였다면 A국의 한계저축성향은 얼마인가? 18 국가직 9급

① 0.3
② 0.5
③ 0.7
④ 0.8

해설

처분가능소득이 10,000달러가 증가하고, 소비가 7,000달러 증가했으므로 저축은 3,000달러만큼 증가했다. 따라서 한계저축성향은 다음과 같이 측정된다.

$$한계저축성향(MPS) = \frac{\Delta S}{\Delta Y} = \frac{3,000}{10,000} = 0.3$$

정답 ①

0115

전통적인 케인스 소비함수의 특징이 아닌 것은? 13 지방직 7급

① 한계소비성향이 0과 1 사이에 존재한다.
② 평균소비성향은 소득이 증가함에 따라 감소한다.
③ 현재의 소비는 현재의 소득에 의존한다.
④ 이자율은 소비를 결정할 때 중요한 역할을 한다.

해설

케인스의 소비이론인 절대소득가설에 따르면 현재의 소비는 현재 소득의 절대적인 크기에 의존하며 이자율과는 무관하다.
• 고전학파는 소비를 이자율의 감소함수로 본다.

정답 ④

0116

전시효과(demonstration effect)와 톱니효과(ratchet effect)로서 소비를 설명하는 이론은? 05 7급

① 절대소득가설
② 상대소득가설
③ 항상소득가설
④ 라이프사이클가설

듀젠베리(J. Duesenberry)는 케인즈의 절대소득가설과 대립되는 상대소득가설을 전개한다.
• 상대소득가설의 가장 큰 특징은 소비의 상호의존성과 관련된 '전시효과'와 소비의 비가역성과 관련된 '톱니효과'이다.

정답 ②

0117

프리드먼(M. Friedman)의 항상소득가설에 대한 설명 중 옳지 않은 것은? 00 7급

① 일시적인 소득세율의 인하는 소비증가를 초래한다.
② 소득은 항상소득과 임시소득으로 구성된다.
③ 호황기에는 임시소득만 증가한다.
④ 소비는 항상소득에 비례한다.

프리드먼의 항상소득가설에 따르면 소득은 항상소득과 임시소득으로 구성된다. 소비는 항상소득에 의해서만 영향을 받고 임시소득은 대부분 저축이 된다.
• 소득세율의 인하가 일시적으로 이루어지면 이때 증가하는 가처분소득의 증가는 임시소득의 성격을 갖는다. 따라서 대부분 저축으로 사용되고 소비에는 영향을 주지 못한다.
• 호황이라고 해서 바로 월급이나 연봉과 같은 항상소득이 증가하지는 않는다. 증가한다면 임시소득의 성격을 갖는 보너스 같은 보수가 증가할 뿐이다.

정답 ①

0118

소비이론 중 생애주기가설에 대한 설명으로 옳지 않은 것은? 11 국가직 7급

① 청소년기에는 소득보다 더 높은 소비수준을 유지한다.
② 저축과 달리 소비의 경우는 일생에 걸쳐 거의 일정한 수준이 유지된다.
③ 소비자는 일생동안 발생할 소득을 염두에 두고 적절한 소비수준을 결정한다.
④ 동일한 수준의 가처분소득을 갖고 있는 사람들은 같은 한계소비성향을 보인다.

생애주기가설에 따르면 동일한 가처분소득을 갖고 있다고 하더라도 생애평균소득이 다르다면 한계소비성향은 달라질 수 있다.

정답 ④

0119

소비이론에 대한 설명으로 옳은 것만을 <보기>에서 모두 고르면?
20 국회 8급

보기

ㄱ. 케인즈(J. M. Keynes)의 절대소득가설은 사람들의 장기 소비 행태를 설명할 수 있다.

ㄴ. 프리드만(M. Friedman)의 항상소득가설에 따르면 임시 소득의 비중이 높을수록 평균소비 성향이 감소한다.

ㄷ. 안도(A. Ando)와 모딜리아니(F. Modigliani)의 생애주기가설에 따르면 사람들의 평균소비성향은 유·소년기 와 노년기에는 높고 청·장년기에는 낮다.

① ㄱ
② ㄱ, ㄴ
③ ㄱ, ㄷ
④ ㄴ, ㄷ
⑤ ㄱ, ㄴ, ㄷ

해 설

주어진 <보기> 내용을 검토하면 다음과 같다.

ㄱ. 케인즈(J. M. Keynes)의 절대소득가설은 '단기'에서의 가처분 소득 변화와 소비와의 관계를 설명한 이론이다.

ㄴ. 프리드만(M. Friedman)의 항상소득가설을 따르는 경우 소득 과 평균소비성향은 다음과 같이 구성된다.

- 소득(Y) = 항상소득(Y_P) + 임시소득(Y_T)
- 평균소비성향(APC) = $\dfrac{C}{Y} = \dfrac{C}{Y_P + Y_T}$
- $\dfrac{\overline{C}}{Y_P + Y_T \uparrow} \Rightarrow APC \downarrow$

항상소득가설에 따르면 소비는 항상소득에 의해서만 영향을 받을 뿐이다. 임시소득은 대부분 저축되기 때문이다. 따라서 소득 중에서 임시소득의 비중이 높아질수록 평균 소비 성향은 감소하게 된다.

ㄷ. 안도(A. Ando)와 모딜리아니(F. Modigliani)의 생애주기가설 에 따르면 사람들의 소비는 일정한 흐름을 보이지만 소득은 유·소년기에는 낮고, 청·장년기에는 높은 흐름을 보인다. 따라서 평균소비성향($\frac{C}{Y}$)은 유·소년기와 노년기에는 높아 지고 청·장년기에는 낮아진다.

정답 ④

0120

Domar의 성장이론에서 투자의 이중성이란? 06 7급

① 투자에는 독립투자와 유발투자의 이중성이 있음을 의미한다.

② 투자는 사전적 투자와 사후적 투자로 이분되어 있음을 의미한다.

③ 투자는 설비투자와 재고투자의 두 부분으로 나눌 수 있음을 의미한다.

④ 투자는 생산물의 공급능력을 증가시키는 한편 총수요 를 증가시키는 두 가지 역할을 수행함을 의미한다.

해 설

투자의 증가는 단기적으로는 총수요의 증가를 가져오고, 장기적 으로는 생산능력의 확대를 가져온다. 이를 투자의 이중성이라고 한다.

정답 ④

0121

정부에서 어떤 도로의 신설 여부를 결정하기 위해 해당 사업에 대해 비용-편익 분석을 수행한다고 생각해 보자. 이러한 비용-편익 분석에서 주의해야 할 점에 대한 설명으로 옳지 않은 것은?

16 지방직 7급

① 새롭게 고용되는 인력에게 지급되는 임금의 총액은 편익이 아닌 비용에 포함되어야 한다.
② 편익의 계산에서 도로건설을 통해 다른 지역의 서비스업이 이전해 오고 인구가 유입되는 이차적인 효과는 배제하는 것이 타당하다.
③ 편익이 장기에 걸쳐 발생하는 경우, 할인율이 낮을수록 사업의 경제적 타당성이 커진다.
④ 비용 계산 시 사회적 기회비용보다는 실제 지불되는 회계적 비용을 고려해야 한다.

해설

비용-편익 분석에서 고려되는 비용은 모두 기회비용으로 집계된 비용이다.

• 할인율이 낮을수록 장래 발생하는 편익의 현재가치가 커지므로 경제적 타당성이 높게 평가된다.

정답 ④

0122

다음 중 거시경제학에서 의미하는 투자가 아닌 것은?

03 감정평가사

① 현대자동차가 새 공장을 짓는 것
② 홍길동이 새로 건설된 아파트를 구입하는 것
③ 동네에 있는 편의점 GS 25가 새 컴퓨터를 구입하는 것
④ 김선달이 주식시장에서 유통되고 있는 삼성전자 주식 100주를 구입하는 것

해설

거시경제학에서 투자란 자본총량을 유지하거나 증가시키기 위해 이루어지는 경제활동을 의미한다.

• 이미 주식시장에서 유통되고 있는 주식을 구입하는 것은 단순한 재산권의 이전행위에 불과하므로 경제 전체의 자본총량의 변화와는 관련이 없다.

정답 ④

AK Tip 가속도 원리

가속도 원리란 소득의 증가가 소비의 증가를 가져오고, 이에 대한 기업의 대응으로 이루어지는 투자를 설명하는 원리이다. 여기서 주의할 것은 투자에 영향을 주는 것은 단순한 국민소득의 수준이 아니라 국민소득의 '변화'라는 것이다. 즉 가속도 원리는 단순한 소득수준이 아닌 소득수준의 '변화'와 투자와의 관계를 설명한다. 즉 소득수준이 증가할 때 투자가 증가하는 것이다. 이 경우 투자의 성격은 '유발투자'이다.

0123

국민소득계정 항등식의 투자에 대한 설명으로 옳은 것은?

20 지방직 7급

① 생산에 사용될 소프트웨어 구매는 고정투자에 포함되지 않는다.
② 음(−)의 값을 갖는 재고투자는 해당 시기의 GDP를 감소시킨다.
③ 신축 주거용 아파트의 구매는 고정투자에서 제외되고 소비지출에 포함된다.
④ 재고투자는 유량(flow)이 아니라 저량(stock)이다.

경기침체기에 기업은 미래의 수요 감소를 예상하여 재고를 줄이므로 '계획된' 재고투자는 음(-)의 값을 갖게 된다. 여기서 재고를 줄인다는 것은 기업이 생산을 줄인다는 의미이기도 하다. 따라서 이 시기에는 GDP가 감소하게 된다.

① 고정투자는 기업이 생산에 사용하기 위해 구입하는 기계, 차량, 컴퓨터 등과 같은 자본재에 대한 설비투자와 거주용 건물의 신축을 포함한 공장, 상업용 건물 등을 구매하는 건설(주택)투자를 포괄한다. 생산에 사용될 소프트웨어는 자본재에 포함되므로 소프트웨어 구매 역시 고정투자에 포함된다.

> 고정투자=기업고정투자+주택투자=설비투자+건설투자

③ 사람들이 거주하기 위해 구입하거나 임대하기 위해 신축 주택을 구입하는 것은 주택투자에 해당한다. 따라서 신축 주거용 아파트의 구매는 소비지출이 아닌 주택투자로 분류되어 고정투자를 구성한다.
④ 재고투자는 일정시점에서의 단순한 재고의 존재를 의미하는 것이 아니라, 일정 기간 동안의 재고의 변화를 의미한다. 이에 따라 재고투자는 저량(stock)이 아니라 유량(flow)이다.

정답 ②

0124

토빈의 q(Tobin's q)에 대한 설명으로 옳지 않은 것은?

11 국회 8급

① 기업의 수익성, 경제정책 등 미래에 대한 기대가 투자에 큰 영향을 미친다는 것을 강조한다.
② 자본조정비용을 고려할 경우 감가상각률이 증가하면 투자는 감소한다.
③ 토빈의 q가 증가하면 투자유인도 증가한다.
④ 전통적 투자모형인 신고전학파 투자모형과는 무관한 모형이다.
⑤ 주가변화와 투자변화 간에는 밀접한 관계가 있음을 강조한다.

토빈의 q 이론은 투자를 위한 자본 조달을 주식시장과 결부시켜 설명하는 이론이다. 따라서 주식시장에서 기업에 대한 평가, 즉 설치된 자본의 시장가치가 매우 중요한 역할을 수행한다.

• 감가상각률이 증가하면 자본재를 사용할 때 투입되는 비용, 즉 투자비용이 증가하게 되어 설치된 자본의 대체비용이 커지게 된다. 이는 토빈의 q가 감소한다는 의미이고, 이에 따라 투자는 감소하게 된다.
• 토빈의 q 이론은 자본의 사용자 비용과 한계생산물 가치를 비교하여 투자를 설명하는 신고전학파 투자모형과 매우 밀접한 관련을 갖는다.

정답 ④

0125

고전학파의 견해에 해당하지 않는 것은?   07 국가직 7급

① 화폐수량설
② 세(J. B. Say)의 법칙
③ 유동성 선호설
④ 실물부문과 화폐부문간의 양분성

해 설

화폐수량설은 고전학파의 화폐이론으로 여기에는 피셔(I. Fisher)의 거래수량설과 마샬(A. Marshall)의 현금잔고수량설이 있다.
• 피셔의 거래수량설은 화폐와 물가수준과의 비례적 관계를 보여줌으로써 화폐의 중립성을 주장한다. 이에 따라 실물부문과 화폐부문이 분리되는 고전적 이분법이 성립하게 된다.
• 고전학파는 신축적인 이자율의 작용으로 인해 '공급이 스스로 수요를 창출한다'는 '세(J. B. Say)의 법칙'을 주장한다.
• 유동성 선호설은 케인즈(J. M. Keynes)의 화폐이론으로 그에 따르면 이자율은 화폐시장에서 화폐수요와 화폐공급이 일치하는 수준에서 결정되는 순수한 화폐적 현상이다.

정답 ③

0126

"소비가 미덕이다."라는 말에 대한 설명으로 옳지 않은 것은?   06 7급

① 구성의 오류에 해당한다.
② 저축의 역설에 해당한다.
③ 경기가 과열일 때 적용된다.
④ 고전학파 모형에서는 절약의 역설이 일어나지 않는다.

해 설

"소비가 미덕이다."라는 말은 '구성의 오류'의 한 예인 '저축의 역설'의 또 다른 표현으로, 지나친 저축이 총수요를 감소시켜 경기를 침체시키는 경우에 적용된다.
• 고전학파에 따르면 저축과 투자는 항상 일치하여 저축이 증가하면 같은 크기만큼의 투자가 증가하여 총수요가 감소하는 결과가 나타나지 않는다.

정답 ③

AK Tip 저축의 역설(Paradox of saving)

'저축의 역설'은 모든 경제주체가 장래의 불확실한 소득에 대비하기 위해 저축을 늘리는 합리적인 선택을 했음에도 불구하고, 이것으로 인해 경제 전체의 소비가 감소하여 총수요를 감소시키고 결과적으로 소득이 감소하여 오히려 저축이 감소되는 현상을 의미한다. 이른바 '구성의 모순(오류)'의 대표적인 예이다.

AK Tip 승수효과(Multiplier effect)

승수효과는 독립지출이 증가한 이후 그 수준이 계속 유지될 때 발생하는 개념이다. 이러한 승수효과는 '독립지출 ⇒ 소득증가 ⇒ 소비증가 ⇒ 소득증가 ⇒ ......'라는 과정의 무한반복이 이루어지는 과정 속에서 나타난다. 따라서 이러한 동태적 과정이 순조롭지 못하다면 승수효과는 발생하지 않을 수 있다. 한편 독립지출에 따른 수요가 증가한다고 하더라도 기업이 생산을 증가시키지 못해 공급이 이에 따르지 못한다면 승수효과는 발생하지 않을 수 있다. 즉 승수효과는 유휴생산설비의 존재를 전제로 한다.

0127

다음 화폐의 기능에 대한 설명이 옳게 짝지어진 것은?

17 국가직 9급

> (가) 욕망의 상호일치(double coincidence of wants)를 위해 아까운 시간과 노력을 써야 할 필요가 없어진다.
> (나) 한 시점에서 다른 시점까지 구매력을 보관해 준다.

	(가)	(나)
①	교환의 매개 수단	가치의 저장 수단
②	교환의 매개 수단	회계의 단위
③	가치의 저장 수단	교환의 매개 수단
④	가치의 저장 수단	회계의 단위

해설

화폐는 하나의 거래를 할 때 발생하는 시간과 노력인 거래비용을 줄여줌으로써 보다 원활한 거래를 가능하게 해주는 '교환의 매개수단' 기능을 수행한다(가).

- 화폐를 보유하게 되면 서로 상이한 시점 사이에서 구매력을 유지할 수 있는데 이를 '가치의 저장수단'이라고 한다(나).

정답 ①

0128

다음 중 광의의 통화(M_2)에 포함되는 항목을 모두 고른 것은?

12 지방직 7급

㉠ 현금 통화	㉡ 요구불예금
㉢ MMDA	㉣ 양도성 예금증서

① ㉠, ㉡, ㉢
② ㉠, ㉢, ㉣
③ ㉡, ㉢, ㉣
④ ㉠, ㉡, ㉢, ㉣

해설

2002년부터 새로운 개념의 통화지표로서 협의의 통화(M_1) 및 광의의 통화(M_2) 개념이 도입되었다.

- 협의의 통화(M_1)에는 민간보유 현금과 예금취급기관의 결제성 예금의 합으로 정의된다. 여기서 결제성 예금이란 당좌예금이나 보통예금, 자유저축예금 등과 같은 요구불예금과 MMDA(시장금리부 수시입출금예금), MMF(단기 금융펀드) 등으로 구성된다.

- 광의의 통화(M_2)에는 협의의 통화(M_1)에 준결제성 예금까지 포함된다. 여기서 준결제성 예금이란 정기예적금 및 부금, 거주자 외화예금, 시장형 금융상품, 실적배당형 금융상품, 금융채, 발행어음, 신탁형 증권저축 등이 포함된다. 다만 유동성이 낮은 만기 2년 이상의 금융상품은 제외된다.

정답 ④

0129

다음 <보기> 중 준화폐와 관련 있는 것을 모두 고르면?

10 국회 8급

보기

ㄱ. 준화폐란 주식·채권 등과 같이 어느 정도의 유동성을 가지고 있는 비화폐 자산이다.

ㄴ. 준화폐의 존재는 통화수요를 불안정하게 만들지만 유통 속도는 안정시킨다.

ㄷ. 준화폐의 존재는 중앙은행의 통화량 통제 능력을 제한한다.

ㄹ. 통화당국의 정책 목표가 이자율로 전환된 것과 관련 있다.

① ㄱ, ㄴ   ② ㄱ, ㄷ

③ ㄱ, ㄹ   ④ ㄷ, ㄹ

⑤ ㄱ, ㄷ, ㄹ

해설

준화폐란 주식·채권 등과 같이 그 가치가 화폐로 고정되어 있어 어느 정도의 유동성을 가지고 있는 화폐가 아닌 비화폐 자산을 일컫는다.

• 준화폐는 유동성이 있어 '통화 공급'에 영향을 준다. 이로 인해 통화량의 정확한 통제가 어려워져 통화정책의 목표가 통화량에서 이자율로 전환되는 계기를 제공한다.

정답 ⑤

0130

리디노미네이션(redenomination)에 대한 일반적인 설명으로 옳지 않은 것은?

19 국가직 7급

① 화폐단위 변경에 따라 큰 단위 금액의 표기가 간소화되어 금융거래 시 오류 가능성이 감소한다.

② 자국 통화의 대외적 위상을 높일 목적으로 시행되기도 한다.

③ 인플레이션을 낮추어 물가안정에 기여할 수 있다.

④ 경제 전반에 일시적으로 상당한 메뉴비용(menu cost)을 발생시킨다.

해설

리디노미네이션이란 화폐단위를 낮추는 것을 의미한다. 예컨대 현재의 100원을 1원으로 낮추는 경우이다. 이 경우 경제주체들이 상품의 가격을 낮다고 인식할 수 있어 쉽게 상품의 가격이 상승하여 인플레이션을 자극할 수 있는 문제점이 나타날 수 있다.

① 예컨대 100,000원을 1,000원로만 나타내면 되므로 금액을 표기할 때 상대적으로 실수가 작아지는 긍정적 측면이 나타나게 된다.

② 만약 현재 대미 환율이 '1달러=1,200원'이면 리디노미네이션 실시 후에는 '1달러=12원'이 되어 원화 통화의 가치가 상대적으로 높아지는 것과 동일한 결과를 가져올 수 있게 된다.

④ 시장에서의 모든 거래단위 금액을 화폐단위 변경에 따른 금액으로 재조정해야 하므로 경제 전반에 일시적으로 상당한 메뉴비용(Menu cost)을 발생시킨다.

정답 ③

0131

"화폐는 중립적이다"라는 명제에 대한 설명으로 옳은 것은?

17 국가직 9급

① 화폐공급량을 증가시키면 명목소득의 변화가 없다.

② 화폐공급량을 증가시키면 물가가 상승한다.

③ 화폐공급량을 증가시키면 실질소득의 변화가 생긴다.

④ 화폐공급량을 증가시켜도 실질소득과 명목소득 모두 변화가 없다.

해설

화폐중립성이 성립하면, 화폐공급량이 증가할 때 실질변수를 변화시키지 못하고 물가 상승을 통하여 명목변수만 변화시킨다.

정답 ②

0132

고전학파의 이분법(classical dichotomy)에 대한 설명으로 옳은 것은?

08 지방직 7급

① 이분법이란 경제가 공급부문과 수요부문에 의해 둘로 나누어진다는 것을 의미한다.
② 화폐의 공급은 실질 GDP를 증가시킨다.
③ 물가와 임금 등 명목변수와 산출량 등 실질변수는 상호 영향을 미치므로 동시에 결정된다.
④ 실질변수는 실물부문(real sector)에 의해서만 결정된다.

실물변수(Real variables)는 실물부문에서, 명목변수(Nominal variables)는 화폐부문에서 각각 결정된다는 것을 고전학파의 이분법이라고 한다. 이에 따르면 화폐부문에서 통화량의 증가는 실질 GDP를 포함한 실질변수에 영향을 주지 못한다.

정답 ④

AK Tip 자산의 유동성(Liquidity)

> 자산의 유동성이란 자산 가치의 손실이 없이 다른 자산으로 바꿀 수 있는 가능성을 의미한다. 즉 다른 자산과 얼마나 쉽게 교환될 수 있는가를 의미하며, 이 정도가 가장 높은 자산이 곧 화폐이다.

0133

케인스의 화폐수요 이론에 대한 설명으로 옳지 않은 것은?

16 국가직 7급

① 개인은 수익성 자산에 투자하는 과정에서 일시적으로 화폐를 보유하기도 한다.
② 화폐수요의 이자율탄력성이 0이 되는 것을 유동성 함정이라고 한다.
③ 소득수준이 높아질수록 예비적 동기의 화폐수요는 증가한다.
④ 거래적 동기의 화폐수요는 소득수준과 관련이 있다.

경제주체들은 이자율이 더 이상 하락하지 않을 것으로 예상하면, 채권은 전혀 보유하지 않고 오직 화폐만을 보유하고자 한다. 이와 같은 화폐수요의 이자율탄력성이 무한대(∞)인 상태를 '유동성 함정'이라고 한다.

정답 ②

AK Tip 유동성 함정(Liquidity trap)

> 대공황과 같은 극심한 경기불황인 경우의 화폐시장에서 이자율이 매우 낮아 즉 채권가격이 매우 높아, 이자율의 상승과 채권가격의 하락을 예상하고 보유하고 있는 화폐를 모두 매각하여 화폐로만 보유하려는 상황을 유동성 함정이라고 한다. 이 경우의 화폐수요의 이자율 탄력성은 무한탄력적이고, 이에 따라 화폐수요 곡선과 LM곡선은 수평의 모습을 보인다. 화폐시장이 이러한 유동성 함정 상태에 있게 되면 중앙은행이 아무리 화폐공급을 증가시켜도 이자율의 하락을 기대할 수 없게 된다. 이에 따라 화폐정책은 무용하게 되고 재정정책이 경기 안정화 정책으로서 중요한 기능을 수행하게 된다.

0134

유동성 함정(liquidity trap)에 대한 설명 중 가장 옳지 않은 것은?

18 서울시 공개경쟁 7급

① 채권의 가격이 매우 높아서 더 이상 높아지지 않으리라 예상한다.
② 통화정책이 효과가 없다.
③ 화폐수요곡선이 우상향한다.
④ 추가되는 화폐공급이 모두 투기적 수요로 흡수된다.

채권 가격이 매우 높아 더 이상 높아지지 않으리라 예상하는 경우, 즉 이자율이 매우 낮아 더 이상 낮아지지 않으리라 예상하는 경우 유동성 함정 구간에서는 화폐수요의 이자율탄력성이 무한대가 되어 화폐수요곡선은 수평의 모습을 보인다.

• 유동성 함정 구간에서는 추가되는 화폐공급은 모두 투기적 화폐수요로 흡수되어 이자율에 영향을 주지 못한다. 결국 이자율 변화를 통해 총수요에 영향을 주고자하는 통화정책은 무력해진다.

정답 ③

0135

유동성 함정에 대한 설명으로 옳지 않은 것은? 12 지방직 7급

① 통화정책보다는 재정정책이 효과가 더 크다.
② 정부지출 증가로 인한 구축효과는 일어나지 않는다.
③ 화폐를 그대로 보유하는 것보다는 채권을 매입하는 것이 낫다.
④ 화폐수요의 이자율탄력성이 무한대가 되는 영역을 가리킨다.

유동성 함정이란 화폐시장에서 화폐수요의 이자율탄력성이 무한대가 되어 이자율이 더 이상 하락하지 않는 구간을 의미한다.

• 채권 가격은 이자율과 역(-)의 관계이므로 채권 가격은 더 이상 상승하지 않는다. 따라서 유동성 함정 상황 속에서 채권을 매입하게 되면 채권 가격 상승을 통해 얻을 수 있는 자본이득은 존재하지 않는다. 따라서 채권보다는 화폐를 그대로 보유하는 것이 더 낫다.
• 유동성 함정 구간에서의 확장적 통화정책은 이자율을 하락시킬 수 없기 때문에 이자율 하락을 통한 총수요 증대를 기대할 수 없다. 따라서 통화정책은 무력하고 재정정책이 유력하다.

정답 ③

0136

보몰-토빈(Baumol-Tobin)의 거래적 화폐수요이론에 대한 설명으로 가장 옳지 않은 것은? 19 서울시 7급

① 거래적 화폐수요는 이자율의 감소함수이다.
② 거래적 화폐수요는 소득의 증가함수이다.
③ 화폐를 인출할 때 발생하는 거래비용이 증가하면 거래적 화폐수요는 증가한다.
④ 거래적 화폐수요의 소득탄력성은 1이다.

보몰-토빈(Baumol-Tobin)의 거래적 화폐수요함수는 다음과 같이 도출된다.

$$M_D = \sqrt{\frac{b \times Y}{2r}} = \sqrt{\frac{1}{2}} \times b^{\frac{1}{2}} \times Y^{\frac{1}{2}} \times r^{-\frac{1}{2}}$$

• 여기서 M_D는 화폐수요량, b는 거래비용, Y는 소득, r은 이자율이다.

• 거래적 화폐수요는 거래비용과 소득의 증가함수이고, 이자율의 감소함수이다.
• 수요함수가 지수함수 형태로 주어지면 지수 값이 곧 탄력성이다. 따라서 거래적 화폐수요의 소득탄력성은 $\frac{1}{2}$이 된다.

정답 ④

AK Tip | **본원통화의 구성**

본원통화		
현금통화	지불준비금	
현금통화	시재금	중앙은행 지준예치금
화폐발행액		중앙은행 지준예치금

0137

통화승수에 대한 설명으로 옳은 것은?　　　　08 지방직 7급

① 요구불 예금에 대한 정부 예금 비율이 상승하면 통화승수는 증가한다.
② 지급준비율이 낮아지면 통화승수는 감소한다.
③ 통화승수란 통화량에 본원통화를 곱한 값으로 통화량이 본원통화의 몇 배인가를 보여주는 지표이다.
④ 민간의 현금통화비율이 상승하면 통화승수는 감소한다.

해 설

z이 지급준비율이고, 현금통화비율$\left(\dfrac{C}{M}=c\right)$이 주어진 경우 통화승수는 다음과 같다.

$$\text{통화승수: } m = \frac{1}{c+z-c\times z}$$

이에 따라 민간의 현금통화비율(c)가 상승하면 통화승수는 감소하게 된다.
① 정부는 정부의 은행인 한국은행에 정부예금계좌를 개설하여 놓고 세입과 세출을 집행하는 과정에서 한국은행 계좌를 이용한다. 이에 따라 정부가 세금을 거둬들이면 시중에 있던 통화가 한국은행의 정부예금 계좌로 들어오게 되므로, 그 결과 통화량은 감소하게 된다. 이것은 통화승수를 감소시키는 것과 동일한 효과를 가져 온다.
② 지급준비율(z)이 낮아지면 통화승수는 증가하게 된다.
③ 통화승수란 통화량(M)을 본원통화(H)로 나눈 값$\left(m=\dfrac{M}{H}\right)$으로 통화량이 본원통화의 몇 배인가를 보여주는 지표이다.

　　　　　　　　　　　　　　　　　　　　　정답 ④

0138

지급준비율과 관련하여 옳지 않은 것은?　　　　17 국가직 7급

① 우리나라는 부분지급준비제도를 활용하고 있다.
② 은행들은 법정지급준비금 이상의 초과지급준비금을 보유할 수 있다.
③ 100% 지급준비금제도 하에서는 지급준비율이 1이므로 통화승수는 0이 된다.
④ 지급준비율을 올리면 본원통화의 공급량이 변하지 않아도 통화량이 줄어들게 된다.

해 설

현금-예금비율$\left(k=\dfrac{\text{현금}}{\text{예금}}\right)$과 지급준비율$\left(z=\dfrac{\text{지급준비금}}{\text{예금}}\right)$이 주어진 경우, 통화승수(m)의 크기는 다음과 같다.

$$\text{통화승수: } m = \frac{k+1}{k+z}$$

따라서 지급준비율(z)이 1인 경우의 통화승수는 '1'이 된다(③).
① 부분지급준비제도를 활용하고 있는 현재우리나라의 법정지급준비율은 2006년에 정한 요구불 예금에 대해서는 7.0%, 저축성 예금에 대해서는 0.0 - 2.0%를 유지하고 있다.
② 은행들은 '예상치 못한 예금인출에 대비하기 위하여' 법정지급준비금 이상의 초과지급준비금을 보유할 수 있다.

　　　　　　　　　　　　　　　　　　　　　정답 ③

0139

부분지급준비제도하의 통화공급 모형에서 법정지급준비율과 초과지급준비율의 합이 1보다 작다. 다른 조건이 일정할 때, C/D 비율의 증가로 발생하는 현상은? (단, C는 현금, D는 요구불 예금이다)　　　　20 국가직 7급

① 현금 유통량이 증가하고 통화공급도 증가한다.
② 통화공급은 증가하지만 지급준비금은 변화가 없다.
③ 통화공급이 감소한다.
④ 현금 유통량은 증가하지만 통화공급은 변화가 없다.

해 설

현금-예금비율(C/D)을 k, 지급준비율을 z라고 할 때 통화승수는 다음과 같다.

$$\text{통화승수: } \frac{k+1}{k+z}$$

• 현금-예금비율(C/D)인 k가 증가하면 현금보유량 증가에 따라 요구불 예금(예금통화)에 비해 상대적으로 현금 유통량은 증가할 수 있지만 통화승수가 작아져서 통화(공급)량이 감소하게 된다.

　　　　　　　　　　　　　　　　　　　　　정답 ③

0140

통화공급에 대한 설명으로 옳은 것은?

10 지방직 7급

① 초과지급준비금은 총예금에서 지급준비금을 공제한 것이다.

② 준예금통화란 이자율이 비교적 높은 요구불 예금을 말한다.

③ 현금－통화 비율이 클수록 통화량의 조절이 용이해진다.

④ 순신용승수는 신용승수보다 작다.

지급준비율을 $z(0<z<1)$라고 할 때, 순신용승수와 신용승수는 다음과 같다.

- 순신용승수: $\dfrac{1-z}{z}$
- 신용승수: $\dfrac{1}{z}$

이때 '$(1-z)<1$'이 성립하므로 순신용승수는 신용승수보다 작다.

① 초과지급준비금은 실제지급준비금에서 법정지급준비금을 공제한 것이다.

② 준예금통화란 이자율이 비교적 높은 저축성 예금을 말한다.

③ 현금-통화 비율이 클수록 통화승수가 작아지고, 이로 인해 통화량을 조절하기 위해 필요한 본원통화의 크기가 커야 하므로 그 만큼 통화량의 조절이 어려워진다.

정답 ④

0141

폐쇄경제에서 실질이자율에 대한 설명으로 옳은 것을 모두 고르면?

07 CPA

> ㉠ 고전학파 이론에 의하면 실질이자율은 대부자금시장에서 저축과 투자가 일치되도록 결정된다.
> ㉡ 가격경직성을 가정하는 케인즈 학파에 의하면 단기 실질이자율은 화폐시장에서 수요와 공급이 일치되도록 결정된다.
> ㉢ 고전학파와 케인즈 학파 모두 실질이자율의 하락은 투자지출의 증가를 가져오는 것으로 설명한다.
> ㉣ 고전학파와 케인즈 학파 모두 통화량 증가는 실질이자율의 하락을 가져오는 것으로 설명한다.

① ㉠, ㉡, ㉢

② ㉠, ㉡, ㉣

③ ㉠, ㉢, ㉣

④ ㉡, ㉢, ㉣

⑤ ㉠, ㉡, ㉢, ㉣

고전학파는 화폐수량설에 기초하여 화폐의 중립성을 주장한다. 이에 따라 통화량이 증가해도 실질변수에는 영향을 주지 못하고 물가만 비례해서 상승시킨다.

- 고전학파에서 실질이자율은 화폐시장이 아닌 대부시장에서 투자와 저축이 일치하는 수준에서 결정된다.

정답 ①

0142

이자율 기간구조에 대한 설명으로 옳은 것을 모두 고른 것은?

11 국가직 7급

> ㉠ 기대이론에 의하면, 미래의 단기이자율 상승이 예상된다는 것은 수익률곡선이 우상향함을 의미한다.
> ㉡ 기대이론에 의하면, 미래의 단기이자율 하락이 예상된다는 것은 수익률곡선이 우하향함을 의미한다.
> ㉢ 유동성 프리미엄 이론에 의하면, 미래의 단기이자율 상승이 예상된다는 것은 수익률곡선이 우상향함을 의미한다.
> ㉣ 유동성 프리미엄 이론에 의하면, 미래의 단기이자율 하락이 예상된다는 것은 수익률곡선이 우상향함을 의미한다.

① ㉠, ㉡, ㉢
② ㉠, ㉡, ㉣
③ ㉠, ㉢, ㉣
④ ㉡, ㉢, ㉣

해 설

만기가 다르면 이자율도 달라지는 것을 이자율의 기간구조라 하고, 이러한 이자율의 차이를 단·장기 스프레드라고 한다. 그리고 만기에 따라 수익률의 크기를 나타내는 곡선을 수익률곡선이라고 하는데 수익률이 커지면 수익률곡선은 우상향하게 된다.

• 기대이론에 따르면 장기이자율은 예상되는 미래 단기이자율의 평균과 같아진다. 이에 따라 미래의 단기이자율 상승이 예상되면 장기이자율이 상승하여 수익률곡선이 우상향하며, 미래의 단기이자율 하락이 예상되면 장기이자율이 하락하여 수익률곡선이 우하향하게 된다.

• 유동성 프리미엄 이론이란 장기이자율은 단기이자율에 유동성 프리미엄을 더하여 결정된다는 이론이다. 따라서 미래의 단기이자율 상승이 예상되면 장기이자율이 상승하여 수익률곡선은 반드시 우상향한다. 반면에 미래의 단기이자율 하락이 예상되는 경우에는 여기에 더해지는 유동성 프리미엄의 크기에 따라 장기이자율은 상승 또는 하락할 수 있어 수익률곡선은 우상향 또는 우하향하게 된다.

정답 ①

0143

이자율의 기간구조에 대한 설명으로 옳지 않은 것은?

20 지방직 7급

① 만기가 서로 다른 채권들이 완전대체재일 경우 유동성 프리미엄이 0에 가까워지더라도 양(＋)의 값을 갖는다.
② 기대이론에 따르면 현재와 미래의 단기이자율이 같을 것이라고 예상하는 경제주체들이 많을수록 수익률곡선은 평평해진다.
③ 유동성 프리미엄 이론에 따르면 유동성 프리미엄은 항상 양(＋)의 값을 갖고 만기가 길어질수록 커지는 경향을 보인다.
④ 미래에 단기이자율이 대폭 낮아질 것으로 예상되면 수익률곡선은 우하향한다.

해 설

만기가 서로 다른 채권들을 완전대체재로 보는 기대이론(expectation theory)에 따르면 장기채권 이자율은 단기채권 (예상)이자율의 산술평균 수준에서 결정된다. 이에 따라 유동성 프리미엄은 인정되지 않아 0이 된다.

② 기대이론(expectation theory)에 따르면 장기채권 이자율은 단기채권 (예상)이자율의 산술평균 수준에서 결정된다. 따라서 현재와 미래의 단기이자율이 같을 것이라고 예상하는 경제주체들이 많을수록 수익률곡선은 현재 이자율 수준에 가깝게 평평해진다.

③ 유동성 프리미엄 이론(liquidity premium theory)에 따르면 만기가 서로 다른 채권들은 더 이상 완전대체재가 아니다. 이에 따르면 채권 구매자들은 유동성이 상대적으로 작은 장기채권보다 유동성이 상대적으로 큰 단기채권을 더 선호한다고 본다. 이에 따라 장기채권 이자율은 단기채권 (예상)이자율의 산술평균 수준에 유동성 프리미엄을 더하여 결정된다고 본다. 이에 따라 유동성 프리미엄은 항상 양(＋)의 값을 갖게 되고, 만기가 길어 유동성이 더욱 작아지는 장기채권일수록 유동성 프리미엄은 커지는 경향을 보인다.

④ 기대이론(expectation theory)에 따르면 장기채권 이자율은 단기채권 (예상)이자율의 산술 평균 수준에서 결정된다. 따라서 미래에 단기이자율이 대폭 낮아질 것으로 예상되면 장기채권 이자율이 현재의 단기이자율에 비해 낮아지게 되어 수익률곡선은 우하향한다.

정답 ①

0144

다음은 단기금융시장과 자본시장의 경제적 기능에 관한 설명이다. 각 시장의 기능을 올바르게 짝지은 것은? <small>05 7급</small>

> ㉠ 회사채수익률과 주가 등 금융자산가격을 결정함으로써 기업의 투자경영과 내부경영에 영향을 미친다.
>
> ㉡ 자본손실, 유동성 및 위험이 작아 경제주체들의 금융자산 위험관리기회로 활용된다.
>
> ㉢ 경제주체의 유휴현금보유에 따른 기회비용을 최소화하여 자금조달 및 운용의 효율성을 제고할 수 있는 기회를 제공한다.
>
> ㉣ 투자자에게 높은 수익률의 금융자산을 제공함으로써 자산운용상의 효율성을 높여준다.
>
> ㉤ 중앙은행의 통화정책이 수행되는 장이다.
>
> ㉥ 중앙은행의 통화정책이 실물경제에 영향을 미치는 매개기능을 수행한다.
>
> ㉦ 가계 등의 여유자금을 투자수익이 높은 기업 등에 장기투자재원으로 공급함으로써 국민 경제의 자금부족부문과 자금잉여부문의 기조적인 자금수급불균형을 조절해준다.

	<단기금융시장>	<자본시장>
①	㉠, ㉢, ㉤	㉡, ㉣, ㉥, ㉦
②	㉡, ㉢, ㉤	㉠, ㉣, ㉥, ㉦
③	㉡, ㉣, ㉤, ㉥	㉠, ㉢, ㉦
④	㉢, ㉣, ㉤, ㉥	㉠, ㉡, ㉥

단기금융시장에는 단기금융거래가 이루어지는 시장으로 콜시장, CP시장, CD시장 등이 속한다. 여기에서 이루어지는 단기금융은 자본손실, 유동성, 위험 등이 작아 자신의 금융자산 위험관리 프로그램으로 활동된다. 따라서 경제주체들의 자금조달 및 자금운용을 효율적으로 할 수 있는 기회를 제공해 준다.

• 장기금융시장에는 주식시장, 채권시장 등이 속한다. 즉 장기금융시장은 경제주체들의 여유자금이 장기적인 투자재원으로 조달되는 시장이다.

• 일반적으로 중앙은행이 초단기금융시장인 콜시장에서 콜금리 수준을 조절하면 장기적으로 채권수익률과 주가 등에 영향을 주어 기업의 투자경영과 내부경영에 영향을 주게 된다. 이를 통해 중앙은행의 콜금리 변동이라는 통화정책이 실물경제에 영향을 주게 된다.

정답 ②

0145

다음 그래프는 경기가 회복되고 있는 A국에 존재하는 금융상품의 기대수익률 추이를 나타낸다. 각 기대수익률을 해당 금융상품에 바르게 짝지은 것은? (단, 채권의 만기기간은 5년이고 위험기피 투자자를 가정한다.) 14 국가직 7급

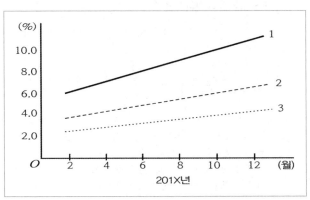

	1	2	3
①	주식	회사채(AA등급)	국고채
②	회사채(AA등급)	주식	국고채
③	국고채	주식	회사채(AA등급)
④	국고채	회사채(AA등급)	주식

해 설

투자자가 위험기피적이면 위험이 높을수록 더 높은 수익률을 요구한다. 여기서 위험이 높다는 것은 금융상품의 수익 변동 폭이 크다는 것을 의미한다.
- 국고채는 파산의 위험이 가장 낮은 정부가 발행한 채권이므로 위험의 정도 역시 가장 낮은 금융상품이다.
- 주식과 회사채는 모두 기업이 발행한 금융상품이다. 이 중 채권인 회사채는 기업이 얻는 이윤의 크기와 무관하게 발행시점에서 약속된 이자수익을 얻을 수 있다. 그러나 주식은 기업이 얻는 이윤이 클수록 배당수익도 커지게 됨으로써 회사채에 비해 수익변동 폭이 상대적으로 큰 금융상품이다. 이에 따라 주식은 회사채에 비해 상대적으로 위험의 정도가 높은 금융상품이다.

정답 ①

0146

자산가격이 그 자산의 가치에 관한 모든 공개된 정보를 반영한다는 이론은? 19 서울시 공개 경쟁 7급

① 효율적 시장 가설
② 공개정보 가설
③ 자산시장 가설
④ 위험프리미엄 가설

해 설

주식시장이 효율적이면 주식가격에는 그 기업이 갖는 내재가치를 정확히 반영한다.
- 효율적 시장 가설에서는 어떤 기업의 내재가치에 대한 새로운 정보가 창출되면 주식시장에서는 이러한 정보가 그 기업 주식에 즉각 반영된다고 본다.

정답 ①

AK Tip 효율적 시장 가설의 세 가지 양상

- 약형 효율적 시장가설(Weak form market efficiency hypothesis): 과거의 정보를 이용해서 주가를 분석하는 것은 아무런 의미가 없다.
- 준강형 효율적 시장가설(Semi-strong form market efficiency hypothesis): 과거뿐만 아니라 현재 이용 가능하게 공개된 모든 정보도 미래의 주가를 예측하는데 도움이 안 된다.
- 강형 효율적 시장가설(Strong form market efficieny hypothesis): 현재의 주가는 누구든지 이용 가능한 공개된 정보뿐만 아니라 내부자(Insider)들에게만 공개된 이른바 '내부정보'까지도 모두 반영한다.

0147

금융시장과 금융상품에 관한 서술 중 옳은 것을 <보기>에서 모두 고른 것은?

18 서울시 정기공채 7급

보기

ㄱ. 효율시장가설(efficient markets hypothesis)에 따르면 자산가격에는 이미 공개되어 있는 모든 정보가 반영되어 있다.

ㄴ. 주가와 같이 예측 불가능한 자산가격 변수가 시간이 흐름에 따라 나타나는 움직임을 임의보행(random walk)이라 한다.

ㄷ. 어떤 자산이 큰 손실 없이 재빨리 현금으로 전환될 수 있을 때 그 자산은 유동적이며, 그 반대의 경우는 비유동적이다.

ㄹ. 일정한 시점 혹은 기간 동안에 미리 정해진 가격으로 어떤 상품을 살 수 있는 권리를 풋옵션(put option)이라고 한다.

① ㄱ, ㄴ
② ㄱ, ㄴ, ㄷ
③ ㄱ, ㄷ, ㄹ
④ ㄱ, ㄴ, ㄷ, ㄹ

해설

콜 옵션(Call option)은 일정한 시점 혹은 기간 동안에 미리 정해진 가격으로 어떤 상품을 '살 수 있는' 권리를 의미한다.
- 풋 옵션(Put option)은 일정한 시점 혹은 기간 동안에 미리 정해진 가격으로 어떤 상품을 '팔 수 있는' 권리를 의미한다.

정답 ②

AK Tip | BIS 비율과 후순위 채권

> 국제결제은행의 금융기관 안정성 기준인 BIS 비율이란 금융기관의 자기자본을 위험가중자산으로 나눈 값을 의미한다.
>
> $$BIS \; 비율 = \frac{자기자본}{위험가중자산} \times 100$$
>
> 또한 후순위채권이란 은행이 파산을 했을 경우 채권자가 변제를 받을 수 있는 순위가 가장 늦는 채권을 의미한다. 이에 따라 이것의 효과는 주식발행을 통한 자본조달의 효과와 거의 유사하다. 이러한 은행의 변제의무가 상대적으로 약한 자산의 비중이 높아지면 그만큼 위험가중자산의 비율이 낮아져서 BIS 비율이 높아지게 된다.
> 여기서 위험가중자산이란 금융기관이 보유하고 있는 자산을 위험 정도에 따라 가중치를 곱해서 측정된 자산을 의미한다. 예컨대 가장 안전한 자산으로 분류되는 국채의 위험가중치는 '0'이고, 무담보대출의 위험가중치는 '1'이다. 따라서 은행이 보유하고 있는 자산 중에서 국채의 비중이 높을수록, 무담보대출의 비중이 낮을수록 BIS 비율은 높아진다.

0148

우리나라 중앙은행의 공개시장조작을 설명한 것으로 옳은 것은?

19 국가직 9급

① 주식시장에서 주식을 매입하거나 매도하여 주가지수를 조절한다.

② 중앙은행이 시중은행에 빌려주는 자금에 적용되는 금리를 조절한다.

③ 국공채나 기타 유가증권을 사거나 팔아 본원통화의 양을 조절한다.

④ 시중은행이 중앙은행에 예치해야 하는 법정지급준비율을 조절한다.

해설

공개시장조작이란 중앙은행이 유가증권시장에서 유가증권을 매입(매각)하여 본원통화를 증가(감소)시켜 통화량에 변동을 주는 것을 말한다.
① 중앙은행은 주식시장에는 개입하지 않는다.
② 재할인율 정책에 해당한다.
④ 지급준비율 정책에 해당한다.

정답 ③

0149

통화정책에 대한 설명으로 옳은 것만을 <보기>에서 모두 고르면?

20 국회 8급

보 기

ㄱ. 재할인율을 높이면 시중의 통화량은 감소한다.

ㄴ. 시중은행의 법정지급준비율을 높이면 통화량은 감소한다.

ㄷ. 중앙은행이 공개시장에서 국채를 매입하면 통화량은 감소한다.

ㄹ. 중앙은행이 화폐를 추가로 발행하면 통화승수가 커진다.

① ㄱ, ㄴ

② ㄱ, ㄹ

③ ㄴ, ㄷ

④ ㄴ, ㄹ

⑤ ㄷ, ㄹ

해 설

주어진 <보기> 내용을 검토하면 다음과 같다.

ㄱ. 재할인율 인상은 긴축통화정책의 하나이다. 이에 따라 예금 은행의 중앙은행으로부터의 대출이 감소하게 되어 시중 통화량은 감소한다.

ㄴ. 법정지급준비율 인상은 긴축통화정책의 하나이다. 이에 따라 통화승수가 감소하게 되어 시중 통화량은 감소한다.

ㄷ. 공개시장에서 중앙은행의 국채 매입은 확장통화정책의 하나이다. 이에 따라 중앙은행의 국채 매입대금만큼 시중 통화량은 증가한다.

ㄹ. 통화승수는 현금-예금비율, 지급준비율, 현금-통화비율에 의해 결정된다. 따라서 중앙은행이 화폐를 추가로 발행하는 것은 본원통화를 증가시킬 수는 있으나 통화승수를 증가시키지는 못한다.

정답 ①

0150

갑국의 중앙은행은 금융기관의 초과지급준비금에 대한 금리를 - 0.1%로 인하했다. 이 통화정책의 기대효과로 옳지 않은 것은?

20 지방직 7급

① 중앙은행에 하는 저축에 보관료가 발생할 것이다.

② 은행들은 가계나 기업에게 하는 대출을 확대할 것이다.

③ 기업들이 투자와 생산을 늘려서 고용을 증대시킬 것이다.

④ 기업의 투자자금이 되는 가계부문의 저축이 증가할 것이다.

해 설

중앙은행이 금융기관의 초과지급준비금에 대한 금리를 - 0.1%로 인하했다는 것은 금융기관이 초과지급준비금을 보유하는 경우 중앙은행이 이에 대해 일종의 벌과금을 부과한다는 것과 동일한 의미가 된다(①).

• 이러한 결정은 금융기관으로 하여금 초과지급준비금을 보유하지 못하게 하는 힘으로 작용하게 된다. 이에 따라 금융기관은 초과지급준비금을 줄이기 위해 가계나 기업에게 대출을 확대하게 된다(②). 그 결과 자금조달이 용이해진 기업은 이전에 비해 투자를 확대할 수 있고, 이로 인해 생산 증가와 고용 증가를 기대할 수 있게 된다(③).

• 중앙은행이 금융기관의 초과지급준비금에 대한 금리를 - 0.1%로 인하하게 되면, 금융기관 역시 예금에 대한 이자율을 하향 조정하게 된다. 이에 따라 가계의 저축은 이전에 비해 감소하게 된다(④).

정답 ④

0151

통화정책에 대한 설명으로 옳지 않은 것은? 20 지방직 7급

① 중앙은행이 법정지급준비율을 인하하면 총지급준비율이 작아져 통화승수는 커지고 통화량은 증가한다.

② 중앙은행이 재할인율을 콜금리보다 낮게 인하하면 통화량이 증가한다.

③ 중앙은행이 양적완화를 실시하면 본원통화가 증가하여 단기이자율은 상승한다.

④ 중앙은행이 공개시장조작으로 국채를 매입하면 통화량이 증가한다.

중앙은행이 양적완화를 실시한다는 것은 통화량이 증가한다는 의미이다. 따라서 단기 이자율은 하락하게 된다.

① 통화승수는 다음과 같이 나타낼 수 있다.

> 통화승수: $\dfrac{k+1}{k+z}$, 여기서 k는 현금-예금비율, z는 총지급준비율이다.

만약 중앙은행이 법정지급준비율을 인하하면 예금은행의 총지급준비율(z)이 작아져 통화승수는 커지고 이에 따라 통화량은 증가하게 된다.

② 재할인율은 예금은행이 중앙은행으로부터 대출할 때 적용되는 이자율이고, 콜금리는 예금 은행이 다른 예금은행으로부터 자금을 대출할 때 적용되는 이자율이다. 만약 중앙은행이 재할인율을 콜금리보다 낮게 인하하면 자금이 부족한 예금은행은 다른 예금은행에서 자금을 조달하지 않고 중앙은행으로부터 자금을 조달하게 된다. 이에 따라 시중 통화량은 증가하게 된다.

④ 중앙은행이 공개시장조작으로 국채를 매입하면 국채 매입대금만큼 자금이 시중에 공급되어 통화량이 증가한다.

정답 ③

THEME 05 | 조세와 재정

0152

직접세와 간접세에 대한 설명으로 옳지 않은 것은?

16 지방직 7급

① 간접세는 조세의 전가가 이루어지지 않는다.
② 직접세는 누진세를 적용하기에 용이하다.
③ 직접세는 간접세에 비해 조세저항이 크다.
④ 간접세는 직접세에 비해 역진적이므로 조세의 형평성을 떨어뜨린다.

> **해설**
>
> 납세자와 담세자가 일치하는 직접세와 달리 간접세는 납세자(기업)와 담세자(소비자)가 분리되는 것이 일반적이다.
> • 기업이 판매하는 상품에 부과되는 소비세와 같은 간접세는 기업으로부터 소비자에게 일부 또는 전부가 전가된다.
> • 간접세에는 동일한 비례세율이 적용되어 저소득계층의 부담이 고소득계층의 부담보다 상대적으로 커지는 역진적인 모습을 보여 형평성 문제가 제기될 수 있다.
>
> 정답 ①

0153

다음 중 직접세가 아닌 것은?

02 7급

① 법인세
② 상속세
③ 소득세
④ 부가가치세

> **해설**
>
> 직접세는 담세능력, 재력을 직접적으로 나타내는 것, 즉 소득 또는 재산을 객체로 하여 부과되는 조세로서 소득세, 법인세, 등록세, 토지세, 상속세, 영업세 등이 여기에 속한다.
> • 간접세는 담세능력의 존재를 간접적으로 추정하는 것으로 재화의 소비나 매매 거래 등을 객체로 하여 부과되는 조세이다. 물품세, 주세, 부가가치세 등이 여기에 속한다.
>
> 정답 ④

AK Tip 조세의 형태

> • 목적세: 세수가 특정한 지출목적에 구속되는 조세이다. 조세는 원칙적으로 국가세입의 목적구속금지원칙에 의하여 특정한 사용 용도와 결부시킬 수 없다. 그러나 교육사업, 도시계획, 공공시설 등을 위해서는 예외적으로 목적세를 징수할 수 있다.
> • 국세: 중앙정부에 의해 과징되는 조세이다. 소득세, 법인세, 물품세 등이 여기에 해당한다.
> • 지방세: 지방자치단체에 의해 과징되는 조세이다. 지방세는 중앙정부로부터의 수권에 의해 지방자치단체가 관할 지역 내에서 그 지역 주민의 복지향상을 위해 사용하는 경비를 조달하기 위한 재원으로서의 조세이다.

AK Tip 조세전가의 효과

> • 소전(消轉): 어느 생산 과정에서 조세가 부과되어도 이를 자체적으로 흡수하여 전가 효과가 없게 되는 현상
> • 전전(前轉): 상품 거래의 유통과정에 있어서 전위자로부터 후위자로 조세부담이 이전되는 현상
> • 후전(後轉): 상품 거래관계에 있어서 후위자로부터 전위자에게로 조세부담이 이전되는 현상
> • 갱전(更轉): 전전 또는 후전된 조세가 또 다시 전가되는 현상

0154

단일세율 소득세에 대한 찬성의 근거로 옳지 않은 것은?

13 국가직 7급

① 조세행정비용이 절감된다.
② 조세부담의 수직적 공평성을 증진시킨다.
③ 민간부문의 의사결정에 대한 교란을 줄일 수 있다.
④ 각종 공제제도를 이용한 합법적 조세회피 행위를 막을 수 있다.

'단일세율 소득세'란 모든 소득에 단 한 번만 같은 세율로 세금이 부과되는 조세제도를 지칭한다. 이에 따르면 공제, 감면 등을 모두 없앨 뿐만 아니라 여러 단계의 누진세율도 폐지하고 단 하나의 세율만 적용하자는 것이다.

• 모든 과세 대상에 대해 하나의 세율을 적용하므로 과세 상의 복잡성을 해결하여 조세행정비용이 절감된다(①).
• 다양한 세율의 존재를 차단함으로써 각종 공제제도를 이용한 합법적 조세회피 행위를 막을 수 있게 된다(④).
• 모든 과세 대상에 대해 하나의 세율을 적용함으로써 서로 다른 세금부담능력, 즉 상이한 소득 수준이라면 설령 소득의 종류가 동일하더라도 세금은 상이하게 부과되어야 한다는 조세부담의 '수직적 공평성'의 취지는 보다 약화된다.

정답 ②

AK Tip │ Wagner의 조세 '4대 원칙, 9소 원칙'

• 재정정책상의 원칙: 과세의 유분성, 과세의 가능성
• 국민경제상의 원칙: 올바른 세원의 선책, 세종의 선택
• 공정의 원칙: 과세의 보편성, 과세의 평등성
• 조세행정상의 원칙: 과세의 명확성, 과세의 편의성, 최소징세비

0155

재정의 자동안정화장치가 효과를 잘 발휘할 수 있는 조건으로 가장 거리가 먼 것은?

12 지방직 7급

① 정부예산의 조세의존도가 높고 국민경제에서 차지하는 비중이 크다.
② 중앙정부의 지방정부에 대한 교부세 제도가 잘 확립되어 있다.
③ 누진세 등이 발달되어 세수수입의 소득탄력성이 높다.
④ 실업수당 등 사회보장제도가 잘 되어 있다.

중앙정부의 지방정부에 대한 교부세 제도는 지방정부의 재정안정화 기능을 수행할 뿐, 경기변동을 완화시키는 기능까지 수행하지는 못한다.

• '누진적인 조세 구조', '실업보험'은 대표적인 자동안정화장치에 해당한다.

정답 ②

0156

재정의 자동안정장치(automatic stabilizer)에 대한 설명으로 옳은 것만을 모두 고르면?

20 국가직 7급

ㄱ. 경제정책의 내부시차를 줄여주는 역할을 한다.
ㄴ. 경기회복기에는 경기회복을 더디게 만들 수 있다.
ㄷ. 누진적 소득세제와 실업보험제도는 자동안정장치이다.

① ㄱ, ㄴ
② ㄱ, ㄷ
③ ㄴ, ㄷ
④ ㄱ, ㄴ, ㄷ

정부가 재량적으로 정책수단을 변경시키지 않아도 경기가 상승하면 그로 인한 과열을 자동적으로 억제하고(ㄴ), 경기가 하강하면 그것이 지나치게 침체되지 않도록 시차의 문제없이 자동적으로 작용하는(ㄱ) 것을 재정의 자동안정장치라고 한다. 이러한 재정의 자동안정장치에는 누진적 소득세제, 실업보험제도 등이 있다(ㄷ).

정답 ④

0157

재정지출의 재원으로 세금을 걷는 대신 국채를 발행함으로써 민간소비 감소를 피하고 경기를 부양할 수 있다는 경제학적 견해가 존재했다. 다음 중 이러한 견해와 달리 세금 대신 국채를 발행하여 재정지출 재원을 마련해도 민간소비가 감소할 것이라고 주장하는 내용은?

09 지방직 7급

① 루카스 비판
② 리카디언 등가성
③ 오버슈팅 이론
④ 투자옵션 모형

문제에서 묻는 것은 '리카디언 등가성'에 해당하는 내용이다.

① 루카스(R. Lucas) 비판: 루카스는 새로운 정책이 시행되면 경제주체들의 기대와 반응이 바뀌고 이에 따라 경제변수들 간의 관계, 즉 행태방정식에 있어서의 계수 값이 변할 것이기 때문에 이를 감안하지 않고 기존의 거시계량경제모형을 이용하여 정책효과를 분석할 경우 실제 정책효과를 제대로 파악할 수 없게 된다고 비판한다.

③ 오버슈팅(Overshooting) 이론: 외환시장에서 어떤 충격이 발생했을 때, 환율이 장기추세에서 크게 이탈하였다가 시간에 지남에 따라 점진적으로 장기추세로 회귀하는 현상을 말한다.

④ 투자옵션(Option) 모형: 경제에 불확실성이 대두될 때, 투자의 비가역성이라는 특성으로 인해 기업이 투자를 줄이고 투자적기를 기다리는 선택권(Option)을 갖는다는 Dixit의 모형이다.

정답 ②

Ak Tip | 모딜리아니-밀러(Modigliani-Miller) 정리와 애로우(Arrow)의 불가능성 정리

- 모딜리아니-밀러(Modigliani-Miller) 정리: 기업에 내재하고 있는 실질가치는 부채의 사용 유무와 무관하다는 내용
- 애로우(Arrow)의 불가능성 정리: 완전성(= 이행성), 비제한성(= 보편성), 파레토 원칙, 독립성, 비독재성 등을 만족하는 최선의 정책은 존재할 수 없다는 내용

0158

리카도 대등정리(Ricardian Equivalence Theorem)에 대한 설명으로 옳지 않은 것은?

15 지방직 7급

① 정부지출이 경제에 미치는 효과는 정액세로 조달되는 경우와 국채발행으로 조달되는 경우가 서로 다르다는 주장이다.
② 리카도 대등정리가 성립하기 위해서는 저축과 차입이 자유롭고 저축이자율과 차입이자율이 동일하다는 가정이 충족되어야 한다.
③ 정부지출의 변화 없이 조세감면이 이루어진다면 경제주체들은 증가된 가처분소득을 모두 저축하여 미래의 조세증가를 대비한다고 주장한다.
④ 현재의 조세감면에 따른 부담이 미래세대에게 전가될 경우 후손들의 후생에 관심 없는 경제주체들에게는 리카도 대등정리가 성립하지 않게 된다.

리카도 대등정리는 정부지출을 위해 필요한 재원 조달이 조세를 통해 이루어지든 국채발행을 통해 이루어지든 동일한 결과가 나타난다는 내용이다.

정답 ①

0159

리카도의 대등정리(Ricardian equivalence theorem)에 대한 설명으로 가장 옳지 않은 것은? 18 서울시 정기공채 7급

① 정부지출의 규모가 동일하게 유지되면서 조세감면이 이루어지면 합리적 경제주체들은 가처분소득의 증가분을 모두 저축하여 미래에 납부할 조세의 증가를 대비한다는 이론이다.

② 현실적으로 대부분의 소비자들이 유동성제약(liquidity constraint)에 직면하기 때문에 리카도의 대등정리는 현실 설명력이 매우 큰 이론으로 평가된다.

③ 리카도의 대등정리에 따르면 재정적자는 장기뿐만 아니라 단기에서조차 아무런 경기팽창효과를 내지 못한다.

④ 정부지출의 재원조달 방식이 조세든 국채든 상관없이 경제에 미치는 영향에 아무런 차이가 없다는 이론이다.

해설

리카도의 대등정리(Ricardian equivalence theorem)은 현재와 미래 사이에 차입과 대부가 자유롭게 이루어진다는 것을 가정한다. 만약 이러한 차입과 대부가 자유롭게 이루어지지 못한 '유동성 제약'이 존재하면 리카도 대등정리의 현실 설명력은 떨어지게 된다.

정답 ②

0160

재정정책에 대한 설명으로 옳은 것은? 20 지방직 7급

① 완전고용 재정적자(full−employment budget deficit) 또는 경기순환이 조정된 재정적자(cyclically adjusted budget deficit)는 자동안정화장치를 반영하므로 경기순환 상에서의 현재 위치를 파악하게 한다.

② 조세의 사회적 비용이 조세 크기에 따라 체증적으로 증가할 때는 균형예산을 준칙으로 하고 법제화하여야 한다.

③ 리카도 대등정리(Ricardian equivalence theorem)에 따르면 정부의 지출 흐름이 일정할 때 민간보유 국·공채는 민간부문의 순자산이 된다.

④ 소비자가 근시안적으로 소비수준을 설정하거나 자본시장이 불완전한 경우에는 리카도 대등 정리가 성립하지 않는다.

해설

소비자가 근시안적으로 의사결정을 하거나 자본시장이 불완전하여 부족한 자금에 대한 차입이 불가능한 경우에는 리카도 대등 정리가 성립할 수 없다.

① 완전고용 재정적자(full-employment budget deficit) 또는 경기순환이 조정된 재정적자(cyclically adjusted budget deficit)는 경제가 완전고용수준에 도달했을 때 세입과 세출을 추계하여 도출한 재정적자를 의미한다. 따라서 경제가 이미 완전고용에 도달했다면 이후에 이루어지는 재정정책으로 인한 재정적자의 변동은 경기변동과 무관하게 이루어지는 완전고용 재정적자의 변동을 의미하게 된다. 이에 따라 완전고용 재정적자는 경기변동에서 작동하는 자동안정화장치에 의한 재정적자의 변동과 무관하게 된다.

② 경기가 침체 상태에 있음에도 불구하고 균형예산을 고집하게 되면 경기가 더욱 불황에 빠지게 되는 이른바 '정책함정'에 빠질 수 있게 된다. 따라서 조세의 사회적 비용이 조세 크기에 따라 체증적으로 증가한다고 하더라도 균형예산은 반드시 달성해야 할 목표는 아니다. 따라서 재정은 탄력적으로 운영되어야 한다. 이를 '기능적 재정론'이라고 한다.

③ 리카도 대등정리(Ricardian equivalence theorem)에 따르면 합리적 기대를 하는 민간은 정부가 채권을 발행하게 되면, 미래 시점에서 정부의 채권상환을 위한 조세증가가 이루어질 것이라고 이해한다. 이에 따라 민간이 인수한 정부 발행의 채권은 자산이 아니라 잠재적 부채로 인식하게 된다.

정답 ④

0161

소비이론에 대한 설명으로 옳은 것만을 모두 고르면?

19 국가직 7급

㉠ 소비의 무작위행보(random walk) 가설이 성립하면 예상된 정책 변화는 소비에 영향을 미치지 못한다.

㉡ 리카도의 대등정리(Ricardian equivalence)가 성립하면 정부지출에 변화가 없는 한 조세의 삭감은 소비에 영향을 미치지 못한다.

㉢ 기간 간 선택모형에 따르면 소비는 소득과 상관없이 매기 일정하다.

㉣ 항상소득 가설에 따르면 한계소비성향은 현재소득에 대한 항상소득의 비율에 의존한다.

---

① ㉠, ㉡

② ㉠, ㉢

③ ㉡, ㉣

④ ㉢, ㉣

홀(R. Hall)에 의해 주장된 소비의 무작위행보(Random walk: 임의보행) 가설은 정보가 불확실한 상황에서 소비자가 합리적 기대를 갖고 시점 간 소비선택을 하는 경우, 현재소비 이외의 다른 그 어떤 변수도 미래소비를 예측하는 데 도움이 되지 않는다는 내용을 담고 있다. 따라서 이미 알려진 정보만으로는 미래의 소비 변화를 예측하는 것이 불가능하다고 주장한다. 이것은 곧 예상된 정책 변화는 소비에 영향을 주지 못한다는 것과 같은 맥락이다(㉠).

리카도의 대등정리(Ricardian equivalence)가 성립하면 조세의 삭감은 합리적 기대를 하는 경제주체들에 의해 미래 조세 부과로 이해되기 때문에, 이에 대한 대비로 저축이 증가하게 되어 소비증가를 기대할 수 없게 된다(㉡).

㉢ 기간 간 선택모형에 따르면 소비는 기간 간 차입이 가능한가에 따라 그 크기는 달라질 수 있다.

㉣ 항상소득 가설에 따르는 경우, 현재소득에 대한 항상소득의 비율에 의존하는 것은 평균소비성향이다.

정답 ①

THEME 06 거시 경제 균형 모형

0162

IS곡선에 대한 설명으로 <보기>에서 옳은 것만을 모두 고르면?

20 국회 8급

보기

ㄱ. 한계소비성향이 클수록 IS곡선의 기울기가 커진다.
ㄴ. IS곡선 상방의 한 점은 생산물시장의 초과수요상태이다.
ㄷ. 투자의 이자율탄력성이 작을수록 재정정책의 효과가 작아진다.
ㄹ. 정부지출과 조세를 같은 규모만큼 증가시키면 IS곡선이 우측으로 이동한다.
ㅁ. 유발투자가 존재하면 IS곡선은 보다 완만한 형태로 도출된다.

① ㄱ, ㄴ
② ㄱ, ㄹ
③ ㄴ, ㄷ
④ ㄷ, ㅁ
⑤ ㄹ, ㅁ

주어진 <보기> 내용을 검토해 보면 다음과 같다.

ㄱ. 개방경제의 IS곡선의 기울기는 다음과 같다.

> IS곡선의 기울기 = $\dfrac{1-b(1-t)-i+m}{d}$
>
> 단 여기서 b는 한계소비성향, t는 소득세율, i는 유발투자계수, m은 한계수입성향, d는 투자의 이자율 탄력성이다.

따라서 한계소비성향(b)이 클수록 IS곡선의 기울기는 작아진다.

ㄴ. IS곡선 상방의 한 점은 주어진 IS곡선 상의 균형 소득 수준에서 이자율이 균형수준보다 높은 상태를 의미한다. 이에 따라 투자가 적정 수준보다 작게 되어 생산물시장의 수요부족(초과공급) 상태가 된다.

ㄷ. 투자의 이자율탄력성이 작을수록 IS곡선의 기울기가 커진다. 이에 따라 투자의 이자율탄력성이 커서 IS 곡선의 기울기가 완만할 때에 비해 재정정책의 효과는 커진다.

ㄹ. 정부지출승수는 조세승수보다 절댓값이 더 크다. 이에 따라 정부지출과 조세를 같은 규모만큼 증가시키면 정부지출의 크기(=조세의 크기)만큼 총수요가 커진다. 이에 따라 IS곡선은 우측으로 이동한다. 균형재정 승수가 '1'임을 생각해본다.

ㅁ. 투자가 소득의 증가함수인 유발투자가 존재하면 IS곡선은 보다 완만한 형태로 도출된다.

정답 ⑤

0163

다음은 유동성 함정에 처한 경우 통화신용정책에 대한 설명이다. (A)~(C)에 들어갈 내용을 옳게 짝지은 것은?

19 지방직 7급

> 한 국가가 유동성 함정에 처한 경우, 중앙은행이 통화량을 지속적으로 증가시키는 정책은 기대인플레이션의 (A)을 가져와서 실질이자율의 (B)을 유도할 수 있다. 그러면 IS-LM 모형의 (C)곡선을 오른쪽으로 이동시켜 총수요를 증가시킬 수 있다.

	(A)	(B)	(C)
①	상승	하락	IS
②	상승	하락	LM
③	하락	상승	IS
④	하락	상승	LM

유동성 함정 상황 하에서 중앙은행의 확장적 통화정책의 전달경로를 정리하면 다음과 같다.

> 통화량 증가 ⇒ 물가 상승 ⇒ 기대인플레이션율 상승(A) ⇒ 실질이자율(=명목이자율-기대인플레이션율) 하락(B) ⇒ 투자 증가 ⇒ IS곡선 오른쪽 이동(C)

정답 ①

0164

다음은 피구(Pigou) 효과에 대한 설명이다. ㉠~㉣에 들어갈 내용을 바르게 나열한 것은? 16 국가직 9급

> 물가수준이 하락하면 실질자산의 가치가 (㉠)하고 이로 인해 (㉡)곡선이 (㉢)으로 이동하면서 경기 (㉣)(으)로 이어진다.

	㉠	㉡	㉢	㉣
①	증가	IS	오른쪽	회복
②	증가	AD	오른쪽	회복
③	감소	IS	왼쪽	침체
④	감소	AD	왼쪽	침체

피구효과(Pigou effect)란 물가수준의 하락으로 실질자산($\frac{A}{P}$)의 가치가 증가하고, 이로 인한 민간소비의 증가로 IS곡선이 오른쪽으로 이동하는 효과를 의미한다. 이러한 IS곡선의 이동으로 국민소득이 증가하게 되어 경기가 이전에 비해 호전된다.

• 물가수준의 하락으로 AD곡선은 이동하지 않고 다만 AD곡선을 따라 우하방으로 이동할 뿐이다.

정답 ①

0165

다음 ( ) 안의 내용을 옳게 연결한 것은? 10 감정평가사

> 소비함수에 자산효과가 도입되면 물가수준의 하락에 따라 실질자산이 (㉠)하고, 이는 소비의 (㉡)를 통해 (㉢)곡선을 (㉣)으로 이동시켜 국민소득 증가를 가져와 유동성 함정 문제를 해결할 수 있다. 이것을 (㉤) 효과라고 한다.

	㉠	㉡	㉢	㉣	㉤
①	증가	증가	IS	우측	케인스
②	증가	증가	IS	우측	피구
③	감소	감소	IS	좌측	케인스
④	증가	감소	LM	좌측	피구
⑤	감소	증가	LM	우측	마샬

물가수준이 하락하면 실질자산이 증가하고, 이에 따라 소비가 증가하여 IS곡선이 오른쪽으로 이동하여 국민소득이 증가하게 된다. 이를 통해 정부의 개입이 없이도 유동성 함정 문제를 해결할 수 있다. 이것을 피구효과라고 한다.

정답 ②

0166

이자율 타겟팅 정책과 통화량 타겟팅 정책에 대한 다음 설명 중 옳은 것을 모두 고르면? (단, IS곡선은 우하향하고 LM곡선은 우상향한다.) 13 CPA

┌───┐
│ ㉠ 이자율과 통화량을 동시에 타겟팅하는 것은 생산물시장 │
│   의 균형을 변화시키는 충격이 존재하는 한 불가능하다. │
│ ㉡ 경기변동의 주요 요인이 생산물시장의 균형을 변화시키 │
│   는 충격이라면, 이자율 타겟팅 정책이 통화량 타겟팅 정 │
│   책보다 국민소득 안정화에 더 효과적이다. │
│ ㉢ 경기변동의 주요 요인이 주로 화폐시장의 균형을 변화시 │
│   키는 충격이라면, 통화량 타겟팅 정책이 이자율 타겟팅 │
│   정책보다 국민소득 안정화에 더 효과적이다. │
└───┘

① ㉠
② ㉡
③ ㉢
④ ㉡, ㉢

해설

생산물시장에서 총수요가 증가하는 충격이 발생한 경우를 가정하자.

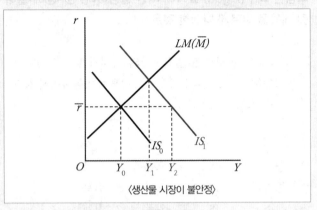

〈생산물 시장이 불안정〉

- 민간투자가 급증하여 IS곡선이 우측으로 이동하게 되면 국민소득은 증가하고, 이자율은 상승한다.
- 기존 이자율 수준을 유지하기 위해서는 LM곡선이 우측으로 이동해야 하는데, 이는 통화량을 증가시켜야 달성할 수 있는 것이다. 반대로 통화량을 일정하게 유지하기 위해서는 이자율 상승을 수용할 수밖에 없다. 이와 같이 생산물시장의 균형을 변화시키는 충격이 존재하는 한 이자율과 통화량을 동시에 타겟팅하는 것은 불가능하다.
- IS곡선의 정확한 위치를 알 수 없는 것처럼 생산물시장이 불안정한 경우 이자율 타겟팅 정책을 실시하면 소득은 $(Y_0 \sim Y_2)$만큼 변화하지만, 통화량 타겟팅 정책을 실시하면 소득은 $(Y_0 \sim Y_1)$만큼만 변화하는 데 그쳐 생산 및 소득의 변동성을 줄이는 데 더욱 효과적이다.
- 생산물시장이 불안정한 경우에는 통화량을 중간목표로 정해야 한다는 것이 풀(W. Poole)의 주장이다. 물론 반대로 화폐시장이 불안정한 경우의 중간목표는 이자율이다.

정답 ①

0167

IS-LM 모형 하에서 재정지출 확대에 따른 구축효과(crowding -out effect)에 대한 설명으로 옳지 않은 것은? 15 국가직 7급

① 다른 조건이 일정한 경우 LM곡선의 기울기가 커질수록 구축효과는 커진다.
② 다른 조건이 일정한 경우 투자의 이자율탄력성이 낮을수록 구축효과는 커진다.
③ 다른 조건이 일정한 경우 화폐수요의 이자율탄력성이 낮을수록 구축효과는 커진다.
④ 다른 조건이 일정한 경우 한계소비성향이 클수록 구축효과는 커진다.

해설

확대재정정책에 따른 구축효과는 투자의 이자율탄력성이 커짐에 따라 IS곡선의 기울기가 완만할수록, 화폐수요의 이자율탄력성이 작음에 따라 LM곡선의 기울기가 가파를수록 커진다.
- 한계소비성향이 커질수록 IS곡선의 기울기는 작아진다.

정답 ②

0168

다음 설명 중 옳은 것을 모두 고르면? 08 지방직 7급

> ⊙ 한계저축성향을 알면 정부지출승수를 알 수 있다.
> ⓒ 밀어내기 효과(crowding-out effect)는 확대재정정책이 이자율을 하락시켜 투자를 증가시키는 현상이다.
> ⓒ 승수효과란 정부구입이 1원 증가하면 총수요는 1원보다 큰 폭으로 증가하는 현상이다.
> ⓒ 정부가 세금을 인하하여 소비지출을 촉진하면 승수효과가 발생할 수 있다.

① ㉠, ㉡
② ㉠, ㉢, ㉣
③ ㉡, ㉢, ㉣
④ ㉢, ㉣

밀어내기 효과는 확대재정정책이 이자율의 '상승'을 가져와 투자를 감소시키는 구축효과를 의미한다.

정답 ②

AK Tip │ 유동성 함정과 구축효과(Crowding-out effect)

> 화폐수요의 이자율탄력도가 무한대인 유동성 함정 구간에서 LM곡선은 수평이 되고 이 경우에는 이자율의 변동이 나타나지 않으므로 구축효과는 전혀 나타나지 않고 100% 승수효과가 나타나게 된다.

0169

실질GDP가 잠재 실질GDP 수준보다 낮은 상태의 경제에 대한 설명 중 옳은 것을 모두 고르면? 13 CPA

> ㉠ 불황 갭 상태이다.
> ㉡ 실업률이 자연실업률보다 높다.
> ㉢ 노동시장에서 임금의 하락 압력이 발생한다.
> ㉣ 인플레이션 압력이 발생한다.
> ㉤ 단기 총공급곡선이 점차 오른쪽으로 이동하게 된다.

① ㉠, ㉡
② ㉢, ㉤
③ ㉠, ㉢, ㉣
④ ㉠, ㉡, ㉢, ㉤
⑤ ㉡, ㉢, ㉣, ㉤

실질GDP가 잠재 실질GDP 수준보다 낮은 상태는 현재 비자발적 실업이 존재하여 실업률이 자연실업률보다 높은 경기침체 상황임을 보여 준다. 이러한 상황에서는 디플레이션 압력이 발생하게 된다.
• 경기침체 상황에서 시간이 지남에 따라 기대물가가 하락하여 단기 총공급곡선은 점차 우하방으로 이동하게 된다.

정답 ④

0170

균형국민소득과 균형물가에 대한 설명들 중 <보기>에서 옳은 것만을 모두 고르면?

20 국회 8급

보 기

ㄱ. 균형국민소득이 완전고용국민소득보다 더 크면 인플레이션갭이 존재한다.

ㄴ. 인플레이션갭이 존재하는 경우 장기균형으로 수렴하는 과정에서 물가가 상승한다.

ㄷ. 경기침체 갭이 존재하면 장기 조정과정에서 임금이 하락한다.

ㄹ. 발생한 경기침체 갭이 해소되는 과정에서 총공급이 감소한다.

① ㄱ, ㄴ, ㄷ
② ㄱ, ㄴ, ㄹ
③ ㄱ, ㄷ, ㄹ
④ ㄴ, ㄷ, ㄹ
⑤ ㄱ, ㄴ, ㄷ, ㄹ

해 설

현재의 균형국민소득이 완전고용국민소득보다 더 크다는 것은 현재의 총수요 수준이 완전고용 달성을 위해 필요한 총수요 수준보다 크다는 것을 의미하므로 현재 경제는 인플레이션갭이 존재하는 상태이다(ㄱ). 이에 따라 예상물가 상승하여 단기총공급(SAS) 곡선이 왼쪽으로 이동하는 장기균형으로의 수렴과정이 이루어지고, 그 결과 물가가 상승하게 된다(ㄴ).

• 현재의 균형국민소득이 완전고용국민소득보다 작으면 경기침체 gap이 발생하게 되고(ㄷ), 노동시장에서는 비자발적 실업이 발생하게 된다. 이를 해소하기 위한 장기균형으로의 수렴과정에서 임금이 하락하고(ㄷ), 단기총공급(SAS) 곡선이 오른쪽으로 이동하여 총공급은 증가하게 된다(ㄹ).

정답 ①

0171

소비자 물가지수와 GDP 디플레이터에 관한 설명으로 옳지 않은 것은?

08 국회 8급

① 소비자 물가지수는 소비자들이 상대적으로 가격이 높아진 재화 대신 가격이 낮아진 재화를 구입할 수 있다는 사실을 감안하지 않는다.

② 수입품은 GDP 디플레이터에는 영향을 미치지만 소비자 물가지수에는 영향을 미치지 않는다.

③ 소비자 물가지수는 새로운 상품의 도입으로 인한 화폐의 구매력 변화를 고려하지 않는다.

④ 소비자 물가지수는 재화와 서비스의 질적 변화로 인해 왜곡될 수 있다.

⑤ 소비자 물가지수는 기준연도 구입량을 가중치로 사용하므로 물가변화를 과대평가하는 반면, GDP 디플레이터는 비교연도 거래량을 가중치로 사용하므로 물가변화를 과소평가하는 경향이 있다.

수입품은 GDP 측정의 대상이 아니므로 GDP 디플레이터에는 영향을 주지 못한다. 그러나 수입품도 소비의 대상이므로 소비자 물가지수에는 영향을 주게 된다.

정답 ②

0172

GDP 디플레이터와 소비자 물가지수(CPI)에 대한 설명으로 옳지 않은 것은?

12 지방직 7급

① 수입물품의 가격 상승은 GDP 디플레이터에 반영되지 않는다.

② 소비자 물가지수(CPI)는 신상품 도입이나 품질 향상을 반영하지 못하므로 인플레이션을 과장할 수 있다.

③ 소비자 물가지수(CPI)는 고정된 가중치를 사용하여 도출되고, GDP 디플레이터는 변화하는 가중치를 사용하여 도출된다.

④ 파셰(Paasche) 지수인 소비자 물가지수(CPI)는 생활비 인상을 과대평가하고, 라스파이레스(Laspeyres)지수인 GDP 디플레이터는 물가 상승률을 과소평가한다.

소비자 물가지수는 라스파이레스(Laspeyres) 지수, GDP 디플레이터는 파셰(Paasche) 지수이다.

• 라스파이레스 지수는 기준연도 거래량을 가중치로 사용하여 측정하기 때문에 물가 상승률을 과대평가하는 문제점을 갖고 있다. 또한 신상품 도입이나 품질 향상을 반영하지 못한다.

• 파셰 지수는 비교연도 거래량을 가중치로 사용하여 측정한다.

정답 ④

0173

물가지수에 대한 설명으로 가장 옳은 것은?

18 서울시 공개경쟁 7급

① GDP 디플레이터(deflator)는 파셰지수(Paasche index)의 일종이다.

② 파셰지수(Paasche index)는 고정된 가중치를 적용해 가격의 평균적 동향을 파악하는 방식으로 구한 물가지수이다.

③ GDP 디플레이터(deflator)는 어떤 한 해 실질국내총생산을 명목국내총생산으로 나누어 얻은 값에 100을 곱하여 구한다.

④ 라스파이레스지수(Laspeyres index)는 해마다 다른 가중치를 적용해 가격의 평균적 동향을 파악하는 방식으로 구한 물가지수이다.

해 설

파셰지수(Paasche index)는 비교연도 거래량을 통해 해마다 서로 다른 가중치를 적용해 가격의 평균적 동향을 파악하는 방식으로 구한 물가지수이고, 이를 통해 집계되는 것이 GDP 디플레이터(deflator)이다(①, ②).

④ 라스파이레스지수(Laspeyres index)는 기준연도 거래량을 통해 고정된 가중치를 적용해 가격의 평균적 동향을 파악하는 방식으로 구한 물가지수이고, 이를 통해 집계되는 것이 소비자 물가지수(CPI)와 생산자 물가지수(PPI)이다.

③ GDP 디플레이터(Deflator)는 어떤 한 해의 명목국내총생산을 실질국내총생산으로 나누어 얻은 값에 100을 곱하여 구한다.

정답 ①

0174

소비자 물가지수가 생계비의 변화를 과대평가한다는 주장이 있다. <보기>에서 이와 같은 주장의 근거로 옳은 것을 모두 고른 것은?

12 국회 8급

보기

ㄱ. 소비자 물가지수의 가중치는 고정되어 있다.

ㄴ. 수입재화의 가중치는 0이다.

ㄷ. 가격보다 품질이 빠르게 향상되는 재화를 고려하지 않는다.

ㄹ. 소비자의 재화 대체가능성을 무시한다.

ㅁ. 소비자 물가지수를 파셰방식으로 계산한다.

① ㄱ, ㄴ, ㄷ

② ㄱ, ㄷ, ㄹ

③ ㄱ, ㄴ, ㄷ, ㄹ

④ ㄱ, ㄷ, ㄹ, ㅁ

⑤ ㄴ, ㄷ, ㄹ, ㅁ

해 설

소비자 물가지수의 가중치는 기준연도 거래량으로 고정되어 있다. 그 결과 해당 상품의 가격이 상승하는 경우 상대가격이 하락한 다른 상품의 소비를 위해 해당 상품의 소비량을 줄이는 사실을 인정하지 않고, 품질이 향상된 상품 소비가 증가하는 것을 반영하지 못하므로 소비자 물가지수는 생계비의 변화를 과대평가하게 된다(ㄱ, ㄷ, ㄹ).

• 수입재화도 소비되므로 당연히 소비자 물가지수 측정에 포함되며 기준연도 거래량을 가중치로 갖는다(ㄴ).

• 소비자 물가지수는 라스파이레스 방식으로 계산한다(ㅁ).

정답 ②

0175

다음의 설명 중 옳지 않은 것은?

16 국회 8급

① 국민총소득(gross national income, GNI)은 한 나라 국민이 일정 기간 동안 벌어들인 임금·이자·지대 등의 요소소득을 모두 합한 것이다.

② 국내총생산(gross domestic product, GDP)이 한 나라의 생산활동을 나타내는 생산지표임에 비하여, 국민총소득(gross national income, GNI)은 국민의 생활수준을 측정하기 위한 소득지표이다.

③ 국민소득(national income, NI)은 국민순소득(net national income, NNI)에서 간접세를 빼고 정부의 기업 보조금을 합한 것이다.

④ 소비자 물가지수(consumer price index, CPI)는 가계 소비지출에서 차지하는 비중이 높은 품목의 가격을 가중평균하여 작성한다.

⑤ 생산자 물가지수(producer price index, PPI)는 파셰(Paasche) 방식을 이용하여 작성한다.

해설

생산자 물가지수(Producer price index, PPI)도 소비자 물가지수와 같이 라스파이레스(Laspeyres) 방식을 이용하여 작성한다.

정답 ⑤

0176

거시경제의 물가수준을 측정하기 위해 사용되는 물가지수에 대한 다음 <보기> 중 옳은 것을 모두 고르면?

17 국회 8급

> **보 기**
>
> ㉠ 소비자 물가지수는 매년 변화하는 재화 바스켓에 기초하여 계산된 지수이다.
>
> ㉡ 소비자 물가지수는 대용품 간의 대체성이 배제되어 생활비의 인상을 과대평가하는 경향이 있다.
>
> ㉢ GDP 디플레이터는 수입물품은 반영되지 않는다.
>
> ㉣ GDP 디플레이터는 새로운 상품의 도입에 따른 물가수준을 반영한다.
>
> ㉤ 소비자 물가지수와 생산자 물가지수는 라스파이레스 방식이 아니라 파셰 방식으로 계산된다.

① ㉠, ㉡, ㉢

② ㉠, ㉢, ㉣

③ ㉡, ㉢, ㉣

④ ㉡, ㉢, ㉤

⑤ ㉢, ㉣, ㉤

해설

주어진 <보기> 내용을 살펴보면 다음과 같다.

㉠ 소비자 물가지수는 '5년마다 변경되는' 재화 바스켓에 기초하여 계산된 지수이다.

㉡ 소비자 물가지수는 '기준연도 거래량을 가중치로' 삼아 측정하는 'Laspeyres 방식'으로 측정되는 지표이다. 이것은 상품의 가격이 상승하는 경우에도 소비자는 그 상품의 소비량을 줄이지 않는다는 것을 전제하는 것이다. 이에 따라 상품 가격이 상승할 때 그 상품을 다른 상품으로 대체하고 있는 현실을 제대로 반영하지 못하여 생활비의 인상을 과대평가하는 경향이 있다는 문제점이 제기된다.

㉢ GDP 디플레이터는 자국 내에서 생산된 상품을 중심으로 측정된다. 따라서 외국에서 생산된 수입물품은 반영되지 않는다.

㉣ GDP 디플레이터는 '비교연도 거래량을 가중치로' 삼아 측정하는 'Paasche 방식'으로 측정되는 지표이다. 따라서 새로운 상품의 도입에 따른 물가수준을 반영한다.

㉤ 소비자 물가지수와 생산자 물가지수는 모두 Laspeyres 방식에 의해 계산된다.

정답 ③

0177

우리나라에서 산정되는 물가지수에 관한 설명으로 옳은 것은?

12 감정평가사

① GDP 디플레이터 산정에는 파셰 지수(Paashe Index) 산식을 사용한다.

② GDP 디플레이터 산정에 포함되는 재화와 용역은 5년마다 달라진다.

③ 소비자 물가지수 산정에는 국내에서 생산되는 재화와 용역만 포함된다.

④ 소비자 물가지수 산정에 포함되는 재화와 용역은 해마다 달라진다.

⑤ 생산자 물가지수 산정에 포함되는 재화와 용역은 해마다 달라진다.

해설

소비자 물가지수와 생산자 물가지수에 포함되는 재화와 용역은 5년마다 달라진다.

• GDP 디플레이터는 GDP 집계 후에 사후적으로 측정되는 개념이므로 GDP 디플레이터 산정에 포함되는 재화와 용역은 5년이 아닌 해마다 달라진다고 볼 수 있다.

정답 ①

0178

거시경제지표에 대한 설명으로 옳은 것은?

16 CPA

① 환전에 관한 제반 비용이 없다고 가정할 때, 거주자 외화예금을 원화로 환전하여 보통예금에 예금을 하면, M_2는 줄어들고 M_1은 늘어난다.

② 임대주택의 주거서비스는 GDP에 포함되지만, 자가주택의 주거서비스는 임대료를 측정할 수 없으므로 GDP에는 포함되지 않는다.

③ 집에서 가족을 위해 전업주부가 음식을 만들 경우, 전업주부가 창출한 부가가치는 GDP에 포함되지 않는다.

④ 수입품 가격의 상승은 GDP 디플레이터와 소비자 물가지수에 모두 반영된다.

⑤ 정부가 독거노인들에게 무료로 식사를 제공하는 것은 정부지출에 포함된다.

해설

전업주부의 가사노동의 가치는 GDP 집계에서 제외된다.

① 거주자 외화예금은 M_1을 포함하고 있는 M_2에 포함되어 있고, 보통예금은 M_1에만 포함되어 있다. 따라서 M_2는 불변이고, M_1은 늘어나게 된다.

② 임대주택의 주거서비스는 GDP에 포함되고, 자가주택의 주거서비스도 임대료를 기회비용으로 환산하여 GDP에 포함시킨다.

④ 수입품은 자국 내에서 생산되지 않은 상품이므로 수입품 가격의 상승은 GDP 디플레이터와 무관하다. 그러나 국내에서 소비의 대상이므로 소비자물가지수에는 반영된다.

⑤ 정부가 독거노인들에게 무료로 식사를 제공하는 것은 소득재분배를 위한 이전지출에 해당하고, 총수요를 구성하는 정부지출에는 포함되지 않는다.

정답 ③

AK Tip 수량지수

라스파이레스 수량지수(Q_L)는 기준연도 가격(P_0)을 가중치로, 파셰 수량지수(Q_P)는 비교연도 가격(P_t)을 가중치로 사용하여 다음과 같은 방법으로 측정한다.

$$Q_L = \frac{P_0 Q_t}{P_0 Q_0}, \qquad Q_P = \frac{P_t Q_t}{P_t Q_0}$$

이렇게 측정된 수량지수가 1보다 크면 기준연도에 비해 생활수준이 개선되었다고 평가할 수 있다. 그런데 동일한 자료를 가지고서도 두 수량지수의 크기가 다른 값을 가질 수도 있다. 즉 라스파이레스 수량지수는 1보다 크게, 파셰 수량지수는 1보다 작게 측정될 수도 있다. 이러한 경우에는 기준연도에 비교한 생활수준에 대한 평가가 불가능해진다.

0179

수요 견인 인플레이션(demand pull Inflation)이 발생되는 경우에 해당하는 것은?　　　11 감정평가사

① 임금의 삭감
② 정부지출의 증가
③ 국제 원자재 가격의 상승
④ 수입 자본재 가격의 상승

해 설

임금의 삭감은 총공급 증가에 영향을 줄 수 있고, 수입 자본재 가격의 상승과 국제 원자재 가격의 상승 등은 총공급 감소에 영향을 준다.

정답 ②

0180

인플레이션에 대한 설명으로 옳지 않은 것은?　　　09 지방직 7급

① 스태그플레이션이란 경기는 침체하는데 물가상승이 지속되는 상태를 말한다.
② 예견되지 못한 인플레이션은 소득의 재분배 효과를 갖는다.
③ 완전히 예견된 인플레이션의 경우 사회적 비용이 발생하지 않는다.
④ 필립스 견해에 따르면 인플레이션의 억제는 실업률의 증가를 가져 온다.

해 설

완전히 예견된 인플레이션의 경우에도 메뉴비용이나 구두창 비용과 같은 비용을 발생시킨다.

정답 ③

0181

인플레이션이 경제에 미치는 영향으로 옳지 않은 것은?　　　19 지방직 7급

① 확실하게 예상되는 인플레이션은 노동자보다 기업에 더 큰 비용을 초래한다.
② 인플레이션이 확실하게 예상되는 경우, 예상 인플레이션율은 명목이자율과 실질이자율 간 차이와 같게 된다.
③ 인플레이션에 대한 예상이 어려우면 장기계약 체결이 어려워진다.
④ 예상되지 않은 인플레이션은 고정 연금 수령자에게 불리하다.

해 설

확실하게 예상된 인플레이션은 모든 거래와 계약에 반영되어 실질임금이 일정하게 된다. 이에 따라 고용과 생산에 영향을 주지 않게 되어, 노동자와 기업 모두가 동일한 입장에 놓이게 된다.
② 인플레이션이 예상되는 경우를 전제한 피셔(Fisher) 효과는 다음과 같다.

- $i = r + \pi^e \Rightarrow i - r = \pi^e$
- 여기서 i는 명목이자율, r은 실질이자율, π^e는 예상인플레이션율이다.

이에 따라 인플레이션이 확실하게 예상되는 경우, 예상 인플레이션율(π^e)은 명목이자율(i)과 실질이자율(r) 간 차이와 같게 된다.
③ 인플레이션에 대한 예상이 어려우면 이자율을 비롯한 미래 경제변수들이 불확실해지므로 장기계약 체결이 어려워진다.
④ 예상되지 않은 인플레이션은 실물자산 소유자에게는 유리하게, 화폐자산 소유자에게는 불리하게 부의 재분배가 이루어진다. 이에 따라 화폐 형태의 연금을 고정적으로 수령하는 경제주체는 불리해진다.

정답 ①

0182

인플레이션 조세(inflation tax)에 대한 설명으로 옳지 않은 것은?

19 지방직 7급

① 정부가 세금부과나 차입 등 통상적인 방법을 통해 필요한 재원을 조달할 수 없는 경우에 나타날 수 있다.
② 화폐 발행권자는 통화량을 증가시킴으로써 주조차익(seigniorage)을 얻는다.
③ 인플레이션 조세의 실질적인 부담자는 화폐를 보유한 모든 경제주체이다.
④ 인플레이션 조세는 형평성 차원에서 경제전반에 나타나는 부익부 빈익빈 현상의 완화에 기여한다.

통화량의 증가로 인플레이션이 발생하면 화폐나 채권의 실질가치는 하락하게 된다. 이에 따라 화폐나 채권 소유자는 불리해지고, 화폐나 채권 발행자는 유리해진다. 결국 화폐 발행권자인 중앙은행과 채권 발행자인 정부는 이익을 보게 된다. 이것은 마치 화폐나 채권 보유자인 민간의 손실 부분이 중앙은행이나 정부에게 이전되는 것과 동일한 결과를 가져온다. 이러한 결과는 민간이 조세를 납부한 것과 동일한 결과이므로, 이를 '인플레이션 조세'라고 부른다. 이에 따라 인플레이션 조세는 화폐와 채권을 보유하는 모든 경제주체에게 영향을 주게 되므로 부익부 빈익빈 현상을 완화한다고는 볼 수 없게 된다(③, ④).

① 정부가 세금부과나 차입 등 통상적인 방법을 통해 필요한 재원을 조달할 수 없는 경우, 채권을 발행할 때 나타날 수 있게 된다.
② 화폐 발행권자인 중앙은행이 통화량 증가에 따른 인플레이션으로 얻게 되는 것을 화폐 발행권자의 주조차익(Seigniorage)이라고 한다.

정답 ④

AK Tip 구두창 비용(Shoe – leather cost)

인플레이션이 예상되면 화폐의 구매력이 감소하기 때문에 경제주체들은 현금보유를 줄이게 된다. 이에 따라 빈번한 은행 출입으로 인한 비용이 발생한다. 이것을 구두창 비용이라고 한다

0183

다음 ( ) 안에 알맞은 것은?

09 CPA

( )은 명목이자율에서 인플레이션율을 뺀 것으로, 예금의 경우 일정 기간 동안 실질구매력의 상승률을 나타낸다.

① 실질이자율   ② 실질환율
③ 물가상승률   ④ 경제성장률

피셔효과에 따르면 다음 관계가 성립한다.

실질이자율(r) = 명목이자율(i) - 인플레이션율(π) $\Rightarrow r = i - \pi$

정답 ①

0184

이자율과 관련된 피셔효과(Fisher effect)의 설명으로 옳은 것은?

11 감정평가사

① 기대 인플레이션율이 상승하면 명목이자율은 상승한다.
② 피셔효과는 실질이자율에서 물가상승율을 뺀 것이다.
③ 통화량 증가와 이자율과는 연관이 없다.
④ 통화량이 증가하면 이자율은 하락한다.
⑤ 소득이 증가하면 이자율은 상승한다.

피셔효과(Fisher effect)에 따르면 '명목이자율 = 실질이자율 + 기대 인플레이션율'이 성립한다. 따라서 기대 인플레이션율이 상승하면 명목이자율도 상승하게 된다.

• 케인즈의 유동성 선호설에 따르면 통화량이 증가하면 유동성 효과에 따라 이자율이 하락하고, 소득이 증가하면 거래적 동기의 화폐수요가 증가하여 이자율이 상승하게 된다.

정답 ①

0185

실업률과 경제활동참가율에 대한 설명으로 옳은 것은?

15 지방직 7급

① A는 나이가 만 15세이므로 자동적으로 경제활동인구에 포함된다.
② B는 실망노동자(discouraged worker)로 실업률 계산에 포함된다.
③ C는 전업 주부이므로 실업률 계산에 포함되지 않는다.
④ 경제활동참가율은 총인구에서 경제활동인구가 차지하는 비중을 의미한다.

선택지 내용을 살펴보면 다음과 같다.
① A의 나이가 만 15세라고 하더라도 아직 학생이라면 A는 비경제활동인구에 포함된다.
② B가 실망노동자(Discouraged worker)라면 비경제활동인구에 포함되기 때문에 실업률 계산에는 포함될 수 없다.
③ C가 전업 주부라면 비경제활동인구에 포함되기 때문에 실업률 계산에는 포함되지 않는다.
④ 경제활동참가율은 생산(노동)가능인구에서 경제활동인구가 차지하는 비중을 의미한다.

정답 ③

0186

실업률과 관련된 경제용어에 대한 기술 중 옳은 것을 모두 고르면?

12 CPA

> ㉠ 구직 단념자의 증가는 실업률을 감소시킨다.
> ㉡ 생산가능연령인구는 만 15세 이상 인구를 의미한다.
> ㉢ 실업률은 경제활동인구 중 실업자가 차지하는 비중이다.
> ㉣ 비경제활동인구에는 전업학생, 전업주부, 은퇴자 등이 포함된다.
> ㉤ 경제활동인구는 생산가능연령 인구 중 경제활동에 참가하고 있는 인구를 말한다.

① ㉠, ㉢
② ㉡, ㉢, ㉣
③ ㉡, ㉣, ㉤
④ ㉠, ㉡, ㉢, ㉣, ㉤

달리 설명할 내용이 없다. 실업과 관련된 개념을 정리하는 기회로 이해하자.

정답 ④

0187

대부분의 나라에서 구직 단념자는 비경제활동인구로 분류하고 있다. 만약 구직 단념자를 실업자로 간주한다면 경제활동참가율, 실업률, 고용률은 각각 어떻게 되겠는가?

14 서울시 7급

① 경제활동참가율 – 상승, 실업률 – 상승, 고용률 – 불변
② 경제활동참가율 – 상승, 실업률 – 하락, 고용률 – 상승
③ 경제활동참가율 – 불변, 실업률 – 상승, 고용률 – 상승
④ 경제활동참가율 – 불변, 실업률 – 하락, 고용률 – 하락
⑤ 경제활동참가율 – 상승, 실업률 – 불변, 고용률 – 상승

비경제활동인구인 구직 단념자를 실업자로 간주하면, 노동가능인구는 불변이지만 경제활동인구가 증가하여 경제활동참가율이 상승한다.
• 취업자는 불변이므로 고용률도 불변이다. 그러나 실업자의 증가로 실업률은 상승한다.

정답 ①

0188

실업률과 고용률에 대한 설명으로 옳지 않은 것은?

17 지방직 7급

① 18시간 이상 일한 무급가족종사자는 실업자에 포함된다.
② 실망실업자는 실업자에 포함되지 않는다.
③ 경제활동참가율과 실업률이 주어지면 고용률을 알 수 있다.
④ 경제활동참가율이 일정할 때 실업률이 높아지면 고용률이 낮아진다.

실업 통계가 조사되는 기간 동안 1주일에 18시간 이상 가족경영 기업에서 일을 한 사람은 급여의 존재와 관계없이 취업자로 간주된다(①).

- 실망실업자(= 구직포기자)는 비경제활동인구로 분류되므로, 경제활동인구로 분류되는 실업자와 구분된다(②).
- 고용률 공식은 다음과 같다.

$$\text{고용률} = \frac{\text{취업자}}{\text{생산가능인구}} = \frac{\text{취업자}}{\text{경제활동인구} + \text{비경제활동인구}}$$
$$= \text{경제활동참가율} - \text{경제활동참가율} \times \text{실업률}$$
$$= \text{경제활동참가율}(1 - \text{실업률})$$
$$= \text{경제활동참가율} \times \text{취업률}$$

따라서 경제활동참가율과 실업률이 주어지면 위 공식을 이용하여 고용률을 알 수 있다(③).
- 경제활동참가율이 일정할 때 실업률이 높아지면 고용률이 낮아진다는 것도 위 공식을 통해 확인할 수 있다(④).
- 꼭 기억해 둘 필요가 있는 공식이다.

정답 ①

0189

고용 통계에 대한 설명으로 옳지 않은 것을 <보기>에서 모두 고르면?

13 국회 8급

> **보 기**
>
> ㄱ. 구직 단념자가 많아지면 실업률이 하락한다.
> ㄴ. 실업률은 경제활동인구에서 실업자가 차지하는 비율이다.
> ㄷ. 경제활동참가율이 높아지면 실업률이 높아진다.
> ㄹ. 구직 단념자가 많아져도 고용률은 변하지 않는다.
> ㅁ. 고용률이 증가하면 실업률은 하락한다.

① ㄱ, ㄹ
② ㄱ, ㅁ
③ ㄴ, ㄷ
④ ㄴ, ㄹ
⑤ ㄷ, ㅁ

경제활동참가율은 구직 단념자가 취업을 하였을 경우에도 높아지며, 이러한 경우에는 실업률은 이전에 비해 낮아진다(ㄷ).
- 비경제활동인구의 사망 등으로 인한 노동가능인구의 감소는 고용률을 증가시키지만 경제활동인구에는 변화가 없으므로 실업률 역시 변화가 없게 된다(ㅁ).

정답 ⑤

0190

경제의 여러 측면을 측정하는 지표들의 문제점에 대한 비판 중에서 가장 옳지 않은 것은?

17 추가채용 국가직 7급

① 소비자물가지수는 대체효과, 품질변화 등으로 인해 실제 생활비 측정에 왜곡을 초래할 수 있다.

② 국민소득 지표로 가장 널리 사용되는 국내총생산은 시장경제에서 거래되지 않고 공급되는 정부 서비스의 가치를 모두 제외하고 있기 때문에 문제점이 있다.

③ 실업률 지표는 잠재적으로 실업자에 가까운 실망실업자(discouraged worker)를 실업자에 포함하지 않기 때문에 문제점이 있다.

④ 소비자물가지수는 대표적인 소비자가 구입하는 재화와 서비스의 전반적인 비용을 나타내는 지표이므로 특정 가계의 생계비 변화와 괴리가 발생할 수 있다.

국내총생산(GDP)은 시장경제에서 거래되지 않고 공급되는 정부 서비스의 가치를 기회비용을 이용하여 반영한다.

• 소비자 물가지수는 기준연도의 거래량을 가중치로 사용하기 때문에 상품의 가격이 변할 때 이에 대한 소비자들의 실제 구매량 변화를 반영하지 못한다. 이에 따라 실제 생활비 측정을 왜곡할 수 있다는 것이 문제점으로 지적된다(①).

• 소비자 물가지수를 측정을 할 때에는 전수조사 방식이 아닌 표본조사 방식을 채택하기 때문에 모든 가계의 생계비 변화를 정확하게 반영하지 못하는 문제점도 제기된다(④).

정답 ②

0191

실업에 대한 설명으로 옳은 것은?

08 지방직 7급

① 실업자는 열심히 직장을 찾다가 구직활동을 포기한 것이다.

② L은 경제활동인구, E는 취업자 수라면 실업률은 (1 − E/L)로 나타낼 수 있다.

③ 구직자들이 직장을 구하는 과정에서 발생하는 실업을 구조적 실업이라 한다.

④ 실업보험은 실업의 고통을 완화해 주고 실업을 감소시킨다.

실업률은 경제활동인구에서 실업자가 차지하는 비중을 의미하며, 취업률 + 실업률 = 1의 관계가 성립하므로 실업률 = 1 − 취업률($= \frac{E}{L}$)이 된다.

① 구직활동을 포기하면 실망노동자가 되어 비경제활동인구로 분류된다.

③ 구조적 실업은 산업구조의 변화로 경쟁력을 상실하게 된 사양산업에서 발생하는 실업이다.

④ 실업보험은 실업의 고통을 완화해주지만 구직기간이 장기화하여 실업을 증가시킨다.

정답 ②

0192

우리나라 고용통계에서 고용률이 높아지는 경우로 가장 옳은 것은?

18 서울시 정기공채 7급

① 구직활동을 하던 실업자가 구직단념자가 되는 경우
② 부모님 농장에서 무급으로 주당 18시간 일하던 아들이 회사에 취직한 경우
③ 주당 10시간 일하던 비정규직 근로자가 정규직으로 전환된 경우
④ 전업 주부가 주당 10시간 마트에서 일하는 아르바이트를 시작한 경우

고용률은 다음과 같이 측정된다.

$$고용률 = \frac{취업자}{생산가능인구}$$

이를 전제로 선택지 내용을 살펴보면 다음과 같다.

① 구직활동을 하던 실업자가 구직단념자가 되는 경우: 실업자 감소, 취업자 불변, 비경제활동인구 증가, 생산가능인구 불변 ⇒ 고용률 불변
② 부모님 농장에서 무급으로 주당 18시간 일하던 아들이 회사에 취직한 경우: 취업자 불변, 생산가능인구 불변 ⇒ 고용률 불변
③ 주당 10시간 일하던 비정규직 근로자가 정규직으로 전환된 경우: 취업자 불변, 생산가능인구 불변 ⇒ 고용률 불변
④ 전업 주부가 주당 10시간 마트에서 일하는 아르바이트를 시작한 경우: 비경제활동인구 감소, 경제활동인구 증가, 취업자 증가, 생산가능인구 불변 ⇒ 고용률 상승

정답 ④

0193

실업에 대한 설명으로 옳지 않은 것은?

19 지방직 7급

① 실업보험제도가 강화될수록 자연실업률은 낮아진다.
② 생산가능연령인구는 5,000명, 비경제활동인구는 2,000명, 취업자는 2,880명이라면 실업률은 4%이다.
③ 구조적 실업의 주원인은 임금 경직성이며, 임금 경직성은 최저임금제, 노동조합, 효율적 임금 때문에 발생한다.
④ 구직활동을 포기하는 사람들이 증가하면 실업률은 낮아진다.

실업보험제도가 강화될수록 구직활동 기간이 길어지고, 자발적 실업이 늘어나게 되어 자연실업률 수준은 상승하게 된다.

② 생산가능연령인구는 5,000명, 비경제활동인구는 2,000명, 취업자는 2,880명이라면 경제활동인구(=생산가능연령인구 -비경제활동인구)는 3,000명이 되고, 실업자(=경제활동인구-취업자)는 120명이 된다. 따라서 실업률은 다음과 같이 도출된다.

$$실업률 = \frac{실업자}{경제활동인구} = \frac{120}{3,000} = 0.04 = 4\%$$

③ 임금의 경직성은 노동시장에서 비자발적 실업이 발생하는 주요인이다. 이러한 임금의 경직성은 최저임금제나 노동조합의 존재처럼 법과 제도로 인해 나타나기도 하고, 효율적 임금처럼 경제주체 스스로 임금을 균형임금보다 높은 수준으로 유지하고자 할 때 발생하게 된다. 구조적 실업은 대표적인 비자발적 실업의 한 예이다.

④ 실업자 중에서 구직활동을 포기하는 사람들이 증가하면 경제활동인구는 감소하고 비경제활동인구는 증가하게 된다. 이에 따라 '실업률 = $\frac{실업자}{경제활동인구}$' 식에서 '분자의 변화율'이 '분모의 변화율'보다 더 크게 하락하게 되어, 결과적으로 실업률은 낮아지게 된다.

정답 ①

0194

실업에 대한 설명으로 옳은 것을 모두 고르면? 16 서울시 7급

ㄱ. 마찰적 실업이란 직업을 바꾸는 과정에서 발생하는 일시적인 실업이다.
ㄴ. 구조적 실업은 기술의 변화 등으로 직장에서 요구하는 기술이 부족한 노동자들이 경험할 수 있다.
ㄷ. 경기적 실업은 경기가 침체되면서 이윤감소 혹은 매출감소 등으로 노동자를 고용할 수 없을 경우 발생한다.
ㄹ. 자연실업률은 마찰적, 구조적, 경기적 실업률의 합으로 정의된다.
ㅁ. 자연실업률은 완전고용상태에서의 실업률이라고도 한다.

① ㄱ, ㄴ, ㄷ
② ㄱ, ㄷ, ㅁ
③ ㄱ, ㄴ, ㄷ, ㅁ
④ ㄱ, ㄷ, ㄹ, ㅁ

자연실업률은 비자발적 실업은 존재하지 않고 마찰적 실업과 같은 자발적 실업만 존재할 때 도달하게 되는 실업률이다.
• 구조적 실업과 경기적 실업은 비자발적 실업에 해당한다.

정답 ③

0195

통화량, 인플레이션과 고용에 대한 설명으로 옳은 것은?

12 국가직 7급

① 구직을 포기한 자의 수가 증가하면 실업률은 증가한다.
② 총수요관리를 통한 경기안정화 정책은 자연실업률을 낮추기 위한 것이다.
③ 이력현상이론(hysteresis theory)에 따르면 장기불황이 지속되는 경우 자연실업률이 증가한다.
④ 통화의 중립성(the neutrality of money)은 통화량의 증가가 주요 명목변수에 영향을 미치지 못함을 말한다.

이력현상(Hysteresis theory)이란 외부충격으로 인한 불황으로 실업률이 한번 증가하면, 설령 그 외부충격이 사라져 경제가 호전된다고 하더라도 실업률이 원래 수준으로 감소하지 않는 현상을 의미한다.
① 실업자가 구직을 포기하면 비경제활동인구로 분류되어 실업률은 하락시킨다. 예를 들어 취업자(E)가 90명, 실업자(U)가 10명이었을 때 실업률(u)은 $u = \frac{U}{E+U} = \frac{10}{90+10} = 10\%$이지만, 실업자 중에서 1명이 구직을 포기하게 되면 $u = \frac{9}{90+9} = 9.1\%$가 되는 것이다.
② 총수요관리를 통한 경기안정화 정책은 실제실업률에 영향을 미칠 뿐 근본적으로 자연실업률과는 무관하다. 자연실업률을 낮추기 위해서는 인력정책, 실업보험의 축소, 완벽한 취업정보의 제공 등이 종합적으로 고려해야 한다.
④ 통화의 중립성은 통화량의 변화가 명목변수에만 영향을 미칠 뿐 실질변수에 영향을 미치지 못하는 특성을 의미하며 이것은 고전학파의 대표적인 이론적 특징이다.

정답 ③

0196

효율임금이론에 대한 설명으로 옳은 것만을 모두 고른 것은? 13 지방직 7급

> ㄱ. 효율임금은 노동시장의 균형임금보다 높다.
> ㄴ. 노동의 초과공급에 의한 실업의 존재를 설명한다.
> ㄷ. 근로자들의 근무태만을 방지할 수 있다.
> ㄹ. 노동의 생산성이 임금수준을 결정한다고 가정한다.

① ㄱ, ㄴ, ㄷ
② ㄱ, ㄴ, ㄹ
③ ㄱ, ㄷ, ㄹ
④ ㄴ, ㄷ, ㄹ

효율임금이론은 임금이 높을수록 노동의 생산성이 오히려 높아진다는 문제의식에서 출발한다.

정답 ①

AK Tip 임금 경직성 모형

> • 효율성 임금 모형: 실질임금의 하방경직성을 설명한다.
> • 중첩임금 계약 모형: 경기침체 상황 속에서 다른 기업과의 상대적 임금도 고려되어 결정되는 명목임금의 하방경직성을 설명한다.
> • 내부자-외부자 모형: 경기침체 상황 속에서 실질임금이 상승하고, 경기호황 상황 속에서 현재 임금 수준이 유지되는 것을 설명한다.

0197

다음 중 오쿤의 법칙에 대해 설명하고 있는 것은? 07 국회 8급

① 실질 GDP와 인플레이션 간의 역의 관계를 말한다.
② 실질 GDP와 부가가치와의 관계를 말한다.
③ 실질 GDP의 백분율 변화와 인플레이션 간의 관계를 말한다.
④ 실질 GDP의 백분율 변화와 명목 GDP와의 관계를 말한다.
⑤ 위의 언급 중 어떤 것도 해당사항 없음

오쿤의 법칙은 실질 GDP의 백분율의 변화와 실업률 간의 관계를 말한다.

정답 ⑤

AK Tip 오쿤의 법칙(Okun's law)

> 오쿤의 법칙은 미국의 경제학자 오쿤이 실증분석을 통해 발견한 실업률과 경제성장률 간의 상관관계를 말한다. 이에 따르면 다음과 같은 식이 성립한다.
>
> $$\frac{Y_P - Y}{Y_P} = \alpha(U - U_N)$$
>
> 여기서 Y는 실제 GDP, Y_P는 잠재 GDP, U는 실제 실업률, U_N은 자연실업률, α는 오쿤의 계수(Okun's coefficient)라고 불리는 상수로 오쿤은 이 값을 당시에 2.5로 추정하였다. 예컨대 실제 실업률이 1% 상승하면 좌변의 경제성장률은 2.5%만큼 하락한다는 의미이다. 이에 따라 실업률이 상승하면 GDP gap(= $Y_P - Y$)이 증가하게 된다. 결국 실업률과 GDP gap(= $Y_P - Y$) 사이에는 정(+)의 관계가 존재하고 있음을 보여 준다.

0198

적응적 기대(adaptive expectation) 이론과 합리적 기대 (rational expectation) 이론에 대한 다음 설명 중 옳은 것을 <보기>에서 모두 고르면? 13 국회 8급

보기

ㄱ. 적응적 기대 이론에서는 경제변수에 대한 예측에 있어 체계적 오류를 인정한다.

ㄴ. 적응적 기대 이론에 따르면 통화량 증가는 장기 균형에서의 실질 국민소득에는 영향을 미치지 않는다.

ㄷ. 합리적 기대 이론에 따르면 예측오차는 발생하지 않는다.

ㄹ. 합리적 기대 이론에 따르면 예측된 정부정책의 변화는 실질변수에 영향을 미치지 않는다.

① ㄱ, ㄴ
② ㄱ, ㄷ
③ ㄴ, ㄹ
④ ㄱ, ㄴ, ㄹ
⑤ ㄱ, ㄷ, ㄹ

해설

경제주체들이 합리적 기대를 한다고 해서 항상 정확한 예상이 가능하여 예상오차가 발생하지 않는다는 것은 아니다. 왜냐하면 경제주체들이 합리적 기대를 형성한다고 하더라도 정보의 불완전성이 존재하게 되면 예상 치와 실제 치 사이에 예상오차가 발생하기 때문이다.

• 합리적 기대를 하는 경우 예상오차의 평균치가 항상 '0'이 되어 체계적인 오류를 범하지 않을 뿐이다.

정답 ④

0199

인플레이션과 관련된 설명으로 옳지 않은 것은? 19 국가직 7급

① 예상치 못한 인플레이션은 채권자와 채무자 사이의 소득재분배를 야기할 수 있다.

② 피셔방정식에 따르면 명목이자율은 실질이자율에 인플레이션율을 더한 것이다.

③ 필립스곡선은 실업률과 인플레이션율 사이의 관계를 보여 준다.

④ 피셔효과에 따르면 인플레이션율의 상승은 실질이자율을 변화시킨다.

해설

중앙은행이 통화량을 증가시키는 경우 인플레이션율이 상승한다. 이때 화폐의 중립성에 따라 실질이자율은 불변이 된다. 이것이 피셔효과이다. 따라서 피셔효과에 따르면 인플레이션율의 상승은 비례적으로 명목이자율을 상승시킬 뿐이다.

① 예상치 못한 인플레이션은 채권자는 불리하게, 채무자는 유리하게 소득재분배를 야기한다.

② 피셔 방정식은 다음과 같다.

명목이자율(i)=실질이자율(r)+인플레이션율(π)

③ 일반적으로 단기 필립스곡선은 실업률과 인플레이션율 사이의 역(-)의 관계를 보여준다. 한편 장기 필립스곡선은 자연실업률 수준에서 수직의 모습을 보인다.

정답 ④

0200

총수요확장정책이 장기뿐 아니라 단기에서도 물가만 상승시킬 뿐 실업률 감소에는 기여하지 못한다는 정책무력성 명제와 가장 관계 깊은 이론은?

19 서울시 7급

① 합리적 기대이론
② 화폐수량설
③ 내생적 성장론
④ 항상소득이론

정책당국이 총수요확장정책을 실시할 때 합리적 기대를 하는 경제주체들은 기대물가를 장기균형 수준으로 즉각 조정하게 되어, 장기는 물론 단기에서조차 물가만 상승시킬 뿐 실업률 감소(산출량 증가)가 이루어지지 않는다는 것이 새고전학파가 주장하는 정책무력성의 명제이다.

② 화폐수량설은 통화량의 변화는 물가에만 영향을 미친다는 고전학파의 화폐이론이다.

③ 내생적 성장론은 기술진보를 외생적 변수로 취급한 솔로(R. Solow)의 경제성장이론과 달리 모형 안에서 내생적으로 설명하면서 지속적인 경제성장이 가능함을 보인 이론이다.

④ 항상소득이론은 실제소득이 항상소득과 임시소득으로 구성되고, 소비는 항상소득에 의해서만 영향을 받고 임시소득은 대부분 저축된다는 프리드먼(M. Friedman)의 소비이론이다.

정답 ①

0201

사람들은 정부정책을 포함한 사용 가능한 모든 정보를 적정하게 이용하여 장래를 예측한다는 이론이 있다. 거시경제학 여러 분야에 영향을 준 이 이론과 가장 관련이 없는 것은?

20 서울시 공개경쟁 7급

① 합리적 기대 이론
② 로버트 루카스
③ 희생비율이 매우 낮거나 0이라는 주장
④ 행동경제학

경제주체들이 정부정책이 포함된 사용 가능한 모든 정보를 적정하게 이용하여 장래를 예측하는 것을 합리적 기대라고 한다. 이러한 합리적 기대를 전제로 전개된 이론이 로버트 루카스(R. Lucas)로 대표되는 합리적 기대이론이다. 이 이론에 따르면 필립스 곡선이 거의 수직에 가까운 기울기를 갖게 되어 반(反)인플레이션 정책을 시행하는 경우 실업률의 증가(국민소득 감소)는 매우 낮거나 0이 된다.

• 행동경제학은 인간의 '합리성'의 가정에 바탕을 둔 기존의 주류 경제학에 대한 의문 제기에서 출발한다. 행동경제학에서는 인간이 합리적으로 행동을 함에도 불구하고 지속적으로 동일한 오류를 범하는 이른바 '체계적 오류'가 발생한다는 현실을 제시하고, 이것을 전제로 기존의 가정인 '합리적 인간관'에 문제가 있음을 지적한다.

정답 ④

0202

경기종합지수에서 경기동행지수를 구성하는 변수가 아닌 것은?

07 국가직 7급

① 비농가 취업자수
② 시멘트 소비량
③ 기계 수주액
④ 수입액

2007년 출제 문제이므로, 이로 인해 2021년 현재의 경기변동지수(경기종합지수)와 용어상의 차이가 있을 수 있음을 유의한다.

① '비농가 취업자수'는 현행 지표에서는 '비농림어업 취업지수'로 변경되었다.
② '시멘트 소비량'은 현행 지표에서는 '내수 출하지수'에 해당된다.
③ '기계수주액(현행 지표에서는 기계류 내수 출하지수에 해당)'은 경기선행지수이다.
④ '수입액'은 경기동행지수이다.

정답 ③

AK Tip 경기변동지수(2021년 현재)

- 경기선행지수: 비교적 가까운 장래의 경기동향을 예측하는 지표 ⇨ 제조업 재고 순환지표, 소비자 기대지수, 기계류 내수 출하지수(선박 제외), 수출입 물가비율(과거 순상품 교역조건), 구인구직비율, 건설수주액, 코스피지수, 장단기 금리차 등 8개 지표로 구성
- 경기동행지수: 현재의 경기 동향을 보여주는 지표 ⇨ 광공업 생산지수, 서비스업 생산지수(도소매업 제외), 건설기성액, 소매업 판매액지수, 내수 출하지수, 수입액, 비농림어업 취업지수 등 7개 지표로 구성
- 경기후행지수: 경기의 변동을 사후에 확인하는 지표 ⇨ 생산자 제품 재고지수, 소비자 물가지수 변화율(서비스업), 소비재 수입액, 취업자 수, CP 유통수익률 등 5개 지표로 구성

0203

2015년 현재 우리나라 경기종합지수 중 동행종합지수의 구성 지표로 옳은 것은?

15 감정평가사

① 구인구직 비율
② 코스피 지수
③ 장단기 금리차
④ 광공업 생산지수
⑤ 생산자 제품 재고지수

구인구직 비율, 코스피 지수(종합주가지수), 장단기 금리차이 등은 선행종합지수(경기선행지수)이다.
- 생산자 제품 재고지수는 후행종합지수(경기후행지수)이다.

정답 ④

0204

경기동향을 나타내는 기업경기실사지수(BSI: Business Survey Index)와 소비자 동향지수(CSI: Consumer Survey Index)에 대한 설명으로 옳지 않은 것은? 10 지방직 7급

① B.S.I는 비교적 쉽게 조사되고 작성될 수 있지만 조사 응답자의 주관적인 판단이 개입될 가능성이 있다.

② B.S.I는 기업 활동의 실적, 계획 경기동향 등에 대한 기업가들의 의견을 직접 조사하여 이를 지수화한 지표이다.

③ B.S.I는 다른 경기지표와는 달리 기업가의 주관적이고 심리적인 요소까지 조사가 가능하고, 정부 정책의 파급효과를 분석하는 데 활용되기도 한다.

④ C.S.I는 50을 기준치로 하며, 50을 초과할 경우는 앞으로 생활형편이 좋아질 것이라고 응답한 가구가 나빠질 것으로 응답한 가구보다 많다는 것을 의미한다.

소비자 동향지수는 장래의 소비지출 계획이나 경기 전망에 대한 소비자들의 설문조사 결과를 지수로 환산해 나타낸 지표이다. 소비자 동향지수는 다음과 같은 방법으로 측정한다.

$$C.S.I = \left(\frac{\text{매우 좋아짐} \times 1 + \text{약간 좋아짐} \times 0.5 - \text{매우 나빠짐} \times 1 - \text{약간 나빠짐} \times 0.5}{\text{전체 응답 가구수}} \right) \times 100 + 100$$

C.S.I는 100을 기준으로 그 수치가 100보다 크면 낙관적 전망, 100보다 작으면 비관적 전망이 우세하다는 것을 의미한다.

• B.S.I는 다음과 같은 방법으로 측정한다.

$$B.S.I = \left(\frac{\text{낙관적(긍정적)으로 답한 기업의 수} - \text{비관적(부정적)으로 답한 기업의 수}}{\text{전체 응답 기업의 수}} \right) \times 100 + 100$$

B.S.I 역시 100을 기준으로 그 수치가 100보다 크면 낙관적 전망, 100보다 작으면 비관적 전망이 우세하다는 것을 의미한다.

정답 ④

0205

경기변동에 대한 설명으로 옳은 것은? 20 지방직 7급

① 케인스는 경기변동의 원인으로 총수요의 변화를 가장 중요하게 생각하였다.

② IS－LM 모형에 의하면 통화정책은 총수요에 영향을 미칠 수 없다.

③ 케인스에 의하면 불황에 대한 대책으로 재정정책은 효과를 갖지 않는다.

④ 재정정책은 내부시차보다 외부시차가 길어서 효과가 나타날 때까지 시간이 오래 걸린다.

케인스는 경기침체가 유효수요의 부족에서 비롯된다고 본다. 즉 경기변동의 원인은 총수요의 변화라고 본다.

② IS－LM 모형에 의하면 통화정책은 화폐시장에서 이자율 변화에 영향을 주고, 이러한 이자율이 투자수요에 영향을 미침으로써 총수요에 영향을 미치게 된다.

> 확장적 통화정책 ⇒ 이자율 하락 ⇒ 투자수요 증가 ⇒ 총수요 증가

③ 케인스에 의하면 화폐시장에서 유동성함정이 존재하는 것과 같은 불황인 경우에는 화폐정책은 무력하고, 재정정책이 유효한 경기안정화 정책으로서 기능한다고 본다.

④ 재정정책은 화폐정책에 비해 내부시차는 길지만 외부시차가 짧아 정책효과가 상대적으로 빠르게 나타난다. 이에 따라 재정정책이 실시하게 되면 즉시 총수요가 변화하게 된다.

정답 ①

0206

1990년대 후반 지속된 미국 경제의 호황은 정보기술발전에 따른 생산성 증대의 결과라는 주장이 있다. 이 주장을 뒷받침하는 이론으로 옳은 것은? 15 국가직 7급

① 케인지언(Keynesian) 이론

② 통화주의(Monetarism) 이론

③ 합리적 기대가설(Rational Expectations Hypothesis) 이론

④ 실물경기변동(Real Business Cycle) 이론

경기변동의 원인이 기술혁신에 따른 생산성 증대와 같은 실물충격에서 비롯된다는 새고전학파의 주장을 실물경기변동 이론이라고 한다.

정답 ④

0207

실물경기변동이론(Real Business Cycle theory)에 대한 설명으로 가장 옳지 않은 것은? 19 서울시 7급

① 임금은 신축적이나 상품가격은 경직적이라고 가정한다.
② 개별 경제주체들의 동태적 최적화 형태를 가정한다.
③ 경기변동은 시장청산의 결과이다.
④ 공급 측면에서의 생산성 충격이 경기변동의 주요한 원인이다.

실물경기변동이론(Real Business Cycle theory)은 예상치 못한 공급 측면에서의 충격이 경기변동을 야기한다는 새고전학파의 경기변동이론으로 임금과 상품가격 모두가 신축적이라는 가정하에서 주장되는 이론이다.

• 개별 경제주체들은 인식하고 있는 충격에 대해 최적의 대응을 하게 되고, 이에 따라 시장은 항상 불균형이 청산되는 균형을 유지할 수 있다고 본다.
• 경기안정화를 위한 정책당국의 개입은 불필요하다고 역설한다.

정답 ①

AK Tip 시간에 걸친 대체효과(Intertemporal substitution effect)

'시간에 걸친 대체효과' 또는 '기간 간 대체효과'란 자원의 희소성으로 인해 자원을 여러 기간에 걸쳐 사용할 때 극대의 효용을 얻기 위해 서로 다른 기간 사이에 자원을 대체하면서 사용하는 것을 의미한다. 이러한 시간에 걸친 대체효과에 의하면 이자율이 상승하면 현재소비의 기회비용이 커져서 현재소비를 줄이고 미래소비를 증가시킨다. 한편 시간에 걸친 대체효과는 새고전학파의 실물적 균형경기변동론에서 경기변동의 지속성을 설명하는 원리로서 작용한다.

0208

실물경기변동(real business cycle)이론에 대한 설명으로 옳지 않은 것은? 20 국가직 7급

① 일시적으로 이자율이 하락하는 경우 노동자들은 노동공급량을 증가시킨다.
② 화폐의 중립성이 장기뿐만 아니라 단기에도 성립한다고 가정하여 통화량 변화는 경기에 아무런 영향을 미치지 못한다.
③ 경기변동을 유발하는 주요 요인은 기술충격(technical shock)이다.
④ 임금 및 가격이 신속히 조정되어 시장이 청산된다.

일시적인 이자율 하락은 현재 노동에 따른 상대임금을 하락시키므로 노동자들은 노동공급량을 감소시키게 된다.

② 단기에서 화폐의 중립성을 부정하는 화폐적 경기변동론(MBC)과 달리 실물적 경기변동론(RBC)에서는 장기는 물론 단기에서도 화폐의 중립성이 성립한다고 본다. 이에 따라 통화량의 변화는 경기에 아무런 영향을 주지 못하게 된다.
③ 실물적 경기변동론에서는 경기변동의 원인을 화폐부문과 전혀 무관한 기술충격(technical shock)이나 예상치 못한 기상 이변과 같은 실물적 충격으로 본다.
④ 실물적 충격에 따른 경기변동이 발생한다고 하더라도 임금 및 가격이 여전히 신축적이어서 시장은 매우 신속하게 청산될 수 있다. 따라서 실물적 경기변동론(RBC)에 따르면 경기안정을 위한 정책당국의 안정화정책은 불필요하다고 주장한다.

정답 ①

0209

통화정책의 집행에 있어서 시간의 비일치성 문제에 관한 설명 중 옳은 것은? 07 국가직 7급

① 통화정책에 있어서 준칙에 따른 정책보다는 재량적 정책을 적절히 활용하는 것이 더 바람직하다.
② 통화정책을 추진하는 데 있어서 발생하는 시장의 거래비용은 단기적 제도에 의해 좌우된다.
③ 정부가 발표하였던 정책을 변경하고자 하는 유혹으로 인하여 발생하는 문제가 있다.
④ 통화정책의 결정은 이익집단의 영향력에 의해 좌우된다.

정책의 시간적 비일치성 문제는 정책당국이 처음에 달성하고자 했던 정책목표를 시간이 지남에 따라 수정하는 상황에서 비롯되는 것을 의미한다.

• 통화주의자들은 정책의 시간적 비일치성 문제로 인해 재량정책보다는 준칙에 의한 정책이 적절하다고 주장한다.

정답 ③

0210

적극적인 경기 안정화 정책의 사용이 바람직한지에 대한 논쟁에서 정책의 동태적인 비일관성(또는 시간 비일관성)의 의미에 대한 서술로 가장 옳은 것은? 19 서울시 공개 경쟁 7급

① 정책의 집행과 효과 발생 과정에 시차가 존재하기 때문에 정책 효과가 의도한 대로 나타나지 않을 수 있다.

② 정책 당국은 시장의 암묵적 신뢰를 깨고 단기적인 정책 목표를 추구할 인센티브를 가진다.

③ 정권마다 다른 정책의 방향을 가지므로 거시 경제 정책은 장기적으로 일관성을 가지기 어렵다.

④ 시장의 상황은 지속적으로 변화하므로 정책의 방향을 시의적절하게 선택하는 것이 바람직하다.

경제상황에 따라서 정부가 시장의 기대형성에 영향을 주기 위해서 사전에 정부의 정책의지를 천명하는 경우가 있다.

• 그런데 막상 발표된 정책이 시행될 것을 기대하고 있던 시장이 이에 따른 의사결정을 내린 후에는, 기존에 발표된 정책이 최선이 아니고, 이와 다른 정책이 오히려 더욱 효과적일 수 있다.

• 이 경우 기존에 발표된 정책과 다른 내용의 정책을 시행하는 경우가 발생한다. 이를 동태적(시간적) 비일관성이라 한다.

정답 ②

0211

경제안정화 정책에 대한 설명으로 옳은 것은? 19 국가직 7급

① 준칙에 따른 정책은 미리 정해진 규칙에 따라 정책을 운용하므로 적극적 정책으로 평가될 수 없다.

② 정책의 내부시차는 대체로 재정정책이 통화정책에 비해 짧다.

③ 시간불일치(time inconsistency) 문제는 주로 준칙에 따른 정책에서 나타난다.

④ 루카스 비판(Lucas critique)은 정책 변화에 따라 경제주체의 기대가 변화할 수 있음을 강조한다.

해 설

루카스(R. Lucas)는 새로운 정책이 시행되면 경제주체들의 기대와 반응이 바뀌고 이에 따라 경제변수들 간의 관계, 즉 행태방정식에 있어서의 계수 값이 변할 것이기 때문에 이를 감안하지 않고 기존의 거시계량경제모형을 이용하여 정책효과를 분석할 경우 실제 정책효과를 제대로 파악할 수 없게 된다고 비판한다. 이를 '루카스 비판(Lucas critique)'이라고 한다.

① 준칙에 따른 정책이 미리 정해진 규칙에 따라 정책을 운용하는 것이라고 하더라도, 이것 역시 주어진 경제 상황에 개입하는 것이라는 의미에서 적극적 정책의 하나로 평가된다.

② 정책의 내부시차는 재정정책에 비해 통화정책이 짧고, 외부시차는 통화정책에 비해 재정정책이 짧게 나타난다.

③ 시간불일치(Time inconsistency) 문제는 정책당국의 재량에 의해 정책이 수행되는 경우에 발생하는 문제이다. 이를 해결하기 위해 주장되는 것이 준칙에 따른 정책이다.

정답 ④

AK Tip 래퍼 곡선

> 래퍼(A. Laffer)는 조세수입이 극대화되는 최적조세율보다 현실의 세율이 높으면 세율이 상승할수록 조세수입은 오히려 감소한다고 주장하며, 현재의 세율은 최적조세율보다 높은 수준임을 지적했다. 따라서 이러한 경우에 조세수입을 증가시키려면 조세의 세율을 낮추어야 한다고 주장한다.

0212

통화정책의 테일러 준칙(Taylor rule)과 인플레이션 목표제(inflation targeting)에 대한 설명으로 옳지 않은 것은?

20 지방직 7급

① 테일러 준칙을 따르는 정책당국은 경기가 호황일 때 이자율을 상승시키고, 경기가 불황일 때 이자율을 하락시켜 경기를 안정화시킨다.
② 테일러 준칙에서 다른 변수들은 불변일 때 정책당국이 목표 인플레이션율을 높이면 정책금리도 높여야 한다.
③ 인플레이션 목표제는 미래 인플레이션의 예측치에 근거하며, 테일러 준칙은 후향적(backward−looking)이어서 과거 인플레이션을 따른다.
④ 인플레이션 목표제는 중앙은행의 목표를 구체적인 수치로 제시하므로 중앙은행의 책임감을 높일 수 있다.

테일러 준칙(Taylor rule)은 정책금리가 경기에 미치는 영향을 고려하여 테일러(J. Taylor)가 제시한 정책금리(=명목기준금리) 결정식을 의미하며 다음과 같이 나타낼 수 있다.

- $i_t = \pi_t + r + \alpha(\pi_t - \pi^*) + \beta(u_n - u_t)$
- i_t는 t기의 정책금리(명목기준금리), π_t는 t기의 인플레이션율, r은 실질이자율, π^*는 목표 인플레이션율, u_n은 자연실업률, u_t는 t기의 실업률이며, α와 β는 1보다 작은 양의 상수

이에 따라 다른 변수들이 불변일 때 정책당국이 목표 인플레이션율(π^*)을 높이면 위 식에서 우변이 작아지므로 이를 위해 좌변의 정책금리(i_t) 역시 낮춰야 한다.

① 테일러 준칙을 따르는 정책당국은 경기가 호황일 때 총수요를 억제시키기 위하여 이자율을 상승시키고, 경기가 불황일 때 총수요를 증가시키기 위하여 이자율을 하락시켜야 한다. 이를 통해 경기를 안정화시킬 수 있다.
③ 인플레이션 목표제는 미래 인플레이션을 예측하고 실제 인플레이션이 목표치에 수렴할 수 있도록 통화정책이 운영되는데 반하여, 테일러 준칙은 후향적(backward-looking)이어서 이미 실현된 인플레이션을 전제로 정책금리를 결정하게 된다.
④ 인플레이션 목표제는 중앙은행의 목표를 '물가안정'으로 단일화하고, 또한 이를 구체적인 수치로 제시하므로 중앙은행의 책임감과 통화정책에 대한 신뢰도를 높일 수 있다. 구체적으로 인플레이션 목표제 하에서 중앙은행은 실제 인플레이션율이 사전에 예측하여 제시한 수준을 초과하게 되면 정책금리(=명목기준금리)를 인상하고, 미달하게 되면 인하하게 된다.

정답 ②

0213

어떤 국가의 총요소생산성(total factor productivity)이 증가하여 총공급곡선이 이동하였다. 이 국가의 균형 공급량과 균형물가수준의 변화 방향에 대한 설명으로 가장 옳은 것은?

20 서울시 공개경쟁 7급

① 균형공급량이 감소하고 균형물가수준은 하락한다.
② 균형공급량이 감소하고 균형물가수준은 상승한다.
③ 균형공급량이 증가하고 균형물가수준은 하락한다.
④ 균형공급량이 증가하고 균형물가수준은 상승한다.

총요소생산성(total factor productivity)의 증가는 곧 기술진보와 동일한 효과를 가져온다. 이에 따라 총공급곡선은 오른쪽으로 이동하게 된다.
- 총수요곡선이 우하향하는 경우, 총공급곡선이 오른쪽으로 이동하게 되면 균형공급량은 증가하고 균형물가수준은 하락하게 된다.

정답 ③

0214

'70의 법칙(rule of seventy)'에 따르면, 국내총생산이 연간 7%의 비율로 성장할 경우 약 10년이 지나면 원래의 두 배 수준에 이른다고 한다. 어떤 국가의 국내 총생산이 연간 2%로 성장하고 있다. 이 국가의 국내 총생산이 두 배가 되는 데 소요되는 기간으로 가장 옳은 것은?

20 서울시 공개경쟁 7급

① 15년
② 25년
③ 35년
④ 45년

해설

'70의 법칙(rule of seventy)'이란 예금에 있어 70을 연간 (복리) 이자율로 나누면 원금이 두 배가 되는 기간과 같아진다는 법칙이다. 이러한 '70의 법칙'은 경제성장이나 인구 증가 등을 계산할 때 주로 사용된다.

• 현재의 국내 총생산 규모를 Y라고 할 때, '70의 법칙'을 이용하여 국내 총생산 규모가 지금의 2배가 되기 위해 필요한 기간은 다음과 같이 도출할 수 있다.

$$\frac{70}{\text{성장률}} = 2\text{배가 되기 위해 필요한 소요 기간} \Rightarrow \frac{70}{2} = 35$$

따라서 경제성장률이 2%인 경우 국내 총생산이 두 배가 되는 데 소요되는 기간은 35년이다.

정답 ③

0215

따라잡기 효과에 관한 설명으로 옳은 것을 모두 고르면?

07 국가직 7급

> ㉠ 가난한 상태에서 출발한 나라들이 부유한 상태에 있는 나라들에 비해 성장률이 낮은 경향을 따라잡기 효과라고 한다.
> ㉡ 따라잡기 효과는 학습효과로 인하여 발생한다.
> ㉢ 한국과 미국의 연평균 1인당 GDP성장률이 지난 30년간 각각 6%, 2%인 현상을 따라잡기 효과로 설명할 수 있다.

① ㉠, ㉡
② ㉠
③ ㉡, ㉢
④ ㉢

해설

따라잡기 효과(Catch up effect)란 수확체감의 법칙에 따라 후진국의 경제성장률이 선진국보다 높기 때문에 시간의 흐름에 따라 후진국이 선진국 수준에 접근하는 것을 의미한다.

• 학습효과(Learning by doing)란 이미 보유하고 있는 기술수준과 자본스톡을 기초로 하여 생산의 효율성을 높이는 것을 의미한다. 이러한 학습효과는 보다 높은 수준의 기술수준과 자본스톡을 보유하고 있는 선진국일수록 생산의 효율성이 높게 되어 따라잡기 효과와 달리 선진국과 후진국 간의 경제력 격차가 벌어지는 것을 설명할 수 있다.

정답 ④

0216

기술진보가 없는 솔로우 성장모형의 황금률(Golden Rule)에 대한 설명으로 옳은 것은?

17 추가채용 국가직 7급

① 황금률 하에서 정상상태(steady state)의 1인당 투자는 극대화된다.
② 정상상태(steady state)의 1인당 자본량이 황금률 수준보다 많은 경우 소비 극대화를 위해 저축률을 높이는 것이 바람직하다.
③ 솔로우 성장모형에서는 저축률이 내생적으로 주어져 있기 때문에 황금률의 자본축적이 항상 달성된다.
④ 황금률 하에서 자본의 한계생산물은 인구증가율과 감가상각률의 합과 같다.

해설

황금률 하에서 다음과 같은 식이 성립한다.

- $MP_k = n + d + g$
- 여기서 MP_k는 1인당 자본의 한계생산물, n은 인구증가율, d는 감가상각률, g는 기술진보율이다.

따라서 기술진보가 없는 경우에는 '$g = 0$'이므로 자본의 한계생산물(MP_k)은 인구증가율(n)과 감가상각률(d)의 합과 같게 된다.
① 황금률은 정상상태(Steady state)가 달성되는 수준 중에서 1인당 소비가 극대화되는 상태를 의미한다.
② 정상상태(Steady state)의 1인당 자본량이 황금률 수준보다 많은 경우라는 것은 결국 1인당 소비 극대화를 달성하지 못하고 있다는 것을 의미한다. 따라서 과도한 1인당 자본량을 줄여야 하고 이를 위해서는 저축을 감소시켜야 한다. 저축이 감소해야 정상상태에서 투자 역시 감소하게 되기 때문이다. 이를 통해 소비를 황금률 수준에 맞게 증가시킬 수 있게 된다.
③ 솔로우 성장모형에서는 저축률이 외생적으로 주어져 있기 때문에 황금률의 자본축적은 수많은 정상상태 중에서 하나의 수준에서만 달성된다.

정답 ④

0217

다음 중 솔로우(R. Solow)의 경제성장모형에 대한 설명으로 옳지 않은 것은?

20 국회 8급

① 인구증가율이 상승하면 1인당 자본축적량이 감소한다.
② 기술진보는 균제상태에서의 경제성장률을 증가시킨다.
③ 저축률이 증가하면 균제상태에서의 1인당 소비가 감소한다.
④ 저축률이 증가하면 균제상태에서의 1인당 자본축적량이 상승한다.
⑤ 인구증가율이 상승하면 균제상태에서의 1인당 소득증가율은 변화하지 않는다.

해설

현재의 1인당 자본량 수준이 1인당 소비가 극대화되는 황금률에 미달하고 있는 경우라면 저축률이 증가할수록 황금률에 도달하게 되고 이로 인해 1인당 소비는 오히려 증가하게 된다.
① 인구증가율이 상승하면 필요투자선이 상방으로 이동하여 새로운 균제상태에서 1인당 자본 축적량은 이전에 비해 감소하게 된다.
② 기술진보는 생산함수를 상방으로 이동시켜 새로운 균제상태에서의 경제성장률은 이전에 비해 증가한다. 이때 1인당 소득 증가율은 기술진보율과 일치한다.
④ 저축률이 증가하면 실제투자선이 상방으로 이동하여 새로운 균제상태에서 1인당 자본축적량은 이전에 비해 증가하게 된다.
⑤ 균제상태에 도달하게 되면 1인당 변수 변화율은 0이 된다. 따라서 인구증가율이 상승하더라도 새로운 균제상태에서의 1인당 소득증가율은 변화하지 않는다.

정답 ③

0218

총요소생산성에 대한 설명으로 옳은 것을 모두 고른 것은?

12 지방직 7급

> ㉠ 총요소생산성의 변화율은 생산량의 변화율에서 생산요소에 각 요소의 몫으로 가중한 생산요소의 변화율을 차감하여 측정한다.
> ㉡ 총요소생산성은 직접 관찰하기 어렵다.
> ㉢ 경제성장에 기여하는 기술수준, 산업구조, 경제제도 등이 포함된다.

① ㉠, ㉡
② ㉠, ㉢
③ ㉡, ㉢
④ ㉠, ㉡, ㉢

총생산함수가 $Y = AL^{\alpha}K^{\beta}$로 주어지면 A가 한 나라 경제의 기술수준을 나타내며 총요소생산성을 측정하는 기준이 된다.

- 성장회계를 통해 총요소생산성의 변화율은 다음과 같이 도출된다.

> - $\dfrac{\Delta Y}{Y} = \dfrac{\Delta A}{A} + \alpha \times \dfrac{\Delta L}{L} + \beta \times \dfrac{\Delta K}{K}$
>
> $\Rightarrow \dfrac{\Delta A}{A} = \dfrac{\Delta Y}{Y} - \alpha \times \dfrac{\Delta L}{L} - \beta \times \dfrac{\Delta K}{K}$
>
> - 여기서 $\dfrac{\Delta Y}{Y}$ 는 총소득증가율(=경제성장률), $\dfrac{\Delta A}{A}$ 는 총요소생산성 증가율, $\dfrac{\Delta L}{L}$ 는 노동증가율. $\dfrac{\Delta K}{K}$ 는 자본증가율이다.

정답 ④

AK Tip 총요소생산성

> 총요소생산성이란 노동과 자본과 같은 생산요소 투입변화로는 설명할 수 없는 산출량 변화 정도를 의미하는데, 증가한 산출량에서 생산요소가 기여한 산출량을 뺀 값으로 측정하며 솔로(Solow) 잔차라고도 한다. 생산함수가 $Y = AK^{\alpha}L^{\beta}$로 주어질 때, A가 한 나라 경제의 기술수준을 나타내며 총요소생산성을 측정하는 기준이 된다. 이에 따라 총요소생산성은 기술혁신을 통해 그 크기를 증가시킬 수 있게 된다.

0219

내생적 성장이론에 대한 설명으로 틀린 것은?

03 7급

① 정부정책은 아무런 효과가 없다.
② 자본의 한계생산물 체감의 법칙이 성립하지 않는다.
③ 솔로우 모형의 문제점을 극복하기 위해 등장한 이론이다.
④ 로머(Romer)와 루카스(Lucas) 등이 대표적인 주창자이다.

지속적인 경제성장의 요인을 내생적 요인에서 찾고자 하는 내생적 성장이론은 수확체감의 법칙을 전제로 하여 수렴현상이 나타남을 주장하는 솔로우 모형의 문제점을 극복하기 위해 등장했다.

- 로머는 지식자본의 중요성을, 루카스는 인적자본의 중요성을 강조하고, 이러한 자본 축적을 위해 필요한 R & D나 사회간접자본(SOC)의 확충을 위한 정부 역할의 중요성을 역설한다.

정답 ①

0220

개발도상국의 경제발전 전략에서 수출주도(export-led) 발전전략에 대한 설명으로 옳은 것을 모두 고른 것은?

11 지방직 7급

> ㉠ 해외시장의 개발에 역점을 둔다.
> ㉡ 내수시장의 발전에 주안점을 둔다.
> ㉢ 경제자립도를 한층 더 떨어뜨리는 부작용을 초래할 수 있다.
> ㉣ 단기적인 수출성과에 치중함으로써 장기적 성장 가능성을 경시할 가능성이 있다.

① ㉠
② ㉠, ㉡, ㉢, ㉣
③ ㉠, ㉢
④ ㉠, ㉢, ㉣

해설

수출주도형 발전전략은 자원이 부족하고 내수시장이 협소한 국가들이 내수시장보다는 해외의 수출시장을 역점으로 두는 전략을 의미한다.

- 수출주도형 발전전략은 해외 경기에 많은 영향을 받게 되어 경제자립도가 위협을 받을 수도 있고, 단기적인 수출성과에 치중하여 장기적인 성장 동력을 상실할 수도 있게 된다.

정답 ④

AK Tip 경제성장(발전)이론

- 균형성장론(Nurkse): 모든 산업에 대한 동시투자를 통한 산업 간 균형성장 추구
- 불균형성장론(Hirschman): 전후방 연관효과(= 파급효과)가 가장 큰 산업을 선도산업으로 집중 육성
- 경제발전 5단계설(Rostow): '전통사회⇒도약준비단계⇒도약단계⇒성숙단계⇒고도대중소비단계' 순으로 경제가 발전

0221

A국과 B국은 노동만을 사용하여 X재와 Y재만을 생산한다. 재화 한 단위를 생산하기 위한 노동시간이 다음 표와 같을 때 옳은 것은? (단, 양국은 비교우위에 따라 교역을 하고, 교역에 따른 비용은 없다.) 20 국가직 7급

(단위: 시간)

국가 \ 재화	X	Y
A	3	6
B	3	7

① X재 1단위가 Y재 $\frac{1}{3}$ 단위와 교환되는 교역조건이면 두 나라 사이에 무역이 일어나지 않는다.

② A국은 X재 생산에, B국은 Y재 생산에 비교우위가 있다.

③ A국은 X재와 Y재의 생산에 절대우위가 있다.

④ X재 생산의 기회비용은 A국이 작다.

주어진 표를 각 재화의 상대가격(기회비용)으로 정리해보면 다음과 같다.

(단위: 시간)

국가 \ 재화	X재 상대가격 ($= \frac{X재\ 노동투입시간}{Y재\ 노동투입시간}$)	Y재 상대가격 ($= \frac{Y재\ 노동투입시간}{X재\ 노동투입시간}$)
A	$\frac{1}{2}$	2
B	$\frac{3}{7}$	$\frac{7}{3}$

• 양 국 사이에서 무역이 발생하기 위한 교역조건(TOT)은 양 국의 X재 상대가격 범위 내에서 결정된다.

$$\frac{1}{2} < TOT < \frac{3}{7}$$

따라서 X재 1단위가 Y재 $\frac{1}{3}$ 단위와 교환되는 교역조건은 교역이 가능한 교역조건 범위에 벗어나 있으므로 양 국 사이에서는 무역이 발생하지 않는다(①).

• 절대우위는 재화를 생산하기 위해 투입되는 노동시간이 작은 나라에게 있다. 따라서 X재에 대해서는 절대우위를 판단할 수 없고, Y재에 대해서는 A국이 절대우위를 갖는다(③).

• 비교우위는 재화 생산을 위한 상대가격(=기회비용)이 작은 상품에 대해 성립하게 되어 X재에 대해서는 B국, Y재에 대해서는 A국이 비교우위를 갖는다(②, ④). 이에 따라 B국은 X재에 특화하고 A국은 Y재에 특화하여 무역에 참여하게 된다.

정답 ①

0222

A국과 B국의 주민들은 다음과 같이 노동을 통해 쌀과 옷을 생산하여 생활한다.

- A국의 주민들은 쌀 1kg의 생산에 2시간의 노동을 투입하며 옷 1벌의 생산에 3시간의 노동을 투입한다.
- B국의 주민들은 쌀 1kg의 생산에 3시간의 노동을 투입하며 옷 1벌의 생산에 4시간의 노동을 투입한다.
- A국의 주민들은 주어진 기간 동안 1,400시간의 노동을 할 수 있으며, B국의 주민들은 주어진 기간 동안 1,200시간의 노동을 할 수 있다.

이러한 상황에서 A국과 B국 사이에 무역이 이루어지는 경우 <보기>에서 옳은 것만을 모두 고르면? (단, A국과 B국 간 거래비용은 존재하지 않는다.)

20 국회 8급

보기

ㄱ. 무역이 이루어지기 전에 A국의 쌀 1kg은 옷 $\frac{2}{3}$ 벌과 교환된다.

ㄴ. 무역이 이루어지기 전에 B국의 옷 1벌은 쌀 $\frac{3}{4}$ kg과 교환된다.

ㄷ. 두 국가 사이에 무역이 이루어지면 A국이 생산하는 쌀의 양은 700kg이다.

ㄹ. 두 국가 사이에 무역이 이루어지면 쌀 1kg은 최대 옷 $\frac{2}{3}$ 벌과 교환될 수 있다.

① ㄱ, ㄷ
② ㄴ, ㄹ
③ ㄱ, ㄷ, ㄹ
④ ㄴ, ㄷ, ㄹ
⑤ ㄱ, ㄴ, ㄷ, ㄹ

0223

헥셔-올린(Heckscher-Ohlin) 모형과 관련한 설명으로 옳지 않은 것은?

19 지방직 7급

① 자본이 노동에 비해 상대적으로 풍부한 국가는 자본집약적인 상품을 수출한다.
② 생산요소들은 국내에서는 자유롭게 이동할 수 있지만 국가 간 이동은 불가능하다고 가정한다.
③ 생산요소의 국가 간 이동이 불가능한 경우 상품의 국제 무역이 발생해도 생산요소의 가격은 불변이다.
④ 교역 대상 상품들의 국가 간 생산기술의 차이는 없다고 가정한다.

주어진 조건을 <표>로 정리하면 다음과 같다.

	쌀 1kg 생산을 위한 노동시간	옷 1벌 생산을 위한 노동시간	쌀 1kg 생산을 위한 기회비용	옷 1벌 생산을 위한 기회비용
A국	2	3	옷 $\frac{2}{3}$ 벌	쌀 $\frac{3}{2}$ kg
B국	3	4	옷 $\frac{3}{4}$ 벌	쌀 $\frac{4}{3}$ kg

- 무역이 이루어지기 전 A국에서 쌀 1kg의 기회비용(=국내 상대가격)은 옷 $\frac{2}{3}$ 벌이다(ㄱ).
- 무역이 이루어지기 전 B국에서 옷 1벌의 기회비용(=국내 상대가격)은 쌀 $\frac{4}{3}$ kg이다(ㄴ).
- A국의 쌀 1kg의 기회비용은 옷 $\frac{2}{3}$ 벌이고, B국의 쌀 1kg의 기회비용은 옷 $\frac{3}{4}$ 벌이다. 따라서 두 국가 사이에 무역이 이루어지면 A국은 B국보다 기회비용이 작은 쌀에 대하여 완전특화를 하게 되고, 이때 A국이 생산하는 쌀의 최대량은 1,400시간의 노동시간이 투입된 700kg이 된다(ㄷ).
- 두 국가 사이에 무역이 이루어지기 위한 교역조건(TOT= $\frac{옷(벌)}{쌀(kg)}$)은 다음과 같다.

$$\frac{2}{3} \leq TOT \leq \frac{3}{4}$$

따라서 쌀 1kg은 최대 옷 $\frac{3}{4}$ 벌과 교환될 수 있다.

정답 ①

헥셔-올린 모형에 따른 무역이 이루어지면 양 국의 생산요소 가격은 상대적으로나 절대적으로나 같아진다는 것이 이른바 '요소가격 균등화 정리'이다.

정답 ③

0224

헥셔 - 올린(Heckscher-Ohlin) 모형의 기본 가정으로 옳지 않은 것은?

20 국가직 7급

① 각 산업에서 규모수익은 일정하게 유지된다.
② 양국 간 기술수준 및 선호는 다르다.
③ 노동과 자본의 산업 간 이동은 완전히 자유롭다.
④ 노동과 자본의 국가 간 이동은 완전히 불가능하다.

해설

양국 간 서로 다른 기술수준을 전제로 무역 발생 원인을 설명하는 이론은 리카도(D. Ricardo)의 비교우위론이다.

• 헥셔 - 올린(Heckscher-Ohlin) 모형의 기본가정은 다음과 같다.
1) 2국 2재화 2생산요소 모형이다.
2) 양국 간 생산요소 이동은 불가능하다.
3) 자국에서의 산업 간 요소 이동은 자유롭다.
4) 양국의 생산기술은 동일하다.
5) 양국의 생산함수는 규모에 대한 보수가 불변인 동일한 1차 동차 생산함수이다.
6) 양국의 사회후생함수는 동일하여 양국의 소비자는 소비구조에 있어서 동일한 선호체계를 갖는다.
7) 각 제품의 요소집약도인 요소투입비율은 서로 다르다.

정답 ②

0225

X, Y 두 재화를 생산하는 데 필요한 생산요소 투입량과 A, B 두 국가의 생산요소 부존량이 다음 표와 같을 때 옳은 것은?

10 지방직 7급

	필요 투입량		요소 부존량	
	X재	Y재	A국	B국
노동(L)	1인	3인	100인	200인
자본(K)	2단위	4단위	300단위	400단위

① X재는 자본집약적 재화이고 A국은 자본풍부국이다.
② X재는 노동집약적 재화이고 B국은 자본풍부국이다.
③ Y재는 노동집약적 재화이고 A국은 노동풍부국이다.
④ Y재는 자본집약적 재화이고 B국은 노동풍부국이다.

해설

X재의 요소집약도인 자본-노동 투입비율(K/L)은 2, Y재의 요소집약도인 자본-노동 투입비율(K/L)은 $\frac{4}{3}$ 이다.

이에 따라 '$(\frac{K}{L})_X > (\frac{K}{L})_Y$'가 성립하여 X재는 자본집약재, Y재는 노동집약재가 된다.

• A국의 요소부존도(K/L)는 3, B국의 요소부존도(L/K)는 2이다. 이에 따라 '$(\frac{K}{L})_{A국} > (\frac{K}{L})_{B국}$'가 성립하여 A국은 자본풍부국, B국은 노동풍부국이 된다.

정답 ①

0226

자유무역에서 부분특화 또는 불완전특화(partial or incomplete specialization) 현상이 일어나는 이유는?

09 국가직 7급

① 생산가능곡선이 직선이기 때문이다.
② 생산을 늘릴수록 생산의 기회비용이 체증하기 때문이다.
③ 노동생산성이 생산의 규모와 상관없이 일정하기 때문이다.
④ 생산가능곡선이 원점에 대하여 볼록(convex)하기 때문이다.

해설

자유무역에서 부분특화 또는 불완전특화가 이루어지는 것은 생산가능곡선이 원점에 대하여 오목하기 때문이다. 생산가능곡선이 원점에 대하여 오목하게 되면 생산을 늘릴수록 생산의 기회비용은 체증하게 된다.

• 생산을 늘릴수록 생산의 기회비용이 일정하게 되면 생산가능곡선은 직선이 되고 이러한 경우에는 한 재화만을 생산하게 되는 완전특화가 이루어지게 된다.

정답 ②

0227

레온티에프 역설(Leontief paradox)에 대한 설명으로 옳지 않은 것은?

17 지방직 7급

① 제품의 성숙단계, 인적자본, 천연자원 등을 고려하면 역설을 설명할 수 있다.
② 2차 세계대전 직후 미국의 노동자 일인당 자본 장비율은 다른 어느 국가보다 낮았다.
③ 미국에서 수출재의 자본집약도는 수입재의 자본집약도보다 낮은 것으로 나타났다.
④ 헥셔-올린 정리에 따르면 미국은 상대적으로 자본집약적 재화를 수출할 것으로 예측되었다.

해설

헥셔-올린의 정리는 한 국가는 '상대적으로 풍부한 부존자원을 집약적으로 투입하여 생산하는 상품'에 대해 비교우위가 성립하여 수출한다는 이론이다. 따라서 일반적으로 자본풍부국으로 인정되는 미국은 자본집약도가 높은 자본집약재를 수출하게 된다는 것이 헥셔-올린 정리와 부합하게 된다.

• 레온티에프의 실증분석에 따르면 일반적으로 자본풍부국으로 인식되고 있는 미국에서 오히려 자본 집약도가 낮고 상대적으로 노동 집약도가 높은 상품이 수출되는 상황이 나타나게 되었다. 이를 레온티에프 역설이라고 한다.
• '레온티에프 역설' 상황을 설명하기 위한 근거의 하나가 노동 생산성이다. 당시 미국은 다른 국가에 비해 노동자 일인당 자본 장비율이 매우 높아, 이를 통한 노동 생산성이 상대적으로 매우 높아 노동풍부국이 될 수 있다는 것이다. 예컨대 노동 생산성이 다른 국가에 비해 3배라면, 일반적인 생산성 아래에서의 노동이 3배가 되는 것과 다름이 없다는 주장이다.

정답 ②

0228

레온티에프의 역설(Leontief paradox)에 대한 설명으로 옳은 것만을 모두 고르면?

19 국가직 9급

┌───┐
│ ㉠ 각국은 비교우위를 가진 재화를 수출한다.   │
│ ㉡ 요소비율이론과 부합하는 실증적 연구이다.   │
│ ㉢ 요소풍부성에 대한 기준을 요소가격이 아닌 요소부존량 │
│   으로 보았다.   │
│ ㉣ 헥셔-올린(Heckscher-Ohlin) 이론이 미국의 현실과 │
│   부합함을 실증적으로 검증하였다.   │
└───┘

① ㉠, ㉡
② ㉠, ㉢
③ ㉡, ㉢
④ ㉡, ㉣

해설

헥셔-올린(Heckscher-Ohlin)의 이론은 상대적으로 풍부한 자원을 집약적으로 투입해서 생산하는 재화에 비교우위가 성립하여 수출한다는 것을 내용으로 한다.

• 레온티에프(W. Leontief)가 미국의 투입-산출표(Input-output table)를 이용하여 분석한 결과, 일반적으로 다른 나라들에 비해 자본이 풍부하다고 평가되는 미국이 오히려 자본집약재를 수입하는 현상을 발견하였다. 이것은 헥셔-올린의 이론과 상충되는 결과이고, 이를 레온티에프의 역설(Leontief paradox)이라고 한다.

정답 ②

AK Tip 교역조건(Terms of trade)

┌───┐
│ 교역조건이란 한 단위의 수출상품과 수입상품이 교환되는 비율을 │
│ 말하며 다음과 같이 나타낼 수 있다.   │
│   │
│ • 교역조건(TOT) = $\dfrac{수출품\ 가격}{수입품\ 가격}$ = $\dfrac{수입품\ 수량}{수출품\ 수량}$ │
│   │
│ 다른 조건이 일정할 때 수출품의 가격이 상승하거나, 수입품의 가 │
│ 격이 하락하면 앞의 수치가 상승하게 되어 교역조건이 개선된다.   │
│ 만약 이러한 교역조건이 악화되면 수출품 1단위당 수입할 수 있는 │
│ 수입품 수량이 작아져 무역을 통한 이익은 감소하게 된다.   │
└───┘

0229

국제무역에서 립진스키의 정리(Rybczynski Theorem)에 대한 설명으로 옳은 것은?　17 국가직 9급

① 한 국가는 그 나라에 상대적으로 풍부하게 부존되어 있는 요소를 집약적으로 사용하는 재화에 비교우위를 갖게 되어 그 재화를 수출하고 다른 재화를 수입하게 된다.

② 국제무역은 국가 간에 생산요소의 직접적인 이동이 없이도 국가 간에 요소가격의 균등화를 가져올 수 있다.

③ 어떤 재화의 가격상승은 그 재화를 생산하는 데 집약적으로 사용된 생산요소의 실질가격을 증가시키고 다른 생산요소의 실질가격을 하락시킨다.

④ 어떤 생산요소의 부존량이 증가하게 되면 그 생산요소를 집약적으로 사용하는 재화의 절대생산량은 증가하고 다른 재화의 절대생산량은 감소한다.

해 설

립진스키 정리는 상대적으로 풍부한 부존자원량이 증가하는 경우, '교역조건이 불변'인 경우를 전제로 하여 그 자원을 집약적으로 사용해서 생산하는 재화의 생산량은 절대적으로 증가하고, 다른 자원을 집약적으로 사용해서 생산하는 재화의 생산량은 절대적으로 감소한다는 내용을 담고 있다.

① 상대적으로 풍부한 생산요소를 집약적으로 투입해서 생산하는 상품에 비교우위를 갖게 된다는 헥셔-올린 정리에 관한 내용이다.

② 헥셔-올린의 정리에 따른 무역이 계속 이루어짐에 따라 양 국의 생산요소가격은 상대적으로나 절대적으로나 균등해진다는 요소가격 균등화 정리에 해당한다.

③ 한 재화의 상대가격의 상승은 그 재화에 대해 집약적으로 사용되는 생산요소가격을 재화가격 상승에 비해 더 높게 상승시키고, 다른 생산요소가격은 절대적으로 하락시킨다는 스톨퍼-사무엘슨 정리에 해당한다.

정답 ④

AK Tip 립진스키 정리(Rybczynski theorem)와 네덜란드 병(病)

> 네덜란드는 1960년대에 자기 영해에서 막대한 양의 천연가스를 발견하였다. 이 천연가스의 발견은 특정 생산요소의 부존량이 증가하는 것으로 생각할 수 있다. 이에 따라 천연가스를 개발하기 위하여 다른 산업으로부터 노동과 자본 등 다른 생산요소가 이동하기 시작하였다. 그 결과 천연가스를 집약적으로 사용하는 광업 부문의 생산과 고용은 증대한 반면, 천연가스를 집약적으로 사용하지 않는 여타 부문 예컨대 공업 부문의 생산과 고용은 줄어들기 시작하였다. 이것은 경제현실에 립진스키 정리가 적용된 사례라 할 수 있고, 이를 '네덜란드 병'이라고도 한다.

0230

립진스키(Rybczynski) 정리에 대한 다음 설명 중 교역 당사국의 입장에서 가장 옳은 것은?　14 국회 8급

① 교역조건이 일정할 때 풍부한 생산요소의 증가는 모든 재화의 생산증가를 가져온다.

② 풍부한 생산요소가 증가되면 오퍼곡선은 아래 축(수입량) 방향으로 수축된다.

③ 일반적으로 희소한 생산요소가 증가되면 교역조건에 크게 영향을 주지 않는다.

④ 일반적으로 풍부한 생산요소가 증가되면 수입수요는 증가한다.

⑤ 생산요소의 변화는 오퍼곡선에 별 영향을 주지 않는다.

해 설

립진스키 정리에 따르면 기존의 풍부한 생산요소가 증가한다면, 풍부한 생산요소를 집약적으로 투입해서 생산하는 재화의 생산은 절대적으로 증가한다. 이 과정에서 상대적으로 부족한 생산요소를 집약적으로 투입해서 생산하는 재화의 절대량은 이전보다도 감소하게 되어 그 상품에 대한 수입수요가 증가하게 된다.

• 교역조건이 일정할 때 풍부한 생산요소의 증가는 풍부한 생산요소를 집약적으로 투입해서 생산하는 재화의 생산은 가져오지만, 다른 생산요소를 집약적으로 투입해서 생산하는 재화의 생산은 오히려 감소시킨다(①).

• 풍부한 생산요소가 증가되면 풍부한 생산요소를 집약적으로 투입해서 생산하는 재화의 생산이 증가하므로 동일한 양을 수입하기 위해 더 많은 양을 오퍼할 수 있다. 이에 따라 오퍼곡선은 수출량 방향으로 확대된다(②, ⑤).

• 일반적으로 소국이 아닌 대국에서 희소한 생산요소가 증가하는 경우에는 생산비 조건에 영향을 줄 수 있으므로 교역조건에 영향을 줄 수 있다(③).

정답 ④

0231

궁핍화 성장(immiserizing growth)에 대한 설명으로 옳지 않은 것은?

10 지방직 7급

① 경제성장 이전과 이후의 교역조건이 동일해야만 궁핍화성장이 발생할 수 있다.

② 세계가격에 영향을 미치지 못하는 소국의 경우는 기술혁신이 일어나도 궁핍화 성장이 발생하지 않는다.

③ 커피 수출국의 수출 증가가 오히려 커피의 국제가격을 하락시켜 실질소득이 감소하는 것이 궁핍화 성장의 예라 할 수 있다.

④ 경제성장이 수출재 부문에서 일어나고 수출재에 대한 세계시장의 수요의 가격탄력성이 낮을수록 궁핍화 성장 가능성이 커진다.

궁핍화 성장은 경제성장의 결과 수출재의 국제 상대가격이 하락하여 경제성장 이전에 비해 교역조건이 악화되는 데서 비롯된다(①).

② 궁핍화 성장은 국제 상대가격에 영향을 줄 수 있는 대국에서 나타나고, 소국에서는 나타나지 않는다.

③ 과거 커피 수출 대국인 브라질에서 커피 생산의 급격한 증가로 커피의 국제 상대가격이 하락하여 이와 같은 궁핍화 성장이 나타났다.

④ 궁핍화 성장은 수출재의 상대가격이 하락한 경우 수출재에 대한 세계시장의 수요의 가격탄력성이 비탄력적이어서 총수출액이 감소할 때 나타나게 된다.

정답 ①

0232

상호수요곡선(오퍼곡선)이란?

00 7급

① 상호간의 쿼터에 의해 설정된 무역량을 나타내는 곡선이다.

② 교역조건의 변화에 따라 쌍방의 수출입 수요량의 변화를 나타내는 곡선이다.

③ 관세의 변화에 따라 두 나라의 관세 수입이 어떻게 변화해 가는가를 표시한 곡선이다.

④ 환율과 각국의 무역수지에 따라 두 나라의 국내수요가 서로 어떻게 영향을 받는가를 그래프로 나타낸 것이다.

상호수요곡선, 즉 오퍼곡선은 주어진 교역조건 하에서 교역 당사국의 수출하고자하는 수량과 수입하고자하는 수량과의 관계를 나타내는 곡선을 의미한다.

· 오퍼곡선은 교역조건에 따른 '교역 당사국 간'의 수출입 수요량의 변화를 보인다는 의미에서 '상호수요'곡선이라고 한다.

정답 ②

0233

1950년대 이후 선진국 간의 무역이 크게 증가하였다. 이러한 선진국 간의 무역 증가를 가장 잘 설명한 것은?

08 국가직 7급

① 리카도의 비교우위이론

② 헥셔-올린 이론

③ 레온티에프 역설

④ 규모의 경제

선진국 간에 발생하는 무역은 일반적으로 산업 내 무역이다.

· 산업 내 무역은 규모의 경제나 상품차별화로부터 발생한다.

정답 ④

0234

산업 내 무역에 관한 설명으로 옳은 것은? 14 국가직 7급

① 산업 내 무역은 규모의 경제와 관계없이 발생한다.
② 산업 내 무역은 부존자원의 상대적인 차이 때문에 발생한다.
③ 산업 내 무역은 경제여건이 다른 국가 사이에서 이루어진다.
④ 산업 내 무역은 유럽연합 국가들 사이의 활발한 무역을 설명할 수 있다.

해 설

산업 내 무역은 규모의 경제와 상품차별화 등의 이유로 선진국 간에 이루어지는 현대적인 무역의 모습이다.
• 부존자원의 상대적인 차이로 결정되는 비교우위로 인해 발생하는 것은 산업 간 무역이다.

정답 ④

0235

다음 중 산업 내 무역(intra-industry trade) 이론과 관련된 내용만을 모두 고른 것은? 15 지방직 7급

㉠ 규모의 경제	㉡ 불완전 경쟁
㉢ 레온티에프 역설	㉣ 생산요소집약도

① ㉠, ㉡
② ㉠, ㉣
③ ㉡, ㉢
④ ㉢, ㉣

해 설

산업 내 무역은 규모의 경제와 상품차별화로 인해 발생하는 무역 형태이다.
• 상품차별화는 불완전 경쟁시장의 한 형태인 독점적 경쟁시장에서 나타나는 특징이다.

정답 ①

0236

중력모형(Gravity Model)에 대한 설명으로 옳지 않은 것은? 10 지방직 7급

① 두 나라 간 무역량은 두 나라의 경제적 크기에 비례한다.
② 두 나라 간 무역량은 두 나라의 지리적 거리에 반비례한다.
③ 중력 모형은 이론적으로 완전경쟁체제 모형에 기반을 두고 있다.
④ 뉴턴의 중력법칙과 유사한 방식으로 국제무역 패턴을 설명하는 이론이다.

해 설

중력 모형은 두 나라 간의 무역이 당사국들의 경제력과 거리에 크게 의존한다고 보는 모형이다. 이에 따라 양국의 경제력이 커질수록, 양국 간의 거리가 가까울수록 두 나라 사이의 무역이 증가하게 된다는 것이다.
• 뉴턴(I. Newton)의 중력법칙은 중력의 크기가 두 물체의 '질량에 비례하고 거리에 반비례'한다는 것이다.
• 여기서 두 물체의 질량을 두 나라의 경제규모로, 두 물체 간의 거리를 두 나라 간의 거리로 대체하면 무역량 결정의 중력 모형과 같아진다는 것이다.

정답 ③

AK Tip 현대적 무역이론

• 포스너(M. V. Posner)의 기술 모방 갭설: 생산기술의 불규칙적인 혁신으로 인한 기술격차가 무역의 원인이라는 주장
• 버논(Venon)의 제품사이클 이론: '개발 - 성숙 - 표준화' 과정을 거치며 무역이 이루어진다는 주장
• 린더(S. B. Linder)의 대표적 수요이론: 공산품 간의 무역량은 무역 거래국의 수요 조건이 서로 비슷할 때 서로가 필요로 하는 제품의 무역 가능성이 제고 ⇒ 이 이론에 따르면 국내 수요가 상대적으로 많은 재화에 대해 비교우위를 갖게 된다는 주장

THEME 02 | 무역 정책론

0237

관세와 수입할당제 간의 근본적인 차이에 대한 설명으로 옳은 것은?

05 공인노무사

① 관세는 경제적 순손실(deadweight losses)을 발생시키지만, 수입할당제는 경제적 순손실을 발생시키지 않는다.

② 관세는 정부에 대해서 관세수입을 증가시키지만, 수입할당제는 수입면허 소유자의 잉여를 증가시킨다.

③ 수입할당제는 경제적 순손실을 발생시키지만, 관세는 경제적 순손실을 발생시키지 않는다.

④ 관세는 국내 소비자에게 도움이 되지만, 수입할당제는 국내 생산자에게 도움이 된다.

⑤ 수입할당제는 국내 소비자에게 도움이 되지만, 관세는 국내 생산자에게 도움이 된다.

해 설

수입할당제를 실시하는 경우와 동일한 효과를 얻기 위해 부과되는 관세를 '동등수입관세(Equivalent import tariff)'라고 한다. 이러한 동등수입관세를 부과하게 되면 수입할당제 실시에 따른 경제적 효과와 비교할 때 한 가지만을 제외하고는 완전히 동일하다.

• 차이점은 관세를 부과하는 경우에는 관세 부과에 따른 재정수입이 정부에 귀속되지만, 수입할당제를 실시하게 되면 재정수입의 크기는 수입업자의 이익으로 전환된다는 것이다.

• 소비자 잉여의 감소, 생산자 잉여의 증가, 경제적 순손실의 발생 등의 경제적 효과는 모두는 양자에서 모두 동일하다.

• 문제에서 수입할당제와 수입관세와의 명시적 관계에 대한 설명이 없으면 일단 '동등수입관세'를 전제로 접근하는 것이 무방하다.

정답 ②

0238

국제무역과 관련된 다음 설명 중 적절하지 않은 것은? (단, 국내 수요곡선은 우하향하고, 국내 공급곡선은 우상향하는 것으로 가정한다.)

08 CPA

① 관세를 부과하면 생산자의 후생은 감소하고 소비자의 후생은 증가한다.

② 비교우위론에 따르면 각 국가는 생산의 기회비용이 상대적으로 낮은 재화에 특화하는 것이 유리하다.

③ 헥셔−올린 정리에 따르면 각국은 상대적으로 풍부한 생산요소를 많이 사용하는 재화에 비교우위가 있다.

④ 유치산업보호론에 따르면 저개발국가의 기업들은 해외의 기업들과 경쟁할 수 있을 때까지 보호받아야 한다.

⑤ 수입쿼터를 부과하면 수입 한 단위당 국내가격과 국제가격의 차이에 해당하는 액수가 수입업자에게 돌아간다.

해 설

수입관세를 부과하면 수입품의 국내가격이 상승하여 국내 생산량이 증가하고, 소비량은 감소한다. 이에 따라 생산자 잉여는 증가하고, 소비자 잉여는 감소한다.

정답 ①

0239

수출국이 보조금을 지원하는 수출상품에 대해 자국 산업을 보호하기 위하여 부과하는 관세는?

07 국가직 7급

① 보복관세   ② 상계관세
③ 일반관세   ④ 특혜관세

해 설

상계관세란 수출국에서 수출을 장려하기 위해 실시한 재정 및 금융 지원의 크기만큼 해당 생산물에 대하여 이를 정상가격으로 회복시키기 위하여 수입국에서 부과하는 관세이다.

• 보복 관세란 상대국의 수입규제 및 보호무역에 대한 대응으로 부과하는 관세이다.

• 특혜관세란 특정 국가의 특정 상품에 특별히 낮은 세율로 부과하는 관세를 의미한다.

정답 ②

0240

상계관세에 대한 설명으로 옳은 것은? 10 지방직 7급

① 수입자유화 정책에 따라 무분별하게 수입되는 것을 방지하기 위해 부과하는 관세이다.

② 외국물품이 덤핑으로 수입될 때 이 효과를 상쇄시키기 위해 정상가격과 덤핑가격의 차액을 부과하는 관세이다.

③ 수입의 급증으로 수입국의 국내 산업이 중대한 위협을 받을 때 수입국이 해당 품목의 수입량을 규제하기 위하여 부과하는 관세이다.

④ 수출국에서 수출장려금이나 보조금을 받은 상품이 수입되어 국내 산업에 피해를 주는 경우 수입상품이 받은 혜택을 상쇄할 목적으로 부과하는 관세이다.

주어진 선택지에 해당하는 관세 유형을 살펴보면 다음과 같다.

① 일반관세

② 반덤핑관세

③ 긴급관세

④ 상계관세

정답 ④

0241

최적관세에 대한 설명으로 옳지 않은 것은? 10 지방직 7급

① 일국의 후생수준을 극대화하는 관세율이다.

② 무역이 중단되는 수준의 금지관세율보다 낮다.

③ 소국은 관세를 통해 교역조건을 개선할 수 없으므로 최적관세율이 0이다.

④ 일국이 최적관세율로 관세를 부과하는 경우 상대국도 그 관세를 통해 이익을 얻는다.

최적관세란 국제무역에서 자국의 후생을 극대화시키는 관세를 의미한다(①).

• 최적관세의 부과는 자국의 후생은 증가시키지만 교역상대국의 수출을 감소시키기 때문에 교역상대국의 후생은 감소하게 된다(④).

• 무역이 중단되면 무역을 통한 자국의 후생 증대는 의미가 없어지므로 이러한 최적관세는 무역 중단되는 수준의 금지관세율보다는 낮은 수준에서 결정된다(②).

• 소국은 관세부과를 통한 교역조건을 변화시킬 수 없기 때문에 관세수단으로 자국의 후생을 증가시킬 수 없다. 따라서 소국의 최적관세율은 0이다(③).

• 한편 최적 관세율은 다음과 같이 도출된다.

$$t = \frac{1}{E_m^* - 1} \text{ (여기서 } E_m^* \text{은 외국의 수입수요의 가격탄력성이다.)}$$

앞의 식에서 보는 바와 같이 최적관세율은 외국의 수입수요의 가격탄력성의 크기에 의해 결정된다. 따라서 최적관세율이 0이 되는 경우는 외국의 수입수요의 가격탄력성이 '무한대', 즉 완전탄력적인 경우에만 성립한다.

정답 ④

0242

수출자율규제(Voluntary Export Restraint)를 실시하는 경우 수입국 및 수출국 두 나라에 미치는 영향에 대한 설명으로 옳지 않은 것은? 10 지방직 7급

① 수입국은 별도의 규제나 제한 없이 수입물량을 줄일 수 있다.
② 수입국은 국내 생산업체로부터 보호무역주의 압력을 낮출 수 있다.
③ 수출자율규제가 관세나 수입수량제한 규제의 경우보다 수출국에게 더 유리하다.
④ 수출자율규제를 하면 관세나 수입수량제한을 규제받을 때에 비하여 수출국의 교역조건이 더 악화된다.

수출자율규제(VER)란 특정 수출상품의 수출량을 수입국의 암묵적인 요구에 의해서 자발적으로 일정한 한도에서 제한하는 것을 의미한다.

· 수출국 정부는 VER에 해당하는 수출물량을 각 기업에게 할당하게 되고, 이러한 조치가 수출국 생산자들 간의 불필요한 경쟁을 막아 수출국 생산자들에게 쿼터 렌트(Quota rent)가 돌아가게 된다.

· 수출자율규제는 현재의 교역조건 하에서 자발적으로 '수출량'을 감소시키는 방식으로 이루어지는 것이므로 관세나 수입수량제한으로 규제를 받는 경우에 비해 교역조건이 악화될 수 없다.

정답 ④

0243

다음은 경제통합 형태에 대한 내용이다. 자유무역지역(free trade area), 관세동맹(customs union), 공동시장(common market)의 개념을 바르게 연결한 것은? 17 국가직 7급

(가) 가맹국 간에는 상품에 대한 관세를 철폐하고, 역외 국가의 수입품에 대해서는 가맹국이 개별적으로 관세를 부과한다.
(나) 가맹국 간에는 상품뿐만 아니라 노동, 자원과 같은 생산요소의 자유로운 이동이 보장되며, 역외 국가의 수입품에 대해서는 공동관세를 부과한다.
(다) 가맹국 간에는 상품의 자유로운 이동이 보장되지만, 역외 국가의 수입품에 대해서는 공동관세를 부과한다.

	(가)	(나)	(다)
①	관세동맹	공동시장	자유무역지역
②	관세동맹	자유무역지역	공동시장
③	자유무역지역	공동시장	관세동맹
④	자유무역지역	관세동맹	공동시장

발라싸(B, Balassa)가 분류한 경제통합 유형을 표로 정리하면 다음과 같다.

특징\n종류	가맹국간의 관계	비가맹국(= 역외 국가)과의 관계
자유무역지역	완전한 관세철폐	독자적인 개별 관세 부과
관세동맹	완전한 관세철폐	공동관세 부과
공동시장	관세 철폐 및 생산요소의 자유로운 이동까지 허용	공동관세 부과
경제동맹	관세철폐 + 생산요소의 자유로운 이동 + 재정금융정책의 협조	
완전경제통합	경제의 모든 면에서 한 국가로 통일	

정답 ③

※ (0244~0245) 다음 표는 A, B, C 3개국의 재화별(신발, 의류, 컴퓨터) 단위 생산비용이다. 다음 물음에 답하시오.

2010 지방직 7급

	국가 A	국가 B	국가 C
신발	13	11	10
의류	15	18	20
컴퓨터	17	15	16

0244

국가 A가 모든 재화에 대해 20%의 관세를 부과할 때 무역 패턴으로 옳은 것은?

① 국가 A는 국가 B로부터 신발을 수입한다.
② 국가 A는 국가 C로부터 의류를 수입한다.
③ 국가 A는 국가 C로부터 컴퓨터를 수입한다.
④ 국가 A로 수입되는 재화는 신발뿐이다.

국가 A가 모든 재화에 대해 20%의 관세를 부과하는 경우 각 재화별 단위 생산비용은 다음과 같이 변화된다.

	국가 A	국가 B	국가 C
신발	13	11 → 13.2	10 → 12
의류	15	18 → 21.6	20 → 24
컴퓨터	17	15 → 18	16 → 19.2

따라서 국가 A는 자국 재화보다 가격이 낮은 신발만을 국가 C로부터 수입한다.

• 관세부과로 의류와 컴퓨터의 수입이 이루어지지 않아 국가 A의 의류 산업과 컴퓨터 산업은 보호를 받게 된다.

정답 ④

0245

국가 A와 국가 B가 모든 관세를 철폐하는 자유무역협정(FTA)을 체결할 때 무역창출효과(trade creation effect)가 발생하는 재화는? (단, 국가 C에 대해서는 20%의 관세를 유지한다.)

① 신발 ② 의류
③ 컴퓨터 ④ 신발, 컴퓨터

문제에서 주어진 조건에 맞게 표를 정리하면 다음과 같다.

	국가 A	국가 B	국가 C
신발	13	11	10 → 12
의류	15	18	20 → 24
컴퓨터	17	15	16 → 19.2

이 결과 국가 A는 그동안 수입되지 않았던 컴퓨터를 자국보다 가격이 낮아진 국가 B로부터 새롭게 수입하는 무역창출효과가 발생하게 된다.

• 주의할 것은 국가 B로부터 신발도 수입이 되는데, 이것은 무역창출효과가 아니라 신발 수입국이 기존의 국가 C에서 국가 B로 수입국만이 바뀌는 '무역전환효과'에 해당한다.

• 무역전환효과는 생산비용이 오히려 높은 국가에서 비효율적인 생산을 하게 만듦으로써 세계 후생을 감소시키는 역기능을 발생시킨다.

정답 ③

0246

자유무역협정 체결에 따른 무역전환효과를 약화시키기 위해 사용할 수 있는 정책으로 옳은 것은?

10 지방직 7급

① 역내국을 대상으로 긴급수입제한조치를 취한다.

② 국내 생산자에 대한 보조금을 지급하여 경쟁력을 강화한다.

③ 비효율적인 산업구조를 가진 국가와 자유무역협정을 체결한다.

④ 역외관세를 인하하여 보다 효율적인 FTA 역외국으로부터 수입을 증가시킨다.

해설

기존에 수입을 하고 있었지만 자유무역협정을 체결하지 않은 국가(역외국)에 대해 자유무역협정을 체결한 국가보다 낮은 가격으로 수입할 수 있을 정도까지 역외관세를 인하하면 기존의 수입을 유지시킬 수 있다.

• ①과 ②는 자유무역협정 체결의 의의와 역행하는 결정이며, ③은 오히려 무역전환효과를 강화시키는 요인이다.

• 참고로 앞의 문제(0245번 문제)에서 역외국인 국가 C의 신발에 대해 관세를 10% 미만까지 인하하면 국가 C의 신발가격은 11을 넘을 수 없다. 이에 따라 국가 A는 국가 B(역내국)와 관세철폐를 했음에도 불구하고 계속해서 역외국인 국가 C로부터 신발을 수입할 수 있게 되어 무역전환효과는 발생하지 않음을 확인할 수 있다.

정답 ④

0247

북미자유무역협정(NAFTA)에 대한 설명으로 가장 적절하지 않은 것은?

09 지방직 7급

① 유럽통합의 급진전에 따른 미국의 경제적 위상 약화에 대한 대응책의 한 일환으로 시도되었다.

② 노동시장의 통합이 진행되어 회원국의 노동자들은 역내에서 자유로운 이동이 보장되었다.

③ NAFTA 출범으로 회원국 간의 시장접근 기회가 증대되었다.

④ 미국, 캐나다, 멕시코가 회원국이다.

해설

미국, 캐나다, 멕시코가 회원국으로 가입한 북미자유무역협정은 초기단계의 경제통합의 형태이다.

• 노동이라는 생산요소가 역내에서 자유롭게 이동하기 위해서는 경제통합의 수준이 공동시장 정도에 도달해야 가능해진다.

정답 ②

THEME 03 | 국제 금융론-개방 거시경제 균형

0248

국제수지 계정에 대한 설명으로 옳지 않은 것은? 10 지방직 7급

① 경상수지는 상품수지, 서비스수지, 경상이전수지를 합한 금액이다.

② 직접투자수지는 외국인 직접투자에서 해외직접투자를 차감한 수지이다.

③ 상품수지는 상품의 수출로 인한 외화유입에서 상품의 수입으로 인한 외화유출을 차감한 크기를 의미한다.

④ 경상이전거래는 경상이전수지에 포함하고 자본이전거래는 자본수지에 포함한다.

해설

경상수지에는 상품수지, 서비스수지, 경상이전수지 이외에 (본원)소득수지가 포함되어 있다.

• 국제 '수지'는 국제거래에서 발생한 '수'취한 외화와 '지'급한 외화와의 차이를 의미한다.

> • 수취외화>지급외화 ⇒ 국제수지 흑자
> • 수취외화<지급외화 ⇒ 국제수지 적자
> • 수취외화 = 지급외화 ⇒ 국제수지 균형

정답 ①

0249

국제수지계정에 관한 설명 중 옳지 않은 것은? 07 CPA

① 준비자산 증감은 경상수지, 자본수지, 오차 및 누락을 합한 절댓값과 같고 부호도 같다.

② 오차 및 누락, 준비자산의 변화가 없고 경상수지가 100억 달러 흑자이면 자본수지는 100억 달러 적자가 된다.

③ 경상수지는 상품 및 서비스수지, 소득수지, 경상이전수지를 합한 것이다.

④ 국제수지계정은 크게 경상계정과 자본계정으로 구분되고 복식부기 원리에 따라 작성된다.

해설

준비자산 증감은 경상수지, 자본수지, 오차 및 누락을 합한 절댓값과 같고 부호는 반대가 된다. 이에 따라 경상수지, 자본수지, 오차 및 누락, 준비자산 증감을 모두 합하면 항상 '0'이 된다.

• '오차 및 누락'은 복식부기 원리에 따라 작성되는 국제수지계정에서 차변과 대변의 균형을 맞추기 위해 필요한 항목이다. 만약 '오차 및 누락'의 크기가 0이라고 가정할 때, 국제수지가 100억 달러 흑자이면 준비자산은 100억 달러 증가하지만, 기록은 '-100억 달러'로 기재된다.

• 현행 우리나라의 국제수지표는 IMF가 2010년에 공표한 국제수지 매뉴얼 제 6판에 따라 작성되고 있다. 현행 국제수지표에 따른 국제수지 구성과 내용은 다음과 같다.

> • 국제수지 = 경상수지+자본수지+금융계정+오차 및 누락
> • 경상수지: 상품수지+서비스수지+본원소득수지+이전소득수지
> • 자본수지: 자본이전+비생산 그리고 비금융 자산
> • 금융계정: 직접투자+증권투자+파생금융상품+기타투자+준비자산

정답 ①

0250

국제수지표에서 경상수지 내 서비스수지 항목에 속하지 않는 것은? 08 지방직 7급

① 이자, 배당금   ② 은행수수료

③ 해운, 보험   ④ 여행수지

해설

이자와 배당금은 경상수지에 포함되는 본원소득수지에 해당한다.

정답 ①

0251

국제수지표에 외자도입에 따른 이자지급은 어느 항목에 기록되는가?

07 국가직 7급

① 경상거래의 수취
② 경상거래의 지급
③ 자본거래의 수취
④ 자본거래의 지급

외자도입으로 일정한 이자를 지급하는 경우에, 도입한 외국자본 원금은 자본거래에 해당하고 이에 대한 대가로 지급되는 이자는 소득거래에 해당하여 경상거래에 속한다.

• 문제에서 이자 '지급'을 묻고 있는데, 답이 설마 '수취'가 들어간 선택지는 아닐 것이다. 참 이상한 출제이다.

정답 ②

AK Tip 상업차관 도입과 국제수지

어느 해에 5년 거치, 5년 분할상환 조건으로 상업차관을 들여왔다고 가정하자. 이때 5년 거치, 5년 분할상환이란 첫 5년간은 매 기간마다 이자만 지급하고, 이후의 5년간은 매 기간마다 이자는 물론 원금을 분할상환하는 것을 의미한다. 따라서 첫 5년 동안에는 이자만이 본원소득수지에 반영되고, 이후 5년 동안에는 상업차관의 이자 지급과 관련된 본원소득수지와 함께 상업차관 원금상환과 관련된 금융계정에 반영된다.

0252

여러 가지 국제거래와 해당 거래가 국제수지에 미치는 영향의 조합으로 옳은 것은?

09 지방직 7급

① 국내기업이 중국에 있는 자회사로부터 배당금을 수령했다 → 자본수지 개선
② 외국에 자동차를 수출하고 대금을 달러화로 받았다 → 경상수지 악화
③ 국내기업이 해외 연수를 하며 여행경비를 지불했다 → 경상수지 악화
④ 해외 원조로 1,000만 달러를 지출했다 → 경상수지 개선

국내기업이 해외 연수를 하면 지불한 여행경비는 경상수지인 서비스수지 적자 요인이다.
① 소득수지(경상수지) 개선
② 상품수지(경상수지) 개선
④ 경상이전수지(경상수지) 악화

정답 ③

0253

우리나라 국제수지표의 경상수지에 포함되지 않는 것은?

19 국가직 9급

① 국내 A은행이 차입한 외화증권 이자로 일본 B은행에 지급한 100만 달러
② 한국 정부가 C국에 무상원조로 제공한 1,000만 달러
③ 국내 해운사가 수출화물 운송 대가로 외국 D기업으로부터 받은 10만 달러
④ 외국 증권투자자가 국내 주식시장에서 매입한 주식 대금 500만 달러

외국 증권투자자가 국내 주식시장에서 매입한 주식 대금은 '자본-금융계정'에 반영된다.
① 경상수지 항목인 본원소득수지에 해당한다.
② 경상수지 항목인 경상이전수지에 해당한다.
③ 경상수지 항목인 서비스수지에 해당한다.

정답 ④

0254

지출전환정책(expenditure switching policy)의 수단이
아닌 것은?   10 지방직 7급

① 관세
② 통화정책
③ 평가절하
④ 수출보조금

해 설

지출전환정책은 국제수지의 적자가 확대되는 경우에 국제시장
에서 수출품의 상대가격을 인하하고 수입품의 상대가격을 인상
시킴으로써 자국민의 수입을 위한 지출의 일부와 외국의 자국
및 제 3국에 대한 지출의 일부를 국내생산물에 대한 지출로 전환
시켜 국제수지 균형을 달성하고자 하는 정책이다. 즉 총지출의
구성에 영향을 끼치는 것을 내용으로 한다. 여기에는 환율인상,
관세부과, 수입할당제, 수출보조금제도 등의 정책수단이 사용
된다.

• 지출변동(조정)정책은 국제수지의 적자가 확대되는 경우에 국
민경제의 총지출 크기를 직접적으로 억제함으로써 수입을 감
소시키고, 수출상품에 대한 국내 수요를 줄여 수출을 증대시킴
으로써 국제수지 균형을 달성하고자 하는 정책이다. 재정정책
과 금융(통화)정책이 대표적 정책수단이다.

정답 ②

0255

<보기>에서 계산된 실질환율은 얼마인가?   10 국회 8급

> **보 기**
>
> 외국과 국내에서 컴퓨터가 재화와 서비스의 평균적인 가격
> 을 대표한다. 컴퓨터의 국내가격은 192만 원이고 외국에서
> 의 가격은 800달러이다. 명목환율은 1달러에 1,200원이다.
> (실질환율은 평균적인 외국의 재화와 서비스로 표시한 평균
> 적인 국내재화와 서비스의 상대적 가격임)

① 1   ② $\frac{1}{2}$

③ 2   ④ $\frac{1}{4}$

⑤ 4

해 설

일반적으로 실질환율이란 수입재 한 단위를 구매하기 위하여 수
출재를 얼마나 지급해야 하는지를 나타내는 것으로 이러한 경우
실질환율은 다음 식으로 나타낼 수 있다.

$$실질환율(q) = \frac{e \times P_f}{P} = \frac{명목환율 \times 해외물가}{국내물가}$$

• 문제에서는 주어진 괄호 안의 조건처럼 실질환율의 정의를 반
대로 표현하고 있다. 따라서 본 문제는 다음 식으로 정의된 실
질환율을 구해야 한다.

$$실질환율(q) = \frac{P}{e \times P_f} = \frac{국내물가}{명목환율 \times 해외물가}$$

• 따라서 실질환율은 다음과 같이 도출된다.

$$실질환율(q) = \frac{1,920,000}{1,200 \times 800} = \frac{1,920,000}{960,000} = 2$$

정답 ③

0256

미국산 연필은 1달러, 중국산 연필은 2위안, 미국과 중국의
화폐 교환비율은 1달러당 5위안이다. 이때 미국 연필당 중
국 연필로 표시되는 실질환율은? (단, 미국산 연필과 중국
산 연필은 완벽하게 동일하다.)   20 지방직 7급

① 0.1
② 0.4
③ 2.5
④ 10

해 설

미국 연필당 중국 연필로 표시되는 실질환율(q)은 다음과 같이
나타낼 수 있다.

• $q = \dfrac{e \times P_A}{P_C} = \dfrac{5(위안/달러) \times 1달러}{2위안} = \dfrac{5위안}{2위안} = 2.5$

• e 는 명목환율, P_A 는 미국의 연필가격, P_C는 중국의 연필가격이다.

정답 ③

0257

<보기>에서 원화의 가치가 하락하는 경우는 모두 몇 개인가? (단, 우리나라는 변동환율제도를 채택하고 있다고 가정한다.)

보기

ㄱ. 우리나라 기업들의 해외공장 설립이 늘어날 때
ㄴ. 우리나라에서 확장적인 통화정책이 시행될 때
ㄷ. 국내 항공사들의 미국산 항공기에 대한 수요가 증가할 때
ㄹ. 국내 물가수준이 상승할 때
ㅁ. 해외 투자의 예상 수익률이 상승할 때

---

① 1개
② 2개
③ 3개
④ 4개
⑤ 5개

원화 가치가 하락한다는 것은 곧 환율이 상승한다는 의미이다. 이것은 외환시장에서 외화 수요가 증가하거나 외화 공급이 감소하는 경우에 나타난다. 문제에서 주어진 <보기>의 내용을 검토해보면 다음과 같다.

ㄱ. 우리나라 기업들의 해외공장 설립이 늘어날 때 ⇒ 외화에 대한 수요 증가
ㄴ. 우리나라에서 확장적인 통화정책이 시행될 때 ⇒ 이자율 하락으로 인한 자본유출에 따른 외화에 대한 수요 증가
ㄷ. 국내 항공사들의 미국산 항공기에 대한 수요가 증가할 때 ⇒ 외화에 대한 수요 증가
ㄹ. 국내 물가수준이 상승할 때 ⇒ 순수출 감소로 인한 외화의 공급 감소
ㅁ. 해외 투자의 예상 수익률이 상승할 때 ⇒ 자본유출에 따른 외화에 대한 수요 증가

정답 ⑤

0258

국제통화제도에 대한 설명으로 옳지 않은 것은? 10 국가직 7급

① 킹스턴 체제에서는 회원국들이 독자적인 환율제도를 선택할 수 있는 재량권을 부여하고 있다.
② 브레튼 우즈 체제는 달러화를 기축통화로 하는 변동환율제도 도입을 골자로 한다.
③ 1985년 플라자 협정의 결과로 달러화의 가치가 하락하였다.
④ 금본위제도는 전형적인 고정환율제도이다.

금본위제도는 각국 통화 간의 교환비율을 금을 매개로 고정시킨 전형적인 고정환율제도이다(④).

• 브레튼 우즈 체제는 1944년 미국의 뉴햄프셔의 브레튼 우즈에서 달러화만을 금과 일정한 비율로 교환할 수 있는 기축통화로 하고, 국제수지의 구조적 불균형 상태가 존재하는 경우에서만 환율의 변동을 허용하고자 했던 '조정가능한' 고정환율제도를 채택했다(②).
• 킹스턴 체제는 1976년 1월 자메이카 수도 킹스턴에서 IMF 잠정위원회의 합의에 의해 브레튼 우즈 체제의 문제점을 시정하기 위해 탄생한 국제통화 체제를 말한다. 이에 따라 각 회원국들은 독자적인 환율제도를 선택할 수 있게 되었고, IMF의 주보유자산이 특별인출권(Special Drawing Rights)으로 변경되었다(①).
• 1970년대 중반 이후 석유파동으로 인한 스태그플레이션으로 인해 미국의 경상수지 적자 폭은 확대되었으며, 이러한 문제를 해결하기 위한 미국의 고금리 정책으로 인한 미국으로의 자본유입이 중지되지 않은 상태에서 달러화 강세 기조가 계속되었다. 이러한 달러 강세를 시정하기 위하여 미국, 일본, 서독, 영국 및 프랑스의 5개국 재무장관 및 중앙은행 총재들은 1985년 9월 22일 뉴욕의 플라자 호텔에서 회의를 개최하여, 보유달러를 매각하면서 달러의 가치하락을 유도하고자 하는 결정을 내렸다. 이것을 '플라자 협정'이라고 한다(③).

정답 ②

0259

주요 국제통화제도 또는 협정에 대한 설명으로 옳은 것은?

20 지방직 7급

① 1960년대 미국의 경상수지 흑자는 국제 유동성 공급을 줄여 브레튼 우즈(Bretton Woods)체제를 무너뜨리는 요인이었다.

② 1970년대 초 금 태환을 정지시키고 동시에 미 달러화를 평가절상하면서 브레튼 우즈 체제는 종식되었다.

③ 1970년대 중반 킹스턴(Kingston)체제는 통화로서 금의 역할을 다시 확대하여 고정환율체제로의 복귀를 시도하였다.

④ 1980년대 중반 플라자(Plaza)협정으로 미 달러화의 평가절하가 추진되었다.

해 설

1970년대 중반 이후 지속된 달러 강세를 시정하기 위하여 미국, 일본, 독일(당시 서독), 영국 및 프랑스의 5개국 재무장관 및 중앙은행 총재들은 1985년 9월 22일 뉴욕의 플라자 호텔에서 회의를 개최하여, 보유달러를 매각하면서 달러의 가치하락을 유도하고자 하는 결정을 내렸다. 이것을 '플라자(Plaza) 협정'이라고 한다.

① 브레튼 우즈(Bretton Woods) 체제는 달러화를 기축통화로 하는 고정환율제도를 기본으로 하여 달러화와 일정비율의 금을 의무적으로 교환해주는 이른바 '금 태환 의무'를 부여하면서 출범하였다. 이러한 브레튼 우즈 체제를 무너뜨리는 주요 요인은 1960년대 미국의 경상수지 적자였다.

② 1970년대 초 '스미소니언 협정'으로 금 태환을 정지시키고 동시에 미 달러화를 금에 대해 평가절하하면서 브레튼 우즈 체제는 종식되었다.

③ 1970년대 중반 킹스턴(Kingston)체제는 회원국들의 경제상황에 적합한 환율제도를 선택할 수 있는 재량권을 부여하였다. 이에 따라 고정환율제도에서 변동환율제도로의 변경이 허용되었다. 또한 금의 역할을 대신하여 SDR(Special Drawing Rights: 특별인출권)이 국제 준비자산의 역할을 하게 되었다.

정답 ④

0260

J곡선 효과에 대한 설명으로 옳지 않은 것은?　10 지방직 7급

① 관세, 쿼터와 같은 무역장벽이 존재하기 때문에 발생한다.

② 평가절하 이후 경상수지의 동태적 움직임을 보여 주는 것이다.

③ 장단기 수출 및 수입 수요의 가격탄력성이 상이하기 때문이다.

④ 수출 및 수입이 가격에 반응함에 있어 시차가 존재하기 때문에 발생한다.

해 설

J곡선 효과는 평가절하 직후에는 경상수지가 악화되다가 시간이 지남에 따라 경상수지가 개선된다는 의미이다.

• 관세, 쿼터와 같은 무역장벽이 존재하면 시간이 지나도 경상수지가 개선된다는 보장이 없어 J곡선 효과는 성립하지 않을 수 있다.

정답 ①

0261

다음 (　　) 안에 들어갈 내용이 순서대로 올바른 것은?

11 감정평가사

J-curve 효과는 '환율이 (㉠)하면 한국의 경상수지가 초기에는 (㉡)되고 시간이 경과된 후에는(도) (㉢)되는 효과가 나타나는 것'을 의미한다. (단, 환율은 미국 달러에 대한 원화의 환율: ₩/$, 양국의 물가수준은 불변)

① ㉠ 상승, ㉡ 악화, ㉢ 개선

② ㉠ 상승, ㉡ 개선, ㉢ 개선

③ ㉠ 상승, ㉡ 악화, ㉢ 악화

④ ㉠ 하락, ㉡ 악화, ㉢ 개선

해 설

J-curve 효과에 따르면 환율이 상승하는 경우 경상수지가 즉각적으로 개선되지는 않는다.

• J-curve 효과에 따르면 환율 상승 초기에는 환율 상승이 수출 증가와 수입 감소에 즉각적으로 영향을 주지 못하여 오히려 경상수지가 악화되었다가 시간이 지남에 따라 비로소 경상수지가 개선되는 현상을 의미한다.

정답 ①

0262

다음 ㉠, ㉡에 들어갈 내용으로 옳은 것은?　15 국가직 9급

> 원/달러 환율상승으로 순수출을 증가시키기 위해서는 수출과
> 수입의 가격탄력성의 합이 (㉠)보다 커야 하고, 이를 (㉡)이
> 라고 한다.

	㉠	㉡
①	0	구매력 평가설
②	1	구매력 평가설
③	0	마샬－러너 조건
④	1	마샬－러너 조건

해설

원/달러 환율이 상승할 때 순수출(수출-수입)이 증가하기 위해서는 다음과 같은 마샬-러너(Marshall-Lerner) 조건이 성립해야 한다.

> 자국의 수입수요 가격탄력성+외국의 수입수요 가격탄력성 > 1

정답 ④

0263

물가수준이 하락할 때의 설명으로 옳은 것만을 <보기>에서 모두 고르면?　20 국회 8급

보기

> ㄱ. IS－LM모형에서 실질화폐공급이 증가하여 실질이자율
> 이 하락하고 투자가 증가한다.
> ㄴ. 실질환율이 하락하여 순수출이 감소한다.
> ㄷ. 가계의 실질자산가치가 상승하여 소비가 증가한다.

① ㄱ
② ㄴ
③ ㄱ, ㄷ
④ ㄴ, ㄷ
⑤ ㄱ, ㄴ, ㄷ

해설

<보기>의 내용을 검토하면 다음과 같다.

ㄱ. 물가수준이 하락하면 실질화폐공급($\frac{M}{P}$)이 증가하여 LM곡선이 오른쪽으로 이동하게 되어 실질이자율이 하락하게 되고, 이에 따라 투자가 증가하게 된다.

ㄴ. 물가수준의 하락으로 이자율이 하락하고, 이것은 자본유출을 가져와 명목환율(e)이 상승하게 된다. 이에 따라 실질환율이 상승($q\uparrow = \frac{e\uparrow \times P_f}{P\downarrow}$)하고 순수출은 증가하게 된다.

ㄷ. 물가수준의 하락은 가계의 실질자산가치를 상승[($\frac{A}{P\downarrow}$)$\uparrow$]시켜 소비가 증가하게 된다. 이를 Pigou 효과라고 한다.

정답 ③

0264

일물일가의 법칙(the law of one price)에 대한 설명으로 옳은 것은?　04 CPA

① 일물일가의 법칙은 독점시장구조에서만 성립한다.
② 일물일가의 법칙은 비교역재의 경우에만 성립한다.
③ 관세 등 무역장벽이 있어야 일물일가의 법칙이 성립할 수 있다.
④ 일물일가의 법칙은 동일한 물품이 동일한 시기에 다른 장소에서 다른 가격으로 팔릴 수 없다는 것을 의미한다.
⑤ 일물일가의 법칙이 성립할 때, 미국에서 50달러에 판매되는 가방이 국내에서 6만 원에 판매된다면 달러의 원화환율은 1,100원이 된다.

해설

일물일가의 법칙이란 동일한 상품은 언제든지 어디에서든지 동일한 가격으로 거래가 된다는 의미이다(④).

- 일물일가의 법칙은 완전경쟁시장 간에 자유로운 차익거래(arbitrage)가 가능할 때 성립한다(①). 이를 위해서는 관세 등과 같은 무역장벽과 거래비용이 존재하지 않아야 한다(③).
- 서비스와 같은 비교역재의 경우에는 국가 간에 가격차이가 발생하더라도 상품의 성격상 차익거래가 발생할 수 없으므로 일물일가의 법칙이 성립하지 않는다(②).
- 국가 간 일물일가의 법칙이 성립할 때 구매력 평가설도 성립한다. 이에 따르면 만약 미국에서 50달러에 판매되는 가방이 국내에서 6만 원에 판매된다면 원/달러 환율은 1,200원이 된다(⑤).

정답 ④

0265

**환율 결정 이론 중 구매력 평가(Purchasing Power Parity)
이론에 대한 설명으로 옳은 것은?** 13 지방직 7급

① 환율은 두 국가의 이자율 수준의 비율에 의해 결정된다.
② 환율은 두 국가의 물가수준의 비율에 의해 결정된다.
③ 환율은 두 국가 사이의 교역량에 의해 결정된다.
④ 환율은 두 국가 사이의 자본거래량에 의해 결정된다.

해설

절대적 구매력 평가설은 양국의 (공통된) 소비재의 가격비율이
바로 균형 환율이라고 보는 견해이다.

> • $P = eP_f$ 또는 $e = P/P_f$ 또는 $\dfrac{eP_f}{P} = 1$
>
> • 단, e 는 자국통화로 표시한 외국통화의 가격, P는 자국의 가격
> 수준, P_f 는 외국의 가격수준이다.

• 앞의 식을 변형하여 정리하면 다음과 같다.

> $e = \dfrac{P}{P_f} = \dfrac{\frac{1}{P_f}}{\frac{1}{P}} \Rightarrow e = \dfrac{외국통화가치}{자국통화가치} = \dfrac{외국통화구매력}{자국통화구매력}$

• 결국 구매력 평가설에 의해 결정되는 환율은 자국통화의 가치
와 외국통화의 가치를 일치시키며, 국내외 통화의 구매력을 일
치시키는 환율을 의미한다. 즉, 실질환율이 1이거나 1에 수렴
한다는 것을 의미한다.

정답 ②

0266

다음 A, B, C에 들어갈 내용으로 옳은 것은? 18 국가직 9급

> 구매력평가(purchasing power parity)에 의하면 국내가격
> (P) = 해외가격(P^*)×환율(E)이 성립한다. 이때 환율은 외
> 환의 구매력(A)과 원화의 구매력(B)의 비율, 즉 $E = (A)/(B)$
> 로 표시된다. 한편 실질환율은 (C)로 정의된다.

① $A = 1/P^*$, $B = 1/P$, $C = (E \times P)/P^*$
② $A = 1/P^*$, $B = 1/P$, $C = (E \times P^*)/P$
③ $A = P^*$, $B = P$, $C = (E \times P)/P^*$
④ $A = P^*$, $B = P$, $C = (E \times P^*)/P$

해설

구매력 평가설에 따른 환율은 다음과 같이 나타낼 수 있다.

> $P = E \times P^* \Rightarrow E = \dfrac{P}{P^*} \Rightarrow E = \dfrac{1/P^*}{1/P} \Rightarrow E = \dfrac{외환의\ 구매력}{원화의\ 구매력}$
> 단, 여기서 P 는 국내가격, P^* 는 해외가격, E 는 명목환율

• 실질환율은 자국 상품의 수량으로 나타낸 외국 상품의 상대가
격을 의미한다. 즉 외국 상품 1단위를 얻기 위해 지불해야 하는
자국 상품의 수량을 의미하고, 다음과 같이 나타낼 수 있다.

> 실질환율 $= \dfrac{E \times P^*}{P}$

정답 ②

0267

구매력 평가(purchasing power parity)에 대한 설명으로 옳지 않은 것은?

① 일물일가의 법칙이 성립함을 전제한다.
② 절대적 구매력 평가가 성립하면 실질환율의 값은 1이다.
③ 환율의 장기적 추세보다는 단기적 변동을 더 잘 설명한다.
④ 생산물 중 비교역재의 비중이 높아질수록 구매력 평가가 성립하기 어렵다.

구매력 평가는 장기적으로 성립하는 일물일가의 법칙을 전제한다(①, ③).

- 절대적 구매력 평가가 성립하면 $e \times P_f = P$(여기서 e는 명목환율, P_f는 해외물가, P는 국내물가) 식이 성립한다. 이에 따라 $\frac{e \times P_f}{P} = 1$도 성립한다. 이것은 곧 실질환율($q = \frac{e \times P_f}{P}$)의 값이 '1'이라는 것을 의미한다(②).
- 비교역재란 과다한 거래비용 때문에 교역되지 못하는 재화 및 서비스를 의미한다. 따라서 비교역재의 비중이 클수록 구매력 평가의 타당성은 작아진다(④).

정답 ③

0268

㉠~㉢에 들어갈 말을 바르게 나열한 것은?

구매력 평가 이론(purchasing power parity theory)은 모든 나라의 통화 1단위의 구매력이 같도록 환율이 결정되어야 한다는 것이다. 구매력 평가 이론에 따르면 양국 통화의 (㉠)은 양국의 (㉡)에 의해 결정되며, 구매력 평가 이론이 성립하면 (㉢)은 불변이다.

	㉠	㉡	㉢
①	실질환율	경상수지	명목환율
②	명목환율	경상수지	실질환율
③	실질환율	물가수준	명목환율
④	명목환율	물가수준	실질환율

절대적 구매력 평가설에 따르면 다음과 같은 식이 성립한다.

$$\frac{eP_f}{P} = 1, \text{ 또는 } e = \frac{P}{P_f} \text{(여기서 e는 명목환율, P는 자국의 가격수준, } P_f\text{는 외국의 가격수준이다.)}$$

- 앞의 식에 따르면 명목환율은 양국의 물가수준에 의해 결정되며, 절대적 구매력 평가설이 성립하면 실질환율이 '1'로 불변이 된다.

정답 ④

0269

다음 제시문의 ㉠ ~ ㉢에 들어갈 용어를 바르게 연결한 것은?

구매력 평가 이론(Purchasing Power Parity theory)은 양국의 화폐 1단위의 구매력이 같도록 환율이 결정된다는 것이다. 구매력 평가 이론에 따르면 양국 통화의 (㉠)은 양국의 (㉡)에 따라 결정되며, 구매력 평가 이론이 성립하면 (㉢)은 불변이다.

	㉠	㉡	㉢
①	실질환율	경상수지	명목환율
②	명목환율	경상수지	실질환율
③	명목환율	물가수준	실질환율
④	실질환율	물가수준	명목환율

절대적 구매력 평가설에 따르면 다음과 같은 식이 성립한다.

$$\frac{eP_f}{P} = 1, \text{ 또는 } e = \frac{P}{P_f} \text{(여기서 e는 명목환율, P는 자국의 가격수준, } P_f\text{는 외국의 가격수준이다.)}$$

- 앞의 식에 따르면 명목환율은 양국의 물가수준에 의해 결정되며, 절대적 구매력 평가설이 성립하면 실질환율이 '1'로 불변이 된다.
- 앞에 있는 '0268번' 문제와 비교할 때, 동일한 문제를 출제할 수 있다는 출제자의 용기에 경의를 표하고 싶다. 역시 꺼진 불(기출문제)도 다시 봐야 한다는 교훈의 중요성을 생각하게 한다.

정답 ③

CHAPTER 03 국제경제학 **129**

0270

환율결정이론 중 구매력 평가(Purchasing Power Parity) 이론에 대한 설명으로 옳지 않은 것은? 16 국가직 7급

① 경제에서 비교역재의 비중이 큰 나라 간의 환율을 설명하는 데에는 적합하지 않다.

② 두 나라 화폐 간의 명목환율은 두 나라의 물가수준에 의해 결정된다고 설명한다.

③ 장기보다는 단기적인 환율의 움직임을 잘 예측한다는 평가를 받는다.

④ 동질적인 물건의 가격은 어디에서나 같아야 한다는 일물일가의 법칙을 국제시장에 적용한 것이다.

해설

구매력 평가설은 국가 간 '일물일가'가 성립하는 것을 전제로 한다.
• 국가 간 '일물일가'가 성립하기 위한 차익거래(Arbitrage)가 이루어질 수 있는 시간이 필요하다. 결국 구매력 평가설은 단기보다 장기에 환율의 움직임을 보다 잘 설명한다.

정답 ③

0271

구매력 평가설에 대한 설명으로 옳지 않은 것만을 <보기>에서 모두 고르면? 19 국회 8급

보 기

㉠ 구매력 평가설은 일물일가의 법칙에 근거한다.
㉡ 구매력 평가설에 따르면 두 나라 화폐의 실질환율은 두 나라 물가수준의 차이를 반영해야 한다.
㉢ 구매력 평가설에 따르면 실질환율은 항상 일정해야 한다.

① ㉠

② ㉡

③ ㉢

④ ㉡, ㉢

⑤ ㉠, ㉡, ㉢

해설

구매력 평가설은 일물일가 법칙이 성립함을 전제로 두 나라 화폐의 '명목'환율이 두 나라 물가수준의 차이를 반영한다는 것을 내용으로 한다. 이에 따라 다음과 같은 관계가 성립한다.

• $P = e \times P_f \Rightarrow e = \dfrac{P}{P_f} \Rightarrow \dfrac{\Delta e}{e} = \dfrac{\Delta P}{P} - \dfrac{\Delta P_f}{P_f}$

• 여기서 P는 자국 물가수준, P_f는 외국 물가수준, e는 명목환율, $\dfrac{\Delta e}{e}$는 명목환율 변동률, $\dfrac{\Delta P}{P}$는 자국 물가상승률, $\dfrac{\Delta P_f}{P_f}$는 외국 물가상승률을 의미한다.

㉠ 구매력 평가설은 '언제 어디에서든지 동일한 상품은 동일한 가격으로' 구입할 수 있도록 환율이 결정된다는 것을 내용으로 한다. 즉 일물일가 법칙을 전제하여야 성립하게 된다.

㉢ 구매력 평가설에 따르면 실질환율은 항상 일정해야 한다. 이때 실질환율이 '1'인 경우에 '절대적' 구매력 평가설이 성립하고, 실질환율이 '1이 아닌 상수'인 경우에 '상대적' 구매력 평가설이 성립한다고 한다.

정답 ②

0272

실질환율과 명목환율에 관한 설명으로 옳지 않은 것은?

09 국회 8급

① 교역 상대국의 물가가 모두 고정되어 있으면 명목환율과 실질환율은 같은 방향으로 움직인다.

② 실질환율이 상승하는 것은 국내재화에 대한 외국재화의 상대가격이 상승함을 의미한다.

③ 명목환율이 10% 상승할 때, 외국재화의 가격이 10% 상승하면 실질환율은 불변이다.

④ 명목환율이 상승해도 국내물가가 상승하면 무역수지가 악화될 수 있다.

⑤ 구매력 평가설에 따르면 실질환율은 1이다.

해설

실질환율은 다음과 같이 나타낼 수 있다.

$$실질환율(q) = \frac{E \times P_f}{P}$$ (여기서 E는 명목환율, P_f는 해외물가, P는 국내물가이다.)

• 앞의 식에서 실질환율이 불변이기 위해서는 분자의 명목환율이 10%가 상승할 때, 같은 분자의 해외물가가 10%만큼 하락하거나 분모의 국내물가가 10%만큼 상승해야 한다. 이러한 실질환율이 '1'일 때 (절대적)구매력 평가설이 성립하게 된다.

정답 ③

0273

다음 중 경기변동 및 집계변수들 사이의 관계에 대한 용어 중 옳은 것은?

15 서울시 7급

① 잠재총생산과 실제총생산의 차이로부터 정의되는 총생산 갭과 경기적 실업 사이의 역의 관계는 피셔 방정식으로 서술된다.

② 인플레이션율이 높은 시기에는 예상인플레이션율이 높아져 명목이자율도 높아지고, 인플레이션율이 낮은 시기에는 예상인플레이션율이 낮아져 명목이자율이 낮아진다는 관계를 나타낸 것은 필립스 곡선이다.

③ 통화량의 변동이 실물 변수들에는 영향을 주지 못하고 명목 변수만을 비례적으로 변화시킬 때 화폐의 중립성이 성립한다고 말한다.

④ 동일한 화폐금액이 어느 나라에 가든지 동일한 크기의 구매력을 가지도록 환율이 결정된다는 이론을 자동안정화 장치라고 한다.

해설

화폐부문과 실물부문과 무관함을 의미하는 것이 '화폐의 중립성'이다.

① 잠재총생산과 실제총생산의 차이로부터 정의되는 총생산 갭과 경기적 실업 사이의 정(+)의 관계를 보여주는 것은 '오쿤의 법칙'이다. 피셔 방정식은 '명목이자율 = 실질이자율 + 인플레이션율'로 정의된다.

② 인플레이션율이 높은 시기에는 예상인플레이션율이 높아져 명목이자율도 높아지고, 인플레이션율이 낮은 시기에는 예상인플레이션율이 낮아져 명목이자율이 낮아진다는 관계를 나타낸 것은 '피셔 방정식 또는 피셔 가설'이라고 한다. '필립스 곡선'은 인플레이션율과 실업률 간의 상충관계(Trade-off)를 보여 준다.

④ 동일한 화폐금액이 어느 나라에 가든지 동일한 크기의 구매력을 가지도록 환율이 결정된다는 이론을 '구매력 평가설'이라고 한다. '자동안정화 장치'는 정부의 개입 없이도 경기안정화를 위해 작동하는 제도적 장치를 의미한다. '실업보험'이나 '누진세' 등이 여기에 해당한다.

정답 ③

0274

다음 중 무위험 이자율평가(covered interest rate parity) 에 대한 설명으로 옳지 않은 것은? 09 지방직 7급

① 무위험 이자율평가가 성립되지 않는다면 차익거래의 기회가 존재한다.

② 자본의 국제이동성이 불완전한 경우에는 무위험 이자율평가가 성립되지 않는다.

③ 차입자의 신용도, 유동성, 만기 등의 조건이 동일한 채권의 이자율 간에 성립한다.

④ 두 국가의 이자율과 불확실하게 예상되는 환율 변화율 간 성립되어야 하는 관계다.

무위험 이자율 평가는 외환시장의 불확실성을 사전적인 선물환 계약을 통해 제거함으로써 두 국가의 이자율과 확실하게 예상되는 환율 변화를 설명한다.

정답 ④

0275

환율결정 이론에 대한 다음 설명 중 옳지 않은 것은? 13 국회직 8급

① 절대구매력평가설이 성립한다면 실질환율은 1이다.

② 경제통합의 정도가 커질수록 구매력평가설의 설명력은 높아진다.

③ 구매력평가설에 따르면 자국의 물가가 5% 오르고 외국의 물가 7% 오를 경우, 국내통화는 2% 평가절상된다.

④ 이자율평가설에 따르면 미래의 예상환율 변화는 현재의 환율에 영향을 주지 않는다.

⑤ 구매력평가설은 경상수지에 초점을 맞추는 반면, 이자율평가설은 자본수지에 초점을 맞추어 균형환율을 설명한다.

예상환율의 상승은 해외투자 수익률을 상승시키기 때문에 외화자산에 대한 수요증대로 국내자본의 해외유출이 발생하고, 이에 따라 외환수요가 증가하여 환율이 상승하게 된다.

② 경제통합의 정도가 커질수록 무역장벽이 사라지게 되므로 이에 따라 구매력평가설의 설명력은 높아진다.

③ 구매력평가설에 따르면 다음 식이 성립한다.

$$\frac{\Delta e}{e} \text{(환율 변화율)} = \frac{\Delta P}{P} \text{(국내 물가상승률)} - \frac{\Delta P_f}{P_f} \text{(해외 물가상승률)}$$

각 수치를 앞의 식에 대입하면 환율 변화율은 -2%가 되어, 환율은 하락하게 되고 국내통화는 반대로 평가절상이 이루어진다.

정답 ④

0276

이자율 평가설(interest rate parity theory)에 대한 설명으로 옳은 것은? (단, 환율은 외국통화 1단위에 대한 자국통화의 교환비율이다) 20 지방직 7급

① 외국의 명목이자율과 기대환율이 고정되었을 때 자국의 명목이자율이 증가하면 환율은 상승한다.

② 외국의 명목이자율과 자국의 명목이자율이 고정되었을 때 기대환율이 증가하면 외국통화의 가치가 상승한다.

③ 양국의 생산물시장에서 동일한 상품을 동일한 가격에 구매할 수 있도록 환율이 결정된다.

④ 이자율 평가설이 성립하면 실질이자율은 항상 1이다.

해설

유위험 이자율 평가설에 따른 이자율 평가식을 다음과 같이 나타낼 수 있다.

- $(1+i) = \dfrac{S_e}{S}(1+i^*)$
- 여기서 i는 자국의 명목이자율, i^*는 외국의 명목이자율, S는 (현물)환율, S_e는 기대환율이다.

① 외국의 명목이자율(i^*)과 기대환율(s_e)이 고정되었을 때 자국의 명목이자율(i)이 증가할 때 이자율 평가식이 지속적으로 성립하기 위해서는 우변이 커져야 한다. 이를 위해서는 환율(s)이 하락해야 한다.

② 외국의 명목이자율(i^*)과 자국의 명목이자율(i)이 고정되었을 때 우변의 분자에 있는 기대환율(s_e)이 증가한 경우 이자율 평가식이 지속적으로 성립하기 위해서는 우변의 분모에 있는 환율(s)이 같은 비율만큼 상승해야 한다. 이것은 곧 외국통화의 가치가 상승한다는 것을 의미한다.

③ 양국의 생산물시장에서 동일한 상품을 동일한 가격에 구매할 수 있도록 환율이 결정된다는 것은 구매력 평가설의 내용이다. 이자율 평가설은 양국의 채권시장에서 동일한 채권은 동일한 수익률을 얻을 수 있도록 환율이 결정된다는 것을 내용으로 한다.

④ 절대적 구매력 평가설이 성립하는 경우에 실질환율은 항상 1이 된다.

정답 ②

0277

한국 국적인 민아가 국내 은행에서 대출받은 자금으로 스리랑카에 아이스크림 가게를 직접 운영한다고 하자. 다음 중 옳은 것은? 14 CPA

① 한국의 해외 포트폴리오 투자(foreign portfolio investment)가 증가하여 한국의 순자본유출(net capital outflow)이 증가한다.

② 한국의 해외 포트폴리오 투자가 감소하여 한국의 순자본유출이 감소한다.

③ 한국의 해외 직접투자(foreign direct investment)가 증가하여 한국의 순자본유출이 증가한다.

④ 한국의 해외 직접투자가 감소하여 한국의 순자본유출이 감소한다.

⑤ 한국의 해외 포트폴리오 투자와 해외 직접투자가 동시에 증가하여 한국의 순자본유출이 증가한다.

해설

해외 포트폴리오 투자(Foreign portfolio investment)는 자본은 자국민이 해외에 투자하고 운영은 그 나라의 내국인이 맡는 방식의 투자를 의미한다.

- 해외 직접투자(Foreign direct investment)는 자국민이 해외에 직접 생산시설을 지어 운영까지 맡는 방식의 투자를 의미한다.
- 문제에서 민아가 직접 가게를 운영한다고 했으므로 해외 직접투자에 해당한다. 결국 스리랑카에 가게를 열기 위한 자금의 이전이 이루어져야 하므로 한국의 순자본유출이 증가하게 된다.

정답 ③

0278

변동환율제도 하의 자본이동이 완전한 개방경제에서 정부지출이 정부수입을 초과할 때 발생하는 현상에 대한 설명으로 가장 옳지 않은 것은?

20 서울시 공개경쟁 7급

① 이자율이 상승한다.
② 순자본유출이 감소한다.
③ 재정정책이 통화정책보다 더 효과적인 경기조절 수단이다.
④ 환율이 하락한다.

정부지출이 정부수입을 초과한다는 것은 순정부지출(=정부지출-정부수입)이 양(+)의 값을 갖는다는 것을 의미한다. 순정부지출의 증가는 이자율을 상승시키고(①), 이에 따라 자본유입이 증가(=순자본유출 감소)하여 외환시장에서는 환율이 하락하게 된다(②, ④). 결국 순정부지출의 증가는 이자율 상승으로 투자를 위축시키고, 환율의 하락으로 순수출을 감소시켜 국민소득은 이전 수준에 머무르게 된다.

• 반면에 확장적 통화정책은 이자율을 하락시켜 투자를 증대시키고, 이자율 하락에 따른 순자본유출로 인해 외환시장에서 환율 상승을 가져온다. 환율 상승은 순수출을 증가시키는 요인으로 작용한다. 이에 따라 확장적 통화정책은 국민소득을 크게 증가시킬 수 있게 된다. 결국 변동환율제도 하에서 경기안정화 정책으로는 재정정책보다 통화정책이 더 효과적이다(③).

정답 ③

0279

다음 중 BP(Balance of Payment)곡선(가로축: 소득, 세로축: 이자율)의 우하향 이동에 영향을 주는 외생변수의 변화에 관한 설명 중 가장 옳지 않은 것은?

14 국회 8급

① 외국소득의 증가
② 외국상품가격의 상승
③ 국내통화의 평가절상 예상
④ 외국이자율의 상승
⑤ 국내기업수익률의 상승 예상

외국이자율이 외생적으로 상승하면 해외금융상품 수익률이 상승하여 자본유출이 발생하여 자본수지 적자로 인한 국제수지 적자가 나타난다. 국제수지가 다시 균형을 이루기 위해서는 국민소득의 감소로 수입을 감소시켜 경상수지가 흑자가 되어야 하므로 BP곡선은 소득이 감소하는 방향인 왼쪽(좌상방)으로 이동하게 된다.

① 외국소득의 증가 ⇒ 수출증가 ⇒ 경상수지 흑자 ⇒ 균형을 위해서 자본수지 적자를 위한 이자율 하락 필요 ⇒ BP곡선 아래쪽으로 이동(우하향)
② 외국상품가격의 상승 ⇒ 수입감소 ⇒ 경상수지 흑자 ⇒ 균형을 위해서 자본수지 적자를 위한 이자율 하락 또는 경상수지 적자를 위한 소득증가 필요 ⇒ BP곡선 아래쪽으로 이동(우하향)
③ 국내통화의 평가절상 예상 ⇒ 예상환율 하락 ⇒ 해외금융상품 수익률 하락 ⇒ 자본유입으로 인한 자본수지 흑자 ⇒ 균형을 위해서 자본수지 적자를 위한 이자율 하락 또는 경상수지 적자를 위한 소득증가 필요 ⇒ BP곡선 아래쪽으로 이동(우하향)
⑤ 국내기업수익률의 상승 예상 ⇒ 국내주식 구입을 위한 자본유입 ⇒ 자본수지 흑자 ⇒ 균형을 위해서 자본수지 적자를 위한 이자율 하락 또는 경상수지 적자를 위한 소득증가 필요 ⇒ BP곡선 아래쪽으로 이동(우하향)

정답 ④

0280

불가능한 삼위일체(Impossible Trinity)에 대한 설명으로 옳은 것만을 모두 고르면?

19 국가직 7급

> ㉠ 한 경제가 자유로운 자본이동, 물가안정 및 통화정책의 독립성을 동시에 모두 유지하는 것은 불가능하다는 이론이다.
> ㉡ 이 이론에 따르면 자본시장을 완전히 개방한 국가가 고정환율제도를 채택하는 경우 통화정책을 이용하여 경기조절이 가능하다.
> ㉢ 이 이론에 따르면 고정환율제도를 운영하면서 동시에 통화정책의 독립성을 확보하기 위해서는 자본이동에 대한 제한이 필요하다.

① ㉡

② ㉢

③ ㉠, ㉡

④ ㉠, ㉢

'불가능한 삼위일체(Impossible Trinity)' 또는 '3원 불가능 원리(Principle of Impossible Trinity)'란 '통화정책의 독립성(자율성), 고정 환율 유지, 자본이동의 자유화'라는 3가지 목표 가운데 어느 두 개의 목표달성은 가능해도 3가지 목표를 동시에 달성할 수는 없다는 것을 말한다(㉠).

• 고정환율제도와 통화정책의 독립성은 자본이동을 허용하지 않는 경우에 유지될 수 있다. 만약 자본이동이 완전히 자유로운 국가가 고정환율제도를 채택하게 되면, 외환시장에서 고정 환율을 유지하는 가운데 통화량이 내생적으로 변동하게 되어 경기안정화를 위한 통화정책은 무력해진다(㉡, ㉢).

정답 ②

0281

화폐금융정책에 대한 설명으로 가장 옳지 않은 것은?

20 서울시 공개경쟁 7급

① 통화량 등의 정책변수의 변화가 실물부문에 파급되는 경로를 화폐금융정책의 전달경로라고 한다.

② 확장적 화폐금융정책은 폐쇄경제보다 변동환율제도하의 개방경제에서 더 큰 총수요증대효과를 가져온다.

③ 고정환율제도에서 이자율을 내리는 확장적 화폐금융 정책은 국제수지를 악화시키고, 이자율을 올리는 긴축적 화폐금융정책은 실업의 감소를 가져온다.

④ 물가안정목표제는 화폐금융정책의 대외적 측면을 중시하고 정책의 비일관성에서 오는 신뢰 문제를 완화한다.

고정환율제 하에서의 확장적 화폐금융 정책의 효과가 나타나는 경로를 다음과 같이 정리할 수 있다.

> • 통화량 증가 ⇒ 이자율 하락 ⇒ 자본유출에 따른 국제수지 악화
> • 통화량 감소 ⇒ 이자율 상승 ⇒ 자본유입에 따른 국제수지 개선 ⇒ 외환시장에서 환율하락 압력 발생 ⇒ 환율 안정을 위해 중앙은행의 외화 매입 ⇒ 통화량의 내생적 증가 ⇒ 긴축적 화폐 금융 정책 효과가 사라짐

① 통화량 등의 정책변수의 변화가 이자율을 변화시켜 이로 인한 효과가 실물부문에 파급되는 경로를 화폐금융정책의 전달경로라고 한다.

② 확장적 금융정책의 전달경로를 다음과 같이 정리할 수 있다.

> • 폐쇄경제: 통화량 증가 ⇒ 이자율 하락 ⇒ 투자 증가 ⇒ 총수요 증가

> • 변동환율제도(개방경제)
> 1) 통화량 증가 ⇒ 이자율 하락 ⇒ 투자 증가 ⇒ 총수요 증가
> 2) 통화량 증가 ⇒ 이자율 하락 ⇒ 자본유출에 따른 환율 상승 ⇒ 순수출 증가 ⇒ 총수요 증가
> ※ 결과적으로 변동환율제 하의 개방경제에서는 투자증가에 따른 총수요 증가와 더불어 순수출 증가로 인한 총수요 증가가 더해져 폐쇄경제에서보다 총수요 증대효과가 더 크게 나타난다.

④ 물가안정 목표제는 중앙은행의 목표를 '물가안정'으로 단일화하고, 또한 이를 구체적인 수치로 제시하므로 중앙은행의 책임감과 통화정책에 대한 신뢰도를 높일 수 있다.

정답 ③

PART 02

공식 계산형

0282

100억 원을 갖고 있는 갑 회사는 A, B 프로젝트 중 B 프로젝트에 투자하기로 했다. 갑 회사의 결정이 합리적 선택이 되려면, B 프로젝트 투자 자금 200억 원에 대한 연간 예상 수익률의 최저 수준은? (단, 각 프로젝트의 기간은 1년이다.)

09 국가직 9급

• A 프로젝트는 80억 원의 투자 자금이 소요되고, 연 10.0% 의 수익률로 8억 원의 수익이 예상되며, 남는 돈은 연 5.0% 의 금리로 예금한다.
• B 프로젝트는 200억 원의 투자 자금이 소요되고, 부족한 돈은 연 5.0%의 금리로 대출받는다.

① 5.0%
② 6.5%
③ 7.0%
④ 7.5%

해설

합리적 선택이라고 평가를 받기 위해서는 기회비용보다 큰 이익을 얻을 수 있는 선택을 해야 한다.
• 만약 100억 원을 갖고 있는 갑 회사가 B 프로젝트를 선택할 때의 기회비용은 다음과 같이 도출할 수 있다.

암묵적 비용(a)	명시적 비용(b)	총기회비용 = (a) + (b)
A 프로젝트에 직접 얻을 수 있는 수익: 80억 원 투자 수익금 8억 원 + 남은 20억 원에 대한 이자수입 1억 원 = 9억 원	부족한 자금에 대한 대출액인 100억 원에 대한 대출이자 5억 원	14억 원

• B 프로젝트를 선택하기 위해서는 최소한 총 14억 이상의 수익을 올려야 한다. 결국 200억 원을 투자하여 B 프로젝트를 선택하는 경우에는 최소한 이러한 투자를 통해 14억 원에 해당하는 7% 이상의 수익률을 올려야 한다.
• 주의할 것은 문제에서는 B 프로젝트를 선택할 때 지출되는 200억 원은 투자기간이 종료되면 회수가 가능하다는 것을 전제하고 있다.

정답 ③

0283

갑은 영화를 관람하는 데 20,000원의 가치를 느낀다. 영화 관람권을 5,000원에 구입하였지만 영화관에 들어가기 전에 분실하였다. 영화 관람권을 5,000원에 다시 구입하고자 한다. 이 시점에서의 매몰비용과 영화 관람권 재구입에 따른 기회비용은 각각 얼마인가? (단, 분실된 영화 관람권의 재발급이나 환불은 불가능하다.)

10 감정평가사

	매몰비용	기회비용		매몰비용	기회비용
①	5,000원	5,000원	②	5,000원	10,000원
③	10,000원	5,000원	④	10,000원	10,000원
⑤	20,000원	5,000원			

해설

분실된 영화 관람권은 재발급이나 환불이 불가능하므로 영화 관람권 구입비용(5,000원)은 전형적인 매몰비용이다. 따라서 영화 관람권을 재구입할 때 고려해서는 안 된다.
• 영화 관람권을 재구입하면 추가로 비용을 지불해야 하므로 기회비용으로 5,000원이 발생한다. 이때 영화 관람으로부터 20,000원만큼의 가치를 얻을 수 있으므로 재구입하는 것이 합리적이다.
• 영화 관람'만을' 하는 경우의 영화 관람에 따른 기회비용은 관람권 구입비용이고, 영화 관람과 연극 관람 '중에서' 영화 관람을 선택하는 경우의 기회비용은 관람권 구입비용이 아니고 연극 관람을 통해 얻을 수 있는 '만족'의 가치이다.

정답 ①

0284

직장인 K는 거주할 아파트를 결정할 때 직장까지 월별 통근시간의 기회비용과 아파트 월별 임대료만을 고려한다. 통근시간과 임대료가 다음과 같은 경우 K의 최적 선택은? (단, K의 통근 1시간당 기회비용은 1만 원이다.) 18 지방직 7급

거주 아파트	월별 통근시간(단위: 시간)	월별 임대료(단위: 만 원)
A	10	150
B	15	135
C	20	125
D	30	120

① A 아파트
② B 아파트
③ C 아파트
④ D 아파트

해설

K의 통근 1시간당 기회비용과 월별 임대료를 고려한 총기회비용을 정리하면 다음 표와 같다.

거주 아파트	총 기회비용
A	160만 원
B	150만 원
C	145만 원
D	150만 원

이에 따라 C 아파트를 선택하는 것이 총기회비용을 가장 작게 하는 최적의 선택이 된다.

정답 ③

0285

甲은 주어진 돈을 모두 X재와 Y재 소비에 지출하여 효용을 최대화하고 있으며, X재의 가격은 100원이고 Y재의 가격은 50원이다. 이때 X재의 마지막 1단위의 한계효용이 200이라면 Y재의 마지막 1단위의 한계효용은? 12 국가직

① 50
② 100
③ 200
④ 400

해설

X재와 Y재를 동시에 소비하는 경우 효용을 극대화하기 위해서는 한계효용 균등의 법칙에 따라 소비해야 한다. 즉, $\frac{MU_X}{P_X} = \frac{MU_Y}{P_Y}$ 를 충족해야 한다.

• 주어진 조건을 위 식에 대입하면 $\frac{200}{100} = \frac{MU_Y}{50}$ 이므로 $MU_Y = 100$이 된다.

정답 ②

Ak Tip 한계효용균등의 법칙

$$\frac{MU_X}{P_X} = \frac{MU_Y}{P_Y}$$

⇒ 두 재화 이상을 동시에 소비할 때 효용은 각 재화의 한계효용을 해당 재화의 가격으로 나눈 각 재화의 화폐 1단위당 한계효용이 일치할 때 극대화된다.

0286

월 소득이 33,000원인 A가 1편의 가격이 6,000원인 영화와 1곡의 가격이 3,000원인 음악을 소비하려 한다. 영화와 음악으로부터 A가 누리는 한계효용이 표와 같을 때, A의 효용을 극대화하는 영화와 음악의 월소비량은? 14 국가직 9급

수량	1	2	3	4	5	6	7
영화	1,080	1,020	960	900	840	780	720
음악	600	570	540	510	480	450	420

① 영화 2편, 음악 7곡
② 영화 3편, 음악 5곡
③ 영화 4편, 음악 3곡
④ 영화 5편, 음악 1곡

해설

영화의 가격이 음악에 비해 2배이므로 주어진 영화의 한계효용을 2로 나누면 다음과 같이 영화와 음악 모두가 동일한 3,000원 기준의 한계효용 표가 된다.

수량	1	2	3	4	5	6	7
영화	540	510	480	450	420	390	360
음악	600	570	540	510	480	450	420

- 앞의 표에서 나타난 영화와 음악의 3,000원당 한계효용이 같아지는 조합 중에서 33,000원의 소득으로 소비가 가능한 조합은 '영화 3편+음악 5곡(=18,000원+15,000원=33,000원)'이다.
- 단, 앞의 표에서 영화 1편의 가격은 6,000원으로 변함이 없고, 편의상 음악과 동일한 가격 수준에서 한계효용을 비교하기 위하여 3,000원 당 한계효용으로 나타낸 것뿐이라는 것을 주의해야 한다.

정답 ②

0287

다음을 참조하여 <보기>에서 옳은 것을 모두 고르면?

14 국회 8급

효용극대화를 추구하는 어느 소비자의 X재와 Y재에 대한 효용함수가 U(X, Y)로 주어져 있고, 예산제약식이 $P_X \times X + P_Y \times Y = I$이다. 이때, $P_X = 5$, $P_Y = 50$, $I = 10,000$이며, 이 예산제약선상의 어느 한 점에서 X재의 한계효용 MU_X가 120, Y재의 한계효용 MU_Y가 60이다. (단, P_X는 X재의 가격, P_Y는 Y재의 가격, I는 소득이며, X재와 Y재의 한계효용은 체감한다.)

보기

ㄱ. 예산 제약선을 따라 X재 소비를 늘리고, Y재의 소비를 줄이면 총효용이 증가한다.

ㄴ. 소득 I가 12,000으로 증가하면 MU_X는 반드시 감소하고, MU_Y는 반드시 증가한다.

ㄷ. 소득 I가 12,000으로 증가하면 MU_X는 반드시 증가하고, MU_Y는 반드시 감소한다.

① ㄱ
② ㄴ
③ ㄷ
④ ㄱ, ㄴ
⑤ ㄱ, ㄷ

해설

X재와 Y재를 동시에 소비할 때 효용을 극대화하기 위해서는 한계효용균등의 법칙에 따라 소비해야 한다. 즉, '$\frac{MU_X}{P_X} = \frac{MU_Y}{P_Y}$'를 충족해야 한다.

- 주어진 조건에 따르면 '$\frac{MU_X}{P_X}(= \frac{120}{5} = 24) > \frac{MU_Y}{P_Y}(= \frac{60}{50} = 1.2)$'이 성립되므로, 동일한 화폐 단위당 X재가 Y재보다 더 많은 효용을 증가시켜 준다. 따라서 이러한 경우에는 X재의 소비를 늘리고, 여기에 필요한 예산을 확보하기 위해서 Y재의 소비를 줄일 때 총효용이 증가하게 된다(ㄱ).
- 만약 소득이 증가하면 X재 소비를 증가시키기 위해 필요한 예산을 확보하기 위해서 굳이 Y재의 소비를 줄이지 않아도 된다. 이에 따라 X재 소비만을 늘려도 총효용을 증가시킬 수 있다. 따라서 X재 소비증가에 따라 MU_X는 감소하지만, Y재 소비량은 불변일 수 있으므로 MU_Y 역시 불변일 수 있다. 그러므로 ㄴ, ㄷ 모두 틀리다.

정답 ①

AK Tip | 한계효용과 효용극대화를 위한 소비조정

- $\frac{MU_X}{P_X} > \frac{MU_Y}{P_Y} \Rightarrow$ (X ↑, Y ↓)
- $\frac{MU_X}{P_X} < \frac{MU_Y}{P_Y} \Rightarrow$ (X ↓, Y ↑)

⇒ 효용극대화를 위해서 화폐 단위당 한계효용은 큰 재화의 소비량은 늘리고, 작은 재화의 소비량은 줄인다. 이때 화폐단위당 한계효용이 큰 재화의 소비를 늘리기 위한 자금은 화폐단위당 한계효용이 작은 재화의 소비를 줄임으로써 조달해야 한다. 이 과정에서 한 재화의 소비량은 증가하고, 다른 한 재화의 소비량은 감소하게 된다.

0288

소비자 甲은 X재와 Y재를 소비하고 있다. 甲의 X재에 대한 한계효용은 $\frac{1}{Q_X}$이고, Y재에 대한 한계효용은 $\frac{1}{Q_Y}$이다. X재의 가격과 Y재의 가격이 각각 0.5 및 2로 주어져 있다. 甲의 소득이 120일 때, 효용을 극대화하는 Q_X의 크기는? (단, Q_X와 Q_Y는 각각 X재의 소비량과 Y재의 소비량을 의미한다.)

18 국가직 9급

① 30

② 60

③ 120

④ 240

해 설

소비자 甲(갑)이 X재와 Y재를 동시에 소비하는 경우 다음과 같은 한계효용균등의 법칙을 충족해야 한다.

$$\frac{MU_X}{P_X} = \frac{MU_Y}{P_Y} \Rightarrow \frac{2}{Q_X} = \frac{1}{2Q_Y} \Rightarrow Q_X = 4Q_Y$$

• 甲(갑)의 예산선은 다음과 같이 나타낼 수 있다.

$$\frac{1}{2} \times Q_X + 2 \times Q_Y = 120$$

• 앞의 두 식을 연립해서 풀면 '$Q_Y = 30, Q_X = 120$'을 구할 수 있다.

정답 ③

0289

길동이는 옥수수 한 개에서 얻는 한계효용이 감자 두 개에서 얻는 한계효용과 같다고 한다. 감자로 표시한 옥수수의 한계대체율은 얼마인가?

12 CPA

① $\frac{1}{4}$

② $\frac{1}{2}$

③ 1

④ 2

해 설

옥수수 한 개에서 얻는 한계효용이 감자 두 개에서 얻는 한계효용과 같으므로, 길동이는 옥수수 한 개를 더 소비하기 위해서 기꺼이 감자 두 개의 소비를 포기할 수 있다.

• 옥수수를 X, 감자를 Y라고 한다면 감자로 표시한 옥수수의 한계대체율을 다음과 같이 나타낼 수 있다.

$$MRS_{XY} = -\frac{\Delta Y}{\Delta X} = -\frac{-2}{+1} = 2$$

정답 ④

0290

어떤 사람의 효용함수는 $U = X^2Y$이다. 이 사람이 $(X = 3, Y = 2)$를 소비한다면 이 사람의 한계대체율(MRS_{XY})은 얼마인가?

02 입시

① 1/3

② 1/4

③ 3/4

④ 4/3

해 설

효용함수와 소비점을 전제로 하는 한계대체율은 다음과 같이 도출된다.

$$MRS_{XY} = \frac{MU_X}{MU_Y} = \frac{2XY}{X^2} = \frac{12}{9} = \frac{4}{3}$$

정답 ④

0291

X재와 Y재에 대한 지출총액은 100원이고, X재의 가격은 10원이다. 효용을 극대화하는 소비량이 X = 5, Y = 10이라면, 이때의 한계대체율(MRS)은?

07 국가직 7급

① $\frac{1}{2}$

② 1

③ 2

④ 5

효용극대화는 한계대체율(MRS)이 상대가격($\frac{P_X}{P_Y}$)과 일치할 때 달성된다.

• 주어진 조건에 따라 X재 구입총액은 50원이므로 X재 5단위를 구입한 후 나머지 50원을 가지고 Y재를 10단위를 구입했으니 Y재 가격이 5원임을 알 수 있다.

• 상대가격이 '$\frac{P_X}{P_Y} = \frac{10}{5} = 2$'이므로 효용극대화 수준에서 한계대체율도 2가 된다.

정답 ③

0292

두 재화(X, Y)를 소비하는 갑의 효용함수가 U(X, Y)=(X+1)(Y+2)이고, Y재로 표시한 X재의 한계대체율(MRS_{XY})이 2일 때 갑의 X재 소비량이 10이었다면 Y재 소비량은 얼마인가?

11 보험계리사

① 5

② 10

③ 15

④ 20

주어진 효용함수를 전개하면 U(X, Y)=XY+2X+Y+2이므로 한계대체율은 다음과 같이 도출된다.

$$MRS_{XY} = \frac{MU_X}{MU_Y} = \frac{Y+2}{X+1}$$

• X재 소비량이 10이고 MRS_{XY}=2이므로 Y재 소비량은 다음과 같이 도출된다.

$$MRS_{XY} = \frac{Y+2}{X+1} = \frac{Y+2}{10+1} = 2 \Rightarrow Y=20$$

정답 ④

AK Tip 한계대체율(MRS)와 한계효용(MU)

$$MRS_{XY} = -\frac{\Delta Y}{\Delta X} = \frac{MU_X}{MU_Y} \text{ 또는 } MRS_{YX} = -\frac{\Delta X}{\Delta Y} = \frac{MU_Y}{MU_X}$$

⇒ 한 재화(X재)를 추가적으로 1단위만큼 증가시킬 때, 효용을 이전과 동일하게 유지하기 위해 소비자가 기꺼이 감소시킬 의향이 있는 다른 재화(Y재)의 소비량 감소분을 한계대체율이라 하며, 두 재화의 한계효용의 비율로서 나타낼 수 있다.

⇒ 한계대체율은 동일한 무차별곡선 상의 이동이 이루어질 때 정의되는 '주관적 교환비율'이다.

0293

동환이는 인터넷 게임과 햄버거에 자신의 용돈 10만 원을 소비함으로써 효용을 극대화하고 있다. 인터넷 게임과 햄버거 가격은 각각 1만 원과 5천 원이다. 만약 동환이의 용돈이 10% 인상되고 인터넷 게임과 햄버거 가격도 10% 인상된다고 할 경우 동환이의 두 상품 소비량 변화는?

08 지방직 7급

① 인터넷 게임의 소비량만 증가한다.
② 햄버거의 소비량만 증가한다.
③ 인터넷 게임과 햄버거 소비량이 모두 증가한다.
④ 인터넷 게임과 햄버거 소비량에 변화가 없다.

해 설

용돈을 I, 인터넷 게임 가격을 P_G, 햄버거 가격을 P_H라고 한다면 동환이의 예산제약식은 다음과 같이 나타낼 수 있다.

$$I = P_G \times G + P_H \times H \Rightarrow H = \frac{I}{P_H} - \frac{P_G}{P_H} \times G$$

• 용돈 I, 인터넷 게임 가격 P_G, 햄버거 가격 P_H 모두가 동일한 비율(10%)만큼 상승했기 때문에 예산제약식은 변화가 없게 된다. 따라서 두 상품의 소비량도 변화가 없게 된다.

$$H = \frac{I}{P_H} - \frac{P_G}{P_H} \times G \Rightarrow H = \frac{(1+0.1)I}{(1+0.1)P_H} - \frac{(1+0.1)P_G}{(1+0.1)P_H} \times G$$
$$\Rightarrow H = \frac{I}{P_H} - \frac{P_G}{P_H} \times G$$

정답 ④

AK Tip 예산제약식과 예산선

X와 Y를 두 재화의 소비량(= 구매량), P_X와 P_Y를 두 재화의 가격, I 를 가처분 소득이라 할 때 다음의 예산제약식이 성립하고,

$$I = P_X \times X + P_Y \times Y \text{ 또는 } Y = -\frac{P_X}{P_Y} \times X + \frac{I}{P_Y}$$

이를 그림으로 그리면 다음과 같다.

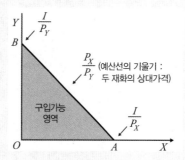

여기서 예산선의 기울기의 절댓값(P_X/P_Y)은 두 상품의 '가격비(Price ratio)', 또는 '상대가격(Relative price)'이며, 이것은 시장에서 X재 한 단위와 교환되는 Y재의 수량을 의미한다.

AK Tip 무차별곡선과 소비자 균형

$$\text{한계대체율}(MRS_{XY}) = \text{상대가격}\left(\frac{P_X}{P_Y}\right)$$

⇒ 소비자 균형은 무차별곡선의 접선의 기울기를 의미하는 소비자의 주관적 교환비율인 한계대체율(MRS_{XY})과 예산선의 기울기를 의미하는 시장에서 결정되는 객관적 교환비율인 상대가격($\frac{P_X}{P_Y}$)이 일치하는 수준에서 이루어진다. 이것은 무차별곡선과 예산선과 접하는 수준에서 이루어진다는 것과 동일한 의미이다.

0294

어떤 소비자의 효용함수는 $U(x,y) = 20x - 2x^2 + 4y$이고, 그의 소득은 24이다. 가격이 $P_X = P_Y = 2$에서 $P_X = 6$, $P_Y = 2$로 변화했다면 가격변화 이전과 이후의 X재와 Y재의 최적 소비량은? (단, x, y는 각각 X재와 Y재의 소비량이다.)

18 국회 8급

	가격변화 이전	가격변화 이후
①	$(x=2, y=6)$	$(x=2, y=8)$
②	$(x=2, y=6)$	$(x=4, y=8)$
③	$(x=4, y=8)$	$(x=2, y=6)$
④	$(x=4, y=8)$	$(x=4, y=6)$
⑤	$(x=4, y=8)$	$(x=6, y=2)$

주어진 효용함수를 x와 y로 각각 미분하면 X재와 Y재의 한계효용을 구할 수 있다.

- $MU_x = 20 - 4x$
- $MU_y = 4$

- 두 재화의 가격이 $P_X = P_Y = 2$일 때, 소비자 균형은 다음과 같은 조건을 충족할 때 달성된다.

$$MRS_{XY}\left(= \frac{MU_x}{MU_y} = \frac{20-4x}{4}\right) = \frac{P_X}{P_Y}\left(= \frac{2}{2} = 1\right) \Rightarrow 4x = 16$$
$$\Rightarrow x = 4$$

- 이 결과를 소비자의 예산선에 대입하면 Y재의 최적 소비량을 다음과 같이 도출할 수 있다.

$$2 \times x + 2 \times y = 24 \Rightarrow 2y = 24 - 2x \Rightarrow 2y = 16 \Rightarrow y = 8$$

　이에 따라 가격변화 이전의 X재와 Y재의 최적 소비량은 $(x=4, y=8)$이 된다.

- 만약 두 재화의 가격이 $P_X = 6$, $P_Y = 2$로 변화할 때, 소비자 균형은 다음과 같은 조건을 충족할 때 달성된다.

$$MRS_{XY}\left(= \frac{MU_x}{MU_y} = \frac{20-4x}{4}\right) = \frac{P_X}{P_Y}\left(= \frac{6}{2} = 3\right) \Rightarrow 4x = 8 \Rightarrow x = 2$$

- 이 결과를 소비자의 예산선에 대입하면 Y재의 최적 소비량을 다음과 같이 도출할 수 있다.

$$6 \times x + 2 \times y = 24 \Rightarrow 2y = 24 - 6x \Rightarrow 2y = 12 \Rightarrow y = 6$$

　이에 따라 가격변화 이후의 X재와 Y재의 최적 소비량은 $(x=2, y=6)$이 된다.

정답 ③

0295

갑순이는 두 재화 X와 Y를 소비하고 있으며, 효용함수는 min[3X, Y]로 표시된다. 그리고 재화 X의 가격은 5원이고, Y의 가격은 10원이다. 그녀가 재화 (X, Y)=(11, 18)과 같은 만족감을 제공하는 두 재화 X와 Y를 구입하는 데 필요한 최소한의 소득(원)은?

08 지방직 7급

① 202

② 210

③ 235

④ 222

주어진 효용함수는 X재와 Y재가 완전보완재 관계에 있음을 보여준다.

- 갑순이의 소비 조합이 재화 (X, Y)=(11, 18)일 때의 효용은 다음과 같이 도출된다.

> U=min[3X, Y]=[33, 18]=18

- 한편 18만큼의 효용을 얻기 위해서 X재 소비량은 6이면 족하다.

> U=min[3X, Y]=min[3×6, 18]=min[18, 18]=18

- 따라서 이때 필요한 소득(I)은 다음과 같이 도출된다.

> $I = P_X \times X + P_Y \times Y \Rightarrow I = 5 \times 6 + 10 \times 18 = 30 + 180 = 210$

정답 ②

AK Tip 완전보완재인 경우 소비자 균형

- $U(X, Y) = \min[\frac{X}{\alpha}, \frac{Y}{\beta}] \Rightarrow U = \frac{X}{\alpha} = \frac{Y}{\beta}$ (α와 β는 양의 상수, 결합비율은 $\alpha : \beta$)
- $U(X, Y) = \min[\alpha X, \beta Y] \Rightarrow U = \alpha X = \beta Y$ (α와 β는 양의 상수, 결합비율은 $\beta : \alpha$)

⇒ X, Y 두 재화가 완전보완재인 경우이다. 두 재화가 완전보완재인 경우에는 두 재화는 항상 일정한 결합비율($\alpha : \beta$ 또는 $\beta : \alpha$)로 소비가 이루어진다. 이에 따라 이러한 비율을 넘는 한 재화의 소비는 효용에 전혀 영향을 주지 못한다.

0296

X재와 Y재를 소비하는 소비자 A의 효용함수가 U(X, Y) = min[3X, 5Y]이다. 두 재화 사이의 관계와 Y재의 가격은? (단, X재 가격은 8원이고, 소비자 A의 소득은 200원, 소비자 A의 효용을 극대화하는 X재 소비량은 10단위이다.)

15 국가직 7급

① 완전보완재, 12원

② 완전보완재, 20원

③ 완전대체재, 12원

④ 완전대체재, 20원

주어진 효용함수는 X재와 Y재가 항상 5:3으로 결합되면서 소비가 이루어지는 완전보완재임을 보여준다.

- 주어진 소득을 가지고 효용을 극대화하는 소비를 하면 'U = 3X = 5Y'가 성립한다. X재의 소비량이 10단위이므로 효용(U)은 30이며, 이때 X재를 구입하기 위해 지출한 금액은 80원(= 10×8원)이다.
- Y재를 구입하기 위해 지출한 금액은 120원(= 200원 - 80원)이 된다.
- 효용이 30이므로 Y재 소비량은 6단위가 된다. 결국 120원으로 Y재를 6단위를 구입하므로 Y재 가격은 20원이 된다.

정답 ②

0297

두 재화 X와 Y에 대한 갑의 효용함수는 U = min[4X, Y]이다. X재의 가격이 15, Y재의 가격이 20일 때, (X, Y) = (5, 8)과 같은 수준의 효용을 얻을 수 있는 묶음을 구입하는데 필요한 최소 금액은 얼마인가? 07 감정평가사

① 47
② 92
③ 190
④ 198

주어진 효용함수는 X재와 Y재가 1단위의 X재와 4단위의 Y재가 결합되어 소비가 이루어지는 완전보완재인 경우이다.
- 주어진 소득을 가지고 효용을 극대화하는 소비를 하면 'U = 4X = Y'가 성립한다.
- (X, Y) = (5, 8), 즉 X재를 5단위, Y재를 8단위를 소비하는 경우에 얻게 되는 효용은 다음과 같이 도출된다.

$$U = \min[4 \times 5,\ 8] = \min[20,\ 8] = 8$$

- 한편 8의 효용을 달성하기 위해서는 X의 소비량은 2단위면 족하다.

$$U = \min[4 \times 2,\ 8] = \min[8,\ 8] = 8$$

- 따라서 이때 필요한 소득(I)은 다음과 같이 도출된다.

$$I = P_X \times X + P_Y \times Y \Rightarrow I = 15 \times 2 + 20 \times 8 = 30 + 160 = 190$$

정답 ③

0298

세 재화 X, Y, Z를 소비하는 한 소비자의 효용함수가 다음과 같이 주어져 있다. 이 소비자의 소득이 70, 각 재화의 가격이 $P_X = 1$, $P_Y = 2$, $P_Z = 3$으로 주어진 경우 효용극대화 소비량은? 11 CPA

$$U(X, Y, Z) = \min[2X,\ Y,\ 3Z]$$

① $(10, 20, \frac{20}{3})$

② $(\frac{35}{3}, \frac{35}{3}, \frac{35}{3})$

③ $(21, 14, 7)$

④ $(\frac{35}{3}, \frac{70}{3}, 35)$

주어진 효용함수에서 세 재화 X, Y, Z는 완전보완재 관계에 있다. 따라서 소비자는 '2X = Y = 3Z'를 만족할 때 극대효용에 도달할 수 있다.
- 소비자의 예산제약식은 다음과 같이 나타낼 수 있다.

$$P_X \times X + P_Y \times Y + P_Z \times Z = X + 2Y + 3Z = 70$$

- '2X = Y = 3Z'를 전제로 'Y = 2X, Z = $\frac{2}{3}$X'이므로, 이 조건을 앞의 예산제약식에 대입하면, 다음과 같이 세 재화 X, Y, Z의 소비량을 구할 수 있다.

- $X + 4X + 2X = 70 \Rightarrow 7X = 70 \Rightarrow X = 10$
- $Y = 2X \Rightarrow Y = 20$
- $Z = \frac{2}{3}X \Rightarrow Z = \frac{20}{3}$

정답 ①

0299

효용극대화를 추구하는 소비자 갑은 X재와 Y재만 소비한다. 갑이 X재와 Y재의 소비로부터 얻는 한계효용은 소비량에 관계없이 각각 50과 30으로 일정하다. X재의 가격은 4, Y재의 가격은 2, 소득은 10일 때 갑의 최적 소비조합 (X, Y)는?

13 국가직 7급

① (0, 5)

② (1, 3)

③ (2, 1)

④ (2.5, 0)

효용극대화 달성 조건은 $MRS_{XY} = \frac{P_X}{P_Y}$ 이다.

• 소비량과 관계없이 $MRS_{XY} = \frac{MU_X}{MU_Y} = \frac{50}{30} = 1.67$으로 일정하다는 것은 두 재화는 완전대체재로 효용함수가 우하향하는 직선의 모습을 보인다는 의미이다.

• 주어진 두 재화의 가격을 통해 상대가격이 '$\frac{P_X}{P_Y} = \frac{4}{2} = 2$'임을 알 수 있다.

• 앞에서 도출된 결과를 통해 '$MRS_{XY} < \frac{P_X}{P_Y}$'가 성립함을 알 수 있다. 이 경우 오직 Y재만을 소비하는 구석해가 존재하게 된다.

• 소비자 균형은 10의 소득으로 가격이 2인 Y재만을 5단위 소비하는 수준에서 달성된다.

정답 ①

AK Tip 두 재화가 완전대체재인 경우 소비자 균형

• $\frac{P_X}{P_Y} > MRS_{XY}$: Y재만 소비

• $\frac{P_X}{P_Y} = MRS_{XY}$: 예산선 상의 모든 점이 소비자 균형점

• $\frac{P_X}{P_Y} < MRS_{XY}$: X재만 소비

⇒ 효용함수가 $U = \alpha X + \beta Y$(α와 β는 양의 상수) 형태로 주어진 경우에 X, Y 두 재화는 완전대체재이다. 이때 한계대체율은 $\frac{\alpha}{\beta}$로 일정한 크기를 갖는다.

0300

이 팀장의 효용함수는 $U = 3X + Y$이다. X재의 가격은 1원이고, Y재의 가격은 3원이라고 한다. 이 팀장은 두 재화에 총 100원을 지출하려고 한다. 이 경우 이 팀장이 얻을 수 있는 **최대효용(maximum utility)**은?

02 CPA

① 100

② 150

③ 200

④ 300

문제에서 주어진 무차별곡선은 기울기(한계대체율: MRS_{XY})가 3인 선형함수이므로 두 재화 X재와 Y재는 완전 대체재 관계에 있다.

• 문제에서 주어진 두 재화의 가격에 따라 상대가격($\frac{P_X}{P_Y}$)은 $\frac{1}{3}$이다.

• 앞에서 도출된 결과를 통해 '$\frac{P_X}{P_Y} < MRS_{XY}$'이 성립함을 알 수 있다. 이 경우 오직 X재만을 소비하는 구석해가 존재하게 된다.

• 소비자 균형은 100의 소득으로 가격이 1원인 X재만을 100단위를 소비하는 수준에서 달성된다. 이때 X재 소비량 100단위를 효용함수에 대입하면 300만큼의 효용을 얻을 수 있게 된다.

정답 ④

0301

어느 소비자에게 X재와 Y재는 완전대체재이며 X재 2개를 늘리는 대신 Y재 1개를 줄이더라도 동일한 효용을 얻는다. X재의 시장가격은 2만 원이고 Y재의 시장가격은 6만 원이다. 소비자가 X재와 Y재에 쓰는 예산은 총 60만 원이다. 이 소비자가 주어진 예산에서 효용을 극대화할 때 소비하는 X재와 Y재의 양은?

19 서울시 공개 경쟁 7급

	X재(개)	Y재(개)
①	0	10
②	15	5
③	24	2
④	30	0

해설

주어진 조건에 따른 소비자의 한계대체율(MRS_{XY})과 상대가격 ($\frac{P_X}{P_Y}$)은 다음과 같다.

- $MRS_{XY} = -\frac{\Delta Y}{\Delta X} = -\frac{-1}{+2} = \frac{1}{2}$
- $\frac{P_X}{P_Y} = \frac{2}{6} = \frac{1}{3}$

- 소비자에게 두 재화는 완전대체재이고, '$MRS_{XY} > \frac{P_X}{P_Y}$'이므로 이 소비자는 오직 X재만 소비하게 되는 구석해를 선택하게 된다.
- 예산제약식을 통해 다음과 같이 X재 소비량을 구할 수 있다.

$$P_X \times X + P_Y \times Y = I \Rightarrow 2 \times X + 6 \times Y = 60$$
$$\Rightarrow 2 \times X = 60 (\because Y = 0) \Rightarrow X = 30$$

정답 ④

0302

영석이의 효용함수가 $U(X, Y) = X^3 \times Y$로 나타난다고 가정하자. X재의 가격을 P_X, Y재의 가격을 P_Y, 영석이의 소득을 M이라 할 때, 다음 중 영석이의 X재에 대한 수요를 바르게 나타낸 것은?

06 7급

① $\frac{M}{P_X + P_Y}$

② $0.33 \times P_X \times M$

③ $\frac{0.75 \times M}{P_X}$

④ $\frac{M}{2 \times P_X}$

⑤ $\frac{1.33 \times P_Y \times M}{P_X}$

해설

주어진 효용함수가 $U(X, Y) = A \times X^\alpha \times Y^\beta$와 같은 콥-더글라스 함수 형태로 주어지는 경우, X재와 Y의 수요함수는 각각 도출된다.

$$X = \frac{\alpha M}{(\alpha + \beta) P_X}, \quad Y = \frac{\beta M}{(\alpha + \beta) P_Y}$$

- $\alpha = 3$, $\beta = 1$이므로 이를 X재 수요함수에 대입하면 X재에 대한 구체적 수요함수를 도출할 수 있다.

$$X = \frac{\alpha M}{(\alpha + \beta) P_X} \Rightarrow X = \frac{3 \times M}{4 \times P_X} = \frac{0.75 \times M}{P_X}$$

정답 ③

0303

희천이는 하루에 8시간을 소비하여 물고기를 잡고, 코코넛을 딴다. 그는 항상 시간당 물고기 3마리를 잡고, 시간당 코코넛 4개를 딴다. 그의 효용함수는 $U = C \times F$ (C는 매일 그가 먹는 코코넛의 수를 나타내고, F는 매일 그가 먹는 물고기의 수를 나타냄)이다. 효용극대화를 하는 희천이는 매일 몇 마리의 물고기를 잡아야 하는가? 　　　　04 7급

① 18

② 16

③ 12

④ 8

하루 8시간 중 물고기를 잡는 시간을 X라고 한다면 코코넛을 딸 수 있는 시간은 $(8-X)$이다.

- 시간당 코코넛은 4개를 딸 수 있고, 물고기는 3마리를 잡을 수 있으므로 희천이의 효용함수는 다음과 같이 나타낼 수 있다.

$$U = C \times F = 4(8-X) \times 3X \ \Rightarrow \ U = 96X - 12X^2$$

- 희천이의 효용함수를 물고기를 잡는 시간 X에 대해 미분하여 한계함수를 구하고 이를 통하여 효용 극대화를 달성할 수 있는 물고기 잡는 시간 X의 크기를 구할 수 있다.

$$\frac{dU}{dX} = 96 - 24X = 0 \Rightarrow X = 4$$

- 이에 따라 하루 8시간 중에서 물고기와 코코넛을 따는 데 각각 4시간씩 할당하면 되는 것이다. 따라서 물고기는 '12(= 3×4)' 마리를 잡아야 효용을 극대화할 수 있다.
- 다음과 같은 방법도 가능하다.
- 물고기는 시간당 3마리를 잡을 수 있으므로 물고기(F) 한 마리를 잡기 위해 필요한 소요시간(= 생산비)은 $\frac{1}{3}$시간(h), 코코넛은 시간당 4개를 딸 수 있으므로 코코넛(C) 한 개를 따기 위해 필요한 소요 시간(= 생산비)은 $\frac{1}{4}$시간(h)이다. 이를 각각 물고기와 코코넛의 가격으로 간주하여 풀면 다음과 같다.
- 일반적으로 소비자 효용함수가 X재의 가격을 P_X, Y재의 가격을 P_Y, 소득을 M, 그리고 효용함수가 $U = AX^\alpha Y^\beta$의 형태로 주어지면 효용극대화를 실현할 수 있는 X재와 Y재의 구매량은 각각 $X = \frac{\alpha M}{(\alpha+\beta)P_X}$, $Y = \frac{\beta M}{(\alpha+\beta)P_Y}$으로 구할 수 있다.
- 따라서 하루 8시간(h)을 주어진 소득 M, 주어진 효용함수 $U = C \times F$ 를 $U = X^\alpha Y^\beta$로 이해하면, α와 β는 각각 1이므로 구하고자 하는 Y(즉 F)의 크기는 다음과 같이 도출된다.

$$Y = \frac{\beta M}{(\alpha+\beta)P_Y} \Rightarrow Y = \frac{1 \times 8h}{2 \times \frac{1}{3}h} = 12$$

정답 ③

0304

두 상품 X재와 Y재를 소비하는 홍길동의 효용함수는 $U(X, Y) = XY + 3$이다. 홍길동의 소득이 10,000원이고 X재와 Y재의 가격이 각각 1,000원과 500원일 때, 홍길동의 효용을 극대화하는 X재와 Y재의 소비량은? (단, X재와 Y재의 소비량은 0보다 크다.)

① (2, 16)
② (5, 10)
③ (6, 8)
④ (8, 4)

주어진 $U(X, Y) = XY + 3$에서의 효용극대화는 결국 $U(X, Y) = XY$에서의 효용극대화와 동일한 결과를 가져온다. 왜냐하면 소비량과 관계없는 3은 상수이기 때문에 효용의 크기는 오직 X재와 Y재의 소비량에 달려있기 때문이다.

- 효용함수가 $U(X, Y) = A \times X^\alpha \times Y^\beta$의 형태로 주어지면, 소비자 균형을 달성할 때의 X재와 Y재의 소비량은 각각 $X = \frac{\alpha M}{(\alpha + \beta) P_X}$, $Y = \frac{\beta M}{(\alpha + \beta) P_Y}$으로 도출된다.

- 문제에서 α와 β가 각각 1로 주어져 있으므로, X재와 Y재의 수요량(소비량)은 다음과 같이 도출된다.

$$X = \frac{1 \times 10,000}{(1+1) \times 1,000} = 5, \quad Y = \frac{1 \times 10,000}{(1+1) \times 500} = 10$$

- 참고로 이 경우 효용의 크기는 '$U(X, Y) = XY + 3 = 50 + 3 = 53$'이 된다.

정답 ②

AK Tip 지수효용함수인 경우 소비자 균형

$$U(X, Y) = A \times X^\alpha \times Y^\beta$$

$$\Rightarrow X = \frac{\alpha M}{(\alpha + \beta) P_X}, \quad Y = \frac{\beta M}{(\alpha + \beta) P_Y} \quad \text{(X재와 Y재의 각각의 수요함수)}$$

$$\Rightarrow \text{만약 '} \alpha + \beta = 1 \text{'이라면 } X = \frac{\alpha M}{P_X}, \quad Y = \frac{\beta M}{P_Y} \text{이 성립한다.}$$

0305

어떤 소비자의 효용함수는 $U(X, Y) = 2XY$이다. 이 소비자는 X재와 Y재의 소비에 100만 원을 지출하기로 결정하였다. X재의 가격은 1만 원이고, Y재의 가격은 2만 원일 때 최적 소비량과 이때의 MRS_{XY}는? (단, $MRS_{XY} = -\frac{\Delta Y}{\Delta X}$)

① $X = 50$, $Y = 25$, $MRS_{XY} = \frac{1}{2}$
② $X = 25$, $Y = 50$, $MRS_{XY} = 2$
③ $X = 50$, $Y = 25$, $MRS_{XY} = 2$
④ $X = 25$, $Y = 50$, $MRS_{XY} = \frac{1}{2}$
⑤ $X = 20$, $Y = 40$, $MRS_{XY} = 2$

효용함수가 $U(X, Y) = A \times X^\alpha \times Y^\beta$의 형태로 주어지면, 소비자 균형을 달성할 때의 X재와 Y재의 소비량은 각각 다음과 같이 도출된다.

$$X = \frac{\alpha M}{(\alpha + \beta) P_X}, \quad Y = \frac{\beta M}{(\alpha + \beta) P_Y}$$

- 문제에서 α와 β가 각각 1로 주어져 있으므로, X, Y재의 수요량(소비량)은 다음과 같다.

$$X = \frac{1 \times 1,000,000}{(1+1) \times 10,000} = 50, \quad Y = \frac{1 \times 1,000,000}{(1+1) \times 20,000} = 25$$

- 한계대체율은 다음과 같이 도출된다.

- $MRS_{XY} = \frac{MU_X}{MU_Y}$, $MU_X = \frac{dU}{dX} = 2Y$, $MU_Y = \frac{dU}{dY} = 2X$

- $MRS_{XY} = \frac{MU_X}{MU_Y} = \frac{2Y}{2X} = \frac{2 \times 25}{2 \times 50} = \frac{1}{2}$

정답 ①

AK Tip 지수효용함수인 경우 한계대체율(MRS)

$$U(X, Y) = A \times X^\alpha \times Y^\beta$$

$$\Rightarrow MRS_{XY} = \frac{MU_X}{MU_Y} = \frac{\alpha}{\beta} \times \frac{Y}{X}$$

$$\Rightarrow MRS_{YX} = \frac{MU_Y}{MU_X} = \frac{\beta}{\alpha} \times \frac{X}{Y}$$

0306

효용함수가 $U = Ly$ 인 A는 매주 주어진 80시간을 노동과 여가에 배분하여 효용을 극대화한다. 시간당 임금은 1주일에 40시간까지는 1만 원이고, 40시간을 초과한 시간에 대해서는 2만 원이다. 효용이 극대화될 때 A의 1주일간 노동 소득은? (단, L은 여가, y는 소득이며, A에게 노동 소득을 제외한 다른 소득은 없다.)

19 국가직 7급

① 30만 원
② 40만 원
③ 50만 원
④ 60만 원

효용함수 $U = Ly$ 는 원점에 볼록하면서 45°선을 중심으로 대칭인 형태를 한 효용함수 모습을 보인다. $y = \dfrac{U(일정)}{L}$ 형태이므로 직각쌍곡선 형태임을 기억하면 된다.

- 주어진 효용함수는 $U = Ly$ 를 전제로 한계대체율(MRS_{Ly})을 도출하면 다음과 같다.

$$MRS_{Ly} = \frac{MU_L}{MU_y} = \frac{y}{L}$$

- 주어진 조건을 이용하여 예산제약식을 도출하면 다음과 같다. 여기서 40시간을 초과한 노동시간은 매주 주어진 80시간 중 처음 노동에 투입한 40시간을 뺀 나머지 40시간 중 여가시간(L)을 차감한 크기이므로 $(40 - L)$로 나타낼 수 있다. 또한 여가시간이 40시간보다 많으면 노동시간은 40시간 미만이므로 시간당 임금은 1만 원이 된다. 그러나 여가시간이 40시간보다 작으면 노동시간은 40시간을 초과하게 되므로 초과된 노동시간의 시간당 임금은 2만 원이 된다. 이에 따라 예산제약식은 다음과 같이 나타낼 수 있다.

- 여가시간이 40시간 초과인 경우: $y = 1 \times (80 - L) = 80 - L$
- 여가시간이 40시간 미만인 경우:
  $y = 1 \times 40 + 2 \times (40 - L) = 120 - 2L$

따라서 이를 그림으로 나타내면 여가시간이 40시간인 점에서 꺾이는 모습을 보이게 된다.

- 앞의 조건들을 이용하여 소비자균형이 달성되는 수준을 그림으로 나타내면 다음과 같다.

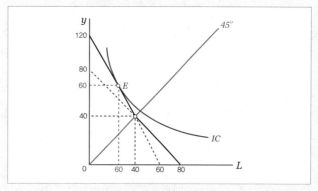

- 그림에 따르면 소비자균형점은 효용함수와 여가시간이 40시간 미만인 경우의 예산선 '$y = 120 - 2L$'이 접하는 수준인 E점에서 달성된다. E점은 한계대체율(MRS_{Ly})과 예산선의 기울기인 상대가격이 일치하는 수준이기도 하다.

- $MRS_{Ly} = \dfrac{MU_L}{MU_y} = \dfrac{y}{L}$, 여가의 상대가격=예산선의 기울기=2
- $\dfrac{y}{L} = 2 \Rightarrow y = 2L$

- 앞의 결과를 예산제약식에 대입하면 효용 극대화 수준에서의 여가시간과 소득을 도출할 수 있다.

$y = 120 - 2L \Rightarrow 2L = 120 - 2L \Rightarrow 4L = 120 \Rightarrow L = 30,\ y = 60$

정답 ④

0307

다음을 참조할 때 A가 선호하는 지원방식을 순서대로 나열한 것은?

14 국회 8급

A는 월 60만 원의 소득을 음식(F)과 의복(C)을 소비하는 데 모두 지출하며, 그의 효용함수는 $U=2FC$이고, 음식의 가격은 2만 원, 의복의 가격은 1만 원이다. 정부에서 A의 음식 소비를 지원하기 위해 다음 3가지 방안을 고려하고 있다.

(단, U는 효용을 나타내고, a>b는 a를 b보다 선호하고, a~b는 a와 b에 대한 선호가 무차별함을 의미함)

보 기

ㄱ. 음식 1단위당 5천 원의 보조
ㄴ. 10만 원의 정액보조
ㄷ. 음식 5단위를 구입할 수 있는 음식바우처(음식만 구입가능) 지급

① ㄱ > ㄴ > ㄷ
② ㄱ ~ ㄴ ~ ㄷ
③ ㄴ > ㄱ > ㄷ
④ ㄴ ~ ㄷ > ㄱ
⑤ ㄴ > ㄷ > ㄱ

해설

효용함수가 $U(F,C) = A \times F^{\alpha} \times C^{\beta}$의 형태로 주어지면, 소비자 균형을 달성할 때의 F재와 C재의 소비량은 각각 다음과 같이 도출된다.

$$F = \frac{\alpha M}{(\alpha+\beta)P_F}, \quad C = \frac{\beta M}{(\alpha+\beta)P_C} \Rightarrow \text{단, 여기서 M은 소득의 크기이다.}$$

- 문제에서 α와 β가 각각 1로 주어져 있으므로, F재와 C재의 소비량은 다음과 같다.

$$F = \frac{1 \times 600,000}{(1+1) \times 20,000} = 15, \quad C = \frac{1 \times 600,000}{(1+1) \times 10,000} = 30$$

- 음식 1단위당 5천 원의 보조를 하는 경우
  지불해야 할 음식(F)가격은 15,000원으로 감소하므로 이때의 음식(F) 소비량과 이때 얻게 되는 효용은 다음과 같이 도출된다.

  - 음식(F) 소비량: $F = \frac{1 \times 600,000}{(1+1) \times 15,000} = 20$
  - 효용(U): $U = 2 \times 20 \times 30 = 1,200$

- 10만 원의 정액보조를 하는 경우
  소득은 70만 원이 되며, 이때의 음식(F)과 의복(C) 소비량과 이때 얻게 되는 효용은 다음과 같이 도출된다.

  - 음식(F) 소비량: $F = \frac{1 \times 700,000}{(1+1) \times 20,000} = 17.5$
  - 의복(C) 소비량: $C = \frac{1 \times 700,000}{(1+1) \times 10,000} = 35$
  - 효용(U): $U = 2 \times 17.5 \times 35 = 1,225$

- 음식 5단위를 구입할 수 있는 음식바우처(음식만 구입가능) 지급하는 경우
  결과적으로 10만 원만큼의 현금보조의 경우와 동일한 효과를 가져 온다. 따라서 10만 원을 정액보조를 하는 경우와 동일해진다.

정답 ④

AK Tip | Engel의 법칙과 Schwabe의 법칙

- 엥겔(Engel) 지수: $\frac{\text{총 음식물 지출액}}{\text{가계의 총지출액}}$
- Engel의 법칙: 소득증가에 따라 Engel 지수가 지속적으로 하락하는 현상
- 슈바베(Schwabe)의 법칙: 소득증가에 따라 가계의 총지출액에서 주거비 지출이 감소하는 현상

0308

남태평양의 어느 섬에서 야자열매는 1년에 한 차례만 생산된다. 1년 중 비가 50일 이상 내리면 열매가 5개, 그렇지 않으면 4개가 생산될 수 있다. 야자열매에 대한 수요함수는 비가 50일 이상 내리면 $Q=10-P$이고, 50일 미만으로 내리면 $Q=12-P$로 증가한다. 이 섬에서 1년에 비가 50일 이상 내릴 확률이 0.5일 때, 이 섬에서 생산되는 열매를 모두 판매한다면 얼마의 수입(revenue)을 기대할 수 있는가?

04 CPA

① 25
② 28.5
③ 32
④ 57
⑤ 주어진 정보만으로는 답을 구할 수 없다.

기대수입을 구하는 공식은 다음과 같다.

$$E(X) = \sum_{i=1}^{n} p_i \times X_i \ (p는 사건이 발생할 확률, X는 사건이 발생할 경우의 수입)$$

- 0.5의 확률로 비가 50일 이상 내리는 경우의 수요함수가 $P=10-Q$이고, 이때의 생산량은 5개, 가격은 5원이므로 판매수입($P \times Q$)으로 25원을 얻을 수 있다.
- 0.5의 확률로 비가 50일 미만 내리는 경우의 수요함수가 $P=12-Q$이고, 이때의 생산량은 4개, 가격은 8원이므로 판매수입($P \times Q$)으로 32원을 얻을 수 있다.
- 이 섬에서 생산되는 열매를 모두 판매하는 경우의 기대수입은 다음과 같이 도출된다.

기대수입 = $(0.5 \times 25) + (0.5 \times 32) = 12.5 + 16 = 28.5$(원)

정답 ②

AK Tip 기대소득

기대소득: $E(X) = \sum_{i=1}^{n} p_i \times X_i$

⇒ 여기서 p_i는 특정 사건이 발생할 확률로 이러한 모든 확률의 합은 '1'이다. 또한 X_i는 특정 사건이 발생할 때 얻게 되는 수익의 크기를 의미한다.

0309

갑돌이와 갑순이는 서로 이웃하며 농장을 경영하고 있다. 각 농장은 연 수익은 작황이 나쁜 해에는 200만 원, 좋은 해에는 1,800만 원으로 예상치 못하게 변동하며 좋은 해와 나쁜 해의 확률은 각각 50%씩이다. 갑돌이는 갑순이보다 위험회피적이어서 불확실한 수익보다는 600만 원의 수익을 선호한다. 갑순이는 갑돌이에게 연 600만 원의 수익을 보장하기로 하고 대신 두 농장의 총수익을 가져가기로 제안할 때 갑순이가 예상하는 ㉠ 최저수익, ㉡ 최대수익, ㉢ 연평균수익은 각각 얼마인가?

09 국가직 7급

	㉠	㉡	㉢
①	400만 원	3,600만 원	1,000만 원
②	400만 원	3,000만 원	1,400만 원
③	−200만 원	3,000만 원	1,000만 원
④	−200만 원	3,000만 원	1,400만 원

주어진 확률에 따른 각각의 수익은 다음과 같다.
- **최저수익**: 두 농장의 작황이 동시에 나쁜 해의 연 수익은 각각 200만 원이므로 총수익은 연 400만 원이다. 그런데 갑순이가 갑돌이에게 보장한 연 수익이 600만 원이므로 갑순이의 최저수익은 -200만 원이 된다.
- **최대수익**: 두 농장의 작황이 동시에 좋은 해의 연 수익은 각각 1,800만 원이므로 총수익은 연 3,600만 원이다. 그런데 갑순이가 갑돌이에게 보장한 연 수익이 600만 원이므로 갑순이의 최대수익은 3,000만 원이 된다.
- 앞의 결과를 전제로 연평균수익을 구하면 다음과 같다.

연평균수익 = $\frac{1}{2} \times$ 최저수익 $+ \frac{1}{2} \times$ 최대수익
$= \frac{1}{2} \times (-200) + \frac{1}{2} \times 3,000 = -100 + 1,500 = 1,400$(만 원)

정답 ④

0310

한 소비자의 효용함수는 $U(W) = \sqrt{W}$이다. 즉 W만큼의 확실한 부(wealth)로부터 그 소비자가 얻는 효용은 $\sqrt{W}$ 이다. 그 소비자가 폰노이만-몰겐스턴 기대효용함수를 가지고 있다고 하자. 0.4의 확률로 10,000원을, 0.6의 확률로 90,000원을 탈 수 있는 복권이 그 소비자에게 주는 기대효용은 얼마인가?

04 CPA

① 100,000

② 58,000

③ $\sqrt{58,000}$

④ 220

⑤ 180

기대효용을 구하는 공식은 다음과 같다.

$$EU = \sum_{i=1}^{n} p_i \times W_i(U)$$ (p는 사건이 발생할 확률, X(U)는 사건이 발생할 경우의 효용)

• 문제에서 주어진 조건에 따른 기대효용은 다음과 같이 계산된다.

$$EU = (0.4 \times \sqrt{10,000}) + (0.6 \times \sqrt{90,000})$$
$$= (0.4 \times 100) + (0.6 \times 300) = 220$$

정답 ④

AK Tip 기대효용

기대효용: $EU = \sum_{i=1}^{n} p_i \times U(X_i)$

⇒ 여기서 p_i는 특정 사건이 발생할 확률로 이러한 모든 확률의 합은 '1'이다. 또한 $U(X_i)$는 특정 사건이 발생할 때 얻게 되는 수익이 주는 효용의 크기를 의미한다.

0311

다음과 같이 당첨금을 주는 세 개의 복권이 있다.

L_1	확실히 25만 원
L_2	$\frac{1}{2}$의 확률로 0원, $\frac{1}{2}$의 확률로 100만 원
L_3	$\frac{1}{2}$의 확률로 0원, $\frac{1}{4}$의 확률로 64만 원, $\frac{1}{4}$의 확률로 144만 원

어떤 소비자가 돈 X에 대해 $U(X) = X^{\frac{1}{2}}$의 효용함수를 가지고 있다면, 이 소비자의 선호에 관한 설명으로 옳은 것은?

09 국회 8급

① $\frac{1}{2}$의 확률로 복권 L_1을, $\frac{1}{2}$의 확률로 복권 L_2를 주는 새로운 복권을 복권 L_3보다 더 좋아한다.

② $\frac{1}{2}$의 확률로 복권 L_2를, $\frac{1}{2}$의 확률로 복권 L_3를 주는 새로운 복권을 복권 L_1보다 더 좋아한다.

③ $\frac{1}{4}$의 확률로 복권 L_1을, $\frac{3}{4}$의 확률로 복권 L_3를 주는 새로운 복권을 복권 L_2보다 더 좋아한다.

④ $\frac{1}{4}$의 확률로 복권 L_2를, $\frac{3}{4}$의 확률로 복권 L_3를 주는 새로운 복권을 복권 L_1보다 더 좋아한다.

⑤ 세 개의 복권을 어떤 확률로 조합하더라도 모두 같은 기대효용을 준다.

효용함수가 $U(X) = X^{\frac{1}{2}} = \sqrt{X}$이므로 주어진 복권의 기대효용을 구하면 다음과 같다.

• L_1: $1 \times \sqrt{250,000} = 500$(원)
• L_2: $\frac{1}{2} \times \sqrt{0} + \frac{1}{2} \times \sqrt{1,000,000} = 0 + 500 = 500$(원)
• L_3: $\frac{1}{2} \times \sqrt{0} + \frac{1}{4} \times \sqrt{640,000} + \frac{1}{4} \times \sqrt{1,440,000}$
$= 0 + 200 + 300 = 500$(원)

• 앞에 도출된 결과들을 기초로 선택지에 나타난 새로운 복권의 각각의 기대효용을 구하면 다음과 같다.

① $\frac{1}{2} \times 500 + \frac{1}{2} \times 500 = 500$(원) = 복권 L_3의 기대효용

② $\frac{1}{2} \times 500 + \frac{1}{2} \times 500 = 500$(원) = 복권 L_1의 기대효용

③ $\frac{1}{4} \times 500 + \frac{3}{4} \times 500 = 500$(원) = 복권 L_2의 기대효용

④ $\frac{1}{4} \times 500 + \frac{3}{4} \times 500 = 500$(원) = 복권 L_1의 기대효용

• 결국 세 개의 복권을 어떤 확률로 조합하더라도 모두 같은 기대효용을 준다.

정답 ⑤

0312

다음을 참고할 때 <보기>에서 옳은 것을 모두 고르면?

어느 기획사에 소속된 가수 A는 음반판매실적과는 관계없이 고정급으로 월 1,000만 원을 받고 있다. 이때, 기획사에서 A에게 음반판매실적이 10만 장 이상인 경우에는 월 4,000만 원을 지급하고 판매실적이 10만 장 미만인 경우에는 월 160만 원을 지급하는 새 계약을 제시했다고 하자. A의 효용함수는 $U = \sqrt{10I}$이다. (U: 효용, I: 급여)

보기

ㄱ. 음반판매실적이 10만 장 이상일 확률이 50%이면 새로운 계약을 회피하기 위해 지불할 최대금액인 위험프리미엄은 650만 원보다 크다.

ㄴ. 음반판매실적이 10만 장 이상일 확률이 25%이면 A는 고정급 계약을 고수한다.

ㄷ. 음반판매실적이 10만 장 이상일 확률이 35%이면 A는 고정급 계약 대신 새 계약을 체결한다.

① ㄱ
② ㄴ
③ ㄷ
④ ㄴ, ㄷ
⑤ ㄱ, ㄴ, ㄷ

음반판매실적이 10만 장 이상일 확률이 50%인 경우의 기대소득(EI)과 기대효용(EU)은 다음과 같이 도출된다.

> • $EI = 0.5 \times 4{,}000$만 원 $+ 0.5 \times 160$만 원
> $= 2{,}000$만 원 $+ 80$만 원 $= 2{,}080$만 원
> • $EU = 0.5 \times \sqrt{10 \times 4{,}000 \text{만 원}} + 0.5 \times \sqrt{10 \times 160 \text{만 원}} =$
> $0.5 \times \sqrt{4 \text{억 원}} + 0.5 \times \sqrt{1{,}600 \text{만 원}}$
> $= 0.5 \times 20{,}000 \text{원} + 0.5 \times 4{,}000 \text{원} = 10{,}000 \text{원} + 2{,}000 \text{원} = 12{,}000 \text{원}$
> $= 10{,}000 \text{원} + 2{,}000 \text{원} = 12{,}000 \text{원}$

• 확실성 등가(CE)는 기대효용(EU)과 동일한 크기의 효용(U)을 주는 확실한 소득(I)의 크기를 의미하며 다음과 같이 도출된다.

> $EU(= 12{,}000 \text{원}) = U(= \sqrt{10I}) \Rightarrow 12{,}000 \text{원} = \sqrt{10I}$
> $\Rightarrow 144{,}000{,}000 \text{원} = 10I \Rightarrow I = 14{,}400{,}000 \text{원}$

• 위험프리미엄(RP)은 기대소득(EI)에서 확실성 등가(CE)를 뺀 값으로 측정된다.

> $RP = EI - CE \Rightarrow 2{,}080$만 원 $- 1{,}440$만 원 $= 640$만 원

따라서 위험프리미엄의 크기는 650만 원보다 작다(ㄱ).
• 기존 계약에서의 효용의 크기는 다음과 같이 도출된다.

> $U = \sqrt{10I} = \sqrt{10 \times 1{,}000 \text{만 원}} = \sqrt{1 \text{억 원}} = 10{,}000 \text{원}$

• 음반판매실적이 10만 장 이상일 확률이 25%인 경우에 새로운 계약에서의 기대효용의 크기는 다음과 같다.

> $EU = 0.25 \times \sqrt{10 \times 4{,}000 \text{만 원}} + 0.75 \times \sqrt{10 \times 160 \text{만 원}}$
> $= 0.25 \times \sqrt{4 \text{억 원}} + 0.75 \times \sqrt{1{,}600 \text{만 원}}$
> $= 0.25 \times 20{,}000 + 0.75 \times 4{,}000 \text{원} = 5{,}000 \text{원} + 3{,}000 \text{원} = 8{,}000 \text{원}$

따라서 기존 계약에서 받고 있는 고정급이 주는 효용인 10,000원보다 작다. 이에 따라 A는 기존 계약에서 받고 있는 고정급을 고수하는 것이 유리하다(ㄴ).
• 음반판매실적이 10만 장 이상일 확률이 35%인 경우에 새로운 계약에서의 기대효용의 크기는 다음과 같다.

> $EU = 0.35 \times \sqrt{10 \times 4{,}000 \text{만 원}} + 0.65 \times \sqrt{10 \times 160 \text{만 원}}$
> $= 0.35 \times \sqrt{4 \text{억 원}} + 0.65 \times \sqrt{1{,}600 \text{만 원}}$
> $= 0.35 \times 20{,}000 + 0.65 \times 4{,}000 \text{원} = 7{,}000 \text{원} + 2{,}600 \text{원} = 9{,}600 \text{원}$

따라서 기존 계약에서 받고 있는 고정급이 주는 효용인 10,000원보다 역시 작다. 이에 따라 이 경우에도 A는 기존 계약에서 받고 있는 고정급을 고수하는 것이 유리하다(ㄷ).

정답 ②

CHAPTER 01 미시경제학 **155**

0313

효용을 U, 소득을 Y라고 할 때, 영희의 선호체계를 나타내는 폰 노이만-모겐스턴 효용함수는 $U = \sqrt{Y}$ 이다. 현재 영희의 소득은 Y = 0이며, 동전을 던져 앞면이 나오면 400원의 상금을 받고 뒷면이 나오면 상금이 없는 게임을 할 수 있는 티켓을 소유하고 있다. 영희는 최소 얼마를 받아야 이 티켓을 판매할 것인가?

07 국가직 7급

① 400원
② 200원
③ 100원
④ 50원

문제에서는 확실성 등가를 묻고 있다. 확실성 등가는 기대효용과 동일한 효용을 보장해주는 확실한 소득을 의미한다.

- 기대소득: $E(X) = \frac{1}{2} \times 0원 + \frac{1}{2} \times 400원 = 200원$
- 기대효용: $EU = \frac{1}{2} \times \sqrt{0원} + \frac{1}{2} \times \sqrt{400원} = 10원$
- 확실성 등가: $10원 = \sqrt{X} \Rightarrow X = 100원$

따라서 영희는 최소한 100원은 받아야 티켓을 판매할 것이다.

정답 ③

0314

甲의 효용함수는 $u(x) = \sqrt{x}$ 로 표현된다. 甲은 현재 소득이 0원이며, $\frac{1}{3}$ 의 당첨 확률로 상금 100원을 받는 복권을 갖고 있다. 상금의 일부를 포기하는 대신에 당첨될 확률을 $\frac{2}{3}$ 로 높일 수 있을 때, 甲이 포기할 용의가 있는 최대 금액은? (단, x는 원으로 표시된 소득이다.)

18 국가직 7급

① $\frac{100}{3}$ 원
② 50원
③ $\frac{200}{3}$ 원
④ 75원

$\frac{1}{3}$ 의 당첨 확률로 상금 100원을 받는 복권의 기대효용(EU_1)은 다음과 같다.

$$EU_1 = \frac{1}{3} \times \sqrt{100} + \frac{2}{3} \times \sqrt{0} = \frac{\sqrt{100}}{3}$$

- 상금 100원에서 일부(A)를 포기하는 대신에 당첨될 확률이 $\frac{2}{3}$ 인 경우의 기대효용(EU_2)은 다음과 같다.

$$EU_2 = \frac{2}{3} \times \sqrt{100 - A} + \frac{1}{3} \times \sqrt{0} = \frac{2\sqrt{100 - A}}{3}$$

이에 따라 만약 $\frac{1}{3}$ 의 확률로 받을 수 있는 상금 100원의 일부(A)를 포기하는 대신에, 당첨될 확률을 $\frac{2}{3}$ 로 높여도 기대효용이 '최소한 작지만 않다면(=같거나 크다면)', 甲은 이를 위해 상금의 일정 부분(A)을 포기할 수 있다. 이것은 '$EU_1 \leq EU_2$' 조건을 만족할 때, 가능해진다.

- 앞에서 도출한 각각의 기대효용을 이용하여 '$EU_1 \leq EU_2$' 조건을 만족하는 A의 범위를 구하면 다음과 같다.

$$EU_1 \leq EU_2 \rightarrow \frac{\sqrt{100}}{3} \leq \frac{2\sqrt{100 - A}}{3} \rightarrow 100 \leq 4(100 - A) \rightarrow$$
$$25 \leq 100 - A$$
$$\therefore A \leq 75$$

결국 甲이 포기할 수 있는 상금(A)의 최대치는 75(원)이 된다.

- 만약 A값이 75원보다 크다면 '$EU_1 > EU_2$'가 되어 기존의 복권을 그대로 유지하는 것이 유리해지므로, 당첨확률을 $\frac{2}{3}$ 로 높이려 하지 않을 것이다.

정답 ④

0315

화재가 발생하지 않는 경우 철수 집의 자산가치는 10,000이고, 화재가 발생하는 경우 철수 집의 자산가치는 2,500이다. 철수 집에 화재가 발생하지 않을 확률은 0.8이고, 화재가 발생할 확률은 0.2이다. 위험을 기피하는 철수의 효용함수는 $U(X) = X^{0.5}$이다. 화재의 위험에 대한 위험 프리미엄(risk premium)은? (단, X는 자산가치이다.) 16 지방직 7급

① 200
② 300
③ 400
④ 500

해설

기대효용에 따른 위험 프리미엄(Risk premium)은 기대소득(EX)에서 확실성 등가(CE)를 차감한 크기로 측정된다.
• 주어진 조건에 따라 다음과 같은 수치를 얻을 수 있다.

> • 기대소득(EX) = $0.8 \times 10,000 + 0.2 \times 2,500 = 8,000 + 500 = 8,500$
> • 기대효용(EU) = $0.8 \times \sqrt{10,000} + 0.2 \times \sqrt{2,500} = 80 + 10 = 90$
> • 확실성 등가(CE) = $EU^2 = 90^2 = 8,100$
> • 위험 프리미엄(RP) = $8,500 - 8,100 = 400$

정답 ③

0316

효용함수가 아래와 같은 사람이 있다. $U = X^{0.5}$(단, X = 소득, U = 효용) 소득이 100일 확률이 0.5이고 소득이 400일 확률이 0.5일 때, 이 불확실한 소득의 위험프리미엄은 얼마인가? 04 행시

① 25
② 30
③ 40
④ 50

해설

효용함수의 형태가 아래로 오목한 모습(∵ $U = X^{0.5} = \sqrt{X}$: 무리함수)이므로 소비자는 위험기피자임을 알 수 있다.
• 주어진 조건에 따라 기대소득과 기대효용을 구하면 각각 다음과 같다.

> $E(X) = \sum_{i=1}^{n} p_i \times X_i = 0.5 \times 100 + 0.5 \times 400 = 250$
> (p는 사건이 발생할 확률, X는 사건이 발생할 경우의 수입)

> $E(U) = \sum_{i=1}^{n} p_i \times W_i(U) = 0.5 \times \sqrt{100} + 0.5 \times \sqrt{400} = 15$
> (p는 사건이 발생할 확률, X(U)는 사건이 발생할 경우의 효용)

• 기대효용과 동일한 효용{E(U) = U}을 보장해 주는 확실한 소득을 확실성 등가(대등액: CE)라고 하며, 이것은 다음과 같이 측정된다.

> $E(U) = 15 \Rightarrow 15 (= E(U) = \sqrt{X} (= U = X^{0.5}) \Rightarrow 225 = X$
> ⇒ 확실성 등가 = 225

• 위험프리미엄(RP)은 현재의 불확실한 상황에서 벗어나기 위해 기꺼이 지불할 의향이 있는 소득의 크기를 의미하며, 기대소득과 확실성 등가의 차이로 그 크기를 측정한다.

> $RP = E(X) - CE = 250 - 225 = 25$

• 위의 내용을 그림으로 나타내면 다음과 같다.

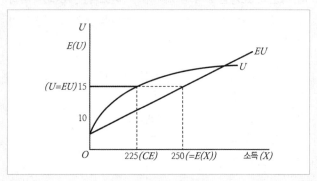

정답 ①

0317

당첨될 경우 16, 그렇지 못할 경우 0의 상금을 얻을 수 있는 복권이 있다. 이 복권에 당첨될 확률과 그렇지 못할 확률은 동일하다. 이 복권을 구입한 효미의 효용함수는 $U(W) = \sqrt{W}$ 라고 한다. 이 경우 확실성 등가(certainty equivalence)와 위험프리미엄(risk premium)은 각각 얼마인가? (단, U는 효미의 효용, W는 상금규모임)   15 국회 8급

① (2, 2)
② (2, 4)
③ (4, 4)
④ (4, 2)
⑤ (8, 8)

주어진 조건에 따라 다음과 같은 크기를 측정할 수 있다.

- 기대상금(EW) = $0.5 \times 16 + 0.5 \times 0 = 8$
- 기대효용(EU) = $0.5 \times \sqrt{16} + 0.5 \times \sqrt{0} = 2$
- 확실성 등가(CE) = $EU^2 = 2^2 = 4$
- 위험프리미엄(RP) = 기대상금 − 확실성 등가 = $8 - 4 = 4$

정답 ③

0318

A군은 친구가 하는 사업에 100만 원을 투자하려고 한다. 사업이 성공하면 A군은 0.5의 확률로 196만 원을 돌려받고, 사업이 실패하면 0.5의 확률로 64만 원을 돌려받게 된다. A군의 효용함수가 $U(y) = 10y^{0.5}$ 이고 y는 소득을 나타낸다. 이 투자기회에 대한 A군의 확실성 등가와 위험프리미엄은?   15 지방직

	확실성 등가	위험프리미엄
①	110만 원	9만 원
②	110만 원	20만 원
③	121만 원	9만 원
④	121만 원	20만 원

주어진 조건에 따른 기대소득(Ey)과 기대효용(EU)은 다음과 같이 계산된다.

- $Ey = 0.5 \times 1{,}960{,}000 + 0.5 \times 640{,}000 = 1{,}300{,}000$(원)
- $EU = 0.5 \times 10\sqrt{1{,}960{,}000} + 0.5 \times 10\sqrt{640{,}000}$
  $= 5 \times 1{,}400 + 5 \times 800 = 11{,}000$(원)

- 확실성 등가는 기대효용과 동일한 '확실한 효용(EU = U)'을 주는 '확실한 소득(y)'을 의미한다.

$EU = U \Rightarrow 11{,}000 = 10\sqrt{y} \Rightarrow 121{,}000{,}000 = 100y$
$\Rightarrow y(= CE) = 1{,}210{,}000$(원)

- 위험프리미엄(RP)은 '기대소득 − 확실성 등가'이다.

$RP = Ey - CE = 1{,}300{,}000 - 1{,}210{,}00 = 90{,}000$(원)

정답 ③

0319

어떤 소비자의 효용함수 $U = X^{0.5}$(X는 자산금액)이다. 이 소비자는 현재 6,400만원에 거래되는 귀금속 한 점을 보유하고 있다. 이 귀금속을 도난당할 확률은 0.5인데, 보험에 가입할 경우에는 도난당한 귀금속을 현재 가격으로 전액 보상해준다고 한다. 보험에 가입하지 않은 상황에서 이 소비자의 기대효용과 이 소비자가 보험에 가입할 경우 낼 용의가 있는 최대 보험료는 각각 얼마인가? 16 서울시 7급

	기대효용	최대보험료
①	40	2,800만 원
②	40	4,800만 원
③	60	2,800만 원
④	60	4,800만 원

기대효용은 다음과 같이 도출된다.

$$EU = 0.5 \times \sqrt{64,000.000} + 0.5 \times \sqrt{0} = 0.5 \times 8,000 = 4,000$$

- 효용함수가 $U = X^{0.5}$이므로 확실성 등가(CE)는 기대효용(EU)의 제곱값과 일치한다.

$$CE = EU^2 = 4,000^2 = 16,000,000$$

- 최대보험료(공정한 보험료+위험프리미엄)는 보험사고가 발생하지 않은 경우의 최대 재산(다시 말하면 최소재산)에서 확실성 등가(CE)를 차감한 값으로도 계산된다. 이에 따라 최대보험료는 다음과 같이 도출된다.

최대보험료=최초재산-확실성 등가=64,000,000-16,000,000= 48,000,000(원)

- 그런데 문제에서 기대효용을 40으로 한 것은 4,000의 잘못이다. 아마도 기대효용을 계산할 때 자산금액의 단위인 '만 원'을 고려하지 않고 그냥 6,400을 대입해서 푼 것으로 보인다. '만 원'이 $\sqrt{}$에 들어가면 나올 때는 100원이 된다.

정답 ②(사실은 답 없음)

AK Tip 불확실성과 보험시장

- '확실성 등가(CE)=$(EU)^2$'
- '위험프리미엄(RP)=기대소득(EX)-확실성 등가(CE)'
- 공정한 보험료=기대손실액(사고확률×손실액)
- 최대보험료=위험프리미엄+공정한 보험료
⇒ '확실성 등가'란 기대소득과 동일한 효용($U = EU$)을 주는 확실한 소득의 크기를 의미한다.
⇒ '위험프리미엄'이란 불확실한 상황에서 벗어나기 위해 기꺼이 포기할 수 있는 수익의 크기를 의미한다.

0320

재산이 100만 원인 철수는 75만 원의 손실을 볼 확률이 $\frac{1}{5}$, 손실을 보지 않은 확률이 $\frac{4}{5}$이다. 보험회사는 철수가 일정 금액을 보험료로 지불하면 손실 발생 시 손실 전액을 보전해주는 상품을 팔고 있다. 철수의 효용함수가 $U(X) = \sqrt{X}$이고 기대효용을 극대화한다고 할 때, 철수가 보험료를 지불할 용의가 있는 최대금액은 얼마인가? 11 국회 8급

① 15만 원

② 19만 원

③ 25만 원

④ 29만 원

⑤ 35만 원

보험사고가 발생하는 경우 철수의 총재산은 25만 원이며, 보험사고가 발생하지 않는 경우 총재산은 100만 원이다. 이에 따라 최대보험료를 구하는 과정은 다음과 같다.

- 기대소득: $E(X) = \frac{1}{5} \times 250,000 + \frac{4}{5} \times 1,000,000 = 850,000$ (원)
- 기대효용: $EU = \frac{1}{5} \times \sqrt{250,000} + \frac{4}{5} \times \sqrt{1,000,000}$

    $= \frac{1}{5} \times 500 + \frac{4}{5} \times 1,000 = 100 + 800 = 900$ (원)
- 확실성 등가: $900 = \sqrt{X} \Rightarrow X = 810,000$ (원)
- 위험프리미엄 = 기대소득 - 확실성 등가액 = $850,000 - 810,000$

    $= 40,000$ (원)
- 기대손실액 = $\frac{1}{5} \times 750,000 = 150,000$ (원) ⇒ 공정한 보험료
- 최대보험료 = 위험프리미엄 + 공정한 보험료 = $40,000 + 150,000$

    $= 190,000$ (원)
- ⇒ 단, 최대 보험료는 화재가 발생하지 않을 때 소득수준에서 확실성 등가를 뺀 값으로도 측정할 수 있다($1,000,000 - 810,000$

    $= 190,000$).

정답 ②

0321

<보기>와 같은 경제상황에서 어떤 보험회사가 개인A에게 100% 확률로 일정한 소비수준을 보장해 준다고 한다면 개인A가 동의할 수 있는 소비수준의 최저값이 존재한다. 이 때 경제 내에 개인A와 같은 개인들이 무수히 많다면 보험회사가 받을 수 있는 개인당 보험료 수입의 최곳값은? 16 국회 8급

보 기

- 개인A의 소비는 50%의 확률로 1, 나머지 50%의 확률로 4의 값을 가진다.
- 개인A의 효용함수는 $U(C) = \sqrt{C}$이다. (단, U는 효용, C는 소비)
- 모든 개인은 기대효용을 극대화하며, 각 개인들의 소비는 서로 독립적으로 실현된다.

① $\frac{1}{4}$

② $\frac{1}{2}$

③ $\frac{\sqrt{2}}{2}$

④ $\frac{3}{2}$

⑤ $\frac{7}{4}$

주어진 문제는 최대보험료를 묻고 있다. 문제에서 주어진 소비의 크기는 기존의 보험 관련 문제에서 주어지는 재산 또는 소득으로 대체해서 이해하면 된다.

- 주어진 조건에서 최대로 얻을 수 있는 소비는 4이다.
- 기대효용(EU)은 다음과 같다.

$$EU = 0.5 \times \sqrt{1} + 0.5\sqrt{4} = 1.5$$

- 문제에서 주어진 효용함수에서 확실성 등가(CE)는 '$EU = U$'를 만족시키는 확실한 소비(C)를 의미한다. 따라서 다음과 같이 도출된다.

$$EU = U \Rightarrow 1.5 = U(= \sqrt{C}) \Rightarrow 1.5^2 = (\sqrt{C})^2 \Rightarrow C = 2.25$$
$$\therefore CE = 2.25$$

- 최대보험료는 최대로 얻을 수 있는 재산의 크기(이 문제에서는 소비의 크기)에서 확실성 등가를 차감한 값이다.

$$최대보험료 = 4 - 2.25 = 1.75 = \frac{7}{4}$$

정답 ⑤

0322

A는 현재 시가로 1,600만 원인 귀금속을 보유하고 있는데, 이를 도난당할 확률이 0.4라고 한다. A의 효용함수는 $U = 2\sqrt{W}$(W는 보유자산의 화폐가치)이며, 보험에 가입할 경우 도난당한 귀금속을 현재 시가로 전액 보상해준다고 한다. 보험 가입 전 A의 기대효용과 A가 보험에 가입할 경우 지불할 용의가 있는 최대 보험료는? 19 서울시 공개 경쟁 7급

	기대효용	최대보험료
①	36	1,276만 원
②	48	1,024만 원
③	36	1,024만 원
④	48	1,276만 원

기대효용은 다음과 같이 도출된다.

$$EU = 0.6 \times 2\sqrt{16,000,000} + 0.4 \times 2\sqrt{0} = 0.6 \times 2 \times 4,000 = 4,800$$

• 확실성 등가(CE)는 기대효용(EU)과 동일한 효용(U)을 주는 확실한 소득(W)의 크기를 의미한다. 따라서 확실성 등가는 다음과 같이 도출할 수 있다.

$$EU = U \Rightarrow 4,800 = 2\sqrt{W} \Rightarrow 2,400 = \sqrt{W} \Rightarrow W = 5,760,000$$
$$\therefore CE = 5,760,000$$

• 최대보험료(공정한 보험료 + 위험프리미엄)는 보험사고가 발생하지 않은 경우의 최대 재산에서 확실성 등가(CE)를 차감한 값으로도 계산된다. 따라서 최대보험료는 다음과 같이 도출할 수 있다.

> 최대보험료 = 최초재산 - 확실성 등가 = 16,000,000 - 5,760,000 = 10,240,000(원)

• 그런데 문제에서 기대효용을 48로 한 것은 4,800의 잘못이다. 아마도 기대효용을 계산할 때 보유자산의 단위인 '만 원'을 고려하지 않고 그냥 1,600을 대입해서 푼 것으로 보인다. '만 원'이 $\sqrt{\ }$에 들어가면 나올 때는 100원이 된다.
• 2016년에 출제되었던 문제인 '0319번 문제'와 비교해 보면 효용함수 형태만 다른 동일한 문제라 볼 수 있고, 동일한 출제자라 볼 수 있고, 동일한 실수를 범했다고 볼 수 있다.

정답 ②(사실은 답 없음)

0323

갑은 사업안 A와 B를 고려하고 있다. 두 안의 성공 및 실패에 따른 수익과 확률은 다음과 같다. 이에 대한 설명으로 옳은 것만을 모두 고르면? (단, 위험은 분산으로 측정한다)

20 지방직 7급

구분 사업안	성공		실패	
	확률	수익(만 원)	확률	수익(만 원)
A	0.9	+ 100	0.1	+ 50
B	0.5	+ 200	0.5	- 10

ㄱ. A안의 기대수익은 95만 원이다.
ㄴ. B안의 기대수익은 95만 원이다.
ㄷ. 갑이 위험을 회피하는(risk averse) 사람인 경우 A안을 선택할 가능성이 더 크다.
ㄹ. A안의 기대수익에 대한 위험은 B안의 기대수익에 대한 위험보다 더 크다.

① ㄱ, ㄴ, ㄷ 　　　② ㄱ, ㄴ, ㄹ
③ ㄱ, ㄷ, ㄹ 　　　④ ㄴ, ㄷ, ㄹ

A안과 B안의 기대수익(EX)은 각각 다음과 같다.

> • A안 기대수익(EX) = $0.9 \times 100 + 0.1 \times 50 = 90 + 5 = 95$(만 원)
> • B안 기대수익(EX) = $0.5 \times 200 + 0.5 \times (-10) = 100 - 5 = 95$(만 원)

• A안과 B안의 분산은 각각 다음과 같다.

> • 분산 = $\sum_{i=1}^{n} p_i \times (X_i - EX)^2$, 여기서 p_i는 i번째 사건이 일어날 확률, EX는 기대수익, X_i는 i번째 사건의 값이다.
> • A안 분산 = $0.9 \times (100 - 95)^2 + 0.1 \times (50 - 95)^2$
> $= 0.9 \times 25 + 0.1 \times 2,025 = 225$(만 원)
> • B안 분산 = $0.5 \times (200 - 95)^2 + 0.5 \times [-10 - 95]$
> $= 0.5 \times 11,025 + 0.5 \times 11,025 = 11,025$(만 원)

앞에서 도출된 분산의 크기는 각 사업안의 위험 정도를 나타낸다.
• A안의 기대수익에 대한 위험은 B안의 기대수익에 대한 위험보다 더 작다. 따라서 갑이 위험을 회피하는(risk averse) 사람인 경우라면, 분산이 작아 위험 정도가 낮은 A안을 선택할 가능성이 더 커진다.

정답 ①

0324

처음 10명의 노동자가 인형을 생산할 때 평균생산량은 21개이다. 이때 1명의 노동자를 더 고용하자 평균생산량은 20개가 되었다. 이 경우 노동자의 한계생산량은 얼마인가?

11 보험계리사

① 1
② 5
③ 10
④ 20

한계생산량은 노동자 1명이 추가적으로 고용될 때 총생산량의 증가분이다.
- 처음 10명을 고용할 때 평균생산량이 21개였으므로 총생산량은 210개이다.
- 1명이 추가되어 11명을 고용할 때는 평균생산량이 20개였으므로 총생산량은 220개이다.
- '11명 째' 고용할 때의 한계생산량은 11명을 고용할 때의 총생산량인 220개에서 10명을 고용할 때의 총생산량인 210개를 뺀 값인 10개가 된다.

정답 ③

0325

외국과 자국은 두 국가 모두 한 가지 재화만을 생산하며, 노동 투입량과 노동의 한계생산량의 관계는 다음 표와 같다. 자국과 외국의 현재 노동 부존량은 각각 11과 3이고 모두 생산에 투입된다. 국가 간 노동이동이 자유로워지면 세계 총생산량의 변화는?

14 국가직 7급

노동투입량(명)	1	2	3	4	5	6	7	8	9	10	11
노동의 한계생산량(개)	20	19	18	17	16	15	14	13	12	11	10

① 4개 증가
② 8개 증가
③ 12개 증가
④ 16개 증가

외국의 노동 부존량이 '3 ⇒ 4 ⇒ 5 ⇒ 6 ⇒ 7'로 4명이 증가함에 따라 총생산량은 62(=17 + 16 + 15 + 14)만큼 증가한다.
- 자국의 노동 부존량이 '11 ⇒ 10 ⇒ 9 ⇒ 8 ⇒ 7'로 4명이 감소함에 따라 총생산량은 46(=10 + 11 + 12 + 13)만큼 감소한다.
- 자국의 노동이 외국으로 4명만큼 이동하여 자국과 외국에서 모두 7명씩 투입되면 결과적으로 세계 총생산량은 16(=62-46)만큼 증가하게 된다.

정답 ④

0326

노동을 L 단위, 자본을 K 단위만큼 투입하여 자동차 부품을 생산하는 어떤 기업의 생산함수는 $Q = aL^b K^c$와 같으며, 다음의 두 조건 (A)와 (B)를 만족한다.

> (A) 이 생산함수는 1차 동차 함수이다.
> (B) $(L=1, K=1)$에서 노동의 한계생산성은 1/6, 자본의 한계생산성은 1/3이다.

위의 조건들과 합치되는 상수 (a, b, c) **의 값은?**

02 CPA

① $a = 1, b = 1/6, c = 2/6$
② $a = 1, b = 1/6, c = 5/6$
③ $a = 1/2, b = 1/3, c = 2/3$
④ $a = 1/2, b = 1/3, c = 1/3$

주어진 생산함수가 1차 동차 생산함수이므로 $b + c = 1$이 성립한다.
- $L = 1$, $K = 1$일 때 노동과 자본의 한계생산성을 각각 구하면 다음과 같다.

> - 노동의 한계생산성 $(MP_L) = \dfrac{dQ}{dL} = baL^{b-1}K^c = ba = \dfrac{1}{6}$
> - 자본의 한계생산성 $(MP_K) = \dfrac{dQ}{dK} = caL^b K^{c-1} = ca = \dfrac{1}{3}$

- $b + c = 1$, $ba = \dfrac{1}{6}$, $ca = \dfrac{1}{3}$을 연립해서 풀면 a, b, c는 각각 $a = \dfrac{1}{2}, b = \dfrac{1}{3}, c = \dfrac{2}{3}$가 된다.

정답 ③

0327

다음 표는 생산함수가 $y = z\sqrt{k}\sqrt{h}$ 로 동일한 두 국가(A국과 B국)의 1인당 GDP(y), 1인당 물적자본스톡(k), 1인당 인적자본스톡(h)을 나타내고 있다. B국의 1인당 GDP가 A국의 1인당 GDP의 2.4배라고 할 때, B국의 생산성은 A국 생산성의 몇 배인가? (단, z는 생산성을 나타낸다.) 15 지방직

구분	A국	B국
1인당 GDP(y)	100	( )
1인당 물적자본스톡(k)	100	100
1인당 인적자본스톡(h)	25	64

① 1.2

② 1.5

③ 2.0

④ 2.4

해 설

주어진 조건에 따른 A국의 1인당 GDP(y)와 생산성(z)은 다음과 같다.

$$y_A = z_A\sqrt{k_A}\sqrt{h_A} = z_A\sqrt{100}\sqrt{25} = 50z_A = 100$$
$$\Rightarrow y_A = 100, z_A = 2$$

- B국의 1인당 GDP(y)은 다음과 같다.

$$y_B = z_B\sqrt{k_B}\sqrt{h_B} = z_B\sqrt{100}\sqrt{64} = 80z_B$$

- A국의 1인당 GDP(y_A)가 100이므로, A국 1인당 GDP의 2.4배인 B국의 1인당 GDP(y_B)는 240이 된다. 이에 따라 B국의 생산성(z_B)은 다음과 같이 도출된다.

$$y_B = 2.4y_A = 240, y_B = 80z_B \Rightarrow 240 = 80z_B \Rightarrow z_B = 3$$

- B국의 생산성($z_B = 3$)은 A국의 생산성($z_A = 2$)의 1.5배가 된다.

정답 ②

0328

어느 기업의 생산함수는 $Q = 2LK$이다. 단위당 임금과 단위당 자본비용이 각각 2원 및 3원으로 주어져 있다. 이 기업의 총 사업 자금이 60원으로 주어졌을 때, 노동의 최적 투입량은? (단, Q는 생산량, L은 노동투입량, K는 자본투입량이며, 두 투입요소 모두 가변투입요소이다.) 16 국가직 7급

① $L = 10$

② $L = 15$

③ $L = 20$

④ $L = 25$

해 설

생산함수가 $Q = AL^\alpha K^\beta$ 형태로 주어지는 경우 노동과 자본의 최적 투입량은 다음과 같이 도출된다.

- $L = \dfrac{\alpha \times TC}{(\alpha+\beta) \times P_L} = \dfrac{1 \times 60}{(1+1) \times 2} = \dfrac{60}{4} = 15$
- $K = \dfrac{\beta \times TC}{(\alpha+\beta) \times P_K} = \dfrac{1 \times 60}{(1+1) \times 3} = \dfrac{60}{6} = 10$

- 앞의 도출 방법은 소비자 선택이론에서 효용함수가 지수함수 형태로 주어진 경우에 최적 소비량을 구하는 방법과 동일하다.

정답 ②

0329

생산함수가 $Q = 2L^{0.7}K^{0.3}$(Q는 생산량, L은 노동, K는 자본임), 자본과 노동의 증가율이 각각 1%일 때 생산량 증가율은?

13 공인노무사

① 0.3%

② 0.7%

③ 1%

④ 1.3%

⑤ 2%

생산함수가 $Q = AL^{\alpha}K^{\beta}$ 형태로 주어진 경우, α는 생산의 노동탄력성(e_L)이고 β는 생산의 자본탄력성(E_K)을 의미한다.

• 생산의 노동탄력성(E_L)이 0.7, 생산이 자본탄력성(E_K)이 0.3이므로 주어진 조건 하에서의 생산량 증가율은 다음과 같이 도출된다.

> 생산량 증가율=
> $1\% \times E_L + 1\% \times E_K = 1\% \times 0.7 + 1\% \times 0.3 = 0.7\% + 0.3\% = 1\%$

• 이렇게 접근할 수도 있다. 주어진 생산함수가 1차 동차 생산함수이므로 '규모에 대한 보수불변'이 성립한다. 따라서 노동과 자본이 동일하게 1%만큼 증가하면 생산량도 동일하게 1%만큼 증가하게 된다.

정답 ③

AK Tip Cobb-Douglas 생산함수에서의 탄력성

> $Q = AL^{\alpha}K^{\beta}$
>
> ⇒ 생산의 노동탄력성=α, 생산의 자본탄력성=β
> ⇒ '$\alpha + \beta = 1$'이 성립할 때, 노동과 자본의 t배만큼 증가하면 생산량도 t배만큼 증가하여 장기에 '규모에 대한 보수 불변'이 성립한다.

0330

다음 생산함수 중에서 1차 동차 생산함수인 동시에 노동(L)과 자본(K)의 대체탄력성이 0인 생산함수는?

03 공인노무사

① $Q = 100LK$

② $Q = (3L + 2K)$

③ $Q = \min(2L, K)$

④ $Q = (LK)^{0.5}$

⑤ $Q = 5LK$

1차 동차 생산함수라는 것은 노동(L)과 자본(K)을 똑같이 t배 했을 때, 생산량도 똑같이 t^1배로 증가하는 생산함수를 의미한다.

> ① $100(tL)(tK) = t^2 100LK = t^2Q$ ⇒ 2차 동차 생산함수
> ② $3(tL) + 2(tK) = t(3L + 2T) = tQ$ ⇒ 1차 동차 생산함수인 선형 생산함수
> ③ $\min[2(tL), (tK)] = t \times \min(2L, K) = tQ$ ⇒ 1차 동차 생산함수인 Leontief 생산함수
> ④ $[(tL)(tK)]^{0.5} = t^{0.5}t^{0.5}(LK)^{0.5} = t^1Q$ ⇒ 1차 동차 생산함수인 Cobb-Douglas 생산함수
> ⑤ $5(tL)(tK) = t^2 5LK = t^2Q$ ⇒ 2차 동차 생산함수

• 대체탄력성이란 동일한 등량곡선 하에서 생산요소의 상대가격($\frac{w}{r}$)이 변했을 때 요소집약도($\frac{K}{L}$)의 민감한 변화 정도를 측정한 수치를 의미한다.

• 1차 동차 생산함수이면서 대체탄력성이 0인 생산함수는 $Q = \min(2L, K)$뿐이다.

정답 ③

AK Tip CES 생산함수

구분	Cobb-Douglas 생산함수	Leontief 생산함수	선형 생산함수
대체탄력성	1	0	∞

⇒ CES 생산함수는 대체탄력성이 항상 일정한 값을 갖는 생산함수를 의미한다. 여기에는 원점에 대해 볼록한 Cobb-Douglas 생산함수, 'L'자형의 Leontief 생산함수, 우하향의 직선 형태의 선형생산함수 등이 있다.

0331

총 노동량과 총 자본량이 각각 12단위인 경제를 가정하자. 완전 보완관계인 노동 1단위와 자본 2단위를 투입하여 X재 한 개를 생산하며, 완전 대체관계인 노동 1단위 혹은 자본 1단위를 투입하여 Y재 한 개를 생산한다. 이 경우 X재 생산량이 6일 때, 생산의 파레토 최적 달성을 위한 Y재 생산량은?

17 국가직 7급

① 8
② 6
③ 4
④ 3

해 설

X재는 완전 보완관계인 노동 1단위와 자본 2단위를 투입해서 생산되므로 X재 생산함수는 다음과 같은 'Leontief 생산함수' 형식으로 나타낼 수 있다.

$$Q_X = \min \left[\frac{L}{1}, \frac{K}{2} \right]$$

• 노동과 자본이 완전보완 관계에 있어 항상 '1:2'의 비율로 결합되어 생산과정에 투입되는 경우 X재를 최적으로 생산하기 위한 조건은 다음과 같다.

$$Q_X = \frac{L}{1} = \frac{K}{2}$$

• 문제에서 주어진 X재 생산량이 6이므로 X재 최적 생산을 위해 필요한 노동과 자본 투입량은 다음과 같이 도출된다.

$$6 = \frac{L}{1} = \frac{K}{2} \Rightarrow L = 6, K = 12$$

• 경제 전체의 생산요소가 'L = 12' 단위와 'K = 12' 단위였으므로, 이제 Y재 생산에 투입할 수 있는 생산요소는 남아있는 'L = 6' 단위뿐이다.
• Y재는 완전대체관계인 노동 1단위 혹은 자본 1단위를 투입해서 생산되므로 Y재 생산함수는 다음과 같이 '선형 생산함수' 형태로 나타낼 수 있다.

$$Q_Y = L + K$$

• 이제 남은 생산요소인 'L = 6' 단위와 'K = 0' 단위를 앞의 생산함수에 대입하면 Y재 생산량은 '$Q_Y = 6 + 0 = 6$'이 된다.

정답 ②

0332

어느 재화의 생산함수가 $Q = \min \left[\frac{K}{5}, \frac{L}{2} \right]$이며, 자본과 노동의 가격이 각각 3만원과 2만원이라고 가정하자. 이 재화를 200개 생산하기 위해서 필요한 최소 생산비는 얼마인가?

00 입시

① 800만 원
② 1,000만 원
③ 2,000만 원
④ 3,000만 원
⑤ 3,800만 원

해 설

주어진 생산함수는 생산요소가 항상 같은 비율로 투입되는 Leontief 생산함수로 '$Q = \min \left[\frac{K}{a}, \frac{L}{b} \right]$'가 일반적인 형태이다. 이러한 Leontief 생산함수에서 K와 L은 a:b의 비율로 투입되며 최적의 생산은 '$\frac{K}{a} = \frac{L}{b} = Q$'를 만족할 때 달성된다.

• 주어진 문제에서는 '$\frac{K}{5} = \frac{L}{2} = 200$'이 만족되어야 한다. 이에 따라 '$K = 1,000, L = 400$'이 된다.
• 주어진 조건을 전제로 총비용(TC)은 다음과 같이 도출된다.

$$TC = 자본비용 (P_K \times K) + 노동비용 (P_L \times L)$$
$$\Rightarrow TC = 3 \times 1,000 + 2 \times 400 = 3,000 + 800 = 3,800 (만\ 원)$$

정답 ⑤

0333

전직 프로골퍼인 어떤 농부가 있다. 이 농부는 골프 레슨으로 시간당 3만 원을 벌 수 있다. 어느 날 이 농부가 15만 원어치 씨앗을 사서 10시간 파종하였는데 그 결과 30만 원의 수확을 올렸다면, 이 농부의 회계학적 이윤(또는 손실)과 경제적 이윤(또는 손실)은 각각 얼마인가? 15 서울시 7급

① 회계학적 이윤 30만 원, 경제적 이윤 30만 원
② 회계학적 이윤 15만 원, 경제적 손실 15만 원
③ 회계학적 손실 15만 원, 경제적 손실 15만 원
④ 회계학적 손실 15만 원, 경제적 이윤 15만 원

문제에서 주어진 조건에 따른 농부의 10시간 파종에 따른 기회비용(골프레슨을 했을 경우 벌 수 있었던 귀속임금 = 암묵적 비용)은 30만 원이고, 명시적 비용(씨앗 구입비용)은 15만 원 그리고 총수입(수확금액)은 30만 원이다.

• 이윤(또는 손실)은 다음과 같이 도출된다.

> • 회계적 이윤 = 총수입 - 명시적 비용 = 30 - 15 = 15(만 원)
> • 경제적 이윤 = 총수입 - 명시적 비용 - 암묵적 비용 = 회계적 이윤 - 암묵적 비용 = 15 - 30 = -15(만 원) = 15만 원 손실

정답 ②

0334

어떤 기업의 1년 동안 경영실적이 다음과 같이 주어진 경우, 이 기업의 경제적 이윤은? (단, 이 기업의 손익명세서는 다음과 같다.) 01 감정평가사

> 총매출액: 500억 원
> 임금: 200억 원, 재료비: 100억 원, 임대료: 30억 원,
> 광고비: 30억 원, 감가상각비: 20억 원, 대출이자: 50억 원
> 이 기업 사장의 귀속임금: 3억 원, 귀속이자: 10억 원,
> 귀속임대료: 50억 원, 정상이윤: 10억 원

① 3억 원 손실
② 3억 원 이익
③ 10억 원 손실
④ 10억 원 이익

경제적 이윤은 다음과 같이 도출된다.

> 경제적 이윤 = 총수입 - 경제학적 비용(= 명시적 비용 + 암묵적 비용 + 정상이윤)

• 문제의 주어진 조건을 표로 정리하면 다음과 같다.

총수입	경제학적 비용(503억 원)		
	명시적 비용 (430억 원)	암묵적 비용 (63억 원)	정상이윤 (10억 원)
500억 원	• 임금(200억 원) • 재료비(100억 원) • 임대료(30억 원) • 광고비(30억 원) • 감가상각비(20억 원) • 대출이자(50억 원)	• 귀속임금(3억 원) • 귀속이자(10억 원) • 귀속임대료(50억원)	10억 원
경제적 이윤: -3억 원 ⇒ 3억 원 손실			

정답 ①

0335

총비용함수가 $TC = 100 + 20 \times Q$이다. 이때, TC는 총비용이고 Q는 생산량이다. 다음 중 옳은 것을 모두 고르면?

16 서울시 7급

> ㄱ. 생산량이 1일 때, 총고정비용은 120이다.
> ㄴ. 생산량이 2일 때, 총가변비용은 40이다.
> ㄷ. 생산량이 3일 때, 평균가변비용은 20이다.
> ㄹ. 생산량이 4일 때, 한계비용은 20이다.

① ㄱ
② ㄴ, ㄷ
③ ㄴ, ㄹ
④ ㄴ, ㄷ, ㄹ

총비용 함수는 다음과 같이 구성된다.

> 총비용(TC) = 총고정비용(TFC) + 총가변비용(TVC)

- 주어진 총비용함수에서 총고정비용(TFC)은 100, 총가변비용(TVC)은 $20 \times Q$이다.
- 총고정비용은 생산량과 관계없이 항상 100으로 일정하다(ㄱ).
- 생산량이 2일 때 총가변비용(TVC)은 40이다(ㄴ).
- 평균가변비용(AVC)은 '$AVC = \dfrac{TVC}{Q}$'이므로 생산량이 3일 때 평균가변비용은 20이 된다(ㄷ).
- 한계비용(MC)은 '$MC = \dfrac{dTC}{dQ} = \dfrac{dTVC}{dQ} = 20$'이므로 생산량과 관계없이 항상 일정한 값(=20)을 갖게 된다(ㄹ).

정답 ④

AK Tip 단기 총비용함수가 일반적인 3차 함수 형태인 경우

> - 평균고정비용(AFC) = $\dfrac{총고정비용(TFC)}{생산량(Q)}$ ⇒ 직각쌍곡선
> - 평균가변비용(AVC) = $\dfrac{총가변비용(TVC)}{생산량(Q)}$ ⇒ 'U'자형
> - 평균비용(AC) = AFC + AVC = $\dfrac{총비용(TC)}{생산량(Q)}$ ⇒ 'U'자형
> - 한계비용(MC) = $\dfrac{dTC}{dQ} = \dfrac{dTVC}{dQ}$ ⇒ 'U'자형

0336

총비용을 TC, 생산량을 Q라 할 때 총비용함수가 $TC = 10 + Q + 4Q^2$로 주어졌다. 다음 중 옳지 않은 것은? 07 국가직 7급

① Q = 1일 때 AVC = 10
② Q = 10일 때 MC = 81
③ Q = 5일 때 ATC = 23
④ Q = 5일 때 TC = 115

주어진 비용함수는 총고정비용($TFC = 10$)과 총가변비용($TVC = Q + 4Q^2$)으로 구성되어 있는 단기 총비용함수이다.

- 주어진 비용함수를 기초로 각각의 비용함수를 구하면 다음과 같다.

> - AVC = $\dfrac{Q + 4Q^2}{Q} = 1 + 4Q$ ⇒ Q = 1일 때, AVC = 5
> - MC = $\dfrac{dTC}{dQ} = \dfrac{dTVC}{dQ} = \dfrac{d(Q + 4Q^2)}{dQ} = 1 + 8Q$ ⇒ Q = 10일 때, MC = 81
> - ATC = $\dfrac{TC}{Q} = \dfrac{10 + Q + 4Q^2}{Q} = \dfrac{10}{Q} + 1 + 4Q$ ⇒ Q = 5일 때, ATC = 23
> - TC = $10 + Q + 4Q^2$ ⇒ Q = 5일 때, TC = 115

정답 ①

0337

다음은 어떤 기업의 단기 생산비용에 관한 표이다. (A), (B), (C)의 크기를 올바르게 비교한 것은? 11 공인노무사

생산량	총비용	한계 비용	평균 비용	평균가 변비용	평균고 정비용	총고정 비용
3	60			(A)	10	30
4		(B)	18			30
5		(C)		11		30

① (A) < (B) < (C)

② (C) < (B) < (A)

③ (B) < (A) < (C)

④ (A) < (C) < (B)

각 비용과의 관계를 정리하면 다음과 같다.

- 총비용(TC) = 총가변비용(TVC) + 총고정비용(TFC)
- 총가변비용(TVC)=생산량(Q)×평균가변비용(AVC)
- 총고정비용(TFC)=주어진 상수
- 평균비용(AC) = $\dfrac{\text{총비용}(TC)}{\text{생산량}(Q)}$
- 평균가변비용(AVC) = $\dfrac{\text{총가변비용}(TVC)}{\text{생산량}(Q)}$
- 평균고정비용(AFC) = $\dfrac{\text{총고정비용}(TFC)}{\text{생산량}(Q)}$
- 평균비용(AC) = 평균가변비용(AVC) + 평균고정비용(AFC)
- 한계비용(MC) = 총비용(TC)의 증가분

- 주어진 표를 완성하면 다음과 같다.

생산량	총비용	한계 비용	평균 비용	평균가 변비용	총가변 비용	평균고 정비용	총고정 비용
3	60	-	20	(A) = 10	30	10	30
4	72	(B) = 12	18	10.5	42	7.5	30
5	85	(C) = 13	17	11	55	6	30

정답 ①

0338

기업의 생산함수가 $Y = \min[\dfrac{L}{2}, K]$(Y는 생산량, L은 노동투입량, K는 자본투입량)이다. 노동의 단위당 임금이 100, 자본의 단위당 임대료가 50인 경우에 이 기업의 한계비용은? 14 CPA

① 100

② 150

③ 200

④ 250

기업의 총비용(TC)은 다음과 같이 나타낼 수 있다.

- $TC = wL + rK = 100L + 50K$
- 여기서 w은 노동의 가격(임금), r은 자본의 가격(임대료)

- 주어진 생산함수는 Leontief 생산함수이다. 따라서 최적 생산조건은 '$Y = \dfrac{L}{2} = K$'가 된다. 이에 따라 L = 2Y, K = Y가 성립한다.
- 앞의 결과를 총비용함수에 대입하고, 이를 전제로 한계비용(MC)을 구하면 다음과 같다.

- $TC = wL + rK = 100L + 50K \Rightarrow TC = 200Y + 50Y = 250Y$
- $MC = \dfrac{dTC}{dY} = 250$

정답 ④

0339

어느 기업의 총비용함수가 $TC(Q) = 20Q^2 - 15Q + 4,500$일 때, 평균비용을 최소화하는 생산량은? (단, Q는 생산량이다.)

18 국가직 9급

① 10
② 15
③ 20
④ 25

주어진 총비용함수를 전제로 평균비용(AC)을 구하면 다음과 같다.

$$AC = \frac{TC}{Q} = \frac{20Q^2 - 15Q + 4,500}{Q} = 20Q - 15 + \frac{4,500}{Q}$$
$$= 20Q - 15 + 4,500Q^{-1}$$

• 평균비용을 최소화하는 생산량 수준은 평균비용의 1차 도함수의 값을 '0'으로 만드는 크기이다. 이를 구하면 다음과 같다.

$$\frac{dAC}{dQ} = 20 - 4,500Q^{-2} = 0 \Rightarrow 20 - \frac{4,500}{Q^2} = 0 \Rightarrow Q^2 = \frac{4,500}{20}$$
$$\Rightarrow Q^2 = 225 \Rightarrow Q = 15$$

정답 ②

0340

어느 기업의 생산함수는 $Q = L + 2K$(Q는 생산량, L은 노동투입량, K는 자본투입량)이다. 노동의 단위당 임금이 1이고 자본의 단위당 임대료가 3인 경우, 이 기업의 비용함수 (C)는?

15 CPA

① $C = \frac{1}{2}Q$

② $C = Q$

③ $C = \frac{3}{2}Q$

④ $C = 2Q$

일반적으로 생산함수가 선형함수로 주어질 때 균형은 다음과 같은 세 가지 형태로 나타난다.

• $MRTS_{LK} > \dfrac{P_L}{P_K} \Rightarrow$ 오직 노동(L)만 투입하여 생산
• $MRTS_{LK} < \dfrac{P_L}{P_K} \Rightarrow$ 오직 자본(K)만 투입하여 생산
• $MRTS_{LK} = \dfrac{P_L}{P_K} \Rightarrow$ 등비용선의 모든 점에서 생산 가능

• 주어진 생산함수는 선형함수이고, 생산함수의 기울기인 기술적 한계대체율($MRTS_{LK}$)은 항상 '$\frac{1}{2}$'로 일정하다. 그리고 노동의 상대가격($\frac{P_L}{P_K}$)은 '$\frac{1}{3}$'이다.
• $MRTS_{LK}(= \frac{1}{2}) > \dfrac{P_L}{P_K}(= \frac{1}{3})$가 성립하여 오직 노동(L)만 투입하여 생산하게 된다. 결국 생산함수는 Q = L과 동일한 결과이다.
• 1단위를 생산하기 위해서는 노동 1단위 투입이 필요하고, 이를 위해서는 1만큼의 비용이 투입되어야 한다. 이에 따라 비용함수는 '$C = Q$'가 된다.

정답 ②

0341

기업 A의 생산함수는 $Q = \min[2L, K]$이다. 고정비용이 0원이고 노동과 자본의 단위당 가격이 각각 2원과 1원이라고 할 때, 기업 A가 100단위의 상품을 생산하기 위한 총비용은? (단, L은 노동투입량, K는 자본투입량이다.)

18 국가직 7급

① 100원
② 200원
③ 250원
④ 500원

주어진 생산함수는 노동(L)과 자본(K)이 항상 '$\frac{1}{2}$:1'로 결합되어 투입되는 이른바 'Leontief 생산함수'이다.
• 100단위의 상품을 생산할 때, 비용 극소화를 위한 요소투입량은 다음과 같이 도출된다.

$$Q = 2L = K \Rightarrow 100 = 2L = K \Rightarrow L = 50, K = 100$$

• 기업 A가 100단위의 상품을 생산하기 위한 총비용은 다음과 같이 도출된다.

$$TC = P_L \times L + P_K \times K = 2 \times 50 + 1 \times 100 = 100 + 100 = 200(원)$$

정답 ②

0342

어떤 기업의 생산함수는 $Q = \dfrac{1}{2,000}KL^{0.5}$이고 임금은 10, 자본임대료는 20이다. 이 기업이 자본 2,000단위를 사용한다고 가정했을 때, 이 기업의 단기 비용함수는? (단, K는 자본투입량, L은 노동투입량이다.)

① $10Q^2 + 20,000$

② $10Q^2 + 40,000$

③ $20Q^2 + 10,000$

④ $20Q^2 + 20,000$

⑤ $20Q^2 + 40,000$

'단기'를 전제로 했으므로 자본 투입량은 2,000단위로 고정되어 있다. 따라서 주어진 생산함수는 다음과 같이 나타낼 수 있다.

$$Q = \frac{1}{2,000}KL^{0.5} \Rightarrow Q = \frac{1}{2,000} \times 2,000 \times L^{0.5} \Rightarrow Q = L^{0.5}$$
$$\Rightarrow L = Q^2$$

- 임금(P_L)은 10, 자본임대료(P_K)는 20으로 주어졌으므로, 이 기업의 단기 총비용함수는 다음과 같이 도출된다.

$$TC = P_L \times L + P_K \times K \Rightarrow TC = 10 \times Q^2 + 20 \times 2,000$$
$$\Rightarrow TC = 10 \times Q^2 + 40,000$$

정답 ②

0343

A기업의 장기 총비용곡선은 $TC(Q) = 40Q - 10Q^2 + Q^3$이다. 규모의 경제와 규모의 비경제가 구분되는 생산규모는?

① $Q = 5$

② $Q = \dfrac{20}{3}$

③ $Q = 10$

④ $Q = \dfrac{40}{3}$

규모의 경제와 규모의 비경제는 장기평균비용 최저점에서 구분된다.

- 주어진 장기총비용곡선을 통해 장기평균비용(LAC)은 '$LAC(Q) = \dfrac{TC}{Q} = 40 - 10Q + Q^2$'이 된다.

- 장기평균비용의 최저점은 장기평균비용을 Q로 미분한 값이 0이 될 때이다. 이때의 생산규모는 다음과 같이 구할 수 있다.

$$LAC(Q) = 40 - 10Q + Q^2 \Rightarrow \frac{dLAC}{dQ} = -10 + 2Q = 0 \Rightarrow Q = 5$$

정답 ①

0344

생산함수가 $Q(L, K) = \sqrt{LK}$이고 단기적으로 K가 1로 고정된 기업이 있다. 단위당 임금과 단위당 자본비용이 각각 1원 및 9원으로 주어져 있다. 단기적으로 이 기업에서 규모의 경제가 나타나는 생산량 Q의 범위는? (단, Q는 생산량, L은 노동투입량, K는 자본투입량이다.)

17 지방직 7급

① $0 \leq Q \leq 3$
② $3 \leq Q \leq 4.5$
③ $4.5 \leq Q \leq 6$
④ $3 \leq Q \leq 6$

주어진 조건에 따른 총비용함수는 다음과 같다.

- $TC = w \times L + r \times K = L + 9K = L + 9$
- w은 임금, L은 노동투입량, r은 자본비용(= 실질임대료), K는 자본투입량이다.
- 단기적으로 'K = 1'로 고정되어 있다.

- 단기적으로 K가 1로 고정되어 있으므로 생산함수는 다음과 같다.

$$Q(L, K) = \sqrt{LK} \Rightarrow Q = \sqrt{L} \Rightarrow L = Q^2$$

- 앞의 결과를 총비용함수에 대입하게 되면 생산량과 총비용과의 관계를 도출할 수 있다.

$$TC = Q^2 + 9$$

- 문제에서 요구하는 규모의 경제는 평균비용(AC)이 우하향하는 구간에서 나타나게 된다. 즉 AC가 감소하는 구간을 구해야 한다. 이러한 구간은 평균비용의 최솟값 수준까지이다.
- 주어진 총비용함수의 양 변을 Q로 나누면 다음과 같은 평균비용을 구할 수 있다.

$$AC = \frac{TC}{Q} = Q + \frac{9}{Q} = Q + 9Q^{-1}$$

- 평균비용의 최솟값은 평균비용을 Q로 미분하여 도출된 도함수의 값이 0이 될 때이다. 이를 통하여 평균비용의 최솟값 수준에서의 생산량(Q)을 구하면 다음과 같다.

$$\frac{dAC}{dQ} = 1 - 9Q^{-2} = 1 - \frac{9}{Q^2} = 0 \Rightarrow Q^2 = 9 \Rightarrow Q = 3$$

- 이를 통하여 규모의 경제가 발생하는 구간에서 Q의 값은 '$0 \leq Q \leq 3$'임을 알 수 있다.
- 다만 본 문제에서 규모의 경제 개념은 장기를 전제 하지 않고, 단기까지 포함하여 평균비용이 하락하는 구간에서 나타나는 것으로 정의되어 출제가 이루어졌음을 주의한다.

정답 ①

THEME 04 | 수요-공급 이론

0345

어떤 재화에 대한 시장수요함수가 $P = 80 - 12Q$로 주어진다. 그리고 이 시장의 수요자는 모두 동일한 개별수요함수를 갖는다. 이 경우 시장 내 수요자의 수가 2배로 된다면 새로운 시장수요함수는?

03 행시

① $P = 160 - 24Q$

② $P = 160 - 12Q$

③ $P = 80 - 24Q$

④ $P = 80 - 6Q$

⑤ $P = 40 - 6Q$

해설

재화가 사적재인 경우, 시장수요곡선은 개별수요곡선을 수평적으로 합해서 도출한다.

• 동일한 수요함수를 갖는 수요자 수가 2배가 되었다면, 이것은 마치 수요자가 한 사람 있다가 동일한 개별수요함수를 갖고 있는 수요자가 한 사람 더 있는 경우와 동일하다.

• 수요자들의 개별수요함수가 동일한 경우, 전체수요함수는 다음과 같이 도출할 수 있다.

> • 개별수요함수: $P = a - bQ \Rightarrow P = 80 - 12Q$
> • 전체수요함수: $P = a - b \times \dfrac{1}{n}Q \Rightarrow P = 80 - 12 \times \dfrac{1}{2}Q$
> $\Rightarrow P = 80 - 6Q$
> • 여기서 a와 b는 상수이며, n은 수요자의 수이다.

정답 ④

0346

사적재화 X재의 개별수요함수가 $P = 7 - q$인 소비자가 10명이 있고, 개별공급함수가 $P = 2 + q$인 공급자가 15명 있다. X재 생산의 기술진보 이후 모든 공급자의 단위당 생산비가 1만큼 하락하는 경우, 새로운 시장균형가격 및 시장균형거래량은? (단, P는 가격, q는 수량이다.)

17 감정평가사

① 3.4, 36

② 3.8, 38

③ 4.0, 40

④ 4.5, 42

⑤ 5.0, 45

해설

사적재의 시장수요함수는 개별수요함수를 수평으로 도출한다. 이때 개별수요함수가 동일한 경우에는 다음과 같은 방법으로 시장수요함수를 도출한다.

> • 개별수요함수: $P = a - bq \Rightarrow P = 7 - q$
> • 전체수요함수: $P = a - b \times \dfrac{1}{n}q \Rightarrow P = 7 - \dfrac{1}{10}Q$ ......ⓐ
> • 여기서 a와 b는 상수이며, n은 수요자의 수이다.

• 시장공급함수 역시 개별공급함수를 수평으로 합하여 도출한다. 이때 개별공급함수가 동일한 경우에는 다음과 같은 방법으로 시장공급함수를 도출한다.

> • 개별공급함수: $P = c + dq \Rightarrow P = 2 + q$
> • 전체공급함수: $P = c + d \times \dfrac{1}{n}q \Rightarrow P = 2 + \dfrac{1}{15}Q$
> • 여기서 c와 d는 상수이며, n은 공급자의 수이다.

• 그런데 문제에서는 X재 생산의 기술진보 이후 모든 공급자의 단위당 생산비가 1만큼 하락한다고 한다. 이와 같이 개별 공급자의 단위당 생산비가 1만큼 하락하게 되면, 모든 생산단위에서 공급가격이 '1'만큼 하락한 것과 동일한 효과를 가져 온다. 이에 따라 개별공급함수는 '1'만큼 아래쪽으로 평행이동하게 된다. 이 경우 개별공급함수와 시장공급함수는 다음과 같이 도출된다.

> • 개별공급함수: $P = 2 + q \Rightarrow P + 1 = 2 + q (\because$ 한계비용이 1만큼 하락$) \Rightarrow P = 1 + q$
> • 전체공급함수: $P = c + d \times \dfrac{1}{n}q \Rightarrow P = 1 + \dfrac{1}{15}Q$ ......ⓑ
> • 여기서 c와 d는 상수이며, n은 공급자의 수이다.

• 앞에서 도출된 ⓐ식과 ⓑ식을 연립해서 풀면 새로운 시장균형가격은 '$P = 3.4$'이 되고, 시장균형거래량은 '$Q = 36$'이 된다.

정답 ①

0347

구두에 대한 수요곡선과 공급곡선이 다음과 같은 함수로 대표된다고 할 때, 구두의 균형가격은?

08 지방직 7급

- $Q_D = -0.5P + 200$
- $Q_S = P - 100$
- 단, Q_D는 구두수요량, Q_S는 구두공급량, P는 구두가격

① 50
② 100
③ 200
④ 300

해설

시장 균형은 '$Q_D = Q_S$' 수준에서 성립하므로 '$-0.5P + 200 = P - 100$'을 풀면 균형가격 '$P = 200$'을 구할 수 있다.

정답 ③

0348

다음 그림에 따를 때 휘발유 가격이 리터당 3,000원인 경우 휘발유의 시장 수요량으로 옳은 것은? (단, 이 경제에는 갑과 을이라는 두 명의 소비자만 존재한다.)

19 국회 8급

(단위: 리터)

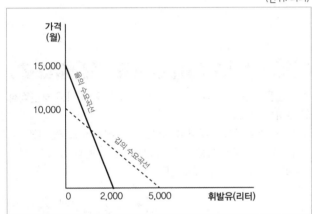

① 5,100
② 5,200
③ 5,300
④ 5,400
⑤ 5,500

해설

주어진 그림에 따라 갑과 을의 수요곡선을 도출하면 다음과 같다.

- 갑의 수요곡선: $P = 10,000 - 2Q_갑 \Rightarrow Q_갑 = 5,000 - \frac{1}{2}P$
- 을의 수요곡선: $P = 15,000 - \frac{15}{2}Q_을 \Rightarrow Q_을 = 2,000 - \frac{2}{15}P$

- 휘발유 가격이 리터당 3,000원인 경우 갑의 수요량은 3,500, 을의 수요량은 1,600이다.
- 시장수요량은 주어진 가격 하에서 개별 수요량의 합이다. 따라서 휘발유 가격이 리터당 3,000원이 경우 시장 수요량은 5,100 (=3,500+1,600)이 된다.

정답 ①

0349

X재화의 시장수요곡선은 $Q = 300 - 2P + 4M$이고, 시장공급곡선은 $Q = 3P - 50$이다. M이 25에서 20으로 감소할 때, X재화의 시장 균형가격의 변화는? (단, Q는 수량, P는 가격, 그리고 M은 시장에 참가하는 소비자들의 소득수준을 나타낸다.)

12 국가직 9급

① 2만큼 하락
② 4만큼 하락
③ 6만큼 하락
④ 8만큼 하락

해설

- 'M = 25'일 때, 시장수요곡선은 $Q = 400 - 2P$이다. 이를 주어진 시장공급곡선과 연립하여 풀면, 시장 균형가격은 'P = 90'이다.
- 'M = 20'일 때, 시장수요곡선은 $Q = 380 - 2P$이다. 이를 주어진 시장공급곡선과 연립하여 풀면, 시장 균형가격은 'P = 86'이다.
- M이 25에서 20으로 감소할 때 시장 균형가격은 '4만큼 하락'하게 된다.

정답 ②

0350

아래 표의 x, y, z, w는 각각 재화 X, Y, Z, W의 수요곡선 상의 점이다. 자료에 따르면 각 점에서 가격이 10원 상승할 때, 각 재화의 수요량은 모두 10단위 감소했다고 한다. 각 점에서의 가격탄력성을 E_x, E_y, E_z, E_w라고 할 때 대소 관계를 바르게 나타낸 것은?

11 국회 8급

	x	y	z	w
가격(원)	1,000	1,000	500	500
수량(개)	500	1,000	500	1,000

① $E_x > E_y = E_z > E_w$

② $E_y > E_x = E_w > E_z$

③ $E_x > E_y > E_z > E_w$

④ $E_w > E_y > E_z > E_x$

⑤ $E_w > E_y = E_z > E_x$

주어진 문제는 가격의 변화에 따른 호탄력성을 구하는 문제이다.
- 각 점에서의 호탄력성을 구하면 다음과 같다.

$$E_x = -\frac{\frac{-10}{500}}{\frac{10}{1,000}} = 2, \quad E_y = -\frac{\frac{-10}{1,000}}{\frac{10}{1,000}} = 1, \quad E_z = -\frac{\frac{-10}{500}}{\frac{10}{500}} = 1,$$

$$E_w = -\frac{\frac{-10}{1,000}}{\frac{10}{500}} = \frac{1}{2}$$

정답 ①

AK Tip 수요의 가격(호)탄력성

$$E_P = -\frac{수요량의\ 변화율}{가격의\ 변화율} = -\frac{\frac{\Delta Q}{Q}}{\frac{\Delta P}{P}} = -\frac{\Delta Q}{\Delta P} \times \frac{P}{Q}$$

⇒ 가격의 증감에 관련된 변화 방향이 명확히 주어지는 경우에 사용되는 식이다.

0351

가격이 1,000원일 때 수요량이 5만 개이고 가격이 1,100원일 때 수요량이 4만 8천 개일 경우 이 상품수요의 가격탄력성과 가장 가까운 값은? (절대값으로 계산한 탄력성임)

03 감평사

① 0.1

② 0.4

③ 1

④ 2

⑤ 4

주어진 문제는 서로 다른 수요곡선 상의 변화에 따른 호탄력성을 구하는 문제이다.
- 가격의 변화방향이 주어지지 않은 상태에서 수요곡선 상의 두 점 사이의 호탄력성을 구하는 경우에는 다음과 같이 '수정된 공식'을 이용하여 구해야 한다.

$$E_P = -\frac{수요량의\ 변화율}{가격의\ 변화율} = -\frac{\frac{\Delta Q}{Q_1 + Q_2}}{\frac{\Delta P}{P_1 + P_2}} = -\frac{\frac{-2,000}{50,000 + 48,000}}{\frac{100}{1,000 + 1,100}}$$

$$= \frac{\frac{2,000}{49,000}}{\frac{100}{1,050}} = \frac{0.040}{0.095} \fallingdotseq 0.421$$

정답 ②

AK Tip 수요의 가격(호)탄력성 수정식

$$E_P = -\frac{수요량의\ 변화율}{가격의\ 변화율} = -\frac{\frac{\Delta Q}{Q_1 + Q_2}}{\frac{\Delta P}{P_1 + P_2}} = -\frac{\Delta Q}{\Delta P} \times \frac{(P_1 + P_2)}{(Q_1 + Q_2)}$$

⇒ 가격의 증감변화 방향이 제시되어 있지 않고, 단기 수요곡선 상의 두 점 사이의 호탄력성을 구할 때는 수정된 공식을 사용한다.

0352

담배수요의 가격탄력성이 0.4이며 담배의 가격은 2,000원이다. 정부가 담배소비량을 20% 감소시키고자 할 때, 담배가격의 적정 인상분은?

11 국가직 7급

① 1,000원
② 2,000원
③ 3,000원
④ 4,000원

수요의 가격탄력성(E_P) 공식과 주어진 조건을 이용하여 담배가격 변화율을 구한다.

$$E_P = -\frac{\text{수요량의 변화율}}{\text{가격의 변화율}} \Rightarrow 0.4 = -\frac{20\% \downarrow}{\text{가격변화율} \uparrow}$$

$$\Rightarrow \text{가격변화율} \uparrow = -\frac{20\% \downarrow}{0.4} = 50\%$$

• 가격은 기존가격에서 50%만큼 인상되어야 하므로 2,000원의 50%인 1,000원만큼 인상되어야 한다.

정답 ①

0353

상품 A의 수요함수를 추정하기 위해서 다음과 같은 모형을 구성했다. 분석 결과로 β_2가 -0.0321로 추정되었을 때 이에 대한 설명으로 옳은 것은? (단, Q^d는 수요량, P는 가격, ϵ은 오차항이다)

20 지방직 7급

$$\ln Q^d = \beta_1 + \beta_2 \ln P + \epsilon$$

① 가격 P가 1% 상승하면, 수요량 Q^d가 3.21% 감소한다.
② 가격 P가 1% 상승하면, 수요량 Q^d가 0.0321% 감소한다.
③ 가격 P가 1% 포인트 상승하면, 수요량 Q^d가 3.21% 포인트 감소한다.
④ 가격 P가 1% 포인트 상승하면, 수요량 Q^d가 0.0321% 포인트 감소한다.

대수(로그)를 취한 함수를 각각의 변수로 전미분을 하면 다음과 같이 각 변수의 변화율 관계식으로 나타낼 수 있다.

• $\ln Q^d = \beta_1 + \beta_2 \ln P + \epsilon \Rightarrow \frac{dQ^d}{Q} = \beta_2 \frac{dP}{P}$ (여기서 β_1과 ϵ은 상수이므로 미분하면 0이 된다.)

• $\frac{dQ^d}{Q} = \beta_2 \frac{dP}{P} \Rightarrow \beta_2 = \frac{dQ^d}{Q} / \frac{dP}{P} \Rightarrow \beta_2$는 수요의 가격탄력성

• β_2가 수요의 가격탄력성이고 그 값이 '-0.0321'이므로, 가격 P가 1% 상승하면 수요량 Q^d는 '0.0321%'만큼 감소하게 된다는 것을 보여준다.

• 전미분을 모른다고 하더라도 대수(로그)를 취한 함수에서 변수의 계수는 탄력성을 의미한다는 것을 기억한다.

정답 ②

0354

다음은 소매시장의 오리고기 수요곡선과 공급곡선이다. P_b=7, P_c=3, P_d=5, Y=2라고 할 때, 시장균형점에서 오리고기에 대한 수요의 가격탄력성은?

14 국가직 7급

- 수요곡선: $Q_D = 105 - 30P - 20P_c + 5P_b - 5Y$
- 공급곡선: $Q_S = 5 + 10P - 3P_d$

(단, P는 소매시장 오리고기 가격, P_b는 쇠고기 가격, P_c는 닭고기 가격, P_d는 도매상 오리고기 가격, Y는 소득이다.)

① 1/6
② 1/3
③ 3
④ 6

해설

주어진 조건을 대입하면 수요곡선과 공급곡선은 다음과 같다.

- 수요곡선: $Q_D = 70 - 30P$ ...... ⓐ
- 공급곡선: $Q_S = 10P - 10$ ...... ⓑ

- ⓐ식과 ⓑ식을 연립해서 풀면 P=2, Q=10을 구할 수 있다.
- 이 균형점에서 수요의 가격탄력성(E_P)은 다음과 같이 도출된다.

$$E_P = -\frac{dQ}{dP} \times \frac{P}{Q} = -(-30) \times \frac{2}{10} = 6$$

정답 ④

AK Tip 수요의 가격(점)탄력성

$$E_p = -\frac{dQ}{dP} \times \frac{P}{Q}$$

⇒ 수요곡선 상의 한 점에서 탄력성을 구할 때 사용한다. 여기서 $\frac{dQ}{dP}$ 는 탄력성 계수로 수요곡선 상의 한 점에서의 접선 기울기의 역수를 의미하고, $\frac{P}{Q}$ 는 원점에서 수요곡선 상의 한 점까지의 직선의 기울기를 의미한다.

0355

X재 시장에 두 소비자 A와 B만이 존재한다. 두 소비자 A와 B의 수요곡선이 각각 <보기>와 같고 X재의 가격이 $P = 2$일 때, X재에 대한 시장수요의 가격탄력성은?

20 국회 8급

보기

- $P = 5 - \frac{1}{2} Q_A$ (단, Q_A는 소비자 A의 수요량)
- $P = 15 - \frac{1}{3} Q_B$ (단, Q_B는 소비자 B의 수요량)

① $\frac{25}{144}$

② $\frac{1}{5}$

③ $\frac{2}{9}$

④ $\frac{1}{4}$

⑤ $\frac{1}{2}$

해설

주어진 가격은 두 소비자 수요곡선의 가격절편에 모두 포함되어 있으므로, 다음과 같이 수평적으로 합하여 시장수요곡선을 도출할 수 있다.

- $P = 5 - \frac{1}{2} Q_A \Rightarrow Q_A = 10 - 2P$
- $P = 15 - \frac{1}{3} Q_B \Rightarrow Q_B = 45 - 3P$
- 시장수요곡선: $Q = Q_A + Q_B = 55 - 5P$

- X재 시장가격이 'P=2'일 때, 시장거래량은 'Q=45'이다. 따라서 이때의 시장수요의 가격탄력성은 다음과 같이 도출된다.

$$E_P = -\frac{dQ}{dP} \times \frac{P}{Q} = -(-5) \times \frac{2}{45} = \frac{10}{45} = \frac{2}{9}$$

정답 ③

0356

커피에 대한 수요함수가 $Q^d = 2,400 - 2P$일 때, 가격 P^*에서 커피 수요에 대한 가격탄력성의 절댓값은 $\frac{1}{2}$이다. 이때 가격 P^*는? (단, Q^d는 수요량, P는 가격이다) 20 지방직 7급

① 400
② 600
③ 800
④ 1,000

주어진 조건을 전제로 수요의 가격탄력성(E_P)을 구하면 다음과 같이 도출할 수 있다.

- $E_P = -\dfrac{dQ}{dP} \times \dfrac{P}{Q}$
- $E_P = -(-2) \times \dfrac{P}{2,400 - 2P} = \dfrac{P}{1,200 - P} = \dfrac{1}{2} \Rightarrow 2P = 1,200 - P$
  $\Rightarrow 3P = 1,200 \Rightarrow P = 400$

정답 ①

0357

수요함수가 $Q = 10 - P$일 때, 수요의 가격탄력성이 1인 점에서의 Q값은? (다만, Q는 수요량, P는 가격이다.) 01 행시

① $Q = 0$
② $Q = \dfrac{5}{2}$
③ $Q = 5$
④ $Q = \dfrac{15}{2}$

수요의 가격탄력성 공식을 이용하여 수요의 가격탄력성(E_P)이 '1'인 점에서의 'P'의 값을 다음과 같이 도출할 수 있다.

- $E_P = -\dfrac{dQ}{dP} \times \dfrac{P}{Q} = -(-1) \times \dfrac{P}{10 - P} = 1$
  $\Rightarrow P = 10 - P \Rightarrow 2P = 10 \Rightarrow P = 5$

- 앞에서 도출된 'P=5'를 수요함수에 대입하면 'Q=5'를 구할 수 있다.

정답 ③

0358

수요곡선의 식이 $Q_d = \dfrac{21}{P}$일 때, 이 재화의 수요의 가격탄력성은? 15 서울시 7급

① 0
② 0.42
③ 1
④ 1.5

주어진 수요함수는 분수함수로 원점에 볼록한 직각쌍곡선의 모습을 보인다. 이에 따라 모든 점에서 수요의 가격탄력성은 '1'인 단위탄력적이 된다.

정답 ③

0359

X재만 판매하는 A기업이 가격을 20% 인상하였더니 매출액이 10% 감소하였다. 다음 설명 중 옳은 것은? 11 감정평가사

① 판매량이 10% 감소하였다.
② 판매량이 50% 감소하였다.
③ 수요의 가격탄력성은 0.1이다.
④ 수요의 가격탄력성은 0.5이다.
⑤ 수요의 가격탄력성은 1보다 크다.

기업의 입장에서는 매출액(=총수입액)은 다음의 식으로 나타낼 수 있다.

$$TR = P \times Q$$

• 이 식의 양변에 대수를 취하고 전미분을 하면 각 변수의 변화율의 관계로 바뀌어 다음과 같은 식으로 나타낼 수 있다.

$$\frac{\Delta TR}{TR}(총수입\ 변화율)$$
$$= \frac{\Delta P}{P}(가격변화율) + \frac{\Delta Q}{Q}(수요량\ 변화율)$$

• 문제에서 주어진 조건에 따라 가격이 20% 인상될 때, 매출액(=총수입액)이 10% 감소하였으므로 판매량은 30% 감소한다.

$$\frac{\Delta TR}{TR} = \frac{\Delta P}{P} + \frac{\Delta Q}{Q} \Rightarrow -10\% = 20\% + \frac{\Delta Q}{Q} \Rightarrow \frac{\Delta Q}{Q} = -30\%$$

• 앞의 결과를 이용하여 수요의 가격탄력성(E_P)을 구하면 다음과 같다.

$$E_P = -\frac{수요량변화율(\%)}{가격변화율(\%)} = -\frac{-30\%}{20\%} = 1.5$$

정답 ⑤

AK Tip 총수입의 변화율과 수요의 가격탄력성

$$\frac{\Delta TR}{TR}(총수입변화율)$$
$$= \frac{\Delta P}{P}(가격변화율) + \frac{\Delta Q}{Q}(수요량변화율)$$

⇒ '$TR = P \times Q$' 식의 양 변에 대수(로그)를 취하고 각 변수로 전미분을 하면 각각의 변수들의 변화율로 전환되는 근사식을 구할 수 있다.

0360

어느 재화에 대한 수요의 가격탄력성은 항상 0.75이다. 이 경우 가격이 4% 증가하면 이 재화에 대한 총지출액은?

04 행시

① 약 1% 정도 증가한다.
② 약 1% 정도 감소한다.
③ 약 4% 정도 감소한다.
④ 약 4% 정도 증가한다.

수요자의 재화에 대한 총지출액(TE)은 기업의 입장에서는 총수입액(TR)과 같은 크기이다.

$$TE(= TR) = P \times Q$$

• 이 식의 양변에 대수를 취하고 각 변수로 전미분을 하면 각 변수의 변화율의 관계로 바뀌어 다음과 같은 식으로 나타낼 수 있다.

$$\frac{\Delta TR}{TR}(총수입변화율) = \frac{\Delta P}{P}(가격변화율) + \frac{\Delta Q}{Q}(수요량변화율)$$

• 문제에서 수요의 가격탄력성(=수요량변화율/가격변화율)이 0.75이므로 가격이 4% 증가하면, 수요량(판매량)은 3% 감소하게 될 것이다.

$$\frac{\Delta TR}{TR} = \frac{\Delta P}{P} + \frac{\Delta Q}{Q} \Rightarrow \frac{\Delta TR}{TR} = 4\% - 3\% = 1\%$$

• 총수입변화율은 결과적으로 1%가 증가하게 된다.

정답 ①

0361

어느 재화의 가격이 1천 원에서 1% 상승하면 판매수입은 0.2% 증가하지만, 5천 원에서 가격이 1% 상승하면 판매수입은 0.1% 감소한다. 이 재화에 대한 설명으로 옳은 것은? (단, 수요곡선은 수요의 법칙이 적용된다.) 18 국가직 7급

① 가격이 1천 원에서 1% 상승 시, 가격에 대한 수요의 탄력성은 탄력적이다.
② 가격이 5천 원에서 1% 상승 시, 가격에 대한 수요의 탄력성은 비탄력적이다.
③ 가격이 1천 원에서 1% 상승 시, 수요량은 0.2% 감소한다.
④ 가격이 5천 원에서 1% 상승 시, 수요량은 1.1% 감소한다.

수요의 가격탄력성에 따른 상품의 가격 변화와 판매수입과의 관계를 그림으로 나타내면 다음과 같다.

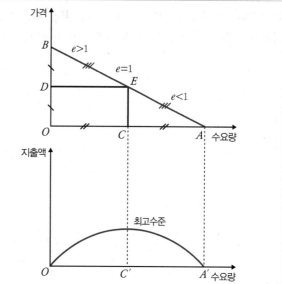

수요의 가격탄력성이 비탄력적인 구간에서는 가격 상승으로 판매수입은 증가하게 되고, 수요의 가격탄력성이 탄력적인 구간에서는 가격 상승으로 판매수입은 오히려 감소하는 것을 알 수 있다.

- 어느 재화의 가격이 1천 원에서 1% 상승할 때 판매수입이 0.2% 증가한다는 것은 이 가격에서의 수요의 가격탄력성이 비탄력적이라는 의미이다(①).
- 5천 원에서 가격이 1% 상승할 때 판매수입이 0.1% 감소한다는 것은 이 가격에서의 수요의 가격탄력성이 탄력적이라는 의미이다(②).
- 판매수입(TR)과 가격 그리고 수요량의 변화율과의 관계를 다음 근사식으로 나타낼 수 있다.

$$TR = P \times Q \Rightarrow \frac{\Delta TR}{TR} \fallingdotseq \frac{\Delta P}{P} + \frac{\Delta Q}{Q}$$
⇒ 판매수입변화율(%)=가격변화율(%)+수요량변화율(%)

- 앞의 식을 전제로 각각의 주어진 가격에서 1% 상승하는 경우 수요량의 변화율은 다음과 같이 도출된다.

- 1천 원: 판매수입변화율(%)=가격변화율(%)+수요량변화율(%)
  ⇒ 0.2%=1%-0.8%(③)
- 5천 원: 판매수입변화율(%)=가격변화율(%)+수요량변화율(%)
  ⇒ -0.1%=1%-1.1%(④)

- 가격이 1천 원에서 1% 상승 시, 수요량은 0.8% 감소한다(③).
- 가격이 5천 원에서 1% 상승 시, 수요량은 1.1% 감소한다(④).

정답 ④

0362

어느 연예기획사가 유명 가수의 공연을 기획하고 있다. 이 공연은 5,000명이 입장할 수 있는 장소에서 단 1회만 하고, 입장권의 시장수요곡선이 $Q = 9,000 - P$이다. 매출액을 극대화하기 위해서 가격을 얼마로 책정해야 하는가? 　02 행시

① 3,000

② 3,500

③ 4,000

④ 4,500

해설

수요곡선이 선형함수로 주어진 경우 기업의 매출액(총수입) 극대는 수요의 가격 탄력성이 '1'일 때 달성된다.

• 수요의 가격 탄력성이 1인 점은 수요곡선의 중점이다. 가격절편이 9,000이므로 수요곡선의 중점에서 가격은 4,500이 된다.

• 한편 수요곡선이 선형함수로 주어진 경우 한계수입(MR)곡선은 가격절편은 수요곡선과 같고 기울기는 수요곡선 기울기의 2배가 된다. 이때 'MR=0' 수준에서 매출액 극대화가 달성되는 것을 이용하면 다음과 같이 수요량을 도출할 수 있다.

$$Q = 9,000 - P \Rightarrow P = 9,000 - Q \Rightarrow MR = 9,000 - 2Q$$
$$\Rightarrow 0 = 9,000 - 2Q \Rightarrow Q = 4,500$$

• 이 결과를 수요함수에 대입하면 역시 'P = 4,500'을 구할 수 있다.

정답 ④

0363

아프간 전쟁으로 휘발유 가격이 리터당 1,300원에서 1,400원으로 인상되었는데 김 부장의 휘발유 소비금액은 계속 월평균 30만 원이라고 한다. 김 부장의 휘발유 수요의 가격탄력성은 얼마인가? 　02 입시

① 0

② 1

③ 2

④ 3

해설

김 부장의 소비 금액은 휘발유 가격의 변화와 관계없이 항상 평균적으로 30만 원이다. 이것을 식으로 나타내면 다음과 같다.

$$P_{휘발유} \times Q_{휘발유} = 300,000원(일정) \Rightarrow Q = 300,000 \times \frac{1}{P}$$
$$\Rightarrow Q = 300,000 P^{-1}$$

• 김 부장의 수요곡선은 직각 쌍곡선의 모습을 갖게 되고, 이에 따라 수요의 가격탄력성은 모든 점에서 '단위 탄력적'인 '1'이 된다.

정답 ②

0364

일부 자동차 운전자들은 주유소에 갈 때마다 휘발유 가격이 얼마이건 습관적으로 일정 금액만큼(예컨대 3만원 어치만큼) 주유한다. 이때, 이들의 휘발유에 대한 수요의 가격탄력성(절댓값)의 크기는? 　05 공인노무사

① 0

② 0와 1 사이

③ 1

④ ∞ (무한대)

해설

주유금액이 일정하다는 것은 휘발유 가격과 관계없이 휘발유에 대한 지출액이 일정하다는 것을 의미한다.

$$P_{휘발유} \times Q_{휘발유} = 30,000원(일정) \Rightarrow Q = 30,000 \times \frac{1}{P}$$
$$\Rightarrow Q = 30,000 P^{-1}$$

• 일부 자동차 운전자들의 수요곡선은 직각쌍곡선의 모습을 갖게 되고, 이에 따라 수요의 가격탄력성은 모든 점에서 '단위 탄력적'인 '1'이 된다.

정답 ③

0365

다음을 참조할 때 A기업은 총수익의 몇 %를 광고비로 지출하겠는가?

14 국회 8급

이윤극대화를 추구하는 A기업이 광고를 하려고 한다. 이 기업은 정보의 제약 하에 놓여 있어 총수익 대비 광고비 지출액을 결정하려고 한다. 이 기업은 판매하는 재화에 대한 수요의 가격탄력성은 −5이고, 광고비를 1% 증가시키면 재화의 수요량이 1% 증가한다는 정보만을 가지고 있다.

① 5%

② 10%

③ 15%

④ 20%

⑤ 25%

C를 광고비, P를 가격, E_P를 수요의 가격탄력성, E_C를 수요의 광고탄력성이라고 할 때, 총수익 대비 최적 광고비 지출액에 관한 다음 식이 성립한다.

$$\frac{C(\text{광고비})}{P \times Q(\text{총수익})} = -\frac{E_C}{E_P}$$

• 문제에서 주어진 조건에 따라 수요의 가격탄력성(E_P)이 -5, 수요의 광고탄력성(E_C)이 1이다.

• 이 내용들을 앞의 공식에 대입하면 다음과 같이 광고비를 구할 수 있다.

$$\frac{C(\text{광고비})}{P \times Q(\text{총수익})} = -\frac{E_C}{E_P}$$
$$\Rightarrow \frac{C(\text{광고비})}{P \times Q(\text{총수익})} = -\frac{1}{-5} = 0.2 = 20\%$$

정답 ④

AK Tip 수요의 광고탄력성과 총수익 대비 광고비 지출비율

$$\frac{E_C}{E_P} = \frac{C}{P \times Q}$$

⇒ E_C: 수요의 광고탄력성, E_P: 수요의 가격탄력성, C: 광고비, P: 가격, Q: 수량

0366

석원이의 소주 수요함수는 $Q_D = 750 - 5P + 0.1M$이라고 한다. 여기서 Q_D는 소주의 수요량, P는 소주의 가격, 그리고 M은 소득이다. P = 50이고, M = 5,000이었는데, 소주의 가격이 10% 하락하였다. 그럼에도 소주의 수요량이 변하지 않았다면, 그의 소득은 어떻게 변한 것일까?

06 CPA

① 소득은 5% 감소했다.

② 소득은 25% 감소했다.

③ 소득은 25% 증가했다.

④ 소득은 5% 증가했다.

수요함수에 주어진 가격과 소득을 대입하면 $Q_D = 1,000$이 된다. 이를 기초로 주어진 소득과 가격 수준에서의 수요의 가격탄력성과 소득탄력성을 다음과 같이 도출할 수 있다.

• 소주의 가격 탄력성: $-\frac{dQ}{dP} \times \frac{P}{Q} = -(-)5 \times \frac{50}{1,000} = 0.25$

• 소주의 소득 탄력성: $\frac{dQ}{dM} \times \frac{M}{Q} = 0.1 \times \frac{5,000}{1,000} = 0.5$

• 위 결과에 따라 소주의 가격이 10% 하락하면 소주의 수요량은 2.5% 증가하게 된다. 이때 전체 소주의 수요량이 변하지 않기 위해서는 소주 가격 하락에 따른 소주 수요량 증가분을 상쇄할 만큼의 소주 수요량의 감소가 필요하다.

• 소주의 소득탄력성이 0.5이므로 소득이 5% 감소할 때 소주의 수요량이 2.5% 감소하여 결국 소주 수요량에는 변화가 없게 된다.

정답 ①

AK Tip 수요의 소득탄력성(E_I)

$$E_I = \frac{dQ}{dI} \times \frac{I}{Q} (\text{단, I: 소득})$$

정상재	$E_I > 0$	소득이 증가하면 재화의 수요가 증가함
열등재	$E_I < 0$	소득이 증가하면 재화의 수요가 감소함
중립재	$E_I = 0$	소득이 증가하여도 수요가 불변함

0367

돼지고기 수요의 닭고기 가격에 대한 교차탄력성이 2일 때, 돼지고기 수요량이 10% 감소하였다. 이 경우 닭고기 가격은 얼마나 감소하였는가?

15 국가직 9급

① 1%

② 2%

③ 5%

④ 10%

돼지고기(X) 수요의 닭고기(Y) 가격에 대한 교차탄력성인 경우를 식으로 나타내면 다음과 같다.

$$E_{XY} = \frac{\text{돼지고기 수요 변화율}}{\text{닭고기 가격 변화율}} = 2$$

• 교차탄력성이 (+)의 값으로 주어지고 있으므로 돼지고기와 닭고기는 서로 대체관계가 성립하게 되고, 이에 따라 닭고기 가격의 상승은 돼지고기의 수요를 증가시킨다.
• 문제에서 돼지고기 수요량이 10%만큼 감소했다고 했으므로, 이때 교차탄력성이 2가 되기 위해서는 닭고기 가격은 5%만큼 하락해야 한다.

정답 ③

0368

X재의 수요함수가 $Q_X = 200 - 0.5P_X + 0.4P_Y + 0.3M$ 이다. P_X는 100, P_Y는 50, M은 100일 때, Y재 가격에 대한 X재의 수요의 교차탄력성은? (단, Q_X는 X재 수요량, P_X는 X재의 가격, P_Y는 Y재 가격, M은 소득이다.)

19 국가직 7급

① 0.1   ② 0.2

③ 0.3   ④ 0.4

P_X=100, P_Y=50, M=100인 조건을 주어진 X재 수요함수에 대입하면 '$Q_X = 200$'이 도출된다.

• Y재 가격에 대한 X재의 수요의 교차탄력성은 다음과 같이 도출된다.

$$E_{XY} = \frac{dQ_X}{dP_Y} \times \frac{P_Y}{Q_X} = 0.4 \times \frac{50}{200} = 0.4 \times 0.25 = 0.1$$

정답 ①

0369

주요 공공교통수단인 시내버스와 지하철의 요금은 지방정부의 통제를 받는다. 지하철 회사가 지하철 수요의 탄력성을 조사해 본 결과, 지하철 수요의 가격탄력성은 1.2, 지하철 수요의 소득 탄력성은 0.2, 지하철 수요의 시내버스 요금에 대한 교차탄력성은 0.4인 것으로 나타났다. 앞으로 지하철 이용자의 소득이 10% 상승할 것으로 예상하여, 지하철 회사는 지방정부에 지하철 요금을 5% 인상해 줄 것을 건의하였다. 그런데, 이 건의에는 시내버스의 요금 인상도 포함되어 있었다. 즉 지하철 수요가 요금 인상 전과 동일한 수준으로 유지되도록 시내버스 요금의 인상을 함께 건의한 것이다. 이때 지하철 요금 인상과 함께 건의한 시내버스 요금의 인상 폭은 얼마인가?

13 국회 8급

① 3%   ② 5%

③ 8%   ④ 10%

⑤ 15%

지하철 수요의 소득탄력성이 0.2이므로 지하철 이용자의 소득이 10% 상승함에 따라 지하철의 수요는 2%만큼 증가하게 된다.

• 지하철 수요의 가격탄력성이 1.2이므로 지하철 요금이 5% 상승하면 지하철 수요는 6%만큼 감소한다. 그 결과 지하철 전체 수요는 4%만큼 감소하게 된다.
• 지하철 수요가 요금 인상 전과 동일한 수준으로 유지되기 위해서는, 지하철 수요를 4%만큼 증가시킬 수 있도록 지하철과 대체관계에 있는 시내버스 요금 인상이 필요하다.
• 이를 위해서는 지하철 수요의 시내버스 요금에 대한 교차탄력성이 0.4이므로 시내버스 요금은 10% 인상이 필요하다.

정답 ④

0370

사과에 대한 수요의 가격탄력성은 0.8이며, 소득탄력성은 0.4라고 한다. 그리고 사과에 대한 수요가 바나나 가격의 변화에 보이는 교차탄력성은 0.4라고 한다. 이제 사과 가격이 1%, 소득이 2%, 바나나 가격이 2% 상승한다고 할 때 사과수요량의 변화율(%)은? 06 7급

① −0.4
② −0.8
③ 0.4
④ 0.8

사과에 대한 수요의 가격탄력성이 0.8이므로 사과 가격이 1% 상승함에 따라 사과의 수요량은 0.8%만큼 감소하게 된다.

• 사과에 대한 수요의 소득탄력성이 0.4이므로 소득이 2% 상승함에 따라 사과의 수요량은 0.8%만큼 증가하게 된다.
• 바나나 가격의 변화에 따른 교차탄력성이 0.4이므로 바나나 가격이 2% 상승함에 따라 사과의 수요량은 0.8%만큼 증가하게 된다.
• 주어진 조건에 따른 사과 수요량의 변화율은 '-0.8% + 0.8% + 0.8% = 0.8%'가 된다.

정답 ④

AK Tip 수요의 교차탄력성(E_{XY})

$$E_{XY} = \frac{X \text{ 재 수요의 변화율}}{Y \text{ 재 가격의 변화율}} = \frac{dQ_X}{dP_Y} \times \frac{P_Y}{Q_X}$$

대체재	$E_{XY} > 0$	Y재 가격이 상승하면 X재 수요가 증가(사이다와 콜라)
보완재	$E_{XY} < 0$	Y재 가격이 상승하면 X재 수요가 감소(술과 안주)
독립재	$E_{XY} = 0$	Y재 가격이 상승하여도 X재 수요가 불변(소금과 컴퓨터)

0371

최근 정부는 경유차의 구매 수요를 현재보다 20% 줄이고 대기 정화를 위한 재원을 확보하기 위해 유류가격을 인상하려고 한다. 경유 자동차 구매 수요의 경유가격 탄력성은 3, 경유 자동차 구매 수요의 휘발유가격 탄력성은 2이다. 경유가격을 10% 인상하였다면 위 목표를 달성하기 위해서는 휘발유가격을 얼마나 인상하여야 하는가? 17 국회 8급

① 5%
② 7.5%
③ 10%
④ 12.5%
⑤ 15%

경유와 경유 자동차는 보완재 관계에 있으므로 경유가격의 상승은 경유 자동차 구매를 감소시킨다. 이에 따라 '경유 자동차 구매 수요의 경유가격 탄력성이 3'이므로 경유가격의 10% 인상은 경유 자동차의 구매를 30%만큼 감소시킨다.

• 정부의 정책목표는 경유 자동차 구매를 20% 수준으로 줄이는 것이다. 따라서 이를 위해서는 휘발유가격의 인상으로 경유 자동차 구매를 10%만큼 증가시키는 것이 필요하다.
• '경유 자동차 구매 수요의 휘발유가격 탄력성이 2'이므로 경유 자동차 구매를 10%만큼 증가시키기 위해서는 휘발유가격을 5%만큼 인상하는 것이 필요하다.
• 이와 같은 내용을 표로 정리하면 다음과 같다.

탄력성	유류가격 인산	효과
경유 자동차 구매수요의 경유가격 탄력성 = 3	경유가격 10% 인상	경유 자동차 구매 30% 감소
경유 자동차 구매수요의 휘발유가격 탄력성 = 2	휘발유가격 5% 인상	경유 자동차 구매 10% 증가
-	-	최종결과: 경유자동차 구매 20% 감소

정답 ①

0372

해외 관광상품 시장의 수요 및 공급함수가 다음과 같이 주어질 때, 시장 균형에서의 수요와 공급의 가격탄력성이 바르게 연결된 것은? (단, 단위는 Q만 명, P만 원) 11 국가직 7급

> • 수요함수: $Q_d = 210 - P$ • 공급함수: $Q_s = 2P$

① (0.5, 1)

② (0.5, 2)

③ (1, 1)

④ (1, 2)

주어진 수요 및 공급함수에서의 균형점은 두 함수를 연립해서 풀면 다음과 같은 균형 가격 'P=70'과 균형 거래량 'Q=140'을 구할 수 있다.

• 주어진 조건들을 이용하여 수요 및 공급의 가격탄력성을 구하면 다음과 같다.

> • 수요의 가격탄력도: $E_P^D = -\dfrac{dQ}{dP} \times \dfrac{P}{Q} = -(-1) \times \dfrac{70}{140} = \dfrac{1}{2}$
>
> • 공급의 가격탄력도: $E_P^S = \dfrac{dQ}{dP} \times \dfrac{P}{Q} = 2 \times \dfrac{70}{140} = 1$

• 다음과 같은 방법도 있다. 주어진 내용을 그림으로 나타내면 다음과 같다.

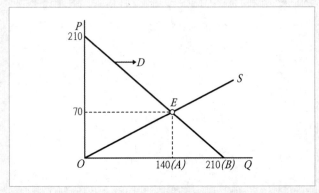

• 앞의 그림을 이용하여 수요 및 공급의 가격탄력도를 다음과 같이 구할 수 있다.

> • 수요의 가격탄력도: $\dfrac{AB}{OA} = \dfrac{70}{140} = \dfrac{1}{2}$
>
> • 공급의 가격탄력도: $\dfrac{AO}{OA} = \dfrac{70}{70} = 1$

• 특히 공급곡선이 원점을 통과하는 경우에는 공급곡선의 기울기와 관계없이 모든 점에서 공급의 가격탄력도는 항상 '1'이라는 것을 기억해둔다.

정답 ①

AK Tip 공급의 가격(점)탄력성

> $$E_P^S = \dfrac{dQ}{dP} \times \dfrac{P}{Q}$$
>
> ⇒ 공급곡선 상의 한 점에서 탄력성을 구할 때 사용한다. 여기서 $\dfrac{dQ}{dP}$는 탄력성 계수로 공급곡선 상의 한 점에서의 접선 기울기의 역수를 의미하고, $\dfrac{P}{Q}$는 원점에서 공급곡선 상의 한 점까지의 직선의 기울기를 의미한다.

0373

개인 A, B, C, D가 딸기를 구입할 때 지불할 용의가 있는 가격이 아래의 표와 같이 주어져 있다. 딸기 값이 1,000원으로 주어져 있다면 사회 전체의 소비자 잉여는? 03 7급

개인	A	B	C	D
지불하려는 가격	2,000원	3,000원	4,000원	1,000원

① 10,000원   ② 9,000원

③ 6,000원   ④ 5,000원

주어진 문제에 따른 소비자 잉여는 다음과 같이 측정된다.

소비자 잉여 = Σ(지불하려는 금액 - 딸기 값)

• 제시된 표를 이용하여 소비자 잉여를 계산해보면 다음 표와 같다.

개인	A	B	C	D
지불하려는 가격	2,000원	3,000원	4,000원	1,000원
딸기 값	1,000원	1,000원	1,000원	1,000원
잉여	1,000원	2,000원	3,000원	0원

• 전체의 소비자 잉여의 크기는 1,000원 + 2,000원 + 3,000원 = 6,000원이 된다.

정답 ③

0374

다음 표는 수정과와 떡 두 가지 재화만을 소비하는 어떤 소비자의 한계효용을 나타낸 것이다. 이 소비자가 14,000원의 소득으로 효용극대화를 달성하였을 때, 소비자 잉여의 크기로 옳은 것은? (단, 수정과의 가격은 개당 1,000원이고 떡의 가격은 개당 3,000원이다.) 19 국회 8급

수량		1	2	3	4	5	6
한계효용	수정과	10,000	8,000	6,000	4,000	2,000	1,000
	떡	18,000	12,000	6,000	3,000	1,000	600

① 24,000   ② 32,000

③ 38,000   ④ 46,000

⑤ 52,000

주어진 표를 수정과와 떡의 1,000원당 한계효용으로 나타내면 다음과 같다.

수량		1	2	3	4	5	6
한계효용	수정과	10,000	8,000	6,000	4,000	2,000	1,000
	떡	6,000	4,000	2,000	1,000	333.3	200

• 이에 따라 가격이 1,000원인 수정과를 5단위(⇒지출액 5,000원), 가격이 3,000원인 떡을 3단위(⇒지출액 9,000원) 소비하게 되면 소득 14,000원을 지출하게 되고, 이때 두 상품의 1,000원당 한계효용이 동일하게 되어 한계효용균등의 법칙을 충족하게 된다.

• 한편 수정과를 5단위 소비할 때 총효용은 '30,000'이고, 떡을 3단위 소비할 때 총효용은 '36,000'이 된다. 따라서 두 재화를 소비할 때 총효용은 '66,000'이 된다.

• 결국 소비자 잉여는 '52,000(=66,000-14,000)'이 된다.

정답 ⑤

0375

담배에 대한 수요함수는 $Q = 10 - P$로 주어졌다. 담배가격이 4원인 경우 소비자 잉여는? 19 서울시 7급

① 36

② 18

③ 9

④ 0

주어진 조건을 그림으로 나타내면 다음과 같다.

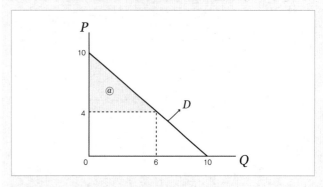

• 그림에서 ⓐ부분이 소비자 잉여에 해당하며, 그 크기는 다음과 같다.

$$6 \times 6 \times \frac{1}{2} = 18$$

정답 ②

0376

수요함수가 $Q = 10 - \dfrac{P}{2}$ 인 시장에서 정부의 새로운 조세정책의 결과로 균형가격이 10에서 12로 상승하였다. 소비자 잉여는 얼마나 감소하겠는가?

02 CPA

① 1
② 8
③ 9
④ 10
⑤ 11

문제의 내용을 그림으로 나타내면 다음과 같다.

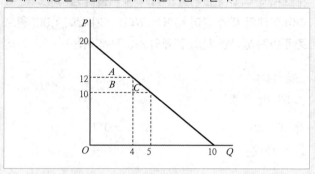

• 조세정책의 시행 전의 소비자 잉여를 구하면 다음과 같다.

소비자 잉여: $A + B + C = 10 \times 5 \times \dfrac{1}{2} = 25$

• 새로운 조세정책의 결과로 균형가격이 10에서 12로 상승하면 소비자 잉여는 A로 줄게 되어 (B + C)만큼 감소하게 된다. 그 크기는 다음과 같다.

소비자 잉여 감소분: $B + C = (4 + 5) \times \dfrac{1}{2} \times 2 = 9$

정답 ③

0377

어떤 재화의 시장수요곡선은 $P = 300 - 2Q$이고, 시장공급곡선은 $P = 150 + Q$일 때의 시장균형에 대한 설명으로 옳은 것은? (단, Q는 수량, P는 가격을 나타낸다.)

14 지방직 7급

① 사회적 잉여는 3,750이다.
② 균형가격은 50이다.
③ 균형거래량은 30이다.
④ 생산자 잉여는 2,500이다.

주어진 두 식을 연립해서 풀면 $300 - 2Q = 150 + Q$에서 균형거래량 Q = 50과 균형가격 P = 200을 구할 수 있다. 이 결과를 그림으로 나타내면 다음과 같다.

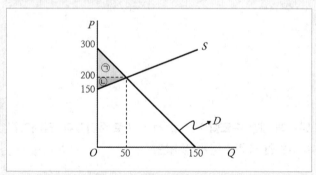

• 그림에 나타난 잉여를 각각 구하면 다음과 같다.

• 소비자 잉여(㉠): $100 \times 50 \times \dfrac{1}{2} = 2,500$
• 생산자 잉여(㉡): $50 \times 50 \times \dfrac{1}{2} = 1,250$
• 사회적 총잉여(㉠+㉡): $2,500 + 1,250 = 3,750$

정답 ①

AK Tip 잉여

• 소비자 잉여 $= \sum$(수요가격-실제 지불한 금액) $= \sum$(수요곡선 높이-실제 지불한 금액)
• 생산자 잉여 $= \sum$(실제 받은 금액-공급가격) $= \sum$(실제 받은 금액-공급곡선 높이)

0378

X재에 대한 시장수요곡선과 시장공급곡선이 다음과 같을 때 옳지 않은 것은? (단, Q^D는 수요량, Q^S는 공급량, P는 가격이다)

20 국가직 7급

- 시장수요곡선: $Q^D = 100 - P$
- 시장공급곡선: $Q^S = -20 + P$

① 균형 시장가격은 60이다.

② 균형 시장거래량은 40이다.

③ 소비자잉여는 800이다.

④ 생산자잉여가 소비자잉여보다 크다.

주어진 조건을 전제로 균형가격과 균형거래량을 구하면 다음과 같다.

$$Q^D = Q^S \Rightarrow 100 - P = -20 + P \Rightarrow 2P = 120 \Rightarrow P = 60, \ Q = 40$$

- 앞의 결과를 전제로 주어진 조건에 맞는 내용을 그림으로 나타내면 다음과 같다.

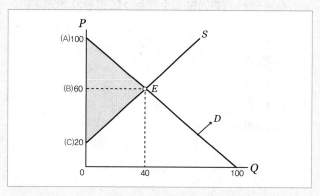

- 앞의 그림에서 소비자잉여와 생산자잉여를 도출하면 다음과 같다.

- 소비자잉여(=삼각형 AEB 넓이)$= 40 \times 40 \times \dfrac{1}{2} = 800$
- 생산자잉여(=삼각형 BEC 넓이)$= 40 \times 40 \times \dfrac{1}{2} = 800$

정답 ④

0379

철수의 연간 영화관람에 대한 수요함수는 $Q = 30 - \dfrac{P}{400}$ 이고 비회원의 1회 관람가격은 8,000원이지만 연회비를 내는 회원의 1회 관람가격은 4,000원으로 할인된다. 철수가 회원이 되려고 할 때 지불할 용의가 있는 최대 연회비는? (단, Q는 연간 영화관람 횟수, P는 1회 관람가격이다.)

08 국가직 7급

① 70,000원

② 60,000원

③ 50,000원

④ 40,000원

문제에서 주어진 내용을 그림으로 그리면 다음과 같다.

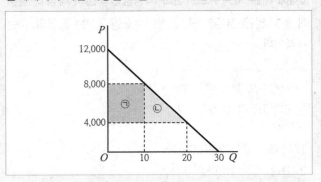

- 위 그림에서는 회원이 되는 경우 철수가 새롭게 얻을 수 있는 소비자 잉여(㉠ + ㉡)의 크기가 나타나 있다.
- 비회원의 1회 관람가격이 8,000원일 때 연간 이용횟수는 10회이지만, 회원의 1회 관람가격이 4,000원일 때 연간 이용횟수는 20회로 증가한다. 이에 따라 동일한 이용횟수에서 관람가격 하락으로 인해 얻을 수 있는 새로운 소비자 잉여는 ㉠이고, 하락한 관람가격 아래에서 증가한 이용횟수로 인해 얻을 수 있는 새로운 소비자 잉여는 ㉡이다.
- 철수가 회원이 되었을 때 새롭게 얻을 수 있는 소비자 잉여(㉠ + ㉡)만큼 최대 연회비를 지불할 용의를 갖게 된다. 그 크기는 다음과 같다.

> 지불용의 최대 연회비
> = 소비자 잉여(㉠ + ㉡): $(10 + 20) \times \dfrac{1}{2} \times 4,000 = 60,000$(원)

정답 ②

0380

어떤 소비자가 이동통신 회사의 요금 제도를 비교하여 어느 통신 회사를 선택할지 고민하고 있다고 하자. A사는 통화 시간에 관계없이 월 12만 원을 받는다. B사는 월정액 없이 1분에 1,000원을 받는다. 소비자의 이동전화 통화수요는 $Q_d = 150 - \frac{P}{20}$ 라고 하자. 여기서 Q_d는 분으로 표시한 통화 시간을 나타내고, P는 분당 전화 요금을 나타낸다. 이 소비자가 A, B사로부터 얻게 되는 소비자 잉여는 각각 (I), (II)라고 한다. (I), (II)를 옳게 고르면?

13 국회 8급

	(I)	(II)		(I)	(II)
①	100,000	225,000	②	105,000	100,000
③	105,000	120,000	④	225,000	120,000
⑤	225,000	100,000			

해 설

주어진 조건을 그림으로 그리면 다음과 같다.

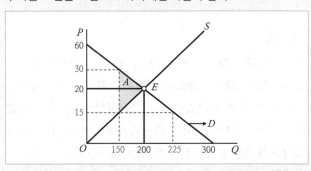

- 소비자가 A사를 선택하면 최대 150분까지 통화가 가능하며 이를 위해 지불할 용의가 있는 최대 금액은 '$150 \times 3,000 \times \frac{1}{2} = 225,000(원)$'이다. 그런데 A사의 요금은 월 12만 원이므로 그 차액인 105,000원의 소비자 잉여를 얻게 된다.
- 소비자가 B사를 선택하면 최대 100분까지 통화가 가능하며 이를 위해 지불할 용의가있는 최대금액은 '$(1,000 + 3,000) \times \frac{1}{2} \times 100 = 200,000(원)$'이다. 그런데 B사는 1분당 1,000원의 요금을 부과하므로 100분의 통화를 위해서는 100,000원의 요금을 부담해야 한다. 이에 따라 지불할 용의가 있는 최대금액인 200,000원에서 요금 100,000원을 뺀 금액인 100,000원 만큼의 소비자 잉여를 얻게 된다.

정답 ②

0381

완전경쟁시장에서 수요와 공급이 <보기>와 같다고 하자.

> 보 기
> - $Q_d = 300 - 5P$
> - $Q_s = 10P$

만약 정부가 가격상한을 15원으로 정한다면 초과수요와 가격상한으로 인한 후생손실(deadweight loss)은 각각 얼마인가?

10 국회 8급

① 50, 2,250
② 50, 375
③ 75, 375
④ 75, 2,250
⑤ 100, 750

해 설

주어진 조건을 그림으로 나타내면 다음과 같다.

- 정부가 15원 수준에서 가격 상한제를 실시하면 시장 공급량은 150이 되어, 초과수요(=수요량-공급량)의 크기는 '75(= 225 - 150)'가 된다.
- 정부가 설정한 가격상한인 15원에서 시장 거래량은 150이 되어, 가격상한제를 실시하기 전의 시장 거래량인 200에 비해 50만큼 감소하게 된다.
- 정부가 15원 수준에서 가격 상한제를 실시하게 되면, 거래량의 감소(200→150)로 인해 이전에 얻을 수 있었던 'A'만큼의 사회적 잉여를 더 이상 얻을 수 없게 된다. 그것이 곧 후생손실(Deadweight loss)이며, 그 크기는 다음과 같다.

> 후생손실: $15 \times 50 \times \frac{1}{2} = 375$

정답 ③

0382

어떤 상품시장의 수요함수는 $Q^D = 1,000 - 2P$, 공급함수는 $Q^S = -200 + 2P$이다. 이 상품시장에 대한 설명으로 옳은 것만을 <보기>에서 모두 고르면?

19 국회 8급

보기

㉠ 현재 상품시장의 생산자 잉여는 40,000이다.

㉡ 최고가격이 150으로 설정되는 경우, 초과수요량은 500이 된다.

㉢ 최고가격이 150으로 설정되는 경우, 암시장 가격은 450이 된다.

㉣ 최고가격이 150으로 설정되는 경우, 사회적 후생손실은 40,000이 된다.

① ㉠, ㉡
② ㉠, ㉢
③ ㉡, ㉢
④ ㉠, ㉡, ㉢
⑤ ㉡, ㉢, ㉣

해 설

주어진 조건들을 반영하여 그림으로 나타내면 다음과 같다.

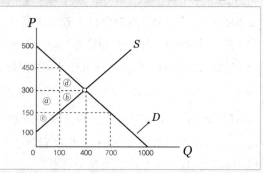

㉠ 현재 상품시장의 생산자 잉여는 'ⓐ+ⓑ+ⓒ' 부분이다. 그 넓이는 다음과 같다.

생산자 잉여: $400 \times 200 \times \frac{1}{2} = 40,000$

㉡ 최고가격이 150으로 설정되는 경우, 수요량은 700이 되고 공급량은 100이 된다. 이에 따라 초과수요량은 600(=700-100)이 된다.

㉢ 최고가격이 150으로 설정되는 경우, 현실적 공급량은 100이 된다. 이 경우 공급량 100 수준에서 소비자가 지불하고자 하는 최대금액인 수요가격은 450이고, 이 수준까지 암시장에서는 거래가 될 수 있다.

㉣ 최고가격이 150으로 설정되는 경우, 사회적 후생손실은 'ⓑ+ⓓ' 부분이다. 그 넓이는 다음과 같다.

사회적 후생 손실: $300 \times 300 \times \frac{1}{2} = 45,000$

정답 ②

0383

보청기의 수요함수가 $Q = 370 - 3P$이고, 공급함수가 $Q = 10 + 6P$이다. 보청기 보급을 위해서 정부가 보청기 가격의 상한을 36으로 정하였다. 이때 발생하는 초과수요를 없애기 위해 정부가 보청기 생산기업에게 보청기 한 대당 지급해야 하는 보조금은? (단, Q는 생산량, P는 가격을 나타낸다.)

14 지방직 7급

① 6
② 8
③ 10
④ 12

해 설

주어진 보청기의 수요-공급 함수를 연립해서 풀면 균형가격 P = 40을 구할 수 있다.

• 정부가 36수준에서 가격상한(최고가격)을 설정하면 수요량 Q = 262, 공급량 Q = 226이 되어 36만큼의 초과수요가 발생한다.

• 생산자에게 보조금(s)을 지급하면 공급곡선은 아래쪽으로 평행이동을 하게 된다. 이때 새로운 공급곡선은 $Q = 10 + 6(P + s)$가 된다. 이때 보조금의 크기는 다음과 같이 도출된다.

$262 = 10 + 6(36 + s) \Rightarrow 262 = 226 + 6s \Rightarrow s = 6$

• 이러한 내용을 그림으로 나타내면 다음과 같다.

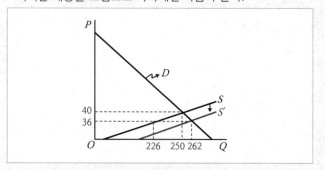

정답 ①

0384

어떤 산업의 노동수요곡선과 노동공급곡선이 아래와 같다고 한다. 하루 법정 최저실질임금이 60,000이라 할 때, 이 노동시장의 실업인구는? (단, 여기에서 ND는 노동수요, NS는 노동공급 그리고 w는 하루의 실질임금이다.)

10 국가직 7급

> • ND = 800,000 − 4w
> • NS = 380,000 + 4w

① 20,000

② 30,000

③ 40,000

④ 60,000

문제에서 주어진 최저실질임금을 수요함수에 대입해보면 ND = 560,000이 되고, 공급함수에 대입해보면 NS = 620,000이 된다.

• NS − ND = 60,000만큼의 초과공급이 발생하고, 이 크기가 시장에 존재하는 비자발적 실업인구가 된다.

정답 ④

0385

노동수요함수와 노동공급함수가 다음과 같다.

$$L_D = 20 - \frac{1}{3}w, \ L_S = 10 + \frac{2}{3}w$$

정부가 최저임금을 균형임금수준보다 20% 인상시킬 때 발생하는 실업량은? (단, L_D는 노동수요량, L_S는 노동공급량, w는 임금이다.)

09 감정평가사

① 0

② 1

③ 2

④ 3

⑤ 4

주어진 식을 연립해서 풀면 현재의 균형임금 수준은 w = 10이 된다.

• 최저임금수준을 이보다 20%만큼 인상시키면 최저임금은 12가 된다. 이에 따라 노동수요량(L_D)은 16, 노동공급량(L_S)은 18이 되어 '2'만큼의 노동의 초과공급, 즉 비자발적 실업이 발생하게 된다.

정답 ③

0386

다음 그림과 같이 미숙련 노동시장의 균형임금은 시간당 5,000원으로 나타났다. 최저임금을 시간당 7,000원으로 설정하면, 1일의 경제적 순손실(deadweight loss)은 얼마인가?

08 감정평가사

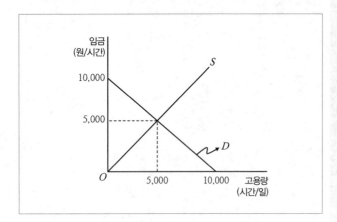

① 0원
② 200만 원
③ 400만 원
④ 1,250만 원
⑤ 2,500만 원

주어진 조건을 그림으로 나타내면 다음과 같다.

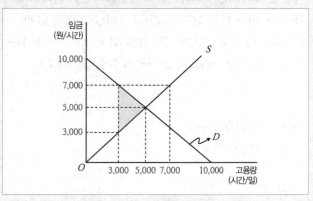

- 최저임금을 7,000원으로 설정하면 노동수요량은 3,000(시간/일)이 되고, 이때의 노동공급자가 받고자하는 최소한 금액은 3,000(원/시간)이 된다.
- 이에 따라 빗금 친 부분의 넓이에 해당하는 경제적 순손실(Deadweight loss)이 발생하게 된다.

경제적 순손실: $4,000 \times 2,000 \times \frac{1}{2} = 4,000,000$(원/일)

정답 ③

0387

어떤 생산물시장의 수요곡선이 $Q_d = -\frac{1}{2}P + \frac{65}{2}$로, 공급곡선이 $Q_S = \frac{1}{3}P - 5$로 주어졌다. 정부가 가격을 통제하기 위해서 가격상한 또는 가격하한을 55로 설정할 때 총잉여(사회적 잉여)는 각각 얼마인가?

17 국회 8급

	가격상한 시 총잉여	가격하한 시 총잉여
①	125	125
②	125	187.5
③	187.5	250
④	250	187.5
⑤	250	250

주어진 조건을 그림으로 나타내면 다음과 같다.

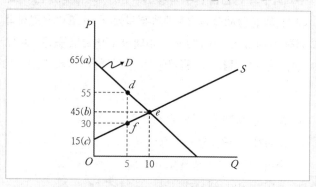

- 실효성 있는 가격상한제를 실시하기 위해서는 시장균형가격보다 낮은 수준에서 가격상한을 설정해야 한다. 그런데 균형가격이 45이므로 가격상한을 55로 설정하는 것은 실효성이 없다. 이에 따라 시장에서는 'e'점에서 균형이 계속 유지된다. 이때 총잉여는 '삼각형 aec'가 되고, 그 크기는 '$250(= 50 \times 10 \times \frac{1}{2})$'이 된다.

- 실효성 있는 가격하한제를 실시하기 위해서는 시장균형가격보다 높은 수준에서 가격하한을 설정해야 한다. 그런데 균형가격이 45이므로 가격하한을 55로 설정하는 것은 실효성이 있다. 이에 따라 시장수요량은 5에 그치게 된다. 이때 총잉여는 '사다리꼴 adfc'가 되고, 그 크기는 '$187.5[= (50 + 25) \times \frac{1}{2} \times 5]$'가 된다.

- 앞의 내용을 표로 정리하면 다음과 같다.

구분	총잉여(사회적 잉여)	크기
가격상한제 실시	삼각형 aec	250
가격하한제 실시	사다리꼴 adfc	187.5

정답 ④

0388

완전경쟁시장에서 거래되는 어느 재화의 수요곡선과 공급곡선이 다음과 같다. 정부가 균형가격을 시장가격으로 설정하고 시장거래량을 2로 제한할 때, 소비자잉여와 생산자잉여의 합은? (단, Q_D는 수요량, Q_S는 공급량, P는 가격이다.)

19 국가직 7급

- 수요곡선: $Q_D = 10 - 2P$
- 공급곡선: $Q_S = -2 + 2P$

① 2
② 4
③ 6
④ 8

주어진 조건을 그림으로 나타내면 다음과 같다.

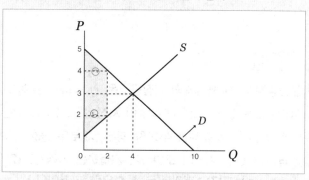

- 정부의 제한정책으로 시장에서는 3의 가격으로 수량 2만큼이 거래된다. 이에 따라 ㉠만큼의 소비자잉여, ㉡만큼의 생산자잉여가 발생한다.

- 소비자잉여(㉠): $\frac{(2+1)}{2} \times 2 = 3$

- 생산자잉여(㉡): $\frac{(2+1)}{2} \times 2 = 3$

- 소비자잉여(㉠)+생산자잉여(㉡): 3+3=6

정답 ③

0389

수요함수와 공급함수가 각각 $D = 10 - P$와 $S = 3P$인 재화에 1원의 종량세를 공급자에게 부과했다. 이 조세의 경제적 귀착(economic incidence)에 대한 설명으로 옳은 것은? (단, D는 수요량, S는 공급량, P는 가격을 나타낸다.)

17 추가채용 국가직 7급

① 소비자: 0.75원, 생산자: 0.25원
② 소비자: 0.5원, 생산자: 0.5원
③ 소비자: 0.25원, 생산자: 0.75원
④ 소비자: 0원, 생산자: 1원

해 설

주어진 수요함수와 공급함수를 연립해서 풀어 도출된 조세부과 전 시장균형 가격은 'P = 2.5'가 된다.

- 공급자에게 종량세 1원이 부과되면 새로운 공급함수는 다음과 같다.

$$S = 3P \rightarrow S = 3(P - 1) \rightarrow S = 3P - 3$$

- 새로운 공급함수와 기존의 수요함수를 연립해서 풀면 새로운 시장균형 수준에서 'P = 3.25'가 된다.
- 이것은 상품을 구입하는 소비자가 동일한 상품을 구입하기 위해서는 이전에 비해 '0.75만큼을 더 지불해야' 한다는 것을 의미하고, 그 크기가 바로 소비자에 대한 조세귀착의 크기인 것이다.
- 반면에 생산자는 소비자에게 단위당 3.25만큼 받은 다음, 1만큼 종량세를 납부하게 되면 2.25만큼 밖에는 얻지 못하게 된다. 즉 생산자에 대한 조세귀착의 크기는 '0.25'가 된다.
- 한편 다음과 같은 방법도 있다. 시장수요곡선과 시장공급곡선이 주어질 때, 부과된 물품세에 대한 소비자와 생산자의 조세부담 크기는 다음과 같이 도출된다.

- $Q^D = a - bP$, $Q^S = c + dP$
- 소비자의 조세부담 크기 $= \dfrac{d}{b+d} \times T = \dfrac{3}{1+3} \times 1 = \dfrac{3}{4} \times 1 = 0.75$
- 생산자의 조세부담 크기 $= \dfrac{b}{b+d} \times T = \dfrac{1}{1+3} \times 1 = \dfrac{1}{4} \times 1 = 0.25$

정답 ①

AK Tip 조세(T)가 부과되는 경우의 수요-공급곡선의 변화

- 소비자에게 부과하는 경우: $P = a - bQ \Rightarrow P + T = a - bQ$ (a, b는 상수)
- 생산자에게 부과하는 경우: $P = c + dQ \Rightarrow P - T = c + dQ$ (c, d는 상수)
- ⇒ 조세가 소비자에게 부과되면 수요함수는 하방으로 평행이동하고, 조세가 생산자에게 부과되면 공급함수는 상방으로 평행이동하게 된다.

0390

완전경쟁시장에서 A재의 시장공급은 $Q_S = 100 + 2P$이고, 시장수요는 $Q_D = 400 - P$이다. 이 시장의 소비자에게 한 단위당 30의 종량세를 부과할 경우, 새로운 균형에서 공급자가 받는 가격과 소비자가 지불하는 가격은? (단, Q_S, Q_D, P는 각각 A재의 공급량, 수요량, 가격이다.)

16 국가직 9급

	공급자가 받는 가격	소비자가 지불하는 가격
①	80	110
②	90	120
③	100	130
④	110	140

해 설

조세부과 전의 수요함수는 '$P = 400 - Q_D$'로 나타낼 수 있다.

- 정부가 30원의 종량세를 소비자에게 부과한 경우 새로운 수요함수는 다음과 같다.

$$P + 30 = 400 - Q_D \Rightarrow P = 370 - Q_D \Rightarrow Q_D = 370 - P$$

- 새로운 수요함수와 기존의 공급함수를 연립해서 풀면 새로운 균형점에서의 시장 가격은 90원이 되며, 이 가격은 시장에서 공급자가 소비자로부터 받게 되는 가격이다.
- 소비자가 지불하는 가격은 시장균형가격에 조세를 더한 가격이므로, 그 가격은 시장가격인 90원에 종량세 30원을 더한 120원이 된다.

정답 ②

0391

타이어에 대한 수요(Q_D)와 공급(Q_S) 함수가 각각 $Q_D = 700 - P$ 와 $Q_S = 200 + 4P$로 주어져 있다. 정부가 소비자에게 타이어 1개당 10원의 세금을 부과한다면, 공급자가 받는 가격(P_S)과 소비자가 지불하는 가격(P_D)은? (단, P는 가격을 나타낸다.)

11 국가직 7급

	P_S	P_D		P_S	P_D
①	98원	108원	②	100원	110원
③	108원	98원	④	110원	100원

주어진 수요함수와 공급함수를 연립하여 풀면 시장에서는 균형가격(P^*) = 100, 균형거래량(Q^*) = 600이 된다.

- 조세부과 전의 수요함수는 '$P = 700 - Q_D$'로 나타낼 수 있다. 그런데 정부가 소비자에게 타이어 1개당 10원의 세금을 부과하면 새로운 수요함수는 다음과 같다.

$$P + 10 = 700 - Q_D \Rightarrow P = 690 - Q_D \Rightarrow Q_D = 690 - P$$

- 새로운 수요함수와 기존의 공급함수를 연립해서 풀면, 새로운 시장 균형점에서는 균형가격(P_1) = 98, 균형거래량(Q_1) = 592 가 된다.
- 앞의 결과들을 그림으로 나타내면 다음과 같다.

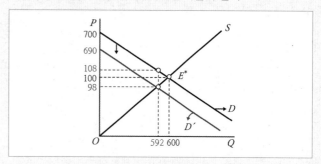

- 앞의 그림에서 새로운 시장 균형점에서의 균형가격 P_1(= 98) 이 공급자가 받는 가격(P_S)이 되며, 여기에 소비자에게 부과된 조세인 10원을 더한 가격인 108(원)이 소비자가 지불하는 가격(P_D)이 된다.

정답 ①

0392

경유에 대한 시장수요는 $Q_D = 120 - P$이며, 시장공급은 $Q_S = 2P - 30$이다. 따라서 경유에 대한 세금이 없을 때 시장 균형가격은 50이고, 거래량은 70이다. 정부가 경유 소비를 줄이기 위해 경유의 소비자가격(세금 포함)을 70으로 올리려면, 정부는 경유에 단위당 얼마의 세금(종량세)을 부과하여야 하는가? (단, Q_D는 경유 수요량, Q_S는 경유 공급량, P 는 단위당 경유가격)

09 CPA

① 10
② 20
③ 30
④ 40
⑤ 60

경유에 대해 종량세를 부과하면 경유의 공급곡선은 부과된 종량세만큼 상방으로 평행이동하게 된다. 따라서 새로운 균형거래량 수준에서의 가격과 기존의 공급곡선의 높이와의 차이를 구하면 된다.

- 정부가 목표로 하는 경유의 새로운 가격(= 70) 하에서 시장 수요량은 50이 된다. 이 수량에서 기존 공급곡선 상의 공급가격은 40이다. 따라서 필요한 조세수준은 새로운 가격(= 70)에서 기존의 공급가격(= 40)을 차감한 30이 된다.
- 앞의 내용을 그림으로 설명하면 다음과 같다.

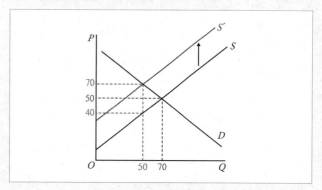

정답 ③

0393

청바지에 대한 수요는 40,000원에서 완전탄력적이고 청바지의 공급은 $Q=5P-160,000$이라고 한다. 정부가 청바지 거래량을 25%만큼 감소시키려면 정확하게 얼마만큼의 판매세를 공급자에게 부과하여야 하는가?

06 보험계리사

① 1,000원

② 2,000원

③ 3,000원

④ 4,000원

해설

청바지에 대한 수요가 완전탄력적이므로 청바지 수요곡선은 40,000원 수준에서 수평의 모습을 보이며, 공급곡선은 우상향한 모습을 보인다.

• 이를 그림으로 나타내면 다음과 같다.

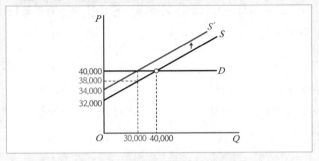

• 그림에서 최초의 균형거래량은 40,000이 된다.

• 그런데 청바지 거래량을 25%만큼 감소시키면 새로운 균형거래량은 30,000이 되어야 한다. 이를 위해서는 공급곡선이 상방으로 이동하여야 한다. 이를 위해 부과해야 할 판매세를 T라고 하면, 새로운 공급곡선은 다음과 같다.

$$Q = 5(P-T) - 160,000$$

• 앞의 식에 새로운 균형거래량 'Q=30,000'과 균형가격 'P=40,000'을 대입하여 풀면 필요한 판매세의 크기를 구할 수 있다.

$$Q = 5(P-T) - 160,000 \Rightarrow 30,000 = 5(40,000-T) - 160,000$$
$$\Rightarrow 5T = 10,000 \Rightarrow T = 2,000$$

정답 ②

0394

졸업식장에서 사용되는 꽃다발에 대한 수요는 $P=100-2Q$, 공급은 $P=50+3Q$라 한다. 빈곤층을 돕기 위해 시 당국은 꽃 한 다발당 20원을 소비세로 부과하기로 하였다. 이 때 소비자 잉여 감소분과 생산자 잉여 감소분은 각각 얼마인가? (단, P는 꽃다발의 시장가격, Q는 꽃다발의 수를 나타냄)

15 국회 8급

① (48, 72)

② (72, 48)

③ (64, 96)

④ (96, 64)

⑤ (88, 68)

해설

시 당국이 꽃 한 다발당 20원의 소비세를 부과하면 새로운 공급함수는 다음과 같다.

$$P - 20 = 50 + 3Q \Rightarrow P = 70 + 3Q$$

• 새로운 공급함수와 기존의 수요함수를 연립한 결과를 그림으로 나타내면 다음과 같다.

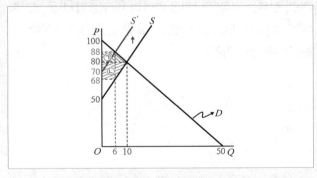

• 소비자 잉여 감소분(사다리꼴 ㉠): $(6+10) \times \frac{1}{2} \times 8 = 64$

• 생산자 잉여 감소분(사다리꼴 ㉡): $(6+10) \times \frac{1}{2} \times 12 = 96$

정답 ③

0395

정부가 생산자에게 담배 한 갑당 1,000원의 개별소비세를 부과한 후, 소비자 잉여가 400만 원 감소하였고, 생산자 잉여는 300만 원 감소하였으며, 정부는 650만 원의 세수를 얻었다고 한다. 이 경우 소비자의 균형 담배소비는 (　)갑에서 (　)갑으로 감소하였겠는가? (단, 담배에 대한 수요곡선과 공급곡선은 모두 직선이다.)

09 국회 8급

① 7,500, 6,500

② 8,000, 7,500

③ 6,000, 5,000

④ 7,000, 6,500

⑤ 8,000, 6,500

주어진 조건에 따라 정부가 생산자에게 담배 한 갑당 1,000원의 개별소비세를 부과하기 전·후의 변화를 그림으로 나타내면 다음과 같다.

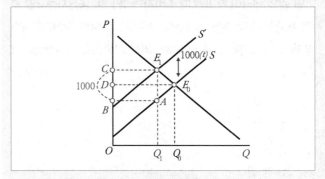

- 그림의 사각형 E_1ABC의 면적이 한 갑당 1,000원의 개별소비세를 부과한 후, 정부의 세수 650만 원이다. 따라서 이때의 거래량 Q_1은 다음과 같이 구할 수 있다.

$$650만 \ 원 = 1,000 \times Q_1 \Rightarrow Q_1 = 6,500(갑)$$

- 개별소비세 부과 후 감소한 소비자 잉여와 생산자 잉여 및 사회적 총잉여는 다음과 같다.

- 소비자 잉여 감소분(사다리꼴 E_0E_1CD) = 400만 원
- 생산자 잉여 감소분(사다리꼴 E_0ABD) = 300만 원
- 사회적 총잉여 감소분=소비자 잉여 감소분+생산자 잉여 감소분 =400만 원+300만 원=700만 원

- 정부의 조세부과 후의 정부 세수는 650만 원 증가하는 데 그쳤으므로 $\triangle AE_0E_1$에 해당하는 사회적 후생손실이 발생하며 그 크기는 50만 원(=700만 원-650만 원)이 된다. 이를 이용하여 Q_0를 구하면 다음과 같다.

$$사회적 \ 후생손실: \ 1,000 \times (Q_0 - Q_1) \times \frac{1}{2} = 500,000$$
$$\Rightarrow (Q_0 - Q_1) = 1,000$$
$$\Rightarrow (Q_0 - 6,500) = 1,000 \Rightarrow Q_0 = 7,500(갑)$$

정답 ①

0396

수요와 공급의 법칙이 성립하는 자동차 시장에서 세금부과 전의 균형거래량은 250대이다. 생산자에게 자동차 1대당 5만 원의 세금이 부과될 때 소비자는 3만 원, 생산자는 2만 원의 세금을 각각 부담하게 된다. 정부가 1,000만 원의 조세수입을 확보할 경우, 세금부과에 의한 자중손실(deadweight loss)은?

15 국가직 9급

① 50만 원

② 75만 원

③ 125만 원

④ 250만 원

해설

5만 원의 조세부과 후 정부의 조세수입이 1,000만 원이라는 것은 조세부과 후 거래량이 200대라는 것을 의미한다. 이에 따라 거래량은 250대에서 200대로 50대만큼 감소했다.

• 앞의 결과를 그림으로 나타내면 다음과 같다.

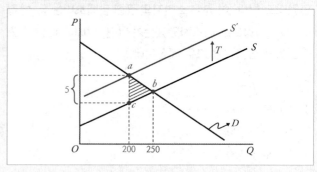

• 그림에서 자중손실(Deadweight loss)은 빗금 친 '삼각형 abc'에 해당하며, 그 크기는 다음과 같이 도출된다.

자중손실: $5 \times 50 \times \frac{1}{2} = 125$(만 원)

정답 ③

0397

X재 시장의 공급곡선은 우상향하는 직선이고 수요곡선은 우하향하는 직선이다. 현재 X재의 균형가격과 균형수량은 각각 100원 및 1,000개이다. 정부가 개당 10원의 세금을 부과하여 소비자가 지불하는 가격이 106원으로 상승하고 균형수량이 900개로 감소하였다면, 세금부과로 인한 경제적 순손실(deadweight loss)은?

18 국가직 9급

① 200

② 300

③ 500

④ 1,000

해설

주어진 조건들을 반영하여 그림으로 나타내면 다음과 같다.

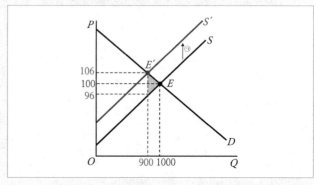

• 정부가 개당 10원의 세금을 부과하면 공급곡선이 10원만큼 상방으로 평행이동하게 된다(㉠).
• 조세부과에 따라 소비자가 지불하는 가격이 106원이라는 것은 조세부과에 따른 새로운 균형가격이 106원이라는 것을 의미한다. 이때 새로운 균형점(E')에서 균형수량이 900개이다.
• 새로운 균형가격에서 조세 10원을 뺀 값이 기존의 공급가격 96원이 된다.
• 그림의 색칠한 부분이 10원만큼의 세금부과에 따른 경제적 순손실에 해당하며, 그 크기는 다음과 같다.

경제적 순손실: $10 \times 100 \times \frac{1}{2} = 500$

정답 ③

0398

독점기업이 당면하고 있는 시장수요곡선은 $P = 12 - \dfrac{1}{2}Q$ 이고, 한계비용은 항상 2로 일정하다. 이 시장에 정부가 개당 2의 종량세(quantity tax)를 부과할 때 추가적으로 발생하는 자중손실(deadweight loss)은?

18 서울시 공개경쟁 7급

① 11
② 12
③ 14
④ 15

주어진 시장수요곡선이 선형함수이므로 독점기업의 한계수입곡선은 수요곡선과 절편은 같고 기울기 2배인 '$MR = 12 - Q$'가 된다.

- 정부가 개당 2의 종량세를 부과하면 독점기업의 한계비용은 4로 상승한다.
- 이윤극대화 조건($MR = MC$)을 만족하는 수준에서 종량세 부과에 따른 변화를 그림으로 나타내면 다음과 같다.

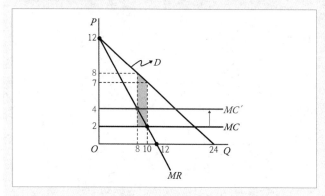

- 그림에서 자중손실(Deadweight loss)의 크기는 색칠한 사다리꼴에 해당하며, 그 크기는 다음과 같다.

$$\text{자중손실: } (5 + 6) \times 2 \times \frac{1}{2} = 11$$

정답 ①

0399

어떤 상품의 수요곡선과 공급곡선은 직선이며, 상품 1단위당 5,000원의 세금이 부과되었다고 하자. 세금의 부과는 상품에 대한 균형거래량을 200개에서 100개로 감소시켰으며, 소비자잉여를 450,000원 감소시키고, 생산자잉여는 300,000원 감소시켰다. 세금부과에 따른 자중손실은?

19 지방직 7급

① 250,000원
② 500,000원
③ 750,000원
④ 1,000,000원

상품 1단위당 5,000원의 세금이 부과된 후의 거래량이 100개가 되었다는 것은 정부의 조세수입이 500,000원(= 5,000 원 × 100 개)이 되었다는 의미이다.

- 한편 이러한 조세 부과로 인해 감소한 소비자잉여와 생산자잉여의 합은 750,000원이다. 이 중에서 500,000원에 해당하는 잉여가 정부의 조세수입으로 전용된 것이다.
- 결국 세금부과에 따른 자중손실은 감소한 소비자잉여와 생산자잉여의 크기 중에서 정부의 조세수입으로도 전용되지 않은 나머지 250,000원이 되는 것이다.
- 이러한 내용들을 그림으로 나타내면 다음과 같다.

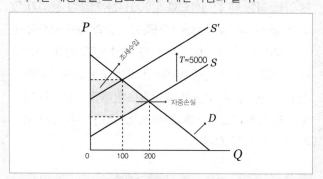

정답 ①

0400

어느 재화를 생산하는 기업이 직면하는 수요곡선은 $Q_D = 200 - P$ 이고, 공급곡선 Q_S는 $P = 100$에서 수평선으로 주어져 있다. 정부가 이 재화의 소비자에게 단위당 20원의 물품세를 부과할 때, 초과부담을 조세수입으로 나눈 비효율성 계수(coefficient of inefficiency)는? (단, P는 가격이다.)

18 국가직 7급

① $\frac{1}{8}$

② $\frac{1}{4}$

③ $\frac{1}{2}$

④ 1

소비자에게 단위당 20원의 물품세를 부과하면 기존의 수요곡선은 20원만큼 하방으로 평행이동을 하게 된다. 이에 따라 물품세 부과 후의 새로운 수요곡선은 다음과 같다.

$$Q_D = 200 - (P + 20) \Rightarrow Q_D = 180 - P$$

• 새로운 수요곡선을 반영하여 문제에서 주어진 조건들을 그림으로 나타내면 다음과 같다.

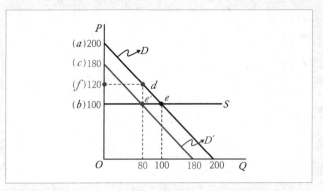

• 공급곡선이 수평이므로 물품세 부과 전후의 생산자 잉여는 '0'으로 변화가 없다.
• 소비자 잉여는 $\triangle aeb$에서 $\triangle ce'b$로 감소하고, 그 크기는 $\triangle adf$의 크기와 같다. 이것은 소비자 잉여가 $\triangle aeb$에서 $\triangle adf$로 감소한 것과 동일한 결과를 보여준다. 또한 물품세 부과로 인한 소비자 잉여의 감소분은 사다리꼴 $fdeb$가 된다는 것을 의미하기도 한다.
• 소비자 잉여의 감소분인 사다리꼴 $fdeb$ 중에서 사각형 $fde'b$($= 20 \times 80 = 1,600$)는 물품세 20원 부과 후의 정부의 조세수입이 된다.
• 이에 따라 물품세 부과에 따른 초과부담(경제적 순손실: Deadweight loss)의 크기는 $\triangle dee'$($= 20 \times 20 \times \frac{1}{2} = 200$)가 된다.
• 결국 초과부담을 조세수입으로 나눈 비효율성 계수는 '$\frac{초과부담}{조세수입} = \frac{200}{1,600} = \frac{1}{8}$'이 된다.

정답 ①

0401

갑과 을이라는 두 흡연자만 있다. 갑은 담배 한 갑을 피울 때 최대한으로 3,000원을 지불할 용의가 있고, 을은 담배 한 갑을 피울 때 최대한으로 5,000원을 지불할 용의가 있다. 지금 한 갑당 2,000원의 가격에서 갑과 을은 하루에 한 갑씩 담배를 피운다. 이제 담배 한 갑당 2,000원의 건강세가 부과되었다. 이 건강세로부터 발생하는 하루 조세수입(원)은? (단, 두 사람은 한 갑 단위로 담배를 소비하는 합리적 경제주체이고, 하루에 최대한으로 소비할 수 있는 담배의 양은 각각 한 갑이다.)

08 지방직 7급

① 0   ② 2,000

③ 4,000   ④ 8,000

담배 한 갑당 2,000원의 건강세를 부과하면 담배 가격은 한 갑당 4,000원이 된다.

• 새로운 담배 가격 4,000원 하에서는 최대한 3,000원까지만 지불할 용의가 있는 갑은 흡연을 포기하고, 최대한 5,000원까지 지불할 용의가 있는 을만이 흡연을 지속할 것이다.
• 하루 조세수입은 을의 하루 담배 소비량인 한 갑당 부과된 2,000원의 건강세만이 전부가 된다.

정답 ②

0402

어떤 상품의 시장이 완전경쟁적이다. 그 시장의 수요함수와 공급함수가 아래와 같을 경우, 정부가 이 상품에 대해 단위당 3의 물품세를 부과한다면 부과 후 정부의 조세수입과 사회적 후생 손실(deadweight loss)을 옳게 나타낸 것은?

07 국회 8급

- 수요함수(D) : $Q_D = -2P_D + 40$
- 공급함수(S) : $Q_S = P_S - 5$

	조세수입	후생손실		조세수입	후생손실
①	24	2	②	24	3
③	4	4	④	20	2
⑤	20	3			

주어진 조건을 충족하는 내용을 그림으로 나타내면 다음과 같다.

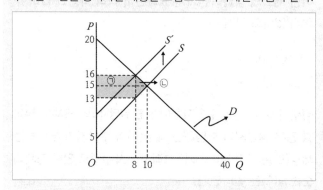

- 그림에서 조세수입은 ㉠, 후생손실은 ㉡에 해당하며, 그 크기는 다음과 같다.

- 조세수입: $3 \times 8 = 24$
- 후생손실: $3 \times 2 \times \dfrac{1}{2} = 3$

정답 ②

0403

어떤 완전경쟁시장에서 수요와 공급은 각각 다음과 같다.

- 수요 : $Q_D = 300 - 5P$
- 공급 : $Q_S = 10P$

만약 정부가 공급자에게 생산물 1단위당 3만큼의 물품세를 부과한다면 이 시장에서 정부의 조세수입(A)과 조세부과에 따른 후생손실(deadweight loss)(B) 그리고 전체 조세수입 중 소비자가 부담하는 부분(C)은 각각 얼마인가?

12 국회 8급

	A	B	C		A	B	C
①	570	15	380	②	570	15	390
③	570	30	285	④	630	15	380
⑤	630	30	190				

주어진 조건을 충족하는 내용을 그림으로 나타내면 다음과 같다.

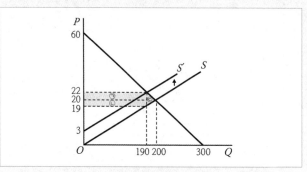

- 그림에서 조세수입은 '㉠+㉡', 후생손실은 ㉢, 전체 조세수입 중 소비자가 부담하는 부분은 ㉠에 해당하며 그 크기는 다음과 같다.

- 조세수입(㉠ + ㉡): $3 \times 190 = 570$
- 후생손실(㉢): $3 \times 10 \times \dfrac{1}{2} = 15$
- 전체 조세수입 중 소비자가 차지하는 부분(㉠): $2 \times 190 = 380$

정답 ①

0404

어떤 재화의 공급곡선과 수요곡선이 각각 다음과 같이 주어져 있다고 하자.

- $Q_S = 100 + 3P$
- $Q_D = 400 - 2P$

정부가 이 재화의 수요자들에게 단위당 15의 조세를 부과할 경우 생산자가 부담하는 세금(A)과 수요자가 부담하는 세금(B)은 각각 얼마인가? 그리고 조세부과로 인한 경제적 순손실(C)은 얼마인가?

13 국회 8급

	A	B	C		A	B	C
①	5	10	270	②	6	9	135
③	6	9	270	④	9	6	135
⑤	9	6	270				

수요자들에게 단위당 15의 조세를 부과할 경우 새로운 수요함수는 다음과 같다.

$$Q_d = 400 - 2(P + 15) \Rightarrow Q_D = 370 - 2P$$

- 새로운 수요함수를 반영하여 문제에서 주어진 조건들을 그림으로 나타내면 다음과 같다.

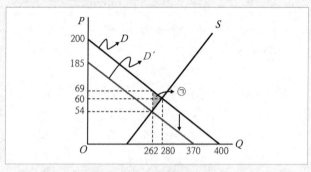

- 생산자가 부담하는 단위당 세금은 (60 − 54 = 6), 수요자가 부담하는 세금은 (69 − 60 = 9)가 된다.
- 조세부과로 인한 경제적 순손실은 그림의 ㉠부분이며, 그 크기는 다음과 같다.

경제적 순손실: $15 \times 18 \times \frac{1}{2} = 135$

정답 ②

0405

재화 A에 대한 수요곡선과 공급곡선은 각각 $Q_D = 12 - P$ 및 $Q_S = 2P$로 표현된다. 이 재화에 개당 3원의 세금을 소비자에게 부과하는 경우에 경제적 순손실의 크기는? (단, Q_D는 수요량, Q_S는 공급량, P는 가격이다.)

16 국가직 7급

① 1원
② 3원
③ 5원
④ 7원

주어진 수요함수와 공급함수를 연립해서 풀면 P = 4, Q = 8인 최초 균형점을 구할 수 있다.

- 소비자에게 개당 3원의 세금을 부과하면 새로운 수요곡선은 다음과 같다.

$$Q_D = 12 - (P + 3) \Rightarrow Q_D = 9 - P$$

- 새로운 수요함수를 반영하여 문제에서 주어진 조건들을 그림으로 나타내면 다음과 같다.

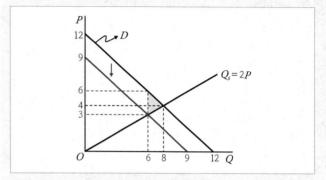

- 그림에서 경제적 순손실은 색칠한 부분이며, 그 크기는 다음과 같다.

경제적 순손실: $3 \times 2 \times \frac{1}{2} = 3$

- 만약 수요함수가 '$Q_D = a - bP$', 공급함수가 '$Q_S = c + dP$' 형태일 때, 생산자 또는 소비자에게 조세를 T만큼 부과한 경우 사회적 (경제적) 순손실(Deadweight loss)은 다음과 같은 공식을 이용해서 구할 수 있다. 문제에서 주어진 수요함수와 공급함수에서 'b = 1', 'd = 2', 그리고 조세가 'T=3'이므로 다음과 같은 결과를 얻을 수 있다.

$$DL = \frac{1}{2}\left(\frac{b \times d \times T^2}{b + d}\right) \Rightarrow \frac{1}{2}\left(\frac{1 \times 2 \times 3^2}{1 + 2}\right) = \frac{9}{3} = 3$$

정답 ②

AK Tip 조세(T)가 부과되는 경우의 경제적 순손실

수요함수: $Q_D = a - bP$, 공급함수: $Q_S = c + dP$

⇒ 경제적 순손실(Deadweight loss)$= \frac{1}{2}\left(\frac{b \times d \times T^2}{b + d}\right)$ (단, a, b, c, d 는 모두 상수)

⇒ 같은 크기의 보조금(W)을 지급하는 경우도 동일한 결과로 이때의 경제적 순손실은 $\frac{1}{2}\left(\frac{b \times d \times W^2}{b + d}\right)$가 된다.

0406

완전경쟁시장에서 수요곡선은 $Q_D = 120 - P$이고 공급곡선은 $Q_S = 2P$이다. 여기에 정부가 개당 30원의 종량세를 부과하였다면, 세금으로 인한 경제적 순손실(deadweight loss)은 얼마인가?

16 서울시 7급

① 300원
② 400원
③ 500원
④ 600원

정부의 조세부과 전 균형거래량은 80이다.

- 정부가 개당 30원의 종량세를 부과할 때, 새로운 공급곡선은 다음과 같다.

$$Q_S = 2(P - 30) \Rightarrow Q_S = 2P - 60$$

- 새로운 공급곡선과 문제에서 주어진 조건들을 반영하여 그림으로 나타내면 다음과 같다.

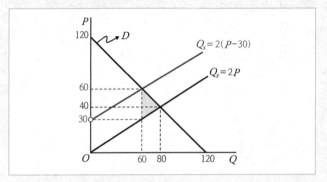

- 그림에서 조세 부과에 따른 경제적 순손실(Deadweight loss)은 색칠한 부분이며, 그 크기는 다음과 같다.

경제적 순손실: $30 \times 20 \times \dfrac{1}{2} = 300$

- 만약 수요함수가 '$Q_D = a - bP$', 공급함수가 '$Q_S = c + dP$' 형태일 때, 생산자 또는 소비자에게 조세를 T만큼 부과한 경우 사회적(경제적) 순손실(Deadweight loss)은 다음과 같은 공식을 이용해서 구할 수 있다. 문제에서 주어진 수요함수와 공급함수에서 'b = 1', 'd = 2', 그리고 조세가 'T=30'이므로 다음과 같은 결과를 얻을 수 있다.

$$DL = \frac{1}{2}\left(\frac{b \times d \times T^2}{b + d}\right) \Rightarrow \frac{1}{2}\left(\frac{1 \times 2 \times 30^2}{1 + 2}\right) = \frac{900}{3} = 300$$

정답 ①

0407

수요와 공급곡선이 다음과 같이 주어져 있다.

- $Q_d = 400 - 2P$
- $Q_s = 100 + 3P$

단위당 T만큼의 조세를 소비자에게 부과하는 경우, 사회적 후생손실이 135라면 단위당 조세의 크기는 얼마인가?

17 국회 8급

① 6
② 9
③ 10
④ 15
⑤ 30

0408

과세 전의 밀가루의 수요와 공급은 다음 표와 같다. 정부가 밀가루 1kg당 15원씩의 소비세를 소비자에게 부과할 때 과세 후에 ㉠ 구매자의 지불가격, ㉡ 정부의 조세수입, ㉢ 밀가루 1kg당 소비세 15원에 대한 조세귀착에서 공급자의 부담, ㉣ 후생 순손실(deadweight loss)은 각각 얼마인가?

09 국가직 7급

가격(원)	45	40	35	30	25	20	15	10	5	0
수요량(kg)	0	6	12	18	24	30	36	42	48	54
공급량(kg)	27	24	21	18	15	12	9	6	3	0

	㉠	㉡	㉢	㉣
①	35	180	10	45
②	30	160	5	30
③	35	180	10	30
④	30	160	5	45

수요함수가 '$Q_D = a - bP$', 공급함수가 '$Q_s = c + dP$' 형태일 때, 생산자 또는 소비자에게 조세를 T만큼 부과한 경우 사회적(경제적) 순손실(Deadweight loss)은 다음과 공식을 이용해서 구할 수 있다.

$$DL = \frac{1}{2}\left(\frac{b \times d \times T^2}{b + d}\right)$$

- 문제에서 주어진 수요함수와 공급함수에서 '$b = 2$', '$d = 3$', 사회적 후생손실(DL)이 135이므로 앞의 공식에 대입하여 정리하면 다음과 같은 결과를 얻게 된다.

$$135 = \frac{1}{2}\left(\frac{2 \times 3 \times T^2}{2 + 3}\right) \Rightarrow T^2 = 225 \Rightarrow T = 15$$

- 앞에서 주어진 공식은 조세가 아닌 보조금을 지급하는 경우에도 동일하게 활용할 수 있다. 공식에서 조세 대신 보조금을 대입하면 보조금을 지급하는 경우에 발생하는 사회적 순손실을 구할 수 있다.

정답 ④

주어진 표를 기초로 수요함수와 공급함수를 도출하면 다음과 같다.

- 수요함수: $P = 45 - \frac{5}{6}Q$
- 공급함수: $P = \frac{5}{3}Q$

- 정부가 밀가루 1kg당 15원씩의 소비세를 소비자에게 부과하는 경우의 수요함수는 다음과 같다.

$$P + 15 = 45 - \frac{5}{6}Q \Rightarrow P = 30 - \frac{5}{6}Q$$

- 앞에서 도출한 내용을 그림으로 나타내면 다음과 같다.

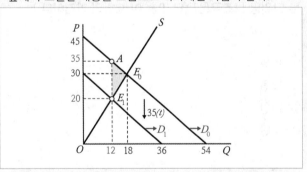

㉠ 구매자의 지불가격: 30 ⇒ 35(∵ 새로운 균형점에서 시장에서 20원을 지불하고 동시에 15원만큼의 조세를 납부해야 하므로)

㉡ 정부의 조세수입: $12 \times 15 = 180$(∵ 새로운 균형점에서 12kg이 거래되고, 이에 따라 단위당 15원의 조세를 징수하고 있으므로)

㉢ 밀가루 1kg당 소비세 15원에 대한 조세귀착에서 공급자의 부담: 10(∵ 조세부과 전에는 1kg당 30원을 받을 수 있었는데, 조세부과 후에는 20원을 받게 되므로)

㉣ 후생 순손실(Deadweight loss): 색칠한 부분 $\triangle A E_1 E_0$의 넓이 ($= 15 \times 6 \times \frac{1}{2} = 45$)

정답 ①

0409

어떤 상품의 수요곡선과 공급곡선이 아래와 같다. 정부가 상품 1개당 25원의 세금을 생산자에게 부과하는 경우와 소비자에게 부과하는 경우 각각의 세금 수입은? 10 지방직 7급

- $Q_D = 150 - 2P$
- $Q_S = -100 + 3P$

	생산자에게 부과한 경우	소비자에게 부과한 경우
①	500원	500원
②	500원	750원
③	750원	750원
④	1,750원	1,750원

주어진 두 식을 연립해서 풀면 조세 부과 전의 시장 가격은 P=50, 균형 거래량은 Q=50이 된다.

- 정부가 상품 1개당 25원의 세금을 생산자에게 부과할 때, 새로운 공급곡선은 다음과 같다.

$$Q_S = -100 + 3(P - 25) \Rightarrow Q_S = -175 + 3P$$

- 새로운 공급곡선과 기존의 수요곡선과 연립해서 풀면 조세 부과 후의 균형 거래량 Q=20을 구할 수 있다. 이에 따라 세금수입은 '$20 \times 25 = 500$'이 된다.
- 한편 종량세 부과에 따른 자원 배분의 효율성은 종량세를 생산자에게 부과하든 소비자에게 부과하든 동일하다. 따라서 정부가 상품 1개당 25원의 세금을 소비자에게 부과해도 세금수입은 500원으로 동일해진다.

정답 ①

0410

A국에서 어느 재화의 수요곡선은 $Q_D = 280 - 3P$이고, 공급곡선은 $Q_S = 10 + 7P$이다. A국 정부는 이 재화의 가격상한을 20원으로 설정하였고, 이 재화의 생산자에게 보조금을 지급하여 공급량을 수요량에 맞추고자 한다. 이 조치에 따른 단위당 보조금은? (단, P는 이 재화의 가격이다.)

18 국가직 7급

① 10원
② 12원
③ 14원
④ 16원

문제에서 주어진 내용을 그림으로 나타내면 다음과 같다.

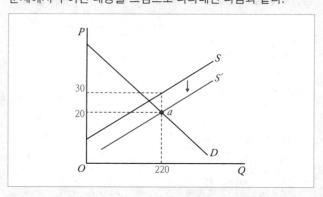

- 가격상한을 20원 수준에 설정하는 경우 수요량은 220이다.
- 공급량을 가격상한 20원 수준의 수요량인 220에 맞추기 위해서는 공급곡선이 a점을 지나도록 하는 보조금 지급이 필요하다. 생산자에게 보조금을 지급하면 공급곡선은 지급된 보조금만큼 하방으로 평행이동하게 된다. 이때 필요한 보조금의 크기는 수량 220 수준에서 공급가격과 수요가격(=가격상한인 20)의 차이 만큼이다.
- 한편 공급량이 220 수준에서의 기존의 공급가격은 공급량 220을 기존의 공급곡선에 대입하여 도출되는 30이다. 따라서 문제에서 요구하는 단위당 보조금은 10(=30-20)이 된다.
- 결국 생산자에게 단위당 보조금을 10만큼 지급하면, 기존의 공급곡선이 하방으로 10만큼 평행이동하게 되어 수요량과 공급량이 220 수준에서 일치하게 된다.

정답 ①

0411

시장수요함수가 $Q_D = 50 - 0.5P$이고, 시장공급함수는 $Q_S = 2P$인 재화시장이 있다. 정부가 소비촉진을 위해 소비자에게 단위당 10의 구매보조금을 지급하기로 했다. 이 보조금 정책으로 인해 예상되는 시장의 자중손실(deadweight loss)은 얼마인가?

11 CPA

① 0

② 4

③ 20

④ 220

⑤ 440

주어진 수요함수와 공급함수를 연립해서 풀면 Q = 40, P = 20을 구할 수 있다.

- 소비자에게 구매보조금을 지급하면 수요함수가 지급된 보조금만큼 상방으로 평행이동하게 되고, 이에 따른 새로운 시장수요함수는 다음과 같다.

$$Q_D = 50 - 0.5P \Rightarrow Q_D = 50 - 0.5(P - 10) \Rightarrow Q_D = 55 - 0.5P$$

- 새로운 수요함수와 문제에서 주어진 조건들을 반영하여 그림으로 나타내면 다음과 같다.

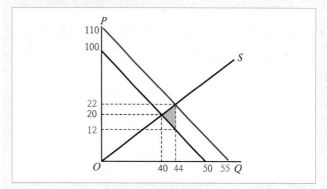

- 그림에서 자중손실(Deadweight loss)은 색칠한 부분이며, 그 크기는 다음과 같다.

$$\text{자중손실: } 10 \times 4 \times \frac{1}{2} = 20$$

- 만약 수요함수가 '$Q_D = a - bP$', 공급함수가 '$Q_S = c + dP$' 형태일 때, 생산자 또는 소비자에게 보조금을 S만큼 부과한 경우 사회적(경제적) 순손실(Deadweight loss)은 다음과 같은 공식을 이용해서 구할 수 있다. 문제에서 주어진 수요함수와 공급함수에서 '$b = \frac{1}{2}$', '$d = 2$', 보조금은 'S=10'이므로, 이 조건들을 앞의 공식에 대입하여 정리하면 다음과 같은 결과를 얻게 된다.

$$DL = \frac{1}{2}\left(\frac{b \times d \times S^2}{b + d}\right) \Rightarrow DL = \frac{1}{2}\left(\frac{\frac{1}{2} \times 2 \times 10^2}{\frac{1}{2} + 2}\right) = \frac{1}{2}\left(\frac{100}{\frac{5}{2}}\right) = 20$$

정답 ③

AK Tip 보조금(S)이 지급될 때 수요-공급곡선의 변화

- 소비자에게 지급되는 경우: $P = a - bQ \Rightarrow P - S = a - bQ$ (단, a, b는 상수)
- 생산자에게 지급되는 경우: $P = c + dQ \Rightarrow P + S = c + dQ$ (단, c, d는 상수)
⇒ 보조금이 소비자에게 지급되면 수요곡선은 상방으로 평행이동하고, 보조금이 생산자에게 지급되면 공급곡선은 하방으로 이동한다.

0412

어시장에 활어를 공급하는 시장공급곡선은 가격에 대하여 완전비탄력적이다. 활어를 공급하는 생산자에게 조세(종량세)를 부과할 경우의 변화로 옳은 것은? (단, 시장수요곡선은 우하향한다.)

14 국가직 9급

① 조세는 생산자가 모두 부담하게 된다.
② 조세는 소비자가 모두 부담하게 된다.
③ 시장균형가격은 조세 부과 전보다 상승하며, 상승폭은 조세부과액만큼 상승한다.
④ 시장균형가격은 조세 부과 전보다 상승하지만, 상승폭은 조세 부과액보다 작다.

해설

시장공급곡선이 가격에 대하여 완전비탄력적이므로 공급곡선은 수직이 된다. 이 경우에 공급자에게 조세(종량세)를 부과한다고 하더라도 공급곡선은 이동하지 않게 되므로 시장가격 또한 불변이 된다.

• 결국 소비자는 이전과 동일한 가격으로 구입을 할 수 있지만, 공급자는 시장가격에서 조세를 납부해야 하므로 결국 부과된 조세를 모두 부담하게 되는 것이다.

정답 ①

AK Tip 조세 부과에 따른 조세 부담의 상대적 크기

$$\frac{공급의\ 가격탄력성}{수요의\ 가격탄력성} = \frac{수요자\ 부담의\ 크기}{공급자\ 부담의\ 크기}$$

⇒ 가격탄력성이 작을수록 조세 부담의 크기는 커진다. 만약 공급의 가격탄력성이 완전비탄력적이라면 모든 조세는 공급자가 부담한다. 그 역도 성립한다.

0413

시장에서 거래되는 재화에 물품세를 부과하였을 경우 조세 전가가 발생하게 된다. 조세전가로 인한 소비자 부담과 생산자 부담에 대한 설명 중 가장 옳지 않은 것은?

18 서울시 공개경쟁 7급

① 우상향하는 공급곡선의 경우 수요의 가격탄력도가 클수록 생산자 부담이 커지게 된다.
② 우하향하는 수요곡선의 경우 공급의 가격탄력도가 작을수록 소비자 부담은 작아지게 된다.
③ 소비자 또는 생산자 중 누구에게 부과하느냐에 따라 소비자 부담과 생산자 부담의 크기는 달라진다.
④ 수요가 가격변화에 대해 완전탄력적이면 조세는 생산자가 전적으로 부담하게 된다.

해설

재화에 물품세를 부과하는 경우 소비자 또는 생산자 중 누구에게 부과하느냐와 관계없이 소비자 부담과 생산자부담의 크기는 동일하다. 차이가 있는 것은 시장균형가격 수준이다.

• 소비자에게 부과하는 경우 시장균형가격은 이전보다 하락하고, 생산자에게 부과하는 경우 시장균형가격은 이전보다 상승하게 될 뿐이다.
• 이것을 제외하면 조세수입, 자중손실, 조세부담의 크기는 차이가 없이 동일하게 나타난다.

정답 ③

0414

X, Y 두 종류의 재화가 있다. X재 수요의 가격탄력성은 0.7
이고, Y재 가격이 1% 상승할 때 Y재 수요량은 1.4% 감소
한다고 한다. 램지 원칙에 따라 과세하는 경우 Y재 세율이
10%일 때, X재의 최적 세율은?

19 지방직 7급

① 0.5%

② 5%

③ 7%

④ 20%

램지(F. A. Ramsey)의 원칙은 과세로 인한 사회의 총체적 초과부
담을 극소화하기 위해 제시된다.

- 그 내용은 상대적으로 비탄력적인 재화에 높은 세율을 부과하
고, 상대적으로 탄력적인 재화에 낮은 세율을 부과해야 한다는
것이다. 이것을 역비례성의 원칙 또는 역탄력성의 원칙(Inverse
elasticity rule)이라고도 부른다.
- 램지(F. A. Ramsey)의 원칙을 수식으로 표현하면 다음과 같다.

- $\dfrac{t_X}{t_Y} = \dfrac{\epsilon_Y}{\epsilon_X}$
- 여기서 t_X는 X재에 부과된 세율, t_Y는 Y재에 부과된 세율, e_X는
X재 수요의 가격탄력성, e_Y는 Y재 수요의 가격탄력성을 의미한다.

- 문제에서 Y재 가격이 1% 상승할 때 Y재 수요량은 1.4% 감소한
다는 것은 Y재 수요의 가격탄력성이 1.4라는 것을 의미한다.
- 문제에서 주어진 조건을 앞에서 제시한 램지 원칙이 반영된 수
식에 대입하여 풀면 다음과 같이 X재의 최적 세율(t_X)을 도출할
수 있다.

$\dfrac{t_X}{t_Y} = \dfrac{\epsilon_Y}{\epsilon_X} \Rightarrow \dfrac{t_X}{0.1} = \dfrac{1.4}{0.7} \Rightarrow t_X = 2 \times 0.1 = 0.2 = 20\%$

정답 ④

0415

기업의 이윤극대화 조건을 가장 적절하게 표현한 것은?
(단, MR은 한계수입, MC는 한계비용, TR은 총수입, TC는
총비용이다.) 11 국가직 7급

① MR＝MC, TR＞TC

② MR＝MC, TR＜TC

③ MR＞MC, TR＞TC

④ MR＞MC, TR＜TC

해설

시장구조와 관계없이 이윤극대화 조건은 'MR＝MC'이다. 이때
MC곡선은 우상향하면서 MR곡선과 만나야 한다.

• 초과이윤이 양(+)이 되기 위한 조건은 'TR＞TC'이어야 한다.

정답 ①

0416

건전지의 시장수요량과 시장공급량은 가격에 대해 다음과
같은 관계를 갖는다고 하자. 건전지 시장이 완전경쟁시장
이라면, 개별기업의 한계수입은 얼마인가? 05 공인노무사

가격	0	1	2	3	4	5
수요량	20	18	16	14	12	10
공급량	2	4	6	9	12	15

① 1

② 2

③ 3

④ 4

⑤ 5

해설

주어진 표는 완전경쟁기업이 아닌 완전경쟁시장과 관련된 표임
을 주의하자.

• 시장의 균형가격은 '수요량＝공급량'을 만족하는 $P＝4$가 된다.

• 완전경쟁기업은 가격 수용자이므로 시장가격 수준에서 완전
탄력적인 수평의 수요곡선에 직면한다. 이에 따라 $P＝AR＝MR$이 성립하므로 개별기업의 한계수입은 시장균형가격인 4
와 같게 된다.

정답 ④

0417

완전경쟁시장에서 조업하는 어떤 기업이 직면하고 있는 시장가격은 9이고, 이 기업의 평균비용곡선은 $AC(Q) = \dfrac{7}{Q} + 1 + Q$ $(Q > 0)$으로 주어져 있다. 이윤을 극대화하는 이 기업의 산출량 Q는?

14 서울시 7급

① 4
② 5
③ 6
④ 7
⑤ 8

시장구조와 관계없이 이윤극대화 조건은 MR=MC이다.

- 완전경쟁 기업이 직면하고 있는 수요곡선은 시장가격 'P=9' 수준에서 수평의 모습을 보인다. 이에 따라 시장가격이 곧 완전경쟁기업의 한계수입(MR)이므로 MR=9가 된다.
- 총비용(TC)은 다음과 같이 도출된다.

$$TC = AC \times Q = (\frac{7}{Q} + 1 + Q) \times Q = 7 + Q + Q^2$$

- 한계비용(MC)은 다음과 같이 도출된다.

$$MC = \frac{dTC}{dMC} = 1 + 2Q$$

- 이윤극대화를 위한 산출량은 다음과 같이 결정된다.

$$MR = MC \Rightarrow 9 = 1 + 2Q \Rightarrow Q = 4$$

정답 ①

AK Tip 완전경쟁기업의 균형조건

P(=AR)=MR=MC

⇒ 완전경쟁기업은 시장가격 수준에서 수평한 수요곡선에 직면하기 때문에 완전경쟁기업에서는 'P=AR=MR'이 성립한다. 이에 따라 균형수준 'MR=MC'에서 'P=MC'도 성립하여 효율적인 자원배분이 이루어진다.

0418

완전경쟁시장에서 조업하는 동질적인 기업들은 $Q_D = 50 - P$의 시장수요함수를 가지며, $Q_S = 5P - 10$인 시장공급함수를 가진다. 개별 기업들의 평균비용곡선은 $AC(Q) = Q + \dfrac{2}{Q} + 2$일 때 이윤극대화를 위한 개별기업의 생산량은?

18 서울시 공개경쟁 7급

① 2
② 3
③ 4
④ 5

시장구조와 관계없이 이윤극대화 조건은 MR=MC이다.

- 주어진 시장수요함수와 공급함수를 연립하여 풀면 시장균형가격으로 'P=10'을 구할 수 있다.
- 완전경쟁기업은 시장균형가격 수준에서 수평한 수요곡선에 직면하기 때문에 이러한 시장균형가격은 곧 개별기업의 한계수입(MR)이 된다.
- 주어진 평균비용곡선을 이용하여 총비용(TC)과 한계비용을 다음과 같이 구할 수 있다.

$$\bullet \ TC = AC \times Q = (Q + \frac{2}{Q} + 2) \times Q = Q^2 + 2 + 2Q$$
$$\bullet \ MC = \frac{dTC}{dQ} = 2Q + 2$$

- 이윤극대화를 위한 생산량은 다음과 같이 결정된다.

$$MR = MC \Rightarrow 10 = 2Q + 2 \Rightarrow Q = 4$$

정답 ③

0419

어떤 경쟁적 기업이 두 개의 공장을 가지고 있다. 각 공장의 비용함수는 $C_1 = 2Q + Q^2$, $C_2 = 3Q^2$이다. 생산물의 가격이 12일 때 이윤극대화 총생산량은 얼마인가? 14 서울시 7급

① 3
② 5
③ 7
④ 10
⑤ 12

완전경쟁기업의 생산물 가격이 12이므로 이 기업의 한계수입(MR)이 곧 12가 된다.

· 두 개 공장의 한계비용(MC)을 구하면 각각 다음과 같다.

> · $MC_1 = \dfrac{dC_1}{dQ_1} = 2 + 2Q_1$
>
> · $MC_2 = \dfrac{dC_2}{dQ_2} = 6Q_2$

· 이윤극대화 조건은 'MR=MC'이다. 이를 전제로 각 공장에서 이윤극대화를 달성하는 수준에서 생산량을 구하면 다음과 같다.

> · 1 공장: $MR = MC_1 \Rightarrow 12 = 2 + 2Q_1 \Rightarrow Q_1 = 5$
> · 2 공장: $MR = MC_2 \Rightarrow 12 = 6Q_2 \Rightarrow Q_2 = 2$

· 결국 완전경쟁기업이 이윤극대화를 달성하기 위한 총생산량은 다음과 같이 도출된다.

> 총생산량 $= Q_1 + Q_2 = 5 + 2 = 7$

정답 ③

0420

기업 A의 비용함수는 $TC = \sqrt{Q} + 50$이다. 이 기업이 100개를 생산할 경우 이윤이 0이 되는 가격은? (단, C는 총비용, Q는 생산량이다.) 12 감정평가사

① 1
② 0.6
③ 0.5
④ 0.2
⑤ 0.1

문제에서 묻는 이윤은 '초과이윤'을 의미하는 것으로 보인다. 따라서 '총수입(TR) = 총비용(TC)' 조건을 만족시키는 수준의 가격을 구하면 된다.

· 100개를 생산할 경우 이윤이 0이 되는 가격은 다음과 같이 도출할 수 있다.

> · $TR = Q \times P = 100P$
> · $TC = \sqrt{Q} + 50 = \sqrt{100} + 50 = 10 + 50 = 60$
> · $TR = TC \Rightarrow 100P = 60 \Rightarrow P = 0.6$

정답 ②

0421

가나다 구두회사의 하루 구두 생산비용이 아래 표와 같을 때, 구두가격이 5만 원이라면 이 회사의 이윤은? (단, 구두시장은 완전경쟁적이라고 가정한다.) 10 지방직 7급

구두 생산량(켤레/일)	0	1	2	3	4	5
총비용(만 원)	3	5	8	13	20	28

① 0원
② 2만 원
③ 5만 원
④ 10만 원

완전경쟁기업의 이윤극대화 조건은 'MR(=P) = MC'이다.

· 구두 생산량을 하루 2켤레에서 3켤레로 증가시킬 때 총비용은 8만 원에서 13만 원으로 5만 원만큼 증가한다. 따라서 한계비용(MC)이 5만 원이다. 이때 'MR(=5)=MC(=5)'가 성립하여 이윤극대화 조건을 만족시킨다.

· 이윤극대화 수준에서 총수입($TR = P \times Q$)은 15만 원(5만 원×3)이고 총비용(TC)은 13만 원이므로 이 회사의 총이윤(= $TR - TC$)은 2만 원(=15만 원-13만 원)이 된다.

정답 ②

0422

완전경쟁시장의 단기 균형 상태에서 시장가격이 10원인 재화에 대한 한 기업의 생산량이 50개, 이윤이 100원이라면 이 기업의 평균비용은?

15 국가직 7급

① 5원

② 6원

③ 7원

④ 8원

기업의 총이윤(Π)은 총수입($TR = P \times Q$)에서 총비용($TC = AC \times Q$)을 차감하여 도출한다. 이를 전제로 평균비용($AC = \dfrac{TC}{Q}$)을 도출하면 다음과 같다.

- $TR = P \times Q = 10 \times 50 = 500$
- $\Pi = TR - TC \Rightarrow 100 = 500 - TC \Rightarrow TC = 400$
- $AC = \dfrac{TC}{Q} \Rightarrow AC = \dfrac{400}{50} = 8$

정답 ④

0423

다음 <표>는 가방만을 생산하는 어떤 기업의 노동자 수에 따른 주당 가방 생산량을 나타내고 있다. 만약, 완전경쟁시장에서 가방의 개당 가격이 20,000원이라면, 가방을 생산하는 이 기업은 이윤 극대화를 위하여 몇 명의 노동자를 고용하겠는가? (단, 노동자 1명의 주당 임금은 1,000,000원이며, 노동자에게 지급하는 임금 외에 다른 비용은 없음)

10 국회 8급

<표> 노동자의 수에 따른 주당 가방 생산량

노동자의 수(명)	0	1	2	3	4	5
가방 생산량(개)	0	60	160	240	280	300

① 1명

② 2명

③ 3명

④ 4명

⑤ 5명

이윤은 총수입($TR = P \times Q$)에서 총비용($TC = AC \times Q$)을 뺀 크기로 측정된다. 그런데 여기서 총비용은 총노동비용(=임금)이므로 총비용은 '1인당 임금 × 노동자 수'가 된다.

- 주어진 표를 기초로 총수입과 총비용 그리고 총이윤을 표로 나타내면 다음과 같다.

노동자의 수(L)	0	1	2	3	4	5
가방 생산량(Q)	0	60	160	240	280	300
총수입 (2 × Q)만 원	0	120만원	320만원	480만원	560만원	600만원
총비용 (100 × L)만 원	0	100만원	200만원	300만원	400만원	500만원
총이윤(= 총수입 - 총비용)	0	20만원	120만원	180만원	160만원	100만원

- 노동자를 3명 고용할 때 총이윤은 180만(원)으로 극대화된다.

정답 ③

0424

완전경쟁시장에서 이윤극대화를 추구하는 A기업의 총비용함수는 $TC = Q^2 + 3Q + 10$이며, 재화의 가격이 13이다. 이때 A기업의 생산자 잉여는? (단, TC는 총비용이고, Q는 생산량이다.)

10 감정평가사

① 15
② 20
③ 25
④ 30
⑤ 35

완전경쟁시장에서의 이윤극대화 조건은 P(= MR) = MC이다.

- 총비용함수를 생산량 Q로 미분하면 한계비용함수 '$MC = 2Q + 3$'을 구할 수 있다. 그런데 완전경쟁기업의 한계비용은 곧 기업의 공급곡선이다.
- 앞의 조건들을 반영하여 그림으로 나타내면 다음과 같다.

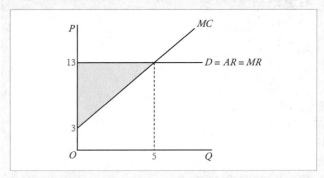

- 생산자 잉여는 시장가격에서 기업의 공급가격(= 여기서는 한계비용)을 차감한 값의 누적적 합계이다. 그림에서 생산자 잉여는 색칠한 삼각형의 넓이이며, 그 크기는 다음과 같다.

> 생산자 잉여: $10 \times 5 \times \frac{1}{2} = 25$

정답 ③

0425

어느 재화의 시장에서 가격수용자인 기업의 비용함수는 $C(Q) = 5Q + \frac{Q^2}{80}$이며, 이 재화의 판매가격은 85원이다. 이 기업이 이윤극대화를 할 때, 생산량과 생산자잉여의 크기는? (단, Q는 생산량이며, 회수가능한 고정비용은 없다고 가정한다.)

17 지방직 7급

	생산량	생산자잉여		생산량	생산자잉여
①	3,000	128,000	②	3,000	136,000
③	3,200	128,000	④	3,200	136,000

기업이 가격수용자이므로 이 재화시장은 완전경쟁시장이다. 따라서 이 기업은 재화의 시장 판매가격인 85원 수준에서 수평인 수요곡선에 직면하게 되고, 이 수요곡선은 기업의 한계수입(MR)곡선과 일치한다.

- 완전경쟁시장에서의 이윤극대화 조건은 P(= MR) = MC이다.
- 주어진 비용함수를 'Q'로 미분하면 기업의 한계비용곡선인 '$MC = 5 + \frac{Q}{40}$'을 구할 수 있다. 그런데 완전경쟁기업의 한계비용은 곧 기업의 공급곡선이다.
- 앞의 조건들을 반영하여 그림으로 나타내면 다음과 같다.

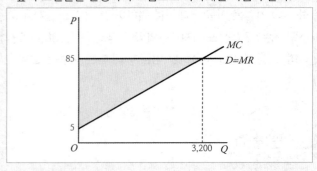

- 생산자잉여는 시장가격에서 기업의 공급가격(= 여기서는 한계비용)을 차감한 값의 누적적 합계이다. 그림에서 생산자잉여는 색칠한 삼각형의 넓이이며, 그 크기는 다음과 같다.

> 생산자잉여: $80 \times 3,200 \times \frac{1}{2} = 128,000$

정답 ③

0426

어떤 완전경쟁시장 안에 100개의 동질적인 기업들이 생산 활동을 하고 있는데, 각 기업의 단기 총비용함수는 $TC = 120 + 10Q + 5Q^2$으로 주어져 있다고 한다. 그리고 기업이 지출한 고정비용은 모두 매몰비용의 성격을 갖고 있다. 또한 시장의 수요곡선은 $Q_d = 1,100 - 2P$로 나타낼 수 있다. 이 시장의 균형가격(P)과 균형거래량(Q)을 옳게 짝지은 것은?

20 서울시 공개경쟁 7급

	P	Q
①	70	600
②	80	700
③	90	800
④	100	900

완전경쟁기업의 단기 공급곡선은 한계비용곡선과 같으며, 이를 수평으로 합하여 시장 전체 공급곡선을 도출할 수 있다.

- 한계비용곡선(=개별기업의 공급곡선): $MC = \dfrac{dTC}{dQ} = 10 + 10Q$
  $\Rightarrow P = 10 + 10Q \ (\because P = MC)$
- 시장공급곡선: $P(=MC) = 10 + 10 \times \dfrac{1}{100}Q \Rightarrow P = 10 + \dfrac{1}{10}Q$
  ......㉠
- 단, 개별공급곡선이 '$P = c + dQ$(c와 d는 상수)' 형태로 주어진 경우 시장공급곡선은 '$P = c + d \times \dfrac{1}{N}Q$'로 도출되며, 여기서 N은 기업들의 수이다.

- 앞에서 도출된 ㉠과 주어진 수요곡선을 연립해서 풀면 시장의 균형가격과 균형거래량을 도출할 수 있다.

- 시장 수요곡선: $Q_d = 1,100 - 2P \Rightarrow P = 550 - \dfrac{1}{2}Q$
- 시장 공급곡선: $P = 10 + \dfrac{1}{10}Q$
- $550 - \dfrac{1}{2}Q = 10 + \dfrac{1}{10}Q \Rightarrow \dfrac{6}{10}Q = 540$
  $\Rightarrow Q = 540 \times \dfrac{10}{6} = 90 \times 10 = 900, \ P = 100$

정답 ④

0427

완전경쟁시장에서 활동하는 A기업의 고정비용인 사무실 임대료가 작년보다 30% 상승했다. 단기균형에서 A기업이 제품을 계속 생산하기로 했다면 전년대비 올해의 생산량은? (단, 다른 조건은 불변이다.)

18 지방직 7급

① 30% 감축
② 30%보다 적게 감축
③ 30%보다 많이 감축
④ 전년과 동일

고정비용인 사무실 임대료의 상승은 한계비용(MC)과 무관하다. 즉 기존의 한계비용에는 변화가 없게 된다.
- 'MR=MC'인 이윤극대화 조건 역시 불변이므로 생산량도 변화가 없게 된다.

정답 ④

0428

다음 공장의 손익분기점이 되는 월 생산량은? 12 지방직 7급

MP3 플레이어를 생산하는 공장의 생산 능력은 월 2,000개이고, 고정비용은 월 5,000,000원이다. 한 개당 생산에 소요되는 가변비용은 20,000원이고, 개당 판매가격은 25,000원이다.

① 1,000개
② 1,500개
③ 2,000개
④ 2,500개

손익분기점에서 기업의 총수입($TR = P \times Q$)은 총비용($TC = TFC$) + TVC과 일치하게 된다.

• 총수입과 총비용을 이용하여 손익분기점 수준에서 생산량을 구하면 다음과 같다.

• $TR = P \times Q = 25,000 \times Q$
• $TC = TFC + TVC = TFC + AVC \times Q = 5,000,000 + 20,000 \times Q$
• $TR = TC \Rightarrow 25,000Q = 5,000,000 + 20,000Q$
  $\Rightarrow 5,000Q = 5,000,000 \Rightarrow Q = 1,000$

정답 ①

AK Tip 완전경쟁기업의 손익분기점과 조업중단점

• 손익분기점: MC=AC의 극솟값 ⇒ 총수입(TR)=총비용(TC)
• 조업중단점: MC=AVC의 극솟값 ⇒ 총수입(TR)=총가변비용(TVC)

P > AC	P < AC	AVC < P < AC	P < AVC
이윤 발생	손실 발생	손실 발생, 생산은 가능	손실 누적, 생산 불가

⇒ 'AVC<P<AC'인 경우에 손실이 발생하지만, 퇴거할 수 없는 '단기'에는 '손실극소화'를 위하여 생산을 지속하는 것이 최적의 선택이다. 물론 이러한 상황이 장기까지 지속되면 완전경쟁기업은 시장에서 퇴거하게 된다.

0429

완전경쟁기업의 총비용함수가 $TC(Q) = Q - \frac{1}{2}Q^2 + \frac{1}{3}Q^3 + 40$ **이다. 이 기업은 이윤이 어느 수준 미만이면 단기에 생산을 중단하겠는가?** 15 국회 8급

① −50   ② −40
③ 0   ④ 40
⑤ 50

주어진 조건에 따르면 완전경쟁기업이 생산을 중단하면 단기에 총고정비용 40만큼의 손실이 발생한다. 따라서 완전경쟁기업은 생산을 할 때 손실이 40보다 커진다면, 생산 자체를 중단하는 것이 손실을 극소화하는 선택이다.

• 손실이 40보다 커진다는 것은 이윤이 -40보다 더 작아진다는 의미이다. 이에 따라 완전경쟁기업은 이윤이 -40 미만이 되면 생산 자체를 중단하게 된다.

정답 ②

0430

아래 표와 같이 완전경쟁기업의 비용구조가 주어졌다. 이 기업의 고정비용은 100이다.

생산량	0	1	2	3	4	5	6	7	8	9	10
총비용	100	130	150	160	172	185	210	240	280	330	390

이때 다음 두 가지 질문의 답으로 옳은 것은? 13 국회 8급

> (Ⅰ) 현재 생산품의 시장가격은 30이다. 이윤 극대화를 달성할 때의 기업의 이윤은?
> (Ⅱ) 이 기업이 조업을 중단하게 되는 시장가격은?

	(Ⅰ)	(Ⅱ)		(Ⅰ)	(Ⅱ)
①	−40	17	②	−30	17
③	0	17	④	−40	13
⑤	−30	13			

기업이 가격수용자이므로 이 재화시장은 완전경쟁시장이다. 따라서 이 기업은 재화의 시장 판매가격인 85원 수준에서 수평인 수요곡선에 직면하게 되고, 이 수요곡선은 기업의 한계수입(MR)곡선과 일치한다.

- 주어진 표에 이윤(π), 한계비용(MC), 총고정비용(TFC), 총가변비용(TVC), 평균비용(AC), 평균가변비용(AVC)을 더하여 정리하면 다음과 같다.

Q	0	1	2	3	4	5	6	7	8	9	10
P(=MR)	30	30	30	30	30	30	30	30	30	30	30
TR	0	30	60	90	120	150	180	210	240	270	300
TC	100	130	150	160	172	185	210	240	280	330	390
π(TR-TC)	-100	-100	-90	-70	-52	-35	-30	-30	-40	-60	-90
MC	0	30	20	10	12	13	25	30	40	50	60
TFC	100	100	100	100	100	100	100	100	100	100	100
TVC	0	30	50	60	72	85	110	140	180	230	290
AVC ($\frac{TVC}{Q}$)	*	30	25	20	18	17	18.3	20	22.5	25.6	29

- 앞의 표에 따르면 이 기업은 항상 손실을 보고 있다. 따라서 손실이 가장 작은 수준이 이윤이 극대화되는 수준이다. 현재의 시장가격이 30인 경우, MR 역시 30이다. 따라서 MC가 30이 되는 7단위를 생산할 때 이윤이 –30이 가장 큰 이윤이 된다. 이때 총수입($P \times Q$)은 210이고, 총비용은 240이므로 30만큼의 손실이 발생한다.
- 조업중단점은 평균가변비용(AVC)이 극솟값과 시장가격(P)이 일치할 때이다. 표에 따르면 5단위를 생산할 때 AVC는 17로 극솟값을 갖는다. 따라서 이 값과 일치하는 시장가격 'P=17'에서 조업은 중단된다.

정답 ②

0431

영희는 매월 아이스크림을 50개 팔고 있다. 영희의 월간 총비용은 50,000원이고, 이중 고정비용은 10,000원이다. 영희는 단기적으로 이 가게를 운영하지만 장기적으로는 폐업할 계획이다. 아이스크림 1개당 가격의 범위는? (단, 아이스크림 시장은 완전경쟁적이라고 가정한다.) 10 지방직 7급

① 600원 이상 700원 미만
② 800원 이상 1,000원 미만
③ 1,100원 이상 1,200원 미만
④ 1,300원 이상 1,400원 미만

영희가 장기적으로 가게를 폐업할 계획이라는 것은 현재 아이스크림 가격이 평균비용보다 낮아 손실을 보고 있다는 의미이다. 그런데 단기적으로 가게를 운영한다는 것은 아이스크림 가격이 평균가변비용보다는 높다는 것이기도 하다.

- 현재 영희의 월간 총비용이 50,000원이고, 이중 고정비용은 10,000원이므로 총가변비용은 40,000원이 된다. 따라서 50개를 판매할 때의 평균비용은 1,000원, 평균가변비용은 800원이 된다.
- 결국 현재 아이스크림의 가격은 800원 이상이고 1,000원보다 작다는 것을 알 수 있다.

정답 ②

0432

완전경쟁기업의 총비용이 $TC = Q^3 - 6Q^2 + 12Q + 32$과 같을 때 기업이 단기적으로 손실을 감수하면서도 생산을 계속하는 시장가격의 구간은?

11 국회 8급

① 2 - 6

② 2 - 8

③ 3 - 10

④ 3 - 8

⑤ 3 - 12

단기에 손실을 감수하면서도 생산을 계속하는 경우는 시장가격이 손익분기점과 조업중단점 사이에 존재한다는 의미이다.

• 평균비용 극솟점에 해당하는 손익분기점은 다음과 같이 도출된다.

> • $AC = \dfrac{TC}{Q} = Q^2 - 6Q + 12 + 32Q^{-1}$
>
> • $\dfrac{dAC}{dQ} = 2Q - 6 - 32Q^{-2} = 0 \Rightarrow Q - 3 = 16Q^{-2} \Rightarrow Q^3 - 3Q^2 = 16$
> $\Rightarrow Q^3 - 3Q^2 - 16 = 0$
> $\Rightarrow (Q-4)(Q^2 + Q + 4) = 0 \Rightarrow Q = 4$
>
> • $AC = Q^2 - 6Q + 12 + 32Q^{-1} = 16 - 24 + 12 + 32 \times \dfrac{1}{4} = 12$

• 평균가변비용 극솟점에 해당하는 조업중단점은 다음과 같이 도출된다.

> • $AVC = Q^2 - 6Q + 12$
>
> • $\dfrac{dAVC}{dQ} = 2Q - 6 = 0 \Rightarrow Q = 3$
>
> • $AVC = Q^2 - 6Q + 12 = 9 - 18 + 12 = 3$

정답 ⑤

0433

어떤 기업의 비용함수가 $C(Q) = 100 + 2Q^2$이다. 이 기업이 완전경쟁시장에서 제품을 판매하며 시장가격은 20일 때, 다음 설명 중 옳지 않은 것은? (단, Q는 생산량이다.)

18 국회 8급

① 이 기업이 직면하는 수요곡선은 수평선이다.

② 이 기업의 고정비용은 100이다.

③ 이윤극대화 또는 손실최소화를 위한 최적산출량은 5이다.

④ 이 기업의 최적산출량 수준에서 $P \geq AVC$를 만족한다. (단, P는 시장가격이고, AVC는 평균가변비용이다.)

⑤ 최적산출량 수준에서 이 기업의 손실은 100이다.

주어진 비용함수에서 상수항에 해당하는 100이 이 기업의 고정비용이다(②).

• 한계비용은 주어진 비용함수를 Q로 미분하여 도출되는 'MC=4Q'임을 알 수 있다. 완전경쟁기업은 시장가격(P) 수준에서 수평한 수요곡선에 직면하게 되고(①), 이때 시장가격 20은 곧 한계수입(MR)이다.

• 이윤극대화 조건 'MR(=P)=MC'를 충족하는 최적산출량은 'Q=5'가 된다(③).

• 이윤극대화 산출량 수준에서 총수입과 총비용 그리고 이윤의 크기는 각각 다음과 같다.

> • 총수입(TR): $P \times Q = 20 \times 5 = 100$
>
> • 총비용(TC): $TC = 100 + 2Q^2 = 100 + 2 \times 5^2 = 100 + 50 = 150$
>
> • 이윤(π): $\pi = TR - TC = 100 - 150 = -50$ ...... (⑤)

• 평균가변비용(AVC)은 다음과 같이 도출된다.

> $AVC = \dfrac{TVC}{Q} = \dfrac{2Q^2}{Q} = 2Q \Rightarrow AVC = 10$

따라서 '$P(=20) \geq AVC(=10)$'를 만족하게 된다(④).

정답 ⑤

218 PART 02 공식 계산형

0434

단기적으로 100개의 기업이 존재하는 완전경쟁시장이 있다. 모든 기업은 동일한 총비용함수 $TC(q) = q^2$을 가진다고 할 때, 시장공급함수(Q)는? (단, p는 가격이고 q는 개별 기업의 공급량이며, 생산요소의 가격은 불변이다.)

① $Q = p/2$

② $Q = p/200$

③ $Q = 50p$

④ $Q = 100p$

시장공급함수는 개별기업의 공급함수를 수평적으로 합하여 도출한다. 그리고 개별기업의 공급함수는 기업의 한계비용(MC)이다.

• 모든 기업이 동일한 총비용함수 '$TC(q) = q^2$'을 가진다고 했으므로 한계비용함수는 '$MC = 2q$'가 된다.
• 완전경쟁시장에서는 'P=MC'가 성립하여 자원배분이 효율적으로 이루어진다고 평가된다. 따라서 '$MC = 2q$'는 '$p = 2q$' 또는 '$q = \frac{1}{2}p$'로 나타낼 수 있다.
• '$q = \frac{1}{2}p$'라는 공급함수를 갖는 기업이 100개라고 했으므로, 이를 수평적으로 합하면 '$Q = 50p$'라는 시장공급함수가 도출된다.

정답 ③

0435

완전경쟁시장에서 A기업의 총비용함수는 $TC(q) = 10,000 + 100q + 10q^2$이고 현재 시장가격은 제품 단위당 900원일 때, 이 기업의 이윤극대화 수준에서 생산자잉여와 기업의 이윤으로 옳은 것은?

	생산자잉여	기업의 이윤
①	16,000	6,000
②	16,000	12,000
③	24,000	6,000
④	24,000	12,000
⑤	32,000	6,000

주어진 총비용함수를 생산량(Q)으로 미분하면 A기업의 한계비용함수를 구할 수 있다.

$$\frac{dTC}{dQ} = MC = 100 + 20Q$$

이 한계비용함수가 곧 A기업의 단기공급곡선이다.

• 앞에서 구한 한계비용곡선(=공급곡선)과 시장가격을 전제로 이윤극대화 수준(P=MC)에서의 생산자잉여와 기업의 이윤을 그림으로 나타내면 다음과 같다.

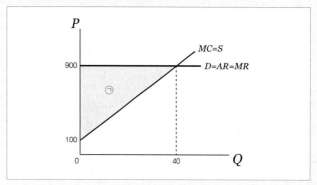

• 그림에서 생산자잉여는 ㉠ 부분이며 그 크기는 다음과 같다.

생산자잉여(㉠) = $800 \times 40 \times \frac{1}{2} = 16,000$

• 기업의 이윤은 다음과 같이 도출된다.

이윤 = 총수입($TR = P \times Q$) − TC
$= (900 \times 40) - (10,000 + 100 \times 40 + 10 \times 40^2)$
$= 36,000 - 30,000 = 6,000$

정답 ①

CHAPTER 01 미시경제학 **219**

0436

어느 마을의 어부 누구나 물고기를 잡을 수 있는 호수가 있다. 이 호수에서 잡을 수 있는 물고기의 수(Q)와 어부의 수(N) 사이에는 $Q = 70N - \frac{1}{2}N^2$의 관계가 성립한다. 한 어부가 일정 기간 동안 물고기를 잡는 데는 2,000원의 비용이 발생하며, 물고기의 가격은 마리당 100원이라고 가정한다. 어부들이 아무런 제약 없이 경쟁하면서 각자의 이윤을 극대화할 경우 어부의 수(N_0)와 이 호수에서 잡을 수 있는 물고기의 수(Q_0)는? 그리고 마을 전체적으로 효율적인 수준에서의 어부의 수(N_1)와 이 호수에서 잡을 수 있는 물고기의 수(Q_1)는?

16 국가직 7급

① $(N_0, \ Q_0, \ N_1, \ Q_1) = (100, \ 2{,}000, \ 50, \ 2{,}250)$

② $(N_0, \ Q_0, \ N_1, \ Q_1) = (100, \ 2{,}000, \ 70, \ 2{,}450)$

③ $(N_0, \ Q_0, \ N_1, \ Q_1) = (120, \ 1{,}200, \ 50, \ 2{,}250)$

④ $(N_0, \ Q_0, \ N_1, \ Q_1) = (120, \ 1{,}200, \ 70, \ 2{,}450)$

출제자의 출제 의도는 문제 중 '어부들이 아무런 제약 없이 경쟁하면서...'라는 것은 '정상이윤'만을 얻을 때까지를 의미한다. 따라서 '총수입(TR) = 총비용(TC)'이 성립해야 한다. 총수입과 총비용을 각각 구하면 다음과 같다.

- $Q = 70N - \frac{1}{2}N^2$

  $\Rightarrow TR = P \times Q = 100 \times (70N - \frac{1}{2}N^2) = 7{,}000N - 50N^2$

- $TC = 2{,}000N$

- $TR = TC \Rightarrow 7{,}000N - 50N^2 = 2{,}000N \Rightarrow 50N^2 - 5{,}000N = 0$

  $\Rightarrow 50N(N - 100) = 0 \Rightarrow N_0 = 100, \ Q_0 = 2{,}000$

- '마을 전체적으로 효율적인 수준에서의...'라는 출제의도는 '총이윤을 극대화한다는 것'을 의미한다. 따라서 '총이윤(π) = TR - TC'에서 총이윤이 극대화되어야 한다. 총이윤이 극대화될 때 물고기 수(Q_1)는 다음과 같이 도출된다.

- 총이윤(π): $\Pi = TR = TC$

  $\Rightarrow \Pi = (7{,}000N - 50N^2) - 2{,}000N = 5{,}000N - 50N^2$

  $\Rightarrow \frac{d\pi}{dN} = 5{,}000 - 100N = 0 \Rightarrow N_1 = 50$

- $Q_1 = 70N - \frac{1}{2}N^2 = 70 \times 50 - \frac{1}{2} \times 50^2 = 3{,}500 - 1{,}250 = 2{,}250$

정답 ①

0437

컴퓨터 시장은 완전경쟁시장이며 각 생산업체의 장기평균비용함수는 $AC(q_i) = 40 - 6q_i + \frac{1}{3}q_i^2$으로 동일하다고 가정하자. 컴퓨터에 대한 시장수요가 $Q^d = 2,200 - 100P$일 때, 다음 두 가지 질문의 답으로 옳은 것은? (단, q_i는 개별기업의 생산량, Q^d는 시장수요량을 나타냄)

(1) 컴퓨터 시장에서 장기균형가격은 얼마인가?
(2) 수요곡선이 변화하여 $Q^d = A - 100P$가 되었다고 하자. 새로운 장기균형의 컴퓨터 생산업체 수가 최초 장기균형의 컴퓨터 생산업체 수의 두 배가 되려면 A는 얼마가 되어야 하는가?

	(I)	(II)
①	13	2,800
②	16	2,800
③	13	3,100
④	16	3,100
⑤	13	3,400

완전경쟁시장에서의 장기균형조건은 장기평균비용(LAC) 극솟값과 시장가격(P)이 일치하는 수준이다.

- 장기균형상태에서의 장기평균비용의 극솟값과 시장가격은 다음과 같이 도출된다.

  - $LAC(q_i) = 40 - 6q_i + \frac{1}{3}q_i^2$
  - $\frac{dLAC}{dq_i} = -6q_i + \frac{2}{3}q_i = 0 \Rightarrow q_i = 9$
  - $LAC(q_i) = 40 - 6 \times 9 + \frac{1}{3} \times 9^2 = 40 - 54 + 27 = 13 \Rightarrow P = 13$

- 장기균형 상태에서 시장 가격이 13일 때 시장 전체의 수요량과 컴퓨터 생산업체의 수는 다음과 같이 도출된다.

  - $Q^d = 2,200 - 100P$
    $\Rightarrow Q^d = 2,200 - 100 \times 13 = 2,200 - 1,300 = 900$
  - 개별기업의 생산량: $q_i = 9$
  - 장기균형을 위한 컴퓨터 생산업체의 수: 100

- 생산업체 수가 최초 장기균형의 컴퓨터 생산업체 수의 두 배인 200개가 되면 시장 공급량은 1,800으로 증가한다. 이때 균형을 위한 시장 전체 수요량 역시 1800이 되어야 한다. 이를 위해서는 변화된 수요함수를 충족해야 하므로 '1,800=A-1,300'이 성립해야 한다. 따라서 A는 3,100이 된다.

정답 ③

AK Tip 완전경쟁기업의 장기균형

> 시장가격(P) = 장기평균비용(LAC)의 극솟값
>
> ⇒ 완전경쟁기업이 직면하는 수요곡선은 수평하다. 이에 따라 'U'자형의 LAC와 극솟값에서 접할 수 있어, 장기균형에서 'P=AR=MR=SAC=LAC=SMC=LMC'가 성립할 수 있다(Kahn의 정리).

0438

완전경쟁시장에서 어떤 재화가 거래되고 있다. 이 시장에는 총 100개의 기업이 참여하고 있으며 각 기업의 장기비용함수는 $c(q) = 2q^2 + 10$으로 동일하다. 이 재화의 장기균형가격과 시장 전체의 공급량은? (단, q는 개별기업의 생산량이다.)

18 국회 8급

	장기균형가격	시장 전체의 공급량
①	$\sqrt{40}$	$25\sqrt{80}$
②	$\sqrt{40}$	$100\sqrt{80}$
③	$\sqrt{80}$	$\sqrt{80}/4$
④	$\sqrt{80}$	$25\sqrt{80}$
⑤	$\sqrt{80}$	$100\sqrt{80}$

완전경쟁시장의 장기균형은 시장가격(P)과 장기평균비용(LAC)이 최솟값이 일치하는 수준에서 이루어진다.

· 주어진 장기비용함수를 전제로 장기평균비용을 구하면 다음과 같다.

$$LAC = \frac{c(q)}{q} = \frac{2q^2 + 10}{q} = 2q + \frac{10}{q} = 2q + 10q^{-1}$$

· LAC의 최솟값은 LAC의 1차 도함수 값을 '0'으로 하는 수준에서 이루어진다. 이를 도출하면 다음과 같다.

$$\frac{dLAC}{dq} = 2 - 10q^{-2} = 2 - \frac{10}{q^2} = 0 \Rightarrow q^2 = 5 \Rightarrow q = \sqrt{5}$$

· 이제 도출된 '$q = \sqrt{5}$'를 LAC에 대입하면 다음과 같다. 단, 여기서 도출되는 값이 곧 장기균형가격(P)이기도 하다.

$$LAC = \frac{c(q)}{q} = \frac{2q^2 + 10}{q} = 2q + \frac{10}{q} = 2\sqrt{5} + \frac{10}{\sqrt{5}}$$
$$= 2\sqrt{5} + \frac{10\sqrt{5}}{5} = 2\sqrt{5} + 2\sqrt{5} = 4\sqrt{5} = \sqrt{80}$$

· 한편 개별기업의 공급곡선은 개별기업의 한계비용(mc)곡선이다. 주어진 장기비용함수를 통해 한계비용(mc)곡선이 '$mc = 4q$'이 됨을 알 수 있다. 그런데 완전경쟁시장에서는 'P=MC'가 성립하여 자원배분이 효율적으로 이루어진다고 평가된다. 따라서 '$mc = 4q$'는 '$p = 4q$' 또는 '$q = \frac{1}{4}p$'로 나타낼 수 있다.

· '$q = \frac{1}{4}p$'라는 공급함수를 갖는 기업이 100개라고 했으므로, 이를 수평적으로 합하면 '$Q = 25P$'라는 시장 공급함수가 도출된다.

· 새롭게 도출된 시장 공급함수에 시장가격 '$P = \sqrt{80}$'을 대입해서 정리하면 시장 전체의 생산량 '$Q = 25\sqrt{80}$'을 구할 수 있다.

정답 ④

0439

A시장에는 동질적인 기업들이 존재하고 시장수요함수는 $Q = 1,000 - P$이다. 개별기업의 장기평균비용함수가 $c = 100 + (q - 10)^2$일 때, 완전경쟁시장의 장기균형에서 존재할 수 있는 기업의 수는? (단, Q는 시장수요량, q는 개별기업의 생산량을 나타낸다.)

15 지방직 7급

① 10
② 90
③ 100
④ 900

완전경쟁시장의 장기균형은 시장가격과 장기평균비용 최솟값이 일치하는 수준에서 이루어진다.

· 장기평균비용의 최솟값은 'q = 10'일 때, 'c = 100'이다. 따라서 이때의 시장가격 역시 'P = 100'이므로 시장수요량은 'Q = 900'이 된다.

· 장기균형 수준에서 개별기업의 생산량이 q = 10이므로 시장수요량 Q = 900을 생산하기 위해서는 90개의 기업이 필요하다.

정답 ②

0440

비용불변 완전경쟁 산업인 X재 산업 내에서 모든 면에서 동일한 N개의 기업이 생산 활동을 하고 있다. X재의 시장수요함수는 D(X) = 200 - 4P + M으로 주어져 있고, M은 소비자들의 소득이다. 40개의 기업이 참여하고 있는 이 산업의 장기균형에서 개별기업이 직면하는 시장가격은 P = 5이고, 개별기업의 산출량은 Q = 5이다. 만약 소비자들의 소득이 M에서 M + 40으로 증가하여 현재 기업과 동일한 기업들이 이 산업에 진입하는 경우, 새로 진입하는 기업의 수는?

09 지방직 7급

① 0
② 2
③ 4
④ 8

장기균형에서 개별기업의 산출량이 Q = 5이고 기업의 수가 40개이므로, 시장 전체의 산출량(수요량)은 200개이다.

- 장기 균형에서 개별기업이 직면하는 시장가격이 P = 5이다. 이러한 조건을 X재 시장수요함수에 대입하면 200 = 200 - 20 + M으로부터 M = 20을 구할 수 있다. 따라서 소비자들의 소득이 M에서 M + 40으로 증가한다는 것은 20에서 60으로 증가한다는 의미이다. 이에 따라 시장수요량은 D(X) = 200 - 20 + 60 = 240이 되어 이전에 비해 40개 증가한다.
- 개별기업의 생산량이 Q = 5이므로 증가한 40개의 시장수요량을 산출하기 위해서 8개의 기업이 새롭게 시장에 진입하게 된다.

정답 ④

0441

반도체 시장은 완전경쟁시장이며 개별기업의 장기평균비용곡선은 $LAC(q_i) = 40 - q_i + \frac{1}{100} q_i^2$으로 동일하다고 가정하자(단, q_i는 개별기업의 생산량임). 반도체 시장수요는 $Q = 25,000 - 1,000P$이다(단, Q는 시장수요량, P는 시장가격). 반도체 시장에서 장기균형 가격과 장기균형 하에서의 기업의 수는 얼마인가?

17 국회 8급

	장기균형 가격	기업의 수
①	5	200
②	10	150
③	10	300
④	15	100
⑤	15	200

완전경쟁시장의 장기균형은 'P = LAC 최솟값' 수준에서 결정된다.

- 주어진 개별기업의 장기평균비용을 미분하여 장기평균비용의 최솟값을 구할 수 있다.

> - $LAC(q_i) = 40 - q_i + \frac{1}{100} q_i^2$
> - $\frac{dLAC}{dq} = -1 + \frac{1}{50} \times q = 0 \Rightarrow q = 50$
> - $LAC(q_i) = 40 - 50 + \frac{1}{100} \times 50^2 = -10 + 25 = 15$

- 장기평균비용의 최솟값이 'LAC=15'이므로 시장가격 역시 'P=15'임을 알 수 있다.
- 시장가격 'P=15'를 수요함수에 대입하면, 시장 전체 수요량이 'Q=10,000'이 된다. 이에 따라 시장 전체의 수요량을 충족시키기 위해서는 'q = 50'만큼을 생산하는 기업이 200개만큼 필요하게 된다.

정답 ⑤

0442

다음 그래프는 완전경쟁시장에 놓여 있는 전형적 기업이며 오른쪽 그래프는 단기의 완전경쟁시장이다. 이 시장이 동일한 기업들로 이루어져 있다면 장기적으로 이 시장에는 몇 개의 기업이 조업하겠는가? 15 서울시 7급

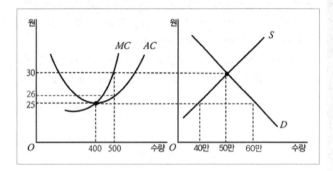

① 800개

② 1,000개

③ 1,250개

④ 1,500개

완전경쟁시장의 장기균형은 (장기)평균비용 최솟값 수준에서 시장가격이 일치하는 수준에서 결정된다.

- 장기균형이 달성되는 (장기)평균비용 최솟값과 일치하는 시장가격 '25원' 수준에서 전형적 기업의 생산량은 400개가 된다 (왼쪽 그림 참조).
- 25의 시장가격 수준에서 시장 전체에는 60만 개의 수요량이 존재한다(왼쪽 그림 참조). 이를 충족하기 위해서는 400개를 생산하는 1,500개의 기업들이 필요해진다.

정답 ④

0443

X재 시장은 완전경쟁적이며, 각 기업의 장기총비용함수와 X재에 대한 시장수요곡선은 다음과 같다. X재 시장의 장기균형에서 시장균형가격과 진입하여 생산하는 기업의 수를 옳게 짝지은 것은? (단, P는 가격이고, q는 각 기업의 생산량이고, 모든 기업들의 비용함수 및 비용조건은 동일하다.) 20 국가직 7급

- 장기총비용함수: $TC(q) = 2q^3 - 12q^2 + 48q$
- 시장수요곡선: $D(P) = 600 - 5P$

	장기시장균형가격	기업의 수
①	20	100
②	20	120
③	30	150
④	30	180

완전경쟁시장의 장기균형 조건은 다음과 같다.

- 시장가격=장기평균비용(LAC)의 극솟값
- $TC(q) = 2q^3 - 12q^2 + 48q \Rightarrow LAC = \dfrac{TC}{q} = 2q^2 - 12q + 48$
- $\dfrac{dLAC}{dq} = 4q - 12 = 0 \Rightarrow q = 3$일 때 LAC 극솟값=18-36+48=30
- 개별기업의 생산량(q)=3
- 장기시장 균형가격=장기평균비용(LAC)의 극솟값=30

- 주어진 시장수요곡선을 전제로 장기시장균형가격(P=30) 수준에서 시장수요량은 450임을 알 수 있다. 이때 개별기업의 생산량이 '$q=3$'이므로 결국 시장수요량을 충족하기 위해서는 150개의 기업이 필요함을 알 수 있다.

정답 ③

0444

어느 독점기업이 직면하고 있는 수요함수는 $Q^D = 1,000 - 0.5P$ 라고 한다. 여기서는 Q^D는 수요량, 그리고 P는 가격이다. 이 기업의 한계수입에 대한 설명 중 옳지 않은 것은?

05 CPA

① 수요량이 200개일 때, 한계수입은 1,200원이다.
② 수요량이 600개일 때, 한계수입은 −400원이다.
③ 가격이 600원일 때, 한계수입은 600원이다.
④ 가격이 1,000원일 때, 한계수입은 0원이다.
⑤ 가격이 1,200원일 때, 한계수입은 400원이다.

독점기업이 직면하고 있는 수요곡선이 직선의 선형함수로 주어지면, 한계수입(MR)곡선은 수요곡선과 가격절편은 같고 기울기만 2배가 되는 모습을 갖는다.

$$Q^D = 1,000 - 0.5P \Rightarrow P = 2,000 - 2Q \Rightarrow MR = 2,000 - 4Q$$

• 각 선택지 내용을 살펴보면 다음과 같다.

① Q=200개 $\Rightarrow MR = 2,000 - 4 \times 200 = 2,000 - 800 = 1,200(원)$
② Q=600개 $\Rightarrow MR = 2,000 - 4 \times 600 = 2,000 - 2,400 = -400(원)$
③ P=600원 $\Rightarrow Q^D = 1,000 - 0.5 \times 600 = 1,000 - 300 = 700$
　　　　　$\Rightarrow MR = 2,000 - 4 \times 700 = 2,000 - 2,800 = -800(원)$
④ P=1,000원 $\Rightarrow Q^D = 1,000 - 0.5 \times 1,000 = 1,000 - 500 = 500$
　　　　　$\Rightarrow MR = 2,000 - 4 \times 500 = 2,000 - 2,000 = 0(원)$
⑤ P=1,200원 $\Rightarrow Q^D = 1,000 - 0.5 \times 1,200 = 1,000 - 600 = 400$
　　　　　$\Rightarrow MR = 2,000 - 4 \times 400 = 2,000 - 1,600 = 400(원)$

정답 ③

AK Tip 독점기업의 수요함수와 한계수입

• 수요함수: $P = a - bQ$
• 총수입: $TR = P \times Q = aQ - bQ^2$
• 한계수입: $MR = \dfrac{dTR}{dQ} = a - 2bQ$

⇒ 수요함수가 선형함수(1차함수)로 주어지면, 이때의 한계수입함수의 절편은 수요함수와 같고, 기울기는 수요함수 기울기의 2배가 된다.

0445

어느 독점기업이 직면하는 수요곡선이 $P = 6 - 3Q$(단, P는 가격, Q는 수요량)일 때, 이 기업의 한계수입이 0이라면 총수입은?

11 국가직 7급

① 1
② 2
③ 3
④ 4

주어진 수요곡선을 통해 한계수입이 MR = 6 - 6Q임을 알 수 있다.

• 한계수입이 0이라면 Q = 1이고, 이를 수요함수에 대입하면 P = 3이 된다.
• 총수입은 '$TR = P \times Q = 3 \times 1 = 3$'이 된다.

정답 ③

0446

어느 기업의 평균수입(AR)함수는 $AR = 60 - 3Q$, 총비용함수는 $TC = Q^2 - 4Q + 5$라고 할 때, 이 기업의 이윤극대화 생산량은? (단, Q는 수량, TC는 총비용이다.)

11 국가직 7급

① 4
② 8
③ 12
④ 16

이 문제의 핵심은 주어진 평균수입 함수가 곧 수요함수라는 것이다.

• 따라서 이를 기초로 한계수입을 구하면 '$MR = 60 - 6Q$'가 되고, TC를 Q로 미분하면 한계비용 '$MC = 2Q - 4$'를 구할 수 있다.
• 이윤극대화 조건이 MR=MC이므로 $60 - 6Q = 2Q - 4$를 풀면 Q=8을 도출할 수 있다.

정답 ②

AK Tip 독점기업의 단기균형

P(균형가격)>한계수입(MR)=한계비용(MC)

⇒ 독점기업의 단기균형에서는 'P ≠ MC(P>MC)'가 되어 자원 배분이 비효율적으로 이루어진다.

0447

기업 A는 독점시장에서 재화 X를 판매하고 있다. X재의 수요함수는 $Q = 120 - 2P$이며, 총비용함수는 $C = 100 + 40Q$이다. 기업 A의 이윤극대화 생산량은? (단, Q는 수요량, P는 가격, C는 총비용이다.)

08 국가직 7급

① 10
② 20
③ 30
④ 40

시장구조와 관계없이 이윤극대화 조건은 MR = MC이다.

• 주어진 수요함수를 이용하여 한계수입(MR)을 구하면 다음과 같다.

$$Q = 120 - 2P \Rightarrow P = 60 - \frac{1}{2}Q \Rightarrow MR = 60 - Q \quad ......\textcircled{a}$$

• 주어진 총비용함수를 이용하여 한계비용(MC)을 구하면 다음과 같다.

$$C = 100 + 40Q \Rightarrow MC = \frac{dC}{dQ} = 40 \quad ......\textcircled{b}$$

• 앞에서 도출한 ⓐ와 ⓑ를 연립해 풀면, 이윤극대화 생산량 'Q=20'을 구할 수 있다.

정답 ②

0448

어떤 독점기업의 수요함수가 $P = 30 - \dfrac{Q}{2}$ 이고, 총비용함수는 $TC(Q) = Q^2 + 100$ 일 때, 이윤을 극대화하는 생산량은? (단, P는 가격, Q는 생산량, TC는 총비용을 나타낸다.)

15 국가직 9급

① 5
② 10
③ 15
④ 20

수요함수가 선형함수(1차 함수)인 경우에, 기업의 한계수입곡선(MR)은 절편은 수요함수와 동일하고 기울기는 수요함수보다 두 배가 된다.

- 문제에서 주어진 수요함수를 이용하여 한계수입(MR)을 구하면 다음과 같다.

$$P = 30 - \dfrac{Q}{2} \Rightarrow MR = 30 - Q \ \text{......ⓐ}$$

- 주어진 총비용함수를 이용하여 한계비용(MC)을 구하면 다음과 같다.

$$TC(Q) = Q^2 + 100 \Rightarrow MC = \dfrac{dC}{dQ} = 2Q \ \text{......ⓑ}$$

- 앞에서 도출한 ⓐ와 ⓑ를 연립해 풀면, 이윤극대화 생산량 'Q=10'을 구할 수 있다.

정답 ②

0449

어떤 독점기업의 생산비용함수가 $C = 10Q^2 + 200Q$ 이고, 수요함수가 $P = 2,000 - 50Q$ 일 때, 이윤을 극대화하는 생산량과 가격은? (단, C는 생산비용, Q는 생산량, P는 가격을 나타낸다.)

14 지방직 7급

① Q = 15, P = 1,250
② Q = 20, P = 1,250
③ Q = 15, P = 750
④ Q = 30, P = 500

수요함수가 선형함수(1차 함수)인 경우에, 기업의 한계수입곡선(MR)은 절편은 수요함수와 동일하고 기울기는 수요함수보다 두 배가 된다.

- 문제에서 주어진 수요함수를 이용하여 한계수입(MR)을 구하면 다음과 같다.

$$P = 2,000 - 50Q \Rightarrow MR = 2,000 - 100Q \ \text{......ⓐ}$$

- 주어진 총비용함수를 이용하여 한계비용(MC)을 구하면 다음과 같다.

$$C = 10Q^2 + 200Q \Rightarrow MC = \dfrac{dC}{dQ} = 20Q + 200 \ \text{......ⓑ}$$

- 앞에서 도출한 ⓐ와 ⓑ를 연립해 풀면, 이윤극대화 생산량 'Q=15'를 구할 수 있다.
- 이윤극대화 생산량 'Q=15'를 수요함수에 대입하면 가격 'P=1,250'을 구할 수 있다.

정답 ①

0450

다음은 어떤 독점기업의 생산량, 한계비용, 한계수입을 나타내는 표이다. 이 기업의 이윤을 극대화하는 생산량은? (단, 고정비용은 없다고 가정) 14 CPA

생산량	1	2	3	4	5
한계비용(MC)	200	100	150	200	250
한계수입(MR)	200	180	160	140	120

① 1

② 2

③ 3

④ 4

해 설

독점기업의 이윤극대화 조건은 'MR = MC'이다. 그런데 주어진 표에서는 이 조건이 충족되는 수준의 생산량이 존재하지 않는다.

• 이 경우에는 한계이윤(= MR - MC)이 양(+)의 값일 때까지 생산하면 된다.

• 주어진 표에서 생산량이 3일 때 한계이윤이 '10'이고, 생산량이 4일 때 한계이윤이 '-60'으로 음(-)의 값이 되므로, 이윤극대화 생산량은 3이 된다.

정답 ③

0451

어느 독점기업이 생산하는 상품을 서로 다른 두 시장 A와 B에서 판매할 때 직면하는 수요곡선이 아래와 같다고 하자. 이 독점기업이 이윤극대화 산출량을 달성할 때 한계비용이 3이라면 시장 A와 B의 최적 산출량은 얼마인가? 07 국회 8급

> • 시장 $A : Q_A = 10 - 2P_A$
>
> • 시장 $B : Q_B = 5 - P_B$

① $Q_A = 2, \ Q_B = 4$

② $Q_A = 4, \ Q_B = 2$

③ $Q_A = 2, \ Q_B = 2$

④ $Q_A = 1, \ Q_B = 2$

⑤ $Q_A = 2, \ Q_B = 1$

해 설

수요곡선이 선형함수인 경우 한계수입(MR)곡선은 수요곡선과 절편은 같고 기울기가 2배라는 특성을 이용한 각 시장의 이윤극대화 생산량은 다음과 같다.

• A 시장의 이윤극대화 생산량

> • $Q_A = 10 - 2P_A \Rightarrow P_A = 5 - \dfrac{1}{2}Q_A \Rightarrow MR_A = 5 - Q_A$
>
> • $MC = 3$
>
> • $MR_A = MC \Rightarrow 5 - Q_A = 3 \Rightarrow Q_A = 2$

• B 시장의 이윤극대화 생산량

> • $Q_B = 5 - P_B \Rightarrow P_B = 5 - Q_B \Rightarrow MR_B = 5 - 2Q_B$
>
> • $MC = 3$
>
> • $MR_B = MC \Rightarrow 5 - 2Q_B = 3 \Rightarrow Q_B = 1$

정답 ⑤

0452

어느 독점기업이 직면하는 시장수요함수는 $P = 30 - Q$이며, 한계비용은 생산량과 상관없이 20으로 일정하다. 이 독점기업이 이윤을 극대화할 때의 생산량과 이윤의 크기는? (단, Q는 생산량이다.)

17 지방직 7급

	생산량	이윤		생산량	이윤
①	5	10	②	5	25
③	10	10	④	10	25

시장구조와 관계없이 이윤극대화 조건은 MR = MC이다.

• 수요곡선이 선형함수인 경우 한계수입(MR)곡선은 수요곡선과 절편은 같고 기울기가 2배가 된다는 성질을 이용하여 주어진 수요함수를 전제로 한계수입(MR)을 구하면 다음과 같다.

$$P = 30 - Q \Rightarrow MR = 30 - 2Q \ \ \cdots\cdots ⓐ$$

• 주어진 한계비용은 생산량과 관계없이 일정하다.

$$MC = 20 \ \ \cdots\cdots ⓑ$$

• 앞에서 도출한 ⓐ와 ⓑ를 연립해 풀면, 이윤극대화 생산량 'Q=5'를 구할 수 있다.
• 이윤극대화 생산량 'Q=5'를 수요함수에 대입하면 가격 'P=25'를 구할 수 있다.
• 총이윤은 총수입($TR = P \times Q$)에서 총비용($TC = AC \times Q = MC \times Q$)을 차감하여 도출된다.

$$\text{총이윤}(\pi) = \text{총수입}(P \times Q) - \text{총비용}(MC \times Q)$$
$$= 25 \times 5 - 20 \times 5 = 125 - 100 = 25$$

• 이와 같은 내용을 그림으로 나타내면 다음과 같다.

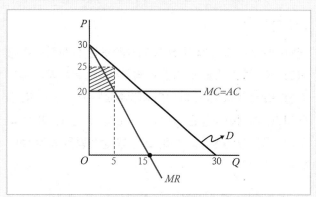

그림에서 빗금 친 부분이 총이윤이다.

• 주의할 것은 문제에서는 고정비용의 존재 여부에 대해 밝히지 않고 있다는 것이다. 이것은 출제자가 고정비용이 존재하지 않는다는 것을 전제하고 출제한 것으로 보인다. 문제 여지를 남긴 부분이다. 여하간 한계비용이 생산량과 관계없이 일정하다고 했으므로, 총비용곡선은 원점을 지나는 직선으로 이해하고, 이에 따라 한계비용과 평균비용의 크기는 일치하다는 것을 전제로 접근하였다.

정답 ②

0453

A사는 자동차 부품을 독점적으로 생산하여 대구와 광주에만 공급하고 있다. A사의 비용함수와 A사 부품에 대한 대구와 광주의 수요함수가 다음과 같을 때, A사가 대구와 광주에서 각각 결정할 최적 가격과 공급량은? 13 지방직 7급

- A사의 비용함수: $C = 15Q + 20$
- 대구의 수요함수: $Q_{대구} = -P_{대구} + 55$
- 광주의 수요함수: $Q_{광주} = -2P_{광주} + 70$

(단, C는 비용, Q는 생산량, P는 가격이다.)

---

① $(P_{대구}, Q_{대구}, P_{광주}, Q_{광주}) = (35, 20, 25, 20)$

② $(P_{대구}, Q_{대구}, P_{광주}, Q_{광주}) = (30, 20, 40, 20)$

③ $(P_{대구}, Q_{대구}, P_{광주}, Q_{광주}) = (30, 40, 30, 40)$

④ $(P_{대구}, Q_{대구}, P_{광주}, Q_{광주}) = (15, 40, 25, 40)$

주어진 비용함수를 미분하여 구한 한계비용 'MC = 15'와, 수요곡선이 선형함수인 경우 한계수입(MR)곡선은 수요곡선과 절편은 같고 기울기가 2배라는 특성을 이용한 각 시장의 이윤극대화 조건은 다음과 같다.

- 대구 시장

- $Q_{대구} = -P_{대구} + 55 \Rightarrow P_{대구} = 55 - Q_{대구} \Rightarrow MR_{대구} = 55 - 2Q_{대구}$
- $MC = 15$
- $MR_{대구} = MC \Rightarrow 55 - 2Q_{대구} = 15 \Rightarrow Q_{대구} = 20, \ P_{대구} = 35$

- 광주 시장

- $Q_{광주} = -2P_{광주} + 70 \Rightarrow P_{광주} = 35 - \frac{1}{2}Q_{광주}$
  $\Rightarrow MR_{광주} = 35 - Q_{광주}$
- $MC = 15$
- $MR_{광주} = MC \Rightarrow 35 - Q_{광주} = 15 \Rightarrow Q_{광주} = 20, \ P_{광주} = 25$

정답 ①

0454

어떤 제약회사의 신약은 특허 기간 중에는 독점적으로 공급되지만, 특허 소멸 후 다른 제약회사들의 복제약과 함께 경쟁적으로 공급된다. 이 약의 시장수요는 $P = 20 - Q$로 주어지고, 총생산비용은 $TC(Q) = 4Q$라고 한다. 이 약의 특허 기간 중 생산량과 특허 소멸 후 생산량은 각각 얼마인가? 17 국회 8급

	특허 기간 중 생산량	특허 소멸 후 생산량
①	6	10
②	6	12
③	8	14
④	8	16
⑤	10	18

제약회사는 특허 기간 중에는 독점 공급이 가능하므로, 'MR = MC' 수준에서 독점기업 생산량, 곧 시장 균형생산량이 결정된다.

- 수요함수가 선형함수(1차 함수)인 경우에, 기업의 한계수입곡선(MR)은 절편은 수요함수와 동일하고 기울기는 수요함수보다 두 배가 된다.
- 문제에서 주어진 수요함수를 이용하여 한계수입(MR)을 구하면 다음과 같다.

$P = 20 - Q \Rightarrow MR = 20 - 2Q$ ......ⓐ

- 주어진 총비용함수를 이용하여 한계비용(MC)을 구하면 다음과 같다.

$TC(Q) = 4Q \Rightarrow MC = \dfrac{dTC}{dQ} = 4$ ......ⓑ

- 앞에서 도출한 ⓐ와 ⓑ를 연립해 풀면, 이윤극대화 생산량 'Q=8'을 구할 수 있다.
- 반면에 특허 소멸 후에는 경쟁상태가 되므로 'P = MC' 수준에서 시장 균형생산량이 다음과 같이 결정된다.

- $P = 20 - Q$
- $MC = 4$
- $P = MC \Rightarrow 20 - Q = 4 \Rightarrow Q = 16$

- 모든 내용을 표로 정리하면 다음과 같다.

	경쟁상태	생산 조건	생산량
특허 기간 중	독점	MR = MC	Q = 8
특허 소멸 후	경쟁	P = MC	Q = 16

정답 ④

0455

휴대폰을 생산하는 기업 A의 시장수요곡선은 $P = 15,000 - Q$ 이다. 기업 A는 휴대폰 액정화면을 생산하는 액정부문과 휴대폰을 조립하는 조립부문으로 이루어져 있다고 하자. 액정부문의 비용함수는 $C_L = 2.5 Q_L^2$ 이며, 조립부문의 비용함수는 $C_H = 1,000 Q_H$ 이다. 액정부문은 기업 A가 정하는 내부거래가격으로 액정화면을 조립부문에 공급하며, 자신의 이윤이 극대화되도록 액정화면 생산량(Q_L)을 결정한다. 기업 A의 액정화면 최적 내부거래가격은? (단, P는 휴대폰 가격, Q는 휴대폰 생산량, C_L은 액정화면 생산비용, C_H는 조립비용, Q_H는 휴대폰 조립량으로서, $Q = Q_L = Q_H$ 임)

15 국회 8급

① 2,000

② 4,000

③ 6,000

④ 8,000

⑤ 10,000

액정부문의 최적 생산수준에서 액정화면 공급가격(P_L)은 액정부문의 한계비용과 일치하는 수준($P_L = MC_L$)인 $P = 5Q$($\because Q = Q_L$)이 된다.

- 기업 A가 직면하는 수요곡선을 기초로 '$MR = 15,000 - 2Q$'가 도출된다(∵한계수입곡선은 수요곡선과 가격절편은 동일하고 기울기는 2배).
- 기업 A의 이윤극대화 조건은 $MR = MC(= MC_L + MC_H)$ 이므로 '$15,000 - 2Q = 5Q + 1,000$'이 성립한다. 이 식을 풀면 '$Q = 2,000$'을 구할 수 있다.
- 이 결과를 액정부문의 균형식에 대입하면 액정화면 공급가격은 $P_L = 10,000$이 된다.

정답 ⑤

0456

기업 A는 차별화된 전통주를 독점적으로 생산하여 판매하고 있다. 이 제품에 대한 수요곡선은 $Q_D = -3P + 480$으로 표현된다. 기업 A가 판매수입을 극대화하기 위해 책정해야 하는 전통주 1병당 가격은? (단, P는 만원 단위로 표시된 1병당 가격이다.)

18 국가직 9급

① 50

② 60

③ 70

④ 80

주어진 수요곡선이 선형함수이므로 한계수입곡선은 다음과 같이 도출된다.

$$Q = -3P + 480 \Rightarrow P = 160 - \frac{1}{3}Q \Rightarrow MR = 160 - \frac{2}{3}Q$$

- 총수입(TR)의 극대화는 한계수입(MR)이 '0'인 수준에서 이루어진다.

$$MR = 160 - \frac{2}{3}Q = 0 \Rightarrow Q = 240$$

- 이 결과를 수요함수에 대입하면 '$P = 80$'을 구할 수 있다.

정답 ④

0457

독점기업인 자동차 회사 A가 자동차 가격을 1% 올렸더니 수요량이 4% 감소하였다. 자동차의 가격이 2,000만 원이라면 자동차 회사 A의 한계수입은?　13 국가직 7급

① 1,000만 원

② 1,500만 원

③ 2,000만 원

④ 2,500만 원

해 설

Amorozo-Robinson 공식에 따르며 다음과 같은 관계가 성립한다.

- $MR = P(1 - \dfrac{1}{E_P})$
- 여기서 MR은 한계수입, P는 가격, E_P는 수요의 가격탄력성이다.

- 문제에서 자동차 가격을 1% 올렸더니 수요량이 4% 감소했다는 것은 수요의 가격탄력성이 4라는 의미이다. 따라서 한계수입(MR)은 다음과 같이 도출된다.

$$MR = P(1 - \frac{1}{E_P}) = 2,000(1 - \frac{1}{4}) = 2,000 \times \frac{3}{4} = 1,500(만 원)$$

정답 ②

AK Tip　Amoroso-Robinson 공식

$$MR = P(1 - \frac{1}{E_P}) = AR(1 - \frac{1}{E_P})$$

⇒ 수요의 가격탄력성(E_P)이 1(단위탄력적)일 때 한계수입(MR)은 0이 되고, 이때 총수입(TR)은 극대가 된다.

0458

이윤극대화를 추구하는 어느 독점기업의 이윤극대화 생산량은 230단위, 이윤극대화 가격은 3,000원이고, 230번째 단위의 한계비용은 2,000원이다. 만약 이 재화가 완전경쟁시장에서 생산된다면, 균형생산량은 300단위이고 균형가격은 2,500원이다. 수요곡선과 한계비용곡선이 직선일 때, 이 독점기업에 의해 유발되는 경제적 순손실(deadweight loss)은?　17 추가채용 국가직 7급

① 20,000원

② 28,000원

③ 35,000원

④ 50,000원

해 설

문제에서 주어진 조건을 그림으로 나타내면 다음과 같다.

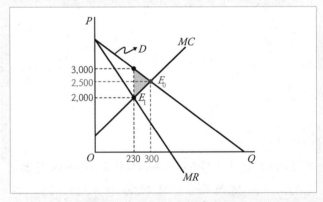

- 독점시장에서는 '$MR = MC$' 수준(E_1)에서, 완전경쟁시장에서는 '$P = MC$' 수준(E_0)에서 이윤극대화가 달성된다.

- 그림에서 색칠한 부분이 완전경쟁시장이 아닌 독점기업에 의해 생산이 이루어질 때 발생하게 되는 경제적 순손실(Deadweight loss)의 크기이다. 이때 그 크기는 다음과 같다.

$$1000 \times 70 \times \frac{1}{2} = 35,000$$

정답 ③

0459

제품 A는 완전경쟁시장에서 거래되며, 수요곡선은 $Q^d = 150 - 5P$이다. 이 시장에 참여하고 있는 갑 기업의 한계수입곡선은 $MR = -\dfrac{2}{5}Q + 30$, 한계비용은 20이다. 갑 기업이 제품 A에 대한 독점기업이 되면서, 한계비용은 22가 되었다. 독점에 의한 사회적 후생 손실은? (단, Q^d는 수요량, P는 가격이다.)

① 30

② 60

③ 90

④ 120

주어진 조건을 그림으로 나타내면 다음과 같다.

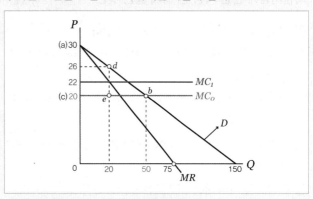

- 갑 기업이 완전경쟁기업으로 참여하는 경우 '$P = MC$'가 성립한다.

> - $Q = 150 - 5P \Rightarrow P = 30 - \dfrac{1}{5}Q$
> - $MC_0 = 20$
> - $P = MC_0 \Rightarrow 30 - \dfrac{1}{5}Q = 20 \Rightarrow \dfrac{1}{5}Q = 10 \Rightarrow Q = 50,\ P = 20$

이에 따라 소비자 잉여는 삼각형 abc가 되어 '$50 \times 10 \times \dfrac{1}{2} = 250$'이 된다.

- 갑 기업이 독점기업이 되면 '$MR = MC$' 수준에서 균형이 이루어진다.

> - $MR = -\dfrac{2}{5}Q + 30$
> - $MC_1 = 22$
> - $MR = MC_1 \Rightarrow -\dfrac{2}{5}Q + 30 = 22 \Rightarrow 8 = \dfrac{2}{5}Q \Rightarrow Q = 20,\ P = 26$

- 결국 갑 기업이 완전경쟁기업에서 독점기업이 되면 생산량은 50에서 20으로 감소하게 된다. 이에 따라 소비자잉여의 감소분(삼각형 bde)인 $90(= 30 \times 6 \times \dfrac{1}{2})$만큼의 사회적 후생 순손실이 발생하게 된다.

정답 ③

0460

독점시장에 관한 사항 중 옳지 않은 것은?   01 감평사

① 가격탄력성이 클수록 독점도는 커진다.

② 시장 진입이 제한된 시장일수록 독점력이 높아지는 경향이 있다.

③ 독점시장 균형에서 가격과 한계수입의 차가 클수록 독점도는 커진다.

④ 완전경쟁시장에서는 가격과 한계비용이 같으므로 독점도는 영(0)이다.

⑤ 독점도를 나타내는 지표로는 Lerner독점도 지수, Hicks 독점도 지수 등이 있다.

Lerner독점도 지수, Hicks독점도 지수는 각각 다음과 같다.

> • Lerner 독점도 지수: $\dfrac{P-MR}{P} = \dfrac{P-MC}{P}$
>
> • Hicks 독점도 지수: $\dfrac{1}{E_P}$ (여기서 E_P는 수요의 가격 탄력도)

① Hicks의 독점도에 따르면 독점도는 수요의 가격탄력도와 역(-)의 관계에 있으므로 가격탄력성이 클수록 독점도는 작아진다.

② 시장 진입이 제한된 시장일수록 수요의 가격탄력성은 작아지고, 시장 진입이 자유로운 시장일수록 수요의 가격탄력성은 커진다. 예컨대 완전경쟁시장에 참여하는 기업이 직면하는 수요의 가격탄력성은 '무한대'이고, 이에 따라 Hicks의 독점도는 '0'의 값을 갖는다.

③ Lerner의 독점도에 따르면 가격(P)과 한계수입(MR)의 차가 클수록 독점도는 커진다.

④ 완전경쟁시장에서는 P=MC가 성립하므로 Lerner의 독점도에 따르면 그 크기는 0이 된다.

정답 ①

AK Tip 독점도(Degree of monopoly)

> • A. Lerner의 독점도
>
> $$dom = \frac{P-MC}{P} = \frac{P-MR}{P} \ (\because 균형점에서는\ MR=MC)$$
>
> • Hicks의 독점도
>
> $$dom = \frac{1}{e} \ 단,\ e 는\ 수요의\ 가격탄력도이다.$$
>
> • Hirschman-Herfindahl 지수
>
> $$dom = \sum_{i=1}^{k} S_i{}^2 \ 단,\ S_i 는\ 각\ 기업의\ 시장점유율이다.$$
>
> ⇒ 독점도는 시장에서 자원배분이 얼마나 비효율적으로 이루어지는가를 보여주는 지표로 기능한다. 그 수치가 클수록 자원배분의 비효율성은 증가한다.

0461

어느 재화에 대한 수요곡선은 $Q = 100 - P$이다. 이 재화를 생산하여 이윤을 극대화하는 독점기업의 비용함수가 $C(Q) = 20Q + 10$일 때, 이 기업의 러너 지수(Lerner index) 값은?

① $\dfrac{1}{4}$

② $\dfrac{1}{3}$

③ $\dfrac{2}{3}$

④ $\dfrac{3}{4}$

기업의 균형 수준에서 독점도를 측정할 수 있는 러너 지수(Lerner index)는 다음과 같다.

러너 지수(Lerner index): $\dfrac{P - MR}{P} = \dfrac{P - MC}{P}$

• 주어진 수요함수와 비용함수를 이용하여 한계수입(MR)과 한계비용(MC)을 구하고, 이를 전제로 이윤극대화 수준에서의 수량(Q)과 가격(P)을 다음과 같이 각각 구할 수 있다.

• $Q = 100 - P \Rightarrow P = 100 - Q \Rightarrow MR = 100 - 2Q$
• $C(Q) = 20Q + 10 \Rightarrow MC = \dfrac{dC}{dQ} = 20$
• $MR = MC \Rightarrow 100 - 2Q = 20 \Rightarrow Q = 40,\ P = 60$

• 앞의 결과들을 러너 지수(Lerner index)에 대입하게 되면 러너 지수는 다음과 같이 도출된다.

러너 지수(Lerner index): $\dfrac{60 - 20}{60} = \dfrac{40}{60} = \dfrac{2}{3}$

정답 ③

0462

어느 독점기업의 수요함수가 $P(Q) = 25 - \dfrac{1}{2}Q$이며, 총비용함수는 $TC(Q) = 5Q$이다. 이 독점기업의 이윤을 극대화하는 가격(P)과 마크업(mark-up)은 각각 얼마인가? (단, Q는 생산량, TC는 총비용을 나타내며 '마크업 = 가격/한계비용'으로 정의됨)

① (15, 3)

② (20, 3)

③ (15, 2)

④ (20, 2)

⑤ (10, 2)

독점기업의 이윤극대화는 MR = MC 수준에서 달성된다.

• 주어진 수요함수와 비용함수를 이용하여 한계수입(MR)과 한계비용(MC)을 구하고, 이를 전제로 이윤극대화 수준에서의 수량(Q)과 가격(P)을 다음과 같이 각각 구할 수 있다.

• $P = 25 - \dfrac{1}{2}Q \Rightarrow MR = 25 - Q$
• $TC(Q) = 5Q \Rightarrow MC = \dfrac{dC}{dQ} = 5$
• $MR = MC \Rightarrow 25 - Q = 5 \Rightarrow Q = 20,\ P = 15$

• 마크업은 다음과 같이 도출된다.

mark-up: $\dfrac{가격}{한계비용} = \dfrac{15}{5} = 3$

정답 ①

CHAPTER 01 미시경제학 **235**

0463

수요의 특성이 다른 두 개의 분리된 시장 A와 B에서 이윤극대화를 추구하는 독점기업이 있다고 가정하자. 이 독점기업의 한계비용은 5이고, 시장 A와 시장 B에서 수요의 가격탄력성이 각각 1.5 및 1.2일 때, 시장 A와 시장 B에서의 독점가격은?

13 지방직 7급

	시장 A 독점가격	시장 B 독점가격
①	15	20
②	20	10
③	20	15
④	15	30

해설

가격차별을 통한 이윤극대화 조건과 Amorozo-Robinson 공식을 이용하여 시장 A와 시장 B의 독점가격을 다음과 같이 구할 수 있다.

- 이윤극대화 조건: $MR_A = MC$, $MR_B = MC$
- Amorozo-Robinson 공식: $MR = P(1 - \frac{1}{E})$
- $MR_A = P_A(1 - \frac{1}{E_A}) = MC$, $MR_B = P_B(1 - \frac{1}{E_B}) = MC$
  $\Rightarrow P_A(1 - \frac{2}{3}) = 5$, $P_B(1 - \frac{5}{6}) = 5$
  $\Rightarrow P_A \times \frac{1}{3} = 5$, $P_B \times \frac{1}{6} = 5 \Rightarrow P_A = 5 \times 3 = 15$, $P_B = 5 \times 6 = 30$

정답 ④

AK Tip 3급 가격차별 성립 조건

- $MR_A = MR_B = MC$
- $P_A(1 - \frac{1}{E_P^A}) = P_B(1 - \frac{1}{E_P^B}) = MC$

⇒ 동질의 상품을 수요의 가격탄력성이 낮은 시장에서는 고가로 판매, 높은 시장에서는 저가로 판매하여 이윤을 극대화할 수 있다.

0464

어떤 독점기업이 동일한 상품을 수요의 가격탄력성이 다른 두 시장에서 판매한다. 가격차별을 통해 이윤을 극대화하려는 이 기업이 상품의 가격을 A시장에서 1,500원으로 책정한다면 B시장에서 책정해야 하는 가격은? (단, A시장에서 수요의 가격탄력성은 3이고, B시장에서는 2이다.)

18 서울시 정기공채 7급

① 1,000원
② 1,500원
③ 2,000원
④ 2,500원

해설

Amoroso-Robinson 공식은 다음과 같다.

$MR = P(1 - \frac{1}{E_P})$, 여기서 E_P는 수요의 가격탄력성이다.

- Amoroso-Robinson 공식과 주어진 조건을 이용하여 A 시장의 한계수입(MR)을 구해보면 다음과 같다.

$MR_A = P_A(1 - \frac{1}{E_A}) = 1,500(1 - \frac{1}{3}) = 1,500 \times \frac{2}{3} = 1,000$

- 문제에서 주어진 3급 가격차별이 성립하기 위한 조건은 '$MR_A = MR_B$'이다. 이에 따라 B시장에서 책정해야 할 가격은 다음과 같이 도출된다.

$MR_B = P_B(1 - \frac{1}{E_B}) \Rightarrow 1,000 = P_B(1 - \frac{1}{2})$
$\Rightarrow P_B = 1,000 \times 2 = 2,000$

정답 ③

0465

어떤 독점기업이 시장을 A와 B로 나누어 이윤극대화를 위한 가격차별정책을 시행하고자 한다. A시장의 수요함수는 $Q_A = -2P_A + 60$이고, B시장의 수요함수는 $Q_B = -4P_B + 80$이라고 한다(Q_A, Q_B는 각 시장에서 상품의 총수요량, P_A, P_B는 상품의 가격임). 이 기업의 한계비용이 생산량과 관계없이 2원으로 고정되어 있을 때, A시장과 B시장에 적용될 상품가격은?

19 서울시 공개 경쟁 7급

	A시장	B시장
①	14	10
②	16	11
③	14	11
④	16	10

시장구조와 관계없이 이윤극대화 조건은 MR = MC이다. 따라서 두 시장에서의 이윤극대화 수준에서는 모두 '$MR_A = MR_B = MC(=2)$'가 성립한다.

• 주어진 수요함수를 전제로 각 시장의 한계수입과 균형 생산량은 다음과 같이 도출된다.

> • $Q_A = -2P_A + 60 \Rightarrow P_A = 30 - \frac{1}{2}Q_A \Rightarrow MR_A = 30 - Q_A$
> $\Rightarrow 2 = 30 - Q_A \Rightarrow Q_A = 28$
>
> • $Q_B = -4P_B + 80 \Rightarrow P_B = 20 - \frac{1}{4}Q_B \Rightarrow MR_A = 20 - \frac{1}{2}Q_B$
> $\Rightarrow 2 = 20 - \frac{1}{2}Q_B \Rightarrow Q_B = 36$

• 앞의 결과들을 A시장과 B시장의 수요함수에 각각 대입하면 '$P_A = 16$, $P_B = 11$'이 도출된다.

정답 ②

0466

독점 기업 A는 두 개의 공장을 가지고 있으며, 제1공장과 제2공장의 한계비용곡선(MC)은 각각 $MC_1 = 50 + 2Q_1$, $MC_2 = 90 + Q_2$이다. A기업의 이윤을 극대화하는 생산량이 총 80단위일 때, 제1공장과 제2공장의 생산량은? (단, Q_1은 제1공장의 생산량, Q_2는 제2공장의 생산량이다.)

11 지방직 7급

① (20, 60)

② (30, 50)

③ (40, 40)

④ (50, 30)

주어진 문제에 따른 독점기업 A의 이윤극대화 조건을 이용하여 두 공장의 생산량은 다음과 같이 도출된다.

> • 이윤극대화 조건: $MR = MC_1$, $MR = MC_2$
> • $MC_1 = MC_2 \Rightarrow 50 + 2Q_1 = 90 + Q_2 \Rightarrow 2Q_1 - Q_2 = 40$ ......ⓐ
> • $Q_1 + Q_2 = 80$ ......ⓑ

• ⓐ식과 ⓑ식을 연립해서 풀면 '$Q_1 = 40$, $Q_2 = 40$'이 도출된다.

정답 ③

AK Tip 다공장 독점에서의 균형조건

> $MR = MC_{A공장}$, $MR = MC_{B공장}$
>
> $\Rightarrow MR = MC_{A공장} = MC_{B공장}$
> $\Rightarrow$ 전개과정이 과점시장에서의 카르텔 균형조건과 동일하다.

0467

독점기업 A는 동일한 상품을 생산하는 두 개의 공장을 가지고 있다. 두 공장의 비용함수와 A기업이 직면한 시장수요곡선이 다음과 같을 때, A기업의 이윤을 극대화하는 각 공장의 생산량을 옳게 짝지은 것은? (단, P는 가격, Q는 총생산량, Q_1은 공장 1의 생산량, Q_2는 공장 2의 생산량이다)

20 국가직 7급

- 공장 1의 비용함수: $C_1(Q_1) = 40 + Q_1^2$
- 공장 2의 비용함수: $C_2(Q_2) = 90 + 6Q_2$
- 시장수요곡선: $P = 200 - Q$

	Q_1	Q_2
①	3	94
②	4	96
③	5	98
④	6	100

다공장 독점에 관한 문제이다. 다공장 독점 기업은 각 공장의 한계비용(MC)과 시장수요곡선으로부터 도출된 한계수입(MR)이 모두 일치하는 수준에서 생산량을 결정한다.

- $P = 200 - Q_M \Rightarrow MR = 200 - 2Q_M$
- $MC_1 = 2Q_1, \ MC_2 = 6$
- $MC_1 = MC_2 = MR \Rightarrow 2Q_1 = 6 = 200 - 2Q_M \Rightarrow Q_1 = 3, \ Q_M = 97$
- $Q_M = Q_1 + Q_2 \Rightarrow Q_2 = Q_M - Q_1 = 97 - 3 = 94$
- 균형상태에서는 시장수요량과 시장공급량은 일치하므로 Q_M은 시장 수요량이면서 시장 공급량($= Q_1 + Q_2$)이다.

정답 ①

0468

어느 지역에서 독점적으로 서비스를 공급하고 있는 피트니스클럽 A가 이부가격제도(two-part tariff)를 시행하려고 한다. A의 서비스에 대한 시장수요함수는 $Q = 4,000 - 5P$이다. 여기서 Q는 A가 제공하는 서비스의 양이고, P는 A의 서비스 한 단위당 가격이다. 또한 A의 서비스 제공에 따른 한계비용은 $MC = 400$이다. A가 이윤을 극대화하기 위한 이부가격제도는? (단, 단위는 원이다.)

16 지방직 7급

	고정회비	서비스 한 단위 당 가격
①	400,000원	400원
②	400,000원	600원
③	100,000원	600원
④	100,000원	400원

주어진 조건들을 그림으로 나타내면 다음과 같다.

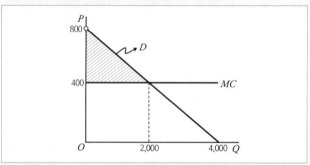

- 이부가격제도를 실시하는 경우 고정회비(= 기본요금)는 빗금 친 부분인 소비자 잉여의 크기만큼으로 정해지고, 상품 단위 당 가격은 상품 공급으로 발생하는 한계비용만큼으로 정해진다. 이에 따라 'P=MC' 수준에서 균형이 이루어진다.
- 고정회비와 서비스 한 단위 당 가격은 다음과 같다.

- 고정회비(=소비자 잉여): $2,000 \times 400 \times \frac{1}{2} = 400,000$(원)
- 서비스 한 단위당 가격(=한계비용): $P(= MC) = 400$(원)

정답 ①

AK Tip 이부가격제도

- 기본요금(가입비)=소비자 잉여
- 상품가격(P)=한계비용(MC)

이부가격제도를 통해 생산자는 소비자 잉여의 전부를 자신의 수입으로 전환할 수 있다. 결국 소비자 잉여는 '0'이 된다.

0469

통신시장에 하나의 기업만 존재하는 완전독점시장을 가정하자. 이 독점기업의 총비용(TC) 함수는 $TC = 20 + 2Q$이고 시장의 수요는 $P = 10 - 0.5Q$이다. 만약, 이 기업이 이부가격(two part tariff) 설정을 통해 이윤을 극대화하고자 한다면, 고정요금(가입비)은 얼마로 설정해야 하는가?

15 서울시 7급

① 16

② 32

③ 64

④ 128

주어진 조건에서 한계비용(MC)은 2이다. 이러한 조건들을 그림으로 나타내면 다음과 같다.

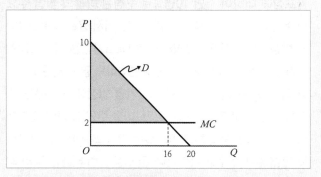

- 이부가격제도를 실시하는 경우 고정요금(= 가입비)은 색칠한 부분인 소비자 잉여의 크기만큼으로 정해지고, 단위당 요금은 상품 공급으로 발생하는 한계비용만큼으로 정해진다. 이에 따라 'P=MC' 수준에서 균형이 이루어진다.
- 고정요금(=가입비)은 다음과 같이 도출된다.

고정요금(=소비자잉여): $16 \times 8 \times \frac{1}{2} = 64$

정답 ③

0470

독점시장에 존재하는 어떤 회사의 한계비용은 500이며, 이 시장의 소비자는 모두 $P = 1,000 - Q_d$라는 수요함수를 갖고 있다. 이 회사가 두 단계 가격(two part tariff)을 설정하여 이윤을 극대화하기 위한 고정요금(가입비)은 얼마인가? (단, P는 가격, Q_d는 수요량을 나타냄)

13 국회 8급

① 500,000

② 250,000

③ 125,000

④ 100,000

⑤ 50,000

두 단계 가격, 즉 이부가격을 통해 이윤을 극대화시키기 위해서는 소비자 잉여만큼을 가입비로, 한계비용을 가격으로 설정하면 된다. 이에 따라 'P=MC' 수준에서 균형이 이루어진다.

- 문제에서 주어진 조건들을 그림으로 나타내면 다음과 같다.

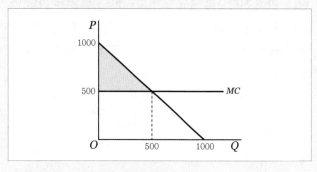

- 고정요금(=가입비)은 다음과 같이 도출된다.

고정요금(=소비자 잉여): $500 \times 500 \times \frac{1}{2} = 125,000$

정답 ③

0471

A국가의 한 마을에서 B기업이 독점적으로 운영하고 있는 골프장에 대하여 주민 10명으로 구성된 마을의 월별 수요함수는 $P = 21 - Q$이다. B기업의 입장에서 골프 라운드 1회당 발생하는 비용이 1달러라고 할 때, B기업은 이부가격제 전략 하에서 개별 이용객들에게 연회비와 골프 라운드 1회당 이용료를 책정하려고 한다. B기업 입장에서 이윤을 극대화시키는 1인당 연회비는? (단, 마을 주민 10명의 골프에 대한 선호도는 동일하고, P와 Q는 각각 골프장 1회 이용료 및 월별 골프 횟수를 나타낸다. 골프장 설립 비용은 국비 지원을 받아 B기업 입장에서의 골프장 설립에 대한 고정비용은 없다고 가정한다.)

09 국가직 7급

① 120달러

② 240달러

③ 360달러

④ 400달러

마을 주민 1인당 연회비는 우선 마을 주민 전체의 '연' 회비를 구한 다음, 이것을 주민의 수로 나누면 구할 수 있다.

• 문제에서 주어진 '월별' 수요함수와 비용 조건을 그림으로 나타내면 다음과 같다.

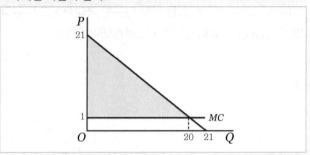

• 이부가격제에서는 소비자 잉여만큼을 '월' 회비로, 한계비용만큼을 이용료(가격)로 설정한다. 이에 따라 'P=MC' 수준에서 균형이 이루어진다.

• 마을 주민 10명 전체의 '월' 회비는 색칠한 부분인 소비자 잉여의 크기와 같다.

> 주민 전체 '월' 회비: $20 \times 20 \times \frac{1}{2} = 200$(달러)

• 마을 주민 전체의 '연' 회비와 1인당 '연' 회비는 다음과 같이 도출된다.

> • 마을 주민 전체의 '연' 회비:
> '월' 회비 $\times 12 = 200 \times 12 = 2,400$(달러)
> • 마을 주민 1인당 '연' 회비:
> $\dfrac{\text{마을 주민 전체의 '연' 회비}}{\text{주민 수}} = \dfrac{2,400}{10} = 240$(달러)

정답 ②

0472

의류 판매업자인 A씨는 아래와 같은 최대지불용의금액을 갖고 있는 두 명의 고객에게 수영복, 수영모자, 샌들을 판매한다. 판매 전략으로 묶어 팔기(Bundling)를 하는 경우, 수영복과 묶어 팔 때가 따로 팔 때보다 이득이 더 생기는 품목과 해당 상품을 수영복과 묶어 팔 때 얻을 수 있는 최대수입은?

17 국회 8급

구분	최대지불용의금액		
	수영복	수영모자	샌들
고객(ㄱ)	400	250	150
고객(ㄴ)	600	300	100

① 수영모자, 1,300
② 수영모자, 1,400
③ 샌들, 1,000
④ 샌들, 1,100
⑤ 샌들, 1,200

상품별로 동일한 가격으로 개별판매를 할 때 각각의 상품 조합에 따른 A씨의 판매수입은 다음과 같다.

수영복 판매가격	수영모자 판매가격	샌들 판매가격	수영복 + 수영모자 A씨 판매수입	수영복 + 샌들 A씨 판매수입
400	250	100	650 × 2 = 1,300	500 × 2 = 1,000

• 동일한 가격으로 수영복과 다른 상품 간의 묶음 상품을 판매할 때 A씨의 판매수입은 다음과 같다.

수영복 + 수영모자 판매가격	수영복 + 샌들 판매가격	수영복 + 수영모자 A씨 판매수입	수영복 + 샌들 A씨 판매수입
650	550	650 × 2 = 1,300	550 × 2 = 1,100

• 표에 따르면 '수영복과 수영모자'는 개별판매를 하든, 묶어 팔기를 하든 A씨의 판매수입은 1,300으로 동일하다.

• 반면에 '수영복과 샌들'은 개별판매를 하는 것에 비해 묶어 팔기를 하는 경우에 100만큼의 판매수입이 증가한 1,100만큼의 판매수입을 얻을 수 있다.

정답 ④

0473

두 소비자 1, 2에게 디지털 카메라와 스마트폰을 판매하는 독점기업을 고려해 보자. 개별 소비자는 디지털 카메라와 스마트폰을 각각 최대한 1대 구매한다. 두 소비자의 최대지불용의금액이 아래 표와 같을 때 다음 설명 중 옳은 것은? (단, 소비자별로 가격 차별을 할 수 없으며 두 상품의 생산비용은 0이라고 가정한다.)

11 CPA

구분	디지털 카메라	스마트 폰
소비자 1	125	90
소비자 2	50	110

① 소비자 잉여는 결합판매 할 때보다 개별적으로 판매할 때 더 크다.

② 독점기업은 결합판매 할 때보다 개별적으로 판매할 때 더 큰 이윤을 얻을 수 있다.

③ 디지털 카메라와 스마트폰을 결합하여 판매하는 경우 이윤극대화를 위한 가격 하에서 소비자 잉여는 55이다.

④ 디지털 카메라와 스마트폰을 개별적으로 판매하는 경우 독점기업이 얻을 수 있는 최대이윤은 215이다.

⑤ 디지털 카메라와 스마트폰을 개별적으로 판매하는 경우 이윤을 극대화하는 가격 하에서 소비자 잉여는 0이다.

최대이윤을 얻기 위해 개별적으로 판매하는 경우와 결합판매를 하는 경우의 독점기업의 이윤과 소비자 잉여의 크기를 표로 정리하면 다음과 같다.

구분	상품 가격	독점기업 이윤	최대지불용의금액	소비자 잉여
개별판매	디지털 카메라: 125, 스마트폰: 90	305	125 + 200 = 325	0 + 20 = 20
결합판매	디지털 카메라 + 스마트폰: 160	320	215 + 160 = 375	55 + 0 = 55

• 표에서 디지털 카메라 가격이 125인 이유는 다음과 같다. 만약 개별판매를 하는 경우 디지털 카메라의 가격을 50으로 정하면 소비자 1과 2는 모두 구입하고자 하므로 독점기업의 이윤은 100이 된다.

• 그런데 디지털 카메라의 가격을 125로 정하면 소비자 1은 구입하지만 소비자 2는 구입하지 않는다. 따라서 독점기업의 이윤은 125가 되어 디지털 카메라의 가격을 50으로 정하는 것보다 125로 정하는 것이 독점기업에게 유리한 것이다.

정답 ③

0474

어느 공항의 이윤함수는 $28x - x^2$이고, 공항 근처에 주택을 개발하고자 하는 업체의 이윤함수는 $20y - y^2 - xy$이다. 만일 한 기업이 공항과 주택개발업체를 모두 소유한다면, 이 기업이 이윤을 극대화하는 주택의 수(a)는?

한편, 공항과 주택개발업체를 서로 다른 기업이 소유한다면 공항은 주택개발업체에게 이착륙 소음으로 인한 보상금으로 xy를 지불해야 한다. 이때 주택개발업체가 이윤을 극대화하는 주택의 수(b)는? (단, x는 하루에 이착륙하는 비행기의 수이며, y는 주택개발업체가 건설한 주택의 수이다.)

18 국가직 7급

	a	b
①	4	4
②	4	10
③	6	4
④	6	10

한 기업이 공항(A)과 주택개발업체(B)를 모두 소유한다면, 이 기업의 이윤함수는 공항의 이윤함수와 주택개발체의 이윤함수의 합으로 이루어진다.

$$\pi_{기업} = \pi_A + \pi_B = 28x - x^2 + 20y - y^2 - xy$$

- 이 기업이 이윤을 극대화하기 위해서 필요한 이착륙 비행기의 수(x)와 주택의 수(y)는 다음과 같은 조건을 충족할 때 도출된다.

$$\cdot \frac{d\pi_{기업}}{dx} = 28 - 2x - y = 0 \text{ ------ ⓐ}$$
$$\cdot \frac{d\pi_{기업}}{dy} = 20 - 2y - x = 0 \text{ ------ ⓑ}$$

앞에서 도출된 ⓐ식과 ⓑ식을 연립해 풀면 '$x = 12, y = 4$'의 결과를 얻을 수 있다.

- 한편 공항(A)과 주택개발업체(B)를 서로 다른 기업이 소유하고, 공항은 주택개발업체에게 이 착륙 소음으로 인한 보상금으로 xy를 지불해야 하는 경우, 공항과 주택개발업체의 이윤함수는 각각 다음과 같다.

$$\cdot \pi_A^* = 28x - x^2 - xy$$
$$\cdot \pi_B^* = 20y - y^2 - xy + xy = 20y - y^2$$

여기서 공항의 이윤(π_A^*) 크기는 기존의 이윤(π_A)에서 공항이 주택개발업체에게 지불해야 하는 보상금(xy)만큼 작아지고, 주택개발업체의 이윤(π_B^*) 크기는 기존의 이윤(π_B)에서 주택개발업체가 공항으로부터 받게 되는 보상금(xy)만큼 커진다는 것에 유의한다.

- 이제 공항과 주택개발업체가 이윤을 극대화하기 위해서는 다음 조건들을 충족해야 한다.

$$\cdot \frac{d\pi_A^*}{dx} = 28 - 2x - y = 0 \text{ ------ ⓒ}$$
$$\cdot \frac{d\pi_B^*}{dy} = 20 - 2y = 0 \text{ --------- ⓓ}$$

이에 따라 ⓓ식에서 먼저 '$y = 10$'이 도출되고, 이를 ⓒ식에 대입하면 '$x = 9$'가 도출된다. 결국 주택개발업체가 이윤을 극대화하는 주택의 수(y)는 '10'이 된다.

- 참고로 이 경우 공항이 주택개발업체에게 지불해야 하는 보상금(xy)은 '90'이 된다.

정답 ②

0475

어느 독점기업의 수요함수는 Q = 130 - P이고, 총비용함수는 C = 10Q + Q^2이다. 정부가 이 독점기업의 가격을 한계비용가격설정으로 규제하려고 한다. 한계비용규제가격과 독점가격은? (단, P는 가격, Q는 수요량이다.) 09 지방직 7급

	한계비용규제가격	독점가격
①	90	100
②	80	90
③	70	90
④	70	100

시장구조와 관계없이 독점기업의 이윤극대화 조건은 MR = MC이다. 이를 통하여 독점기업의 독점가격을 구할 수 있다.

- 수요곡선이 선형함수인 경우 기업의 한계수입곡선은 수요함수의 가격절편과 같고 기울기가 2배가 된다.

$$Q = 130 - P \Rightarrow P = 130 - Q \Rightarrow MR = 130 - 2Q \ \ldots\ldots ⓐ$$

- 한계비용은 총비용함수를 Q로 미분해서 구할 수 있다.

$$C = 10Q + Q^2 \Rightarrow MC = \frac{dC}{dQ} = 10 + 2Q \ \ldots\ldots ⓑ$$

- ⓐ식과 ⓓ식을 연립해 풀면 '$Q = 30$, $P = 100$'을 구할 수 있다.
- 한편 정부가 이 독점기업의 가격을 한계비용가격설정으로 규제하게 되면, P = MC가 성립하게 된다. 이에 따라 수량과 시장가격은 다음과 같이 도출된다.

$$P = MC \Rightarrow 130 - Q = 10 + 2Q \Rightarrow \text{'}Q = 40, \ P = 90\text{'}$$

정답 ①

[AK Tip] **자연독점의 평균비용가격규제와 한계비용가격규제**

- 평균비용가격규제: P=AC ⇒ 자원의 비효율적 배분, 정상이윤
- 한계비용가격규제: P=MC ⇒ 자원의 효율적 배분, 손실발생(∵ P<AC)
⇒ 자원을 효율적으로 배분하기 위해서 한계비용가격규제를 실시하는 경우 발생하는 손실에 대해서는 이부가격제도나 가격차별 등을 통하여 그 손실 크기의 일부를 줄일 수 있다.

0476

시장수요가 $Q = 120 - 2P$**이며 총비용이** $C = 0.5Q^2 + 50$**인 독점기업이 현재 규제에 의해 가격과 한계비용이 일치하도록 가격을 설정하고 있다. 로비에 의해 이런 규제를 없앨 수 있다고 할 때, 이 기업이 로비를 위해 지불할 용의가 있는 최대 금액으로 옳은 것은?**

20 국회 8급

① 50

② 75

③ 100

④ 125

⑤ 150

독점기업은 로비를 위해 지불해야 할 비용이 규제를 없앨 수 있을 때 얻을 수 있는 독점이윤에서 규제가 존재하는 경우 얻을 수 있는 이윤의 차이보다 크지만 않다면 기꺼이 지불할 것이다. 한편 주어진 수요함수와 총비용함수를 통해 한계수입(MR)과 한계비용(MC)을 다음과 같이 도출할 수 있다.

> * $Q = 120 - 2P \Rightarrow P = 60 - \dfrac{1}{2}Q \Rightarrow MR = 60 - Q$
> * $C = 0.5Q^2 + 50 \Rightarrow MC = Q$

* '가격(P)=한계비용(MC)' 규제 수준에서 얻을 수 있는 이윤은 다음과 같이 도출된다.

> * $P = 60 - \dfrac{1}{2}Q, \ MC = Q \Rightarrow P = MC \Rightarrow 60 - \dfrac{1}{2}Q = Q$
> $\Rightarrow 60 = \dfrac{3}{2}Q \Rightarrow Q = 40, \ P = 40$
> * 이윤=총수입($P \times Q$)-총비용=
> $40 \times 40 - (0.5 \times 1,600 + 50) = 1,600 - 850 = 750$

* 규제가 없는 경우 얻을 수 있는 이윤은 '$MR = MC$' 수준에서 다음과 같이 도출된다.

> * $MR = MC \Rightarrow 60 - Q = Q \Rightarrow 2Q = 60 \Rightarrow Q = 30, \ P = 45$
> * 이윤=총수입($P \times Q$)-총비용=
> $30 \times 45 - (0.5 \times 30^2 + 50) = 1,350 - 500 = 850$

* 결국 독점기업은 두 이윤의 차이인 100보다 비용이 크지 않는 한 기꺼이 로비를 위한 비용을 지불할 것이다.
* 이 결과를 그림으로 나타내면 다음과 같다.

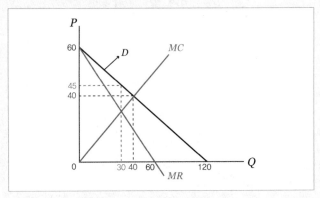

정답 ③

0477

독점기업의 생산량에 대한 수요는 14,400을 가격의 제곱으로 나눈 것이며, 독점기업이 MC(한계비용) = 6인 상태에서 생산을 하고 있다. 정부가 독점기업에 한 단위당 12원의 조세를 부과한다면 가격은 얼마만큼 상승하는가? 03 7급

① 12원
② 20원
③ 24원
④ 30원

해설

주어진 조건의 수요함수는 다음과 같이 나타낼 수 있다.

$$Q = \frac{14,400}{P^2} \Rightarrow P^2 = \frac{14,400}{Q} \Rightarrow P = \frac{120}{\sqrt{Q}} \Rightarrow P = 120 \times Q^{-0.5}$$

- 독점기업의 총수입(TR)과 한계수입(MR)은 다음과 같다.

$$\bullet \ TR = P \times Q = 120 \times Q^{0.5}$$
$$\bullet \ MR = \frac{dTR}{dQ} = 60 \times Q^{-0.5} = \frac{60}{\sqrt{Q}}$$

- 기업의 이윤극대화 조건은 MR = MC이므로 이윤극대화 수준에서 수량(Q)과 가격(P)은 각각 다음과 같다.

$$\bullet \ MR = MC \Rightarrow \frac{60}{\sqrt{Q}} = 6 \Rightarrow \sqrt{Q} = 10 \Rightarrow Q = 100$$
$$\bullet \ P = \frac{120}{\sqrt{Q}} \Rightarrow P = \frac{120}{\sqrt{100}} = \frac{120}{10} = 12(원)$$

- 정부가 독점기업에 한 단위당 12원의 조세를 부과하는 경우 새로운 한계비용(MC_N)과 이윤극대화 수준에서 수량(Q)과·가격(P)은 다음과 같다.

$$\bullet \ MC_N = MC + 12 = 6 + 12 = 18$$
$$\bullet \ MR = MC \Rightarrow \frac{60}{\sqrt{Q}} = 18 \Rightarrow \sqrt{Q} = \frac{60}{18} = \frac{10}{3} \Rightarrow Q = \frac{100}{9}$$
$$\bullet \ P = \frac{120}{\sqrt{Q}} \Rightarrow P = \frac{120}{\sqrt{\frac{100}{9}}} = \frac{120}{\frac{10}{3}} = \frac{360}{10} = 36(원)$$

- 결국 단위당 12원의 조세부과로 가격은 12원에서 36원으로 24원만큼 상승하게 된다.

정답 ③

0478

시장을 독점하고 있는 기업 A의 한계비용은 생산량에 상관없이 8로 일정하며, 시장수요는 $Q = 50 - P$이다. 이 기업은 매출액의 20%를 세금으로 부담하여야 한다. 독점이윤을 극대화하기 위해 이 기업은 가격을 얼마로 책정해야 하는가?

04 CPA

① 10
② 20
③ 21
④ 29
⑤ 30

해설

수요곡선이 선형함수인 경우 기업의 한계수입곡선은 수요함수의 가격절편과 같고 기울기가 2배가 된다.

$$P = 50 - Q \Rightarrow MR = 50 - 2Q$$

- 매출액의 20%를 세금으로 부담하고 난 후의 이윤극대화 수준의 가격(P)은 다음과 같이 도출할 수 있다. 이때 이윤극대화는 한계이윤이 '0'인 수준에서 달성된다.

- 총이윤(π) = 총매출액(TR) − 총비용(TC) − $0.2TR$
  = $0.8TR - TC$
- 한계이윤($\frac{d\pi}{dQ}$) = $0.8MR - MC = 0$
  ⇒ $0.8(50 - 2Q) - 8 = 0 \Rightarrow 32 - 1.6Q = 0$
  ⇒ $Q = 20$
- $P = 50 - Q = 50 - 20 = 30$

정답 ⑤

0479

어떤 과점시장에 동일한 재화를 생산하는 두 기업 A와 B만이 존재하고, 각 기업의 생산량을 Q_A, Q_B라고 하자. 시장수요가 $P = 100 - Q_A - Q_B$이고, 두 기업의 총비용함수가 각각 $C_A = 40Q_A$, $C_B = 40Q_B$로 주어져 있을 때, 쿠르노-내쉬(Cournot-Nash) 균형에서 두 기업의 생산량을 합한 총생산량(Q)과 균형가격(P)은?

14 지방직 7급

① Q = 20, P = 80
② Q = 30, P = 70
③ Q = 40, P = 60
④ Q = 50, P = 50

수요곡선이 선형함수인 경우 기업의 한계수입곡선은 수요함수의 가격절편과 같고 기울기가 2배가 된다. 이에 따라 주어진 조건에 따른 한계수입(MR)과 한계비용(MC)은 다음과 같다.

> • A 기업: $P = 100 - Q_A - Q_B$
> $\Rightarrow MR_A = 100 - 2Q_A - Q_B$, $MC_A = 40$
> • B 기업: $P = 100 - Q_A - Q_B$
> $\Rightarrow MR_B = 100 - Q_A - 2Q_B$, $MC_B = 40$

• MR = MC가 이윤극대화 조건이므로 두 기업의 반응곡선은 다음과 같이 도출된다.

> • A 기업: $60 - 2Q_A - Q_B = 0$ ...... ⓐ
> • B 기업: $60 - Q_A - 2Q_B = 0$ ...... ⓑ

• ⓐ식과 ⓑ식을 연립해서 풀면 $Q_A = 20$, $Q_B = 20$이 되어 총생산량($Q_A + Q_B$)은 40이 되고, 이를 시장 수요함수에 대입하면 P = 60을 구할 수 있다.
• '기업의 비용 조건이 동일한 경우라면' 다음과 같은 방식이 더 간편할 수 있다. 주어진 시장수요함수는 다음과 같이 나타낼 수 있다.

> P = 100 - Q(∵ $Q = Q_A + Q_B$)

• 완전경쟁시장에서는 P = MC가 충족되므로 '100 - Q = 40'에서 'Q = 60'을 구할 수 있다.
• 한편 복점시장에서 쿠르노-내쉬 균형은 각 기업이 완전경쟁시장에서 생산되는 수준(= 60)의 1/3씩 생산하므로 각각 20만큼 생산하여 총생산량은 40만큼 생산된다.

정답 ③

AK Tip 쿠르노 복점 모형의 반응곡선 도출

> • 시장수요함수: $P = a - Q_M = a - (Q_K + Q_Y) = a - Q_K - Q_Y$
> (∵ $Q_M = Q_K + Q_Y$)
> • 기업 K: $MR_K = a - 2Q_K - Q_Y$, $MC_K = b$
> $\Rightarrow$ 반응곡선: $(a - b) - 2Q_K - Q_Y = 0$(∵ $MR_K = MC_K$)
> • 기업 Y: $MR_Y = a - Q_K - 2Q_Y$, $MC_Y = c$
> $\Rightarrow$ 반응곡선: $(a - c) - Q_K - 2Q_Y = 0$(∵ $MR_Y = MC_Y$)
> • 쿠르노 복점모형에서 두 기업은 상대방 기업이 결정하는 산출량의 추측된 변화를 '0'으로 본다. 이에 따라 두 기업 모두는 추종자(Follower)의 위치에 있게 된다.

0480

X재화의 시장수요곡선은 $Q = 60 - P$이다. 이 시장이 쿠르노(Cournot) 복점시장인 경우의 시장균형생산량과 독점시장인 경우의 시장균형생산량의 차이는? (단, Q는 생산량, P는 가격을 나타내고, 각 시장에 참여하는 기업들의 한계비용은 0이다.)

12 국가직 9급

① 10
② 20
③ 30
④ 40

주어진 시장수요곡선을 전제로 하는 완전경쟁시장 균형생산량은 'P = MC' 조건에 따라 'Q = 60'이다.

- 복점시장에서 기업의 비용조건이 동일한 경우, 쿠르노 복점시장의 시장균형생산량은 완전경쟁시장 균형생산량 수준의 $\frac{2}{3}$가 되어 'Q = 40'이 된다.
- 독점시장의 시장균형생산량은 완전경쟁시장 균형생산량 수준의 $\frac{1}{2}$이 되어 'Q = 30'이 된다.
- 결국 쿠르노(Cournot) 복점시장인 경우의 시장균형생산량과 독점시장인 경우의 시장 균형생산량의 차이는 10이 된다.

정답 ①

AK Tip 쿠르노(Cournot) 균형에서의 시장 생산량(Q_M)

$$Q_M = 완전경쟁시장\ 생산량 \times \frac{N}{N+1},\ N은\ 기업의\ 수이다.$$

⇒ 각 기업의 모든 비용조건은 동일하다는 것을 전제한다.
⇒ 독점시장인 경우 'N=1'이므로 독점시장의 산출량은 완전경쟁시장 산출량의 $\frac{1}{2}$의 크기이다.
⇒ 쿠르노 복점시장인 경우 'N=2'이므로 복점시장 산출량은 완전경쟁시장 산출량의 $\frac{2}{3}$의 크기이다.

0481

어떤 국가의 통신시장은 2개의 기업(A와 B)이 복점의 형태로 수량경쟁을 하며 공급을 담당하고 있다. 기업 A의 한계비용은 $MC_A = 2$, 기업 B의 한계비용은 $MC_B = 4$이고, 시장수요곡선은 $P = 36 - 2Q$이다. 다음 설명 중 옳은 것을 <보기>에서 모두 고르면? (단, P는 시장가격, Q는 시장의 총공급량이다.)

18 국회 8급

보 기

ㄱ. 균형 상태에서 기업 A의 생산량은 6이고 기업 B의 생산량은 4이다.

ㄴ. 균형가격은 14이다.

ㄷ. 균형 상태에서 이 시장의 사회후생은 243이다.

ㄹ. 균형 상태에서 이 시장의 소비자 잉여는 100이다.

ㅁ. 균형 상태에서 이 시장의 생산자 잉여는 122이다.

① ㄱ, ㄹ

② ㄴ, ㄷ

③ ㄱ, ㄹ, ㅁ

④ ㄴ, ㄷ, ㅁ

⑤ ㄴ, ㄹ, ㅁ

수량경쟁을 하고 있는 쿠르노 복점 모형에서 'MR=MC'를 충족하는 반응곡선은 다음과 같이 도출된다.

- 시장수요함수: $P = 36 - 2Q_M = 36 - 2(Q_A + Q_B)$
- 기업 A: $MR_A = 36 - 4Q_A - 2Q_B$, $MC_A = 2$
  ⇒ 반응곡선: $34 - 4Q_A - 2Q_B = 0 (\because MR_A = MC_A)$
- 기업 B: $MR_B = 36 - 2Q_A - 4Q_B$, $MC_B = 4$
  ⇒ 반응곡선: $32 - 2Q_A - 4Q_B = 0 (\because MR_B = MC_B)$

- 이제 두 기업의 반응곡선을 연립해서 풀면 두 기업의 생산량으로 '$Q_A = 6$, $Q_B = 5$'를 구할 수 있다(ㄱ).
- 시장 전체의 생산량은 '$Q = Q_A + Q_B = 11$'이 되어, 이를 주어진 수요함수에 대입하면 시장 균형가격은 '$P = 14$'가 된다(ㄴ).
- 앞의 결과들을 그림으로 나타내면 다음과 같다.

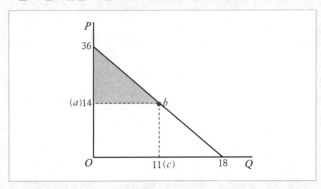

- 그림에서 소비자 잉여는 색칠한 부분이므로 이를 구하면 '소비자 잉여$= 121 (= 22 \times 11 \times \frac{1}{2})$'이 된다(ㄹ).
- 두 기업의 총수입의 합은 '사각형 abc0'의 크기인 '154($= 14 \times 11$) $= 154$'이다.
- 앞의 결과들을 이용하여 사회적 총잉여를 구하면 다음과 같다.

  - 두 기업의 총비용: 12(A기업의 총비용$=2 \times 6$)+20(B기업의 총비용$=4 \times 5$)=32
  - 두 기업의 얻게 되는 생산자 잉여: $154 - 32 = 122$ ......(ㅁ)
  - 사회적 총잉여: 소비자 잉여+생산자 잉여=121+122=243 ......(ㄷ)

정답 ④

0482

동일 제품을 생산하는 복점기업 A사와 B사가 직면한 시장 수요 곡선은 $P = 50 - 5Q$이다. A사와 B사의 비용함수는 각각 $C_A(Q_A) = 20 + 10Q_A$ 및 $C_B(Q_B) = 10 + 15Q$이다. 두 기업이 비협조적으로 행동하면서 이윤을 극대화하는 쿠르노 모형을 가정할 때, 두 기업의 균형생산량은? (단, Q는 A 기업 생산량(Q_A)과 B기업 생산량(Q_B)의 합이다.)

17 지방직 7급

	Q_A	Q_B		Q_A	Q_B
①	2	2.5	②	2.5	2
③	3	2	④	3	4

해설

수요곡선이 선형함수인 경우 기업의 한계수입곡선은 수요함수의 가격절편과 같고 기울기가 2배가 된다. 이에 따라 주어진 조건에 따른 한계수입(MR)과 한계비용(MC)은 다음과 같다.

- $Q = Q_A + Q_B$
- A 기업: $P = 50 - 5Q = 50 - 5Q_A - 5Q_B$
  $\Rightarrow MR_A = 50 - 10Q_A - 5Q_B$, $MC_A = 10$
- B 기업: $P = 50 - 5Q = 50 - 5Q_A - 5Q_B$
  $\Rightarrow MR_B = 50 - 5Q_A - 10Q_B$, $MC_B = 15$

- 앞의 결과를 토대로 이윤극대화 조건인 'MR = MC'를 전제로 하는 두 기업의 반응곡선을 구하면 다음과 같다.

- A사의 반응곡선: $MR_A = MC_A$
  $\Rightarrow 40 - 10Q_A - 5Q_B = 0$ ......ⓐ
- B사의 반응곡선: $MR_B = MC_B$
  $\Rightarrow 35 - 5Q_A - 10Q_B = 0$ ......ⓑ

- ⓐ식과 ⓑ식을 연립해서 풀면 $Q_A = 3$, $Q_B = 2$를 구할 수 있다.

정답 ③

0483

맥주시장이 기업1과 기업2만 존재하는 과점 상태에 있다. 기업1과 기업2의 한계수입(MR)과 한계비용(MC)이 같을 때, 쿠르노(Cournot) 균형에서 기업1과 기업2의 생산량은? (단, Q_1은 기업1의 생산량, Q_2는 기업2의 생산량이다.)

11 지방직 7급

기업1: $MR_1 = 32 - 2Q_1 - Q_2$, $MC_1 = 6$
기업2: $MR_2 = 32 - Q_1 - 2Q_2$, $MC_2 = 4$

① (6, 15)
② (8, 10)
③ (9, 18)
④ (12, 6)

해설

기업의 이윤극대화 조건은 MR = MC이다.
- 주어진 기업1과 기업2의 한계수입(MR)과 한계비용(MC)을 기초로 MR = MC 조건이 충족되는 식을 구하면 다음과 같다.

- 기업 1: $MR_1 = MC_1 \Rightarrow 32 - 2Q_1 - Q_2 = 6$
  $\Rightarrow 26 - 2Q_1 - Q_2 = 0$ ......ⓐ
- 기업 2: $MR_2 = MC_2 \Rightarrow 32 - Q_1 - 2Q_2 = 4$
  $\Rightarrow 28 - Q_1 - 2Q_2 = 0$ ......ⓑ

- ⓐ식과 ⓑ식을 연립해서 풀면 $Q_1 = 8$과 $Q_2 = 10$을 구할 수 있다.

정답 ②

0484

꾸르노(Cournot) 복점기업 1과 2의 수요함수가 $P=10-(Q_1+Q_2)$이고 생산비용은 0일 때, 다음 설명 중 옳지 않은 것은? (단, P는 시장가격, Q_1는 기업 1의 산출량, Q_2는 기업 2의 산출량이다.)

18 국회 8급

① 기업 1의 한계수입곡선은 $MR_1=10-2Q_1-Q_2$이다.

② 기업 1의 반응함수는 $Q_1=5-\dfrac{1}{2}Q_2$이다.

③ 기업 1의 꾸르노 균형산출량은 $Q_1=\dfrac{10}{3}$이다.

④ 산업 전체의 산출량은 $Q=\dfrac{20}{3}$이다.

⑤ 꾸르노 균형산출량에서 균형가격은 $P=\dfrac{20}{3}$이다.

주어진 조건에 따른 한계수입(MR)과 한계비용(MC)은 다음과 같다.

> • 기업 1: $MR_1=10-2Q_1-Q_2$, $MC_1=0$
> • 기업 2: $MR_2=10-Q_1-2Q_2$, $MC_2=0$

• MR = MC가 이윤극대화 조건이므로 두 기업의 반응곡선(함수)은 다음과 같이 도출된다.

> • 기업 1: $MR_1=MC_1 \Rightarrow 10-2Q_1-Q_2=0$ ......ⓐ
> • 기업 2: $MR_2=MC_2 \Rightarrow 10-Q_1-2Q_2=0$ ......ⓑ

• ⓐ식과 ⓑ식을 연립해서 풀면 '$Q_1=Q_2=\dfrac{10}{3}$'이 되고, 총생산량 (Q_1+Q_2)은 '$\dfrac{20}{3}$'이 된다. 또한 이 결과를 시장 수요함수에 대입하면 '$P=\dfrac{10}{3}$'을 구할 수 있다.

• 기업의 비용조건이 동일하다면, 꾸르노 균형에서의 총생산량은 다음과 같이 도출할 수도 있다.

• 주어진 시장수요함수는 다음과 같이 나타낼 수 있다.

> P = 10 - Q(∵ $Q=Q_A+Q_B$)

• 완전경쟁시장에서는 P = MC가 충족되므로 $10-Q=0$에서 $Q=10$을 구할 수 있다.

• 복점시장에서 꾸르노-내쉬 균형이 달성되는 경우, 각 기업은 완전경쟁시장의 균형생산량 수준(= 10)의 1/3씩 생산하므로 각각 '$\dfrac{10}{3}$'만큼 생산하여 총생산량은 '$\dfrac{20}{3}$'만큼 생산된다.

정답 ⑤

0485

차별적 과점시장에서 활동하는 두 기업 1, 2가 직면하는 수요곡선은 다음과 같다. 두 기업은 가격을 전략변수로 이용하며, 기업 1이 먼저 가격을 책정하고, 기업 2는 이를 관찰한 후 가격을 정한다. 두 기업의 균형가격을 옳게 짝지은 것은? (단, Q_1은 기업 1의 생산량, Q_2는 기업 2의 생산량, P_1은 기업 1의 가격, P_2는 기업 2의 가격이고, 각 기업의 한계비용과 고정비용은 0이다.)

20 국가직 7급

- 기업 1의 수요곡선: $Q_1 = 20 - P_1 + P_2$
- 기업 2의 수요곡선: $Q_2 = 32 - P_2 + P_1$

	P_1	P_2
①	34	32
②	36	34
③	38	36
④	40	38

기업 1이 선도기업, 기업 2가 추종기업인 차별과점 시장에서 베르뜨랑(Bertrand) 모델과 관련된 문제이다. 베르뜨랑 모델에서는 선도기업이 추종기업의 반응함수를 알고 있고, 이를 전제로 자신의 수요함수를 통해 이윤극대화를 달성할 수 있는 가격을 설정하게 된다. 여기서 반응함수는 자신에게 이윤극대화를 달성시켜주는 함수를 의미한다.

- 먼저 추종기업인 기업 2의 반응함수를 다음과 같이 도출할 수 있다.

  - 기업 2의 수요곡선: $Q_2 = 32 - P_2 + P_1 \Rightarrow P_2 = 32 + P_1 - Q_2 \Rightarrow MR_2 = 32 + P_1 - 2Q_2$
  - $MR_2 = MC \Rightarrow 32 + P_1 - 2Q_2 = 0 \Rightarrow 2Q_2 = 32 + P_1 \Rightarrow Q_2 = 16 + \frac{1}{2}P_1$
  - 앞의 결과를 기업 2의 수요곡선에 대입하여 정리하면 기업 2의 반응함수가 도출된다.
  $$\Rightarrow P_2 = 32 + P_1 - Q_2 \Rightarrow P_2 = 32 + P_1 - (16 + \frac{1}{2}P_1)$$
  $$\Rightarrow P_2 = 16 + \frac{1}{2}P_1 \ \cdots\cdots \ \bigcirc$$

- 기업 2의 반응함수(⊙)를 선도기업인 기업 1의 수요함수에 대입하여 정리하면, 다음 경로를 통해 선도기업인 기업 1의 한계수입과 이를 전제로 하는 이윤극대화 수준에서 설정하는 가격을 도출할 수 있다.

  - $Q_1 = 20 - P_1 + P_2 \Rightarrow Q_1 = 20 - P_1 + (16 + \frac{1}{2}P_1) \Rightarrow \frac{1}{2}P_1 = 36 - Q_1 \Rightarrow P_1 = 72 - 2Q_1 \Rightarrow MR_1 = 72 - 4Q_1$
  - $MR_1 = MC_1 \Rightarrow 72 - 4Q_1 = 0 \Rightarrow Q_1 = 18$
  - $P_1 = 72 - 2Q_1 \Rightarrow P_1 = 72 - 2 \times 18 = 72 - 36 = 36$

- 앞에서 도출된 선도기업인 기업 1이 설정한 가격을 추종기업인 기업 2의 반응함수에 대입하면 기업 2가 설정해야 할 가격이 도출된다.

  $$P_2 = 16 + \frac{1}{2}P_1 \Rightarrow P_2 = 16 + \frac{1}{2} \times 36 = 16 + 18 = 34$$

정답 ②

0486

두 기업이 슈타켈버그(Stackelberg) 모형에 따라 행동할 때, 시장수요곡선이 $P = 50 - Q_1 - Q_2$, 개별 기업의 한계비용 0으로 동일하다고 가정하자(단, P는 시장가격, Q_1은 기업 1의 산출량, Q_2는 기업 2의 산출량). 기업 1은 선도자로, 기업 2는 추종자로 행동하는 경우 달성되는 슈타켈버그 균형상태에 있을 때, <보기>의 설명 중에서 옳은 것을 모두 고르면?

17 국회 8급

보 기

ㄱ 기업 1의 생산량은 기업 2의 생산량의 2배이다.
ㄴ 시장 가격은 12.5이다.
ㄷ 시장 거래량은 25보다 크다.
ㄹ 기업 1의 이윤은 기업 2의 이윤의 1.5배이다.

① ㄱ, ㄷ   ② ㄴ, ㄷ
③ ㄱ, ㄴ, ㄷ   ④ ㄱ, ㄴ, ㄹ
⑤ ㄱ, ㄷ, ㄹ

0487

다음 글을 따를 때 슈타켈버그(Stackelberg) 경쟁의 결과로 옳은 것은?

19 국회 8급

• 시장에는 A와 B 두 기업만 존재한다.
• 시장수요곡선: $Q = 30 - P$
  (단, $Q = Q_A + Q_B$이고, Q_A, Q_B는 각각 A기업과 B기업의 생산량을 의미한다.)
• 한계비용: $MC_A = MC_B = 0$
• B기업은 A기업의 반응곡선을 알고, A기업은 B기업의 반응곡선을 모른다.

	Q_A	Q_B
①	6	12
②	6.5	13
③	7	14
④	7.5	15
⑤	8	16

슈타겔버그 모형에서 선도기업인 기업 1은 이윤극대화를 위해 시장 전체에서 독점기업처럼 행동할 것이므로, 'MR($P = 50 - 2Q_1$)'과 'MC(= 0)'이 일치하는 수준에서 생산량을 결정한다. 이에 따라 기업 1의 생산량은 '$Q_1 = 25$'가 된다.

• 추종기업인 기업 2는 기업 1의 생산량을 제외한 범위에서 독점기업처럼 행동할 것이므로, 'MR($P = 25 - 2Q_2$)'과 'MC(= 0)'이 일치하는 수준에서 생산량을 결정한다. 이에 따라 기업 2의 생산량은 '$Q_2 = 12.5$'가 된다.

• 앞의 결과는 기업 1의 생산량이 기업 2의 생산량의 2배가 된다는 것을 보여주며(ㄱ), 두 기업에 의해 생산되어 시장에서 거래되는 수량은 '$Q = 37.5$'가 된다는 것을 알려준다(ㄷ). 이때의 시장가격은 '$P = 12.5$'가 된다(ㄴ).

• 두 기업 모두 고정비용이 존재하지 않는다면, 기업 1의 이윤은 기업 2의 이윤의 2배가 된다. 그러나 고정비용에 대한 정보가 없으므로 이에 대한 판단은 할 수 없다(ㄹ).

정답 ③

B기업은 A기업의 반응곡선을 알고, A기업은 B기업의 반응곡선을 모른다는 조건에서 B기업을 선도기업, A기업을 추종기업으로 추론할 수 있다.

• 슈타켈버그(Stackelberg) 경쟁은 선도기업이 먼저 독점기업처럼 행동하고, 이에 따라 결정된 생산량을 제외한 나머지를 전제로 추종기업이 이윤극대화를 위한 생산량을 결정한다.
• B기업(선도기업)의 이윤극대화를 위한 생산량은 다음과 같이 도출된다.

• $Q = 30 - P \Rightarrow P = 30 - Q \Rightarrow P = 30 - Q_A - Q_B \Rightarrow P = 30 - Q_B$
  (∵ B기업이 선도기업이므로 A기업을 배제한 상태에서 독점기업처럼 행동한다.)
• $P = 30 - Q_B \Rightarrow MR_B = 30 - 2Q_B$
• $MR_B = MC_B \Rightarrow 30 - 2Q_B = 0 \Rightarrow Q_B = 15$

• A기업(추종기업)의 이윤극대화를 위한 생산량은 다음과 같이 도출된다.

• $Q = 30 - P \Rightarrow P = 30 - Q \Rightarrow P = 30 - Q_A - Q_B \Rightarrow P = 15 - Q_A$
  (∵ A기업이 추종기업이므로 B기업의 생산량이 제외된 수요함수를 자신의 수요함수로 인식한다.)
• $P = 15 - Q_A \Rightarrow MR_A = 15 - 2Q_A$
• $MR_A = MC_A \Rightarrow 15 - 2Q_A = 0 \Rightarrow Q_A = 7.5$

정답 ④

0488

어떤 상품에 대한 수요함수는 $P = 20 - Q$이다. 이 상품의 평균비용은 8원이고 규모의 수익은 불변이다. 이 산업의 독점 생산량, 쿠르노 복점(duopoly) 총생산량, 그리고 슈타켈버그 모형의 선도기업 또는 추종기업의 생산량은 각각 얼마인가?

04 입시

① 독점=6, 쿠르노 복점=8, 슈타켈버그 선도자=8
② 독점=8, 쿠르노 복점=8, 슈타켈버그 선도자=6
③ 독점=6, 쿠르노 복점=6, 슈타켈버그 추종자=3
④ 독점=6, 쿠르노 복점=8, 슈타켈버그 추종자=3

해 설

문제에서 주어진 수요함수는 직선의 선형함수이다.

• 평균비용이 8이고 규모에 대한 수익불변이므로 총비용(TC)함수는 원점을 지나는 직선의 모습이다. 따라서 모든 생산량 수준에서 평균비용(AC)과 한계비용(MC)은 일치한다. 즉 한계비용도 8이 된다.

• 완전경쟁시장의 균형 산출량은 '$P = MC$'를 만족하는 수준에서 이루어진다. 따라서 '$20 - Q = 8$'에서 완전경쟁시장의 산출량은 $Q = 12$가 된다.

• 모든 기업의 비용조건이 동일하므로 완전경쟁시장 산출량과 각 시장의 산출량 수준 사이에는 다음과 같은 관계가 성립한다.

> • 독점시장 산출량 = 완전경쟁시장 산출량 $\times \frac{1}{2} = 12 \times \frac{1}{2} = 6$
> • 복점시장 산출량 = 완전경쟁시장 산출량 $\times \frac{2}{3} = 12 \times \frac{2}{3} = 8$
> • 선도기업 산출량 = 완전경쟁시장 산출량 $\times \frac{1}{2} = 12 \times \frac{1}{2} = 6$
> • 추종기업 산출량 = 완전경쟁시장 산출량 $\times \frac{1}{4} = 12 \times \frac{1}{4} = 3$

정답 ④

0489

두 기업 A와 B만이 존재하는 X재 시장에서 기업 A의 비용함수는 $TC^A(Q^A) = 20Q^A$이며, 기업 B의 비용함수는 $TC^B(Q^B) = 20Q^B$이다. 또한, X재 시장의 시장수요함수는 P(Q) = 80 - Q이다. 두 기업이 카르텔(cartel)을 형성하여 시장수요량을 반씩 나누어 갖기로 했다. 카르텔이 성공적으로 운영되었을 때 기업 A의 최적 생산량과 이윤은 각각 얼마인가? (단, TC^{A}는 기업 A의 총비용, TC^{B}는 기업 B의 총비용, Q^{A}는 기업 A의 X재 생산량, Q^{B}는 기업 B의 생산량, P는 X재 가격, $Q = Q^A + Q^B$임)

15 국회 8급

① (15, 450)
② (30, 900)
③ (15, 900)
④ (30, 450)
⑤ (30, 50)

해 설

카르텔에 의한 균형조건은 $MC_A = MC_B = MR$이다.

• 수요곡선이 선형함수인 경우 기업의 한계수입곡선은 수요함수의 가격절편과 같고 기울기가 2배가 된다. 주어진 수요함수를 전제로 이윤극대화 수준에서 최적생산량(Q)과 시장가격(P)을 구하면 다음과 같다.

> • $P = 80 - Q \Rightarrow MR = 80 - 2Q$
> • $MC_A = MC_B = 20$
> • $MR = MC_A = MC_B \Rightarrow 80 - 2Q = 20 \Rightarrow Q = 30, \ P = 50$

• 두 기업이 시장수요량을 반씩 나누기로 했으므로 기업 A의 최적 생산량은 '$Q_A = 15$'가 되고, 이때의 이윤은 다음과 같이 도출된다.

> 총이윤=총수입($P \times Q$)-총비용(TC)
>   =$50 \times 15 - 20 \times 15 = 750 - 300 = 450$

정답 ①

AK Tip 카르텔 균형조건

> $MR = MC_{A기업}, \ MR = MC_{B기업}$
>
> $\Rightarrow MR = MC_{A기업} = MC_{B기업}$
> $\Rightarrow$ 다공장 독점균형 조건과 동일($MR = MC_{A공장} = MC_{B공장}$)

0490

X재의 생산자는 A와 B, 두 기업밖에 없다고 하자. X재의 시장수요함수는 $Q = 32 - 0.5P$이고, 한계비용은 24로 일정하다. A와 B가 공모해서 독점기업처럼 이윤극대화를 하고 생산량을 똑같이 나누기로 한다면, 기업 A가 얻는 이윤은? (단, 고정비용은 0이다.)

17 서울시 7급

① 20
② 64
③ 88
④ 100

복점기업 간 담합과 관련된 '챔벌린(Chamberlin) 모형'에 관한 문제이다. 복점기업 간 담합이 이루어지면 두 기업은 마치 독점기업처럼 행동하게 되어, 'MR = MC'에서 생산량을 결정하게 된다.

- 시장수요함수가 선형함수이면 한계수입곡선은 시장 수요곡선과 절편은 같고 기울기는 2배가 된다. 주어진 시장 수요함수를 전제로 한계수입(MR)곡선을 도출하면 다음과 같다.

$$Q_M = 32 - 0.5P \Rightarrow P = 64 - 2Q_M \Rightarrow MR = 64 - 4Q_M$$

- 이윤극대화 조건 'MR = MC'에 따라 시장생산량(Q_M)과 시장가격(P)은 다음과 같이 도출된다.

$$\bullet \ MR = MC \Rightarrow 64 - 4Q_M = 24 \Rightarrow Q_M = 10 \Rightarrow Q_A = 5, \ Q_B = 5$$
$$\bullet \ P = 64 - 2Q_M = 64 - 2 \times 10 = 44$$

- 앞의 결과들을 전제로 A기업의 이윤은 다음과 같이 도출된다.

$$\Pi_A = TR_A - TC_A = P \times Q_A - AC(= MC) \times Q_A$$
$$= 44 \times 5 - 24 \times 5 = 220 - 120 = 100$$

- 참고로 고정비용이 '0'이므로, 한계비용이 곧 평균비용이라는 것을 기억해 둔다.

정답 ④

0491

다음의 경제에서 재화의 가격은 얼마에 설정되는가?

14 국회 8급

어느 재화에 대한 시장수요함수가 $P = 60 - 2Q$이다. 이 재화를 생산하는 지배적 기업이 하나 있고 나머지 군소기업들은 지배적 기업이 결정한 가격을 따른다. 지배적 기업을 제외한 군소기업들의 재화의 공급함수는 $P = 2Q_F$이고, 지배적 기업의 한계비용함수는 $MC = Q_D$이다.

(Q_D: 지배적 기업의 생산량, Q_F: 나머지 군소기업들의 생산량, P: 가격, MC: 한계비용, Q: 시장산출량($Q_D + Q_F$))

① 10
② 20
③ 24
④ 30
⑤ 36

주어진 문제는 지배적 기업의 존재를 전제하는 가격선도 모형으로 접근해야 한다.

- 가격선도 모형에서 지배적 기업은 시장수요함수에서 군소기업들의 공급을 '수평으로' 제외한 나머지를 자신의 수요곡선으로 인식한다. 지배적 기업의 수요곡선은 다음과 같이 도출된다.

- 시장 수요함수: $P = 60 - 2Q \Rightarrow Q = 30 - \frac{1}{2}P$
- 군소기업들의 공급함수: $P = 2Q_F \Rightarrow Q_F = \frac{1}{2}P$
- 지배적 기업의 수요함수: 시장수요함수(Q)-추종(군소) 기업들의 공급함수(Q_F)
  $= (30 - \frac{1}{2}P) - \frac{1}{2}P = 30 - P = Q_D \Rightarrow P = 30 - Q_D$
- 지배적 기업의 한계수입 곡선: $P_D = 30 - Q_D$
  $\Rightarrow MR_D = 30 - 2Q_D$

- 지배적 기업의 이윤극대화 조건인 $MR_D = MC_D$을 충족하는 지배적 기업의 균형생산량(Q_D)과 지배적 기업이 인식하는 가격(P_D)은 다음과 같이 도출된다.

$$MR_D = MC_D \Rightarrow 30 - 2Q_D = Q_D \Rightarrow Q_D = 10, \ P_D = 20$$

정답 ②

AK Tip 가격선도모형의 균형조건

- 가격선도(지배적) 기업의 수요함수: 시장 수요함수-추종(군소) 기업들의 공급함수(수평적으로 차감)
- 가격선도(지배적) 기업의 이윤극대화: 가격선도(지배적) 기업의 한계수입(MR)=한계비용(MC) ⇒ 시장 판매가격 결정
- 추종기업의 가격: 가격선도 기업이 결정한 판매가격을 받아들임

0492

큰 기업인 A와 다수의 작은 기업으로 구성된 시장이 있다. 작은 기업들의 공급함수를 모두 합하면 $S(p) = 200 + p$, 시장의 수요 곡선은 $D(p) = 400 - p$, A의 비용함수는 $c(y) = 20y$ 이다. 이때 A의 잔여수요함수($D_A(p)$)와 균형가격 (p)은? (단, y는 A의 생산량이다.)

18 지방직 7급

	잔여수요함수	균형가격
①	$D_A(p) = 400 - 2p$	$p = 50$
②	$D_A(p) = 200 - 2p$	$p = 60$
③	$D_A(p) = 200 - 2p$	$p = 50$
④	$D_A(p) = 400 - 2p$	$p = 60$

주어진 문제는 지배적 기업의 존재를 전제하는 가격선도 모형으로 접근해야 한다.

• 가격선도 모형에서 지배적 기업은 시장수요함수에서 군소기업들의 공급을 '수평으로' 제외한 나머지를 자신의 수요곡선으로 인식한다. 지배적 기업의 수요곡선은 다음과 같이 도출된다.

> • 시장수요함수: $D(p) = 400 - p$
> • 작은 기업들의 공급함수: $S(p) = 200 + p$
> • 지배적 기업의 잔여수요함수: 시장수요함수($D(p)$)-추종(군소)기업들의 공급함수($S(p)$)= $(400 - p) - (200 + p) = 200 - 2p = D_A(p) \Rightarrow p = 100 - \frac{1}{2}D_A(p)$
> • 지배적 기업의 한계수입곡선: $p = 100 - \frac{1}{2}D_A(p)$ $\Rightarrow MR_A = 100 - D_A(p)$

• 지배적기업의 이윤극대화 조건인 $MR_A = MC_A$을 충족하는 지배적 기업의 균형생산량($D_A(p) = y$)과 지배적 기업이 인식하는 가격(p_D)은 다음과 같이 도출된다.

> • $MR_A = 100 - D_A(p)$
> • $MC_A = \frac{dc(y)}{dy} = 20$
> • $MR_A = MC_A \Rightarrow 100 - D_A(p) = 20 \Rightarrow D_A(p) = y = 80, \ p = 60$

정답 ②

0493

다음 표는 두 기업이 어떠한 전략을 사용하느냐에 따라 발생하는 이윤을 표시하고 있다. 이때 순수전략에 의한 내쉬균형의 개수는? (단, 괄호 안의 첫 번째 숫자는 기업 A의 이윤, 두 번째 숫자는 기업 B의 이윤을 나타낸다.)

13 지방직 7급

구분		기업 B	
		전략 b_1	전략 b_2
기업 A	전략 a_1	(1, 1)	(1, 0)
	전략 a_2	(2, 1)	(0, 2)

① 0

② 1

③ 2

④ 3

기업 B가 전략 b_1을 선택하는 경우에 기업 A는 전략 a_2를 선택(∵ 이윤이 1에서 2로 증가)할 것이다.

• 기업 A가 전략 a_2를 선택하는 경우에 기업 B는 전략 b_2(∵ 이윤이 1에서 2로 증가)를 선택할 것이다.

• 기업 B가 전략 b_2를 선택하면 기업 A는 전략 a_1을 선택(∵ 이윤이 0에서 1로 증가)할 것이다.

• 기업 A가 전략 a_1을 선택하면 기업 B는 다시 전략 b_1을 선택(∵ 이윤이 0에서 1로 증가)할 것이다.

• 기업 B가 전략 b_1을 선택하는 경우에 기업 A는 전략 a_2를 다시 선택(∵ 이윤이 1에서 2로 증가)할 것이다.

• 결국 계속 순환되는 모습을 보이므로 균형에 도달할 수 없다.

> 기업 B 전략 b_1 선택 ⇒ 기업 A 전략 a_2 선택 ⇒ 기업 B 전략 b_2 선택 ⇒ 기업 A 전략 a_1 선택⇒ 기업 B 전략 b_1 선택 ⇒ 기업 A 전략 a_2 선택 ......(계속 순환)

정답 ①

0494

두 명의 경기자 A와 B는 어떤 업무에 대해 '태만'(노력수준
= 0)을 선택할 수도 있고, '열심'(노력수준 = 1)을 선택할 수
도 있다. 단, '열심'을 선택하는 경우 15원의 노력비용을 감
당해야 한다. 다음 표는 사회적 총 노력수준에 따른 각 경기
자의 편익을 나타낸 것이다. 두 경기자가 동시에 노력수준
을 한 번 선택해야 하는 게임에서 순수전략 내쉬(Nash) 균
형은?

15 국가직 7급

사회적 총 노력수준 (두 경기자의 노력수준의 합)	0	1	2
각 경기자의 편익	1원	11원	20원

① 경기자 A는 '열심'을, 경기자 B는 '태만'을 선택한다.
② 경기자 A는 '태만'을 경기자 B는 '열심'을 선택한다.
③ 두 경기자 모두 '태만'을 선택한다.
④ 두 경기자 모두 '열심'을 선택한다.

주어진 조건들을 이용하여 각 경기자의 '순'편익으로 나타낸 보
수행렬을 표로 나타내면 다음과 같다.

보수행렬		B	
		'태만'(노력수준 = 0)	'열심'(노력수준 = 1)
A	'태만'(노력수준 = 0)	(1, 1)	(11, -4)
	'열심'(노력수준 = 1)	(-4, 11)	(5, 5)

표에서 '순'편익은 각 경기자의 편익에서 노력비용을 뺀 값이며,
앞의 것은 A, 뒤의 것은 B의 순편익이다.

• 만약 경기자 A가 '열심'을 선택한다면, 경기자 B는 '태만'을 선
택하는 것이 유리(∵ 5⇒11)하다.
• 경기자 B가 '태만'을 선택하면, 경기자 A도 '태만'을 선택하는
것이 유리(∵ -4⇒1)하다.
• 경기자 A가 '태만'을 선택하면, 경기자 B도 '열심'보다는 '태만'
을 선택하는 것이 유리(∵ 1 > -4)하므로 결국 경기자 A와 경
기자 B 모두 '태만'을 선택하는 순수전략 내쉬(Nash) 균형이 성
립하게 된다.

경기자 A '열심' 선택 ⇒ 경기자 B '태만' 선택 ⇒ 경기자 A '태만' 선
택 ⇒ 경기자 B '태만' 선택

정답 ③

THEME 06 요소시장과 분배이론

0495

어떤 생산요소를 구입하는데, 10단위를 구입할 때는 단위당 100원을 지불해야 하고, 11단위를 구입할 때는 단위당 110원을 지불해야 한다. 이때 그 생산요소의 11단위 째의 한계요소비용(원)은?

04 행시

① 10
② 110
③ 210
④ 1,210
⑤ 2,210

한계요소비용(MFC)이란 생산요소를 한 단위 추가적으로 구입할 때 총요소비용(TFC)의 증가분을 의미한다.

- 주어진 조건들을 이용하여 생산요소 11단위 째의 한계요소비용(MFC)은 다음과 같이 도출된다.

> - 10단위를 구입할 때의 총요소비용: $TFC_{10} = 10 \times 100 = 1,000$
> - 11단위를 구입할 때의 총요소비용: $TFC_{11} = 11 \times 110 = 1,210$
> - 11단위 째의 한계요소비용:
> $MFC_{11} = TFC_{11} - TFC_{10} = 1,210 - 1,000 = 210$

정답 ③

AK Tip 요소(노동)시장에서의 MFC과 AFC

> - $\text{MFC} = \dfrac{dTC}{dL} = \dfrac{dQ}{dL} \times \dfrac{dTC}{dQ} = MP_L \times MC$
> - $\text{AFC} = \dfrac{TFC}{L} = \dfrac{w \times L}{L} = w$
> - $\text{MFC} = \dfrac{dTC}{dL} = \dfrac{d(w \times L)}{dL} = w + L \times \dfrac{dw}{dL} = AFC + L \times \dfrac{dw}{dL}$

⇒ MFC: 한계요소비용, AFC: 평균요소비용

⇒ $L \times \dfrac{dw}{dL}$ 의 값은 완전경쟁 요소시장에서는 0, 불완전경쟁 요소시장에서는 (+)값

⇒ 요소시장이 완전경쟁시장이면 MFC=AFC, 불완전경쟁시장이면 MFC> AFC가 성립

0496

어떤 경쟁적 기업의 단기생산함수가 $Q = 524L - 4L^2$이다. 생산물의 가격이 3만 원이고, 임금은 12만 원이다. 이윤극대화 고용량 L은 얼마인가?

14 서울시 7급

① 130
② 65
③ 3
④ 15
⑤ 20

생산물 가격과 임금이 모두 일정한 값을 가지므로 생산물시장과 생산요소시장 모두 완전경쟁시장으로 전제하고 접근한다.

- 이윤극대화를 위한 노동고용량 결정 조건은 다음과 같다.

> $MRP_L (= VMP_L = MP_L \times P) = MFC_L (= w)$

- 주어진 조건들을 이용하여 이윤극대화 고용량은 다음과 같이 도출된다.

> - $MP_L = \dfrac{dQ}{dL} = 524 - 8L$
> - $MRP_L (= VMP_L = MP_L \times P) = MFC_L (= w)$
>   ⇒ $(524 - 8L) \times 3 = 12 \Rightarrow 524 - 8L = 4 \Rightarrow 8L = 520 \Rightarrow L = 65$

정답 ②

AK Tip 요소(노동)시장에서의 이윤극대화 조건

> $MRP_L (= MR \times MP_L) = MFC_L (= w),$
> $VMP_L (= P \times MP_L) = MFC_L (= w)$

⇒ 생산물시장이 완전경쟁시장($P = MR$)

⇒ 생산요소시장이 완전경쟁시장($w = MFC_L$)

0497

노동만을 이용해 제품을 생산하는 기업이 있다. 생산량을 Q, 노동량을 L이라 할 때, 이 기업의 생산함수는 $Q = \sqrt{L}$ 이다. 이 기업이 생산하는 제품의 단위당 가격이 20이고 노동자 1인당 임금이 5일 때, 이 기업의 최적 노동 고용량은? (단, 생산물시장과 노동시장은 모두 완전경쟁적이라고 가정한다.)

19 서울시 7급

① 1
② 2
③ 4
④ 8

생산물시장과 노동시장이 모두 완전경쟁시장인 경우, 기업의 최적 노동 고용량은 다음과 같이 도출된다.

- 생산물시장이 완전경쟁시장인 경우:
$$MRP_L(= MR \times MP_L) = VMP_L(= P \times MP_L)$$
- 최적 노동 고용량 결정 조건:
$$MRP_L(= MR \times MP_L) = MFC(= w)$$
$$\Leftrightarrow VMP_L(= P \times MP_L) = MFC(= w)$$
- 여기서 MRP_L은 노동의 한계수입생산, MR은 한계수입, MP_L은 노동의 한계생산, VMP_L은 노동의 한계생산물가치, P는 상품의 가격, MFC는 한계요소비용, w은 임금이다.

- 주어진 생산함수를 전제로 노동의 한계생산(MP_L)은 다음과 같다.

$$Q = \sqrt{L} = L^{\frac{1}{2}} \Rightarrow MP_L = \frac{dQ}{dL} = \frac{1}{2}L^{-\frac{1}{2}} = \frac{1}{2} \times \frac{1}{\sqrt{L}}$$

- 앞에서 도출된 조건들을 이용하여 기업의 최적 노동 고용량을 다음과 같이 구할 수 있다.

$$VMP_L(= P \times MP_L) = MFC(= w) \Rightarrow 20 \times \frac{1}{2} \times \frac{1}{\sqrt{L}} = 5$$
$$\Rightarrow \sqrt{L} = 2 \Rightarrow L = 4$$

정답 ③

0498

A기업의 생산함수는 $Q = K^{0.5}L^{0.5}$이고 단기에 자본투입량은 1로 고정되어 있다. 임금이 10, 생산품 가격이 100이라면 이 기업의 단기 균형에 대한 설명으로 옳은 것만을 <보기>에서 모두 고르면? (단, Q는 산출량, K는 자본투입량, L은 노동투입량을 의미한다.)

19 국회 8급

보기

ㄱ 단기의 이윤극대화 노동투입량은 10이다.
ㄴ 단기의 이윤극대화 생산량은 5이다.
ㄷ 최대 이윤은 400이다.
ㄹ 자본재 가격이 100을 넘으면 이윤이 음의 값을 가진다.

① ㄴ
② ㄱ, ㄷ
③ ㄴ, ㄷ
④ ㄷ, ㄹ
⑤ ㄴ, ㄷ, ㄹ

노동시장의 균형조건은 다음과 같다.

- $MRP = MR \times MP_L$, $VMP = P \times MP_L$, $MFC = w$(임금)
- $MP_L = \frac{dQ}{dL} = 0.5K^{0.5}L^{-0.5} = \frac{1}{2\sqrt{L}}$($\because K = 1$)
- $MRP(= VMP) = MFC \Rightarrow 100 \times \frac{1}{2\sqrt{L}} = 10 \Rightarrow \sqrt{L} = 5$
$\Rightarrow L = 25$

ㄱ 단기의 이윤극대화 노동투입량은 25이다.
ㄴ 단기의 이윤극대화 생산량은 '$Q = K^{0.5}L^{0.5} = \sqrt{KL} = \sqrt{25} = 5$'이다.
ㄷ 총수입(TR)은 500(= $P \times Q = 100 \times 5$)이고, 총비용(TC)은 250(= $w \times L = 10 \times 25$)이므로 최대 이윤은 250(=TR-TC=500-250)이된다.
ㄹ 현재의 이윤이 250이므로 자본재 가격이 100보다 크다고 하더라도 250보다 작기만 하면 여전히 이윤은 양(+)의 값을 가진다.
- 한편 문제에서 시장 형태에 대한 언급이 없는 경우에는 완전경쟁시장을 전제로 접근한다.

정답 ①

0499

두 생산요소 X_1, X_2를 고용하여 생산하는 완전경쟁기업의 생산함수가 다음과 같다. $f(X_1, X_2) = 4\sqrt{X_1} + 10\sqrt{X_2}$ 각 생산요소의 가격이 1이고 생산물 가격은 2일 때, 이 기업의 이윤극대화 생산량은?

02 행시 · 06 7급

① 232

② 160

③ 116

④ 18

⑤ 12

요소시장이 완전경쟁시장에서 균형조건은 '한계생산물가치(VMP) = 한계요소비용(MFC)'이다.

- 각 생산요소 가격이 1로 일정하므로 한계요소비용(MFC)도 1로 일정하다.
- 주어진 조건들을 이용하여 이윤극대화가 달성되는 각 생산요소의 투입량은 다음과 같이 도출할 수 있다.

> • 생산요소 X_1 최적투입량: $VMP_{X_1} = P \times MP_{X_1}$
> $$\Rightarrow 2 \times \frac{4}{2\sqrt{X_1}} = 1 \Rightarrow \sqrt{X_1} = 4 \Rightarrow X_1 = 16$$
> • 생산요소 X_2 최적투입량: $VMP_{X_2} = P \times MP_{X_2}$
> $$\Rightarrow 2 \times \frac{10}{2\sqrt{X_2}} = 1 \Rightarrow \sqrt{X_2} = 10 \Rightarrow X_2 = 100$$

- 앞의 결과들을 생산함수에 대입하면 이윤극대화 생산량이 다음과 같이 도출된다.

> $$f(X_1, X_2) = 4\sqrt{X_1} + 10\sqrt{X_2} = 4\sqrt{16} + 10\sqrt{100} = 16 + 100 = 116$$

정답 ③

0500

A기업의 단기생산함수가 다음과 같을 때, 완전경쟁시장에서 A기업은 이윤을 극대화하는 생산수준에서 노동 50단위를 고용하고 있다. 노동 한 단위당 임금이 300일 경우, 이윤을 극대화하는 생산물 가격은? (단, 노동시장은 완전경쟁시장이고, Q는 생산량, L은 노동이다)　20 국가직 7급

A기업의 단기생산함수: $Q(L) = 200L - L^2$

① 1
② 3
③ 5
④ 9

생산물시장과 노동시장이 모두 완전경쟁시장인 경우 이윤극대화를 위한 노동고용량은 다음과 같은 조건을 충족해야 한다.

- $MRP_L(= MR \times MP_L) = MFC \Rightarrow VMP_L(= P \times MP_L) = MFC$ (∵ 생산물시장이 완전경쟁시장인 경우 $MR = P$가 성립)
- $MFC = w$ (∵ 노동시장이 완전경쟁시장인 경우 ⇒ $MFC = AFC = w$가 성립)

- 주어진 생산함수를 전제로 MP_L을 구하면 다음과 같다.

- $MP_L = \dfrac{dQ(L)}{dL} = 200 - 2L$

- 앞의 조건들을 전제로 이윤극대화를 위한 생산물가격을 구하면 다음과 같다.

- $VMP_L(= P \times MP_L) = MFC \Rightarrow P \times (200 - 2L) = 300 \Rightarrow$ $P(200 - 100) = 300 \Rightarrow 100P = 300 \Rightarrow P = 3$

정답 ②

0501

A기업의 고용량에 따른 노동의 한계생산물이 다음 표와 같다. A기업 제품의 가격이 20만 원이고 시장 균형 임금률이 월 300만 원일 때, A기업의 이윤극대화 고용량은? (단, 다른 조건은 일정하다.)　12 지방직 7급

고용량	1	2	3	4	5	6
한계생산물	10	15	30	25	10	5

① 2
② 3
③ 4
④ 5

한계생산물가치($MP \times P$)와 제품의 가격(P)을 함께 표로 나타내면 다음과 같다.(단위: 만 원)

고용량	1	2	3	4	5	6
한계생산물	10	15	30	25	10	5
한계생산물 가치	200	300	600	500	200	100
균형 임금률	300	300	300	300	300	300

- 표에 따르면 고용량이 4일 때 한계생산물가치(= 500)> 임금률(= 300)이므로 생산하는 것이 유리하다.
- 고용량이 5일 때 한계생산물가치(= 200) <임금률(= 300)이므로 생산을 중단하는 것이 유리하다.
- 결국 이윤극대화 고용량은 4단위가 된다.

정답 ③

0502

어느 마을의 노동공급이 $L = 2w - 40$과 같이 주어져 있다. 여기서 w는 임금률, L은 노동량이다. 이 마을의 기업은 A사 하나밖에 없는데, A사의 노동수요는 $L = 100 - w$이다. 이 마을 사람들은 다른 곳에서는 일자리를 구할 수 없다. 이때 A사는 임금률로 얼마를 책정하겠는가?

14 서울시 7급

① 5
② 10
③ 20
④ 30
⑤ 40

마을의 노동을 기업 A만이 고용할 수 있는 노동시장에서의 수요독점에 해당한다. 이 경우의 이윤극대화 조건은 '$MRP_L (= MR \times MP_L) = MFC_L$'이다.

- 주어진 노동공급곡선과 노동수요곡선을 이용하여 한계요소비용(MFC)과 한계수입생산(MRP)을 다음과 같이 구할 수 있다. 참고로 AFC_L가 선형함수이면 MFC_L은 AFC_L과 절편은 같고 기울기가 2배가 된다.

> - 노동공급곡선: $L = 2w - 40 \Rightarrow w = \frac{1}{2} \times L + 20$
> $\Rightarrow AFC_L = \frac{1}{2} \times L + 20$ ($\because$ 노동공급곡선$=AFC_L$)
> - 한계요소비용: $TFC_L = AFC_L \times L = \frac{1}{2} \times L^2 + 20L$
> $\Rightarrow MFC_L = \frac{dTFC_L}{dL} = L + 20$
> - 한계수입생산: $L = 100 - w \Rightarrow w = 100 - L \Rightarrow MRP_L = 100 - L$
>   ($\because$ 노동수요곡선$=MRP_L$)

- 앞의 자료들을 이용하여 이윤극대화 수준에서 임금률을 다음과 같이 도출할 수 있다.

> - 이윤극대화 조건: $MRP_L (= MR \times MP_L) = MFC_L$
> - $100 - L = L + 20 \Rightarrow 2L = 80 \Rightarrow L = 40$
> - $w = \frac{1}{2} \times L + 20 \Rightarrow w = \frac{1}{2} \times 40 + 20 = 20 + 20 = 40$

- 앞의 결과를 그림으로 나타내면 다음과 같다.

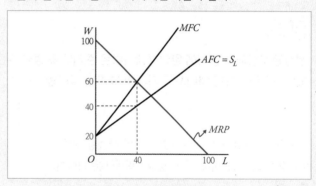

정답 ⑤

AK Tip 요소(노동) 시장에서의 이윤극대화 조건

> $MRP_L (= MR \times MP_L) = MFC_L$,
> $VMP_L (= P \times MP_L) \neq MFC_L (= w)$
>
> $\Rightarrow$ 생산물시장이 불완전경쟁시장($P \neq MR$)
> $\Rightarrow$ 생산요소시장이 불완전경쟁시장(수요독점: $w \neq MFC_L$)
> $\Rightarrow w = AFC_L$

0503

노동시장의 수요와 공급에 대한 조사 결과가 다음 표와 같다고 하자.

시간당 임금(원)	6	7	8
수요량(개)	40	30	20
공급량(개)	20	30	40

시간당 최저임금을 8원으로 할 경우 발생하는 비자발적 실업의 규모는 ㉠이고, 이때 실업을 완전히 없애기 위한 보조금으로 소요되는 필요 예산이 ㉡이다. ㉠과 ㉡을 순서대로 바르게 나열한 것은?

19 서울시 공개 경쟁 7급

① 10, 20
② 10, 40
③ 20, 40
④ 20, 80

주어진 표와 조건에 필요한 내용을 그림으로 나타내면 다음과 같다.

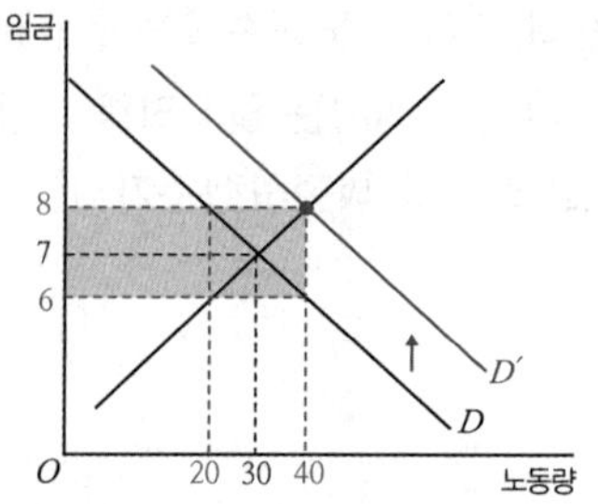

- 시간당 최저임금을 8원으로 설정하는 경우, 노동시장에서는 20만큼의 초과공급(=비자적 실업)이 발생하게 된다(㉠).
- 노동수요자(=기업)에게 노동 1단위당 보조금을 지급하면 노동수요곡선은 상방으로 보조금의 크기만큼 상방으로 평행이동하게 된다. 따라서 비자발적 실업을 완전히 없애기 위해서는 위 그림과 같은 노동 1단위당 '2'만큼의 보조금 지급이 필요하다.
- 이에 따라 실업을 완전히 없애기 위해 필요한 보조금의 크기는 색칠한 크기에 해당하는 '80'이 된다(㉡).

정답 ④

0504

생산물시장에서 단기에 완전경쟁기업은 준지대를 얻을 수 있다. 다음의 조건 하에서 준지대의 크기는 얼마인가?

00 감정평가사

이윤극대화산출량은 100단위이며 이 산출량 수준에서 한계비용은 20, 평균비용은 15, 평균가변비용은 13이다.

① 200
② 500
③ 700
④ 1300
⑤ 2000

준지대는 다음과 같이 측정된다.

> 준지대 = 총수입 - 총가변비용 = 총고정비용 + 초과이윤

- 완전경쟁기업이 이윤극대화를 달성할 때 조건은 P = MC이다. 이에 따라 이 상품의 가격은 20이 되므로 총수입은 다음과 같다.

> 총수입: $TR = P \times Q = 20 \times 100 = 2,000$

- 총가변비용은 다음과 같다.

> 총가변비용: $TVC = AVC \times Q = 13 \times 100 = 1,300$

- 앞의 결과들을 이용하여 다음과 같이 준지대를 도출할 수 있다.

> 준지대: 총수입 - 총가변비용 = $2,000 - 1,300 = 700$

정답 ③

AK Tip 준지대

> 준지대 = 총수입 - 총가변비용 = 총고정비용 + 초과이윤(또는 손실)
>
> ⇒ 준지대는 단기에 고정생산요소의 존재로 발생하는 개념으로 장기에는 소실된다.
> ⇒ 준지대의 크기는 이윤의 크기보다 총고정비용만큼 반드시 크다.

0505

다음 표의 A국의 소득 10분위별 소득분포이다. 10분위 분배율을 소수점 둘째자리까지 구하라.

00 CPA

소득계층	점유비율(%)	소득계층	점유비율(%)
제1분위	3	제6분위	9
제2분위	5	제7분위	11
제3분위	6	제8분위	12
제4분위	7	제9분위	15
제5분위	8	제10분위	24

① 0.54   ② 0.33

③ 8.0   ④ 4.88

⑤ 1.86

해 설

10분위 분배율은 다음과 같이 측정된다.

$$10분위\ 분배율 = \frac{하위\ 40\%의\ 누적소득\ 점유율}{상위\ 20\%의\ 누적소득\ 점유율}$$
$$= \frac{3\% + 5\% + 6\% + 7\%}{15\% + 24\%} = \frac{21\%}{39\%} ≒ 0.54$$

정답 ①

AK Tip | 10분위 분배율과 5분위 분배율

- 10분위 분배율$(d) =$
$$\frac{최하위\ 40\%\ 소득계층의\ 소득(점유율)}{최상위\ 20\%\ 소득계층의\ 소득(점유율)}\ (0 \le d \le 2)$$

- 5분위 분배율$(d) =$
$$\frac{최상위\ 20\%\ 소득계층의\ 소득(점유율)}{최하위\ 20\%\ 소득계층의\ 소득(점유율)}\ (1 \le d \le \infty)$$

⇒ 10분위 분배율의 크기가 클수록, 5분위 분배율의 크기가 작을수록 소득분배의 평등도는 높아진다.

0506

소득분배의 상태를 평가하기 위한 척도로서 지니계수가 널리 사용되고 있다. 어떤 사회의 소득이 어느 한 사람에게 집중되어 있다면 지니계수의 값은?

00 7급

① 0   ② $\frac{1}{2}$

③ 1   ④ ∞

해 설

사회의 모든 소득이 한 사람에게 집중되어 있다면 이때의 로렌츠 곡선은 직각선의 모습을 보이며, 이에 따라 지니계수는 1이 되어 완전 불평등한 소득분배가 이루어지게 된다.

정답 ③

0507

국민의 50%는 소득 100을 균등하게 가지고 있고, 나머지 50%는 소득이 없다면, 지니계수는?

09 감정평가사

① 0

② 0.25

③ 0.33

④ 0.5

해 설

문제에서 주어진 내용을 로렌츠 곡선으로 나타내면 다음과 같다.

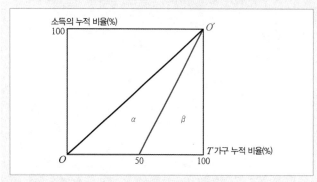

- 지니계수는 그림에서와 같이 대각선과 로렌츠 곡선으로 이루어진 면적(α)을 삼각형 OTO'의 넓이($\alpha + \beta$)로 나누어 측정한다.

- α와 β의 넓이가 같으므로 지니계수(G)는 '$G = \frac{\alpha}{\alpha + \beta} = \frac{1}{2} = 0.5$' 가 된다.

정답 ④

0508

소득분배의 상태를 평가하기 위한 척도로서 지니계수가 널리 사용되고 있다. 어떤 국가의 소득이 국민 절반에게만 집중되어 있고 그들 사이에서는 균등하게 분포되어 있다면 지니계수의 값은?

19 서울시 7급

① 1/4

② 1/3

③ 1/2

④ 1

주어진 조건에 따른 로렌츠 곡선을 그림으로 나타내면 다음과 같다.

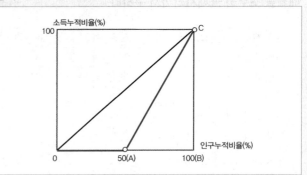

• 앞의 그림에서 지니계수는 다음과 같이 도출된다.

$$\text{지니계수}: \frac{\text{삼각형 } OAC \text{ 넓이}}{\text{삼각형 } OBC \text{ 넓이}} = \frac{1}{2}$$

정답 ③

AK Tip 지니계수

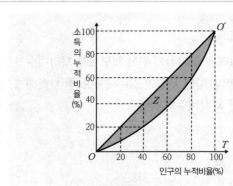

$$\text{지니계수(G)} = \frac{Z\text{의 면적}}{\triangle OTO'\text{의 면적}} \quad (0 \le G \le 1)$$

⇒ 지니계수는 로렌츠곡선에서 나타난 서수적 평등도를, 기수적으로 표현된 지표이다.

⇒ 지니계수의 크기가 작을수록 소득분배의 평등도는 높아진다.

AK Tip 엣킨슨(A. Atkinson) 지수

$$A = 1 - \frac{\text{균등분배대등소득}}{\text{사회평균소득}}$$

⇒ 균등분배대등소득은 주어진 사회후생과 동일한 후생을 누릴 수 있는 완전평등소득을 의미한다.

⇒ 엣킨슨 지수의 크기가 작을수록 소득분배 평등도는 높아진다.

0509

A국에서 국민 20%가 전체 소득의 절반을, 그 이외 국민 80%가 나머지 절반을 균등하게 나누어 가지고 있다. A국의 지니계수는?

19 국가직 7급

① 0.2

② 0.3

③ 0.4

④ 0.5

주어진 조건을 충족하는 로렌츠곡선을 그림으로 나타내면 다음과 같다.

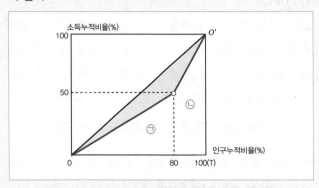

- 지니계수는 삼각형 OTO'의 넓이 중에서 (㉠+㉡) 부분을 제외한 빗금 친 부분이 차지하는 비중을 의미한다.

  - 삼각형 OTO'의 넓이: $100 \times 100 \times \frac{1}{2} = 5,000$

  - ㉠의 넓이: $80 \times 50 \times \frac{1}{2} = 2,000$

  - ㉡의 넓이: $\frac{(50+100)}{2} \times 20 = 1,500$

  - 빗금 친 넓이: $5,000 - 2,000 - 1,500 = 1,500$

  - 지니계수: $\dfrac{\text{빗금 친 넓이}}{\text{삼각형 } OTO' \text{ 넓이}} = \dfrac{1,500}{5,000} = 0.3$

정답 ②

THEME 07 | 일반균형과 시장의 실패

0510

2인-2재화 순수교환경제를 상정하자. X, Y재에 대한 소비자 A의 효용함수는 $U_A(X_A, Y_A) = X_A Y_A^2$ 이고, 소비자 B의 효용함수는 $U_B(X_B, Y_B) = X_B + Y_B$ 이다. 여기서 X_i와 Y_i는 각각 소비자 i이 X재와 Y재 소비량이다. 소비자 A는 X재 $\frac{1}{2}$ 단위, Y재 $\frac{1}{3}$ 단위를 초기 부존자원으로 가지고 있고, 소비자 B의 초기 부존자원은 X재 $\frac{1}{2}$ 단위, Y재 $\frac{5}{3}$ 단위이다. 다음 설명 중 옳지 않은 것은?　　　13 CPA

① 초기 부존자원에서 소비자 A의(Y재의 단위로 표시한 X재의) 한계대체율은 $\frac{1}{3}$ 이다.

② 초기 부존자원에서의 자원배분은 파레토 효율적이지 않다.

③ 파레토 효율적인 자원배분에서 소비자 A의 Y재 소비량은 X재 소비량의 2배이다.

④ 일반경쟁균형(general competitive equilibrium)에서 각 소비자는 주어진 상대가격 하에서 자신의 효용을 극대화하고 있다.

⑤ 일반경쟁균형에서 Y재에 대한 X재의 상대가격은 $\frac{P_X}{P_Y} = \frac{1}{2}$ 이다.

소비자 A와 소비자 B의 한계대체율은 각각 다음과 같다.

> * 소비자 A의 한계대체율: $MRS_{XY}^A = \dfrac{MU_X}{MU_Y} = \dfrac{Y_A^2}{2X_A Y_A} = \dfrac{Y_A}{2X_A}$
> * 소비자 B의 한계대체율: $MRS_{XY}^B = \dfrac{MU_X}{MU_Y} = \dfrac{1}{1} = 1$

* 소비자 A의 초기 부존자원 X재 $\frac{1}{2}$ 단위, Y재 $\frac{1}{3}$ 단위를 소비자 A의 한계대체율 식에 대입하면 $MRS_{XY}^A = \dfrac{Y_A}{2X_A} = \dfrac{1/3}{1} = \dfrac{1}{3}$ 이 된다(①).

* 소비에서의 파레토 효율달성 조건은 '$MRS_{XY}^A (= \dfrac{Y_A}{2X_A}) = MRS_{XY}^B (= 1)$' 이므로 $Y_A = 2X_A$ 가 성립한다. 따라서 파레토 효율적인 자원배분에서 소비자 A의 Y재 소비량은 X재 소비량의 2배이다(③).

* 초기 부존자원 수준에서 '$MRS_{XY}^A (= \dfrac{1}{3}) < MRS_{XY}^B (= 1)$' 이므로 파레토 비효율 상태이다(②).

* 일반경쟁균형은 '$MRS_{XY}^A (= \dfrac{Y_A}{2X_A}) = \dfrac{P_X}{P_Y} = MRS_{XY}^B (= 1)$' 에서 각 소비자의 효용극대화가 달성된다(④). 따라서 '$\dfrac{P_X}{P_Y} = 1$' 이 성립해야 한다(⑤).

정답 ⑤

0511

돈 1만원을 갑, 을 두 명이 나눠 가져야 한다. 갑의 몫을 x, 을의 몫을 y라 한다면 갑과 을의 효용함수는 각각 $u(x) = \sqrt{x}$, $v(y) = 2\sqrt{y}$ 이다. 이때 공리주의적 가치판단에 의한 최적 배분으로 옳은 것은?

11 국회 8급

① $x = \dfrac{1}{5}$만 원, $y = \dfrac{4}{5}$만 원

② $x = \dfrac{4}{5}$만 원, $y = \dfrac{1}{5}$만 원

③ $x = 0$원, $y = 1$만 원

④ $x = y = \dfrac{1}{2}$만 원

⑤ $x = 1$만 원, $y = 0$원

현재 주어진 10,000원을 갑과 을이 나누어 가져야 한다면, '$x + y = 10,000$'을 충족해야 한다.

- 공리주의적 배분은 갑의 효용($u(x) = \sqrt{x}$)과 을의 효용($u(y) = 2\sqrt{y}$)의 단순 합을 극대화하는 배분이므로, 사회후생(SW) 함수인 '$SW = u(x) + u(y) = \sqrt{x} + 2\sqrt{y}$'를 극대화하는 것이다.

- 주어진 조건에 따른 라그랑지(L) 함수가 다음과 같이 도출된다.

> - max $\sqrt{x} + 2\sqrt{y}$, subject $x + y = 10,000$
> - $L = \sqrt{x} + 2\sqrt{y} + \lambda(10,000 - x - y)$

- 앞에서 도출된 라그랑지(L) 함수에 대한 최적화 1계 조건을 구하면 각각 다음과 같다.

> - $\dfrac{dL}{dx} = \dfrac{1}{2}x^{-\frac{1}{2}} - \lambda = \dfrac{1}{2}\dfrac{1}{\sqrt{x}} - \lambda = 0 \Rightarrow \lambda = \dfrac{1}{2}\dfrac{1}{\sqrt{x}}$ ⋯⋯ⓐ
> - $\dfrac{dL}{dy} = y^{-\frac{1}{2}} - \lambda = \dfrac{1}{\sqrt{y}} - \lambda = 0 \Rightarrow \lambda = \dfrac{1}{\sqrt{y}}$ ⋯⋯ⓑ
> - $\dfrac{dL}{d\lambda} = 10,000 - x - y = 0$ ⋯⋯ⓒ

- ⓐ식과 ⓑ식에서 "$\dfrac{1}{2}\dfrac{1}{\sqrt{x}} = \dfrac{1}{\sqrt{y}} \Rightarrow y = 4x$ ⋯⋯ⓓ" 식을 도출할 수 있다. ⓓ식의 결과를 ⓒ식에 대입하여 정리하면, '$x = 2,000$(원) $= \dfrac{1}{5}$(만 원), $y = 8,000$(원) $= \dfrac{4}{5}$(만 원)'의 결과를 얻을 수 있다.

정답 ①

AK Tip 공리주의 사회후생함수

> $SW = U_A + U_B$

> ⇒ 공리주의 사회후생함수는 사회 구성원의 분배가 악화되어도 사회 전체의 후생이 증가할 수 있다면 이를 합리적이라고 받아들인다. 즉 '$\Delta(U_A + U_B) > 0$'만 성립하면 된다.

0512

갑과 을이 150만 원을 각각 x와 y로 나누어 가질 때, 갑의 효용함수는 $u(x) = \sqrt{x}$, 을의 효용함수는 $u(y) = 2\sqrt{y}$ 이다. 이때 파레토 효율적인 배분과 공리주의적 배분은? (단, 공리주의적 배분은 갑과 을의 효용의 단순 합을 극대화하는 배분이며 단위는 만 원이다.) 18 지방직 7급

파레토 효율적인 배분	공리주의적 배분
① $(x+y=150)$을 만족하는 모든 배분이다.	$(x=75,\ y=75)$
② $(x=30,\ y=120)$의 배분이 유일하다.	$(x=75,\ y=75)$
③ $(x=75,\ y=75)$의 배분이 유일하다.	$(x=30,\ y=120)$
④ $(x+y=150)$을 만족하는 모든 배분이다.	$(x=30,\ y=120)$

파레토 효율적인 배분은 다른 사람의 효용을 증가시키기 위해서는 반드시 다른 사람의 효용이 감소해야 하는 상태를 의미한다. 그런데 현재 주어진 150만 원을 갑과 을이 나누어 가질 때, 한 사람의 몫이 커지면 다른 사람의 몫은 반드시 작아진다. 따라서 '$x+y=150$'을 만족하는 모든 배분은 파레토 효율적인 배분이 된다.

- 공리주의적 배분은 갑의 효용($u(x) = \sqrt{x}$)과 을의 효용($u(y) = 2\sqrt{y}$)의 단순 합을 극대화하는 배분이므로, 사회후생(SW) 함수인 '$SW = u(x) + u(y) = \sqrt{x} + 2\sqrt{y}$'를 극대화하는 것이다.
- 주어진 조건에 따른 라그랑지 함수가 다음과 같이 도출된다.

> - max $\sqrt{x} + 2\sqrt{y}$, subject $x + y = 150$
> - $L = \sqrt{x} + 2\sqrt{y} + \lambda(150 - x - y)$

- 앞에서 도출된 라그랑지 함수에 대한 최적화 1계 조건을 구하면 각각 다음과 같다.

> - $\dfrac{dL}{dx} = \dfrac{1}{2}x^{-\frac{1}{2}} - \lambda = \dfrac{1}{2}\dfrac{1}{\sqrt{x}} - \lambda = 0 \Rightarrow \lambda = \dfrac{1}{2}\dfrac{1}{\sqrt{x}}$ ……ⓐ
> - $\dfrac{dL}{dy} = y^{-\frac{1}{2}} - \lambda = \dfrac{1}{\sqrt{y}} - \lambda = 0 \Rightarrow \lambda = \dfrac{1}{\sqrt{y}}$ ……ⓑ
> - $\dfrac{dL}{d\lambda} = 150 - x - y = 0$ ……ⓒ

- ⓐ식과 ⓑ식에서 "$\dfrac{1}{2}\dfrac{1}{\sqrt{x}} = \dfrac{1}{\sqrt{y}} \Rightarrow y = 4x$ ……ⓓ" 식을 도출할 수 있다. ⓓ식의 결과를 ⓒ식에 대입하여 정리하면 '$x=30$, $y=120$'의 결과를 얻을 수 있다.

정답 ④

0513

형과 동생이 한 집에 살고 있다. 형은 매일 5만 원의 소득이 있으나 동생은 현재 소득이 없다. 형은 소득 5만 원의 일부를 떼어 매일 동생의 용돈으로 나누어 주고자 한다. 각 소비금액에 대한 형과 동생의 효용은 아래 표와 같다고 가정한다. 형이 소득의 분배에 있어서 단순 공리주의적 입장을 취한다고 할 때, 매일 동생에게 나누어 주는 금액은? 17 서울시 7급

소비금액	0만 원	1만 원	2만 원	3만 원	4만 원	5만 원
형의 효용	0	60	70	80	90	100
동생의 효용	0	10	20	30	50	70

① 1만 원
② 2만 원
③ 3만 원
④ 4만 원

형의 소득 5만 원 중 일부를 동생에게 떼어 주는 경우 두 사람의 소비금액과 효용의 합을 표로 정리하면 다음과 같다.

소비금액 (형, 동생)	(5, 0)	(4, 1)	(3, 2)	(2, 3)	(1, 4)	(0, 5)
형의 효용 + 동생의 효용	100 + 0 = 100	90 + 10 = 100	80 + 20 = 100	70 + 30 = 100	60 + 50 = 110	0 + 70 = 70

- 단순 공리주의에서는 구성원 효용의 상대적 크기와 관계없이 구성원 효용이 가장 큰 조합을 선택하게 된다.
- 표에서 두 사람의 효용의 합이 가장 큰 경우는 형의 소비금액이 1만 원, 동생의 소비금액이 4만 원인 경우이다. 이것은 형이 동생에게 자신의 소득 중에서 4만 원을 나누어 준다는 것을 의미한다.

정답 ④

0514

독점기업 A의 수요함수와 평균비용이 다음과 같다. 정부가 A의 생산을 사회적 최적 수준으로 강제하는 대신 A의 손실을 보전해 줄 때, 정부가 A에 지급하는 금액은?(단, Q_D는 수요량, P는 가격, AC는 평균비용, Q는 생산량이다.)

19 국가직 7급

- 수요함수: $Q_D = \dfrac{25}{2} - \dfrac{1}{4}P$
- 평균비용: $AC = -Q + 30$

① 50
② 100
③ 150
④ 200

주어진 조건을 그림으로 나타내면 다음과 같다.

- 수요함수를 가격(P)으로 정리하면 '$P = 50 - 4Q$'가 된다.
- 평균비용이 '$AC = -Q + 30$'이므로 한계비용은 '$MC = -2Q + 30$'이 된다.
- 그림에서 사회적 최적 수준은 '$P = MC$'를 만족하는 수준에서 달성되고, 이때 생산량(Q)은 10이고, 가격(P)은 10이 된다.
- 만약 정부가 '$P = MC$' 수준에서 가격을 통제하게 되면 Q=10 수준에서 평균비용(AC)는 20이 된다. 이에 따라 '$P(=10) < AC(=20)$'이 성립하게 되어 독점기업 A는 단위당 10만큼의 손실을 보게 된다.
- 이러한 A의 손실을 보전해주기 위해 필요한 금액은 다음과 같이 도출된다.

총 지급금액 = 단위당 보조금 × 생산량 = $10 \times 10 = 100$

정답 ②

0515

<보기>의 경우에서 사회 전체적으로 가장 효율적인 세탁량은?

19 서울시 7급

보기

- 의류를 세탁하는 한계편익(MB)과 사적인 한계비용(MC_P)이 다음과 같이 주어져 있다.

$$MB = 200 - Q, \quad MC_P = Q$$

- 사적인 한계비용과 더불어 세탁에 따른 외부 한계비용이 세탁량(Q)당 10원이 발생한다.

① 0
② 55
③ 95
④ 100

사회 전체적으로 효율적인 세탁량은 다음 조건이 충족될 때 달성된다.

- $MB = SMC(= MC_P + MC_E)$, 여기서 MC_E는 외부 한계비용을 의미한다.
- $200 - Q = Q + 10 \Rightarrow 2Q = 190 \Rightarrow Q = 95$

정답 ③

0516

X재화의 시장수요곡선은 $Q = 120 - P$이고, 독점기업이 이 재화를 공급한다. 이 독점기업의 사적인 비용함수는 $C(Q) = 1.5Q^2$이고, 환경오염비용을 추가로 발생시키며 그 환경오염비용은 $EC(Q) = Q^2$이다. 이 경우 사회적 순편익을 극대화하는 최적생산량은? (단, P는 시장가격, Q는 생산량이다.)

12 국가직 7급

① 20

② 30

③ 40

④ 50

독점기업의 사적인 비용함수를 Q로 미분하면 '사적한계비용$(PMC) = 3Q$'를 구할 수 있고, 외부효과에 따른 환경오염비용 함수를 Q로 미분하면 '외부한계비용$(EMC) = 2Q$'를 구할 수 있다. 따라서 '사회적 한계비용$(SMC) = PMC + EMC = 3Q + 2Q = 5Q$'가 된다.

• 시장수요곡선이 곧 사회적 한계편익(SMB)이다.

$$Q = 120 - P \Rightarrow P = 120 - Q$$

• 앞의 내용들을 기초로 그림으로 나타내면 다음과 같다.

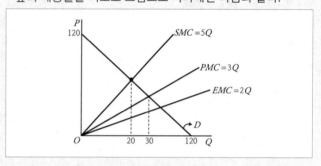

• 그림에 따르면 현재 생산에서의 외부불경제가 나타난다.
• 사회적 순편익을 극대화하는 최적 생산량은 시장가격(P)과 사회적 한계비용(SMC)가 일치하는 수준에서 결정된다.

$$P = SMC \Rightarrow 120 - Q = 5Q \Rightarrow Q = 20$$

정답 ①

0517

한 기업의 사적 생산비용 $TC = 0.5Q^2 + 10Q$이다. 그러나 이 기업은 생산과정에서 공해물질을 배출하고 있으며, 공해물질 배출에 따른 외부비경제를 비용으로 추산하면 추가로 20Q의 사회적 비용이 발생한다. 이 제품에 대한 시장수요가 $Q = 30 - 0.5P$일 때 사회적 관점에서 최적의 생산량은? (단, Q는 생산량, P는 가격이다.)

18 서울시 정기공채 7급

① 7

② 10

③ 17

④ 20

문제에서 주어진 기업의 사적 생산비용함수를 Q로 미분하면 '사적한계비용$(PMC) = Q + 10$'를 구할 수 있고, 공해 물질 배출에 따른 외부비경제로 인해 발생하는 사회적 비용(=외부비용) Q로 미분하면 '외부한계비용$(EMC) = 20$'를 구할 수 있다. 이에 따라 '사회적 한계비용$(SMC) = PMC + EMC = Q + 10 + 20 = Q + 30$'이 된다.

• 시장수요곡선은 다음과 같이 나타낼 수 있다.

$$Q = 30 - 0.5P \Rightarrow P = 60 - 2Q$$

• 앞의 내용들을 그림으로 나타내면 다음과 같다.

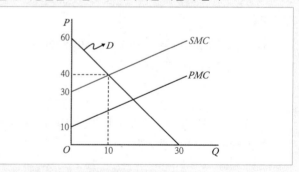

• 사회적 순편익을 극대화하는 최적 생산량은 시장가격(P)과 사회적 한계비용(SMC)가 일치하는 수준에서 결정된다.

$$P = SMC \Rightarrow 60 - 2Q = Q + 30 \Rightarrow Q = 10$$

정답 ②

0518

현재 완전경쟁시장에서 사적 이윤극대화를 추구하고 있는 어떤 기업이 생산하는 재화의 가격은 350이며, 사적 한계비용은 $MC = 50 + 10Q$이다. 한편, 이 재화의 생산과정에서 환경오염이 발생하는데 이로 인해 사회가 입는 피해는 생산량 1단위당 100이라고 한다. 앞으로 이 기업이 사회적 최적 생산량을 생산하기로 한다면 생산량의 변동은? (단, Q는 생산량이다.)

① 10단위 감소시킨다.
② 10단위 증가시킨다.
③ 20단위 감소시킨다.
④ 20단위 증가시킨다.

완전경쟁기업의 사적 이윤극대화 조건에 따른 생산량은 다음과 같다.

- $P = PMC$
- $350 = 50 + 10Q \Rightarrow 10Q = 300 \Rightarrow Q = 30$

- 완전경쟁기업이 사회적 최적 생산량을 생산한다는 것은 외부 한계비용(EMC)이 반영된 사회적 한계비용(SMC)을 전제로 생산 활동을 한다는 의미이다. 이에 따른 생산량은 다음과 같다.

- $P = SMC(= PMC + EMC)$
- $350 = 50 + 10Q + 100 \Rightarrow 10Q = 200 \Rightarrow Q = 20$

- 이에 따라 사적 이윤극대화를 추구하는 완전경쟁기업이 사회적 최적 생산량을 생산하게 되면 생산량은 10단위만큼 감소하게 된다.

정답 ①

0519

기업 A가 직면하는 연필의 수요곡선은 $P = 1,200$, 한계비용은 $MC = 500 + \frac{1}{2}Q$이다. 그런데 연필을 생산하면 흑연이 대기와 식수를 오염시키며 이 피해가 연필 한 단위당 500원이다. 이 기업의 ㉠ 사적 이윤극대화 생산량 Q_M과 ㉡ 사회적으로 바람직한 생산량 Q_V는 각각 얼마인가?

	㉠	㉡		㉠	㉡
①	1,400	400	②	1,400	600
③	1,800	400	④	1,800	600

연필의 수요곡선이 시장가격과 항상 일치한다는 것은 기업 A가 완전경쟁기업임을 알 수 있다. 이에 따라 다음과 같이 사적 이윤극대화 조건은 '$P = PMC$'이다.

$P = PMC \Rightarrow 1,200 = 500 + \frac{1}{2}Q \Rightarrow \frac{1}{2}Q = 700 \Rightarrow Q = 1,400$

- 연필을 생산하면 흑연이 대기와 식수를 오염시키며 이 피해가 연필 한 단위당 500원이므로 EMC(외부한계비용) = 500(원)이 된다.
- 사회적 최적 생산량은 '$P = SMC$'를 만족하는 수준에서 결정된다.

- $SMC = PMC + EMC = (500 + \frac{1}{2}Q) + 500 = 1,000 + \frac{1}{2}Q$
- $P = SMC \Rightarrow 1,200 = 1,000 + \frac{1}{2}Q \Rightarrow \frac{1}{2}Q = 200 \Rightarrow Q = 400$

정답 ①

CHAPTER 01 미시경제학   **271**

0520

100개의 기업들이 완전경쟁시장에서 경쟁하고 있다. 개별기업의 총비용함수와 외부비용은 각각 $C = Q^2 + 4Q$와 $EC = Q^2 + Q$로 동일하다. 이 재화에 대한 시장수요곡선이 $Q_D = 1,000 - 100P$로 표현될 때, 사회적으로 최적인 생산량과 외부비용을 고려하지 않는 균형생산량 간의 차이는? (단, C는 각 기업의 총비용, Q는 각 기업의 생산량, EC는 각 기업의 생산에 따른 외부비용, Q_D는 시장수요량, P는 가격이다.)

16 국가직 7급

① 50
② 100
③ 150
④ 200

주어진 조건에 따른 각각의 한계비용은 다음과 같다.

- 개별기업의 한계비용: $PMC = 2Q + 4$
- 외부 한계비용: $EMC = 2Q + 1$
- 사회적 한계비용: $SMC = PMC + EMC = 4Q + 5$

- 동일한 비용조건을 갖는 기업이 100개 있으므로 시장 전체의 각각의 한계비용은 다음과 같다.

- $PMC_M = \frac{1}{50}Q + 4$
- $EMC_M = \frac{1}{50}Q + 1$
- $SMC_M = \frac{1}{25}Q + 5$
- 개별기업의 한계비용이 $MC = aQ + b$로 동일하면 시장 전체의 한계비용은 $MC_M = \frac{1}{N}Q + b$가 된다. 여기서 N은 기업의 수이다.

- 주어진 시장수요곡선은 다음과 같다.

$$Q = 1,000 - 100P \Rightarrow P = 10 - \frac{1}{100}Q$$

- 기업들이 외부비용을 고려하지 않는 경우 균형생산량은 다음과 같다.

$$P = PMC_M \Rightarrow 10 - \frac{1}{100}Q = \frac{1}{50}Q + 4 \Rightarrow \frac{3}{100}Q = 6$$
$$\Rightarrow Q = 6 \times \frac{100}{3} = 200$$

- 기업들이 외부비용을 고려하는 경우의 사회적 최적 생산량은 다음과 같다.

$$P = SMC_M \Rightarrow 10 - \frac{1}{100}Q = \frac{1}{25}Q + 5 \Rightarrow \frac{5}{100}Q = 5$$
$$\Rightarrow Q = 5 \times \frac{100}{5} = 100$$

- 결국 사회적으로 최적인 생산량과 외부비용을 고려하지 않는 균형생산량 간의 차이는 100이 된다.

정답 ②

0521

살충제 시장의 수요곡선은 $P = 150 - \frac{5}{2}Q_d$이고, 공급곡선

은 $P = \frac{5}{2}Q_S$이다. 사회적 한계비용(SMC)은 사적 한계비용

(PMC)의 2배가 된다. 호수에 대한 소유권이 어느 누구에게

도 없을 때, (A) 생산되는 살충제의 양과 (B) 사회적으로 바

람직한 살충제 생산량은 각각 얼마인가?   17 국회 8급

	(A)	(B)			(A)	(B)
①	20	10		②	20	20
③	30	10		④	30	20
⑤	40	20				

해 설

주어진 공급곡선은 사적 한계비용을 이해한다.

- 문제에서 사회적 한계비용이 사적 한계비용의 2배가 된다고
  했으므로, 사회적 한계비용은 다음과 같다.

> - $PMC = \frac{5}{2}Q_S$
> - $SMC = 5Q_S$

- 만약 호수에 대한 소유권이 어느 누구에게도 없을 때 경제주체
  들은 자신의 사적 이익을 극대화하기 위해 행동한다. 이에 따
  라 균형생산량은 다음과 같이 도출된다.

> $P = PMC \Rightarrow 150 - \frac{5}{2}Q = \frac{5}{2}Q \Rightarrow 5Q = 150 \Rightarrow Q = 30$

- 한편 사회적으로 바람직한 생산량은 다음과 같이 도출된다.

> $P = SMC \Rightarrow 150 - \frac{5}{2}Q = 5Q \Rightarrow \frac{15}{2}Q = 150$
>
> $\Rightarrow Q = 150 \times \frac{2}{15} = 20$

정답 ④

0522

수요가 $Q = 200 - 2P$인 독점기업이 있다. 이 기업의 한계비

용은 $MC = 2Q + 10$이다. 이 기업이 생산하는 재화는 단위

당 40의 공해비용이 발생한다. 이윤을 극대화하는 이 독점

기업의 생산량과 사회적 최적생산량 간 차이는?   20 국회 8급

① 0
② 5
③ 10
④ 15
⑤ 20

해 설

주어진 수요곡선을 통해 한계수입(MR)은 다음과 같이 도출된다.

> - $Q = 200 - 2P \Rightarrow P = 100 - \frac{1}{2}Q \Rightarrow MR = 100 - Q$

- 재화 단위당 발생하는 40의 공해비용은 외부한계비용(EMC)
  을 의미한다. 이에 따라 독점기업의 사적 한계비용(PMC)과 사
  회적 한계비용(SMC)은 다음과 같다.

> - $PMC = 2Q + 10$
> - $SMC = PMC + EMC = (2Q + 10) + 40 = 2Q + 50$

- 독점기업의 이윤극대화가 달성되는 수준($MR = PMC$)에서 생
  산량은 다음과 같이 도출된다.

> - $MR = PMC \Rightarrow 100 - Q = 2Q + 10 \Rightarrow 3Q = 90 \Rightarrow Q = 30$

- 사회적 최적생산량은 '$P = SMC$'에서 달성되고, 이때 생산량
  은 다음과 같이 도출된다.

> - $P = SMC \Rightarrow 100 - \frac{1}{2}Q = 2Q + 50 \Rightarrow \frac{5}{2}Q = 50 \Rightarrow Q = 20$

- 이윤극대화를 위한 독점기업의 생산량과 사회적 최적 생산량
  과의 차이는 '10'이 된다. 이것은 독점기업에 의해서 생산되는
  수준은 사회적 최적 생산 수준에 비해 10만큼 과잉생산된다는
  것을 의미한다.

정답 ③

0523

표는 현재 5톤의 폐수를 방출하고 있는 공장이 폐수 방출을 줄이는 데 필요한 비용과 폐수의 방출이 줄었을 경우 인근주민들이 느끼는 복지의 개선을 화폐단위로 보여주고 있다.

폐수 방출 감소량	0톤	1톤	2톤	3톤	4톤	5톤
폐수 감소비용	0원	100원	220원	360원	520원	690원
주민의 복지 개선	0원	200원	350원	480원	600원	700원

위의 표에서 공장의 폐수 방출 감소량이 0인 경우 사회적으로 최적 수준인 폐수 방출량에 비해 사회 후생은 얼마나 감소하겠는가?

08 국회직 8급

① 80원

② 100원

③ 120원

④ 130원

⑤ 0원

해 설

폐수 방출 감소 변화분과 주민의 복지 개선 변화분에 따른 사회 후생의 변화분을 표로 나타내면 다음과 같다.

폐수 방출 감소량	0톤	1톤	2톤	3톤	4톤	5톤
폐수 감소비용 변화분	0원	100원	120원	140원	160원	170원
주민복지 개선 변화분	0원	200원	150원	130원	120원	100원
사회 후생 변화분	0원	100원	30원	-10원	-40원	-70원

• 표에서 나타난 바와 같이 사회후생을 가장 크게 하는 폐수 방출 감소량은 2톤이고, 이때의 사회후생의 크기는 130원(350원 - 220원 = 100원 + 30원)이다.

• 따라서 폐수 방출 감소량이 0톤이면 130원만큼의 사회후생 감소를 초래하게 된다.

정답 ④

0524

어느 물고기 양식장이 수질오염을 일으킨다고 알려져 있다. 이 양식장이 연간 x톤의 물고기를 양식할 때, 1톤을 더 양식하는 데 들어가는 한계비용은 (1,000x + 7,000)원이다. 동시에 1톤을 더 양식하는 데 따른 수질오염의 피해액, 즉 한계피해액은 500x원이다. 양식장의 물고기는 톤당 10,000원이라는 고정된 가격에 팔린다. 정부가 과다한 양식을 제한하기 위하여 피구세(Pigouvian tax)를 부과하기로 결정하였는데, 사회적으로 최적수준의 톤당 세액은?

16 국가직 7급

① 500원

② 1,000원

③ 1,500원

④ 2,000원

해 설

사회적 최적수준을 생산하기 위해서는 '$P=SMC$'가 성립해야 한다.

• 주어진 조건에 따른 사회적 한계비용은 '$SMC=PMC+EMC=(1,000x+7,000)+500x=1,500x+7,000$'이 된다.

• 사회적 최적 생산량은 다음과 같이 도출된다.

$$P = SMC \Rightarrow 10,000 = 1,500x + 7,000$$
$$\Rightarrow 1,500x = 3,000 \Rightarrow x = 2$$

• 한편 사회적 최적수준의 피구세는 외부한계피해액의 크기와 동일하므로 그 크기는 다음과 같다.

$$\text{피구세=외부한계피해액: } 500x = 500 \times 2 = 1,000$$

정답 ②

0525

양식장 A의 한계비용은 $10x+70$만 원이고, 고정비용은 15만 원이다. 양식장 운영 시 발생하는 수질오염으로 인해 인근 주민이 입는 한계피해액은 $5x$만 원이다. 양식장 운영의 한계편익은 x에 관계없이 100만 원으로 일정하다. 정부가 x 1단위당 일정액의 세금을 부과하여 사회적 최적 생산량을 유도할 때 단위 당 세금은? (단, x는 양식량이며 소비 측면의 외부효과는 발생하지 않는다.)

19 국가직 7급

① 5만 원

② 10만 원

③ 20만 원

④ 30만 원

양식장 A의 한계비용은 사적 한계비용(PMC)이고, 사회적 한계비용(SMC)은 PMC에 한계피해액(EMC)을 더한 값이 된다. 이를 전제로 주어진 내용을 그림으로 나타내면 다음과 같다.

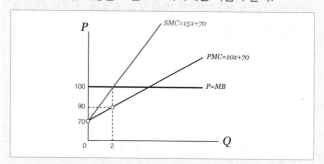

- 사회적 최적 생산량은 'P=SMC'가 충족되는 수준에서 결정된다. 이에 따라 사회적 최적 생산량은 Q=2가 되며, 이때 사회적 한계비용(SMC)는 100, 사적 한계비용(PMC)은 90이 된다. 따라서 정부가 x 1단위당 일정액의 세금을 부과하여 사회적 최적 생산량을 유도할 때 단위 당 세금은 SMC와 PMC의 차이인 10(만 원)이 된다.
- 사회적 최적 생산량을 결정할 때 필요한 비용은 한계비용이다. 따라서 문제에서 주어진 고정비용 15만 원은 이 문제를 해결하는데 필요 없는 항목임을 유의한다.

정답 ②

0526

다음 표는 양의 외부효과(positive externality effect)가 발생하는 시장의 사적 한계효용, 사적 한계비용, 그리고 사회적 한계효용을 제시해주고 있다. 사회적 최적거래량을 (I)이라 하고, 시장의 균형거래수준이 사회적 최적수준과 같아지도록 하기 위한 세금 혹은 보조금을 (II)라고 하자. (I)과 (II)를 옳게 고르면?

13 국회 8급

(단위: 개, 원)

거래량	사적 한계효용	사적 한계비용	사회적 한계효용
1	2,700	600	3,400
2	2,400	1,000	3,100
3	2,100	1,400	2,800
4	1,800	1,800	2,500
5	1,500	2,200	2,200
6	1,200	2,600	1,900

	(I)	(II)
①	5개	300원의 보조금이 필요
②	5개	700원의 보조금이 필요
③	4개	300원의 세금이 필요
④	4개	300원의 보조금이 필요
⑤	4개	700원의 세금이 필요

표에서 '사적 한계효용(= 한계편익) < 사회적 한계효용(= 한계편익)'이 성립하고 있으므로 소비 측면에서 외부경제가 발생하고 있다.

- 사회적 최적 수준은 '사적 한계비용 = 사회적 한계효용'에서 달성되므로 2,200원 수준에서 5개가 소비된다.
- 시장의 균형거래 수준은 '사적 한계비용 = 사적 한계효용'에서 달성되므로 1,800원 수준에서 4개가 소비된다. 그 결과 사회적 최적 수준에 비해 과소소비의 문제가 발생한다.
- 과소소비 문제를 해결하기 위해서 사회적 최적 수준(= 5개)에서 사회적 한계효용(= 2,200원)과 사적 한계효용(= 1,500원)의 차이만큼 보조금을 지급하면 된다. 그 크기는 700원이다.
- 앞의 내용들을 그림으로 나타내면 다음과 같다.

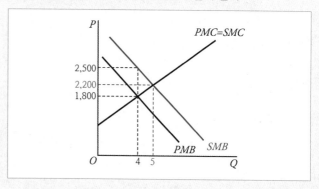

정답 ②

0527

페인트 산업은 생산과정에서 다량의 오염물질을 발생시켜 인근 하천의 수질을 악화시킨다. <보기>와 같은 조건에서 페인트 산업이 사회적으로 바람직한 수준의 페인트 생산을 하도록 하기 위해 페인트 한 통당 부과하는 피구세는 얼마인가?

16 국회 8급

보기

- 페인트 산업은 완전경쟁시장이다.
- 페인트 산업의 한계비용은 MC = 10Q + 10,000이다.
- 페인트 산업의 한계피해액은 SMD = 10Q이다.
- 주어진 가격에 대한 페인트 산업의 시장수요는 Q = −0.1P + 4,000이다.

① 5,000
② 7,000
③ 10,000
④ 20,000
⑤ 30,000

해설

외부비경제로 인한 과잉생산 문제를 해결하기 위해 필요한 피구세는 사회적 최적생산량 수준에서 사회적 한계비용과 사적 한계비용의 차이이다.

- 주어진 조건에서 사회적 한계비용(SMC)과 시장수요곡선은 각각 다음과 같다.

  - 사회적 한계비용: $SMC = MC + SMD = (10Q + 10,000) + 10Q$
    $= 20Q + 10,000$
  - 시장수요함수: $Q = -0.1P + 4,000 \Rightarrow P = 40,000 - 10Q$

- 사회적 최적생산량과 이때의 사회적 한계비용(SMC)과 사적 한계비용(MC)은 다음과 같이 도출된다.

  - $P = SMC \Rightarrow 40,000 - 10Q = 20Q + 10,000 \Rightarrow 30Q = 30,000$
    $\Rightarrow Q = 1,000$
  - $SMC = 20Q + 10,000 = 20 \times 1,000 + 10,000$
    $= 20,000 + 10,000 = 30,000$
  - $MC = 10Q + 10,000 = 10 \times 1,000 + 10,000$
    $= 10,000 + 10,000 = 20,000$

- 사회적으로 바람직한 생산을 위해 필요한 피구세는 사회적 한계비용(SMC)과 사적 한계비용 (MC)의 차이인 '10,000'이 된다.

정답 ③

0528

다음 글에 따를 때 살충제 시장의 생산자가 외부효과를 고려하지 않았을 경우의 살충제 생산량과 사회적으로 바람직한 살충제 생산량으로 옳은 것은?

19 국회 8급

- 살충제 시장은 완전경쟁시장이다.
- 살충제 생산은 환경오염을 초래한다.
- 환경오염으로 인한 한계외부비용의 크기는 살충제 생산의 한계사적비용의 크기와 동일하다.
- 살충제의 시장공급곡선은 $Q^S = \frac{2}{5}P$이고, 시장수요곡선은 $Q^D = 60 - \frac{2}{5}P$이다.

① 20, 10
② 20, 15
③ 30, 10
④ 30, 15
⑤ 30, 20

해설

완전경쟁시장에서 생산자가 외부효과를 고려하지 않았을 경우 살충제 생산량은 'PMC(한계사적비용)=P'을 충족하는 수준에서 결정된다. 이때 완전경쟁시장인 살충제 시장에서의 PMC는 곧 시장공급곡선과 동일하다.

- 시장공급곡선: $Q^S = \frac{2}{5}P \Rightarrow P = \frac{5}{2}Q^S \Rightarrow PMC = \frac{5}{2}Q$
- 시장수요곡선: $Q^D = 60 - \frac{2}{5}P \Rightarrow P = 150 - \frac{5}{2}Q$
- 이윤극대화: $PMC = P \Rightarrow \frac{5}{2}Q = 150 - \frac{5}{2}Q \Rightarrow 5Q = 150$
  $\Rightarrow Q = 30$

- 사회적으로 바람직한 살충제 생산량은 생산과정에서 발생하는 EMC(한계외부비용)을 반영한 SMC(한계사회적비용)와 P가 일치하는 수준에서 결정된다. 한편 EMC의 크기는 PMC의 크기와 동일하다.
- 앞의 조건들을 고려하여 사회적으로 바람직한 살충제 생산량은 다음과 같이 도출된다.

  - 한계사회적비용(SMC): $SMC = PMC + EMC$
    $\Rightarrow SMC = \frac{5}{2}Q + \frac{5}{2}Q = 5Q$
  - 시장수요곡선: $Q^D = 60 - \frac{2}{5}P \Rightarrow P = 150 - \frac{5}{2}Q$
  - 이윤극대화: $SMC = P \Rightarrow 5Q = 150 - \frac{5}{2}Q \Rightarrow \frac{15}{2}Q = 150$
    $\Rightarrow Q = 150 \times \frac{2}{15} = 20$

정답 ⑤

0529

다음을 참조할 때 (ㄱ), (ㄴ)에 대한 답으로 옳은 것은?

14 국회 8급

> 어느 독점기업이 생산과정에서 오염물질을 배출함으로써 외부불경제를 유발하고 있다. 독점기업의 수요함수는 $P = 90 - Q$ 이고, 독점기업의 한계비용은 $MC = Q$이며 생산 1단위당 외부비용은 6이다.
>
> (P: 가격, Q: 수요량, MC: 한계비용)

(ㄱ) 사회적으로 최적인 생산량 수준은 얼마인가?

(ㄴ) 사회적으로 최적인 생산량 수준을 달성하도록 하기 위해서는 정부가 독점기업에 생산 1단위당 조세(또는 보조금)를 얼마 부과(또는 지불)해야 하는가?

	(ㄱ)	(ㄴ)		(ㄱ)	(ㄴ)
①	42	보조금 36	②	28	조세 6
③	42	보조금 42	④	42	조세 36
⑤	28	조세 12			

독점기업의 한계비용(MC)이 사적 한계비용(PMC)이고 외부 한계비용(EMC)이 6이므로 사회적 한계비용(SMC)은 다음과 같다.

$$SMC = PMC + EMC = Q + 6$$

• 사회적 최적 생산은 다음과 같이 도출된다.

$$P = SMC \Rightarrow 90 - Q = Q + 6 \Rightarrow 2Q = 84 \Rightarrow Q = 42$$

• 독점기업은 MR = MC 수준에서 자신의 이윤극대화 생산량을 결정한다. 주어진 수요함수를 이용하여 한계수입과 이윤극대화 생산량을 다음과 같이 도출한다.

> • $P = 90 - Q \Rightarrow MR = 90 - 2Q$
> • $MR = MC \Rightarrow 90 - 2Q = Q \Rightarrow 3Q = 90 \Rightarrow Q = 30$

• 사회적 최적 생산량과 독점기업의 이윤극대화 생산량을 비교해보면 시장균형생산량(=이윤극대화 생산량=30)이 사회적 최적 생산량(=42)에 비해 과소생산되고 있다는 것을 알 수 있다.

• 이러한 과소생산 문제를 해결하는 방법은 생산을 감소시키기 위한 조세가 아닌 생산을 증가시키기 위한 보조금임을 주의한다.

• 정부가 보조금(s)을 지급하면 그만큼 독점기업의 한계비용은 감소하게 된다. 이러한 새로운 한계비용을 전제로 독점기업으로 하여금 사회적 최적 생산량을 생산하게끔 하기 위해 필요한 보조금의 크기는 다음과 같이 도출된다.

> • 보조금 지급 후의 사적 한계비용(MC'): $MC' = MC - s = Q - s$
> • 이윤극대화 생산량(=사회적 최적 생산량): $MR = MC'$
> $\Rightarrow 90 - 2Q = Q - s \Rightarrow 90 - 2 \times 42 = 42 - s \Rightarrow s = 36$

정답 ①

0530

현재 어떤 생산자가 재화 X를 Q만큼 생산할 때 직면하게 되는 한계비용은 $MC = 2Q$, 한계수입은 $MR = 24$라고 하자. 재화 X의 생산은 제3자에게 환경오염이라는 형태의 외부 불경제를 야기하는데, 재화 X가 Q만큼 생산될 때 유발되는 환경오염의 한계피해액(Marginal External Cost)은 $MEC = Q$이다. 정부는 X의 생산량을 사회적으로 바람직한 수준으로 감축시키기 위해, 생산자가 현재 생산량으로부터 한 단위 감축할 때마다 정액의 피구 보조금(Pigouvian subsidy)을 지급하고자 한다. 정부가 이 생산자에게 지급해야 할 생산량 감축 1단위당 보조금은?

16 지방직 7급

① 2
② 4
③ 6
④ 8

주어진 조건들을 그림으로 나타내면 다음과 같다.

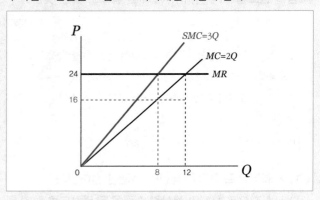

- 생산자가 이윤극대화를 위해 생산하는 경우 MR = MC 조건을 충족하는 Q = 12에서 생산량이 결정된다.
- 사회적으로 바람직한 생산을 하기 위해서는 SMC(= MC + MEC) = MR 조건을 충족하는 Q = 8에서 생산량이 결정된다. 이때 한계수입(MR)과 생산자의 한계비용(MC)과의 차이는 8이다. 이것이 정부가 생산자에게 지급해야 할 생산량 감축 1단위당 보조금이 된다.
- 이에 따라 생산자는 생산량을 8단위로 줄이고, 정부로부터 32만큼의 총보조금을 받게 된다. 이것은 생산량 감축에 따른 이윤 감소분 16에 비해 오히려 16만큼 순이윤이 증가하게 되는 크기이다.

정답 ④

0531

어느 섬나라에는 기업 A, B, C만 존재한다. 아래의 표는 기업 A, B, C의 오염배출량과 오염저감비용을 나타낸 것이다. 정부가 각 기업에 오염배출권 30장씩을 무료로 배부하고, 오염배출권을 가진 한도 내에서만 오염을 배출할 수 있도록 하였다. <보기>에서 옳은 것을 모두 고르면? (단, 오염배출권 1장당 오염을 1톤씩 배출한다.)   11 국회 8급

기업	오염배출량(톤)	오염저감비용(만원/톤)
A	70	20
B	60	25
C	50	10

보기

㉠ 오염배출권의 자유로운 거래가 허용된다면 오염배출권의 가격은 톤당 20만원으로 결정될 것이다.

㉡ 오염배출권제도가 실시되었을 때 균형상태에서 기업 A는 30톤의 오염을 배출할 것이다.

㉢ 오염배출권제도 하에서의 사회적인 총비용은 각 기업의 오염배출량을 30톤으로 직접 규제할 때보다 450만 원 절감될 것이다.

㉣ 오염배출권제도 하에서 오염을 줄이는 데 드는 사회적인 총비용은 1,200만 원이다.

㉤ 기업 B는 오염배출권제도보다 각 기업이 오염배출량을 30톤으로 줄이도록 하는 직접 규제를 더 선호할 것이다.

① ㉠, ㉡

② ㉠, ㉡, ㉢

③ ㉠, ㉡, ㉤

④ ㉡, ㉢

⑤ ㉢, ㉣, ㉤

현재 각 기업은 오염배출량에 비해 오염배출권이 A기업은 40장, B기업은 30장, C기업은 20장씩 부족하다. 각 기업은 오염배출권 가격이 오염저감비용보다 낮으면 매입하려 하고 높으면 매각하려 할 것이다.

• 오염배출권 가격이 10만 원보다 높고 20만 원보다 낮다면 A기업과 B기업은 부족한 오염배출권을 매입하려 할 것이므로 시장의 수요는 70장(40장 + 30장)이고, C기업은 매각하려 할 것이므로 시장의 공급은 30장이 되어 시장에서는 초과 수요가 발생하게 된다.

• 오염배출권 가격이 20만 원보다 높고 25만 원보다 낮다면 B기업은 부족한 오염배출권을 매입하려 할 것이므로 시장의 수요는 30장이고, A기업과 C기업은 오염배출권을 매각하려 할 것이므로 시장의 공급은 60장(30장 + 30장)이 되어 시장에서는 초과공급이 발생하게 된다.

• 오염배출권 가격이 20만 원이 되면 A기업은 매입과 매각의 유인이 존재하지 않는다. 반면에 B기업은 부족한 오염배출권을 매입하여 할 것이므로 시장의 수요는 30장이고, C기업은 오염배출권을 매각하려 할 것이므로 시장의 공급도 30장이 된다. 이에 따라 오염배출권 시장은 균형에 도달하게 된다.

• 한편 오염배출에 대해 직접 규제를 한다는 것은 각 기업의 오염물질 배출량의 허용량을 정하고 이를 초과하는 배출량은 정화시설의 설치 등을 의무화하여 스스로 오염정화비용을 부담시키는 방법이다. 이에 따른 각 기업의 오염저감비용은 다음과 같다.

> • A기업의 오염저감비용 = 40×20만 원 = 800만 원
> • B기업의 오염저감비용 = 30×25만 원 = 750만 원
> • C기업의 오염저감비용 = 20×10만 원 = 200만 원
> • 정부의 직접규제로 인한 총오염저감비용: 800+750+200=1,750(만 원)

• 반면에 오염배출권 제도를 시행하면 A기업은 40톤을, C기업은 50톤을 스스로 정화해서 배출해야 하므로 이때의 총오염저감비용은 다음과 같다. 단 B기업은 매입한 오염배출권으로 모든 오염배출량을 충족하므로 오염저감비용을 지불할 필요가 없다.

> • A기업의 오염저감비용 = 40×20만 원 = 800만 원
> • B기업의 오염저감비용 = 0 원
> • C기업의 오염저감비용 = 50×10만 원 = 500만 원
> • 정부의 직접규제로 인한 총오염저감비용: 800+500=1,300(만 원)

• 결국 오염배출권제도 하에서의 총오염저감비용은 각 기업의 오염배출량을 30톤으로 직접 규제할 때보다 450만 원만큼 절감될 것이다. 단, 여기서 B기업의 오염배출권 구입비용인 600만 원은 C기업의 오염배출권 판매수입인 600만 원과 서로 상쇄되므로 사회적인 총비용 계산에서는 제외하였다.

• 한편 B기업은 오염배출권 제도 아래에서는 부족한 30톤에 해당하는 오염배출권을 20만 원에 구입하게 되어 총 600만 원의 비용이 발생하고, 직접규제제도 아래에서는 부족한 30톤을 25만 원의 오염저감비용을 지출하여 정화해야 하므로 총 750만 원의 비용이 발생하게 된다. 따라서 B기업은 직접규제보다 오염배출권 제도를 선호하게 될 것이다.

정답 ②

0532

어느 공공재에 대한 두 소비자 A와 B의 수요함수는 각각 다음과 같다. $P_A = 250 - \frac{1}{2}Q$, $P_B = 100 - \frac{1}{3}Q$ 여기서 P_A는 소비자 A의 소비가격, P_B는 소비자 B의 소비가격, 그리고 Q는 수요량이다. 이 공공재의 한계비용은 200원으로 일정하다. 사회적으로 효율적인 공공재 공급량의 수준은?

06 CPA

① 25
② 100
③ 180
④ 320
⑤ 430

효율적인 자원배분 조건은 $P = MC$이다. 그런데 공공재는 비경합성과 비배제성이라는 특징으로 인해 모든 사회구성원들이 동일한 양을 소비하게 된다. 이에 따라 공공재의 시장수요곡선은 개별수요곡선을 수직적으로 합하여 도출하게 된다.

- 주어진 조건들을 이용하여 시장수요곡선을 도출하면 다음과 같다.

> 시장수요곡선: $P = P_A + P_B = 350 - \frac{5}{6}Q$

- 공공재의 사회적 최적 생산량은 다음과 같다.

> $P = MC \Rightarrow 350 - \frac{5}{6}Q = 200 \Rightarrow \frac{5}{6}Q = 150$
>
> $\Rightarrow Q = 150 \times \frac{6}{5} = 180$

- 공공재를 $Q = 180$만큼 소비하기 위해 두 소비자가 지불하게 되는 가격은 다음과 같다.

> - $P_A = 250 - \frac{1}{2}Q = 250 - \frac{1}{2} \times 180 = 250 - 90 = 160(원)$
> - $P_B = 100 - \frac{1}{3}Q = 100 - \frac{1}{3} \times 180 = 100 - 60 = 40$

- 소비자들이 동일한 수량의 공공재를 소비하기 위해 지불하게 되는 가격은 소비자가 공공재를 소비할 때 얻게 되는 한계편익이며, 이러한 가격의 합은 한계비용(=200원)과 일치하게 된다.

정답 ③

AK Tip 린달(E. R. Lindahl) 모형의 공공재 최적생산

> $$\sum MB(한계편익) = MC(한계비용)$$

⇒ 여기서 MB는 공공재 수요곡선의 높이로 측정 가능하다.
⇒ 공공재에 대한 시장수요함수는 개별수요함수를 수직적으로 합하여 도출된다.

0533

K국의 국민은 A와 B 두 사람뿐이며, 특정 공공재에 대한 이들 각각의 수요함수는 $P = 10 - Q$이다. 해당 공공재의 한계비용은 공급규모와 상관없이 10원으로 일정하다. 해당 공공재의 적정 생산 수준은? (단, P는 해당 공공재의 가격, Q는 해당 공공재에 대한 수요량이다.)

12 지방직 7급

① 2단위
② 5단위
③ 10단위
④ 15단위

공공재의 시장수요곡선은 개별수요곡선을 수직으로 합하여 도출된다.

- 주어진 조건들을 이용하여 시장수요곡선을 도출하면 다음과 같다.

> 시장수요곡선: $P = P_A + P_B = (10 - Q) + (10 - Q) = 20 - 2Q$

- 공공재의 사회적 최적 생산량은 다음과 같다.

> $P = MC \Rightarrow 20 - 2Q = 10 \Rightarrow Q = 5$

정답 ②

0534

공공재인 마을 공동우물(X)에 대한 혜민과 동수의 수요가 각각 X = 50 - P, X = 30 - 2P일 때, 사회적으로 바람직한 공동우물의 개수(㉠)와 동수가 우물에 대해 지불하고자 하는 가격(㉡)은? (단, P는 혜민과 동수가 X에 대해 지불하는 단위당 가격이고, 공동우물을 만들 때 필요한 한계비용(MC)은 41원이다.)

13 지방직 7급

	㉠	㉡		㉠	㉡
①	16개	7원	②	18개	6원
③	20개	5원	④	22개	4원

공공재의 시장 수요함수는 개별수요함수를 수직으로 합하여 도출한다.

• 주어진 조건들을 이용하여 시장수요곡선을 도출하면 다음과 같다.

> • $X = 50 - P_{혜민} \Rightarrow P_{혜민} = 50 - X$
> • $X = 30 - 2P_{동수} \Rightarrow P_{동수} = 15 - \frac{1}{2}X$
> • 시장수요곡선: $P = P_{혜민} + P_{동수} = (50 - X) + (15 - \frac{1}{2}X)$
> $\qquad = 65 - \frac{3}{2}X$

• 공공재(=마을 공동우물)의 사회적 최적 생산량은 다음과 같다.

> $P = MC \Rightarrow 65 - \frac{3}{2}X = 41 \Rightarrow \frac{3}{2}X = 24 \Rightarrow X = 24 \times \frac{2}{3} = 16(개)$

• 앞의 결과를 동수의 개별수요함수에 대입하면 동수가 우물에 지불하고자 하는 가격을 구할 수 있다.

> $P_{동수} = 15 - \frac{1}{2}X = 15 - \frac{1}{2} \times 16 = 15 - 8 = 7(원)$

정답 ①

0535

두 명의 주민이 사는 어느 마을에서 가로등에 대한 개별 주민의 수요함수는 $P = 10 - Q$로 표현되며, 주민 간에 동일하다. 가로등 설치에 따르는 한계비용이 6일 때, 이 마을에 설치할 가로등의 적정 수량은?(단, Q는 가로등의 수량이다.)

18 국가직 7급

① 4
② 5
③ 6
④ 7

가로등은 대표적인 공공재이다. 공공재의 최적 생산량은 개별 수요자의 수요곡선을 수직적으로 합하여 도출한 시장수요곡선을 전제로 '$P_{시장} = MC$' 조건을 만족하는 수준에서 결정된다.

• 주어진 조건들을 이용하여 시장수요함수를 다음과 같이 도출할 수 있다.

> $P_{시장} = P_1 + P_2 = (10 - Q) + (10 - Q) = 20 - 2Q$

• 공공재(=가로등)의 사회적 최적 생산량은 다음과 같다.

> $P_{시장} = MC \Rightarrow 20 - 2Q = 6 \Rightarrow Q = 7$

정답 ④

0536

갑과 을 두 사람만 사는 어느 마을이 있다. 이 마을의 공공재(Z)에 대한 갑의 수요는 $Z = 20 - P$이고, 을의 수요는 $Z = 32 - 2P$일 때, 사회적으로 바람직한 공공재의 수량은? (단, 공공재 생산의 한계비용(MC)은 9이다.)　19 서울시 7급

① 18

② 19

③ 20

④ 21

해설

공공재는 동일한 수량을 소비하는 비경합성을 특성으로 하는 재화이다. 이에 따라 공공재의 마을 전체 수요함수는 갑과 을의 개별 수요곡선을 수직으로 합하여 도출한다.

- 갑의 개별 수요곡선: $Z = 20 - P_{갑} \Rightarrow P_{갑} = 20 - Z$
- 을의 개별 수요곡선: $Z = 32 - 2P_{을} \Rightarrow P_{을} = 16 - \frac{1}{2}Z$
- 마을 전체 수요곡선: $P_{마을\ 전체} = P_{갑} + P_{을} = 36 - \frac{3}{2}Z$

- 사회적으로 바람직한 공공재 수량은 다음과 같이 도출된다.

$$P_{마을\ 전체} = MC \Rightarrow 36 - \frac{3}{2}Z = 9 \Rightarrow \frac{3}{2}Z = 27 \Rightarrow Z = 27 \times \frac{2}{3} = 18$$

정답 ①

0537

100명이 편익을 얻는 공공재가 있다. 100명 중 40명의 공공재에 대한 수요함수는 $Q = 50 - \frac{1}{3}P$로 표현되고 나머지 60명의 공공재에 대한 수요함수는 $Q = 100 - \frac{1}{2}P$로 표현된다. 공공재의 생산비용이 $C = 3{,}000Q + 1{,}000$일 때, 사회적으로 바람직한 이 공공재의 생산량은?　20 국회 8급

① 55

② 57.5

③ 60

④ 62.5

⑤ 65

해설

공공재의 시장수요함수는 개별수요함수를 수직으로 합하여 도출된다. 이에 따라 서로 다른 수요함수를 갖고 있는 40명과 60명의 수요함수를 수직적으로 합하여 시장 전체의 수요함수를 도출한다.

- 40명 집단 수요함수: $Q = 50 - \frac{1}{3}P \Rightarrow P = 150 - 3Q \Rightarrow P_{40} = 6{,}000 - 120Q$
- 60명 집단 수요함수: $Q = 100 - \frac{1}{2}P \Rightarrow P = 200 - 2Q \Rightarrow P_{60} = 12{,}000 - 120Q$
- 시장 전체 수요함수: $P_{100} = P_{40} + P_{60} = 18{,}000 - 240Q$

- 사회적으로 바람직한 공공재 생산량은 'P=MC' 수준에서 결정된다.

- 공공재 생산비용: $C = 3{,}000Q + 1{,}000$
- 공공재 한계비용: $MC = 3{,}000$
- 공공재 최적생산: $P = MC \Rightarrow 18{,}000 - 240Q = 3{,}000 \Rightarrow 240Q = 15{,}000 \Rightarrow Q = 62.5$

정답 ④

0538

갑, 을, 병 정 네 사람이 살고 있는 마을에 범죄예방을 위한 CC-TV를 설치하고자 한다. CC-TV 1단위당 한계생산비용이 10이라면 이 마을의 적정 CC-TV 공급량은 몇 단위인가?

12 보험계리사

단위 가격	수요량			
	갑	을	병	정
1	11	11	20	10
2	9	10	13	9
3	8	9	9	8
4	7	8	8	7

① 11단위
② 10단위
③ 9단위
④ 8단위

해설

공공재의 적정공급은 '$MB^A + MB^B + \cdots\cdots = SMC$' 수준에서 이루어진다.

- 표에서 단위가격은 각 소비자가 얻게 되는 한계편익(MB)의 크기와 같다.
- CC-TV를 9단위만큼 공급하게 되면 갑과 정은 각각 2, 을과 병은 각각 3만큼의 가격을 지불하고자 하고 이들의 합은 10인 한계생산비용의 크기와 일치하게 된다,

정답 ③

0539

2개의 재화(사적재, 공공재)와 2명의 개인(김 씨, 이 씨)으로 구성되는 한 경제는 다음과 같다. 김 씨와 이 씨의 효용의 합을 최대로 하는 공공재 생산량은?

16 CPA

- 생산가능곡선: X + 5W = 100
- 각 개인의 효용함수: U = 2YZ
- 김 씨와 이 씨는 생산된 사적재를 절반씩 소비한다.

(단, X는 사적재 생산량, W는 공공재 생산량, U는 효용수준, Y는 사적재 소비량, Z는 공공재 소비량이다.)

① 5
② 10
③ 15
④ 20
⑤ 25

해설

공공재의 최적생산량 조건은 '$\sum MRS_{ZY} = MRT_{WX}$'이고, X가 사적재이므로 $Y_{김} + Y_{이} = X$, Z가 공공재이므로 $Z_{김} = Z_{이} = W$가 성립한다.

- 주어진 효용함수를 이용하면 두 사람과 사회 전체의 MRS를 다음과 같이 구할 수 있다.

$$\bullet\ MRS_{ZY}^{김} = \frac{MU_Z^{김}}{MU_Y} = \frac{2Y_{김}}{2Z} = \frac{Y_{김}}{Z}$$

$$\bullet\ MRS_{ZY}^{이} = \frac{MU_Z^{이}}{MU_Y} = \frac{2Y_{이}}{2Z} = \frac{Y_{이}}{Z}$$

$$\bullet\ \sum MRS_{ZY} = MRS_{ZY}^{김} + MRS_{ZY}^{이} = \frac{Y_{김} + Y_{이}}{Z} = \frac{X}{Z} = \frac{X}{W}$$

$$(\because Y_{김} + Y_{이} = X,\ Z_{김} = Z_{이} = W)$$

- 생산가능곡선의 기울기가 MRT이므로 사적재 X의 생산량을 세로축, 공공재 W의 생산량을 가로축에 놓으면 MRT = 5임을 알 수 있다.
- 공공재의 최적 생산량은 다음과 같이 도출된다.

$$\bullet\ \sum MRS_{ZY} = MRT_{WX} \Rightarrow \frac{X}{W} = 5 \Rightarrow X = 5W$$

$$\bullet\ X + 5W = 100 \Rightarrow 5W + 5W = 100 \Rightarrow W = 10,\ X = 50$$

정답 ②

AK Tip 사무엘슨(P.A. Samuelson) 모형의 공공재 최적생산

$$\sum MRS_{XY} = MRT_{XY}\ (여기서\ X는\ 공공재,\ Y는\ 사적재)$$

0540

어떤 한 경제에 A, B 두 명의 소비자와 X, Y 두 개의 재화가 존재한다. 이 중 X는 공공재(public goods)이고, Y는 사용재(private goods)이다. 현재의 소비량을 기준으로 A와 B의 한계대체율(marginal rate of substitution: MRS)과 한계전환율(marginal rate of transformation: MRT)이 다음과 같이 측정되었다. 공공재의 공급에 관한 평가로 옳은 것은?

15 국가직 7급

$$MRS_{XY}^A = 1, \quad MRS_{XY}^B = 3, \quad MRT_{XY} = 5$$

① 공공재가 최적 수준보다 적게 공급되고 있다.
② 공공재가 최적 수준으로 공급되고 있다.
③ 공공재가 최적 수준보다 많이 공급되고 있다.
④ 공공재의 최적 수준 공급 여부를 알 수 없다.

소비자 A의 한계대체율은 1, 소비자 B의 한계대체율은 3이므로 이들이 사적재(Y재)를 각각 1과 3만큼 감소시킨다고 하더라도 이를 통해 증가할 수 있는 공공재(X재)는 0.8단위밖에는 안 된다.
• 이렇게 생산된 공공재는 비경합성이라는 특성으로 인해 두 소비자 모두 0.8단위만큼의 공공재 소비가 가능해 진다. 그러나 이것은 두 소비자가 사적재를 감소시킬 때 동일한 효용 수준을 유지하기 위해 필요한 공공재의 크기인 1단위에 미달한다.
• 결국 공공재 생산을 늘릴 경우 모든 소비자의 효용 수준이 낮아진다는 의미이므로, 이것은 또한 현재의 공공재 생산수준이 최적 수준을 이미 넘고 있다는 의미이기도 하다.

정답 ③

0541

<보기>와 같은 노동시장에서 합리적 기대(rational expectations) 균형이 성립하고 기업이 위험중립적이라고 할 때 p의 값은?

16 국회 8급

보기

• 노동시장에 두 가지 유형 A와 B의 노동자들이 각각 p와 $1-p$의 비율로 존재한다.
• 기업은 유형 A에 대해서는 15의 임금을, 유형 B에 대해서는 5의 임금을 지불할 용의가 있다.
• 기업은 노동자의 유형을 알지 못한 채 모든 노동자를 동일한 임금을 지급하여 고용한다.
• $p = \dfrac{w}{20} - \dfrac{1}{10}$ (단, w는 임금)

① 0.1
② 0.3
③ 0.5
④ 0.6
⑤ 1

주어진 조건에 따른 기업의 지불용의 임금은 다음과 같다.

$$w = p \times 15 + (1-p) \times 5 = 10p + 5$$

• 앞의 결과를 위 식에 대입하여 정리하면 p의 값이 도출된다.

$$p = \frac{w}{20} - \frac{1}{10} = \frac{10p+5}{20} - \frac{1}{10} = \frac{1}{2}p + \frac{5}{20} - \frac{1}{10} \Rightarrow \frac{1}{2}p = \frac{3}{20}$$
$$\Rightarrow p = \frac{3}{20} \times 2 = \frac{3}{10} = 0.3$$

정답 ②

0542

중고차 시장에 중고차 200대가 매물로 나와 있다. 그 중 100대는 성능이 좋은 차이고, 100대는 성능이 나쁜 차이다. 성능이 좋은 차를 매도하려는 사람은 600만 원 이상에 판매하려 하고, 성능이 나쁜 차를 매도하려는 사람은 400만 원 이상에 판매하려 한다. 이 중고차 시장에서 중고차를 구매하려는 잠재적 구매자는 무한하다. 구매자들은 성능이 좋은 차는 900만 원 이하에 구매하려 하고, 성능이 나쁜 차는 500만 원 이하에 구매하려 한다. 중고차의 성능에 관한 정보를 매도자는 알고 있지만 구매자는 알지 못한다. 이 시장에는 어떤 균형이 존재할까?

09 지방직 7급

① 모든 중고차가 700만 원에 거래되는 균형이 존재한다.
② 좋은 중고차만 900만 원에 거래되는 균형이 존재한다.
③ 좋은 중고차는 900만 원에 거래되고, 나쁜 중고차는 500만 원에 거래되는 균형이 존재한다.
④ 어떤 균형도 존재하지 않는다.

주어진 문제에서 구매자가 지불할 용의가 있는 금액의 크기는 다음과 같다.

$\frac{1}{2}$(성능 좋은 차일 확률)$\times 900 + \frac{1}{2}$(성능 나쁜 차일 확률)$\times 500$
$= 450 + 250 = 700$(만 원)

• 모든 중고차 판매자는 구매자가 지불할 용의가 있는 금액이 자신들이 받고자 하는 최소한의 금액보다 높기 때문에 모두 판매하려고 한다. 따라서 모든 중고차는 700만 원에 거래가 된다.

정답 ①

0543

중고차시장에 두 가지 유형(고품질과 저품질)의 중고차가 있고, 전체 중고차 중 고품질 중고차가 차지하는 비율은 p이다. 고품질 중고차 소유자들은 최소 1,000만 원을 받아야 판매할 의향이 있고, 저품질 중고차 소유자들은 최소 600만 원을 받아야 판매할 의향이 있다. 소비자들은 고품질 중고차를 최대 1,400만 원에, 저품질 중고차는 최대 800만 원에 구매할 의사가 있다. 중고차 유형은 소유자들만 알고 있다. 다음 설명 중 옳은 것은?

14 CPA

① $p = 0.2$일 때, 모든 균형에서 저품질 중고차만 거래된다.
② $p = 0.2$일 때, 모든 균형에서 고품질 중고차만 거래된다.
③ $p = 0.5$일 때, 모든 균형에서 저품질 중고차만 거래된다.
④ $p = 0.5$일 때, 모든 균형에서 고품질 중고차만 거래된다.
⑤ p에 관계없이, 모든 균형에서 항상 두 유형의 중고차가 거래된다.

중고차에 대한 정보를 정확히 모르는 구매자는 기댓값을 이용한 최대지불가격으로 구매하려고 한다.

• p의 값에 따른 구매자의 지불용의 가격은 다음과 같다.

• $p = 0.2$인 경우: $0.2 \times 1,400 + 0.8 \times 800 = 280 + 640 = 920$(만 원)
• $p = 0.5$인 경우: $0.5 \times 1,400 + 0.5 \times 800 = 700 + 400$
$= 1,100$(만 원)

• $p = 0.2$라면 구매자의 지불용의가격은 920만 원이 되어 최소 1,000만 원을 받고자 하는 고품질 중고차 소유자들은 시장에서 퇴장하게 되고, 이에 따라 최소 600만 원만 받아도 되는 저품질 중고차만 거래된다.
• $p = 0.5$라면 구매자의 지불용의가격은 1,100만 원이 되어 모든 판매자가 받고자 하는 가격수준을 충족하게 되어 모든 유형의 중고차가 거래된다.

정답 ①

0544

B 국가는 전 세계 어느 국가와도 무역을 하지 않으며, 현재 GDP는 300억 달러라고 가정하자. 매년 B 국가의 정부는 50억 달러 규모로 재화와 서비스를 구매하며, 세금수입은 70억 달러인 반면 가계로의 이전지출은 30억 달러이다. 민간저축이 50억 달러일 경우 민간소비와 투자는 각각 얼마인가? 13 서울시 7급

① 180억 달러, 50억 달러
② 210억 달러, 40억 달러
③ 130억 달러, 70억 달러
④ 150억 달러, 60억 달러
⑤ 추가 정보가 필요하다.

해설

폐쇄경제 하의 국민소득 계정에서의 항등식은 다음과 같다.

> 민간저축(Y - T + TR - C) + 정부저축(T - G - TR) = 투자(I)

- 민간저축이 50억 달러이므로 (300 - 70 + 30 - C) = 50이 성립한다. 따라서 민간소비(C)는 210억 달러가 된다.
- 정부저축(T - G - TR)이 (70 - 50 - 30) = - 10이므로 투자는 다음과 같이 도출된다.

> 민간저축+정부저축=투자 ⇒ 50+(-10)=투자 ⇒ 투자=40(억 달러)

정답 ②

0545

해외부문이 존재하지 않는 폐쇄경제의 균형에서 총투자는 국민저축(national saving)과 같고, 국민저축은 민간저축(private saving)과 정부저축(public saving)으로 구성되어 있다. 국민소득이 480이고 소비지출이 350, 정부지출이 100, 조세가 80일 때 사적 저축은? 15 국회 8급

① 30
② 50
③ 80
④ 100
⑤ 130

해설

폐쇄경제 하의 국민소득 균형식을 이용하여 투자지출의 크기를 다음과 같이 구할 수 있다.

> 국민소득 = 소비지출 + 투자지출 + 정부지출 ⇒ 480 = 350 + 투자 + 100 ⇒ 투자 = 30

- 앞의 결과를 이용하여 사적 저축(=민간저축)을 구하면 다음과 같다.

> 국민저축(=민간(사적)저축(Y - T - C) + 정부저축(T - G)) = 투자 ⇒ 민간(사적)저축 - 20 = 30 ⇒ 민간(사적)저축 = 30 + 20 = 50

정답 ②

0546

다음 글을 따를 때 이 경제의 민간저축(private saving)으로 옳은 것은?

19 국회 8급

- 이 경제는 폐쇄경제이다.
- $Y = C + I + G + NX$가 성립한다. (단, Y는 국민소득, C는 소비, I는 투자, G는 정부지출, NX는 순수출을 의미한다.)
- 국민저축(national saving)은 500, 조세는 200, 정부지출은 300이다.

① 200
② 400
③ 600
④ 800
⑤ 1,000

해설

국민저축은 다음과 같이 구성된다.

> 국민저축=민간저축+정부저축 ⇒ 500=민간저축+(200-300)
> ⇒ 민간저축=600

정답 ③

0547

어떤 국가의 실질 국내총생산(GDP)은 1,000단위라고 하자. 한편, 이 나라의 경제주체들의 민간소비는 200단위, 투자는 150단위, 정부지출은 400단위라고 한다. 이 나라의 순수출은 몇 단위인가?

10 국가직 7급

① 150
② 200
③ 250
④ 300

해설

국민소득 항등식이 다음과 같다.

- $Y = C + I + G + (X - M)$
- 여기서 Y는 국민소득, C는 소비, I는 투자, G는 정부지출, (X-M)은 순수출이다.

- 앞의 식을 이용하면 순수출은 다음과 같이 도출된다.

> $1,000 = 200 + 150 + 400 + (X - M) \Rightarrow X - M = 250$

정답 ③

0548

어떤 나라의 민간부문의 소비지출과 투자지출이 각각 600과 200이며, 정부지출과 조세수입이 각각 100과 80, 수출과 수입이 각각 400과 300이다. 다음 중 옳지 않은 것은?

04 행시

① 이 나라의 지출국민소득은 1,000이다.
② 이 나라의 민간부문의 저축은 320이다.
③ 이 나라의 재정수지는 20만큼 적자이다.
④ 이 나라의 경상수지는 100만큼 흑자이다.
⑤ 이 나라의 민간부문과 정부부문의 저축의 합계는 340이다.

해설

주어진 조건에 따라 다음과 같은 내용을 도출할 수 있다.

- 지출국민소득(Y) = 소비지출 + 투자지출 + 정부지출 + 순수출
  = 600 + 200 + 100 + 100 = 1,000(①)
- 민간저축 = Y - T - C = 1,000 - 80 - 600 = 320(②)
- 재정수지(= 정부저축) = T - G = 80 - 100 = -20(③)
- 경상수지 = X - M = 400 - 300 = 100(④)
- 민간저축 + 정부저축 = (Y - T - C) + (T - G) = 320 - 20 = 300(⑤)

정답 ⑤

0549

양을 방목하는 농가가 양털을 양모가공업체에 1만원에 팔고, 양모가공업체는 가공된 양모를 양모의류 제조업체에 5만원에 판다고 하자. 이 양모의류는 다시 백화점에 20만원에 팔리고, 이 의류는 최종소비자에게 25만원에 팔린다고 하자. 이 경우 양을 방목하는 농가에 의해 창출된 GDP는 얼마인가?

07 감정평가사

① 10만 원
② 9만 원
③ 5만 원
④ 1만 원

해 설

문제에 제시된 내용에 따른 전체 GDP의 크기는 최종 생산물인 의류의 가치인 25만 원이다.

• 이 크기는 '농가가 창출한 양털의 부가가치(1만 원) + 양모가공업체가 창출한 가공된 양모의 부가가치(4만 원) + 양모의류 제조업체가 창출한 부가가치(15만 원) + 백화점이 창출한 부가가치(5만 원) = 25만 원'으로 구성된다.

정답 ④

0550

갑 회사가 중간재를 300만 원에 구입하여, 최종재를 만들면서 임금으로 300만 원을 지불하고 최종재를 만든 후 소비자에게 700만 원에 팔았다. 갑 회사가 창출한 생산물의 부가가치는 얼마인가?

11 국가직 9급

① 100만 원
② 300만 원
③ 400만 원
④ 700만 원

해 설

갑 회사가 창출한 생산물의 부가가치는 '최종재 가치에서 중간재 가치를 차감한 값'으로 계산된다. 따라서 400만 원이다.

• 한편 갑 회사가 생산을 위해 지불한 임금은 생산을 위해 투입된 노동에 대해 지불된 요소소득이고, 이것은 국민소득을 분배측면에서 측정할 때 고려되는 요소이다.

• 문제에서 묻는 것은 '생산측면'에서 묻고 있으므로, 임금은 집계에서 제외된다.

정답 ③

0551

방앗간에서 밀 3톤을 총 3만 달러에 수입한 뒤, 밀 2톤은 소비자들에게 팔아 총 3만 달러의 매상을 올리고, 나머지 1톤은 밀가루로 만들어 2만 달러를 받고 제과점에 팔고, 제과점에서는 이 밀가루로 빵을 만들어 3만 달러를 받고 소비자에게 팔았다. 이때 국내에서 창출된 총 부가가치는 얼마인가?

16 국회 8급

① 2만 달러
② 3만 달러
③ 6만 달러
④ 8만 달러
⑤ 9만 달러

해 설

국내에서 창출된 부가가치는 소비자에게 밀을 판매하는 과정에서 1만 달러, 밀가루 가공과정에서 1만 달러, 빵 판매과정에서 1만 달러이다. 따라서 국내에서 창출된 총 부가가치는 3만 달러가 된다.

정답 ②

0552

자동차 중고매매업체가 출고된 지 1년이 지난 중고차(출고 시 신차가격은 2,000만 원) 1대를 2011년 1월 초 1,300만 원에 매입하여 수리한 후, 2011년 5월 초 甲에게 1,500만 원에 판매하였다. 이론상 이 과정에서의 2011년 GDP 증가 규모는?

12 국가직 7급

① 증가하지 않았다.
② 200만 원
③ 1,300만 원
④ 1,500만 원

2011년도의 GDP는 일정기간(2011년) 동안의 생산 활동만을 측정 대상으로 한다.

• 1년 지난 2010년형 중고차의 거래 규모(1,300만 원)는 2011년도의 생산품이 아니므로 2011년도의 GDP에는 포함되지 않는다.
• 중고차를 1,300만 원에 매입하여 수리한 후 1,500만 원에 판매했다는 것은 2011년도에 그 차액인 200만 원만큼의 새로운 부가가치를 '수리'라는 생산활동을 통하여 창출했다는 것을 의미한다. 따라서 그 200만 원은 2011년의 GDP에 포함된다.

정답 ②

0553

2020년도에 어떤 나라의 밀 생산 농부들은 밀을 생산하여 그 중 반을 소비자에게 1,000억 원에 팔고, 나머지 반을 1,000억 원에 제분회사에 팔았다. 제분회사는 밀가루를 만들어 그 중 절반을 800억 원에 소비자에게 팔고 나머지를 제빵회사에 800억 원에 팔았다. 제빵회사는 빵을 만들어 3,200억 원에 소비자에게 모두 팔았다. 이 나라의 2020년도 GDP는? (단, 이 경제에서는 밀, 밀가루, 빵만을 생산한다.)

17 서울시 7급

① 1,600억 원
② 2,000억 원
③ 3,200억 원
④ 5,000억 원

주어진 내용을 표로 정리해 보면 다음과 같다.

농부(밀 생산: 2,000억 원)		⇒		⇒		소비자(1,000억 원)
	⇒	제분회사 (1,000억 원)	⇒			소비자(800억 원)
				제빵회사 (800억 원)	⇒	소비자(3,200억 원)

• GDP는 최종생산물의 가치로 측정된다. 표에서 소비자는 최종 생산물을 소비한다. 따라서 GDP는 소비자의 소비총액인 5,000억 원(1,000억 원 + 800억 원 + 3,200억 원)이 된다.
• GDP는 각 경제주체들에 의해 창출된 (순)부가가치의 총합으로도 측정할 수 있다. 따라서 그 크기는 '2,000억 원(농부) + 600억 원(제분회사) + 2,400억 원(제빵업자) = 5,000억 원'이 된다. 이를 통해 양 자의 크기가 동일하다는 것을 확인할 수 있다.

정답 ④

0554

해외에 지불하는 요소소득이 해외에서 수취하는 요소소득보다 큰 경우 GDP와 GNP의 관계는?

10 지방직 7급

① GDP가 GNP보다 크다.
② GDP는 GNP와 같거나 작다.
③ GDP는 GNP와 같거나 크다.
④ GDP가 GNP보다 작다.

GDP와 GNP와의 관계는 다음과 같다.

> 국민총생산(GNP) = 국내총생산(GDP) + 해외로부터 취득한 요소소득 - 해외에 지불한 소득 = 국내총생산(GDP) + 대외순수취 요소소득

• '해외에 지불하는 요소소득이 해외에서 수취하는 요소소득보다 큰 경우'에 대외순수취 요소소득이 음(-)의 값을 갖게 되므로 그 절대치만큼 GDP가 GNP보다 커진다.

정답 ①

0555

K국의 올해 민간 소비지출이 400조 원, 정부지출이 100조 원, 투자가 200조 원, 수출이 250조 원, 수입이 200조 원, 대외순수취 요소소득이 10조 원이라고 할 때, K국의 국내 총생산(GDP)은?

12 국가직 9급

① 600조 원

② 750조 원

③ 760조 원

④ 950조 원

국내총생산은 자국 내에서 생산된 총생산액을 의미하며 다음과 같이 측정된다.

> GDP = 소비지출(C) + 투자지출(I) + 정부지출(G) + 순수출(X - M) = 400 + 200 + 100 + (250 - 200) = 750(조 원)

• GNP와 GDP의 관계는 다음과 같다.

> GNP = GDP - 대외지급 요소소득 + 대외수취 요소소득 = GDP + 대외순수취 요소소득=750+10=760(조 원)

정답 ②

0556

쌀과 옷 두 재화만 생산하는 한 나라의 경제 데이터가 아래 표와 같다고 하자. 이 표와 관련된 설명 중 옳지 않은 것은?

07 CPA

구분	쌀		옷	
	가격(원)	생산량(가마)	가격(원)	생산량(벌)
2006년(기준연도)	10	150	12	50
2007년	20	200	15	100

① 2006년의 명목 GDP는 2,100원이다.

② 2006년의 실질 GDP는 2,100원이다.

③ 2007년의 명목 GDP는 3,200원이다.

④ 2007년 실질소득은 2006년보다 증가하였다.

각각의 GDP를 구하여 정리하면 다음과 같다.

> • 2006년 명목 GDP:
> $\sum P_{2006} \times Q_{2006} = 10 \times 150 + 12 \times 50 = 1,500 + 600 = 2,100$(원)
> • 2006년 실질 GDP:
> $\sum P_{2006} \times Q_{2006} = 10 \times 150 + 12 \times 50 = 1,500 + 600 = 2,100$(원)
> • 2007년 명목 GDP:
> $\sum P_{2007} \times Q_{2007} = 20 \times 200 + 15 \times 100 = 4,000 + 1,500 = 5,500$(원)
> • 2007년 실질 GDP:
> $\sum P_{2006} \times Q_{2007} = 10 \times 200 + 12 \times 100 = 2,000 + 1,200 = 3,200$(원)

• 기준연도는 항상 명목 GDP와 실질 GDP의 크기가 동일하다는 것을 유의한다.

정답 ③

0557

폐쇄경제인 A국은 스마트폰과 택배 서비스만을 생산하며, 생산량과 가격은 다음 표와 같을 때, 2013년 실질 GDP와 2014년 실질 GDP는? (단, 기준연도는 2013년이다.)

15 지방직 7급

구분	2013년	2014년
스마트폰 생산량	10	10
택배 서비스 생산량	100	120
스마트폰 개당 가격	10만 원	9만 원
택배 서비스 개당 가격	1만 원	1.2만 원

	2013년 실질GDP	2014년 실질GDP
①	200만 원	234만 원
②	200만 원	220만 원
③	210만 원	234만 원
④	230만 원	260만 원

실질 GDP는 기준연도 가격으로 측정되는 지표이다.

> • 2013년 실질GDP =
> $\sum P_{2013} \times Q_{2013} = 10 \times 10 + 1 \times 100 = 200$(만 원)
> • 2014년 실질GDP =
> $\sum P_{2013} \times Q_{2014} = 10 \times 10 + 1 \times 120 = 220$(만 원)

정답 ②

0558

어떤 경제의 2009년 국내총생산이 사과 4개와 오렌지 6개로 이루어졌다. 2009년도 사과와 오렌지의 가격은 각각 10원과 5원이고, 기준연도(2005년) 사과와 오렌지의 가격은 모두 5원이었다. 이 경제의 2009년 GDP 디플레이터는 얼마인가?

09 국회 8급

① 140
② 120
③ 71
④ 70
⑤ 0.7

주어진 내용을 표로 정리하면 다음과 같다.

연도	사과		오렌지	
	가격	수량	가격	수량
2005	5	?	5	?
2009	10	4	5	6

• 앞의 표를 기초로 2005년을 기준연도로 하는 2009년의 명목 GDP와 실질 GDP, 그리고 GDP 디플레이터는 다음과 같이 도출할 수 있다.

> • 명목 $GDP = \Sigma P_{2009} \times Q_{2009} = 10 \times 4 + 5 \times 6 = 40 + 30 = 70$
> $40 + 30 = 70$
> • 실질 $GDP = \Sigma P_{2005} \times Q_{2009} = 5 \times 4 + 5 \times 6 = 20 + 30 = 50$
> • $GDP \ 디플레이터 = \dfrac{명목 \ GDP}{실질 \ GDP}(\times 100) = \dfrac{70}{50} \times 100 = 140$

정답 ①

0559

명목 GDP가 100이고 GDP 디플레이터(deflator)가 125일 때, 실질 GDP는?

13 국가직 7급

① 80
② 90
③ 100
④ 125

실질 GDP는 다음과 같이 측정된다.

> 실질 $GDP = \dfrac{명목 \ GDP}{GDP \ 디플레이터} \times 100 = \dfrac{100}{125} \times 100$
> $= 0.8 \times 100 = 80$

정답 ①

0560

A국은 사과와 딸기 두 재화만을 생산하며, 각 재화의 생산량과 가격은 다음 표와 같다. A국이 2013년 가격을 기준으로 실질 GDP를 계산한다고 할 때, 다음 중 옳지 않은 것은?

15 CPA

연도	사과		딸기	
	생산량	가격	생산량	가격
2013	10	1	5	2
2014	8	2	6	1

① 2013년의 명목 GDP는 20이다.
② 2013년의 실질 GDP는 20이다.
③ 2014년의 명목 GDP는 22이다.
④ 2014년의 실질 GDP 성장률은 전년 대비 0%이다.
⑤ 2014년의 GDP 디플레이터 상승률은 전년 대비 5%이다.

연도별 명목 GDP와 실질 GDP를 구하면 다음과 같다.

> • 2013년 명목 GDP $= \sum P_{2013} \times Q_{2013} = 1 \times 10 + 2 \times 5 = 20$
> • 2013년 실질 GDP $= \sum P_{2013} \times Q_{2013} = 1 \times 10 + 2 \times 5 = 20$
> • 2014년 명목 GDP $= \sum P_{2014} \times Q_{2014} = 2 \times 8 + 1 \times 6 = 22$
> • 2014년 실질 GDP $= \sum P_{2013} \times Q_{2014} = 1 \times 8 + 2 \times 6 = 20$

• 2014년의 실질 GDP는 2013년의 실질 GDP의 크기와 동일하다. 따라서 실질 GDP 성장률은 0%이다.
• 2014년의 GDP 디플레이터는 다음과 같이 도출된다.

> 2014년 $GDP \ 디플레이터 = \dfrac{2014년 \ 명목 \ GDP}{2014년 \ 실질 \ GDP} \times 100$
> $= \dfrac{22}{20} \times 100 = 110$

• 기준연도의 GDP 디플레이터는 항상 100이다. 따라서 2014년의 GDP 디플레이터가 110이라는 것은 기준연도에 비해 10%만큼 상승했다는 것을 의미한다.

정답 ⑤

0561

다음 표는 빵과 옷만을 생산하는 경제의 연도별 생산 현황이다. 2011년을 기준 연도로 할 때, 2013년의 GDP 디플레이터(㉠)와 물가상승률(㉡)은? (단, 물가상승율은 GDP 디플레이터를 이용하여 구한다.)

14 국가직 7급

연도	빵		옷	
	가격(원)	생산량(개)	가격(원)	생산량(개)
2011	30	100	100	50
2012	40	100	110	70
2013	40	150	150	80

	㉠	㉡		㉠	㉡
①	144	18.2%	②	144	23.1%
③	157	18.2%	④	157	23.1%

2011년을 기준으로 하는 2012년과 2013년의 명목 GDP, 실질 GDP, GDP 디플레이터를 다음과 같이 도출할 수 있다.

- 2012년 명목 GDP:
$$\sum P_{2012} \times Q_{2012} = 40 \times 100 + 110 \times 70 = 4,000 + 7,700 = 11,700$$
- 2012년 실질 GDP:
$$\sum P_{2011} \times Q_{2012} = 30 \times 100 + 100 \times 70 = 3,000 + 7,000 = 10,000$$
- 2012년 GDP 디플레이터:
$$\frac{2012년\ 명목\ GDP}{2012년\ 실질\ GDP} \times 100 = \frac{11,700}{10,000} \times 100 = 117$$

- 2013년 명목 GDP:
$$\sum P_{2013} \times Q_{2013} = 40 \times 150 + 150 \times 80 = 6,000 + 12,000 = 18,000$$
- 2013년 실질 GDP:
$$\sum P_{2011} \times Q_{2013} = 30 \times 150 + 100 \times 80 = 4,500 + 8,000 = 12,500$$
- 2013년 GDP 디플레이터:
$$\frac{2013년\ 명목\ GDP}{2013년\ 실질\ GDP} \times 100 = \frac{18,000}{12,500} \times 100 = 144$$

- 2013년의 물가상승률은 다음과 같이 측정할 수 있다.

$$\frac{2013년\ GDP\,디플레이터 - 2012년\ GDP\,디플레이터}{2012년\ GDP\,디플레이터}$$
$$= \frac{144 - 117}{117} = \frac{27}{117} ≒ 0.231 = 23.1\%$$

정답 ②

0562

작년에 비해 실질 GDP(Gross Domestic Product)가 상승하였다. 다음 중 가장 옳은 것은?

16 서울시 7급

① 작년에 비해 명목 GDP와 GDP 디플레이터 모두 증가하였다.
② 작년에 비해 명목 GDP가 증가하였거나 GDP 디플레이터가 감소하였다.
③ 작년에 비해 명목 GDP는 감소하였고 GDP 디플레이터는 증가하였다.
④ 작년에 비해 명목 GDP와 GDP 디플레이터 모두 감소하였다.

실질 GDP는 다음과 같이 측정된다.

$$실질\ GDP = \frac{명목\ GDP}{GDP\,디플레이터} \times 100$$

- 작년에 비해 실질 GDP가 상승했다는 것은 결국 분자 값인 명목 GDP가 증가했거나, 분모값인 GDP 디플레이터가 감소했다는 것을 의미한다.

정답 ②

0563

A국의 2012년 명목 GDP가 200억 달러였다. 그 후 1년 동안 명목 GDP는 3% 증가하였고, 같은 기간 동안의 인플레이션율은 3%였다. 2012년을 기준 연도로 할 때, A국의 2013년도 실질 GDP는? 14 지방직 7급

① 200억 달러
② 203억 달러
③ 206억 달러
④ 209억 달러

해 설

명목 GDP와 실질 GDP와의 관계는 다음과 같다.

$$실질\ GDP = \frac{명목\ GDP}{GDP\ 디플레이터} \times 100$$

· 앞의 식의 양 변에 자연대수를 취하고 각 변수로 전미분을 하면 다음 식이 도출된다.

실질 GDP 증가율 = 명목 GDP 증가율 - GDP 디플레이터 증가율(= 인플레이션율)

· 주어진 조건을 앞의 식에 대입하면 실질 GDP 증가율은 불변이다.

실질 GDP 증가율 = 3% - 3%=0%

· 2012년이 기준 연도이므로 2012년에는 실질 GDP와 명목 GDP는 같다. 따라서 2012년의 실질 GDP는 명목 GDP와 같은 200억 달러이다. 그런데 2013년 실질 GDP 증가율이 불변이므로 실질 GDP는 여전히 200억 달러가 된다.

정답 ①

0564

아래의 표는 가상경제의 2008~2010년 간 생산 활동을 정리한 것이다. 표를 보고 알 수 있는 사실 중 옳지 않은 것은? (단, 국민소득 통계의 기준연도는 2008년임) 10 국회 8급

연도	쌀		자동차		컴퓨터	
	수량(kg)	가격(천 원)	수량(대)	가격(천 원)	수량(대)	가격(천 원)
2008	100	2	3,000	20,000	1,400	1,000
2009	120	4	2,800	25,000	1,500	1,050
2010	130	5	3,200	24,000	1,600	1,000

① 2008년의 명목 GDP는 61,400,200천 원이다.
② 2009년의 명목 GDP는 2008년에 비해 약 16.6% 증가하였다.
③ 2009년의 GDP 디플레이터는 약 124.5이다.
④ 2009년의 실질 GDP는 전년에 비해 증가하였다.
⑤ 2010년에는 전년에 비해 실질 GDP가 14% 이상 증가하였다.

해 설

기준연도가 2008년임을 전제로 연도별 각각의 GDP 관련 자료들을 구하면 다음과 같다.

· 2008년 명목 GDP: $100 \times 2 + 3,000 \times 20,000 + 1,400 \times 1,000$
$= 61,400,200$(천 원)
· 2008년 실질 GDP: $61,400,200$(천 원)

· 2009년 명목 GDP: $120 \times 4 + 2,800 \times 25,000 + 1,500 \times 1,050$
$= 71,575,480$(천 원)
· 2009년 실질 GDP: $120 \times 2 + 2,800 \times 20,000 + 1,500 \times 1,000$
$= 57,500,240$(천 원)

2010년 실질 GDP: $130 \times 2 + 3,200 \times 20,000 + 1,600 \times 1,000$
$= 65,600,260$(천 원)

· 2008년 대비 2009년 명목 GDP 증가율:
$$\frac{71,575,480 - 61,400,200}{61,400,200} = \frac{10,175,280}{61,400,200} ≒ 0.166 = 16.6\%$$
· 2009년 GDP 디플레이터:
$$\frac{명목\ GDP}{실질\ GDP} \times 100 = \frac{71,575,480}{57,500,240} \times 100 ≒ 124.5$$
· 2009년 대비 2010년 실질 GDP 증가율:
$$\frac{65,600,260 - 57,500,240}{57,500,240} = \frac{8,100,020}{57,500,240} ≒ 0.141 = 14.1\%$$

정답 ④

0565

다음 그림은 A국의 명목 GDP와 실질 GDP를 나타낸다. 이에 대한 설명으로 옳지 않은 것은? (단, A국의 명목 GDP와 실질 GDP는 우상향하는 직선이다.)   17 국가직 7급

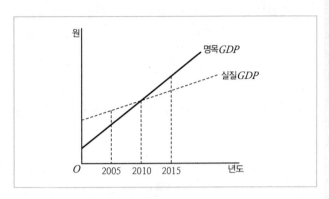

① 2005년에서 2015년 사이에 경제성장률은 양(+)의 값을 가진다.
② 2010년에서 2015년 사이에 물가는 상승하였다.
③ 2005년의 GDP 디플레이터는 100보다 큰 값을 가진다.
④ 기준연도는 2010년이다.

GDP 디플레이터는 다음과 같이 도출된다.

$$\text{GDP 디플레이터} = \frac{\text{명목 } GDP}{\text{실질 } GDP} \times 100$$

- 그림에서 2005년도의 실질 GDP가 명목 GDP보다 크다고 나타나 있다. 따라서 GDP 디플레이터의 크기는 100보다 작은 값을 갖게 된다(③).
- 기준연도에서는 명목 GDP와 실질 GDP의 크기가 같고, 이때의 GDP 디플레이터는 '100'이 된다. 이에 따라 그림에서 기준연도는 2010년도임을 알 수 있다(④).
- 기준연도인 2010년 이후에 명목 GDP의 증가 추이가 실질 GDP의 증가 추이보다 더 크게 나타나 있다. 이것은 이 기간 동안 물가가 지속적으로 상승한다는 것을 보여준다(②).
- 경제성장률은 실질 GDP의 변화율로 측정된다. 그런데 그림에서의 실질 GDP는 계속해서 증가하는 추세를 보여준다. 따라서 이 기간 동안 경제성장률이 양(+)의 값을 갖는다는 것을 알 수 있다(①).

정답 ③

0566

미국 국적의 A는 2016년 1년 동안 한국에 거주하며 일했다. A는 한국 소재 기업에서 총 5,000만 원의 연봉을 받았으며, 한국 소재 어학원에 연 500만 원을 지불하고 한국어를 배웠다. 이 두 금액이 한국의 2016년 GDP와 GNI에 미친 영향의 차이는?   17 지방직 7급

① 5,500만 원
② 5,000만 원
③ 4,500만 원
④ 500만 원

GDP는 일정기간 동안 '자국 내에서' 생산된 최종생산물의 시장가치를 의미하는 속지주의를 전제로 하는 개념이고, GNI는 일정기간 동안 '자국민이' 얻게 된 소득의 크기를 의미하는 속인주의를 전제로 하는 개념이다.
- 문제에서 A는 미국 국적이므로 A의 생산 활동(=연봉 5,000만 원)은 한국의 GDP 측정의 대상이 되지만, A가 얻은 소득은 한국의 GNI 측정의 대상을 될 수 없다.
- A의 한국 소재 어학원(⇒강사도 당연히 한국인이라는 것을 전제한다. 설마 외국인이 한국어를 가르치지는 않을테니……)에서 한국어 학습으로 지불한 소비 활동(=500만 원)은 한국의 GDP(=한국인 강사의 강의서비스)는 물론이고 GNI(=한국인 강사의 소득) 측정의 대상이 된다.
- 앞의 내용들을 표로 정리하면 다음과 같다.

구분	한국의 GDP에 포함 여부	한국의 GNI에 포함 여부
A의 한국기업 근무 활동	포함(=5,000만 원)	불포함
A의 한국어 학습 활동	포함(=500만 원)	포함(=500만 원)

- 두 금액이 한국의 2016년 GDP와 GNI에 미친 영향의 차이는 5,000만 원이 된다.

정답 ②

THEME 02 | 소비-투자 이론

0567

다음은 A국의 소비함수에 대한 추정 결과이다. C_t와 Y_t는 각각 t기의 소비(조 원)와 소득(조 원)을 나타내며 안정적인 시계열이다. 괄호 안의 t통계량에 따르면 절편과 계수의 추정치는 통계적으로 유의하다. 이 결과에 대한 설명으로 옳은 것만을 모두 고른 것은? (단, 모형은 회귀분석의 기본가정을 모두 만족하며, ϵ_t는 잔차이다.)   16 국가직 7급

$C_t = 2.48 + 0.56\, Y_t + \epsilon_t$

$(3.51)(4.04)$

$R^2 = 0.85$

ㄱ. R^2에 따르면 소비의 총변동 중 85%가 소득 변수를 사용한 회귀모형으로 설명된다.

ㄴ. 소득의 계수 0.56은 한계소비성향이 0.56임을 의미한다.

ㄷ. 소득의 계수 0.56은 소득이 1% 상승할 때 소비가 0.56% 상승함을 의미한다.

① ㄱ

② ㄴ

③ ㄱ, ㄴ

④ ㄴ, ㄷ

0568

다음 소비함수 중 케인즈의 절대소득가설을 충족시키는 것은? (단, C, Yd, i는 각각 소비, 가처분소득, 이자율을 나타냄)   07 국가직 7급

① $C = 100 + 0.7\, Yd$

② $C = 50 + 0.8\, Yd - 0.25i$

③ $C = 100 + 1.2\, Yd$

④ $C = -10 + 0.4\, Yd$

해설

교란항 또는 잔차(ϵ_t)가 포함된 방정식(stochastic equation)이 '$C_t = a + bY_t + \epsilon_t$' 형태로 주어지면 이것은 '소비의 변화 = 규칙적 변화($a + bY_t$) + 임의 변화(ϵ_t)' 또는 '소비의 변화 = 설명 가능한 변화($a + bY_t$) + 설명 불가능한 변화(ϵ_t)'를 의미한다.

• 주어진 회귀분석을 통해 도출된 소비함수에서 0.56은 소득이 1만큼 증가한다면 소비는 0.56만큼 증가한다는 것을 보여주는 한계소비성향이다. 이것을 소득이 1%만큼 증가할 때 소비가 0.56%만큼 증가하는 것으로 생각하여 소비의 소득탄력성으로 오해해서는 안 된다.

• $R^2 = 0.85$에서 R^2는 C_t의 변동에 설명 가능한 변화인 ($a + bY_t$)가 어느 정도의 영향을 주는 가를 보여주는 것으로 '결정계수'라고도 불린다. 이에 따라 $R^2 = 0.85$라는 것은 소비의 변동 중 85%는 설명 가능한 변화인 소득변수에 의해 설명될 수 있다는 것을 의미한다.

정답 ③

해설

'C = a + bY' 형태를 갖는 케인즈 소비함수는 다음과 같은 특징을 갖는다.

• 소득의 크기와 관계없이 항상 양(+)의 값을 갖는 절대소비(기초소비: a)가 존재한다. 즉 소비함수는 양(+)의 절편을 갖는다.

• 소득의 크기에 관계없이 항상 일정한 기울기(b)를 갖는다. 이 기울기는 한계소비성향(= MPC)을 의미하며 그 크기는 0 <b <1의 값을 갖는다.

• 현재 가처분 소득의 절대적인 크기에 의해 소비의 크기가 결정되고, 이자율과 관계없다.

정답 ①

0569

소비자 A는 1기와 2기에 걸쳐 소비를 한다. C_1을 1기의 소비, C_2을 2기의 소비라고 할 때, 소비자 A의 효용함수는 $U = (C_1,\ C_2) = \min[C_1,\ C_2]$이다. 1기의 소득은 210만원이고 2기의 소득은 0원이며, 각 기의 소비재 가격은 1원으로 동일하다. A는 1기에 10%의 이자율로 저축을 하거나 대출을 받을 수 있다. 소비자 A의 행동 중 합리적인 것은?

09 감정평가사

① 100만원을 저축한다.
② 110만원을 저축한다.
③ 100만원을 대출받는다.
④ 110만원을 대출받는다.

소비자 A의 효용함수가 $U = (C_1,\ C_2) = \min[C_1,\ C_2]$로 주어져 있으므로 효용을 극대화할 수 있는 방법은 '$C_1 = C_2$'를 만족시키는 것이다.

· 1기의 소득이 210만원이고 2기의 소득이 0원이므로 1기 소득의 일부를 저축하여 이를 기초로 1기 소비의 크기와 동일한 크기로 2기에 소비를 해야 한다.

· 1기 소득의 210만 원 중에서 110만 원을 소비하고 나머지 100만 원을 저축을 하면, 이자율이 10%이므로 2기 때 소비가능액이 '100(1 + 0.1) = 110(만 원)'이 되어 $C_1 = C_2$를 만족시키는 효용극대화를 달성할 수 있게 된다.

· 수식을 통해 1기의 소비(c_1)를 구하면 다음과 같다.

$C_1 = C_2 \Rightarrow C_1 = (210 - C_1)(1 + r) \Rightarrow C_1 = (210 - C_1)(1 + 0.1) \Rightarrow$
$C_1 = 231 - 1.1C_1 \Rightarrow 2.1C_1 = 231 \Rightarrow C_1 = 110(만 원)$, 1기 저축 $= 100(만 원)$

정답 ①

0570

2기간 소비선택모형에서 소비자의 효용함수는 '$U(C_1, C_2)$ $= C_1 \times C_2$'이고, 예산제약식은 $C_1 + \dfrac{C_2}{1+r} = Y_1 + \dfrac{Y_2}{1+r}$ 이다. 이 소비자의 최적소비 행태에 대한 설명으로 옳지 않은 것은? (단, C_1은 1기의 소비, C_2는 2기의 소비, Y_1은 1기의 소득으로 100, Y_2는 2기의 소득으로 121, r은 이자율로 10%이다.)

17 지방직 7급

① 한계대체율과 $(1+r)$이 일치할 때 최적소비가 발생한다.
② 1기보다 2기에 소비를 더 많이 한다.
③ 1기에 이 소비자는 저축을 한다.
④ 유동성 제약이 발생하면 1기의 소비는 감소한다.

해 설

주어진 조건에 따른 예산제약식은 다음과 같다.

$$C_1 + \frac{C_2}{1+r} = Y_1 + \frac{Y_2}{1+r}$$
$$\Rightarrow C_2 = [(1+r) \times Y_1 + Y_2] - (1+r) \times C_1$$
$$\Rightarrow C_2 = [(1+0.1) \times 100 + 121] - 1.1 \times C_1$$
$$\Rightarrow C_2 = 231 - 1.1 \times C_1$$

- 소비자 이론에서 최적소비는 효용함수의 접선의 기울기에 해당하는 한계대체율($= MRS_{C_1 C_2}$)과 예산선(예산제약식)의 기울기($= 1 + r$)에 해당하는 상대가격이 일치하는 수준에서 이루어지며, 이때 효용함수와 예산선은 접하게 된다(①).
- 주어진 효용함수의 한계대체율을 구하면 다음과 같다.

$$MRS_{C_1 C_2} = \frac{MU_{C_1}}{MU_{C_2}} = \frac{dU/dC_1}{dU/dC_2} = \frac{C_2}{C_1}$$

- 예산선의 기울기인 상대가격은 '$1 + r = 1 + 0.1 = 1.1$'이 된다. 이에 따라 소비자 균형 수준인 '한계대체율($MRS_{C_1 C_2}$) = 상대가격$(1+r)$'에서 다음 식이 성립한다.

$$\frac{C_2}{C_1} = 1.1 \Rightarrow C_2 = 1.1 C_1$$

- 이에 따라 2기의 소비는 1기의 1.1배만큼 이루어진다(②).
- 주어진 1기와 2기의 소득과 이자율을 주어진 예산제약식에 대입하여 정리하면 '$C_2 = 231 - 1.1 \times C_1$'이라는 식을 얻는다. 이 식과 '$C_2 = 1.1 C_1$' 식을 연립하여 풀면 '$C_1 = 105, C_2 = 115.5$'를 얻을 수 있다. 이를 통해 1기에는 소득($= 100$)에 비해 소비($= 105$)가 더 많다는 것을 알 수 있고, 이것은 곧 1기에 소비자는 '부족한 5'만큼을 차입을 통해 소비에 충당한다는 것을 의미한다(③). 이에 따라 소비자는 2기에는 소득 121 중에서 1기에 차입한 원금인 '5'와 이에 대한 연 이자인 '0.5'만큼을 상환하고 남은 115.5를 소비하게 되는 것이다.

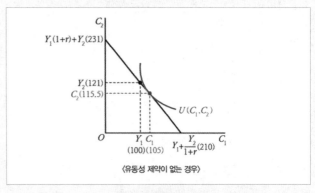

〈유동성 제약이 없는 경우〉

- 소비자에게 차입이 불가능한 상황을 의미하는 유동성 제약이 발생하게 되면, 1기의 소비는 1기 소득액 수준에서 이루어지므로 1기의 소비는 105에서 100으로 감소하게 된다(④).

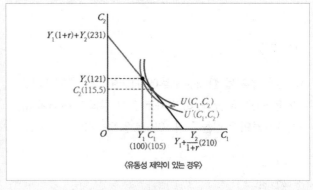

〈유동성 제약이 있는 경우〉

정답 ③

0571

다음은 2기간 소비선택모형이다. 이에 대한 설명으로 옳지 않은 것은?

17 국가직 7급

소비자의 효용함수는 $U(C_1, C_2) = \ln(C_1) + \beta\ln(C_2)$이다. 여기서 C_1은 1기 소비, C_2는 2기 소비, $\beta \in (0, 1)$, ln은 자연로그이다. 소비자의 1기 소득은 100이며, 2기 소득은 0이다. 1기의 소비 중에서 남은 부분은 저축할 수 있으며, 저축에 대한 이자율은 r로 일정하다.

① 효용함수가 $U(C_1, C_2) = C_1 C_2^{\beta}$인 경우에도, 1기 소비와 2기 소비의 균형은 변하지 않는다.

② $\beta > \dfrac{1}{1+r}$이면, 1기의 소비가 2기의 소비보다 크다.

③ $\beta(1+r) = 1$이면, 1기의 소비와 2기의 소비는 같다.

④ 소비자의 예산제약식은 $C_1 + \dfrac{C_2}{1+r} = 100$이다.

효용함수 '$U(C_1, C_2) = C_1 C_2^{\beta}$'에 자연로그를 취하면 '$U(C_1, C_2) = \ln(C_1) + \beta\ln(C_2)$'를 얻을 수 있다. 결국 양자는 동일한 함수임을 알 수 있다(①).

• 효용함수 '$U(C_1, C_2) = C_1 C_2^{\beta}$'에서 한계대체율($MRS_{C_1 C_2}$)은 다음과 같다.

$$MRS_{C_1 C_2} = \frac{MU_{C_1}}{MU_{C_2}} = \frac{dU}{dC_1} \Big/ \frac{dU}{dC_2} = \frac{C_2^{\beta}}{\beta C_1 C_2^{\beta-1}} = \frac{1}{\beta} \times \frac{C_2}{C_1}$$

• 소비자의 2기간 간 예산제약식은 다음과 같다.

$$C_1 + \frac{C_2}{1+r} = Y_1 + \frac{Y_2}{1+r}$$

• 문제에서 1기의 소득(Y_1)이 100, 2기의 소득(Y_2)이 '0'이라고 했으므로 소비자의 예산제약식은 '$C_1 + \dfrac{C_2}{1+r} = 100$ $\Rightarrow C_2 = (1+r) \times 100 - (1+r) \times C_1$'이 된다(④). 이 식을 통해 예산제약식의 기울기인 상대가격은 '$(1+r)$'임을 알 수 있다.

• 한편 소비자 균형은 '한계대체율 = 상대가격' 수준에서 이루어진다. 이에 따라 '$\dfrac{1}{\beta} \times \dfrac{C_2}{C_1} = (1+r) \Rightarrow \dfrac{C_2}{C_1} = \beta \times (1+r)$'이 성립한다. 따라서 '$\beta(1+r) = 1$'이면 '$\dfrac{C_2}{C_1} = 1 \Rightarrow C_2 = C_1$'이 되어 1기의 소비와 2기의 소비는 같아진다(③).

• 만약 '$\beta > \dfrac{1}{1+r}$'이면 '$\dfrac{C_2}{C_1} > 1 \Rightarrow C_2 > C_1$'이 되어 2기의 소비가 1기의 소비보다 커진다(②).

정답 ②

0572

A기업은 투자를 통해 1년 후에 110원, 2년 후에 121원의 수익을 얻을 수 있다. 이 투자로 인한 수익의 현재가치는? (단, A기업의 할인율은 연 10%로 일정하다.)

12 지방직 7급

① 200원
② 209원
③ 220원
④ 231원

투자기간이 2년인 경우, 미래 기대수익의 현재가치(PV)를 구해보면 다음과 같다.

$$PV = \frac{110}{(1+0.1)^1} + \frac{121}{(1+0.1)^2} = \frac{110}{1.1} + \frac{121}{1.21} = 100 + 100 = 200$$

정답 ①

0573

甲(갑)기업이 새로운 투자 프로젝트 비용으로 현재 250원을 지출하였다. 1년 후 120원, 2년 후 144원의 수익을 얻을 수 있다. 연간 시장이자율(할인율)이 20%일 때, 이 투자 프로젝트의 순 현재가치(Net Present Value)는? <small>15 감정평가사</small>

① 50원

② 30원

③ 3원

④ 14원

해 설

투자기간이 2년인 경우, 미래기대수익의 현재가치(PV)를 구해보면 다음과 같다.

$$PV = \frac{120}{(1+0.2)^1} + \frac{144}{(1+0.2)^2} = \frac{120}{1.2} + \frac{144}{1.44} = 100 + 100 = 200$$

• 순 현재가치(Net Present value)는 'PV - TC'이므로, 이 투자 프로젝트의 순 현재가치는 '200 - 250 = -50(원)'이 된다. 이 경우 투자는 이루어지지 않는다.

정답 ①

0574

다음은 갑 회사 투자안의 예상수익에 대한 정보이다. 만약 이자율이 11%라면 금년(2017년)도 갑 회사의 선택은?

(단, $\frac{1}{1.11^1} \fallingdotseq 0.9$, $\frac{1}{1.11^2} \fallingdotseq 0.8$, $\frac{1}{1.11^3} \fallingdotseq 0.7$이다.) <small>11 국가직 9급</small>

(단위: 억 원)

	2017년	2018년	2019년	2020년
투자안 A	-50	1,000	500	200
투자안 B	-100	500	500	500
투자안 C	-200	200	500	1,100

① A 선택

② B 선택

③ C 선택

④ A와 C가 무차별함

해 설

문제에서 주어진 예상수익(R)으로 각각의 투자안을 2017년 기준 현재가치(PV)로 환산하기 위해서는 다음과 같은 도출과정이 필요하다.

$$PV = \frac{R_{2017}}{(1+0.11)^0} + \frac{R_{2018}}{(1+0.11)^1} + \frac{R_{2019}}{(1+0.11)^2} + \frac{R_{2020}}{(1+0.11)^3}$$

• 문제에서 주어진 투자안에 대한 현재가치를 도출하면 다음과 같다.

투자안	현재가치
A	$PV = \frac{-50}{(1+0.11)^0} + \frac{1,000}{(1+0.11)^1} + \frac{500}{(1+0.11)^2} + \frac{200}{(1+0.11)^3}$ $= -50 + 900 + 400 = 140 = 1,390$
B	$PV = \frac{-100}{(1+0.11)^0} + \frac{500}{(1+0.11)^1} + \frac{500}{(1+0.11)^2} + \frac{500}{(1+0.11)^3}$ $= -100 + 450 + 400 + 350 = 1,100$
C	$PV = \frac{-200}{(1+0.11)^0} + \frac{200}{(1+0.11)^1} + \frac{500}{(1+0.11)^2} + \frac{1,100}{(1+0.11)^3}$ $= -200 + 180 + 400 + 770 = 1,150$

• 갑 회사는 현재가치가 가장 큰 투자안인 A를 선택하게 될 것이다.

정답 ①

0575

어느 기업의 자본의 한계생산물($\mathrm{MP_K}$)이 $50 - 0.1K$라고 하자. 자본재 가격은 단위당 10,000원, 감가상각률은 5%로 일정하며, 생산물 가격은 단위당 200원으로 일정하다. 실질이자율이 초기 10%에서 5%로 하락하였을 때, 이 기업의 초기 자본량($\mathrm{K_0}$)과 바람직한 투자수준(I)은? (단, K는 자본량이다.)

17 서울시 7급

① $K_0 = 375,\ I = 25$

② $K_0 = 375,\ I = 50$

③ $K_0 = 425,\ I = 25$

④ $K_0 = 425,\ I = 50$

주어진 문제는 신고전학파의 투자결정이론과 관련된 문제이다. 이 이론에 따르면 적정자본량 수준은 다음과 같은 식을 만족할 때 이루어진다.

> $(i + d - \pi) \times P_K = (r + d) \times P_K = MP_K \times P$
> (단, i는 명목이자율, d는 감가상각률, π는 인플레이션율, r은 실질이자율, P_K는 자본재 가격, MP_K는 자본의 한계생산성, P는 생산물 가격)

• 실질이자율이 10%였던 초기의 적정 자본량을 구하면 다음과 같다.

> $(0.1 + 0.05) \times 10,000 = (50 - 0.1K) \times 200$
> $\Rightarrow 1,500 = 10,000 - 20K \Rightarrow 20K = 8,500 \Rightarrow K = 425$

• 실질이자율이 5%로 하락할 때의 적정 자본량을 구하면 다음과 같다.

> $(0.05 + 0.05) \times 10,000 = (50 - 0.1K) \times 200$
> $\Rightarrow 1,000 = 10,000 - 20K \Rightarrow 20K = 9,000 \Rightarrow K = 450$

• 따라서 실질이자율이 5%로 하락하였을 때의 적정 자본량($K = 450$)에 비해 초기 자본량($K = 425$)이 25만큼 부족하게 되어, 바람직한 투자 수준은 'I = 25'가 된다.

정답 ③

0576

공공사업 A에 투입할 100억 원의 자금 중에서 40억 원은 민간부문의 투자에 사용될 자금이었고, 60억 원은 민간부문의 소비에 사용될 자금이었다. 이 공공사업을 평가하기 위한 사회적 할인율(social discount rate)은? (단, 민간부문 투자의 세전 수익률과 세후 수익률은 각각 15.0%와 10.0%이다.)

20 지방직 7급

① 11.5%

② 12.0%

③ 12.5%

④ 13.0%

공공사업을 진행할 때에는 미래 세대까지 고려하는 공적 차원의 할인율을 적용하는데, 이를 사회적 할인율이라고 한다. 이러한 정부의 공공사업에 대한 사회적 할인율은 기회비용 관점에서 공공사업을 위해 희생된 민간부문의 수익률이라 할 수 있다.

• 민간투자에 사용될 자금 1원의 세전 수익률이 15%이므로, 민간투자에 사용될 자금 1원이 공공투자에 투입되는 경우의 기회비용은 15%가 된다. 투자 여부 결정은 세전 수익률을 전제로 현재가치를 사용하여 이루어지기 때문이다.

• 민간투자에 사용될 자금 1원의 세후 수익률이 10%이므로, 민간소비에 사용될 자금 1원이 공공투자에 사용되는 경우의 기회비용은 10%가 된다. 민간의 소비와 저축에 대한 의사결정은 세후 수익률을 기대하면 이루어지기 때문이다.

• 공공사업 A에 투입할 100억 원의 자금 중에서 40억 원은 민간부문의 투자에 사용될 자금이었고, 60억 원은 민간부문의 소비에 사용될 자금이었다면, 사회적 할인율은 민간부문 투자의 세전 수익률과 민간부문 소비의 세후 수익률의 가중평균 값으로 간주된다.

• 세전 수익률과 세후 수익률의 가중평균 값은 다음과 같이 도출된다.

> • 사회적 할인율: 세전 수익률과 세후 수익률의 가중평균 값 = $\theta \times \alpha + (1 - \theta) \times \beta$
> $\Rightarrow \dfrac{40}{100} \times 0.15 + \dfrac{60}{100} \times 0.1 = 0.4 \times 0.15 + 0.6 \times 0.1 = 0.06 + 0.06$
> $= 0.12 = 12\%$
> • 여기서 θ는 민간투자자금 비중, $(1 - \theta)$는 민간소비자금 비중, α는 세전 수익률, β는 세후 수익률이다.

정답 ②

THEME 03 국민소득 결정론

0577

태평양 상의 작은 섬나라인 '아일국'은 외국과의 거래 없이 폐쇄경제를 운영하고 있으며 아일국의 화폐단위는 '쩐'이라고 한다. 아일 국립대의 유명한 경제학자인 '이코노' 교수는 아일국의 소비함수가 $C = 100 + 0.8\,Y$임을 밝혀냈다(단, C는 소비를, Y는 국민소득을 나타냄). 아일국에서 어느 한 해 동안의 기업투자 규모가 200쩐, 정부지출규모가 100쩐이었다면 아일국의 그 해의 균형국민소득의 크기는?

07 국회 8급

① 1,000쩐
② 1,200쩐
③ 1,500쩐
④ 2,000쩐
⑤ 2,500쩐

해설

폐쇄경제 하에서의 국민소득 균형식은 다음과 같다.

> • $Y = C + I + G$
> • Y는 국민소득, C는 소비지출, I는 투자지출, G는 정부지출이다.

• 문제에서 주어진 조건들을 국민소득 균형식에 대입하여 정리하면 다음과 같은 국민소득이 도출된다.

> $Y = C + I + G \Rightarrow Y = 100 + 0.8\,Y + 200 + 100$
> $\Rightarrow 0.2\,Y = 400 \Rightarrow Y = 2,000$

정답 ④

0578

케인즈의 단순폐쇄경제 모형에서 가처분소득의 함수인 민간소비는 가처분소득이 0일 때 160, 한계소비성향이 0.6, 독립투자가 400, 정부지출이 200, 조세는 정액세만 존재하고 정부재정은 균형상태라고 가정할 때 균형국민소득은?

10 국회 8급

① 1,600
② 1,700
③ 1,800
④ 1,900
⑤ 2,000

해설

정부재정이 균형 상태이므로 'G = T'가 만족되므로 T = 200이 된다. 또한 민간소비가 가처분소득(YD=Y-T)이 0일 때 160, 한계소비성향(MPC)이 0.6이므로 다음과 같은 소비함수를 도출할 수 있다.

> $C = 160 + 0.6\,YD \Rightarrow C = 160 + 0.6\,(Y - 200)$

• 폐쇄경제 하에서의 국민소득 균형식은 다음과 같다.

> • $Y = C + I + G$
> • Y는 국민소득, C는 소비지출, I는 투자지출, G는 정부지출이다.

• 문제에서 주어진 조건들을 국민소득 균형식에 대입하여 정리하면 다음과 같은 국민소득이 도출된다.

> $Y = C + I + G \Rightarrow Y = 160 + 0.6\,(Y - 200) + 400 + 200$
> $\Rightarrow 0.4\,Y = 640 \Rightarrow Y = 1,600$

정답 ①

0579

균형국민소득(Y)이 4,000이고, 소비는 $C = 300 + 0.8(Y - T)$, 조세(T)는 500, 정부지출(G)은 500이다. 또 투자는 $I = 1,000 - 100r$인데, r은 % 단위로 표시된 이자율이다. 이때 균형이자율은 얼마인가?

14 서울시 7급

① 1%

② 3%

③ 6%

④ 8%

⑤ 10%

해설

폐쇄경제 하에서의 국민소득 균형식은 다음과 같다.

- $Y = C + I + G$
- Y는 국민소득, C는 소비지출, I는 투자지출, G는 정부지출이다.

- 문제에서 주어진 조건들을 국민소득 균형식에 대입하여 정리하면 다음과 같은 균형이자율이 도출된다.

$$Y = C + I + G$$
$$\Rightarrow 4,000 = 300 + 0.8(4,000 - 500) + 1,000 - 100r + 500$$
$$\Rightarrow 100r = 600 \Rightarrow r = 6(\%)$$

정답 ③

0580

다음과 같이 주어진 폐쇄경제에서 균형 실질이자율(r)은? (단, Y는 총소득, C는 소비, G는 정부지출, T는 조세, I는 투자이다.)

19 국가직 7급

Y = 1,000, C = 600, G = 100, T = 50, I = 400 − 50r

① 1

② 2

③ 3

④ 4

해설

주어진 조건에 따른 국민소득 균형식을 통하여 균형 실질이자율(r)은 다음과 같이 도출된다.

$$Y = C + I + G \Rightarrow 1,000 = 600 + 400 - 50r + 100$$
$$\Rightarrow 50r = 100 \Rightarrow r = 2$$

- 주의할 것은 문제에서 주어진 조건 중에서 'T=50'은 국민소득 균형식에는 반영되지 않는다는 것이다. 'T=50'은 이미 소비의 크기인 600에 반영되어 있다. 문제에서 주어진 모든 조건이 필요한 것이 아님을 주의한다.

정답 ②

0581

어느 나라의 거시경제 모형이 다음과 같다고 하자. 이 경제의 실질 GDP(Y)가 5,000일 경우, 균형 실질금리는 몇 %인가?

15 서울시 7급

Y = C + I, C = 500 + 0.6Y, I = 2,000 − 100r (단, r은 실질금리이며 %로 표시)

① 2%

② 5%

③ 10%

④ 20%

해설

주어진 조건들을 국민소득 균형식에 대입하여, 균형 실질금리를 다음과 같이 도출한다.

$$Y = C + I \Rightarrow 5,000 = 500 + 0.6 \times 5,000 + 2,000 - 100r$$
$$\Rightarrow 100r = 500 \Rightarrow r = 5(\%)$$

정답 ②

0582

<보기>와 같은 경제환경 하에서 개인저축과 균형이자율 (r*)은?

16 국회 8급

보 기

- $Y = C + I + G$ ・ $T = 1,500$
- $Y = 6,000$ ・ $C = 200 + 0.5(Y - T)$
- $G = 3,000$ ・ $I = 1,000 - 40r$

(단, Y는 국민소득, C는 소비지출, T는 조세, I는 투자지출, r 은 이자율, G는 정부지출이다. 이때 r의 균형값인 균형이자율은 r*로 표시한다.)

	개인저축	균형이자율(r*)
①	2,050	11.25
②	2,000	11.25
③	2,050	11.50
④	2,000	11.50
⑤	2,050	12.25

해 설

폐쇄경제 하에서의 국민소득 균형식은 다음과 같다.

- $Y = C + I + G$
- Y는 국민소득, C는 소비지출, I는 투자지출, G는 정부지출이다.

- 문제에서 주어진 조건들을 국민소득 균형식에 대입하여 정리하면 다음과 같은 균형이자율이 도출된다.

$Y = C + I + G$
$\Rightarrow 6,000 = 200 + 0.5(6,000 - 1,500) + 1,000 - 40r + 3,000$
$\Rightarrow 40r = 450 \Rightarrow r = 11.25$

- 소비(C)와 개인저축(S)은 다음과 같이 도출할 수 있다.

- $C = 200 + 0.5(Y - T) \Rightarrow C = 200 + 0.5(6,000 - 1,500)$
  $\Rightarrow C = 2,450$
- $S = Y - T - C \Rightarrow S = 6,000 - 1,500 - 2,450 = 2,050$

정답 ①

0583

다음 식으로 나타낼 수 있는 경제를 가정할 경우, 개인저축과 균형이자율은?

20 국회 8급

- $Y = C + I + G$
- $Y = 5,000$
- $T = 800$
- $G = 1,200$
- $C = 250 + 0.75(Y - T)$
- $I = 1,100 - 50r$

(Y: 국민소득, G: 정부지출, T: 세금, C: 소비, I: 투자, r: 이자율)

	개인저축	균형이자율
①	600	6
②	600	14
③	800	6
④	800	14
⑤	800	20

해 설

주어진 조건을 전제로 국민소득 균형식을 이용하여 소비와 이자율(r)을 구하면 다음과 같다.

- $C = 250 + 0.75(Y - T) \Rightarrow C = 250 + 0.75(5,000 - 800) = 3,400$
- $Y = C + I + G \Rightarrow 5,000 = 250 + 0.75(5,000 - 800)$
  $+ 1,100 - 50r + 1,200 \Rightarrow 50r = 700 \Rightarrow r = 14$

- 앞의 결과를 전제로 개인저축(S_P)을 다음과 같이 도출할 수 있다.

$S_P = Y - T - C = 5,000 - 800 - 3,400 = 5,000 - 4,200 = 800$

정답 ④

0584

소비 및 저축을 하는 가계부문과 생산 및 투자를 하는 기업부문만 존재하는 단순한 거시경제에서 소비함수와 투자함수가 다음과 같을 때, 이 경제의 균형국민소득은? (단, C는 소비지출, I는 투자지출, Y는 국민소득을 나타낸다.)

13 지방직 7급

- 소비함수: $C = 30 + 0.8Y$
- 투자함수: $10 + 0.1Y$

① 100
② 200
③ 300
④ 400

해 설

민간봉쇄경제 하에서의 국민소득 균형식은 다음과 같다.

- $Y = C + I$
- Y는 국민소득, C는 소비지출, I는 투자지출이다.

- 문제에서 주어진 조건들을 국민소득 균형식에 대입하여 정리하면 다음과 같은 균형국민소득이 도출된다.

$$Y = C + I \Rightarrow Y = 30 + 0.8Y + 10 + 0.1Y \Rightarrow 0.1Y = 40$$
$$\Rightarrow Y = 400$$

정답 ④

0585

소비지출 $C = 100 + 0.8Y$, **투자지출 I = 500, 정부지출 G = 200일 때 균형국민소득은?**

13 서울시 7급

① 1,000
② 4,000
③ 5,000
④ 7,000
⑤ 10,000

해 설

폐쇄경제 하에서의 국민소득 균형식은 다음과 같다.

- $Y = C + I + G$
- Y는 국민소득, C는 소비지출, I는 투자지출, G는 정부지출이다.

- 문제에서 주어진 조건들을 국민소득 균형식에 대입하여 정리하면 다음과 같은 균형국민소득이 도출된다.

$$Y = C + I + G \Rightarrow Y = 100 + 0.8Y + 500 + 200 \Rightarrow 0.2Y = 800$$
$$\Rightarrow Y = 4,000$$

정답 ②

0586

다음과 같은 경제 모형 하에서 균형국민소득은 얼마인가?

01 행시

㉠ $C = 30 + 0.75 YD$	㉡ $YD = Y - T$
㉢ $I = 120$	㉣ $G = 150$
㉤ $T = 0.2Y$	㉥ $X = 100$
㉦ $M = 0.1Y$	

(다만, Y는 국민소득, C는 소비, YD는 가처분소득, I는 투자,
G는 정부지출, T는 조세, X는 수출, M은 수입이다.)

① 1,000

② 600

③ 800

④ 500

해 설

개방경제 하에서의 국민소득 균형식은 다음과 같다.

- $Y = C + I + G + (X - M)$
- Y는 국민소득, C는 소비지출, I는 투자지출, G는 정부지출, (X-M)은 순수출이다.

- 문제에서 주어진 조건들을 국민소득 균형식에 대입하여 정리하면 다음과 같은 균형국민소득이 도출된다.

$Y = C + I + G + (X - M)$
$\Rightarrow Y = 30 + 0.75(Y - 0.2Y) + 120 + 150 + 100 - 0.1Y$
$\Rightarrow 0.5Y = 400 \Rightarrow Y = 800$

정답 ③

0587

자본이동이 완전한 소규모 개방경제가 있다. 정부재정이 균형예산이고 상품수지(무역수지)가 균형일 때 a값은? (단, Y는 국민소득, C는 소비, I는 투자, G는 정부구매, NX는 순수출, T는 조세이다.)

17 서울시 7급

- $Y = C + I + G + NX$
- $C = 250 + 0.75(Y - T)$, $T = aY$, $I = 750$, $Y = 5,000$

① 0.1

② 0.2

③ 0.3

④ 0.4

해 설

이 문제의 핵심은 정부재정이 균형예산이므로 'G = T'가 성립하여 'G = aY'가 되고, 상품수지(무역수지)가 균형이므로 'NX = 0'이 성립한다는 것이다. 또한 조건에서 이미 'Y = 5,000'이라는 결과를 주고 있다는 것에 주목한다.

- 개방경제 하에서의 국민소득 균형식은 다음과 같다.

- $Y = C + I + G + (X - M)$
- Y는 국민소득, C는 소비지출, I는 투자지출, G는 정부지출, (X-M)은 순수출이다.

- 문제에서 주어진 조건들을 국민소득 균형식에 대입하여 정리하면 'a'값을 도출할 수 있다.

$Y = C + I + G + (X - M)$
$\Rightarrow 5,000 = 250 + 0.75(5,000 - a \times 5,000) + 750 + a \times 5,000 + 0$
$\Rightarrow a \times 1,250 = 250 \Rightarrow a = 0.2$

정답 ②

0588

한 국민경제가 $C = 0.7(Y - T) + 25$, $I = 32$, $T = tY + 10$으로 표현될 때, 완전고용일 때 국민소득은 400이며, 정부지출은 모두 조세로 충당된다. 완전고용과 재정수지의 균형을 동시에 달성하는 t는? (단, Y는 국민소득, C는 소비, I는 투자, T는 조세, t는 소득세율이다.)

09 지방직 7급

① $\frac{1}{2}$

② $\frac{1}{4}$

③ 2

④ 4

해설

정부지출이 모두 조세로 충당되고, 재정수지가 균형이므로 '$G = T(= tY + 10)$'가 성립하게 된다.

• 폐쇄경제 하에서의 국민소득 균형식은 다음과 같다.

> • $Y = C + I + G$
>
> • Y는 국민소득, C는 소비지출, I는 투자지출, G는 정부지출이다.

• 문제에서 주어진 조건들을 국민소득 균형식에 대입하여 정리하면 't'값을 도출할 수 있다.

> $Y = C + I + G \Rightarrow Y = 0.7(Y - tY - 10) + 25 + 32 + tY + 10$
> $\Rightarrow 400 = 0.7(400 - t \times 400 - 10) + 25 + 32 + t \times 400 + 10$
> $\Rightarrow 400 = 0.7(390 - 400t) + 67 + 400t \Rightarrow 400 - 273 - 67 = 120t$
> $\Rightarrow 60 = 120t \Rightarrow t = \frac{1}{2}$

정답 ①

0589

A국의 경제는 $C = 0.7(Y - T) + 25$, $I = 32$, $T = tY + 10$으로 표현된다. 완전고용 시의 국민소득은 300이며, 재정지출은 모두 조세로 충당할 때, 완전고용과 재정지출의 균형을 동시에 달성하는 t는? (단, Y는 국민소득, C는 소비, I는 투자, G는 정부지출, T는 조세, t는 소득세율을 나타낸다.)

15 지방직 7급

① 1/5

② 1/4

③ 1/3

④ 1/2

해설

재정지출이 모두 조세로 충당되고, 재정수지가 균형이므로 '$G = T(= tY + 10)$'가 성립하게 된다.

• 폐쇄경제 하에서의 국민소득 균형식은 다음과 같다.

> • $Y = C + I + G$
>
> • Y는 국민소득, C는 소비지출, I는 투자지출, G는 정부지출이다.

• 문제에서 주어진 조건들을 국민소득 균형식에 대입하여 정리하면 't'값을 도출할 수 있다.

> $Y = C + I + G \Rightarrow Y = 0.7(Y - tY - 10) + 25 + 32 + tY + 10$
> $\Rightarrow 300 = 0.7(300 - t \times 300 - 10) + 25 + 32 + t \times 300 + 10$
> $\Rightarrow 300 = 0.7(290 - 300t) + 67 + 300t \Rightarrow 300 - 203 - 67 = 90t$
> $\Rightarrow 30 = 90t \Rightarrow t = \frac{1}{3}$

• 문제 '0588번'과 꼭 비교해보자!!! 꺼진 불(기존 문제)도 다시 보자!!!

정답 ③

0590

어떤 국가의 거시경제가 다음과 같다. 이 국가의 현재 경기 상황은 어떠하며, 이를 안정시키기 위한 정부의 조세정책으로서 한계조세율은 어떻게 조정되어야 하는가? 17 국회 8급

- $Y = C + I + G$
- $C = 50 + 0.75(Y - T)$
- $I = 150$
- $G = 250$
- $T = 200 + 0.25Y$
- $\overline{Y} = 750$

(Y: 소득, C: 소비, I: 투자, G: 정부구매, T: 조세, $\overline{Y}$: 자연생산량)

	경기상황	한계조세율 조정
①	경기침체	2.5%p 감소
②	경기침체	5%p 감소
③	경기침체	7%p 감소
⑤	경기과열	5%p 증가
④	경기과열	2.5%p 증가

해설

폐쇄경제 하에서의 국민소득 균형식은 다음과 같다.

- $Y = C + I + G$
- Y는 국민소득, C는 소비지출, I는 투자지출, G는 정부지출이다.

- 자연생산량(완전고용 국민소득)을 달성할 수 있는 적정 한계세율을 't'라고 하면, 문제에서 주어진 조건들을 국민소득 균형식에 대입하여 정리하면 다음과 같이 자연생산량 수준에서의 't'값을 도출할 수 있다.

$$Y = C + I + G$$
$$\Rightarrow 750 = 50 + 0.75(750 - 200 - t \times 750) + 150 + 250$$
$$\Rightarrow 562.5t = 112.5 \Rightarrow t = 0.2$$

- 앞의 결과는 문제에서 주어진 현재의 한계조세율(= 0.25)이 적정 한계조세율(= 0.2)보다 높다는 것을 보여 주고 있다. 이것은 현재 적정 수준을 넘는 과도한 조세로 인한 국민소득 '누출'로 현재의 균형 국민소득이 자연생산량에 미달하고 있는 '경기침체' 상태임을 알려 준다. 따라서 현재의 한계조세율인 0.25에서 0.2로의 조정이 필요하다는 것을 알 수 있다. 결국 필요한 조정의 크기는 0.05에 해당하는 5%p만큼 낮추어야 하는 것이다.

정답 ②

0591

어느 경제의 국민소득균형 모형이 아래와 같이 주어져 있다면 (ㄱ)~(ㄷ)의 값은 각각 얼마인가? 14 국회 8급

- $C = 50 + 0.85Y_d$
- $T = 0.2Y$
- $I = 110$
- $G = 208$
- $X = 82$
- $M = 10 + 0.08Y$

(Y: 소득, Y_d: 가처분소득, C: 소비, T: 조세, I: 투자, G: 정부지출, X: 수출, M: 수입)

(ㄱ) 균형국민소득은 얼마인가?
(ㄴ) 균형국민소득에서 경상수지 적자의 규모는 얼마인가?
(ㄷ) 균형국민소득에서 평균소비성향은 얼마인가? (단, 소수점 넷째자리에서 반올림하시오)

	(ㄱ)	(ㄴ)	(ㄷ)		(ㄱ)	(ㄴ)	(ㄷ)
①	1,023	10	0.729	②	1,100	16	0.725
③	1,100	10	0.725	④	1,200	24	0.722
⑤	1,100	10	0.729				

해설

개방경제 하에서의 국민소득 균형식은 다음과 같다.

- $Y = C + I + G + (X - M)$
- Y는 국민소득, C는 소비지출, I는 투자지출, G는 정부지출, (X-M)은 순수출이다.

- 문제에서 주어진 조건들을 국민소득 균형식에 대입하여 정리하면 다음과 같은 균형국민소득이 도출된다.

$$Y = C + I + G + (X - M)$$
$$\Rightarrow Y = 50 + 0.85(Y - 0.2Y) + 110 + 208 + (82 - 10 - 0.08Y)$$
$$\Rightarrow 0.4Y = 440 \Rightarrow Y = 1,100$$

- 균형국민소득이 1,100일 때 경상수지(=순수출)는 다음과 같다.

- $X = 82$
- $M = 10 + 0.08Y = 10 + 88 = 98$
- 경상수지(=순수출): $X - M = 82 - 98 = -16$

- 균형국민소득이 1,100일 때 평균소비성향(APC)은 다음과 같다.

- $C = 50 + 0.85(Y - 0.2Y) = 50 + 0.85 \times 0.8Y = 50 + 0.68Y$
  $= 50 + 0.68 \times 1,100 = 50 + 748 = 798$
- 평균소비성향(APC): $APC = \dfrac{C}{Y} = \dfrac{798}{1,100} = 0.725$

정답 ②

0592

다음과 같은 경제모형을 가정한 국가의 잠재총생산 수준이 Y^*라고 할 때, 총생산갭을 제거하기 위해 통화당국이 설정해야 하는 이자율은?　　　　　　　　　13 국가직 7급

- $C = 14,000 + 0.5(Y - T) - 3,000r$
- $I = 5,000 - 2,000r$
- $G = 5,000$　　　　　　　　　· $NX = 400$
- $T = 8,000$　　　　　　　　　· $Y^* = 40,000$

(단, Y는 국민소득, C는 소비, I는 투자, G는 정부지출, T는 조세, NX는 순수출, r은 이자율)

① 2%

② 4%

③ 6%

④ 8%

해설

개방경제 하에서의 국민소득 균형식은 다음과 같다.

- $Y = C + I + G + NX$
- Y는 국민소득, C는 소비지출, I는 투자지출, G는 정부지출, NX는 순수출이다.

- 문제에서 주어진 조건들을 국민소득 균형식에 대입하여 정리하면 다음과 같은 균형국민소득이 도출된다.

$$Y = C + I + G + NX \Rightarrow Y = 14,000 + 0.5(Y - 8,000) - 3,000r$$
$$+ 5,000 - 2,000r + 5,000 + 400 \Rightarrow 0.5Y = 24,000 - 5,000r$$
$$\Rightarrow Y = 40,800 - 10,000r$$

- 총생산갭을 제거하기 위해서는 '$Y = Y^*$'가 성립해야 한다. 주어진 잠재총생산($Y^* = 40,000$) 수준에서 이자율은 다음과 같이 도출된다.

$$Y = 40,800 - 10,000r \Rightarrow 40,000 = 40,800 - 10,000r$$
$$\Rightarrow 10,000r = 800 \Rightarrow r = 0.08 = 8(\%)$$

- 문제에서 총생산갭이 제거되면 '$Y = Y^*$'이 성립하므로, 처음부터 Y대신 Y^*의 값인 40,000을 대입해서 풀면 보다 빠른 풀이가 가능해 보인다.

정답 ④

0593

다음은 케인스의 국민소득결정 모형이다. 완전고용 국민소득 수준이 Y_3이라면 다음 설명 중 옳지 않은 것은?　　14 국회 8급

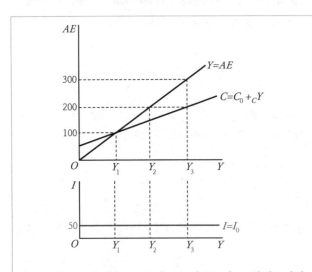

(Y: 소득, AE: 총지출, C: 소비, C_0: 기초소비, c: 한계소비성향, I: 투자, I_0: 독립투자)

① OY_3 수준에서 총수요는 250이다.

② 완전고용에 필요한 총수요는 300이다.

③ 위 그래프는 유발투자를 고려하고 있지 않다.

④ 디플레이션 갭이 100이다.

⑤ OY_3 수준에서 소비와 투자의 차이는 150이다.

해설

총수요(= 총지출: AE)의 크기는 '소비(C) + 투자(I) = $C_0 + c \times Y + I_0$'의 크기이고, 완전고용 국민소득 수준(Y_3)에 도달하기 위해 필요한 총수요 수준은 300이다(②).

- 그림에서 주어진 총수요(= 소비 + 투자)의 크기는 '250(=200 + 50)'에 불과하므로 완전고용을 달성하기 위해 필요한 총수요 수준인 300에 비해 50만큼 부족하다. 따라서 50만큼의 디플레이션 갭이 존재하고 있음을 알 수 있다(①, ④).

- 그림에서 투자는 소득과 무관하게 일정한 크기만큼 이루어지고 있어, 독립투자만이 존재하고 유발투자를 고려하고 있지 않다(③).

- OY_3 수준에서 소비는 200, 투자는 50이므로 양 자의 차이는 150이다(⑤).

정답 ④

0594

다음의 거시경제 모형에서 균형상태에 대한 설명으로 옳은 것만을 <보기>에서 모두 고르면? (단, 주어진 거시경제 모형에서 국외순수취 요소소득은 0이고, 교역조건에는 변화가 없다고 가정한다.)

14 국가직 9급

- 소비함수: $C = 220 + 0.9\,YD$
- 가처분소득: $YD = (1-t) \times Y$
- 소득세율: $t = 0.3$
- 투자함수: $I = 900$
- 정부지출: $G = 1,200$
- 순수출함수: $NX = 500 - 0.1 \times Y$

보기

ㄱ. 조세수입이 정부지출보다 많다.
ㄴ. 순수출은 음(-)의 값이다.
ㄷ. 투자는 국내 저축보다 많다.

① ㄱ
② ㄱ, ㄴ
③ ㄱ, ㄷ
④ ㄱ, ㄴ, ㄷ

해 설

개방경제 하에서의 국민소득 균형식은 다음과 같다.

- $Y = C + I + G + NX$
- Y는 국민소득, C는 소비지출, I는 투자지출, G는 정부지출, NX는 순수출이다.

- 문제에서 주어진 조건들을 국민소득 균형식에 대입하여 정리하면 다음과 같은 균형국민소득이 도출된다.

$$Y = C + I + G + NX$$
$$\Rightarrow Y = 220 + 0.9 \times 0.7\,Y + 900 + 1,200 + 500 - 0.1 \times Y$$
$$\Rightarrow Y = 2,820 - 0.53\,Y$$
$$\Rightarrow 0.47\,Y = 2,820 \Rightarrow Y = 6,000$$

$$Y = C + I + G + NX$$
$$\Rightarrow Y = 220 + 0.9 \times 0.7\,Y + 900 + 1,200 + 500 - 0.1 \times Y$$
$$\Rightarrow Y = 2,820 - 0.53\,Y$$
$$\Rightarrow 0.47\,Y = 2,820 \Rightarrow Y = 6,000$$

- 소득세율이 $t = 0.3$이므로 정부의 조세수입의 크기는 '$T = 0.3 \times Y = 0.3 \times 6,000 = 1,800$'이 된다.
  한편 정부지출이 1,200으로 주어져 있으므로 조세수입은 정부지출보다 600만큼 큰 재정 흑자 상태이다(ㄱ).
- 균형국민소득 Y = 6,000을 순수출함수에 대입하면 '$NX = 500 - 0.1 \times 6,000 = 500 - 600 = -100$'이 되어 순수출은 음(-)의 값이 된다. 즉 경상수지가 적자상태인 것이다(ㄴ).
- 국내저축은 다음과 같이 도출된다.

국내저축: 민간저축(=Y-T-C)+정부저축(=T-G)
=(6,000-1,800-4,000)+(1,800-1,200)=200+600=800

- 국내저축은 800이 되어 900인 투자가 국내저축에 비해 100만큼 더 큰 값을 갖게 된다(ㄷ).

정답 ④

0595

케인스 단순모형에서 총소득은 100, 민간소비는 80, 소비승수는 2라고 가정할 때, 총소득이 110으로 변화한다면 민간소비로 옳은 것은? (단, 정부지출, 조세 및 순수출은 각각 0이다.)

19 국회 8급

① 80
② 85
③ 90
④ 95
⑤ 100

해 설

소비승수가 2이므로 민간소비 증가와 총소득의 변화와의 관계를 다음과 같이 나타낼 수 있다.

- 총소득 증가분=민간소비 증가분×소비승소
  ⇒ 10=민간소비 증가분×2
  ⇒ 민간소비 증가분=5
- 민간소비=기존 민간소비+민간소비 증가분=80+5=85

정답 ②

0596

다음과 같은 국민소득결정 모형에서 투자지출이 220, 정부지출이 220, 조세수입이 250으로 각각 증가할 경우, 균형국민소득의 변화는?

16 국가직 9급

- 소비함수: $C = 0.75(Y - T) + 220$, Y는 국민소득
- 투자지출: $I = 200$
- 정부지출: $G = 200$
- 조세수입: $T = 200$

① 10 감소
② 10 증가
③ 20 감소
④ 20 증가

해 설

주어진 조건에 따른 투자승수, 정부지출승수, 조세승수를 구하면 다음과 같다.

- 투자지출승수 $= \dfrac{1}{1 - MPC} = \dfrac{1}{1 - 0.75} = \dfrac{1}{0.25} = 4$
- 정부지출승수 $= \dfrac{1}{1 - MPC} = \dfrac{1}{1 - 0.75} = \dfrac{1}{0.25} = 4$
- 조세승수 $= \dfrac{-MPC}{1 - MPC} = -\dfrac{0.75}{1 - 0.75} = \dfrac{-0.75}{0.25} = -3$

- 주어진 투자지출, 정부지출, 조세수입의 변화에 따른 국민소득 변화를 구하면 다음과 같다.

국민소득 변화분 $= 20 \times 4 + 20 \times 4 - 50 \times 3 = 160 - 150 = 10$

정답 ②

0597

다음은 가계, 기업, 정부로 구성된 케인즈 모형이다. 이때 투자지출은 120으로, 정부지출은 220으로, 조세수입은 250으로 각각 증가할 경우 균형국민소득의 변화는?

18 지방직 7급

- 소비함수: $C = 0.75(Y - T) + 200$
- 투자지출: $I = 100$
- 정부지출: $G = 200$
- 조세수입: $T = 200$

① 10 감소
② 10 증가
③ 20 감소
④ 20 증가

해 설

주어진 조건에 따른 투자승수, 정부지출승수, 조세승수를 구하면 다음과 같다.

- 투자지출승수 $= \dfrac{1}{1 - MPC} = \dfrac{1}{1 - 0.75} = \dfrac{1}{0.25} = 4$
- 정부지출승수 $= \dfrac{1}{1 - MPC} = \dfrac{1}{1 - 0.75} = \dfrac{1}{0.25} = 4$
- 조세승수 $= \dfrac{-MPC}{1 - MPC} = -\dfrac{0.75}{1 - 0.75} = \dfrac{-0.75}{0.25} = -3$

- 주어진 투자지출, 정부지출, 조세수입의 변화에 따른 국민소득 변화를 구하면 다음과 같다.

국민소득 변화분 $= 20 \times 4 + 20 \times 4 - 50 \times 3 = 160 - 150 = 10$

- 앞의 '0596번' 문제와의 유사성(사실은 동일성)을 통해 출제자의 용기(?) 충만한 출제에 경의를 표한다. 한편으로는 직류를 막론하고 기출문제를 반드시 확인해야 한다는 사실의 중요성을 인식시켜주는 문제이다.

정답 ②

0598

정부부문 및 대외부문이 존재하지 않는 경제의 소비함수와 투자함수가 다음과 같을 때, (가) '현재의 균형국민소득'과 (나) '독립투자가 400조 원 증가할 경우의 균형국민소득의 증감분'을 올바르게 짝지은 것은? (단, C, I, Y는 각각 소비, 투자, 국민소득을 의미한다.)

16 서울시 7급

- 소비함수: $C = 600 + 0.6Y$
- 투자함수: $I = 2,400$

	(가)	(나)
①	7,000조 원	1,000조 원
②	7,000조 원	1,200조 원
③	7,500조 원	1,000조 원
④	7,500조 원	1,200조 원

해설

민간봉쇄경제 하에서의 국민소득 균형식은 다음과 같다.

- $Y = C + I$
- Y는 국민소득, C는 소비지출, I는 투자지출이다.

- 문제에서 주어진 조건들을 국민소득 균형식에 대입하여 정리하면 다음과 같은 균형국민소득이 도출된다.

$$Y = C + I \Rightarrow Y = 600 + 0.6Y + 2,400 \Rightarrow 0.4Y = 3,000$$
$$\Rightarrow Y = 7,500(조\ 원)$$

- 한계소비성향(MPC)이 0.6이므로 400조 원의 독립투자의 증가로 인한 국민소득 증가분은 다음과 같다.

- 투자승수: $\dfrac{1}{1-MPC} = \dfrac{1}{1-0.6} = \dfrac{1}{0.4} = 2.5$
- 국민소득 증가분: 독립투자×투자승수 =
  $400 \times 2.5 = 1,000(조\ 원)$

정답 ③

0599

<보기>와 같은 경제에서 균형국민소득은 6,500이다. 만약 투자지출이 2,000으로 증가한다면 균형국민 소득은 A로 증가하고 그때의 투자승수는 B이다. A와 B의 값을 옳게 짝지은 것은?

20 서울시 공개경쟁 7급

보기

$C = 1,000 + 0.5(Y - T)$, $I = 1,500$, $G = 1,000$, $T = 500$
(단, C는 소비지출, I는 투자지출, G는 정부지출, T는 조세, Y는 국민소득)

	A	B
①	7,000	1
②	7,500	2
③	8,000	3
④	8,500	4

해설

주어진 국민경제에서 조세는 정액세이다. 또한 기존의 투자지출(I)이 '1,500에서 2,000'으로 증가했으므로 투자지출 증가분은 500이다. 이 경우 투자승수와 투자지출 증가로 인한 국민소득 증가분은 다음과 같이 도출된다.

- 투자승수 $= \dfrac{1}{1-MPC} = \dfrac{1}{1-0.5} = \dfrac{1}{0.5} = 2$, 여기서 MPC는 한계소비성향이다.
- 국민소득 증가분=투자지출 증가분×투자승수 $= 500 \times 2 = 1,000$

- 투자지출이 2,000으로 이전 수준인 1,500에 비해 500만큼 증가했을 때, 국민소득은 1,000만큼 증가했으므로 균형국민소득은 이전 수준인 6,500에서 7,500으로 증가한다.

정답 ②

0600

다음의 거시경제 모형에서 독립투자 수요를 얼마나 증가시키면 완전고용 국민소득을 달성할 수 있는가? (Y: 국민소득, C: 소비지출, I: 투자지출, Y_F: 완전고용 국민소득)

07 서울시 7급

• $Y = C + I$	• $C = 200 + 0.8Y$
• $I = 200$	• $Y_F = 3,000$

① 50
② 100
③ 150
④ 200
⑤ 250

민간봉쇄경제 하에서의 국민소득 균형식은 다음과 같다.

> • $Y = C + I$
> • Y는 국민소득, C는 소비지출, I는 투자지출이다.

• 문제에서 주어진 조건들을 국민소득 균형식에 대입하여 정리하면 다음과 같은 균형국민소득이 도출된다.

> $Y = C + I \Rightarrow Y = 200 + 0.8Y + 200 \Rightarrow 0.2Y = 400$
> $\Rightarrow Y = 2,000$

• 주어진 완전고용 국민소득(Y_F)의 크기는 3,000이다. 따라서 균형국민소득은 완전고용 국민소득(Y_F)에 비해 1,000만큼 부족한 GDP 갭이 존재한다.
• 완전고용에 도달하기 위해서는 GDP 갭과 동일한 크기만큼의 국민소득 증가가 필요하다. 이를 위해 필요한 독립투자 증가분의 크기는 다음과 같이 도출할 수 있다.

> • 투자승수: $\frac{1}{1 - MPC} = \frac{1}{1 - 0.8} = 5$
> • GDP 갭=독립투자 증가분×투자승수
> $\Rightarrow 1,000 = $ 독립투자 증가분 $\times 5 \Rightarrow$ 독립투자 증가분 $= 200$

정답 ④

0601

한계소비성향이 0.9, 소득세율이 0.1, 한계수입성향이 0.01일 때 독립투자가 300만큼 증가하였다. 저축의 변화는 얼마인가?

06 서울시 7급

① 105
② 115
③ 125
④ 135
⑤ 145

한계소비성향(b)이 0.9, 소득세율(t)이 0.1, 한계수입성향(m)이 0.01이므로 투자승수는 다음과 같다.

> 투자승수: $\frac{1}{1 - c(1-t) + m} = \frac{1}{1 - 0.9(1 - 0.1) + 0.01}$
> $= \frac{1}{1 - 0.81 + 0.01} = \frac{1}{0.2} = 5$

• 이에 따라 300만큼의 독립투자가 증가하면, 국민소득은 독립투자의 승수 배인 1,500만큼 증가한다.
• 한편 한계소비성향이 0.9이므로 한계저축성향은 0.1이 된다.
• 국민소득이 1,500만큼 증가함에 따라 소득세율이 0.1이므로 조세의 크기가 150이 되고, 이에 따라 가처분 소득은 1,350만큼 증가하게 된다.
• 가처분 소득이 1,350만큼 증가할 때, 저축은 한계저축성향에 해당하는 135만큼 증가하게 된다.

정답 ④

0602

해외부문이 존재하지 않는 폐쇄경제에서 소비함수는 $C = 100 + 0.8(1-t)Y$, 민간투자는 180, 정부지출은 180이다. 정부가 정부지출을 200으로 늘린다고 할 때, 다음 설명 중 옳은 것은? (단, C는 소비, t는 조세율, Y는 국민소득임)

15 국회 8급

① 조세율이 0이면 국민소득은 변하지 않는다.
② 조세율이 0이면 국민소득은 20만큼 증가한다.
③ 조세율이 0이면 국민소득은 50만큼 증가한다.
④ 조세율이 0.25이면 국민소득은 40만큼 증가한다.
⑤ 조세율이 0.25이면 국민소득은 50만큼 증가한다.

해 설

문제에서 주어진 정부지출의 증가분은 180에서 200으로 증가한 20만큼이다.

- 조세율(⇒비례세율과 동일)이 0인 경우 국민소득의 변화는 다음과 같다.

> - 정부지출승수(m): $\dfrac{1}{1 - MPC(1 - 조세율)} = \dfrac{1}{1 - 0.8} = 5$
> - 국민소득 증가분: 정부지출 증가분×정부지출 승수
>   ⇒ $20 \times 5 = 100$

- 조세율(⇒ 비례세율과 동일)이 0.25인 경우 국민소득의 변화는 다음과 같다.

> - 정부지출승수(m): $\dfrac{1}{1 - MPC(1 - 조세율)} = \dfrac{1}{1 - 0.8(1 - 0.25)}$
> $= \dfrac{1}{1 - 0.8 \times 0.75} = \dfrac{1}{1 - 0.6} = \dfrac{1}{0.4} = 2.5$
> - 국민소득 증가분: 정부지출 증가분×정부지출 승수
>   ⇒ $20 \times 2.5 = 50$

정답 ⑤

0603

어느 국가의 개방거시경제 모형을 단순 케인지언의 측면에서 설정하기 위해 필요한 정보를 수집하였더니 <보기>와 같았다고 하자. 이 경우 완전고용을 달성하고자 한다면 정부지출을 얼마나 더 늘려야 하는가?

11 국회 8급

보 기

- 독립적 소비지출(a): 50조 원
- 독립적 투자지출(I): 100조 원
- 독립적 정부지출(G): 200조 원
- 조세수입(정액세: T): 200조 원
- 독립적 수출(X): 140조 원
- 독립적 수입(M_0): 40조 원
- 한계소비성향(b): 0.8
- 한계수입성향(m): 0.05
- 완전고용 국민소득수준(Y_F): 1,300조 원

① 10조 원
② 20조 원
③ 25조 원
④ 50조 원
⑤ 100조 원

해 설

개방경제 하에서의 국민소득 균형식은 다음과 같다.

> - $Y = C + I + G + NX$
> - Y는 국민소득, C는 소비지출, I는 투자지출, G는 정부지출, NX는 순수출이다.

- 문제에서 주어진 조건들을 국민소득 균형식에 대입하여 정리하면 다음과 같은 균형국민소득이 도출된다.

> $Y = C + I + G + NX \Rightarrow Y = [50 + 0.8(Y - 200)] + 100 + 200$
> $+ [140 - 40 - 0.05 \times (Y - 200)]$
> $\Rightarrow 0.25Y = 300 \Rightarrow Y = 1,200(조 원)$

- 앞에서 도출된 균형국민소득의 크기는 완전고용 국민소득수준(Y_F)인 1,300조 원보다 100조 원만큼 부족하다. 즉 100조 원만큼의 GDP 갭이 존재하게 된다.
- 완전고용에 도달하기 위해서는 GDP 갭과 동일한 크기만큼의 국민소득 증가가 필요하다. 이를 위해 필요한 정부지출 증가분의 크기는 다음과 같이 도출할 수 있다.

> - 정부지출 승수: $\dfrac{1}{1 - 한계소비성향 + 한계수입성향}$
> $= \dfrac{1}{1 - 0.8 + 0.05} = \dfrac{1}{0.25} = 4$
> - GDP 갭=정부지출 증가분×정부지출 승수
>   ⇒ $100 = 정부지출 증가분 \times 4 \Rightarrow 정부지출 증가분 = 25(조 원)$

정답 ③

0604

가계, 기업, 정부만 존재하는 케인즈 모형에서 투자와 정부지출은 소득과는 무관하며 $C = 80 + 0.8(Y - T)$, $T = 0.25Y$ 일 때, 정부지출의 승수는? (단, C는 소비, Y는 소득, T는 조세이다.)

09 국가직 7급

① 2

② 2.5

③ 3.5

④ 5

조세가 비례세이므로 정부지출 승수는 다음과 같다.

$$\frac{1}{1 - 한계소비성향(1 - 비례세율)} = \frac{1}{1 - 0.8(1 - 0.25)}$$
$$= \frac{1}{0.4} = 2.5$$

정답 ②

0605

다음은 개방경제의 국민소득결정 모형이다. 정부지출이 100에서 200으로 증가할 경우, 균형국민소득의 변화량은? (단, Y, C, I, G, X, M은 각각 국민소득, 소비, 투자, 정부지출, 수출, 수입이다.)

17 지방직 7급

• $Y = C + I + G + (X - M)$	• $C = 200 + 0.5Y$
• $I = 100$	• $G = 100$
• $X = 100$	• $M = 50 + 0.3Y$

① 100   ② 125

③ 150   ④ 500

개방경제 모형에서 주어진 조건들을 이용하면 다음과 같이 정부지출 승수를 도출할 수 있게 된다.

- 정부지출 승수: $\frac{1}{1 - b + m} = \frac{1}{1 - 0.5 + 0.3} = \frac{1}{0.8} = 1.25$
- 여기서 b는 한계소비성향, m은 한계수입성향이다.

• 정부지출이 100에서 200으로 '100만큼' 증가하게 되면 균형국민소득은 정부지출의 증가분의 승수 배 만큼인 125만큼 증가하게 된다.

정답 ②

0606

다음과 같은 실물 부문만이 존재하는 경제를 생각해 보자.

• $Y = C(Y) + I(r) + G$
• Y: GDP, C: 소비, I: 투자, r: 이자율, G: 정부지출

$C(Y) = 0.9Y$이고 $I(r) = 100/r$이다. 만일 이자율이 r = 0.01 일 때 정부가 지출을 10만큼 늘린다면 Y는 얼마나 증가하겠는가?

08 국회 8급

① 90   ② 95

③ 100   ④ 105

⑤ 110

이자율(r)이 일정하게 0.01로 주어졌으므로 투자의 크기는 I = 10,000으로 일정한 값을 갖는다. 따라서 주어진 투자는 독립투자의 성격을 갖는다.

• 주어진 조건에 따른 정부지출 승수는 다음과 같다.

정부지출 승수: $\frac{1}{1 - 한계소비성향} = \frac{1}{1 - 0.9} = \frac{1}{0.1} = 10$, 여기서 한계소비성향은 0.9이다.

• 정부가 10만큼 지출을 늘리면 국민소득(Y)은 정부지출 증가분의 승수 배만큼인 100만큼 증가하게 된다.

정답 ③

0607

정부가 경기진작을 위해서 200억 원의 세금을 감면할지, 200억 원의 정부지출을 증대할지에 대하여 고민하고 있다. 이 두 정책의 실시가 총수요에 미치는 효과로 옳은 것은? (단, 폐쇄경제이고, 구축효과는 발생하지 않으며, 한계소비성향이 0.8이다.)

① 세금 감면으로 총수요는 800억 원 증가한다.
② 두 정책의 총수요에 미치는 효과는 1,000억 원으로 동일하다.
③ 정부지출의 증가로 총수요는 160억 원이 증가한다.
④ 두 정책의 총수요에 미치는 효과는 200억 원으로 동일하다.

한계소비성향을 b라고 할 때, 주어진 조건에 따른 감세승수와 정부지출승수는 다음과 같다.

- 감세승수: $\dfrac{b}{1-b} = \dfrac{0.8}{1-0.8} = 4$
- 정부지출승수: $\dfrac{1}{1-b} = \dfrac{1}{1-0.8} = 5$

• 200억 원의 감세는 800억 원, 정부지출은 1,000억 원만큼의 총수요를 증가시킨다.

정답 ①

0608

정부의 총수요 확대 정책 수단에는 정부지출 확대 및 조세 감면 정책이 있다. 균형국민소득결정 모형에서 2,000억 원의 정부지출 확대와 2,000억 원의 조세 감면의 효과에 대한 설명으로 옳은 것은? (단, 밀어내기 효과(crowding-out effect)는 없으며 한계소비성향은 $\dfrac{3}{4}$ 이다.)

17 추가채용 국가직 7급

① 정부지출 확대는 6,000억 원, 조세 감면은 6,000억 원의 총수요 확대 효과가 있다.
② 정부지출 확대는 6,000억 원, 조세 감면은 8,000억 원의 총수요 확대 효과가 있다.
③ 정부지출 확대는 8,000억 원, 조세 감면은 6,000억 원의 총수요 확대 효과가 있다.
④ 정부지출 확대는 8,000억 원, 조세 감면은 8,000억 원의 총수요 확대 효과가 있다.

단서에서 밀어내기 효과(Crowding-out effect)는 없다고 했으므로 독립지출은 승수 배만큼의 총수요를 증가시키는 힘으로 작용한다.

• 한계소비성향(MPC)이 '$\dfrac{3}{4} = 0.75$'로 주어지면, 정부지출 승수는 다음과 같다.

정부지출 승수: $\dfrac{1}{1-MPC} = \dfrac{1}{1-0.75} = \dfrac{1}{0.25} = 4$

정부지출이 2,000억 원만큼 증가하게 되면, 이에 따른 총수요는 8,000억 원만큼 증가하게 된다.

• 한계소비성향(MPC)이 '$\dfrac{3}{4} = 0.75$'로 주어지면, 감세승수는 다음과 같다.

감세승수: $\dfrac{MPC}{1-MPC} = \dfrac{0.75}{1-0.75} = \dfrac{0.75}{0.25} = 3$

조세가 2,000억 원만큼 감소하게 되면, 이에 따른 총수요는 6,000억 원만큼 증가하게 된다.

정답 ③

0609

다음은 재화시장만을 고려한 케인지안 폐쇄경제 거시모형이다. 이에 대한 설명으로 옳지 않은 것은? 17 국가직 7급

> 총지출은 $E = C + I + G$이며, 여기서 E는 총지출, C는 소비, I는 투자, G는 정부지출이다. 생산물 시장의 균형은 총소득(Y)과 총지출(E)이 같아지는 것을 의미한다. 투자와 정부지출은 외생적으로 고정되어 있다고 가정한다. 즉, $I = I_0$이고, $G = G_0$이다. 소비함수는 $C = 0.8(Y - T_0)$이고, T_0는 세금이며, 고정되어 있다고 가정한다.

① $I_0 = 100$, $G_0 = 50$, $T_0 = 50$이면 총소득은 550이다.
② 정부지출을 1단위 증가시키면 발생하는 총소득 증가분은 5이다.
③ 세금을 1단위 감소시키면 발생하는 총소득 증가분은 4이다.
④ 투자를 1단위 증가시키면 발생하는 총소득 증가분은 4이다.

생산물 시장의 균형이 총소득(Y)과 총지출(E)이 같아지는 수준에서 이루어지므로 다음과 같은 균형식을 통해 총소득을 구할 수 있다.

$$Y = C + I + G \Rightarrow Y = 0.8(Y - 50) + 100 + 50 \Rightarrow 0.2Y = 110$$
$$\Rightarrow Y = 550$$

• 선택지 내용과 주어진 조건 하에서 각각의 승수에 따른 효과를 정리하면 다음과 같다.

> • 정부지출승수 $= \dfrac{1}{1 - \text{한계소비성향}} = \dfrac{1}{1 - 0.8} = \dfrac{1}{0.2} = 5$
> ⇒ 정부지출을 1단위 증가시키면 발생하는 총소득 증가분은 5이다(②).
> • 감세승수 $= \dfrac{\text{한계소비성향}}{1 - \text{한계소비성향}} = \dfrac{0.8}{1 - 0.8} = \dfrac{0.8}{0.2} = 4$
> ⇒ 세금을 1단위 감소시키면 발생하는 총소득 증가분은 4이다(③).
> • 투자승수 $= \dfrac{1}{1 - \text{한계소비성향}} = \dfrac{1}{1 - 0.8} = \dfrac{1}{0.2} = 5$
> ⇒ 투자를 1단위 증가시키면 발생하는 총소득 증가분은 5이다(④).

정답 ④

0610

다음과 같은 케인즈의 경제모형을 가정할 때, 정부지출승수, 투자승수, 정액조세승수를 순서대로 바르게 배열한 것은? 11 지방직 7급

> • $Y = C + I + G$ • $C = 0.75(Y - T) + 200$
> • $I = 200$ • $G = 200$ • $T = 200$

① 3, 3, −3
② 3, 4, −2
③ 4, 3, −2
④ 4, 4, −3

주어진 경제모형은 정액세를 전제로 하는 모형이다.
• 문제에서 주어진 조건들을 반영한 각 승수는 다음과 같다.

> • 정부지출승수 = 투자승수: $\dfrac{1}{1 - \text{한계소비성향}} = \dfrac{1}{1 - 0.75}$
> $= \dfrac{1}{1 - 0.75} = \dfrac{1}{0.25} = 4$
> • 정액조세승수: $\dfrac{-\text{한계소비성향}}{1 - \text{한계소비성향}} = \dfrac{-0.75}{1 - 0.75} = \dfrac{-0.75}{0.25} = -3$

정답 ④

0611

개방경제 하에서 단순 케인지안 거시경제 모형의 설정에 필요한 정보를 수집하였더니 <보기>와 같았다. <보기>에 나타난 거시경제 정책이 균형국민소득과 경상수지에 미치는 영향으로 옳은 것은?

16 국회 8급

보기

- 독립적 소비지출: 20조 원
- 독립적 투자지출: 150조 원
- 독립적 정부지출: 200조 원
- 조세수입: 200조 원
- 독립적 수출: 160조 원
- 독립적 수입: 30조 원
- 한계소비성향: 0.8
- 한계수입성향: 0.2
- 정부는 재정지출을 30조 원 늘리기로 하였다.
- 확장적 재정정책 이후 독립적 수출은 175조 원으로 증가하였다.
- 소득세는 존재하지 않고 정액세만 존재한다.

	균형국민소득	경상수지
①	100.5조원 증가	5.5조원 악화
②	112.5조원 증가	변동없음
③	110.5조원 증가	변동없음
④	112.5조원 증가	7.5조원 악화
⑤	110.5조원 증가	3.75조원 악화

정부지출승수와 수출승수의 크기는 동일하다.

- 주어진 조건에 따른 정부지출승수(= 수출승수)를 구하면 다음과 같다.

$$승수 = \frac{1}{1-한계소비성향+한계수입성향} = \frac{1}{1-0.8+0.2}$$
$$= \frac{1}{0.4} = 2.5$$

- 재정지출의 증가분이 30조 원, 독립적 수출은 160조 원에서 175조 원으로 15조 원만큼 증가했으므로 이로 인한 국민소득 증가분(ΔY)은 다음과 같이 도출된다.

$$\Delta Y = 승수 \times (정부지출 증가분 + 독립적 수출 증가분)$$
$$= 2.5 \times (30+15) = 112.5(조 원)$$

- 한계수입성향이 0.2이므로 국민소득이 112.5조 원만큼 증가하는 경우, 수입은 이전에 비해 22.5조 원만큼 증가한다. 이와 동시에 독립적 수출 역시 15조 원만큼 증가했으므로 결과적으로 경상수지는 7.5조 원만큼 악화된다.

정답 ④

0612

다음과 같은 개방거시경제 모형을 가정할 때 수출이 1억 달러 감소할 경우 다음 중 맞는 것은?

06 7급

$$Y = C+I+G+X, \quad C = a+0.85Y, \quad M = 0.1Y$$

① 무역승수(개방경제승수)는 3.5이다.
② 국민소득은 4억 달러 감소한다.
③ 국민소득은 변함이 없다.
④ 투자승수는 3이다.

주어진 거시경제 모형은 한계소비성향이 0.85이고, 한계수입성향이 0.1인 개방경제모형이다.

- 주어진 조건에 따른 무역승수(= 개방경제승수 = 수출승수)는 다음과 같다.

$$무역승수: \frac{1}{1-한계소비성향+한계수입성향} = \frac{1}{1-0.85+0.1}$$
$$= \frac{1}{0.25} = 4$$

- 수출이 1억 달러 감소하면 국민소득은 수출 감소분이 승수 배만큼인 4억 달러만큼 감소하게 된다.
- 개방거시경제 모형에서 투자승수는 무역승수의 크기와 동일하다.

정답 ②

0613

일국의 국민소득 결정모형이 아래와 같다. 정부지출과 정액 세금을 똑같이 100에서 200으로 늘릴 때 균형국민소득 증가액은? (단, Y는 국민소득, C는 소비지출, I는 투자지출, G는 정부지출, T는 정액 세금, EX는 수출, IM은 수입이다.)

10 지방직 7급

$C = 200 + 0.6(Y-T)$, $I = 100$, $G = T = 100$, $EX = 100$, $IM = 100 + 0.1(Y-T)$

① 0

② 100

③ 200

④ 250

한계소비성향이 b, 한계수입성향이 m인 경우, 주어진 조건에 따른 정부지출 승수와 조세승수는 다음과 같다.

- 정부지출 승수: $\dfrac{1}{1-b+m}$
- 조세 승수: $\dfrac{-b+m}{1-b+m}$ (∵수입함수가 단순한 소득의 증가함수가 아니라 가처분소득의 증가함수)
- 균형 재정 승수: '1'

• 균형 재정 승수가 '1'이므로 동일한 금액인 100만큼의 정부지출과 정액세금이 증가하는 경우에는 100만큼의 소득증대효과가 나타난다.

정답 ②

0614

다음 모형에서 정부지출(G)을 1만큼 증가시키면 균형소비지출(C)의 증가량은? (단, Y는 국민소득, I는 투자, X는 수출, M은 수입이며 수출은 외생적임)

13 공인노무사

- $Y = C + I + G + X - M$
- $C = 0.5Y + 10$
- $I = 0.4Y + 10$
- $M = 0.1Y + 20$

① 0.1

② 0.2

③ 1.5

④ 2.5

주어진 조건에 따른 정부지출 승수는 다음과 같다.

정부지출 승수
$= \dfrac{1}{1 - 한계소비성향 - 유발투자계수 + 한계수입성향}$
$= \dfrac{1}{1 - 0.5 - 0.4 + 0.1} = \dfrac{1}{0.2} = 5$

• 정부지출(G)을 1만큼 증가시키면 국민소득은 5만큼 증가하게 되고, 한계소비성향이 0.5이므로 균형소비지출(C)의 증가량은 2.5가 된다.

정답 ④

0615

어떤 나라의 국민소득을 Y라 할 때, 이 나라의 경제는 다음과 같이 표현된다고 한다.

- $Y = C + I + G + EX - IM$
- $C = 120 + 0.8 Y_d$
- $T = 100 + 0.25 Y$
- $TR = 200$
- $I = 80 + 0.2 Y$
- $G = 120$
- $EX = 160$
- $IM = 60 + 0.2 Y$

(Y: 소득, Y_d: 가처분소득, C: 소비, T: 조세, I: 투자, G: 정부지출, TR: 정부이전지출, EX: 수출, IM: 수입)

이 나라의 정부는 정부이전지출을 50만큼 증가시키고 이에 대한 재원 마련을 위해 정부지출을 50만큼 감소시키기로 했다. 이러한 정책의 장기적 효과로 옳은 것만을 <보기>에서 모두 고르면?　　　　　　　　　　　　20 국회 8급

보기

ㄱ. 국민소득이 변화하지 않는다.

ㄴ. 가처분소득이 감소한다.

ㄷ. 소비가 감소한다.

ㄹ. 정부의 조세수입이 증가한다.

ㅁ. 순수출이 감소한다.

① ㄱ　　　　　　　　　② ㄴ, ㄷ

③ ㄹ, ㅁ　　　　　　　④ ㄱ, ㄴ, ㄷ

⑤ ㄱ, ㄹ, ㅁ

0616

한 나라의 경제에서 가처분소득에 대한 한계소비성향이 0.8이고, 소득세는 세율이 25%인 비례세로 징수되고 있다. 또한 소득이 증가할 때, 소득증가분의 10%는 수입재에 지출되며 투자의 경우 소득증가분의 10%가 증가한다고 한다. 정부지출과 수출은 외생적으로 주어진다. 이 경제에서 수출 1단위가 외생적으로 증가할 때 국민소득은 얼마나 증가하는가?　　　　　　　　　　　　13 CPA

① $\frac{1}{3}$단위　　　　　② 1단위

③ 2.5단위　　　　　　④ 5단위

투자가 소득에 영향을 받는 유발투자인 개방경제에서의 이전지출 승수와 정부지출 승수는 다음과 같다. 단, b는 한계소비성향, t는 소득세율, i는 유발투자 계수, m은 한계수입성향이다.

- 이전지출 승수: $\dfrac{b}{1-b(1-t)-i+m}$
  $= \dfrac{0.8}{1-0.8(1-0.25)-0.2+0.2} = \dfrac{0.8}{0.4} = 2$
- 정부지출 승수: $\dfrac{1}{1-b(1-t)-i+m}$
  $= \dfrac{1}{1-0.8(1-0.25)-0.2+0.2} = \dfrac{1}{0.4} = 2.5$

- 정부이전지출(TR)을 50만큼 증가시키는 경우 국민소득은 100만큼 증가하게 되고, 정부지출(G)을 50만큼 감소시키는 경우 국민소득은 125만큼 감소하게 된다. 결국 국민소득은 25만큼 감소하게 된다.
- 가처분소득(Y_d) 증가분: $\Delta Y_d = \Delta Y + \Delta TR - \Delta T = -25 + 50 - 0.25 \times (-25) = 31.25$
- 소비(C) 증가분: $b \times \Delta Y_d = 0.8 \times 31.25 = 25$
- 정부 조세수입(T) 증가분: $t \times \Delta Y = 0.25 \times (-25) = -6.25$
- 수입(IM) 증가분: $m \times \Delta Y = 0.2 \times (-25) = -5 \Rightarrow$ 순수출: 5
- 출제자는 애초에 가처분소득 증가분을 도출할 때 정부이전지출(TR) 증가로 인한 가처분소득 증가를 간과하고 ②번을 정답으로 발표한 것으로 보인다.

정답 없음

주어진 조건을 전제로 수출 승수는 다음과 같다. 단, b는 한계소비성향, t는 비례세율, i는 유발투자계수, m은 한계수입성향이다.

수출승수: $\dfrac{1}{1-b(1-t)-i+m} = \dfrac{1}{1-0.8(1-0.25)-0.1+0.1}$
$= \dfrac{1}{0.25} = 2.5$

- 수출 1단위가 외생적으로 증가하는 경우, 국민소득은 수출 증가분의 승수 배만큼인 2.5단위만큼 증가하게 된다.

정답 ③

THEME 04 | 화폐 금융론

0617

어떤 사람이 자신의 거주자 외화예금에서 1,000만 원을 원화로 인출하여 500만 원은 현금으로 보유하고 나머지 500만 원은 정기예금으로 은행에 예금한다고 하자. 이 경우에 협의통화(M_1)와 광의통화(M_2)의 변화는?

08 지방직 7급

① 협의통화는 500만 원 증가하고 광의통화는 변화가 없다.
② 협의통화는 500만 원 증가하고 광의통화도 500만 원 증가한다.
③ 협의통화와 광의통화 모두 변화가 없다.
④ 협의통화는 변화가 없고 광의통화는 500만 원 증가한다.

거주자 외화예금과 정기예금은 광의통화(M_2)에 해당하고, 현금은 협의통화(M_1)에 해당한다. 따라서 협의통화(M_1)는 500만 원만큼 증가하게 된다.
• 광의통화(M_2)의 크기는 변화가 없다. 왜냐하면 광의통화(M_2)는 협의통화(M_1)인 현금을 포함하기 때문이다.

정답 ①

AK Tip 현행 통화지표의 포괄범위[2006년 6월 공표 기준]

협의통화(M_1)	현금통화 + 요구불 예금 + 수시입출금식 저축성예금
광의통화(M_2)	협의 통화(M_1) + 준결제성 예금(기간물 예·적금 및 부금 + 거주자 외화예금 + 시장형 금융상품 + 실적배당형 상품 + 금융채 + 발행어음 + 신탁형 증권저축) ⇒ 단, 만기 2년 이상 장기 금융상품 제외
금융기관 유동(Lf)	광의 통화(M_2) + 예금취급기관의 2년 이상 유동성 상품 + 증권금융예수금 등 + 생명보험회사 보험계약 준비금 등 = 총유동성
광의 유동성(L)	금융기관 유동성(Lf) + 정부 및 기업 등이 발행한 유동성 상품 등

0618

철수는 장롱 안에서 현금 100만 원을 발견하고 이를 A은행의 보통예금 계좌에 입금하였다. 이로 인한 본원통화와 협의통화(M_1)의 즉각적인 변화는?

17 서울시 7급

① 본원통화는 100만 원 증가하고, 협의통화는 100만 원 증가한다.
② 본원통화는 100만 원 감소하고, 협의통화는 100만 원 감소한다.
③ 본원통화는 변화가 없고, 협의통화는 100만 원 증가한다.
④ 본원통화와 협의통화 모두 변화가 없다.

현금과 보통예금 모두는 협의통화에 해당한다. 따라서 현금 100만 원이 보통예금 계좌에 입금이 되었다고 하더라도 협의통화의 크기는 변화가 없다.
• 현금이 보통예금 계좌에 입금이 된 것은 중앙은행으로부터의 새로운 통화 공급이 이루어진 것에 해당되지 않으므로 본원통화 역시 변화가 없다.

정답 ④

0619

매년 24만 원을 받는 영구채(원금상환 없이 일정 금액의 이자를 영구히 지급하는 채권)가 있다. 연 이자율이 6%에서 8%로 오른다면 이 채권가격의 변화는? 　12 지방직 7급

① 108만 원 감소한다.
② 108만 원 증가한다.
③ 100만 원 감소한다.
④ 100만 원 증가한다.

해 설

연 이자율이 r%이고 매년 A원의 이자로 받는 영구채의 현재가치인 시장 가격(P_B)은 다음과 같이 측정된다.

- 영구채 가격: $P_B = \dfrac{A}{r}$
- 연 이자율이 6%일 때 영구채 시장가격: $\dfrac{24}{0.06} = 400$(만 원)
- 연 이자율이 8%일 때 영구채 시장가격: $\dfrac{24}{0.08} = 300$(만 원)

- 연 이자율이 6%에서 8%로 오른다면 채권의 가격은 100만 원만큼 하락하게 된다.

정답 ③

0620

시중금리가 연 5%에서 연 6%로 상승하는 경우, 매년 300만 원씩 영원히 지급받을 수 있는 영구채의 현재가치의 변화는? 　16 지방직 7급

① 30만 원 감소
② 60만 원 감소
③ 300만 원 감소
④ 1,000만 원 감소

해 설

연 이자율이 r%이고 매년 A원의 이자로 받는 영구채의 현재가치인 시장가격(P_B)은 다음과 같이 측정된다.

- 영구채 가격: $P_B = \dfrac{A}{r}$
- 연 이자율이 5%일 때 영구채 시장가격:
  $P_B = \dfrac{300}{0.05} = 6,000$(만 원)
- 연 이자율이 6%일 때 영구채 시장가격:
  $P_B = \dfrac{300}{0.06} = 5,000$(만 원)

- 연 이자율이 5%에서 6%로 오른다면 채권의 가격은 1,000만 원만큼 하락하게 된다.

정답 ④

0621

만기일이 정해지지 않은 채권 A의 가격이 10,000원이고 이 채권은 해마다 1,000원씩 고정적인 이자가 지급된다고 하자. 만약 이 채권의 가격이 8,000원으로 변한다면 이 채권의 연수익률의 변화는? 　09 국가직 7급

① 2.5%p 상승
② 5%p 상승
③ 2.5%p 하락
④ 5%p 하락

해 설

만기일이 정해지지 않았으므로 채권 A는 영구채이다. 영구채 가격이 P_B이고 이자가 A인 경우 채권의 연 수익률(r=이자율)은 다음과 같이 도출된다.

- 영구채 가격과 연 수익률: $P_B = \dfrac{A}{r} \Rightarrow r = \dfrac{A}{P_B}$
- 영구채 가격이 10,000원이고 이자가 1,000원인 경우 연 수익률:
  $r = \dfrac{1,000}{10,000} = 0.1 = 10\%$
- 영구채 가격이 8,000원이고 이자가 1,000원인 경우 연 수익률:
  $r = \dfrac{1,000}{8,000} = 0.125 = 12.5\%$

- 채권 A의 연수익률은 10%에서 12.5%로 2.5%p만큼 상승하게 된다.

정답 ①

0622

신용등급이 낮은 어떤 국내 기업이 1년 후 105만 원을 상환하는 회사채를 오늘 발행하였다. 현재 1년 만기 국채의 이자율이 연 5%라고 할 때, 이 회사채의 현재 가격은?

16 국가직 9급

① 100만 원 미만
② 100만 원
③ 100만 원 초과 105만 원 이하
④ 105만 원 초과

문제에서 주어진 할인채로 발행된 채권의 가격은 다음과 같이 도출된다. 여기서 만기수익률은 액면가의 현재가치를 채권의 가격과 같게 만들어주는 할인율을 의미하는데, 그 크기는 이자율과 같다.

$$채권의\ 가격(P_B) = \frac{액면가}{1 + 만기수익률(이자율)} = \frac{105}{1 + 0.05}$$
$$= \frac{105}{1.05} = 100(만\ 원)$$

- 문제에서 국내 기업은 신용등급이 낮은 기업으로, 이러한 기업이 채권을 발행할 때에는 위험도가 반영되어 채권 가격이 결정된다. 이에 따라 문제에서 국내기업이 발행하는 채권에 대해서는 가장 안전한 채권이라고 할 수 있는 국채에 적용되는 할인율(만기수익률 = 이자율)인 5%에 '위험 프리미엄률'이 더해져 상대적으로 높은 할인율이 적용된다.
- 이 결과 국내기업이 발행한 회사채의 현재 가격은 100만 원보다 낮아지게 된다.

정답 ①

0623

다음의 조건을 지닌 만기 3년짜리 채권 중 가격이 가장 싼 것은? (단, 이표(coupon)는 1년에 1번 지급하며, 이표율(coupon rate)은 액면가(face value) 대비 이표 지급액을 의미한다.)

15 지방직 7급

	액면가	이표율	금리
①	10,000원	10%	10%
②	10,000원	8%	8%
③	10,000원	10%	7%
④	10,000원	8%	10%

문제에서 주어진 이표채로 발행된 채권의 가격(P_B)은 다음과 같이 도출된다.

$$P_B = \frac{액면가(F) + 이표이자(C)}{1 + 만기수익률(m)}$$

- 각 선택지의 채권 가격을 정리하면 다음과 같다(단, 이표이자는 액면가에 이표율을 곱한 값이고, 만기수익률이 곧 금리이다).

액면가	이표율	이표이자	금리	채권가격
10,000원	10%	1,000원	10%	$P_B = \frac{F+C}{1+m} = \frac{10,000+1,000}{1+0.1} = \frac{11,000}{1.1}$ $= 10,000(원)$
10,000원	8%	800원	8%	$P_B = \frac{F+C}{1+m} = \frac{10,000+800}{1+0.08} = \frac{10,800}{1.08}$ $= 10,000(원)$
10,000원	10%	1,000원	7%	$P_B = \frac{F+C}{1+m} = \frac{10,000+1,000}{1+0.07} = \frac{11,000}{1.07}$ $≒ 10,280(원)$
10,000원	8%	800원	10%	$P_B = \frac{F+C}{1+m} = \frac{10,000+800}{1+0.1} = \frac{10,800}{1.1}$ $≒ 9,818(원)$

정답 ④

0624

수지는 액면금액(face value)이 100만 원인 2년 만기 채권을 보유하고 있다. 이표 이자율(coupon rate)은 4.5%이고 보유기간 1년이 경과하여 4만 5천 원의 이자를 지급받았으며 만기까지 남은 기간이 1년이라고 한다. 채권시장의 불완전성은 존재하지 않고 시장 이자율이 연 10%일 때, 수지가 보유하고 있는 채권의 가격은 얼마인가?

12 국회 8급

① 90만 원
② 95만 원
③ 100만 원
④ 105만 원
⑤ 110만 원

해 설

수지가 보유하고 있는 이표채의 만기가 1년 남았으므로, 수지가 남은 기간 동안 받을 수 있는 수익은 원금인 액면금액 100만 원과 이자인 4만 5천 원이다.

• 수지가 보유하고 있는 이표채로 발행된 채권의 가격(P_B)은 다음과 같이 도출된다.

$$P_B = \frac{\text{액면가}(F) + \text{이표이자}(C)}{1 + \text{만기수익률}(m)} = \frac{100 + 4.5}{1 + 0.1} = \frac{104.5}{1.1} = 95 (\text{만 원})$$

정답 ②

0625

A국가의 통화량이 5,000억 원, 명목 GDP가 10조 원, 실질 GDP가 5조 원이라면 화폐수량설이 성립하는 A국가의 화폐유통속도는?

18 지방직 7급

① 10
② 15
③ 20
④ 25

해 설

피셔(I. Fisher)의 화폐수량설인 거래수량설에 따른 교환방정식은 다음과 같다.

• $M \times V = P \times Y$
• M은 통화량, V는 화폐유통속도, P는 물가수준, Y는 실질GDP, $P \times Y$는 명목GDP이다.

• 화폐유통속도는 다음과 같이 도출된다.

$$5,000(\text{억 원}) \times V = 10(\text{조 원}) \Rightarrow V = 20$$

정답 ③

0626

한 국가의 명목 GDP는 1,650조원이고, 통화량은 2,500조원이라고 하자. 이 국가의 물가수준은 2% 상승하고, 실질 GDP는 3% 증가할 경우에 적정 통화공급 증가율은 얼마인가? (단, 유통속도 변화 ΔV=0.0033이다.)

18 국회 8급

① 2.5%
② 3.0%
③ 3.5%
④ 4.0%
⑤ 4.5%

해 설

피셔(I. Fisher)의 화폐수량설인 거래수량설에 따른 교환방정식은 다음과 같다.

$M \times V = P \times Y$
단, M은 통화량, V는 화폐유통속도, P는 물가수준, Y는 실질GDP, $P \times Y$는 명목GDP이다.

• 화폐유통속도(V)와 변화율($\frac{\Delta V}{V}$)은 다음과 같이 도출된다.

• $2,500(\text{조 원}) \times V = 1,650(\text{조 원}) \Rightarrow V = 0.66$
• $\frac{\Delta V}{V} = \frac{0.0033}{0.66} = 0.005 = 0.5\%$

• 한편 'EC 방정식'에 따라 각 변수의 변화율 사이에는 다음과 같은 관계가 성립하고, 이를 통해 통화공급 증가율($\frac{\Delta M}{M}$)이 도출된다.

• $\frac{\Delta M}{M} + \frac{\Delta V}{V} = \frac{\Delta P}{P} + \frac{\Delta Y}{Y}$ ($\frac{\Delta P}{P}$는 물가상승률, $\frac{\Delta Y}{Y}$는 실질 GDP 증가율이다.)
• $\frac{\Delta M}{M} = \frac{\Delta P}{P} + \frac{\Delta Y}{Y} - \frac{\Delta V}{V} = 2\% + 3\% - 0.5\% = 4.5\%$

정답 ⑤

0627

화폐유통속도가 불변인 상황에서 통화량이 3배가 되고 실질거래량이 50% 증가했다고 한다. I. Fisher의 거래수량설에 의할 때 물가상승률의 변화 크기는? 11 국가직 9급

① 50% 증가했다.
② 100% 증가했다.
③ 150% 증가했다.
④ 200% 증가했다.

피셔(I. Fisher)의 화폐수량설인 거래수량설에 따른 교환방정식은 다음과 같다.

$$M \times V = P \times T \Rightarrow P = \frac{MV}{T}$$

단, M은 통화량, V는 화폐유통속도, P는 물가수준, T는 실질거래량이다.

· 통화량이 3배가 되었다는 것은 'M⇒3M'이 된다는 의미이고, 실질거래량이 50%만큼 증가했다는 것은 'T⇒1.5T'가 된다는 의미이다. 따라서 새로운 물가수준은 다음과 같이 도출된다.

$$P^N = \frac{3MV}{1.5T} = 2\frac{MV}{T} = 2P$$

· 물가는 이전에 비해 두 배가 되어 100%만큼 증가하게 된다. 이 것이 200%만큼 증가한 것이 아님을 주의해야 한다. 200%만큼 증가한다는 것은 이전에 비해 3배가 된다는 의미이다.

정답 ②

0628

어느 나라의 올해 통화량은 500억 원이며, 중앙은행은 내년도 인플레이션율을 3%로 유지하려 한다. 화폐의 유통속도는 일정하고 실질 GDP는 매년 7%씩 증가한다. 화폐수량설에 의하면 내년 통화량은 얼마나 되는가? 07 국가직 7급

① 500억 원
② 550억 원
③ 600억 원
④ 650억 원

피셔(I. Fisher)의 화폐수량설인 거래수량설에 따른 교환방정식은 다음과 같다.

$$M \times V = P \times Y$$

단, M은 통화량, V는 화폐유통속도, P는 물가수준, Y는 실질GDP, $P \times Y$는 명목GDP이다.

· 한편 'EC 방정식'에 따라 각 변수의 변화율 사이에는 다음과 같은 관계가 성립하고, 주어진 조건을 이용하면 다음과 같이 통화공급 증가율($\frac{\Delta M}{M}$)이 도출된다.

· $\frac{\Delta M}{M} + \frac{\Delta V}{V} = \frac{\Delta P}{P} + \frac{\Delta Y}{Y}$

(여기서 $\frac{\Delta V}{V}$는 유통속도 증가율, $\frac{\Delta P}{P}$는 물가상승률, $\frac{\Delta Y}{Y}$는 실질 GDP 증가율이다.)

· $\frac{\Delta M}{M} = \frac{\Delta P}{P} + \frac{\Delta Y}{Y} - \frac{\Delta V}{V} = 3\% + 7\% - 0\% = 10\%$

· 올해 통화량이 500억 원이므로 내년도 통화량은 이보다 10%만큼 증가한 550억 원이 되어야 한다.

정답 ②

0629

A국의 경제에서 화폐유통속도가 일정하고 실질 GDP가 매년 3% 증가한다. 수량방정식(quantity equation)이 성립한다고 가정할 때 옳지 않은 것은?

11 지방직 7급

① 통화량을 3% 증가시키면 물가는 현재 수준으로 유지된다.
② 통화량을 현재 수준으로 고정시킨다면 물가는 3% 하락하게 된다.
③ 통화량을 현재 수준으로 고정시킨다면 명목 GDP 증가율은 3%가 될 것이다.
④ 통화량을 6% 증가시키면 명목 GDP 증가율은 실질 GDP 증가율의 2배가 된다.

피셔(I. Fisher)의 화폐수량설인 거래수량설에 따른 교환방정식은 다음과 같다.

> $M \times V = P \times Y$
> 단, M은 통화량, V는 화폐유통속도, P는 물가수준, Y는 실질GDP, $P \times Y$는 명목GDP이다.

- 한편 'EC 방정식'에 따라 각 변수의 변화율 사이에는 다음과 같은 관계가 성립한다.

> - $\dfrac{\Delta M}{M} + \dfrac{\Delta V}{V} = \dfrac{\Delta P}{P} + \dfrac{\Delta Y}{Y}$
> - 여기서 $\dfrac{\Delta M}{M}$은 통화량 증가율, $\dfrac{\Delta V}{V}$는 유통속도 증가율, $\dfrac{\Delta P}{P}$는 물가상승률, $\dfrac{\Delta Y}{Y}$는 실질 GDP 증가율이다.

- 화폐유통속도가 일정하다고 했으므로 $\dfrac{\Delta V}{V} = 0\%$라는 것을 의미하며, 실질 GDP가 매년 3% 증가한다는 것은 $\dfrac{\Delta Y}{Y} = 3\%$라는 것을 의미한다. 그런데 통화량을 현재 수준으로 고정시킨다면 $\dfrac{\Delta M}{M} = 0\%$임을 의미한다.

- 교환방정식에서 명목 GDP는 '$P \times Y$'임을 의미하므로 명목 GDP 증가율은 '$\dfrac{\Delta P}{P} + \dfrac{\Delta Y}{Y}$'가 된다. 따라서 다음과 같은 결과를 도출할 수 있다.

> - $\dfrac{\Delta M}{M} + \dfrac{\Delta V}{V} = \dfrac{\Delta P}{P} + \dfrac{\Delta Y}{Y} \Rightarrow 0\% + 0\% = \dfrac{\Delta P}{P} + 3\%$
> $\Rightarrow \dfrac{\Delta P}{P} = -3\%$ ......(②)
> - 명목 GDP 증가율: $\dfrac{\Delta P}{P} + \dfrac{\Delta Y}{Y} = -3\% + 3\% = 0\%$ ......(③)

> - $\dfrac{\Delta M}{M} + \dfrac{\Delta V}{V} = \dfrac{\Delta P}{P} + \dfrac{\Delta Y}{Y} \Rightarrow 3\% + 0\% = \dfrac{\Delta P}{P} + 3\%$
> $\Rightarrow \dfrac{\Delta P}{P} = 0\%$ ......(①)
> - $\dfrac{\Delta M}{M} + \dfrac{\Delta V}{V} = \dfrac{\Delta P}{P} + \dfrac{\Delta Y}{Y} \Rightarrow 6\% + 0\% = \dfrac{\Delta P}{P} + \dfrac{\Delta Y}{Y}$
> $\Rightarrow \dfrac{\Delta P}{P} + \dfrac{\Delta Y}{Y} = 6\%$ ......(④)

정답 ③

0630

정책당국이 내년에 경제성장률은 7%, 화폐유통속도는 1.5% 수준으로 예상하고 있다고 가정한다. 급격한 물가 상승을 우려한 정책당국이 내년 물가상승률을 3%로 억제하기 위한 내년도의 적정 통화성장률은?

11 국가직 7급

① 6.5%

② 7.5%

③ 8.5%

④ 9.5%

해 설

피셔(I. Fisher)의 화폐수량설인 거래수량설에 따른 교환방정식은 다음과 같다.

$M \times V = P \times Y$
단, M은 통화량, V는 화폐유통속도, P는 물가수준, Y는 실질 GDP이다.

· 'EC 방정식'에 따라 각 변수의 변화율 사이에 성립하는 관계를 이용하여, 다음과 같이 적정 통화성장률($\frac{\Delta M}{M}$)을 도출할 수 있다.

· $\frac{\Delta M}{M} + \frac{\Delta V}{V} = \frac{\Delta P}{P} + \frac{\Delta Y}{Y} \Rightarrow \frac{\Delta M}{M} + 1.5\% = 3\% + 7\%$

  $\Rightarrow \frac{\Delta M}{M} = 8.5\%$

· 여기서 $\frac{\Delta M}{M}$은 통화량 증가율, $\frac{\Delta V}{V}$는 유통속도 증가율, $\frac{\Delta P}{P}$는 물가상승률, $\frac{\Delta Y}{Y}$는 실질 GDP증가율이다.

정답 ③

0631

생산량이 3% 증가하고 통화량이 6% 증가하였다고 할 때, 화폐수량설에 근거하여 계산한 물가상승률은? (단, 다른 조건은 일정하다.)

13 국가직 7급

① 2%

② 3%

③ 6%

④ 9%

해 설

피셔(I. Fisher)의 화폐수량설인 거래수량설에 따른 교환방정식은 다음과 같다.

$M \times V = P \times Y$
단, M은 통화량, V는 화폐유통속도, P는 물가수준, Y는 실질 산출량이다.

· 'EC 방정식'에 따라 각 변수의 변화율 사이에 성립하는 관계를 이용하여, 다음과 같이 물가상승률($\frac{\Delta P}{P}$)을 도출할 수 있다.

· $\frac{\Delta M}{M} + \frac{\Delta V}{V} = \frac{\Delta P}{P} + \frac{\Delta Y}{Y} \Rightarrow 6\% + 0\% = \frac{\Delta P}{P} + 3\%$

  $\Rightarrow \frac{\Delta P}{P} = 3\%$

· 다른 조건은 일정하다고 했으므로 유통속도 증가율($\frac{\Delta V}{V}$)은 0%라고 간주한다.

· 여기서 $\frac{\Delta M}{M}$은 통화량 증가율, $\frac{\Delta V}{V}$는 유통속도 증가율, $\frac{\Delta P}{P}$는 물가상승률, $\frac{\Delta Y}{Y}$는 실질 산출량 증가율이다.

정답 ②

0632

실질 GDP와 화폐유통속도 증가율이 각각 5%이고 통화량 증가율이 10%이다. 화폐수량방정식으로 계산한 물가상승률에 가장 가까운 것은?

19 국가직 7급

① −10%

② 10%

③ −15%

④ 15%

해 설

피셔(I. Fisher)의 교환방정식을 전제로 하여 도출된 EC 방정식을 이용하여 물가상승률을 다음과 같이 도출할 수 있다.

· $\frac{\Delta M}{M} + \frac{\Delta V}{V} ≒ \frac{\Delta P}{P} + \frac{\Delta Y}{Y} \Rightarrow 10\% + 5\% ≒ \frac{\Delta P}{P} + 5\%$

  $\Rightarrow \frac{\Delta P}{P} ≒ 10\%$

· 여기서 M은 통화량, V는 화폐유통속도, P는 물가수준, Y는 실질 GDP이다.

정답 ②

0633

A국가의 명목 국내총생산(GDP)은 20,000달러, 통화량은 8,000달러이고, 수량방정식(quantity equation)이 성립한다고 가정한다. A국가의 물가수준이 20% 상승하고, 통화량은 10% 증가하며, 실질 국내총생산(GDP)이 10% 증가했을 경우의 화폐유통속도(velocity of money)는?

12 국가직 9급

① 2.5
② 2.75
③ 3
④ 3.5

0634

다음은 전통적 화폐수량설에 관한 문제이다. A국은 우유와 빵만을 생산하며 그 생산량과 가격은 아래 표와 같다. 2010년도의 통화량이 20억 원이면 2011년도의 통화량은? (단, 화폐의 유통속도는 2010년도와 2011년도에 동일하다.)

12 국가직 7급

연도	우유		빵	
	가격(원/병)	생산량 (백만 병)	가격(원/개)	생산량 (백만 개)
2010년	250	40	200	10
2011년	300	40	400	15

① 20억 원
② 25억 원
③ 30억 원
④ 35억 원

피셔(I. Fisher)의 화폐수량설인 거래수량설에 따른 교환방정식을 이용하여 다음과 같이 최초의 화폐유통속도를 구할 수 있다.

> $M \times V = P \times Y \Rightarrow 8,000 \times V = 20,000 \Rightarrow V = 2.5$
> 단, M은 통화량, V는 화폐유통속도, P는 물가수준, Y는 실질 GDP이다.

- 'EC 방정식'에 따라 각 변수의 변화율 사이에 성립하는 관계를 이용하여, 다음과 같이 화폐유통속도 증가율($\frac{\Delta V}{V}$)을 도출할 수 있다.

> - $\frac{\Delta M}{M} + \frac{\Delta V}{V} = \frac{\Delta P}{P} + \frac{\Delta Y}{Y} \Rightarrow 10\% + \frac{\Delta V}{V} = 20\% + 10\%$
> $\Rightarrow \frac{\Delta V}{V} = 20\%$
> - 여기서 $\frac{\Delta M}{M}$은 통화량 증가율, $\frac{\Delta V}{V}$는 화폐유통속도 증가율, $\frac{\Delta P}{P}$는 물가상승률, $\frac{\Delta Y}{Y}$는 실질 GDP 증가율이다.

- 결국 화폐유통속도는 'V = 2.5'에서 20%에 해당하는 '0.5'만큼 변화했음을 알 수 있다. 이에 따라 새로운 화폐유통속도는 'V = 3'이 된다.

정답 ③

2010년도 명목 GDP는 다음과 같이 도출된다.

> $\sum P_{2010} \times Q_{2010} = 250 \times 40 + 200 \times 10 = 10,000 + 2,000$
> $= 12,000(백만 원) = 120억 원$

- 피셔(I. Fisher)의 화폐수량설인 거래수량설에 따른 교환방정식은 다음과 같다.

> $M \times V = P \times Y$
> 단, M은 통화량, V는 화폐유통속도, P는 물가수준, Y는 실질 산출량이다.

- 앞의 식을 이용하여 2010년도의 화폐유통속도는 다음과 같이 도출된다.

> $M \times V = P \times Y \Rightarrow V = \frac{P \times Y}{M} = \frac{120억 원}{20억 원} = 6$

- 2011년도 명목GDP는 다음과 같이 도출된다.

> $\sum P_{2011} \times Q_{2011} = 300 \times 40 + 400 \times 15 = 12,000 + 6,000$
> $= 18,000(백만 원) = 180억 원$

- 2011년도의 화폐유통속도는 2010년도와 동일한 6이므로 교환방정식을 만족하는 2011년도의 통화량은 다음과 같이 도출된다.

> $M \times V = P \times Y \Rightarrow M \times 6 = 180억 원 \Rightarrow M = 30억 원$

정답 ③

0635

다음 글을 따를 때 이 경제의 2010년 화폐의 유통속도와 2019년 통화량으로 옳은 것은?
19 국회 8급

- 이 경제는 폐쇄경제이며 화폐수량설을 따른다.
- 이 경제는 단일 재화인 빵을 생산한다.
- 2010년 빵의 가격은 개당 1, 생산량은 100이며 통화량은 5 이다.
- 2019년 빵의 생산량은 2010년 대비 50% 증가하였고 화폐의 유통속도는 절반으로 줄어 들었으며 빵의 가격은 변함이 없다.

① 10, 10
② 10, 30
③ 15, 15
④ 20, 15
⑤ 20, 30

해설

화폐수량설에 따른 교환방정식은 다음과 같다.

- $M \times V = P \times Y \Rightarrow V = \dfrac{P \times Y}{M}$, $M = \dfrac{P \times Y}{V}$
- 여기서 M은 통화량, V는 화폐유통속도, P는 물가수준, Y는 실질산출량이다.

- 2010년 화폐의 유통속도는 다음과 같이 도출된다.

$$V_{2010} = \frac{P_{2010} \times Y_{2010}}{M_{2010}} = \frac{1 \times 100}{5} = 20$$

- 주어진 조건에 따른 2019년 통화량은 다음과 같이 도출된다.

$$M_{2019} = \frac{P_{2019} \times Y_{2019}}{V_{2019}} = \frac{1 \times 150}{10} = 15$$

정답 ④

0636

A국에서는 고전학파의 이론인 화폐수량설이 성립한다. 현재 A국의 실질 GDP는 20,000, 물가수준은 30, 그리고 통화량은 600,000일 때, 옳지 않은 것은?
17 국가직 7급

① A국에서 화폐의 유통속도는 1이다.
② A국 중앙은행이 통화량을 10% 증가시켰을 때, 물가는 10% 상승한다.
③ A국 중앙은행이 통화량을 10% 증가시켰을 때, 명목 GDP는 10% 증가한다.
④ A국 중앙은행이 통화량을 4% 증가시켰을 때, 실질 GDP는 4% 증가한다.

해설

고전학파 경제학자인 피셔(I. Fisher)의 화폐수량설인 거래수량설에 따른 교환방정식은 다음과 같다. 이를 통해 화폐유통속도를 구할 수 있다.

$M \times V = P \times Y \Rightarrow 600,000 \times V = 30 \times 20,000 \Rightarrow V = 1 \ \cdots\cdots(\textcircled{1})$
단, M은 통화량, V는 화폐유통속도, P는 물가수준, Y는 실질GDP, $P \times Y$는 명목GDP이다.

- 한편 'EC 방정식'에 따라 각 변수의 변화율 사이에는 다음과 같은 관계가 성립한다.

- $\dfrac{\Delta M}{M} + \dfrac{\Delta V}{V} = \dfrac{\Delta P}{P} + \dfrac{\Delta Y}{Y}$
- 여기서 $\dfrac{\Delta M}{M}$은 통화량 증가율, $\dfrac{\Delta V}{V}$는 유통속도 증가율, $\dfrac{\Delta P}{P}$는 물가상승률, $\dfrac{\Delta Y}{Y}$는 실질 GDP증가율이다.

- 고전학파에서는 화폐가 실질변수에 영향을 주지 못한다는 '화폐중립성'을 가정($\Rightarrow \dfrac{\Delta Y}{Y} = 0$)한다. 따라서 통화량을 증가시킨다고 하더라도 실질 GDP의 크기는 변화하지 않는다(④).
- 교환방정식에서는 일정한 화폐유통속도($\Rightarrow \dfrac{\Delta V}{V} = 0$)를 가정한다. 이에 따라 통화량의 변화는 동일한 비율만큼의 물가만을 변화($\dfrac{\Delta M}{M} = \dfrac{\Delta P}{P}$)시킬 뿐이다(②).
- 통화량 증가에 따른 실질 GDP의 변화가 없으므로, 10%만큼의 물가 변화는 동일한 10%만큼의 명목 GDP($= \dfrac{\Delta P}{P} + \dfrac{\Delta Y}{Y}$)를 변화시킨다(③).

정답 ④

0637

A국 시중은행의 지급준비율이 0.2이며 본원통화는 100억 달러이다. A국의 통화승수와 통화량은 얼마인가? (단, 현금-통화비율은 0이다.) 17 지방직 7급

	통화승수	통화량
①	0.2	500억 달러
②	5	500억 달러
③	0.2	100억 달러
④	5	100억 달러

해 설

지급준비율(z)과 현금-통화비율(c)로 이루어진 통화승수는 다음과 같다.

$$통화승수 = \frac{1}{c + z - c \times z}$$

- 문제에서 현금-통화비율(c)이 '0'이라고 했으므로 통화승수는 다음과 같다.

$$통화승수 = \frac{1}{c + z - c \times z} = \frac{1}{0 + 0.2 - 0 \times 0.2} = \frac{1}{0.2} = 5$$

- 본원통화가 100억 달러 증가하면 통화량은 본원통화 증가분의 승수 배만큼인 500억 달러만큼 증가하게 된다.

정답 ②

0638

예금통화에 대한 현금 통화의 비율이 0.2이고 예금지급준비율은 0.4일 때, 통화승수는? 10 지방직 7급

① 1
② 2
③ 3
④ 4

해 설

현금-예금 비율(k)과 지급준비율(z)이 주어질 때, 통화승수(= 화폐승수)는 다음과 같이 도출할 수 있다.

$$m = \frac{k + 1}{k + z} = \frac{0.2 + 1}{0.2 + 0.4} = \frac{1.2}{0.6} = 2$$

정답 ②

0639

화폐 공급량은 민간의 현금보유량과 금융기관이 발행하는 예금화폐의 합계이고, 본원통화는 민간의 현금보유량과 금융기관의 지불준비금의 합계이다. 민간의 예금 대비 현금보유 비율이 0.2이고 금융기관의 지불준비율이 0.1인 경우, 화폐승수는?

11 지방직 7급

① 2.0
② 3.0
③ 4.0
④ 5.0

해 설

현금-예금 비율(k)과 지급준비율(z)이 주어질 때, 통화승수(= 화폐승수)는 다음과 같이 도출할 수 있다.

$$m = \frac{k+1}{k+z} = \frac{0.2+1}{0.2+0.1} = \frac{1.2}{0.3} = 4$$

정답 ③

0640

지급준비율(reserve-deposit ratio)은 0.1, 현금-예금비율(currency-deposit ratio)은 0.2일 때의 통화승수는?

15 국가직 7급

① 2
② 3
③ 4
④ 5

해 설

현금-예금 비율(k)과 지급준비율(z)이 주어질 때, 통화승수(= 화폐승수)는 다음과 같이 도출할 수 있다.

$$m = \frac{k+1}{k+z} = \frac{0.2+1}{0.2+0.1} = \frac{1.2}{0.3} = 4$$

• 앞의 '0639번' 문제와 차이점을 모르겠다. 꺼진 불도 다시 보자!!!

정답 ③

0641

모든 은행이 초과지급준비금은 보유하지 않고 민간은 현금을 모두 요구불 예금으로 예금한다고 가정한다. 요구불 예금의 법정 지급준비율이 20%인 경우 중앙은행이 국채 100억 원어치를 사들인다면 이로 인한 통화량의 창출 규모는?

12 국가직 7급

① 80억 원
② 100억 원
③ 200억 원
④ 500억 원

해 설

현금-예금 비율(k)과 지급준비율(z)이 주어질 때, 통화승수(= 화폐승수)는 다음과 같이 도출할 수 있다.

$$m = \frac{k+1}{k+z}$$

• 민간이 현금을 보유하지 않기 때문에 현금-예금비율(k)는 '0'이 되며, 지급준비율(r)이 20%(=0.2)이므로 통화승수는 다음과 같이 도출할 수 있다.

$$m = \frac{k+1}{k+z} = \frac{0+1}{0+0.2} = 5$$

• 한편 중앙은행이 국채 100억 원어치를 매입하게 되면 본원통화가 100억 원이 증가한다. 이로 인한 통화량 창출 규모는 증가한 본원통화의 승수($m = 5$) 배인 500억 원이 된다.

정답 ④

0642

A국가의 경제주체들은 화폐를 현금과 예금으로 절반씩 보유한다. 또한 상업은행의 지급준비율은 10%이다. A국의 중앙은행이 본원통화를 440만 원 증가시켰을 때 A국의 통화량 변동은?

19 지방직 7급

① 800만 원 증가
② 880만 원 증가
③ 1,100만 원 증가
④ 4,400만 원 증가

해 설

현금을 C, 예금을 D, 지급준비금을 R이라고 가정하자. 이에 따라 현금-예금비율($\frac{C}{D}$)은 k, 지급준비율($\frac{R}{D}$)은 z라고 하자. 이를 전제로 통화승수는 다음과 같이 나타낼 수 있다.

$$통화승수 = \frac{k+1}{k+z}$$

• 경제주체들이 화폐를 현금과 예금으로 절반씩 보유한다는 것은 현금과 예금의 크기가 같다는 것을 의미한다. 따라서 현금-예금비율($\frac{C}{D}$)인 k=1이 된다. 또한 지급준비율이 10%이므로 z=0.1이 된다. 따라서 통화승수는 다음과 같이 도출된다.

$$통화승수 = \frac{k+1}{k+z} = \frac{1+1}{1+0.1} = \frac{2}{1.1}$$

• 중앙은행이 본원통화를 증가시키면 통화량은 본원통화에 통화승수를 곱한 만큼 증가하게 된다. 따라서 중앙은행이 본원통화를 440만 원만큼 증가시키는 경우 통화량의 증가분은 다음과 같이 도출된다.

$$통화량 \ 증가분 = 440 \times \frac{2}{1.1} = 400 \times 2 = 800(만 \ 원)$$

정답 ①

0643

중앙은행이 정한 법정지급준비율이 12%이고, 시중은행의 초과지급준비율이 3%이다. 또한 민간은 통화의 일부를 현금으로 보유하며, 그 비율은 일정하다. 만약 중앙은행이 60억 원 상당의 공채를 매입한다면, 시중의 통화량은 얼마나 증가하겠는가?

15 국회 8급

① 60억 원

② 400억 원

③ 500억 원

④ 60억 원 초과 400억 원 미만

⑤ 400억 원 초과 500억 원 미만

해 설

실제지급준비율(z)과 현금-통화비율(c)로 이루어진 통화승수는 다음과 같다. 문제에서 실제지급준비율은 법정지급준비율과 초과지급준비율의 합인 15%(=0.15)이다.

$$통화승수 = \frac{1}{c + z - c \times z}$$

- 만약 민간이 통화를 모두 현금으로 보유한다면 현금-통화비율(c)이 '1'이 되므로 통화승수는 다음과 같다.

$$통화승수 = \frac{1}{c + z - c \times z} = \frac{1}{1 + 0.15 - 1 \times 0.15} = \frac{1}{1} = 1$$

따라서 중앙은행이 60억 원 상당의 공채를 매입한다면, 통화량은 증가한 본원통화의 통화승수 배만큼인 60억 원만큼 증가하게 된다.

- 한편 민간이 통화를 전혀 현금으로 보유하지 않는다면 현금-통화비율(c)이 '0'이 되어 통화승수는 다음과 같다.

$$통화승수 = \frac{1}{c + z - c \times z} = \frac{1}{0 + 0.15 - 0 \times 0.15} = \frac{1}{0.15}$$

따라서 중앙은행이 60억 원 상당의 공채를 매입한다면, 통화량은 증가한 본원통화의 통화승수 배만큼 증가하게 되며 그 크기는 다음과 같다.

$$통화량 \, 증가분 = 본원통화 \, 증가분 \times 통화승수$$
$$= 60 \times \frac{1}{0.15} = 400(억 \; 원)$$

- 그런데 민간이 통화의 일부만큼은 현금으로 보유한다고 했으므로 현금-통화비율(c)은 '1'보다는 크고 '$\frac{1}{0.15}$'보다는 작을 것이다. 따라서 중앙은행이 60억 원 상당의 공채를 매입한다면, 통화량 증가분은 60억 원보다는 크고 400억 원보다는 작을 것이다.

정답 ④

0644

현재 A은행의 T - 계정은 표와 같고, 법정지급준비율은 7.5%이다. 다른 모든 은행들은 지급준비금을 법정지급준비금만 보유할 때, A은행이 지급준비금을 법정지급준비금 수준까지 줄인다면 이 경제의 통화량 증가는 최대 얼마인가?

14 국가직 9급

자산		부채	
지급준비금	900만 원	예금	1억 원
대출	9,100만 원		

① 866.67만 원

② 1,666.67만 원

③ 2,000만 원

④ 2,666.67만 원

해 설

예금 1억 원 중에서 법정지급준비금의 크기는 750만 원이다. 그런데 현재 A은행의 지급준비금이 900만 원이므로 A은행은 150만 원만큼의 초과지급준비금을 보유 중이다.

- 이제 지급준비금을 법정지급준비금 수준까지 줄이기 위해 보유하고 있는 초과지급준비금까지 대출을 한다면 다음과 같은 과정을 통해 증가할 수 있는 통화량의 크기를 구할 수 있다.

$$통화량 \, 증가분 = 대출액 \times 신용승수 = 대출액 \times \frac{1}{법정지급준비율}$$
$$= 150(만 \; 원) \times \frac{1}{0.075} = 2,000(만 \; 원)$$

정답 ③

0645

다음은 어느 은행의 대차대조표이다. 이 은행이 초과지급준비금을 전부 대출할 때, 은행시스템 전체를 통해 최대로 증가할 수 있는 통화량의 크기는?(단, 법정지급준비율은 20%이며, 현금-통화비율은 0%이다.)

18 국가직 7급

자산(억 원)		부채(억 원)	
지급준비금	600	예금	2,000
대출	1,400		

① 120억 원

② 400억 원

③ 1,000억 원

④ 2,000억 원

법정지급준비율이 20%이므로 2,000억 원의 예금에 대한 법정지급준비금은 400억 원이다. 그런데 현재 이 은행의 지급준비금이 600억 원이므로, 초과지급준비금이 200억 원임을 알 수 있다.

• 한편 현금-통화 비율이 0%이므로, 200억 원의 초과지급준비금을 대출하면 대출과 예금이 반복되는 신용창조 과정을 통해 신용승수(m) 배만큼의 새로운 통화량을 창출할 수 있다.

• 신용승수(m)는 (실제)지급준비율의 역수($=\frac{1}{(실제)지급준비율}$)이므로 '$\frac{1}{0.2}=5$'가 된다. 따라서 은행시스템 전체를 통해 최대로 증가할 수 있는 통화량은 1,000억 원(= 200억 원×5)이 된다.

정답 ③

0646

A은행의 지급준비 부과대상 예금이 20조 원, 실제지급준비금(actual reserve)이 5조 원, 초과지급준비금(excess reserves)이 1조 원이라면 A은행의 법정지급준비율은?

12 지방직 7급

① 15%

② $16\frac{2}{3}$%

③ 20%

④ 25%

법정지급준비금은 실제지급준비금에서 초과지급준비금을 뺀 크기이다. 이를 전제로 법정지급준비율은 다음과 같이 도출된다.

• 법정지급준비금=5조 원-1조 원=4조 원

• 법정지급준비율 $= \frac{법정지급준비금}{지급준비 부과대상 예금(= 요구불예금)}$

$= \frac{4조 원}{20조 원} = \frac{1}{5} = 0.2 = 20\%$

정답 ③

0647

A은행의 총대출액은 8,000만 원이고, 법정지급준비율 10%와 초과지급준비율 10%만큼을 지급준비금으로 보유하고 있다. 이 은행의 법정지급준비금의 액수는? (단, A은행의 대차대조표 자산계정에는 지급준비금과 대출만 있고, 부채와 자본계정에는 예금만 있다.)

15 국가직 9급

① 1,000만 원

② 7,500만 원

③ 8,000만 원

④ 1억 원

실제지급준비율(= 법정지급준비율 + 초과지급준비율)이 20%라는 것은 총대출율은 총예금액의 80%라는 의미이다. 이를 전제로 법정지급준비금은 다음과 같이 구할 수 있다.

• 총대출율 $= \frac{총대출액}{예금액} \Rightarrow 0.8 = \frac{8,000만 원}{예금액}$

$\Rightarrow$ 예금액 $= \frac{8,000만 원}{0.8} = 1억 원$

• 법정지급준비율 $= \frac{법정지급준비금}{예금액} \Rightarrow 0.1 = \frac{법정지급준비금}{1억 원}$

$\Rightarrow$ 법정지급준비금 $= 0.1 \times 1억 원 = 1,000만 원$

정답 ①

0648

갑을은행이 300억 원의 예금과 255억 원의 대출을 가지고 있다. 만약 지불준비율이 10%라면, 동 은행의 초과지불준비금은 얼마인가?

14 서울시 7급

① 35억 원
② 30억 원
③ 25.5억 원
④ 19.5억 원
⑤ 15억 원

본 문제는 지불준비율을 법정지불준비율로 전제해서 출제한 듯하다.

• 만약 (법정)지불준비율이 10%라면 예금액 300억 원 중에서 30억 원만을 지불준비금으로 보유하고 나머지 270억 원까지 대출이 가능하다.
• 현재 대출이 255억 원에 불과하므로 갑을은행은 지불준비금으로 45억 원을 보유하고 있는 것이므로 (법정)지불준비금인 30억 원과의 차이인 15억 원이 초과지불준비금이 된다.

정답 ⑤

0649

A국에는 2개의 은행이 있는데, 지급준비율을 제1은행은 20%, 제2은행은 10%로 항상 유지한다. 갑은 기존에 보유하고 있던 현금 100만 원을 제1은행에 예금하였고, 제1은행은 지급준비금을 제외한 금액을 을에게 대출하였다. 을이 이 돈으로 병에게서 물품을 구입하였고, 병은 이 대금을 제2은행에 예금하였다. 제2은행은 지급준비금을 제외한 급액을 정에게 대출하였다. 이상의 거래로부터 추가적으로 창출된 통화량은?

10 감정평가사

① 144만 원
② 152만 원
③ 160만 원
④ 232만 원

갑의 예금을 통하여 추가적으로 창출된 통화량은 제1은행의 대출액과 제2은행의 대출액의 합만큼이다.

> 제1은행 대출액 + 제2은행 대출액 = 100×(1 - 0.2) + 80×(1 - 0.1)
> = 100×0.8 + 80×0.9 = 80 + 72 = 152(만 원)

정답 ②

0650

A 은행의 초과지급준비금이 0인 상황에서, 甲이 A 은행에 예치했던 요구불 예금 5,000만 원의 인출을 요구하자 A 은행은 보유하고 있는 시재금을 활용하여 지급하였다. 이 경우 A 은행의 상황으로 옳은 것은? (단, 요구불 예금에 대한 법정 지급 준비율은 15%이다.)

12 국가직 7급

① 고객의 요구불 예금 잔고가 750만 원 감소한다.
② 고객의 요구불 예금 잔고가 4,250만 원 감소한다.
③ 지급준비금이 법정기준보다 750만 원 부족하게 된다.
④ 지급준비금이 법정기준보다 4,250만 원 부족하게 된다.

초과지급준비금이 0이므로 A 은행은 법정지급준비금은 모두 보유하고 있는 상태이다. 따라서 甲이 요구한 5,000만 원에 대한 법정지급준비금 750만 원(5,000만 원×15%)은 이미 보유하고 있는 상태이다.

• 다만 나머지 4,250만 원은 별도의 다른 요구불 예금에 대한 법정지급준비금으로 인출을 해주어야 하므로 그만큼 법정지급준비금이 부족해지게 되는 것이다.

정답 ④

0651

A국의 은행들은 100M의 필요지급준비금과 25M의 초과지급준비금을 보유하고 있고, 250M을 국채로 보유하고 있으며, 고객예금 1,000M을 보유하고 있다. A국 국민들은 현금을 보유하지 않고 모든 현금을 은행의 예금 형태로 보유하고 있다고 가정하자. 또한, 은행들은 예금에 대한 초과지급준비율을 같은 수준으로 계속 유지하고자 한다고 가정하자. ㉠ 지급준비율은 얼마인가? ㉡ 이제 중앙은행이 A국 은행들이 5M을 대출해 준다고 가정하자. 예금에 대한 필요지급준비율과 초과지급준비율은 예전과 같다고 할 때 A국의 화폐공급은 얼마나 증가하겠는가?

10 국회 8급

① ㉠ 8%, ㉡ 60M
② ㉠ 10%, ㉡ 50M
③ ㉠ 10%, ㉡ 40M
④ ㉠ 12.5%, ㉡ 50M
⑤ ㉠ 12.5%, ㉡ 40M

지급준비금과 화폐공급 증가분은 다음과 같이 도출된다.

- 지급준비율 $= \dfrac{\text{필요지급준비금} + \text{초과지급준비금}}{\text{예금}} =$
$\dfrac{100M + 25M}{1,000M} = \dfrac{125}{1,000} = 12.5\%$
- 화폐공급 증가분 $=$ 본원통화 증가분 $\times$ 신용승수 $= 5M \times \dfrac{1}{0.125} =$
$5M \times 8 = 40M$

정답 ⑤

0652

갑돌이가 100만 원을 현금으로 집 금고에 보관하다가 은행에 예금하였다. 만약 은행들이 예금의 5%에 해당하는 지급준비금만을 보유하고 나머지는 전부 대출한다면, 이 경제에서 ㉠ 은행권 전체의 예금총액의 증가분, ㉡ 통화량(M_1)의 증가분은 각각 얼마인가? (단, 요구불 예금만 존재하고 은행권 밖으로의 현금유출은 없으며 은행은 초과지급준비금을 보유하고 있지 않다고 가정한다.)

09 국가직 7급

	㉠	㉡
①	1,900만 원	2,000만 원
②	2,000만 원	1,900만 원
③	2,000만 원	2,000만 원
④	2,005만 원	1,995만 원

지급준비율(m)이 5%이므로 신용승수(m)는 다음과 같다.

$m = \dfrac{1}{z} = \dfrac{1}{0.05} = 20$

- 은행권 전체의 예금총액은 총예금창조액을 의미하며, 그 크기는 다음과 같다.

총예금창조액 $=$ 본원적 예금 $\times$ 신용승수 $= 100 \times 20 = 2,000$(만 원)

- 갑돌이의 예금으로 인한 통화량의 증가분은 총예금창조액에서 본원적 예금을 뺀 크기이므로 1,900만 원이 된다. 갑돌이가 보관하던 현금을 예금한 것이므로 갑돌이의 예금으로 인한 본원통화 크기의 변화는 없음을 주의한다.

정답 ②

0653

현재 경제상황은 다음과 같다.

- $\dfrac{M^d}{P} = 1,000 - 1,000i$ - $M^s = 1,700$

- $P = 2$ - $\pi^e = 0.05$

(M^d: 명목화폐수요, i: 명목이자율, M^s: 명목화폐공급, P: 물가, π^e: 기대물가상승률)

이때 다음 두 가지 질문의 답으로 옳은 것은?

(I) 현재 균형실질이자율은 얼마인가?

(II) 다른 조건들이 모두 동일할 때 화폐공급이 50만큼 늘어나고 기대물가 상승률이 10%로 상승하는 경우 새로운 균형실질이자율은 얼마인가?

13 국회 8급

	(I)	(II)
①	10%	2.5%
②	10%	5%
③	15%	2.5%
④	15%	5%
⑤	15%	7.5%

화폐시장에서는 화폐수요와 화폐공급이 일치하는 수준에서 '명목'이자율(i)이 결정된다.

$$\dfrac{M_d}{P} = \dfrac{M_S}{P} \Rightarrow 1,000 - 1,000i = \dfrac{1,700}{2} \Rightarrow 1,000i = 150$$
$$\Rightarrow i = \dfrac{150}{1,000} = 0.15 = 15\%$$

- 피셔(I. Fisher) 방정식을 통하여 실질이자율(r)을 다음과 같이 도출할 수 있다.

$$i = r + \pi^e \Rightarrow 15\% = r + 5\% \Rightarrow r = 10\%$$

- 만약에 다른 모든 조건이 일정할 때 화폐공급이 50만큼 증가하고 기대물가상승률이 10% 상승하는 경우 명목이자율과 실질이자율은 다음과 같이 도출된다.

- $\dfrac{M_d}{P} = \dfrac{M_S}{P} \Rightarrow 1,000 - 1,000i = \dfrac{1,750}{2} \Rightarrow 1,000i = 125$
  $$\Rightarrow i = \dfrac{125}{1,000} = 0.125 = 12.5\%$$
- $i = r + \pi^e \Rightarrow 12.5\% = r + 10\% \Rightarrow r = 2.5\%$

정답 ①

0654

A회사와 B회사는 다음의 금리조건으로 자금을 조달할 수 있다. 그리고 A회사는 현재 변동금리 자금이 필요하고 B회사는 고정금리 자금이 필요하다. 두 회사가 각자 자금을 조달한 뒤 서로 금리스왑 거래를 한다고 할 때, 이를 통해 두 회사가 얻게 되는 총 차입비용의 최대 절감효과는?

14 지방직 7급

구분	고정금리	변동금리
A회사	10%	LIBOR + 0.5%p
B회사	11.5%	LIBOR + 1.0%p

① 0.05%p

② 0.25%p

③ 0.50%p

④ 1.00%p

- 표에서 A회사는 B회사에 비해 고정금리는 1.5%p, 변동금리는 0.5%p가 낮으므로 상대적으로 더 낮은 고정금리가 유리하고, B회사는 A회사에 비해 고정금리는 1.5%p, 변동금리는 0.5%p가 높으므로 상대적으로 더 낮은 변동금리가 유리하다. 즉 비교우위가 성립한다.
- 이에 따라 A회사는 10% 고정금리로 자금을 조달하고, B회사는 LIBOR + 1.0%p 변동금리로 자금을 조달한다. 이때 두 회사가 부담하는 총금리의 크기는 'LIBOR + 11%'이다.
- 반면에 두 회사가 각각 필요한 금리로 독자적으로 차입할 때 부담하는 총금리의 크기는 'LIBOR + 12%'가 된다.
- 따라서 두 회사가 상대적으로 유리한 금리조건으로 차입한 후, 필요한 금리로 서로 교환하는 금리스왑 거래를 하게 되면 '1%'만큼 차입비용을 절감할 수 있는 것이다.
- 본 문제를 구체적으로 풀어보자.
  두 회사는 대출 상환 시까지 금리변동을 예상하여 조금이라도 차입비용을 줄이고자 하는 방안을 모색하고 있다. 예컨대 A회사는 비교우위가 있는 고정금리 10%로 대출했는데 앞으로 금리가 내려갈 것으로 예상되어 변동금리인 LIBOR로 이자를 내고 싶어 하고, B회사는 변동금리로 대출했지만 앞으로 금리가 올라갈 것이 예상되므로 고정금리 10%로 내고 싶어 하는 것이다.
- 만약 A회사가 B회사에게 LIBOR를 지급하고, B회사가 A회사에게 10.25%의 금리를 지급하기로 하는 금리스왑 계약을 체결한다고 가정하면 상환 시점에는 다음과 같은 최종 결과가 나타난다.

> - A회사: 10% 고정금리로 대출받았으므로 동일한 10%를 부담하면 된다.
> - B회사: 은행에 지급해야 할 LIBOR + 1.0%p 중에서 A회사에서 LIBOR를 받았으므로 추가적으로 +1.0%p만 부담하면 되므로, 결국 A회사에게 지급한 10.25%와 추가로 내야할 1%를 더한 11.25%를 부담하면 된다.

- 이 결과를 A회사가 변동금리, B회사가 고정금리로 대출받았을 경우와 비교하면, 두 회사의 차입비용 절감효과를 도출할 수 있다. 그 효과는 다음과 같다. (단, 받은 것은 '+', 지급한 것은 '-'로 나타낸다.)

> - A회사의 경우: 10.25% - LIBOR - 10% = 0.25% - LIBOR ⇒ A회사가 만약 변동금리로 차입을 했다면 (LIBOR + 0.5%p)를 주고 차입해야 했었는데 LIBOR만을 지급하고 0.25%만큼 수익을 얻을 수 있으므로 0.75%p 이익
> - B회사의 경우: LIBOR - 10.25% - (LIBOR + 1%) = -11.25% ⇒ B회사가 만약 고정금리로 차입을 했다면 11.5%를 주고 차입해야 했었는데 11.25%만 지급하면 되므로 0.25%p 이익
> - 결국 두 회사가 얻게 되는 총 차입비용의 최대 절감효과는 A회사의 이익인 0.75%p와 B회사의 이익인 0.25%p의 합인 1%p

정답 ④

0655

기업 A의 현재 주식 가격은 이 기업의 기대 배당금 흐름을 할인한 현재가치들의 합인 5만 원에 형성되어 있다. 이와 관련한 설명으로 옳지 않은 것은? 16 국가직 9급

① 기업 A의 할인율이 상승하면 이 기업의 주식가격은 상승한다.
② 기업 A의 기대 배당금 흐름이 증가하면 이 기업의 주식가격은 상승한다.
③ 기업 A의 미래 현금흐름 변동성 위험이 증가할수록 이 기업의 할인율은 상승한다.
④ 기업 A의 미래 현금흐름이 위험해질수록 이 기업의 주식 가치는 하락한다.

해 설

문제에서 제시된 내용에 따른 주식가격(P_E)은 다음과 같이 도출된다.

$$P_E = \frac{D_1}{(1+r)} + \frac{D_2}{(1+r)^2} + \frac{D_3}{(1+r)^3} \cdots \cdots$$

⇒ P_E는 주식가격, D는 배당금, r은 할인율, 배당은 1년 단위로 이루어진다.

- 주식가격(P_E)은 할인율(r)이 하락할수록, 배당금(D)이 증가할수록 상승한다(①, ②).
- 미래 현금흐름 변동성 위험이 증가할수록 이러한 위험이 반영된 할인율은 상승하고, 이에 따라 주식 가격(가치)은 하락하게 된다(③, ④).

정답 ①

0656

현재 시점에서 A국 경제의 채권시장에 1년 만기, 2년 만기, 3년 만기 국채만 존재하고 각각의 이자율이 3%, 5%, 6%이다. 현재 시점으로부터 2년 이후에 성립하리라 기대되는 1년 만기 국채의 이자율 예상치에 가장 가까운 값은? (단, 이자율의 기간구조에 대한 기대이론이 성립한다) 20 국가직 7급

① 4%
② 6%
③ 8%
④ 10%

해 설

이자율의 기간구조에 대한 기대이론에 따르면 장기채권 이자율은 단기채권 (예상)이자율의 산술평균 값과 일치한다. 이에 따라 주어진 조건들을 다음 표와 같이 정리할 수 있다.

n년 만기 국채 이자율
$= \frac{1년차\ 이자율 + 2년차\ (예상)이자율 + 3년차\ (예상)이자율 + \ldots + n년차\ (예상)이자율}{n}$
$= \frac{i_1 + i_2^e + i_3^e + \ldots\ldots + i_n^e}{n}$

- 1년 만기 채권 이자율 $= \frac{3\%}{1} = 3\%$
- 2년 만기 채권 이자율 $= \frac{3\% + i_2^e}{2} = 5\% \Rightarrow i_2^e = 7\%$
- 3년 만기 채권 이자율 $= \frac{3\% + 7\% + i_3^e}{3} = 6\% \Rightarrow i_3^e = 8\%$

- 현재 시점으로부터 2년 이후에 성립하리라 기대되는 1년 만기 국채의 이자율이란 결국 3년차 (예상)이자율($i_3^e = 8\%$)을 의미한다.

정답 ③

0657

다음과 같은 조건에서 어떤 투자자가 두 주식 A 또는 B에 투자하거나, A와 B에 각각 50%씩 분산투자하는 포트폴리오 C에 투자할 계획을 갖고 있다. A, B, C 간의 기대수익률을 비교한 결과로 옳은 것은? 13 지방직 7급

- A의 수익률은 좋은 해와 나쁜 해에 각각 20% 및 -10%이다.
- B의 수익률은 좋은 해와 나쁜 해에 각각 10% 및 5%이다.
- 올해가 좋은 해일 확률은 60%이고 나쁜 해일 확률은 40%이다.

① A > C > B
② A < C < B
③ A = B > C
④ A = B = C

해설

A, B, C 간의 기대수익률을 비교해 보면 다음과 같다.

- A: $0.6 \times 20\% + 0.4 \times (-10\%) = 12\% - 4\% = 8\%$
- B: $0.6 \times 10\% + 0.4 \times 5\% = 6\% + 2\% = 8\%$
- C: $0.5 \times A + 0.5 \times B = 0.5 \times 8\% + 0.5 \times 8\% = 4\% + 4\% = 8\%$

정답 ④

0658

최근 해외투자가 급증하고 있는 가운데 투자자들은 투자 포트폴리오의 미래가치에 대한 분산(불확실성)을 최소화하고자 한다. 세 프로젝트 중 2개에 동일한 비중으로 투자할 때, 불확실성을 최소화하기 위한 포트폴리오는? (단, 각 프로젝트에서 발생할 수 있는 수익은 동일하고 프로젝트 간 분산 및 공분산(variance covariance matrix)은 아래와 같다.) 15 지방직 7급

구분	중동	동남아	남미
중동	0.4	-	-
동남아	0.5	0.6	-
남미	0.25	0.4	0.2

① 프로젝트 중동과 동남아
② 프로젝트 중동과 남미
③ 프로젝트 동남아와 남미
④ 세 프로젝트 모두 차이가 없음

해설

투자를 통해서 발생할 수 있는 체계적 위험의 존재를 알려주는 지표가 공분산이다.
- 주어진 도표에서 불확실성이 가장 낮은 포트폴리오는 공분산 수치가 가장 낮은 프로젝트 중동과 남미의 배합이다.

정답 ②

0659

위험자산 A와 B의 기대수익률은 각각 5%, 20%이고, 표준편차는 각각 5%, 10%이다. 이 두 자산으로 구성된 포트폴리오가 무위험이기 위한 조건으로 옳은 것은? (단, 위험자산 A와 B의 상관계수는 -1이다.)　17 추가채용 국가직 7급

① A의 비중이 $\frac{1}{3}$, B의 비중이 $\frac{2}{3}$가 되게 포트폴리오를 구성한다.

② A의 비중이 $\frac{1}{2}$, B의 비중이 $\frac{1}{2}$이 되게 포트폴리오를 구성한다.

③ A의 비중이 $\frac{2}{3}$, B의 비중이 $\frac{1}{3}$이 되게 포트폴리오를 구성한다.

④ A의 비중이 $\frac{3}{4}$, B의 비중이 $\frac{1}{4}$이 되게 포트폴리오를 구성한다.

포트폴리오 위험(risk)은 포트폴리오의 표준편차 또는 분산 값을 통해 측정할 수 있다. 즉 위험의 정도는 표준편차 또는 분산으로 측정할 수 있다는 의미이다.

· 문제에서 포트폴리오가 무위험이라고 했으므로 이때의 표준편차 또는 분산 값은 '0'이 된다.

· 포트폴리오의 위험을 측정하는 표준편차 공식은 다음과 같다.

> · $\sigma_p = \sqrt{(\alpha \times \sigma_A)^2 + (\beta \times \sigma_B)^2 + 2 \times \alpha \times \beta \times Cov(A, B)}$
> · 여기서, σ_p는 포트폴리오 표준편차, α는 자산 A의 비중, β는 자산 B의 비중, $\alpha + \beta = 1$, σ_A은 자산 A의 표준편차, σ_B는 자산 B의 표준편차, $Cov(A, B)$는 자산 A와 자산 B의 공분산이다.

· 상관계수(ρ)를 측정하는 공식은 다음과 같다.

> · $\rho_{AB} = \dfrac{Cov(A, B)}{\sigma_A \times \sigma_B}$
> · 여기서 ρ_{AB}는 자산 A, 자산 B의 상관계수, σ_A은 자산 A의 표준편차, σ_B는 자산 B의 표준편차, $Cov(A, B)$는 자산 A와 자산 B의 공분산이다.

· 문제에서 위험자산 A와 B의 상관계수가 -1로 주어져 있으므로, '$Cov(A, B) = -\sigma_A \times \sigma_B$'가 성립한다. 이 결과를 포트폴리오 표준편차 공식에 대입하게 되면 다음 결과를 얻는다.

> $\sigma_p = \sqrt{(\alpha \times \sigma_A)^2 + (\beta \times \sigma_B)^2 - 2 \times \alpha \times \beta \times \sigma_A \times \sigma_B}$
> $= \sqrt{(\alpha \times \sigma_A)^2 + (\beta \times \sigma_B)^2 - 2 \times (\alpha \times \sigma_A) \times (\beta \times \sigma_B)}$
> $= \sqrt{[(\alpha \times \sigma_A) - (\beta \times \sigma_B)]^2}$
> $= [(\alpha \times \sigma_A) - (\beta \times \sigma_B)]$

· 한편 '$\alpha + \beta = 1$'이므로 $\beta = 1 - \alpha$'이다. 또한 포트폴리오가 무위험이라고 했으므로 '$\sigma_p = 0$'이 성립하며, 이때 문제에서 주어진 조건에 따르면 '$\sigma_A = 0.05$, $\sigma_B = 0.1$'이다. 이 결과들을 앞의 식에 대입하여 정리하면 다음 결과를 얻을 수 있다.

> $\sigma_p = \sqrt{[(\alpha \times 0.05) - (1 - \alpha) \times 0.1)]^2} = 0$
> $\Rightarrow [(\alpha \times 0.05) - (1 - \alpha) \times 0.1] = 0$
> $\Rightarrow 0.05 \times \alpha = (1 - \alpha) \times 0.1 \Rightarrow 0.15\alpha = 0.1$
> $\Rightarrow \alpha = \dfrac{0.1}{0.15} = \dfrac{2}{3}, \beta = (1 - \alpha) = \dfrac{1}{3}$

정답 ③

AK Tip 포트폴리오 위험(표준편차)과 개별자산의 위험(표준편차)과의 상관관계

상관계수(ρ) = 1	두 자산 간 완전한 정(+)의 상관관계가 성립하여, 이때의 포트폴리오 위험은 두 자산의 가중평균한 값이 되어 분산효과는 전혀 발생하지 않는다. 즉 그만큼 위험하다는 의미이다.
상관계수(ρ) = 0	$VaRp = \sqrt{VaR_A^2 + VaR_B^2}$, 두 자산이 서로 독립적인 관계인 경우이다.
상관계수(ρ) = -1	두 자산 간 부(-)의 상관관계가 성립하여 분산효과는 극대화된다. 즉, 두 자산의 위험이 서로 상쇄되어 포트폴리오의 위험은 매우 작아진다. 특히 두 자산의 위험이 같아지면 포트폴리오는 무위험일 수 있다.

0660

현재 자본시장은 균형상태에 있으며 A주식의 기대수익률은 14%이고, 무위험자산의 수익률은 2%이다. 이 경우 시장 포트폴리오(market portfolio)의 기대수익률은? (단, A주식과 시장 포트폴리오의 공분산은 6%이며, 시장 포트폴리오의 분산은 5%이다.)

14 국가직 7급

① 8%

② 10%

③ 12%

④ 14%

자산가격 결정모형(CAPM)에 관한 문제는 다음 공식을 기억하고 접근한다.

$$\frac{주식과\ 시장\ 포트폴리오\ 공분산}{시장\ 포트폴리오\ 분산}$$
$$= \frac{주식기대\ 수익률 - 무위험\ 수익률}{시장포트폴리오\ 기대수익률 - 무위험\ 수익률}$$

• 주식(A)의 기대수익률을 x라고 하고, 문제에서 주어진 조건을 앞의 공식에 대입하면 다음과 같은 결과를 도출할 수 있다.

$$\frac{6\%}{5\%} = \frac{14\% - 2\%}{x - 2\%} \Rightarrow x = 12\%$$

정답 ③

0661

광수는 소득에 대해 다음의 누진세율을 적용받고 있다고 가정하자. 처음 1,000만 원에 대해서는 면세이고, 다음 1,000만 원에 대해서는 10%, 그 다음 1,000만 원에 대해서는 15%, 그 다음 1,000만 원에 대해서는 25%, 그 이상 초과 소득에 대해서는 50%의 소득세율이 누진적으로 부과된다. 광수의 소득이 7,500만 원일 경우 광수의 평균세율은 얼마인가?   13 서울시 7급

① 20%

② 25%

③ 28%

④ 30%

⑤ 36.67%

주어진 누진세율에 의한 광수의 소득과 조세 구조는 다음과 같다.

소득 구간	처음 1,000만 원	추가 1000만 원 (누적 2,000만 원)	추가 1,000만 원 (누적 3,000만 원)	추가 1,000만 원 (누적 4,000만 원)	추가 3,500만 원 (누적 7,500만 원)	총액
소득 세율	0%	10%	15%	25%	50%	-
소득 세액	0	100만 원	150만 원	250만 원	1,750만 원	2,250만 원

• 광수의 평균세율은 다음과 같이 도출된다.

$$평균세율\left(=\frac{총조세액}{총소득}\right):\frac{2,250만\ 원}{7,500만\ 원}=0.3=30\%$$

정답 ④

0662

A국의 소득세는 T = max[0, 0.15(Y - 1,000)]의 식에 따라 결정된다. 즉, 연소득 1,000만 원까지는 전혀 세금을 부과하지 않고, 1,000만 원을 넘는 부분에 대해서만 15%의 세율로 세금을 부과한다. 이 소득세 제도의 1,000만 원 이상 소득구간에서 한계세율(ㄱ)과 평균세율(ㄴ)에 대한 설명으로 옳은 것은? (단, T는 세액, Y는 소득이다.)   15 지방직 7급

	ㄱ	ㄴ
①	누진적	누진적
②	누진적	비례적
③	비례적	비례적
④	비례적	누진적

주어진 조세함수에 따라 한계세율과 평균세율은 다음 표와 같다.

소득(Y)	조세(T)	한계세율($\frac{\Delta T}{\Delta Y}$)	평균세율($\frac{T}{Y}$)
1,000	0	-	0
1,100	15	0.15	0.014
1,200	30	0.15	0.025

• 한계세율은 0.15로 일정한 비례적인 특성을 보인다.
• 평균세율은 지속적으로 상승하는 누진적인 특성을 보인다.

정답 ④

0663

다음은 A국의 소득세제에 대한 특징이다. 이에 대한 설명으로 옳은 것은? (단, 최종소득은 소득에서 소득세를 뺀 값이다.)

17 지방직 7급

> • 소득이 5,000만 원 미만이면 소득세를 납부하지 않음
> • 소득이 5,000만 원 이상이면 5,000만 원을 초과하는 소득의 20%를 소득세로 납부함

① 소득 대비 최종소득의 비중은 소득이 증가할수록 감소한다.

② 고소득자의 최종소득이 저소득자의 최종소득보다 작을 수 있다.

③ 소득 증가에 따른 최종소득 증가분은 소득이 증가할수록 작아진다.

④ 소득이 5,000만 원 이상인 납세자의 소득 대비 소득세 납부액 비중은 소득이 증가할수록 커진다.

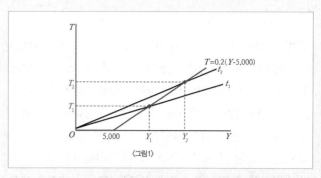

〈그림1〉

소득 대비 소득세 납부액 비중($\frac{T}{Y} = t$)는 그림에서 원점에서 조세곡선 상의 한 점까지 그은 직선의 기울기이다. 그림에서 보는 바와 같이 소득이 증가할 때($Y_1 \Rightarrow Y_2$) '소득 대비 소득세 납부액 비중($\frac{T}{Y}$)'을 의미하는 't'의 기울기는 점점 가팔라진다($t_1 \Rightarrow t_2$). 이것은 소득이 5,000만 원 이상인 납세자의 소득 대비 소득세 납부액 비중은 소득이 증가할수록 커진다는 것을 의미한다(④).

• 최종소득(Y^*)과 소득(Y) 사이에는 다음과 같은 관계가 성립한다.

> • $Y^* = Y$(소득이 5,000만 원 미만인 경우)
> • $Y^* = 5,000 + 0.8 \times (Y - 5,000)$(소득이 5,000만 원 이상인 경우)

• 최종소득(Y^*)과 소득(Y)과의 관계를 그림으로 나타내면 다음과 같다.

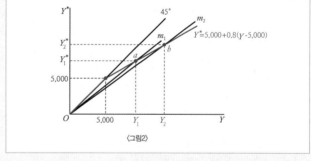

〈그림2〉

① 소득 대비 최종소득의 비중($\frac{Y^*}{Y}$)는 그림에서 'm'의 기울기로 나타낼 수 있다. 그림에서 소득이 5,000만 원 이상인 수준에서는 소득이 증가할수록($Y_1 \Rightarrow Y_2$) 'm'의 기울기가 점점 완만해지고 있다($m_1 \Rightarrow m_2$). 이것은 소득이 증가할수록 소득 대비 최종소득의 비중($\frac{Y^*}{Y}$)은 점점 감소한다는 것을 의미한다. 그러나 소득이 5,000만 원 미만인 경우에는 소득 대비 최종소득의 비중($\frac{Y^*}{Y}$)은 항상 '$m = 1$'로 불변이다. 즉, 소득 대비 최종소득의 비중($\frac{Y^*}{Y}$)은 소득구간에 따라 불변 또는 감소하게 된다.

② 고소득자(Y_2)의 최종소득(Y_2^*)은 저소득자(Y_1)의 최종소득(Y_1^*)보다 항상 크다.

③ 소득 증가에 따른 최종소득 증가분은 '$\frac{\Delta Y^*}{\Delta Y}$('한계'개념임을 주의)'로 표시할 수 있고, 이것은 최종소득 함수의 접선의 기울기이다. 그런데 소득이 5,000만 원 전·후의 최종소득함수의 기울기는 '1' 또는 '0.8'로 일정한 값을 갖는다.

정답 ④

주어진 조건을 충족하는 조세(T)와 소득(Y) 사이에는 다음과 같은 관계가 성립한다.

> • $T = 0$(소득이 5,000만 원 미만인 경우)
> • $T = 0.2 \times (Y - 5,000)$(소득이 5,000만 원 이상인 경우)

• 소득(Y)과 소득세(T)의 관계를 그림으로 나타내면 다음과 같다.

0664

국민연금제도 하에서 연간 기본연금액은 $\alpha(A+B)(1+0.05y)$로 결정된다. α는 가입한 시점에 따라 달라지며, A는 연금 수급 전 3년간 전체 가입자의 평균소득월액의 평균액이고, B는 가입자 개인의 가입기간 중 기준소득월액의 평균액이다. 그리고 y는 가입연수에서 20년을 뺀 값이다. 연금에 40년간 가입한 김 씨의 B값이 100만 원이라고 할 때, 김 씨가 수령하게 될 연금의 소득대체율은? (단, α는 1.8로 고정되어 있으며, A는 100만 원이라고 가정한다.)

17 추가채용 국가직 7급

① 30%
② 40%
③ 50%
④ 60%

소득대체율이란 나중에 받게 되는 연금액이 평균소득과 비교할 때, 얼마나 되는지를 알려주는 비율을 의미한다.

- 주어진 조건에 따른 '연' 기본연금액을 계산하면 다음과 같다.

> 연간 기본연금액 $= \alpha(A+B)(1+0.05y)$
> $= 1.8(100+100)(1+0.05 \times 20) = 360 \times 2 = 720$(만 원)

- '월' 기본연금액은 60만 원이고 월 평균소득이 100만 원이므로, 소득대체율은 60%가 된다.
- 참고로 2018년 현재 '국민연금 가입 기간별 소득대체율(40년 가입기준) 및 적용비례상수'를 표로 정리하면 다음과 같다.

가입기간	1988년 - 1988년	1999년 - 2007년	2008년 - 2027년	2028년
소득대체율	70%	60%	50% (매년 0.5%씩 감소) 2018년 45%	40%
비례상수	2.4	1.8	1.5 (매년 0.015씩 감소)	1.2

정답 ④

THEME 06 거시 경제 균형 모형

0665

투자의 이자율 탄력성을 d, 그리고 한계소비성향을 b라고 할 때, IS곡선이 가장 가파른 모양을 나타내는 것은?

08 지방직 7급

① b가 클수록, d가 작을수록

② b가 작을수록, d가 클수록

③ b와 d가 모두 작을수록

④ b와 d가 모두 클수록

폐쇄경제 하에서 $C = a + b(Y - T_0)$, $I = c - dr$, $G = G_0$라고 할 때, IS곡선은 다음과 같이 정리할 수 있다.

$$r = \frac{a - b \times T_0 + c + G_0}{d} - \frac{1 - b}{d} \times Y \text{ (여기서 a, b, c, d는 양의 상수)}$$

· IS곡선의 기울기는 $\frac{1 - b}{d}$이다.

· 한계소비성향(b)가 작을수록, 투자의 이자율 탄력성(d)이 비탄력적일수록(작을수록) IS곡선의 기울기는 커진다(가팔라진다).

정답 ③

0666

통화량(M)을 물가(P)로 나눈 값을 실질화폐잔고라고 한다. 어떤 경제의 실질화폐잔고에 대한 수요는 $\frac{M}{P} = 0.5 \times Y - i$ (Y는 실질소득, i는 명목이자율)이고, 현재 M의 값은 100, P의 값은 2로 주어져 있다. 중앙은행이 M을 100에서 110으로 증가시켰을 때, LM곡선의 이동에 대한 다음 설명 중 옳은 것은?

12 국회 8급

① 오른쪽으로 10만큼 이동한다.

② 왼쪽으로 10만큼 이동한다.

③ 오른쪽으로 5만큼 이동한다.

④ 왼쪽으로 5만큼 이동한다.

⑤ 이동하지 않는다.

LM 곡선이 이동한다는 것은 주어진 이자율 수준에서 소득이 증가한 만큼 좌우로 이동하는 것으로 이해할 수 있다. 이를 이용하기 위해서 문제에서 이자율 수준을 임의의 수치인 10이라고 가정하고 그 크기는 불변이라고 하자.

· 화폐시장 균형식은 실질화폐잔고(실질통화량) = 화폐수요이다. 따라서 문제에서 물가수준이 'P = 2'라고 주어졌으므로 통화량(M)이 100일 때 실질화폐잔고가 50이므로, 이러한 조건들을 화폐수요함수에 대입하면 소득을 구할 수 있다.

$$\frac{M}{P} = 0.5 \times Y - i \Rightarrow 50 = 0.5 \times Y - 10 \Rightarrow Y = 120$$

· 만약 통화량(M)이 110으로 증가하는 경우 소득은 다음과 같다.

$$\frac{M}{P} = 0.5 \times Y - i \Rightarrow 55 = 0.5 \times Y - 10 \Rightarrow Y = 130$$

· 결국 중앙은행이 M의 값을 100에서 110으로 증가시켰을 때 LM곡선은 오른쪽으로 10만큼 이동하게 된다.

정답 ①

0667

다음과 같이 생산물시장과 화폐시장이 주어졌을 때, $G = 100$, $M^S = 500$, $P = 1$이고 균형재정일 경우, 균형국민소득(Y)과 균형이자율(r)은?

14 국가직 7급

- $Y = C + I + G$
- $C = 100 + 0.8(Y - T)$
- $I = 80 - 10r$
- $\dfrac{M^d}{P} = Y - 50r$

(단, C는 소비, I는 투자, G는 정부지출, T는 조세, M^s는 명목화폐공급, M^d는 명목화폐수요, P는 물가를 나타내고, 해외부문과 총공급부문은 고려하지 않는다.)

① $Y = 750$, $r = 5$
② $Y = 750$, $r = 15$
③ $Y = 250$, $r = 5$
④ $Y = 250$, $r = 15$

해 설

폐쇄경제 하의 생산물시장의 균형식인 Y = C + I + G에서, G = T인 균형재정이므로 IS 방정식은 다음과 같이 도출된다.

$$Y = C + I + G \Rightarrow Y = 100 + 0.8(Y - 100) + 80 - 10r + 100$$
$$\Rightarrow 0.2Y = 200 - 10r \Rightarrow Y = 1,000 - 50r \quad\cdots\cdots ⓐ$$

- 화폐시장 균형식인 LM 방정식은 다음과 같이 도출된다.

$$\frac{M^d}{P} = \frac{M^s}{P} \Rightarrow Y - 50r = 500 \Rightarrow Y = 500 + 50r \quad\cdots\cdots ⓑ$$

- ⓐ식과 ⓑ식을 연립해서 풀면 '$r = 5$, $Y = 750$'이 도출된다.

정답 ①

0668

다음과 같은 IS-LM 모형에서 균형국민소득의 크기는? (단, Y는 국민소득, Y^d는 가처분소득, C는 소비지출, G는 정부지출, T는 세금, R은 이자율, I는 투자지출, M^d는 화폐수요, M^s는 화폐공급이다.)

08 국가직 7급

- $C = 125 + 0.5Y^d$
- $Yd = Y - T$
- $T = 0.2Y$
- $I = 100 - 100R$
- $G = 40$
- $Md = 50 + 0.5Y - 200R$
- $Ms = 200$

① 300
② 400
③ 500
④ 600

해 설

생산물 시장 균형식인 IS 방정식은 다음과 같이 도출된다.

$$Y = C + I + G \Rightarrow Y = 125 + 0.5(Y - 0.2Y) + 100 - 100R + 40$$
$$\Rightarrow 0.6Y = 265 - 100R \quad\cdots\cdots ⓐ$$

- 화폐 시장 균형식인 LM 방정식은 다음과 같이 도출된다.

$$M^d = M^s \Rightarrow 50 + 0.5Y - 200R = 200 \Rightarrow 0.5Y = 150 + 200R \quad\cdots\cdots ⓑ$$

- ⓐ식과 ⓑ식을 연립해서 풀면 '$Y = 400$, $R = 0.25$'가 도출된다.

정답 ②

0669

다음과 같은 IS−LM 모형에서의 균형이자율(r)은?

09 국가직 7급

- $Y = C + I + G$
- $C = 200 + 0.8(Y - T)$
- $I = 1,600 - 100r$
- $G = T = 1,000$
- $M^s = 5000,\ P = 2$
- $\dfrac{M^d}{P} = 0.5Y - 250r + 500$

(단, Y는 국민소득, C는 소비, I는 투자, T는 조세, G는 정부지출, r은 이자율, P는 물가수준, M^s는 화폐공급, M^d는 화폐수요를 의미한다.)

① 5

② 6

③ 7

④ 8

해설

생산물시장 균형식인 IS 방정식은 다음과 같이 도출된다.

$Y = C + I + G$
$\Rightarrow\ Y = 200 + 0.8(Y - 1,000) + 1,600 - 100r + 1,000$
$\Rightarrow\ 0.2Y = 2,000 - 100r$
$\Rightarrow\ Y = 10,000 - 500r \ \cdots\cdots$ⓐ

- 화폐시장 균형식인 LM 방정식은 다음과 같이 도출된다.

$\dfrac{M^s}{P} = \dfrac{M^d}{P} \Rightarrow 2,500 = 0.5Y - 250r + 500$
$\Rightarrow 0.5Y = 2,000 + 250r \Rightarrow Y = 4,000 + 500r \ \cdots\cdots$ⓑ

- ⓐ식과 ⓑ식을 연립해서 풀면 '$Y = 7,000,\ r = 6$'가 도출된다.

정답 ②

0670

다음과 같이 소비함수, 투자함수, 화폐수요함수가 주어진 가상의 경제가 있다. (단, 이 경제에서는 정부지출과 조세 및 대외거래가 없고 중앙은행이 통화를 외생적으로 공급한다.)

- 소비: $C = 50 + 0.5Y$
- 투자: $I = 50 - 400r$
- 화폐수요: $L = Y - 200r$

현재 명목통화공급량이 200이고 물가가 2일 때 IS−LM 균형을 달성하는 실질이자율 r과 실질소득 Y를 순서대로 알맞게 짝지은 것은?

09 국회 8급

① 8%, 116

② 9%, 118

③ 10%, 120

④ 11%, 122

⑤ 12%, 124

해설

생산물시장 균형식인 IS 방정식은 다음과 같이 도출된다.

$Y = C + I \Rightarrow Y = 50 + 0.5Y + 50 - 400r \Rightarrow 0.5Y = 100 - 400r$
$\Rightarrow Y = 200 - 800r \ \cdots\cdots$ⓐ

- 화폐시장 균형식인 LM 방정식은 다음과 같이 도출된다.

$\dfrac{M^s}{P} = \dfrac{M^d}{P} \Rightarrow 100 = Y - 200r \Rightarrow Y = 100 + 200r \ \cdots\cdots$ⓑ

- ⓐ식과 ⓑ식을 연립해서 풀면 '$Y = 120,\ r = 0.1$'이 도출된다.

정답 ③

0671

폐쇄경제 하에서 다음의 $IS-LM$ 모형을 기초로 할 때 균형 이자율(r^*)이 6이 되는($r^* = 6$) 화폐공급(K)은? 10 국가직 7급

- $C = 200 + 0.8(Y-T)$ • $I = 1,600 - 100r$
- $G = T = 1,000$ • $M = K$
- $L = 0.5Y - 250r + 500$

(단, Y는 국민소득, C는 소비지출, T는 세금, I는 투자지출, r 은 이자율, G는 정부지출, M은 화폐공급, L은 화폐수요이다. 이때 r은 균형값인 균형이자율은 r^*로 표시한다.)

① 2,300
② 2,500
③ 2,700
④ 3,000

해설

생산물시장 균형식인 IS 방정식과 주어진 이자율 수준에서 국민 소득은 다음과 같이 도출된다.

- $Y = C + I + G$
  $\Rightarrow Y = 200 + 0.8(Y - 1,000) + 1,600 - 100r + 1,000$
  $\Rightarrow 0.2Y = 2,000 - 100r$
  $\Rightarrow Y = 10,000 - 500r$
- $r^* = 6$인 경우 $\Rightarrow Y = 10,000 - 500 \times 6 = 7,000$

- 화폐시장 균형식인 LM 방정식을 통하여 K값을 다음과 같이 도출할 수 있다.

- $M^s = M^d \Rightarrow K = 0.5Y - 250r + 500$
- $r^* = 6$, $Y = 7,000$인 경우
  $\Rightarrow K = 0.5 \times 7,000 - 250 \times 6 + 500 = 3,500 - 1,500 + 200 = 2,500$

정답 ②

0672

어느 경제의 거시경제 모형이 아래와 같이 주어져 있다면 균형이자율과 균형국민소득은 각각 얼마인가? 13 국회 8급

- $Y = C + I + G$ • $C = 100 + 0.8(Y-T)$
- $I = 150 - 600r$ • $G = 200$, $T = 0.5Y$
- $M^d = M^s$ • $\dfrac{M^d}{P} = 2Y - 8,000(r + \pi^e)$
- $M^s = 1,000$ • $P = 1$, $\pi^e = 0$

(Y: 소득, C: 소비, I: 투자, r: 실질이자율, T: 세입, G: 정부 지출, P: 물가, π^e: 기대물가상승률, M^d: 명목화폐수요, M^s: 명목화폐공급)

	균형이자율	균형국민소득
①	5%	700
②	5%	800
③	6%	700
⑤	7%	1,000
④	6%	800

해설

생산물시장 균형식인 IS 방정식은 다음과 같이 도출된다.

$Y = C + I + G \Rightarrow Y = 100 + 0.8(Y - 0.5Y) + 150 - 600r + 200$
$\Rightarrow 0.6Y = 450 - 600r$
$\Rightarrow Y = 750 - 1,000r \ldots\ldots ⓐ$

- 화폐시장 균형식인 LM 방정식은 다음과 같이 도출된다.

$\dfrac{M^s}{P} = \dfrac{M^d}{P} \Rightarrow 1,000 = 2Y - 8,000r \Rightarrow Y = 500 + 4,000r \ldots\ldots ⓑ$

• ⓐ식과 ⓑ식을 연립해서 풀면 '$r = 0.05 = 5\%$, $Y = 700$'이 도출된다.

정답 ①

0673

IS-LM 모형에서, IS곡선이 $Y = 1,200 - 60r$, 화폐수요곡선은 $\frac{M^D}{P} = Y - 60r$, 통화량은 800, 물가는 2이다. 통화량이 1,200으로 상승하면, Y는 얼마나 증가하는가? (단, Y는 국민소득, r은 실질이자율, P는 물가이다.) 18 서울시 공개경쟁 7급

① 50

② 100

③ 150

④ 200

화폐시장 균형식인 LM 방정식은 다음과 같이 도출된다.

$$\frac{M^s}{P} = \frac{M^d}{P} \Rightarrow 400 = Y - 60r \Rightarrow Y = 400 + 60r$$

- 도출된 LM 방정식과 문제에서 주어진 IS 방정식을 연립해서 풀면 '$Y = 800$'이 도출된다.
- 만약 통화량이 1,200으로 상승하면 LM 방정식은 다음과 같이 도출된다.

$$\frac{M^s}{P} = \frac{M^d}{P} \Rightarrow 600 = Y - 60r \Rightarrow Y = 600 + 60r$$

- 도출된 LM 방정식과 문제에서 주어진 IS 방정식을 연립해서 풀면 '$Y = 900$'이 도출된다.
- 따라서 통화량이 800에서 1,200으로 상승하면 균형국민소득 (Y)은 800에서 900으로 100만큼 증가한다는 것을 알 수 있다.

정답 ②

0674

IS-LM모형을 이용한 분석에서 LM곡선은 수평이고 소비함수는 $C = 200 + 0.8Y$이다. 정부지출을 2,000억 원 증가시킬 때, 균형소득의 증가량은? (단, C는 소비, Y는 소득이다.)

18 서울시 정기공채 7급

① 8,000억 원

② 1조 원

③ 1조 2,000억 원

④ 유동성함정 상태이므로 소득증가는 발생하지 않는다.

LM곡선이 수평이므로 승수효과가 완전히 나타나게 된다. 주어진 조건에 따른 정부지출 승수는 다음과 같다.

$$정부지출승수 = \frac{1}{1 - MPC} = \frac{1}{1 - 0.8} = \frac{1}{0.2} = 5$$

- 정부지출이 2,000억 원만큼 증가하게 되면 균형소득은 정부지출 증가분의 '5배'인 1조 원만큼 증가하게 된다.

정답 ②

0675

다음과 같이 주어진 IS-LM 모형에서 정부지출(G)이 600에서 700으로 증가할 때, 균형 총소득의 증가 폭은? (단, Y는 총소득, C는 소비, I는 투자, T는 조세, M은 명목통화공급, P는 물가, r은 이자율, $(\frac{M}{P})^d$는 실질화폐수요량이다.)

19 국가직 7급

- 소비함수: $C = 100 + 0.6(Y - T)$
- 투자함수: $I = 200 - 10r$
- 화폐수요함수: $(\frac{M}{P})^d = Y - 100r$
- $T = 1,000$, $M = 1,000$, $P = 2$

① 200
② 300
③ 400
④ 500

정부지출(G)이 600인 경우, IS 방정식과 LM 방정식을 구하면 다음과 같다.

- IS 방정식: $Y = C + I + G$
  $\Rightarrow Y = 100 + 0.6(Y - 1,000) + 200 - 10r + 600$
  $\Rightarrow 0.4Y = 300 - 10r \Rightarrow Y = 750 - 25r$ ......ⓐ
- LM 방정식: $(\frac{M}{P})^d = (\frac{M}{P})^s \Rightarrow Y - 100r = \frac{1,000}{2}$
  $\Rightarrow Y = 500 + 100r$ ......ⓑ

ⓐ식과 ⓑ식을 연립하여 풀면, '$r = 2$, $Y = 700$'이 도출된다.

- 정부지출(G)이 700으로 증가할 때, IS 방정식을 구하면 다음과 같다.

- IS 방정식: $Y = C + I + G$
  $\Rightarrow Y = 100 + 0.6(Y - 1,000) + 200 - 10r + 700$
  $\Rightarrow 0.4Y = 400 - 10r \Rightarrow Y = 1,000 - 25r$ ......ⓒ

LM 방정식은 불변이므로 ⓑ식과 ⓒ식을 연립하여 풀면 '$Y = 900$'이 도출된다.

- 결국 정부지출(G)이 600에서 700으로 증가하면, 균형총소득(Y)은 700에서 900으로 200만큼 증가하게 된다.

정답 ①

0676

폐쇄경제 하의 국민소득결정에 관한 IS-LM 모형이 <보기>와 같다. 생산물시장과 화폐시장이 동시에 균형을 이룰 때, 균형이자율과 균형국민소득은?

19 서울시 7급

보기

- 소비함수: $C = 200 + 0.8(Y - T)$
- 투자함수: $I = 260 - 20R$
- 정부지출: $G = 140$
- 조 세: $T = 0.375Y$
- 물가수준: $P = 100$
- 화폐공급: $M^S = 20,000$
- 화폐수요: $\frac{M^D}{P} = 100 + 0.2Y - 20R$
- 단, Y는 국민소득, R은 이자율을 나타낸다.

	균형이자율	균형국민소득
①	4	900
②	5	900
③	4	1,000
④	5	1,000

폐쇄경제 하의 생산물시장이 균형일 때 소득(Y)과 이자율(R)의 관계를 나타내는 IS 방정식은 다음과 같이 도출된다.

- 생산물시장 균형식: $Y = C + I + G$
- $Y = 200 + 0.8(Y - T) + 260 - 20R + 140$
  $\Rightarrow Y = 200 + 0.8(Y - 0.375Y) + 260 - 20R + 140$
  $\Rightarrow Y = 600 + 0.5Y - 20R$
  $\Rightarrow 0.5Y = 600 - 20R$ ......ⓐ

- 폐쇄경제 하의 화폐시장이 균형일 때 소득(Y)과 이자율(R)의 관계를 나타내는 LM 방정식은 다음과 같이 도출된다.

- 화폐시장 균형식: $\frac{M^S}{P} = \frac{M^D}{P}$
- $\frac{20,000}{100} = 100 + 0.2Y - 20R \Rightarrow 0.2Y = 100 + 20R$ ......ⓑ

- IS 방정식인 ⓐ식과 LM 방정식인 ⓑ식의 양 변을 서로 더하여 연립하여 풀면 다음과 같이 균형국민소득(Y)과 균형이자율(R)을 구할 수 있다.

- ⓐ+ⓑ $\Rightarrow 0.7Y = 700 \Rightarrow Y = 1,000$
- 앞의 결과를 ⓐ식에 대입하여 정리하면 '$500 = 600 - 20R \Rightarrow 20R = 100 \Rightarrow R = 5$'이 도출된다.

정답 ④

0677

다음과 같은 폐쇄경제의 IS-LM 모형을 전제할 경우, (　　) 안에 들어갈 용어로 옳게 묶은 것은?　　　12 공인노무사

* IS곡선: $r = 5 - 0.1Y$
* LM곡선: $r = 0.1Y$
* 현재 경제 상태에서 국민소득은 30이고 이자율이 2.5라면 상품시장은 (　㉠　)이고, 화폐시장은 (　㉡　)이다.

	㉠	㉡
①	균형	균형
②	초과수요	초과수요
③	초과공급	초과공급
④	초과공급	초과수요

주어진 두 식을 연립해서 풀면 r = 2.5, Y = 25가 도출된다. 이를 주어진 조건과 함께 그림으로 나타내면 다음과 같다.

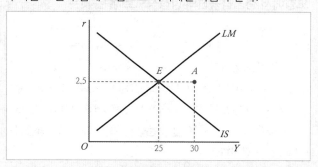

* 국민소득은 30이고 이자율이 2.5인 상태는 앞 그림의 A점에 위치하게 된다. 따라서 IS 곡선 위쪽에 위치하므로 상품시장은 초과공급 상태이고, LM곡선 아래쪽에 위치하고 있으므로 화폐시장은 초과수요 상태임을 알 수 있다.

정답 ④

0678

<보기>와 같은 상황에서 정부지출이 100만큼 증가하는 경우 IS-LM 균형에 의해 변하는 GDP 값 중 가능한 값은? (단, 승수효과 > 구축효과 > 0)　　　16 국회 8급

보 기

* 폐쇄경제를 가정한다.
* IS곡선은 우하향하고 LM곡선은 우상향하는 일반적인 형태를 가진다.
* 가계의 한계소비성향이 0.5이고 소득세는 존재하지 않는다.

① 0
② 100
③ 200
④ 250
⑤ 300

한계소비성향이 0.5이므로 정부지출 승수는 다음과 같다.

$$정부지출 \ 승수: \frac{1}{1 - 한계소비성향} = \frac{1}{1 - 0.5} = \frac{1}{0.5} = 2$$

* LM곡선이 수평이 되어 구축효과가 존재하지 않는 경우라면 정부지출이 100만큼 증가할 때 GDP는 200만큼 증가하게 된다.
* 그러나 LM곡선이 우상향하고 있어 일부의 구축효과가 발생하게 되고, 이에 따라 GDP는 200보다 작게 증가하게 된다. 여기에 해당하는 값은 100밖에 없다.

정답 ②

0679

명목임금 W가 5로 고정된 다음의 케인지언 단기 폐쇄경제 모형에서 총공급곡선의 방정식으로 옳은 것은? 14 지방직 7급

- 소비함수: $C = 10 + 0.7(Y - T)$ · 투자함수: $I = 7 - 0.5r$
- 정부지출: $G = 5$ · 생산함수: $Y = 2\sqrt{L}$

(단, C는 소비, Y는 산출, T는 조세, I는 투자, r은 이자율, G는 정부지출, L은 노동, P는 물가, W는 명목임금을 나타내며, 노동자들은 주어진 명목임금 수준에서 기업이 원하는 만큼의 노동을 공급한다.)

① Y = P
② Y = 22에서 수직이다.
③ 조세 T를 알 수 없어 총공급곡선을 알 수 없다.
④ $P = \dfrac{5}{2}Y$

총공급(AS) 곡선은 소비나 투자 그리고 정부지출과 같은 수요 측면과 무관하게 노동시장과 생산함수에 의해서 도출된다.

- 노동시장에서 균형식은 한계생산물가치(VMP_L)와 임금(W)이 일치하는 것이다. 이에 따라 다음 노동시장 균형식이 성립한다.

$$VMP_L(= MP_L \times P) = W(= 5)$$

- 한편 주어진 생산함수를 이용하여 노동의 한계생산물(MP_L)을 다음과 같이 도출할 수 있다.

$$Y = 2\sqrt{L} = 2 \times L^{\frac{1}{2}} \Rightarrow MP_L = \frac{dY}{dL} = 2 \times \frac{1}{2} \times L^{-\frac{1}{2}} = \frac{1}{\sqrt{L}}$$

$$Y = 2\sqrt{L} \Rightarrow \sqrt{L} = \frac{Y}{2} \Rightarrow MP_L = \frac{1}{\frac{Y}{2}} = \frac{2}{Y}$$

- 앞의 결과를 노동시장 균형식에 대입하여 정리하면 다음과 같이 총공급곡선을 도출할 수 있다.

$$MP_L \times P = W \Rightarrow \frac{2}{Y} \times P = 5 \Rightarrow P = \frac{5}{2} \times Y$$

정답 ④

0680

완전경쟁시장에서 대표적 기업의 생산함수가 $f(L, K) = L^{0.5}K^{0.5}$이다. 노동 1단위당 임금은 4이고, 자본 1단위당 임대료는 2이다. 이 산업에 1만 개의 기업이 존재하고, 모든 기업의 생산함수는 대표적 기업과 동일하다. 단기에 모든 기업의 자본투입량(K)은 16으로 고정되어 있다. 이 경우 단기시장공급곡선으로 옳은 것은? (단, L은 노동투입량, P는 시장가격, Q는 시장공급량임) 15 국회 8급

① P = 10,000Q
② P = 20,000Q
③ P = Q/10,000
④ P = Q/20,000
⑤ 위의 어느 것도 옳지 않다.

노동시장에서 균형식은 한계생산물가치(VMP_L)와 임금(W)이 일치하는 것이다. 이에 따라 다음 노동시장 균형식이 성립한다.

$$VMP_L(= MP_L \times P) = W(= 4)$$

- 한편 주어진 생산함수를 이용하여 노동의 한계생산물(MP_L)을 다음과 같이 도출할 수 있다.

$$Q = 4\sqrt{L} = 4 \times L^{\frac{1}{2}} (\because K = 16)$$
$$\Rightarrow MP_L = \frac{dQ}{dL} = 4 \times \frac{1}{2} \times L^{-\frac{1}{2}} = \frac{2}{\sqrt{L}}$$
$$Q = 4\sqrt{L} \Rightarrow \sqrt{L} = \frac{Q}{4} \Rightarrow MP_L = \frac{2}{\frac{Q}{4}} = \frac{8}{Q}$$

- 앞의 결과를 노동시장 균형식에 대입하여 정리하면 다음과 같이 개별기업의 총공급곡선을 도출할 수 있다.

$$MP_L \times P = W \Rightarrow \frac{8}{Q} \times P = 4 \Rightarrow Q = 2P$$

- 그런데 이러한 기업이 10,000개가 존재한다고 했으므로 시장 전체의 총공급곡선은 개별기업의 공급곡선 10,000개를 수평적으로 합해서 도출한다. 이에 따라 $Q = 20,000P$가 도출되어 단기총공급곡선 $P = \dfrac{Q}{20,000}$이 성립한다.

정답 ④

0681

총수요곡선은 $Y = 550 + (2,500/P)$, **총공급곡선은** $Y = 800 + (P - P^e)$, **기대물가는** $P^e = 10$일 때, 균형에서의 국민소득은? (단, Y는 국민소득, P는 물가수준을 나타낸다.)

15 국가직 7급

① 500
② 600
③ 700
④ 800

주어진 조건에 따른 총공급곡선은 다음과 같다.

$$Y = 800 + (P - P^e) \Rightarrow Y = 800 + (P - 10) \Rightarrow Y = 790 + P$$

• 균형수준에서 총수요와 총공급이 일치하므로 이를 전제로 균형국민소득은 다음과 같이 도출된다.

$$550 + 2,500/P = 790 + P \Rightarrow P + 240 - 2,500/P = 0$$
$$\Rightarrow P^2 + 240P - 2500 = 0$$
$$\Rightarrow (P + 250)(P - 10) = 0 \Rightarrow P = 10, -250$$

• P는 음수가 될 수 없으므로 P = 10이 균형물가수준이 되고, 이를 총공급곡선에 대입하면 균형국민소득은 '$Y = 800$'이 된다.

정답 ④

0682

A국의 총수요는 200억 달러이며 장기생산량 수준은 300억 달러이다. A국 총수요 구성 항목 중 소비를 제외한 구성 항목은 독립 지출이다. 소비는 가처분 소득에 영향을 받으며 한계소비성향은 1/2이다. 아울러 물가수준은 고정되어 있다. 정부가 장기생산량 수준을 달성하고자 할 때, 증가시켜야 할 재정지출 규모는? (단, 조세는 정액세로 가정한다.)

15 서울시 7급

① 25억 달러
② 50억 달러
③ 100억 달러
④ 200억 달러

물가수준이 고정되어 있으므로 단기총공급(SAS)곡선은 현재의 물가수준에서 수평의 모습을 보인다. 이에 따라 주어진 조건들을 그림으로 나타내면 다음과 같다.

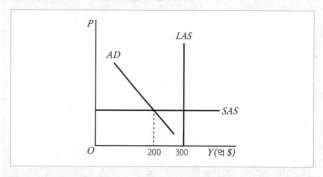

• 그림에서 볼 수 있듯이 균형수준에서 100억 달러만큼의 GDP 갭이 존재하는 상황이다.
• 한편 한계소비성향이 1/2이므로 정부의 재정지출 승수는 2가 된다. 따라서 100억 달러의 소득을 증가시키기 위해 필요한 재정지출 규모는 50억 달러가 된다.

정답 ②

0683

장기 총공급곡선이 Y = 2,000에서 수직이고, 단기 총공급 곡선은 P = 1에서 수평이다. 총수요곡선은 Y = 2M/P이고, M = 1,000이다. 최초에 장기균형 상태였던 국민경제가 일시적 공급충격을 받아 단기 총공급곡선이 P = 2로 이동하였을 때, <보기>에서 옳은 것을 모두 고르면? (단, Y는 국민소득, P는 물가, M은 통화량을 나타냄) 15 국회 8급

보기

㉠ 국민경제의 최초 장기균형은 (P: Y) = (1: 2,000)이다.
㉡ 공급충격으로 단기균형은 (P: Y) = (2: 1,000)으로 이동한다.
㉢ 공급충격이 발생한 후 중앙은행이 새로운 단기균형에서의 국민소득을 장기균형 수준으로 유지하려면 통화량은 M = 1,000이 되어야 한다.
㉣ 총수요곡선과 장기 총공급곡선이 변하지 않았다면 공급충격 후에 장기균형은 (P: Y) = (1: 2,000)이다.

① ㉠, ㉡
② ㉠, ㉢
③ ㉡, ㉢
④ ㉠, ㉡, ㉣
⑤ ㉡, ㉢, ㉣

주어진 조건을 그림으로 나타내면 다음과 같다.

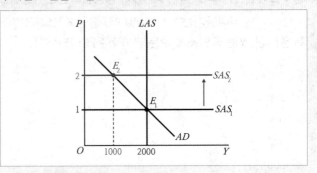

- 국민경제의 최초 장기균형은 (P: Y) = (1: 2,000)인 E_1에서 이루어진다(㉠).
- 국민경제가 일시적 공급충격을 받아 단기 총공급곡선이 P = 2로 이동하였을 때, 단기균형은 (P: Y) = (2: 1,000)인 E_2에서 이루어진다(㉡).
- 공급충격이 발생한 후 중앙은행이 새로운 단기균형(E_1)에서의 국민소득을 Y = 2,000인 장기균형 수준(E_3)으로 유지하려면 M은 1,000에서 2,000으로 증가해야 한다(㉢).
- 총수요곡선과 장기 총공급곡선이 변하지 않았다면 공급충격 후에 장기균형은 물가의 하락으로 단기총공급곡선이 SAS_2에서 SAS_1으로 다시 복귀하게 된다(㉣).

정답 ④

0684

어떤 거시경제가 <보기>와 같은 조건을 만족하고, 최초에 장기 균형상태에 있다고 할 때, 다음 중 옳지 않은 것은? (단, Y는 생산량, P는 물가수준이다.)

17 국회 8급

보기

- 장기 총공급곡선은 Y=1,000에서 수직인 직선이다.
- 단기 총공급곡선은 P=3에서 수평인 직선이다.
- 총수요 곡선은 수직이거나 수평이 아닌 우하향곡선이다.

① 불리한 수요충격을 받을 경우 단기균형에서 Y<1,000, P=3이다.

② 불리한 수요충격을 받을 경우 장기균형에서 Y=1,000, P<3이다.

③ 불리한 공급충격을 받을 경우 단기균형에서 Y<1,000, P>3이다.

④ 불리한 공급충격을 받을 경우 장기균형에서 Y=1,000, P=3이다.

⑤ 불리한 공급충격을 중앙은행이 통화량을 증가시켜 전부 수용할 경우 단기균형에서 Y=1,000, P>3이며 장기균형에서 Y=1,000, P=3이다.

<보기>에서 주어진 조건과 선택지와 관련한 내용을 그림으로 나타내면 다음과 같다.

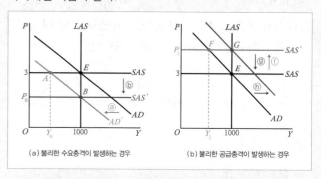

(a) 불리한 수요충격이 발생하는 경우　　(b) 불리한 공급충격이 발생하는 경우

- 만약 불리한 수요충격을 받을 경우에는 그림 <a>와 같이 AD곡선이 왼쪽으로 이동하여(ⓐ) 단기균형은 A점에서 이루어지며, 단기 산출량과 물가수준은 'Y₀<1,000, P = 3'이 되고(①), 경기 침체가 발생한다. 시간이 지남에 따라 장기에는 예상물가의 하락으로 SAS곡선이 아래쪽으로 이동하여(ⓑ) 장기균형은 B점에서 이루어지며, 장기 산출량과 물가수준은 'Y = 1,000, P₀ <3'이 된다(②). 결국 불리한 수요충격으로 인한 장기균형에서는 산출량은 불변이고, 물가수준은 하락하게 된다.
- 만약 불리한 공급충격을 받을 경우에는 그림 <b>와 같이 SAS곡선이 상방으로 이동하여(ⓕ) 단기균형은 F점에서 이루어지며, 단기 산출량과 물가수준은 'Y₁ <1,000, P₁> 3'이 되고(③), 경기침체가 발생한다. 시간이 지남에 따라 장기에는 예상물가의 하락으로 SAS곡선이 다시 아래쪽으로 이동하여(ⓖ) 장기균형은 원래 수준인 E점을 회복하게 되어, 장기 산출량과 물가수준은 'Y = 1,000, P = 3'이 된다(④).
- 만약 불리한 공급충격을 중앙은행이 통화량을 증가시켜 전부 수용할 경우에는 그림 <b>와 같이 AD곡선이 오른쪽으로 이동하게 되어(ⓗ), 새로운 장기균형(G)에서의 산출량과 물가수준은 'Y = 1,000, P₁> 3'이 된다(⑤). 이것은 불리한 공급충격에 대응하기 위한 총수요 확대정책은 무력하고 물가수준만 상승시킨다는 것을 보여 준다.

정답 ⑤

0685

다음과 같이 AD-AS 모형이 주어져 있고, 통화량(M)이 1,200, 예상물가수준(P^e)이 50일 때, 장기적으로 물가(P)수준은 어디서 결정되는가?

05 보험계리사

AD: $Y = 300 + 10(\frac{M}{P})$, AS: $Y = 500 + (P - P^e)$

① 40

② 50

③ 55

④ 60

'장기적으로' 물가(P)와 예상물가수준(P^e)은 일치하므로 장기국민소득(Y_F)은 $Y_F = 500$이 된다. 이 결과와 통화량 수치를 총수요 함수에 대입하면 다음과 같은 장기물가를 도출할 수 있다.

$$LAS(= Y_F) = AD \Rightarrow 500 = 300 + \frac{12,000}{P} \Rightarrow \frac{12,000}{P} = 200$$
$$\Rightarrow P = 60$$

- 조건 중에서 예상물가수준(P^e)이 50이라는 조건은 '단기에' 특정한 예상물가수준에 불과하다는 것에 유의한다.

정답 ④

0686

다음 표를 기초로 하여 2015년을 기준연도로 할 때 2017년의 물가지수를 Laspeyres 지수로 구하면? 11 국가직 9급

구분	2015		2017	
	가격(P)	수량(Q)	가격(P)	수량(Q)
쌀	100	500	80	600
면화	250	40	500	50

① 90

② 100

③ 110

④ 120

기준연도인 2015년도의 거래량을 가중치로 하는 Laspeyres 지수로 측정한 2017년의 물가지수는 다음과 같이 도출된다.

$$P_L = \frac{\sum P_{비교년도} Q_{기준년도}}{\sum P_{기준년도} Q_{기준년도}} = \frac{\sum P_{2017} Q_{2015}}{\sum P_{2015} Q_{2015}}$$

$$= \frac{80 \times 500 + 500 \times 40}{100 \times 500 + 250 \times 40} \times 100 = \frac{60,000}{60,000} \times 100 = 100$$

정답 ②

0687

폐쇄경제인 A국가는 아래의 표와 같은 가격과 수량의 조합을 갖는다. 2007년을 기준으로 할 때 2008년의 GDP 디플레이터, CPI, 라스파이레스(Laspeyres) 물가지수는?

09 지방직 7급

	2007년		2008년	
	가격	생산량(소비량)	가격	생산량(소비량)
쌀	20원	80단위	40원	60단위
소고기	40원	60단위	24원	70단위

	GDP 디플레이터	CPI	라스파이레스(Laspeyres) 물가지수
①	116	102	102
②	116	102	116
③	102	116	116
④	102	116	102

CPI와 라스파이레스 물가지수는 모두 기준연도 거래량을 가중치로 하여 측정된다.

$$P_L = \frac{\sum P_{비교년도} Q_{기준년도}}{\sum P_{기준년도} Q_{기준년도}} \times 100$$

$$= \frac{40 \times 80 + 24 \times 60}{20 \times 80 + 40 \times 60} \times 100 = \frac{3,200 + 1,440}{1,600 + 2,400} \times 100 = \frac{4,640}{4,000} \times 100$$

$$= 116$$

• GDP 디플레이터는 비교연도 거래량을 가중치로 하는 파셰 물가지수로 측정된다.

$$P_P = \frac{\sum P_{비교년도} Q_{비교년도}}{\sum P_{기준년도} Q_{비교년도}} \times 100$$

$$= \frac{40 \times 60 + 24 \times 70}{20 \times 60 + 40 \times 70} \times 100 = \frac{2,400 + 1,680}{1,200 + 2,800} \times 100 = \frac{4,080}{4,000} \times 100$$

$$= 102$$

정답 ③

0688

다음 표는 A국이 소비하는 빵과 의복의 구입량과 가격을 나타낸다. 물가지수가 라스파이레스 지수(Laspeyres index)인 경우, 2010년과 2011년 사이의 물가상승률은? (단, 기준연도는 2010년이다.)

17 국가직 7급

구분	빵		의복	
	구입량	가격	구입량	가격
2010년	10만 개	1만 원	5만 벌	3만 원
2011년	12만 개	3만 원	6만 벌	6만 원

① 140%

② 188%

③ 240%

④ 288%

기준연도인 2010년도의 거래량을 가중치로 하는 라스파이레스 지수(Laspeyres index)로 측정한 2011년의 물가지수는 다음과 같이 도출된다.

$$P_L = \frac{\sum P_{비교년도}Q_{기준년도}}{\sum P_{기준년도}Q_{기준년도}} = \frac{\sum P_{2011}Q_{2010}}{\sum P_{2010}Q_{2010}} = \frac{3 \times 10 + 6 \times 5}{1 \times 10 + 3 \times 5} \times 100 = \frac{60}{25} \times 100 = 240$$

• 기준연도는 물가지수가 항상 100이다. 따라서 2011년의 물가지수가 240이라는 것은 기준연도인 2010년도의 물가지수 100을 기준으로 2011년도에는 140만큼 상승했다는 것을 의미한다. 여기서 140은 물가가 140%만큼 상승했다는 것을 의미한다. 240%가 아님을 주의해야 한다.

• 다음과 같이 정리해두자.

물가지수 = 100 + 물가상승률

정답 ①

0689

작년에 쌀 4가마니와 옷 2벌을 소비한 영희는 올해는 쌀 3가마니와 옷 6벌을 소비하였다. 작년에 쌀 1가마니의 가격은 10만 원, 옷 1벌의 가격은 5만 원이었는데 올해는 쌀 가격이 15만 원, 옷 가격이 10만 원으로 각각 상승하였다. 우리나라의 소비자물가지수 산정방식을 적용할 때, 작년을 기준으로 한 올해의 물가지수는?

19 지방직 7급

① 120

② 160

③ 175

④ 210

우리나라의 소비자물가지수는 기준연도 거래량을 가중치로 하는 Laspeyres 방식(P_L)으로 산정되며, 그 공식은 다음과 같다.

$$P_L = \frac{\sum (P_{비교년도} \times Q_{기준년도})}{\sum (P_{기준년도} \times Q_{기준년도})} \times 100$$

• 문제에서 기준연도는 작년이고, 비교연도는 올해이므로, 이를 전제로 앞의 공식을 이용하면 다음과 같이 올해의 물가지수가 도출된다.

$$P_L = \frac{\sum (P_{올해} \times Q_{작년})}{\sum (P_{작년} \times Q_{작년})} \times 100 = \frac{15만 원 \times 4 + 10만 원 \times 2}{10만 원 \times 4 + 5만 원 \times 2} \times 100$$
$$= \frac{80만 원}{50만 원} \times 100 = 1.6 \times 100 = 160$$

단, 분모와 분자의 앞 부분은 쌀, 뒤 부분은 옷에 관한 자료이다.

• 앞의 결과는 작년에 비해 올해는 물가가 60%만큼 상승했다는 것을 알려 준다.

정답 ②

0690

소득의 전부를 오직 사과와 배를 구입하는 데 지출하는 가상의 도시가 있다고 가정하자. 2009년 사과와 배의 가격은 각각 1,000원과 2,000원이었고 사과를 10개, 배를 5개 구입하였다. 반면에 2010년에는 사과 가격이 1,200원으로 상승하였고 사과를 10개, 배를 10개 구입하였다. 2009년을 기준연도로 하여 2010년도의 소비자물가지수(라스파이레스 방식)로 계산한 물가상승률이 10%였다면 2010년도의 배 가격은 얼마인가?

11 국회 8급

① 2,200원
② 2,100원
③ 2,000원
④ 1,900원
⑤ 1,800원

해설

주어진 내용을 표로 정리하면 다음과 같다.

구분	사과		배	
	가격	수량	가격	수량
2009년 (기준연도)	1,000	10	2,000	5
2010년	1,200	10	$P_{배}$	10

• 2009년을 기준연도로 하여 2010년도의 소비자물가지수(라스파이레스 방식)로 계산한 물가상승률이 10%였다면 2010년 라스파이레스 물가지수는 110이 된다.
• 앞의 표를 기준으로 하여 2010년 라스파이레스 물가지수가 110이 되기 위한 2010년도의 배 가격($P_{배}$)을 구하면 다음과 같다.

$$P_L = \frac{\sum P_{2010} \times Q_{2009}}{\sum P_{2009} \times Q_{2009}} \times 100 = \frac{1,200 \times 10 + P_{배} \times 5}{1,000 \times 10 + 2,000 \times 5} \times 100$$
$$= \frac{12,000 + P_{배} \times 5}{20,000} \times 100 = 110$$
$$\Rightarrow 12,000 + P_{배} \times 5 = 22,000 \Rightarrow P_{배} \times 5 = 10,000 \Rightarrow P_{배} = 2,000$$

정답 ③

0691

<보기>와 같은 상황에서 2015년의 연금지급액이 200이었다면 2016년에 대한 설명으로 옳은 것은?

16 국회 8급

보기

• X와 Y 두 재화만을 소비하는 연금수령자가 2015년 현재 $P_x = P_y = 1$에서 X와 Y를 각각 100단위씩 소비하고 있다.
• 연금수령자의 효용함수는 $U(X, Y) = \sqrt{XY}$이며 연금수령자는 매기 효용을 극대화한다.
• 2016년에는 P_y는 그대로인데 $P_x = 1.1$로 상승함에 따라 정부가 연금지급액을 조정한다.

① 연금수령자가 이전과 동일한 소비량을 유지하기 위해서는 연금지급액이 220으로 증가해야 한다.
② 연금수령액이 200에서 213으로 증가할 경우 연금수령자는 이전과 동일한 소비량을 선택할 것이다.
③ 연금수령액이 200에서 220으로 증가할 경우 연금수령자는 이전과 동일한 소비량을 선택할 것이다.
④ 연금수령자에 대한 소비자물가지수(CPI)는 2015년을 기준연도로 할 때 2016년에는 107이 된다.
⑤ 연금수령자가 이전과 동일한 효용을 유지하기 위해서는 연금지급액이 200과 210 사이의 값으로 증가해야 한다.

해설

각 선택지의 오류를 바로 잡으면 다음과 같다.
① 연금수령자가 이전과 동일한 소비량(X재 100, Y재 100)을 유지하기 위해서는 연금지급액이 210(= X재 구입액 + Y재 구입액 = 110 + 100)으로 증가해야 한다.
② 연금수령액이 200에서 213으로 증가할 경우 연금수령자는 이전보다 더 많은 X재와 Y재를 소비하게 된다. 이전과 동일한 소비량은 210이면 족하기 때문에 남은 3을 가지고 더 많은 X재와 Y재를 소비할 수 있게 된다.
③ 연금수령액이 200에서 220으로 증가할 경우 연금수령자는 이전보다 더 많은 X재와 Y재를 소비하게 된다. 이전과 동일한 소비량은 210이면 족하기 때문에 남은 10을 가지고 더 많은 X재와 Y재를 소비할 수 있게 된다.
④ 주어진 내용에 따른 2015년을 기준으로 한 2016년의 소비자물가지수는 다음과 같다.

$$P_L = \frac{\sum P_{2016} \times Q_{2015}}{\sum P_{2015} \times Q_{2015}} \times 100 = \frac{1.1 \times 100 + 1 \times 100}{1 \times 100 + 1 \times 100} \times 100$$
$$= \frac{210}{200} \times 100 = 105$$

정답 ⑤

0692

쌀과 자동차만 생산하는 어떤 나라의 상품가격과 생산량이 다음 표와 같다. 2010년을 기준연도로 할 때 2011년과 2012년의 GDP 디플레이터는 각각 얼마인가? 15 서울시 7급

연도	쌀		자동차	
	가격	생산량	가격	생산량
2010년	20만 원/가마	100가마	1,000만 원/대	2대
2011년	24만 원/가마	100가마	1,200만 원/대	4대
2012년	30만 원/가마	200가마	1,500만 원/대	4대

	2011년	2012년		2011년	2012년
①	83.33%	66.67%	②	120%	150%
③	150%	200%	④	180%	300%

해설

GDP 디플레이터는 각각의 비교연도(2011년, 2012년) 거래량을 가중치로 삼아 도출되는 파셰 물가지수 방식으로 도출된다. 이를 각각 구하면 다음과 같다.

$$\bullet\ GDP\ 디플레이터_{2011} = \frac{\sum P_{2011} \times Q_{2011}}{\sum P_{2010} \times Q_{2011}} \times 100$$

$$= \frac{24 \times 100 + 1,200 \times 4}{20 \times 100 + 1,000 \times 4} \times 100 = \frac{7,200}{6,000} \times 100 = 120$$

$$\bullet\ GDP\ 디플레이터_{2012} = \frac{\sum P_{2012} \times Q_{2012}}{\sum P_{2010} \times Q_{2012}} \times 100$$

$$= \frac{30 \times 200 + 1,500 \times 4}{20 \times 200 + 1,000 \times 4} \times 100 = \frac{12,000}{8,000} \times 100 = 150$$

- 다만 선택지에서 %는 잘못이다. GDP 디플레이터는 100을 중심으로 변화된 크기를 의미하는 규모변수이므로 변화율을 의미하는 %로 계산하는 것은 오류이다. 예컨대 GDP 디플레이터가 120이면 기준시점에 비해 물가가 20%만큼 상승했다는 것을 의미하는 것이지, 120%만큼 상승했다는 것을 의미하는 것이 아닌 것이다.

정답 ②

0693

A국은 콩과 쌀을 국내에서 생산하고, 밀은 수입한다. GDP 디플레이터의 관점에서 A국의 물가수준 변화로 옳은 것은? (단, A국에는 콩, 쌀, 밀 세 가지 상품만 존재한다.)

19 국회 8급

(단위: kg, 천 원)

상품	기준연도		비교연도	
	수량	가격	수량	가격
콩	2	10	3	15
쌀	3	20	4	20
밀	4	30	5	20

① 비교연도의 물가가 13.6% 상승하였다.

② 비교연도의 물가가 12.5% 상승하였다.

③ 비교연도의 물가가 13.6% 하락하였다.

④ 비교연도의 물가가 12.5% 하락하였다.

⑤ 물가수준에 변동이 없다.

해설

GDP 디플레이터를 집계할 때는 수입품의 가격 변화는 반영되지 않는다. 따라서 A국의 GDP 디플레이터를 집계할 때는 수입품인 밀의 가격 변화는 제외된다는 것에 유의해야 한다.

- A국의 GDP 디플레이터에는 콩과 쌀의 가격 변화만이 반영되며, 다음과 같이 도출된다.

$$GDP\ 디플레이터 = \frac{명목\ GDP}{실질\ GDP} \times 100$$

$$= \frac{\sum(P_{비교년도} \times Q_{비교년도})}{\sum(P_{기준년도} \times Q_{비교년도})} \times 100$$

$$= \frac{15 \times 3 + 20 \times 4}{10 \times 3 + 20 \times 4} \times 100 = \frac{125}{110} \times 100 ≒ 113.6$$

이 결과는 A국의 물가수준이 비교연도에 비해 13.6%만큼 상승했음을 보여준다.

정답 ①

0694

다음과 같은 가계의 소비지출 구성으로 소비자물가지수를 만들었다고 하자. 전년도에 비해 식료품비가 10%, 주거비가 20% 상승하였고 나머지 품목에는 변화가 없다면 소비자물가지수의 상승률은?

08 CPA

식료품비	교통비	주거비	교육, 의료비	의류, 기타	계
30%	10%	20%	30%	10%	100%

① 3%

② 5%

③ 7%

④ 9%

해 설

소비자물가지수 상승률은 다음과 같이 구할 수 있다.

$$\sum(\text{각 소비지출 상승률} \times \text{가중치})$$
$$= \text{식료품비 상승률}(10\%) \times \frac{30}{100} + \text{주거비 상승율}(20\%) \times \frac{20}{100}$$
$$= 3\% + 4\% = 7\%$$

정답 ③

0695

A라는 사람의 2001년 연봉은 6천만 원이었고, 2010년에는 8천만 원의 연봉을 받았다. 소비자물가지수는 2001년에는 177이었고, 2010에는 221.25였다고 하자. A의 2010년 연봉을 2001년 가치로 계산했을 때 다음 설명 중 옳은 것은?

10 국회 8급

① 연봉은 7천만 원이며, 2001년과 2010년 동안 A의 구매력은 증가했다.

② 연봉은 4천 5백만 원이며, 2001년과 2010년 동안 A의 구매력은 감소했다.

③ 연봉은 6천 4백만 원이며, 2001년과 2010년 동안 A의 구매력은 증가했다.

④ 연봉은 7천 5백만 원이며, 2001년과 2010년 동안 A의 구매력은 증가했다.

⑤ 연봉은 6천만 원이며, 2001년과 2010년 동안 A의 구매력에는 아무 변화가 없다.

해 설

서로 상이한 시점의 연봉의 구매력을 구하여 비교하는 방법은 다음과 같이 두 가지가 있다.

- 기준연도 연봉 × $\dfrac{\text{비교년도 물가지수}}{\text{기준년도 물가지수}}$ vs 주어진 비교연도 연봉
- 비교연도 연봉 × $\dfrac{\text{기준년도 물가지수}}{\text{비교년도 물가지수}}$ vs 주어진 기준연도 연봉

- 2001년의 가치로 계산한 2010년의 연봉은 다음과 같이 계산된다.

비교년도(2010년)연봉 × $\dfrac{\text{기준년도}(2001년) \text{물가지수}}{\text{비교년도}(2010년) \text{물가지수}}$
$\Rightarrow 8,000 \times \dfrac{177}{221.25} = 8,000 \times 0.8 = 6,400(\text{만 원})$

- 기준연도(2001년)의 명목임금은 실질임금과 같다. 따라서 2001년의 실질연봉은 6천만 원이 된다. 이에 따라 2001년과 2010년 동안 A의 구매력은 약 6.7% 정도 증가한 것이다.
- 참고로 기준연도(2001년)의 명목소득을 비교연도(2010년)의 실질소득으로 환산하는 방법은 다음과 같다.

기준년도(2001년)연봉 × $\dfrac{\text{비교년도}(2010년) \text{물가지수}}{\text{기준년도}(2001년) \text{물가지수}}$
$\Rightarrow 6,000 \times \dfrac{221.25}{177} = 6,000 \times 1.25 = 7,500(\text{만 원})$

정답 ③

0696

두 재화 X와 Y만을 소비하는 사람이 있다. 기준연도 $t = 0$에서의 가격은 $P^0 = (P_X^0, P_Y^0) = (12, 25)$이고 소비는 $(X^0, Y^0) = (20, 10)$이었다. 비교연도 $t = 1$에서의 가격은 $P^1 = (P_X^1, P_Y^1) = (15, 15)$이고 소비는 $(X^1, Y^1) = (15, 12)$이었다면 이 사람의 후생은 어떻게 평가할 수 있는가? **20 국회 8급**

① 비합리적인 소비행동을 보여주고 있다.

② 비교연도에 비해 기준연도의 후생수준이 높았다.

③ 기준연도에 비해 비교연도의 후생수준이 높았다.

④ 기준연도와 비교연도의 후생수준을 비교할 수 없다.

⑤ 기준연도와 비교연도의 후생수준에는 아무런 차이가 없다.

해설

후생의 변화는 기준년도 가격을 가중치로 사용하여 집계하는 라스파이레스(Laspeyres) 수량지수를 통해 평가할 수 있다.

$$Q_L = \frac{\sum Q_t \times P_0}{\sum Q_0 \times P_0} = \frac{15 \times 12 + 12 \times 25}{20 \times 12 + 10 \times 25} = \frac{180 + 300}{240 + 250} = \frac{480}{490} < 1$$

- 도출된 라스파이레스 수량지수가 '1'보다 작으므로 기준연도가 비교연도에 비해 후생수준이 높았음을 알 수 있다.

정답 ②

0697

어떤 경제의 2008년, 20009년, 2010년의 연간 물가상승률이 각각 1%, 2%, 4%였고 같은 기간 동안 연초 명목이자율은 각각 5%, 5%, 6%였다고 하자. 또한 사람들의 예상물가상승률은 전년도의 물가상승률과 같다고 하자(즉, 사람들은 전년도 물가상승률이 올해에 그대로 실현될 것이라고 예상한다). 만약 피셔 방정식(Fisher equation)이 성립한다면 다음 중 옳은 것은? **11 국회 8급**

① 2009년 초에 1년짜리 예금에 가입할 당시의 예상실질이자율은 4%였을 것이다.

② 2010년 초에 1년짜리 예금에 가입할 당시의 예상실질이자율은 2%였을 것이다.

③ 2009년 초에 예금에 가입하여 1년 뒤 실제로 실현된 실질이자율은 4%였을 것이다.

④ 2009년 초에 예상실질이자율에 기초하여 돈을 빌려준 사람은 1년 뒤 예상보다 이익을 보았을 것이다.

⑤ 2010년 초에 예상실질이자율에 기초하여 돈을 빌려준 사람은 1년 뒤에 예상보다 이익을 보았을 것이다.

해설

피셔 방정식(Fisher equation)에 따라 다음이 성립한다.

- 예상실질이자율 = 명목이자율 - 예상인플레이션율
- 실현된 실질이자율 = 명목이자율 - 실제인플레이션율

- 주어진 조건들을 기초로 표로 만들면 다음과 같다.

구분	2008년	2009년	2010년
명목이자율	5%	5%	6%
물가상승률	1%	2%	4%
예상물가상승률	-	1%	2%
예상실질이자율	-	4%	4%
실현된 실질이자율	4%	3%	2%

- 2009년 초에 예상실질이자율에 기초하여 돈을 빌려준 사람은 1년 뒤 예상실질이자율보다 실현된 이자율이 1%만큼 작아 예상보다 손해를 본다.
- 2010년 초에 예상실질이자율에 기초하여 돈으로 빌려준 사람은 1년 뒤 예상실질이자율보다 실현된 이자율이 2%만큼 작아 역시 예상보다 손해를 본다.

정답 ①

0698

은행에 100만 원을 예금하고 1년 후 105만 원을 받으며, 같은 기간 중 소비자 물가지수가 100에서 102로 상승할 경우 명목이자율과 실질이자율은? 15 국가직 7급

	명목이자율	실질이자율
①	2%	5%
②	3%	5%
③	5%	2%
④	5%	3%

해 설

은행에서 지급하는 이자율은 이자율을 화폐로 표시하는 명목이자율(i)이다. 그러므로 은행에 100만 원을 예금하고 1년 후 105만 원을 받았으므로 명목이자율은 5%이다.

• 소비자 물가지수가 100에서 102로 상승할 경우에는 기준연도에 비해 물가상승률(π^e)이 2%만큼 상승한 것이다. 따라서 실질이자율을 r이라고 한다면 '$i = r + \pi$'인 피셔효과에 따라 '$r = i - \pi$'에서 실질이자율은 3%가 된다.

정답 ④

0699

실질이자율이 4%, 기대인플레이션율이 8%일 때, 명목이자소득에 대해 25%의 세금이 부과되는 경우, 세후 명목이자율과 세후 기대실질이자율은 각각 얼마인가? (단, 피셔효과가 성립한다.) 13 감정평가사

① 8%, 9%

② 8%, 25%

③ 9%, 1%

④ 9%, 4%

해 설

피셔효과(Fisher effect)에 따르면 '명목이자율 = 실질이자율 + 기대인플레이션율'이 성립한다. 따라서 실질이자율이 4%, 기대인플레이션율이 8%일 때, 명목이자율은 12%이다.

• 명목이자소득에 대해 25%의 세금이 부과되면 세후 명목이자율은 9%($= 12\% - 12\% \times 0.25$)가 된다. 이에 따라 '세후 기대실질이자율=세후 명목이자율 - 기대인플레이션율'이 성립하여 세후 실질이자율은 1%가 된다.

정답 ③

0700

철수는 서울은행에 저축을 하려고 한다. 저축예금의 이자율이 1년에 10%이고, 물가상승률은 1년에 5%이다. 이자소득에 대한 세율은 50%가 부과된다고 하자. 이때 피셔(Fisher) 가설에 따를 경우 이 저축예금의 '실질 세후(real after tax)' 이자율은?

15 서울시 7급

① 0%
② 2.5%
③ 5%
④ 15%

실질 세후 이자율은 다음과 같이 도출된다.

> 실질 세후이자율 = 명목 세후이자율 - 물가상승률 = 명목이자율(1 - 이자소득세율) - 물가상승률=10%(1-0.5)-5% = 5% - 5% = 0%

정답 ①

0701

명목이자율이 15%이고 예상인플레이션율은 5%이다. 이자소득에 대해 20%의 이자소득세가 부과된다면 세후 실질이자율은?

16 국가직 7급

① 3%
② 5%
③ 7%
④ 9%

세후 실질이자율은 다음과 같이 도출된다.

> 세후 실질이자율=세후 명목이자율 - 예상인플레이션율
> =명목이자율(1 - 이자소득세율) - 예상인플레이션율
> =15%(1-0.2)-5% = 12% - 5% = 7%

정답 ③

0702

명목이자율이 i, 실질이자율이 r, 예상인플레이션율이 π^e이고, 피셔방정식(Fisher equation)이 성립한다고 가정할 때, 가장 타당하지 못한 진술은?

12 국가직 9급

① 예상인플레이션율은 '$i-r$'이다.
② 화폐보유의 실질수익률은 0이다.
③ 채권보유의 실질수익률은 '$i-\pi^e$'이다.
④ 채권보유의 실질수익률은 화폐보유의 실질수익률보다 i만큼 높다.

피셔방정식이 성립하면 '$i=r+\pi^e$' 또는 '$r=i-\pi^e$' 그리고 '$\pi^e=i-r$' 식을 만족한다(①).
- 인플레이션이 발생하면 화폐가치는 하락하므로 화폐보유의 실질수익률은 '$-\pi^e$'이 된다(②).
- 채권보유의 '실질'수익률은 곧 '실질'이자율(r)이고, 이에 따라 '$r=i-\pi^e$'가 된다(③).
- 채권보유의 실질수익률($r=i-\pi^e$)은 화폐보유의 실질수익률($-\pi^e$)보다 i만큼 높다(④).

정답 ②

0703

한 경제의 취업자 수는 90만 명이라고 한다. 이 경제의 실업률은 10%이고, 노동가능인구(labor force)는 200만 명이라고 한다. 이 경제의 경제활동참가율은? 07 국가직 7급

① 33.3%

② 50%

③ 66.7%

④ 85%

해설

취업자 수를 E라고 할 때, 실업자 수(UE)와 경제활동인구는 다음과 같이 도출된다.

$$\text{실업률} = \frac{UE}{\text{경제활동인구}} = \frac{UE}{E + UE} = \frac{UE}{90 + UE} = 10\%$$
$$\Rightarrow UE = 9 + 0.1\,UE$$
$$\Rightarrow 0.9\,UE = 9$$
$$\Rightarrow UE = 10\,(\text{만 명})$$

• 경제활동인구=취업자 수+실업자 수=90+10=100(만 명)

• 경제활동참가율은 다음과 같이 측정된다.

$$\text{경제활동참가율} = \frac{\text{경제활동인구}}{15\text{세 이상 인구(노동가능인구)}}$$
$$= \frac{100\text{만 명}}{200\text{만 명}} = 50\%$$

정답 ②

0704

어느 나라의 생산가능인구는 100명이다. 이들 중 70명은 취업자이고 비경제활동인구는 20명일 때, 이 나라의 실업자의 수는? 19 서울시 공개 경쟁 7급

① 30명

② 20명

③ 10명

④ 0명

해설

주어진 조건을 통해 다음 표를 도출할 수 있다.

생산가능인구: 100명	경제활동인구: 80명	취업자: 70명
		실업자: 10명
	비경제활동인구: 20명	

정답 ③

0705

A국의 현재 15세 이상 인구(노동가능인구)는 1,600만 명이고, 실업자가 120만 명이다. 경제활동참가율이 75%일 경우, A국의 실업률은? 15 국가직 9급

① 9%

② 10%

③ 11%

④ 12%

해설

경제활동참가율을 통하여 경제활동인구를 다음과 같이 구할 수 있다.

$$\text{경제활동참가율} = \frac{\text{경제활동인구}}{\text{노동가능인구}} \Rightarrow 0.75 = \frac{\text{경제활동인구}}{1,600\text{만 명}}$$
$$\Rightarrow \text{경제활동인구} = 1,200\text{만 명}$$

• 앞의 결과와 문제에서 주어진 조건들을 통해 다음 표를 도출할 수 있다.

노동가능인구: 1,600만 명	경제활동인구: 1,200만 명	취업자: 1,080만 명
		실업자: 120만 명
	비경제활동인구: 400만 명	

• 실업률은 다음과 같이 측정된다.

$$\text{실업률} = \frac{\text{실업자}}{\text{경제활동인구}} = \frac{120\text{만 명}}{1,200\text{만 명}} = 0.1 = 10\%$$

정답 ②

0706

A국가의 생산가능인구는 1,600만 명이고 실업자가 100만 명일 때, 경제활동참가율이 75%라면 실업률은? (단, 소수점 둘째 자리까지만 계산)

18 지방직 7급

① 6.25%

② 8.33%

③ 9.10%

④ 18.75%

경제활동참가율을 통하여 경제활동인구를 다음과 같이 구할 수 있다.

$$경제활동참가율 = \frac{경제활동인구}{생산가능인구} \Rightarrow 0.75 = \frac{경제활동인구}{1,600만 명}$$
$$\Rightarrow 경제활동인구 = 1,200만 명$$

• 앞의 결과와 문제에서 주어진 조건들을 통해 다음 표를 도출할 수 있다.

		취업자: 1,100만 명
생산가능인구: 1,600만 명	경제활동인구: 1,200만 명	실업자: 100만 명
	비경제활동인구: 400만 명	

• 실업률은 다음과 같이 측정된다.

$$실업률 = \frac{실업자}{경제활동인구} = \frac{100만 명}{1,200만 명} ≒ 0.0833 ≒ 8.33\%$$

• 앞의 '0705번' 문제와 비교하면 대단한(?) 출제임을 알 수 있다. 꺼진 불(모든 직급 기출문제)도 다시 보자!!!

정답 ②

0707

실업률을 하락시키는 변화로 옳은 것을 모두 고른 것은? (단, 취업자 수와 실업자 수는 0보다 큼)

13 공인노무사

ㄱ 취업자가 비경제활동인구로 전환

ㄴ 실업자가 비경제활동인구로 전환

ㄷ 비경제활동인구가 취업자로 전환

ㄹ 비경제활동인구가 실업자로 전환

① ㄱ, ㄴ

② ㄱ, ㄷ

③ ㄴ, ㄷ

④ ㄴ, ㄹ

실업률은 다음과 같이 나타낼 수 있다.

$$실업률 = \frac{실업자 수}{경제활동인구} = \frac{경제활동인구 - 취업자 수}{경제활동인구}$$
$$= 1 - \frac{취업자 수}{경제활동인구} = 1 - 취업률$$

ㄱ 취업자가 비경제활동인구로 전환되면 취업자의 감소비율이 경제활동인구 감소비율보다 더 크기 때문에 실업률은 상승한다.

ㄴ 실업자가 비경제활동인구로 전환되면 취업자 수의 변동 없이 경제활동인구가 감소하여 취업률이 상승하고 실업률은 하락한다.

ㄷ 비경제활동인구가 취업자로 전환되면 취업자의 증가비율이 경제활동인구 증가비율보다 더 크기 때문에 실업률은 하락한다.

ㄹ 비경제활동인구가 실업자로 전환되면 취업자 수의 변동 없이 경제활동인구가 증가하여 실업률은 상승한다.

정답 ③

0708

A국 경제의 생산가능인구는 1,000만 명이며, 경제활동참가율은 100%이다. 올해 실업자가 일자리를 구할 확률은 0.8이며, 취업자가 일자리를 잃을 확률은 0.1이다. 올해 초의 실업자 수가 100만 명이면 내년 초의 실업률은? (단, A국 생산가능인구와 경제활동참가율은 불변이다.)   16 CPA

① 10%

② 11%

③ 12%

④ 13%

경제활동참가율이 100%이므로 생산가능인구 1,000만 명이 곧 경제활동인구이다.

- 올해 초 실업자의 수가 100만 명이었으므로 취업자의 수는 900만 명이 된다.
- 올해 100만 명의 실업자 중 80%에 해당하는 80만 명이 일자리를 구하게 되고, 900만 명의 취업자 중 10%에 해당하는 90만 명이 일자리를 잃게 되면, 내년 초의 실업자의 수는 '20만 명 + 90만 명 = 110만 명'이 된다.
- 다른 조건이 불변이라고 가정되고 있으므로 내년 초의 실업률은 다음과 같이 도출된다.

$$실업률 = \frac{실업자\ 수}{경제활동인구} = \frac{110만\ 명}{1,000만\ 명} = 11\%$$

정답 ②

0709

전체 인구가 1억 2천만 명, 노동(생산)가능인구가 1억 명, 경제활동인구가 8천만 명, 취업자가 7천 2백만 명인 A국 경제의 고용률과 실업률은?   16 국가직 9급

	고용률(%)	실업률(%)
①	60	8
②	72	10
③	80	8
④	90	10

주어진 조건을 통해 다음 표를 도출할 수 있다.

생산가능인구: 1억 명	경제활동인구: 8,000만 명	취업자: 7,200만 명
		실업자: 800만 명
	비경제활동인구: 2,000만 명	

- 고용률과 실업률은 다음과 같이 도출된다.

$$고용률 = \frac{취업자}{생산가능인구} = \frac{7,200만\ 명}{1억\ 명} = 0.72 = 72\%$$

$$실업률 = \frac{실업자}{경제활동인구} = \frac{800만\ 명}{8,000만\ 명} = 0.1 = 10\%$$

정답 ②

0710

다음은 A국의 15세 이상 인구 구성이다. 이 경우 경제활동참가율과 실업률은? 17 국가직 7급

- 임금근로자: 60명
- 무급가족종사자: 10명
- 직장은 있으나 질병으로 인해 일시적으로 일을 하고 있지 않은 사람: 10명
- 주부: 50명
- 학생: 50명
- 실업자: 20명

(단, 주부와 학생은 모두 부업을 하지 않는 전업 주부와 순수 학생을 나타낸다.)

	경제활동참가율	실업률
①	40%	20%
②	50%	25%
③	40%	25%
④	50%	20%

해 설

주어진 자료에서 생산가능인구인 15세 이상 인구는 총 200명이다. 한편 주부와 학생은 비경제활동인구에 포함되므로, 경제활동인구는 100명이다. 이에 따라 경제활동참가율은 다음과 같이 도출된다.

$$경제활동참가율 = \frac{경제활동인구}{생산(노동)가능인구}$$
$$\Rightarrow 경제활동참가율 = \frac{100명}{200명} = 0.5 = 50\%$$

- 실업률은 다음과 같이 도출된다.

$$실업률 = \frac{실업자\ 수}{경제활동인구} = \frac{20}{100} = 0.2 = 20\%$$

- 주의할 것은 자료 중 '무급가족' 종사자는 비록 보수가 없지만 취업자로 분류되며, 직장은 있으나 질병으로 인해 '일시적으로 일을 하고 있지 않은' 사람 역시 취업자로 분류된다는 것이다.

정답 ④

0711

도시 A의 고용관련 자료를 부분적으로 얻었다. 취업자 수는 24만 명이고 비경제활동인구가 25만 명, 생산가능인구가 50만 명이라 할 때, 옳은 것은? 13 국가직 7급

① 도시 A의 실업률은 3%이다.
② 도시 A의 실업자는 1만 명이다.
③ 도시 A의 경제활동참가율은 48%이다.
④ 도시 A의 경제활동인구는 50만 명이다.

해 설

경제활동인구는 생산가능인구에서 비경제활동인구를 제외한 크기이므로 25만 명(=50만 명-25만 명)이다(④).

- 경제활동참가율은 '$\frac{경제활동인구}{생산가능인구} = \frac{25만\ 명}{50만\ 명} = 50\%$'가 된다(③).
- 경제활동인구는 취업자와 실업자로 구성되어 있다. 따라서 취업자 수가 24만 명이므로 실업자는 1만 명이 되어(②), 실업률($= \frac{실업자의\ 수}{경제활동인구} = \frac{1만\ 명}{25만\ 명}$)은 4%가 된다(①).

정답 ②

0712

실업률이 10%이고 경제활동참가율이 50%라면 고용률(= 취업자/노동가능인구)은 얼마인가? 13 CPA

① 40%
② 45%
③ 50%
④ 55%

해 설

실업률 또는 취업률과 경제활동참가율이 주어지면 고용률은 다음과 같이 측정된다.

$$고용률 = 경제활동참가율(1 - 실업률) = 경제활동참가율 \times 취업률$$
$$= 0.5 \times 0.9 = 0.45 = 45\%$$

정답 ②

0713

한국의 고용통계가 다음 표와 같이 주어졌다고 가정하자.
2000년과 2010년의 노동시장 지표를 비교한 다음 설명 중
옳지 않은 것은?

15 CPA

	2000년	2010년
생산가능인구	1,000만 명	1,200만 명
경제활동인구	800만 명	1,000만 명
취업자	600만 명	750만 명

① 실업자의 수가 증가했다.
② 실업률은 변하지 않았다.
③ 경제활동참가율은 증가했다.
④ 비경제활동인구는 변하지 않았다.
⑤ 고용률은 변하지 않았다.

해설

주어진 표를 이용하여 필요한 자료를 다음과 같이 얻을 수 있다.

구분	2000년	2010년
생산가능인구(A)	1,000만 명	1,200만 명
경제활동인구(B)	800만 명	1,000만 명
비경제활동인구(C = A - B)	200만 명	200만 명
경제활동참가율($\frac{B}{A}$)	80%	83.3%
취업자(D)	600만 명	750만 명
실업자(E = B - D)	200만 명	250만 명
실업률($\frac{E}{B}$)	25%	25%
고용률($\frac{D}{A}$)	60%	62.5%

정답 ⑤

0714

현재 우리나라 15세 이상 인구는 4,000만 명, 비경제활동
인구는 1,500만 명, 실업률이 4%라고 할 때, 이에 대한 설
명으로 옳은 것은?

14 국가직 7급

① 현재 상태에서 실업자는 60만 명이다.
② 현재 상태에서 경제활동참가율은 61.5%이다.
③ 현재 상태에서 고용률은 최대 2.5% 포인트 증가할 수
있다.
④ 현재 상태에서 최대한 달성할 수 있는 고용률은 61.5%
이다.

해설

주어진 자료를 이용하여 경제활동인구와 경제활동참가율 그리
고 실업자 수와 취업자 수는 다음과 같이 도출된다.

- 노동가능인구 = 경제활동인구 + 비경제활동인구
  $\Rightarrow 4,000 = $ 경제활동인구 $+ 1,500$
  $\Rightarrow$ 경제활동인구 $= 2,500$(만 명)
- 경제활동참가율 $= \frac{경제활동인구}{노동가능인구} = \frac{2,500}{4,000} = 0.625 = 62.5\%$
- 실업률 $= \frac{실업자 수}{경제활동인구} \Rightarrow 0.04 = \frac{실업자 수}{2,500만 명}$
  $\Rightarrow$ 실업자 수 $= 100$만 명, 취업자 수 $= 2,400$만 명

- 현재 고용률과 최대가능 고용률은 다음과 같다.

- 현재 고용률: $\frac{취업자 수}{생산가능인구} = \frac{2,400만 명}{4,000만 명} = 60\%$
- 최대가능 고용률: $\frac{취업자 수}{생산가능인구} = \frac{2,500만 명}{4,000만 명} = 62.5\%$

이에 따라 현재 상태에서 고용률은 최대 2.5% 포인트 증가할 수
있다. 이 경우 고용률의 최댓값은 경제활동참가율과 일치한다.

정답 ③

0715

A대학 경제학과는 2017년도 졸업생 100명을 대상으로 2018년 4월 현재 취업 현황을 조사했다. 조사 결과, 40명은 취업했으며 20명은 대학원에 등록하여 재학 중이었다. 다른 일은 하지 않고 취업준비와 진학준비를 하고 있는 졸업생은 각각 20명과 10명이었다. 나머지 10명은 실업자로 분류되었다. A대학 경제학과의 2017년도 졸업생 100명이 모두 생산가능인구에 포함될 때, 이들의 실업률, 고용률, 경제활동참가율은?

18 국가직 7급

	실업률	고용률	경제활동참가율
①	20%	40%	40%
②	20%	40%	50%
③	30%	30%	40%
④	30%	30%	50%

해설

생산가능인구(100명) 중에서 대학원 재학생(20명)과 취업준비생(20명) 그리고 진학준비생(10명) 모두는 비경제활동인구(50명)로 분류된다. 이에 따라 경제활동인구는 50명이 된다.

- 앞의 결과를 기초로 묻고 있는 실업률, 고용률, 경제활동참가율은 다음과 같이 도출된다.

- 실업률 = $\dfrac{\text{실업자}}{\text{경제활동인구}} = \dfrac{10}{50} = 0.2 = 20\%$
- 고용률 = $\dfrac{\text{취업자}}{\text{생산가능인구}} = \dfrac{40}{100} = 0.4 = 40\%$
- 경제활동참가율 = $\dfrac{\text{경제활동인구}}{\text{생산가능인구}} = \dfrac{50}{100} = 0.5 = 50\%$

정답 ②

0716

어떤 산업의 노동수요곡선과 노동공급곡선이 아래와 같다고 한다. 하루 법정 최저실질임금이 60,000이라 할 때, 이 노동시장의 실업인구는?

10 국가직 7급

- $L_D = 800{,}000 - 4w$
- $L_S = 380{,}000 + 4w$
- 단, 여기서 L_D는 노동수요, L_S는 노동공급 그리고 w는 하루의 실질임금이다.

① 20,000

② 30,000

③ 40,000

④ 60,000

해설

문제에서 주어진 두 식을 연립해서 풀면 균형임금은 $w = 52{,}500$이고 이때의 균형노동량은 $L^* = 210{,}000$이 된다.

- 문제에서 주어진 모든 조건을 고려하여 그림으로 나타내면 다음과 같다.

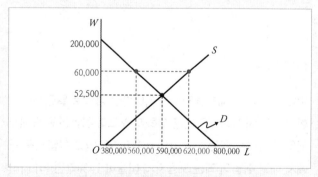

- 균형임금(=52,500)보다 높은 수준에서 최저실질임금(=60,000)이 설정되었다면, 이는 실효성 있는 최저임금이 된다.
- 주어진 최저실질임금으로 노동수요곡선과 노동공급곡선에 대입하면 노동수요량은 $L_D = 560{,}000$, 노동공급량은 $L_S = 620{,}000$이므로 노동시장 전체에서는 60,000만큼의 초과공급이 발생하게 된다. 즉 비자발적 실업이 발생하게 되는 것이다.

정답 ④

0717

노동시장이 안정상태(실업률이 상승하지도 하락하지도 않은 상태)에 있다. 취업인구의 1%가 매달 직업을 잃고 실업인구 24%가 매달 새로운 직업을 얻는다면, 안정상태의 실업률은? (단, 경제활동인구는 고정이며, 노동자는 취업하거나 또는 실업 상태에 있다.) 11 지방직 7급

① 4%
② 4.5%
③ 5%
④ 5.5%

해설

노동시장이 안정상태(실업률이 상승하지도 하락하지도 않은 상태)에서의 실업률이 자연실업률이다.

• 자연실업률은 다음과 같이 도출된다.

$$자연실업률 = \frac{이직률}{구직률 + 이직률} = \frac{1\%}{24\% + 1\%} = \frac{1}{25} = 4\%$$

정답 ①

0718

어느 경제에서 취업자들은 매기 5%의 확률로 일자리를 잃어 실업자가 되며, 실업자들은 매기 45%의 확률로 새로운 일자리를 얻어 취업자가 된다. 이 경제의 균제상태에서의 실업률은? (단, 경제활동인구의 변동은 없다.) 14 지방직 7급

① 5%
② 10%
③ 15%
④ 20%

해설

자연실업률의 도출을 묻고 있다.

• 자연실업률은 다음과 같이 도출된다.

$$자연실업률 = \frac{이직률}{구직률 + 이직률} = \frac{5\%}{45\% + 5\%} = \frac{1}{10} = 10\%$$

정답 ②

0719

어떤 나라의 경제활동인구가 1,000만 명으로 일정하다고 한다. 비경제활동인구는 존재하지 않으며 취업인구 중에서 매달 일자리를 잃는 노동자의 비율이 2%이고 실업인구 중에서 매달 취업이 되는 노동자의 비율이 14%라면, 이 나라의 자연실업률은? 16 서울시 7급

① 12%
② 12.5%
③ 13%
④ 13.5%

해설

자연실업률의 도출을 묻고 있다.

• 자연실업률은 다음과 같이 도출된다.

$$자연실업률 = \frac{이직률}{구직률 + 이직률} = \frac{2}{14\% + 2\%} = \frac{1}{8} = 12.5\%$$

정답 ②

0720

경제활동인구가 일정한 경제에서 매기 취업자의 4%가 직장을 잃고 실업자가 되지만, 실업자의 60%는 취업에 성공한다. 이 경제에서 균제상태(steady state)의 실업률은?

19 국가직 7급

① 5.50%

② 5.75%

③ 6.00%

④ 6.25%

문제에서 묻고 있는 균제상태(Steady state)의 실업률은 자연실업률을 의미한다.
• 자연실업률은 다음과 같이 도출된다.

$$\text{자연실업률} = \frac{\text{이직률}}{\text{구직률} + \text{이직률}} = \frac{4\%}{60\% + 4\%} = \frac{4}{64} = \frac{1}{16}$$
$$= 0.0625 = 6.25\%$$

정답 ④

0721

경제활동인구가 일정한 경제에서 안정상태(steady state)의 실업률이 10%이다. 매월 취업자 중 2%가 직장을 잃고 실업자가 되는 경우, 기존의 실업자 중 매월 취업을 하게 되는 비율은?

20 국가직 7급

① 2%

② 8%

③ 10%

④ 18%

경제활동인구가 일정한 경제에서 안정상태(steady state)의 실업률은 자연실업률을 의미한다. 또한 기존의 취업자 중 매월 실업자가 되는 비율은 이직률을 의미하고, 기존의 실업자 중 매월 취업을 하게 되는 비율은 구직률을 의미한다. 이러한 의미를 전제로 구직률을 구하면 다음과 같다.

$$\text{자연실업률} = \frac{\text{이직률}(s)}{\text{구직률}(f) + \text{이직률}(s)} \Rightarrow 0.1 = \frac{0.02}{f + 0.02}$$
$$\Rightarrow 0.1f + 0.002 = 0.02 \Rightarrow 0.1f = 0.018 \Rightarrow f = 0.18 = 18\%$$

정답 ④

0722

노동시장에서 현재 고용상태인 개인이 다음 기에도 고용될 확률을 P_{11}, 현재 실업상태인 개인이 다음 기에 고용될 확률을 P_{21}이라고 하자. 이 확률이 모든 기간에 항상 동일하다고 할 때, 이 노동시장에서의 균형실업률은? 18 국회 8급

① $P_{21}/(1-P_{21})$

② P_{21}/P_{11}

③ $(1-P_{11})/(1-P_{11}+P_{21})$

④ $(1-P_{11})/(P_{11}+P_{21})$

⑤ $(1-P_{11})/(1-P_{21})$

해 설

문제에서는 자연실업률을 도출할 것을 요구하고 있다.
• '다음 기의 이직률(s)'은 '1-다음 기에도 고용될 확률'로 나타낼 수 있으므로 '$s=1-P_{11}$'로 나타낼 수 있다.
• '다음 기의 구직률(f)'은 '현재 실업상태인 개인이 다음 기에 고용될 확률'을 의미하므로 '$f=P_{21}$'로 나타낼 수 있다.
• 앞의 결과들을 기초로 하여 자연실업률은 다음과 같이 도출할 수 있다.

$$\text{자연실업률} = \frac{\text{이직률}(s)}{\text{구직률}(f)+\text{이직률}(s)} = \frac{1-P_{11}}{P_{21}+1-P_{11}}$$
$$= \frac{1-P_{11}}{1-P_{11}+P_{21}}$$

정답 ③

0723

기대를 반영한 필립스곡선이 아래와 같을 때 이에 대한 <보기>의 설명 중 옳지 않은 것을 모두 고르면? 10 국회 8급

$\pi = \pi^e - 0.4(u-4)$
(π: 실제인플레이션, π^e: 기대인플레이션, u: 실제실업률)

보기

ㄱ. 실제인플레이션이 기대인플레이션과 동일하면 실제실업률은 4%이다.

ㄴ. 기대인플레이션이 상승하면 필립스곡선은 위로 평행이동한다.

ㄷ. 잠재GDP에 해당하는 실업률은 4%이다.

ㄹ. 실제실업률이 4%보다 크면 실제인플레이션은 기대인플레이션보다 높다.

ㅁ. 기대인플레이션이 전기의 실제인플레이션과 동일하다고 할 때, 실제인플레이션이 전기에 비해 2%p 감소하기 위해서는 실제실업률은 8%가 되어야 한다.

① ㄱ, ㄴ

② ㄴ, ㄹ

③ ㄹ

④ ㅁ

⑤ ㄹ, ㅁ

해 설

기대부가 필립스곡선은 다음과 같다.

$\pi = \pi^e - \alpha(u-u_N)$
(π: 실제인플레이션, π^e: 기대인플레이션, α: 반응계수 u: 실제실업률, u_N: 자연실업률)

• <보기>의 내용을 차례대로 살펴본다.
ㄱ. 실제인플레이션(π)이 기대인플레이션(π^e)과 동일하면 위 식이 성립하기 위해서는 실제실업률(u)이 4%가 되어야 한다.
ㄴ. 기대인플레이션(π^e)을 절편으로 이해하면 기대인플레이션(π^e)이 상승할 때 필립스곡선은 상방으로 평행이동한다는 것을 알 수 있다.
ㄷ. 잠재GDP는 완전고용GDP와 같은 개념이고 이때의 실업률을 자연실업률이라고 한다. 식에서 자연실업률(u_N)에 해당하는 실업률은 4%이다.
ㄹ. 만약 실제실업률이 5%라면 $\pi = \pi^e - 0.4$가 되므로, 실제인플레이션(π)은 기대인플레이션(π^e)보다 0.4%만큼 낮게 된다.
ㅁ. 기대인플레이션이 전기의 실제인플레이션과 동일하므로 '$\pi_t^e = \pi_{t-1}$'이 성립한다. 이에 따라 다음 식이 성립한다.

$\pi_t = \pi_t^e - 0.4(u_t-4) \Rightarrow \pi_t = \pi_{t-1} - 0.4(u_t-4)$
$\Rightarrow \pi_t - \pi_{t-1} = -0.4(u_t-4)$

또한 다른 조건이 일정할 때, 실제인플레이션(π)이 전기에 비해 2%p 감소한다는 것은 다음 식을 만족한다는 의미이다.

$\pi_t - \pi_{t-1} = -2\% \Rightarrow -2\% = -0.4(u-4) \Rightarrow u = 9\%$

정답 ⑤

0724

어느 한 국가의 기대를 반영한 필립스곡선이 다음과 같을 때 가장 옳은 것은? (단, π는 실제인플레이션율, π^e는 기대인플레이션율, u는 실업률이다.) 18 서울시 공개경쟁 7급

$$\pi = \pi^e - 0.5u + 2.2$$

① 기대인플레이션율의 변화 없이 실제인플레이션율이 전기에 비하여 1%p 감소하면 실업률이 7.2%가 된다.
② 기대인플레이션율이 상승하면 장기 필립스곡선이 오른쪽으로 이동한다.
③ 잠재 GDP에 해당하는 실업률은 4.4%이다.
④ 실제 실업률이 5%이면 실제인플레이션율은 기대인플레이션율보다 높다.

해설

기대를 반영한 필립스곡선은 다음과 같다.

$$\pi = \pi^e - \alpha(u - u_N)$$
단, π는 실제인플레이션율, π^e는 기대인플레이션율, u는 실업률, u_N은 자연실업률이다.

• 주어진 필립스곡선은 다음과 같이 정리할 수 있다.

$$\pi = \pi^e - 0.5u + 2.2 \Rightarrow \pi = \pi^e - 0.5(u - 4.4)$$
또는 $\pi - \pi^e = -0.5(u - 4.4)$

잠재 GDP에 해당하는 실업률이 곧 자연실업률이며, 그 크기는 4.4%임을 알 수 있다.

$$\pi = \pi^e - 0.5u + 2.2$$

① 기대인플레이션율의 변화 없이 실제인플레이션율(π)이 전기에 비하여 1%p 감소하면 실업률(u)은 2%p만큼 상승한다.
② 기대인플레이션율(π^e)이 상승할 때 오른쪽으로 이동하는 것은 '단기' 필립스 곡선이다.
④ '$\pi - \pi^e = -0.5(u - 4.4)$'에서 실제 실업률이 5%이면 '$\pi - \pi^e = -0.3$'이 되므로 실제인플레이션율($\pi$)은 기대인플레이션율($\pi^e$)보다 '0.3'만큼 낮다.

정답 ③

0725

우리나라의 인플레이션율과 실업률 간의 관계가 아래 식과 같이 주어져 있다고 하자. 이 식에 대한 설명으로 틀린 것은? 05 감정평가사

인플레이션율 = 3% - 1.0(실업률 - 4%)

① 우리나라의 자연실업률은 4%이다.
② 위 식은 경기 침체기에만 나타난다.
③ 우리나라의 장기 인플레이션율은 3%이다.
④ 위 식은 단기 총공급곡선이 우상향하는 경우에 나타난다.
⑤ 고용이 완전고용수준을 초과하는 경우 인플레이션율은 반드시 3%보다 높다.

해설

문제에서 주어진 필립스곡선은 단기 총공급곡선이 우상향하는 경우 나타나는 우하향의 필립스곡선을 보여주고 있으며, 이러한 기대가 부가된 필립스곡선의 식은 다음과 같다.

• $\pi_e = \pi_t^e - \alpha(u - u_n)$
• 여기서 π_e는 인플레이션율, π_t^e는 기대인플레이션율, α는 양의 상수, u는 실업률, u_n은 자연실업률이다.

• 주어진 필립스곡선에서 자연실업률은 4%이다.
• 장기에는 물가에 대한 정확한 기대가 이루어져 인플레이션율과 기대인플레이션율이 일치하게 되어 장기 인플레이션율은 3%가 된다.
• 고용이 완전고용수준을 초과하게 되면 $u < u_n$이 성립하게 되어 인플레이션율은 반드시 3%보다 $\alpha(u - u_n)$만큼 높게 된다.

정답 ②

0726

기대인플레이션과 자연실업률이 부가된 필립스(Philips) 곡선에 대한 설명으로 옳지 않은 것은?
18 국가직 7급

① 실제 실업률이 자연실업률과 같은 경우, 실제 인플레이션은 기대인플레이션과 같다.

② 실제 실업률이 자연실업률보다 높은 경우, 실제 인플레이션은 기대인플레이션보다 낮다.

③ 실제 실업률이 자연실업률과 같은 경우, 기대 인플레이션은 0과 같다.

④ 사람들이 인플레이션을 완전히 예상할 수 있는 경우, 실제 실업률은 자연실업률과 일치한다.

해 설

기대인플레이션과 자연실업률이 부가된 필립스(Philips) 곡선은 다음과 같이 나타낼 수 있다.

$$\pi = \pi^e - \alpha(U - U_N)$$
(π:실제 인플레이션율, π^e:예상 인플레이션율, α:양(+)의 상수, U: 실제 실업률, U_N:자연실업률)

- 주어진 필립스 곡선에서는 '$U = U_N \Leftrightarrow \pi = \pi^e$'이 성립하고(①, ③, ④), '$U > U_N \Leftrightarrow \pi < \pi^e$'이 성립한다(②).
- 참고로 '사람들이 인플레이션을 완전히 예상한다'는 것은 '$\pi = \pi^e$'이라는 의미이다.

정답 ③

0727

아래 표에는 세 나라의 실제실업률, 자연실업률, 실질GDP가 기록되어 있다. 다음 설명 중 옳은 것은?
15 CPA

국가	실제실업률(%)	자연실업률(%)	실질GDP(조 원)
A	4	4	900
B	3	5	1,300
C	6	5	1,200

① A국은 GDP 갭(gap)이 발생하지 않고 잠재GDP는 900조 원보다 작다.

② B국은 확장 갭(expansionary gap)이 발생하고 잠재GDP는 1,300조 원보다 작다.

③ B국은 침체 갭(recessionary gap)이 발생하고 잠재GDP는 1,300조 원보다 작다.

④ C국은 확장 갭이 발생하고 잠재GDP는 1,200조 원보다 작다.

⑤ C국은 침체 갭이 발생하고 잠재GDP는 1,200조 원보다 작다.

해 설

'실제실업률>자연실업률'이면 경기침체이고 '(실제)실질GDP<잠재GDP'가 성립하여 음(-)의 GDP 갭이 존재한다.

- '실제실업률<자연실업률'이면 경기확장이고 '(실제)실질GDP> 잠재GDP'가 성립하여 양(+)의 GDP 갭이 존재한다.
- '실제실업률 = 자연실업률'이면 '(실제)실질GDP = 잠재GDP'가 성립하여 GDP 갭은 '0'이 된다.

국가	실제실업률 vs 자연실업률	(실제)실질 GDP vs 잠재GDP	경제상황
A	실제실업률 = 자연실업률	(실제)실질 GDP = 잠재GDP	경기안정
B	실제실업률 <자연실업률	(실제)실질 GDP > 잠재GDP	경기확장
C	실제실업률 > 자연실업률	(실제)실질 GDP < 잠재GDP	경기침체

정답 ②

0728

아래에 열거된 A국의 통계치를 이용하여 A국의 고통지수 (misery index)를 구하고, A국 정부가 인플레이션율을 4.0%에서 2.0%로 떨어뜨리는 정책이 성공한다면 연간 GDP는 얼마나 감소하겠는가? (단, 다른 조건들이 일정하다고 가정)

09 보험계리사

㉠ 실업률: 8.5%	㉡ 인플레이션율: 4.0%
㉢ 희생비율: 3	㉣ GDP: 1,000조 원
㉤ 청년 실업률: 10.5%	
㉥ 예상인플레인션율: 3.0%	

① 14.5, 60조 원

② 12.5, 60조 원

③ 14.5, 30조 원

④ 12.5, 30조 원

해 설

'고통지수 = 실업률 + 인플레이션율'이므로 고통지수는 '12.5'가 된다.

- 희생비율이 3이므로 A국 정부가 인플레이션율을 4.0%에서 2.0%로 2%p만큼 떨어뜨리면 GDP는 6%만큼 감소하게 된다. 따라서 1,000조 원의 6%인 60조 원만큼 감소하게 된다.

정답 ②

0729

오쿤의 법칙(Okun's Law)에 따라 실업률이 1%p 증가하면 실질 GDP는 약 2%p 감소한다고 가정하자. 만약, 중앙은행이 화폐공급 증가율을 낮추어 인플레이션율은 10%에서 8%로 하락하였으나, 실업률은 4%에서 8%로 증가하였을 경우 희생비율(sacrifice ratio)은? (단, 희생비율 = $\dfrac{\text{실질 } GDP \text{ 감소율}}{\text{인플레이션 하락율}}$ 이다.)

15 감정평가사

① 약 2

② 약 4

③ 약 6

④ 약 8

해 설

인플레이션율은 10%에서 8%로의 2%p 하락은 실업률을 4%에서 8%로 4%p만큼 상승시킨다. 그런데 이러한 실업률의 4%p만큼의 상승은 실질 GDP를 약 8%p만큼 감소시킨다.

- 앞의 내용을 기초로 하여 희생비율은 다음과 같이 측정된다.

$$\text{희생비율} = \frac{\text{실질 } GDP \text{ 감소율}}{\text{인플레이션 하락율}} = \frac{\text{약 } 8\%p}{2\%p} = \text{약 } 4$$

정답 ②

0730

중앙은행은 아래와 같은 테일러 준칙(Taylor rule)에 따라 명목이자율을 조정한다. 이에 관한 설명으로 옳지 않은 것은? (단, i는 명목이자율, π는 인플레이션율, π^*는 목표 인플레이션율, Y^*는 잠재 GDP, Y는 실제 GDP, $\frac{(Y^*-Y)}{Y^*}$는 총생산 갭이다.)

12 감정평가사

$$i = 5\% + \pi + 0.5(\pi - \pi^*) - 0.5\frac{(Y^*-Y)}{Y^*}$$

① 목표 인플레이션율이 낮아지면 중앙은행은 명목이자율을 인상한다.

② 실제 GDP가 잠재 GDP보다 더 큰 경우에 중앙은행은 명목이자율을 인상한다.

③ 총생산 갭은 0이고 인플레이션율이 3%에서 4%로 상승하는 경우에, 중앙은행은 명목이자율을 0.5%포인트(%p) 인상한다.

④ 인플레이션율이 목표치와 같고 실제 GDP가 잠재 GDP와 같다면 실질이자율은 5%가 된다.

⑤ 인플레이션율은 목표치와 같고 총생산 갭이 0%에서 1%로 상승하는 경우에, 중앙은행은 명목이자율을 0.5%포인트(%p) 인하한다.

총생산 갭($\frac{(Y^*-Y)}{Y^*}$)이 0일 때 인플레이션율이 3%인 경우와 4%인 경우의 명목이자율(i)은 다음과 같이 결정된다.

- 인플레이션율이 3%인 경우:
  $i = 5\% + 3\% + 0.5(3\% - \pi^*) = 9.5\% - 0.5\pi^*$
- 인플레이션율이 3%인 경우:
  $i = 5\% + 4\% + 0.5(4\% - \pi^*) = 11\% - 0.5\pi^*$

중앙은행은 명목이자율을 1.5%포인트(%p)만큼 인상한다.

- 인플레이션율은 목표치와 같고($\pi - \pi^* = 0$), 총생산 갭($\frac{(Y^*-Y)}{Y^*}$)이 0%인 경우와 1%인 경우의 명목이자율(i)은 다음과 같이 결정된다.

- 총생산 갭이 0%인 경우: $i = 5\% + \pi$
- 총생산 갭이 1%인 경우: $i = 4.5\% + \pi$

중앙은행은 명목이자율을 0.5% 포인트(%p) 인하한다.

- 인플레이션율이 목표치와 같고($\pi - \pi^* = 0$), 실제 GDP가 잠재 GDP와 같다($\frac{(Y^*-Y)}{Y^*} = 0$)면, '$i = 5\% + \pi$'이 성립한다. 피셔방정식에 의해 실질이자율(r)은 '$r = i - \pi$'이므로 실질이자율(r)은 5%가 된다.

정답 ③

0731

다음은 A국 중앙은행이 따르는 테일러 준칙이다. 현재 인플레이션율이 4%이고 GDP갭이 1%일 때, A국의 통화정책에 대한 설명으로 옳지 않은 것은?(단, r은 중앙은행의 목표 이자율, π는 인플레이션율, Y^*는 잠재 GDP, Y는 실제 GDP이다.)

18 국가직 7급

$$r = 0.03 + \frac{1}{4}(\pi - 0.02) - \frac{3}{4}\frac{Y^* - Y}{Y^*}$$

① 목표 이자율은 균형 이자율보다 높다.
② 목표 인플레이션율은 2%이다.
③ 균형 이자율은 3%이다.
④ 다른 조건이 일정할 때, 인플레이션 갭 1%p 증가에 대해 목표 이자율을 0.25%p 증가한다.

테일러의 준칙은 다음과 같이 구성된다.

- 목표이자율 = 균형이자율 $+ \alpha \times$ 인플레이션 갭 $- \beta \times GDP$ 갭
- 앞의 식에서 인플레이션 갭은 '실제 인플레이션율-목표 인플레이션율'이고, GDP 갭은 $\dfrac{\text{잠재 } GDP - \text{실제 } GDP}{\text{잠재 } GDP}$ 이다. 또한 α와 β는 각각 양(+)의 상수이다.
- $r = $ 균형이자율 $+ \alpha \times$ (실제 인플레이션율 $-$ 목표 인플레이션율) $- \beta \times \dfrac{\text{잠재 } GDP - \text{실제 } GDP}{\text{잠재 } GDP}$

- 목표 인플레이션율은 '0.02'인 2%가 되고(②), 균형이자율은 '0.03'인 3%가 된다(③).
- 인플레이션 갭이 1%p만큼 증가하게 되면 α값이 $\frac{1}{4}$이므로, 목표이자율은 0.25%p만큼 상승하게 된다(④).
- 한편 문제에서 주어진 인플레이션율과 GDP 갭의 조건들을 문제에서 제시된 테일러의 준칙에 대입하면 다음과 같다.

$$r = 0.03 + \frac{1}{4} \times (0.04 - 0.02) - \frac{3}{4} \times 0.01 = 0.03 + \frac{1}{4}(0.02 - 0.03)$$
$$= 0.03 - 0.0025 = 0.0275$$

또는

$$r = 0.03 + \frac{1}{4} \times (0.04 - 0.02) - \frac{3}{4} \times 0.01 = 0.03 + 0.005 - 0.0075$$
$$= 0.03 - 0.0025 = 0.0275$$

목표이자율은 0.0275인 2.75%가 되어 3%인 균형이자율에 비해 0.25%p만큼 낮은 수준이 된다(①).

정답 ①

0732

한국의 거시경제지표가 다음과 같을 때 옳지 않은 것은?

08 국회 8급

연도	경상 GDP	통화량	본원통화	GDP 디플레이터 (2005년 기준)
2006	800조	1,200조	40조	105
2007	880조	1,320조	44조	110

① 2006년도의 통화승수는 30이다.

② 2007년도의 경제성장률은 10%이다.

③ 2006년도의 인플레이션율은 5%이다.

④ 2006년도의 화폐유통속도는 0.67이다.

⑤ 2007년도의 통화량 증가율은 10%이다.

경제성장률은 전년도 대비 실질(불변가격) GDP의 변화율이고, 명목(경상가격) GDP의 변화율이 아님을 주의해야 한다.

- 2006년도와 2007년도의 실질 GDP를 전제로 2007년도의 경제성장률을 구하면 다음과 같다.

> - 2006년도 실질 GDP:
> $$\frac{명목\ GDP}{GDP\ 디플레이터} \times 100 = \frac{800}{105} \times 100 ≒ 762(조)$$
> - 2007년도 실질 GDP:
> $$\frac{명목\ GDP}{GDP\ 디플레이터} \times 100 = \frac{880}{110} \times 100 = 800(조)$$
> - 2007년도의 경제성장률: $\dfrac{2007년도\ 실질\ GDP -}{2006년도\ 실질\ GDP}$
> $$\frac{2006년도\ 실질\ GDP}{2006년도\ 실질\ GDP} = \frac{800 - 762}{762} = \frac{38}{762} ≒ 5\%$$

① 본원통화(H)와 통화량(M) 그리고 통화승수(m) 간의 관계는 $H \times m = M$과 같이 나타낼 수 있다. 따라서 2006년도의 통화승수는 '40조 $\times m$ = 1,200조'에서 m = 30을 도출할 수 있다.

③ 2006년도의 GDP 디플레이터가 105라는 것은 기준연도인 2005년에 비해 물가가 5%만큼 상승했다는 의미이다.

④ 화폐수량설에 따르면 교환방정식인 MV = PY(여기서 M은 통화량, V는 화폐의 소득유통속도, P는 물가수준, PY는 명목 GDP)이 성립한다. 따라서 2006년도의 화폐유통속도는 다음과 같이 측정된다.

> 2006년도 화폐유통속도(V): $V = \dfrac{800조}{1,200조} = \dfrac{2}{3} = 0.67$

⑤ 2007년도의 통화량 증가율은 '$\dfrac{통화량\ 증가분}{2006년\ 통화량} = \dfrac{120조}{1,200조} = 10\%$' 가 된다.

정답 ②

0733

아래의 표는 A국의 GDP에 관한 자료이다. (단, 기준연도는 2008년이다.)

연도	명목 GDP	GDP 디플레이터
2008	$2,000	100
2009	$3,000	120
2010	$3,750	150
2011	$6,000	200

다음 설명 중 옳지 않은 것은?

12 국회 8급

① 2008년에서 2009년 사이의 인플레이션율은 20%이다.

② 2010년에서 2011년 사이의 인플레이션율은 33.3%이다.

③ 2008년에서 2009년 사이에 경제성장을 경험했다.

④ 2009년에서 2010년 사이에 경제성장을 경험했다.

⑤ 2010년에서 2011년 사이에 경제성장을 경험했다.

실질 GDP는 '$\dfrac{명목\ GDP}{GDP\ 디플레이터} \times 100$'으로 도출한다.

- 주어진 자료를 기초로 실질 GDP를 구하면 다음 표와 같다.

연도	명목 GDP	GDP 디플레이터	실질 GDP
2008	$2,000	100	$2,000
2009	$3,000	120	$2,500
2010	$3,750	150	$2,500
2011	$6,000	200	$3,000

- 경제가 성장하면 실질 GDP가 증가한다. 그런데 위 표에 따르면 2009년과 2010년 사이의 실질 GDP의 크기는 변화가 없다. 따라서 이 기간 동안에는 경제성장이 이루어지지 않고 정체되었었다.
- 한편 2010년을 기준으로 한 2011년의 물가상승률은 다음과 같이 측정된다.

> 2011년 물가상승률:
> $$\frac{물가상승분}{2010\ GDP\ 디플레이터} = \frac{50}{150} \times 100 = 33.3(\%)$$

정답 ④

0734

A국은 X재와 Y재만을 생산하는 국가이다. 두 재화의 생산량과 가격이 다음 표와 같을 때, A국의 기준연도 대비 비교연도의 실질 GDP 성장률은? 16 국가직 9급

(단위: 억 원)

	기준연도		비교연도	
	생산량(개)	가격(원)	생산량(개)	가격(원)
X재	100	10	100	11
Y재	200	20	210	20

① 10%

② 7%

③ 4%

④ 1%

해 설

실질 GDP는 '$\sum P_{\text{기준연도}} \times Q_{\text{비교연도}}$'라는 공식으로 도출된다. 그런데 기준연도는 비교연도와 기준연도가 동일한 시점이므로 명목 GDP와 실질 GDP의 크기가 동일하다.

• 기준연도의 실질 GDP는 다음과 같이 도출된다.

$$\sum P_{\text{기준연도}} \times Q_{\text{비교연도}} = \sum P_{\text{기준연도}} \times Q_{\text{기준연도}} = 10 \times 100 + 20 \times 200$$
$$= 1,000 + 4,000 = 5,000$$

• 비교연도의 실질 GDP는 다음과 같이 도출된다.

$$\sum P_{\text{기준연도}} \times Q_{\text{비교연도}} = 10 \times 100 + 20 \times 210$$
$$= 1,000 + 4,200 = 5,200$$

• 기준연도 대비 비교연도의 실질 GDP 성장률은 다음과 같이 도출된다.

$$\frac{\text{비교연도 실질 } GDP - \text{기준연도 실질 } GDP}{\text{기준연도 실질 } GDP}$$
$$= \frac{5,200 - 5,000}{5,000} = \frac{200}{5,000} = 0.04 = 4\%$$

정답 ③

0735

Harrod의 성장모형에서 현재 균형성장이 이루어지고 있다고 하자. 자본-산출량 비율이 2이고 소비성향이 0.7, 인구증가율이 2%인 경우에 국민경제의 성장률과 1인당 경제성장률은 각각 얼마인가? 03 7급

① 15%, 13%

② 13%, 15%

③ 10%, 8%

④ 8%, 10%

해 설

소비성향이 0.7이므로 저축성향(저축률)은 0.3 = 30%이다.

• Harrod 경제성장론에 따른 경제성장률과 1인당 경제성장률은 다음과 같이 측정된다.

• 경제성장률 $= \dfrac{\text{저축률}}{(\text{한계})\text{자본} - \text{산출 비율}} = \dfrac{30\%}{2} = 15\%$

• 1인당 경제성장률 = 경제성장률 - 인구증가율=15%-2%=13%

정답 ①

0736

기술진보가 없으며 1인당 생산(y)과 1인당 자본량(k)이 $y = 2\sqrt{k}$의 함수 관계를 갖는 솔로우 모형이 있다. 자본의 감가상각률(δ)은 20%, 저축률(s)은 30%, 인구증가율(n)은 10%일 때, 이 경제의 균제상태(steady state)에 대한 설명으로 옳은 것은? 19 국가직 7급

① 균제상태의 1인당 생산은 4이다.

② 균제상태의 1인당 자본량은 2이다.

③ 균제상태의 1인당 생산 증가율은 양(+)으로 일정하다.

④ 균제상태의 1인당 자본량 증가율은 양(+)으로 일정하다.

해 설

솔로우 모형의 균제방정식을 통하여 균제상태에서의 1인당 생산과 자본량은 다음과 같이 도출된다.

• $sy = (\delta + n)k \Rightarrow 0.3 \times 2\sqrt{k} = (0.2 + 0.1)k \Rightarrow 2\sqrt{k} = k$
  $\Rightarrow 4k = k^2 \Rightarrow k = 4$

• $y = 2\sqrt{k} = 2\sqrt{4} = 4$

이에 따라 균제상태의 1인당 생산은 4이고(①), 1인당 자본량 역시 4가 된다(②).

• 솔로우 모형에서 균제상태에서의 1인당 변수 변화율은 '0'의 값을 갖는다. 따라서 균제상태의 1인당 생산 증가율과 자본량 증가율은 모두 '0'이 된다(③, ④).

정답 ①

0737

갑국은 을국보다 2배의 노동투입, 8배의 자본투입, 2배의 기술수준으로 생산을 하고 있다. 갑국과 을국의 생산함수는 $Y = AL^{1/2}K^{1/2}$으로 동일하다. 갑국의 1인당 생산량(Y/L)은 을국의 몇 배인가? (단, L은 노동, K는 자본, A는 기술수준, Y는 생산량을 나타낸다.)

15 국가직 9급

① 2
② $2\sqrt{2}$
③ 4
④ $4\sqrt{2}$

해 설

주어진 조건에 따른 갑국과 을국의 1인당 GDP(y)는 다음과 같이 동일하다.

$$\frac{Y}{L}(=y) = AL^{-1/2}K^{1/2} = A\sqrt{\frac{K}{L}}$$

• 을국보다 2배의 노동투입, 8배의 자본투입, 2배의 기술수준으로 생산을 하고 있는 갑국의 1인당 생산량은 다음과 같이 나타낼 수 있다.

$$\frac{Y}{L}(=y)_{갑국} = 2A\sqrt{\frac{8K}{2L}} = 2A\sqrt{4\frac{K}{L}} = 4A\sqrt{\frac{K}{L}} = 4y_{을국}$$

정답 ③

0738

솔로우(Solow) 성장모형이 <보기>와 같이 주어져 있을 때 균제상태(steady state)에서 일인당 자본량은? (단, 기술진보는 없다.)

18 서울시 정기공채 7급

보기

• 생산함수: $y = 2k^{\frac{1}{2}}$ (단, y는 일인당 생산량, k는 일인당 자본량이다.)
• 감가상각률 5%, 인구증가율 5%, 저축률 20%

① 2
② 4
③ 8
④ 16

해 설

솔로우(Solow) 성장모형에서 균제균형식은 다음과 같다.

$$s \times f(k) = (n+g+d) \times k$$

(단, s: 저축률, k: 1인당 자본량, f(k): 1인당 산출량(y), n: 인구증가율, g: 기술진보율, d: 감가상각률)

• 주어진 조건들을 균제균형식에 대입하면 다음과 같은 결과가 도출된다.

$$0.2 \times 2\sqrt{k} = (0.05 + 0 + 0.05)k \Rightarrow 0.4\sqrt{k} = 0.1k \Rightarrow 4\sqrt{k} = k$$
$$\Rightarrow 16k = k^2 \Rightarrow k^2 - 16k = 0 \Rightarrow k(k-16) = 0$$

이에 따라 'k=0'은 무의하므로 일인당 자본량은 'k=16'이 된다.

정답 ④

AK Tip | 1인당 자본량 도출 공식

• 생산함수가 '$Y = AK^{\alpha}L^{1-\alpha}$'로 주어진 경우 균제상태에서의 1인당 자본량은 다음과 같은 공식을 이용하여 도출할 수도 있다.

$$k = \left(\frac{sA}{n+\delta+g}\right)^{\frac{1}{1-\alpha}}$$

• 여기서 k는 1인당 국민소득, s는 저축률, A는 생산성 계수, n은 인구증가율, δ는 감가상각률, g는 기술진보율이다.

• 앞의 공식과 주어진 조건들을 이용하여 '0738번 문제'의 균제상태에서의 1인당 자본량은 다음과 같이 도출된다.

$$k = \left(\frac{sA}{n+\delta+g}\right)^{\frac{1}{1-\alpha}}$$
$$\Rightarrow k = \left(\frac{0.2 \times 2}{0.05 + 0.05 + 0}\right)^{\frac{1}{1-\frac{1}{2}}} = \left(\frac{0.4}{0.1}\right)^2 = 4^2 = 16$$

0739

솔로우(Solow)의 성장모형에서 1인당 생산함수가 $y = k^{0.5}$ 이고(y는 1인당 생산량, k는 1인당 자본량), 인구증가율이나 기술진보가 없다고 가정하자. 만일 저축률이 20%이고 감가상각률이 5%라면 안정상태(steady state)에서의 1인당 생산량과 1인당 소비량은 얼마인가?

07 국회 8급

① 1인당 생산량은 2, 1인당 소비량은 1.6
② 1인당 생산량은 3, 1인당 소비량은 2.4
③ 1인당 생산량은 4, 1인당 소비량은 3.2
④ 1인당 생산량은 5, 1인당 소비량은 4.0
⑤ 1인당 생산량은 6, 1인당 소비량은 4.8

솔로우(Solow)의 성장모형에서 안정상태(균제상태) 성립조건은 다음과 같다.

> $s \times f(k) = (n + g + d) \times k$
> (단, s: 저축률, k: 1인당 자본량, f(k): 1인당 산출량, n: 인구증가율, g: 기술진보율, d: 감가상각률)

- 문제에서 주어진 앞의 성립조건에 대입하면 다음과 같이 1인당 자본량을 구할 수 있다.

> $0.2 \times k^{0.5} = (0 + 0 + 0.05) \times k \Rightarrow 4 = k^{0.5} \Rightarrow 4 = \sqrt{k} \Rightarrow k = 16$

- 앞의 결과를 1인당 생산함수에 대입하면 다음과 같이 1인당 생산량이 도출된다.

> $y = k^{0.5} = \sqrt{k} = \sqrt{16} = 4$

- 한편 저축률이 20%이므로 1인당 저축은 0.8, 1인당 소비는 3.2가 된다.

정답 ③

AK Tip 1인당 국민소득 도출 공식

- 생산함수가 '$y = Ak^{\alpha}$'로 주어진 경우 균제상태에서의 1인당 국민소득은 다음과 같은 공식을 이용하여 도출할 수도 있다.

  - $y = A^{\frac{1}{1-\alpha}} \left(\dfrac{s}{n + \delta + g} \right)^{\frac{\alpha}{1-\alpha}}$
  - 여기서 y는 1인당 국민소득, A는 생산성 계수, s는 저축률, n은 인구증가율, δ는 감가상각률, g는 기술진보율이다.

- 앞의 공식과 주어진 조건들을 이용하여 '0739번 문제'의 균제상태에서의 1인당 국민소득은 다음과 같이 도출된다.

$$y = A^{\frac{1}{1-\alpha}} \left(\frac{s}{n + \delta + g} \right)^{\frac{\alpha}{1-\alpha}}$$

$$\Rightarrow y = \left(\frac{0.2}{0 + 0.05 + 0} \right)^{\frac{\frac{1}{2}}{1 - \frac{1}{2}}} = \left(\frac{0.2}{0.05} \right)^1 = 4$$

0740

갑국의 생산함수는 $Y = [K(1-u)L]^{1/2}$이다. 자연실업률이 4%, 저축률, 인구성장률, 자본의 감가상각률이 모두 10%일 때, 솔로우(Solow) 모형의 균제상태(steady state)에서 1인당 생산량은? (단, Y는 총생산량, L은 노동량, K는 자본량, u는 자연실업률이다)

20 지방직 7급

① 0.24
② 0.48
③ 0.72
④ 0.96

해설

주어진 생산함수에 자연실업률을 반영하여 1인당 생산함수를 도출하면 다음과 같다.

- $Y = [K(1-u)L]^{1/2} \Rightarrow Y = [K(1-0.04)L]^{1/2}$
  $\Rightarrow Y = 0.96^{1/2}[KL]^{1/2}$
- $\dfrac{Y}{L} = 0.96^{1/2}(\dfrac{K}{L})^{1/2} \Rightarrow y = 0.96^{1/2}k^{1/2} \Rightarrow y = \sqrt{0.96k}$
- 여기서 y는 1인당 생산량, k는 1인당 자본량

- 균제균형식을 이용하여 1인당 생산량을 도출하면 다음과 같다.

- $s \times y = (n+d+g) \times k \Rightarrow 0.1 \times \sqrt{0.96k} = (0.1+0.1+0) \times k$
  $\Rightarrow 0.1 \times \sqrt{0.96k} = 0.2k \Rightarrow 0.5\sqrt{0.96k} = k \Rightarrow 0.25 \times 0.96k = k^2$
  $\Rightarrow k = 0.25 \times 0.96$
- $y = \sqrt{0.96k} \Rightarrow y = \sqrt{0.96 \times 0.25 \times 0.96} = \sqrt{0.5^2 \times 0.96^2}$
  $= 0.5 \times 0.96 = 0.48$
- 여기서, s는 저축률, n은 인구성장률, d는 감가상각률, g는 기술진보율이다.

정답 ②

0741

생산함수가 $Y = L^{\frac{2}{3}}K^{\frac{1}{3}}$인 경제의 저축률이 s, 감가상각률이 δ이다. 인구증가나 기술진보가 없다고 가정할 때, 정상상태(steady state)에서 1인당 생산량을 s와 δ의 함수로 바르게 나타낸 것은?

17 국가직 7급

① $(\dfrac{s}{2\delta})^{\frac{2}{3}}$

② $(\dfrac{s}{2\delta})^{\frac{1}{3}}$

③ $(\dfrac{s}{\delta})^{\frac{1}{2}}$

④ $(\dfrac{s}{\delta})^{\frac{1}{3}}$

해설

주어진 생산함수의 양 변을 'L'로 나누어 정리하면 다음과 같은 식을 얻을 수 있다.

$\dfrac{Y}{L} = L^{-\frac{1}{3}}K^{\frac{1}{3}} = (\dfrac{K}{L})^{\frac{1}{3}} \Rightarrow y = k^{\frac{1}{3}} \Rightarrow k = y^3$

여기서 y는 1인당 소득(생산량), k는 1인당 자본량이다.

- 경제가 정상상태(= 균제상태: Steady state)에 도달하기 위한 균형식은 다음과 같다.

$s \times y = (n+\delta+g) \times k$

여기서 n은 인구증가율, δ는 감가상각률, g는 기술진보율이다.

- 문제에서 인구증가나 기술진보가 없다고 가정했으므로 균제균형식은 다음과 같이 정리된다.

$s \times y = \delta \times k \,(\because n = 0, \ g = 0) \Rightarrow s \times y = \delta \times y^3 \,(\because k = y^3)$
$\Rightarrow y^2 = (\dfrac{s}{\delta}) \Rightarrow y = (\dfrac{s}{\delta})^{\frac{1}{2}}$

정답 ③

0742

어느 한 국가의 생산함수가 $Y = K^{0.5}L^{0.5}$이며 40,000단위의 자본과 10,000단위의 노동을 보유하고 있다고 하자. 이 국가에서 자본의 감가상각률은 연 10%라고 한다면, 솔로우(Solow) 모형에 따를 때 주어진 자본/노동 비율이 안정상태(steady state)에서의 자본/노동 비율이 되기 위해서는 저축률이 얼마가 되어야 하는가? (인구변화 및 기술진보는 없다고 가정)

15 서울시 7급

① 20%

② 30%

③ 40%

④ 50%

주어진 조건에 따른 솔로우 모형의 안정상태(균제상태) 균형식은 다음과 같다.

> $s \times y = d \times k$
> (여기서 s는 저축률, f(k)는 1인당 산출량, d는 감가상각률, k는 1인당 자본량이다.)

- 생산함수 $Y = K^{0.5}L^{0.5}$의 양 변을 노동 L로 나누면 1인당 산출량(y)과 1인당 자본량(k)은 다음과 같이 도출된다.

> - $y = \sqrt{\dfrac{K}{L}} = \sqrt{\dfrac{40,000}{10,000}} = \sqrt{4} = 2$
> - $k = \dfrac{K}{L} = \dfrac{40,000}{10,000} = 4$

- 안정상태 균형식을 통하여 저축률은 다음과 같이 도출된다.

> $s \times f(k) = d \times k \Rightarrow s \times 2 = 0.1 \times 4 \Rightarrow s = 0.2$

정답 ①

0743

솔로우(Solow)의 경제성장모형 하에서 A국의 생산함수는 $Y = 10\sqrt{LK}$, 저축률은 30%, 자본의 감가상각률은 연 5%, 인구증가율은 연 1%, 2015년 초 A국의 1인당 자본량은 100일 경우 2015년 한 해 동안 A국의 1인당 자본의 증가량은? (단, L은 노동, K는 자본을 나타낸다.)

15 국가직 7급

① 24

② 25

③ 26

④ 27

1인당 자본량을 k($= \dfrac{K}{L}$), 감가상각률을 d, 인구증가율을 n, 저축률을 s, 1인당 산출량을 y($= \dfrac{Y}{L}$) = f(k)라고 가정하자. 이때 1인당 자본량 증가분(Δk)은 실제투자액($s \times f(k)$)에서 필요투자액($(d+n)k$)을 차감한 크기($\Delta k = s \times f(k) - (d+n)k$)로 도출된다.

- 주어진 생산함수 양 변에 노동(L)을 각각 나누어 정리하면 1인당 산출량은 $y = f(k) = 10\sqrt{k}$이 된다.
- 2015년 초 A국의 1인당 자본량(k)이 100이므로, 이를 1인당 자본량 증가분 도출식에 대입하면, 1인당 자본량 증가분(Δk)은 다음과 같이 도출된다.

> $\Delta k = s \times f(k) - (d+n)k$
> $= 0.3 \times 10\sqrt{100} - (0.05 + 0.01) \times 100 = 30 - 6 = 24$

정답 ①

0744

완전경쟁경제 하에 있는 A국의 생산함수는 $Y = AL^{0.6}K^{0.4}$ 이다. 자본(K)의 감가상각률이 1%, 인구(L)의 증가율이 3%, 기술진보율이 4%이다. 이 국가의 경제가 황금률 (Golden Rule)의 자본수준에 있다고 할 때 <보기>에서 옳은 것을 모두 고르면?

14 국회 8급

보기

ㄱ. 총소득(Y)의 성장률은 8%이다.

ㄴ. 자본은 소득의 5배이다.

ㄷ. 저축률은 40%이다.

ㄹ. 1인당 소득(Y/L)의 성장률은 4%이다.

ㅁ. 자본의 실질임대가격의 성장률은 1%이다.

① ㄱ, ㄴ, ㄷ
② ㄴ, ㄷ, ㄹ
③ ㄴ, ㄷ, ㅁ
④ ㄴ, ㄹ, ㅁ
⑤ ㄷ, ㄹ, ㅁ

<보기>의 내용을 차례로 검토해본다.

- 기술진보가 존재하는 경우의 1인당 소득증가율은 기술진보율과 일치하므로 1인당 소득증가율은 기술진보율과 동일한 4%이다. 그런데 '1인당 소득증가율 = 총소득증가율 - 인구증가율' 식이 성립하므로, '1인당 소득증가율 + 인구증가율 = 총소득증가율'도 성립한다. 이제 문제에서 주어진 조건들을 앞의 식에 대입하면 총소득 증가율은 4% + 3% = 7%가 된다(ㄱ, ㄹ).
- 자본의 황금률 수준이란 개개인의 소비가 극대화되는 균제상태에서의 k값을 의미하며, 균형식은 다음과 같다.

$$MP_K = n + d + g \text{ 또는 } MP_K - d = n + g$$
(단, MP_K: 자본의 한계생산, n: 인구증가율, g: 기술진보율, d: 감가상각률)

황금률 균형조건에 따라 MP_K = 1% + 3% + 4% = 8%가 된다.

- 주어진 생산함수는 '1차동차 생산함수'이므로 다음과 같은 '오일러의 정리'가 성립하게 된다.

$$MP_L \times L + MP_K \times K = Y$$

주어진 생산함수를 노동(L)으로 미분하여, 앞의 식에 MP_L과 MP_K를 각각 대입하면 다음 식이 성립한다.

$$0.6 \times AL^{-0.4} \times K^{0.4} \times L + MP_K \times K = Y$$
$$\Rightarrow 0.6 \times AL^{0.6} \times K^{0.4} + MP_K \times K = Y$$
$$\Rightarrow 0.6Y + 0.08K = Y \Rightarrow 0.08K = 0.4Y \Rightarrow K = 5Y$$

자본은 소득의 5배가 된다(ㄴ).

- 균제상태 성립조건인 $s \times f(k) = (n + g + d) \times k$에서 양 변에 노동(L)을 곱하여 정리하면 다음 식이 성립한다.

$$s \times Y = (n + g + d) \times K \Rightarrow s = \frac{(n + g + d) \times K}{Y}$$

왜냐하면 f(k)는 1인당 소득($\frac{Y}{L}$), k는 1인당 자본량($\frac{K}{L}$)이기 때문이다. 또한 $K = 5Y$이고, $(n + g + d) = 0.08$이므로 '$s = \frac{0.08 \times 5Y}{Y}$ $= 0.08 \times 5 = 0.4 = 40(\%)$'가 도출된다(ㄷ).

- 자본의 황금률 수준의 의미로 더 쉽게 도출할 수도 있다. 자본의 황금률 수준에서 자본소득과 저축의 크기는 일치한다. 그런데 생산함수가 1차 동차 생산함수이므로 오일러의 정리가 성립하고, 이에 따라 자본(K)의 지수인 0.4는 자본소득 분배율이기도 하고 저축률이기도 하다. 따라서 저축률이 40%임을 쉽게 알 수 있다.
- 자본의 실질임대가격은 곧 자본의 한계생산인 MP_K와 같다. 그런데 자본의 황금률 수준의 균형식에서 MP_K는 $MP_K = n + d + g$ = 1% + 3% + 4% = 8%로 일정한 상수 값을 갖는다. 이것은 MP_K의 성장률, 곧 자본의 실질임대가격 성장률이 '0'이라는 것을 의미한다(ㅁ).

정답 ②

0745

현재의 균제상태(steady state)에서 자본의 한계생산성(MP_k)이 0.05이고, 인구증가율(n)이 0.01, 감가상각률(d)이 0.01, 기술진보율(g)은 0.02, 저축률(s)은 0.1이라고 하자. 솔로우(Solow) 모형을 이용한 분석에 대한 설명 중 옳지 않은 것은?

15 국회 8급

① 황금률(golden rule)이 성립하지 않는다.
② 1인당 자본량을 증가시키면 1인당 소비를 증가시킬 수 있다.
③ 저축률을 높이면 장기적으로 1인당 소비를 증가시킬 수 있다.
④ 1인당 소득 증가율은 0이다.
⑤ 총소득 증가율은 0.03이다.

솔로우 성장모형에 따르면 소득증가율은 외생적인 기술진보에 의해서만 가능하다. 기술진보율이 0.02이므로 1인당 소득 증가율 역시 0.02가 된다. 한편 총소득증가율 = 1인당 소득증가율 + 인구증가율 = 0.02 + 0.01 = 0.03이 된다.

• 주어진 조건들을 고려하여 그림으로 나타내면 다음과 같다.

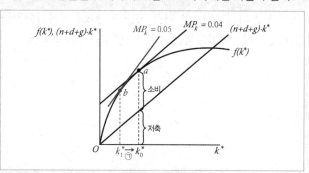

• 황금률은 '$MP_k = n + d + g$'에서 달성되는데 그림의 점 a가 이에 해당한다. 그런데 자본의 한계생산성(MP_k)이 0.05라 했으므로 현재는 '$MP_k > n + d + g$'가 성립하고 이것은 그림의 점 b에 해당한다. 따라서 1인당 자본량이 증가($k_1^* \to k_0^*$)하면(㉠) '소비를 극대화'할 수 있는 황금률 수준에 도달할 수 있다. 이것은 이전에 비해 소비를 증가시킬 수 있다는 의미이다.

정답 ④

0746

다음은 A국, B국, C국을 대상으로 지난 10년 기간의 성장회계(growth accounting)를 실시한 결과이다. 이에 대한 설명으로 옳은 것은?

18 국가직 9급

(단위: %)

	경제 성장률	자본 배분율	노동 배분율	자본 증가율	노동 증가율
A국	9	40	60	10	5
B국	7	50	50	4	4
C국	8	50	50	10	4

① 경제성장에 대한 자본의 기여도가 가장 큰 국가는 A국이다.
② A국의 경우 노동이나 자본보다 총요소생산성 증가가 경제성장에 가장 큰 기여를 했다.
③ 총요소생산성 증가의 경제성장에 대한 기여도가 가장 큰 국가는 B국이다.
④ C국의 총요소생산성의 경제성장에 대한 기여도는 2%이다.

총생산함수가 $Y = A \times N^\alpha \times K^\beta (\alpha + \beta = 1)$로 주어진 경우, 성장회계 기본식은 다음과 같다.

• $\dfrac{\Delta Y}{Y} = \dfrac{\Delta A}{A} + \alpha \times \dfrac{\Delta N}{N} + \beta \times \dfrac{\Delta K}{K}$

• 경제성장률 = 총요소생산성 증가율 + 노동소득분배율×노동증가율 + 자본소득분배율×자본증가율

• 이를 전제로 성장회계를 통한 각 국의 각 요소들의 경제성장에 대한 기여도를 표로 정리하면 다음과 같다.

	노동 기여도 ($\alpha \times \dfrac{\Delta L}{L}$)	자본 기여도 ($\beta \times \dfrac{\Delta K}{K}$)	총요소생산성 기여도 ($\dfrac{\Delta A}{A} = \dfrac{\Delta Y}{Y} - \alpha \times \dfrac{\Delta N}{N} - \beta \times \dfrac{\Delta K}{K}$)
A국	0.6×5=3(%)	0.4×10=4(%)	9%-3%-4%=2%
B국	0.5×4=2(%)	0.5×4=2(%)	7%-2%-2%=3%
C국	0.5×4=2(%)	0.5×10=5(%)	8%-2%-5%=1%

① 경제성장에 대한 자본의 기여도가 가장 큰 국가는 C국이다.
② A국의 경우 자본 증가가 경제성장에 가장 큰 기여를 했다.
④ C국의 총요소생산성의 경제성장에 대한 기여도는 1%이다.

정답 ③

0747

어느 경제의 국민총생산함수가 $Y = AL^{\frac{1}{2}}K^{\frac{1}{2}}$ 로 주어진다. 어느 기간 동안의 자료를 분석한 결과 국민총생산증가율 ($\frac{\Delta Y}{Y}$)이 10%, 노동증가율($\frac{\Delta L}{L}$)이 4%, 자본증가율($\frac{\Delta K}{K}$)이 4%로 나타났다. 이 기간 동안의 총요소생산성증가율은? (단, Y는 국민총생산, L은 노동, K는 자본이다.)

12 국가직 7급

① 2%
② 4%
③ 6%
④ 8%

총생산함수에 대수(log)를 취하고 이를 각 변수로 전미분을 하면 다음과 같은 성장회계식을 도출할 수 있다.

$$\frac{\Delta Y}{Y} = \frac{\Delta A}{A} + \alpha \times \frac{\Delta L}{L} + \beta \times \frac{\Delta K}{K}$$
$$\Rightarrow 10\% = \frac{\Delta A}{A} + \frac{1}{2} \times 4\% + \frac{1}{2} \times 4\% \Rightarrow \frac{\Delta A}{A} = 6\%$$

• 총요소생산성 증가율이 6%임을 알 수 있다.

정답 ③

0748

갑국의 생산함수는 $Y = AK^{0.3}L^{0.7}$이다. 노동량 증가율은 2%, 자본량 증가율은 9%이고, 총생산량은 5% 증가하였다면, 이때 총요소생산성 증가율은? (단, Y는 총생산량, A는 총요소생산성, K는 자본량, L은 노동량을 의미한다.)

19 서울시 7급

① 0.8%
② 0.9%
③ 1.0%
④ 2.0%

생산함수가 '$Y = AK^{\alpha}L^{\beta}$' 형태로 주어지는 경우 성장회계식은 다음과 같이 도출된다.

• $$\frac{\Delta Y}{Y} = \frac{\Delta A}{A} + \alpha \times \frac{\Delta K}{K} + \beta \times \frac{\Delta L}{L}$$

• 여기서 $\frac{\Delta Y}{Y}$ 는 총생산량 증가율, $\frac{\Delta A}{A}$ 는 총요소생산성 증가율, $\frac{\Delta K}{K}$ 은 자본량 증가율, $\frac{\Delta L}{L}$ 은 노동량 증가율이다.

• 문제에서 주어진 조건들을 성장회계식에 각각 정리하여 다음과 같이 총요소생산성 증가율을 도출할 수 있다.

$$\frac{\Delta Y}{Y} = \frac{\Delta A}{A} + \alpha \times \frac{\Delta K}{K} + \beta \times \frac{\Delta L}{L}$$
$$\Rightarrow 5\% = \frac{\Delta A}{A} + 0.3 \times 9\% + 0.7 \times 2\%$$
$$\Rightarrow \frac{\Delta A}{A} = 5\% - 2.7\% - 1.4\% = 0.9\%$$

정답 ②

0749

총생산함수가 $Y = 5K^{0.3}L^{0.7}$이라고 한다. <보기> 중 옳은 것을 모두 고른 것은? (Y: 총생산량, K: 자본량, L: 노동량)

08 국회 8급

보기

㉠ 이 생산함수는 규모에 대한 수익불변의 특성을 가지고 있다.

㉡ 자본증가율이 3%, 노동증가율이 4%, 총요소생산성 증가율이 1.3%이면 총생산량 증가율은 5%일 것이다.

㉢ 자본에 대한 수확체감의 법칙이 성립하지 않는다.

㉣ 자본소득 분배율은 30%이다.

① ㉠, ㉢

② ㉠, ㉡, ㉢

③ ㉠, ㉡, ㉣

④ ㉠, ㉢, ㉣

⑤ ㉠, ㉡, ㉢, ㉣

생산함수가 $Y = AK^{\alpha}L^{\beta}$로 주어질 때 다음과 같은 내용이 성립한다.

• $\alpha + \beta = 1$이면 이 생산함수는 1차 동차 생산함수이고 단기에는 수확체감의 법칙이 성립하고, 장기에는 규모에 대한 수익 불변이 성립한다.

• α는 생산의 자본탄력성이면서 자본소득 분배율이며, β는 생산의 노동탄력성이면서 노동소득 분배율이다.

• A는 한 나라 경제의 기술수준을 나타내며 총요소 생산성을 측정하는 기준이 된다.

• 위 내용을 기초로 <보기>의 내용을 살펴보면 다음과 같다.

㉠ $\alpha + \beta = 0.3 + 0.7 = 1$이므로 장기에 규모에 대한 수익불변의 특성을 갖는다.

㉡ 생산의 자본탄력성이 0.3(α)이므로 자본이 3% 증가하면 총생산량은 0.9%만큼 증가하고, 생산의 노동탄력성이 0.7(β)이므로 노동이 4% 증가하면 총생산량은 2.8%만큼 증가한다. 총요소생산성 증가율이 1.3%이므로 총생산량 증가율은 0.9% + 2.8% + 1.3% = 5%가 된다.

㉢ $\alpha + \beta = 0.3 + 0.7 = 1$이므로 단기에 수확체감의 법칙이 성립한다.

㉣ α가 0.3이므로 자본소득 분배율은 30%가 된다.

정답 ③

0750

어떤 국가의 총생산함수는 $Y = AK^{0.3}L^{0.5}H^{0.2}$이다. 여기서 A, K, L, H는 각각 총요소생산성, 자본, 노동, 인적자본을 의미한다. 총요소생산성 증가율이 1%, 자본 증가율이 3%, 노동 증가율이 4%, 인적자본 증가율이 5%인 경우 이 국가의 경제성장률은?

16 지방직 7급

① 3.2%

② 4.9%

③ 5.5%

④ 6.8%

총생산함수가 $Y = AK^{\alpha}L^{\beta}H^{\gamma}$로 주어질 때 성장회계를 하면 다음과 같다.

경제성장률 = 총요소생산성 증가율
$+ \alpha \times \dfrac{K}{\Delta K} + \beta \times \dfrac{L}{\Delta L} + \gamma \times \dfrac{H}{\Delta H}$

• 문제에서 주어진 조건에 따른 경제성장률은 다음과 같이 도출된다.

경제성장률 = 1% + 0.3%×3% + 0.5%×4% + 0.2%×5%
= 1% + 0.9% + 2% + 1% = 4.9%

정답 ②

0751

C국의 생산함수는 $Y = AL^{0.6}K^{0.4}$이다. 다음 표를 참고하여 성장회계를 하였을 때, 총요소생산성(A)의 증가율(%)은?

09 국가직 7급

구분	국민소득(Y)	노동력(L)	고정자본(K)
2000년	10,000	20,000	30,000
2001년	20,000	30,000	60,000

① 25

② 30

③ 35

④ 40

해설

총생산함수가 $Y = AL^{\alpha}K^{\beta}$로 주어지면 다음과 같은 성장회계식을 얻을 수 있다.

- $\dfrac{\Delta Y}{Y} = \dfrac{\Delta A}{A} + \alpha \times \dfrac{\Delta K}{K} + \beta \times \dfrac{\Delta L}{L}$
- 여기서 $\dfrac{\Delta Y}{Y}$는 총생산량 증가율, $\dfrac{\Delta A}{A}$는 총요소생산성 증가율, $\dfrac{\Delta K}{K}$은 자본량 증가율, $\dfrac{\Delta L}{L}$은 노동량 증가율이다.

- 문제에서 주어진 표에 따르면 국민소득 변화율(= 총생산량 변화율)은 $\dfrac{20,000 - 10,000}{10,000}$ = 100%, 노동증가율은 $\dfrac{30,000 - 20,000}{20,000}$ = 50%, 자본증가율은 $\dfrac{60,000 - 30,000}{30,000}$ = 100%이다.

- 앞의 내용들을 전제로 총요소생산성 변화율을 구하면 다음과 같다.

$$\dfrac{\Delta Y}{Y} = \dfrac{\Delta A}{A} + \alpha \times \dfrac{\Delta K}{K} + \beta \times \dfrac{\Delta L}{L}$$
$$\Rightarrow 100\% = \dfrac{\Delta A}{A} + 0.6 \times 50\% + 0.4 \times 100\% \Rightarrow \dfrac{\Delta A}{A} = 30\%$$

정답 ②

0752

한 국가의 총생산함수가 다음과 같은 생산함수 형태로 주어져 있다. 이 국가의 연간 평균 노동성장률은 5%이며, 자본성장률은 7.5%이고 규모계수는 연간 평균 2%씩 성장한다. 이 국가의 경제성장률은?

10 지방직 7급

$Y = AL^{\alpha}K^{\beta}$
(단 여기서 Y = 총생산량, A = 규모계수, L = 노동투입량, K = 자본투입량, $\alpha = 0.6$, $\beta = 0.4$이다.)

① 6%

② 8%

③ 12.5%

④ 14.5%

해설

총생산함수가 $Y = AL^{\alpha}K^{\beta}$로 주어지면 다음과 같은 성장회계식을 얻을 수 있다.

- $\dfrac{\Delta Y}{Y} = \dfrac{\Delta A}{A} + \alpha \times \dfrac{\Delta K}{K} + \beta \times \dfrac{\Delta L}{L}$
- 여기서 $\dfrac{\Delta Y}{Y}$는 총생산량 증가율, $\dfrac{\Delta A}{A}$는 총요소생산성 증가율(=규모계수 성장률), $\dfrac{\Delta K}{K}$은 자본량 증가율, $\dfrac{\Delta L}{L}$은 노동량 증가율이다.

- 주어진 조건들을 전제로 경제성장율(=총생산량 증가율)을 구하면 다음과 같다.

$$\dfrac{\Delta Y}{Y} = \dfrac{\Delta A}{A} + \alpha \times \dfrac{\Delta K}{K} + \beta \times \dfrac{\Delta L}{L}$$
$$\Rightarrow \dfrac{\Delta Y}{Y} = 2\% + 0.6 \times 5\% + 0.4 \times 7.5\% = 2\% + 3\% + 3\% = 8\%$$

정답 ②

0753

B국의 총생산함수는 $Y = AL^{1/2}K^{1/2}$이다. Y가 10% 성장, L과 K가 각각 4%씩 성장했다면 총요소생산성의 변화율은? (단, Y는 총생산수준, A는 총요소생산성, L과 K는 각각 노동투입량과 자본투입량을 나타낸다.) 12 지방직 7급

① 2%

② 4%

③ 6%

④ 8%

총생산함수가 $Y = AL^\alpha K^\beta$로 주어지면 다음과 같은 성장회계식을 얻을 수 있다.

- $\dfrac{\Delta Y}{Y} = \dfrac{\Delta A}{A} + \alpha \times \dfrac{\Delta K}{K} + \beta \times \dfrac{\Delta L}{L}$
- 여기서 $\dfrac{\Delta Y}{Y}$는 총생산량 증가율, $\dfrac{\Delta A}{A}$는 총요소생산성 증가율, $\dfrac{\Delta K}{K}$은 자본량 증가율, $\dfrac{\Delta L}{L}$은 노동량 증가율이다.

- 앞의 내용들을 전제로 총요소생산성 변화율을 구하면 다음과 같다.

$$\frac{\Delta Y}{Y} = \frac{\Delta A}{A} + \alpha \times \frac{\Delta K}{K} + \beta \times \frac{\Delta L}{L}$$
$$\Rightarrow 10\% = \frac{\Delta A}{A} + 0.5 \times 4\% + 0.5 \times 4\% \Rightarrow \frac{\Delta A}{A} = 6\%$$

정답 ③

0754

A국의 1인당 GDP(y), 1인당 물적자본스톡(k), 그리고 1인당 인적자본스톡(h)의 연평균 증가율은 각각 1.54%, 0.84%, 0.63%이며, 생산함수는 $y = zk^\alpha h^{1-\alpha}$이다. 이 경우 A국의 총요소생산성의 연평균 증가율은? (단, z는 총요소생산성이며, $\alpha = \dfrac{1}{3}$이다.) 16 국가직 7급

① 0.07%

② 0.70%

③ 0.84%

④ 1.09%

총생산함수가 $y = zk^\alpha h^{1-\alpha}$로 주어진 경우, 성장회계식을 이용하여 총요소생산성 증가율은 다음과 같이 도출할 수 있다.

$$\frac{\Delta y}{y} = \frac{\Delta z}{z} + \alpha \times \frac{\Delta k}{k} + (1-\alpha) \times \frac{\Delta h}{h}$$
$$\Rightarrow 1.54\% = \frac{\Delta z}{z} + \frac{1}{3} \times 0.84\% + \frac{2}{3} \times 0.63\%$$
$$\Rightarrow \frac{\Delta z}{z} = 1.54\% - 0.28\% - 0.42\% = 0.84\%$$

정답 ③

0755

총생산이 $Y = AK^\alpha L^{1-\alpha}$인 경제에서 총생산($Y$)의 증가율이 5%, 자본($K$)의 증가율이 9%, 노동($L$)의 증가율이 1%이고, $\alpha = \dfrac{1}{3}$이라면 총요소생산성(A)의 증가율은?

14 국가직 9급

① $\dfrac{2}{3}\%$

② 1%

③ $\dfrac{4}{3}\%$

④ $\dfrac{5}{3}\%$

문제에서 주어진 조건에 맞는 성장회계식을 이용하여 총요소생산성 증가율을 다음과 같이 도출할 수 있다.

$$\frac{\Delta Y}{Y} = \frac{\Delta A}{A} + \alpha \times \frac{\Delta K}{K} + (1-\alpha) \times \frac{\Delta L}{L}$$
$$\Rightarrow 5\% = \frac{\Delta A}{A} + \frac{1}{3} \times 9\% + \frac{2}{3} \times 1\% \Rightarrow \frac{\Delta A}{A} = \frac{4}{3}\%$$

정답 ③

0756

갑국의 생산함수는 $Y_갑 = A_갑 L_갑^{0.5} K_갑^{0.5}$, 을국의 생산함수는 $Y_을 = A_을 L_을^{0.3} K_을^{0.7}$이다. 두 국가 모두 노동증가율이 10%, 자본증가율이 20%일 때, 두 국가의 총생산증가율을 같게 하기 위한 설명으로 옳은 것은? (단, Y는 각국의 총생산량, A는 각국의 총요소생산성, L은 각국의 노동량, K는 각국의 자본량이다) 20 지방직 7급

① 갑국의 총요소생산성 증가율은 을국의 총요소생산성 증가율보다 2% 포인트 더 높아야 한다.

② 갑국의 총요소생산성 증가율은 을국의 총요소생산성 증가율보다 2% 포인트 더 낮아야 한다.

③ 갑국의 총요소생산성 증가율은 을국의 총요소생산성 증가율보다 4% 포인트 더 높아야 한다.

④ 갑국의 총요소생산성 증가율은 을국의 총요소생산성 증가율보다 4% 포인트 더 낮아야 한다.

주어진 조건을 전제로 두 나라에 대해 각각 성장회계를 하면 다음과 같다.

- 갑국: $\dfrac{\Delta Y_갑}{Y_갑} = \dfrac{\Delta A_갑}{A_갑} + 0.5 \times \dfrac{\Delta L_갑}{L_갑} + 0.5 \times \dfrac{\Delta K_갑}{K_갑}$

  $\Rightarrow \dfrac{\Delta Y_갑}{Y_갑} = \dfrac{\Delta A_갑}{A_갑} + 0.5 \times 0.1 + 0.5 \times 0.2$

  $= \dfrac{\Delta A_갑}{A_갑} + 0.05 + 0.1 = \dfrac{\Delta A_갑}{A_갑} + 0.15$

- 을국: $\dfrac{\Delta Y_을}{Y_을} = \dfrac{\Delta A_을}{A_을} + 0.3 \times \dfrac{\Delta L_을}{L_을} + 0.7 \times \dfrac{\Delta K_을}{K_을}$

  $\Rightarrow \dfrac{\Delta Y_을}{Y_을} = \dfrac{\Delta A_을}{A_을} + 0.3 \times 0.1 + 0.7 \times 0.2$

  $= \dfrac{\Delta A_을}{A_을} + 0.03 + 0.14 = \dfrac{\Delta A_을}{A_을} + 0.17$

- 두 국가의 총생산증가율($\dfrac{\Delta Y}{Y}$)이 같기 위해서는 다음 식이 성립해야 한다.

$\dfrac{\Delta Y_갑}{Y_갑} = \dfrac{\Delta Y_을}{Y_을} \Rightarrow \dfrac{\Delta A_갑}{A_갑} + 0.15 = \dfrac{\Delta A_을}{A_을} + 0.17$

$\Rightarrow \dfrac{\Delta A_갑}{A_갑} - \dfrac{\Delta A_을}{A_을} = 0.02 = 2\%$

따라서 두 국가의 총생산증가율($\dfrac{\Delta Y}{Y}$)이 같기 위해서는 갑국의 총요소생산성 증가율($\dfrac{\Delta A_갑}{A_갑}$)이 을국의 총요소생산성 증가율($\dfrac{\Delta A_을}{A_을}$)보다 2% 포인트 더 높아야 한다.

정답 ①

0757

다음 성장회계(growth accounting)식에서 노동자 1인당 GDP 증가율이 4%, 노동자 1인당 자본 증가율이 6%일 때, 총요소생산성 증가율은? 20 국가직 7급

성장회계식: $\dfrac{\Delta Y}{Y} = \dfrac{\Delta A}{A} + \dfrac{1}{3}\dfrac{\Delta K}{K} + \dfrac{2}{3}\dfrac{\Delta L}{L}$

(단, $\dfrac{\Delta Y}{Y}, \dfrac{\Delta A}{A}, \dfrac{\Delta K}{K}, \dfrac{\Delta L}{L}$ 은 각각 GDP 증가율, 총요소생산성 증가율, 자본 증가율, 노동자 증가율이다)

① 1%

② 2%

③ 3%

④ 4%

주어진 성장회계식을 통해 총생산함수를 다음과 같이 도출할 수 있다.

- $Y = AK^{\frac{1}{3}}L^{\frac{2}{3}}$

- 앞의 총생산함수의 양 변을 인구(노동자의 수)로 나누어 1인당 생산함수를 도출하고, 이를 전제로 한 성장회계식을 통해 총요소생산성 증가율을 도출할 수 있다.

- $\dfrac{Y}{L} = AK^{\frac{1}{3}}L^{-\frac{1}{3}} = A\left(\dfrac{K}{L}\right)^{\frac{1}{3}} \Rightarrow y = Ak^{\frac{1}{3}}$
- $\dfrac{\Delta y}{y} = \dfrac{\Delta A}{A} + \dfrac{1}{3}\dfrac{\Delta k}{k} \Rightarrow 4\% = \dfrac{\Delta A}{A} + \dfrac{1}{3} \times 6\%$

  $\Rightarrow \dfrac{\Delta A}{A} = 4\% - 2\% = 2\%$

- 여기서 y는 노동자 1인당 GDP, k는 노동자 1인당 자본량, $\dfrac{\Delta y}{y}$는 노동자 1인당 GDP 증가율, $\dfrac{\Delta k}{k}$는 노동자 1인당 자본 증가율을 의미한다.

정답 ②

0758

어느 경제의 총생산함수는 $Y = AL^{1/3}K^{2/3}$이다. 실질 GDP 증가율이 5%, 노동증가율이 3%, 자본증가율이 3%라면 솔로우 잔차(Solow residual)는? (단, Y는 실질 GDP, A는 기술수준, L은 노동, K는 자본이다.)

18 지방직 7급

① 2%

② 5%

③ 6%

④ 12%

솔로우 잔차(Solow residual)는 곧 총요소생산성 증가율($\frac{\Delta A}{A}$)을 의미한다.

- 총생산함수가 $Y = AL^{\alpha}K^{\beta}$로 주어지면 다음과 같은 성장회계식을 얻을 수 있다.

> - $\frac{\Delta Y}{Y} = \frac{\Delta A}{A} + \alpha \times \frac{\Delta K}{K} + \beta \times \frac{\Delta L}{L}$
> - 여기서 $\frac{\Delta Y}{Y}$는 총생산량 증가율, $\frac{\Delta A}{A}$는 총요소생산성 증가율, $\frac{\Delta K}{K}$은 자본량 증가율, $\frac{\Delta L}{L}$은 노동량 증가율이다.

- 앞의 내용들을 전제로 총요소생산성 변화율을 구하면 다음과 같다.

> $\frac{\Delta Y}{Y} = \frac{\Delta A}{A} + \alpha \times \frac{\Delta K}{K} + \beta \times \frac{\Delta L}{L}$
>
> $\Rightarrow 5\% = \frac{\Delta A}{A} + \frac{1}{3} \times 3\% + \frac{2}{3} \times 3\% \Rightarrow \frac{\Delta A}{A} = 2\%$

정답 ①

0759

甲국의 생산함수가 $Y = AK^{1/3}L^{2/3}$이고, 노동자 1인당 생산량 증가율이 5%, 노동인구 증가율은 1%, 기술수준 증가율이 3%일 때, 자본량의 증가율은? (단, Y, A, K, L은 시간의 함수이며, Y는 생산량, A는 기술수준, K는 자본량, L은 노동인구를 나타낸다.)

11 지방직 7급

① 4%

② 5%

③ 6%

④ 7%

문제에서의 기술수준 증가율이 총요소생산성 증가율이다. 따라서 성장회계식은 다음과 같이 나타낼 수 있다.

> $\frac{\Delta Y}{Y} = \frac{\Delta A}{A} + \frac{1}{3} \times \frac{\Delta K}{K} + \frac{2}{3} \times \frac{\Delta L}{L}$

- 문제에서는 경제성장률이 아니라 1인당 생산량 증가율로 묻고 있음을 유의한다.
- 1인당 생산량 증가율은 다음과 같이 측정할 수 있다.

> 1인당 생산량 증가율($\frac{\Delta y}{y}$) = 경제성장률($\frac{\Delta Y}{Y}$) - 노동(인구)증가율($\frac{\Delta L}{L}$)

- '$\frac{\Delta Y}{Y} = \frac{\Delta y}{y} + \frac{\Delta L}{L}$'이 성립하므로 이 식을 앞에서 도출한 성장회계식의 좌변에 대입하여 다음 식을 도출한다. 이를 통하여 자본량 증가율을 다음과 같이 도출할 수 있다.

> $\frac{\Delta y}{y} + \frac{\Delta L}{L} = \frac{\Delta A}{A} + \frac{1}{3} \times \frac{\Delta K}{K} + \frac{2}{3} \times \frac{\Delta L}{L}$
>
> $\Rightarrow 5\% + 1\% = 3\% + \frac{1}{3} \times \frac{\Delta K}{K} + \frac{2}{3} \times 1\%$
>
> $\Rightarrow \frac{1}{3} \times \frac{\Delta K}{K} = \frac{7}{3}\% \Rightarrow \frac{\Delta K}{K} = 7\%$

정답 ④

0760

어느 한 국가의 생산함수가 $Y = AK^{0.6}L^{0.4}$이다. 이때, A가 1%, K가 5%, L이 5% 증가하는 경우, 노동자 1인당 소득 증가율은? (단, A는 총요소생산성, K는 자본투입량, L은 노동투입량이다.)

18 서울시 공개경쟁 7급

① 1%

② 2%

③ 3%

④ 4%

생산함수가 '$Y = AK^{\alpha}L^{\beta}$' 형태로 주어지는 경우 성장회계식은 다음과 같이 도출된다.

> - $\dfrac{\Delta Y}{Y} = \dfrac{\Delta A}{A} + \alpha \times \dfrac{\Delta K}{K} + \beta \times \dfrac{\Delta L}{L}$
> - 여기서 $\dfrac{\Delta Y}{Y}$는 총생산량 증가율, $\dfrac{\Delta A}{A}$는 총요소생산성 증가율, $\dfrac{\Delta K}{K}$은 자본량 증가율, $\dfrac{\Delta L}{L}$은 노동량 증가율이다.

- 문제에서 주어진 조건들을 성장회계식에 각각 정리하여 다음과 같이 노동자 1인당 소득증가율을 도출할 수 있다.

> - $\dfrac{\Delta Y}{Y} = \dfrac{\Delta A}{A} + \alpha \times \dfrac{\Delta K}{K} + \beta \times \dfrac{\Delta L}{L}$
> $\Rightarrow \dfrac{\Delta Y}{Y} = 1\% + 0.6 \times 5\% + 0.4 \times 5\% = 1\% + 3\% + 2\% = 6\%$
> - 1인당 소득증가율=총소득증가율-인구증가율=6%-5%=1%

정답 ①

0761

甲(갑)국의 생산함수는 $Y = AK^{\frac{1}{3}}L^{\frac{2}{3}}$이다. 노동자 1인당 생산량 증가율이 10%이고, 총요소생산성 증가율은 7%일 경우, 성장회계에 따른 노동자 1인당 자본량 증가율은? (단, Y는 총생산량, A는 총요소생산성, K는 자본량, L은 노동량이다.)

15 감정평가사

① 3%

② 4.5%

③ 6%

④ 9%

노동자 1인당 자본량 증가율을 묻고 있으므로 주어진 총생산함수의 양 변을 노동(L)으로 나누어서 정리하면 다음과 같은 1인당 생산함수를 구할 수 있다.

> $\dfrac{Y}{L} = AK^{\frac{1}{3}}L^{-\frac{1}{3}} \Rightarrow \dfrac{Y}{L} = A\left(\dfrac{K}{L}\right)^{\frac{1}{3}} \Rightarrow y = Ak^{\frac{1}{3}}$

- 앞에서 도출한 함수에 자연대수를 취하고 각 변수로 전미분하면 다음 식을 구할 수 있다. 이를 통하여 노동자 1인당 자본량 증가율을 도출할 수 있다.

> $\dfrac{\Delta y}{y} = \dfrac{\Delta A}{A} + \dfrac{1}{3} \times \dfrac{\Delta k}{k} \Rightarrow 10\% = 7\% + \dfrac{1}{3} \times \dfrac{\Delta k}{k} \Rightarrow \dfrac{\Delta k}{k} = 9\%$

정답 ④

0762

한 나라의 생산함수가 $Y = A\sqrt{KL}$ 이다. 여기서 Y는 총생산, A는 기술, K는 자본, L은 노동이다. 근로자 1인당 소득증가율은 3%이고 근로자 1인당 자본증가율은 2%이다. 이때 성장회계에 따르면 기술증가율은 얼마인가? 13 CPA

① 1%

② 1.5%

③ 2%

④ 2.5%

주어진 생산함수는 총생산함수이므로 문제에 적합한 1인당 생산함수로 바꾸기 위해 양 변을 노동(L)으로 나누어 정리하면 다음과 같은 1인당 생산함수를 도출할 수 있다.

> $\dfrac{Y}{L} = A\sqrt{\dfrac{K}{L}} \Rightarrow y = A\sqrt{k} = Ak^{\frac{1}{2}}$ (여기서, y는 1인당 소득, k는 1인당 자본량이다.)

• 성장회계를 위해 앞의 식 양 변에 자연대수를 취하고 각 변수로 전미분하면 다음과 같은 식을 구할 수 있다. 이를 통하여 기술증가율을 다음과 같이 도출할 수 있다.

> 1인당 소득증가율($\dfrac{\Delta y}{y}$) = 기술증가율(= 총요소생산성 증가율 = $\dfrac{\Delta A}{A}$) + $\dfrac{1}{2}$ × 1인당 자본증가율($\dfrac{\Delta k}{k}$) $\Rightarrow$ 3% = $\dfrac{\Delta A}{A} + \dfrac{1}{2} \times 2\%$ $\Rightarrow$ $\dfrac{\Delta A}{A} = 2\%$

정답 ③

THEME 01 | 국제 무역론

0763

다음은 영국과 스페인의 치즈와 빵 생산에 관련된 자료와 그에 대한 주장이다. <보기>의 주장 중에서 옳은 것으로만 묶은 것은?

19 지방직 7급

	1개 생산에 소요되는 시간		40시간 일할 때 생산량	
	치즈	빵	치즈	빵
영국	1시간	2시간	40개	20개
스페인	2시간	8시간	20개	5개

보 기

㉠ 영국에서 생산하는 치즈 1개의 기회비용은 빵 2개이다.
㉡ 영국에서 생산하는 치즈 1개의 기회비용은 빵 1/2개이다.
㉢ 스페인에서 생산하는 치즈 1개의 기회비용은 빵 1/4개이다.
㉣ 영국에서 생산하는 빵 1개의 기회비용은 치즈 2개이다.
㉤ 영국에서 생산하는 빵 1개의 기회비용은 치즈 1/2개이다.
㉥ 영국은 빵 생산에 절대우위가 있고, 치즈 생산에는 비교우위가 있다.
㉦ 영국은 빵 생산에 비교우위가 있고, 스페인은 치즈생산에 비교우위가 있다.

① ㉠, ㉢, ㉣
② ㉠, ㉤, ㉥
③ ㉡, ㉢, ㉦
④ ㉡, ㉥, ㉦

문제에서 제시된 자료는 '2004년 입시' 문제와 완전히 동일하다. 그러나 옳은 것을 모두 포함한 선택지는 없지만 선택지 중에서 '옳은 것으로만 구성된' 것을 찾으라는, 이전과는 다른 유형의 문제라고 할 수 있다.

• 생산량을 중심으로 양 국 상품의 기회비용은 다음과 같이 도출할 수 있다.

> • 영국에서 생산하는 치즈 1개의 기회비용
> $$= \frac{\text{빵 생산량}}{\text{치즈 생산량}} = \frac{20}{40} = \frac{1}{2}(\text{빵})\ldots\ldots\ldots㉡$$
> • 스페인에서 생산하는 치즈 1개의 기회비용
> $$= \frac{\text{빵 생산량}}{\text{치즈 생산량}} = \frac{5}{20} = \frac{1}{4}(\text{빵})\ldots\ldots\ldots㉢$$
> • 영국에서 생산하는 빵 1개의 기회비용
> $$= \frac{\text{치즈 생산량}}{\text{빵 생산량}} = \frac{40}{20} = 2(\text{치즈})\ldots\ldots\ldots㉣$$

• 동일한 노동 투입 시간을 전제로 한다면 빵의 절대생산량은 영국이 더 많으므로 빵 생산에 대해서는 영국이 절대우위를 갖는다. 그러나 비교우위는 기회비용이 작은 상품에 대해 성립하므로, 치즈는 스페인이, 빵은 영국이 각각 비교위를 갖게 된다. 따라서 ㉥은 틀리고, ㉦은 옳다.
• 결국 자료와 관련된 <보기>의 주장 중에서 옳은 것은 ㉡, ㉢, ㉣, ㉦이므로 선택지 중에서 옳은 것만으로 구성된 것은 ③뿐이다.

정답 ③

0764

갑국과 을국은 X, Y재만을 생산하며, 교역 시 비교우위가 있는 재화 생산에 완전특화한다. 양국의 생산가능곡선이 다음과 같을 때 이에 대한 설명으로 옳은 것은? (단, 양국의 생산요소 양은 같고 교역은 양국 간에만 이루어진다.)

19 국가직 7급

- 갑국: $4X + Y = 40$
- 을국: $2X + 3Y = 60$

① 갑국이 X재 생산을 1단위 늘리려면 Y재 생산을 2단위 줄여야 한다.
② 갑국은 X재 생산에 절대우위를 갖는다.
③ 을국은 X재 생산에 비교우위를 갖는다.
④ X재와 Y재의 교역비율이 1:1이라면 갑국만 교역에 응할 것이다.

양국의 생산가능곡선을 그림으로 나타내면 다음과 같다.

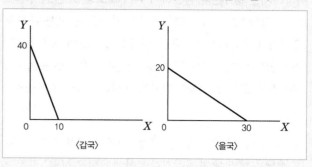

〈갑국〉　　　　〈을국〉

- 양국의 Y재 수량으로 나타낸 X재의 상대가격(=기회비용)을 비교하면 다음과 같다.

$$\left(\frac{Y}{X} = 4\right)_{갑국} > \left(\frac{Y}{X} = \frac{2}{3}\right)_{을국}$$

이에 따라 갑국은 Y재에 비교우위를 갖고, 을국은 X재에 비교우위를 갖게 된다.

① 갑국의 Y재 수량으로 나타낸 X재의 상대가격은 '4'이다. 따라서 갑국이 X재 생산을 1단위 늘리려면 Y재 생산을 4단위 줄여야 한다.
② 절대우위는 각 재화 생산가능량이 절대적으로 많을 때 성립한다. 따라서 갑국은 Y재에 절대우위를 갖고, 을국은 X재에 절대우위를 갖게 된다.
④ 교역을 통하여 양국 모두가 이익을 얻을 수 있는 교역조건 $\left(\text{TOT} = \frac{Y}{X}\right)$은 다음과 같이 양국의 상대가격 범위 내에 존재한다.

$$\frac{2}{3} < \left(\frac{Y}{X}\right) < 4$$

따라서 X재와 Y재의 교역비율이 1:1, 즉 '1'이라면 양국 모두가 교역에 응할 것이다.

정답 ③

0765

A국에서는 쌀 1톤을 생산하기 위하여 노동 50단위가 필요하고, 공작기계 1대를 생산하기 위하여 노동 80단위가 필요하다. B국에서는 쌀 1톤을 생산하기 위하여 노동 100단위가 필요하고, 공작기계 1대를 생산하기 위하여 노동 120단위가 필요하다. 비교우위론적 관점에서 옳은 설명은?

10 국가직 7급

① A국은 쌀 생산 및 공작기계 생산에서 비교우위를 가진다.
② B국은 쌀 생산 및 공작기계 생산에서 비교우위를 가진다.
③ A국에서 공작기계 1대를 생산하는 데 발생하는 기회비용은 쌀 $\frac{5}{8}$ 톤이다.
④ B국에서 공작기계 1대를 생산하는 데 발생하는 기회비용은 쌀 1.2톤이다.

해설

주어진 자료에 따른 A국과 B국의 쌀과 공작기계 1단위 생산을 위한 기회비용과 각 국의 비교우위 상품을 표로 나타내면 다음과 같다.

구분	상대 상품 단위로 나타낸 기회비용		비교우위 상품
	쌀의 기회비용	공작기계의 기회비용	
A국	공작기계 $\frac{50}{80} = \frac{5}{8}$	쌀 $\frac{80}{50} = \frac{8}{5}$	쌀
B국	공작기계 $\frac{100}{120} = \frac{5}{6}$	쌀 $\frac{120}{100} = \frac{6}{5}$	공작기계

① A국은 쌀 생산에서 비교우위를 가진다.
② B국은 공작기계 생산에서 비교우위를 가진다.
③ A국에서 공작기계 1대를 생산하는 데 발생하는 기회비용은 쌀 $\frac{8}{5}$ 톤이다.

정답 ④

0766

A국에서는 X재 1단위 생산에 10의 비용이 필요하고 Y재 1단위 생산에 60의 비용이 필요하다. B국에서는 X재 1단위 생산에 15의 비용이 필요하고 Y재 1단위 생산에 100의 비용이 필요하다. 이 경우에 대한 서술로서 옳은 것은?

15 서울시 7급

① 두 국가 사이에서 A국은 X재 생산에 비교우위가 있고, B국은 Y재 생산에 비교우위가 있다.
② 두 국가 사이에서 A국은 Y재 생산에 비교우위가 있고, B국은 X재 생산에 비교우위가 있다.
③ 두 국가 사이에서 A국은 두 재화 모두의 생산에 비교우위가 있고, B국은 어느 재화의 생산에도 비교우위가 없다.
④ 두 국가 사이에서 A국은 어느 재화의 생산에도 비교우위가 없고, B국은 두 재화 모두의 생산에 비교우위가 있다.

해설

주어진 조건에 따른 양국의 X재에 대한 상대가격(기회비용)을 구하면 다음과 같은 관계가 성립한다.

$$\left[\left(\frac{P_X}{P_Y}\right)_A = \left(\frac{10}{60}\right)_A = \left(\frac{1}{6}\right)_A\right] > \left[\left(\frac{P_X}{P_Y}\right)_B = \left(\frac{15}{100}\right)_B = \left(\frac{3}{20}\right)_B\right]$$

• 비교우위는 상대가격(기회비용)이 작은 재화에 대해 성립한다. 따라서 A국은 Y재에 대하여, B국은 X재에 대하여 비교우위를 갖게 된다.

정답 ②

0767

A국가의 노동 1단위는 옥수수 3kg을 생산할 수도 있고, 모자 4개를 생산할 수도 있다. 한편 B국가의 노동 1단위는 옥수수 1kg을 생산할 수도 있고, 모자 2개를 생산할 수도 있다. A국가의 부존 노동량은 3만 단위이고, B국가의 부존 노동량은 5만 단위이다. 이에 대한 설명으로 옳지 않은 것은?

16 지방직 7급

① A국은 옥수수를 생산하는 데 절대우위를 가지고 있다.
② A국은 모자를 생산하는 데 절대우위를 가지고 있다.
③ A국의 옥수수 1kg 생산의 기회비용은 모자 4/3개이다.
④ A국은 모자를 생산하는 데 비교우위를 가지고 있다.

해설

주어진 조건들을 표로 정리하면 다음과 같다.

구분	노동 1단위당 옥수수 생산량(kg)	노동 1단위당 모자 생산량(개)
A국	3	4
B국	1	2

• 표에 따르면 A국은 B국에 대해 노동 1단위당 옥수수와 모자 생산량 모두 많으므로, 옥수수는 물론 모자에 대해서도 절대우위를 가지고 있음을 알고 있다.

구분	모자 수량으로 나타낸 옥수수의 상대가격(기회비용)	옥수수 수량으로 나타낸 모자의 상대가격(기회비용)
A국	$\dfrac{\text{모자 생산량}}{\text{옥수수 생산량}} = \dfrac{4}{3}$	$\dfrac{\text{옥수수 생산량}}{\text{모자 생산량}} = \dfrac{3}{4}$
B국	$\dfrac{\text{모자 생산량}}{\text{옥수수 생산량}} = 2$	$\dfrac{\text{옥수수 생산량}}{\text{모자 생산량}} = \dfrac{1}{2}$

• 비교우위는 상대가격(기회비용)이 작은 상품에 대해 성립하므로 A국은 옥수수, B국은 모자에 대해 비교우위를 갖는다.

정답 ④

0768

다음은 A국과 B국이 노트북과 전기차를 생산하기 위한 단위당 노동소요량을 나타낸다. 이에 대한 설명으로 옳은 것은?

17추가채용 국가직 7급

단위당 노동소요량(재화 한 단위 생산을 위한 노동투입시간)

구분	노트북	전기차
A국	10	120
B국	20	400

① A국은 노트북 생산에, B국은 전기차 생산에 비교우위가 있다.
② A국은 전기차 생산에, B국은 노트북 생산에 비교우위가 있다.
③ A국은 노트북과 전기차 두 재화 생산 모두에 비교우위가 있다.
④ B국은 노트북과 전기차 두 재화 생산 모두에 절대우위가 있다.

해설

주어진 표를 전제로 각 국의 1단위의 노트북과 전기차 생산에 따른 상대가격(기회비용)을 구하면 다음 표와 같다.

구분	노트북 1단위 생산에 따른 상대가격	전기차 1단위 생산에 따른 상대가격
A국	전기차 $\dfrac{10}{120} = \dfrac{1}{12}$	노트북 $\dfrac{120}{10} = 12$
B국	전기차 $\dfrac{20}{400} = \dfrac{1}{20}$	노트북 $\dfrac{400}{20} = 20$

• 비교우위는 동일한 상품 중에서 상대가격(기회비용)이 작은 상품에서 갖게 된다. 따라서 노트북에 대해서는 B국, 전기차에 대해서는 A국이 비교우위를 갖게 된다.
• A국은 노트북과 전기차 생산 모두에서 B국보다 낮은 노동소요량(=생산비)으로 생산이 가능하므로, 두 재화 모두에서 절대우위를 갖게 된다.

정답 ②

0769

다음 표와 같은 조건 하에서 A국과 B국은 옷과 쌀 2가지 상품을 생산하고 있다. 노동만이 두 상품의 유일한 생산요소이고 노동의 한계생산물은 불변인 리카도 모형을 고려하자. 이제 자유무역으로 국제시장에서 상대가격($P_옷/P_쌀$)은 1이 되었다고 가정하자. 무역 전후에 대한 설명으로 옳은 것은? (단, wage 는 명목임금, P는 가격, MP는 노동의 한계생산물을 나타낸다.)

16 지방직 7급

A국		B국	
wage = 12		$wage^* = 6$	
$MP_옷 = 2$	$MP_쌀 =$	$MP_옷^* =$	$MP_쌀^* = 1$
$P_옷 =$	$P_쌀 = 4$	$P_옷^* = 3$	$P_쌀^* =$

① A국은 쌀을 수출할 것이다.
② 무역 이전에, 옷 생산의 경우 B국의 $MP_옷$ 이 A국의 $MP_옷$ 보다 높다.
③ 무역 이전에, 쌀 생산의 경우 B국의 $MP_쌀^*$ 이 A국의 $MP_쌀$ 보다 높다.
④ 무역이 발생하지 않을 것이다.

요소시장의 균형조건이 '$VMP_L(P \times MP_L) = w$'이므로 주어진 표의 빈 칸을 채우면 다음과 같다.

A국		B국	
wage = 12		$wage^* = 6$	
$MP_옷 = 2$	$MP_쌀 = 3$	$MP_옷^* = 2$	$MP_쌀^* = 1$
$P_옷 = 6$	$P_쌀 = 4$	$P_옷^* = 3$	$P_쌀^* = 6$

• 무역 이전 옷 생산의 경우 B국의 $MP_옷^*$과 A국의 $MP_옷$은 같으며 (②), 쌀 생산의 경우 B국의 $MP_쌀^*$이 A국의 $MP_쌀$보다 낮다(③).
• A국과 B국의 상대가격($\frac{P_옷}{P_쌀}$)은 $(\frac{P_옷}{P_쌀})_A = \frac{3}{2}$, $(\frac{P_옷}{P_쌀})_B = \frac{1}{2}$이 되어 $(\frac{P_옷}{P_쌀})_A > (\frac{P_옷}{P_쌀})_B$이 성립된다. 이에 따라 A국은 쌀에 대해, B국은 옷에 대해 비교우위를 갖게 되어 각각 자국의 비교우위 상품을 수출하게 되는 무역이 발생하게 된다(①, ④).

정답 ①

0770

갑과 을만으로 구성된 A국에서 두 사람이 각각 하루 10시간 일하며 X재와 Y재만을 생산한다. 갑은 시간당 X재 2단위 또는 Y재 1단위를 생산할 수 있으며 을은 시간당 X재 1단위 또는 Y재 2단위를 생산할 수 있다. 다음 설명 중 옳지 않은 것은?

10 감정평가사

① A국의 X재 하루 최대 생산량은 30이다.
② A국의 Y재 하루 최대 생산량은 30이다.
③ A국의 생산가능곡선은 기울기가 −1인 직선 형태를 지닌다.
④ 두 사람 모두 하루에 5시간씩 X재와 Y재를 생산하는 것은 비효율적이다.
⑤ 갑은 X재 생산에, 을은 Y재 생산에 비교우위가 있다.

주어진 조건에 따른 갑과 을의 각각의 생산가능곡선을 그림으로 나타내면 다음과 같다.

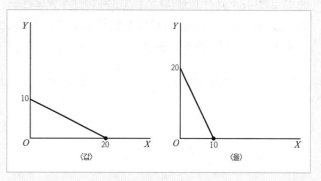

- Y재 수량으로 나타낸 X재의 상대가격(기회비용 = $\frac{Y재\ 수량}{X재\ 수량}$)은 갑은 $\frac{1}{2}$, 을은 2가 된다. 따라서 갑은 X재에, 을은 Y재에 비교우위를 갖게 된다(⑤).

- 앞의 두 그래프를 합하여 그리면 A국 전체의 생산가능곡선을 다음과 같이 나타낼 수 있다.

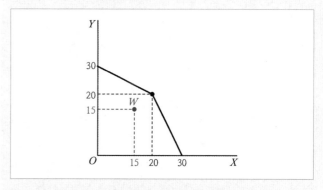

- A국의 생산가능곡선은 (X재 생산량, Y재 생산량) = (20, 20)에서 꺾이는 모습을 보이며, 20단위 이상의 Y재를 생산할 때의 기울기는 $\frac{1}{2}$, 20단위 이상의 X재를 생산할 때의 기울기는 2가 된다(③).

- 두 사람 모두 하루에 5시간씩 X재와 Y재를 생산하면, (X재 생산량, Y재 생산량) = (15, 15)인 그림이 W점에서 생산하게 된다. 이것은 생산가능곡선 안쪽에서 생산이 이루어는 것이므로 비효율적인 생산이 된다(④).

정답 ③

0771

생산요소가 노동 하나뿐인 A국과 B국은 소고기와 의류만을 생산한다. 소고기 1단위와 의류 1단위 생산에 필요한 노동투입량이 다음과 같을 때, 무역이 발생하기 위한 의류에 대한 소고기의 상대가격의 조건은? 13 지방직 7급

	소고기 1단위	의류 1단위
A	1	2
B	6	3

① $\dfrac{P_{소고기}}{P_{의류}} \leq 2$

② $1.5 \leq \dfrac{P_{소고기}}{P_{의류}} \leq 6$

③ $0.5 \leq \dfrac{P_{소고기}}{P_{의류}} \leq 2$

④ $2 \leq \dfrac{P_{소고기}}{P_{의류}}$

주어진 조건에 따른 상대가격(= 기회비용)을 구하면 다음 표와 같다.

	소고기 1단위에 대한 기회비용	의류 1단위에 대한 기회비용
A국	의류 1/2 단위	소고기 2 단위
B국	의류 6/3 = 2 단위	소고기 3/6 = 1/2 단위

• 양국 사이에서 무역이 발생하기 위한 의류에 대한 소고기의 상대가격(= 기회비용)은 다음과 같다.

$$0.5 \leq \frac{P_{소고기}}{P_{의류}} \leq 2$$

• 무역이 발생하기 위한 교역조건은 한 상품에 대한 양국 상대가격의 작은 값에서 큰 값의 범위 내에 존재함을 기억해둔다.

정답 ③

0772

서희와 문희가 옥수수 1단위를 생산하는 데 필요한 시간과 고기 1단위를 생산하는 데 필요한 시간은 다음 표와 같다.

(단위: 시간)

	옥수수	고기
서희	18	10
문희	16	12

서희는 하루에 6시간, 문희는 하루에 8시간을 일할 수 있으며, 두 재화 생산에 필요한 생산요소는 노동뿐이다. 두 사람이 모두 이득을 볼 수 있는 교환비율은 얼마인가? 15 국회 8급

① 고기 1단위당 옥수수 5/9 – 3/4 단위
② 고기 1단위당 옥수수 4/3 – 9/5 단위
③ 고기 1단위당 옥수수 8/9 – 6/5 단위
④ 고기 1단위당 옥수수 5/6 – 9/8 단위
⑤ 고기 1단위당 옥수수 5/8 – 2/3 단위

고기 1단위 생산을 위한 상대가격(기회비용)은 다음과 같다.

• 서희의 경우: 옥수수 $\dfrac{10}{18} = \dfrac{5}{9} \left(= \dfrac{고기\ 생산시간}{옥수수\ 생산시간} \right)$ 단위

• 문희의 경우: 옥수수 $\dfrac{12}{16} = \dfrac{3}{4} \left(= \dfrac{고기\ 생산시간}{옥수수\ 생산시간} \right)$ 단위

• 두 사람이 모두 이득을 볼 수 있는 고기 1단위당 옥수수의 교환비율(TOT)은 다음과 같다.

$$\frac{5}{9} < TOT < \frac{3}{4}$$

정답 ①

0773

A국, B국은 X재와 Y재만을 생산하고, 생산가능곡선은 각각 $X = 2 - 0.2Y$, $X = 2 - 0.05Y$이다. A국과 B국이 X재와 Y재의 거래에서 서로 합의할 수 있는 X재의 가격은?

17 서울시 7급

① Y재 4개

② Y재 11개

③ Y재 21개

④ 거래가 불가능하다.

양국 모두에게 이익이 발생할 수 있는 교역조건 범위를 묻는 문제이다.

- 교역조건은 두 재화의 국제 상대가격으로 $(\frac{P_X}{P_Y})_i$ 또는 $(\frac{Y}{X})_i$로 나타낼 수 있다. 두 재화의 (절대)가격이 주어지면 전자의 방법으로, 두 재화의 수량이 주어지면 후자의 방법으로 나타낸다. 이것은 모두 X재 1단위당 교환되는 Y재의 수량으로 정의된 것이다.

- 문제에서는 생산가능곡선이 주어져 있으므로 각 국의 생산가능곡선의 (접선의) 기울기가 곧 Y재 수량으로 나타낸 X재의 상대가격이다.

- A국의 생산가능곡선을 Y로 정리하면 '$Y = 10 - 5X$'이므로 상대가격은 '$(\frac{Y}{X})_A = 5$', B국의 생산가능곡선을 Y로 정리하면 '$Y = 40 - 20X$'이므로 '$(\frac{Y}{X})_B = 20$'이 된다.

- 양국 모두에게 이익을 주게 되는 교역조건의 범위는 '$5 < (\frac{Y}{X})_i < 20$'이다. 이러한 조건을 충족하는 것은 ②번뿐이다.

정답 ②

0774

X재와 Y재만을 생산하는 A국과 B국의 생산가능곡선표가 다음과 같다고 한다. 교역이 발생했을 때 교역조건$((\frac{P_X}{P_Y})^T)$은? (P_X: X재 가격, P_Y: Y재 가격)

08 국회 8급

A국

X재	0	50	100	150	200
Y재	400	300	200	100	0

B국

X재	0	30	50	80	100
Y재	50	35	25	10	0

① $\frac{1}{8} < (\frac{P_X}{P_Y})^T < \frac{2}{3}$

② $\frac{1}{2} < (\frac{P_X}{P_Y})^T < 1$

③ $\frac{1}{2} < (\frac{P_X}{P_Y})^T < 2$

④ $1 < (\frac{P_X}{P_Y})^T < 2$

⑤ $\frac{7}{6} < (\frac{P_X}{P_Y})^T < 6$

문제에서 주어진 표를 기초로 양국의 생산가능곡선을 그림으로 그리면 다음과 같다.

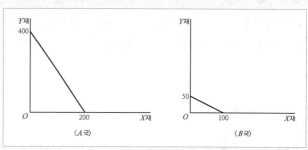

- 위 그림에서 A국의 X재 기회비용(= 상대가격)은 2, B국의 X재 기회비용(= 상대가격)은 1/2이므로 교역이 발생했을 때의 교역조건$((\frac{P_X}{P_Y})^T)$은 1/2과 2 사이가 된다.

정답 ③

0775

A국은 한 단위의 노동으로 하루에 쌀 5kg을 생산하거나 옷 5벌을 생산할 수 있다. B국은 한 단위의 노동으로 하루에 쌀 4kg을 생산하거나 옷 2벌을 생산할 수 있다. 두 나라 사이에 무역이 이루어지기 위한 쌀과 옷의 교환비율이 아닌 것은? (단, A국과 B국의 부존노동량은 동일하다.)

17 국가직 7급

① $\dfrac{P_{쌀}}{P_{옷}} = 0.8$

② $\dfrac{P_{쌀}}{P_{옷}} = 0.4$

③ $\dfrac{P_{쌀}}{P_{옷}} = 0.6$

④ $\dfrac{P_{쌀}}{P_{옷}} = 0.9$

해설

· 두 나라 사이에 무역이 이루어지기 위해서는 쌀과 옷의 교환비율, 즉 교역조건($TOT = \dfrac{P_{쌀}}{P_{옷}} = \dfrac{Q_{옷}}{Q_{쌀}}$)이 각 국의 상대가격 ($\dfrac{P_{쌀}}{P_{옷}} = \dfrac{Q_{옷}}{Q_{쌀}}$) 범위에 있어야 한다. 이때 상대가격은 쌀과 옷의 절대가격 비 또는 옷과 쌀의 수량 비로 나타낼 수 있는데, 분모와 분자에서 쌀과 옷이 서로 바뀌고 있음을 주의해야 한다.

· A국의 옷 수량으로 나타낸 쌀의 상대가격은 $\dfrac{Q_{옷}}{Q_{쌀}} = \dfrac{5}{5} = 1$, B국의 옷 수량으로 나타낸 쌀의 상대가격은 $\dfrac{Q_{옷}}{Q_{쌀}} = \dfrac{2}{4} = \dfrac{1}{2} = 0.5$이다. 따라서 두 나라 사이에 무역이 이루어지기 위해서는 '0.5 < TOT < 1'이 성립되어야 한다.

· '$\dfrac{P_{쌀}}{P_{옷}} = 0.4$'는 앞의 범위를 벗어나고 있다.

정답 ②

0776

다음 그림에 따를 때 A국과 B국 사이에서 특화를 통한 무역이 가능하게 되는 컴퓨터 가격의 범위로 옳은 것은?

19 국회 8급

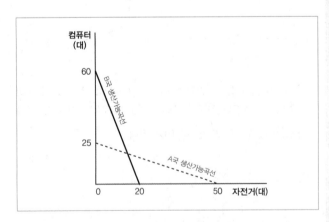

① $(P_{최저}, P_{최고})$ = (자전거 1/2대, 자전거 2대)
② $(P_{최저}, P_{최고})$ = (자전거 1/2대, 자전거 3대)
③ $(P_{최저}, P_{최고})$ = (자전거 1/3대, 자전거 2대)
④ $(P_{최저}, P_{최고})$ = (자전거 1/3대, 자전거 3대)
⑤ $(P_{최저}, P_{최고})$ = (자전거 2대, 자전거 3대)

해설

양국 사이에 무역이 가능한 가격 범위는 교역조건(TOT)이 각 국의 상대가격 사이에 놓이는 경우이다.

· 그림을 전제로 하여 자전거 수량을 나타낸 컴퓨터의 상대가격을 구하면 다음과 같다.

> · A국의 상대가격:
> $\dfrac{\text{자전거 수량}}{\text{컴퓨터 수량}} = \dfrac{50}{25} = 2$(컴퓨터 1대당 자전거 수량)
> · B국의 상대가격:
> $\dfrac{\text{자전거 수량}}{\text{컴퓨터 수량}} = \dfrac{20}{60} = \dfrac{1}{3}$(컴퓨터 1대당 자전거 수량)

· 이에 따라 양국 사이에 무역이 가능한 컴퓨터의 가격 범위는 다음과 같다.

> 자전거 $\dfrac{1}{3}$대 < TOT < 자전거 2대

정답 ③

0777

A국가와 B국가는 디지털 TV와 의복을 생산하고 있다. 두 상품의 생산에는 다음 표에 제시한 바와 같은 노동시간이 투입된다고 하자. 두 국가 사이의 무역에 대한 설명 중 옳지 않은 것은?

13 국회 8급

	디지털 TV	의복
A국가	10시간	4시간
B국가	20시간	5시간

① A국가에서 디지털 TV 1단위 생산의 기회비용은 의복 2.5단위이다.

② A국가는 디지털 TV와 의복 생산에서 절대우위를 갖고 있다.

③ B국가에서 의복 1단위 생산의 기회비용은 디지털 TV 0.4단위이다.

④ B국가는 의복 생산에서 비교우위를 갖고 있다.

⑤ 디지털 TV 1단위와 의복 3단위를 교환하는 조건이면 양국은 무역에 참여할 것이다.

해 설

주어진 조건에 따른 상대가격(= 기회비용)을 구하면 다음 표와 같다.

	디지털 TV 1단위에 대한 기회비용	의복 1단위에 대한 기회비용
A국가	의복 10/4 = 2.5 단위	디지털 TV 4/10 = 0.4 단위
B국가	의복 20/5 = 4 단위	디지털 TV 5/20 = 0.25 단위

• A국가는 디지털 TV와 의복 생산에 있어 모두 절대우위를 갖고 있지만, 비교우위는 디지털 TV만 갖고, 의복은 B국가에 비교우위가 있다.

• 양국 간에 무역이 발생할 수 있는 교역조건은 디지털 TV 1단위 당 의복 2.5단위에서 4단위 사이에 존재한다.

정답 ③

0778

세계에 두 나라(A국, B국)만 있다. 이 세계경제에는 사과와 바나나 두 재화만 있다. 폐쇄경제일 때 사과 가격을 바나나 가격으로 나눈 상대가격이 A국에서는 2이고, B국에서는 5이다. 개방경제 하에서 교역가능조건이 아닌 것은?

① A국의 수출업자는 사과 150개를 수출하는데 그 대가로 바나나 650개를 받는다.
② A국의 수입업자는 바나나 100개를 수입하는데 그 대가로 사과 20개를 준다.
③ A국의 수입업자는 바나나 100개를 수입하는데 그 대가로 사과 30개를 준다.
④ B국의 수출업자는 바나나를 200개를 수출하는데 그 대가로 사과 100개를 받는다.
⑤ B국의 수입업자는 사과 100개를 수입하는데 그 대가로 바나나 150개를 준다.

사과 가격을 바나나 가격으로 나눈 상대가격이란 다름 아닌 바나나의 수량으로 나타낸 사과의 상대가격(= 기회비용)을 의미한다.

• 한 상품에 대하여 상대가격이 작은 국가가 그 상품에 대해 비교우위를 갖고 수출을 하게 된다. 따라서 A국은 사과를 수출하고 바나나를 수입하고, B국은 사과를 수입하고 바나나를 수출한다. 이때 양국 사이에 교역이 가능한 조건(TOT)은
'사과 1개당 바나나가 2개에서 5개' 또는
'바나나 1개당 사과가 0.2(= 1/5)개에서 0.5(= 1/2)' 사이이다.

• 교역조건 범위 내에서 다음 표와 같은 조건을 만족하면 교역이 가능하다.

구분	내용
A국의 사과 수출업자	사과 1개당 바나나를 최소한 2개 이상만 받으면 된다.
A국의 바나나 수입업자	바나나 1개당 사과를 최대한 1/2(= 0.5)개 이하만 주면 된다.
B국의 바나나 수출업자	바나나 1개당 사과를 최소한 1/5(= 0.2)개 이상만 받으면 된다.
B국의 사과 수입업자	사과 1개당 바나나를 최대한 5개 이하만 주면 된다.

① 교역조건이 사과 1개당 바나나 4.3(650/150)개이다. 교역이 가능하다.
② 교역조건이 바나나 1개당 사과 0.2(20/100)개이다. 교역이 가능하다.
③ 교역조건이 바나나 1개당 사과 0.3(30/100)개이다. 교역이 가능하다.
④ 교역조건이 바나나 1개당 사과 0.5(100/200)개이다. 교역이 가능하다.
⑤ 교역조건이 사과 1개당 바나나 1.5(150/100)개이다. 따라서 사과 1개당 바나나 2개에서 5개 범위를 벗어나므로 교역이 불가능해진다.

정답 ⑤

404   PART 02 공식 계산형

THEME 02 | 무역 정책론

0779

소규모 경제인 K국의 X재화 시장에는 A와 B 소비자만 존재하고, A와 B의 개별수요곡선은 P = 5,000 − 2Q로 동일하다. K국의 X재화 시장의 개방으로 X재는 국제시장균형 가격인 단위당 1.5달러에 수입되며, 환율은 1달러당 1,200원이다. X재에 대한 시장 개방 후 K국의 X재 시장에서 판매되는 X재의 수량은? (단, Q는 수량, P는 가격을 나타낸다.)

12 국가직 9급

① 1,400
② 1,800
③ 3,200
④ 3,600

A와 B의 개별수요곡선을 수평으로 합하면 '$P = 5,000 − Q$'라는 K국 국내시장수요곡선이 도출된다. 두 소비자의 수요곡선이 동일한 경우 시장수요곡선은 개별수요곡선에 비해 절편은 같고 기울기는 $\frac{1}{2}$배인 특성을 이용한 것이다.

- K국은 소국이므로 K국 국내시장에서는 주어진 국제시장균형가격 수준에서 '국내생산량과 수입량의 합'만큼 소비가 이루어진다.
- X재의 국제시장균형가격인 1.5달러를 현재의 환율로 환산하면 X재의 국내시장 판매가격은 단위당 1,800원이 된다. 이를 국내시장수요곡선에 대입하면 'Q = 3,200'을 구할 수 있다.
- 주의할 것은 국내공급곡선이 주어져 있지 않아 국내생산량 및 수입량과 같은 구체적 수량은 구할 수 없다는 점이다.

정답 ③

0780

A국은 포도주 수입을 금지하는 나라이다. 포도주 수입이 없는 상태에서 포도주의 균형가격이 1병당 20달러이고, 균형생산량은 3만 병이다. 어느 날 A국은 포도주 시장을 전격적으로 개방하기로 하였다. 포도주 시장 개방 이후 A국의 포도주 가격은 국제가격인 16달러로 하락하였고, 국내 시장에서 균형거래량도 5만 병으로 증가하였으나, 국내 포도주 생산량은 1만 병으로 오히려 하락하였다. 다음 중 옳은 것만을 모두 고른 것은? (단, 수요곡선과 공급곡선은 직선이라고 가정한다.)

15 국가직 7급

> ㉠ 국내 사회적 잉여 증가분은 국내 생산자 잉여 감소분과 같다.
> ㉡ 국내 사회적 잉여 증가분은 국내 소비자 잉여 증가분의 절반이다.
> ㉢ 국내 소비자 잉여 증가분은 국내 생산자 잉여 감소분과 같다.

① ㉠, ㉡
② ㉠, ㉢
③ ㉡, ㉢
④ ㉠, ㉡, ㉢

주어진 조건의 내용을 그림으로 나타내면 다음과 같다.

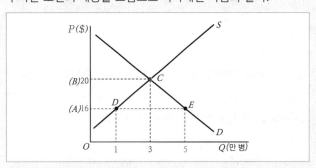

- 개방에 따른 사회적 잉여 증가분은 삼각형 CDE의 크기이고, 국내 생산자 잉여 감소분은 사다리꼴 ABCD이다. 이 크기를 구하면 8로 동일하다(㉠).
- 개방에 따른 국내 소비자 잉여 증가분은 사다리꼴 ABCE이고, 이 면적은 16이다(㉡).
- 국내 소비자 잉여 증가분은 16으로 국내 생산자 잉여 감소분인 8보다 2배가 된다(㉢).

정답 ①

0781

다음 그림은 시장 개방 전후에 소규모 경제국인 A국의 X재 시장균형 상태를 보여준다. 개방 이전 국내시장에서 X재는 P_0가격에 Q_0만큼 거래되고 있으며, 세계시장 가격은 P_1이다. A국이 X재 시장을 개방할 때 X재 시장에서 A국의 총잉여 변화의 크기는? (단, 시장개방으로 인해 A국의 국내수요곡선과 국내공급곡선은 변하지 않는다.) 11 지방직 7급

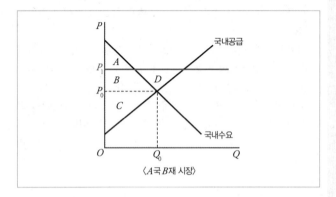

① A
② B + D
③ D
④ 변화 없다.

해 설

개방 이전 국내 시장에서 X재는 P_0가격에 Q_0만큼 거래되고 있을 때, 세계시장 가격 수준인 P_1에서 개방이 이루어지면, 소국인 A국에서는 P_1 가격수준에서 초과공급이 발생하게 되어 그 크기만큼을 수출하게 된다.

· 개방으로 인해 국내가격이 P_0에서 P_1으로 상승하게 되어 소비자 잉여는 A + B에서 A로 감소하게 된다.
· 개방으로 인한 새로운 수출로 인한 생산자 잉여가 C에서 B + C + D로 증가하여 결국 D만큼의 새로운 사회적 잉여의 증가가 나타난다.

정답 ③

0782

소규모 폐쇄경제인 A국가의 X재에 대한 수요곡선과 공급곡선은 다음과 같고, 국제가격이 400이다. A국가가 경제를 개방할 때 발생하는 현상 중 옳은 것은? 13 국회 8급

· $Q_X^D = 500 - P_X$ · $Q_X^S = -100 + P_X$
(Q_X^D: X재 수요량, Q_X^S: X재의 국내 공급량, P_X: X재의 가격)

① A국가는 X재를 수입하게 된다.
② 소비자 잉여는 10,000이 된다.
③ X재의 국내 거래량은 증가한다.
④ X재의 공급량은 감소한다.
⑤ 사회적 총잉여는 개방 전보다 10,000만큼 증가한다.

해 설

주어진 조건을 그림으로 그리면 다음과 같다.

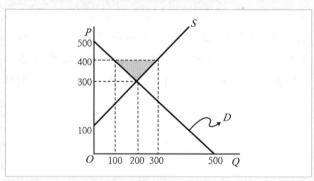

· 국제가격 400은 개방 전의 국내가격인 300에 비해 높은 수준이다. 따라서 A국가가 경제를 개방하게 되면 국내에서는 400의 가격에 100만큼 거래되어 이전 거래량인 200보다 감소하게 된다.
· 400의 가격에서 국내 공급량은 300으로 증가하여 200만큼의 초과공급이 발생하고, 이 수량만큼을 400의 가격으로 수출할 수 있게 된다.
· 소비자 잉여는 '$100 \times 100 \times \frac{1}{2} = 5,000$'이 되고, 사회적 총잉여는 색칠한 부분의 크기인 '$200 \times 100 \times \frac{1}{2} = 10,000$'만큼 증가하게 된다.

정답 ⑤

0783

A국은 자동차 수입을 금하고 있다. 이 나라에서 자동차 한 대의 가격은 2억 원이고 판매량은 40만 대에 불과하다. 어느 날 새로 선출된 대통령이 자동차 시장을 전격 개방하기로 결정했다. 개방 이후 자동차 가격은 국제시세인 1억 원으로 하락하였고, 국내 시장에서의 자동차 판매량도 60만 대로 증가하였다. 이에 대한 설명으로 가장 옳은 것은? (단, 수요곡선과 공급곡선은 직선이며, 공급곡선은 원점을 지난다.)

17 서울시 7급

① 국내 소비자 잉여 증가분은 국내 생산자 잉여 감소분의 2배 이상이다.
② 국내 사회적 잉여 증가분은 국내 생산자 잉여 감소분보다 크다.
③ 국내 소비자 잉여는 예전보다 2배 이상 증가하였다.
④ 국내 사회적 잉여 증가분은 국내 소비자 잉여 증가분의 절반 이상이다.

주어진 조건들을 그림으로 나타내면 다음과 같다.

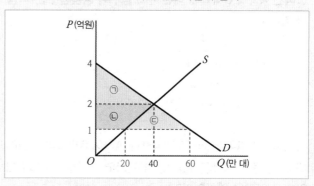

- 공급곡선이 원점에서 시작하여 균형점을 통과하는 직선이므로 기울기는 '$\frac{2}{40} = \frac{1}{20}$'이 된다. 이에 따라 국제가격 1(억 원) 수준에서 국내 공급량은 20(만 대)가 된다.
- 자동차 가격이 2억 원인 경우 수요량이 40만 대이고 가격이 1억 원인 경우 수요량이 60만 대이므로 수요곡선의 기울기 역시 '$\frac{1}{20}$'이 된다. 이에 따라 수요곡선의 가격 절편의 값은 4가 된다.
- 개방의 결과 ⓒ만큼 국내 생산자 잉여가 감소하게 되고, 국내 소비자 잉여는 기존의 ㉠에서 'ⓒ + ⓒ'만큼 더 증가하게 된다. 결과적으로 국내 사회적 잉여는 'ⓒ'만큼 증가하게 된다.
- 앞의 결과들을 표로 정리하면 다음과 같다.

기존 소비자 잉여	㉠	$40 \times 2 \times \frac{1}{2} = 40$
국내 생산자 잉여 감소분	ⓒ	$(40 + 20) \times \frac{1}{2} \times 1 = 30$
국내 소비자 잉여 증가분	ⓒ + ⓒ	$(40 + 60) \times \frac{1}{2} \times 1 = 50$

① 국내 소비자 잉여 증가분(= 50)은 국내 생산자 잉여 감소분(= 30)의 2배 이하이다.
② 국내 사회적 잉여 증가분(= 20)은 국내 생산자 잉여 감소분(= 30)보다 작다.
④ 국내 사회적 잉여 증가분(= 20)은 국내 소비자 잉여 증가분의 절반(= 25) 이하이다.

- 아쉬운 점이 있다. 국내 소비자 잉여는 50만큼 증가한 90(= ㉠ + ⓒ + ⓒ)이 되어, 결국 예전(= ㉠ = 40)에 비해 보다 '2배 이상이 되었다'. 다만 선택지의 '증가하였다'는 표현은 잘못이다. 국내 소비자 잉여가 '증가한' 크기는 50이므로 이것은 기존 국내 소비자 잉여의 2배 이상이 아니다. 충분히 출제오류를 다툴 만한 내용이다.

정답 ③(사실은 답 없음)

0784

소국인 A국의 B재화에 대한 수요함수와 공급함수는 다음과 같다.

- 수요함수: $Q_D = 20 - 4P$
- 공급함수: $Q_S = 8 + 2P$

(여기서, Q_D는 수요량, Q_S는 공급량, P는 가격이다.)

국제시장가격이 1.5라고 가정하자. A국이 B재화의 수입에 대해 1만큼의 관세(종량세)를 부과하였을 경우 A국의 B재화의 수입량은 얼마인가?   05 CPA

① 0
② 6
③ 10
④ 12

해설

주어진 수요함수와 공급함수에 따르면 관세부과 전 B재화의 국내균형가격은 2이다. 이때 국제시장가격이 1.5이므로 자유무역을 하게 되면 수입이 이루어진다.

- 만약 수입품인 B재화에 대해 1만큼의 종량세 형태의 수입관세를 부과하면 수입품의 가격은 2.5로 상승하여 국내균형가격보다 높아진다. 이에 따라 이 경우에는 수입이 이루어지지 않으므로 B재화의 수입량은 0이 된다.

정답 ①

0785

A국의 위스키 수요함수는 $P = 200,000 - 2Q_d$이고, 공급함수는 $P = 2Q_s$이다. 위스키의 병당 국제가격이 80,000원일 때, 병당 10,000원의 관세를 부과한다면 A국의 관세수입은? (단, P는 위스키의 병당 A국내가격, Q_d는 A국내 수요량, Q_s는 A국내 공급량이다.)   09 지방직 7급

① 5천만 원
② 1억 원
③ 2억 원
④ 5억 5천만 원

해설

병당 국제가격이 80,000원에서 병당 10,000원의 관세를 부과하면 수입 위스키의 가격은 병당 90,000원이 된다.

- 병당 수입가격인 90,000원을 수요함수와 공급함수에 각각 대입하면, 수요량은 55,000병이고 공급량은 45,000병이 되어 10,000병만큼의 초과수요가 존재하게 된다. 즉 10,000병이 수입된다.
- 수입량 10,000병에 대해 병당 10,000원만큼의 관세가 부과되므로 이때의 관세수입은 0이 8개인 100,000,000원이 된다. 즉 1억 원이 된다.

정답 ②

0786

K국에서 농산물의 국내수요곡선은 $Q_d = 100 - P$, 공급곡선은 $Q_s = P$이고, 농산물의 국제가격은 20이다. 만약 K국 정부가 국내 생산자를 보호하기 위해 단위당 10의 관세를 부과한다면, 국내 생산자잉여의 변화량과 사회적 후생손실은?

17 국회 8급

	국내 생산자잉여 변화량	사회적 후생손실
①	250 증가	500
②	250 증가	100
③	250 감소	500
④	250 감소	100
⑤	450 증가	100

문제에서 주어진 조건을 그림으로 나타내면 다음과 같다.

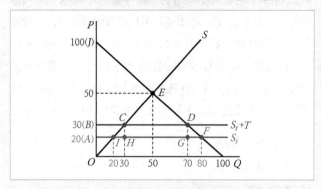

- 국제가격이 20인 경우 국제공급곡선은 s_i가 되어 이때 국내 생산자 잉여는 '삼각형 OAI'가 되고, 그 크기는 200이 된다.
- 수입농산물에 대하여 단위당 10만큼의 관세(T)를 부과하면, '수입품의' 국내공급곡선은 $s_i + T$가 된다. 이에 따라 국내 생산자 잉여는 '삼각형 OBC'가 되고, 그 크기는 450이 된다. 결국 정부의 수입품에 대한 관세 부과는 국내 생산자잉여를 250만큼 증가시킨다.
- 수입농산물에 대한 정부의 관세부과로 '△CHI + △DFG'만큼의 사회적 후생손실(Deadweight loss)을 발생시킨다. 그 크기는 100이 된다.
- 앞의 결과들을 표로 정리하면 다음과 같다.

구분	소비자잉여	생산자잉여	정부 재정수입	사회적 총잉여
관세 부과 전	삼각형 AJF = 3,200	삼각형 OAI = 200	0	3,400
관세 부과 후	삼각형 BJD = 2,450	삼각형 OBC = 450	사각형 CDGH = 400	3,300

- 단, 본 문제는 소국을 전제로 하여 출제가 이루어진 듯하다. 소국인지 대국인지 명확히 하는 출제가 요구된다.

정답 ②

0787

어느 나라가 kg당 10달러에 땅콩을 수입하며, 세계 가격에는 영향을 미칠 수 없다고 가정한다. 이 나라의 땅콩에 대한 수요곡선과 공급곡선은 각각 $Q_D = 4,000 - 100P$ 및 $Q_S = 500 + 50P$ 로 표현된다. 수입을 500kg으로 제한하는 수입할당제를 시행할 때, 새로운 시장가격과 이때 발생하는 할당지대는? (단, Q_D는 수요량, Q_S는 공급량, P는 가격이다.) 16 국가직 7급

① 20달러, 4,000달러

② 15달러, 4,000달러

③ 20달러, 5,000달러

④ 15달러, 5,000달러

해 설

주어진 국내 수요-공급곡선 하에서 10달러의 가격으로 개방이 이루어지면 국내수요량은 3,000, 국내 공급량은 1,000이 되어 초과수요량인 2,000만큼의 수입이 이루어진다.

• 500kg만큼의 수입할당을 실시하게 되면 국내공급곡선은 가로축으로 500만큼 이동한 '$Q_S - 500 = 500 + 50P$'가 된다. 이에 따라 기존의 국내수요곡선과 새롭게 도출된 국내공급곡선을 연립해서 풀면 국내균형가격은 20달러가 된다.

• 이 결과는 수입상이 10달러에 500kg을 수입하여 국내에서 20달러에 판매할 수 있음을 보여준다. 이에 따라 수입상은 5,000달러만큼의 할당지대를 얻을 수 있게 된다.

• 앞의 내용들을 그림으로 나타내면 다음과 같다.

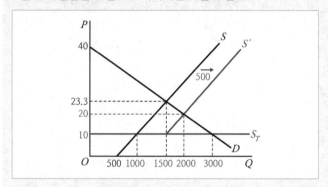

정답 ③

0788

자유무역 시 A국의 국내 생산자는 80달러의 수입 원모를 투입하여 생산한 옷을 국내시장에서 한 벌당 100달러에 판매하고 있다. 만약 A국이 수입 옷 한 벌당 10%의 명목관세를 부과하는 정책으로 전환한다면, A국의 국내시장 옷 가격은 100달러에서 110달러로 상승하여 A국 국내 생산자의 옷 한 벌당 부가가치는 20달러에서 30달러로 증가한다. 이때 A국 국내 생산자의 부가가치 변화율로 바라본 실효보호관세율(effective rate of protection)은? 16 지방직 7급

① 40%

② 50%

③ 60%

④ 70%

해 설

실효보호관세율은 관세 부과로 인한 국내산업의 부가가치에 대한 보호정도를 의미한다. 결국 실효보호관세율은 관세부과로 인한 부가가치의 증가율을 말하며, 그 크기는 다음과 같이 측정된다.

$$\text{실효보호관세율}(g) = \frac{V' - V}{V} = \frac{30 - 20}{20} = \frac{10}{20} = 0.5 = 50\%$$

(단, 과세 전 최종재의 부가가치 = V, 과세 후 최종재의 부가가치 = V')

정답 ②

THEME 03 국제 금융론-개방 거시경제 균형

0789

2013년 한국은행이 국내 외환시장에서 8억 달러를 매입하였다. 이를 국제수지표에 기록한 것으로 옳은 것은?

13 국가직 7급

	차변	대변
①	준비자산 8억 달러	금융계정(기타투자) 8억 달러
②	준비자산 8억 달러	금융계정(증권투자) 8억 달러
③	금융계정(기타투자) 8억 달러	준비자산 8억 달러
④	금융계정(증권투자) 8억 달러	준비자산 8억 달러

해 설

국제수지표는 복식부기 원리에 따라 차변과 대변에 동시에 기록이 이루어진다. 한국은행이 보유하는 외화자산은 준비자산으로 차변에 기록하고, 그러한 자산을 보유하게 된 원인에 해당하는 것은 금융계정으로 대변에 기록한다.
· 예를 들어 한국은행이 한국은행권(현금)으로 외화 8억 달러를 매입하면, 한국은행은 외화 8억 달러라는 준비자산이 증가하여 차변에 기록되고, 이러한 준비자산 증가의 원인인 외화 8억 달러 매입(기타투자)을 대변에 기록한다(①).
· 만약에 외국인들이 우리의 주식이나 채권을 8억 달러어치를 구입하게 되면, 한국은행의 준비자산이 8억 달러가 증가하여 차변에 기록되고, 이러한 준비자산 증가의 원인인 외국인의 주식이나 채권 매입(증권투자)은 대변에 기록되는 것이다(②).
· 국제수지표에서의 준비자산은 외환보유액으로 이해하면 쉽다.

정답 ①

0790

다음은 갑국의 2007년과 2008년 국제수지표이다. 이 표에 대한 분석으로 가장 적절하지 않은 것은? 09 지방직 7급

(단위: 억 달러)

	2007년	2008년
재화와 서비스의 수출	1,000	1,200
재화와 서비스의 수입	500	800
소득수지	-200	-500
경상이전수지	-800	-1,000
자본수지	500	1,100

① 2008년 갑국 국민의 해외여행 증가
② 2008년 외국 노동자들의 갑국 취업 증가
③ 2008년 갑국 학생들의 해외유학 증가
④ 2008년 갑국 기업들의 해외투자 증가

해 설

선택지의 모든 사례는 외화가 '지급'되는 경우이다. 다음처럼 정리해 본다.
① 2008년 갑국 국민의 해외여행 증가 → 2008년 서비스수지 적자 요인
② 2008년 외국 노동자들의 갑국 취업 증가 → 2008년 소득수지 적자 요인
③ 2008년 갑국 학생들의 해외유학 증가 → 2008년 서비스수지 적자 요인
④ 2008년 갑국 기업들의 해외투자 증가 → 2008년 자본수지 적자 요인
· 출제에서 아쉬운 점은 다른 요인의 고려 없이 단지 선택지의 내용만 가지고 표에서 제시된 각 수지의 변화를 설명할 수 있는가이다. 반대 방향으로 작용하는 다른 요인이 있을 수 있기 때문이다. 충분히 태클을 걸 수 있는 문제이다.

정답 ④

0791

다음은 A국의 2019년 3월 경상수지와 4월에 발생한 모든 경상거래를 나타낸 것이다. 전월 대비 4월의 경상수지에 대한 설명으로 옳은 것은?

19 국가직 7급

경상수지 (2019년 3월)	상품 수지	서비스 수지	본원소득 수지	이전소득 수지
100억 달러	60억 달러	20억 달러	50억 달러	-30억 달러

2019년 4월 경상거래

- 상품 수출 250억 달러, 상품 수입 50억 달러
- 특허권 사용료 30억 달러 지급
- 해외 투자자로부터 배당금 80억 달러 수취
- 국내 단기 체류 해외 노동자의 임금 20억 달러 지불
- 지진이 발생한 개도국에 무상원조 90억 달러 지급
- 외국인 여객 수송료 10억 달러 수취

① 상품 수출액은 150억 달러 증가하였다.
② 경상수지 흑자 폭이 감소하였다.
③ 서비스수지는 흑자를 유지하였다.
④ 본원소득수지는 흑자 폭이 증가하였다.

해 설

4월에 발생한 경상거래를 분류하면 다음과 같다.

2019년 4월 경상거래

- 상품 수출 250억 달러, 상품 수입 50억 달러 ⇒ 상품수지
- 특허권 사용료 30억 달러 지급 ⇒ 서비스수지
- 해외 투자로부터 배당금 80억 달러 수취 ⇒ 본원소득수지
- 국내 단기 체류 해외 노동자의 임금 20억 달러 지불 ⇒ 본원소득수지
- 지진이 발생한 개도국에 무상원조 90억 달러 지급 ⇒ 이전소득수지
- 외국인 여객 수송료 10억 달러 수취 ⇒ 서비스수지

이를 전제로 4월에 발생한 경상거래를 표로 정리하면 다음과 같다.

경상수지 (2019년 4월)	상품수지	서비스수지	본원소득수지	이전소득수지
150억 달러	200억 달러	-20억 달러	60억 달러	-90억 달러

① 3월 자료에서 상품수지는 60억 달러만큼 흑자라는 것을 알 수 있을 뿐, 상품수출액과 상품수입액의 구체적인 크기는 알 수 없다. 따라서 3월 대비 4월의 상품수출액의 증감 크기는 알 수 없다.
② 경상수지 흑자 폭이 3월 대비 100억 달러에서 150억 달러로 50억 달러만큼 증가하였다.
③ 서비스수지는 3월에는 흑자였으나 4월에는 적자로 전환되었다.
④ 본원소득수지는 흑자 폭이 3월 대비 50억 달러에서 60억 달러로 10억 달러만큼 증가하였다.

정답 ④

0792

어떤 연도에 A국, B국, C국은 옷, 자동차, 컴퓨터를 다음 표에 제시된 금액만큼 생산하고 해당 재화에 대하여 지출한다. 다음 설명 중 옳은 것은? (단, 국가는 3개 국가, 재화는 3개 재화만 존재하며, 각 재화의 가격은 100달러로 동일하고, 각 국은 같은 재화라면 자국 재화에 대하여 우선 지출한다고 가정한다.)

16 CPA

(단위: 백 만 달러)

구분	생산액			지출액		
	옷	자동차	컴퓨터	옷	자동차	컴퓨터
A국	6	3	0	3	3	3
B국	0	6	3	3	3	3
C국	3	0	6	3	3	3

① A국의 GDP는 B국의 GDP보다 크다.
② A국은 B국에 옷을 수출한다.
③ B국의 무역수지는 흑자이다.
④ B국과 C국 사이에는 무역이 이루어지지 않는다.
⑤ C국은 A국과의 무역에서 3백만 달러 적자이다.

해 설

3개 국가 모두의 GDP는 9백만 달러로 동일하다.
- 생산액 구성항목과 지출액 구성항목을 비교한 각 국가 간의 무역 경로를 그림으로 나타내면 다음과 같다.

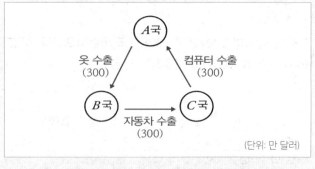

(단위: 만 달러)

- 그림에서처럼 A국은 B국에 옷을 수출하고, B국은 C국에게 자동차를 수출하고, C국은 컴퓨터를 수출한다.
- 각 국가의 수출액과 수입액은 3백만 달러로 동일하기 때문에 무역수지는 모든 국가가 균형을 이룬다.

정답 ②

0793

우리나라와 미국의 인플레이션율이 각각 5%와 4%로 예상되고 미국 달러화 대비 원화 가치가 6% 상승할 것으로 예상된다. 이때 한국 재화로 표시한 미국 재화의 가치인 실질환율의 변동은?

14 지방직 7급

① 7% 하락
② 5% 상승
③ 6% 하락
④ 6% 상승

해설

실질환율(q)은 '$q = \dfrac{e \times P_f}{P} = \dfrac{명목환율 \times 해외물가}{국내물가}$'이므로 다음과 같은 근사식도 성립한다.

$$\frac{\Delta q}{q} \fallingdotseq \frac{\Delta e}{e} + \frac{\Delta P_f}{P_f} - \frac{\Delta P}{P}$$

- 미국 달러화 대비 원화 가치가 6% 상승한다는 것은 명목환율(원/달러)이 6%만큼 하락한다는 의미이다.
- 주어진 조건을 앞에서 제시한 실질환율 변화율 공식에 대입하면 실질환율 변동률을 다음과 같이 도출할 수 있다.

$$\frac{\Delta q}{q} \fallingdotseq \frac{\Delta e}{e} + \frac{\Delta P_f}{P_f} - \frac{\Delta P}{P} = -6\% + 4\% - 5\% = -7\%$$

- 문제에서 미국 달러화 대비 원화 가치 상승이 명목환율(원/달러) 하락을 의미한다는 것을 이해하는 것이 이 문제의 핵심 포인트이다.

정답 ①

0794

자국통화로 표시한 외국통화 1단위의 가치인 명목환율이 7% 올랐고, 자국과 외국의 물가상승률은 각각 2%와 7%라고 하자. 실질환율을 외국의 재화·서비스 1단위와 교환 가능한 자국의 재화·서비스의 양으로 정의할 때, 실질환율의 변화와 그에 따른 자국 수출량의 변화로 옳은 것은?

14 CPA

	실질환율	수출량		실질환율	수출량
①	불변	불변	②	2% 하락	증가
③	2% 상승	불변	④	12% 상승	증가

해설

실질환율(q)을 외국의 재화·서비스 1단위와 교환 가능한 자국의 재화·서비스의 양으로 정의하면, 실질환율(q)은 '$q = \dfrac{e \times P_f}{P}$ $= \dfrac{명목환율 \times 해외물가}{국내물가}$'가 되며, 다음과 같은 근사식도 성립한다.

$$\frac{\Delta q}{q} \fallingdotseq \frac{\Delta e}{e} + \frac{\Delta P_f}{P_f} - \frac{\Delta P}{P} \fallingdotseq 7\% + 7\% - 2\% = 12\%$$

- 실질환율의 상승은 외국의 재화·서비스 1단위와 교환 가능한 자국의 재화·서비스의 양이 증가한다는 것을 의미하므로, 이는 곧 수출량의 증가를 의미하기도 한다.

정답 ④

0795

다음 표는 일정시점에 5개 국가의 빅맥(Big Mac)가격과 실제 환율을 기록한 것이다. 당시 미국에서 빅맥은 3달러에 판매되었다고 하자. 빅맥에 대해 구매력 평가설이 성립한다고 가정할 때, 실제 환율이 오를 것으로 예상되는 국가를 모두 고르면?

11 CPA

	국가	빅맥 가격	실제 환율
㉠	일본	250 엔	107 엔/달러
㉡	인도네시아	14.6 루피아	9.5 루피아/달러
㉢	영국	1.9 파운드	0.6 파운드/달러
㉣	스위스	6.3 스위스 프랑	1.3 스위스 프랑/달러
㉤	캐나다	3.3 캐나다 달러	1.2 캐나다 달러/달러

① ㉠, ㉡

② ㉠, ㉡, ㉢

③ ㉡, ㉢, ㉣

④ ㉢, ㉣

0796

다음 표는 각국의 시장 환율과 빅맥 가격을 나타낸다. 빅맥 가격으로 구한 구매력평가 환율을 사용할 경우, 옳은 것은? (단, 시장 환율의 단위는 '1달러당 각국 화폐'로 표시되며, 빅 맥 가격의 단위는 '각국 화폐'로 표시된다.)

17 국가직 7급

국가(화폐단위)	시장 환율	빅맥 가격
미국(달러)	1	5
브라질(헤알)	2	12
한국(원)	1,000	4,000
중국(위안)	6	18
러시아(루불)	90	90

① 러시아의 화폐가치는 구매력평가 환율로 평가 시 시장 환율 대비 저평가된다.

② 중국의 화폐가치는 구매력평가 환율로 평가 시 시장 환율 대비 고평가된다.

③ 한국의 화폐가치는 구매력평가 환율로 평가 시 시장 환율 대비 저평가된다.

④ 브라질의 화폐가치는 구매력평가 환율로 평가 시 시장 환율 대비 고평가된다.

각국의 빅맥 가격을 구매력 평가 환율(= 각국의 빅맥 가격/미국의 빅맥 가격)로 나타내어 실제 환율과 비교하면 다음 표와 같다.

국가	구매력 평가 환율	실제 환율
일본	83.3 엔/달러	107 엔/달러
인도네시아	4.87 루피아/달러	9.5 루피아/달러
영국	0.63 파운드/달러	0.6 파운드/달러
스위스	2.1 스위스 프랑/달러	1.3 스위스 프랑/달러
캐나다	1.1 캐나다 달러/달러	1.2 캐나다 달러/달러

• 구매력 평가설에 따르면 장기적으로 실제 환율은 구매력 평가 환율에 수렴하게 된다. 따라서 실제 환율이 구매력 평가 환율보다 낮은 영국, 스위스의 실제 환율은 앞으로 상승할 것으로 예상된다.

정답 ④

환율이 각국의 화폐가치(= 구매력)를 제대로 반영하고 있는가를 알아보기 위해 주로 사용되는 것이 이른바 '구매력 평가 환율'이다. 문제에서 주어진 각국의 빅맥 가격을 구매력 평가 환율(= 각국의 빅 맥 가격/미국의 빅맥 가격)로 나타내어 실제 환율과 비교하면 다음 표와 같이 나타낼 수 있다.

국가(화폐단위)	시장 환율	빅맥 가격	구매력평가 환율
브라질(헤알)	2 헤알/달러	12 헤알	2.4 헤알/달러
한국(원)	1,000 원/달러	4,000 원	800 원/달러
중국(위안)	6 위안/달러	18 위안	3.6 위안/달러
러시아(루불)	90 루불/달러	90 루불	18 루불/달러

• 구매력 평가설에 따르면 장기적으로 실제 환율은 구매력평가 환율에 수렴하게 된다.

• 한국과 중국, 그리고 러시아에서의 시장 환율은 구매력평가 환율에 비해 높다. 이것은 이 나라들의 화폐가 구매력평가 환율에 비해 저평가되고 있다는 의미이다.

• 브라질의 경우에는 시장 환율이 구매력평가 환율에 비해 낮다. 이것은 브라질의 화폐가 구매력평가 환율에 비해 고평가되고 있다는 의미이다.

정답 ②

0797

A국의 명목이자율이 6%이고 B국의 명목이자율이 4%라고 하자. 양국의 실질이자율이 동일하고 구매력평가설이 적용된다고 할 때, 피셔 방정식을 이용한 다음 설명 중 가장 옳은 것은?

17 서울시 7급

① A국의 기대인플레이션이 B국의 기대인플레이션보다 2%p 더 높고, A국의 통화가치는 B국의 통화에 비해 2% 떨어질 것으로 기대된다.

② A국의 기대인플레이션이 B국의 기대인플레이션보다 2%p 더 높고, A국의 통화가치는 B국의 통화에 비해 2% 올라갈 것으로 기대된다.

③ A국의 기대인플레이션이 B국의 기대인플레이션보다 2%p 더 낮고, A국의 통화가치는 B국의 통화에 비해 2% 올라갈 것으로 기대된다.

④ A국의 기대인플레이션이 B국의 기대인플레이션보다 2%p 더 낮고, A국의 통화가치는 B국의 통화에 비해 2% 떨어질 것으로 기대된다.

해설

피셔 방정식의 내용은 다음과 같다.

> $i = r + \pi^e$ (단, i 는 명목이자율, r 은 실질이자율, π^e 는 기대인플레이션율)

- 양 국의 실질이자율이 동일하다고 했으므로 다음 식이 성립한다.

> - $i_A = r_0 + \pi_A^e \Rightarrow 6\% = r_0 + \pi_A^e$
> - $i_B = r_0 + \pi_B^e \Rightarrow 4\% = r_0 + \pi_B^e$
> - $i_A - i_B = \pi_A^e - \pi_B^e \Rightarrow 2\% = \pi_A^e - \pi_B^e$

- 이에 따라 A국의 기대인플레이션율(π_A^e)은 B국의 기대인플레이션율(π_B^e)에 비해 2%만큼 더 높게 된다.
- 구매력 평가설이 성립하면 다음 식도 성립한다.

> $i_A - i_B = \pi_A^e - \pi_B^e \Rightarrow \pi_A^e - \pi_B^e = \dfrac{\Delta e}{e} \Rightarrow i_A - i_B = \dfrac{\Delta e}{e} = 2\%$
> (단, i_A 는 A국 명목이자율, i_B 는 B국 명목이자율, e 는 A국 통화로 표시한 B국 통화의 명목환율)

- 이에 따라 A국 통화로 표시한 B국 통화의 명목환율은 2%만큼 상승하게 된다. 반대로 A국의 통화가치는 2%만큼 떨어지게 된다.

정답 ①

0798

(일본)엔화 환율은 (미국)달러당 엔화 금액으로 표시한다. 현재 엔화 환율이 달러당 100엔이라고 하자. 미국은 물가상승률이 3%이고 일본은 2%일 때, 구매력 평가설이 예측하는 엔화의 명목환율과 실질환율의 변화 방향에 대한 설명으로 가장 옳은 것은?

20 서울시 공개경쟁 7급

① 명목환율 하락, 실질환율 상승
② 명목환율 하락, 실질환율 변화 없음
③ 명목환율 상승, 실질환율 상승
④ 명목환율 상승, 실질환율 변화 없음

해설

구매력평가설이 성립하는 경우 명목환율과 실질환율과의 관계는 다음과 같이 나타낼 수 있다.

> - $P = e \times P_F \Rightarrow e = \dfrac{P}{P_F} \Rightarrow \dfrac{\Delta e}{e} = \dfrac{\Delta P}{P} - \dfrac{\Delta P_F}{P_F}$
> - $q = \dfrac{e \times P_F}{P} \Rightarrow \dfrac{\Delta q}{q} = \dfrac{\Delta e}{e} + \dfrac{\Delta P_F}{P_F} - \dfrac{\Delta P}{P}$
> - 여기서 e 는 명목환율, q 는 실질환율, P_F 는 해외 물가수준, P 는 국내 물가수준이다.

- (일본)엔화 환율을 (미국)달러당 엔화 금액으로 표시(엔/달러)한다고 했으므로 일본을 자국, 미국을 외국으로 하여 앞의 식을 이용하여 다음과 같은 결론을 도출할 수 있다.

> - $\dfrac{\Delta e}{e} = \dfrac{\Delta P}{P} - \dfrac{\Delta P_F}{P_F} \Rightarrow \dfrac{\Delta e}{e} = 2\% - 3\% = -1\% \Rightarrow$ 엔/달러 명목환율이 1%만큼 하락
> - $\dfrac{\Delta q}{q} = \dfrac{\Delta e}{e} + \dfrac{\Delta P_F}{P_F} - \dfrac{\Delta P}{P} \Rightarrow \dfrac{\Delta q}{q}$ = -1%+3%-2%=0%
> $\Rightarrow$ 실질환율은 불변

정답 ②

0799

현재 미국의 1년 만기 채권의 연 수익률이 4%이고, 환율은 1,000원/$이며, 채권 만기 시 예상 환율은 1,030원/$이다. 유위험 이자율평가(uncovered interest parity)가 성립하고 다른 조건은 변화가 없다고 할 때, 현재 한국의 1년 만기 채권의 연 수익률에 가장 가까운 값은? 16 국가직 9급

① 4%

② 7%

③ 10%

④ 12%

해설

유위험 평가설이 성립하면, 예상환율의 변동률은 양국의 이자율 (수익률) 차이이다. 한편 예상환율 변동률은 3%($=\dfrac{\text{예상환율 변동분}}{\text{현물환율}}$ $=\dfrac{30}{1,000}$)이다.

• 앞의 내용에 따라 다음 식이 성립한다.

> 수익률$_{한국}$ − 수익률$_{미국}$ = 예상환율 변동률
> ⇒ 수익률$_{한국}$ − 4% = 3% ⇒ 수익률$_{한국}$ = 7%

정답 ②

0800

연간 수익률이 15%인 한국채권과 6%인 미국채권이 있다. 현재 한국의 투자자가 1년 후 만기가 도래하는 미국채권을 매입할 때 매입시점의 환율이 달러당 1,000원이고, 채권만기에는 1,100원으로 예상된다면 이 투자자의 기대수익률은 얼마인가? 12 보험계리사

① 6%   ② 10%

③ 15%   ④ 16%

해설

원금을 1,000원이라고 가정해 보자. 이를 매입시점의 환율인 달러당 1,000원에 환전하면 1달러를 미국 채권에 투자할 수 있다.

• 1년 후 이 채권에 대한 원리금으로 6%의 이자와 함께 1.06달러를 받을 수 있게 되고, 이를 채권만기 시점의 환율인 달러당 1,100원에 다시 원화로 환전하면 1,166원을 얻을 수 있다. 따라서 1년 동안의 수익률은 16.6%가 된다.

• 선택지에서는 16%가 가장 근사하므로 정답으로 선택한다.

• 한편 다음과 같은 간단한 근사식으로도 접근할 수 있다.

> 외국채권 투자수익률 ≒ 외국채권 수익률(이자율) + 명목환율 변동률 ≒ 6% + 10% ≒ 16%

정답 ④

0801

다음 자료의 내용과 부합하는, A 씨의 1년 후 예상 환율은?

18 지방직 7급

A 씨는 은행에서 운영 자금 100만 원을 1년간 빌리기로 했다. 원화로 대출받으면 1년 동안의 대출 금리가 21%인 반면, 동일한 금액을 엔화로 대출받으면 대출 금리는 10%이지만 대출금은 반드시 엔화로 상환해야 한다. 현재 원화와 엔화 사이의 환율은 100엔당 1,000원이고, A 씨는 두 대출 조건이 같다고 생각한다.

① 1,000원/100엔

② 1,100원/100엔

③ 1,200원/100엔

④ 1,250원/100엔

현재 원화와 엔화 사이의 환율을 전제로 하면 100만 원을 엔화로 환전하면 10만 엔이 된다. 원화와 엔화를 가지고 대출하는 것이 동일한 조건이라면 다음 식이 성립하게 된다.

$$100만\ 원(1+0.21) = 10만\ 엔(1+0.1) \times E^e$$
$$\Rightarrow 121만\ 원 = 11만\ 엔 \times E^e \Rightarrow E^e = \frac{121만\ 원}{11만\ 엔} = \frac{11원}{1엔} = \frac{1,100원}{100엔}$$

정답 ②

0802

90일 만기 US$ 표시 정기예금금리가 연 7%이고 독일 DM 표시 정기예금금리가 연 5%일 때 어느 경우에 이자율 평가 조건에 만족하는가?

03 7급

① 미국 달러화가 독일 마르크화에 대하여 2% 선물환 디스카운트가 있는 경우

② 미국 달러화가 독일 마르크화에 대하여 2% 선물환 프리미엄이 있는 경우

③ 미국 달러화의 선물환율이 현물환율과 같은 경우

④ 어떠한 경우든지 항상 만족한다.

무위험(커버된) 이자율 평가설에 의하면 다음과 같은 식이 성립한다.

$$i_{미국} - i_{독일} = \frac{F_t - S_t}{S_t} = f_P \Rightarrow 7\% - 5\% = 2\% = f_P$$

(단, F_t는 선물환율, S_t는 현물환율, f_P는 선물환 프리미엄률 또는 선물환 디스카운트율)

• 앞의 내용은 미국 달러화가 독일 마르크화에 대하여 2% 선물환 디스카운트 상태에 놓이게 된다는 것을 의미한다.

• 무위험 이자율 평가설에 따르면 선물환율 변동률(= 선물환 프리미엄률 또는 선물환 디스카운트율)은 미국과 독일의 시장 금리 차와 같게 된다. 그런데 이 경우에 일반적으로 고금리 통화는 저금리 통화에 대해 선물환 디스카운트 상태에 놓이게 된다는 것을 꼭 기억한다.

정답 ①

0803

A국의 6개월 만기 정기예금 이자율이 2%이고, B국의 6개월 만기 정기예금 이자율이 5%라고 하자. 현재 A국과 B국 통화의 현물시장(spot exchange rate) 환율이 1,000이다. 무위험 이자율평가설(covered interest rate parity)에 따른다면 6개월 만기 선물시장(foward exchange rate)의 환율로서 가장 가까운 것은? (단, 환율은 B국 화폐 1단위와 교환되는 A국 화폐액으로 정의됨) 15 국외 8급

① 950
② 970
③ 1.020
④ 1,030
⑤ 1,050

해설

무위험(커버된) 이자율평가설에 따르면 선물환율의 변동률은 양국의 이자율 차이다.

- 문제의 괄호 안에 주어진 조건에 따라 A국의 입장에서 문제를 접근하면 A국에서 B국 화폐의 환율은 -3%만큼 변동하게 된다.
- 현물환율이 1,000이므로 이보다 3%인 30만큼 하락하게 되면, 6개월 만기 선물환율은 970이 된다.

정답 ②

0804

현재 한국과 미국의 연간 이자율이 각각 4%와 2%이고, 1년 후의 예상환율이 1,122원/달러이다. 양국 간에 이자율 평형조건(interest parity condition)이 성립하기 위한 현재 환율은? 15 국가직 7급

① 1,090원/달러
② 1,100원/달러
③ 1,110원/달러
④ 1,120원/달러

해설

유위험(커버되지 않은) 이자율 평가설에 따르면 다음과 같은 이자율평가식이 성립한다.

$$r - r_f = \frac{E_e - E}{E}$$ (여기서, r: 국내이자율, r_f 해외이자율, E_e: 예상환율, E: 현물환율)

- 주어진 조건을 앞의 식에 대입하여 정리하면 다음과 같이 현재 환율을 도출할 수 있다.

$$r - r_f = \frac{E_e - E}{E} \Rightarrow 4\% - 2\% = \frac{1,122 - E}{E} \Rightarrow 0.02E = 1,122 - E$$
$$\Rightarrow 1.02E = 1,122 \Rightarrow E = 1,100 (원/달러)$$

정답 ②

0805

현재 환율이 1달러당 1,000원이고, 미국의 연간 이자율은 5%이다. 내년 환율이 1달러당 1,020원으로 변동할 것으로 예상된다. 이자율 평형설이 성립한다고 가정할 때, 원-달러 환율시장의 균형을 달성시키는 국내 이자율(%)은? 15 지방직 7급

① 5
② 7
③ 9
④ 10

해설

유위험(커버되지 않은) 이자율 평가설에 따르면 다음과 같은 이자율평가식이 성립한다.

$$r - r_f = \frac{E_e - E}{E}$$ (여기서, r: 국내이자율, r_f: 해외이자율, E_e: 예상환율, E: 현물환율)

- 주어진 조건을 앞의 식에 대입하여 정리하면 다음과 같이 현재 환율을 도출할 수 있다.

$$r - r_f = \frac{E_e - E}{E} \Rightarrow r - 5\% = \frac{1,020 - 1,000}{1,000} \Rightarrow r - 5\% = 2\%$$
$$\Rightarrow r = 7\%$$

정답 ②

0806

현재 미국의 1년 만기 채권의 연 수익률이 4%이고, 환율은 1,000원/$이며, 채권 만기 시 예상환율은 1,030원/$이다. 유위험 이자율평가(uncovered interest rate parity)가 성립하고 다른 조건은 변화가 없다고 할 때, 현재 한국의 1년 만기 채권의 연 수익률에 가장 가까운 값은? 16 국가직 9급

① 4%

② 7%

③ 10%

④ 12%

유위험(커버되지 않은) 이자율 평가설에 따르면 다음과 같은 이자율 평가식이 성립한다.

$$r - r_f = \frac{E_e - E}{E}$$
(여기서, r: 국내이자율, r_f: 해외이자율, E_e: 예상환율, E: 현물환율)

- 주어진 조건을 앞의 식에 대입하여 정리하면 다음과 같이 현재 환율을 도출할 수 있다.

$$r - r_f = \frac{E_e - E}{E} \Rightarrow r - 4\% = \frac{1,030 - 1,000}{1,000} \Rightarrow r - 4\% = 3\%$$
$$\Rightarrow r = 7\%$$

정답 ②

0807

F국 통화 1단위는 H국 통화 105단위이며, H국의 연 이자율은 10%이고, F국의 연 이자율은 5%이다. 무위험 이자율 평가이론(Covered Interest Parity)이 성립할 때, F국 통화 1단위에 대한 1년 기준 선도환율(Forward Exchange Rate)은? (단, H국과 F국 간의 통화거래에는 아무런 제약 조건이 없다.) 10 지방직 7급

① H국 통화 90단위

② H국 통화 100단위

③ H국 통화 110단위

④ H국 통화 120단위

H국을 중심으로 하는 무위험(커버된) 이자율 평가설에 의하면 다음과 같은 식이 성립한다.

$$(1 + i_H) = \frac{S_F}{S}(1 + i_F)$$
(여기서 i_H는 H국의 이자율, i_F는 F국의 이자율, S는 현물환율, S_F는 선물환율)

- F국 통화 1단위가 H국 통화 105단위라는 것은 H국의 현물환율(s)이 105라는 의미이다.
- 주어진 조건들을 이자율 평가식에 대입하면 다음과 같이 선도환율(선물환율=S_F)을 도출할 수 있다.

$$(1 + i_H) = \frac{S_F}{S}(1 + i_F) \Rightarrow (1 + 0.1) = \frac{S_F}{105}(1 + 0.05)$$
$$\Rightarrow S_F = \frac{1.1 \times 105}{1.05} = \frac{115.5}{1.05} = 110$$

정답 ③

PART 03

이론 종합형

THEME 01 | 소비자 이론

0808

다음 그림은 소비자 甲의 예산선 및 무차별곡선을 나타내고 있다. 이 그림에 대한 설명으로 옳지 않은 것은? (단, 한계대체율은 $-\frac{\Delta Y}{\Delta X}$ 로 정의한다.)

17 국가직 9급

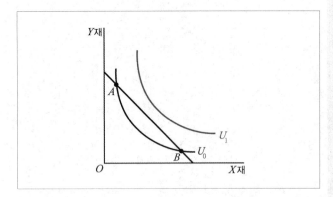

① 한계대체율은 A점이 B점보다 크다.
② 무차별곡선은 U_0에서의 상품묶음이 무차별곡선 U_1에서의 어떤 상품묶음보다도 효용이 작다.
③ 소비자 甲이 B점에서 소비하는 경우, 효용을 극대화하기 위해서는 X재의 소비를 감소시키고 Y재의 소비를 증가시켜야 한다.
④ A점에서 X재의 1원당 한계효용은 Y재의 1원당 한계효용보다 작다.

한계대체율($MRS_{XY} = \frac{MU_X}{MU_Y}$)은 무차별곡선의 접선의 기울기이고, 상대가격($\frac{P_X}{P_Y}$)은 예산선의 기울기이다.

- A점에서는 '한계대체율($MRS_{XY} = \frac{MU_X}{MU_Y}$)>상대가격($\frac{P_X}{P_Y}$)'이 성립하고 있다. 따라서 X재의 1원당 한계효용과 Y재의 1원당 한계효용의 상대적 크기는 상대가격의 크기에 달려 있다. 그런데 주어진 그림에서 상대가격의 크기를 알 수 없으므로 두 재화의 한계효용의 상대적 크기 역시 알 수 없게 된다.

- B점에서는 '한계대체율($MRS_{XY} = \frac{MU_X}{MU_Y}$)<상대가격($\frac{P_X}{P_Y}$)'이 성립하고 있다. 따라서 X재 소비를 줄이고 Y재의 소비를 늘릴 때 효용은 증가하게 된다.

정답 ④

AK Tip 효용극대화를 위한 소비 조정

- $MRS_{XY} > \frac{P_X}{P_Y} \Rightarrow (X\uparrow, Y\downarrow)$
- $MRS_{XY} < \frac{P_X}{P_Y} \Rightarrow (X\downarrow, Y\uparrow)$

⇒ 예컨대 한계대체율(MRS_{XY})이 상대가격이 크다는 것은 소비자가 X재 1단위를 추가적으로 소비하고자 할 때 기꺼이 포기할 수 있는 Y재 수량보다, 현실적으로 시장에서 X재의 대가로 요구하는 Y재 수량이 작다는 것을 의미한다. 즉, 생각보다 X재의 시장가격이 싸다는 것을 의미한다. 이에 따라 소비자는 Y재를 지불하고 X재를 소비함으로써 이전에 비해 효용을 증가시킬 수 있게 된다.

0809

재화의 성질 및 무차별곡선에 대한 설명으로 옳지 않은 것은?

12 국가직 7급

① 모든 기펜재(Giffen goods)는 열등재이다.

② 두 재화가 대체재인 경우 두 재화 간 교차탄력성은 양(+)의 값을 가진다.

③ X축에는 공해를, Y축에는 정상재를 나타내는 경우 무차별곡선은 수평이다.

④ 두 재화가 완전대체재인 경우 두 재화의 한계대체율(marginal rate of substitution)은 일정하다.

X축에는 공해를, Y축에는 정상재를 나타내는 경우의 무차별곡선은 다음과 같은 형태를 보인다.

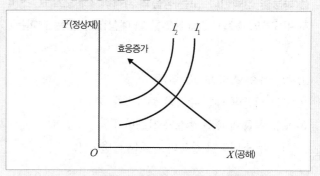

이러한 형태의 무차별곡선은 좌상방으로 이동하여 X재 소비가 감소할수록, Y재 소비가 증가할수록 소비자의 만족은 증가한다.

• 무차별곡선이 수평이라는 것은 X재의 소비 증가는 소비자의 만족을 증가시킬 수 없다는 의미이고, 이러한 재화를 중립재라고 한다. 그리고 Y재의 소비 증가는 소비자의 만족을 증가시킨다는 의미이고, 이러한 재화를 정상재라고 한다. 이를 그림으로 그리면 다음과 같다.

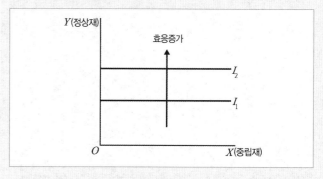

이러한 형태의 무차별곡선은 상방으로 이동할수록 소비자에게 더 높은 만족을 주게 된다.

① 열등재 중에서 소득효과가 대체효과를 압도하는 특수한 열등재가 기펜재이다. 따라서 모든 기펜재는 열등재이지만 그 역은 성립하지 않는다.

② X재와 Y재가 서로 대체재인 경우의 교차탄력성은 '$\frac{X재 수요 변화율}{Y재 가격 변화율}$'이다. 그런데 Y재 가격이 상승하면 X재 수요가 증가하므로 교차탄력성의 성질의 부호는 양(+)의 값을 가지게 된다.

④ 한계대체율은 무차별곡선의(접선의) 기울기이다. 두 재화가 완전대체재인 경우의 무차별곡선은 우하향의 직선의 모습이다. 직선의(접선의) 기울기는 모든 점에서 동일하므로 한계대체율은 모든 점에서 일정한 값을 갖게 된다.

정답 ③

0810

소비자 甲(갑)은 주어진 소득 하에서 효용을 극대화하는 상품 묶음을 선택한다. 모든 상품의 가격이 3배 오르고, 소비자 甲(갑)의 소득도 3배 늘었을 때 예상할 수 있는 결과는?

17 국가직 9급

① 정상재의 소비만 증가한다.
② 모든 상품에 대한 수요가 증가한다.
③ 모든 상품에 대한 수요가 감소한다.
④ 기존에 소비하던 상품의 수요는 불변이다.

예산제약식은 다음과 같이 나타낼 수 있다.

$$I = P_X \times X + P_Y \times Y \Rightarrow Y = -\frac{P_X}{P_Y} \times X + \frac{I}{P_Y}$$

(여기서 I는 소득, P_X는 X재 가격, X는 X재 소비량, P_Y는 Y재 가격, Y는 Y재 소비량이다.)

• 모든 상품의 가격과 소비자의 소득이 동일하게 3배 오르면 예산선은 다음과 같아진다.

$$Y = -\frac{3P_X}{3P_Y} \times X + \frac{3I}{3P_Y} \Rightarrow Y = -\frac{P_X}{P_Y} \times X + \frac{I}{P_Y}$$

• 예산제약식에는 변화가 없게 되므로 기존의 소비하던 상품에 대한 수요 역시 불변이다.

정답 ④

0811

두 재화를 소비하는 소비자가 효용을 극대화하는 최적 소비묶음을 찾는 과정에 대한 다음의 설명 중 옳은 것은?

15 서울시 7급

① 두 재화 간의 한계대체율과 두 재화의 상대가격비율이 일치하는 수준에서 효용을 극대화하는 최적 소비묶음이 결정된다.
② 한 재화의 소비로부터 얻는 소비자의 한계효용과 그 재화의 가격이 일치하는 수준에서 효용을 극대화하는 최적 소비묶음이 결정된다.
③ 원점에 대해 볼록한 형태의 무차별 곡선의 경우 한계대체율 체증의 법칙이 성립하므로 예산제약선과 무차별곡선의 접점에서 최적 소비묶음이 결정된다.
④ 두 재화의 가격과 소비자의 소득이 모두 종전의 1.5배 수준으로 올랐다고 할 때, 예산제약선은 원점에서 더 멀어진 위치로 평행 이동한다.

무차별곡선 이론에서 소비자 균형은 무차별곡선과 예산선이 접하는 수준에서 달성된다. 이에 따라 무차별곡선의 접선의 기울기인 한계대체율과 예산선의 기울기인 상대가격의 크기가 같아진다.
② 한계효용이론에서 소비자 균형은 한 재화를 소비하는 경우에는 그 재화의 한계효용이 '0'이 되는 경우, 두 재화 이상을 소비하는 경우에는 각 재화의 화폐단위당 한계효용이 동일한 수준에서 달성된다.
③ 무차별곡선이 원점에 대해 볼록하다는 것은 한계대체율이 체감한다는 의미이다.
④ 두 재화의 가격과 소비자의 소득이 모두 동일한 방향으로 동일한 크기만큼 변하게 되면 기존의 예산선에는 아무런 변화가 생기지 않는다. 즉, 불변이다.

$$Y = -\frac{P_X}{P_Y} \times X + \frac{I}{P_Y} \Rightarrow Y = -\frac{1.5P_X}{1.5P_Y} \times X + \frac{1.5I}{1.5P_Y}$$
$$\Rightarrow Y = -\frac{P_X}{P_Y} \times X + \frac{I}{P_Y}$$

정답 ①

0812

소비자의 명목소득이 10%, 재화 X의 가격이 6%, 재화 Y의 가격이 9% 증가하면 예산선은 (   ). 다음 중 공란에 들어갈 표현으로 가장 올바른 것은?

03 감정평가사

① 바깥으로 수평이동한다.
② 안쪽으로 수평이동한다.
③ 어떻게 변할지 알 수 없다.
④ 바깥으로 이동하고 기울기가 변한다.
⑤ 두 재화의 가격이 올랐으므로 안쪽으로 이동하고 기울기가 변한다.

해설

예산선은 다음과 같이 나타낼 수 있다.

$$I = P_X \times X + P_Y \times Y \Rightarrow Y = -\frac{P_X}{P_Y} \times X + \frac{I}{P_Y}$$

· 명목소득(I)만 증가(10%)하면 실질소득($\frac{I}{P_X}$, $\frac{I}{P_Y}$)이 증가하여 바깥쪽으로 평행이동을 하게 된다.
· 두 재화의 가격이 서로 다른 비율로 변하면 상대가격($\frac{P_X}{P_Y}$)이 변하게 된다. 만약 재화 가격의 변화율이 동일하면 상대가격 역시 변화가 없어 예산선의 기울기는 이전과 동일해진다.
· 반면에 두 재화 가격의 변화율이 서로 다르면 상대가격 역시 변화하여 예산선의 기울기도 변화하게 된다.
· 주어진 문제에서 X재 가격의 변화율이 Y재 가격의 변화율보다 작으므로 이전보다 상대가격 이 작아져서 예산선의 기울기는 이전보다 완만해진다.

정답 ④

0813

두 재화 X, Y만을 소비하는 소비자가 효용을 극대화하기 위해 소비조합(x, y) = (5, 5)를 선택하였다(x는 X재 소비량, y는 Y재 소비량). 이제 X재의 가격이 오르고 Y재의 가격은 하락하면서 새로운 예산선이 소비조합(x, y) = (5, 5)를 지난다고 하자. 이 소비자의 무차별곡선이 원점에 대해 강볼록(Strictly convex)하다고 할 때, 다음 설명 중 옳은 것은?

15 CPA

① 가격 변화 이후에도 이 소비자의 효용은 동일하다.
② 가격 변화 이후 이 소비자의 효용은 감소한다.
③ X재 소비량이 감소한다.
④ Y재 소비량이 감소할 수도 있다.
⑤ 새로운 최적 소비조합에서 이 소비자의 한계대체율은 (x, y) = (5, 5)에서의 한계대체율과 동일하다.

해설

X재의 가격이 오르고 Y재의 가격은 하락했으므로 새로운 예산선은 소비조합(x, y) = (5, 5)를 지나면서 이전에 비해 보다 가파른 기울기를 갖게 된다.

· 이에 따라 예산선의 기울기인 상대가격($\frac{P_X}{P_Y}$)이 이전에 비해 커지게 되어, 이제 기존의 소비자 균형점(E)에서는 '$MRX_{XY} < \frac{P_X}{P_Y}$'이 성립하게 된다. 이에 따라 X재 소비는 줄이고 Y재 소비량은 늘리는 소비조정을 통해 새로운 균형을 모색하게 된다.
· 앞의 내용들을 그림으로 나타내면 다음과 같다.

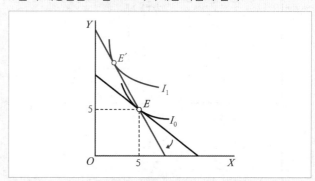

그림에서는 새로운 균형상태에서 무차별곡선이 기존의 균형점에 비해 원점으로부터 더 멀어진 것으로 나타나 있다. 이를 통해 가격 변화 이후 이 소비자의 효용이 증가했다는 것을 알 수 있다.

정답 ③

0814

X재와 Y재 두 가지 재화만을 소비하는 어떤 소비자의 효용
함수는 $U(X, Y) = X + Y$이다. 이 소비자의 효용함수와 최
적 소비량에 대한 다음 설명으로 옳은 것은? (단, X와 Y는
각각 X재와 Y재의 소비량을 의미하며, 수평축에 X재의 수
량을, 수직축에 Y재의 수량을 표시한다.) 19 국회 8급

① 효용함수의 한계대체율(MRS_{XY})을 정의할 수 없다.

② 만약 $\dfrac{P_X}{P_Y} < MRS_{XY}$라면, Y재만을 소비한다.

③ $MRS_{XY} = \dfrac{Y}{X}$이다.

④ 이 소비자의 효용함수는 선형함수와 비선형함수의 합으
로 이루어져 있다.

⑤ 만약 X재의 가격이 Y재의 가격보다 낮다면, 소득이 증
가해도 X재만을 소비한다.

해설

주어진 효용함수는 한계대체율(MRS_{XY})이 '1'인 선형함수이므로
두 재화는 완전대체재이다. 이에 따라 소비자 균형은 다음과 같
이 3가지 경우로 나타날 수 있다.

- $MRS_{XY}(=1) > \dfrac{P_X}{P_Y}$ ⇒ 오직 X재만 소비하는 구석해 성립
- $MRS_{XY}(=1) < \dfrac{P_X}{P_Y}$ ⇒ 오직 Y재만 소비하는 구석해 성립
- $MRS_{XY}(=1) = \dfrac{P_X}{P_Y}$ ⇒ 예산선 상의 모든 점에서 균형 성립 가능

• 만약 X재의 가격이 Y재의 가격보다 낮다면 '$1 > \dfrac{P_X}{P_Y}$'이 성립하
므로, 소득의 크기와 무관하게 X재만 소비하는 구석해가 성립
하게 된다.

① 주어진 효용함수의 한계대체율(MRS_{XY})은 '1'이다.

② 만약 $\dfrac{P_X}{P_Y} < MRS_{XY}$라면, 오직 X재만을 소비하는 구석해가 성
립하게 된다.

③ $MRS_{XY} = -\dfrac{\Delta Y}{\Delta X}$이다.

④ 이 소비자의 효용함수는 선형함수로만 이루어져 있다.

정답 ⑤

0815

소득이 고정된 슬비의 효용함수가 $U(X_1, X_2) = 2X_1 + 3X_2$
일 때, 슬비의 재화 X_1에 대한 수요곡선의 모양으로 가장 알
맞은 것은? 08 국회 8급

①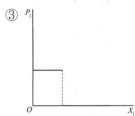

②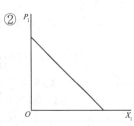

③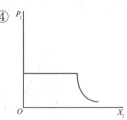

④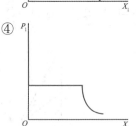

⑤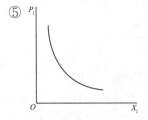

해설

효용함수가 선형함수로 주어져 있으므로 재화 X_1과 X_2는 완전
대체재 관계에 있으며, 이때 효용함수의 기울기인 한계대체율은
$MRS_{X_1 X_2} = \dfrac{2}{3}$이다.

• 상대가격($\dfrac{P_1}{P_2}$)과 한계대체율($MRS_{X_1 X_2}$)의 크기에 따라 소비자
균형은 다음과 같이 달성된다.

- $\dfrac{P_1}{P_2} > MRS_{X_1 X_2}$인 경우: 오직 X_2만 소비하게 되어 X_1의 소비
량은 항상 0(구석해 존재)
- $\dfrac{P_1}{P_2} = MRS_{X_1 X_2}$인 경우: 예산선 상의 모든 점에서 X_1의 소비
가 가능
- $\dfrac{P_1}{P_2} < MRS_{X_1 X_2}$인 경우: 오직 X_1만 소비하게 되어 X_2의 소비
량은 항상 0(구석해 존재)

• 결국 X_1의 가격이 '$\dfrac{P_1}{P_2} = MRS_{X_1 X_2}$'를 성립시킬 수 없을 만큼 높은
수준($\dfrac{P_1}{P_2} > MRS_{X_1 X_2}$)이면 X_1의 소비량은 항상 0이 되고, X_1의 가
격이 '$\dfrac{P_1}{P_2} = MRS_{X_1 X_2}$'를 성립시키는 일정한 수준이면 X_1의 모든
수량이 소비가 가능하게 되고, X_1의 가격이 '$\dfrac{P_1}{P_2} = MRS_{X_1 X_2}$'를 성
립시킬 수 없을 만큼 낮은 수준($\dfrac{P_1}{P_2} < MRS_{X_1 X_2}$)이면 X_1의 가격이
하락함에 따라 X_1만의 소비량을 증가시키게 된다.

정답 ④

0816

소비자 준서에게는 초콜릿과 사탕이 완전대체재이고, 그의 무차별곡선의 기울기는 -1이다. 준서가 초콜릿 4개와 사탕 20개를 구매했다면 다음 중 옳은 것은? (단, 초콜릿과 사탕의 크기는 같다.)

07 감정평가사

① 사탕이 초콜릿보다 더 비싸다.
② 초콜릿이 사탕보다 더 비싸다.
③ 준서는 사탕보다 초콜릿을 더 좋아한다.
④ 준서는 초콜릿보다 사탕을 더 좋아한다.
⑤ 초콜릿과 사탕의 가격은 동일하다.

해설

두 재화가 완전대체재라면 무차별곡선의 모습은 우하향하는 직선이다. 이러한 경우에 (한계대체율≠상대가격)이 성립하면 한 재화만을 소비하는 구석해(모서리해)가 존재하게 되고, (한계대체율 = 상대가격)이 성립하면 무차별곡선의 모든 점들이 균형이 된다.

• 주어진 문제에서 준서는 초콜릿 4개와 사탕 20개를 구매하여 소비하고 있으므로 구석해가 아니다. 이것은 현재 '한계대체율 = 상대가격'이 성립한다는 의미이고, 따라서 모든 무차별곡선의 모든 점이 균형점이 된다. 그러므로 무차별곡선의 기울기인 한계대체율이 -1이므로 두 재화의 상대가격도 1이 될 것이다. 즉, 두 재화의 가격은 동일한 것이다.

정답 ⑤

0817

효용함수가 $U(X, Y) = \sqrt{XY}$인 소비자의 소비 선택에 대한 설명으로 옳은 것을 <보기>에서 모두 고르면?

17 국회 8급

보 기

⊙ 전체 소득에서 X재에 대한 지출이 차지하는 비율은 항상 일정하다.
ⓒ X재 가격변화는 Y재 소비에 영향을 주지 않는다.
ⓒ X재는 정상재이다.
ⓒ Y재는 수요의 법칙을 따른다.

① ⊙, ⓒ
② ⓒ, ⓒ
③ ⊙, ⓒ, ⓒ
④ ⓒ, ⓒ, ⓒ
⑤ ⊙, ⓒ, ⓒ, ⓒ

해설

효용함수가 '$U = X^\alpha \times Y^\beta (\alpha + \beta = 1)$'인 경우, 전체 소비지출액에서 X재에 대한 소비지출액이 차지하는 비중은 α, Y재에 대한 소비지출액이 차지하는 비중은 β로 일정한 값을 갖는다.

• 주어진 효용함수가 '$U(X, Y) = \sqrt{XY} = X^{0.5} \times Y^{0.5}$'이므로 $\alpha = 0.5$, $\beta = 0.5$가 된다. 따라서 전체 소비지출액에서 X재와 Y재에 대한 소비지출액은 각각 0.5, 즉 50%로 일정한 값을 갖게 된다(⊙).

• 주어진 조건 아래에서 소비자 균형점에서의 X재와 Y재의 소비량을 구하면 다음과 같다.

$$X = \frac{\alpha \times I}{(\alpha + \beta) \times P_X} = \frac{I}{2 \times P_X}$$

$$Y = \frac{\beta \times I}{(\alpha + \beta) \times P_Y} = \frac{I}{2 \times P_Y}$$

단, I는 소득, P_X는 X재의 가격, P_Y는 Y재의 가격이다.

• 앞의 식에서 Y재의 소비량에 영향을 미치는 것은 소득(I), Y재의 가격(P_Y)이므로, X재 가격의 변화는 Y재 소비와 무관함을 알 수 있다(ⓒ).

• X재의 소비량과 소득(I) 사이에는 정(+)의 관계가 성립하고 있으므로, X재는 정상재임을 알 수 있다(ⓒ).

• Y재 소비량과 Y재 가격(P_Y) 사이에는 역(-)의 관계가 성립하고 있으므로, Y재는 수요법칙을 따르고 있음을 알 수 있다(ⓒ).

정답 ⑤

0818

소비자 선호체계와 소비자 선택에 관한 설명으로 옳지 않은 것은?

11 감정평가사

① 한계대체율은 무차별곡선 기울기의 절대값을 나타낸다.
② 효용함수가 $U = (X + Y)^2$이면, 무차별곡선은 직선이다.
③ 효용함수가 $U = \min[X, Y]$라면 항상 동일한 양의 X재와 Y재를 소비한다.
④ 두 무차별곡선이 교차할 수 없다는 성질은 선호체계의 이행성으로부터 도출된다.
⑤ 효용함수가 $U = X + Y$이고, X재의 가격이 Y재의 가격보다 높을 때 X재만을 소비한다.

효용함수가 '$U = X + Y$'라면 X재 소비에 따른 한계대체율은 '1'이다. 또한 X재의 가격이 Y재의 가격보다 높다면 X재의 상대가격($\frac{P_X}{P_Y}$)은 1보다 크게 된다. 따라서 이 경우에는 오직 Y재만 소비하는 구석해가 성립하게 된다.

② 효용함수가 $U = (X + Y)^2$이면, 이것은 $\sqrt{U} = X + Y$ 형태의 효용함수로 바꿀 수 있다. 이것은 두 재화가 완전대체재인 경우의 모습이며 이때의 무차별곡선은 우하향하는 직선의 모습을 보인다.
③ 효용함수가 $U = \min[X, Y]$인 경우에 최적소비는 $U = X = Y$인 경우에 달성된다. 따라서 항상 동일한 양의 X재와 Y재를 소비한다.

정답 ⑤

0819

효용함수가 $U(X, Y) = X + Y$인 소비자가 있다. $P_X = 2$, $P_Y = 3$일 때, 이 소비자의 소득-소비곡선(income-consumption curve)을 바르게 나타낸 식은?

17 국가직 7급

① $X = 0$
② $Y = 0$
③ $Y = \frac{2}{3}X$
④ $Y = \frac{3}{2}X$

효용함수가 선형함수(= 직선)로 주어지면 소비자 균형은 한계대체율(MRS_{XY})과 상대가격($\frac{P_X}{P_Y}$)의 크기에 따라 다음과 같이 결정된다.

> - $MRS_{XY} > \frac{P_X}{P_Y}$: 오직 X재만 소비하는 구석해 존재
> - $MRS_{XY} = \frac{P_X}{P_Y}$: 예산선 상의 모든 점이 소비자 균형점
> - $MRS_{XY} < \frac{P_X}{P_Y}$: 오직 Y재만 소비하는 구석해 존재
>
> 여기서 MRS_{XY}와 $\frac{P_X}{P_Y}$는 모두 절대치이다.

- 주어진 효용함수에서 '$MRS_{XY} = 1$', 각 재화의 가격에서 '$\frac{P_X}{P_Y} = \frac{2}{3}$'이므로 '$MRS_{XY} > \frac{P_X}{P_Y}$'가 성립하여, 오직 X재만 소비하는 구석해가 존재하게 된다.
- 소득-소비곡선(ICC)은 소비자의 소득이 변화할 때 소비자 균형점의 궤적을 의미한다. 그런데 소득이 변화한다고 하더라도 두 재화의 가격이 변화하지 않는 한 두 재화의 상대가격은 불변이다. 따라서 소비자 균형은 여전히 X재만 소비하는 점에서 이루어진다. 결국 소득-소비곡선은 X축과 겹치게 되고, 모든 점에서 'Y = 0'이 성립하게 된다.

정답 ②

0820

X재와 Y재를 소비하는 어느 소비자의 효용함수가 $U(X, Y)$ $= 3X + 4Y$이고 X재 가격은 3원, Y재 가격은 1원이다. <보기>에서 옳은 것을 모두 고른 것은?

12 국회 8급

보기

ㄱ. 이 소비자는 주어진 소득으로 전부 Y재만을 소비하는 것이 최적이다.

ㄴ. 다른 조건은 불변인 채 X재 가격이 1로 하락하면 이 소비자는 X재만 소비한다.

ㄷ. Y재의 엥겔곡선(engel curve)은 기울기가 $\frac{1}{P_Y}$인 직선이다.

ㄹ. 소득－소비 곡선은 원점을 통과하는 직선이다.

ㅁ. X재 수요의 소득탄력성은 1보다 작고, Y재 수요의 소득 탄력성은 1보다 크다.

① ㄱ, ㄷ
② ㄱ, ㅁ
③ ㄱ, ㄴ, ㄹ
④ ㄱ, ㄷ, ㄹ
⑤ ㄷ, ㄹ, ㅁ

효용함수가 선형함수로 주어져 있으므로 재화 X와 Y는 완전 대체재 관계에 있으며, 이때 효용함수의 기울기인 한계대체율은 $MRS_{XY} = -\frac{3}{4}$이다.

• 주어진 가격 조건에서 상대가격은 $\frac{P_X}{P_Y} = 3$이다. 따라서 $\frac{P_X}{P_Y} >$ MRS_{XY}가 성립하게 되어 오직 Y만 소비하는 구석해가 존재하게 된다.

• X재의 가격이 1로 하락하여도 상대가격이 $\frac{P_X}{P_Y} = 1$이 되어, $\frac{P_X}{P_Y} > MRS_{XY}$ 조건이 계속 성립하므로 Y만 소비하는 구석해는 유지된다.

• 예산선의 기울기($\frac{P_X}{P_Y}$)가 무차별곡선의 기울기(MRS_{XY})보다 클 경우 소득-소비곡선(ICC)은 Y축과 일치하고, 엥겔곡선은 원점으로부터 직선으로 그려진다. 이때 엥겔곡선은 $Y = \frac{1}{P_Y} \times I$가 되고, 엥겔곡선의 기울기는 $\frac{1}{P_Y}$이 된다.

• Y재만 소비하는 구석해가 존재하므로 X재 수요의 소득탄력성은 0이 되고, Y재 수요의 소득탄력성은 1이 된다.

정답 ④

0821

빵과 옷만을 소비하는 A씨의 선호체계는 완비성, 이행성, 연속성, 단조성을 모두 만족시킨다. A씨가 주어진 예산제약 아래 빵과 옷 두 재화만을 소비하여 효용을 극대화할 때 A씨의 빵과 옷의 소비에 대한 설명으로 옳은 것은?

20 국회 8급

① A씨는 항상 빵과 옷을 모두 소비한다.
② A씨는 항상 자신의 예산을 모두 사용한다.
③ 예산제약 아래 A씨가 가장 선호하는 빵과 옷에 대한 소비량은 항상 유일하다.
④ 빵의 가격이 상승하면 A씨의 빵에 대한 소비량은 감소한다.
⑤ A씨의 소득이 증가할 때 A씨의 빵과 옷에 대한 소비량은 모두 증가한다.

빵과 옷만을 소비하는 A씨의 선호체계가 완비성, 이행성, 연속성, 단조성을 모두 만족시키고 있지만 '볼록성'까지 만족시키지 못한다는 것은 두 재화가 완전대체 관계에 있어 무차별곡선이 우하향의 선형함수가 될 수도 있다는 것을 의미한다. 만약 효용함수가 선형함수인 경우라면 효용극대화는 주어진 예산을 모두 지출하여 오직 빵 혹은 옷만을 소비하는 구석해 상황에서 달성될 수도 있고, 예산선 상의 모든 점에서 효용극대화가 가능할 수도 있다. 한편 무차별곡선이 원점에서 멀리 떨어질수록 효용수준이 높아진다는 단조성이 성립하는 한, 합리적 소비자는 자신에게 주어진 소득을 모두 지출하여 효용극대화를 목표로 하는 소비를 하고자 한다(②).

① 한계대체율과 두 재화의 상대가격이 일치하지 않는 경우에는 빵 혹은 옷만을 소비하는 구석해가 성립할 수도 있다.
③ 만약 한계대체율과 두 재화의 상대가격이 일치하는 경우의 효용극대화 점은 예산선 상의 모든 점이 가능하기 때문에 무수히 존재하게 된다.
④ 현재 '$MRS_{빵, 옷} < \frac{P_{빵}}{P_{옷}}$' 수준에서 오직 옷만을 소비하는 구석해가 성립하여 빵의 소비량이 '0'이라고 가정하자. 이때 빵의 가격($P_{빵}$)이 상승한다고 하더라도 '$MRS_{빵, 옷} < \frac{P_{빵}}{P_{옷}}$'이 성립하는 한 여전히 옷만을 소비하고 빵의 소비량은 '0'인 구석해가 성립한다. 결국 기존의 빵 소비량은 변화가 없게 된다.
⑤ '$MRS_{빵, 옷} \neq \frac{P_{빵}}{P_{옷}}$'이 되어 구석해가 성립하고 있는 경우에는 A씨의 소득이 증가한다고 하더라도 기존에 소비하고 있는 한 재화만의 소비량이 증가할 뿐이다.

정답 ②

0822

두 재화 X와 Y만을 소비하는 어느 소비자의 효용함수가 $U(X, Y) = 2\sqrt{X} + Y$이다. X재와 Y재의 가격이 모두 1일 때, 이 소비자에 대한 설명으로 옳은 것만을 <보기>에서 모두 고르면?

20 국회 8급

보 기

ㄱ. 이 소비자에게 X재는 정상재이다.

ㄴ. 소득이 1보다 작으면 Y재만 소비한다.

ㄷ. 소득이 1보다 클 때 소득−소비 곡선은 직선이다.

ㄹ. 한계대체율이 Y재 소비량에 영향을 받지 않는다.

① ㄱ, ㄴ

② ㄱ, ㄷ

③ ㄴ, ㄷ

④ ㄴ, ㄹ

⑤ ㄷ, ㄹ

해설

주어진 조건을 전제로 효용극대화는 다음과 같은 조건을 충족할 때 달성된다.

$$\bullet\ MRX_{XY}\left(= \frac{MU_X}{MU_Y}\right) = \frac{P_X}{P_Y} \Rightarrow \frac{X^{-\frac{1}{2}}}{1} = 1 \Rightarrow \frac{1}{\sqrt{X}} = 1 \Rightarrow X = 1$$

따라서 소비자는 소득이 1 이하인 경우에는 X재만을 1단위보다 작은 수량을 소비(예컨대 소득이 0.5인 경우 X재만 0.5단위 소비)하게 되고, 소득이 1 이상인 경우에는 항상 'X = 1'을 소비하고 소득에 따라 Y재 소비량만 변화하게 된다. 특히 이러한 특성을 갖는 효용함수를 비선형 효용함수라고 하며, 앞의 결과를 전제로 그림으로 나타내면 다음과 같다.

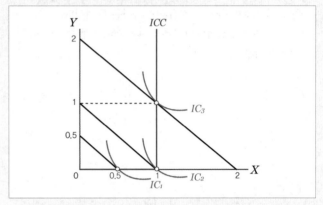

• 이를 전제로 <보기> 내용을 검토하면 다음과 같다.

ㄱ. 주어진 효용함수는 소득이 1 이상인 경우에는 항상 X재 1단위를 소비하는 비선형함수이다. 따라서 소득이 증가한다고 하더라도 X재 소비량은 '1'로 불변이므로 X재를 정상재라고 할 수는 없다.

ㄴ. 소득이 1 이하인 경우에는 X재만을 소비하게 된다.

ㄷ. 소득이 1 이하인 경우에는 X재만을 소비하게 되어 이 구간에서 소득-소비곡선(ICC)은 수평의 모습을 하게 된다. 그리고 소득이 1 이상인 경우에는 X재 1단위를 구입하기 위해 지출되는 소득 이외에는 모두 Y재 구입에 지출되므로, 소득이 1 이상인 경우의 소득-소비곡선(ICC)은 'X=1' 수준에서 수직의 모습을 보인다.

ㄹ. 한계대체율은 다음과 같이 도출된다.

$$\bullet\ MRS_{XY} = \frac{MU_X}{MU_Y} = \frac{X^{-\frac{1}{2}}}{1} = \frac{1}{\sqrt{X}}$$

따라서 한계대체율은 Y재 소비량과 무관하다.

정답 ⑤

0823

어떤 재화의 가격-소비 곡선이 수평선일 때 그 재화의 수요 곡선은?

97 7급

① 수직선
② 대각선
③ 직선
④ 직각 쌍곡선

해 설

가격-소비 곡선(PCC)이 수평이라는 것은 두 재화가 독립재 관계에 있어 X재(가로축)의 가격이 하락하는 경우에 Y재(세로축)의 소비량은 불변이라는 의미이다.

· 앞의 내용을 그림으로 나타내면 다음과 같다.

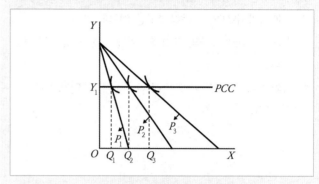

· 그림에서 X재의 가격이 $P_1 \Rightarrow P_2 \Rightarrow P_3$로 하락함에 따라 Y재의 소비량은 Y_1 수준에서 일정(= Y재에 대한 소비지출액 일정)하고, X재 소비량만 $X_1 \Rightarrow X_2 \Rightarrow X_3$로 증가하고 있다.
· 이것은 소득(I)이 일정하게 주어진 상태에서 X재의 가격과 소비량이 역(-)의 관계가 성립한다는 의미이고, 이에 따라 X재의 수요곡선은 통상의 수요곡선 형태인 직각쌍곡선의 모습을 갖게 된다.
· 앞의 내용을 예산제약식을 이용하여 정리하면 다음과 같다.

$$P_X \times X + P_Y \times Y(일정) = I(일정) \Rightarrow P_X \times X = \alpha(일정)$$
$$\Rightarrow P_X = \frac{\alpha}{X}$$

정답 ④

0824

정상재(Normal goods)의 수요곡선은 반드시 우하향한다. 그 이유로 가장 옳은 것은?

18 서울시 정기공채 7급

① 소득효과와 대체효과는 같은 방향으로 움직이기 때문이다.
② 소득효과의 절대적 크기가 대체효과의 절대적 크기보다 크기 때문이다.
③ 소득효과의 절대적 크기가 대체효과의 절대적 크기보다 작기 때문이다.
④ 소득이 증가함에 따라 소비자는 재화의 소비를 줄이기 때문이다.

해 설

수요곡선이 우하향한다는 것은 가격효과의 성질의 부호가 음(-)의 값을 갖는다는 것을 의미한다.

· 소득효과와 대체효과의 부호가 같은 경우이거나, 부호가 서로 다른 경우에는 대체효과의 절대적 크기가 소득효과의 절대적 크기보다 더 크다는 것을 의미한다.

정답 ①

AK Tip **가격효과(=대체효과+소득효과)**

구분	대체효과	비교	소득효과	가격효과 (대체효과+ 소득효과)
정상재	-		-	-
일반적인 열등재	-	>	+	-
특수한 열등재(기펜재)	-	<	+	+

⇒ "+": 가격과 수요량의 변동방향이 같은 것을 의미한다.
⇒ "-": 가격과 수요량의 변동방향이 다른 것을 의미한다.
⇒ 가격효과의 성질의 부호가 '-'라면 수요의 법칙이 성립하고 이에 따라 수요곡선은 우하향한다.

0825

재화 X는 가격이 상승할 때 수요량이 증가하는 재화이다. 재화 X에 대한 설명으로 옳은 것은? 14 국가직 7급

① 재화 X는 정상재이다.
② 재화 X의 수요의 소득탄력성은 0보다 크다.
③ 재화 X는 대체효과와 가격효과가 동일한 방향으로 나타난다.
④ 재화 X의 가격 변화에 따른 소득효과는 대체효과보다 더 크다.

해설

가격이 상승할 때 수요량이 증가한다면 이 재화는 기펜재이다(①).

• 기펜재는 소득이 증가할 때 수요량이 오히려 감소하는 열등재이다. 이에 따라 수요의 소득탄력성은 0보다 작다(②).
• 열등재는 가격이 상승할 때 대체효과에 따라 수요량이 감소하고, 소득효과에 따라 수요량이 증가하는 재화이다(③).
• 기펜재는 가격이 상승할 때 소득효과의 크기가 대체효과보다 큰 재화이다(④).

정답 ④

0826

다음 설명 중 옳지 않은 것은? 10 국회 8급

① 모든 기펜재(Giffen goods)는 열등재이다.
② 재화가 정상재인 경우 엥겔곡선(Engel curve)은 우상향한다.
③ 열등재의 가격이 상승하는 경우, 소득효과로 인하여 소비자들은 그 재화를 덜 소비하게 될 것이다.
④ 재화의 가격이 하락하는 경우, 대체효과는 가격변화 전보다는 그 재화를 더 많이 소비하게 된다.
⑤ 정상재의 가격이 하락하는 경우, 소득효과로 인하여 소비자들은 그 재화를 더 많이 소비하게 될 것이다.

해설

기펜재는 열등재 중에서 소득효과가 대체효과보다 큰 경우의 재화를 말한다. 따라서 모든 기펜재(Giffen goods)는 열등재이다(①). 그러나 그 역은 성립하지 않음을 주의해야 한다.

② 재화가 정상재인 경우에는 소득이 증가함에 따라 소비량도 증가한다. 따라서 소득과 소비량 관계를 나타내는 엥겔곡선(Engel curve)은 우상향한다.
③ 다른 조건이 일정할 때 재화 가격의 상승은 소비자의 실질소득을 감소시킨다. 이에 따라 소득효과로 인해 열등재에 대한 소비는 증가한다.
④ 다른 조건이 일정할 때 한 재화의 가격 하락은 그 재화의 상대 가격을 작게 하여 이전보다 소비가 늘어나게 된다. 이러한 변화를 대체효과라고 한다. 모든 재화의 가격 하락에 따른 대체효과는 해당 재화의 소비를 증가시킨다.
⑤ 다른 조건이 일정할 때 한 재화의 가격 하락은 소비자의 실질소득을 증가시키며, 이에 따라 정상재의 소비를 증가시키고 열등재의 소비를 감소시킨다.

정답 ③

0827

어떤 소비자는 부드럽고 원점에 대해 볼록한 무차별곡선을 가진다. 이 소비자는 100만 원을 X재와 Y재의 소비에 사용한다. X재 가격이 5만 원, Y재 가격이 10만 원일 때, 이 소비자가 선택한 조합은 X재 12단위와 Y재 4단위이다. Y재 가격이 5만 원으로 하락하였을 때, 이 소비자가 선택한 조합은 X재 14단위와 Y재 6단위이다. 이로부터 유추할 수 있는 내용이 아닌 것은? (단, 개별수요곡선은 직선이라고 가정한다.)

07 CPA

① X재는 열등재이다.
② 예산집합은 확대된다.
③ 대체효과는 음수이다.
④ Y재에 대한 개별수요곡선을 도출할 수 있다.
⑤ Y재로 표시한 X재의 한계대체율(MRS_{XY})은 증가한다.

주어진 내용을 그림으로 나타내면 다음과 같다.

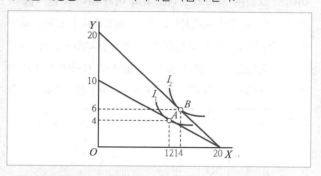

- 위 그림에는 소득과 X재의 가격이 일정한 경우 Y재의 가격만 하락하는 경우가 나타나 있다. Y재의 가격이 하락하기 전에 소비자 균형이 A점에서 달성되고 이때의 무차별곡선은 I_1이 되고, Y재의 가격이 하락한 이후의 소비자 균형은 B점에서 달성되고 이때의 무차별곡선은 I_2가 된다.

① X재의 가격은 변화가 없는 상태에서 Y재 가격이 하락했으므로 이것은 실질소득의 증가를 가져온다. 이에 따라 소비자 균형점에서의 X재의 소비량이 12(A점)에서 14(B점)로 증가하고 있으므로 X재는 정상재이다.

② 예산집합은 가로축과 세로축과 예산선으로 이루어진 삼각형의 넓이이다. 그림을 보면 Y재의 가격 하락으로 예산집합이 확대되고 있음을 알 수 있다.

③ 대체효과는 한 재화의 가격 변화가 상대가격의 변화를 가져와 소비에 영향을 주는 효과이다. 이에 따라 재화의 가격변화(Y재 가격 하락)와 그 재화의 소비량 변화(Y재 소비량의 증가) 방향이 서로 다를 때 대체효과의 성질의 부호는 음수가 된다.

④ 소비자 균형점의 변화에 따라 Y재의 가격이 10만 원에서 5만 원으로 하락함에 따라 Y재 소비량이 4에서 6으로 증가하고 있으므로 일반적인 우하향하는 Y재에 대한 개별수요곡선을 도출할 수 있다.

⑤ 소비자 균형점에서는 Y재로 표시한 X재의 한계대체율(MRS_{XY})과 상대가격인 예산선의 기울기의 크기가 같다. 따라서 Y재 가격의 하락에 따라 예산선의 기울기가 가팔라지므로 소비자 균형점에서 한계대체율은 증가한다.

정답 ①

0828

아래의 그림은 가계의 노동소득과 여가 사이의 관계를 나타낸 것이다. 가로축(L)은 여가, 세로축(M)은 노동소득이며, 총가용시간(하루24시간)에서 여가를 제외한 나머지 시간은 노동으로 사용한다. 아래 그림에서 가계의 노동소득과 여가 사이의 관계가 A에서 B로 변화할 경우 이에 관한 설명으로 옳지 않은 것은?

11 국회 8급

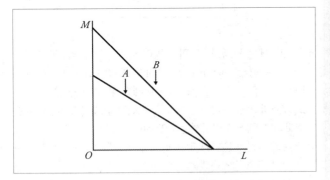

① A보다 B의 경우에 시장임금률이 더 높다.
② A보다 B의 경우에 가계의 노동소득이 더 높아진다.
③ A에서 B로 변화할 경우 노동시간은 더 줄어들 수도 있다.
④ A에서 B로 변화할 경우 가계의 효용이 최소한 같거나 더 높아진다.
⑤ A에서 B로 변화할 경우 여가와 노동소득이 동시에 증가할 수도 있다.

주어진 문제에서 시간당 임금률을 w, 노동시간을 N, 여가시간을 L, 노동소득을 M이라고 할 때 예산선을 다음과 같이 나타낼 수 있다.

> • 24 = N + L ⇒ N = 24 - L
> • M = wN = w(24 - L)

- 주어진 그림에서 A에서 B로 변한다는 것은 예산선의 기울기, 즉 시간당 임금률(w)이 이전보다 더 높아졌기 때문이다(①).
- 임금률(w)이 상승하는 경우에도 임금 상승에 따른 소득효과(여가를 늘리고 노동을 감소시키는 효과)가 대체효과(여가를 줄이고 노동을 증가시키는 효과)보다 훨씬 크게 나타나게 되면, 노동시간이 급감하여 가계의 노동소득은 이전보다 오히려 더 감소할 수도 있다(②, ③).
- 노동시간 감소율이 시간당 임금률 상승보다 상대적으로 작게 나타나면 여가와 노동소득이 동시에 증가할 수도 있다(⑤).
- 예산선이 A에서 B로 변화하게 되면 예산선과 접하는 무차별곡선이 보다 원점에서 멀리 벗어나게 되므로 가계의 효용은 최소한 같거나 증가할 수 있다(④).

정답 ②

0829

시간 당 임금이 상승할 때 노동공급이 줄어든다면 다음 중 옳은 것은?

19 국회 8급

① 대체효과와 소득효과가 동일하다.
② 노동공급곡선이 후방굴절하지 않는다.
③ 노동공급곡선이 우상향한다.
④ 소득효과가 대체효과보다 작다.
⑤ 대체효과가 소득효과보다 작다.

시간당 임금이 상승하게 되면 여가의 상대가격 상승으로 여가 소비감소에 따른 노동공급이 증가하는 대체효과와 실질소득의 증가로 인한 여가 소비증가(여가를 정상재라고 가정)에 따른 노동공급이 감소하는 소득효과가 나타난다.

> • 시간당 임금 상승 ⇒ 여가의 상대가격 상승 ⇒ 여가 소비감소, 노동공급 증가(대체효과)
> • 시간당 임금 상승 ⇒ 실질소득 증가 ⇒ 여가(정상재) 소비증가, 노동공급 감소(소득효과)

- 결국 시간당 임금이 상승할 때 노동공급이 줄어든다는 것은 대체효과가 소득효과 보다 작게 나타난다는 것을 의미한다.

정답 ⑤

0830

"임금률이 상승하여 소득이 증가함에 따라 여가(leisure)가 감소하고 노동 공급이 증가한다."고 할 때 빈칸을 순서대로 바르게 채운 것은? 10 지방직

> 이 경우 여가는 (㉠)재이고 노동은 (㉡)재이며, (㉢)효과가 (㉣)효과를 능가한다.

	㉠	㉡	㉢	㉣
①	정상	열등	소득	대체
②	열등	정상	소득	대체
③	열등	정상	대체	소득
④	정상	열등	대체	소득

해 설

출제에 오류가 있는 문제이다.

- 소득이 증가함에도 불구하고 여가가 감소했다는 것은 여가가 열등재라는 의미이다.
- 여가가 열등재라면 임금률의 상승으로 인한 대체효과는 물론 소득효과 모두에서 여가가 감소하여 노동 공급 증가가 나타나게 된다. 이에 따라 대체효과와 소득효과 중에서 어떤 효과가 더 크게 나타나고 있는지는 주어진 조건만 가지고서는 알 수 없다.

정답 답 없음

0831

소비자이론에 관한 다음 설명 중 옳지 않은 것은? 15 국회 8급

① 무차별곡선이 L자형이면 가격효과와 소득효과는 동일하다.

② 기펜재는 열등재이지만 모든 열등재가 기펜재는 아니다.

③ 재화의 가격이 변하더라도 무차별곡선 지도는 변하지 않는다.

④ 열등재의 가격이 하락할 때 수요량이 늘어난다면 이는 대체효과가 소득효과보다 작기 때문이다.

⑤ 소득-소비 곡선(ICC)이 우상향하는 직선이면 두 재화 모두 정상재이다.

해 설

열등재의 가격이 하락할 때 수요량이 늘어난다는 것은 '수요의 법칙'이 작용하고 있다는 의미이다.

- 열등재에서 '수요의 법칙'이 작용한다는 것은 (상대)가격의 하락으로 열등재의 수요량을 증가시키는 대체효과가 가격하락에 따른 실질소득의 증가가 열등재의 수요량을 감소시키는 소득효과보다 더 크다는 것을 의미한다.

정답 ④

0832

다음 중 옳은 것을 <보기>에서 모두 고르면? 16 국회 8급

보기

ㄱ. 가격－소비곡선이 우하향하는 경우 수요곡선은 우하향
　할 수 있다.

ㄴ. 동일한 수요곡선 상에 있는 서로 다른 재화묶음을 소비
　하더라도 소비자가 느끼는 만족감은 동일하다.

ㄷ. 우상향하는 엥겔곡선은 해당 재화가 열등재임을 의미한다.

ㄹ. 소득소비곡선과 엥겔곡선의 기울기는 수요의 소득탄력
　성의 부호에 의해 결정된다.

ㅁ. 수요곡선은 대체효과의 절대값이 소득효과의 절대값보
　다 클 경우에 우하향한다.

① ㄱ, ㄴ, ㄷ　　　　　② ㄱ, ㄷ, ㄹ
③ ㄱ, ㄹ, ㅁ　　　　　④ ㄴ, ㄹ, ㅁ
⑤ ㄷ, ㄹ, ㅁ

서로 다른 재화묶음을 소비하더라도 소비자가 동일한 만족감을
느끼는 것은 동일한 '무차별곡선' 상에 있는 경우이다(ㄴ).

• 엥겔곡선이 우상향하는 것은 해당 재화가 소득이 증가할 때 소
　비가 증가하는 정상재임을 의미한다(ㄷ).

정답 ③

0833

영수는 자신의 노동력(시간)을 투입하여 산삼을 채취하고 그 산삼을 팔아서 소득을 얻으며, 쌀과 산삼, 그리고 여가시간을 소비한다. 만일 쌀 가격은 일정한데 산삼 가격이 상승한다면, 영수가 보일 행동에 관한 설명으로 가장 옳은 것은? (단, 쌀과 산삼, 여가는 모두 정상재이며, 산삼 채취량은 노동시간에 비례한다고 가정한다.) 18 서울시 공개경쟁 7급

① 노동시간은 늘리고 쌀의 소비는 줄일 것이다.

② 노동시간은 늘리고 산삼의 소비는 줄일 것이다.

③ 노동시간은 늘릴지 줄일지 알 수 없고, 산삼의 소비는 줄
　일 것이다.

④ 노동시간은 늘릴지 줄일지 알 수 없고, 산삼의 소비도 늘
　릴지 줄일지 알 수 없다.

산삼 가격이 상승할 때, 산삼 채취를 위한 노동시간(다른 의미에
서 여가 선택)의 추이는 대체효과와 소득효과의 상대적 크기를
고려하며 살펴야 한다.

• 대체효과에 따르면 산삼 가격이 상승할수록 여가를 선택하기
　위한 상대가격이 상승하여 여가 소비를 줄이는 과정에서 노동
　시간은 증가하게 된다.

• 소득효과에 따르면 산삼 가격의 상승은 실질소득의 증가를 가
　져와 정상재인 쌀과 산삼, 그리고 여가의 소비는 모두 증가하
　게 된다. 여기서 여가 소비의 증가는 곧 노동시간의 감소를 의
　미한다.

• 이에 따라 산삼 가격의 상승에 따른 노동시간의 증감 여부는
　대체효과와 소득효과의 상대적 크기에 따라 증가할지, 감소할
　지 알 수 없게 된다.

• 한편 산삼 소비의 크기는 산삼 채취 크기에 달려 있다. 따라서
　산삼 소비의 추이 역시 알 수 없게 된다.

정답 ④

0834

지원이는 고정된 소득으로 X재와 Y재만을 소비한다고 가정하자. Y재의 가격은 일정한데 X재의 가격이 하락함에 따라 소비균형점이 E_0에서 E_1으로 이동하였다. 이로부터 알 수 있는 것은?

12 CPA

① X재는 열등재인 동시에 기펜(Giffen)재이다.
② X재의 보상수요곡선은 보통수요곡선보다 가파르다.
③ X재에 대한 대체효과와 소득효과는 반대방향으로 작용한다.
④ X재의 수요는 가격에 대해 비탄력적이다.
⑤ X재의 엥겔곡선은 우상향한다.

X재 수요의 가격탄력성이 1(단위탄력적)이라면 X재 가격이 하락한다고 하더라도 X재에 대한 소비지출액은 일정해야 한다. 또한 X재에 대한 소비지출액이 일정하려면 Y재에 대한 소비지출액도 일정해야 한다. 이를 위해서는 Y재 가격은 변화가 없으므로 Y재 소비량이 일정해야 한다. 이것은 가격-소비곡선(PCC)이 수평이라는 의미이다.

• X재 가격이 하락할 때 PCC가 우상향한다는 것은 가격탄력성이 '1'인 경우보다 X재 소비량이 작은 경우이다. 따라서 이 경우의 수요의 가격탄력성은 1보다 작은 '비탄력적'이 된다(④).

• 그림에서 X재 가격이 하락할 때, X재의 소비량이 증가($E_0 \Rightarrow E_1$)하므로 X재는 기펜재가 될 수 없다(①).

• X재 가격이 하락할 때, 상대가격 하락에 따른 대체효과($E_0 \Rightarrow E_2$)에서 X재의 소비량은 증가하고, 실질소득 증가에 따른 소득효과($E_2 \Rightarrow E_1$)에서 X재의 소비량은 불변이다(③). 이에 따라 대체효과만을 가지고 도출하는 보상수요곡선의 기울기와 가격효과(= 대체효과 + 소득효과)를 가지고 도출하는 보통수요곡선의 기울기는 같아진다(②).

• 실질소득의 증가에 따른 X재 소비량은 불변이므로 소득이 세로축, X재 소비량이 가로축인 공간에 그리는 경우, X재의 엥겔곡선은 수직이 된다(⑤).

정답 ④

0835

철수는 용돈으로 X, Y만 소비한다. 용돈이 100원이고 X, Y의 가격이 각각 1원일 때 철수는 (X, Y) = (50, 50)을 소비했다. 그런데 X의 가격은 그대로인데 Y의 가격이 두 배로 오르자 어머니가 원래 소비하던 상품묶음을 구매할 수 있는 수준으로 용돈을 인상해 주었다. 다음 중 옳지 않은 것은?

11 국회 8급

① X의 기회비용이 전보다 감소하였다.
② 철수의 용돈은 50원만큼 인상되었다.
③ 철수의 효용은 변화 전의 효용 이상이다.
④ 새로운 예산집합의 면적은 이전보다 크다.
⑤ 철수는 Y를 50개보다 많이 구매할 것이다.

주어진 조건을 그림으로 나타내면 다음과 같다.

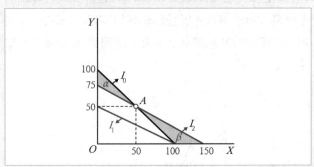

- 최초의 예산선은 I_0이고 이때 철수는 A점에서 소비하고 있었다. 그런데 X재 가격과 용돈이 그대로일 때 Y재 가격만이 두 배(1원 ⇒ 2원)로 오르면 예산선은 I_1으로 회전이동을 하게 된다. 이에 따라 X재의 기회비용은 (Y재 1단위 ⇒ Y재 0.5단위)로 작아진다(①).
- 어머니가 철수의 원래 소비점인 A를 계속해서 소비할 수 있도록 용돈을 올려주었다는 것은 A점을 지나갈 수 있도록 예산선을 I_2로 평행이동을 시켜준 것과 동일한 의미이다. 이때 계속해서 A점을 소비하기 위해 필요한 용돈은 다음과 같다.

$$P_X \times X + P_Y \times Y = I \Rightarrow 1 \times 50 + 2 \times 50 = 150$$

따라서 철수의 용돈은 50원이 인상된 것이다(②).
- 한편 이와 같은 예산선의 변화로 이전의 예산집합에 비해 α만큼 작아지고 β만큼 커졌으므로 새로운 예산집합의 면적은 이전에 비해 커지게($\because \alpha < \beta$) 된다(④). 이에 따라 철수의 효용은 변화 이전에 비해 커진다(③).
- 철수가 Y재를 50개보다 더 많이 구매하는 선택은 현시선호이론에 따른 약공리를 위반하게 되므로 선택되어서는 안 된다(⑤).

정답 ⑤

0836

현시선호이론에 대한 설명으로 옳은 것을 <보기>에서 모두 고르면?

18 국회 8급

보기

ㄱ. 소비자의 선호체계에 이행성이 있다는 것을 전제로 한다.

ㄴ. 어떤 소비자의 선택행위가 현시선호이론의 공리를 만족시킨다면, 이 소비자의 무차별 곡선은 우하향하게 된다.

ㄷ. $P_0Q_0 \geq P_0Q_1$ 일 때, 상품묶음 Q_0가 선택되었다면, Q_0가 Q_1보다 현시선호되었다고 말한다(단, P_0는 가격벡터를 나타낸다).

ㄹ. 강공리가 만족된다면 언제나 약공리는 만족된다.

① ㄱ, ㄴ
② ㄴ, ㄷ
③ ㄴ, ㄹ
④ ㄱ, ㄴ, ㄷ
⑤ ㄴ, ㄷ, ㄹ

해설

현시선호이론은 소비자의 주관적인 선택을 전제로 하는 무차별 곡선에 대한 고려 없이 소비자의 선택행위를 객관적으로 관찰하여 소비자 행동을 분석하는 이론이다. 오히려 반대로 현시선호이론의 공리를 만족시키는 것을 전제로 무차별곡선이 도출된다(ㄴ).

• 소비자 선호체계의 이행성은 무차별곡선 이론에서 전제하고 있는 특성이다. 이로 인해 동일한 소비자의 무차별곡선은 서로 교차할 수 없다는 성질이 도출된다(ㄱ).

• $P_0Q_0 \geq P_0Q_1$일 때, 상품묶음 Q_0가 선택되었다는 것은 동일한 가격체계 P_0 하에서는 상품묶음 Q_1도 선택 가능하다는 의미이다. 그럼에도 불구하고 굳이 Q_0를 선택했다는 것은 Q_0가 Q_1보다 직접현시선호되었다는 의미이기도 하다(ㄷ).

• 현시선호이론에서 강공리가 만족되면 약공리는 당연히 만족된다(ㄹ). 다만 그 역은 성립하지 않음을 주의한다.

정답 ⑤

0837

A시의 70세 이상 노인들에 대한 다음 설명 중 옳은 것은?

14 국회 8급

A시의 시민은 대중교통(X재)과 그 밖의 재화(Y재)를 소비하여 효용을 얻는다. 현재 A시의 70세 이상 노인은 X재를 반값에 이용하고 있다. 이제 A시에서 70세 이상 노인에게 X재 요금을 할인해 주지 않는 대신, 이전에 할인받던 만큼을 현금으로 지원해 주기로 했다(이하 현금지원정책).

① 현금지원정책 시 예산선의 기울기가 대중교통요금 할인 시 예산선의 기울기와 같다.

② X재 소비가 현금지원정책 실시 전에 비해 증가한다.

③ Y재 소비가 현금지원정책 실시 전에 비해 감소한다.

④ 소득으로 구매할 수 있는 X재의 최대량이 현금지원정책 실시 이전보다 증가한다.

⑤ 효용이 현금지원정책 실시 전에 비해 감소하지 않는다.

해설

주어진 문제는 X재에 대한 가격보조에서 현금보조로 바꾼 경우에 대해 묻고 있다.

• 처음의 소비점을 E점이라고 가정할 때, 문제에서 주어진 변화를 그림으로 나타내면 다음과 같다.

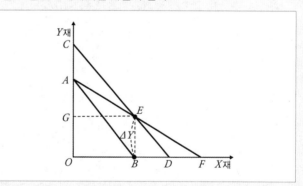

• 그림에서 기존의 예산선은 직선 AB, X재에 대해 가격보조를 했을 때의 예산선은 직선 AF, 현금보조로 바꾼 경우의 예산선은 직선 CD가 된다. 따라서 현금지원정책 시 예산선의 기울기가 대중교통요금 할인 시 예산선의 기울기보다 가파르다(①).

• 새로운 예산선인 직선 CD 하에서 소비는 약공리를 충족하기 위해서 E점의 좌상방에서 이루어진다. 이에 따라 현금지원정책 실시 전에 비해 X재 소비는 감소하고, Y재 소비는 증가하게 된다(②, ③, ④).

• 새로운 소비점에서의 효용은 이전과 동일하거나 이전에 비해 효용이 증가하게 된다(⑤).

정답 ⑤

0838

매년 40만 원을 정부로부터 지원받는 한 저소득층 가구에서 매년 100kg의 쌀을 소비하고 있었다. 그런데 정부가 현금 대신 매년 200kg의 쌀을 지원하기로 했다. 쌀의 시장가격은 kg당 2,000원이어서 지원되는 쌀의 가치는 40만 원이다. 쌀의 재판매가 금지되어 있다고 할 때, 다음 설명 중 옳지 않은 것은? (단, 이 가구의 무차별곡선은 원점에 대해 볼록하다.)

16 지방직 7급

① 이 가구는 새로 도입된 현물급여보다 기존의 현금급여를 선호할 것이다.
② 현물급여를 받은 후 이 가구의 예산집합 면적은 현금급여의 경우와 차이가 없다.
③ 이 가구는 새로운 제도 하에서 쌀 소비량을 늘릴 가능성이 크다.
④ 만약 쌀을 kg당 1,500원에 팔 수 있는 재판매 시장이 존재하면, 이 가구는 그 시장을 활용할 수도 있다.

현금보조에서 특정재화(쌀)에 대한 현물보조로 변할 때 예산선의 변화는 다음 그림과 같이 나타난다.

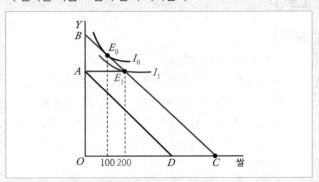

• 그림에 나타난 것처럼 현금보조 대신에 쌀에 대한 현물보조가 이루어지면 '예산선 AD'는 '예산선 BC'로 이동하는 대신 '예산선 AE_1C'로 이동하게 된다. 이에 따라 예산집합의 면적은 삼각형 OBC에서 사다리꼴 OAE_1C로 변하게 되어, 결과적으로 삼각형 ABE_1만큼 작아진다. 예산집합 면적이 감소한다는 것은 이 가구의 소비선택 범위가 감소하게 된다는 것을 의미한다.

• 한편 기존의 시장에서의 쌀 가치에 해당하는 40만 원을 현금으로 보조받았음에도 불구하고, 이 가구의 소비량이 20만 원어치만큼의 100kg만 소비했으므로, 보조금의 절반으로 다른 재화소비에 지출하는 것을 선택했다는 것을 알 수 있다.

• 그런데 쌀의 재판매가 금지되어 있으므로 이 가구는 보조받은 모든 쌀을 그대로 소비할 수밖에 없고, 이에 따라 쌀 소비량은 100kg에서 200kg으로 증가하게 된다(③). 따라서 이러한 결과는 이 가구가 선호하는 것이 현물보조보다는 현금보조라는 것을 알 수 있다(①).

• 다만 쌀을 재판매할 수 있는 시장이 존재한다면 보조받은 쌀 중의 일부를 판매하여, 다른 재화 소비를 증가시킬 수도 있다(④).

정답 ②

0839

한 달 소득이 10만원인 어떤 소비자가 있다. 이 소비자는 쌀과 밀가루만 소비한다고 가정할 때, 1kg당 쌀은 1만원, 밀가루는 2만원이다. 이 소비자는 특정 소비조합 (쌀, 밀가루)=(x, y)에서 한계대체율($MU_{쌀}/MU_{밀가루}$)이 0.5라고 한다. 만약 밀가루를 구입할 때 정부가 1kg당 1만원씩 보조금을 지급한다면, 다음 중 가장 옳은 것은?

20 서울시 공개경쟁 7급

① 밀가루에 대한 정부의 보조금 지급으로 특정 소비 조합(쌀, 밀가루)=(x, y)에서 이 소비자의 효용은 극대화된다.

② 밀가루에 대한 정부의 보조금 지급으로 이 소비자는 더 많은 쌀과 밀가루를 소비할 수 있게 되었다.

③ 밀가루에 대한 정부의 보조금이 지급될 경우, 특정 소비 조합(쌀, 밀가루)=(x, y)에서 이 소비자가 효용을 극대화하기 위해서는 쌀 소비를 늘리고 밀가루 소비는 줄여야 한다.

④ 정부의 보조금이 쌀과 밀가루에 각각 1kg당 5천 원씩 지급된다면, 밀가루에 1kg당 1만 원씩 지급될 때보다 언제나 더 많은 쌀과 밀가루를 소비할 수 있다.

소비자의 효용극대화는 두 상품의 상대가격($\frac{P_{쌀}}{P_{밀가루}}$)과 한계대체율이 일치하는 수준에서 달성된다. 그런데 주어진 특정 소비조합[(쌀, 밀가루)=(x, y)]에서 두 상품의 상대가격과 한계대체율을 비교하면 다음과 같다.

> • 밀가루 수량으로 나타낸 쌀의 상대가격($\frac{P_{쌀}}{P_{밀가루}}=\frac{1만 원}{2만 원}=0.5$)
>
> • 밀가루 수량으로 나타낸 쌀의 한계대체율($MRS_{쌀, 밀가루}=MU_{쌀}/MU_{밀가루}$)=0.5
>
> • 상대가격($\frac{P_{쌀}}{P_{밀가루}}$)=한계대체율($MRS_{쌀, 밀가루}=MU_{쌀}/MU_{밀가루}$)

이 결과는 보조금 지급 전에는 한계대체율($MRS_{쌀, 밀가루}=MU_{쌀}/MU_{밀가루}$)이 0.5인 특정 소비조합에서 소비자가 이미 효용극대화에 도달해 있음을 보여준다(①).

• 이제 정부가 밀가루 1kg당 1만 원씩 보조금을 지급하면 소비자는 밀가루 1kg을 구입할 때 1kg당 2만 원이 아닌 1만 원만 지불해도 구입이 가능해진다. 이것은 소비자에게 밀가루 1kg당 가격이 2만 원에서 1만 원으로 인하된 경우와 동일한 효과를 가져 온다. 이러한 상품가격 인하 효과는 명목소득이 일정한 경우 실질소득을 증가시키게 된다. 이에 따라 소비자는 보조금 지급 이후 효용극대화를 달성하기 위하여 특정 소비조합(쌀, 밀가루)=(x, y)에서 보다 쌀과 밀가루를 더 많이 소비할 수 있게 된다(②, ③). 이것은 보조금 지급 전 효용극대화가 이미 달성되었던 특정 소비조합이 정부의 보조금 지급으로 인하여 이제는 더 이상 효용극대화 조합이 아니라는 것을 보여준다(①).

• 주의할 것은 쌀과 밀가루를 더 많이 소비할 수 있게 된 경우와 실제로 쌀과 밀가루를 더 많이 소비한다는 것은 별개의 문제라는 점이다.

• 소비자는 상품 구매에 대한 보조금 지급이 이루어지는 경우 자신의 선호체계에 따라 재화의 소비량 증가(변화) 정도를 결정한다. 예컨대 쌀(X)과 밀가루(Y)가 완전대체재라면 한계대체율(MRS_{XY})이 항상 0.5인 선형효용함수를 다음과 같이 나타낼 수 있다.

> • $U=\frac{1}{2}X+Y \Rightarrow Y=-\frac{1}{2}X+U$

이것을 전제로 정부의 보조금이 밀가루에 1kg당 1만 원씩 지급되는 경우와 쌀과 밀가루에 각각 1kg당 5천 원씩 지급되는 경우, 효용극대화가 달성되는 수준에서 쌀(Y)과 밀가루(Y)의 소비량을 구하면 다음과 같다.

> • 정부의 보조금이 밀가루에 1kg당 1만 원씩 지급되는 경우 $\Rightarrow$ $MRS_{XY}(=\frac{1}{2}) < \frac{P_X}{P_Y}(=\frac{1}{1}=1) \Rightarrow$ 오직 밀가루(Y)만 10단위를 소비하는 구석해 성립
>
> • 정부의 보조금이 쌀과 밀가루에 각각 1kg당 5천 원씩 지급되는 경우 $\Rightarrow$ $MRS_{XY}(=\frac{1}{2}) > \frac{P_X}{P_Y}(=\frac{0.5}{1.5}=\frac{1}{3}) \Rightarrow$ 오직 쌀(X)만 20단위를 소비하는 구석해 성립

결국 정부의 보조금이 쌀과 밀가루에 각각 1kg당 5천 원씩 지급된다면, 밀가루에만 1kg당 1만 원씩 지급될 때와 비교해보면 밀가루 소비는 감소하고 쌀 소비는 증가하게 될 수도 있게 된다(④).

정답 ②

0840

지은이는 소득 M으로 X재와 Y재만을 소비한다. 다음은 지은이의 예산선에 영향을 미칠 수 있는 상황을 서술한 것이다. 예산선의 기울기가 변화하는 것을 모두 고른 것은? (단, 각 재화의 수요곡선은 우하향하고 공급곡선은 우상향한다고 가정하자.)

08 CPA

> ㉠ X재의 가격이 인상되었다.
> ㉡ 소득이 증가하였다.
> ㉢ 정부에서 X재 소비에 세금을 부과하였다.
> ㉣ 정부로부터 현금보조금을 받았다.

① ㉠
② ㉠, ㉡
③ ㉠, ㉢
④ ㉡, ㉣
⑤ ㉡, ㉢, ㉣

해 설

예산선이 기울기는 두 재화의 상대가격($= \frac{P_X}{P_Y}$)이다. 만약 Y재 가격의 변화 없이, X재 가격이 인상되면 예산선의 기울기인 상대가격($= \frac{P_X}{P_Y}$)이 상승하여 기울기가 이전에 비해 가팔라진다(㉠).

• 정부가 X재에 대해 소비세를 부과하면, X재 수요가 완전탄력적이지 않는 한, X재의 가격이 상승하게 된다. 이에 따라 예산선의 기울기인 상대가격($= \frac{P_X}{P_Y}$)이 상승하여 기울기가 이전에 비해 가팔라진다(㉢).

• 소득이 증가하거나, 정부로부터 현금보조금을 받아 결과적으로 실질소득이 증가하면 예산선의 기울기인 상대가격($= \frac{P_X}{P_Y}$)은 변화가 없게 되어, 예산선의 기울기는 이전과 동일해진다(㉡, ㉣).

정답 ③

0841

경제 내에 두 자산만 존재한다. 하나는 무위험자산이고 다른 하나는 위험자산인데 두 자산의 기대수익률은 동일하다고 한다. 투자자 A는 무위험자산에만 투자하고 있고, 투자자 B는 위험자산에만 투자하고 있다고 하자. 기대효용이론에 따를 때 두 투자자의 위험에 대한 선호를 나타내는 효용함수의 그래프 조합이 될 수 없는 것은?

08 CPA

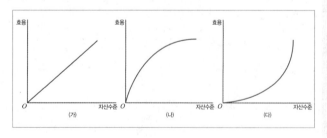

	투자가 A	투자자 B
①	가	가
②	가	다
③	나	가
④	다	나

해 설

투자자 A는 위험기피자, 투자자 B는 위험선호자이다. 또한 '그래프 가'는 위험중립자, '그래프 나'는 위험기피자, '그래프 다'는 위험선호자의 효용함수이다.

• 위험기피자인 투자자 A가 '그래프 다'를 선택할 때, 위험선호자인 투자자 B가 '그래프 나'를 선택한다는 것은 모순이다.

• 다만, 투자자 A가 '그래프 나'를 선택할 때, 투자자 B가 '그래프 가'를 선택한다는 것은 '그래프 가'가 '그래프 나'보다 상대적으로 위험선호에 가깝기 때문에 가능한 조합이 될 수 있다.

정답 ④

0842

w원에 대한 A의 효용함수는 $U(w) = \sqrt{w}$ 이다. A는 50%의 확률로 10,000원을 주고, 50%의 확률로 0원을 주는 복권 L을 가지고 있다. 다음 중 옳은 것은?

15 국가직 7급

① 복권 L에 대한 A의 기대효용은 5,000이다.

② 누군가 현금 2,400원과 복권 L을 교환하자고 제의한다면, A는 제의에 응하지 않을 것이다.

③ A는 위험중립적인 선호를 가지고 있다.

④ A에게 40%의 확률로 100원을 주고, 60%의 확률로 3,600원을 주는 복권 M과 복권 L을 교환할 수 있는 기회가 주어진다면, A는 새로운 복권 M을 선택할 것이다.

복권 L에 대한 A의 기대효용(EU)과 기대소득(EW)은 다음과 같다.

- $EU = 0.5 \times \sqrt{10,000} + 0.5 \times \sqrt{0} = 50$
- $EW = 0.5 \times 10,000 + 0.5 \times 0 = 5,000(원) \cdots\cdots ①$

복권 L에 대한 A의 기대효용인 50과 동일한 만족을 주는 확실한 소득인 확실성 등가(CE)는 다음과 같이 도출된다.

$$EU = U \Rightarrow 50 = \sqrt{w} \Rightarrow w(= CE) = 2,500$$

따라서 A는 최소한 2,500원 이상을 받아야만 교환에 응하게 된다(②).

- 효용함수가 무리함수인 위로 볼록한 형태를 보이므로 A는 위험기피자임을 알 수 있다(③).
- A에게 40%의 확률로 100원을 주고, 60%의 확률로 3,600원을 주는 복권 M의 기대효용은 다음과 같다.

$$EU = 0.4 \times \sqrt{100} + 0.6 \times \sqrt{3,600} = 0.4 \times 10 + 0.6 \times 60 = 40$$

복권 M의 기대효용은 복권 L의 기대효용보다 낮다. 따라서 A는 교환에 응하지 않는다(④).

정답 ②

THEME 02 | 생산-비용 이론

0843

등량곡선 위의 한 점에서 다른 한 점으로 이동하는 경우 나타나는 변화가 아닌 것은?

01 7급

① 산출량 수준의 변화
② 한계기술대체율의 변화
③ 투입 생산요소의 비율의 변화
④ 투입 생산요소의 한계생산성의 변화

해설

등량곡선이란 동일한 생산량을 생산하기 위해 필요한 노동과 자본의 무수한 배합점의 궤적을 의미한다. 따라서 등량곡선 상의 점과 점 사이의 이동은 동일한 산출량을 전제로 하는 이동이다.

• 등량곡선을 따라 우하방으로 이동하면 한계기술대체율이 체감하고, 자본-노동 투입비율($\frac{K}{L}$)은 하락한다.

• 등량곡선을 따라 우하방으로 이동하면 노동(L) 투입 증가에 따라 노동의 한계생산성은 감소하게 된다.

정답 ①

0844

$Y = AK^{0.3}L^{0.7}$인 콥-더글러스 생산함수에 대한 설명으로 옳은 것을 모두 고르면? (Y는 생산량, K는 자본량, L은 노동량)

11 국회 8급

㉠ 자본가에게는 전체 소득의 30%, 노동자에게는 전체 소득의 70%가 분배된다.

㉡ 만약 이민으로 노동력만 10% 증가하였다면 총생산량과 자본의 임대가격은 상승하나 실질임금은 하락한다.

㉢ 만약 노동력과 자본 모두가 10%씩 증가하였다면 총생산량, 자본의 임대가격, 실질임금 모두 10%씩 증가한다.

㉣ A는 기술수준을 나타내는 매개변수로 A가 상승하면 총생산량은 증가하나 자본의 임대가격과 실질임금은 변화하지 않는다.

---

① ㉠, ㉢, ㉣

② ㉠, ㉡

③ ㉠, ㉡, ㉣

④ ㉠, ㉡, ㉢

⑤ ㉠, ㉢

주어진 생산함수는 자본소득 분배율이 0.3, 노동소득 분배율이 0.7인 1차 동차 생산함수이다(㉠).

• 1차 동차 생산함수인 콥-더글러스 생산함수는 노동력과 자본 모두가 10%씩 증가하면 총생산량도 10%만큼 증가하게 된다(㉢).

• 자본과 노동의 한계생산은 각각 다음과 같이 도출되며, 자본과 노동력 모두가 10%씩 증가한다고 하더라도 자본과 노동의 한계생산은 불변이 된다.

$$\bullet \; MP_K = \frac{dY}{dK} = 0.3AK^{-0.7}L^{0.7} = 0.3A\left(\frac{L}{K}\right)^{0.7}$$
$$\Rightarrow 0.3A\left(\frac{1.1L}{1.1K}\right)^{0.7} = 0.3A\left(\frac{L}{K}\right)^{0.7} \Rightarrow 불변$$
$$\bullet \; MP_L = \frac{dY}{dL} = 0.7AK^{0.3}K^{-0.3} = 0.7A\left(\frac{K}{L}\right)^{0.3}$$
$$\Rightarrow 0.7A\left(\frac{1.1K}{1.1L}\right)^{0.3} = 0.7A\left(\frac{K}{L}\right)^{0.3} \Rightarrow 불변$$

그런데 자본의 임대가격은 자본의 한계생산과 실질임금은 노동의 한계생산과 일치하는 수준에서 결정된다. 이에 따라 자본과 노동력 모두가 10%씩 증가한다고 하더라도 자본의 임대 가격과 실질임금도 불변이다(㉢).

• 만약 이민으로 노동력만 10% 증가하였다면 자본의 한계생산은 증가하게 되어 총생산량과 자본의 임대가격은 상승하나, 노동력만의 증가가 노동의 한계생산을 감소시켜 실질임금을 하락시킨다(㉡).

• 기술수준을 의미하는 A의 상승은 자본과 노동의 한계생산을 모두 상승시켜 총생산량은 물론이고 자본의 임대가격과 실질임금 모두를 증가시킨다(㉣).

정답 ②

AK Tip Cobb-Douglas 생산함수의 특성-1

$$Q = AL^{\alpha}K^{\beta}(\alpha + \beta = 1)$$
$$\Rightarrow AP_L = \frac{Q}{L} = \frac{AL^{\alpha}K^{\beta}}{L} = A\left(\frac{K}{L}\right)^{\beta},$$
$$AP_K = \frac{Q}{K} = \frac{AL^{\alpha}K^{\beta}}{K} = A\left(\frac{L}{K}\right)^{\alpha}$$
$$\Rightarrow MP_L = \frac{dQ}{dL} = \alpha AL^{\alpha-1}K^{\beta} = \alpha A\left(\frac{K}{L}\right)^{\beta}$$
$$MP_K = \frac{dQ}{dK} = \beta AL^{\alpha}K^{\beta-1} = \beta A\left(\frac{L}{K}\right)^{\alpha}$$
$$\Rightarrow 노동소득 분배율 = \alpha, 자본소득 분배율 = \beta$$

0845

노동(L)과 자본(K)을 생산요소로 하는 어떤 제품의 생산함수는 $Q = L^{0.4}K^{0.5}$이다. 다음 중 옳은 설명은? (단, L과 K는 0보다 크다고 가정한다.)

04 CPA

① 노동의 한계생산성은 0.4이다.
② 노동의 한계생산성은 자본의 한계생산성보다 항상 작다.
③ 이 생산함수는 규모에 대한 수익불변(Constant returns to scale)이다.
④ 한계기술대체율(Marginal rate of technical substitution)은 불변이다.
⑤ 자본의 투입량이 일정하게 주어진 경우, 노동의 한계생산성은 노동의 평균생산성보다 항상 작다.

주어진 생산함수는 0.9(0.4 + 0.5)차 동차 생산함수이다.

① 노동의 한계생산성은 $MP_L = \dfrac{dQ}{dL} = 0.4L^{-0.6}K^{0.5} = 0.4\dfrac{K^{0.5}}{L^{0.6}}$ 이다. 따라서 L과 K가 동시에 1인 경우에만 노동의 한계생산성은 0.4가 된다.

② 자본의 한계생산성은 $MP_K = \dfrac{dQ}{dK} = 0.5L^{0.4}K^{-0.5} = 0.5\dfrac{L^{0.4}}{K^{0.5}}$ 이다. 따라서 노동의 한계생산성과의 차이를 일률적으로 판단할 수 없다.

③ 생산함수가 0.9차 동차 생산함수이므로 규모에 대한 수익은 체감한다.

④ 한계기술대체율은 $MRTS_{LK} = \dfrac{MP_L}{MP_K} = \dfrac{0.4\dfrac{K^{0.5}}{L^{0.6}}}{0.5\dfrac{L^{0.4}}{K^{0.5}}} = \dfrac{4K^{0.5}K^{0.5}}{5L^{0.6}L^{0.4}} = \dfrac{4}{5}\left(\dfrac{K}{L}\right)$

이다. 따라서 자본-노동비율(1인당 자본량: $\dfrac{K}{L}$)에 따라 달라진다.

⑤ 노동의 한계생산성(MP_L)과 평균생산성(AP_L)은 각각 다음과 같다.

$$\bullet\ MP_L = \dfrac{dQ}{dL} = 0.4L^{-0.6}K^{0.5} = 0.4\dfrac{K^{0.5}}{L^{0.6}}$$
$$\bullet\ AP_L = \dfrac{Q}{L} = L^{-0.6}K^{0.5} = \dfrac{K^{0.5}}{L^{0.6}}$$
$$\bullet\ MP_L\left(= 0.4\dfrac{K^{0.5}}{L^{0.6}}\right) < AP_L\left(= \dfrac{K^{0.5}}{L^{0.6}}\right)$$

따라서 자본투입량이 일정하게 주어진 경우 노동의 한계생산성(MP_L)은 평균생산성(AP_L)보다 항상 작다.

• 이렇게도 생각해 볼 수 있다. 자본의 투입량이 일정하게 주어져 있다고 했으므로, 생산기간을 단기로 전제한다. 이에 따라 경제적 영역인 생산의 2단계에서 항상 '$AP_L > MP_L$'가 성립한다는 것을 참고하면 된다.

정답 ⑤

AK Tip Cobb-Douglas 생산함수의 특성-2

$$Q = AL^{\alpha}K^{\beta}(\alpha + \beta = 1)$$

$\Rightarrow MRTS_{LK} = \dfrac{MP_L}{MP_K} = \dfrac{\alpha}{\beta} \times \dfrac{K}{L}$ 또는 $MRTS_{KL} = \dfrac{MP_K}{MP_L} = \dfrac{\beta}{\alpha} \times \dfrac{L}{K}$

$\Rightarrow$ 오일러의 정리 성립: $MP_L \times L + MP_K \times K = Q$
$\Rightarrow$ 장기에 규모에 대한 보수 불변: 1차 동차 생산함수
$\Rightarrow$ 대체탄력성=1

0846

어떤 기업이 전력(E)과 노동(L)을 투입하여 일정한 양의 제품을 생산한다. 최근의 유가상승으로 전력 가격이 20% 상승하였음에도 불구하고 이 기업의 총비용에서 전력요금이 차지하는 비중은 일정하게 유지된다고 한다. 생산량을 Q로 표시할 때 다음 중 이 기업의 생산함수가 될 수 있는 것은?

08 CPA

① $Q = \min(E, \frac{L}{2})$

② $Q = E + 2L$

③ $Q = \sqrt{E} + L$

④ $Q = E + \sqrt{L}$

⑤ $Q = E^{0.1} \times L^{0.9}$

해 설

'총비용에서 전력요금이 차지하는 비중은 일정하게 유지된다'는 것을 통해 이 기업의 생산함수가 '1차 동차 생산함수' 형태의 콥-더글러스 생산함수임을 알 수 있다.

정답 ⑤

0847

생산함수가 $Q = L^2 K^2$으로 주어져 있다. 이 생산함수에 대한 설명으로 옳은 것만을 모두 고른 것은? (단, Q는 생산량, L은 노동량, K는 자본량이다.)

17 추가채용 국가직 7급

> ㄱ. 2차 동차함수이다.
> ㄴ. 규모에 따른 수확체증이 있다.
> ㄷ. 주어진 생산량을 최소비용으로 생산하는 균형점에서 생산요소 간 대체탄력성은 1이다.

① ㄱ

② ㄴ

③ ㄱ, ㄷ

④ ㄴ, ㄷ

해 설

주어진 생산함수는 콥-더글라스 생산함수이다. 이 함수의 기본형은 다음과 같다.

> $Q = AL^{\alpha} K^{\beta}$
> (Q는 생산량, A는 기술수준, L은 노동량, K는 자본량이다.)

• 콥-더글라스 생산함수는 $(\alpha + \beta)$차 동차 생산함수이다. 따라서 주어진 생산함수는 4차 동차 생산함수가 된다(ㄱ).
• '$(\alpha + \beta) > 1$'이 성립하면 규모에 대한 수확체증이 성립한다(ㄴ).
• 생산요소 간 상대가격이 달라지면 생산자 균형점이 달라져 생산요소의 투입비율도 달라진다. 이때 한 생산요소가 다른 생산요소로 얼마나 민감하게 대체되는지의 정도를 측정하는 것이 대체탄력성(σ)이라고 하는데, 콥-더글라스 생산함수는 대체탄력성이 항상 '1'인 CES 생산함수의 하나이다(ㄷ).

정답 ④

0848

등량선이 아래의 그림과 같이 우하향하는 직선의 형태 ($Q = \alpha L + \beta K$)를 취하는 경우, 한계기술대체율과 생산요소의 대체탄력성에 대한 설명으로 옳은 것을 <보기>에서 모두 고르면?

11 국회 8급

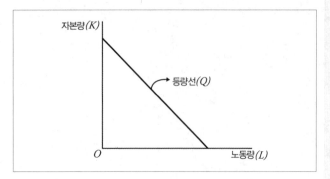

보 기

ㄱ 한계대체율이 0이다.

ㄴ 한계대체율이 0보다 크며, 일정하다.

ㄷ 한계대체율이 체감한다.

ㄹ 생산요소 간 대체탄력성이 0이다.

ㅁ 생산요소 간 대체탄력성이 ∞이다.

① ㄱ, ㄹ

② ㄴ, ㄹ

③ ㄴ, ㅁ

④ ㄷ, ㄹ

⑤ ㄷ, ㅁ

주어진 생산함수는 선형함수이므로 우하향한다.

• 생산함수가 우하향하는 직선이므로 생산함수의 접선의 기울기인 한계기술대체율은 생산의 기울기인 $\frac{\alpha}{\beta}$와 동일하다. 즉 한계대체율은 항상 일정하다.

• 선형 생산 함수에서는 생산요소 간 대체가 완전하게 이루어져 요소 간 대체탄력성이 항상 무한대(∞)인 CES 생산함수의 하나이다.

정답 ③

0849

A기업의 생산함수는 $Y = \sqrt{K+L}$ 이다. 이 생산함수에 대한 설명으로 옳은 것은?

15 지방직

① 규모에 대한 수확불변을 나타낸다.

② 자본과 노동은 완전보완재이다.

③ 이윤극대화를 위해 자본과 노동 중 하나만 사용해도 된다.

④ 등량곡선(iso-quant curve)은 원점에 대해 볼록하다.

주어진 생산함수는 다음과 같이 나타낼 수 있다.

$$Y = \sqrt{K+L} \Rightarrow Y^2 = K+L \Rightarrow W = K+L$$

• 이에 따라 주어진 생산함수는 노동과 자본의 완전대체가 이루어지는 우하향의 선형함수가 되며, 자본과 노동의 가격에 따라 노동과 자본 중 하나만 투입해서 생산이 이루어지는 구석해가 존재할 수 있게 된다.

• 노동과 자본을 동일하게 t배만큼 증가시키면 생산량은 그보다 작은 $\sqrt{t}$ 배만큼 증가하게 되어 규모에 대한 수확체감의 모습을 보이게 된다. 이것의 도출과정은 다음과 같다.

$$\sqrt{tK+tL} = \sqrt{t(K+L)} = \sqrt{t}\sqrt{K+L} = \sqrt{t}\,Y$$

정답 ③

0850

숙련노동(L_1)과 비숙련노동(L_2)만을 생산요소로 사용하는 어떤 기업의 생산함수가 $Q = \min[3L_1, 2L_2]$라고 할 때, 다음 설명 중 옳은 것은?

13 CPA

① 숙련노동의 한계생산은 항상 0보다 크다.
② 숙련노동과 비숙련노동은 대체성이 강한 생산요소이다.
③ 생산기술은 '규모에 대한 수익 체증'을 나타낸다.
④ 장기평균비용곡선은 수평선이다.
⑤ 비숙련노동에 대한 임금이 상승하면 숙련노동에 대한 고용이 증가한다.

주어진 생산함수는 'Leontief 생산함수'이다.

① 비숙련노동 투입이 고정된 상태에서는 아무리 숙련노동의 투입을 증가시켜도 한계생산은 항상 0이다.
② 숙련노동과 비숙련노동은 대체가 불가능하여 항상 2:3으로 결합되어 투입되는 완전보완관계에 있는 생산요소이다.
③ Leontief 생산함수에서는 '규모에 대한 수익 불변'이 나타난다.
④ '규모에 대한 수익 불변'인 경우 장기총비용곡선은 원점을 통과하는 우상향의 직선이 되고, 장기평균비용은 생산량과 관계없이 일정한 크기를 갖게 되어 장기평균비용곡선은 수평의 모습을 보이게 된다.
⑤ 비숙련노동에 대한 임금이 상승하면 비숙련노동에 대한 고용이 감소하고, 이에 따라 2:3으로 결합되어 투입되는 숙련노동에 대한 고용 역시 감소하게 된다.

정답 ④

AK Tip | Leontief 생산함수의 특징

- 생산요소 간의 대체가 불가능하다.
- 산출량은 두 생산요소 중 적은 투입량에 따라 결정된다.
- 자본-노동 투입비율이 일정하다.
- 등량곡선은 L자형이다.
- 대체탄력성이 항상 '0'이다.
- '1차 동차 생산함수'이며, '규모에 대한 수익 불변'이 나타난다.
- 장기총비용곡선은 원점을 통과하는 우상향의 직선이다.
- 장기평균비용곡선은 수평선의 형태이다.

0851

다음 ㉠~㉢에 들어갈 내용으로 옳은 것은?

13 국가직 9급

단기에 기업의 평균총비용곡선은 생산량 증가에 따라 평균총비용이 처음에는 하락하다가 나중에 상승하는 U자의 형태를 갖는다. 평균총비용이 처음에 하락하는 이유는 생산량이 증가함에 따라 (㉠)이 하락하기 때문이다. 평균총비용이 나중에 상승하는 이유는 (㉡)의 법칙에 따라 (㉢)이 증가하기 때문이다.

	㉠	㉡	㉢
①	평균고정비용	한계생산 체감	평균가변비용
②	평균고정비용	규모수익 체감	평균가변비용
③	평균가변비용	한계생산 체감	평균고정비용
④	평균가변비용	규모수익 체감	평균고정비용

평균총비용은 평균고정비용과 평균가변비용의 합으로 이루어진다.

- 단기에 생산량이 빠른 속도로 증가하는 초기에는 한계생산이 체증하여, 평균고정비용과 평균가변비용 모두가 빠르게 하락하게 되어 평균총비용 역시 하락하게 된다.
- 일정수준의 생산량에 도달하게 되면 한계생산이 체감하게 되어 평균고정비용은 완만하게 하락하고, 평균가변비용이 빠르게 상승하게 된다. 이에 따라 평균총비용도 상승하게 된다.
- '규모에 대한 수익 체감'은 장기에 노동과 자본이 동일한 비율로 동시에 증가하는 경우 나타나는 현상이다.

정답 ①

AK Tip | 수확체감과 규모에 대한 보수

단기 생산 함수	하나의 가변요소의 한계생산물	① 수확체감의 법칙 ② 수확체증의 법칙
장기 생산 함수	모든 생산요소(규모)가 동일한 비율로 증가한 경우의 생산량 변동	③ 규모에 대한 보수 감소 ④ 규모에 대한 보수 불변 ⑤ 규모에 대한 보수 증가

⇒ ①과 ③, ④, ⑤가 양립할 수 있고, ②와 ⑤가 양립할 수 있다.

0852

U자 형태의 평균비용곡선과 한계비용곡선 간의 관계에 대한 설명으로 옳지 않은 것은?

16 국가직 7급

① 한계비용이 평균비용보다 낮을 때에는 평균비용곡선이 음의 기울기를 갖게 된다.
② 평균비용곡선과 한계비용곡선이 서로 교차하는 점에서 평균비용은 최소가 된다.
③ 한계비용이 최소가 되는 점에서 평균비용곡선은 한계비용곡선을 아래에서 위로 교차하며 지나간다.
④ 평균비용이 최소가 되는 점보다 생산량을 증가시키는 경우에는 한계비용이 평균비용보다 높다.

한계비용(MC)과 평균비용(AC)과의 관계를 그림으로 나타내면 다음과 같다.

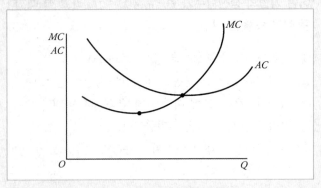

• 평균비용이 최소가 되는 점에서 한계비용곡선은 평균비용곡선을 아래에서 위로 교차하며 지나간다.

정답 ③

0853

기업의 생산활동과 생산비용에 대한 설명으로 옳지 않은 것은?

10 국가직 7급

① 평균비용이 증가할 때 한계비용은 평균비용보다 작다.
② 단기에 기업의 총비용은 총고정비용과 총가변비용으로 구분된다.
③ 낮은 생산수준에서 평균비용의 감소추세는 주로 급격한 평균고정비용의 감소에 기인한다.
④ 완전 경쟁기업의 경우, 단기에 평균 가변비용이 최저가 되는 생산량이 생산 중단점이 된다.

한계비용은 (U자형의)평균비용의 최저점을 통과하여 우상향한다. 따라서 평균비용이 증가할 때 한계비용은 반드시 평균비용보다 크다(0854번 해설 그림 참조).

② 단기에는 고정생산요소가 존재함으로 총비용에는 총고정비용이 고정생산요소에게 지불되는 고정비용이 포함된다.
③ 낮은 생산수준에서 생산량을 증가시키면 평균고정비용은 급격하게 하락하게 되어 평균고정비용곡선의 기울기는 매우 가파른 모습을 보인다. 이에 따라 평균비용은 지속적으로 하락하는 모습을 보인다.
④ 단기에 완전 경쟁기업은 가격이 평균가변비용보다도 낮다면 더 이상의 생산활동을 중단해야 한다. 그 수준은 평균가변비용의 최저점이 된다. 이 수준을 생산중단점 또는 조업중단점이라고 한다.

정답 ①

0854

비용에 대한 설명으로 가장 옳은 것은? 17 서울시 7급

① 조업을 중단하더라도 남아 있는 계약기간 동안 지불해야 하는 임대료는 고정비용이지만 매몰비용은 아니다.

② 평균총비용곡선이 U자 모양일 때, 한계비용은 평균총비용의 최저점을 통과하지 않는다.

③ 한계수확체감 현상이 발생하고 있는 경우, 생산량이 증가함에 따라 한계비용은 감소한다.

④ 가변비용과 고정비용이 발생하고 있고 평균총비용곡선과 평균가변비용곡선이 모두 U자 모양일 때, 평균가변비용의 최저점은 평균총비용의 최저점보다 더 낮은 생산량 수준에서 발생한다.

단기에 가변비용과 고정비용이 존재하고 있고 평균총비용곡선과 평균가변비용곡선이 모두 U자 모양일 때, 각 비용을 그림으로 나타내면 다음과 같다.

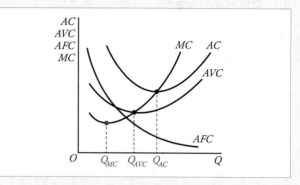

• 그림에서 볼 수 있듯이 한계비용(MC)의 최저점, 평균가변비용(AVC)의 최저점, 평균총비용(AC)의 최저점에서의 생산량에서 '$Q_{MC} < Q_{AVC} < Q_{AC}$' 관계가 성립한다(④). 또한 한계비용은 평균총비용의 최저점을 통과하고 있다(②).

① 조업을 중단하더라도 남아 있는 계약기간 동안 지불해야 하는 임대료는 고정비용이면서 동시에 매몰비용이다. 계약기간 동안에는 어떠한 경제적 선택을 한다고 하더라도 임대료는 지불해야 하므로 회수가 불가능한 전형적인 매몰비용이다.

③ 한계생산(MP)과 한계비용(MC) 사이에는 다음과 같은 관계가 성립한다.

$$MC = \frac{dTC}{dQ} = \frac{d(TFC + TVC)}{dQ} = \frac{dTVC}{dQ}\left(\because \frac{dTFC}{dQ} = 0\right)$$
$$= \frac{w \times dL}{dQ} = \frac{w}{dQ/dL} = \frac{w}{MP_L}$$

(여기서 w는 임금, L은 고용량, Q는 생산량을 의미한다.)

이에 따라 수확체감 현상이 발생하고 있는 경우, 즉 한계생산(MP_L)이 감소하면 생산량이 증가함에 따라 한계비용(MC)은 증가한다.

정답 ④

AK Tip 생산과 비용 간의 쌍대관계

• 평균가변비용(AVC)과 평균생산물(AP_L)의 관계:
$$AVC = \frac{TVC}{Q} = \frac{w \times L}{Q} = \frac{w}{\frac{Q}{L}} = \frac{w}{AP_L}$$

• 한계비용(MC)과 한계생산물(MP_L)의 관계:
$$MC = \frac{\triangle TVC}{\triangle Q} = \frac{w \times \triangle L}{\triangle Q} = \frac{w}{\frac{\triangle Q}{\triangle L}} = \frac{w}{MP_L}$$

⇒ MC는 AVC의 극솟값을, MP는 AP의 극댓값을 지난다.

0855

자본은 고정요소이고 노동은 가변요소라고 가정하자. 임금 수준과 단기 총생산함수는 알려져 있다. 이로부터 얻을 수 있는 정보가 아닌 것은?

07 CPA

① 노동의 한계생산
② 노동의 평균생산
③ 단기 한계비용
④ 평균 가변비용
⑤ 단기 평균비용

총생산함수가 알려져 있으므로 평균값인 AP_L과 한계값인 MP_L을 알 수 있다.

- 임금(w) 수준도 알려져 있으므로 AVC와 MC의 크기를 도출할 수 있다.
- $AC = \dfrac{TC}{Q} = \dfrac{TFC + TVC}{Q}$ 가 성립하므로 총고정비용(TFC)에 관한 정보가 없으면 평균비용(AC)의 크기는 도출할 수 없다.

정답 ⑤

0856

어떤 기업의 고정비용은 50이고, 평균가변비용은 100이다. <보기>에서 이 기업의 단기 생산비용에 대한 설명으로 옳은 것을 모두 고른 것은?

12 국회 8급

보 기

ㄱ. 총가변비용곡선은 원점을 통과하는 직선이다.
ㄴ. 평균고정비용곡선은 기울기가 음(−)이다.
ㄷ. 한계비용곡선은 기울기가 양(+)이다.
ㄹ. 총비용곡선은 기울기가 양(+)이다.

① ㄱ, ㄷ
② ㄱ, ㄹ
③ ㄴ, ㄷ
④ ㄱ, ㄴ, ㄷ
⑤ ㄱ, ㄴ, ㄹ

평균가변비용이 생산량과 관계없이 100으로 일정하다는 것은 총가변비용곡선은 원점을 통과하는 우상향의 직선이라는 의미이다(ㄱ).

- 고정비용이 50으로 일정하므로 평균고정비용은 직각쌍곡선의 모습을 보이고 이에 따라 기울기가 음(−)이 된다(ㄴ).
- 총가변비용곡선이 직선이므로 총비용곡선도 고정비용만큼 상방으로 이동한 기울기가 양(+)인 우상향하는 직선의 모습이다(ㄹ). 따라서 총비용곡선의 접선의 기울기인 한계비용의 크기는 항상 일정하다. 즉, 한계비용곡선의 기울기는 '0'이 된다(ㄷ).

정답 ⑤

0857

공작기계를 만드는 회사가 있다. 시간당 50개를 만들 때 한계비용이 300만원이다. 시간당 55개를 만들 때에는 한계비용이 350만원으로 증가하며, 이는 평균가변비용과 같아진다고 하자. 이 회사의 생산비 함수에 대한 다음 설명 중 틀린 것은?

01 입시

① 생산량이 55개일 때 노동의 평균생산성은 그것의 한계생산성과 같다.

② 기계 한 대의 시장가격이 350만원 미만으로 하락하면 조업을 중단해야 한다.

③ 이 회사가 50개를 생산하고 있을 때에는 평균가변비용이 한계비용보다 더 크다.

④ 만일 이 회사가 55개의 기계를 개당 350만원에 판매한다면 이 회사는 손익분기점에 도달하게 된다.

⑤ 생산량을 50개에서 55개로 늘릴 때에 한계비용이 상승하는 것은 한계수확체감의 법칙이 작용하기 때문이다.

문제에서 주어진 내용을 그림으로 나타내면 다음과 같다.

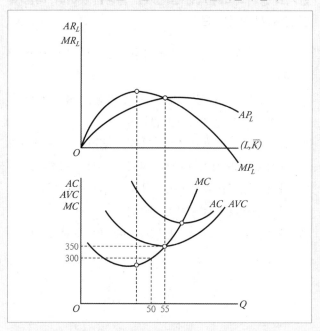

① 생산량이 55개일 때 평균가변비용과 한계비용이 일치하며, 이에 따라 노동의 평균생산성은 한계생산성과 같아진다.

② 기계 한 대의 시장가격이 350만 원 미만으로 하락하면 판매수입으로 가변비용도 충당하지 못하므로 손실은 생산을 하지 않는 경우보다 커진다. 따라서 조업을 중단해야 한다.

③ 이 회사가 50개를 생산하고 있을 때에는 평균가변비용이 한계비용보다 위에 위치하고 있다.

⑤ 생산량을 50개에서 55개로 늘릴 때에 한계비용이 상승하는 것은 같은 구간에서 노동의 한계생산이 체감하고 있기 때문이다. 한계비용과 한계생산이 역(-)의 관계가 성립한다는 것을 알면 쉽게 이해할 수 있다.

④ 손익분기점은 상품의 시장가격이 평균비용(AC)의 최저점과 일치하는 경우이다. 평균가변비용(AVC)의 최저점은 조업중단점이다.

정답 ④

0858

단기와 장기의 비용곡선 간 관계를 설명한 것이다. 다음 설명 중 옳지 않은 것은? 12 국회 8급

① 단기총비용곡선은 장기총비용곡선과 한 점에서만 접한다.

② 단기평균비용곡선의 최저점은 장기평균비용곡선의 최저점과 항상 일치하지는 않는다.

③ 단기와 장기의 총비용곡선이 서로 접하는 산출량 크기에서 단기와 장기의 한계비용곡선도 서로 접한다.

④ 단기와 장기의 총비용곡선이 서로 접하면 단기와 장기의 평균비용곡선도 서로 접한다.

⑤ 단기평균비용곡선은 장기평균비용곡선과 한 점에서만 접한다.

해설

장기한계비용곡선은 단기한계비용곡선의 포락선이 아니다. 따라서 두 곡선은 접하지 않고 한 점에서 만나 교차할 뿐이다(③).

• 장기총비용곡선은 무수히 존재할 수 있는 단기총비용곡선 중 가장 낮은 한 점만을 포함한 선이며, 장기평균비용곡선은 단기평균비용곡선 중 가장 낮은 한 점만을 포함한 포락선이다(①, ⑤).

• 장기평균비용곡선의 최저점에서만 단기총비용곡선의 최저점과 만난다(②).

• 평균비용곡선은 원점에서 총비용의 한 점까지 그어진 직선의 기울기이므로, 동일한 접점까지의 직선 기울기 역시 같게 된다. 여기서 평균비용이 접한다는 것은 평균비용의 크기, 즉 그 기울기가 같다는 의미이다(④).

정답 ③

0859

기업의 단기 한계비용곡선이 통과하는 점으로 옳은 것만을 <보기>에서 모두 고르면? 19 국회 8급

보기

㉠ 단기 총비용곡선의 최저점

㉡ 단기 평균고정비용곡선의 최저점

㉢ 단기 평균가변비용곡선의 최저점

㉣ 단기 평균총비용곡선의 최저점

① ㉠, ㉡

② ㉡, ㉢

③ ㉢, ㉣

④ ㉠, ㉡, ㉢

⑤ ㉡, ㉢, ㉣

해설

단기 한계비용(SMC)곡선은 단기 평균가변비용(SAVC)곡선과 단기 평균총비용(SATC)곡선의 최저점을 지나 우상향하는 모습을 보인다.

㉠ 단기 총비용곡선의 최저점은 비용절편이며, 그 크기는 단기 총고정비용이다.

㉡ 단기 평균고정비용곡선의 최저점은 존재하지 않고, 수량 축에 수렴하게 된다.

정답 ③

0860

마이크로소프트사가 윈도우 프로그램을 생산하는데 고정비용으로 1억$를 투입한다. 가변비용은 일정하여 한 장당 50센트라고 한다. 다음 설명 중 가장 옳은 것은?

02 감정평가사

① 생산량 증가에 따라 평균비용이 감소한다.
② 완전경쟁적 시장이 형성될 것이다.
③ 독점적 경쟁시장이 형성될 것이다.
④ 규모의 경제가 존재하지 않는다.
⑤ 과점시장이 형성될 것이다.

해 설

평균가변비용(AVC)가 50센트, 즉 0.5$로 일정하다는 것은 총가변비용(TVC)이 원점을 지나는 직선이라는 의미이다.
- 주어진 조건에 따른 총비용(TC)과 평균비용(AC)을 그림으로 나타내면 다음과 같다.

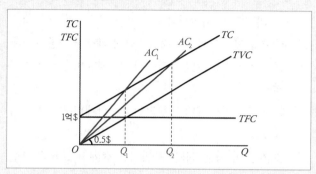

- 그림에서 보는 바와 같이 생산량이 증가($Q_1 \Rightarrow Q_2$)할 때 평균비용(AC)은 지속적으로 감소($AC_1 \Rightarrow AC_2$)하게 된다. 이에 따라 마이크로소프트사에게는 규모의 경제가 존재하게 된다. 이러한 규모의 경제로 인해 형성되는 독점시장의 형태를 '자연독점'이라고 한다.

정답 ①

0861

A기업의 생산함수는 Q = L - 100이고, 노동 1단위당 임금은 1이다. 다음 설명 중 옳은 것은? (단, L은 노동, Q는 생산량, Y> 0)

10 감정평가사

① 규모의 경제가 나타난다.
② 노동의 한계생산이 체감한다.
③ 노동의 평균생산이 일정하다.
④ 생산량이 일정 수준을 넘어서면 한계비용이 평균비용보다 더 커진다.
⑤ 생산량이 늘어남에 따라 평균비용은 처음에는 감소하나 생산량이 일정 수준을 넘어서면 점차 증가한다.

해 설

주어진 생산함수와 관련된 내용을 그림으로 나타내면 다음과 같다.

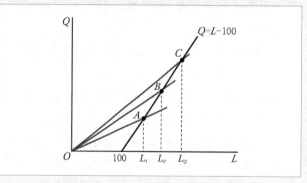

- 노동투입이 '$L_1 \rightarrow L_2 \rightarrow L_3$'로 늘어남에 따라 원점에서 A점, B점, C점까지의 직선의 기울기는 노동의 평균생산($AP_L = \frac{Q}{L}$)은 지속적으로 증가하며, 생산과 비용의 쌍대관계에 따라 평균가변비용(AVC)은 지속적으로 하락한다. 또한 생산량이 증가함에 따라 평균고정비용(AFC) 또한 지속적으로 하락하므로 평균비용(AC)도 지속적으로 하락하게 된다. 이에 따라 장기에는 규모의 경제가 나타나게 된다(①, ③, ⑤).
- 생산함수가 직선으로 나타나 있으므로 모든 점에서의 접선의 기울기는 1로 일정하다. 따라서 노동의 한계생산 역시 일정하게 측정된다(②).
- 평균비용이 감소하면 한계비용은 반드시 평균비용 아래에 위치하게 된다. 주어진 생산함수에 노동 투입을 증가하면 평균생산은 지속적으로 증가하지 감소하지 않는다(④).

정답 ①

0862

소규모 기업인 A기업의 생산함수가 $Y = L^2$로 주어져 있다고 하자. 이에 대한 설명으로 옳지 않은 것은? (단, L은 노동, Y는 생산량을 나타냄)

13 국회 8급

① 규모의 경제가 나타난다.

② 노동투입이 증가함에 따라 노동의 한계생산은 증가한다.

③ 생산요소시장이 완전경쟁적일 때, 평균비용은 우하향한다.

④ 생산요소시장이 완전경쟁적일 때, 한계비용은 우하향한다.

⑤ 한계비용이 평균비용을 통과하는 점에서 효율적 생산량이 존재한다.

해설

주어진 생산함수는 노동투입을 증가시킬 때 생산량은 노동투입량의 제곱 배만큼 증가하는 '규모의 경제'가 존재하고 있다(①).

- 이에 따라 노동투입이 증가함에 따라 노동의 한계생산은 체증하며(②), 평균비용과 한계비용은 지속적으로 하락하게 된다(③, ④).
- 규모의 경제가 존재하는 구간에서는 항상 한계비용이 평균비용보다 아래에 위치하게 되므로 한계비용이 평균비용을 통과하는 경우는 나타나지 않는다(⑤).

정답 ⑤

0863

생산자 비용 및 생산자 선택이론에 대한 설명으로 옳은 것은?

12 국가직 7급

① 생산량 증가 시 한계비용이 평균비용보다 크면 평균비용은 하락한다.

② 한 재화의 생산량 증가에 따라 평균비용이 감소하는 것을 범위의 경제라 한다.

③ 총비용곡선이 직선인 경우에도 기업의 이윤극대화 산출량은 0이나 무한대가 될 수 없다.

④ 공급곡선이 원점을 통과하여 우상향하는 직선인 경우 공급의 가격탄력성은 기울기에 관계없이 모두 1이다.

해설

공급곡선이 가격 축을 통과하는 직선이라면 그 기울기와 관계없이 항상 1보다 크고, 수량 축을 통과하는 직선이라면 그 기울기와 관계없이 항상 1보다 작다. 그리고 공급곡선이 원점을 통과하는 직선이라면 그 기울기와 관계없이 항상 1이다.

① 한계비용과 평균비용과의 관계를 그림으로 나타내면 다음과 같다.

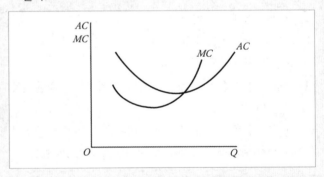

따라서 한계비용이 평균비용보다 크면 평균비용은 상승한다.

② 한 재화의 생산량 증가에 따라 평균비용이 감소하는 것을 '규모의 경제'라고 한다. '범위의 경제'란 상품을 개별적으로 생산할 때보다, 함께 생산할 때 생산비용이 더 작은 경우를 말한다. 이를 식으로 나타내면 다음과 같다.

$$C(X + Y) < C(X) + C(Y)$$

③ 총비용곡선이 직선이라는 것은 한계비용이 일정하다는 것을 의미한다. 그런데 완전경쟁기업에서는 한계수입이 시장가격 수준에서 일정하므로, 만일 그 한계수입이 한계비용과 같다면 이윤극대화(MR = MC)는 모든 생산량에서 달성될 수 있다.

정답 ④

0864

생산비용에 대한 설명으로 옳은 것만을 모두 고른 것은?

15 국가직 7급

㉠ 총비용함수가 $TC = 100 + \sqrt{Q}$인 경우 규모의 경제가 존재한다. (단, Q는 생산량이다.)

㉡ 한 기업이 두 재화 X, Y를 생산할 경우의 비용이 C(X,Y) $= 10 + 2X + 3Y - XY$이고, 두 기업이 X, Y를 독립적으로 하나씩 생산할 경우의 비용이 각각 C(X) $= 5 + 2X$, C(Y) $= 5 + 3Y$인 경우 범위의 경제가 존재한다.

㉢ 매몰비용과 관련된 기회비용은 0이다.

---

① ㉠, ㉡

② ㉠, ㉢

③ ㉡, ㉢

④ ㉠, ㉡, ㉢

규모의 경제란 장기에 생산규모의 증가에 따라 (장기)평균비용이 지속적으로 하락하는 현상을 의미한다. 총비용함수가 $TC = 100 + \sqrt{Q}$인 경우에 (장기)평균비용함수는 $LAC = \dfrac{\sqrt{Q}}{Q}$가 되어 생산량 Q가 증가함에 따라 (장기)평균비용함수는 지속적으로 감소하게 된다. 이에 따라 규모의 경제가 존재함을 알 수 있다(㉠).

• 다만 장기에는 고정비용이 존재하지 않으므로 주어진 총비용함수에서 고정비용을 제거한 것을 장기총비용함수 $LTC = \sqrt{Q}$로 간주하고 설명을 하고 있다.

• 범위의 경제는 C(X, Y) <C(X) + C(Y)인 경우에 성립한다. 이에 따라 X와 Y가 각각 양수이므로 10 + 2X + 3Y - XY <10 + 2X + 3Y가 되어 범위의 경제가 성립함을 알 수 있다(㉡).

• 매몰비용은 어떠한 의사결정을 해도 회수할 수 없는 비용이므로 기회비용 = 0이 성립한다(㉢).

정답 ④

THEME 03 | 수요-공급 이론

0865

다음은 사과와 배의 수요함수를 추정한 식이다. 이에 대한 설명으로 옳지 않은 것은?

16 국가직 7급

- 사과의 수요함수: $Q_A = 0.8 - 0.8P_A - 0.2P_B + 0.6I$
- 배의 수요함수: $Q_B = 1.1 - 1.3P_B - 0.25P_A + 0.7I$

(단, Q_A는 사과 수요량, Q_B는 배 수요량, P_A는 사과 가격, P_B는 배 가격, I는 소득을 나타낸다.)

① 사과와 배는 보완재이다.
② 사과와 배는 모두 정상재이다.
③ 사과와 배 모두 수요법칙이 성립한다.
④ 사과와 배 모두 가격 및 소득과 무관한 수요량은 없다.

해설

수요함수에서 상수인 사과의 수요함수에서 0.8과 배의 수요함수에서 1.1은 모두 사과와 배의 가격 그리고 소득과 무관하게 존재하는 수요량이다.

- 배의 가격과 사과의 수요량, 사과의 가격과 배의 수요량과의 관계가 음(-)이므로 두 재화 간에는 보완관계가 성립한다 (①).
- 소득과 사과 및 배의 수요량과의 관계가 양(+)이므로 두 재화 모두는 정상재이다(②).
- 사과와 배의 가격과 수요량과의 관계가 음(-)이므로 두 재화 모두 수요법칙이 성립한다(③).

정답 ④

0866

A와 B 두 명으로 구성된 어떤 가구를 가정하자. 어떤 사적 재화(private goods)에 대한 A와 B의 수요함수는 각각 $P = 10 - \frac{1}{2}Q_A$와 $P = 20 - 2Q_B$라고 한다. 이 가구의 수요함수에 대한 다음 설명 중 옳은 것을 모두 고르면? (단, P는 가격, Q_A, Q_B는 각각 A, B의 수요량, Q는 가구 수요량) 10 CPA

> ㉠ 가격수준에 따라 이 가구의 수요함수는 $Q = 10 - \frac{1}{2}P$일 수 있다.
>
> ㉡ 가격수준에 따라 이 가구의 수요함수는 $Q = 20 - 2P$일 수 있다.
>
> ㉢ 가격수준에 따라 이 가구의 수요함수는 $Q = 30 - \frac{5}{2}P$일 수 있다.

① ㉠

② ㉡

③ ㉢

④ ㉠, ㉡

⑤ ㉠, ㉢

가구수요함수는 A와 B의 수요함수를 수평적으로 합해서 도출한다.

• A와 B의 수요함수는 다음과 같이 나타낼 수 있다.

> • A의 수요함수: $Q_A = 20 - 2P$
>
> • B의 수요함수: $Q_B = 10 - \frac{1}{2}P$

• 주어진 A와 B의 수요함수와 가구수요함수를 그림으로 나타내면 다음과 같다.

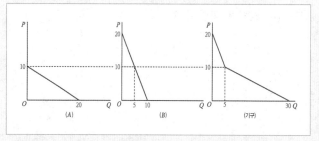

• 그림에서 볼 수 있는 것처럼 가격이 10 이상인 수준에서는 B의 수요함수가 가구전체의 수요함수이고, 가격이 10 이하인 수준에서 비로소 A와 B의 수요함수를 수평적으로 합해서 도출되고 있음을 주의해야 한다.

> • $P \geq 10$인 경우 가구수요함수: $Q_B = 10 - \frac{1}{2}P$
>
> • $0 < P \leq 10$인 경우 가구수요함수: $Q = Q_A + Q_B = 30 - \frac{5}{2}P$

정답 ⑤

AK Tip 시장수요곡선의 도출

> 시장수요함수 = $\sum$개별수요함수(수평적 합)
>
> ⇒ 사적재의 개별수요함수를 $Q = a - b \times P$로 정리하여 모든 개별 수요함수의 양 변을 합하여 도출한 다. 여기서 사적재는 모든 수요자에게 동일한 가격 하에서 상이한 소비가 이루어지는 재화를 의미한다. 이에 따라 '$\sum Q_{개별 수요량} = Q_{시장수요량}$'이 성립하게 된다.
>
> ⇒ 모든 개별수요함수가 $P = a - b \times Q(a > 0, b > 0)$의 형태로 동일한 경우, 시장수요함수는 개별수요함수와 가격절편은 같고, 기울기는 $\frac{1}{N}$(여기서 N은 수요자의 수)배가 되는 $P = a - \frac{b}{N} \times Q \ (a > 0, b > 0)$의 형태가 된다. 단, 앞의 두 가지의 도출방법은 개별수요함수가 모두 동일하다는 가정 하에 성립한다.

0867

전력 과소비의 원인 중 하나로 낮은 전기료가 지적되고 있다. 다음 중 전력에 대한 수요곡선을 이동(Shift)시키는 요인이 아닌 것은?

13 지방직 7급

① 소득의 변화
② 전기료의 변화
③ 도시가스의 가격 변화
④ 전기 기기에 대한 수요 변화

전기료는 전력이라는 상품의 가격이므로, 이러한 전기료의 변화는 수요량의 변화 요인으로 곡선을 이동시키지 않고 곡선 상의 이동만을 가져 온다.

정답 ②

0868

재화 X의 가격이 상승할 때 나타나는 효과에 대한 서술로 가장 옳은 것은?

16 서울시 7급

① 재화 X와 대체관계에 있는 재화 Y의 가격은 하락한다.
② 재화 X와 보완관계에 있는 재화 Y의 수요량은 증가한다.
③ 재화 X가 정상재라면 수요량은 감소한다.
④ 재화 X가 열등재라면 수요량은 증가한다.

선택지를 각각 살펴보면 다음과 같다.
① 재화 X의 가격이 상승하면 재화 X와 대체관계에 있는 재화 Y의 수요는 증가하게 되어 재화 Y재의 가격은 상승한다.
② 재화 X의 가격이 상승하면 재화 X와 보완관계에 있는 재화 Y의 수요는 감소하게 된다.
③ 재화 X의 가격이 상승하면 당해 재화의 가격의 변화이므로, 재화 X가 정상재인 한 수요법칙에 따라 수요량은 감소하게 된다.
④ 재화 X의 가격이 상승하면 당해 재화의 가격의 변화이므로, 재화 X가 기펜재가 아닌 열등재인 한 수요법칙에 따라 수요량은 감소하게 된다.

정답 ③

0869

노동시장에서 노동공급곡선과 노동수요곡선의 기울기의 절댓값이 <보기>의 그래프와 같이 서로 동일하다. 근로자와 고용주에게 4대 보험료를 반반씩 나누어 부담시킬 때, 노동시장에서의 균형 급여수준과 근로자들이 수령하는 실질임금수령액을 모두 적절히 표시한 것은? 16 국회 8급

보기

• 4대 보험료의 크기는 점a와 점e의 간격에 해당하고 점a와 점b, 점b와 점c, 점c와 점d, 점d와 점e의 간격은 모두 같다.

① 균형 급여수준: a, 실질임금수령액: c
② 균형 급여수준: c, 실질임금수령액: c
③ 균형 급여수준: c, 실질임금수령액: e
④ 균형 급여수준: d, 실질임금수령액: e
⑤ 균형 급여수준: e, 실질임금수령액: e

해 설

4대 보험료의 크기가 'a - e'이므로 근로자와 고용주에게 4대 보험료를 반반씩 나누어 부담시키면, 노동수요곡선은 'a - c'만큼 하방으로 평행이동하고, 노동공급곡선은 'c - e'만큼 상방으로 평행이동하게 된다.
• 두 그래프의 기울기의 절댓값이 서로 동일하므로 새로운 균형점은 c에서 이루어진다. 이에 따라 균형 급여수준은 c의 높이가 되고, 여기서 노동공급인 근로자가 부담한 4대 보험료인 'c-e'만큼을 제외한 e의 높이가 실질임금수령액이 된다.

정답 ③

0870

과자와 도넛만을 소비하는 소비자가 있다. 이 소비자는 소득이 늘면 항상 과자 소비를 줄인다. 이 경우, 도넛 가격의 하락으로 나타나는 현상으로 옳은 것은? (단, 과자 가격은 불변이다.) 14 국가직 9급

① 과자 수요량은 감소한다.
② 도넛 가격이 충분히 하락하면 과자 수요량은 증가할 수 있다.
③ 도넛 수요곡선이 우측으로 이동하고 장기적으로 도넛 가격은 어느 정도 다시 상승하게 된다.
④ 도넛 수요량은 증가하지만 위의 정보로는 과자 수요량에 미치는 영향은 알 수 없다.

해 설

소비자가 소득이 늘 때 과자 소비를 줄인다고 했으므로 과자는 열등재이고, 아무런 전제가 없는 도넛은 정상재이다.
• 문제에서 주어진 도넛 가격 하락으로 인한 변화와 결과를 표로 정리하면 다음과 같다.

변화	결과
해당 재화(도넛)의 가격 하락	도넛 수요량 증가
과자의 상대가격 상승	과자 소비량 감소
실질소득 증가	• 열등재인 과자 소비량 감소 • 정상재인 도넛 소비량 증가

• 도넛 가격이 하락하면 과자의 소비량(수요량)은 반드시 감소하고, 도넛의 수요량은 반드시 증가한다.

정답 ①

0871

자동차 제조업체들이 생산비용을 획기적으로 절감할 수 있는 로봇 기술을 개발하였다. 이 기술개발이 자동차 시장에 미치는 직접적인 파급효과로 옳은 것은? 14 국가직 7급

① 수요곡선이 우측으로 이동하고, 자동차 가격이 상승한다.
② 수요곡선이 우측으로 이동하고, 자동차 가격이 하락한다.
③ 공급곡선이 우측으로 이동하고, 자동차 가격이 상승한다.
④ 공급곡선이 우측으로 이동하고, 자동차 가격이 하락한다.

자동차 제조업체들이 생산비용을 절감하게 되면 공급이 증가하여 공급곡선이 오른쪽으로 이동하고 이에 따라 가격은 하락하고 거래량은 증가한다.

정답 ④

AK Tip 수요 · 공급 변화와 균형의 변동

• 수요의 변화와 균형의 변동

		균형가격	균형거래량
공급일정	수요↑	↑	↑
	수요↓	↓	↓

• 공급의 변화와 균형의 변동

		균형가격	균형거래량
수요일정	공급↑	↓	↑
	공급↓	↑	↓

0872

이상기후 현상으로 인해 오징어 어획량이 감소하고, 오징어를 사용한 음식이 건강에 좋다는 인식이 확산되었다. 이 현상이 오징어 거래량과 오징어 가격에 미치는 영향은? 07 감정평가사

① 오징어 거래량이 증가하지만 오징어 가격의 변화는 불확정적이다.
② 오징어 거래량의 변화는 불확정적이지만 오징어 가격은 상승한다.
③ 오징어 거래량이 증가하고 오징어 가격은 상승한다.
④ 오징어 거래량이 감소하고 오징어 가격은 상승한다.
⑤ 오징어 거래량이 증가하고 오징어 가격은 하락한다.

이상기후 현상으로 인한 오징어 어획량 감소는 오징어 공급을 감소시키고 이는 오징어의 가격을 상승시킨다.
• 오징어를 사용한 음식이 건강에 좋다는 인식의 확산은 오징어에 대한 수요를 증가시키고 이 또한 오징어의 가격을 상승시킨다.
• 오징어 공급 감소와 오징어 수요 증가가 동시에 이루어지므로 오징어의 가격은 반드시 상승한다. 그러나 오징어의 공급 감소의 크기와 수요 증가의 크기 중 어느 것이 더 큰 것인가는 주어진 내용만으로는 알 수 없다. 이에 따라 오징어의 거래량의 증감여부는 알 수 없다.

정답 ②

AK Tip 수요와 공급의 동시 변화와 균형의 변동

수요	공급		
	증가	불변	감소
증가	P(?), Q(↑)	P(↑), Q(↑)	P(↑), Q(?)
불변	P(↓), Q(↑)	P(불변), Q(불변)	P(↑), Q(↓)
감소	P(↓), Q(?)	P(↓), Q(↓)	P(?), Q(↓)

0873

커피와 크루아상은 서로 보완재이고, 커피와 밀크 티는 서로 대체재이다. 커피 원두 값이 급등하여 커피 가격이 인상될 경우, 각 시장의 변화로 옳은 것을 <보기>에서 모두 고르면? (단, 커피, 크루아상, 밀크 티의 수요 및 공급곡선은 모두 정상적인 형태이다.) 18 국회 8급

> **보기**
>
> ㄱ. 커피의 공급곡선은 왼쪽으로 이동한다.
> ㄴ. 크루아상 시장의 생산자잉여는 감소한다.
> ㄷ. 크루아상의 거래량은 증가한다.
> ㄹ. 밀크 티 시장의 총잉여는 감소한다.
> ㅁ. 밀크 티의 판매수입은 증가한다.

① ㄱ, ㄴ, ㄷ
② ㄱ, ㄴ, ㅁ
③ ㄴ, ㄷ, ㄹ
④ ㄴ, ㄷ, ㅁ
⑤ ㄷ, ㄹ, ㅁ

해설

커피 원두 값의 급등은 커피의 생산비 상승을 의미한다. 이에 따라 커피 공급이 감소하게 되어, 커피의 공급곡선은 왼쪽으로 이동하게 된다(ㄱ).
• 커피 가격의 상승은 보완재인 크루아상의 수요를 감소시키고, 대체재인 밀크 티의 수요를 증가시킨다. 이에 따라 크루아상 시장에서는 크루아상의 거래량이 감소하고, 크루아상의 소비자 잉여 및 생산자 잉여 모두가 감소하게 된다(ㄴ, ㄷ).
• 밀크 티 시장에서는 밀크 티의 거래량이 증가하게 되고, 소비자 잉여 및 생산자 잉여 모두가 증가하여 사회적 총잉여 역시 증가하게 된다(ㄹ). 또한 밀크 티의 균형가격도 상승하게 되어 밀크 티의 판매수입은 증가하게 된다(ㅁ).

정답 ②

0874

甲은 영화 DVD 대여료가 4,000원일 때 한 달에 5개를 빌려 보다가, DVD 대여료가 3,000원으로 하락하자 한 달에 9개를 빌려 보았다. 甲의 DVD 대여에 대한 수요의 탄력성과 수요곡선의 모양에 대한 설명으로 가장 적절한 것은? 17 추가채용 국가직 7급

① 수요는 탄력적이고, 이때의 수요곡선은 상대적으로 완만하다.
② 수요는 탄력적이고, 이때의 수요곡선은 상대적으로 가파르다.
③ 수요는 비탄력적이고, 이때의 수요곡선은 상대적으로 완만하다.
④ 수요는 비탄력적이고, 이때의 수요곡선은 상대적으로 가파르다.

해설

주어진 문제는 수요의 '가격'탄력성을 묻는 것으로 보인다. 수요의 가격탄력성을 도출하는 공식은 다음과 같다. 단, 본 문제에서의 탄력성은 '호'탄력성임을 기억한다.

$$E_P = \frac{수요량의\ 변화율}{가격의\ 변화율} = \frac{\Delta Q}{Q} / \frac{\Delta P}{P}$$

• 문제에서 가격은 4,000원에서 3,000원으로 1,000원만큼 하락했으므로 $\frac{\Delta P}{P} = 25\%$, 수요량은 5개에서 9개로 4개만큼 증가했으므로 $\frac{\Delta Q}{Q} = 80\%$가 된다.
• 이 결과를 앞의 공식에 대입하게 되면 수요의 가격탄력성은 $E_P = 3.2$가 되어 탄력적이 되며, 이에 따라 수요곡선은 상대적으로 완만한 기울기를 갖게 된다.

정답 ①

0875

아래 그림과 같이 직선으로 표시되는 수요곡선 D_1, D_2, D_3, D_4 상의 점 A, B, C에 대한 가격탄력성을 비교한 설명 중 옳은 것은?

07 CPA

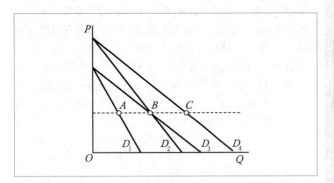

① D_1 상의 점 A는 D_4 상의 점 C에 비하여 가격탄력성이 크다.

② D_2 상의 점 B는 D_3 상의 점 B에 비하여 가격탄력성이 크다.

③ D_2 상의 점 B는 D_4 상의 점 C에 비하여 가격탄력성이 크다.

④ D_3 상의 점 B는 D_1 상의 점 A에 비하여 가격탄력성이 크다.

⑤ D_4 상의 점 C는 D_3 상의 점 B에 비하여 가격탄력성이 크다.

수요의 가격탄력성의 정의에 따라 다음과 같이 도출된다.

$$E_P = -\frac{dQ}{dP} \times \frac{P}{Q}$$

• 다음과 같은 두 가지 경우의 가격탄력성을 정리해 본다.
• 수요곡선이 한 점에서 교차하는 경우

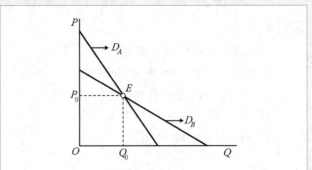

수요곡선 D_A와 D_B의 교차점인 E점에서 가격(P_0)과 거래량(Q_0)은 동일하다. 따라서 두 수요곡선 상의 $\frac{P}{Q}$의 값은 동일하므로 탄력도는 $\frac{dQ}{dP}$의 값에 의해 그 크기가 결정된다. 그런데 $\frac{dQ}{dP}$는 수요곡선 기울기의 역수이므로 수요곡선의 기울기가 완만할수록 그 크기는 커지게 된다. 결국 D_A곡선 상의 E점보다 D_B곡선 상의 E점에서의 탄력도가 더 큰 값을 갖는다.

• 수요곡선이 가격절편은 동일하고 기울기가 다른 경우

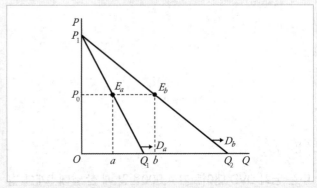

동일한 가격(P_0), 상이한 기울기의 수요곡선에서의 가격탄력도를 구해보자. 직각 삼각형의 성질을 이용한 E_a점에서의 가격탄력도는 $E_P = \frac{aQ_1}{0a} = \frac{E_aQ_1}{P_1E_a} = \frac{P_00}{P_1P_0}$이고, E_b점에서의 가격탄력도는 $E_P = \frac{bQ_2}{0b} = \frac{E_bQ_2}{P_1E_b} = \frac{P_00}{P_1P_0}$가 되어 그 크기는 동일하다.

• 앞의 내용을 이용하면 D_1 상의 점 A와 D_3 상의 점 B에서의 가격탄력성이 같고, D_2 상의 점 B와 D_4 상의 점 C에서의 가격탄력성이 같다. 그리고 D_3 상의 점 B에서의 가격탄력도가 D_2 상의 점 B에서의 가격탄력성보다 크다.

② D_2 상의 점 B는 D_3 상의 점 B에 비하여 가격탄력성이 작다.
③ D_2 상의 점 B는 D_4 상의 점 C에서의 가격탄력성은 같다.
④ D_3 상의 점 B는 D_1 상의 점 A에서의 가격탄력성은 같다.
⑤ D_4 상의 점 C는 D_3 상의 점 B에 비하여 가격탄력성이 작다.

정답 ①

0876

수요와 공급의 가격탄력성에 대한 설명으로 옳은 것을 <보기>에서 모두 고르면?   18 국회 8급

보기

ㄱ. 어떤 재화에 대한 소비자의 수요가 비탄력적이라면, 가격이 상승할 경우 그 재화에 대한 지출액은 증가한다.

ㄴ. 수요와 공급의 가격탄력성이 클수록 단위당 일정한 생산보조금 지급에 따른 자중손실(deadweight loss)은 커진다.

ㄷ. 독점력이 강한 기업일수록 공급의 가격탄력성이 작아진다.

ㄹ. 최저임금이 인상되었을 때, 최저임금이 적용되는 노동자들의 총임금은 노동의 수요보다는 공급의 가격탄력성에 따라 결정된다.

① ㄱ, ㄴ   ② ㄱ, ㄷ

③ ㄴ, ㄹ   ④ ㄱ, ㄴ, ㄷ

⑤ ㄱ, ㄴ, ㄷ, ㄹ

해설

독점기업에게는 공급곡선 자체가 존재하지 않아 공급의 가격탄력성이 정의될 수 없다(ㄷ).

• 최저임금이 인상되었을 때, 최저임금이 적용되는 노동자들의 총임금은 노동의 수요의 가격 탄력성에 따라 달라진다(ㄹ).

정답 ①

0877

A시의 시내버스시스템이 적자상태에 있어 수입을 증대시킬 방안을 찾고 있다. A시의 대중교통과 직원은 버스요금 인상을 주장하는 데 반해, 시민단체는 버스요금 인하를 주장한다. 양측의 주장에 대한 설명으로 옳은 것은?   16 지방직 7급

① 직원은 버스에 대한 수요가 가격탄력적이라고 생각하지만, 시민단체는 수요가 가격비탄력적이라 생각한다.

② 직원은 버스에 대한 수요가 가격비탄력적이라고 생각하지만, 시민단체는 수요가 가격탄력적이라 생각한다.

③ 직원과 시민단체 모두 버스에 대한 수요가 가격비탄력적이라 생각하지만, 시민단체의 경우가 더 비탄력적이라고 생각한다.

④ 직원과 시민단체 모두 버스에 대한 수요가 가격탄력적이라 생각하지만, 직원의 경우가 더 탄력적이라고 생각한다.

해설

가격의 변화를 통한 수입을 증대시키는 방법은 다음과 같다. 만약 수요의 가격탄력성이 탄력적인 경우에는 가격을 인하하는 방법이고, 수요의 가격탄력성이 비탄력적인 경우에는 가격을 인상하는 방법이다.

• 앞의 내용들을 그림으로 나타내면 다음과 같다.

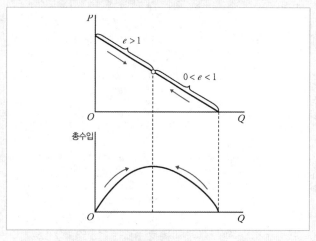

• 결국 버스요금 인상을 주장하는 A시의 대중교통과 직원은 버스에 대한 수요가 가격변화에 대해 비탄력적이라고 생각하고, 버스요금 인하를 주장하는 시민단체는 버스에 대한 수요가 가격변화에 대해 탄력적이라고 생각하고 있다고 볼 수 있다.

정답 ②

AK Tip 가격의 변화에 따른 총수입의 변화

구분	수요의 가격탄력성	총수입
$P\uparrow$ $(P\downarrow)$	$E_P < 1$	증가(감소)
	$E_P = 1$	불변
	$E_P > 1$	감소(증가)

0878

수요함수가 우하향하는 직선의 형태일 때, 수요의 가격탄력성에 대한 설명으로 옳은 것은?

17 지방직 7급

① 필수재에 비해 사치재의 수요는 가격변화에 대해 보다 비탄력적이다.
② 수요의 가격탄력성이 1일 때 총지출은 최대가 된다.
③ 수요의 가격탄력성은 수요곡선의 어느 점에서 측정하더라도 같은 값을 가진다.
④ 수요곡선의 임의의 점에서 수요의 가격탄력성은 수요곡선 기울기의 역수로 계산된다.

Amorozo-Robinson 공식에 따라 다음이 성립한다.

$$MR = P\left(1 - \frac{1}{E_P}\right)$$

여기서 MR은 한계수입, P는 시장가격, E_P는 수요의 가격탄력성이다.

• 수요의 가격탄력성이 '1'이면, 이때의 한계수입은 'MR = 0'이 되고, 가계의 총지출(= 기업의 총수입)은 극대가 된다(②).
• 동일한 비율의 가격변화에 대해 사치재는 필수재에 비해 더 큰 비율의 수요량 변화를 보인다. 이에 따라 수요의 가격탄력성이 보다 탄력적이다(①).
• 수요의 가격탄력성은 다음과 같이 구성된다.

$$E_P = -\frac{dQ}{dP} \times \frac{P}{Q}$$

여기서 '$-\frac{dQ}{dP}$'는 수요곡선의 접선의 기울기의 역수이고, '$\frac{P}{Q}$'는 원점에서 수요곡선 상의 한 점까지 그은 직선의 기울기이다.
• 만약에 수요함수가 직선으로 주어지면 모든 점에서 접선의 기울기는 수요곡선 자체의 기울기와 일치하므로 동일한 크기를 갖는다. 따라서 그 역수 또한 동일한 크기를 갖는다.
• 원점에서 수요곡선 상의 한 점까지 그은 직선의 기울기는 그 한 점이 수요곡선의 어느 곳에 위치하는가에 따라 달라진다. 이에 따라 수요곡선 상의 모든 점에서 수요의 가격탄력성은 서로 다른 값을 갖게 된다(③, ④).

정답 ②

0879

쌀에 대한 시장수요함수는 다음과 같다.

$$Q_D = 100 - P$$

이때 P는 쌀의 가격이고, Q_D는 쌀의 수요량이다. <보기>에서 옳은 것을 모두 고른 것은?

12 국회 8급

보 기

ㄱ 쌀의 수요는 비탄력적이다.

ㄴ 쌀의 수요탄력성은 가격의 증가함수이다.

ㄷ 쌀의 수요량이 75이면 쌀의 수요탄력성은 1이다.

ㄹ 쌀 판매로부터 얻는 수입은 가격의 증가함수이다.

① ㄱ

② ㄴ

③ ㄱ, ㄷ

④ ㄴ, ㄷ

⑤ ㄴ, ㄹ

수요함수가 문제에서 주어진 것처럼 직선의 선형함수로 주어지면 수요곡선의 모든 점에서의 수요의 가격탄력성은 서로 다른 값을 갖는다.

• 수요의 가격탄력성과 기업의 총수입(= 가계의 총지출)과의 관계를 그림으로 그리면 다음과 같다.

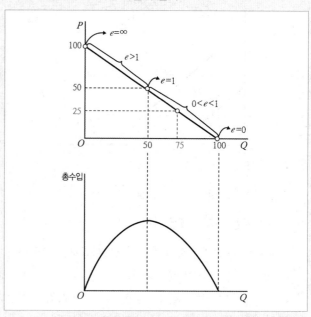

• 앞의 그림에서 보는 것처럼 ㄴ 가격이 상승함에 따라 수요의 가격탄력성이 점차 커지고 있다. 따라서 쌀의 수요의 가격탄력성은 가격의 증가함수이다.

ㄱ 쌀의 가격이 50보다 높아지면 쌀의 수요의 가격탄력성은 1보다 커지므로 탄력적일 수 있다.

ㄷ 쌀의 수요량이 75이면 점탄력성의 정의에 따라 $\frac{25}{75} = \frac{1}{3}$이 된다.

ㄹ 쌀 가격이 50까지 상승할 때는 쌀 판매수입도 증가하지만, 50보다 더 상승하면 쌀 판매수입이 오히려 감소하므로 쌀 판매수입이 가격의 증가함수가 될 수 없다.

정답 ②

0880

다음 그림은 보통사람과 중증환자에 대한 의료서비스 수요곡선을 나타낸다. 보통사람의 수요곡선은 D_1, 중증환자의 수요곡선은 D_2일 때, 옳지 않은 것은?　　　17 국가직 7급

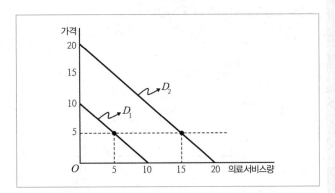

① 보통사람은 가격 5에서 탄력성이 −1이다.

② 중증환자는 가격 5에서 탄력성이 −$\frac{1}{3}$이다.

③ 이윤을 극대화하는 독점병원은 보통사람보다 중증환자에게 더 높은 가격을 부과한다.

④ 가격 5에서 가격변화율이 동일할 경우 보통사람이나 중증환자에게 모두 수요량의 변화율은 동일하다.

수요곡선이 직선인 경우 수요곡선 상의 한 점(A)에서의 가격탄력성은 다음과 같이 측정된다.

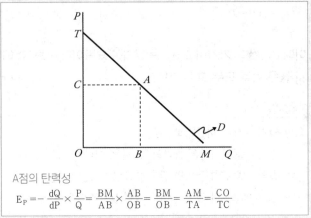

A점의 탄력성
$$E_P = -\frac{dQ}{dP} \times \frac{P}{Q} = \frac{BM}{AB} \times \frac{AB}{OB} = \frac{BM}{OB} = \frac{AM}{TA} = \frac{CO}{TC}$$

• 가격이 5인 경우 보통사람의 수요의 가격탄력성은 '$\epsilon_1 = \frac{5}{5} = 1$', 중증환자의 수요의 가격탄력성은 '$\epsilon_2 = \frac{5}{15} = \frac{1}{3}$'이 된다(①, ②). 이것은 가격이 5인 경우 동일한 가격변화율 하에서 보통사람과 중증환자의 수요량 변화율이 서로 다르다는 것을 의미한다(④).

• 보통사람과 중증환자의 의료서비스에 대한 수요의 가격탄력성이 서로 다르므로, 3급 가격차별이 가능하다. 즉 보통사람에 대해서는 낮은 가격, 중증환자에 대해서는 높은 가격을 부과하면 이윤을 극대화할 수 있게 된다(③).

정답 ④

0881

2014년 기상 여건이 좋아 배추와 무 등의 농산물 생산이 풍년을 이루었다. 그러나 농민들은 오히려 수입이 줄어 어려움을 겪는 현상이 발생하였다. 이러한 소위 '풍년의 비극'이 발생하게 된 원인으로 옳은 것은?　　　15 지방직 7급

① 가격의 하락과 탄력적 공급이 지나친 판매량 감소를 초래하였다.

② 가격의 하락과 비탄력적 공급이 지나친 판매량 감소를 초래하였다.

③ 공급의 증가와 탄력적인 수요가 가격의 지나친 하락을 초래하였다.

④ 공급의 증가와 비탄력적인 수요가 가격의 지나친 하락을 초래하였다.

일반적으로 배추와 무와 같은 농산물은 수요의 가격탄력성이 비탄력적인 필수재의 특성을 지닌다. 이에 따라 농산물의 공급이 증가하게 되면 수량의 변화율보다 가격의 변화율이 더 크게 나타난다.

• 농산물 생산이 풍년을 이루었음에도 불구하고 농민의 소득은 오히려 감소하게 되는 '풍년의 비극' 또는 '풍년 기근 현상'이 발생하게 되는 것이다.

정답 ④

0882

갑(甲)은 주유소에 갈 때마다 휘발유 가격에 상관없이 매번 일정 금액만큼 주유한다. 갑(甲)의 휘발유에 대한 수요의 가격탄력성과 수요곡선의 형태에 대한 설명으로 가장 옳은 것은? (단, 수요곡선의 가로축은 수량, 세로축은 가격이다.)

18 서울시 정기공채 7급

	수요의 가격탄력성	수요곡선
①	단위탄력적	직각쌍곡선
②	완전비탄력적	수직선
③	단위탄력적	수직선
④	완전비탄력적	직각쌍곡선

해 설

항상 일정 금액만큼 주유하는 경우를 식으로 나타내면 다음과 같다.

$$P \times Q = \alpha(\text{지출액 일정}) \Rightarrow Q = \alpha \times P^{-1}$$
$$\Rightarrow \text{'수요의 가격탄력성은 항상 1'}$$

- 항상 일정한 금액만큼 소비하는 경우의 수요의 가격탄력성은 '1', 즉 '단위탄력적'이고, 이 경우의 수요곡선은 '직각쌍곡선'의 모습을 보인다.

정답 ①

0883

어떤 사람이 소득 수준에 상관없이 소득의 절반을 식료품 구입에 사용한다. <보기> 중 옳은 것을 모두 고르면?

19 서울시 공개 경쟁 7급

보 기

ㄱ. 식료품의 소득 탄력성의 절댓값은 1보다 작다.
ㄴ. 식료품의 소득 탄력성의 절댓값은 1이다.
ㄷ. 식료품의 가격 탄력성의 절댓값은 1보다 크다.
ㄹ. 식료품의 가격 탄력성의 절댓값은 1이다.

① ㄱ, ㄷ
② ㄱ, ㄹ
③ ㄴ, ㄷ
④ ㄴ, ㄹ

해 설

소득 수준에 상관없이 소득의 절반을 지출하는 경우를 식으로 나타내면 다음과 같다.

$$P \times Q = \frac{1}{2} \times I \Rightarrow Q = \frac{1}{2} \times I \times P^{-1}$$
여기서 P는 가격, Q는 수량, I는 소득이다.

- 수요함수가 지수함수 형태로 주어지는 경우 특정 변수(소득, 가격 등)의 지수가 곧 그 변수의 탄력성이다.
- 식료품에 대한 소득탄력성과 가격탄력성의 절대치는 모두 '1'이 된다.

정답 ④

0884

다음 <보기>에서 옳은 것을 모두 고르면?   17 국회 8급

보기

ㄱ 원유의 가격은 크게 하락하였으나 거래량은 가격 하락폭에 비해 상대적으로 하락폭이 적었다. 이는 원유의 수요와 공급이 비탄력적인 경우에 나타나는 현상이라 할 수 있다.

ㄴ A는 항상 매달 소득의 1/5을 뮤지컬 혹은 영화 티켓 구입에 사용한다. 이 경우, 뮤지컬 혹은 영화티켓의 가격이 10% 상승하면 A의 뮤지컬 혹은 영화티켓 수요량은 10% 감소한다.

ㄷ B 기업이 판매하고 있는 C 상품의 수요의 가격탄력성은 1.2이다. B 기업은 최근 C 상품의 가격을 인상하기로 결정했고 이로 인해 총수입이 증가할 것으로 예상하고 있다.

ㄹ 다른 모든 요인이 일정불변할 때, 담배세 인상 이후 정부의 담배세수입이 증가했다. 이는 담배 수요가 가격에 대해 탄력적임을 의미한다.

① ㄱ, ㄴ

② ㄱ, ㄷ

③ ㄴ, ㄷ

④ ㄱ, ㄴ, ㄹ

⑤ ㄴ, ㄷ, ㄹ

해 설

다음 그림은 수요와 공급의 가격탄력성이 모두 탄력적인 경우(왼쪽)와, 모두 비탄력적인 경우(오른쪽)를 비교한 것이다.

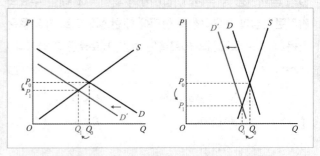

- 가격과 거래량 모두가 하락(감소)하는 경우는 공급이 일정한 경우 수요가 감소하는 경우에 발생할 수 있다(왼쪽 그림). 가격의 하락폭에 비해 이에 대한 거래량 하락폭이 상대적으로 작은 경우는 수요곡선과 공급곡선의 기울기 모두 가파른 경우에 발생한다(오른쪽 그림). 이것은 수요와 공급의 가격탄력성이 모두 비탄력적인 경우이다(ㄱ).
ㄴ 매달 소득의 일정비율 또는 일정금액을 지출하는 경우는 수요의 가격탄력성이 단위탄력적($E_P = 1$)인 경우이다.
ㄷ 수요의 가격탄력성이 1보다 큰 경우 상품가격의 인상은 총수입을 오히려 감소시킨다.
ㄹ 다른 모든 요인이 일정한 경우, 담배세를 인상하면 담배 가격 역시 상승한다. 이에 따라 담배세수입이 증가했다는 것은 담배 수요가 가격에 대해 비탄력적이라는 것을 보여 준다.

정답 ①

0885

지성은 소득이나 통신요금에 관계없이 소득의 4분의 1을 통신비로 지출한다. 지성의 통신 수요에 대한 설명으로 옳은 것은?   08 지방직 7급

① 지성의 소득이 10,000원 증가하더라도 통신비의 지출은 변하지 않는다.

② 지성의 통신에 대한 수요곡선은 우하향하는 직선 형태를 지닌다.

③ 통신요금이 5% 하락하면 지성의 통신 수요량은 5% 증가한다.

④ 지성에게 통신은 가격변화에 따른 소득효과가 대체효과보다 큰 기펜재(Giffen재)임을 의미한다.

해 설

소득이나 통신요금에 관계없이 소득의 일정비율만큼 지출하므로 수요의 가격탄력성과 소득탄력성은 모두 단위탄력적이 되어 '1'이 된다.

- 이 경우 수요곡선은 직각쌍곡선의 형태를 지닌다.

정답 ③

0886

수요의 탄력성들에 대한 다음의 지문 중 옳게 기술한 것은?

14 서울시 7급

① 수요곡선의 기울기가 −2인 직선일 경우 수요곡선의 위 어느 점에서나 가격탄력성이 동일하다.

② 수요의 가격탄력성이 탄력적이라면 가격 인하는 총수입을 증가시키는 좋은 전략이 아니다.

③ X재의 가격이 5% 인상되자 Y재 수요가 10% 상승했다면 수요의 교차탄력성은 2이고 두 재화는 대체재이다.

④ 가격이 올랐을 때 시간이 경과될수록 적응이 되기 때문에 수요의 가격탄력성이 작아진다.

⑤ 수요의 소득탄력성이 비탄력적인 재화는 열등재이다.

해설

수요의 교차탄력성이 양(+)의 값을 갖는다면 두 재화는 대체재 관계가 성립한다.

① 수요곡선이 직선인 경우에 수요곡선 상의 위치에 따라 모든 점에서 가격탄력성은 크기는 다르게 측정된다.

② 수요의 가격탄력성이 탄력적이면 가격을 인하할 때 총수입은 오히려 증가하게 된다.

④ 가격 변화에 대한 적응기간이 길면 길수록 수요의 가격탄력성은 커진다.

⑤ 수요의 소득탄력성이 비탄력적이면 필수재, 탄력적이면 사치재이다.

정답 ③

0887

다음 그림은 가로축에 공급량(Q), 세로축에 가격(P)을 나타내는 공급곡선들을 표시한 것이다. 이에 대한 설명으로 옳은 것은?

15 지방직

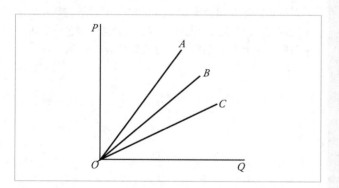

① 공급곡선 A의 가격에 대한 탄력성이 C의 가격에 대한 탄력성보다 높다.

② 공급곡선 C의 가격에 대한 탄력성이 A의 가격에 대한 탄력성보다 높다.

③ 공급곡선 B의 가격에 대한 탄력성이 C의 가격에 대한 탄력성보다 높다.

④ 공급곡선 A의 가격에 대한 탄력성이 B의 가격에 대한 탄력성과 같다.

해설

공급곡선이 선형함수(직선) 형태로 원점을 통과하게 되면 기울기와 무관하게 모든 점에서 공급의 (점)가격탄력성은 항상 '1'이 된다.

정답 ④

0888

<보기>의 빈칸에 들어갈 것으로 가장 옳은 것은?

18 서울시 정기공채 7급

> **보기**
>
> 어느 재화에 대한 수요가 증가했지만 공급곡선은 변화하지 않을 경우, 소비자 잉여는 (   ).

① 감소한다
② 불변이다
③ 증가한다
④ 알 수 없다

해설

수요곡선이 우하향하는 경우, 주어진 내용을 그림으로 나타내면 다음과 같다.

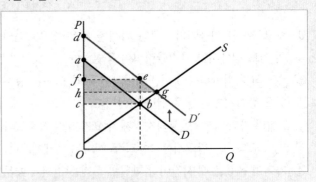

- 수요 증가 전의 소비자 잉여는 '삼각형 abc'이고, 이 크기는 수요 증가 후의 소비자 잉여의 크기 중 '삼각형 def'의 크기와 같다. 또한 수요 증가 후의 소비자 잉여는 '삼각형 dgh'이다. 따라서 공급곡선이 변화하지 않을 경우 수요가 증가한 경우, '사다리꼴 fegh'만큼 증가하게 된다.
- 공급곡선이 수직인 경우, 주어진 내용을 그림으로 나타내면 다음과 같다.

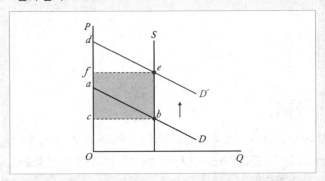

그림에서처럼 공급곡선이 수직인 경우에는 소비자 잉여가 존재하지 않는다. 이처럼 공급곡선이 변화하지 않을 경우 수요가 증가한 경우, 색칠한 '사각형 cfeb' 크기만큼의 생산자 잉여만 증가할 뿐 소비자 잉여의 크기는 변화가 없게 된다.

정답 ④

0889

어떤 판매자가 경매(auction)를 통해 물건 100개를 판매하려고 한다. 경매 방식은 '구매자는 원하는 가격과 물량을 동시에 제시하고, 판매자는 입찰 가격을 높은 가격부터 낮은 가격순으로 나열하여 높은 가격을 제시한 참가자들에게 물건 100개를 소진할 때까지 판매'하는 형식이다. 이때 100번째 물건이 판매되는 참가자의 입찰 가격이 유일한 낙찰 가격으로 판매 가격이 되고, 각각의 입찰자는 자신이 제시한 입찰 물량을 낙찰 가격에 구매한다. 모든 참가자는 이러한 절차와 방식을 알고 있다. 다음 표는 판매자가 참가자들로부터 동시에 입찰을 받아 정리한 결과이다. 입찰 결과에 대한 설명으로 옳은 것은? 16 지방직 7급

참가자	입찰 가격(원)	입찰 물량(개)
A	11,200	5
B	11,000	10
C	10,500	20
D	10,300	20
E	9,900	40
F	9,800	10
G	9,600	30

① 낙찰 가격은 9,900원이다.

② 구매자가 진정한 가격을 입찰한다(Truth-revealing)는 전제 하에 구매자 잉여는 47,000원이다.

③ 참가자 G는 낙찰되어 제시한 30개 물량 중 10개를 배정받아 스스로 제시한 개당 9,600원에 구입한다.

④ 참가자 7명 중 2명은 하나의 물량도 낙찰 받지 못한다.

입찰가격이 높은 참가자 A에서 E까지의 입찰물량의 누적적 합은 95개이다.

• 100번째 물건이 판매되는 것은 참가자 F의 입찰물량에서 결정되고, 이에 따른 유일한 낙찰 가격은 F가 제시한 9,800원으로 결정된다(①).

• 결과적으로 참가자 F는 입찰물량 10개 중에서 5개만 낙찰 받게되고, 참가자 G는 하나의 물량도 낙찰 받지 못한다(③, ④).

• 이 경매를 통해서 구매자들이 얻게 되는 구매자 잉여의 총합은 다음과 같다.

> • 구매자 잉여
> =A 잉여(1,400×5 = 7,000)
> +B 잉여(1,200×10 = 12,000)
> +C 잉여(700×20 = 14,000)
> +D 잉여(500×20 = 10,000)
> +E 잉여(100×40 = 4,000)
> = 47,000(원)

정답 ②

0890

소비자 잉여에 대한 다음의 서술 중 옳은 것은? 13 서울시 7급

① 공급이 감소하여 가격이 상승한 경우 소비자 잉여는 감소한다.

② 수요가 증가하여 가격이 상승한 경우 소비자 잉여는 감소한다.

③ 수요의 탄력성이 클수록 소비자 잉여도 크다.

④ 공급의 탄력성이 클수록 소비자 잉여도 크다.

⑤ 소비자 잉여를 늘리는 정책은 자원배분의 효율성도 제고한다.

공급이 감소하면 소비량이 감소하여 소비자 잉여는 감소한다(①).

② 수요가 증가하면 소비량이 증가하여 소비자 잉여는 증가한다.

③ 앞의 그림을 참고하면 알 수 있는 것처럼 수요와 (가격)탄력성이 클수록 곡선의 기울기가 완만해지고 소비자 잉여는 작아진다.

④ 공급의 (가격)탄력성의 크기는 소비자 잉여에 영향을 주지 않는다.

⑤ 만약에 공급자에게 보조금을 주면 소비량이 증가하여 소비자 잉여는 증가하지만, 경제적 순손실(Deadweight loss)을 발생시켜 자원배분의 비효율성을 초래한다.

정답 ①

0891

수요의 법칙과 공급의 법칙이 성립하는 상황에서 소비자 잉여와 생산자 잉여에 대한 설명으로 옳은 것만을 모두 고른 것은?

17 추가채용 국가직 7급

ㄱ. 콘플레이크와 우유는 보완재로, 콘플레이크의 원료인 옥수수 가격이 하락하면 콘플레이크 시장의 소비자 잉여는 증가하고 우유 시장의 생산자 잉여도 증가한다.

ㄴ. 콘플레이크와 떡은 대체재로, 콘플레이크의 원료인 옥수수 가격이 상승하면 콘플레이크 시장의 소비자 잉여는 감소하고 떡 시장의 생산자 잉여도 감소한다.

ㄷ. 수요와 공급의 균형 상태에서 생산된 재화의 수량은 소비자 잉여와 생산자 잉여를 동일하게 하는 수량이다.

① ㄱ
② ㄴ
③ ㄱ, ㄷ
④ ㄴ, ㄷ

선택지와 관계된 내용을 그림으로 나타내면 다음과 같다.

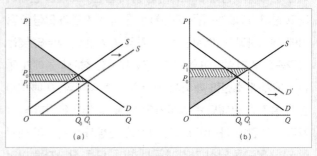

- 콘플레이크의 원료인 옥수수 가격의 하락은 콘플레이크 시장에서 공급의 증가를 가져 온다(a). 이에 따라 가격의 하락과 거래량의 증가로 소비자 잉여가 증가한다.
- 콘플레이크와 보완재인 우유 시장에서는 콘플레이크 가격의 하락에 따른 우유 수요의 증가가 나타난다(b). 이에 따라 가격의 상승과 거래량이 증가하게 되어 생산자 잉여가 증가하게 된다(ㄱ).

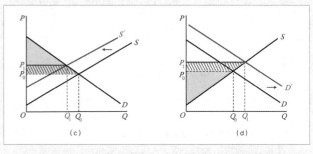

- 콘플레이크의 원료인 옥수수 가격의 상승은 콘플레이크 시장에서 공급의 감소를 가져 온다(c). 이에 따라 가격의 상승과 거래량의 감소로 소비자 잉여가 감소한다.
- 콘플레이크와 대체재인 떡 시장에서는 콘플레이크 가격의 상승에 따른 떡 수요의 증가가 나타난다(d). 이에 따라 가격의 상승과 거래량이 증가하게 되어 생산자 잉여가 증가하게 된다(ㄴ).

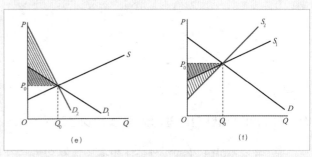

- 수요와 공급이 균형 상태에서의 수량 수준이라고 하더라도 수요곡선과 공급곡선의 기울기의 상대적 크기에 따라 소비자 잉여와 생산자 잉여의 크기는 서로 다를 수 있다(ㄷ). 예컨대 공급곡선의 기울기가 일정할 때, 수요곡선의 기울기가 가파를수록 소비자 잉여는 커진다(e). 반대로 수요곡선의 기울기가 일정할 때, 공급곡선의 기울기가 가파를수록 생산자 잉여는 커진다(f).

정답 ①

0892

X재는 열등재이며 수요, 공급의 법칙을 따른다. 최근 경기 불황으로 소비자들의 소득이 감소했다. 한편 원료비 하락으로 X재의 대체재인 Y재 가격이 내렸다. X재의 가격은 최종적으로 상승했다. 다음 중 옳은 설명은? (단, X재의 공급곡선에는 변화가 없었다.)

① X재의 거래량은 감소하였다.
② 변화 전후의 두 균형점은 동일한 수요곡선 상에 있다.
③ X재의 판매수입이 증가하였다.
④ Y재가 X재의 보완재였다면 X재의 가격은 하락했을 것이다.
⑤ X재 생산자의 생산자 잉여는 감소했다.

X재가 열등재이므로 소득의 감소로 X재 수요는 증가하며, X재와 대체재 관계에 있는 Y재 가격이 하락했으므로 X재 수요는 감소한다.

• X재 가격이 최종적으로 상승했다는 것은 소득 감소로 인한 X재의 수요 증가가 Y재 가격하락으로 인한 X재의 수요 감소보다 더 크다는 것을 의미한다. 이에 따라 X재의 거래량은 증가(①)하며, 판매수입도 증가(③)하고, 생산자 잉여도 증가(⑤)하게 된다.
• 수요만 변화하고 있으므로 변화 전후의 두 균형점은 동일한 공급곡선 상에 놓이게 된다(②).
• 만약 Y재가 X재의 보완재였다면 Y재 가격의 하락은 보완재인 X재의 수요를 증가시키므로 가격은 더욱 더 상승했을 것이다 (④).

정답 ③

0893

A국은 경쟁시장인 주택시장에서 결정된 높은 임대료를 규제하기 위해 가격상한제를 시행하고자 한다. 이 경우 단기와 장기 관점에서의 설명으로 옳은 것은?

① 주택물량 부족 규모는 단기적으로 크고 장기적으로도 크다.
② 주택물량 부족 규모는 단기적으로 작으나 장기적으로는 크다.
③ 주택물량 과잉 규모는 단기적으로 크고 장기적으로도 크다.
④ 주택물량 과잉 규모는 단기적으로 작으나 장기적으로는 크다.

가격상한제 실시 후 이에 대한 경제주체들의 대응이 이루어져, 이전에 비해 수요와 공급 모두에서 가격탄력성이 커지게 된다. 이에 따라 단기에 비해 장기에는 수요곡선과 공급곡선 모두 이전에 비해 그 기울기가 완만해진다.

• 앞의 내용을 그림으로 나타내면 다음과 같다.

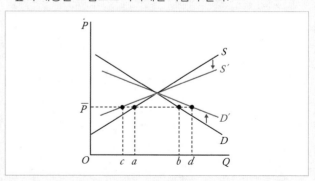

• 시장에서 주택물량 부족(초과수요)의 규모는 'a ~ b'에서 'c ~ d'로 커지게 된다.

정답 ②

CHAPTER 01 미시경제학 **475**

0894

<보기>에서 임대료 규제의 효과로 옳은 것을 모두 고르면?

19 서울시 공개경쟁 7급

보 기

ㄱ. 암시장의 발생 가능성 증가
ㄴ. 장기적으로 주택공급의 감소
ㄷ. 주택의 질적 수준의 하락
ㄹ. 비가격 방식의 임대방식으로 임대주택의 비효율성 발생

① ㄱ
② ㄱ, ㄴ
③ ㄱ, ㄷ
④ ㄱ, ㄴ, ㄷ, ㄹ

0895

정부가 소비자 보호를 위해 쌀 시장에 가격상한제(price ceiling)를 적용하고 있다고 하자. 이런 상황에서 쌀 농사에 유리한 기후 조건으로 쌀 공급이 소폭 증가했을 때 예상되는 현상으로 옳은 것은?(단, 시장 균형가격은 과거나 지금이나 가격상한선보다 높다.)

17 서울시 7급

① 규제로 인한 자중후생손실(deadweight loss)이 감소한다.
② 시장에서의 거래 가격이 하락한다.
③ 공급자 잉여가 감소한다.
④ 소비자 잉여가 감소한다.

임대료 규제는 최고가격제도에 해당한다.

• 최고가격제도 시행 시, 통제력이 약화되면 최고가격보다 높은 가격수준에서 탈법적인 거래가 이루어지는 암시장이 발생할 수 있다(ㄱ).
• 기존의 균형가격보다 낮은 최고가격에 만족하지 못하는 공급자에 의해 품질이 떨어지는 주택공급이 이루어질 수 있다(ㄷ).
• 최고가격제와 같은 정책당국의 개입은 시장에서 비효율성을 초래하고(ㄹ), 장기적으로 최고 가격에 대해 탄력적으로 대응하는 주택공급자에 의해 주택공급이 감소하게 된다(ㄴ).

정답 ④

문제에서 주어진 조건을 그림으로 나타내면 다음과 같다.

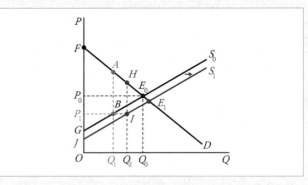

• 최초의 시장 균형(E_0) 하에서의 가격 상한제(P_1)로 인한 소비자 잉여는 사다리꼴 $FABP_1$, 공급자(생산자) 잉여는 삼각형 P_1BG, 자중후생손실은 삼각형 AE_0B이다.
• 유리한 기후조건으로 쌀 공급이 증가하면 기존의 공급곡선은 오른쪽으로 이동($S_0 \Rightarrow S_1$)하게 되어 시장 균형가격은 E_1으로 하락하게 된다. 그러나 가격상한은 여전히 유효하다. 이에 따라 새로운 시장 균형 하에서 소비자 잉여는 사다리꼴 $FHIP_1$, 공급자(생산자) 잉여는 삼각형 P_1IJ, 자중후생손실은 삼각형 HE_1I이다. 이에 따라 소비자 잉여와 생산자 잉여는 모두 증가하고, 자중후생손실은 감소하게 된다.
• 이 결과들을 표로 정리하면 다음과 같다.

구분	시장 균형가격	소비자 잉여	생산자 잉여	자중후생 손실
기존	E_0	사다리꼴 $FABP_1$	삼각형 P_1BG	삼각형 AE_0B
공급 증가 후	E_1	사다리꼴 $FHIP_1$	삼각형 P_1IJ	삼각형 HE_1I
비교	하락(가격상한은 불변)	증가	증가	감소

정답 ①

0896

편의점에서 아르바이트를 하면 시간당 3,000원의 임금을 받는다. (단, 노동시장은 현재 균형상태이다.) 이 임금이 너무 낮다고 생각하여 정부당국자는 최저임금을 시간당 4,000원으로 올리려고 한다. 노동에 대한 수요는 임금에 대해 완전 비탄력적이라고 한다. 이 경우 최저임금제 시행의 효과로 가장 적절한 설명은?

02 입시

① 노동에 대한 초과수요가 발생한다.
② 노동에 대한 초과공급이 발생한다.
③ 노동의 고용량이 감소한다.
④ 노동의 고용량이 증가한다.
⑤ 기업의 생산량이 증가한다.

노동에 대한 수요가 임금에 대해 완전 비탄력적이라는 것은 노동수요곡선이 수직이라는 의미이다.

- 따라서 최저임금제를 실시한다고 하더라도 노동수요가 임금에 대해 완전비탄력적이기 때문에 임금수준만 3,000원에서 4,000원으로 상승할 뿐, 고용량에는 변화가 없고 최저임금 수준에서 노동의 초과공급(Q^*Q_1)이 발생하게 된다.
- 앞의 내용을 그림으로 나타내면 다음과 같다.

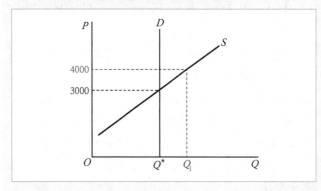

정답 ②

0897

최저임금이 오를 때 실업이 가장 많이 증가하는 노동자 유형은?

10 지방직 7급

① 노동에 대한 수요가 탄력적인 비숙련 노동자
② 노동에 대한 수요가 비탄력적인 비숙련 노동자
③ 노동에 대한 수요가 탄력적인 숙련 노동자
④ 노동에 대한 수요가 비탄력적인 숙련 노동자

노동에 대한 수요가 탄력적이면 임금의 상승은 노동에 대한 수요를 크게 줄인다. 그러나 이러한 경우도 숙련 노동자들에게는 해당되지 않고, 비숙련 노동자들에게 우선된다.

- 결국 최저임금이 오르면 노동에 대한 수요 감소로 인한 실업은 탄력적인 비숙련 노동자에 대해서 가장 크게 나타난다.

정답 ①

0898

정부는 최저임금제 시행이 실업 증가라는 부작용을 초래한다는 논리와 최저 생활수준의 보장을 위해 최저임금 인상이 불가피하다는 여론 사이에서 고민하고 있다. 정부가 실업을 최소로 유발하면서 최저임금을 인상할 수 있는 경우는?

17 추가채용 국가직 7급

① 숙련 노동자의 노동수요가 탄력적인 경우
② 숙련 노동자의 노동수요가 비탄력적인 경우
③ 비숙련 노동자의 노동수요가 비탄력적인 경우
④ 비숙련 노동자의 노동수요가 탄력적인 경우

최저임금을 인상할 때 제일 먼저 영향을 받는 사람들이 비숙련 노동자들이다. 기업은 임금인상에 대해 고용을 줄이는 것으로 대응하려고 하기 때문이다.

- 비숙련 노동자의 노동수요가 임금 인사에 대해 비탄력적이라면 임금 인상으로 인한 고용 감소를 최소로 할 수 있게 된다.

정답 ③

0899

다음 설명 중 옳지 않은 것은? 08 국회 8급

① 수요곡선이 공급곡선보다 더 탄력적인 경우에 세금이 부과되면, 소비자가 생산자보다 세금을 적게 부담하게 된다.

② 수요곡선과 공급곡선의 탄력성이 낮을수록 세금 부과 시 사회적 후생손실(deadweight loss)의 발생이 작아진다.

③ 이론적으로는 세율이 너무 높아지면 오히려 정부의 세 수입이 줄어들 수 있다.

④ 석유에 대해 세금을 새로 부과하는 경우 단기보다 장기에 사회적 후생손실(deadweight loss)이 더 크다.

⑤ 최저임금제의 효과는 노동의 수요곡선보다는 노동의 공급곡선의 탄력성의 크기에 달려 있다.

해설

최저임금제는 임금의 상승으로 노동수요의 감소가 작게 나타날수록 효과가 크게 나타난다. 이를 위해서는 노동에 대한 수요곡선의 기울기가 상대적으로 가팔라야 한다.

정답 ⑤

0900

한 주부가 청바지를 1벌에 8,000원에 구매하려고 한다. 그런데 현재 청바지 가격은 1벌에 5,000원이다. 만약 청바지에 대한 물품세가 1벌당 5,000원이 부과되어 청바지의 가격이 10,000원으로 상승하였을 경우 옳지 않은 것은? 08 지방직 7급

① 세금이 부과되기 전 소비자 잉여는 3,000원이다.

② 세금이 부과되고 나면 소비자 잉여는 발생하지 않는다.

③ 세금이 부과되고 나면 사회적 순손실은 3,000원만큼 발생한다.

④ 세금이 부과되고 나면 사회적 순손실은 5,000원만큼 발생한다.

해설

조세를 부과하기 주부가 청바지 1벌을 5,000원에 구매한 경우의 소비자 잉여는 '8,000원(지불하고자 하는 최고가격) - 5,000원(실제 지불한 시장가격) = 3,000원'이다.

• 5,000원의 조세부과 후에는 조세가 반영된 시장 가격(10,000원)이 주부가 지불하고자 하는 최고가격(8,000원)보다 비싸므로 주부는 구매를 포기할 것이다. 이에 따라 조세 부과 전에 주부가 얻을 수 있었던 소비자 잉여(= 3,000원)는 시장에서 사라지게 된다. 그 크기가 조세 부과로 인해 발생한 사회적 순손실의 크기이다.

정답 ④

0901

담배에 대한 수요곡선과 공급곡선이 모두 직선이고, 담배 소비세가 없었을 때의 균형 거래량은 월 1,000갑이라고 하자. 담배 1갑당 500원의 담배 소비세가 부과됨에 따라 소비자가 실제로 부담해야 하는 담배 가격은 2,500원에서 2,900원으로 올랐고, 생산자가 받는 실제 담배 가격은 2,500원에서 2,400원으로 하락하였다. 정부가 담배 소비세 부과를 통해 얻는 세수가 40만 원이라고 할 때 다음 설명 중 옳은 것은?

10 국회 8급

① 담배 소비세 부과 후 균형 거래량은 월 900갑이다.
② 담배 소비세로 인한 소비자 잉여의 감소는 32만 원이다.
③ 담배 수요의 가격탄력성은 공급의 가격탄력성보다 크다.
④ 담배 소비세로 인한 후생손실(deadweight loss)은 5만 원이다.
⑤ 위의 설명은 모두 틀리다.

담배 1갑당 500원의 소비세가 부과되면 공급곡선은 부과된 조세 500원만큼 위로 평행이동을 한다.

• 주어진 내용을 그림으로 나타내면 다음과 같다.

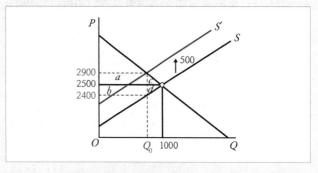

① 정부가 담배 소비세 부과를 통해 얻는 세수는 'a + b'이다. 즉 '$500 \times Q_0 = 400,000$(원)'이 성립한다. 이에 따라 $Q_0 = 800$(갑)이 된다.

② 담배 소비세로 인한 소비자 잉여의 감소분은 'a + c'이다. 즉 '$\frac{(800 + 1,000)}{2} \times 400 = 360,000$(원)'이 된다.

③ 정부가 부과한 담배 소비세 중에서 소비자가 부담하는 크기는 400(원)이고, 생산자가 부담하는 크기는 100(원)이다. 조세 부담의 크기는 가격탄력성이 작을수록 커진다. 따라서 담배 수요의 가격탄력성은 공급의 가격 탄력성보다 작다.

④ 담배 소비세로 인한 후생손실(Deadweight loss)은 'c + d'이다. 즉 $500 \times 200 \times \frac{1}{2} = 50,000$(원)이 된다.

정답 ④

0902

X재 수요곡선은 가격탄력성이 0인 직선이고, 공급곡선은 원점을 통과하는 우상향하는 직선이다. 공급자에게 물품세가 부과될 경우 물품세가 부과되지 않은 경우와 비교하여 다음 설명 중 옳은 것은?

15 서울시 7급

① 시장거래량은 감소한다.
② 생산자 잉여는 변화 없다.
③ 소비자가 지불하는 가격은 변화 없다.
④ 공급자가 물품세를 납부하고 실제 받는 가격은 하락한다.

수요곡선의 가격탄력성이 0인 직선이라는 것은 수요곡선이 수직선이라는 의미이다.

• 문제에서 주어진 조건을 그림으로 나타내면 다음과 같다.

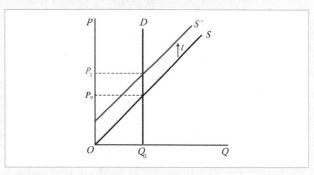

• 공급자에게 물품세를 부과하면 부과된 물품세 크기만큼 공급곡선은 상방으로 평행이동하게 된다. 그러나 수요곡선이 수직이므로 시장거래량에는 변화가 없게 된다(①).

• 조세부과에 따른 조세부담의 크기는 가격탄력성이 작을수록 커진다. 수요의 가격탄력성이 0이므로 부과된 조세는 모두 소비자가 부담하게 되어 생산자 잉여와 공급자가 실제 받는 금액은 변화가 없게 된다(②, ④).

• 소비자가 지불하는 가격은 조세부과 이전보다 정확히 부과된 조세 크기만큼 상승($P_0 \rightarrow P_1$)하게 된다(③).

정답 ②

0903

토지 공급의 가격탄력성이 완전히 비탄력적일 때, 토지 공급에 세금을 부과할 경우 미치는 영향에 대한 설명으로 옳은 것은?(단, 토지 수요의 가격탄력성은 단위탄력적이다.)

11 지방직 7급

① 토지 수요자가 실질적으로 세금을 모두 부담한다.
② 토지 공급자가 실질적으로 세금을 모두 부담한다.
③ 토지 수요자와 공급자가 모두 세금을 부담한다.
④ 토지 수요자와 공급자가 모두 세금을 부담하지 않는다.

조세귀착의 크기는 수요와 공급의 가격탄력성의 크기에 의해 결정된다.

- 토지 공급의 가격탄력성이 완전비탄력적이므로 토지 공급에 세금을 부과하는 경우 부과된 모든 세금을 공급자가 부담한다.

정답 ②

0904

어떤 재화에 대한 시장수요곡선은 우하향하고, 시장공급곡선은 우상향한다. 정부가 이 재화에 단위당 t원의 세금을 부과하려 한다. 이 경우에 발생하는 현상을 가장 잘 설명한 것은?

05 CPA

① 세금의 부과로 소비자잉여는 감소하는 반면에 생산자잉여는 증가한다.

② t원의 세금을 공급자에게 부과하면 소비자에게 부과하는 경우보다 정부의 조세 수입은 더 증가한다.

③ 수요가 탄력적이고 공급이 비탄력적인 경우에, 소비자가 부담하는 세금은 생산자가 부담하는 세금보다 적다.

④ t원의 세금을 소비자에게 부과하면 소비자가 지불하는 가격과 생산자가 실질적으로 받게 되는 가격은 세금 부과 전보다 더 높다.

⑤ t원의 세금을 생산자에게 부과하면 소비자가 지불하는 가격은 세금 부과 전보다 낮고, 생산자가 실질적으로 받게 되는 가격은 세금 부과 전보다 높다.

해설

조세부과의 결과 소비자 잉여와 생산자 잉여의 일부가 정부의 재정수입으로 전환되어 소비자 잉여와 생산자 잉여 모두가 감소한다(①).

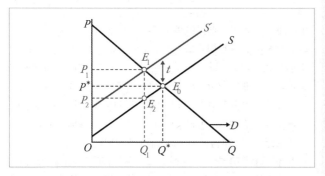

앞의 그림에서 조세부과 전에 시장에서는 E_0에서 균형을 이루고 있다. 그런데 t원의 조세부과로 균형점은 E_1으로 이동하고, 이에 따라 조세부과로 소비자 잉여는 $P_1E_1E_0P^*$만큼 감소하고, 생산자 잉여는 $P^*E_0E_2P_2$만큼 감소한다. 그 중의 일부인 $P_1E_1E_2P_2$는 정부의 재정수입이 된다.

• 조세부과에 따른 조세귀착의 효과는 조세를 소비자에게 부과하든, 생산자에게 부과하든 차이가 없다.

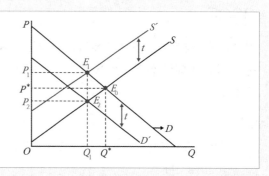

조세가 소비자에게 부과되면 수요곡선이 부과된 조세만큼 하방으로 평행이동하여 새로운 균형점에서 소비자가 지불하는 가격과 생산자가 실질적으로 받게 되는 가격은 모두 이전보다 낮아진다. 그리고 조세가 생산자에게 부과되면 공급곡선이 부과된 조세만큼 상방으로 평행 이동하여 새로운 균형점에서 소비자가 지불하는 가격은 이전보다 높아지고, 생산자가 실질적으로 받게 되는 가격은 이전보다 낮아진다(②, ④, ⑤).

• 조세가 생산자에게 부과되어 공급곡선이 S에서 S'으로 상방으로 평행이동하는 경우 균형점은 E_0에서 E_1이 되어, 소비자는 이전의 가격(P^*)보다 P^*P_1만큼을 더 부담해야 하며, 생산자는 P_1의 시장가격 중 P_1P_2만큼의 조세를 납부하고 P_2만큼을 얻게 되어 결국 조세부과 전의 가격(P^*)보다 P^*P_2만큼을 적게 얻게 되므로 그만큼을 부담하는 결과가 된다.

• 동일한 크기의 조세(t)를 수요자에게 부과하면 수요곡선이 D에서 D'으로 하방으로 평행이동 하는 경우 균형점은 E_0에서 E_2가 되어, 소비자는 시장에서 이전의 가격(P^*)보다 P^*P_2만큼을 덜 지불하게 되지만 부과된 조세 t(P_1P_2와 같은 크기)만큼을 납부해야 하므로 이전보다 P^*P_1만큼을 더 부담하게 되고, 생산자는 조세부과 전의 가격(P^*)보다 낮은 가격(P_2)을 얻게 되어 P^*P_2만큼을 적게 얻게 되므로 그만큼을 부담하는 결과가 된다. 결국 조세를 생산자에게 부과하든 소비자에게 부과하든 조세 귀착의 크기는 동일하다.

• 탄력성이 클수록 부담은 작아지고, 탄력성이 작을수록 부담은 커진다.

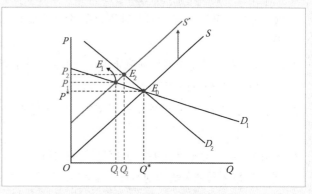

상대적으로 탄력성이 큰 수요곡선 D_1과 탄력성이 작은 수요곡선 D_2에서 생산자에게 조세가 부과되면 공급곡선은 S에서 S'으로 상방으로 평행이동하게 되어 균형점은 각각 E_1과 E_2로 이동하게 된다. 이에 따라 D_1에서는 P^*P_1만큼, D_2에서는 P^*P_2만큼의 조세부담이 발생하게 된다. 결국 탄력성이 클수록 부담이 작아짐을 알 수 있다.

정답 ③

0905

완전경쟁시장에서 물품세가 부과될 때 시장에서 나타나
는 현상들에 대한 설명으로 옳은 것을 <보기>에서 모두
고르면?

18 국회 8급

보기

ㄱ. 소비자에게 종가세가 부과되면 시장수요곡선은 아래로
평행이동한다.

ㄴ. 수요곡선이 수평선으로 주어져 있는 경우 물품세의 조세
부담은 모두 공급자에게 귀착된다.

ㄷ. 소비자에게 귀착되는 물품세 부담의 크기는 공급의 가격
탄력성이 클수록 증가한다.

ㄹ. 소비자와 공급자에게 귀착되는 물품세의 부담은 물품세
가 소비자와 공급자 중 누구에 게 부과되는가와 상관없
이 결정된다.

ㅁ. 물품세 부과에 따라 감소하는 사회후생의 크기는 세율에
비례하여 증가한다.

① ㄴ, ㄷ ② ㄱ, ㄴ, ㄹ

③ ㄱ, ㄷ, ㅁ ④ ㄴ, ㄷ, ㄹ

⑤ ㄷ, ㄹ, ㅁ

종가세의 부과로 인해 수요곡선의 기울기는 이전에 비해 완만하
게, 공급곡선의 기울기는 이전에 비해 가파르게 회전이동하게
된다.(ㄱ).

- 물품세를 부과하는 경우 이에 따른 사회후생의 감소(경제적 순
손실의 증가)는 부과된 세율보다 더 크게 증가한다(ㅁ). 이것을
공식으로 설명하면 다음과 같다.

> - 조세(T)가 부과되는 경우의 경제적 순손실
>
> 수요함수: $Q_D = a - bP$, 공급함수: $Q_S = c + dP$ 일 때
> 조세를 T만큼 부과한 경우
>
> ⇒ 경제적 순손실(Deadweight loss)
> $$= \frac{1}{2}\left(\frac{b \times d \times T}{b+d}\right) \times T = \frac{1}{2}\left(\frac{b \times d}{b+d}\right) \times T^2$$
> (단, a, b, c, d는 모두 상수)

- 예컨대 조세를 기존보다 2배만큼 증가시키면 경제적 순손실은
'$(2T)^2 = 4T$'로 4배만큼 증가하게 된다.

정답 ④

0906

종량세(specific tax) 부과의 효과에 대한 설명으로 옳지 않
은 것은?

19 지방직 7급

① 공급의 가격탄력성이 완전탄력적인 재화의 공급자에게
종량세를 부과할 경우 조세부담은 모두 소비자에게 귀
착된다.

② 종량세가 부과된 상품의 대체재가 많을수록 공급자에게
귀착되는 조세부담은 작아진다.

③ 수요와 공급의 가격탄력성이 큰 재화일수록 종량세 부
과의 자중손실이 크다.

④ 종량세 부과가 균형거래량을 변동시키지 않는다면 종량
세 부과는 자중손실을 발생시키지 않는다.

종량세 부과에 따른 수요자와 공급자의 조세부담의 크기는 가격
탄력성의 크기에 달려있다. 이 관계를 식으로 나타내면 다음과
같다.

> $$\frac{\text{수요의 가격탄력성}}{\text{공급의 가격탄력성}} = \frac{\text{공급자의 조세부담}}{\text{수요자의 조세부담}}$$

이 관계식은 가격탄력성이 클수록 귀착되는 조세부담의 크기는
작아진다는 것을 보여준다. 그런데 종량세가 부관된 상품의 대
체재가 많을수록 수요의 가격탄력성은 커진다. 따라서 공급자에
비해 수요자에게 귀착되는 조세부담의 크기가 작아지게 된다.

① 공급의 가격탄력성이 완전탄력적인 재화의 공급자에게 종량
세를 부과할 경우, 공급자에게 귀착되는 조세부담은 0이 되
고, 모든 조세 부담은 소비자에게 귀착된다.

③ 조세부과에 따른 자중손실의 크기는 거래량 감소가 크게 나
타날 때 커진다. 그런데 수요와 공급의 가격탄력성이 큰 재화
일수록 조세부과에 따른 거래량 감소가 크게 나타나게 되고,
이에 따른 자중손실 역시 커지게 된다.

④ 조세부과에 따른 자중손실의 발생은 거래량 감소에서 비롯된
다. 따라서 종량세가 부과되었음에 불구하고 균형거래량이
변동하지 않았다면 자중손실 역시 발생하지 않게 된다.

정답 ②

0907

탄력성에 대한 설명으로 옳지 않은 것을 <보기>에서 모두 고르면?

16 국회 8급

보기

ㄱ. 수요의 가격탄력성이 비탄력적일 경우 가격을 올리면 기업의 매출액은 감소한다.

ㄴ. 수요의 가격탄력성이 탄력적인 재화의 판매자에게 세금이 부과되면 재화의 균형거래량은 줄어든다.

ㄷ. 어떤 재화의 구매자에게 종량세가 부과되더라도 결과적으로는 구매자와 판매자가 공동으로 절반씩 부담한다.

ㄹ. 대체재가 적은 재화일수록 수요의 가격탄력성이 낮다.

ㅁ. 매달 10kg의 사과를 구매하는 소비자의 수요의 가격탄력성은 완전 비탄력적이다.

① ㄱ, ㄴ
② ㄱ, ㄷ
③ ㄱ, ㄹ
④ ㄱ, ㄹ, ㅁ
⑤ ㄴ, ㄷ, ㅁ

해 설

수요의 가격탄력성이 비탄력적일 경우 가격을 올리면 수요량 감소 비율은 가격이 상승한 비율보다 작게 나타나므로 기업의 매출액은 증가한다(ㄱ).

• 어떤 재화의 구매자에게 종량세가 부과되면 수요-공급의 가격탄력성에 따라 구매자와 판매자의 조세 부담 크기는 달라진다. 가격 탄력성이 비탄력적일수록 조세부담의 크기는 커진다(ㄷ).

정답 ②

0908

어떤 재화의 수요곡선은 우하향하고 공급곡선은 우상향한다고 가정한다. 이 재화의 공급자에 대해 재화 단위당 일정액의 세금을 부과했을 때의 효과에 대한 분석으로 옳은 것은?

12 국가직 7급

① 세금부과 후에 시장가격은 세금부과액과 동일한 금액만큼 상승한다.
② 다른 조건이 일정할 때 수요가 가격에 탄력적일수록 소비자가 부담하는 세금의 비중은 더 커진다.
③ 단위당 부과하는 세금액이 커지면 자중적 손실(Deadweight loss)은 세금액 증가보다 더 가파르게 커진다.
④ 다른 조건이 일정할 때 수요가 가격에 탄력적일수록 세금 부과에 따른 자중적 손실(Deadweigt loss)은 적다.

공급자에 대해 재화 단위당 일정액의 세금(정액세)을 부과하면, 공급곡선은 부과된 세금만큼 상방으로 평행이동하게 된다.

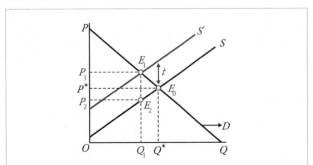

이에 따라 시장 가격은 P^*에서 P_1으로 상승한다. 그러나 그 상승폭은 P_1P_2와 동일한 크기인 세금의 크기(t)보다는 적게 상승한다 (①).

• 수요가 가격에 탄력적일수록 수요곡선의 기울기는 보다 완만해진다.

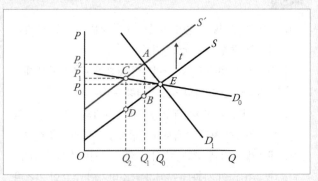

동일한 크기의 세금(t)이 부과되어도 탄력성이 큰 경우(D_0)의 소비자 부담부분은 P_0P_1이고, 탄력성이 작은 경우(D_1)의 소비자 부담부분은 P_0P_2가 되어 그 크기는 탄력성이 클수록 소비자가 부담하는 세금의 부담은 작아지게 된다(②). 또한 수요의 가격탄력성이 작은 경우에는 △ABE만큼의 자중적 손실이 발생하고, 가격탄력성이 큰 경우에는 △CDE만큼의 자중적 손실이 발생하게 된다. 양자의 크기를 비교해보면 △의 밑변의 길이는 세금의 크기와 같으므로 양자 모두는 같다(AB = CD). 그러나 그 높이는 탄력성이 큰 경우(Q_1Q_0)가 탄력성이 작은 경우(Q_2Q_0)보다 크다. 따라서 수요가 가격에 대해 탄력적일수록 세금부과에 따른 자중적 손실은 더 커지게 된다(④).

• 단위당 부과하는 세금이 커지면 공급곡선은 그 크기만큼 더 상방으로 이동하게 되어 자중적 손실은 △ABE 또는 △CDE으로 측정된다. 이를 그림으로 나타내면 다음과 같다.

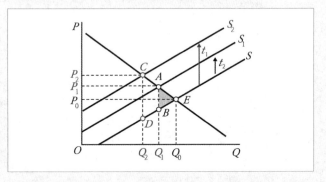

공급곡선이 S_1인 경우의 자중적 손실은 △ABE의 크기인 반면 더 큰 세금부과가 이루어져 공급곡선이 S_2가 되면 자중적 손실은 증가되어 △의 밑변의 크기도 증가(AB → CD)하고, △의 높이의 크기도 증가(Q_1Q_0→Q_2Q_0)하여 그 크기가 더욱 빠르게 커지게 된다(③).

정답 ③

0909

다음 그래프는 생산자 보조금 지급과 사회후생의 변화에 관한 것이다. 아래의 설명 중 옳지 않은 것은? (S_1: 원래의 공급곡선, S_2: 보조금 지급 이후의 공급곡선, D: 수요곡선, E_1: 원래의 균형점, E_2: 보조금 지급 이후의 균형점, P: 가격, Q: 수량)

10 국회 8급

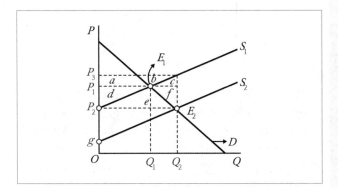

① 보조금 지급 후 생산자가 최종적으로 수취하는 가격은 P_3이다.

② 보조금 지급으로 인한 생산자 잉여 증가분은 $a+b$이다.

③ 보조금의 크기는 $a+b+c+d+e+f$이다.

④ 낭비된 보조금의 크기는 $c+f$이다.

⑤ 보조금 지급으로 인한 소비자 잉여의 증가분은 $d+e+f$이다.

생산자에게 보조금을 지급하면 공급곡선이 지급한 보조금의 크기(P_2P_3)만큼 아래로 평행이동을 하게 된다($s_1 \Rightarrow s_2$). 이에 따라 균형점은 E_1에서 E_2로 이동하게 되어 시장에서 생산자는 상품 1 단위당 P_2만큼을 받게 된다.

① 생산자는 단위당 P_2P_3만큼의 보조금을 받으므로 최종적으로 생산자가 수취하는 가격은 P_3가 된다.

② 보조금 지급 이전의 생산자 잉여는 d만큼이었다. 그런데 보조금 지급 이후의 생산자 잉여는 $\triangle P_2E_2g$만큼이 된다. 이 크기는 'a+b+d'의 크기와 같다. 따라서 보조금 지급으로 인한 생산자 잉여의 증가분은 'a+b'만큼이 된다.

③ 보조금 지급을 위해 사용된 금액은 보조금 지급 후의 거래량인 Q_2에 보조금 P_2P_3를 곱한 크기이다. 즉 'a+b+c+d+e+f' 만큼이다.

④ 보조금 지급으로 'c+f'만큼의 순손실이 발생하게 되므로 그 만큼의 보조금 낭비가 이루어진다.

⑤ 보조금 지급 전 소비자 잉여에 비해 지급 후 소비자 잉여는 'd+e'만큼 증가하게 된다.

정답 ⑤

0910

시장수요곡선이 우하향하고 시장공급곡선이 우상향하는 시장에서 정부가 생산자에게 단위당 10원의 생산보조금을 지급하기로 했다. 이 정책의 경제적 효과로 옳은 것을 <보기>에서 모두 고르면?

13 CPA

보 기

ⓐ 생산자 잉여와 소비자 잉여 모두 증가한다.

ⓑ 경제적 편익이 증가한다.

ⓒ 균형 소비자가격은 정책시행 전에 비해 10원만큼 하락한다.

ⓓ 정부가 생산보조금 대신 소비자에게 단위당 10원의 소비보조금을 지급하더라도, 균형생산량은 위의 생산보조금 지급 시와 동일하다.

① ㉠, ㉡

② ㉠, ㉣

③ ㉡, ㉣

④ ㉠, ㉡, ㉣

⑤ ㉠, ㉢, ㉣

문제에서 주어진 조건을 반영한 그림이 다음과 같다.

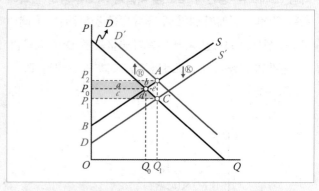

㉠ 10만큼의 생산보조금을 지급하게 되면 공급곡선이 10원만큼 하방으로 (수직)평행이동을 하게 되어 생산자 잉여는 (a + b)만큼, 소비자 잉여는 (c + d)만큼 증가하여 사회적 총잉여는 (a + b + c + d)만큼 증가한다.

㉡ 생산보조금으로 지급된 보조금 총액은 (a + b + c + d + e)만큼 증가하게 된다. 이에 따라 사회적 총잉여의 증가 크기(a + b + c + d)가 정부의 보조금 지급의 크기보다 작기 때문에 경제적 순손실(e)이 발생한다.

㉢ 시장수요곡선이 우하향하기 때문에 균형가격은 지급된 보조금 크기인 10원보다 작게 하락한다. 만약 시장수요곡선이 수직이라면 정확히 지급된 보조금 크기만큼 균형가격이 하락하게 된다.

㉣ 10원만큼을 생산보조금이 아닌 소비보조금을 지급하게 되면 수요곡선이 10원만큼 상방으로 (수직)평행이동을 하게 되어, 균형생산량은 생산보조금을 지급하는 경우와 동일한 Q_0가 되며, 이때 각각의 잉여 변화는 생산보조금을 지급하는 경우와 동일하게 된다.

정답 ②

0911

아래의 그래프는 사탕수수의 생산을 장려하기 위해 생산자에게 보조금을 S만큼 지급하기 전(S_1)과 후(S_2)의 수요공급 곡선이다. <보기>에서 이에 대한 설명으로 옳은 것만을 모두 고르면?

20 국회 8급

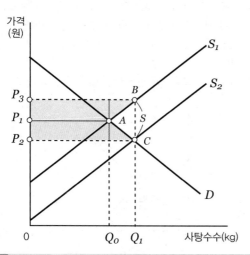

<보기>

ㄱ. 소비자 잉여의 증가분은 □P_1ABP_3이다.

ㄴ. 생산자 잉여의 증가분은 □P_1ABP_3이다.

ㄷ. 이 보조금을 지불하기 위해 필요한 세금의 양은 □P_2CBP_3이다.

ㄹ. 이 보조금 정책의 시행으로 사회적 후생이 증가했다.

① ㄱ, ㄴ

② ㄴ, ㄷ

③ ㄱ, ㄷ, ㄹ

④ ㄴ, ㄷ, ㄹ

⑤ ㄱ, ㄴ, ㄷ, ㄹ

해 설

<보기>의 내용을 검토해보면 다음과 같다.

ㄱ. 보조금 지급의 결과 균형점은 A에서 C로 이동하게 된다. 이에 따라 소비자 잉여는 사다리꼴 □P_1ACP_2만큼 증가하게 된다.

ㄴ. 보조금 지급의 결과 균형점은 A에서 C로 이동하게 된다. 이에 따라 생산자 잉여는 사다리꼴 □P_1ABP_3만큼 증가하게 된다.

ㄷ. 보조금(S) 지급의 결과 거래량은 Q_1이 되어, 이러한 거래량에 대하여 보조금을 지불하기 위해 필요한 세금의 양은 □P_2CBP_3이다.

ㄹ. 이 보조금 정책의 시행으로 삼각형 ABC만큼의 경제적 순손실(deadweight loss)이 발생하게 되어 사회적 후생은 오히려 감소한다. 이 크기는 정부가 지불한 보조금의 크기(□P_2CBP_3)에서 소비자잉여 증가분(□P_1ACP_2)과 생산자잉여 증가분(□P_1ABP_3)을 합친 크기를 차감한 값과 같다.

정답 ②

0912

다음 조건을 만족하는 두 시장에서 A시장의 보조금을 없애고, B시장의 보조금을 제품 단위당 2T 수준으로 올릴 경우 새로운 균형에서 옳은 것은?

14 국가직 9급

> • A시장과 B시장에서는 동일한 제품이 거래되고 있다.
> • A시장과 B시장의 수요곡선은 서로 동일하며 공급곡선도 서로 동일하다.
> • A시장과 B시장의 수요곡선은 우하향하고 공급곡선은 우상향한다.
> • 두 시장에서 거래되는 제품에 대해 단위당 T의 보조금을 소비자에게 지급하고 있다.

① 두 시장에 지급되는 보조금의 합은 이전과 동일하다.
② 두 시장에 지급되는 보조금의 합은 이전보다 작아진다.
③ 두 시장의 자중손실(deadweight loss)의 합은 이전보다 커진다.
④ 두 시장의 자중손실(deadweight loss)의 합은 이전과 동일하다.

현재 두 시장에서는 동일한 조건에서 동일한 크기의 단위당 T만큼의 보조금을 소비자에게 지급하고 있으므로, 두 시장에서 발생하는 자중손실(Deadweight loss)의 크기도 동일하다.

• A시장에서는 제품 단위당 보조금을 없애고, B시장에서는 제품 단위당 보조금을 2T 수준으로 올린다면 A시장에서 감소한 단위당 보조금의 크기와 B시장에서 증가한 '단위당 보조금의 크기가 서로 상쇄'되므로 두 시장에 지급되는 '단위당 보조금의 합'은 동일해진다. 그러나 보조금 전체의 크기는 오히려 증가하게 된다.

• 앞의 내용들을 그림으로 설명하면 다음과 같다.

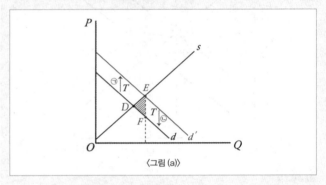

〈그림 (a)〉

• 그림 (a)는 A시장에서 지급하고 있던(㉠) 단위당 보조금을 없앴을 때(㉡)의 상황이다. 단위당 보조금을 없애면 보조금 지급 시 존재했던 삼각형 DEF만큼 자중손실(Deadweight loss)이 감소한다.

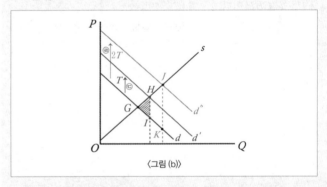

〈그림 (b)〉

• 그림 (b)는 B시장에서 지급하고 있던(㉢) 단위당 보조금을 두 배만큼 지급하는 경우(㉣)의 상황이다. 애초에 T만큼의 단위당 보조금을 지급하는 경우의 자중손실의 크기는 삼각형 GHI이었는데, 이것은 A시장의 자중손실이었던 삼각형 DEF의 크기와 동일하다. 그런데 단위당 보조금을 두 배인 2T만큼 지급하는 경우의 자중손실은 삼각형 GJK로 커진다. 이 크기는 단위당 보조금의 크기가 2배만 된 것이 아니라 거래량도 이전에 비해 증가했기 때문에 자중손실의 크기는 기존의 자중손실이었던 삼각형 GHI에 비해 2배보다 더 커지게 된다.

정답 ③

THEME 04 시장 이론

0913

단기의 완전경쟁기업에 대한 설명으로 옳지 않은 것은?

10 국가직 7급

① 완전경쟁기업이 직면하는 수요곡선은 수평선이다.

② 완전경쟁기업이 받아들이는 가격은 시장 수요와 공급의 균형가격이다.

③ 완전경쟁기업의 경우에 평균수입과 한계수입은 동일한 선으로 나타난다.

④ 일정한 생산량 수준을 넘어서서 공급하는 경우에 총수입은 오히려 감소한다.

해설

완전경쟁기업은 시장에서 가격수용자로 행동한다. 이에 따라 완전경쟁기업이 직면하는 수요곡선은 시장가격 수준에서 수평한 수요곡선이 된다.

• 완전경쟁기업이 직면하는 수요곡선은 완전경쟁기업의 평균수입곡선이면서 한계수입곡선이기도 하다. 따라서 일정한 생산량 수준을 넘어서서 공급하는 경우에도 총수입은 계속해서 증가하게 된다.

정답 ④

0914

완전경쟁시장에서 장기에 기존기업의 탈퇴와 신규기업의 진입이 동시에 이루어지고 있을 때 시장가격의 수준은?

08 국가직 7급

① 기존기업의 한계비용보다 낮다.

② 기존기업의 평균비용보다 낮다.

③ 신규기업의 한계비용보다 낮다.

④ 신규기업의 평균비용보다 낮다.

해설

시장가격이 기업의 평균비용보다 높으면 이익이 발생하고, 평균비용보다 낮으면 손실이 발생한다.

• 진입과 탈퇴가 자유롭게 가능한 장기에 기존기업이 탈퇴한다는 것은 시장가격이 기존기업의 평균비용보다 낮다는 의미이고, 신규기업이 진입한다는 것은 시장가격이 신규기업의 평균비용보다 높다는 의미이다.

정답 ②

0915

아래의 그림은 어느 기업의 평균수입과 평균비용을 나타낸 것이다. 이에 대한 설명으로 옳은 것은?

11 국회 8급

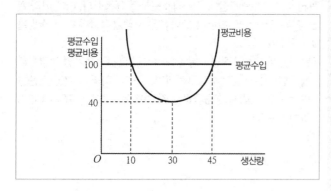

① 최대이윤은 1,800이다.
② 생산량이 증가함에 따라 가격은 떨어진다.
③ 생산량을 44에서 45로 늘리면 이윤은 증가한다.
④ 생산량이 30일 때 한계비용은 한계수입보다 크다.
⑤ 평균비용이 감소하는 구간에서는 생산량을 늘릴수록 이윤이 증가한다.

주어진 그림에서 평균수입이 100으로 일정하므로 이 기업은 완전경쟁기업이다. 따라서 이 기업의 평균수입이 곧 한계수입이다.
• 주어진 그림을 한계비용까지 포함한 그림으로 다시 나타내면 다음과 같다.

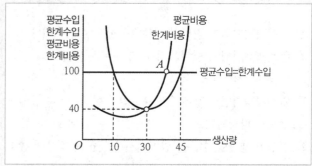

① 그림에서 이윤극대화점은 한계비용과 한계수입이 일치하는 A점이다. 그러나 A점에서의 생산량과 평균비용을 구체적으로 알 수 없으므로 최대이윤의 크기도 알 수 없다.
② 완전경쟁시장에서는 생산량과 관계없이 상품의 가격은 항상 일정하다.
③ 생산량을 44에서 45로 늘리면 한계비용>한계수입이 성립하여 이윤은 오히려 감소한다.
④ 생산량이 30일 때 한계비용은 40이고 한계수입은 100이므로 한계비용은 한계수입보다 작다.
⑤ 평균비용이 감소하는 구간에서는 한계수입이 한계비용보다 커서 한계이윤이 양(+)의 값을 갖게 되므로 생산량을 늘릴수록 이윤이 증가한다.

정답 ⑤

0916

아래 <그림>은 이윤극대화를 추구하는 어떤 기업의 단기에서의 한계수입(MR), 한계비용(MC) 및 평균비용(AC)을 표시한 그래프이다. 다음 중 각각의 생산량 수준인 점a, b, c, d에 대한 설명으로 옳은 것을 <보기>에서 모두 고르면?

16 국회 8급

보기

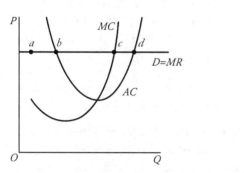

재화의 판매가격이 일정하여 한계수입곡선은 수평으로 표시된다.

보 기

ㄱ. 해당 기업은 손익분기점인 점c의 생산량을 선택할 것이다.

ㄴ. 점c에서 이윤이 최대가 된다.

ㄷ. 점d에서 초과이윤이 발생한다.

ㄹ. 점a, b, c, d 중에서 점b의 순수익이 가장 크다.

ㅁ. 점a, b, c, d 중에서 점a의 순수익이 가장 적다.

① ㄱ, ㄴ   ② ㄴ, ㄷ

③ ㄴ, ㅁ   ④ ㄱ, ㄴ, ㅁ

⑤ ㄴ, ㄹ, ㅁ

해 설

해당 기업의 손익분기점은 점c가 아니라 AC곡선의 최저점이다(ㄱ).

• 점 c는 P = MR = MC 조건을 만족하는 이윤극대화점이다(ㄹ).

• 점 d에서는 P = AC가 성립하므로 초과이윤은 '0'이 된다(ㄷ).

• 점 b와 점 d에서는 'P=AC'가 성립하여 '초과이윤=0'이지만, 점 a에서는 'P<AC'가 성립하여 손실이 발생한다(ㅁ).

정답 ③

0917

완전경쟁시장인 피자시장에서 어떤 피자집이 현재 100개의 피자를 단위당 100원에 팔고 있고, 이때 평균비용과 한계비용은 각각 160원과 100원이다. 이 피자집은 이미 5,000원을 고정비용으로 지출한 상태이다. 이윤극대화를 추구하는 피자집의 행동으로 가장 옳은 것은? 14 지방직 7급

① 손해를 보고 있지만 생산을 계속해야 한다.

② 손해를 보고 있으며 생산을 중단해야 한다.

③ 양(+)의 이윤을 얻고 있으며 생산을 계속해야 한다.

④ 양(+)의 이윤을 얻고 있지만 생산을 중단해야 한다.

해 설

현재 피자집의 총수입($P \times Q$)은 10,000원이고, 총비용($AC \times Q$) = 16,000원이다. 따라서 현재 손실을 보고 있는 중이다.

• 고정비용이 5,000원이라고 했으므로 총가변비용이 11,000원이 된다.

• 총가변비용은 총수입보다도 높으므로 생산 또한 중단하는 것이 현재 상황 하에서 손실을 극소화할 수 있는 최선의 선택이다.

정답 ②

0918

가격수용자인 기업의 단기평균비용곡선이 $AC(Q) = \dfrac{300}{Q}$ $+ 12 + 3Q$이다. 다음 <보기>의 설명 중 옳은 것만을 모두 고르면? (단, Q는 생산량이다.) 20 국회 8급

보 기

ㄱ. 생산물의 가격이 132인 경우 이 기업의 이윤은 450이다.

ㄴ. 생산물의 가격이 132에서 66으로 하락하는 경우 이 기업은 계속하여 제품을 생산하는 것이 유리하다.

ㄷ. 생산물의 가격이 12 이하인 경우 이 기업은 조업을 중단한다.

① ㄱ

② ㄴ

③ ㄱ, ㄷ

④ ㄴ, ㄷ

⑤ ㄱ, ㄴ, ㄷ

주어진 단기평균비용곡선을 이용하여 총비용(TC)과 한계비용(MC) 그리고 평균가변비용(AVC)을 구하면 다음과 같다.

* $TC = AC \times Q = 300 + 12Q + 3Q^2$

* $MC = \dfrac{dTC}{dQ} = 12 + 6Q$

* $AVC = \dfrac{TVC}{Q} = \dfrac{12Q + 3Q^2}{Q} = 12 + 3Q$

• 가격수용자인 완전경쟁기업의 이윤극대화는 '$P = MC$' 수준에서 결정된다. 따라서 가격이 132인 경우 '$132 = 12 + 6Q$'에서 생산량은 '$Q = 20$'임을 알 수 있다. 이에 따라 이윤은 다음과 같이 도출된다(ㄱ).

이윤=TR-TC=$P \times Q - TC = 132 \times 20 - (300 + 12 \times 20 + 3 \times 20^2)$
$= 2,640 - 1,740 = 900$

• 가격수용자인 완전경쟁기업의 이윤극대화는 'P=MC' 수준에서 결정된다. 따라서 가격이 66인 경우 '66=12+6Q'에서 생산량은 'Q=9'임을 알 수 있다. 또한 'Q=9' 수준에서 평균가변비용은 'AVC=39'가 된다. 이에 따라 'P(=66)>AVC(=39)'가 성립되어 제품을 계속 생산하는 것이 유리하다. 한편 가격이 평균가변비용(AVC) 최솟값보다 높은 경우라면 생산은 지속될 수 있다. 그런데 평균가변비용(AVC) 최솟값이 12이므로 가격이 66인 경우에는 당연히 생산을 계속하는 것이 유리하다고 접근할 수도 있다(ㄴ).

• 가격수용자인 완전경쟁기업의 이윤극대화는 'P=MC' 수준에서 결정된다. 따라서 가격이 12인 경우 '12=12+6Q'에서 생산량은 'Q=0'임을 알 수 있다. 이것은 가격이 12인 경우에는 조업을 중단해야 한다는 것을 의미한다. 한편 가격이 12인 경우는 평균가변비용(AVC) 최솟값인 12와 같으므로 이 수준이 조업중단점임을 알 수도 있다(ㄷ).

정답 ④

0919

완전경쟁시장에서 어느 기업의 비용구조가 다음과 같다고 할 때, 시장가격이 4,000원일 경우 이 기업의 장단기 형태는?

13 서울시 7급

생산량(단위)	0	1	2	3	4	5
총비용(원)	5,000	10,000	12,000	15,000	24,000	40,000

① 단기에 1단위 생산하고 장기에는 시장에서 퇴출한다.
② 단기에 2단위 생산하고 장기에는 시장에서 퇴출한다.
③ 단기에 3단위 생산하고 장기에는 시장에서 퇴출한다.
④ 단기에 4단위 생산하고 장기에는 시장에서 퇴출한다.
⑤ 단기에 공장을 닫고 장기에는 시장에서 퇴출한다.

주어진 표에 총가변비용과 총고정비용, 그리고 총수입을 더하여 정리하면 다음과 같다.

생산량(단위)	0	1	2	3	4	5
총비용(원)	5,000	10,000	12,000	15,000	24,000	40,000
총고정비용(원)	5,000	5,000	5,000	5,000	5,000	5,000
총가변비용(원)	0	5,000	7,000	10,000	19,000	35,000
총수입(원)	0	4,000	8,000	12,000	16,000	20,000
총이윤(원)	-5,000	-6,000	-4,000	-3,000	-8,000	-20,000

• 단기에 2단위를 생산할 때는 손실이 4,000, 3단위를 생산할 때는 손실이 3,000만큼 발생한다.
• 단기에 3단위를 생산할 때 총수입이 총가변비용보다 많으므로 생산은 가능하다. 따라서 손실을 극소화하기 위해서 단기에는 3단위를 생산해야 하는 것이다. 그러나 총수입이 총비용보다 적으므로 장기에는 시장에서 퇴출해야 한다.

정답 ③

0920

아래 그림은 어떤 기업의 단기비용곡선을 나타낸다. 다음 중 맞는 것으로 이루어진 것은?

06 감정평가사

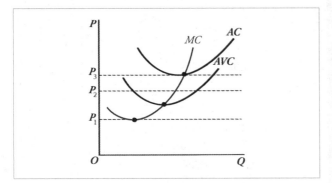

㉠ P₁의 가격에서는 한계비용의 최저점에서 생산한다.
㉡ 단기적으로 P₂의 가격에서는 이 기업은 생산을 중단한다.
㉢ 장기적으로 P₂의 가격이 지속되면 이 기업은 퇴출된다.
㉣ 다른 기업들의 비용곡선이 이 기업과 같다면 장기균형가격은 P₃이다.

① ㉠, ㉡
② ㉠, ㉡, ㉢
③ ㉡, ㉢
④ ㉡, ㉢, ㉣
⑤ ㉢, ㉣

주어진 내용을 각각 살펴보면 다음과 같다.
㉠ P_1의 가격에서는 P <AVC가 성립하므로 생산이 중단된다.
㉡ P_2의 가격에서는 AVC <P <AC가 성립하므로 단기에 손실을 보게 되지만 생산을 계속하는 것이 손실을 줄일 수 있는 선택이므로 단기에서만큼은 생산이 이루어진다.
㉢ P_2의 가격에서는 장기에는 손실에서 벗어나기 위해 이 기업은 퇴출을 하게 된다.
㉣ 완전경쟁시장의 장기균형은 P = SAC = LAC 수준에서 이루어지므로 다른 기업들의 비용곡선이 이 기업과 같다면 이때의 장기균형가격은 AC의 최저점인 P_3이다.

정답 ⑤

0921

아래의 그림은 완전경쟁시장에서 어떤 개별 기업의 한계비용(marginal cost)과 평균비용(average cost)을 나타낸다. 현재 시장가격이 P_0라고 할 때, <보기>에서 옳은 것을 모두 고른 것은?

12 국회 8급

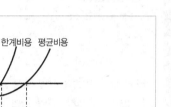

보기

ㄱ. 장기적으로 이 시장에서의 총공급량은 지금보다 증가한다.

ㄴ. 장기적으로 이 시장에서의 개별 기업의 공급량은 지금보다 증가한다.

ㄷ. 이 시장의 현재 총수요량은 Q_1이다.

ㄹ. 이 기업의 이윤은 위의 색칠한 부분과 같다.

① ㄱ
② ㄱ, ㄷ
③ ㄱ, ㄹ
④ ㄴ, ㄹ
⑤ ㄱ, ㄷ, ㄹ

현재 기업은 초과이윤을 보고 있어 신규기업의 진입이 이루어지게 된다. 이에 따라 시장에서는 공급이 증가하게 되어 장기적으로 시장의 총공급량은 증가하게 된다.

• 장기적으로 신규기업의 진입에 따라 시장가격이 하락하고, 이에 따라 개별 기업의 공급량은 지금보다 감소하게 된다(ㄴ).

• 주어진 조건 하에서는 개별 기업의 균형생산량만을 알 수 있을 뿐이고, 시장의 총수요량은 알 수 없다(ㄷ).

• 그림에서 균형점까지의 한계비용의 아래 부분의 넓이는 총가변비용의 크기이다. 따라서 그림의 색칠한 부분은 총수입에서 총가변비용만이 차감된 것이므로 (이윤 + 총고정비용)의 크기가 된다(ㄹ).

정답 ①

0922

A사는 노동(L)과 자본(K)을 사용하여 자동차를 생산하고 있으며, A사의 생산기술은 $Q = K\sqrt{L}$로 주어져 있다. 단기에서 A사의 자본량은 $K = 4$로 고정되어 있고, 자동차의 가격 p는 0보다 크다. 노동의 가격은 $w = 2$로 주어져 있으며 자본의 가격은 $r = 1$로 주어져 있다. <보기>에서 옳은 것만을 모두 고르면?

20 국회 8급

보 기

ㄱ. 단기에서 A사는 이윤극대화를 달성할 수 있다.

ㄴ. 단기에서 A사는 자동차의 가격이 너무 낮으면 생산을 하지 않을 것이다.

ㄷ. 장기에서 A사는 이윤극대화를 달성할 수 있다.

① ㄱ
② ㄴ
③ ㄱ, ㄴ
④ ㄱ, ㄷ
⑤ ㄱ, ㄴ, ㄷ

주어진 자료를 이용하여 AVC와 MC를 도출하면 다음과 같다.

- $Q = K\sqrt{L} \Rightarrow Q = 4\sqrt{L} \Rightarrow \sqrt{L} = \dfrac{Q}{4} \Rightarrow L = \dfrac{Q^2}{16}$
- $TC = w \times L + r \times K \Rightarrow TC = 2L + 4 \Rightarrow TC = \dfrac{Q^2}{8} + 4$
- $AVC = \dfrac{TVC}{Q} = \dfrac{(Q^2/8)}{Q} = \dfrac{Q}{8} \Rightarrow AVC\ 극솟값 = 0$
- $MC = \dfrac{dTC}{dQ} = \dfrac{Q}{4}$

- 앞에서 도출된 AVC와 MC를 그림으로 나타내면 다음과 같다.

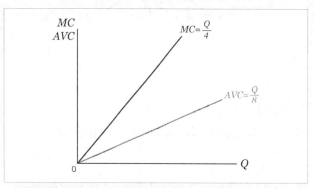

- 완전경쟁기업의 단기 이윤극대화 조건은 'P=MC'이다. 따라서 다음과 같이 이윤극대화 생산량을 도출할 수 있다.

- $P = MC \Rightarrow P = \dfrac{Q}{4} \Rightarrow Q = 4P$

따라서 자동차 가격(p)이 0보다 크다고 했으므로, 가격 수준과 관계없이 이윤극대화 생산량 (Q)은 존재할 수 있다(ㄱ).

- 앞의 그림에서 알 수 있듯이 평균가변비용(AVC)의 극솟값은 0이다. 따라서 자동차 가격이 '0'보다 크고, 평균가변비용(AVC)의 극솟값이 '0'이므로 '$P > AVC$'가 성립하여 단기에서 A사는 생산을 지속하는 것이 유리하다(ㄴ). 완전경쟁기업의 공급곡선은 AVC곡선의 극솟점을 지나는 MC곡선이다. 따라서 가격(p)이 0보다 크기만 하면 항상 생산이 가능한 것이다.

- 주어진 조건을 이용하여 평균비용(AC)과 평균비용의 극솟값을 각각 구하면 다음과 같다.

- $AC = \dfrac{TC}{Q} = \dfrac{Q}{8} + \dfrac{4}{Q} \Rightarrow \dfrac{dAC}{dQ} = \dfrac{1}{8} - 4Q^{-2} = 0 \Rightarrow \dfrac{1}{8} - \dfrac{4}{Q^2} = 0$

  $\Rightarrow Q^2 = 32 \Rightarrow Q = 4\sqrt{2} \Rightarrow AC의\ 극솟값 = \dfrac{4\sqrt{2}}{8} + \dfrac{4}{4\sqrt{2}} =$

  $= \dfrac{\sqrt{2}}{2} + \dfrac{1}{\sqrt{2}} = \dfrac{\sqrt{2}}{2} + \dfrac{\sqrt{2}}{\sqrt{2}\sqrt{2}} = \dfrac{\sqrt{2}}{2} + \dfrac{\sqrt{2}}{2} = \dfrac{2\sqrt{2}}{2} = \sqrt{2}$

평균비용(AC)의 극솟값이 '$\sqrt{2}$'이므로, 장기에서 자동차 가격(P)이 '$P > \sqrt{2}$'를 만족하는 한 장기에도 A사는 퇴거하지 않고 생산을 계속하면서 이윤극대화를 달성할 수 있게 된다(ㄷ).

정답 ④

0923

어떤 독점기업은 1,000개의 재화를 개당 5만 원에 판매하고 있다. 이 기업이 추가로 더 많은 재화를 시장에서 판매하게 된다면 이때의 한계수입(marginal revenue)은 5만 원보다 작다. 그 이유로 가장 옳은 것은? 18 서울시 정기공채 7급

① 추가로 판매하게 되면 한계비용이 증가하기 때문이다.
② 추가로 판매하기 위해서는 가격을 내려야하기 때문이다.
③ 추가로 판매하게 되면 평균비용이 증가하기 때문이다.
④ 추가로 판매하게 되면 한계비용이 감소하기 때문이다.

해 설

독점기업이 직면하는 수요곡선은 곧 시장수요곡선이다. 즉 독점기업은 우하향하는 수요곡선에 직면한다.

- 이것은 독점기업이 추가적으로 판매하기 위해서는 이전에 비해 가격을 낮춰야 한다는 것을 의미한다. 이때 낮춰진 가격은 이전수량을 구입하고자 했던 모든 수요자에게 적용된다.
- 이에 따라 한계수입곡선은 반드시 수요곡선 아래에 위치하게 된다. 이것은 한계수입은 항상 시장가격보다 작다는 것을 의미하는 것이다.

정답 ②

0924

독점기업의 행동에 대한 설명으로 옳지 않은 것은?

13 서울시 7급

① 독점기업은 수요가 비탄력적인 구간에서 생산한다.
② 독점기업은 한계수입과 한계비용이 일치하도록 생산한다.
③ 독점기업은 공급곡선을 갖지 않는다.
④ 독점기업에 대한 수요곡선은 우하향한다.
⑤ 독점기업은 완전경쟁에 비해 적은 양을 생산한다.

해 설

Amoroso-Robinson 공식은 다음과 같다.

$$MR = (1 - \frac{1}{E_P})$$

- 독점기업의 이윤극대화 조건은 'MR = MC > 0'이다. 따라서 앞의 공식에 따라 수요의 가격 탄력성(E_P)은 항상 '1'보다 크다. 즉 독점기업은 수요가 탄력적인 구간에서 생산한다.
- 독점기업은 가격 설정자이므로 시장 가격을 주어진 것으로 보고 생산량을 결정하는 공급곡선은 존재하지 않는다.
- 독점기업은 완전경쟁시장에 비해 적은 양을 생산하여 과잉설비 보유로 자원의 비효율적인 배분이 나타나게 된다.

정답 ①

0925

다음 중 옳은 것을 모두 고르면? 09 국회 8급

> ㉠ 경쟁시장에서 기업이 상품을 한 단위 더 팔면 추가되는 수입은 가격보다 작다.
> ㉡ 독점시장에서 기업이 상품을 한 단위 더 팔면 추가되는 수입은 가격보다 작다.
> ㉢ 경쟁시장과 독점시장 모두에서 평균수입은 가격과 동일하다.

① ㉠
② ㉡
③ ㉢
④ ㉠, ㉡
⑤ ㉡, ㉢

해 설

주어진 내용들을 각각 살펴보면 다음과 같다.

㉠ (완전)경쟁시장에서 기업은 시장가격 수준에서 수평한 수요곡선에 직면하게 된다. 이에 따라 상품을 한 단위 더 팔 때의 추가 수입인 한계수입은 시장가격 수준과 일치하게 된다.

㉡ 독점기업이 직면하는 수요곡선은 우하향하는 시장수요곡선 자체이다. 이에 따라 한계수입곡선은 반드시 수요곡선 아래에 위치하게 되고, 이에 따라 상품을 한 단위 더 팔 때 추가되는 수입인 한계수입은 반드시 가격보다 작다.

㉢ 평균수입은 '$AR = \frac{TR}{Q} = \frac{P \times Q}{Q} = P$'가 되어 경쟁시장이든 독점시장이든 관계없이 항상 평균수입과 가격의 크기는 일치하게 된다.

정답 ⑤

0926

그림은 독점기업의 단기균형을 나타낸다. 이에 대한 설명으로 옳은 것은? (단, MR은 한계수입곡선, D는 수요곡선, MC는 한계비용곡선, AC는 평균비용곡선이다.) 19 지방직 7급

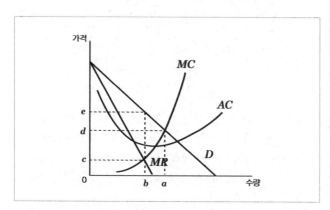

① 단기균형에서 이 기업의 생산량은 a이다.
② 단기균형에서 이 기업의 이윤은 $b \times (e-c)$이다.
③ d는 균형가격을 나타낸다.
④ 균형생산량 수준에서 평균비용이 한계비용보다 크다.

해 설

독점기업의 단기균형은 'MR=MC' 수준에서 이루어진다. 따라서 균형가격은 'e'가 되고, 균형생산량은 'b'가 된다. 또한 이 수준에서 '$AC > MC$'가 성립하게 된다.

① 단기균형에서 이 기업의 생산량은 b이다.
② 단기균형에서 이 기업의 이윤은 다음과 같이 도출된다.

총이윤(π)=
총수입($TR = P \times Q$)-총비용($TC = AC \times Q$)=$Q(P - AC)$

따라서 '$b \times (e - b$ 수준에서의 AC의 크기)'이다.
③ 단기균형에서 균형가격은 e이다.

정답 ④

0927

어떤 독점기업의 생산물에 대한 수요곡선 상에서 수요의 가격탄력성(절댓값)이 1이 되는 점이 있다고 하자. 이 점에 대한 설명으로 가장 옳은 것은? 16 서울시 7급

① 이윤이 극대화되는 점이다.
② 한계비용이 0이 되는 점이다.
③ 한계수입이 0이 되는 점이다.
④ 평균비용이 극소화되는 점이다.

해 설

Amorozo = Robinson 공식이 다음과 같이 성립한다.

$$MR = P \left(1 - \frac{1}{E}\right)$$
(여기서 MR은 한계수입, P는 가격, E는 수요의 가격탄력성이다.)

• 수요의 가격탄력성이 1이라면 이때의 한계수입(MR)은 '0'이 된다.

정답 ③

0928

이윤극대화를 추구하는 어떤 독점기업이 자신이 생산물 1단위당 16원의 가격을 책정하였다. 이 기업의 한계생산비용과 한계수입이 같아지는 생산량의 수준은 10개이며 평균생산비용은 8원이라고 할 때, 다음 설명 중 옳은 것은?

12 국회 8급

① 이 기업의 총이윤은 80원보다 크다.
② 이 기업의 한계생산비용은 16원이다.
③ 이 기업의 한계생산비용은 8원보다 작다.
④ 이 기업의 최적생산량은 10개이다.
⑤ 이 기업의 최적생산량은 10개보다 적다.

주어진 조건들을 전제로 그림으로 나타내면 다음과 같다.

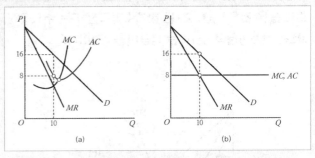

(a)   (b)

- 일반적으로 독점기업의 최적생산량은 <그림 a>에서와 같이 한계수입과 한계비용과 같아지는 수준에서 달성된다(④, ⑤).
① 총이윤 = 총수입($P \times Q$) - 총비용($AC \times Q$) = 160 - 80 = 80
② 독점기업의 이윤극대화는 상품의 가격이 한계생산비용보다 높은 수준에서 결정된다.
③ 균형상태에서 한계생산비용은 평균생산비용인 8원보다 낮은 수준에 위치한다(a). 그런데 만약 고정비용이 존재하지 않고 한계생산비용이 일정하다면, 한계생산비용은 평균생산비용의 크기와 같아진다. 이러한 경우 독점기업의 최적생산량은 (b)에서와 같이 결정된다.

정답 ④

0929

수요곡선은 $Q_d = 10 - P$이고, 공급곡선은 $Q_s = 4P$일 때, 다음 중 옳은 것을 모두 고르면?

09 국회 8급

㉠ 완전경쟁시장의 균형가격은 2, 균형량은 8이다.
㉡ 완전경쟁시장의 경우 소비자 잉여는 32이다.
㉢ 정부가 최저가격을 1로 정하면 공급량은 4이다.
㉣ 정부가 공급량을 2로 정하면 소비자 잉여는 2이다.
㉤ 독점 공급자가 가격을 8로 정하면 사회후생의 순손실은 18이다.

① ㉠, ㉡
② ㉠, ㉡, ㉢
③ ㉠, ㉡, ㉣
④ ㉠, ㉡, ㉤
⑤ ㉠, ㉡, ㉢, ㉤

주어진 조건들을 그림으로 나타내면 다음과 같다.

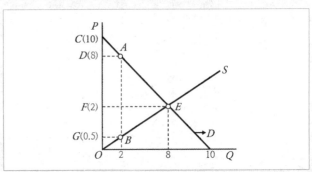

㉠ 완전경쟁시장에서 균형점은 E점이다.
㉡ 균형점인 E점 수준에서 소비자 잉여는 △CFE의 크기이므로 이때 잉여의 크기는 '$8 \times 8 \times \frac{1}{2} = 32$'가 된다.
㉢ 실효성 있는 최저가격은 시장균형가격보다 높게 설정되는 경우이다. 그런데 정부가 설정한 최저가격 1은 시장균형가격보다 낮으므로 시장에는 영향을 주지 못한다. 따라서 시장에서의 공급량은 여전히 8이 된다.
㉣ 정부가 공급량을 2로 정하면 가격은 8에서 결정된다. 이에 따라 소비자 잉여는 △ACD의 크기이므로 이때 잉여의 크기는 '$2 \times 2 \times \frac{1}{2} = 2$'가 된다.
㉤ 독점 공급자가 가격을 8로 정하면 사회적 후생손실은 △ABE의 크기이므로 이때 사회적 후생손실의 크기는 '$7.5 \times 6 \times \frac{1}{2} = 22.5$'가 된다.

정답 ③

0930

독점기업 A는 완전가격차별을 하고 있다. 이에 관한 설명으로 옳은 것을 모두 고른 것은? 10 감정평가사

> ㉠ 총잉여(Total surplus, Net social benefit)는 가격차별을 하지 않을 때보다 적다.
> ㉡ 총잉여가 A기업에게 귀속된다.
> ㉢ 생산량은 가격차별을 하지 않을 때보다 많다.
> ㉣ A기업의 생산량은 동일한 시장수요와 비용을 지닌 완전경쟁시장에 비해 더 적다.

① ㉠, ㉡

② ㉡, ㉢

③ ㉠, ㉡, ㉢

④ ㉡, ㉢, ㉣

⑤ ㉢, ㉣

완전가격차별이 이루어지면 완전경쟁시장의 균형처럼 P = MC 수준에서 균형이 성립하여 자원배분의 효율성을 달성하게 된다. 이에 따라 사회적 총잉여는 가격차별 이전에 비해 커진다(㉠).

• 동일한 시장수요와 비용을 지닌 완전경쟁시장과 동일한 생산량을 생산하게 된다(㉣).

정답 ②

0931

X재화를 공급하는 독점기업이 이윤극대화를 위해 실시하는 가격차별에 대한 설명으로 옳지 않은 것은? 12 국가직 7급

① X재화에 대한 수요의 가격탄력성 차이가 집단구분의 기준이 될 수 있다.

② 독점기업이 제1차 가격차별(first－degree price discrimination)을 하는 경우 사회적으로 바람직한 양이 산출된다.

③ A시장보다 B시장에서 X재화에 대한 수요가 가격에 더 탄력적이라면 독점기업은 A시장보다 B시장에서 더 높은 가격을 설정한다.

④ 두 시장을 각각 A와 B, X재화 판매의 한계수입을 MR, X재화 생산의 한계비용을 MC라고 할 때, 독점기업은 $MR_A = MR_B = MC$ 원리에 기초하여 행동한다.

Amorozo = Robinson 공식이 다음과 같이 성립한다.

$$MR = P\left(1 - \frac{1}{E}\right)$$
(여기서 MR은 한계수입, P는 가격, E는 수요의 가격탄력성이다.)

• 가격차별을 통한 이윤극대화를 실현하기 위해서는 '$MR_A = MR_B$'를 만족해야 한다. 따라서 '$P_A\left(1 - \frac{1}{E_A}\right) = P_B\left(1 - \frac{1}{E_B}\right)$'이 성립하게 된다. 그런데 '$E_A < E_B$'이므로 '$\left(1 - \frac{1}{E_A}\right) < \left(1 - \frac{1}{E_B}\right)$'이고, 이에 따라 '$P_A > P_B$'가 된다.

① 예컨대 가격탄력성이 높은 집단은 상품에 대한 선호도가 높은 집단이고, 가격탄력성이 낮은 집단은 상품에 대한 선호도가 낮은 집단이다.

② 제1차 가격차별을 하게 되면 수요곡선이 곧 한계수입곡선이 되고 이에 따라 시장균형에서 P = MC가 성립하여 자원이 효율적으로 배분된다.

정답 ③

0932

어떤 독점기업이 두 시장에서 3급 가격차별을 실시할 수 있다. 첫 번째 시장의 수요함수는 $Q=500-2P$이고, 두 번째 시장의 수요함수는 $Q=1,500-6P$이다. 이윤을 극대화하는 독점기업의 선택으로서 옳은 것은? 04 입시

① 첫 번째 시장보다 두 번째 시장에서 높은 가격을 설정한다.
② 두 번째 시장보다 첫 번째 시장에서 높은 가격을 설정한다.
③ 두 시장에서 동일한 가격을 설정한다.
④ 두 시장 중 첫 번째 시장에서만 판매한다.
⑤ 두 시장 중 두 번째 시장에서만 판매한다.

3급 가격차별은 수요의 가격탄력성을 기준으로 이루어진다. 가격탄력성이 낮은 시장에서는 높은 가격이, 가격탄력성이 높은 시장에서는 낮은 가격이 설정된다.

· 주어진 수요함수에 따른 수요의 가격탄력성을 각각 구해보면 다음과 같다.

> · 첫 번째 시장:
> $$E_P^1 = -\frac{dQ}{dP} \times \frac{P}{Q} = -(-2) \times \frac{P}{500-2P} = \frac{P}{250-P}$$
> · 두 번째 시장:
> $$E_P^2 = -\frac{dQ}{dP} \times \frac{P}{Q} = -(-6) \times \frac{P}{1,500-6P} = \frac{P}{250-P}$$

· 위 결과에 따르면 두 시장의 수요의 가격탄력성이 동일하다. 따라서 이 기업은 두 시장에서 동일한 가격을 설정한다.
· 다음과 같이 접근할 수도 있다. 두 시장의 수요곡선은 가격절편은 동일하고(P=250), 기울기만 서로 다를 뿐이다. 따라서 모든 가격수준에서 수요의 가격탄력성은 동일한 크기를 갖는다.

정답 ③

0933

어떤 기업이 국내 피아노 시장을 독점하고 있으며 국내의 피아노에 대한 수요함수는 $Q = 8 - 2P$이다. 여기서 Q는 피아노의 수요량, P는 피아노의 가격을 나타낸다. 국제 피아노 시장은 완전경쟁적이고, 시장가격은 2이며, 이 기업은 외국에 덤핑을 하고 있다고 가정하자. 이 기업의 한계비용이 $\frac{Q}{5}$인 경우 이윤극대화를 위한 총수출량은 얼마인가?

05 CPA

① 0

② 2

③ 8

④ 10

⑤ 18

문제에서 주어진 조건들을 그림으로 나타내면 다음과 같다.

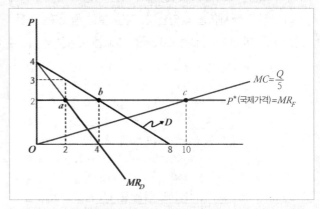

- 국내시장과 국제시장의 한계수입을 각각 MR_D와 MR_F라고 하면 가격차별을 통한 이윤극대화 조건은 $MR_D = MR_F = MC$가 된다.
- 국내시장의 피아노 수요함수는 '$P = 4 - \frac{1}{2}Q_D$'와 같으므로 국내시장의 한계수입은 '$MR_D = 4 - Q_D$'가 된다.
- 국제 피아노 시장은 완전경쟁적이므로 이 기업이 직면하는 국제시장의 수요곡선은 시장가격 2인 수준에서 수평의 수요곡선에 직면하게 되고, 이때의 한계수입은 $MR_D = 2$가 성립한다. 따라서 A기업의 실효MR은 4abc를 잇는 선이 된다.
- $MR_D = MR_F$인 조건을 충족하는 국내 수요량은 $4 - Q_D = 2$에서 $Q_D = 2$가 된다.
- 이윤극대화 조건은 $MR_D = MR_F = MC$이므로 $MR_D(= 2) = MR_F(= 2) = MC(\frac{Q}{5})$가 되어 Q = 10이 된다. 즉 이 기업의 이윤극대화 생산량은 10대가 된다. 그런데 국내 수요량이 2대이므로 이를 제외한 8대가 수출로 판매되는 것이다. 이 경우에 국내 피아노 가격은 3이 되고, 피아노 수출가격은 2가 된다.

정답 ③

AK Tip 국내시장과 해외시장의 가격차별

$$MR_D = MR_F = MC$$

⇒ MR_D는 국내시장의 한계수입, MR_F는 해외시장의 한계수입, MC는 기업의 한계비용
⇒ 국내시장의 한계수입곡선과 해외시장의 한계수입곡선에서 보다 큰 부분이 기업의 새로운 한계수입곡선이 된다. 이에 따라 균형수준에서는 국내시장의 한계수입과 해외시장의 한계수입의 크기가 동일해진다.

0934

아래의 그림은 소규모 개방경제의 어떤 기업이 국내시장에서 독점력을 행사함을 나타낸다. 다음 설명 중 옳은 것은? (단, MR은 한계수입, D는 수요곡선, MC는 한계비용이다.)

12 국회 8급

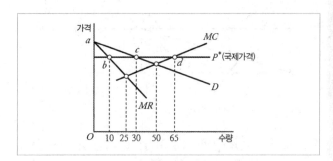

① 국내가격은 국제가격과 동일하다.
② 총생산량은 50이다.
③ 수출량은 40이다.
④ 이 기업의 실효MR은 점 a, b, c, d를 잇는 선이다.
⑤ 독점이윤을 최대화하는 국내 소비량은 25이다.

0935

아래 그림은 독점기업이 직면한 수요곡선(D), 한계수입곡선(MR), 한계비용곡선(MC) 및 평균비용곡선(AC)을 나타내고 있다. 이 그림에 대한 설명 중 옳지 않은 것은 ? 11 CPA

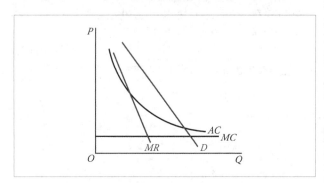

① 독점기업의 이윤을 극대화하기 위한 가격에서 자중손실이 발생한다.
② 독점기업의 생산에는 규모의 경제(economy of scale)가 작용한다.
③ 한계비용과 일치하는 가격을 책정하는 경우 독점기업에게 손실이 발생한다.
④ 이윤극대화 가격을 책정하는 독점기업은 기술혁신으로 한계비용이 하락하면 생산량을 증가시킨다.
⑤ 독점기업으로 하여금 평균비용과 일치하는 가격을 책정하도록 규제를 부과하면 균형 생산량은 이윤극대화를 위한 가격을 책정할 때보다 작다.

0936

정부가 독점기업에 세금을 부과하여 독점이윤을 환수하려고 할 때 나타날 수 있는 현상에 대한 다음 설명 중 옳은 것은?

12 국회 8급

① 독점이윤에 대해 30%의 세금을 부과하면 생산량이 줄고 가격이 올라간다.
② 생산량 1단위당 100원씩 세금을 부과하면 생산량과 가격은 변하지 않는다.
③ 독점기업의 매출액에 10%의 세금을 부과하면 생산량과 가격은 변하지 않는다.
④ 독점이윤에 10%의 세금을 부과하면 독점기업은 세금부담을 모두 소비자에게 떠넘긴다.
⑤ 독점기업에 정해진 일정 금액을 세금(lump sum tax)으로 부과해도 생산량과 가격은 변하지 않는다.

해설

독점기업에 부과된 정해진 일정 금액의 세금은 고정비용의 성격을 가지고 있으므로 한계비용에 영향을 미치지 못한다. 따라서 이윤극대화 조건 MR = MC가 변하지 않으므로 기존의 생산량과 가격도 변하지 않는다.

① 독점이윤에 부과된 조세는 생산과 판매가 모두 이루어지고 난 후에 부과되는 조세이므로 이미 이루어진 생산조건에는 영향을 미칠 수 없다. 따라서 생산량과 가격은 조세 부과 이전과 동일하다.
② 생산량 1단위당 100원씩 세금을 부과하면 한계비용곡선이 상방으로 평행이동하여 이윤극대화 수준에서 생산량은 감소하고 가격은 상승하게 된다.
③ 독점기업의 매출액에 10%의 세금을 부과하면 한계수입(MR)이 작아져서 생산량은 감소하고 가격은 상승한다.
④ 독점이윤에 부과된 조세는 생산과 판매가 모두 이루어지고 난 후에 부과되는 조세이므로 이미 이루어진 생산조건에는 영향을 미칠 수 없다. 따라서 독점기업은 이러한 조세를 소비자에게 떠넘길 수 없다.

정답 ⑤

AK Tip 조세부과를 통한 독점기업 규제

- 총액세(lump sum tax: 정액세) 부과 ⇨ 가격과 생산량에는 아무런 변화가 없음
- 이윤세를 부과 ⇨ 가격과 생산량에는 아무런 변화가 없음
- 판매세(sales tax:종량세) 부과 ⇨ 가격은 상승하고 생산량은 감소
- 매출액에 대해 일정비율(t%)의 조세 부과(종가세) ⇨ 가격은 상승하고 생산량은 감소

0937

완전경쟁기업과 독점기업에 대한 설명으로 옳은 것을 <보기>에서 모두 고르면? (단, 기업의 한계비용곡선은 우상향한다고 가정함)

15 국회 8급

보기

ㄱ 완전경쟁기업은 한계수입이 평균총비용보다 작은 경우 손실을 보게 된다.
ㄴ 한계비용과 평균수입이 일치하는 생산량을 생산할 때 완전경쟁기업의 이윤은 극대화된다.
ㄷ 한계비용과 한계수입이 일치하는 생산량을 생산할 때 독점기업의 이윤은 극대화된다.
ㄹ 독점기업이 정상적인 이윤만을 얻도록 하기 위해서는 정부가 독점가격을 한계비용과 같도록 규제해야 한다.

① ㄴ
② ㄱ, ㄴ
③ ㄷ, ㄹ
④ ㄱ, ㄴ, ㄷ
⑤ ㄱ, ㄴ, ㄷ, ㄹ

해설

완전경쟁기업에서 'P = MR'이 성립한다. 따라서 한계수입(MR)이 평균총비용(ATC=AC)보다 작다는 것은 'P <ATC' 역시 성립한다는 의미이다. 따라서 완전경쟁기업은 손실을 보게 된다(ㄱ).
- 완전경쟁기업에서 'P = AR = MR'이 성립하므로 한계비용(MC) = AR은 'MC = MR'이라는 이윤극대화 조건도 성립시킨다. 한편 'MR = MC'는 독점기업의 이윤극대화 조건이기도 하다(ㄴ, ㄷ).
- 정부가 'P = MC' 수준에서 독점가격을 규제하면 'P = MC <AC'가 성립하여 독점기업은 손실을 보게 되고, 'P = AC' 수준에서 독점가격을 규제할 때 독점기업은 정상이윤만 얻을 수 있게 된다(ㄹ).

정답 ④

0938

<보기>에서 독점적 경쟁에 관한 설명으로 옳은 것을 모두 고르면?

11 국회 8급

보 기

㉠ 독점적 경쟁기업은 장기에는 정상이윤만 얻는다.

㉡ 시장 진입과 퇴거가 자유롭다.

㉢ 수요곡선이 한계비용곡선에 접할 때 장기균형점에 도달한다.

㉣ 각 기업이 생산하는 재화의 이질성이 높을수록 초과설비 규모가 커진다.

㉤ 상품에 대한 수요는 순수 독점기업일 때보다는 덜 탄력적이고 완전경쟁기업일 때보다는 더 탄력적이다.

㉥ 독점적 경쟁기업이 생산하는 재화는 서로 대체성이 높으므로 각 기업이 생산하는 재화 간의 교차탄력성은 0보다 크다.

① ㉡, ㉣

② ㉠, ㉢, ㉤, ㉥

③ ㉠, ㉡, ㉢, ㉣, ㉤

④ ㉠, ㉡, ㉣, ㉥

⑤ ㉠, ㉡, ㉢, ㉣, ㉥

해 설

독점적 경쟁기업의 장기균형은 수요곡선과 장기평균비용곡선이 접할 때 도달한다(㉢).

• 독점적 경쟁기업이 직면하는 수요곡선의 기울기는 독점기업보다는 완만하고, 완전경쟁기업보다는 가파르다. 이에 따라 상품에 대한 수요는 순수 독점기업일 때보다는 더 탄력적이고 완전경쟁기업일 때보다는 덜 탄력적이다(㉤).

• 기업이 생산하는 재화의 이질성이 높을수록 시장지배력이 강화되고 이에 따라 그 정도에 따라 독점기업처럼 행동할 수 있어 이로 인한 초과설비규모는 커진다. 또한 독점기업 간에는 어느 정도 대체가 가능한 상품을 생산 및 판매를 하고 있어 교차탄력성은 0보다 커지게 된다.

정답 ④

0939

독점적 경쟁시장에 대한 설명으로 옳지 않은 것은?

14 국가직 7급

① 진입장벽이 존재하지 않기 때문에 기업의 진입과 퇴출은 자유롭다.

② 개별 기업은 차별화된 상품을 공급하며, 우하향하는 수요곡선에 직면한다.

③ 개별 기업은 자신의 가격책정이 다른 기업의 가격결정에 영향을 미친다고 생각하면서 행동한다.

④ 개별 기업은 단기에는 초과이윤을 얻을 수 있지만, 장기에는 정상이윤을 얻는다.

해 설

기업의 가격이나 생산량이 다른 기업의 행동에 영향을 주는 기업 간 상호의존성이 높은 시장의 형태는 과점시장이다.

정답 ③

0940

어떤 상품의 시장은 수많은 기업들이 비슷하지만 차별화된 제품을 생산하는 시장구조를 가지고 있으며 장기적으로 이 시장으로의 진입과 탈퇴가 자유롭다. 장기균형에서 이 시장에 대한 설명으로 가장 옳은 것은? 18 서울시 정기공채 7급

① 가격은 한계비용 및 평균비용보다 높다.
② 가격은 평균비용보다는 높지만 한계비용과는 동일하다.
③ 가격은 한계비용보다는 높지만 평균비용과는 동일하다.
④ 가격은 한계비용 및 평균비용보다 낮다.

문제에서 주어진 특성을 가지는 시장의 형태는 독점적 경쟁시장이다.

• 독점적 경쟁시장의 장기균형 상태를 그림으로 나타내면 다음과 같다.

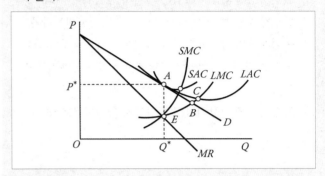

• 장기균형가격(P^*)과 장기균형생산량(Q^*)이 결정되는 독점적 경쟁시장의 장기균형 상태에서는 다음과 같은 조건이 성립한다.

$$P = SAC = LAC > MR = SMC = LMC$$

정답 ③

0941

독점적 경쟁의 장기균형에 대한 설명으로 가장 옳지 않은 것은? 18 서울시 공개경쟁 7급

① 개별기업이 직면하는 수요곡선은 우하향한다.
② 한계수입곡선은 수평선으로 그 자체가 시장가격을 의미한다.
③ 광고 및 애프터서비스 등을 통해 차별화 전략을 추진한다.
④ 진입과 퇴출이 자유로우며 초과설비가 존재한다.

개별기업이 직면하는 한계수입곡선이 수평선으로 시장가격과 같은 시장은 완전경쟁시장에서 관찰된다.

정답 ②

0942

시장구조와 균형에 관한 다음 설명 중 옳지 않은 것은? (단, 기업의 평균비용곡선은 U자형이라고 가정) 15 CPA

① 완전경쟁시장에서 기업은 가격 수용적이다.

② 완전경쟁시장의 단기균형에서 가격은 평균비용과 같다.

③ 독점시장의 장기균형에서 가격은 한계비용보다 크다.

④ 독점적 경쟁시장의 장기균형에서 가격은 한계비용보다 크다.

⑤ 독점적 경쟁시장의 장기균형에서 초과이윤은 0이다.

해설

각 시장에서의 단기균형과 장기균형 조건을 정리하면 다음과 같다. 단, 단기에는 모든 시장에서 초과이윤이 존재하는 경우를 전제한다.

시장구조	단기 균형 조건	장기 균형 조건
완전 경쟁 시장	P = MR = MC>AC	P = MR = SMC = LMC = SAC = LAC
독점 시장	P>AC>MR = MC	P>SAC = LAC>SMC = LMC
독점적 경쟁 시장	P>AC>MR = MC	P = SAC = LAC>SMC = LMC

• 완전경쟁기업이 단기에 손실을 보게 되면 가격은 평균비용보다 낮다. 다만 단기에는 이러한 경우에도 가격이 평균가변비용보다 높은 수준인 한 생산은 계속할 수 있다.

정답 ②

AK Tip 각 시장의 장기균형에서의 특징 비교

시장	장기균형 가격	경제적 순손실	P=LAC의 극솟값	초과이윤
완전경쟁시장	P=MC	X	O	X
독점	P>MC	O	X	O
독점적 경쟁시장	P>MC	O	X	X

0943

완전경쟁 기업, 독점적 경쟁 기업, 독점 기업에 대한 설명으로 옳지 않은 것은? 18 국가직 7급

① 단기균형 하에서, 완전경쟁 기업이 생산한 제품의 가격은 한계수입이나 한계비용과 동일한 반면, 독점적 경쟁 기업과 독점 기업이 생산한 제품의 가격은 한계수입이나 한계비용보다 크다.

② 완전경쟁 기업이 직면하는 수요곡선은 수평선인 반면, 독점적 경쟁 기업과 독점 기업이 직면하는 수요곡선은 우하향한다.

③ 장기균형 하에서, 완전경쟁 기업과 독점적 경쟁 기업이 존재하는 시장에는 진입장벽이 존재하지 않는 반면, 독점 기업이 존재하는 시장에는 진입장벽이 존재한다.

④ 장기균형 하에서, 완전경쟁 기업의 이윤은 0인 반면, 독점적 경쟁 기업과 독점 기업의 이윤은 0보다 크다.

해설

독점시장과 달리 독점적 경쟁 시장에는 완전경쟁 시장처럼 진입장벽이 존재하지 않는다. 이에 따라 독점적 경쟁 기업의 장기균형 하에서의 이윤은 완전경쟁 기업의 경우와 마찬가지로 '0'이 된다(③, ④).

• 완전경쟁 기업이 직면하는 수요곡선은 시장가격 수준에서 수평인 완전탄력적인 특성을 갖는다. 반면에 독점적 경쟁 기업은 상품차별화를 통해 어느 정도 시장 지배력을 갖기 때문에 우하향하는 수요곡선에 직면하게 되고, 독점 기업의 수요곡선은 곧 시장수요곡선이므로 마찬가지로 우하향하는 수요곡선에 직면하게 된다(②).

• 단기 균형 하에서 각 기업의 가격과 한계수입과 한계비용과의 관계는 다음 표와 같이 정리할 수 있다(①).

기업	단기 균형 하에서의 가격(P), 한계수입(MR), 한계비용(MC)과의 관계
완전경쟁 기업	P=MR=MC
독점적 경쟁 기업	P>MR=MC
독점 기업	P>MR=MC

정답 ④

0944

시장형태에 따른 특징을 설명한 것으로 옳은 것만을 <보기>에서 모두 고르면?   19 국회 8급

보기

㉠ 완전경쟁시장에서 각 개별 공급자가 직면하는 수요곡선은 서로 다르다.

㉡ 완전경쟁시장에서 새로운 기업이 진입할 경우 생산요소의 비용이 상승하면 장기시장공급곡선은 우상향으로 나타난다.

㉢ 시장수요곡선이 우하향의 직선인 경우 독점기업은 수요의 가격탄력성이 비탄력적인 구간에서 생산한다.

㉣ 독점적 경쟁기업이 직면하는 수요곡선이 탄력적일수록 이윤이 커질 가능성이 높다. 따라서 독점적 경쟁기업은 비가격전략을 사용하여 제품을 차별화한다.

㉤ 자연독점의 경우 큰 고정비용으로 평균비용이 높기 때문에 정부가 한계비용가격설정을 하면 공급이 이루어지지 않을 수 있다.

① ㉠, ㉡   ② ㉡, ㉣

③ ㉡, ㉤   ④ ㉠, ㉢, ㉤

⑤ ㉡, ㉣, ㉤

<보기>에서 옳지 않은 내용을 살펴보면 다음과 같다.

㉠ 완전경쟁시장에서 각 개별 공급자가 직면하는 수요곡선은 시장가격 수준에서 수평의 모습의 동일하다.

㉢ 독점기업의 이윤극대화 조건은 'MR=MC>0'이다. 한편 Amoroso-Robinson 공식은 다음과 같다.

> * $MR = P(1 - \frac{1}{E_P}) \Rightarrow MR > 0 \Rightarrow E_P > 1$
> * MR은 한계수입, P는 시장가격, E_P는 수요의 가격탄력성이다.

이에 따라 시장수요곡선이 우하향의 직선인 경우 독점기업은 수요의 가격탄력성이 탄력적인 구간에서 생산한다.

㉣ 독점적 경쟁기업이 직면하는 수요곡선이 비탄력적일수록 이윤이 커질 가능성이 높다. 이를 위해 독점적 경쟁기업은 비가격전략을 사용하여 제품을 차별화하게 된다.

정답 ③

0945

A, B 두 기업이 존재하는 어떤 과점시장의 시장수요곡선은 $P = a - b(q_A + q_B)$ 이다. 여기서 a, b는 상수이고 P는 가격, q_A는 A기업의 생산량, q_B는 B기업의 생산량이다. 이 시장이 쿠르노(Cournot) 모형에서 달성되는 균형상태일 때 나타날 수 있는 현상에 대한 다음 설명 중 옳은 것은? (단, 각 기업의 생산비는 0이라고 가정한다.)   12 국회 8급

① 시장가격은 $\frac{2a}{3}$ 이다.

② 시장거래량은 $\frac{2}{3b}$ 이다.

③ 각 기업의 생산량은 $\frac{a}{3b}$ 이다.

④ A기업의 생산량은 $\frac{a}{3}$ 이다.

⑤ B기업의 생산량은 $\frac{b}{3}$ 이다.

'$q = q_A + q_B$'일 때 시장수요곡선은 '$P = a - b \times q$'가 된다. MC = 0이므로 P = MC가 성립하는 완전경쟁시장에서는 $q = \frac{a}{b}$ 가 된다.

* 쿠르노(Cournot) 모형에서는 각 기업이 완전경쟁시장 생산량의 1/3씩 생산하게 되므로 각각 $\frac{a}{3b}$ 만큼씩 생산되고, 시장 전체에서는 $\frac{2a}{3b}$ 만큼 생산된다. 이를 시장수요곡선에 대입하면 시장가격은 $\frac{a}{3}$ 이 된다.

* 단, 앞의 접근 방법은 두 기업의 비용조건이 동일하다는 것을 전제한다.

정답 ③

0946

아래의 그림은 어떤 복점시장의 수요곡선과 각 기업이 직면하고 있는 한계비용곡선을 나타낸다. <보기>에서 옳은 것을 모두 고른 것은?

12 국회 8급

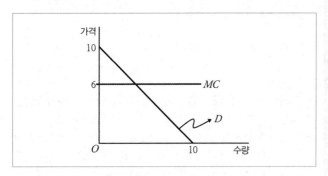

보 기

ㄱ. 이 시장의 총산출량은 2이다.

ㄴ. 이 시장의 총산출량은 4보다 작다.

ㄷ. 시장가격은 6이다.

ㄹ. 각 기업의 총수입은 16보다 크다.

① ㄱ   ② ㄴ

③ ㄱ, ㄹ   ④ ㄴ, ㄷ

⑤ ㄴ, ㄹ

해설

문제에서 출제자는 복점시장 균형으로 쿠르노 균형을 전제해서 출제한 것 같다.

- 주어진 그림에서 수요함수는 $P = 10 - Q$이므로, 한계비용이 $MC = 6$이므로 $P = MC$ 조건이 충족되는 완전경쟁시장에서는 $Q = 4$가 된다.

- 쿠르노 복점모형에서는 완전경쟁시장 생산량의 2/3만큼 생산되므로 8/3만큼 생산이 이루어진다. 이 크기는 4보다 작은 크기이다(ㄱ, ㄴ). 이 생산량을 수요함수에 대입하면 22/3가 된다(ㄷ). 그리고 각 기업의 총수입($P \times Q$)은 각각 88/9 = 9.8이다(ㄹ).

- 그런데 이 문제를 복점시장 균형을 설명하는 또 다른 모형인 베르뜨랑 경쟁모형으로 접근하면 앞의 설명과 상이한 결론에 도달한다. 베르뜨랑 경쟁모형은 완전경쟁 균형과 동일한 결과에 도달한다. 이에 따라 총산출량은 4가 되고, 이때의 시장가격은 6이 된다.

정답 ②

0947

수요함수가 $Q = 10 - P$로 주어진 생산물시장에서 두 기업 1과 2가 쿠르노 경쟁을 하고 있다. 기업 1의 비용함수는 $C_1(Q_1) = 3Q_1$이고, 기업 2의 비용함수는 $C_2(Q_2) = 2Q_2$라고 할 때, 다음 설명 중 옳은 것은? (단, P는 시장가격, Q는 시장생산량, Q_i는 기업 i의 생산량이다. $i = 1, 2$)

11 CPA

① 균형에서의 시장생산량은 5이다.

② 균형에서 기업 1의 생산량은 기업 2의 생산량의 절반이다.

③ 만약 기업 1이 독점기업이면 시장생산량은 4이다.

④ 만약 두 기업이 완전경쟁기업으로 행동한다면 시장생산량은 6이다.

⑤ 만약 두 기업이 베르뜨랑 경쟁을 한다면 기업 1이 모든 시장수요를 차지할 것이다.

해설

주어진 수요함수는 다음과 같이 바꿀 수 있다.

$$Q = 10 - P \Rightarrow P = 10 - Q \Rightarrow P = 10 - (Q_1 + Q_2)$$

- 앞의 수요함수를 전제로 쿠르노 경쟁을 하는 경우 각 기업의 이윤극대화 생산량을 구하면 다음과 같다.

  - 기업 1: $MR = 10 - Q_2 - 2Q_1$, $MC = 3 \Rightarrow MR_1 = MC_1$
    $\Rightarrow$ 반응곡선: $7 - Q_2 - 2Q_1 = 0$
  - 기업 2: $MR = 10 - Q_1 - 2Q_2$, $MC = 2 \Rightarrow MR_2 = MC_2$
    $\Rightarrow$ 반응곡선: $8 - Q_1 - 2Q_2 = 0$

앞의 두 반응곡선을 연립해서 풀면 $Q_1 = 2$, $Q_2 = 3$을 구할 수 있다. 이에 따라 시장 전체 생산량은 $Q = Q_1 + Q_2 = 2 + 3 = 5$가 된다(①, ②).

- 기업 1이 독점기업으로 행동한다면 $MR_1 = 10 - 2Q_1$가 되어 $Q_1 = 3.5$가 된다(③).

- 두 기업이 완전경쟁기업으로 행동한다면 P = MC 수준에서 생산하게 되므로 $Q_1 = 7$, $Q_2 = 8$만큼을 생산하게 된다. 그런데 이때 $P_1 = 3$, $P_2 = 2$가 되어 기업 1의 상품은 판매되지 못한다(④).

- 두 기업이 가격경쟁인 베르뜨랑 경쟁을 하게 된다면 한계비용 수준이 낮은 기업 2가 모든 시장수요를 차지할 것이다(⑤).

정답 ①

0948

다음 중 불완전 경쟁이 일어나는 생산물 시장에 대한 설명으로 타당하지 않은 것은?

14 서울시 7급

① 독점적 경쟁의 장기균형에서는 초과설비가 관측된다.
② 굴절수요곡선은 과점가격의 경직성을 설명한다.
③ 평균비용에 근거한 가격책정이 일반적이다.
④ 독점균형은 수요곡선의 가격탄력적인 곳에서 이루어진다.
⑤ 쿠르노(A. Cournot) 모형과 베르뜨랑(J. Bertrand) 모형은 모두 동질적인 상품의 판매를 전제로 한다.

해설

불완전경쟁시장에서는 한계비용을 전제로 이윤극대화를 위한 가격책정이 이루어지고, 평균비용에 근거한 가격책정이 이루어지는 경우는 '비용할증 가격설정 원리'에서 예외적으로 이루어질 뿐이다.

정답 ③

0949

기업의 시장구조와 행동원리에 대한 설명으로 옳지 않은 것은?

12 국가직 7급

① 완전경쟁기업의 이윤극대화 산출량은 한계수입과 한계비용이 일치하는 점에서 결정된다.
② 쿠르노(Cournot) 과점시장 모델에서 기업 수가 많아질수록 시장 전체의 산출량은 증가한다.
③ 독점적 경쟁시장에서 이윤극대화를 추구하는 기업의 장기균형 생산량은 평균비용이 최소가 되는 점이다.
④ 두 기업이 특정시장을 50 : 50으로 양분하고 있으면 허핀달 지수(Herfindahl index)에 의한 독과점도는 5,000이다.

해설

독점적 경쟁기업이 직면하는 수요곡선은 완전경쟁기업과 달리 우하향하기 때문에 장기균형은 수요곡선이 'U'자형인 평균비용곡선의 최소점보다 왼쪽에서 접하는 점에서 이루어진다. 이에 따라 과잉설비가 존재하는 비효율의 문제가 발생한다.

① 모든 기업의 이윤극대화 산출량은 한계수입과 한계비용이 일치하는 수준에서 결정된다.
② 쿠르노 모형에서의 시장 전체의 산출량은 완전경쟁시장의 산출량 $\times \frac{N}{N+1}$ (여기서 N은 기업의 수)이므로 기업의 수(N)가 많을수록 시장 전체의 산출량은 증가하게 된다.
④ Herfindahl 지수는 상위 k개 기업의 시장 점유율의 제곱의 합으로 측정된다.

$$dom = \sum_{i=1}^{k} S_i^{\,2}$$

따라서 두 기업의 시장 점유율이 각각 50%이므로 독과점도는 '$50^2 + 50^2 = 2,500 + 2,500 = 5,000$'이 된다.

정답 ③

0950

두 과점기업 A, B의 전략적 행동에 따라 달라지는 보수행렬이 아래와 같다고 할 때, 첫 번째 숫자는 기업 A의 이윤, 두 번째 숫자는 기업 B의 이윤을 가리킨다. 기업 A와 B의 우월전략은 각각 무엇인가?

13 서울시 7급

구분		기업 B의 전략적 결정	
		전략 1	전략 2
기업 A의 전략적 결정	전략 1	(300만 원, 600만 원)	(200만 원, 400만 원)
	전략 2	(50만 원, 300만 원)	(250만 원, 0원)

① 기업 A: 전략 1, 기업 B: 전략 1
② 기업 A: 전략 1, 기업 B: 전략 2
③ 기업 A: 전략 2, 기업 B: 전략 1
④ 기업 A: 전략 2, 기업 B: 우월전략이 없다.
⑤ 기업 A: 우월전략이 없다, 기업 B: 전략 1

해설

기업 B가 전략 1을 선택한 경우에는 기업 A에게는 전략 1이 유리한 전략이고, 기업 B가 전략 2를 선택하는 경우에는 기업 A에게는 전략 2가 유리한 전략이 된다. 따라서 기업 A에게는 우월전략이 존재하지 않는다.

• 기업 A가 전략 1을 선택한 경우에는 기업 B에게는 전략 1이 유리한 전략이고, 기업 A가 전략 2를 선택하는 경우에도 기업 B에게는 전략 1이 유리한 전략이 된다. 따라서 기업 B에게는 전략 1이 우월전략이 된다.

정답 ⑤

0951

다음과 같은 치킨게임(두 운전자가 마주보고 전속력으로 직진 운전하다가 한쪽이 겁을 먹고 회피하면 지는 게임)을 고려하자. 각 경우에 있어서의 보상(만족도)은 다음과 같다. (보상테이블은 (A, B)의 쌍으로 표시됨)

		운전자 B	
		회피	직진
운전자 A	회피	(10, 10)	(5, 20)
	직진	(20, 5)	(0, 0)

'운전자 A'의 우월전략(dominant strategy)에 관한 설명으로 옳은 것은?

15 서울시 7급

① 우월전략이 없다.
② '운전자 A'는 항상 회피를 해야 한다.
③ '운전자 A'는 항상 직진을 해야 한다.
④ '운전자 A'는 2개의 우월전략을 가지고 있다.

해설

운전자 A의 우월전략은 운전자 B가 어떠한 전략을 선택해도 운전자 A에게 유리한 전략을 의미한다.

• 주어진 표에서 운전자 B가 '회피전략'을 선택하는 경우 운전자 A에게 유리한 전략은 '직진전략'이고, 운전자 B가 '직진전략'을 선택하는 경우 운전자 A에게 유리한 전략은 '회피전략'이다. 결국 운전자 A에게 유리한 '우월전략'은 존재하지 않는다.

정답 ①

0952

세계시장에서 대형항공기를 만드는 기업은 A국의 X사와 B국의 Y사만 있으며, 이 두 기업은 대형항공기를 생산할지 혹은 생산하지 않을지를 결정하는 전략적 상황에 직면해 있다. 두 기업이 대형항공기를 생산하거나 생산하지 않을 경우 다음과 같은 이윤을 얻게 된다고 가정하자. 즉, 두 기업 모두 생산을 하게 되면 적자를 보게 되지만, 한 기업만 생산을 하게 되면 독점이윤을 얻게 된다. 이제 B국은 Y사가 대형항공기 시장의 유일한 생산자가 되도록 Y사에 보조금을 지급하려고 한다. 이때 B국이 Y사에 지급해야 할 최소한의 보조금은? (단, X사가 있는 A국은 별다른 정책을 사용하지 않는다고 가정한다.)

16 지방직 7급

(단위: 백만 달러)

구분		Y사	
		생산	생산 않음
X사	생산	(-1, -2)	(24, 0)
	생산 않음	(0, 20)	(0, 0)

※ 주: (,) 안의 숫자는 (X사의 보수, Y사의 보수)를 말한다.

① 1백만 달러 초과
② 20백만 달러 초과
③ 2백만 달러 초과
④ 24백만 달러 초과

해설

B국이 Y사를 대형항공기 시장의 유일한 생산자가 되도록 하기 위해서는 일단 Y사로 하여금 '생산' 전략을 우월전략으로 선택하도록 해야 한다.

• 그런데 Y사가 '생산' 전략을 선택하는 경우, X사가 역시 '생산' 전략을 선택한다면 Y사는 생산을 하지 않는 것보다 오히려 2백만 달러의 손실을 볼 수도 있게 된다. 따라서 이러한 Y사의 위험부담을 제거해주기 위해서 B국은 Y사에게 최소한 2백만 달러보다 많은 보조금을 지급해야 한다.

정답 ③

0953

A국과 B국이 자국의 수출보조금을 결정하는 정책 게임을 한다. A국과 B국의 전략은 Large, Medium, Small로 구성된다. 이 게임의 보수함수(payoff matrix)가 다음과 같을 때, 내쉬(Nash)균형에서 A국과 B국의 보수(payoff)조합은? (단, 보수조합의 왼쪽 값은 A국, 오른쪽 값은 B국의 보수를 나타낸다.)

11 지방직 7급

		B국		
		Large	Medium	Small
A국	Large	(6, 1)	(4, 2)	(1, 7)
	Medium	(3, 3)	(6, 5)	(4, 4)
	Small	(1, 8)	(4, 5)	(2, 6)

① (1, 7)   ② (1, 8)
③ (4, 4)   ④ (6, 5)

해설

내쉬균형은 더 이상의 전략의 변화에 대한 유인이 존재하지 않는 균형상태를 의미한다.

• 만약 A국이 Large 전략을 선택하면 B국은 Small 전략을 선택할 것이고, 이에 대해 A국은 Medium 전략을 선택하게 된다. 계속해서 이에 대해 B국은 Medium 전략을 선택할 것이고, 이제 A국은 더 이상 다른 전략을 선택할 유인이 사라지게 되어 비로소 내쉬균형에 도달하게 된다.

정답 ④

0954

다음 표와 같이 복점시장에서 기업 A와 기업 B가 서로 경쟁한다. 각 기업은 자신의 이윤을 극대화하기 위해서 생산량 Q = 2 또는 Q = 3을 결정해야 한다. 다음 표에서 괄호 안에서 앞의 숫자는 기업 A의 이윤을, 뒤의 숫자는 기업 B의 이윤을 나타낸다. 다음 <보기> 중 옳은 것을 모두 고르면? 17 국회 8급

구분		기업 B	
		Q = 2	Q = 3
기업 A	Q = 2	(10, 12)	(8, 10)
	Q = 3	(12, 8)	(6, 6)

보기

ㄱ 기업 A의 우월전략은 Q = 3이다.

ㄴ 기업 B의 우월전략은 Q = 2이다.

ㄷ 내쉬균형은 기업 A는 Q = 3을, 기업 B는 Q = 2를 선택하는 것이다.

ㄹ 기업 A와 기업 B는 모두가 우월전략을 가지지 않기 때문에 내쉬균형은 존재하지 않는다.

① ㄱ, ㄴ
② ㄱ, ㄹ
③ ㄴ, ㄷ
④ ㄴ, ㄹ
⑤ ㄱ, ㄴ, ㄷ

기업 B가 'Q = 2' 전략을 선택할 때 기업 A에게 유리한 전략은 'Q = 3' 전략이고, 기업 B가 'Q = 3' 전략을 선택할 때 기업 A에게 유리한 전략은 'Q = 2' 전략이다. 따라서 기업 A에게는 우월전략이 존재하지 않는다(ㄱ).

• 반면에 기업 A가 'Q = 2' 전략을 선택할 때 기업 B에게 유리한 전략은 'Q = 2' 전략이고, 기업 A가 'Q = 3' 전략을 선택할 때 기업 B에게 유리한 전략 역시 'Q = 2' 전략이다. 따라서 기업 B에게는 'Q = 2'라는 우월전략이 존재한다(ㄴ).

• 이에 따라 시장에서는 우월전략 균형이 성립하지 않는다.

• '(기업 A 전략, 기업 B 전략) = (Q = 3, Q = 2)'은 내쉬균형이다. 기업 A가 'Q = 3' 전략을 고수하는 한 기업 B 역시 'Q = 2' 전략을 유지할 것이고, 기업 B가 'Q = 2' 전략을 고수하는 한 기업 B 역시 'Q = 3' 전략을 유지하고자 할 것이기 때문이다(ㄷ).

• 결국 시장에서 우월전략 균형은 존재하지 않아도 내쉬균형은 존재하는 것이다(ㄹ).

정답 ③

0955

어느 복점시장에서 두 기업 A, B가 경쟁하고 있다. 불황기간 중에 각 기업은 생산량 감소와 생산량 유지 중 하나의 전략을 선택해야 한다. 각 기업이 자신의 이윤을 극대화하고자 할 때 다음 설명 중 옳은 것은? (단, 괄호 안의 첫 번째 숫자는 기업 A의 이윤을, 두 번째 숫자는 기업 B의 이윤을 나타냄) 15 국회 8급

보수행렬		기업 B	
		생산량 감소	생산량 유지
기업 A	생산량 감소	(100, 100)	(50, 80)
	생산량 유지	(80, 50)	(70, 70)

① 두 기업 모두 생산량을 유지하는 전략조합이 파레토 효율적(Pareto efficient)이다.

② 내쉬균형(Nash equilibrium)에서 두 기업은 동일한 전략을 선택한다.

③ 기업 B의 전략과 상관없이 기업 A는 생산량을 유지하는 것이 우월전략이다.

④ 우월전략균형은 1개가 존재한다.

⑤ 내쉬균형은 1개가 존재한다.

기업 A의 입장에서 기업 B가 '생산량 감소'를 선택하는 경우에는 '생산량 감소' 전략이 유리하고, 기업 B가 '생산량 유지'를 선택하는 경우에는 '생산량 유지'가 유리하므로, 기업 B가 어떠한 선택을 하든 유리한 '우월전략'은 존재하지 않는다(③, ④).

• 두 기업 모두 생산량을 감소하는 전략조합이 각 기업의 이윤을 극대화할 수 있는 파레토 효율조합이다(①).

• 내쉬균형은 기업 A와 B의 (생산량 감소, 생산량 감소) 또는 (생산량 유지, 생산량 유지)라는 전략조합인 경우에 성립한다(②, ⑤).

• 결국 내쉬균형이 성립한다고 하더라도 반드시 파레토 효율이 달성되지는 않을 수 있다는 것을 보여준다.

정답 ②

0956

시장에 갑, 을 두 기업이 존재하며, 기업 갑, 을은 S_1, S_2 전략 중 최선의 의사결정을 하려 한다. <보기>의 표는 두 기업의 게임에 대한 보수를 나타낸 것이다. 이에 대한 설명으로 가장 옳지 않은 것은? (단, 괄호 안의 앞의 숫자는 기업 갑의 보수, 뒤의 숫자는 기업 을의 보수를 나타낸다.)

19 서울시 7급

보기

		을	
		S_1	S_2
갑	S_1	(10, 10)	(5, 20)
	S_2	(20, 5)	(8, 8)

① 갑, 을 모두에게 각각 우월전략이 존재한다.

② 균형에서 갑의 보수는 8이다.

③ 갑, 을 간 협조가 이루어질 수 있다면 파레토 개선이 가능하다.

④ 위 게임의 균형은 우월전략균형일지는 몰라도 내쉬균형은 아니다.

해설

을이 S_1전략을 선택하는 경우 갑에게 유리한 전략은 S_2($\because 20 > 10$)이고, 을이 S_2전략을 선택하는 경우에도 갑에게 유리한 전략은 S_2($\because 8 > 5$)이다. 따라서 갑의 우월전략은 S_2이다. 한편 갑이 S_1전략을 선택하는 경우 을에게 유리한 전략은 S_2($\because 20 > 10$)이고, 갑이 S_2전략을 선택하는 경우에도 을에게 유리한 전략은 S_2($\because 8 > 5$)이다. 따라서 을의 우월전략 역시 S_2이다(①).

• 이에 따라 '(갑의 전략, 을의 전략)$=(S_2, S_2)$' 조합이 우월전략균형이 된다. 이 경우 갑과 을의 보수는 '(갑의 보수, 을의 보수)$=(8, 8)$'이 된다(②).

• 이러한 우월전략균형에서 '(갑의 전략, 을의 전략)$=(S_1, S_1)$' 조합으로 옮겨 갈 수만 있다면 갑과 을 모두는 이전에 비해 2만큼 높은 보수를 얻을 수 있어, 파레토 개선이 가능해진다. 다만 이를 위해서는 두 사람 모두 이러한 이동에 대한 협조가 필요하다(③).

• 우월전략균형이면 반드시 내쉬균형에 해당한다. 다만 그 역(-)의 관계는 성립하지 않는다(④).

> 을 S_1 선택 ⇒ 갑 S_2 선택 ⇒ 을 S_2 선택 ⇒ 갑 S_2 유지 ⇒ (S_2, S_2) 조합 내쉬균형 성립

정답 ④

0957

7명의 사냥꾼이 동시에 사냥에 나섰다. 각 사냥꾼은 사슴을 쫓을 수도 있고, 토끼를 쫓을 수도 있다. 사슴을 쫓을 경우에는 7명의 사냥꾼 중 3명 이상이 동시에 사슴을 쫓을 때에만 사슴사냥에 성공하여 1마리의 사슴을 포획하게 되고, 사냥꾼들은 사슴을 동일하게 나누어 갖는다. 만약 3명 미만이 동시에 사슴을 쫓으면 사슴을 쫓던 사냥꾼은 아무것도 얻지 못하게 된다. 반면 토끼를 쫓을 때에는 혼자서 쫓더라도 언제나 성공하며 각자 1마리의 토끼를 포획하게 된다. 모든 사냥꾼들은 사슴 1/4마리를 토끼 1마리보다 선호하고, 사슴이 1/4마리보다 적으면 토끼 1마리를 선호한다. 이 게임에서 내쉬균형을 <보기>에서 모두 고르면? (단, 사냥터에서 사냥할 수 있는 사슴과 토끼는 각각 1마리, 7마리임)

13 국회 8급

보 기

ㄱ. 모든 사냥꾼이 토끼를 쫓는다.
ㄴ. 모든 사냥꾼이 사슴을 쫓는다.
ㄷ. 3명의 사냥꾼은 사슴을, 4명의 사냥꾼은 토끼를 쫓는다.
ㄹ. 4명의 사냥꾼은 사슴을, 3명의 사냥꾼은 토끼를 쫓는다.

① ㄱ
② ㄱ, ㄷ
③ ㄱ, ㄹ
④ ㄴ, ㄹ
⑤ ㄱ, ㄷ, ㄹ

상대방의 전략이 주어져 있을 때, 독자적으로 전략을 수정하는 경우에 현재보다 이익이 작아진다면 현 상태는 내쉬균형 상태이고, 현재보다 이익이 커진다면 현 상태는 내쉬균형 상태가 아니다. 내쉬균형 상태에서는 상대방이 전략을 바꾸지 않는 한 나의 전략 역시 바꾸지 않는다.

ㄱ. 모든 사냥꾼이 토끼를 쫓을 때 혼자서 이탈해서 사슴을 쫓을 경우에는 사슴을 잡을 수 없다. 따라서 그나마 토끼 1마리조차도 얻을 수 없다. 따라서 전략을 바꿀 필요가 없으므로 현 상태는 내쉬균형이다.

ㄴ. 모든 사냥꾼이 사슴을 쫓는다면 사슴을 1/7만큼 얻을 수 있다. 그런데 혼자서 이탈해서 토끼를 쫓을 경우에는 토끼 1마리를 잡을 수 있다. 그런데 사슴 1/7마리보다 토끼 1마리를 선호하므로 토끼를 쫓는 것이 더 유리하다. 따라서 현 상태는 내쉬균형이 아니다.

ㄷ. 3명의 사냥꾼은 사슴을, 4명의 사냥꾼은 토끼를 쫓는다면 사슴 1/3마리와 토끼 1마리를 각각 얻을 수 있다. 그런데 토끼를 쫓다가 사슴을 쫓게 되면 토끼 1마리 대신 사슴 1/4마리를 얻을 수 있다. 그런데 토끼 1마리보다는 사슴 1/4마리를 선호하므로 사슴을 쫓는 것이 유리하다. 따라서 현 상태는 내쉬균형이 아니다.

ㄹ. 4명의 사냥꾼은 사슴을, 3명의 사냥꾼은 토끼를 쫓는다면 사슴 1/4마리와 토끼 1마리를 각각 얻을 수 있다. 그런데 사슴을 쫓다가 토끼를 쫓는다면 사슴 1/4마리 대신 토끼 1마리를 얻을 수 있다, 그런데 토끼 1마리보다 사슴 1/4마리를 선호하므로 계속 사슴을 쫓는 것이 유리하다. 또한 토끼를 쫓다가 사슴을 쫓는다면 토끼 1마리 대신 사슴 1/5마리를 얻을 수 있다. 그런데 사슴 1/5마리보다 토끼 1마리를 선호하므로 계속 토끼를 쫓는 것이 유리하다. 따라서 현재의 전략을 바꿀 필요가 없으므로 현 상태는 내쉬균형이다.

정답 ③

0958

세 명의 경기자 갑, 을, 병이 총 3만 원의 상금이 걸려있는 대회에 참가할지 여부를 동시에 결정하는 게임을 고려하자. 경기자당 참가비용은 1만 원이다. 총 상금 3만 원은 대회에 참가한 사람에게 균등하게 배분된다. 예를 들어 갑과 을만이 대회에 참가하면 갑과 을은 각자 1만 5천 원의 상금을 받는 반면, 병은 상금을 받지 못한다. 경기자들은 자신이 받는 상금에서 대회 참가비용을 차감한 금액을 극대화하고자 한다. 다음 중 내쉬(Nash) 균형을 모두 고르면?　15 CPA

> ㉠ 세 경기자 모두 대회에 참가한다.
> ㉡ 두 경기자가 대회에 참가하고, 한 경기자는 참가하지 않는다.
> ㉢ 한 경기자만 대회에 참가하고, 다른 두 경기자는 참가하지 않는다.
> ㉣ 세 경기자 모두 대회에 참가하지 않는다.

① ㉠
② ㉠, ㉡
③ ㉠, ㉣
④ ㉠, ㉡, ㉢
⑤ ㉠, ㉡, ㉢, ㉣

0959

복점시장에서 경쟁하는 두 기업이 동시에 가격을 결정한다고 하자. 이 시장에서 수요의 역함수는 $P = 100 - \frac{1}{2}Q$(P는 시장가격, Q는 두 기업 생산량의 합)이며, 두 기업의 가격이 동일하면 두 기업이 시장수요량을 반씩 나누어 갖는다. 두 기업 모두 고정비용은 없고, 한계비용은 10으로 일정하다. 기업들은 가격을 자연수로만 정할 수 있다. 다음 설명 중 가장 옳지 않은 것은?　14 CPA

① 두 기업이 모두 가격을 10으로 정하는 것은 내쉬(Nash) 균형이다.
② 두 기업이 모두 가격을 11로 정하는 것은 내쉬(Nash)균형이다.
③ 모든 내쉬(Nash)균형에서 두 기업의 이윤은 0이다.
④ 한 기업은 가격을 10으로, 다른 기업은 가격을 11로 정하는 것은 내쉬(Nash) 균형이 아니다.
⑤ 모든 내쉬(Nash)균형에서 시장 전체 거래량은 180을 초과하지 못한다.

내쉬균형은 현재 상황에서 더 이상 전략을 바꿀 유인이 존재하지 않는 상태에 도달할 때 달성된다.

㉠ 세 경기자 모두 대회에 참가한다면 각 경기자의 순이익은 '0원'이다. 이 경우 대회에 참가하지 않는 경우의 순이익 역시 '0원'이므로 전략을 굳이 바꿀 유인이 존재하지 않는다. 따라서 이 경우는 내쉬균형에 해당한다.

㉡ 두 경기자가 대회에 참가하고, 한 경기자는 참가하지 않는다면 참가자의 순이익은 '5천 원'이고, 미참가자의 순이익은 '0원'이 된다. 이 경우 참가자가 참가하지 않으면 순이익은 '0원', 미참가자가 참가하면 순이익은 '0원'이 되어 기존 전략을 바꾼다고 하더라도 이전에 비해 더 높은 이익을 얻을 수 없다. 즉 기존 전략을 고수하게 되므로 이 경우는 내쉬균형에 해당한다.

㉢ 한 경기자만 대회에 참가하고, 다른 두 경기자는 참가하지 않는다면 참가자의 순이익은 '2만 원'이고, 미참가자의 순이익은 '0원'이다. 이 경우 참가자가 참가하지 않으면 순이익은 '0원', 미참가자가 참가하면 순이익은 '5천 원'이 되어 미참가자는 참가하는 것이 유리한 전략이다. 즉 미참가자가 전략을 바꿀 유인이 존재하므로 이 경우는 내쉬균형이 아니다.

㉣ 세 경기자 모두 대회에 참가하지 않는다면 모두의 순이익은 '0원'이다. 이 경우 미참자가 참가하게 되면 순이익이 '2만 원'으로 증가하게 되므로 참가하는 것이 유리한 전략이다. 즉 미참가자가 전략을 바꿀 유인이 존재하므로 이 경우는 내쉬균형이 아니다.

정답 ②

주어진 문제는 가격을 전략변수로 사용하는 베르뜨랑(Bertrand) 모형이다.

- 베르뜨랑 모형은 두 기업이 치열한 가격 경쟁을 전개하고, 그 결과 'P = MC'에서 균형을 이루게 되어 완전경쟁시장과 동일한 결과를 얻게 된다는 것이다. 이에 따라 두 기업은 한계비용 수준인 10까지 가격을 내릴 수 있게 되고(①), 이때 두 기업은 각각 90단위를 생산하게 되고 이윤은 각각 '0'이 된다.

- 두 기업이 협조하여 가격을 11로 정할 수도 있다. 이 경우 두 기업이 각각 89단위를 생산하게 되고 이윤은 각각 89가 되어 가격이 10인 경우보다 이윤이 크므로 두 기업 모두 현재의 가격을 내릴 유인을 갖지 못하게 되어 내쉬균형이 성립하게 된다(②, ③).

- 가격을 10으로 정한 기업이 가격을 11로 올리면 이윤을 증가시킬 수 있으므로 현 상태는 내쉬균형이 아니다(④).

- 시장 전체 거래량이 가장 많은 것은 'P = MC'가 성립하여 완전경쟁시장처럼 효율적 자원배분이 이루어지는 경우이고 이때 시장 전체 거래량은 180단위가 된다(⑤).

정답 ③

0960

다음 표는 기업 A와 B의 광고 여부에 따른 두 기업의 보수를 나타낸 것이다. 두 기업이 광고 여부를 동시에 결정할 때, 이에 대한 설명으로 옳은 것은?(단, 괄호에서 앞의 숫자는 기업 A의 보수, 뒤의 숫자는 기업 B의 보수이다.)

19 국가직 7급

		기업 B	
		광고	광고 안 함
기업 A	광고	(10, 10)	(20, 5)
	광고 안 함	(5, 20)	(15, 15)

① 이 게임의 우월전략균형과 순수전략 내쉬균형은 다르다
② 이 게임의 내쉬균형은 파레토 효율적이다.
③ 기업 A가 먼저 결정을 내리고 기업 B가 이를 관찰한 후 결정을 내리는 경우에도 각 기업의 결정은 변하지 않는다.
④ 이 게임이 2회 반복되면 파레토 효율적인 상황이 균형으로 달성될 수 있다.

기업 B가 '광고'를 선택하면 기업 A는 '광고'를 선택하는 것이 유리하고, 기업 B가 '광고 안 함'을 선택하는 경우에도 기업 A는 '광고'를 선택하는 것이 유리하다. 따라서 기업 A에게 '광고'전략은 우월전략이다.

• 반면에 기업 A가 '광고'를 선택하면 기업 B는 '광고'를 선택하는 것이 유리하고, 기업 A가 '광고 안 함'을 선택하는 경우에도 기업 B는 '광고'를 선택하는 것이 유리하다. 따라서 기업 B에게도 '광고'전략은 우월전략이다.

• 결국 우월전략균형은 '(기업 A, 기업 B)=(광고, 광고)'가 되고, 이 경우의 두 기업의 보수는 '(기업 A의 보수, 기업 B의 보수)=(10, 10)'이 된다.

> • 기업 B '광고' 선택 ⇒ 기업 A '광고' 선택 ⇒ 기업 B '광고' 유지: 내쉬균형 성립
> • 기업 B '광고 안 함' 선택 ⇒ 기업 A '광고' 선택 ⇒ 기업 B '광고' 선택으로 전환: 내쉬균형 불성립

• 이에 따라 우월전략균형과 순수전략 내쉬균형은 같아진다(①).
• 두 기업 모두가 '광고 안 함' 전략을 선택하게 되면, 내쉬균형(=우월전략균형)에 비해 모두 높은 보수를 얻을 수 있게 된다. 따라서 기존의 내쉬균형(=우월전략균형)은 파레토 '비'효율이다(②).
• 기업 A가 먼저 결정을 내리고 기업 B가 이를 관찰한 후 결정을 내리는 경우에도 여전히 기업 B는 '광고'를 선택하게 된다. 한편 기업 B가 '광고'를 선택하게 되면 기업 A 역시 자신에게 유리한 '광고'를 선택하게 된다. 결국 두 기업의 의사결정은 동시에 결정하는 경우와 동일해진다(③).
• 이 게임이 2회 반복된다고 하더라도 여전히 균형은 기존의 내쉬균형(=우월전략균형)이 성립하게 되어 파레토 비효율적인 상황이 된다(④).

정답 ③

0961

같은 집에 거주하는 갑과 을은 일주일마다 한 번씩 '청소하기'와 '쉬기' 중에서 하나를 선택할 수 있고, 선택에 따른 효용은 다음과 같다. '청소하기'를 선택할 때의 비용은 10이다. 갑과 을은 '보복'을 선택할 수 있다. '보복'은, 한 사람이 '청소하기'를 선택할 때 다른 사람이 일방적으로 '쉬기'를 선택하면 '청소하기'를 선택했던 사람은 그다음 주부터 몇 주의 '쉬기'를 선택하는 것이다. 보복 기간이 종료되면, 둘은 다시 함께 청소하는 관계로 복귀한다. '쉬기'를 선택하는 유인을 줄이고 함께 청소하는 협력 관계를 지속하기 위한 보복 기간의 최솟값은? (단, 표의 괄호에서 앞의 숫자는 갑의 효용, 뒤의 숫자는 을의 효용이다)

20 지방직 7급

		을	
		청소하기	쉬기
갑	청소하기	(13, 13)	(11, 11)
	쉬기	(11, 11)	(2, 2)

① 7주
② 8주
③ 9주
④ 10주

주어진 표를 '청소하기' 선택에 따른 비용인 10을 반영하여 순효용(=효용-비용)을 기준으로 한 표로 정리하면 다음과 같다. 단, 표의 괄호에서 앞의 숫자는 갑의 순효용, 뒤의 숫자는 을의 순효용이다.

		을	
		청소하기	쉬기
갑	청소하기	(3, 3)	(1, 11)
	쉬기	(11, 1)	(2, 2)

• 갑과 을이 함께 '청소하기'를 선택하게 되면 두 사람 모두 각각 3만큼의 순효용을 얻게 된다. 그런데 갑은 계속해서 '청소하기'를 선택함에도 불구하고 을이 일방적으로 '쉬기'를 선택한다면 갑의 순효용은 3에서 1로 2만큼 감소하게 되고, 을의 순효용은 3에서 11로 8만큼 증가하게 된다.

• 다음 주에 갑이 을에게 '보복'하기 위해 '쉬기'를 선택하게 되면 두 사람 모두 '쉬기'를 선택한 것이므로 을의 순효용은 2에 그치게 된다. 이것은 두 사람이 협력관계를 유지하면서 모두 '청소하기'를 선택하는 경우와 비교하여 '보복 1회당 순효용'이 '1'만큼 작아진다는 것을 의미한다.

• 만약 갑이 을에게 9주 연속하여 보복을 하게 되면 두 사람이 협력관계를 유지하면서 모두 '청소하기'를 선택하는 경우에 비해 을에게는 9만큼의 순효용의 감소가 발생한다. 이것은 갑이 '청소하기'를 선택함에도 불구하고 을이 일방적으로 '쉬기'를 선택했을 때 얻을 수 있는 '8'만큼의 순효용 증가보다 더 큰 값이다. 따라서 을은 갑이 최소 9주 연속하여 '보복'을 하는 경우에는 협력하여 '청소하기'를 선택하는 것보다 일방적으로 '쉬기'를 선택하는 것이 더 불리하다는 것을 인식하게 된다. 이에 따라 을은 갑과 함께 '청소하기'를 선택하여 협력관계를 계속 유지하려고 할 것이다.

정답 ③

0962

다음 게임에 대한 설명으로 옳지 않은 것은? 14 국회 8급

> 잠재적 진입기업 A는 기존기업 B가 독점하고 있는 시장으로 진입할지 여부를 고려하고 있다. A가 진입하지 않으면 A와 B의 보수는 각각 0과 2이다. A가 진입을 하면 B는 반격을 하거나 공생을 할 수 있다. B가 반격을 할 경우 A와 B의 보수는 각각 −1과 0이다. 반면 공생을 할 경우 두 기업이 시장을 나눠가져 각각 1의 보수를 얻는다.

① 이 게임의 순수전략 내쉬균형은 하나이다.
② A가 진입하지 않으면 B는 어떤 전략을 택하든 무차별하다.
③ 부분게임 완전균형에서 A는 진입을 한다.
④ A가 진입하는 경우 B는 공생하는 것이 최선의 대응이다.
⑤ A가 진입하면 반격하겠다는 B의 전략은 신빙성이 없다.

문제에서 주어진 내용을 전제로 '게임트리'를 구성하면 다음과 같다.

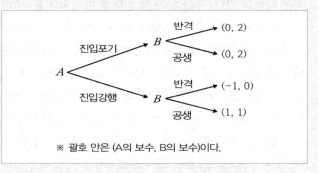

※ 괄호 안은 (A의 보수, B의 보수)이다.

- 기업 A가 진입을 포기할 때 기업 B가 반격으로 대응한다고 하자. 이때 기업 A가 진입을 강행하면 기업 A의 보수는 0에서 -1로 감소하게 되므로 기업 A는 기존의 '진입 포기' 전략을 바꿀 유인이 존재하지 않는다. 결국 (진입 포기, 반격) 조합은 내쉬균형이다.
- 기업 A가 진입을 강행할 때 기업 B가 공생으로 대응한다고 하자. 이때 기업 A가 진입을 포기하면 기업 A의 보수는 1에서 0으로 감소하게 되므로 기업 A는 기존의 '진입 강행' 전략을 바꿀 유인이 존재하지 않는다. 결국 (진입 강행, 공생) 조합도 내쉬균형이다.
- 이에 따라 주어진 문제에서 내쉬균형은 2개가 존재하며, 이러한 2개의 내쉬균형 중에서 기업 A에게 유리한 전략은 '진입 강행'이다. 이때 기업 B가 '반격'을 하겠다는 위협은 신빙성이 없다. 왜냐하면 만약 실제로 기업 B가 반격을 하게 되면 기업 B의 보수는 1에서 0으로 감소하기 때문이다(⑤). 따라서 B의 '반격' 전략은 신빙성이 없게 되고, 기업 A가 진입을 강행하는 경우에 기업 B가 '공생' 전략을 택하는 것이 최선인 것이다(④). 결국 기업 A의 '진입 강행'과 기업 B의 '공생'에서 완전균형이 달성된다(③).
- A가 진입하지 않으면 B는 반격과 공생 중 어떤 전략을 택하든 2의 보수를 얻을 수 있으므로 무차별하다(②).

정답 ①

0963

다음 중 옳은 것을 <보기>에서 모두 고르면? 16 국회 8급

ㄱ. 완전경쟁시장에서 개별 기업의 비용함수가 $C(Q) = Q^3$ $-6Q^2 + 19Q$이고, 현재 시장에는 15개의 기업이 생산 중에 있다. 시장수요곡선은 $Q = 70 - P$라고 할 때 장기에 이 시장에는 4개 기업이 추가로 진입한다.

ㄴ. 수요곡선은 $P = -3Q + 80$, 평균비용곡선은 $AC = -Q + 60$인 자연독점기업이 이윤극대화를 추구할 때 얻을 수 있는 이윤의 크기는 50이다.

ㄷ. 쿠르노 모형(Cournot model)에서 각 기업은 상대방의 가격을 고정된 것으로 보고 자신의 가격을 결정한다.

ㄹ. 혼합전략을 허용하면 비협조적 게임에 있어 내쉬균형 (Nash equilibrium)이 항상 존재한다.

① ㄱ, ㄴ
② ㄱ, ㄷ
③ ㄱ, ㄹ
④ ㄴ, ㄹ
⑤ ㄷ, ㄹ

완전경쟁시장에서 장기균형은 장기평균비용 최솟값이 시장 가격과 일치하는 수준에서 이루어진다. 주어진 비용함수에서 $LAC = Q^2 - 6Q + 19$이므로 $\frac{dLAC}{dQ} = 2Q - 6 = 0$에서 $Q = 3$일 때 장기균형 수준에서 LAC의 최솟값 = 10, 즉 P = 10을 구할 수 있다. 이에 따라 장기균형 수준에서 시장수요량은 60개가 된다. 한편 현재 시장에 진입해 있는 15개 기업이 각각 3개씩 생산하게 되면 시장에는 45개가 공급되어 시장수요량에 비해 15개가 부족하다. 이에 따라 3개씩 생산할 수 있는 5개의 기업이 추가로 진입하게 된다(ㄱ).

• 각 기업이 상대방의 가격을 고정된 것으로 보고 자신의 가격을 결정하는 것은 베르뜨랑(Bertrand) 모형이고, 쿠르노(Cournot) 모형은 상대방의 생산량을 고정된 것으로 보고 자신의 생산량을 결정하는 모형이다(ㄷ).

정답 ④

THEME 05 | 요소시장과 분배이론

0964

생산물시장과 노동시장이 완전경쟁적인 경우, 한 기업의 노동수요곡선을 의미하는 한계생산가치(Value of Marginal Product)곡선이 우하향하는 이유는 노동투입을 점점 증가시킴에 따라 다음의 어느 것이 감소하기 때문인가?

13 서울시 7급

① 한계생산(Marginal Product)
② 한계요소비용(Marginal Factor Cost)
③ 한계비용(Marginal Cost)
④ 평균비용(Average Cost)
⑤ 임금(Wage)

해설

한계생산가치(Value of marginal product)는 '$VMP_L = P \times MP_L$' 이다.

- 생산물시장이 완전경쟁적인 경우 P는 일물일가의 법칙에 따라 상수 값을 갖는다.
- 노동투입을 증가할 때 노동의 한계생산(MP_L)은 체감하게 된다. 이에 따라 한계생산가치도 체감하게 되어 우하향하게 된다.

정답 ①

AK Tip 요소(노동)시장에서의 MRP_L와 VMP_L

- $VMP_L(= P \times MP_L)$, $MRP_L(= MR \times MP_L)$
- 생산물시장이 완전경쟁인 경우:
  $P = MP \Rightarrow VMP_L(= P \times MP_L) = MRP_L(= MR \times MP_L)$
- 생산물시장이 불완전경쟁인 경우:
  $P > MP \Rightarrow VMP_L(= P \times MP_L) > MRP_L(= MR \times MP_L)$
  $\Rightarrow VMP_L$: 한계생산물가치, MRP_L: 한계수입생산물

0965

A 산업부문의 노동시장에서 균형 임금의 상승이 예상되는 상황만을 모두 고르면?(단, 노동수요곡선은 우하향하는 직선이고, 노동공급곡선은 우상향하는 직선이다.) 18 국가직 7급

> ㉠ A 산업부문의 노동자에게 다른 산업 부문으로의 취업기회가 확대되고, 노동자의 생산성이 증대되었다.
> ㉡ A 산업부문의 노동자를 대체하는 생산기술이 도입되었고, A 산업 부문으로의 신규 취업 선호가 증대되었다.
> ㉢ A 산업부문에서 생산되는 재화의 가격이 하락하고, 노동자 실업보험의 보장성이 약화되었다.

① ㉠
② ㉡
③ ㉠, ㉢
④ ㉡, ㉢

해설

노동시장에서 균형임금은 노동수요와 노동공급이 일치하는 수준에서 결정된다.

㉠ A 산업부문의 노동자에게 다른 산업 부문으로의 취업기회가 확대되면 A 산업부문에서의 노동공급이 감소하여 임금을 상승시키고, 노동자의 생산성이 증대되면 노동수요가 증가하여 역시 임금을 상승시킨다. 따라서 A 산업부문의 노동시장에서의 임금은 반드시 상승하게 된다.

㉡ A 산업부문의 노동자를 대체하는 생산기술이 도입되면 A 산업부문에서의 노동수요가 감소하여 임금을 하락시키고, A 산업부문으로의 신규 취업 선호가 증대되면 A 산업부문에서의 노동공급이 증가하여 역시 임금을 하락시킨다. 따라서 A 산업부문의 노동시장에서의 임금은 반드시 하락하게 된다.

㉢ A 산업부문에서 생산되는 재화의 가격이 하락하면 재화 공급량이 감소하고, 이에 따라 A 산업부문에서의 재화를 생산하기 위한 노동수요가 감소하게 되어 임금이 하락하게 된다. 또한 A 산업부문에서 노동자 실업보험의 보장성이 약화되면 이에 실망하여 노동공급이 감소하게 되어 임금은 상승하게 된다. 따라서 전자의 경우와 후자의 경우 중에서 어떤 경우가 크게 작용하느냐에 따라 임금은 상승할 수도, 하락할 수도, 불변일 수도 있게 된다.

정답 ①

0966

그림은 X재 시장 및 X재 생산에 특화된 노동시장의 상황을 나타낸 것이다. 이에 대한 분석으로 옳은 것은? 14 서울시 7급

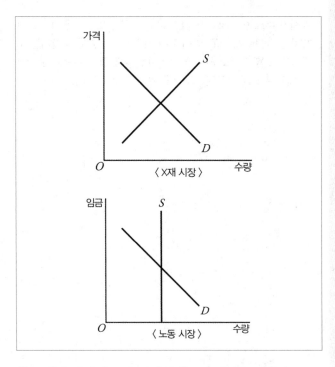

① X재에 대한 수요가 증가하면 고용량이 늘어난다.
② 노동공급이 증가하면 X재 가격이 상승한다.
③ X재에 대한 수요가 증가하면 임금이 증가한다.
④ X재 수요를 증가시키려면 노동수요를 증가시켜야 한다.
⑤ 노동공급이 감소하면 X재 수요곡선이 이동한다.

생산요소인 노동에 대한 수요는 생산물시장으로부터 영향을 받는 '파생수요'이다. 이에 따라 X재에 대한 수요가 증가하면, X재를 생산하기 위한 노동에 대한 수요가 증가한다(③).
• 노동시장에서 노동공급곡선이 수직이므로 노동수요가 증가한다고 하더라도 고용량은 증가하지 않는다(①).
• 노동공급이 증가하면 노동시장에서 임금이 하락하여 X재 시장에서 생산비 하락에 따른 X재 공급이 증가하여 X재 가격은 하락하고(②), 노동공급이 감소하면 노동시장에서 임금이 상승하여 생산비 상승에 따른 X재 공급이 감소하게 되어 X재 공급곡선이 왼쪽으로 이동한다(⑤).
• 생산요소의 수요가 생산물 시장으로부터 영향을 받는 것이지, 생산물의 수요가 생산요소 시장으로부터 영향을 받는 것이 아니다(④).

정답 ③

0967

고급 한식에 대한 열풍으로 한식 가격이 상승하였다고 가정하자. 한식 가격의 상승이 한식 요리사들의 노동시장에 미치는 영향으로 가장 옳은 것은? 16 서울시 7급

① 노동수요곡선이 오른쪽으로 이동하여 임금이 상승한다.
② 노동수요곡선이 왼쪽으로 이동하여 임금이 하락한다.
③ 노동공급곡선이 오른쪽으로 이동하여 임금이 하락한다.
④ 노동공급곡선이 왼쪽으로 이동하여 임금이 상승한다.

한식 가격의 상승으로 한식 공급량을 늘리기 위해 한식 요리사에 대한 수요가 증가하게 된다. 이에 따라 노동시장에서 노동수요곡선이 오른쪽으로 이동하여 임금 상승을 가져오게 된다. 여기서 한식 요리사에 대한 수요는 한식 시장에서부터 비롯된 '파생수요'의 성격을 갖는다.

정답 ①

0968

사람들의 선호체계가 변화하여 막걸리 수요가 증가하고 가격이 상승했다고 하자. 이와 같은 막걸리 가격 상승이 막걸리를 생산하는 인부의 균형고용량과 균형임금에 미치는 효과에 대한 설명으로 가장 옳은 것은? (단, 막걸리를 생산하는 인부의 노동시장은 완전경쟁적이다.) 19 서울시 공개경쟁 7급

① 노동의 한계생산가치는 증가하여 고용량은 증가하고 임금은 증가한다.
② 노동의 한계생산가치는 증가하여 고용량은 감소하고 임금은 증가한다.
③ 노동의 한계생산가치는 감소하여 고용량은 증가하고 임금은 감소한다.
④ 노동의 한계생산가치는 감소하여 고용량은 감소하고 임금은 감소한다.

해 설

노동의 한계생산가치는 가격과 한계생산물의 곱으로 이루어진다.

$$VMP_L = P \times MP_L$$

- 막걸리 수요 증가에 따른 가격 상승은 기존 노동의 한계생산가치를 증가시키게 되고, 이에 따라 기업은 고용량을 증가시킨다.
- 기업의 고용 증가로 시장 전체에서 인부에 대한 수요가 증가하게 되므로 노동시장에서의 임금은 상승하게 된다.

정답 ①

0969

완전경쟁적인 노동시장에서 노동의 한계생산(marginal product of labor)을 증가시키는 기술진보와 함께 보다 많은 노동자들이 노동시장에 참여하는 변화가 발생하였다. 노동시장에서 일어나게 되는 변화에 대한 설명으로 가장 옳은 것은? (단, 다른 외부조건들은 일정하다.)

18 서울시 정기공채 7급

① 균형노동고용량은 반드시 증가하지만 균형임금의 변화는 불명확하다.
② 균형임금은 반드시 상승하지만 균형노동고용량의 변화는 불명확하다.
③ 임금과 균형노동고용량 모두 반드시 증가한다.
④ 임금과 균형노동고용량의 변화는 모두 불명확하다.

해 설

노동의 한계생산(Marginal product of labor)을 증가시키는 기술진보는 노동시장에서 노동에 대한 수요를 증가시키고, 이것은 균형임금을 상승시키는 힘으로 작용한다.
- 반면에 보다 많은 노동자들이 노동시장에 참여하게 되면 노동시장에서 노동에 대한 공급을 증가시키고, 이것은 균형임금을 하락시키는 힘으로 작용한다.
- 결국 노동시장에서 균형노동고용량은 반드시 증가하지만, 균형임금은 수요 증가와 공급 증가 가운데 어떤 힘이 더 크게 작용했느냐에 따라 상승할 수도, 하락할 수도, 불변일 수도 있다.

정답 ①

0970

정부가 기업의 노동수요를 진작하기 위하여 보조금을 통해 기업이 실질적으로 부담하는 노동의 가격을 낮추는 정책을 추진하려 한다. 이 정책이 기업의 노동수요에 미치는 영향에 대한 설명으로 가장 옳지 않은 것은? 20 서울시 공개경쟁 7급

① 다른 조건이 동일할 때 노동의 한계생산이 빠르게 체감하는 기업일수록 노동수요가 크게 증가할 것이다.

② 다른 조건이 동일할 때 다른 생산요소를 노동으로 대체하기 쉬운 기업일수록 노동수요가 크게 증가할 것이다.

③ 다른 조건이 동일할 때 총생산비용 중 노동비용이 차지하는 비중이 큰 기업일수록 노동수요가 크게 증가할 것이다.

④ 다른 조건이 동일할 때 상품수요의 가격탄력성이 큰 기업일수록 노동수요가 크게 증가할 것이다.

해 설

정부의 보조금 지급으로 고용량을 늘릴 때 노동의 한계생산이 빠르게 체감한다면 기업은 보조금 지급에 호의적이지 않을 것이다. 이에 따라 노동수요의 증가는 크게 나타나지 않게 된다.

② 생산요소 간 대체 정도가 높을수록 그 요소에 대한 가격탄력성이 커진다. 다른 조건이 동일할 때 다른 생산요소를 노동으로 대체하기 쉬운 기업은 보조금 지급으로 실질 부담이 작아진 노동을 더 많이 투입하려고 할 것이다. 이에 따라 노동수요가 크게 증가할 것이다.

③ 총생산비용 중에서 해당요소에 지출된 비중이 높을수록 그 요소에 대한 가격탄력성은 커진다. 따라서 보조금 지급으로 노동의 실질가격이 하락하는 경우 기업은 노동투입을 크게 늘리는 선택을 하게 된다. 결국 보조금 지급으로 노동수요는 크게 증가하게 된다.

④ 다른 조건이 동일할 때 해당 요소를 사용하여 생산한 상품수요의 가격탄력성이 클수록 그 요소에 대한 가격탄력성도 커진다. 따라서 보조금 지급으로 노동의 실질가격이 하락하는 경우 기업은 노동투입을 크게 늘리는 선택을 하게 된다. 이에 따라 보조금 지급은 노동 수요를 증가시키게 된다.

정답 ①

0971

완전경쟁적으로 공급되는 어떤 생산요소를 한 기업만이 구매하는 요소시장을 고려하자. 이 요소시장을 분석한 것으로 가장 옳은 것은? 05 CPA

① 이윤극대화 요소투입량에서 이 기업은 요소공급자들이 받고자 하는 요소가격(W_a)을 지불하지 않고, 이 기업 자신이 지불하고자 하는 요소가격(W_b)을 지불하며, W_a와 W_b의 차이를 '수요독점적 착취'라 한다.

② 이 기업의 이윤극대화 요소투입량에서 이 기업은 자신이 지불할 용의가 있는 요소가격을 지불하지 않고, 요소공급자들이 최소한 받고자 하는 요소가격을 지불한다.

③ 이 기업이 요소투입량을 한 단위 증가시킬 때 지불하고자 하는 총요소비용의 증가분을 나타내는 곡선은 이 요소의 공급곡선 아래에 있다.

④ 이 요소시장에 정부가 개입하여 이 요소의 가격을 규제하더라도 자원 배분의 효율성은 개선되지 않는다.

해 설

요소시장이 수요독점인 경우이다. 이것을 전제로 그림으로 나타내면 다음과 같다.

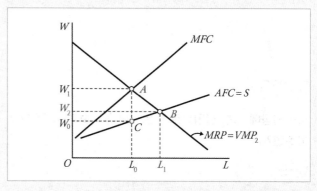

- 앞의 그림에서 MRP = MFC 수준에서 균형노동량 L_0가 결정되고 이때의 시장균형임금은 요소공급자들이 받고자하는 최소 수준의 임금인 W_0에서 결정된다.

① 노동의 한계생산물 가치 수준의 임금(W_1)을 공정임금이라고 한다. 이 공정임금은 기업이 자신이 지불할 용의가 있는 요소가격을 의미한다. 이러한 공정임금과 시장균형임금(W_0)과의 차이를 '수요독점적 착취'라고 한다.

③ 요소투입량을 한 단위 증가시킬 때 기업이 지불하고자 하는 총요소비용의 증가분을 한계요소비용(MFC)이라고 하고 이 한계요소비용곡선은 요소공급곡선(AFC = S)보다 위에 위치한다.

④ 정부가 요소시장에 개입하여 W_2 수준에서 최저임금으로 규제를 하면 규제 전에 발생하는 $\triangle ABC$만큼의 사회적 후생손실을 줄일 수 있다.

정답 ②

0972

생산물시장에서의 독점인 어떤 기업이 완전경쟁인 요소시장에서 활동하고 있다면 이 기업에 대한 다음 서술 중 옳은 것은?

02 감정평가사

① 한계수입생산물(MRP)보다 높은 요소가격을 지불한다.
② 한계수입생산물(MRP)보다 낮은 요소가격을 지불한다.
③ 한계생산물가치(VMP)보다 높은 요소가격을 지불한다.
④ 한계생산물가치(VMP)보다 낮은 요소가격을 지불한다.

해 설

생산물 시장이 독점이면 $P > MR$이 성립하여 $VMP > MRP$가 성립한다. 이에 따라 MRP곡선은 VMP곡선 아래에 위치하는 우하향하는 모습을 보인다. 한편 요소시장이 완전경쟁시장이므로 시장균형임금 수준에서 수평인 $AFC = MFC$ 곡선에 직면한다. 이러한 내용들을 그림으로 나타내면 다음과 같다.

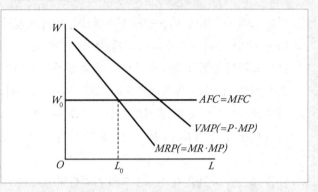

• 임금은 W_0 수준에서 L_0의 노동이 고용된다. 이때 임금은 VMP보다 낮고 MRP와 동일한 수준이다.

정답 ④

0973

노동시장에 대한 설명으로 옳은 것만을 <보기>에서 모두 고르면?

19 국회 8급

보기

㉠ 노동이 유일한 변동생산요소일 경우, 기업의 노동에 대한 수요곡선은 노동의 한계생산물수입곡선이다.
㉡ 생산물시장이 독점일 경우, 경쟁시장일 경우보다 노동고용량이 늘어난다.
㉢ 기업이 노동시장에서 수요독점력을 가질 경우, 경쟁시장일 경우보다 노동고용량이 감소하며 임금이 낮아진다.

① ㉠
② ㉠, ㉡
③ ㉠, ㉢
④ ㉡, ㉢
⑤ ㉠, ㉡, ㉢

해 설

생산물시장이 독점일 경우, 경쟁시장일 경우보다 상품생산량은 적다. 이에 따라 생산물시장으로부터 파생된 노동고용량 역시 생산물시장이 독점일 경우, 경쟁시장일 경우보다 줄어든다.

정답 ③

0974

지대, 경제적 지대 및 준지대를 설명한 것 중 옳지 않은 것은?

06 CPA

① 생산요소가 받는 보수 중에서 경제적 지대가 차지하는 비중은, 수요가 일정할 때, 공급 곡선이 탄력적일수록 작아진다.

② 경제적 지대는 토지뿐만 아니라 공급량이 제한된 노동, 기계설비 등 모든 종류의 시장에서 나타날 수 있다.

③ 리카도(D. Ricardo)에 따르면, 쌀값이 비싸지면 그 쌀을 생산하는 토지의 지대도 높아진다.

④ 마샬(A. Marshall)의 준지대는 장기에 소멸되어 존재하지 않는다.

⑤ 준지대는 산출량의 크기와는 관계없이 총고정비용보다 크다.

경제적 지대란 생산요소의 총수입에서 이전수입을 제외한 것으로 측정된다. 이때 경제적 지대의 크기는 수요가 일정할 때, 공급 곡선의 기울기가 완만할수록, 즉 가격탄력성이 클수록 작아진다 (①, ②).

• 리카도의 차액지대설에 따르면 쌀값이 비싸지면 한계지에서도 경작에 따른 이익을 얻을 수 있으므로 이에 따른 지대가 발생하고, 이에 따라 기존 토지의 지대가 상승하게 된다(③).

• 준지대는 단기에 자본설비와 같이 공급이 고정되어 있는 고정 생산요소에서 발생하는 것을 의미한다. 따라서 장기에는 고정 생산요소가 사라지므로 준지대는 소멸되어 존재할 수 없다(④).

• 준지대의 크기는 다음과 같이 측정된다.

> 준지대 = 총수입 - 총가변비용 = 총고정비용 + 초과이윤(또는 손실)

여기서 총수입이 총가변비용보다 작다면 기업이 생산을 중단하게 될 것이므로 준지대는 음(-)의 값을 가질 수 없다. 그러나 손실이 발생할 경우 그 크기만큼 준지대의 크기는 총고정비용보다 작아질 수 있으므로 ⑤는 잘못된 진술이다.

정답 ⑤

AK Tip 경제지대와 이전수입의 상대적 크기

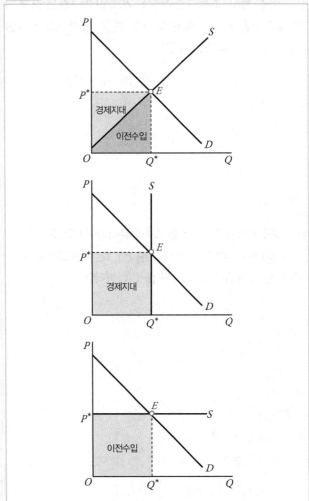

0975

다음 그림은 어떤 나라의 소득분포를 말해주는 로렌츠 곡선을 나타내고 있다. 수직축은 소득의 누적 백분율을 나타내고, 수평축은 가구의 누적 백분율을 나타낸다.

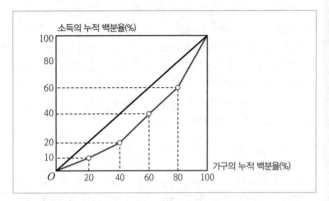

앞의 그림에서 모든 가구 가운데 소득수준 최하위 20%인 가구들은 경제 전체 소득 가운데 (   )%를 벌고, 소득수준이 그 다음 하위 20%인 가구들은 경제 전체 소득 가운데 (   )%를 벌고, 소득수준 최상위 20%인 가구들은 경제 전체 소득 가운데 (   )%를 벌었다. 다음 중 빈칸에 적당한 것을 순서대로 나열한 것은?   06 7급

① 20 ; 20 ; 20   ② 20 ; 40 ; 100
③ 10 ; 20 ; 40   ④ 10 ; 10 ; 40
⑤ 10 ; 20 ; 60

최하위 20% 가구는 가구 누적비율이 0~20% 사이의 가구이고, 이들의 소득은 소득 누적비율이 0~10% 사이의 소득이므로 전체 소득의 10%를 차지한다.
- 그 다음 하위 20% 가구는 가구 누적비율이 20~40% 사이의 가구이고, 이들의 소득은 소득 누적비율이 10~20% 사이의 소득이므로 전체 소득의 10%를 차지한다.
- 최상위 20% 가구는 가구 누적비율이 80~100% 사이의 가구이고, 이들의 소득은 소득 누적 비율이 60~100% 사이의 소득이므로 전체 소득의 40%를 차지한다.

정답 ④

0976

A국, B국, C국의 소득분위별 소득점유비중이 다음과 같다. 소득분배에 관한 설명으로 옳은 것은? (단, 1분위는 최하위 20%, 5분위는 최상위 20%의 가구를 의미한다.)   15 감정평가사

	A국	B국	C국
1분위	0	20	6
2분위	0	20	10
3분위	0	20	16
4분위	0	20	20
5분위	100	20	48

① A국은 B국보다 소득분배가 상대적으로 평등하다.
② B국은 C국보다 소득분배가 상대적으로 불평등하다.
③ C국의 10분위분배율은 $\frac{1}{8}$ 이다.
④ A국의 지니계수는 0이다.
⑤ B국의 지니계수는 A국의 지니계수보다 작다.

A국의 5분위의 소득분배 상태를 구체적으로 알 수는 없기 때문에 A국의 지니 계수는 다만 0.8 이상이라는 것을 알 수 있을 뿐이다. 그리고 10분위분배율(= $\frac{\text{하위 40\%의 소득 점유 비율}}{\text{상위 20\%의 소득 점유 비율}}$)은 '0'이 된다.
- B국은 완전평등 상태이므로 지니계수는 '0', 10분위분배율은 '2'가 된다.
- C국의 지니계수는 알 수 없고, 10분위분배율은 '$\frac{1}{3}$'이 된다.
- 지니계수는 작을수록, 10분위분배율은 클수록 소득분배가 상대적으로 평등하다고 평가된다.

정답 ⑤

THEME 06 일반균형과 시장의 실패

0977

아래 왼쪽 그림은 X재와 Y재의 생산에 대한 에지워드 상자를 나타내고 있다. 그리고 오른쪽 그림은 에지워드 상자 내의 A - E점을 재화 평면 상의 F - J점으로 1:1 대응시킨 것이다. 다음 중 바르게 옮긴 것은?

12 CPA

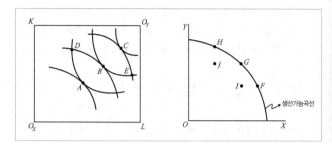

① A ⇒ F
② B ⇒ G
③ C ⇒ H
④ D ⇒ I
⑤ E ⇒ J

해 설

A, B, C 점은 모두 생산계약곡선 상에 있는 파레토 효율을 달성하고 있는 점으로 오른쪽의 생산계약곡선 상의 한 점과 다음과 같이 대응된다.

> A ⇒ H, B ⇒ G, C ⇒ F

이처럼 A ⇒ B ⇒ C 점으로 옮겨 갈수록 X재의 생산량은 증가하고, Y재의 생산량은 감소하게 된다.

• D와 E점은 생산계약곡선 밖의 점으로 파레토 비효율 상태에 놓여 있는 점으로 오른쪽 생산계약곡선 안쪽의 한 점과 다음과 같이 대응된다.

> D ⇒ J, E ⇒ I

그 이유는 왼쪽 그림의 D점은 E점에 비해 X재 생산량이 적은 등량곡선 상에 위치하고 있으므로 J점과 대응되는 것이다.

정답 ②

AK Tip 생산의 Pareto 최적

$$MRTS_{LK}^X (= \frac{MP_L}{MP_K})^X = MRTS_{LK}^Y (= \frac{MP_L}{MP_K})^Y$$

⇒ 만약 'MRTS_{LK}^X ≠ MRTS_{LK}^Y'인 경우라면 일정한 비율로 X재와 Y재 사이에 L과 K의 교환이 이루 어지면 두 재화 모두는 이전에 비해 더 높은 생산량 수준에 도달할 수 있다.

CHAPTER 01 미시경제학 **527**

0978

다음 표는 각각 A국과 B국의 생산가능곡선 상 점들의 조합을 나타낸 것이다. 이에 대한 설명으로 옳은 것은? (단, 재화는 X재와 Y재만 존재한다.)

15 서울시 7급

<A국 생산가능곡선 상의 조합>

X재	0개	1개	2개
Y재	14개	8개	0개

<B국 생산가능곡선 상의 조합>

X재	0개	1개	2개
Y재	26개	16개	0개

① X재를 1개 생산함에 따라 발생하는 기회비용은 A국이 B국보다 작다.

② A국이 X재를 생산하지 않는다면 A국은 Y재를 최대 10개까지 생산할 수 있다.

③ A와 B국이 동일한 자원을 보유하고 있는 경우라면 A국의 생산기술이 B국보다 우수하다.

④ B국이 X재를 1개씩 추가적으로 생산함에 따라 발생하는 기회비용은 점차 감소한다.

A국에서 X재 '1개⇒2개'를 생산함에 따라 발생하는 기회비용(= $\frac{\triangle Y}{\triangle X}$)은 '6개⇒8개'이고, B국에서 X재 '1개⇒2개'를 생산함에 따라 발생하는 기회비용(= $\frac{\triangle Y}{\triangle X}$)은 '10개⇒16개'가 되어, A국이 B국보다 작게 된다.

② A국이 X재를 생산하지 않는다면 A국은 Y재를 최대 14개까지 생산할 수 있다.

③ A국과 B국의 두 재화 최대생산가능량을 비교해보면 X재인 경우에는 동일하지만, Y재인 경우에는 B국의 최대생산가능량이 더 많다. 따라서 만약 A와 B국이 동일한 자원을 보유하고 있는 경우라면 B국의 Y재 생산기술이 A국보다 우수하다고 판단할 수 있다.

④ B국에서 X재 1개 ⇒ 2개를 생산함에 따라 발생하는 기회비용(= $\frac{\triangle Y}{\triangle X}$)은 10개 ⇒ 16개가 되어, B국이 X재를 1개씩 추가적으로 생산함에 따라 발생하는 기회비용은 점차 증가하게 된다.

정답 ①

AK Tip 한계변환율(MRT)

$$MRT_{XY} = -\frac{\triangle Y}{\triangle X} = \frac{MC_X}{MC_Y}$$

⇒ 한계변환율이란 주어진 부존자원 하에서 X재 1단위를 추가적으로 생산하기 위하여 포기해야 하는 Y재 생산량의 크기로 정의된다.

⇒ 이것은 곧 X재 1단위를 추가적으로 생산하기 위한 기회비용이다.

0979

원점에 대해 오목한 생산가능곡선에 대한 설명으로 옳지 않은 것은?

17 지방직 7급

① 기술진보가 이루어지면 생산가능곡선은 원점으로부터 바깥쪽으로 이동한다.

② 생산가능곡선이 원점에 대해 오목한 것은 재화 생산의 증가에 따른 기회비용이 체증하기 때문이다.

③ 원점에 대해 볼록한 사회무차별곡선이 주어진다면 생산가능곡선선 상의 한 점에서 최적의 생산수준이 결정된다.

④ 생산가능곡선의 외부에 위치하는 점은 비효율적인 생산점인 반면, 내부에 위치하는 점은 실현이 불가능한 생산점이다.

생산가능곡선의 내부에 위치하는 점은 생산은 가능하지만 유휴생산 설비나 실업이 존재하는 비효율적인 생산점인 반면, 외부에 위치하는 점은 현재 주어진 부존자원과 기술수준으로는 생산 자체가 불가능한 점을 의미한다.

① 기술진보가 이루어지면 이전에는 생산할 수 없었던 수준까지 생산이 가능해지므로 생산가능곡선 자체가 원점으로부터 바깥쪽으로 이동하게 된다.

② 한 재화의 생산을 증가시킬 때, 자원의 대체가 불완전하게 이루어지면 한 재화 생산의 증가에 따른 기회비용이 체증하게 되고, 이로 인해 생산가능곡선이 원점에 대해 오목하게 된다.

③ 원점에 대해 볼록한 사회무차별곡선이 주어진다면, 주어진 생산가능곡선 하에 원점에서 가장 멀리 떨어져 사회후생을 극대화하는 수준은 생산가능곡선과 접하는 수준에서 이루어진다. 따라서 생산가능곡선 상의 한 점에서 최적의 생산수준이 결정된다.

정답 ④

0980

두 명의 소비자로 구성된 순수교환경제에서, 두 소비자가 계약곡선(Contract curve) 상의 한 점에서 교환을 통해 계약곡선 상의 다른 점으로 옮겨 갈 경우 두 사람의 후생에 발생하는 변화는?

14 지방직 7급

① 두 사람 모두 이득이다.
② 두 사람 모두 손해이다.
③ 한 사람은 이득이고 다른 사람은 손해다.
④ 어느 누구의 후생도 변화가 없다.

해설

소비계약곡선 상의 모든 점은 파레토 최적이 달성되고 있는 점이다.

• 파레토 최적은 다른 사람의 효용을 감소시키지 않는 한, 나머지 다른 어떤 사람의 효용도 증가시킬 수 없는 상태를 의미한다. 따라서 두 소비자 모두에게 이익을 더 줄 수 있는 교환 방법은 존재하지 않는다.
• 결국 소비계약곡선 상의 이동은 필연적으로 한 사람은 이득을 보고 다른 한 사람은 손해를 볼 수밖에 없게 된다.

정답 ③

0981

X재는 가로축, Y재는 세로축으로 표시되는 에지워드 상자(Edgeworth Box) 모형에서 두 소비자 A, B의 효용함수가 각각 $U_A = X_A$, $U_B = X_B \times Y_B$로 주어져 있다(여기서 X_A는 A의 X재 소비량, X_B, Y_B는 각각 B의 X재 및 Y재 소비량이다). A와 B는 초기에 각각 10단위씩의 X재와 Y재를 가지고 있다. 다음 설명 중 옳은 것은?

12 CPA

① A와 B가 초기 부존자원을 소비하는 경우 파레토 효율적이다.
② A의 무차별곡선은 수평선이다.
③ A가 교환의 협상력(bargaining power)을 갖는 경우 A는 최대 20의 효용을 얻을 수 있다.
④ B가 교환의 협상력을 갖는 경우 B는 최대 200의 효용을 얻을 수 있다.
⑤ 파레토 효율적인 계약곡선은 에지워드 상자의 대각선으로 나타난다.

해설

A의 효용함수에 따르면 Y재 소비량과 무관하게 X재 소비량에 의해서만 효용의 크기가 결정되므로 A의 무차별곡선은 수직선의 모습을 보인다(②). 또한 B의 효용함수에 따르면 콥-더글라스 함수 형태의 효용함수이므로, B의 무차별곡선은 원점에 대해 볼록한 모습을 보인다.

• 문제에서 주어진 조건을 고려하여 그림으로 나타나면 다음과 같다.

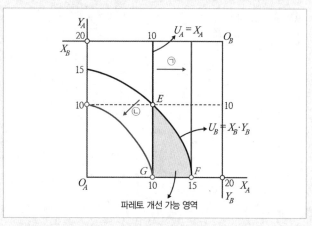

• 현재의 초기 부존자원 수준은 E점인데, 소비자 A의 무차별곡선을 오른쪽으로 이동시켜 F점에서 접하게 하면 소비자 B의 효용감소 없이도 소비자 A의 효용을 증가시킬 수 있다. 또한 소비자 B의 무차별곡선을 좌하방으로 이동시켜 G점에서 접하게 하면 소비자 A의 효용감소 없이도 소비자 B의 효용을 증가시킬 수 있다. 이에 따라 초기 부존자원 상태인 E점에서 소비하는 것은 파레토 비효율적이 된다(①).
• F점과 G점 모두는 파레토 효율이 달성되는 점들이고, 이를 연결한 계약곡선은 X축과 겹쳐지므로 수평선의 모습을 보이게 된다(⑤).
• 소비자 A가 교환의 협상력을 갖는 경우 균형점은 F점이 되어, 이때 소비자 A가 얻게 되는 효용은 $U_A = X_A = 15$가 된다(③).
• 소비자 B가 교환의 협상력을 갖는 경우 균형점은 G점이 되어, 이때 소비자 B가 얻게 되는 효용은 $U_B = X_B \times Y_B = 10 \times 20 = 200$이 된다(④).

정답 ④

0982

에지워스 박스(Edgeworth Box)를 사용한 일반균형분석에 대한 설명으로 옳지 않은 것만을 <보기>에서 모두 고르면? (단, 이 경제에는 A와 B 두 사람, X와 Y 두 재화만 존재하며 재화의 총량은 $\overline{X}$와 $\overline{Y}$로 결정되어 있다.) 19 국회 8급

보 기

ㄱ 재화 X, Y의 가격이 변동할 때 계약곡선은 이동한다.

ㄴ 계약곡선은 분배적 형평성을 실현했음을 의미한다.

ㄷ 두 사람의 한계대체율이 서로 같게 되는 모든 점은 파레토 효율점을 의미한다.

ㄹ 만약 $X_A + X_B < \overline{X_A} + \overline{X_B}$라면, X재의 가격이 상승하여야 일반균형이 달성된다. (단, X_A와 X_B는 각각 A와 B의 X재 수요량을, $\overline{X_A}$, $\overline{X_B}$는 각각 A와 B의 X재화 초기 소유량을 의미한다.)

① ㄴ

② ㄱ, ㄷ

③ ㄴ, ㄹ

④ ㄱ, ㄴ, ㄹ

⑤ ㄱ, ㄴ, ㄷ, ㄹ

소비에서의 파레토 효율은 두 소비자의 한계대체율($\mathrm{MRS_{XY}}$)이 일치하는 점에서 달성된다. 이러한 점들을 연결한 것이 (소비)계약곡선이다.

ㄱ 계약곡선은 두 소비자의 무차별곡선이 접하여 한계대체율($\mathrm{MRS_{XY}}$)이 일치하는 점들을 연결한 것이다. 따라서 두 재화의 가격변화와 무관하게 도출된다.

ㄴ 계약곡선은 자원의 효율적 배분이 실현되었음을 의미할 뿐, 분배적 형평성까지 보장하는 것은 아니다.

ㄹ $X_A + X_B < \overline{X_A} + \overline{X_B}$라는 것은 X재의 초기 소유량에 비해 현재 필요한 수량이 작다는 것을 의미한다. 곧 초과공급(수요부족) 상황을 의미한다. 따라서 이러한 상황이 해소되기 위해서는 가격이 하락하여야 일반균형이 달성될 수 있다.

정답 ④

0983

다른 조건이 동일할 때 A에게는 X재 1단위가 추가(감소)된 경우와 Y재 2단위가 추가(감소)될 때 동일한 효용의 증가(감소)가 나타나고, B에게는 Y재 1단위가 추가(감소)된 경우와 X재 3단위가 추가(감소)된 경우에 동일한 효용의 증가(감소)가 나타난다. 다음 중 옳은 설명은?

07 국회 8급

① 현 상태는 파레토 최적상태이다.
② 현 상태에서 A, B의 X재, Y재에 대한 한계대체율은 같다.
③ A의 경우에 Y재의 한계효용은 X재의 한계효용보다 크다.
④ A와 B의 X재와 Y재로부터 각각 발생하는 한계효용의 비율은 같다.
⑤ A가 Y재 1단위를 B에게 양도하고 X재 1단위를 받으면 현 상태가 개선될 수 있다.

선택지 내용을 각각 살펴보면 다음과 같다.

- 주어진 조건에 따를 때 A의 한계대체율(MRS_{XY}^{A}) = 2, B의 한계대체율(MRS_{XY}^{B}) = $\frac{1}{3}$이다(②).
- 두 소비자의 한계대체율이 일치하지 않으므로 현 상태는 파레토 최적상태가 아니다(①).
- 한계대체율은 두 재화의 한계효용 비($\frac{MU_x}{MU_y}$)로 나타낼 수 있다. 그런데 A의 경우 $(\frac{MU_x}{MU_y})_A = 2$이므로 X재의 한계효용은 Y재의 한계효용보다 2배가 크다(③).
- $(\frac{MU_x}{MU_y})_A > (\frac{MU_x}{MU_y})_B$가 성립하므로 A와 B의 X재와 Y재로부터 각각 발생하는 한계효용의 비율은 서로 다르다(④).
- 한계대체율은 X재와 같은 한 재화에 대한 선호정도를 의미하며, 한계대체율이 크다는 것은 결국 상대적으로 Y재에 비해 X재를 더 선호한다는 것이다. 문제에서는 A가 B보다 X재를 더 선호하므로 X재가 A로 양도되는 교환이 이루어지면 현 상태가 개선될 수 있다. 이때 교환비율은 '$\frac{1}{3} < \frac{Y}{X} < 2$' 범위에서 이루어져야 한다(⑤).

정답 ⑤

AK Tip 소비의 Pareto 최적

$$\mathrm{MRS}_{XY}^{A}(= \frac{MU_X}{MU_Y})^A = \mathrm{MRS}_{XY}^{B}(= \frac{MU_X}{MU_Y})^B$$

⇒ 만약 '$\mathrm{MRS}_{XY}^{A} \neq \mathrm{MRS}_{XY}^{B}$'인 경우라면 두 소비자가 일정한 교환비율로 X와 Y를 교환하면 소비자 모두는 이전에 비해 더 높은 수준의 효용에 도달할 수 있다.

0984

효용가능경계(utility possibilities frontier)에 대한 설명으로 옳은 것은?

17 서울시 7급

> ㉠ 효용가능경계 위의 점들에서는 사람들의 한계대체율이 동일하며, 이 한계대체율과 한계생산변환율이 일치한다.
> ㉡ 어느 경제에 주어진 경제적 자원이 모두 고용되면 이 경제는 효용가능경계 위에 있게 된다.
> ㉢ 생산가능곡선 상의 한 점에서 생산된 상품의 조합을 사람들 사이에 적절히 배분함으로 써 얻을 수 있는 최대 효용수준의 조합을 효용가능경계라고 한다.

① ㉠
② ㉢
③ ㉠, ㉡
④ ㉠, ㉢

효용가능경계 또는 효용가능곡선이란 다음 그림과 같이 소비자들의 한계대체율(MRS)이 서로 일치하는 점들을 효용공간에 옮겨 그린 것을 의미한다.

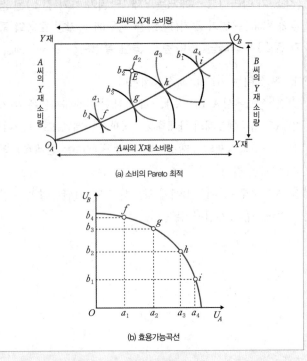

(a) 소비의 Pareto 최적

(b) 효용가능곡선

• 소비자균형이 달성될 때의 한계대체율(MRS)의 크기는 재화의 상대가격과 일치한다. 한편 소비를 위해 필요한 최적의 생산은 생산가능경계 또는 생산가능곡선의 접선의 기울기인 한계변환율(MRT)과 재화의 상대가격이 일치하는 수준에서 이루어진다. 이에 따라 한계대체율과 한계변환율의 크기는 서로 같아지게 된다.

㉡ 어느 경제에 주어진 경제적 자원이 모두 고용되면 이 경제는 효용가능경계가 아닌 '생산가능곡선' 위에 있게 된다.

㉢ 효용가능경계는 소비에서의 Pareto 최적이 달성되는 소비-계약곡선(CCC) 상의 상품의 조합을 사람들 사이에 적절히 배분함으로써 얻을 수 있는 최대 효용수준의 조합을 의미한다.

정답 ①

AK Tip 소비와 생산의 동시 Pareto 최적

$$(MRS_{X,Y}^{A} = MRS_{X,Y}^{B}) = \frac{P_X}{P_Y} = MRT_{X,Y}$$

⇒ 소비자 균형 조건인 '$MRS_{XY} = \frac{P_X}{P_Y}$'와 생산가능곡선 상에서 경제적 효율이 달성되는 조건인 '$MRT_{XY} = \frac{P_X}{P_Y}$'에 의해서 소비와 생산의 동시 Pareto 조건이 도출된다.

0985

부자인 A와 가난한 사람인 B만으로 구성된 초미니 국가가 있다고 하자. 사회적 후생함수를 SW라고 하고 개인의 후생수준을 각각 U_A와 U_B라고 할 때 다음 중 가장 옳지 않은 것은?

01 감정평가사

① 벤담류의 공리주의적 기준에 의하면 $SW = U_A + U_B$로 표시할 수 있다.

② 공리주의적 후생수준은 U_B가 감소되어도 사회적인 후생의 합인 SW가 증가되면 사회적 후생은 개선된 것으로 본다.

③ 평등주의적 기준에 따르면, 소득재분배를 통하여 사회후생을 증가시킬 수 있다고 본다.

④ 롤즈(Rawls)적인 기준에 따르면, U_B수준의 개선 없이도 사회적 후생의 증진이 가능하다.

⑤ 롤즈의 기준에 따르면, $SW = \min(U_A, U_B)$로 표시되며, 이 경우 사회무차별곡선은 L자형이 될 것이다.

벤담류의 공리주의는 기수적 사회후생함수를 가정하며 이는 $SW = U_A + U_B$형태로 나타낼 수 있다. 이에 따르면 U_A와 U_B의 상대적 크기와 관계없이 사회후생의 총량인 sw의 크기만 증가하면 사회적 후생은 개선된 것으로 간주한다(①, ②).

• 롤스의 최소극대화원리에 따르면 사회후생함수는 $SW = \min(U_A, U_B)$의 형태이다. 이러한 형태의 후생함수는 작은 값에 의해 전체의 크기가 결정되게 되며 이를 그림으로 나타내면 L자형으로 나타난다. 따라서 가난한 사람인 B의 후생수준인 U_B의 증가 없이는 사회후생의 총량인 sw를 증가시킬 수 없다. 따라서 소득재분배를 통한 소득불평등 문제를 해결하지 않으면 사회후생수준은 증가시킬 수 없다(④, ⑤).

정답 ④

AK Tip 롤스(J. Rawls)의 사회후생함수

$$SW = \min[U_A, \ U_B]$$

⇒ 롤스의 사회후생함수에서는 사회구성원 후생의 총합이 증가하여 $[\Delta(U_A + U_B) > 0]$이 성립했다고 하더라도, 가난한 사람의 후생이 증가하지 않는 한 이를 사회후생의 증가로 인정하지 않는다.
⇒ '$SW = U_A = U_B$'가 성립할 때 사회후생은 극대화된다.

0986

다음 그림은 어떤 재화의 생산량에 따른 사적한계비용(PMC), 사회적한계비용(SMC), 사적한계편익(PMB), 사회적 한계편익(SMB)을 나타낸 것이다. 다음 중 옳은 것은?

15 국가직 7급

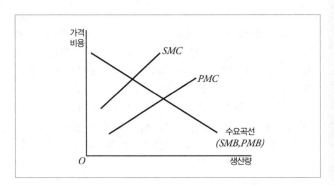

① 이 재화의 생산에는 양의 외부효과가 존재하고 시장 생산량은 사회적으로 바람직한 수준보다 높다.

② 이 재화의 생산에는 양의 외부효과가 존재하고 시장 생산량은 사회적으로 바람직한 수준보다 낮다.

③ 이 재화의 생산에는 음의 외부효과가 존재하고 시장 생산량은 사회적으로 바람직한 수준보다 높다.

④ 이 재화의 생산에는 음의 외부효과가 존재하고 시장 생산량은 사회적으로 바람직한 수준보다 낮다.

주어진 그림에서는 SMC > PMC가 성립하고 있다. 이를 통해 현재 생산측면에서 외부비경제가 발생하고 있음을 알 수 있고, 이에 따라 시장 생산량은 사회적으로 바람직한 수준보다 과잉생산되고 있다.

정답 ③

AK Tip 외부효과 정리

생산	외부 경제	PMC(사적 한계비용)>SMC(사회적 한계비용) ⇒ 과소생산
	외부 비경제	PMC(사적 한계비용)<SMC(사회적 한계비용) ⇒ 과잉생산
소비	외부 경제	PMB(사적 한계편익)<SMB(사회적 한계편익) ⇒ 과소소비
	외부 비경제	PMB(사적 한계편익)>SMB(사회적 한계편익) ⇒ 과잉소비

0987

어떤 상품의 소비행위에 있어서 양의 외부효과(positive external effect)가 발생하는 경우 시장의 균형을 바르게 평가한 것은?   02 7급

① 사회적 한계편익이 사회적 한계비용과 같다.
② 사회적 한계편익이 개인적 한계비용과 같다.
③ 사회적 한계편익이 사회적 한계비용보다 크다.
④ 개인적 한계편익이 사회적 한계비용보다 작다.

소비에 있어서 양(+)의 외부효과가 나타나는 경우를 그림으로 나타내면 다음과 같다.

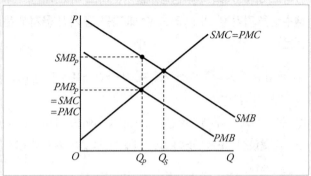

- 그림에서 시장의 균형 수량은 Q_P이고, 사회적 최적 수량은 Q_S 이다.
① 사회적 한계편익(SMB_P)은 사회적 한계비용(SMC)보다 크다.
② 사회적 한계편익(SMB_P)은 개인적 한계비용(PMC)보다 크다.
④ 개인적 한계편익(PMB_P)은 사회적 한계비용(SMC)과 같다.
- 결국 사회적 한계편익(SMB_P)>개인적 한계편익(PMB_P) = 사회적 한계비용(SMC) = 개인적 한계비용(PMC)이 성립하게 된다.

정답 ③

0988

다음의 시장상황에 대한 설명으로 옳은 것은?   14 국회 8급

시장수요곡선이 $P = 100 - Q_D$인 시장에서 독점적으로 생산을 하는 기업이 있다. 이 기업은 고정비용이 100이고 한계비용이 40이다. 이 기업이 생산하는 재화는 단위당 30만큼의 사회적 비용을 발생시킨다.
(P: 가격, Q_D: 수요량)

① 이 기업의 이윤극대화 생산량은 60이다.
② 이윤이 양(+)인 경우에 한해 이 기업의 생산량은 고정비용에 영향을 받지 않는다.
③ 사적 비용이 사회적 비용보다 크다.
④ 최적 생산량에서 수요의 가격탄력성은 1보다 작다.
⑤ 이 독점기업의 생산량은 사회적으로 최적이다.

주어진 수요곡선을 이용하여 MR = 100 - 2Q를 구할 수 있고, MC = 40이다. 따라서 이윤극대화 조건은 MR = MC에 따라 이윤극대화 생산량은 Q = 30이다(①).
- 생산과정에서 단위당 30만큼의 사회적 비용(⇒ 외부비용을 의미하는 것 같지만 이것은 잘못 표현한 큰 실수)을 발생시키고 있으므로 사적 한계비용 40과의 합인 사회적 한계비용(정상적인 의미의 사회적 비용)은 70이 된다(③).
- 사회적 최적 수준의 생산량은 100 - Q = 70에서 결정되므로, 독점기업의 이윤극대화를 위한 생산량과 같게 된다(⑤).
- 고정비용은 생산량 수준과 무관하므로 이윤이 음(-)이냐 양(+)이냐와 무관하다(②).
- 최적 생산량 수준에서 가격은 70이므로 수요의 가격탄력성은 다음과 같다.

$$E_P = -\frac{dQ}{dP} \times \frac{P}{Q} = -(-1) \times \frac{70}{30} = \frac{7}{3} > 1 \quad \cdots\cdots④$$

- 앞에서도 잠깐 언급했지만 문제에서의 사회적 비용을 일반적인 사회적 비용으로 이해하면 외부비용이 -10이 되어 외부경제의 경우에 해당한다. 이렇게 접근하면 사회적 최적생산량은 70이 되어 정답은 오히려 ③이 될 수도 있다. 출제 시 용어 표현에 대한 신중함이 요구되는 대목이다.

정답 ⑤

0989

외부불경제를 초래하는 독점기업을 고려하자. 외부불경제의 크기는 이 기업의 생산량 Q에 비례하는 kQ이다. 이 기업의 총비용은 $50 + 0.5Q^2$이고 이 시장의 수요량은 가격 P의 함수Q=200-2P로 주어진다. 다음 중 가장 옳지 않은 것은?

19 서울시 공개경쟁 7급

① 이 기업의 이윤극대화 산출량은 50이다.

② k = 20일 때 사회적 후생 극대화를 위해서는 독점기업에 kQ의 조세를 부과하면 된다.

③ k = 25일 때 시장의 거래량은 사회적 후생을 극대화하고 있다.

④ 이 기업은 이윤극대화를 위해 가격을 75로 설정할 것이다.

주어진 조건에 따른 사적 한계비용(PMC), 외부 한계비용(EMC), 사회적 한계비용(SMC), 그리고 한계수입(MR)을 각각 구하면 다음과 같다.

$$PMC = Q, \quad EMC = k,$$
$$SMC = PMC + EMC = Q + k, \quad MR = 100 - Q$$

- 기업의 이윤극대화 조건은 'MR=PMC'이므로, 이윤극대화 생산량은 '$Q = 50$'이 된다(①). 이를 수요함수에 대입하면 이윤극대화를 위한 가격 '$P = 75$'를 구할 수 있다(④).
- 만약 'k=25'라면 이윤극대화를 위한 거래량 '$Q = 50$' 수준에서 사회적 한계비용(SMC)은 '75'가 되어 이윤극대화를 위한 가격 수준인 '$P = 75$'와 같아진다. 따라서 사회적 최적 생산량 산출 조건인 'P=SMC'를 만족하게 되어 사회적 후생을 극대화할 수 있게 된다(③).
- 한편 외부불경제가 발생하는 경우 사회적 후생 극대화를 위해서는 외부 한계비용(EMC)에 해당하는 만큼의 조세를 부과하면 된다. 따라서 이때 필요한 조세의 크기는 외부 한계비용(EMC)인 '$k = 20$'이 된다(②).

정답 ②

AK Tip 외부효과의 내부화

	상황		해결방안
생산	외부 경제	PMC(사적 한계비용)>SMC(사회적 한계비용) ⇒ 과소생산	보조금 지급
	외부 비경제	PMC(사적 한계비용)<SMC(사회적 한계비용) ⇒ 과잉생산	조세 부과
소비	외부 경제	PMB(사적 한계편익)<SMB(사회적 한계편익) ⇒ 과소소비	보조금 지급
	외부 비경제	PMB(사적 한계편익)>SMB(사회적 한계편익) ⇒ 과잉소비	조세 부과

0990

알루미늄 시장의 사적 한계비용곡선(PMC)과 사회적 한계비용곡선(SMC), 수요곡선(D)이 다음과 같다. 이 시장이 완전경쟁시장일 때, 다음 중 옳지 않은 것은? (단, P는 알루미늄 가격, Q는 알루미늄 생산량임)

15 국회 8급

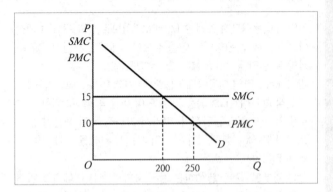

① 사회적 최적 생산량은 200이다.
② 정부개입이 없는 경우 균형에서의 총외부비용은 1,250이다.
③ 정부개입이 없는 경우 균형 생산량은 250이다.
④ 1단위당 5의 조세를 부과하면 생산량은 200이 된다.
⑤ 1단위당 5의 조세를 부과하면 생산자 잉여는 감소한다.

PMC가 수평이므로 생산자 잉여는 조세 부과 전후 모두 '0'으로 불변이다.

정답 ⑤

0991

강 상류에 위치한 기업 A가 오염물질을 배출하고 있으며, 강 하류에서는 어민 B가 어업 활동을 영위하고 있다. 그런데 기업 A는 자사의 오염배출이 어민 B에 미치는 영향을 고려하지 않고 있다. 사회적 최적 수준의 오염물질 배출량이 100톤이라고 가정할 때, 옳지 않은 것은?

13 국가직 7급

① 현재 기업 A의 오염물질 배출량은 100톤보다 많다.
② 강 하류에 어민이 많을수록 협상을 통한 오염배출 문제의 해결은 현실적으로 어려워진다.
③ 기업 A에게 적절한 피구세(Pigouvian tax)를 부과함으로써 사회적 최적 수준의 오염물질 배출량 달성이 가능하다.
④ 오염배출 문제는 기업 A와 어민 B의 협상을 통해서 해결가능하며, 이러한 경우 보상을 위한 필요자금 없이도 가능하다.

문제에서는 기업 A의 생산 활동으로 인해 어민 B가 피해를 입고 있는 외부불경제가 발생하고 있다.
• 생산에서의 외부불경제가 발생하면 사회적 한계비용이 사적 한계비용보다 외부한계비용만큼 커지게 되고, 사회적 최적 생산량에 비해 과잉생산이 이루어진다. 따라서 현재 기업 A의 오염물질 배출량은 사회적 최적 수준의 오염물질 배출량인 100톤보다 많다(①).
• 이러한 문제를 해결하기 위한 방법으로는 우선 기업에게 피구세를 부과하여 생산량을 감축시키는 것이 있다(③).
• 기업 A와 어민 B 중 일방에게 재산권을 인정함으로써 Coase의 정리에 따라 기업 A와 어민 B 사이에 자발적 협상을 통해 해결하는 방법이 있다. 이 경우에 일방 당사자는 재산권 소유자에게 일정한 보상을 해 줌으로써 문제를 해결할 수 있다(④).
• 강 하류에 어민이 많을수록 거래비용이 많이 발생하여 그만큼 자발적인 협상이 어려워진다(②).

정답 ④

0992

다음 중 코우즈 정리(Coase theorem)에 따른 예측으로 가장 옳지 않은 것은? (단, 만족 수준 한 단위가 현금 1만 원과 동일한 수준의 효용이다.)

17 서울시 7급

> 김 씨와 이 씨가 한집에 살고 있다. 평상시 두 사람의 만족 수준을 100이라고 한다. 김 씨는 집 안 전체에 음악을 틀고 있으면 만족 수준이 200이 된다. 반면, 이 씨는 음악이 틀어져 있는 공간에서는 만족 수준이 50에 그친다.

① 음악을 트는 것에 대한 권리가 누구에게 있든지 집 안 전체의 음악 재생여부는 동일하다.
② 음악을 트는 것에 대한 권리가 이 씨에게 있는 경우 둘 사이에 자금의 이전이 발생한다.
③ 음악을 트는 것에 대한 권리가 김 씨에게 있는 경우 그는 음악을 틀 것이다.
④ 음악을 트는 것에 대한 권리가 이 씨에게 있는 경우 집 안은 고요할 것이다.

사례에서 평상시에 김 씨와 이 씨가 누릴 수 있는 만족의 크기는 100만 원만큼이다. 여기서 평상시란 음악을 틀지 않은 상태를 의미한다.

- 김 씨에게 권리가 있는 경우: 김 씨가 음악을 틀게 되면 김 씨는 200만 원만큼의 만족을 누릴 수 있고, 반면에 이 씨는 50만 원만큼의 만족을 누릴 수 있게 된다. 이에 따라 김 씨는 평상시보다 100만 원만큼 더 많은 만족을 누릴 수 있게 되고, 이 씨는 50만 원만큼 더 적은 만족을 누리게 된다. 이때 이 씨가 음악을 틀지 않음으로써 평상시 같이 100만 원만큼의 만족을 얻기 위해서는, 이로 인해 감소하는 김 씨의 만족인 100만 원만큼의 최소한의 보상이 김 씨에게 이루어져야 한다. 이것은 보상을 통해 이 씨가 추가적으로 얻을 수 있는 50만 원만큼의 만족보다 큰 금액이다. 따라서 이 씨는 협상을 포기하고 김 씨에 의해 음악이 틀어지는 것을 그대로 감수하게 된다.

- 이 씨에게 권리가 있는 경우: 이 씨가 음악을 틀지 않게 되면 김 씨는 100만 원만큼의 만족을 누릴 수 있고, 이 씨도 100만 원만큼의 만족을 누릴 수 있게 된다. 이때 김 씨가 음악을 틀어 200만 원만큼의 만족을 얻기 위해서는, 이로 인해 감소하는 이 씨의 만족인 50만 원만큼의 최소한의 보상이 이루어져야 한다. 그런데 이 경우 김 씨는 이러한 보상을 통해 100만 원만큼의 만족을 더 얻을 수 있으므로 기꺼이 이러한 협상에 응하게 될 것이다. 물론 이 경우에도 김 씨의 보상금액은 보상을 통해 얻게 되는 100만 원만큼의 크기를 넘을 수는 없다. 이에 따라 50만 원과 100만 원 사이의 보상금액을 통해 김 씨는 음악을 틀 수 있게 된다.

- 권리가 누구에 있는가와 관계없이 집 안에서는 음악이 틀어지게 될 것이다.

정답 ④

AK Tip | 코즈(R. H. Coase)의 정리에서 협상가능가격(확인)

> 권리자에 대한 최소한의 필요보상금액 < 협상가능금액 < 의무자에 의한 최대한의 지불의사금액

0993

A와 B는 사무실을 공유하고 있다. A는 사무실에서 흡연을 원하며 이를 통해 20,000원 가치만큼의 효용을 얻는다. 반면 B는 사무실에서 금연을 통해 상쾌한 공기를 원하며 이를 통해 10,000원 가치의 효용을 얻는다. 코즈의 정리(Coase Theorem)와 부합하는 결과로 옳은 것은? 13 국가직 7급

① B는 A에게 20,000원을 주고 사무실에서 금연을 제안하고, A는 제안을 받아들인다.

② B는 A에게 15,000원을 주고 사무실에서 금연을 제안하고, A는 제안을 받아들인다.

③ A는 B에게 11,000원을 주고 사무실에서 흡연을 허용할 것을 제안하고, B는 제안을 받아들인다.

④ A는 B에게 9,000원을 주고 사무실에서 흡연을 허용할 것을 제안하고, B는 제안을 받아들인다.

해설

문제에서 흡연을 원하는 A는 흡연을 통해 얻을 수 있는 효용인 20,000원까지는 지불할 용의가 있을 것이고, 금연을 원하는 B는 최소한 금연을 통해 얻을 수 있는 효용인 10,000원만큼은 흡연을 허용한 것에 대한 대가로 받고자 할 것이다. 따라서 A는 B에게 11,000원을 주고 사무실에서 흡연을 허용할 것을 제안하고, B는 제안을 받아들인다. 이를 통해 A는 9,000원만큼, B는 1,000원만큼의 만족을 얻게 된다.

• B는 금연을 통해 얻을 수 있는 효용의 가치인 10,000원보다 큰 금액을 금연의 대가로 제시하지 않는다(①, ②).

• A가 B에게 제안한 9,000원은 B가 금연을 통해 얻을 수 있는 효용인 10,000원에 미치지 못 하므로 B는 A의 제안을 받아들이지 않을 것이다(④).

정답 ③

0994

어떤 마을에 오염물질을 배출하는 기업이 총 3개 있다. 오염물 배출에 대한 규제가 도입되기 이전에 각 기업이 배출하는 오염배출량과 그 배출량을 한 단위 감축하는 데 소요되는 비용은 아래 표와 같다.

기업	배출량(단위)	배출량 단위당 감축비용(만 원)
A	50	20
B	60	30
C	70	40

정부는 오염배출량을 150단위로 제한하고자 한다. 그래서 각 기업에게 50단위의 오염배출권을 부여하였다. 또한, 이 배출권을 기업들이 자유롭게 판매/구매할 수 있다. 다음 중 가장 옳은 것은? (단, 오염배출권 한 개당 배출 가능한 오염물의 양은 1단위이다.)

19 서울시 공개경쟁 7급

① 기업 A가 기업 B와 기업 C에게 오염배출권을 각각 10단위와 20단위 판매하고, 이때 가격은 20만 원에서 30만 원 사이에 형성된다.

② 기업 A가 기업 C에게 20단위의 오염배출권을 판매하고, 이때 가격은 30만 원에서 40만 원 사이에서 형성된다.

③ 기업 A가 기업 B에게 10단위의 오염배출권을 판매하고, 기업 B는 기업 C에게 20단위의 오염배출권을 판매한다. 이때 가격은 20만 원에서 40만 원 사이에서 형성된다.

④ 기업 B가 기업 C에게 20단위의 오염배출권을 판매하고, 이때 가격은 30만 원에서 40만 원 사이에서 형성된다.

각 기업은 오염배출권 가격과 감축비용을 비교하여 전자가 클 경우에는 자신에게 부여된 오염배출권을 판매하려고 하고, 후자가 클 경우에는 오염배출권을 구매하려고 할 것이다.

- 오염배출권 가격 범위에 따라 각 기업이 하게 되는 선택을 표로 나타내면 다음과 같다.

배출권 가격 (만 원)	선택		
	기업 A	기업 B	기업 C
20~30	판매(50단위)	구매(10단위)	구매(20단위)
30~40	판매(50단위)	판매(50단위)	구매(20단위)
20~40	판매(50단위)	알 수 없음	알 수 없음

- 오염배출권 가격이 30만 원보다 높고 40만 원보다 낮다면, 기업 C가 판매자인 기업 A와 기업 B 중에서 어떤 기업으로부터 오염배출권을 구입할 것인가는 주어진 조건을 가지고서는 알 수 없다.

- 따라서 오직 기업 A가 판매자인 경우인 오염배출권 가격이 20만 원에서 30만 원 사이에서 기업 A에 의해 기업 B와 기업 C의 필요한 오염배출권 판매가 이루어진다는 사실만 확인할 수 있다.

정답 ①

AK Tip 외부효과 해결방안

방법	효과
합병	합병된 두 기업 사이에 존재했던 외부성을 내부화할 수 있다.
코즈의 정리	분쟁 당사자들 간에 재산권이 명확하게 설정되어 있고 거래비용이 작다면 재산권이 누구에게 속해 있는가와 관계없이 당사자 간의 자발적인 협상에 의해 외부성의 해결이 가능하다.
오염배출 권제도	사회적 최적수준만큼의 오염배출을 위해 일정한 수량의 오염배출권을 정부가 발행하고 이를 시장을 통해 거래할 수 있도록 허용하면 오염배출권의 거래를 통해 그 가격이 외부한계비용과 동일해져서 자원배분의 효율성이 달성된다.
조세와 보조금 제도	생산에서 외부효과가 발생할 때는 외부한계비용만큼의 조세 및 보조금을 부과하거나 지급하고, 소비에서 외부효과가 발생할 때는 외부 한계편익만큼 조세 및 보조금을 부과하거나 지급하게 되면 사적 한계비용(편익)과 사회적 한계비용(편익)과 일치하게 되어 효율적인 자원배분이 달성된다.

0995

어떤 마을에 총 10개 가구가 살고 있다. 각 가구는 가로등에 대해 동일한 수요함수 $p_i = 10 - Q(i = 1, ..., 10)$를 가지며, 가로등 하나를 설치하는 데 소요되는 비용은 20이다. 사회적으로 효율적인 가로등 설치에 대한 설명으로 옳지 않은 것은?

18 국회 8급

① 어느 가구도 단독으로 가로등을 설치하려 하지 않을 것이다.

② 가로등에 대한 총수요는 $P = 100 - 10Q$이다.

③ 이 마을의 사회적으로 효율적인 가로등 수량은 9개이다.

④ 사회적으로 효율적인 가로등 수량을 확보하려면 각 가구는 가로등 1개당 2의 비용을 지불해야 한다.

⑤ 가구 수가 증가하는 경우, 사회적으로 효율적인 가로등 수량은 증가한다.

가로등과 같은 공공재는 이른바 '무임승차'가 가능하다.

- 무임승차가 가능한 공공재의 특성으로 인해 마을의 모든 가구는 단독으로 가로등을 설치하려 하지 않을 것이다(①).
- 가로등과 같은 공공재의 시장수요함수는 개별수요함수를 '수직적으로 합'하여 도출된다. 따라서 10개 가구로 구성되어 있는 마을 전체의 가로등에 대한 수요함수는 '$P = 100 - 10Q$'가 된다(②).
- 사회적으로 효율적인 가로등 수량은 '$P = MC$' 조건을 만족하는 수준에서 결정되므로, 한계비용(MC)이 'MC=20' 상태에서 마을의 효율적인 가로등 수량은 '$Q = 8$'이 된다(③).
- 각 가구의 가로등에 대한 가구당 수요함수가 '$p_i = 10 - Q$'이므로, 사회적으로 효율적인 가로등 수량인 '$Q = 8$'만큼을 필요로 하는 각 가구는 가로등 하나당 2만큼의 가격을 지불할 용의가 있게 된다(④).
- 만약 가구 수가 증가하면 가로등의 수량은 이에 맞게 더 많이 필요해진다(⑤).

정답 ③

0996

공유의 비극(tragedy of commons)에 대한 설명 중 옳은 것은?

08 감평사

① 배제성과 경합성이 모두 있는 재화에서 발생한다.

② 배제성과 경합성이 모두 없는 재화에서 발생한다.

③ 배제성은 없으나 경합성이 있는 재화에서 발생한다.

④ 배제성은 있으나 경합성이 없는 재화에서 발생한다.

⑤ 공공재와 자연독점의 경우에서 발생하는 현상이다.

공유의 비극(Tragedy of commons)은 과거의 마을 공동의 목초지처럼 마을 사람이면 누구든 양에게 풀을 뜯게 할 수 있어 비배제성의 특성이 있고, 양이 풀을 뜯음에 따라 점점 풀의 양이 적어지는 경합성(경쟁성)의 특성이 있는 경우에 발생하게 된다.

정답 ③

AK Tip 재화의 구분(R. A. Musgrave)

구분		배제성	비배제성
경합성		사적재(사용재, 사유재) (꽉 막힌 유료도로, 자동차, 맥주 등)	준공공재 (꽉 막힌 무료도로, 공유자원, 119 등)
비경합성		준공공재 (한산한 유료도로, 케이블 TV등)	순수공공재 (한산한 무료도로, 국방, 일기예보, 치안 등)

0997

역선택에 관한 설명으로 옳지 않은 것은? 13 국가직 7급

① 정부에 의한 품질인증은 역선택의 문제를 완화시킨다.
② 역선택은 정보를 가지고 있는 자의 자기선택 과정에서 생기는 현상이다.
③ 교육수준이 능력에 관한 신호를 보내는 역할을 하는 경우 역선택의 문제가 완화된다.
④ 역선택 현상이 존재하는 상황에서 강제적인 보험프로그램의 도입은 후생을 악화시킨다.

해 설

역선택은 비대칭적 정보 상황 하에서 거래 상대방에 비해 정보를 많이 가지고 있는 자가 거래 상품에 관련된 '숨겨진 특성'을 이용하여 거래에 참여하는 자기 선택과정에서, 이로 인해 정보를 많이 가지고 있지 못하는 자로 하여금 최선의 선택을 하지 못하게 하는 상황 하에서 발생한다(②).
• 품질인증과 교육수준은 신호발송의 역할을 하여 정보를 보다 완전하게 해 줌으로써 역선택 문제를 보다 완화시킬 수 있다(①, ③).
• 강제적인 보험프로그램의 도입은 그렇지 않을 경우에 발생하는 사고발생확률이 높은 사람만 보험에 가입하게 되는 역선택의 문제를 해결할 수 있게 된다(④). 여기서 역선택의 문제를 해결한다는 것은 곧 시장의 효율성을 제고시켜 후생을 개선시킨다는 의미가 있는 것이다.

정답 ④

0998

정보의 비대칭성에 대한 설명으로 옳은 것은? 18 국회 8급

① 정보의 비대칭성이 존재하면 항상 역선택과 도덕적 해이의 문제가 발생한다.
② 통신사가 서로 다른 유형의 이용자들로 하여금 자신이 원하는 요금제도를 선택하도록 하는 것은 선별(Screening)의 한 예이다.
③ 공동균형(Pooling equilibrium)에서도 서로 다른 선호체계를 갖고 있는 경제주체들은 다른 선택을 할 수 있다.
④ 사고가 날 확률이 높은 사람일수록 이 사고에 대한 보험에 가입할 가능성이 큰 것은 도덕적 해이의 한 예이다.
⑤ 신호(Signaling)는 정보를 보유하지 못한 측이 역선택 문제를 해결하기 위해 사용할 수 있는 수단 중 하나이다.

해 설

통신사는 이용자들이 선택하는 요금제도를 통해 이용자들의 선호체계를 알 수 있게 된다. 이것이 곧 선별(Screening)의 한 예가 된다.
① 정보의 비대칭성이 존재한다고 하더라도 선별이나 유인설계를 통해 역선택이나 도덕적 해이를 방지할 수 있다.
③ 공동균형(Pooling equilibrium)이란 동질적인 상품을 공급하는 경우에 달성할 수 있는 균형을 의미한다. 따라서 경제주체들은 서로 다른 선호체계를 갖고 있다고 하더라도 다른 선택을 할 여지가 없게 된다.
④ 사고가 날 확률이 높은 사람일수록 이 사고에 대한 보험에 가입할 가능성이 큰 것은 보험회사에게 발생하는 역선택의 한 예이다.
⑤ 신호(Signaling)는 정보를 보유한 측이 정보를 보유하지 못한 측에게 적극적으로 상품 품질에 대한 정보를 전달하여 역선택 문제를 해결하기 위해 사용할 수 있는 수단 중 하나이다.

정답 ②

0999

도덕적 해이 문제를 해결하거나 완화시키는 방안으로 가장 적절하지 않은 것은?

05 CPA

① 보험회사가 사고 시 보험가입자에게 손실의 일부만을 보상해 주는 공동보험 제도를 채택한다.

② 보험회사가 손실액 중 일정금액까지는 보험가입자에게 부담시키는 기초공제 제도를 도입한다.

③ 생명보험회사가 소정의 건강검진을 통과한 사람에게만 보험 상품을 판매한다.

④ 고용주가 근로자에게 시장균형임금보다 높은 임금을 지급한다.

⑤ 임금지급방식을 고정급에서 성과급으로 전환한다.

소정의 건강검진을 통과한 사람에게만 보험 상품을 판매하는 것은 상대적으로 건강한 사람을 보험에 가입시키고, 상대적으로 건강을 갖추지 못해 보험사고 발생 가능성이 높은 사람을 보험에 가입시키지 않음으로써 역선택을 방지하기 위한 장치이다.

• 시장균형임금보다 높은 임금을 지급하는 것도 능력 있는 근로자를 선발하여 역선택을 방지하는 의미도 있지만, 동시에 근무 태만을 방지하여 도덕적 해이를 막을 수 있는 장치이기도 하기 때문에 문제에서는 ③번이 가장 적절한 답이다.

정답 ③

1000

고용주는 채용된 근로자가 얼마나 열심히 일을 하는지에 대해 완벽하게 관찰하는 것이 불가능하여 고용주와 근로자 간에 비대칭 정보가 존재한다고 하자. 이 상황에서 발생되는 문제와 그 해결방법에 대한 <보기>의 설명 중 옳은 것을 모두 고르면?

17 국회 8급

> **보 기**
>
> ㉠ 이 상황에서 생산성이 낮은 근로자가 고용되는 역선택 (Adverse selection)이 발생한다.
>
> ㉡ 이 상황에서 근로자의 도덕적 해이(Moral hazard)가 발생한다.
>
> ㉢ 고용주가 근로자에게 효율임금(Efficiency wage)을 지급한다면 이 상황을 해결할 수 있다.
>
> ㉣ 고용주가 근로자의 보수 지급을 연기한다면 이 상황을 해결할 수 있다.
>
> ㉤ 근로자가 고용주에게 자신의 높은 교육수준을 통해 자신의 생산성이 높다는 것을 신호보내기(Signaling)한다면 이 상황을 해결할 수 있다.

① ㉠, ㉢

② ㉠, ㉤

③ ㉡, ㉣

④ ㉠, ㉢, ㉤

⑤ ㉡, ㉢, ㉣

고용주가 채용된 근로자가 얼마나 열심히 일을 하는지에 대해 완벽하게 관찰하는 것이 불가능한 비대칭적 정보가 존재할 때 발생하는 것이 '도덕적 해이' 문제이다(㉠, ㉡).

• 시장균형임금보다 높은 수준의 '효율임금' 지급은 노동시장에서 발생할 수 있는 '역선택'과 '도덕적 해이' 문제 모두를 해결할 수 있는 기능을 수행한다(㉢).

• 근로자에 대한 보수 지급을 연기하면, 이를 받기 위해서 열심히 일을 할 수 있는 유인은 제공할 수 있다(㉣). 그러나 보수는 언젠가는 지급되어야 하는 것이므로, 그 효과는 제한적일 것이다.

• 신호보내기(Signaling)는 정보를 많이 가지고 있는 쪽에서, 정보를 적게 가지고 있어 '역선택'에 빠질 것을 염려하는 쪽에 보냄으로써 원활한 계약을 체결해주는 기능을 수행한다(㉤).

정답 ⑤

1001

폐쇄경제 하에서 소비(C)는 감소하고 정부지출(G)은 증가할 경우 민간저축과 정부저축에 대한 설명으로 가장 옳은 것은? (단, 국민소득과 세금은 고정되어 있다고 가정한다.)

16 서울시 7급

① 민간저축과 정부저축 모두 증가한다.
② 민간저축과 정부저축 모두 감소한다.
③ 민간저축은 증가하고 정부저축은 감소한다.
④ 민간저축은 감소하고 정부저축은 증가한다.

해설

소비의 감소로 민간저축은 증가하고, 정부지출의 증가로 정부저축은 감소하게 된다.

정답 ③

1002

한국 법인이 100% 지분을 소유하고 있는 자동차 회사 A가 한국 대신에 미국에 생산 공장을 설립하여 직원을 대부분 현지인으로 고용할 경우, 한국과 미국의 경제에 미치는 영향에 대한 설명으로 옳지 않은 것은? 13 국가직 7급

① 미국의 GDP와 GNP가 모두 증가한다.
② 미국의 GDP 증가분은 GNP 증가분보다 크다.
③ 한국의 GDP 감소분은 GNP 감소분보다 크다.
④ 한국의 해외직접투자가 증가하면서 GNP가 더욱 중요해진다.

해설

한국 법인이 100% 지분을 소유하고 있는 자동차 회사 A가 한국 대신에 미국에 생산 공장을 설립하여 직원을 대부분 현지인으로 고용하게 되면, 미국 내에서 대부분의 현지인(미국인)에 의해 생산이 이루어지므로 미국의 GDP와 GNP가 모두 증가한다(①).

• 미국에 생산 공장을 설립하여 생산을 한다고 하더라도 생산 모두가 미국인에 의해서만 이루어지는 것이 아니고 '대부분'의 현지인(미국인)에 의해 이루어지므로 일부는 미국인이 아닌 사람들에 의해 생산이 이루어진다는 것을 의미한다. 따라서 미국의 GDP 증가분은 GNP 증가분보다 크다(②).

• 한국이 아닌 미국에서 생산이 이루어지기 때문에(문제의 취지가 한국 공장의 미국 이전을 의미하는 것처럼 보임) 한국의 GDP와 GNP가 감소하지만 생산의 일부가 현지인이 아닌 한국인(예컨대 파견나간 한국인 간부 등)에 의해서 이루어질 수 있으므로 한국의 GDP 감소분보다 GNP 감소분이 작다(③).

• 100% 한국 자본에 의한 생산임에도 불구하고 미국의 고용이 증가하고, 미국의 GDP가 증가하고 있는 것에 유의해보자. 결국 미국에 생산 공장을 설립하기 때문에 한국의 해외직접투자는 증가하지만, 이것은 GNP가 아닌 GDP의 중요도가 증가하는 것을 의미한다(④).

정답 ④

1003

2013년에 A국에서 생산되어 재고로 있던 제품을 2014년 초에 B국에서 수입해 자국에서 판매했다고 할 때 이것의 효과에 대한 설명으로 옳은 것은? 14 서울시 7급

① A국의 2014년 GDP와 GNP가 모두 증가한다.
② A국의 2014년 수출은 증가하고 GDP는 불변이다.
③ B국의 2014년 GNP는 증가하고 GDP는 불변이다.
④ B국의 2013년 GDP와 2014년 투자가 증가한다.
⑤ B국의 2013년 수입은 증가하고 2014년 수입은 불변이다.

생산연도와 지출연도를 주의하면서 접근한다.
- A국: 2013년에 생산이 이루어졌으므로 재고투자의 증가로 2013년 GDP가 증가하고, 2014년에는 생산 활동이 없으므로 GDP는 불변이다. 다만 2014년 B국으로의 수출은 증가한다.
- B국: 2014년 수입이 증가한다. 그런데 수입품의 생산지가 2013년의 A국이므로 2014년의 GDP와 GNP는 변화가 없다.

정답 ②

1004

국민소득에 포함되는 사항을 모두 고른 것은? 10 지방직 7급

> ㉠ 기업의 연구개발비
> ㉡ 파출부의 임금
> ㉢ 신항만 건설을 위한 국고지출
> ㉣ 아파트의 매매차익
> ㉤ 로또복권 당첨금
> ㉥ 은행예금의 이자소득
> ㉦ 전투기 도입비
> ㉧ 주부의 가사노동

① ㉠, ㉡, ㉢, ㉤, ㉥
② ㉠, ㉡, ㉢, ㉥, ㉦
③ ㉠, ㉡, ㉣, ㉥, ㉦
④ ㉠, ㉢, ㉥, ㉦, ㉧

각각의 사항을 분석해 보면 다음과 같다.
- ㉠: 지출국민소득에 해당
- ㉡: 분배국민소득에 해당
- ㉢: 지출국민소득에 해당
- ㉣: 아파트 매매차익은 단순한 소유권 이전의 결과이므로 '생산 활동'과는 관계없다.
- ㉤: 로또복권 당첨금은 생산 활동에 대한 대가가 아닌 소득의 이전에 불과하므로 국민소득에 포함되지 않는다.
- ㉥: 분배국민소득에 해당
- ㉦: 지출국민소득에 해당
- ㉧: 주부의 가사노동은 가사도우미의 가사노동과 달리 시장을 통해 거래되지 않기 때문에 국민소득에 포함되지 않는다.

정답 ②

1005

만일 미국에서 한국으로의 대규모 이민과 같이 어떤 경제의 전체 노동자 수가 갑자기 증가하는 일이 발생한다면 단기적으로 이 경제의 GDP에 발생할 변화로서 가장 타당한 것은?

09 국회 8급

① 경제 전체의 실질 GDP와 1인당 실질 GDP 모두 증가할 것이다.
② 경제 전체의 실질 GDP는 증가하고 1인당 실질 GDP는 감소할 것이다.
③ 경제 전체의 실질 GDP는 감소하고 1인당 실질 GDP는 증가할 것이다.
④ 경제 전체의 실질 GDP는 증가하고 명목 GDP는 감소할 것이다.
⑤ 경제 전체의 명목 GDP는 증가하고 실질 GDP는 감소할 것이다.

해설

미국에서 한국으로의 대규모 이민으로 인해 노동시장에서 노동 공급이 증가하고 이에 따라 노동고용량이 증가한다.
• 단기에 총생산함수는 우상향하므로 경제 전체의 실질 GDP는 증가한다. 다만 총생산함수가 체감적으로 증가하기 때문에 1인당 실질 GDP는 감소하게 된다.

정답 ②

1006

미국 뉴욕 소재 해외 회계 법인에 취직되어 있던 한국인 김 씨는 회사의 인력감축계획에 따라 실직하고 귀국하였다. 김 씨의 실직 귀국이 두 나라의 국민소득에 미치는 영향은?

13 서울시 7급

① 한국과 미국의 GDP 모두 감소
② 한국과 미국의 GNI 모두 감소
③ 한국 GDP와 미국 GNI 감소
④ 한국 GNI와 미국 GDP 감소
⑤ 한국의 GNI 감소, 미국은 영향 없음

해설

주어진 문제에서 교역조건에 대한 언급이 없으므로 불변인 것으로 이해한다면, 실질 GNI와 실질 GNP의 크기는 동일하다.
• 한국: 실직한 김 씨가 생산활동을 한 곳은 미국이므로 이로 인한 한국의 GDP는 영향을 받지 않는다. 그러나 한국 국민인 김 씨의 실직으로 한국의 GNP는 감소하게 되어 결국 GNI 역시 감소하게 된다.
• 미국: 실직한 김 씨가 생산활동을 한 곳은 미국이므로 이로 인한 미국의 GDP는 감소한다. 그러나 한국 국민인 김 씨의 실직은 미국의 GNP와는 무관하므로 결국 GNI 역시 영향을 받지 않는다.

정답 ④

1007

절대소득가설의 장기 소비곡선과 단기 소비곡선에 대한 설명으로 옳은 것은?

09 국가직 7급

① 단기 소비곡선에서 평균소비성향은 일정하다.
② 단기 소비곡선에서 한계소비성향은 평균소비성향보다 크다.
③ 장기 소비곡선에서 한계소비성향은 감소한다.
④ 장기 소비곡선에서 평균소비성향과 한계소비성향은 같다.

해설

장기 소비곡선은 원점을 지나는 우상향의 직선이고, 단기 소비곡선은 절편을 갖는 우상향의 직선이다. 이에 따라 장기 소비곡선은 한계소비성향과 평균소비성향의 크기는 일정한 값으로 항상 같다.

• 단기 소비곡선은 다음과 같은 특징을 갖는다.

> • 한계소비성향은 항상 일정하다.
> • 소득이 증가함에 따라 평균소비성향은 지속적으로 감소한다.
> • 평균소비성향은 항상 한계소비성향보다 크다.

정답 ④

1008

다음 중 이자율이 소비에 미치는 영향에 대한 설명으로 옳지 않은 것은?

17 국회 8급

① 이자율이 상승하면 현재소비의 기회비용은 증가한다.
② 이자율이 상승하면 정상재의 경우 소득효과에 의해 현재소비가 증가한다.
③ 이자율이 상승하면 대체효과에 의해 현재소비가 감소한다.
④ 이자율이 상승하면 대체효과에 의해 미래소비가 증가한다.
⑤ 이자율이 상승하면 현재소비는 증가하지만 미래소비는 증가하거나 감소할 수 있다.

해설

이자율의 상승은 현재소비의 상대가격(기회비용)을 크게 하여 현재소비를 감소시키고 미래소비를 증가시키는 대체효과가 대부자와 차입자 모두에게 동일하게 나타난다(①, ③, ④).

• 이자율의 상승은 대부자에게는 실질소득을 증가시켜 현재소비와 미래소비를 모두 증가시키고(②), 차입자에게는 실질소득을 감소시켜 현재소비와 미래소비를 모두 감소시키는 소득효과가 나타난다.

• 앞의 내용을 표로 정리하면 다음과 같다. 단 여기서 현재소비와 미래소비는 정상재라고 가정한다.

구분	현재소비(C_1)	미래소비(C_2)
대체효과	↓(대부자, 차입자)	↑(대부자, 차입자)
소득효과	↑(대부자), ↓(차입자)	↑(대부자), ↓(차입자)
이자율 효과 (대체효과 + 소득효과)	?(대부자), ↓(차입자)	↑(대부자), ?(차입자)

• 문제에서는 대부자를 전제로 해서 출제가 이루어진 듯하다. 그러나 출제자의 주관에 따른 마음대로의 출제가 아니라 대부자인지 차입자인지를 확실하게 밝히는 배려가 요구된다.

정답 ⑤

1009

다음은 두 기간에 걸친 어느 소비자의 균형조건을 보여준다. 이 소비자의 소득 부존점은 E이고 효용극대화 균형점은 A이며, 이 경제의 실질이자율은 r이다. 이에 대한 설명으로 옳지 않은 것은? (단, 원점에 볼록한 곡선은 무차별곡선이다.)

18 지방직 7급

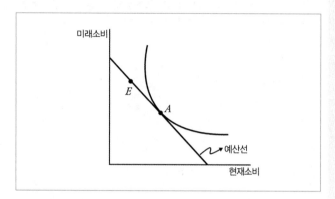

① 실질이자율(r)이 하락하면, 이 소비자의 효용은 감소한다.
② 효용극대화를 추구하는 이 소비자는 차입자가 될 것이다.
③ 현재소비와 미래소비가 모두 정상재인 경우, 현재소득이 증가하면 소비평준화(Consumption smoothing) 현상이 나타난다.
④ 유동성 제약이 있다면, 이 소비자의 경우 한계대체율은 '$1+r$'보다 클 것이다.

해설

현재소비와 미래소비가 모두 정상재인 경우, 현재소득이 증가하면 현재소비와 미래소비 모두 증가하게 된다(③).

- 주어진 그림에서 현재 소비자는 예산선 상의 소득점을 중심으로 우하방에서 효용을 극대화하고 있다. 이것은 이 소비자가 현재소득보다 더 많은 현재소비를 하고 있다는 의미이고, 이는 곧 이 소비자가 차입자라는 의미이기도 하다(②).
- 만약 실질이자율(r)이 하락하면 예산선의 기울기($1+r$)는 이전보다 작아져서, 예산선은 소득점을 중심으로 이전에 비해 완만하게 회전이동을 하게 되고, 이에 따라 새로운 차입균형점에서 소비자 효용 수준은 이전보다 더 높아지게 된다($U_0 \rightarrow U_1$)(①).
- 앞의 내용들을 그림으로 나타내면 다음과 같다.

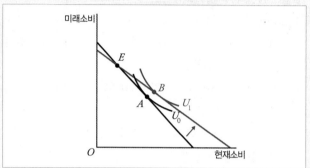

- 한편 소비자가 차입이 불가능한 유동성 제약에 직면하게 되면 소비자의 소비는 소득점(E)에서 이루어진다. 이에 따라 유동성 제약이 없는 경우의 소비점(A)에 비해 한계대체율(=$1+r$, ∵ 소비자 균형점에서 한계대체율=예산선의 기울기)은 커지게 된다(④).

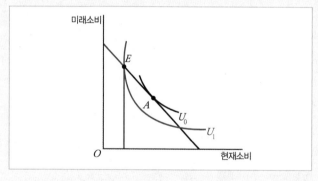

정답 ①

1010

국회가 2014년 1월 1일에 연간 개인 소득에 대한 과세표준 구간 중 8,800만 - 1억 5천만 원에 대해 종전에는 24%를 적용했던 세율을 항구적으로 35%로 상향 조정하고, 이를 2015년 1월 1일부터 시행한다고 발표했다고 하자. 밀턴 프리드먼(Milton Friedman)의 항상소득가설에 의하면 이 소득 구간에 속하는 개인들의 소비행태는 어떤 변화를 보일까? (단, 이 외의 다른 모든 사항에는 변화가 없다고 가정하라.)

14 서울시 7급

① 소비는 즉각적으로 증가할 것이다.
② 소비는 즉각적으로 감소할 것이다.
③ 2014년에는 소비에 변화가 없고, 2015년 1월 1일부터는 감소할 것이다.
④ 2014년에는 소비가 감소하고 2015년 1월 1일부터는 변화가 없을 것이다.
⑤ 2014년이나 2015년 등의 시간에 상관없이 소비에는 변화가 없을 것이다.

해설

세율을 항구적으로 상향 조정한다는 것은 장기적인 평균소득인 항상소득이 감소한다는 의미이다.

• 프리드먼의 항상소득가설에 따르면 소비는 이러한 항상소득의 크기에 의존하는데, 이에 따라 항상소득의 감소에 따라 항상소비가 즉각 감소하게 된다.
• 여기서 항상소비는 2015년의 소비뿐만 아니라 2014년의 소비까지도 포함된다. 즉 항상소비가 감소한다는 것은 미래는 물론 바로 현재의 소비까지도 포함하는 것이다.

정답 ②

1011

프리드먼(M. Friedman)의 항상소득이론에 대한 설명으로 가장 옳지 않은 것은?

18 서울시 정기공채 7급

① 소비는 미래소득의 영향을 받는다.
② 소비자들은 소비를 일정한 수준에서 유지하고자 한다.
③ 일시적 소득세 감면이 지속적인 감면보다 소비지출 증대효과가 작다.
④ 불황기의 평균소비성향은 호황기에 비해 감소한다.

해설

항상소득가설에 따르면 소비는 미래의 평균적인 소득의 흐름인 항상소득에 의해서만 영향을 받고 경기에 따라 민감하게 변하게 되는 임시소득에 의해서는 거의 영향을 받지 않는다. 임시소득의 대부분은 저축된다.

• 불황기에는 항상소득(Y_P)은 안정적이지만 임시소득(Y_T)은 감소하게 된다. 이에 따라 평균소비성향(APC)은 이전에 비해 증가하게 된다.

$$APC = \frac{C}{Y_P + Y_T} \Rightarrow APC_{불황} = \frac{C}{Y_P + Y_T \downarrow} \Rightarrow APC \uparrow$$

정답 ④

1012

소비이론에 대한 설명으로 옳은 것을 <보기>에서 모두 고르면?

15 국회 8급

보기

ㄱ 절대소득가설에 따르면, 가처분소득이 증가할 때 소비지출이 증가하므로 소비함수곡선이 상방으로 이동한다.

ㄴ 쿠즈네츠(Kuznets)의 실증분석에 따르면, 장기에는 평균소비성향이 한계소비성향보다 크다.

ㄷ 상대소득가설은 소비의 가역성과 소비의 상호의존성을 가정한다.

ㄹ 항상소득가설에 따르면, 현재소득이 일시적으로 항상소득 이상으로 증가할 때, 평균소비성향은 일시적으로 상승한다.

① ㄱ

② ㄷ

③ ㄱ, ㄹ

④ ㄴ, ㄷ

⑤ 모두 옳지 않다.

<보기> 내용을 각각 살펴보면 다음과 같다.

ㄱ 절대소득가설에 따르면, 가처분소득이 증가할 때 소비지출은 소비함수를 따라 우상향하게 된다. 즉 이동하지는 않는다.

ㄴ 쿠즈네츠(Kuznets)의 실증분석에 따르면, 장기에는 평균소비성향과 한계소비성향이 일치하게 된다.

ㄷ 상대소득가설은 소비의 비가역성과 소비의 상호의존성을 가정한다.

ㄹ 항상소득가설에 따르면, 현재소득이 일시적으로 항상소득 이상으로 증가한다는 것은 임시소득이 증가하는 것을 의미한다. 상대소득가설에서 임시소득은 저축에 영향을 줄 뿐 소비에는 영향을 주지 않는다.

정답 ⑤

1013

다음은 소득과 소비의 관계에 대한 두 의견이다. 이에 대한 설명으로 옳은 것은?

17 추가채용 국가직 7급

(가) 소비는 처분가능소득에 가장 큰 영향을 받는다. 처분가능소득이 증가하면 소비는 증가한다.

(나) 사람들은 현재의 소득이 아니라 일생 동안의 소득을 고려하여 소비 수준을 결정한다. 사람들은 전 생애에 걸쳐 안정적 소비 패턴을 유지하려고 하므로 소비는 그때그때의 소득에 민감하게 반응하지 않는다.

① (가)에 따르면 소액 복권에 당첨된 사람은 소비를 늘리지 않을 것이다.

② (가)에 따르면 경기 상승으로 회사 영업실적이 좋아져 받은 특별 상여금은 모두 저축될 것이다.

③ (나)에 따르면 일시적 실업자는 소비를 크게 줄일 것이다.

④ (나)에 따르면 장기간의 소득세 감면은 경기 활성화에 도움이 될 것이다.

(가)는 현재소득의 절대적인 크기에 의해 현재소비가 영향을 받는다는 케인스의 절대소득가설에 대한 내용이고, (나)는 전 생애의 평균적인 소득의 흐름에 의해 현재소비가 영향을 받는다는 항상소득가설 또는 생애주기가설(MBA가설)에 가까운 내용이다.

① 소액 복권에 당첨된 경우에도 현재의 가처분소득이 증가하게 되므로 (가)에 따르면 현재소비는 증가하게 된다. 그러나 (나)에 따르면 복권 당첨금액은 임시소득의 성격을 가지므로 생애평균소득(또는 항상소득)에 큰 영향을 주지 못하게 되어, 이로 인한 소비는 거의 영향을 받지 않는다.

② 경기 상승으로 회사 영업실적이 좋아져 받은 특별 상여금은 현재의 가처분소득을 증가시키므로 (가)에 따르면 소비로 연결된다.

③ 실업이 일시적으로 그치면 생애평균소득(또는 항상소득)의 흐름에는 큰 변화가 나타나지 않는다. 그 결과 (나)에 따르면 소비의 변화는 거의 나타나지 않게 된다. 그러나 일시적인 실업이라고 해도 이것은 현재소득을 당장 감소시키게 되므로 (가)에 따르면 현재소비는 감소하게 될 것이다.

④ 장기간의 소득세 감면은 생애평균소득(또는 항상소득)을 증가시키므로 (나)에 따르면 소비 증가가 나타나게 될 것이다. 결과적으로 이러한 소비증가에 따른 총수요의 증가는 경기 활성화에 도움이 될 것이다.

정답 ④

1014

소비이론에 대한 설명으로 옳지 않은 것은? 08 국가직 7급

① 케인즈의 소비함수에 따르면 평균소비성향은 한계소비성향보다 크다.

② 쿠즈네츠는 장기에서는 평균소비성향이 대략 일정하다는 것을 관찰하였다.

③ 항상소득가설에 따르면 항상소득의 한계소비성향은 임시소득의 한계소비성향보다 낮다.

④ 생애주기가설에 따르면 총인구에서 노인층의 비중이 상승하면 국민저축률은 낮아진다.

해 설

항상소득가설에 따르면 소비는 항상소득에 의해서만 영향을 받고 임시소득의 대부분은 저축된다. 따라서 항상소득의 한계소비성향은 높지만 임시소득의 한계소비성향은 거의 '0'에 가깝게 된다.

① 케인즈의 소비함수에 따르면 소득이 증가할 때 평균소비성향은 지속적으로 하락하지만 한계소비성향보다는 항상 높다.

② 쿠즈네츠는 실증적 분석을 통해 장기에서는 평균소비성향이 대략 일정하다는 것을 관찰하였다. 이에 따라 장기소비함수는 원점을 지나는 직선의 모습을 보인다.

④ 생애주기가설에 따르면 노인층은 소득에 비해 소비가 더 크게 나타난다. 따라서 총인구에서 노인층의 비중이 상승하면 국민저축률은 낮아진다.

정답 ③

1015

소비 이론에 대한 설명으로 옳지 않은 것은? 16 국가직 7급

① 레입슨(D. Laibson)에 따르면 소비자는 시간 비일관성(time inconsistency)을 보인다.

② 항상소득가설에 의하면 평균소비성향은 현재소득 대비 항상소득의 비율에 의존한다.

③ 생애주기가설에 의하면 전 생애에 걸쳐 소비흐름은 평탄하지만, 소득흐름은 위로 볼록한 모양을 갖는다.

④ 가계에 유동성제약이 존재하면 현재소득에 대한 현재소비의 의존도는 약화된다.

해 설

유동성 제약이라는 것은 현재소득이 현재소비에 미치지 못할 때, 이를 채우기 위한 차입이 이루어질 수 없음을 의미한다. 이 경우에는 현재소비는 오직 현재소득에 의해서만 이루어질 수 있으므로 현재소득에 대한 현재소비의 의존도는 절대적이 된다.

• 레입슨(D. Laibson)은 많은 소비자들이 자신들을 불완전한 의사결정자로 본다는 것에 주목하여, 소비자들이 단지 시간의 흐름에 따라 자신들의 결정을 변경함으로써 소비자들의 선호가 시간적으로 불일치할 수 있다는 가능성을 제기한다.

정답 ④

1016

두 개의 사업 A와 B에 대한 투자 여부를 결정하려고 한다. A의 내부수익률(IRR)은 10%, B의 내부수익률은 8%로 계산되었다. 이에 대한 설명으로 옳지 않은 것은? 13 지방직 7급

① 비용과 편익을 현재가치화 할 때 적용하는 할인율이 6%라면, 두 사업의 순현재가치(NPV)는 양(+)이다.

② 내부수익률 기준에 의해 선택된 사업은 순현재가치 기준에 의해 선택된 사업과 항상 일치한다.

③ 비용과 편익을 현재가치화 할 때 적용하는 할인율이 10%라면, 사업 A의 편익의 현재가치는 비용의 현재가치와 같다.

④ 비용과 편익을 현재가치화 할 때 적용하는 할인율이 9%라면, 사업 B의 경제적 타당성은 없다고 판정할 수 있다.

해 설

내부수익률은 투자를 통해 얻을 수 있는 미래 기대수익의 현재가치의 크기와 현재의 투자비용의 크기를 일치시키는 할인율을 의미한다. 결국 내부수익률은 순현재가치를 0으로 만드는 할인율인 것이다. 이러한 내부수익률 기준은 투자의 적정성을 보여줄 뿐 투자를 통한 수익의 크기까지 알려주지는 못한다.

· 순현재가치 기준은 투자의 적정성 뿐 아니라 투자를 통해 얻을 수 있는 수익의 크기까지 알려준다.

· 동일한 상황임에도 불구하고 투자에 있어 내부수익률을 기준으로 하느냐, 순현재가치를 기준으로 하느냐에 따라 서로 다른 결과를 가져올 수 있다.

· 한편 비용과 편익을 현재가치화로 환산할 때 적용하는 할인율이 곧 이자율이다. 이러한 이자율보다 내부수익률이 크면 투자를 결정하게 되고, 이것은 순현재가치가 양(+)이라는 것과 동일한 의미이다.

정답 ②

1017

자본재 가격이 일정할 때 소비재 가격이 상승하면? (단, 할인율은 일정하다.) 16 국회 8급

① 자본의 한계효율곡선이 우측으로 이동한다.
② 자본의 한계효율곡선이 좌측으로 이동한다.
③ 자본의 한계효율곡선의 기울기의 절댓값이 작아진다.
④ 자본의 한계효율곡선의 기울기의 절댓값이 커진다.
⑤ 자본의 한계효율곡선은 변하지 않는다.

해 설

자본재 가격이 일정할 때 소비재 가격이 상승하게 되면 한계효율이 상승하게 된다. 그런데 할인율(=이자율)이 일정하므로 자본의 한계효율곡선은 우측(상방)으로 이동하게 된다.

· 앞의 내용을 고려하여 투자의 한계효율곡선(MEI)의 특성을 그림으로 나타내면 다음과 같다.

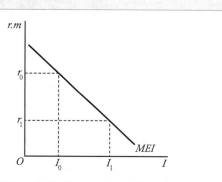

⇒ 주어진 이자율(r)에 비해 투자의 한계효율(m)이 높은 순서로 투자를 하면 우하향하는 MEI 곡선을 도출할 수 있다.

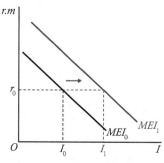

⇒ 할인율(이자율: r)이 일정할 때 소비재 가격 상승, 투자비용 감소, 기업가의 낙관적 경기전망, 기술전보 등이 이루어지면 한계효율이 상승하여 MEI 곡선은 우측(상방)으로 이동한다.

정답 ①

1018

기업의 투자이론에 대한 설명으로 옳은 것은? 13 국가직 9급

① 신고전학파(neo–classical)의 투자이론에 의하면 자본의 한계생산성이 자본비용을 초과하는 경우 기업은 자본을 감소시킨다.

② 토빈의 q는 기업의 실물자본의 대체비용(replacement cost)을 주식시장에서 평가된 기업의 시장가치로 나누어서 계산한다.

③ 토빈의 q 이론은 이자율의 변화가 주요 투자요인이라고 설명한다.

④ 토빈은 q가 1보다 크면 기업이 투자를 확대한다고 주장한다.

신고전학파의 투자이론에서의 적정자본량의 결정식은 다음과 같다.

> $(i + d - \pi)P_K = MP_K \times P$
> (단, i: 명목이자율, d: 감가상각률, π: 인플레이션율, P_K: 자본재 구입가격)

- 신고전학파의 투자이론에서는 자본의 사용자 비용(= C: 식의 좌변)과 자본의 한계생산물 가치(= VMP_K: 식의 우변)를 비교하며 이윤극대화를 추구하는 과정에서 적정자본량이 결정되고 이러한 조정과정 속에서 투자가 이루어진다.

> 사용자 비용 < 자본의 한계생산물 가치 ⇒ 투자 증가

- Fisher 효과를 도입하면 위 식은 '$(r + d)P_K = MP_K \times P$(단, r은 실질이자율)'이 된다.
- 투자를 결정할 때는 감가상각률도 고려되며, 만약 감가상각률이 상승하면 자본의 사용자 비용을 크게 하여 적정자본량을 감소시키는 과정 속에서 투자가 감소하게 된다.
- 토빈의 q는 다음과 같이 측정된다.

> $Tobin$의 $q = \dfrac{(주식)시장에서의\ 기업의\ 평가가치}{기업자산의\ 실제\ 대체비용}$
>
> $= \dfrac{설치된\ 자본의\ 시장가치}{설치된\ 자본의\ 대체\ 비용}$

이것은 토빈의 q이론에서 투자요인은 이자율이 아니라 주식의 가격임을 보여준다. 여기서 q가 1보다 클 때 투자가 이루어진다.

정답 ④

1019

투자이론에 대한 다음 설명 중 옳지 않은 것은? <small>18 국회 8급</small>

① 투자는 토빈(Tobin) q의 증가함수이다.

② 자본의 한계생산이 증가하면 토빈(Tobin) q값이 커진다.

③ 투자옵션 모형에 따르면, 상품가격이 정상이윤을 얻을 수 있는 수준으로 상승하더라도 기업이 바로 시장에 진입하여 투자하지 못하는 이유는 실물부문의 투자가 비가역성을 갖고 있기 때문이다.

④ 재고투자 모형은 수요량 변화에 따른 불확실성의 증가가 재고투자를 증가시킬 수도 있다는 점을 설명한다.

⑤ 신고전학파에 따르면 실질이자율 하락은 자본의 한계편익을 증가시켜 투자의 증가를 가져온다.

신고전학파의 투자이론에 따르면 자본의 사용자 비용(= C: 아래 식의 좌변)과 자본의 한계생산물 가치(= VMP_K: 아래 식의 우변)를 비교하며 이윤극대화를 추구하는 과정에서 적정자본량이 결정되고 이러한 조정과정 속에서 투자가 이루어진다. 이때 적정자본량의 결정식은 다음과 같다.

> $(r+d)P_K = MP_K \times P$
> (단, r: 명목이자율, d: 감가상각률, P_K: 자본재 구입가격)

• 신고전학파에 따르면 실질이자율(r)의 하락은 자본의 '사용자 비용'을 작게 하여 투자의 증가를 가져온다.

> 사용자 비용 < 자본의 한계생산물 가치 ⇒ 투자 증가

• 토빈의 q는 다음과 같이 측정된다.

> $Tobin$의 $q = \dfrac{(주식)시장에서의\ 기업의\ 평가가치}{기업자산의\ 실제\ 대체비용}$
>
> $= \dfrac{설치된\ 자본의\ 시장가치}{설치된\ 자본의\ 대체\ 비용}$

이것은 토빈의 q이론에서 투자요인은 이자율이 아니라 주식의 가격임을 보여준다. 여기서 q가 1보다 클 때 투자가 이루어진다. 예컨대 자본의 한계생산이 증가하면 시장에서의 기업이 평가가치가 상승하여 q 값이 커진다. 이에 따라 투자가 증가하게 된다. 결국 투자는 q의 증가함수임을 알 수 있다.

• 한편 전통적인 투자이론들은 투자의 가역성(Reversibility)을 전제하고 있다. 즉, 일단 투자가 이루어진 후에 제품수요가 예상에 미치지 못할 경우에는 자본량을 줄이고 원래의 투자금액을 회수할 수 있음을 가정한다. 그러나 현실적으로 대부분의 자본재는 고유의 용도를 가지고 있기 때문에 투자는 어느 정도 비가역성을 가질 수밖에 없다.

• 투자옵션모형에 따르면 비가역적 투자(Irreversible investment)로 인하여 투자의 시점이 중요한 선택변수가 된다. 왜냐하면 당장 수익성이 있어 보여서 투자를 했다가 나중에 자본량을 줄일 필요가 생길 경우에는 손해를 보기 때문이다. 따라서 기업은 지금 투자를 할 것인지를 또는 투자를 미루고 대신 수익성에 영향을 미칠 새로운 정보를 기다릴 것인지를 결정할 필요가 있다.

정답 ⑤

THEME 03 | 국민소득 결정론

1020

조세법이 대부자금의 공급을 증가시키는 방향으로 개정되었다고 가정할 때, 이러한 법 개정이 대부자금 균형거래량 수준에 가장 큰 영향을 미칠 수 있는 상황은? <u>13 서울시 7급</u>

① 대부자금수요곡선이 매우 탄력적이며 대부자금공급곡선이 매우 비탄력적인 경우

② 대부자금수요곡선이 매우 비탄력적이며 대부자금공급곡선이 매우 탄력적인 경우

③ 대부자금수요곡선과 대부자금공급곡선이 모두 매우 탄력적인 경우

④ 대부자금수요곡선이 대부자금공급곡선이 모두 매우 비탄력적인 경우

해설

탄력적일수록 곡선의 기울기는 상대적으로 완만해지고, 비탄력적일수록 곡선의 기울기는 상대적으로 가팔라진다.

- 수요-공급의 원리에 따르면 수요곡선의 기울기가 완만하고, 공급곡선의 기울기가 가파를수록, 일정한 크기의 공급 증가에 따른 거래량 증가 폭이 커진다.

정답 ①

1021

절약의 역설(paradox of thrift)에 대한 설명 중 옳은 것을 <보기>에서 모두 고르면? <u>18 국회 8급</u>

보 기

ㄱ. 경기침체가 심한 상황에서는 절약의 역설이 발생하지 않는다.

ㄴ. 투자가 이자율 변동의 영향을 적게 받을수록 절약의 역설이 발생할 가능성이 크다.

ㄷ. 고전학파 경제학에서 주장하는 내용이다.

ㄹ. 임금이 경직적이면 절약의 역설이 발생하지 않는다.

① ㄱ
② ㄴ
③ ㄱ, ㄷ
④ ㄴ, ㄹ
⑤ ㄴ, ㄷ, ㄹ

해설

총수요 부족으로 나타나는 경기침체 시에 절약의 역설은 매우 설득력을 갖게 된다(ㄱ).

- 절약의 역설은 총수요의 부족으로 경기에 침체에 빠진다고 주장하는 케인스 학파의 주요 논거가 된다(ㄷ).
- 케인스 학파는 임금을 포함한 가격변수가 단기에서만큼은 경직적이라고 주장한다(ㄷ).

정답 ②

1022

케인스(J. M. Keynes)의 단순 국민소득 결정모형(소득-지출 모형)에 대한 설명으로 가장 옳지 않은 것은? 17 서울시 7급

① 한계저축성향이 클수록 투자의 승수효과는 작아진다.
② 디플레이션 갭(deflation gap)이 존재하면 일반적으로 실업이 유발된다.
③ 임의의 국민소득 수준에서 총수요가 총공급에 미치지 못할 때, 그 국민소득 수준에서 디플레이션 갭이 존재한다고 한다.
④ 정부지출 증가액과 조세감면액이 동일하다면 정부지출 증가가 조세감면보다 국민소득 증가에 미치는 영향이 더 크다.

케인스의 단순모형은 화폐시장을 제외하고 생산물 시장만을 대상으로 분석하는 국민소득 결정모형이다. 이에 따라 이자율은 일정하다는 가정 하에서 승수효과를 분석하게 된다.

- 디플레이션 갭은 국민소득이 완전고용 수준에 도달하기 위해 '필요한 총수요'에 '현실의 총수요'가 부족한 경우, 그 부족한 크기를 말한다.

① 가장 간단한 투자승수는 다음과 같다.

$$투자 승수 = \frac{1}{1 - 한계소비성향} = \frac{1}{한계저축성향}$$

따라서 한계저축성향이 클수록(한계소비성향이 작을수록) 투자의 승수효과는 작아진다. '소비는 미덕이고, 저축은 악덕'이라는 케인스의 인식을 엿볼 수 있는 항목이다.

② 디플레이션 갭(Deflation gap)이 존재하면 실제 국민소득이 완전고용 국민소득 수준에 미치지 못하게 되어 실업이 발생하게 된다.

④ 정부지출의 증가는 직접적으로 총수요에 영향을 미치는 반면에 조세감면은 소비를 통해 간접적으로 총수요에 영향을 미치게 된다. 이에 따라 정부지출 증가액과 조세감면액이 동일하다면 정부지출 증가가 조세감면보다 국민소득 증가에 미치는 영향이 더 크게 나타난다. 이러한 결과는 가장 간단한 정부지출승수와 감세승수의 크기를 비교해 보면 간단히 알 수 있게 된다.

$$A : 정부지출 승수 = \frac{1}{1 - 한계소비성향} = \frac{1}{한계저축성향}$$
$$B : 감세 승수 = \frac{한계소비성향}{1 - 한계소비성향} = \frac{한계소비성향}{한계저축성향}$$
$$A > B \, (\because 0 < 한계소비성향 < 1)$$

정답 ③

1023

한 경제에 부유한 계층과 가난한 계층이 존재하고 부유한 계층의 한계소비성향은 가난한 계층의 한계소비성향보다 작다. 정부가 경기 부양을 위해 조세를 감면하려고 할 때 다음 중 가장 적절하지 않은 것은? 16 국회 8급

① 가난한 계층의 조세 감면을 크게 할수록 경기 부양효과가 크다.
② 조세 감면 총액이 커지면 경기 부양효과가 커진다.
③ 소득분포가 경기 부양효과의 크기에 영향을 미친다.
④ 가난한 계층의 비율이 높을수록 경기 부양효과가 커진다.
⑤ 부유한 계층과 가난한 계층의 한계소비성향의 차이가 작을수록 경기 부양효과가 커진다.

두 계층의 한계소비성향의 차이가 작아도, 한계소비성향 자체가 낮다면 조세감면에 따른 경기부양의 효과는 작아진다.

- 예컨대 부유한 계층의 한계소비성향이 0.5, 가난한 계층의 한계소비성향이 0.6인 경우보다 전자가 0.75, 후자가 0.9인 경우가 조세감면에 따른 경기부양의 효과가 더 커진다.
- 경기부양의 효과에 있어 중요한 것은 한계소비성향의 차이가 아니라 한계소비성향 크기 자체이다.

정답 ⑤

1024

균형 국민소득 결정식과 소비함수가 다음과 같을 때, 동일한 크기의 정부지출 증가, 투자액 증가 또는 감세에 의한 승수효과에 대한 설명으로 옳은 것은? 13 지방직 7급

- 균형 국민소득 결정식: $Y = C + I + G$
- 소비함수: $C = B + a(Y - T)$

(단, Y는 소득, C는 소비, I는 투자, G는 정부지출, T는 조세이고, I, G, T는 외생변수이며, B>0, 0<a<1이다.)

---

① 정부지출 증가에 의한 승수효과는 감세에 의한 승수효과와 같다.
② 투자액 증가에 의한 승수효과는 감세에 의한 승수효과보다 작다.
③ 정부지출 증가에 의한 승수효과는 감세에 의한 승수효과보다 크다.
④ 투자액 증가에 의한 승수효과는 정부지출의 증가에 의한 승수효과보다 크다.

해설

주어진 조건에 따른 투자 승수와 정부지출 승수는 '$m = \frac{1}{1-a}$', 감세 승수는 '$m = \frac{a}{1-a}$'이다.

- 동일한 크기의 독립지출이 이루어지는 경우의 승수효과는 다음과 같이 나타난다.

투자 승수 = 정부지출 승수 > 감세 승수($\because 0 < a < 1$)

정답 ③

1025

폐쇄경제 하에서 정액세만 있는 경우 균형재정승수의 값과 그 이유에 대한 설명으로 옳은 것을 <보기>에서 고르면? 16 국회 8급

보 기

ㄱ. 정부지출의 증가가 조세의 증가에 의해 완전 상쇄되므로 국민생산에 미치는 영향은 전혀 없기 때문이다.

ㄴ. 정부지출의 증가는 그 자체가 즉각적으로 유효수요를 증가시키고 조세의 증가 또한 유효 수요를 증가시켜 총체적으로 국민생산이 증가하기 때문이다.

ㄷ. 정부지출의 증가는 일반적으로 그 자체가 즉각적으로 유효수요를 증가시키는 반면 조세의 증가는 소비지출의 감소를 통해서만 유효수요에 영향을 미치기 때문이다.

ㄹ. 정부지출의 증가는 그 자체가 즉각적으로 유효수요를 증가시키지만 조세는 정부가 이를 거두어들이는 기간이 상황마다 다르기 때문이다.

ㅁ. 정부지출 증가에 따라 조세가 2배로 증가하여 국민생산이 감소하기 때문이다.

	균형재정승수	이유		균형재정승수	이유
①	0	ㄱ	②	1	ㄴ
③	1	ㄷ	④	−1	ㄹ
⑤	−1	ㅁ			

해설

정액세인 경우 균형재정승수는 '1'이다.

- 정부지출의 증가는 바로 유효수요를 증가시키지만, 조세의 증가는 가처분소득을 감소시키고, 이를 전제로 해서 한계소비성향 배만큼만 소비를 감소시켜 이것이 유효수요를 감소시키게 된다.
- 정부지출 증가가 유효수요 증가에 미치는 효과가 조세 증가가 유효수요 감소에 미치는 효과보다 큰 것이다.

정답 ③

1026

단순 케인지안 모형에서 승수(multiplier)는 $\frac{1}{1-b}$ 이다. 그러나 현실 경제에서 승수는 이렇게 크지 않다. 그 이유로 가장 옳지 않은 것은? (단, b는 한계소비성향이다.)

18 서울시 공개경쟁 7급

① 조세가 소득의 증가함수이기 때문이다.
② 수입(import)이 소득의 증가함수이기 때문이다.
③ 화폐수요가 이자율의 감소함수이기 때문이다.
④ 투자가 소득의 증가함수이기 때문이다.

투자가 소득의 증가함수라는 것은 투자가 유발투자라는 의미이다. 유발투자의 존재는 승수를 크게 하는 요인이다(④).
- 조세와 수입의 존재는 국민소득의 크기를 작게 하는 누출 요인으로 작용하여, 국민소득 증가를 축소시키는 기능을 하게 된다(①, ②).
- 앞의 내용들을 고려할 때 승수는 다음과 같다.

> 승수 $= \dfrac{1}{1-b(1-t)-i+m}$
> (여기서 b는 한계소비성향, t는 소득세율(비례세율), i는 유발투자계수, m은 한계수입성향이다.)

소득세율과 한계수입성향의 존재는 승수를 작게 하고, 유발투자계수의 존재는 승수를 크게 한다는 것을 알 수 있다.
- 화폐수요가 이자율의 감소함소이면 LM곡선은 우상향하는 기울기를 갖게 된다.
- 승수효과는 화폐수요의 이자율탄력성이 무한대가 되어 LM곡선이 수평인 경우 완벽하게 나타나게 된다(③).

정답 ④

1027

시장이자율이 상승할 때 동일한 액면가(face value)를 갖는 채권의 가격변화에 대한 설명으로 옳지 않은 것은?

17 지방직 7급

① 무이표채(discount bond)는 만기가 일정할 때 채권가격이 하락한다.
② 이표채(coupon bond)는 만기가 일정할 때 채권가격이 하락한다.
③ 실효만기가 길수록 채권가격은 민감하게 변화한다.
④ 무이표채의 가격위험은 장기채보다 단기채가 더 크다.

문제에서 '무이표채'는 이표가 없는 채권으로 '할인채'와 '영구채'가 여기에 해당한다.

• 모든 채권에서 시장이자율과 채권가격 사이에는 다음과 같은 역(-)의 관계가 존재한다.

• 할인채 가격 = $\dfrac{액면가(F)}{1+만기\ 수익률(=시장\ 이자율)}$

• 영구채 가격 = $\dfrac{이자}{시장\ 이자율}$

• 이표채 가격 = $\dfrac{액면가(F)+이표(C)}{1+만기\ 수익률(=시장\ 이자율)}$

• 화폐시장과 채권시장이 동시에 균형이 이루어지면, '만기수익률 = 시장 이자율' 관계가 성립하므로 앞의 식처럼 나타낼 수 있다. 따라서 시장이자율이 상승하게 되면 무이표채나 이표채 모두의 가격은 하락하게 된다(①, ②).

• 한편 만기가 길어질수록 위험의 정도가 상승하게 되어, 그 위험도를 이자율에 반영하게 된다. 이것이 위험 프리미엄이다. 이에 따라 만기가 긴 장기채의 가격은 단기채의 가격보다 낮게 결정된다(③, ④).

정답 ④

1028

<보기>는 이표채의 채권가격과 만기수익률에 대한 설명이다. <보기>에서 옳은 것을 모두 고르면? 11 국회 8급

보기

ⓙ 채권가격이 액면가와 같은 경우 만기수익률은 표면이자율과 같다.

ⓛ 채권가격과 만기수익률은 서로 음의 관계를 갖는다.

ⓒ 채권가격이 액면가 이하일 때는 만기수익률이 표면이자율보다 작아진다.

주) 이표채란 액면가로 채권을 발행하고 이자를 일정기간마다 지불하며 만기에 원금을 상환하는 가장 보편적인 채권의 형태이다.

① ⓙ, ⓛ, ⓒ

② ⓙ, ⓛ

③ ⓙ, ⓒ

④ ⓛ, ⓒ

⑤ ⓛ

만기수익률(m)은 기대수익의 현재가치와 채권가격을 같게 하는 할인율을 의미하며 다음과 같이 도출된다.

- 채권가격(P_B) = $\dfrac{\text{액면가}(F) + \text{쿠폰이자}(C)}{1 + \text{만기수익률}(m)}$
- 표면이자율(r) = $\dfrac{\text{쿠폰이자}(C)}{\text{액면가}(F)}$

ⓙ 이표채권의 가격과 액면가 사이에는 다음과 같은 관계가 성립한다.

채권가격(P_B) = $\dfrac{\text{액면가}(F) + \text{쿠폰이자}(C)}{1 + \text{시장(만기)수익률}(m)}$

⇒ 1 + 시장(만기)수익률(m) = $\dfrac{\text{액면가}(F)}{\text{채권가격}(P_B)} + \dfrac{\text{쿠폰이자}(C)}{\text{채권가격}(P_B)}$

이에 따라 채권가격(P_B)이 액면가(F)와 같다면, $\dfrac{\text{액면가}(F)}{\text{채권가격}(P_B)} = 1$ 이 성립하고, 결국 시장(만기)수익률과 '$\dfrac{\text{쿠폰이자}(C)}{\text{채권가격}(P_B)} = \dfrac{\text{쿠폰이자}(C)}{\text{액면가}(F)}$($=$ 표면이자율)의 값'도 일치하게 된다.

ⓛ 앞의 식에 나타난 것처럼 채권가격과 만기수익률 사이에는 서로 음($-$)의 관계가 성립한다.

ⓒ 채권가격(P_B)이 액면가(F) 이하라면 다음 관계가 성립한다.

1 + 시장(만기)수익률(m) = $\dfrac{\text{액면가}(F)}{\text{채권가격}(P_B)} + \dfrac{\text{쿠폰이자}(C)}{\text{채권가격}(P_B)}$ ⇒ $\dfrac{\text{액면가}(F)}{\text{채권가격}(P_B)} \geq 1$

이에 따라 '시장(만기)수익률($= m$) $\geq \dfrac{\text{쿠폰이자}(C)}{\text{채권가격}(P_B)}$'이 성립한다. 그런데 '채권가격($P_B$) $\leq$ 액면가(F)'이므로 '$\dfrac{\text{쿠폰이자}(C)}{\text{채권가격}(P_B)} \geq$ 이표(표면)이자율($= \dfrac{\text{쿠폰이자}(C)}{\text{액면가}(F)}$)'도 성립하게 된다. 결국 '시장(만기)수익률($= m$) $\geq \dfrac{\text{쿠폰이자}(C)}{\text{채권가격}(P_B)} \geq$ 이표(표면)이자율($= \dfrac{\text{쿠폰이자}(C)}{\text{액면가}(F)}$)'도 성립하게 되는 것이다.

정답 ②

1029

매년 이자를 지급하는 일반 이표채권(straight coupon bond)의 가격 및 이자율과 관련된 설명으로 옳지 않은 것은?

14 국가직 7급

① 이 이표채권의 가격은 액면가 아래로 낮아질 수 있다.
② 이 이표채권의 가격이 액면가보다 높다면 이 채권의 시장수익률은 이표이자율보다 낮다.
③ 이미 발행된 이 이표채권의 이표이자액은 매년 시장수익률에 따라 다르게 지급된다.
④ 이표채권 가격의 상승은 그 채권을 매입하여 얻을 수 있는 수익률의 하락을 의미한다.

이표채는 발행시점에서 이표이자액(쿠폰금액)이 정해진다(③).

• 이표채권의 가격과 액면가 사이에는 다음과 같은 관계가 성립한다.

> 채권가격(P_B)
> $= \dfrac{\text{액면가}(F) + \text{쿠폰이자}(C)}{1 + \text{시장(만기)수익률}(m)} \Rightarrow 1 + \text{시장(만기)수익률}(m)$
> $= \dfrac{\text{액면가}(F)}{\text{채권가격}(P_B)} + \dfrac{\text{쿠폰이자}(C)}{\text{채권가격}(P_B)}$

이에 따라 경상수익률($= \dfrac{\text{쿠폰이자}(C)}{\text{채권가격}(P_B)}$)이 만기수익률($= m$)보다 낮다면, 이는 곧 $\dfrac{\text{액면가}(F)}{\text{채권가격}(P_B)}$ 가 1보다 크다는 것을 의미하며, 이로 인해 '채권가격(P_B) <액면가(F)'이 성립하게 된다.(①).

• 채권가격(P_B)이 액면가(F)보다 높다면 $\dfrac{\text{액면가}(F)}{\text{채권가격}(P_B)}$ 가 1보다 작다는 것을 의미한다. 이에 따라 '시장(만기)수익률($= m$) <경상수익률($= \dfrac{\text{쿠폰이자}(C)}{\text{채권가격}(P_B)}$)'이 성립한다.

• '채권가격(P_B)>액면가(F)'라면 다음 관계도 성립한다(②).

> • 경상수익률($= \dfrac{\text{쿠폰이자}(C)}{\text{채권가격}(P_B)}$)
> < 이표(표면)이자율($= \dfrac{\text{쿠폰이자}(C)}{\text{액면가}(F)}$)
> $\Rightarrow$ 시장(만기)수익률($= m$) < 경상수익률($= \dfrac{\text{쿠폰이자}(C)}{\text{채권가격}(P_B)}$)
> < 이표(표면)이자율($= \dfrac{\text{쿠폰이자}(C)}{\text{액면가}(F)}$))

정답 ③

1030

화폐수량방정식에 따른 화폐수량설에 대한 설명으로 옳지 않은 것은?

16 국회 8급

① 산출량은 생산요소의 공급량과 생산기술에 의해 결정된다.
② 중앙은행이 통화량을 증가시키면 산출량의 명목가치는 비례적으로 증가한다.
③ 통화량의 증가는 산출량에 영향을 미치지 않는다.
④ 통화량이 증가하면 화폐의 유통속도는 증가한다.
⑤ 통화량을 급속히 증가시키면 인플레이션율은 높아진다.

화폐수량설에서는 화폐의 유통속도가 거래관습이나 지불관습에 의해 결정되므로 불변이라고 가정한다.

정답 ④

1031

화폐수량설에 따르면, 화폐수량방정식은 '$M \times V = P \times Y$'와 같다. 이에 대한 설명으로 옳은 것은? (단, M은 통화량, V는 화폐유통속도, P는 산출물의 가격, Y는 산출량이다.)

16 지방직 7급

① 화폐유통속도(V)는 오랜 기간에 걸쳐 일반적으로 불안 정적이라고 전제하고 있다.

② 중앙은행이 통화량(M)을 증대시키면, 산출량의 명목 가치(P × Y)는 통화량과는 독립적으로 변화한다.

③ 산출량(Y)은 통화량(M)이 아니라, 생산요소의 공급량 과 생산기술에 의해 결정된다.

④ 중앙은행이 통화량(M)을 급격히 감소시키면, 인플레 이션이 발생한다.

해설

화폐수량방정식을 제시한 I. Fisher는 화폐유통속도가 일정하다고 전제한다(①).

• 중앙은행의 통화량 증대는 화폐의 중립성에 따리 실질산출량(Y)에는 영향을 주지 못하지만, 물가상승을 통하여 산출량의 명목가치($P \times Y$)에는 영향을 주게 된다(②, ④).

• 결국 화폐수량설에서는 산출량은 생산요소의 공급량과 생산기술과 같은 공급 요인에 의해서만 영향을 받게 된다.

정답 ③

1032

다음의 교환방정식에 대한 설명으로 옳지 않은 것은?

16 국가직 7급

$MV = PY$
(단, M은 통화량, V는 화폐의 유통속도, P는 물가, Y는 실질 GDP이다.)

① 통화량이 증가하면, 물가나 실질 GDP가 증가하거나 화폐유통속도가 하락해야 한다.

② V와 Y가 일정하다는 가정을 추가하면 화폐수량설이 도출된다.

③ V와 M이 일정할 때, 실질 GDP가 커지면 물가가 상승해야 한다.

④ V와 Y가 일정할 때, 인플레이션율과 통화증가율은 비례관계에 있다.

해설

V와 M이 일정하고 실질 GDP(Y)가 커질 때, 교환방정식 MV = PY가 계속 성립하기 위해서는 좌변 값이 일정하므로 우변의 물가수준(P)은 하락해야 한다.

정답 ③

1033

㉠~㉣에 들어갈 말로 알맞은 것은?

14 지방직 7급

케인스는 화폐수요를 거래적 동기, 예비적 동기 그리고 투기적 동기로 분류하면서 거래적 동기 및 예비적 동기는 (㉠)에 의존하고, 투기적 동기는 (㉡)에 의존한다고 주장했다. 특히 (㉡)이 낮을 때 채권가격이 (㉢), 투자자의 채권투자 의욕이 낮은 상황에서 투기적 동기에 따른 화폐 수요가 (㉣)고 하였다.

	㉠	㉡	㉢	㉣
①	소득	이자율	높고	작다
②	소득	이자율	높고	크다
③	이자율	소득	높고	크다
④	이자율	소득	낮고	작다

해설

케인스의 화폐이론에 따르면 거래적 동기 및 예비적 동기의 화폐수요는 소득의 증가함수이고, 투기적 동기의 화폐수요는 이자율의 감소함수이다.
* 이자율과 채권가격은 역(-)의 관계가 성립하여, 이자율이 낮을 때 채권가격은 높아 채권보유보다 화폐보유를 증가시킨다.

정답 ②

1034

화폐수요에 대한 설명으로 옳은 것은?

15 지방직 7급

① 신용카드가 널리 보급되면 화폐수요가 감소한다.
② 경기가 좋아지면 화폐수요가 감소한다.
③ 이자율이 증가하면 화폐수요가 증가한다.
④ 경제 내의 불확실성이 커지면 화폐수요가 감소한다.

해설

신용카드가 사용이 가능하다면 경제주체들은 거래를 위한 화폐를 보유할 유인이 적어진다.
② 경기가 좋아지면 일반적으로 소비가 증가하므로 이를 위한 거래를 위한 화폐수요가 증가할 것이다.
③ 이자율이 증가하면 화폐보유에 따른 기회비용이 증가하므로 화폐수요는 감소할 것이다.
④ 경제 내의 불확실성이 커지면 경제주체들은 안전한 자산을 선호하게 되므로 화폐수요가 증가하게 될 것이다.

정답 ①

1035

이자율이 하락할 경우, 보몰-토빈(Baumol-Tobin)의 화폐수요 이론에 따른 화폐의 소득 유통속도는?

08 지방직 7급

① 상승한다.
② 하락한다.
③ 알 수 없다.
④ 영향을 받지 않는다.

해설

보몰-토빈(Baumol-Tobin)의 화폐수요 이론에 따른 화폐수요함수는 $M_d = \sqrt{\dfrac{bY}{2r}}$ (여기서 b는 거래비용, Y는 소득, r은 이자율)이다.
* 이자율이 하락하면 화폐보유에 따른 기회비용이 작아져서 화폐수요가 증가하게 된다. 그 결과 화폐의 소득유통속도는 하락하게 된다.

정답 ②

1036

보몰은 다음과 같은 <모형>을 가지고 화폐수요를 분석하였다. 주어진 모형으로 판단할 때, <보기>에서 옳은 것을 모두 고르면?

10 국회 8급

모 형

일정기간 동안의 화폐수요를 분석하기 위해서 다음과 같은 가정을 한다. 주어진 총거래금액은 매시간 동일액수만큼 거래되며, 이들 거래는 보유한 화폐에 의해서 매개된다. k는 일정기간 동안의 화폐를 은행에서 인출하는 거래횟수이며, 거래 시마다 C만큼 비용이 든다. 동 기간 총거래금액이 Y로 주어진다면, 평균적인 화폐보유량은 $\frac{1}{2}\frac{Y}{k}$이다.

보 기

ㄱ 최적 거래횟수는 은행인출비용을 최소화하는 거래횟수이다.

ㄴ C가 증가할수록 최적 화폐보유량은 증가한다.

ㄷ 이자율이 증가할수록 최적 화폐보유량은 증가한다.

ㄹ Y가 증가할수록 최적 화폐보유량은 증가한다.

① ㄴ
② ㄱ, ㄴ
③ ㄱ, ㄹ
④ ㄴ, ㄹ
⑤ ㄴ, ㄷ, ㄹ

해 설

<보기>의 내용을 각각 살펴보면 다음과 같다.

ㄱ 최적 거래횟수는 은행인출비용과 화폐보유로 인해 발생하는 기회비용을 포함한 거래비용 전체를 최소화하는 거래횟수이다.

ㄴ C가 증가할수록 거래횟수를 줄이기 위해 한 번 인출할 때마다 상대적으로 많은 액수를 인출하고자 하기 때문에 최적 화폐보유량은 증가한다.

ㄷ 보몰-토빈(Baumol-Tobin)의 화폐수요 이론에 따른 화폐수요함수는 다음과 같다.

$$M_d = \sqrt{\frac{CY}{2r}}$$ (여기서 C는 거래비용, Y는 소득, r은 이자율)

따라서 이자율이 증가할수록 최적 화폐보유량은 감소한다. 직관적으로도 이자율이 상승하면 화폐보유에 따른 기회비용이 커져 화폐보유량은 감소한다.

ㄹ Y가 증가할수록 거래적 동기의 화폐보유가 증가하게 된다.

정답 ④

1037

보몰(W. Boumol)의 거래적 화폐수요이론에 대한 설명으로 옳지 않은 것을 <보기>에서 모두 고르면?

16 국회 8급

보 기

ㄱ. 거래적 화폐수요는 이자율의 감소함수이다.

ㄴ. 한 번에 인출하는 금액이 커지면 거래비용이 증가한다.

ㄷ. 화폐수요에 있어서 규모의 불경제가 존재한다.

ㄹ. 거래비용이 증가하면 화폐수요는 증가한다.

ㅁ. 한 번에 인출하는 금액이 커지면 화폐수요도 커진다.

① ㄱ, ㄴ
② ㄴ, ㄷ
③ ㄴ, ㄹ
④ ㄹ, ㅁ
⑤ ㄴ, ㄷ, ㅁ

해 설

한 번에 인출하는 금액이 커지면 은행 방문횟수가 적어지므로 거래비용은 감소하게 된다(ㄴ).

• 보몰(W. Boumol)의 화폐수요함수는 다음과 같다.

$$M_d = \sqrt{\frac{CY}{2r}}$$ (여기서 C는 거래비용, Y는 소득, r은 이자율)

• 소득이 증가할 때 이보다 작은 화폐수요로도 충당할 수 있으므로 화폐수요에 있어 규모의 경제가 존재하게 된다(ㄷ).

• 한편 한 번에 인출하는 금액이 커지면, 그 자체로 화폐보유(화폐수요)가 커지게 된다(ㅁ).

정답 ②

1038

화폐수요에 대한 설명으로 옳지 않은 것은? 11 국가직 7급

① 화폐는 다른 금융자산에 비해 교환수단으로는 우등하나, 가치저장수단으로는 열등하다.
② 피셔(I. Fisher)의 거래수량설에서 강조된 것은 화폐의 교환수단 기능이다.
③ 보몰－토빈(Baumol－Tobin)의 거래적 화폐수요이론에 따르면, 다른 조건이 일정할 때 소득이 2배 증가하면 화폐수요는 2배보다 더 많이 증가한다.
④ 프리드만(M. Friedman)의 화폐수요모델은 케인즈의 화폐수요모델에 비해 화폐유통속도가 안정적인 것을 전제한다.

해설

보몰-토빈(Baumol-Tobin)의 화폐수요함수는 다음과 같다.

$$M_d = \sqrt{\frac{CY}{2r}}$$ (여기서 C는 거래비용, Y는 소득, r은 이자율)

· 소득(Y)이 2배 증가하면 화폐수요(M_d)는 '$\sqrt{2} \fallingdotseq 1.414$'배만큼 증가한다.

정답 ③

1039

<보기>에서 화폐수요에 대한 설명으로 옳은 것을 모두 고르면? 11 국회 8급

보기

㉠ 케인즈(Keynes)에 따르면 화폐수요는 이자율에 반비례한다.
㉡ 화폐수요가 이자율에 극단적으로 민감할 경우 통화정책은 명목 GDP에 아무런 영향을 주지 못한다.
㉢ 프리드만(Friedman)은 이자율이 화폐수요에 큰 영향을 미치지 못하며, 화폐수요는 기타자산, 화폐의 상대적 기대수익률, 항상소득의 함수라고 주장한다.
㉣ 보몰－토빈(Baumol－Tobin)은 이자율이 올라가면 거래목적의 현금보유도 줄어들기 때문에 화폐유통속도는 증가한다고 주장한다.
㉤ 토빈의 포트폴리오 이론(Tobin's portfolio theory)에 의하면 이자율 상승 시 소득효과는 화폐수요를 감소시킨다.
㉥ 보몰－토빈(Baumol－Tobin)에 따르면 거래적 화폐수요에는 범위의 경제가 존재한다.

① ㉠, ㉡, ㉢
② ㉡, ㉢, ㉣, ㉤
③ ㉠, ㉡, ㉢, ㉣, ㉤
④ ㉠, ㉡, ㉢, ㉣
⑤ ㉠, ㉡, ㉢, ㉣, ㉤, ㉥

해설

<보기>의 내용을 각각 살펴보면 다음과 같다.
㉠ 케인즈에 따르면 화폐수요는 소득의 증가함수이고, 이자율의 감소함수이다.
㉡ 거래수량설의 교환방정식의 'MV = PY'에서 화폐수요가 이자율에 극단적으로 민감하다면 통화량이 증가할 때 이자율이 하락하면서 화폐보유가 극단적으로 증가하여 화폐유통속도가 크게 감소하여 MV에 변화가 없게 되는 경우가 발생할 수 있다. 따라서 명목국민소득(PY)에도 아무런 변화가 발생하지 않을 수 있는 것이다.
㉢ 프리드만(Friedman)에 의하면 화폐수요는 이자율에 대하여 크게 영향을 받지 않기 때문에 안정적이다.
㉣ 보몰-토빈(Baumol-Tobin)에 의하면 화폐수요가 이자율의 감소함수이다. 이에 따라 이자율이 상승하면 화폐수요는 감소하게 되고, 이로 인해 화폐유통속도는 증가하게 된다.
㉤ 토빈의 포트폴리오 이론(Tobin's portfolio theory)에 의하면 이자율 상승 시 안전한 자산(화폐)보다는 위험한 자산(주식 등의 증권)을 선호하는 대체효과가 발생하고, 반면에 위험한 자산보다 안전한 자산을 선호하는 소득효과 나타난다고 한다. 따라서 이자율 상승 시 실질소득이 증가하게 되어 주식과 같은 위험자산을 줄이고 안전자산을 늘리기 위해 화폐수요를 증가시키는 소득효과가 나타난다.
㉥ 보몰-토빈(Baumol-Tobin)에 따르면 화폐수요가 증가하면 그보다 더 큰 소득의 증가가 발생하는 규모의 경제가 존재하게 된다.

정답 ④

1040

\<보기\> 중 화폐수요를 증가시키는 요인은?

19 서울시 7급

보 기

ㄱ 국민소득의 증가
ㄴ 이자율의 상승
ㄷ 물가수준의 상승
ㄹ 기대물가상승률의 증가

① ㉠
② ㉠, ㉢
③ ㉠, ㉡, ㉢
④ ㉠, ㉢, ㉣

해 설

우선 케인스의 유동성 선호이론에 따른 화폐수요는 소득의 증가함수이고, 이자율의 감소함수이다. 따라서 국민소득의 증가는 화폐수요를 증가시키지만(㉠), 이자율의 상승은 화폐수요를 감소시킨다(㉡).

• 물가수준이 상승하면 거래를 위해 필요한 화폐수요가 증가하게 되고(㉢), 기대물가상승률이 증가하게 되면 미래 시점에서 화폐가치 하락을 예상하게 되므로 실물자산을 선호하게 되어 현재의 화폐수요는 감소하게 된다(㉣).

• \<보기\> 중 ㉠은 모든 선택지에 포함되어 있다. 문제를 해결하기 위해 도움이 되지 않은 선택지 구성이 아쉽다. 무슨 이유인지 궁금하다.

정답 ②

1041

요구불 예금만 존재하고 은행조직 밖으로의 현금누출이 없다. 또한 예금은행은 대출의 형태로만 자금을 운용하며 예금은행은 초과지급준비금 없이 법정지급준비금만 보유한다. 그리고 본원통화가 공급된 후 민간은 현금통화를 보유하지 않고 전부 은행에 예금한다. 본원통화는 100만큼 공급되었다. 다음 중 옳은 설명만 모두 고른 것은? 12 보험계리사

ㄱ 지급준비율이 5%이면 궁극적으로 창출되는 통화량은 2,000이 된다.
ㄴ 통화승수는 지급준비율과는 관련이 없고, 민간이 현금을 얼마나 보유하는가에 영향을 받는다.
ㄷ 은행의 신뢰성이 저하되는 경우, 은행은 장차 예금인출 사태에 대비하여 지급준비율을 높이게 되고, 지급준비율이 높아짐에 따라 통화승수가 증가하여 화폐공급이 줄어든다.
ㄹ 위에서 가정한 바에 의하면 통화량은 중앙은행에 의해 완전히 통제될 수 있다.

① ㉠, ㉡
② ㉠, ㉣
③ ㉡, ㉢
④ ㉢, ㉣

해 설

통화승수는 다음과 같이 나타낼 수 있다.

$$m = \frac{1}{c + z(1-c)} \text{ (여기서 } c \text{는 현금-통화 비율, } z \text{는 지급준비율)}$$

• 통화승수는 민간의 현금-통화비율(= 현금보유비율)이 높을수록, 은행의 지급준비율이 높을수록 작아지고, 이에 따라 화폐공급은 감소하게 된다(㉡, ㉢).

정답 ②

1042

최근 A는 비상금으로 숨겨두었던 현금 5천만 원을 은행에 요구불예금으로 예치하였다고 한다. 현재 이 경제의 법정지급준비율은 20%라고 할 때, 예금 창조에 대한 <보기>의 설명 중 옳은 것을 모두 고르면?

19 서울시 공개경쟁 7급

보기

ㄱ. A의 예금으로 인해 이 경제의 통화량은 최대 2억 5천만 원까지 증가할 수 있다.

ㄴ. 시중은행의 초과지급준비율이 낮을수록, A의 예금으로 인해 경제의 통화량이 더 많이 늘어날 수 있다.

ㄷ. 전체 통화량 가운데 민간이 현금으로 보유하는 비율이 낮을수록, A의 예금으로 인해 경제의 통화량이 더 많이 늘어날 수 있다.

ㄹ. 다른 조건이 일정한 상황에서 법정지급준비율이 25%로 인상되면, 인상 전보다 A의 예금으로 인해 경제의 통화량이 더 많이 늘어날 수 있다.

① ㄱ, ㄴ
② ㄴ, ㄷ
③ ㄱ, ㄴ, ㄷ
④ ㄱ, ㄴ, ㄷ, ㄹ

해설

비상금을 요구불 예금으로 예치하는 경우, 이를 전제로 법정지급준비율에 따라 새롭게 증가하는 통화량을 구해보면 다음 표와 같이 정리할 수 있다. 단, 예치되는 5천만 원은 이미 기존의 통화량을 구성하고 있으므로, 이 경우 사용되는 승수는 '순신용승수'임을 주의한다.

법정 지급준비율	통화량 증가분 ($=$예금$\times$순신용승수 $=$ 예금$\times \frac{1-법정지급준비율}{법정지급준비율}$)
20%	5천만 원 $\times \frac{1-0.2}{0.2} =$ 5천만 원$\times 4 =$ 2억 원
25%	5천만 원 $\times \frac{1-0.25}{0.25} =$ 5천만 원$\times 3 =$ 1억 5천만 원

- 예금 전의 통화량은 비상금 5천만 원이다. 그런데 이를 요구불 예금으로 예치하게 되면 추가적으로 최대 2억 원만큼 새롭게 통화량이 증가하게 된다. 이에 따라 이 경제의 통화량은 5천만 원에서 최대 2억 5천만 원으로 증가할 수 있다(ㄱ).
- 법정지급준비율이 25%로 인상되면 20%에 비해 순신용승수가 작아져서 통화량 증가분은 작아진다(ㄹ).
- 시중은행의 초과지급준비율이 낮을수록, 즉 대출액이 증가할수록 이로 인해 통화량은 더 증가하게 된다(ㄴ).
- 한편 문제에서 비상금을 현금으로 보유하지 않고 요구불 예금으로 예치할수록, 즉 민간이 현금을 보유하는 비율을 줄일수록 통화량은 증가하게 된다(ㄷ).

정답 ③

AK Tip 화폐공급의 외생성과 내생성

- 화폐공급의 외생성(exogeneity of money supply)
  민간과 예금은행은 화폐공급의 변동에 영향을 줄 수 없으며, 오직 중앙은행만이 화폐공급의 크기를 변동시킬 수 있다. 즉 중앙은행만이 독자적으로 화폐공급의 크기를 결정할 수 있으며, 이를 화폐공급의 외생성이라고 한다.
- 화폐공급의 내생성(endogeneity of money supply)
  중앙은행은 물론 예금은행이나 민간까지도 모두 화폐공급의 크기를 변동시킬 수 있다.

  이자율↑ ⇒ 현금보유의 기회비용↑
  ⇒ 예금은행 실제지급준비금 보유의 기회비용↑
  ⇒ 실제지급준비금↓ ⇒ 대출↑ ⇒ 화폐공급 ↑

  이처럼 화폐공급이 내생적일 경우에는 화폐공급은 이자율의 증가함수가 된다.

1043

화폐수요의 이자율 탄력성이 무한대일 경우에 대한 설명으로 옳은 것은?

09 국가직 7급

① 공개시장조작으로 통화량을 조절할 수 없다.
② 통화량을 증가시켜도 이자율은 하락하지 않는다.
③ 국민소득에 미치는 재정정책의 효과가 미미하다.
④ 국민소득에 미치는 통화정책의 효과가 매우 크다.

해설

화폐수요의 이자율 탄력성이 무한대라는 것은 화폐시장이 유동성 함정 상태에 있다는 것을 의미한다.

- 유동성 함정 상태에서는 통화당국이 통화량을 아무리 증가시켜도 이자율을 떨어뜨릴 수 없게 된다. 그 결과 통화정책은 무용하고(④), 재정정책은 유용하다(③).
- 한편 화폐수요의 이자율 탄력성과 관계없이 통화당국의 공개시장조작은 통화량의 변동을 가져 온다(①). 예를 들어 통화당국이 공개시장을 통해 채권을 매입하면 이에 따라 본원통화가 증가하게 된다. 물론 이 경우에도 이자율은 하락하지 않는다.

정답 ②

1044

명목이자율을 상승시킬 수 있는 요인을 모두 고르면?

14 CPA

> ㉠ 기대인플레인션율 상승
> ㉡ 투자의 한계효율 하락
> ㉢ 시간선호율 상승
> ㉣ 국채발행 증가

① ㉠, ㉣
② ㉡, ㉢
③ ㉠, ㉢, ㉣
④ ㉡, ㉢, ㉣

해설

투자의 한계효율이 하락하게 되면 투자가 감소한다. 이에 따라 투자를 위한 자금수요가 감소하게 되어 결과적으로 명목이자율은 하락하게 된다.

- ㉠ 피셔방정식인 '명목이자율 = 실질이자율 + 기대인플레인션율'식을 통해 확인 가능하다.
- ㉢ 미래에 비해 현재를 얼마나 더 선호하는가의 정도를 의미하는 것이 시간선호율이다. 이것이 상승한다는 것은 미래소비보다 현재소비를 더 좋아한다는 의미이고, 이런 경우 미래소비를 위한 저축을 유도하기 위해서는 더 높은 이자율을 지급해야 한다.
- ㉣ 국채발행이 증가하면 국채가격이 하락하게 되고, 이에 따라 국채가격과 반대의 흐름을 보이는 명목이자율은 상승하게 된다.

정답 ③

1045

2010년 9월 현재 미국의 3개월 만기 단기국채금리는 5.11%이며 10년 만기 장기 국채금리는 4.76%라고 할 때, 향후 미국 경기에 대한 시사점으로 가장 적절한 것은?

10 지방직 7급

① 미국 경기는 침체될 가능성이 높다.
② 미국 경기는 호전될 가능성이 높다.
③ 미국 경기는 호전되다가 다시 침체할 가능성이 높다.
④ 미국 경기는 침체되다가 다시 호전될 가능성이 높다.

해설

기대이론에서 장기금리는 단기금리들의 평균으로 결정된다. 따라서 문제에서처럼 장기금리가 단기금리보다 낮다는 것은 미래의 단기금리가 하락할 것이라고 예상한다는 것이다.

- 금리는 경기가 침체될수록 하락한다. 경기가 침체되면 수익률(=금리)이 높은 투자 상품을 찾기가 어려워진다는 것을 생각해보면 된다. 따라서 미국 경제는 침체될 가능성이 높다고 예상할 수 있는 것이다.

정답 ①

1046

어떤 경제에 서로 대체관계에 있는 국채와 회사채가 있다고 하자. 회사채의 신용위험(credit risk) 증가가 국채 가격, 회사채 가격, 그리고 회사채의 위험프리미엄(risk premium)에 미치는 영향으로 옳은 것은? (단, 국채의 신용위험은 불변이고 채권투자자는 위험기피적이라고 가정) 15 CPA

	국채 가격	회사채 가격	위험프리미엄
①	불변	불변	불변
②	하락	하락	증가
③	상승	하락	증가
④	상승	하락	감소
⑤	상승	상승	증가

회사채의 신용위험 증가는 회사채의 수요를 감소시키고, 대체관계에 있는 신용위험 불변의 국채에 대한 수요를 증가시킨다. 이에 따라 국채 가격은 상승하고, 회사채 가격은 하락하게 된다. 여기서 국채 가격과 회사채 가격의 차이가 바로 위험프리미엄이다. 따라서 문제의 경우에서 위험프리미엄은 이전에 비해 증가하게 된다.

• 일반적으로 상환기간이 길수록 미래에 대한 불확실성으로 인한 위험 정도가 높아진다. 이에 따라 만기가 긴 장기채권의 이자율이 만기가 짧은 단기채권의 이자율에 비해 높다. 이러한 장기채권 이자율과 단기채권 이자율 차이를 위험프리미엄이라고도 한다.

정답 ③

1047

공개시장조작을 통한 중앙은행의 국채 매입이 본원통화와 통화량에 미치는 영향에 대한 설명으로 옳은 것은?

18 국가직 7급

① 본원통화와 통화량 모두 증가한다.
② 본원통화와 통화량 모두 감소한다.
③ 본원통화는 증가하고 통화량은 감소한다.
④ 본원통화는 감소하고 통화량은 증가한다.

중앙은행이 공개시작조작을 통해 국채를 매입하면, 국채매입 대금만큼 본원통화가 증가한다.

• 통화량은 본원통화에 통화승수를 곱한 만큼 증가하게 된다.

정답 ①

1048

본원통화량이 불변인 경우, 통화량을 증가시키는 요인만을 모두 고르면? (단, 시중은행의 지급준비금은 요구불예금보다 적다.)

18 지방직 7급

> ㄱ. 시중은행의 요구불예금 대비 초과지급준비금이 낮아졌다.
> ㄴ. 사람들이 지불수단으로 요구불예금보다 현금을 더 선호하게 되었다.
> ㄷ. 시중은행이 준수해야 할 요구불예금 대비 법정지급준비금이 낮아졌다.

① ㄱ, ㄴ
② ㄱ, ㄷ
③ ㄴ, ㄷ
④ ㄱ, ㄴ, ㄷ

본원통화량이 불변인 경우, 초과지급준비율이 낮을수록(ㄱ), 현금을 보다 덜 선호하여 민간의 현금보유비율이 낮을수록(ㄴ), 법정지급준비율이 낮을수록(ㄷ) 통화량은 이전에 비해 증가하게 된다.

정답 ②

1049

중앙은행이 국공채시장에서 국공채를 매입하는 공개시장 조작 정책을 수행하기로 결정하였다. 이 정책이 통화량, 국공채 가격 및 국공채 수익률에 미치는 영향으로 가장 옳은 것은?   18 서울시 정기공채 7급

① 통화량 증가, 국공채 가격 상승, 국공채 수익률 상승
② 통화량 증가, 국공채 가격 상승, 국공채 수익률 하락
③ 통화량 증가, 국공채 가격 하락, 국공채 수익률 상승
④ 통화량 감소, 국공채 가격 상승, 국공채 수익률 상승

해 설

중앙은행이 국공채를 매입하면 매입대금만큼의 통화량이 증가한다.
- 채권시장에서는 중앙은행에 의한 국공채 매입으로 국공채에 대한 수요가 증가하여 국공채 가격은 상승하게 되고, 이에 따라 국공채 수익률은 하락하게 된다.
- 국공채 수익률이 하락하는 것은 가격이 상승하게 된 국공채를 구입하면, 비싸진 국공채 매입을 통해 얻게 되는 수익이 작아지기 때문이다.
- 재테크는 싸게 사서 비싸게 파는 것이 가장 중요하다.

정답 ②

1050

화폐공급의 증감 여부를 바르게 연결한 것은?   11 국가직 7급

> ㉠ 금융위기로 인하여 은행의 안정성이 의심되면서 예금주들의 현금 인출이 증가하였다.
> ㉡ 명절을 앞두고 기업의 결제수요가 늘고, 개인들은 명절 준비를 위해 현금 보유량을 늘린다.
> ㉢ 한국은행이 자금난을 겪고 있는 지방 은행들로부터 국채를 매입하였다.
> ㉣ 은행들이 건전성 강화를 위해 국제결제은행 기준의 자기 자본비율을 높이고 있다.

	㉠	㉡	㉢	㉣
①	감소	증가	감소	증가
②	감소	감소	증가	감소
③	증가	감소	증가	감소
④	증가	감소	감소	증가

해 설

주어진 내용들을 각각 살펴보면 다음과 같다.
㉠ 금융위기로 인하여 은행의 안정성이 의심되면서 예금주들의 현금 인출이 증가하면 민간의 현금-예금 비율이 증가하여 통화승수가 작아진다. 이에 따라 화폐공급이 감소한다.
㉡ 명절을 앞두고 기업의 결제수요가 늘고, 개인들은 명절준비를 위해 현금 보유량을 늘리면 민간의 현금-예금 비율이 증가하여 통화승수가 작아진다. 이에 따라 화폐공급이 감소한다.
㉢ 한국은행이 자금난을 겪고 있는 지방 은행들로부터 국채를 매입하면, 매입에 사용된 자금만큼의 본원통화가 증가하여 화폐공급이 증가한다.
㉣ 국제결제은행 기준의 자기자본비율은 다음과 같다.

$$BIS\,자기자본비율 = \frac{자기자본}{위험가중자산} \times 100$$

국제결제은행은 은행의 건전성과 안전성 확보를 위해 BIS 자기자본비율을 8% 이상을 유지하도록 권고하고 있다. 이에 따라 은행들이 건전성 강화를 위해 국제결제은행 기준의 자기자본비율을 높이기 위해서는 대출을 줄여야 한다. 결국 화폐공급이 감소하게 된다.

정답 ②

1051

통화량의 증가를 가져오지 않는 것을 <보기>에서 모두 고르면?

보 기

ㄱ. 재할인율의 인상

ㄴ. 중앙은행의 공채 매입

ㄷ. 중앙은행의 외환보유고 증가

ㄹ. 법정지불준비율의 인하

ㅁ. 신용카드 사용으로 인한 민간의 현금보유비율 감소

① ㄱ

② ㄱ, ㄴ

③ ㄴ, ㄷ, ㄹ

④ ㄱ, ㄴ, ㄷ, ㄹ

⑤ ㄴ, ㄷ, ㄹ, ㅁ

해설

중앙은행이 재할인율을 인상하면 예금은행의 중앙은행으로부터의 차입이 감소하여 통화량이 감소하게 된다(ㄱ).

• 중앙은행이 공개시장에서 채권을 매입하거나, 법정지급준비율과 재할인율을 인하하면 통화량은 증가한다(ㄴ, ㄹ).

• 중앙은행이 외화를 매입하면 매입대금만큼 본원통화의 증가를 가져온다(ㄷ).

• 신용카드의 사용은 민간의 현금보유비율을 감소시켜 통화승수의 증가를 가져온다. 이에 따라 통화량을 증가시킨다(ㅁ).

정답 ①

1052

중앙은행이 은행의 법정지급준비율을 낮추었다고 할 때 다음 중 기대되는 효과로 옳은 것은?

① 수입이 증가하여 무역적자가 감소할 것이다.

② 저축률이 증가할 것이다.

③ 기업의 투자가 증가할 것이다.

④ 실업률과 인플레이션율이 모두 상승할 것이다.

⑤ 정부의 재정적자가 증가할 것이다.

해설

중앙은행이 법정지급준비율을 낮추면 통화승수($m = \dfrac{1}{c + z(1-c)}$: c는 현금-통화 비율, z는 지급준비율)가 커져 통화량의 증가를 가져 온다. 그 결과 이자율이 하락하여 기업의 투자가 증가하게 된다(③).

• 이자율 하락으로 인한 기업의 투자 증가로 총수요가 증가하여 국민소득이 증가하고 이에 따른 소비의 증가가 수입의 증가를 가져와 무역적자를 증가시키며(①), 실업률은 낮추고 물가를 상승시킨다(④).

• 이자율의 하락은 일반적으로 소비를 증가시키고 저축을 감소시킨다(②).

• 통화정책은 중앙은행이 수행하고, 재정정책은 정부가 수행하므로 양자는 서로 직접적으로 영향을 주지 않는다(⑤).

정답 ③

AK Tip 통화정책의 내용과 효과

정책수단	내용	연결고리	효과
공개시장 조작 정책	국공채 매입(매각)	본원통화 증가(감소)	통화량 증가/감소
재할인율 정책	인하(인상)		
지급준비율 정책	인하(인상)	통화승수 증가(감소)	

1053

한국은행이 기준금리를 인하할 경우 경제 전반에 미치는 영향에 대한 설명으로 옳지 않은 것은?　16 지방직 7급

① 기준금리 인하로 채권수익률이 낮아지면 주식과 부동산에 대한 수요가 늘어나 자산가격이 상승하고 소비가 늘어난다.
② 기준금리 인하로 환율(원/$) 상승을 가져와 경상수지가 개선되고 국내물가는 상승한다.
③ 기준금리 인하로 시중자금 가용량이 늘어나 금융기관의 대출여력이 증가하면서 투자와 소비가 늘어난다.
④ 기준금리 인하로 환율(원/$)이 상승하여 국내기업의 달러표시 해외부채의 원화평가액은 감소한다.

한국은행의 기준금리 인하는 채권수익률을 떨어뜨리고, 이에 따라 시중의 유동자금은 주식시장이 부동산 시장으로 유입되어 주식가격과 부동산 가격을 상승시키게 된다(①).

• 기준금리 인하는 시중은행의 중앙은행으로부터의 대출비용 부담 경감을 가져와 이전에 비해 대출능력이 커지게 된다(③).
• 기준금리 인하는 외국으로의 자본유출을 가져와 환율이 상승하고, 이에 따라 순수출 증가로 국내물가가 상승하고(②), 국내기업의 달러표시 해외부채의 원화평가액을 증가시킨다(④).

정답 ④

1054

통화정책의 파급효과를 설명하기 위한 요소 중 이자율의 경직성을 내포하고 있는 개념은?　09 지방직 7급

① 환율변동
② 신용할당
③ q이론
④ 부의 효과

대부시장에서 자금의 초과수요가 존재하면 시장은 이자율의 상승을 통해 불균형을 해소하고자 한다. 그런데 이러한 이자율의 상승은 대부자로 하여금 역선택 상황에 직면하게 만들 수 있다.
• 대부시장에서 발생할 수 있는 역선택을 회피하기 위하여 대부자들은 현재 수준의 이자율에서 더 이상의 상승을 허용하지 않고, 차입자의 신용도에 따라 자금을 할당하는 형태로 대응을 하게 된다. 이를 통해 이자율은 상방 경직적이 된다.

정답 ②

1055

통화정책에서 신용중시 견해(credit view)에 대한 설명으로 옳지 않은 것은?

13 국가직 7급

① 은행의 대출과 채권은 완전대체재이다.
② 은행과 차입자 사이에 정보의 비대칭성이 존재한다.
③ 은행은 높은 이자율을 지불할 의향이 있는 자보다 신용이 높은 자에게 대출을 한다.
④ 신용중시 견해는 금융중개가 물가와 생산활동에 중요한 영향을 미친다는 점을 강조하는 견해이다.

신용중시 견해란 통화량의 변화가 이자율의 변화 등을 통해 발생하는 파급효과를 분석하는 전통적인 견해와는 달리, 통화정책의 변화가 통화정책의 양적인 측면인 은행대출의 이용가능성 및 조건에 영향을 줌으로써 총수요와 생산 활동에 영향을 준다고 보는 견해이다. 통화당국이 통화정책을 실시함에 있어 단순히 통화량 증대에만 의존하기보다는 예금은행이 민간에게 대출을 늘리는 경로를 거쳐 이루어지는 통화정책의 효과를 강조한다(④).

• 신용중시 견해에 따르면 예금은행이 대출을 통하여 소비와 투자가 상승시킨다는 것으로 민간의 소비와 투자는 신용의 증가함수이다. 그런데 대출이 이루어질 때 대부자인 은행과 자금조달에 어려움을 겪고 있는 중소기업과 같은 차입자 사이에는 정보의 비대칭성이 존재하여 이로 인한 역선택의 문제를 해결하기 위하여 은행은 이자율이 아닌, 기존 신용거래내역 이나 담보물의 가치 등과 같은 비이자율을 기준으로 하는 신용할당을 중심으로 대출 여부를 결정하게 된다. 이에 따라 기업의 투자 규모는 통화량이 아닌 은행의 기업에 대한 신용할당 규모에 따라 결정된다(②, ③).

• 신용중시 견해에서 대출은 기타 금융시장에서의 자금조달수단, 예컨대 채권 등과는 구별되는 독특한 금융수단이 된다. 이에 따라 대출과 채권과 같은 유가증권 간 대체관계가 높지 않을 때 신용중시 견해는 그 유용성이 높아진다(①).

• 신용중시 견해에서는 통화량이 이자율이 아닌 신용을 중심으로 영향을 받게 되므로 이자율의 변동 없이 경기부양이 가능하다는 것을 신뢰한다.

정답 ①

1056

기준금리가 제로금리 수준임에도 불구하고 경기가 회복되지 않는다면 중앙은행이 취할 수 있는 정책으로 옳은 것은?

16 지방직 7급

① 기준금리를 마이너스로 조정한다.
② 장기금리를 높인다.
③ 보유한 국공채를 매각한다.
④ 시중에 유동성을 공급한다.

기준금리가 제로금리 수준임에도 불구하고 경기가 회복되지 않는다는 것은 이자율이 경기안정화 수단으로서의 기능을 상실했다는 것을 의미한다.

• 이러한 경우 중앙은행이 국공채 매입을 통해 지속적인 유동성을 공급하여 경기 부양을 시도하는 것이 바로 '양적 완화' 정책이다.

정답 ④

1057

통화정책의 전달경로 중 신용경로(credit channel)에 대한 설명으로 옳지 않은 것은? 17 추가채용 국가직 7급

① 기준금리가 낮아지면 명목환율이 상승하여 수출입에 영향을 미치는 것이다.

② 통화정책이 가계와 기업의 대차대조표를 변화시킴으로써 소비와 투자에 영향을 미치는 것이다.

③ 팽창적 통화정책이 역선택 및 도덕적 해이 문제를 완화시킴으로써 실물 부문에 영향을 미치는 것이다.

④ 증권화의 진전이나 금융 자유화가 되면 은행의 자금조달 경로가 다양해져 신용경로의 중요성이 작아진다.

통화정책에서의 신용경로(Credit channel)란 중앙은행이 통화량의 변화로 인한 이자율의 변동과 관계없이 은행의 대출능력에 영향을 주어 실물경제에 영향을 미치는 경로를 분석하는 이론이다.

- 예컨대 중앙은행이 예금은행이 보유하고 있는 자산(국채 또는 신용위험증권)을 매입하면 본원 통화 공급이 늘어나 은행의 초과지불준비금이 증가하면서 대출이 확대될 수 있다. 이를 통해 신용정도가 상대적으로 열악하여 이전에는 대출 받기가 어려웠던 가계나 기업에 대한 대출이 증가하여, 이를 통한 소비와 투자 증가를 기대할 수 있게 된다.
- 또한 통화정책의 변경으로 자산 가격 상승과 이자비용 감소 등으로 기업 및 가계의 순자산 등 재무 상태에 영향을 주게 되고, 이로 인해 동일한 경제주체들의 외부자금 프리미엄을 변동시켜 실물경제 활동에 영향을 미치게 되는 경로를 의미하기도 한다.
- 일반적으로 자금의 공급자와 수요자 간에는 정보의 비대칭성으로 인해 '역선택'과 '도덕적 해이'가 존재한다. 이에 따라 자금 공급자는 계약 이행 시 예상되는 추가적인 비용(대출로부터 예상되는 손실, 사후관리 비용, 기업파산 시 법률비용 등)을 금리에 전가하게 되고, 자금 수요자 입장에서는 외부자금 조달비용과 내부자금의 기회비용 간에 격차가 발생하게 된다. 이 격차를 외부자금 프리미엄이라 부른다. 만약 은행 대출공급이 축소될 경우, 은행의존도가 높은 경제주체들은 새로운 자금공급자로부터 은행대출이 아닌 다른 형태의 자금을 찾아야 하는데 이 과정에서 외부자금 프리미엄은 상승하게 된다. 이러한 외부자금 프리미엄의 존재는 역선택과 도덕적 해이를 완화시키는 역할을 한다.
- 기준금리가 낮아지면 자본유출로 인한 명목환율이 상승하고, 이것이 순수출의 변화를 통해 실물부문에 영향을 줄 수 있게 된다. 이러한 경로를 통화정책의 '환율 경로'라고 한다.

정답 ①

AK Tip | 통화정책의 파급 경로

통화정책 변경				
금리경로	자산가격 경로	환율경로	기대경로	신용경로
시장금리 여수신금리	주가 부동산 가격	환율	금리기대 경기전망 인플레이션 기대	대출 가용량 담보가치
총수요				
실물생산, 인플레이션				

1058

효율적 시장가설에 대한 설명으로 가장 적절한 것은?

12 지방직 7급

① 시장참가자에게 공개된 정보로 증권의 미래가격의 변동을 예측할 수 있다면 시장은 그 정보집합에 대해 효율적이다.
② 과거의 정보뿐 아니라 현재 이용 가능한 모든 공개정보도 즉각 주가에 반영된다면 강형 효율적 시장가설이 성립한다.
③ 차익거래는 비합리적 투자자들에 의한 시장왜곡현상을 바로 잡는 역할을 한다.
④ 약형 효율적 시장가설이 성립하면 준강형과 강형 효율적 시장가설도 성립한다.

주식시장이 효율적이라는 것은 주식가격이 그 기업이 갖는 내재가치(Intrinsic value)를 정확하게 반영하고 있다는 것을 뜻한다. 이에 따라 어떤 기업의 내재가치에 대한 새로운 정보가 창출되면 주식시장에서는 차익거래를 통해 이러한 정보가 그 기업의 주가에 즉각 반영됨으로써 비합리적 투자자들의 투기에 의한 시장왜곡현상이 시정될 수 있다.

① 효율적 시장가설은 시장참가자에게 공개된 정보로 증권의 미래가격의 변동을 예측할 수 없다는 것을 내용으로 한다.
② 준강형 효율적 시장가설에 관한 내용이다.
④ 약형 효율적 시장가설이란 이미 공개된 과거의 정보로 주식의 미래가격의 변동을 예측할 수 없다는 것이다. 또한 강형 효율적 시장가설은 과거와 현재의 정보는 물론 기업의 내부정보로도 주식의 미래가격의 변동을 예측할 수 없다는 것이다. 이에 따라 준강형과 강형 효율적 시장가설이 성립하면 약형 효율적 시장가설은 당연히 성립한다. 그러나 그 역(-)은 성립하지 않음을 주의한다.

정답 ③

1059

자본자산 가격결정 모형(Capital Asset Pricing Model)에서 자본시장선(Capital Market Line)의 기울기를 결정하는 요소가 아닌 것은?

13 지방직 7급

① 시장 포트폴리오의 기대수익률
② 시장 포트폴리오 수익률의 표준편차
③ 무위험 자산의 수익률
④ 개별 자산 수익률의 시장 수익률에 대한 민감도 지수인 베타

자본자산 가격결정모형(CAPM)에서 자본시장선의 기울기(m)는 다음과 같다.

$$m = \frac{\text{시장포트폴리오 기대수익률} - \text{무위험자산의 수익률}}{\text{시장포트폴리오 수익률의 표준편차}}$$

• 한편 자산가격 결정모형에서 이른바 'β'는 시장 기대수익률이 1%만큼 변할 때, 개별자산은 몇 %만큼 변하는가를 보여주는 지수이다. 이는 곧 모든 위험자산의 체계적 위험 정도를 보여주는데, 수치가 클수록 위험도가 높다는 것을 의미한다.
• 'β'값은 다음과 같이 측정된다.

$$\beta = \frac{\text{(개별)주식과 시장 포트폴리오 공분산}}{\text{시장 포트폴리오 분산}}$$

정답 ④

1060

포트폴리오 이론에 대한 설명으로 옳은 것은? 10 국가직 7급

> 가. 자산 수익률간의 상관계수가 0이면 위험분산의 효과가
>   전혀 없다.
> 나. 분산투자를 통해 자산선택에서 발생하는 체계적인 위험
>   을 모두 제거할 수 있다.

① 가
② 나
③ 가, 나
④ 가, 나 모두 옳지 않다.

포트폴리오 이론에 따르면 자산 수익률간의 상관계수가 음(-)
일 때 위험분산의 효과가 명확하게 나타난다. 그런데 이 상관계
수가 '0'이라고 하더라도 위험도가 서로 다른 자산 사이에 가중
치 조정을 통해 위험분산이 가능하다.

• 체계적인 위험이란 투자자가 분산투자를 한다고 하더라도 제
거할 수 없는 위험을 의미한다. 이러한 위험은 인플레이션, 정
책금리의 변경, 경기침체 등과 같은 시장에 내재된 상황과 결
부되어 모든 부분에 동시에 영향을 주는 분산 불가능한 위험으
로 '시장위험'이라고도 한다.

• 참고로 비체계적인 위험은 분산 가능한 위험을 의미한다. 이러
한 위험은 노조파업, 기업관련 법적 분쟁 발생, CEO 구속 등과
같은 개별 자산의 특수한 상황과 관련된다.

정답 ④

1061

**어떤 기업에 대하여 <보기>의 상황을 가정할 때, 이 기업의
가치에 대한 설명으로 옳지 않은 것은?** 18 국회 8급

> **보 기**
> • 이 기업의 초기 이윤은 $\pi_0 = 100$이다.
> • 이 기업의 이윤은 매년 $g = 5\%$씩 성장할 것으로 기대된다.
> • 이 기업이 자금을 차입할 경우, 금융시장에서는 $i = 10\%$의
>   이자율을 적용한다.

① 이 기업의 가치는 $PV = \pi_0 \dfrac{1+g}{i-g}$ 로 계산된다.

② 이 기업의 가치는 2,200이다.

③ 이 기업의 가치는 i가 상승하면 감소한다.

④ 이 기업의 가치는 g가 커지면 증가한다.

⑤ 초기 이윤을 모두 배당으로 지급하면 이 기업의 가치는
   2,100이 된다.

기업의 가치는 기업이 장래에 얻게 될 이윤의 현재가치로 평가
할 수 있다.

• 기업 이윤의 현재가치는 다음과 같이 도출된다(①).

$$PV = \pi_0 + \frac{\pi_0(1+g)}{(1+i)} + \frac{\pi_0(1+g)(1+g)}{(1+i)^2} + \cdots\cdots$$
$$= \pi_0 + \frac{\pi_0(1+g)}{(1+i)} + \frac{\pi_0(1+g)^2}{(1+i)^2} + \cdots\cdots$$
$$= \pi_0 + \pi_0\left(\frac{1+g}{1+i}\right) + \pi_0\left(\frac{1+g}{1+i}\right)^2 + \cdots\cdots$$
$$= \frac{\pi_0}{1-\left(\frac{1+g}{1+i}\right)} = \frac{\pi_0}{\frac{1+i-1-g}{1+i}} = \frac{\pi_0(1+i)}{i-g}\left(\because \frac{1+g}{1+i} = \frac{1+0.05}{1+0.1} < 1\right)$$

앞의 식을 통해 기업의 현재가치(PV)는 i가 상승할수록 감소하
고, g가 커질수록 증가한다는 것을 알 수 있다(③, ④).

• 앞에서 도출한 이윤의 현재가치식에 주어진 조건들을 대입하
면 다음과 같은 결과가 도출된다. 이를 통해 이 기업의 가치가
2,200임을 확인할 수 있다(②).

$$PV = \frac{\pi_0(1+i)}{(i-g)} = \frac{100(1+0.1)}{(0.1-0.05)} = \frac{110}{0.05} = 2,200$$

• 만약 초기 이윤(π_0)을 모두 배당으로 지급하면 이 기업의 가치
는 2,200에서 100만큼이 차감된 2,100이 된다(⑤).

정답 ①

THEME 05 | 조세와 재정

1062

조세에 대한 설명으로 옳은 것을 모두 고른 것은?

12 국가직 7급

> ㉠ 과세부담의 수평적 공평성의 원칙은 세금부담능력이 다르면 세금도 다르게 부과하는 것이다.
> ㉡ 조세부과에 따른 자중적 손실(deadweight loss)의 최소화를 기하는 것은 효율성 측면과 관련이 있다.
> ㉢ 고가의 모피코트에 부과하는 세금은 세금부담능력이 더 큰 사람이 더 많은 세금을 내야 한다는 원칙을 잘 만족시킨다.
> ㉣ 과세표준소득이 1천만 원인 경우 10만 원의 세금을 부과하고 과세표준소득이 2천만 원인 경우 20만 원의 세금을 부과한다면 이 과세표준구간 내에서 누진세를 적용하고 있는 것이다.

① ㉠, ㉣
② ㉡
③ ㉡, ㉢
④ ㉢, ㉣

조세부과에 따라 자중적 손실이 커진다는 것은 그만큼 효율성이 떨어진다는 것을 의미한다.

㉠ 과세부담의 수평적 공평성의 원칙이란 동일한 세금부담능력(동일한 소득 수준)이라면 설령 소득의 종류가 서로 달라도 세금은 동일하게 부과하는 것을 의미한다. 이에 반해 과세부담의 수직적 공평성의 원칙이란 서로 다른 세금부담능력(상이한 소득 수준)이라면 설령 소득의 종류가 동일하더라도 세금은 상이하게 부과하는 것을 의미한다. 전자에는 소득공제제도가 해당하고 후자에는 누진세율제도가 해당한다.

㉢ 고가의 모피코트에 부과되는 대표적인 세금이 개별소비세이다. 그런데 이것은 비례세율이 적용되는 간접세이다. 세금부담능력이 더 큰 사람이 더 많은 세금을 내야 한다는 원칙에 보다 더 합치되는 세제는 누진세 제도이다.

㉣ 과세표준소득과 관계없이 일정한 세율(1%)이 부과되는 것은 비례세율을 적용하고 있는 예이다.

정답 ②

1063

자동안정화장치에 대한 설명으로 옳은 것을 짝지은 것은?

13 보험계리사

> ㉠ 자동안정화장치로서 비례세 도입은 승수의 크기를 감소시킨다.
> ㉡ 자동안정화장치는 GDP 변동 폭을 확대시킨다.
> ㉢ 누진소득세제, 실업보험, 사회보장제도는 자동안정화장치의 예이다.
> ㉣ 케인스 학파는 자동안정화장치의 중요성을 강조하고 있다.

① ㉠, ㉢
② ㉡, ㉢
③ ㉡, ㉣
④ ㉢, ㉣

자동안정화장치는 경기변동의 폭을 완화시키기 위해 정부의 개입이 없이도 작동하는 것으로, 여기에는 비례세제 또는 누진세제와 같은 조세제도, 실업보험제도와 같은 사회보장제도 등이 속한다.

• 자동안정화장치의 존재는 정부개입에 부정적 영향을 준다. 따라서 정부의 적극적 개입을 선호하는 케인스 학파는 이러한 자동안정화장치의 중요성에 대하여 소극적이다.

정답 ①

1064

리카도 대등정리(Ricardian equivalence theorem)에 대한 설명으로 옳지 않은 것은? 15 서울시 7급

① 정부지출이 소비에 미치는 효과는 조세와 국채발행 간 차이가 없다.

② 유동성 제약이 있으면 이 정리는 성립하지 않는다.

③ 소비자들이 근시안적인 소비행태를 보이면 이 정리는 성립하지 않는다.

④ 프리드먼(M. Friedman)의 항상소득이론이 성립하면 이 정리는 성립하지 않는다.

해 설

리카도 대등정리는 조세 감면으로 발생한 정부적자를 국채발행을 통해 조달할 때, 그러한 조세 감면은 소비를 증가시킬 수 없다고 주장함으로써 조세 감면과 같은 케인스식의 재정정책은 총수요를 증가시킬 수 없다는 것을 보여준다.

• 리카도 대등정리는 케인스식의 재정정책은 임시소득만을 증가시켜 소비에 영향을 주지 못한다는 프리드먼의 항상소득가설과 그 맥을 같이 한다고 볼 수 있다.

정답 ④

1065

리카디안 등가(Ricardian Equivalence)는 정부가 부채를 통해 재원을 조달할 경우 조세삭감은 소비에 영향을 미치지 않는다는 것이다. 이에 대한 반론으로 옳은 것만을 모두 고르면? 18 지방직 7급

> ㄱ. 소비자들은 합리적이지 못한 근시안적 단견을 갖고 있다.
> ㄴ. 소비자들은 자금을 조달할 때 차용제약이 있다.
> ㄷ. 소비자들은 미래에 부과되는 조세를 장래세대가 아닌 자기세대가 부담할 것으로 기대한다.

① ㄱ, ㄴ

② ㄱ, ㄷ

③ ㄴ, ㄷ

④ ㄱ, ㄴ, ㄷ

해 설

리카디안 등가는 경제주체들이 장래를 향해 합리적 기대를 한다는 것을 전제한다. 이에 대해 경제주체들이 장래를 향해 합리적 기대를 하지 않고 근시안적 판단을 하게 된다면 리카디안 등가는 성립할 수 없다는 반론이 제기된다(ㄱ).

• 경제주체들에게는 차입이 자유롭게 이루질 수 있어 유동성 제약이 없다는 것을 전제하는데, 현실에서는 차입을 할 수 없는 유동성 제약이 존재할 수 있다. 이러한 유동성 제약 역시 리카디안 등가 성립을 어렵게 하는 요인으로 작용한다(ㄴ).

• 만약 미래의 조세 부담을 자신이 한다는 것을 인식하게 되면, 이에 따른 소비계획을 하게 되어 리카디안 등가 성립을 보다 용이하게 한다(ㄷ).

정답 ①

1066

밑줄 친 ㉠에 대한 근거로 옳지 않은 것은? 20 국가직 7급

> 경기침체가 지속되면서 정부는 소득세의 대폭 감면을 통해 경기회복을 꾀하고 있다. 하지만 정부가 정부지출을 일정하게 유지하면서, 세금감면에 따른 적자를 보전하기 위해 국채를 발행하게 되면 이러한 재정정책의 결과로 ㉠ <u>소비가 증가하지 않는다는</u> 주장이 있다.

① 소비자들이 현재 저축을 증가시킬 것으로 예상된다.
② 소비자들은 현재소득과 미래소득 모두를 고려하여 소비를 결정한다.
③ 소비자들은 미래에 세금이 증가할 것이라고 예상한다.
④ 소비자들은 미래에 금리가 하락할 것이라고 예상한다.

주어진 글은 이른바 '리카도 대등 정리'에 관한 내용이다. 민간이 예산제약에 따라 소비를 결정하는 것처럼 정부 역시 예산제약에 따라 행동한다는 것이 '리카도 대등 정리'의 주요 내용이다. 정부와 소비자의 예산제약식은 다음과 같이 나타낼 수 있다.

> • 정부의 예산제약식: $G_1 + \dfrac{G_2}{1+r} = T_1 + \dfrac{T_2}{1+r}$
> • 소비자의 예산제약식: $C_1 + \dfrac{C_2}{1+r} = (Y_1 - T_1) + \dfrac{(Y_2 - T_2)}{1+r}$
> • 여기서 G는 정부지출, T는 조세, C는 소비, Y는 소득, 하첨자 1과 2는 각각 현재와 미래를 의미한다.

• 합리적 기대를 하는 소비자는 정부가 정부지출을 일정하게 유지하면서 현재조세(T_1)를 감면할 때, 정부는 결국 예산제약식을 충족하기 위해서 미래조세(T_2)를 증가시킬 것이라는 것을 인식하게 된다(③).

> • 정부의 예산제약식: $G_1 + \dfrac{G_2}{1+r} = T_1 \downarrow + \dfrac{T_2 \uparrow}{1+r}$

• 합리적 기대를 하는 소비자는 이러한 정부의 현재 조세(T_1)감면은 결국 미래 조세(T_2)증가를 가져와 자신의 예산제약식에서 현재조세감면으로 인한 현재가처분소득의 증가와 미래조세증가로 인한 미래가처분소득의 감소가 서로 상쇄되어 현재가처분소득과 미래가처분소득의 현재가치의 합은 결국 불변이라는 것을 인식하게 된다(②).

> • 소비자의 예산제약식:
> $C_1 + \dfrac{C_2}{1+r} = (Y_1 - T_1 \downarrow) \uparrow + \dfrac{(Y_2 - T_2 \uparrow)}{1+r} \downarrow \Rightarrow$ 우변 불변

이에 따라 소비자는 현재소비(C_1)를 증가시킬 유인이 없으므로 현재의 조세감면으로 인한 현재가처분소득의 증가분을 모두 미래조세에 대비하기 위해 저축하게 된다.(①).
• 한편 '리카도 대등 정리'가 성립하게 되면, 국채발행으로 인한 정부저축의 감소는 민간저축의 증가로 서로 상쇄가 되어 국민저축은 불변이 된다. 이에 따라 소비자들은 정부의 재정정책에 따른 금리가 불변일 것이라고 예상하게 된다(④).

정답 ④

1067

'투자는 이자율의 감소함수'라는 가정에 가속도원리를 도입하여, '투자는 이자율의 감소함수일 뿐 아니라 소득의 증가함수'라는 가정으로 바꾸면 IS곡선 또는 LM곡선에 어떠한 변화가 초래되는가?

01 7급

① IS 곡선의 기울기가 더욱 완만해진다.
② IS 곡선의 기울기가 더욱 급해진다.
③ LM곡선의 기울기가 더욱 완만해진다.
④ LM곡선의 기울기가 더욱 급해진다.

해설

'투자는 이자율의 감소함수일 뿐 아니라 소득의 증가함수'라는 가정 하에서 폐쇄경제를 전제하고 $C = a + b(Y - T_0)$, $I = c + dr + iY$, $G = G_0$라고 할 때, IS곡선은 다음과 같이 정리할 수 있다.

- $r = \dfrac{a - b \times T_0 + c + G_0}{d} - \dfrac{1 - b - i}{d} \times Y$
  (여기서 a, b, c, d, i는 양의 상수)
- IS곡선 기울기: $\dfrac{1 - b - i}{d}$

- '$\dfrac{1 - b}{d} > \dfrac{1 - b - i}{d}$'이 성립하므로 가속도 원리가 도입되면 IS곡선의 기울기는 이전에 비해 더욱 완만해진다.

정답 ①

1068

통화 공급이 이자율의 증가함수라고 한다면 이자율에 영향을 받지 않는 경우에 비해 어떠한 현상이 발생하는가?

00 7급

① IS 곡선의 기울기가 급해진다.
② IS 곡선의 기울기가 완만해진다.
③ LM곡선의 기울기가 급해진다.
④ LM곡선의 기울기가 완만해진다.

해설

통화 공급이 이자율에 영향을 받지 않는 경우의 LM곡선은 다음과 같다.

- $r = \dfrac{k}{h} \times Y - \dfrac{1}{h} \times \dfrac{M_0}{P_0} \Rightarrow$ LM곡선 기울기: $\dfrac{k}{h}$
  (r은 이자율, k는 화폐수요의 소득탄력성, h는 화폐수요의 이자율 탄력성, Y는 소득, M_0는 명목통화량, P_0는 물가수준이다.)

- 통화공급이 이자율의 증가함수인 경우의 LM곡선은 다음과 같다.

- $r = \dfrac{k}{h + w} \times Y - \dfrac{1}{h + w} \times \dfrac{M_0}{P_0} \Rightarrow$ LM곡선 기울기: $\dfrac{k}{h + w}$
  (r은 이자율, k는 화폐수요의 소득탄력성, h는 화폐수요의 이자율 탄력성, w는 화폐공급의 이자율 계수, Y는 소득, M_0는 명목통화량, P_0는 물가수준이다.)

- $\dfrac{k}{h} > \dfrac{k}{h + w}$가 성립하므로 통화 공급이 이자율의 증가함수인 경우가 이자율에 영향을 받지 않는 경우에 비해 LM곡선의 기울기는 보다 완만해진다.

정답 ④

1069

폐쇄경제 하에서 IS-LM 곡선에 대한 설명으로 옳지 않은 것은?

14 국가직 7급

① 유동성 함정에서 LM곡선은 수직이 된다.
② 민간수요가 줄어들면 IS 곡선은 좌측으로 이동한다.
③ 정부가 재정지출을 늘리면 IS 곡선은 우측으로 이동한다.
④ LM곡선의 이동은 거래적 화폐수요에 의하여 영향을 받는다.

화폐수요의 이자율 탄력성이 무한대인 유동성 함정 상태에서 LM곡선은 수평의 형태를 보인다.

정답 ①

1070

정부는 재정적자를 줄이기 위해 조세를 인상하고, 중앙은행은 기존의 통화량을 변함없이 유지한다면, 통상적인 기울기를 보이는 IS-LM 모형에서 발생하는 효과는?

19 지방직 7급

① 소득은 증가하고 이자율은 감소한다.
② 소득은 감소하고 이자율은 증가한다.
③ 소득과 이자율 모두 감소한다.
④ 소득과 이자율 모두 증가한다.

문제에서 통상적인 기울기라는 것은 IS곡선은 우하향하고, LM 곡선은 우상향하고 있다고 이해한다.

• 정부가 재정적자를 줄이기 위해 조세를 인상하는 것은 IS곡선을 왼쪽으로 이동시킨다.
• 중앙은행이 기존의 통화량을 변함없이 유지하는 경우, LM곡선은 불변이다.
• 이러한 내용을 반영하여 그림으로 나타내면 다음과 같다.

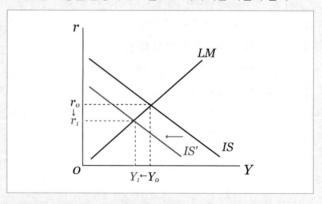

• 결국 이전에 비해 소득은 감소하고, 이자율은 하락하고 있음을 확인할 수 있다.

정답 ③

1071

정부가 재정지출을 ΔG만큼 늘리는 동시에 조세를 ΔG만큼 증가시키고, 화폐공급량을 ΔG만큼 줄인 경우 (A) IS곡선의 이동과 (B) LM곡선의 이동에 대한 설명 중 옳은 것은? (단, 한계소비성향은 0.75이다.)

17 국외 8급

	(A)	(B)
①	이동하지 않음	좌측이동
②	우측이동	우측이동
③	우측이동	좌측이동
④	좌측이동	좌측이동
⑤	좌측이동	우측이동

균형재정 승수(m)는 조세가 정액세인 경우에는 'm = 1'이고, 조세가 비례세인 경우에는 '0 <m <1'이다. 따라서 균형재정을 실시하는 경우 균형재정 승수(m)는 '0 <m≤1'이다.

- 이러한 승수의 존재는 재정지출과 조세가 동일한 크기만큼 증가하는 경우에는 총수요가 반드시 증가하게 된다는 것을 보여준다. 이에 따라 IS곡선은 우측으로 이동하게 된다.
- 한편 같은 크기만큼의 통화량을 감소시키는 경우에는 승수효과와 무관하게 LM곡선을 왼쪽으로 이동시킬 뿐이다.

정답 ③

1072

아래 그림은 IS곡선과 LM곡선을 나타낸다. 각 점에 대한 다음 설명 중 옳지 않은 것은? (단, 정부부문이 없는 폐쇄경제이다.)

11 CPA

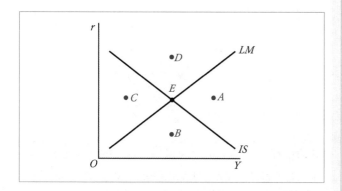

① A점에서는 화폐수요가 화폐공급을 초과한다.
② B점에서는 투자가 저축을 초과한다.
③ C점에서 국민소득이 변하지 않고 이자율만 상승하면 화폐의 초과공급량이 축소된다.
④ D점에서 이자율이 변하지 않고 국민소득만 감소하면 생산물의 초과공급량이 축소된다.
⑤ E점에서는 화폐시장이 균형일 뿐만 아니라 투자와 저축이 일치한다.

IS곡선과 LM곡선 상에서 생산물시장과 화폐시장의 균형 여부를 그림으로 나타내면 다음과 같다.

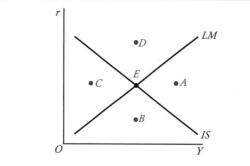

- A: 생산물시장 초과공급, 화폐시장 초과수요
- B: 생산물시장 초과수요, 화폐시장 초과수요
- C: 생산물시장 초과수요, 화폐시장 초과공급
- D: 생산물시장 초과공급, 화폐시장 초과공급

③ C점에서 현재 화폐시장은 초과공급 상태이다. 만약 이러한 C점에서 국민소득이 변하지 않고 이자율만 상승하게 되면 화폐시장이 균형상태임을 의미하는 LM곡선으로부터 점점 멀어진다. 이에 따라 화폐시장에서의 초과공급량이 더욱 확대된다.

④ D점에서 현재 생산물시장은 초과공급 상태이다. 만약 이러한 D점에서 이자율이 변하지 않고 국민소득만 감소하게 되면 생산물시장이 균형상태임을 의미하는 IS곡선으로 점점 가까워진다. 이에 따라 생산물시장에서의 초과공급량이 이전에 비해 축소된다.

정답 ③

1073

다음은 통화정책의 전달 경로를 나타낸 것이다. 이에 대한 설명으로 옳은 것은?

18 국가직 7급

> 통화량 변화 → 이자율 변화 → 투자 변화 → 총수요 변화 →
> 국민소득 변화

① 화폐수요의 이자율 탄력성이 클수록 정책효과가 크다.

② 투자의 이자율 탄력성이 클수록 정책효과가 작다.

③ IS곡선이 수평선에 가까울수록 정책효과가 크다.

④ 한계소비성향이 클수록 정책효과가 작다.

통화정책은 LM곡선의 기울기가 가파를수록, IS곡선의 기울기가 완만할수록 그 효과가 크게 나타난다.

- LM곡선의 기울기는 화폐수요의 이자율탄력성이 작을수록 가파라진다.
- IS곡선의 기울기는 투자의 이자율탄력성이 클수록, 한계소비성향이 클수록 완만해진다.

정답 ③

1074

경기부양을 위해 재정정책과 통화정책의 사용을 고려한다고 하자. 이와 관련한 서술로 가장 옳지 않은 것은?

19 서울시 공개 경쟁 7급

① 두 정책의 상대적 효과는 소비와 투자 등 민간지출의 이자율탄력성 크기와 관련이 있다.

② 두 정책이 이자율에 미치는 영향은 동일하다.

③ 이자율에 미치는 영향을 줄이고자 한다면 두 정책을 함께 사용할 수 있다.

④ 두 정책 간의 선택에는 재정적자의 누적이나 인플레이션 중 상대적으로 어느 것이 더 심각한 문제일지에 대한 고려가 필요하다.

LM곡선이 불변일 때 IS곡선을 오른쪽으로 이동시키는 확장적 재정정책을 사용하는 경우에는 이자율이 상승하고, IS곡선이 불변일 때 LM곡선을 오른쪽으로 이동시키는 확장적 금융정책을 사용하는 경우에는 이자율이 하락한다.

① 두 정책의 상대적 효과는 IS곡선의 기울기와 깊게 연관된다. IS곡선의 기울기는 투자의 이자율 탄력성이 클수록 완만해지고, 작을수록 가파라진다.

③ 예컨대 경기부양을 위한 확장적 재정정책을 사용하는 경우에 나타나는 이자율 상승을 억제하고자 한다면, 이자율을 하락시키는 확장적 금융정책을 동시에 사용하면 된다.

④ 확장적 재정정책에는 재정적자의 문제가 수반되고, 확장적 금융정책에는 인플레이션 문제가 수반되므로, 양자 중 어느 부분을 중시하느냐에 따라 정책 선택도 달라진다.

정답 ②

1075

IS-LM 모형에 대한 설명으로 옳은 것을 <보기>에서 모두 고르면?   18 국회 8급

보기

ㄱ. 투자의 이자율탄력성이 클수록 IS곡선과 총수요곡선은 완만한 기울기를 갖는다.

ㄴ. 소비자들의 저축성향 감소는 IS곡선을 왼쪽으로 이동시키며, 총수요곡선도 왼쪽으로 이동시킨다.

ㄷ. 화폐수요의 이자율 탄력성이 클수록 LM곡선과 총수요곡선은 완만한 기울기를 갖는다.

ㄹ. 물가수준의 상승은 LM곡선을 왼쪽으로 이동시키지만 총수요곡선을 이동시키지는 못한다.

ㅁ. 통화량의 증가는 LM곡선을 오른쪽으로 이동시키며 총수요곡선도 오른쪽으로 이동시킨다.

① ㄱ, ㄷ, ㄹ

② ㄱ, ㄹ, ㅁ

③ ㄴ, ㄷ, ㅁ

④ ㄴ, ㄹ, ㅁ

⑤ ㄱ, ㄴ, ㄷ, ㅁ

해 설

소비자들의 저축성향 감소는 소비 증가를 통해 IS곡선을 오른쪽으로 이동시키며, 총수요곡선 역시 오른쪽으로 이동시킨다(ㄴ).

• 화폐수요의 이자율 탄력성이 클수록 LM곡선은 완만한 기울기를 가지지만, 총수요곡선의 기울기는 보다 가팔라진다(ㄷ).

정답 ②

1076

IS-LM 모형에 관한 설명으로 옳지 않은 것은?   09 국회 8급

① IS-LM 모형에서 정부지출을 증가시켰을 때 투자의 이자율 탄력성이 클수록 구축효과가 작아진다.

② 정부의 저금리 정책에도 내수가 증가하지 않은 것은 투자의 이자율 탄력성이 작기 때문이다.

③ 유동성 함정 구간에서는 정부지출에 따른 소득증대효과가 상대적으로 큰 경향이 있다.

④ 화폐수요의 소득탄력성이 크면 확대재정정책의 효과가 작아지는 경향이 있다.

⑤ 화폐수요의 소득탄력성이 크면 LM곡선의 기울기는 더욱 급해진다.

해 설

IS-LM 모형에서 정부지출이 증가하면 IS곡선이 우측으로 이동하여 이자율이 상승한다. 이때 투자의 이자율 탄력성이 클수록 투자가 크게 감소하여 총수요가 감소하는 구축효과가 크게 나타난다.

• 투자의 이자율 탄력성이 작으면 정부가 금리를 낮춘다고 하더라도 투자가 크게 증가하지는 않아 내수 증가의 효과는 상대적으로 작게 나타난다(②).

• 유동성 함정 구간에서는 정부지출에 따른 소득증대효과가 승수 배만큼 나타나게 된다(③).

• 화폐수요의 소득탄력성이 크면 LM곡선의 기울기가 상대적으로 가팔라져서 확대재정정책의 효과가 작아지는 경향이 있다(④, ⑤).

정답 ①

1077

투자수요함수가 $I = \bar{I} - dr$, 실질화폐수요함수 $\dfrac{M}{P} = kY - hr$ 일 때 금융정책이 총수요에 미치는 영향으로 옳은 것은?

17 국회 8급

① d가 작을수록 h가 작을수록 금융정책이 상대적으로 강력해진다.

② d가 클수록 h가 작을수록 금융정책이 상대적으로 강력해진다.

③ d가 작을수록 h가 클수록 금융정책이 상대적으로 강력해진다.

④ d가 클수록 h가 클수록 금융정책이 상대적으로 강력해진다.

⑤ d와 h는 영향을 미치지 못한다.

해설

금융정책은 IS곡선의 기울기가 완만할수록, LM곡선의 기울기가 가파를수록 상대적으로 유력해진다.

- IS곡선은 투자의 이자율 탄력성(d)이 클수록 완만하고, LM곡선은 화폐수요의 이자율 탄력성(h)이 작을수록 가팔라진다.
- 참고로 재정정책은 IS곡선의 기울기가 가파를수록, LM곡선의 기울기가 완만할수록 상대적으로 유력해진다.

정답 ②

1078

다음 <모형>을 통해서 경제 분석을 실시한다고 할 때, <보기>에서 옳은 것을 모두 고르면?

10 국회 8급

> **모 형**
>
> 이 경제에서는 정부지출과 조세 및 대외거래가 없고 중앙은행이 통화를 외생적으로 공급하며, 물가는 일정하다고 한다. (단, Y는 소득, C는 소비, I는 투자, r은 이자율, L은 화폐수요이며, M은 화폐공급이다. a, b, c, d, e, f는 상수이다. $0 < b < 1$, $d < 0$, $e > 0$, $f < 0$)
> 소비: $C = a + bY$
> 투자: $I = c + dr$
> 화폐수요: $L = eY + fr$
> 균형식: $Y = C + I$, $L = M$

> **보 기**
>
> ㉠ b가 클수록 독립투자(c)의 소득증대효과가 더 커진다.
> ㉡ d가 0이면 독립투자(c)가 증가하여도 소득에는 변함이 없다.
> ㉢ f의 절대값이 클수록 통화정책의 효과가 커진다.
> ㉣ e가 작을수록 재정정책의 효과가 커진다.

① ㉠, ㉡

② ㉠, ㉢

③ ㉠, ㉣

④ ㉢, ㉣

⑤ ㉡, ㉣

해설

경기안정화와 관련된 내용을 정리해보면 다음과 같다.

㉠ 한계소비성향인 b가 클수록 독립투자(c)의 승수효과가 커지고, 이에 따라 소득증대효과가 더 커진다.

㉡ d가 0이면 투자는 독립투자만 존재하고 이러한 독립투자(c)가 증가하면 총수요가 증가하여 소득이 증가하는 효과가 나타나게 된다.

㉢ 통화정책의 효과가 크려면 LM곡선의 기울기가 가팔라야 한다. 이에 따라 화폐수요의 이자율 탄력도인 f의 절대값이 작을수록 통화정책의 효과가 커진다.

㉣ 재정정책의 효과가 크려면 LM곡선의 기울기가 완만해야 한다. 이에 따라 화폐수요의 소득 탄력도인 e가 작을수록 화폐수요에서 거래적 동기의 화폐수요가 차지하는 비중이 작아지고, 투기적 동기의 화폐수요가 차지하는 비중이 커지게 되어 LM곡선의 기울기가 완만해지고 이에 따라 재정정책의 효과가 커진다.

정답 ③

1079

정부가 세금을 증가시켰을 때, 중앙은행의 정책효과를 분석하려고 한다. IS-LM 분석에서 중앙은행이 통화공급을 증가시켜 소득을 일정하게 유지하는 경우에는 이자율이 (㉠)하고, 중앙은행이 통화공급을 감소시켜 이자율을 일정하게 유지하는 경우에는 소득이 (㉡)한다. ㉠과 ㉡에 들어갈 말을 바르게 짝지은 것은? (단, IS곡선은 우하향하고, LM곡선은 우상향하며, 폐쇄경제를 가정한다.)

12 지방직 7급

	㉠	㉡
①	상승	증가
②	상승	감소
③	하락	증가
④	하락	감소

주어진 내용을 그림으로 나타내면 다음과 같다.

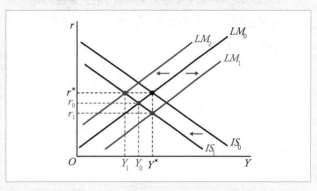

- 정부가 세금을 증가시키면 총수요가 감소하여 IS곡선이 IS_0에서 IS_1으로 이동하게 된다. 그 결과 이자율은 하락($r^* \rightarrow r_0$)하고, 소득은 감소($Y^* \rightarrow Y_0$)한다.
- 중앙은행이 통화 공급을 증가시켜 소득을 일정하게 유지(Y^*)하기 위해서는 LM곡선이 LM_0에서 LM_1으로 이동해야 하고 이에 따라 이자율은 r_0에서 r_1 수준으로 더욱 하락하게 된다.
- 중앙은행이 통화 공급을 감소시켜 이자율을 일정하게 유지(r^*)하기 위해서는 LM곡선이 LM_0에서 LM_2로 이동해야 하고 이에 따라 소득은 Y_0에서 Y_1으로 더욱 감소하게 된다.

정답 ④

1080

재정정책 및 금융정책의 효과에 대한 설명으로 옳은 것은?

12 국가직 7급

① 통화주의자들은 재량적 통화정책을 주장한다.
② 단기 IS-LM 분석 시 투자가 이자율에 비탄력적일수록 통화정책의 효과는 강해진다.
③ 단기 IS-LM 분석 시 화폐수요가 이자율에 탄력적일수록 재정정책의 효과는 약해진다.
④ 폴(W. Poole)에 따르면 실물부문보다 금융부문의 불확실성이 클 때는 금융정책의 지표로 이자율이 통화량보다 바람직하다.

실물부문과 관련된 금융지표는 이자율이고 금융부문과 관련된 금융지표는 통화량이다. 따라서 금융부문의 불확실성이 크다면 안정적이지 못한 통화량보다는 이자율이 더 바람직한 금융정책의 지표라는 것이 폴(W. Poole)의 주장이다.

- 통화주의자들은 이른바 '최적정책의 동태적 비일관성'의 문제를 제기하며, 통화정책에 있어 재량정책보다는 준칙주의의 필요성을 강조한다(①).
- 통화정책은 IS곡선의 기울기가 완만해질수록, 재정정책은 LM곡선의 기울기가 완만해질수록 효과가 크게 나타난다. 그런데 IS곡선은 투자의 이자율 탄력성이 클수록 완만해지고, LM곡선은 화폐수요의 이자율 탄력성이 클수록 완만해진다(②, ③).

정답 ④

1081

IS - LM 모형에서 확장적 통화정책에 대한 설명이다. ㉠, ㉡에 들어갈 내용으로 옳게 짝지은 것은? (단, IS 곡선은 우하향, LM 곡선은 우상향한다) 20 국가직 7급

> - IS 곡선의 기울기가 완만할수록 확장적 통화정책으로 인한 국민소득의 증가폭이 (㉠).
> - LM 곡선의 기울기가 완만할수록 확장적 통화정책으로 인한 국민소득의 증가폭이 (㉡).

	㉠	㉡
①	커진다	커진다
②	커진다	작아진다
③	작아진다	커진다
④	작아진다	작아진다

확장적 통화정책의 효과와 IS곡선의 기울기 및 LM곡선의 기울기와 관계를 그림으로 정리하면 다음과 같다.

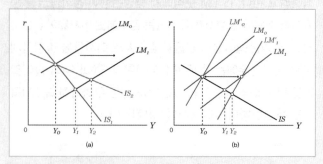

- 앞의 그림을 통해 IS 곡선의 기울기가 완만할수록(a), LM 곡선의 기울기가 가파를수록(b) 확장적 통화정책에 따른 국민소득 증가폭이 커진다는 것을 확인할 수 있다.

정답 ②

1082

현재 명목이자율이 0이다. 명목이자율의 하한이 0일 때, 다음 설명 중 옳은 것은? 16 CPA

> ㉠ 명목이자율 하한이 존재하지 않는 경우에 비해 확장 재정정책은 안정화정책으로서 유효성이 작아진다.
> ㉡ 명목이자율 하한이 존재하지 않는 경우에 비해 전통적인 확장 통화정책은 안정화정책으로서 유효성이 작아진다.
> ㉢ 양적 완화정책(quantitative easing)을 실시하여 인플레이션 기대가 상승하면 실질이자율이 하락한다.
> ㉣ 양적 완화정책을 실시할 경우 전통적인 통화정책을 실시할 경우에 비하여 중앙은행이 보유하는 채권의 다양성이 줄어든다.

① ㉠, ㉡   ② ㉠, ㉢
③ ㉡, ㉢   ④ ㉡, ㉣

현재 명목이자율의 하한이 존재한다는 것은 명목이자율이 더 이상 하락하지 않는 '유동성 함정' 상태라고 이해할 수 있다. 이러한 경우에는 전통적인 통화정책은 완전히 무력하고, 재정정책이 유력하다(㉠, ㉡).

- 양적 완화정책은 '유동성 함정'과 같은 상황에서 '이자율 경로'를 중시하는 전통적인 통화정책이 더 이상 무력할 때, 중앙은행이 직접 채권의 종류에 구애받지 않고 다양한 채권을 매입하여 유동성 공급을 증가시키는 것을 주요 내용으로 한다(㉣).
- 양적 완화정책이 효과를 발휘하게 되면 경제주체들이 경기호전을 기대하게 되고, 이에 따라 인플레이션 기대를 상승시켜 명목이자율의 변화를 거치지 않고 실질이자율을 낮출 수 있게 된다(㉢).

정답 ③

1083

먼델-토빈 효과에 따르면, 기대 인플레이션이 상승할 경우 옳은 것은?

13 국가직 7급

① 투자가 감소한다.

② 화폐수요가 감소한다.

③ 명목이자율이 하락한다.

④ 실질이자율이 상승한다.

먼델-토빈 효과는 명목이자율과 인플레이션율의 1:1 대응관계를 강조하는 피셔효과($i = r + \pi^e$)와 달리 명목이자율이 인플레이션율보다 낮게 변동한다는 것을 내용으로 한다. 이것을 그림으로 설명하면 다음과 같다.

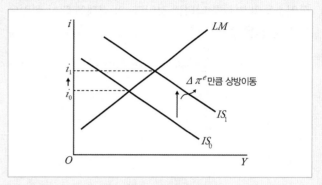

- 기대인플레이션이 상승($\Delta\pi^e\uparrow$)하면 Fisher효과($i = r + \pi^e$, $r = i - \pi^e$)에 의하여 실질이자율(r)이 하락하고 이에 따라 투자가 증가한다. 투자의 증가로 IS곡선이 상방으로 이동하여 그 결과 명목이자율(i)이 상승하게 된다. 이때 명목이자율이 상승해도 실질이자율은 하락한다. 그 이유는 명목이자율 상승(i) 폭이 기대인플레이션($\Delta\pi^e$)의 상승 폭보다 작기 때문이다. 이와 같은 현상을 Mundell-Tobin 효과라고 한다.
- 먼델-토빈 효과에 따르면 기대 인플레이션이 상승할 때, 명목이자율은 이보다 작게 증가하게 되며(③), 이것은 곧 실질이자율이 하락한다는 것을 의미한다(④). 이로 인해 투자가 증가하게 된다(①).
- 명목이자율의 상승은 화폐보유에 따른 기회비용을 크게 하여 화폐수요가 감소하게 된다(②).

정답 ②

1084

어떤 경제의 완전고용국민소득이 400조 원이며, 중앙은행이 결정하는 이 경제의 총화폐공급은 현재 30조 원이다. 다음 표는 이 경제의 이자율에 따른 총화폐수요, 총투자, 실질국민소득의 변화를 나타낸 것이다. 이 경제에 대한 설명으로 가장 옳은 것은?

19 서울시 공개경쟁 7급

이자율(%)	총화폐수요(조 원)	총투자(조 원)	실질국민소득(조 원)
1	70	120	440
2	60	110	420
3	50	100	400
4	40	80	360
5	30	50	320

① 실질국민소득이 완전고용수준과 같아지려면 중앙은행은 총화폐공급을 20조 원만큼 증가시켜야 한다.

② 현재 이 경제의 실질국민소득은 완전고용수준보다 40조 원만큼 작다.

③ 중앙은행이 총화폐공급을 지금보다 30조 원만큼 증가시키면 균형이자율은 1%가 된다.

④ 현재 이 경제의 균형이자율은 4%이다.

실질국민소득이 완전고용국민소득인 400조 원이 되기 위해 필요한 이자율 수준은 3%이다. 그런데 이 수준에서 총화폐수요는 50조 원이고, 현재 총화폐공급은 30조 원에 불과하다. 따라서 이자율이 3%가 되기 위해 필요한 총화폐수요 50조 원을 충족시키기 위해서는 20조 원만큼의 추가적인 화폐공급이 필요해진다.

• 현재 이 경제의 이자율은 총화폐공급 30조 원과 총화폐수요 30조 원이 일치하는 수준인 5%이고, 이때 실질국민소득은 320조 원으로 완전고용국민소득 400조 원보다 80조 원만큼 작다(②, ④).

• 만약 중앙은행이 총화폐공급을 지금보다 30조 원만큼 증가시키면 총화폐공급은 60조 원이 되고, 이에 따라 총화폐수요가 60조 원인 수준에서 균형이자율은 2%가 된다(③).

정답 ①

1085

IS-LM 모형에서 화폐시장이 유동성 함정에 빠져 있을 때, 통화량 공급 증가와 재정지출 확대에 따른 각각의 정책 효과를 옳게 설명한 것은?

13 국가직 9급

① 통화량 공급 증가는 이자율을 낮추고, 재정지출 확대는 소득을 증가시킨다.

② 통화량 공급 증가와 재정지출 확대는 모두 소득을 증가시킨다.

③ 통화량 공급 증가와 재정지출 확대는 모두 이자율 변동에 영향을 주지 않는다.

④ 통화량 공급 증가는 소득을 증대시키고, 재정지출 확대는 이자율 변동에 영향을 주지 않는다.

화폐시장이 유동성 함정에 빠져 있다는 것은 LM곡선이 수평인 상태에 놓여 있다는 의미이다.

• IS곡선이 우하향하고, LM곡선은 수평인 경우를 가정하자.

• 통화량 공급을 증가시킨다고 하더라도 기존의 균형점에는 변화가 없다, 이에 따라 확대금융 정책은 이자율은 물론 소득에도 영향을 주지 못하게 되어 완전히 무력하다.

• 재정지출을 확대하는 확대재정정책은 이자율에는 전혀 영향을 주지 못하지만 새로운 균형점에서 소득은 증가시킬 수 있게 되어 유력한 경기안정화 수단이 될 수 있다.

정답 ③

1086

IS곡선에 대한 설명으로 <보기>에서 옳은 것을 모두 고른 것은?

12 국회 8급

> **보기**
>
> ㉠ IS곡선 하방의 한 점은 생산물 시장이 초과수요 상태임을 나타낸다.
> ㉡ 한계저축성향이 클수록 IS곡선은 평평해진다.
> ㉢ 정부지출과 조세가 동액만큼 증가하더라도 IS곡선은 우측으로 이동한다.
> ㉣ 피구(Pigou)효과를 고려하게 되면 IS곡선의 기울기는 보다 가팔라진다.
> ㉤ M(수입)은 소득의 증가함수이므로 개방경제 하의 IS곡선은 폐쇄경제 하의 IS곡선보다 가파르다.

① ㉠, ㉡
② ㉠, ㉢, ㉣
③ ㉠, ㉢, ㉤
④ ㉠, ㉣, ㉤
⑤ ㉡, ㉢, ㉤

<보기>의 내용들을 각각 살펴보면 다음과 같다.

㉠ 현재의 이자율과 국민소득의 조합점이 IS곡선보다 아래쪽에 있다면, 주어진 국민소득 수준에서 생산물 시장 균형을 달성시켜주는 이자율 수준에 비해 낮다는 의미이다. 따라서 이것은 생산물 시장에서 적정 수준에 비해 투자가 더 큰 상황이므로 공급이 부족(초과수요)한 상태임을 의미한다.

㉡ IS곡선의 기울기는 한계소비성향이 클수록 완만해진다. 그런데 한계저축성향이 커진다는 것은 한계소비성향이 작아진다는 의미이므로 이에 따라 IS곡선의 기울기는 보다 가팔라진다.

㉢ 균형재정승수(m)의 크기는 '$0 < m \leq 1$'의 값을 갖는다. 따라서 정부지출과 조세가 동액만큼 증가하더라도 총수요는 반드시 증가하게 되므로 이에 따라 IS곡선은 우측으로 이동한다.

㉣ 피구(Pigou)효과란 물가의 하락으로 실질자산이 증가하여 소비가 증가하는 효과를 의미한다. 이로 인해 IS곡선이 이동하게 되고 그 결과 AD곡선 자체를 이동시키게 된다.

㉤ 폐쇄경제와 개방경제 하에서의 IS곡선의 기울기는 다음과 같다.

> • 폐쇄경제인 경우: IS곡선 기울기 = $\dfrac{1-b}{d}$
>
> • 개방경제인 경우: IS곡선 기울기 = $\dfrac{1-b+m}{d}$
>
> (여기서 b는 한계소비성향, d는 투자의 이자율탄력성, m은 한계수입성향이다.)

이에 따라 '$\dfrac{1-b}{d} < \dfrac{1-b+m}{d}$'이 성립하므로 폐쇄경제 하에서보다 개방경제 하에서의 IS곡선이 보다 가팔라진다.

정답 ③

1087

다음 설명 중 옳은 것은?

17 국회 8급

① 화폐수요의 이자율탄력성이 음의 무한대($-\infty$)일 때 금융정책은 효과가 없다.

② 소비에 실질잔고효과(혹은 피구효과)가 도입되면 물가가 하락할 때 LM곡선이 우측으로 이동한다.

③ 고전학파의 화폐수량설이 성립할 때 LM곡선은 수평의 형태를 보인다.

④ 유동성함정에서 사람들은 채권의 예상수익률이 정상적인 수준보다 높다고 생각한다.

⑤ 케인지안은 투자수요의 이자율탄력도가 크고 화폐수요의 이자율탄력도가 작다고 보는 반면, 통화주의자는 투자수요의 이자율탄력도는 작고 화폐수요의 이자율탄력도는 크다고 본다.

---

① 화폐시장이 화폐수요의 이자율탄력성이 무한대인 '유동성 함정' 상태에 놓이게 되면, 중앙은행의 화폐공급의 증가는 이자율을 전혀 하락시키지 못해 금융정책은 완전히 무력해진다.

② 소비에 실질잔고효과(혹은 피구효과)가 도입될 때, 물가의 하락은 실질자산의 크기를 증가시켜, 이로 인한 소비가 증가하여 IS곡선이 우측으로 이동하게 된다.

③ 고전학파의 화폐수량설은 통화량과 물가수준 사이에 비례적 관계가 성립한다는 것을 보여준다. 즉, 통화량과 이자율 사이에는 아무런 상관관계가 존재하지 않는다. 이에 따라 LM곡선은 수직의 형태를 보인다.

④ 유동성함정이란 경제주체들이 이자율이 더 이상 하락하지 않을 것으로 예상하는 경우이다. 이것은 곧 채권가격은 더 이상 상승하지 않을 것으로 예상하는 경우이다. 따라서 채권의 예상수익률은 '0'에 가까워져, 채권구입을 포기하고 모두 화폐로만 보유하려고 한다.

⑤ 케인지안은 투자수요의 이자율탄력도가 작고 화폐수요의 이자율탄력도가 높다고 보는 반면, 통화주의자는 투자수요의 이자율탄력도는 크고 화폐수요의 이자율탄력도는 작다고 본다. 이에 따라 경기안정화를 위한 정책으로 케인지안은 재정정책, 통화주의자는 통화정책의 유용성을 주장한다.

정답 ①

1088

화폐수량설에서 도출한 총수요곡선에 관한 설명으로 옳은 것을 모두 고르면?

09 국회 8급

⊙ 총수요곡선은 물가와 총수요량의 관계를 나타내는 곡선이다.
ⓒ 정부지출이 증가하면 총수요곡선은 오른쪽으로 이동한다.
ⓒ 통화 공급이 증가하면 총수요량은 총수요곡선을 따라 증가한다.
ⓔ 통화 유통속도가 빨라지면 총수요곡선은 오른쪽으로 이동한다.

① ⊙
② ⊙, ⓔ
③ ⊙, ⓒ, ⓔ
④ ⊙, ⓒ, ⓔ
⑤ ⓒ, ⓒ, ⓔ

해 설

화폐수량설의 대표적인 I. Fisher의 거래수량설에서의 교환방정식을 통해 총수요(AD)곡선이 도출된다.

$$M \times V = P \times Y \Rightarrow Y = MV \times \frac{1}{P}$$

- 통화공급(M)이나 통화유통속도(V)가 증가하면 총수요(AD)곡선 자체가 오른쪽으로 이동하게 된다.
- 고전학파 이론인 화폐수량설에서의 총수요곡선은 화폐공급과 관계있는 것으로 정부지출과 같은 재정정책과는 관련이 없음을 주의해야 한다. 정부지출이 증가한다고 하더라도 100% 구축효과로 인해 총수요는 불변이기 때문이다.

정답 ②

1089

총수요(AD)곡선이 우하향하는 이유에 대한 설명으로 옳지 않은 것은?

16 국가직 7급

① 물가가 하락하는 경우 실질임금이 상승하여 노동공급이 증가하기 때문이다.
② 물가가 하락하는 경우 실질통화량이 증가하여 이자율이 하락하고 투자가 증가하기 때문이다.
③ 물가가 하락하는 경우 실질환율 상승, 즉 절하가 생겨나 순수출이 증가하기 때문이다.
④ 물가가 하락하는 경우 가계의 실질자산가치가 증가하여 소비가 증가하기 때문이다.

해 설

물가수준이 낮아져서 실질임금이 상승하여 노동공급이 증가하는 것은 총공급에 영향을 주는 요인이다.

② 물가수준이 낮아지면 실질이자율이 하락하여 투자가 증가한다.
③ '실질환율(q) = $\frac{e \times P_f}{P}$ (e는 명목환율, P_f는 해외물가, P는 국내물가)'이므로 국내물가의 하락은 실질환율을 상승시키고, 이에 따라 수출가격경쟁력이 높아져서 순수출이 증가하게 된다.
④ Pigou효과에 따르면 물가수준이 낮아지면 가계의 실질자산가치가 상승하여 소비가 증가하게 된다.

정답 ①

1090

총수요-총공급 모형에서 A국의 총수요가 증가하는 경우에 해당하는 것으로 옳은 것은? (단, 다른 조건은 일정하다.)

13 국가직 7급

① A국의 실질자산가치 하락
② A국의 이자율 상승
③ A국의 화폐가치 하락
④ A국의 재정흑자 발생

해 설

A국의 화폐가치 하락을 A국 화폐의 '평가절하'로 이해한다. 이러한 평가절하는 '환율상승'을 의미하므로 이에 따른 순수출의 증가로 총수요가 증가하게 된다.

① A국의 실질자산가치 하락 ⇒ 소비 감소 ⇒ 총수요 감소(Pigou효과)
② A국의 이자율 상승 ⇒ 투자 감소 ⇒ 총수요 감소
④ A국의 재정흑자 발생 ⇒ 조세 증가, 정부지출 감소 ⇒ 총수요 감소

정답 ③

1091

루카스 공급곡선에 관한 설명으로 옳지 않은 것은?

09 국회 8급

① 기대물가가 상승하면 생산량은 증가한다.
② 기대물가가 고정되어 있는 경우 총공급곡선은 우상향한다.
③ 유가가 상승할 경우 생산량은 완전고용생산량 이하로 떨어진다.
④ 기대물가가 실제물가보다 높을 때의 생산량은 완전고용생산량보다 적다.
⑤ 기대물가와 실제물가가 같을 때의 실업률과 생산량을 각각 자연실업률과 완전고용생산량이라고 한다.

해 설

루카스의 공급함수와 그림은 다음과 같다.

> $Y = Y_n + \alpha(P - P^e)$
> 여기서 Y는 실제 생산량, Y_n은 완전고용생산량, α는 양의 상수, P는 실제물가, P^e는 기대물가이다.

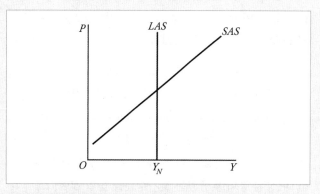

- 기대물가와 실제물가가 일치($P = P^e$)하게 되는 장기에는, $Y = Y_n$도 성립하게 된다. 이때의 실업률은 자연실업률, 산출량은 완전고용생산량(= 자연산출량)이라고 한다(⑤).
- 장기총공급곡선은 완전고용생산량 수준에서 수직의 모습을 보인다.
- 만약 단기에 기대물가가 실제물가보다 높다면($P < P^e$), 실제 생산량은 완전고용생산량보다 작게 되어($Y < Y_n$), 단기 총공급곡선은 우상향하게 된다(②, ④).
- 유가가 상승하게 되면 기업의 생산능력이 감소하여 실제 생산량은 완전고용생산량 이하로 떨어지게 된다(③).
- 실제물가(P)와 완전고용생산량(Y_n)이 일정할 때, 기대물가가 상승하면 실제 생산량(Y)이 감소하게 된다. 이것은 총공급곡선이 왼쪽으로 이동한다는 것을 의미한다.

정답 ①

1092

다음은 단기 총공급곡선이 우상향하는 이유에 대한 여러 이론들에서 나오는 주장이다. (가), (나), (다)를 바르게 짝지은 것은?

16 CPA

- 임금이 (가)이면, 단기 총공급곡선이 우상향한다.
- 가격이 (나)이면, 단기 총공급곡선이 우상향한다.
- 정보가 (다)이면, 단기 총공급곡선이 우상향한다.

	(가)	(나)	(다)
①	신축적	신축적	불완전
②	신축적	신축적	완전
③	경직적	경직적	완전
④	경직적	경직적	불완전

해 설

단기 총공급곡선이 우상향하는 것에 대해서만큼은 케인스학파나 고전학파 계열이나 의견이 일치한다.

- 케인스학파에서는 임금과 가격의 경직성을, 고전학파 계열에서는 노동자나 기업에게 물가 변화에 대한 착각을 가져오는 불완전한 정보를 그 이유로 제시한다.

정답 ④

1093

어느 국민경제의 단기 총공급곡선과 총수요곡선은 각각 $Y = \overline{Y} + \alpha(P - P^e)$와 $Y = 2M/P$이다. 경제주체들은 이용가능한 모든 정보를 활용하여 합리적으로 기대를 형성한다. 이 국민경제에 대한 설명 중 옳지 않은 것은? (단, Y는 산출량, $\overline{Y}$는 자연산출량, P는 물가수준, P^e는 기대물가수준, M은 통화량이면 $\alpha > 0$가 성립함) 　　　15 국회 8급

① 단기 총공급곡선의 기울기는 $1/\alpha$이다.
② 예상된 물가수준의 상승은 산출량을 증가시키지 못한다.
③ 물가예상 착오(price misconception)가 커질수록 공급곡선의 기울기는 가팔라질 것이다.
④ 예상된 정부지출 증가는 물가수준을 높일 것이다.
⑤ 예상된 통화량 증가는 물가수준을 높일 것이다.

해설

물가예상 착오가 커진다는 것은 케인스의 총공급곡선에 가까워진다는 의미이다. 따라서 그 기울기는 보다 완만해진다(③).

• 주어진 총공급곡선을 P로 정리하면 '$P = P^e + \frac{1}{\alpha}(Y - \overline{Y})$'이고 이때의 기울기는 $\frac{1}{\alpha}$이 된다(①).

• 물가를 정확하게 예상하게 되면 '$P = P^e$'가 되어, 이에 따라 $Y = \overline{Y}$가 되어 산출량은 자연산출량 수준에 머물게 된다(②).

• 예상된 정책은 물가수준만 높일 뿐 실제 산출량은 계속해서 자연산출량 수준에 머물게 된다(④, ⑤).

정답 ③

1094

단기 총공급곡선에 대한 설명으로 옳은 것은?

　　　17 추가채용 국가직 7급

① 단기에 있어서 물가와 총생산물 공급량 간의 음($-$)의 관계를 나타낸다.
② 소매상점들의 바코드 스캐너 도입에 따른 재고관리의 효율성 상승은 단기 총공급곡선을 오른쪽으로 이동시킨다.
③ 원유가격의 상승으로 인한 생산비용의 상승은 단기 총공급곡선을 오른쪽으로 이동시킨다.
④ 명목임금의 상승은 단기 총공급곡선을 이동시키지 못한다.

해설

소매상점들의 바코드 스캐너 도입에 따른 재고관리의 효율성 상승은 생산비의 감소를 의미하므로, 이에 다른 공급능력의 증가로 단기 총공급곡선은 오른쪽으로 이동하게 된다.

• 단기에 있어서 물가와 총생산물 공급량 간의 양($+$)의 관계를 나타낸다(①).

• 원유가격의 상승과 명목임금의 상승은 모두 생산비의 상승을 의미하므로, 공급능력의 감소로 단기 총공급곡선을 왼쪽으로 이동시킨다(③, ④).

정답 ②

1095

다음 설명 중 옳은 것은?

09 지방직 7급

① 총수요 곡선은 통화공급이 변화하는 경우에 균형국민소득 결정모형에서 도출되는 IS곡선과 유동성선호이론에서 도출되는 LM곡선으로부터 얻어진다.

② LM곡선은 단기에서의 이자율수준과 물가수준을 알려주고, 총수요곡선은 장기에서의 생산량수준과 물가수준을 알려준다.

③ 총공급곡선의 기울기는 투자의 이자율탄력성에 의해서 결정된다.

④ 총공급곡선을 이동시킬 수 있는 요인은 생산성 향상, 노동공급 증가이다.

장기 총공급곡선은 경제의 생산능력 자체가 변동할 때 이동하게 된다. 이러한 생산능력 자체의 변화는 노동과 자본과 같은 부존자원의 변동 또는 기술진보 등으로 인한 생산성 향상과 같은 요인에서 비롯된다. 생산성 향상과 노동공급의 증가는 AS곡선을 오른쪽으로 이동시키는 '유리한 공급충격'에 해당한다. 다만 예상 물가수준의 변동은 단기 총공급(SAS)곡선만 이동시킨다는 것을 주의한다.

① 총수요곡선은 '물가'가 변화하는 경우에 균형국민소득 결정모형에서 도출되는 IS곡선과 유동성선호이론에서 도출되는 LM곡선으로부터 얻어진다.

② LM곡선은 이자율수준과 '국민소득'수준을 알려주고, 총수요곡선은 '총수요'수준과 물가수준을 알려준다.

③ 총공급곡선의 기울기는 노동시장과 생산함수에 의해 결정되고, 투자의 이자율탄력성에 의해서 결정되는 것은 총수요곡선의 기울기이다.

정답 ④

1096

총수요(AD)-총공급(AS) 모형에 대한 설명으로 옳은 것을 <보기>에서 모두 고르면?

16 국회 8급

보 기

ㄱ. AD-AS곡선은 모든 상품의 개별적인 수요-공급을 수평으로 합하여 얻어진다.

ㄴ. 실제물가와 예상물가 수준이 같으면 총공급곡선은 자연실업률 하의 국민소득수준에서 수직이다.

ㄷ. 물가수준이 상승하면 생산량이 늘어나므로 총공급곡선이 오른쪽으로 이동한다.

ㄹ. 노동공급의 결정에 있어 여가가 정상재인 경우에 임금 변화에 따른 소득효과와 대체 효과가 항상 상쇄된다면 총공급곡선은 우상향한다.

ㅁ. 투자수요의 이자율탄력성이 클수록 IS곡선이 가파르고 총수요곡선이 가파르다.

ㅂ. 정부가 재정지출을 확대하는 경우 총수요곡선은 우측으로 이동한다.

① ㄱ, ㄴ

② ㄱ, ㄷ

③ ㄴ, ㄹ

④ ㄴ, ㅂ

⑤ ㅁ, ㅂ

AD-AS곡선은 주어진 물가수준을 전제로 도출되므로, 개별 수요-공급곡선을 수평으로 합하여 도출되지 않는다. 개별 수요-공급곡선을 수평으로 합한다는 것은, 물가수준이 아닌 개별 상품 가격을 전제로 하기 때문이다(ㄱ).

• 물가수준이 상승하면 총공급곡선은 움직이지 않고 총공급곡선을 따라 우상향하게 된다(ㄷ).

• 노동공급의 결정에 있어 여가가 정상재인 경우에 임금 변화에 따른 소득효과와 대체 효과가 항상 상쇄된다면 노동공급곡선이 수직이 되므로 총공급곡선 역시 수직이 된다(ㄹ).

• 투자수요의 이자율탄력성이 클수록 IS곡선은 완만하고 총수요곡선 역시 완만해진다(ㅁ).

정답 ④

1097

물가와 국민소득의 평면에 그린 단기 총공급곡선은 우상향한다. 이에 대한 설명으로 옳은 것만을 모두 고르면?

20 지방직 7급

> ㄱ. 소비 수요와 투자 수요가 이자율에 민감하지 않을수록, 물가와 국민소득의 평면에 그린 총수요곡선의 기울기는 작아진다.
> ㄴ. 소비 수요와 투자 수요가 이자율에 민감하지 않을수록, 유가 상승에 따른 물가 상승효과는 크다.
> ㄷ. 소비 수요와 투자 수요가 이자율에 민감하지 않을수록, 유가 상승으로 경기가 침체되면 경기 회복을 위해서는 재정정책이 통화정책보다 효과적이다.

① ㄱ, ㄴ
② ㄱ, ㄷ
③ ㄴ, ㄷ
④ ㄱ, ㄴ, ㄷ

IS곡선의 기울기가 가파를수록(완만할수록) 총수요(AD) 곡선의 기울기 역시 가파라진다(완만해진다). 소비수요와 투자수요가 이자율에 민감하지 않을수록(=비탄력적일수록) IS곡선의 기울기는 가파라진다. 이에 따라 총수요 곡선의 기울기 역시 가파라진다(ㄱ).

- 유가 상승은 총공급(AS)의 감소를 가져와 총공급 곡선을 왼쪽으로 이동시킨다. 이때 총수요(AD) 곡선의 기울기가 가파를수록 물가 상승효과가 크게 나타난다. 여기서 총수요 곡선의 기울기가 가파르다는 것은 IS곡선의 기울기도 가파르다는 것을 의미한다. 한편 IS곡선의 기울기는 소비수요와 투자수요가 이자율에 민감하지 않을수록(=비탄력적일수록) 가파라진다(ㄴ).
- 재정정책이 통화정책에 비해 상대적으로 유효하기 위해서는 IS곡선의 기울기가 가파라야 한다. 그런데 소비수요와 투자수요가 이자율에 민감하지 않을수록(=비탄력적일수록) IS곡선의 기울기는 가파라진다(ㄷ).

정답 ③

1098

A점에서 장기 균형을 이루고 있는 AD-AS 모형이 있다. 오일쇼크와 같은 음(-)의 공급충격이 발생하여 단기 AS곡선이 이동한 경우에 대한 설명으로 옳지 않은 것은?

18 지방직 7급

① 단기균형점에서 물가수준은 A점보다 높다.
② A점으로 되돌아오는 방법 중 하나는 임금의 하락이다.
③ 통화량을 증가시키는 정책을 실시하면, A점의 총생산량 수준으로 되돌아올 수 있다.
④ 정부지출을 늘리면 A점의 물가수준으로 되돌아올 수 있다.

주어진 상황을 그림으로 나타내면 다음과 같다.

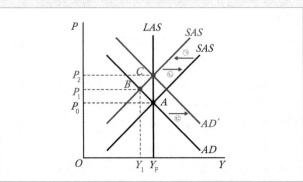

- 오일쇼크와 같은 음(-)의 공급충격이 발생하면 단기 AS곡선은 왼쪽으로 이동(ㄱ)하게 된다. 이에 따라 단기 균형은 B점에서 이루어지고, 이전 균형점인 A점 수준에 비해 물가수준은 상승하게 된다(①).
- B점의 국민소득(Y_1)은 완전고용국민소득(Y_F)보다 낮다. 따라서 경기는 침체가 되고, 노동시장에서는 비자발적 실업이 존재하게 된다. 만약 노동시장에서 실업해소를 위해 명목임금이 하락하게 되면 단기 AS곡선은 다시 왼쪽으로 이동(ㄴ)하게 되어 다시 A점으로 되돌아올 수 있다(②).
- 통화량을 증가시키거나 정부지출을 증가시키면 AD곡선이 오른쪽으로 이동(ㄷ)하여 C 점에서 장단기 동시 균형을 달성할 수 있다. 이 수준에서 이전 A점에서의 총생산량을 회복하게 되지만(③), 물가수준은 A점에서보다 높아지게 된다(④).

정답 ④

1099

<보기>의 그래프는 어느 경제의 장단기 총공급곡선과 총수요곡선이다. 이 경제의 장기균형에 대한 설명으로 가장 옳은 것은?

18 서울시 정기공채 7급

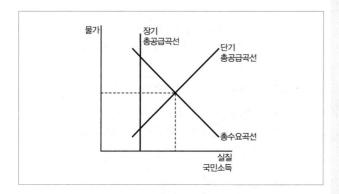

① 이 경제는 현재 장기균형상태에 있다.

② 장기 총공급곡선이 오른쪽으로 움직이며 장기균형을 달성하게 된다.

③ 임금이 상승함에 따라 단기 총공급곡선이 왼쪽으로 움직이며 장기균형을 달성하게 된다.

④ 확장적 재정정책을 사용하지 않는다면 이 경제는 경기침체에 머무르게 된다.

주어진 선택지 내용을 각각 살펴보면 다음과 같다.

• 현재 이 경제는 장기에 달성되는 완전고용국민소득 수준을 상회하는 경기호황 국면에 있다 (①).

• 현재 수준에서 긴축적 재정정책을 사용하지 않는다면 이러한 경기호황 국면은 지속되고, 경기과열 문제가 대두될 수 있다 (④).

• 경기호황 국면이 지속되면 노동시장에서 임금이 상승하게 되고, 이로 인해 단기 총공급곡선이 왼쪽으로 이동하여 장단기 동시균형 수준에 도달하게 된다(②, ③).

정답 ③

1100

어떤 경제의 총수요곡선은 $P_t = -Y_t + 2$, 총공급곡선은 $P_t = P_t^e + (Y_t - 1)$이다. 이 경제가 현재 $P = \frac{3}{2}$, $Y = \frac{1}{2}$에서 균형을 이루고 있다고 할 때, 다음 중 옳은 것은? (단, P_t^e는 예상물가이다.)

① 이 경제는 장기균형 상태에 있다.

② 현재 상태에서 P_t^e는 1/2이다.

③ 현재 상태에서 P_t^e는 3/2이다.

④ 개인들이 합리적 기대를 한다면 P_t^e는 1이다.

⑤ 개인들이 합리적 기대를 한다면 P_t^e는 2이다.

총공급곡선은 다음과 같이 나타낼 수 있다.

> $P = P^e + \beta(Y - Y_n) \Rightarrow P_t = P_t^e + (Y_t - 1)$
> 단, P는 실제물가, P^e는 예상물가, β는 양(+)의 상수, Y는 실제산출량, Y_n은 자연산출량이다.

- 장기균형에서 달성되는 자연산출량은 '$Y_n = 1$'이 되며 장기총공급곡선(LAS)은 자연산출량 수준 '$Y_n = 1$'에서 수직의 모습을 보인다.
- 현재 실제산출량이 '$Y = \frac{1}{2}$'이므로 이 경제는 경기침체 상태에 있게 되어 장기균형에 도달하지 못하고 있다(①).
- 주어진 조건을 총공급곡선에 대입하면 다음과 같은 결과가 도출된다(②, ③).

> - $P_t = P_t^e + (Y_t - 1) \Rightarrow \frac{3}{2} = P_t^e + (\frac{1}{2} - 1) \Rightarrow P_t^e = 2$
> - 단기총공급곡선(SAS) : $P_t = Y_t + 1$

- 앞의 결과들을 그림으로 나타내면 다음과 같다.

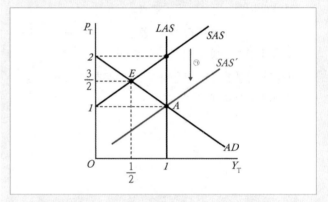

- 경기침체 상황 하에서 개인들이 합리적 기대를 하게 되면 즉각적으로 예상물가가 하향조정이 되어 SAS가 아래쪽으로 이동(㉠)하여 A점에서 장단기 동시균형을 달성하게 된다. 이에 따라 실제물가(P_t)와 예상물가(P_t^e)가 '1'수준에서 일치하게 된다(④, ⑤).

정답 ④

1101

중앙은행이 공개시장 매입정책을 실시하는 경우, 이자율은 (A)하고 투자지출이 (B)하여 총수요곡선이 (C)으로 이동한다. (A)-(C)에 들어갈 내용을 옳게 짝지은 것은?

19 지방직 7급

	(A)	(B)	(C)
①	하락	감소	오른쪽
②	상승	증가	왼쪽
③	하락	증가	오른쪽
④	상승	감소	왼쪽

해 설

중앙은행이 공개시장 매입정책을 실시하는 경우 나타나는 전달 경로를 정리해보면 다음과 같다.

> 공개시장 매입조작 ⇒ 통화량 증가 ⇒ 이자율 하락(A) ⇒ 투자지출 증가(B) ⇒ 총수요 증가 ⇒ 총수요곡선 오른쪽 이동(C)

정답 ③

1102

아래 그림은 SAS_0에서 SAS_1으로 이동된 상황을 보여 주고 있다. 이에 대한 설명으로 옳지 않은 것은?
08 지방직 7급

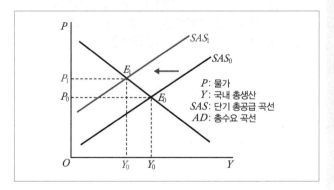

P: 물가
Y: 국내 총생산
SAS: 단기 총공급 곡선
AD: 총수요 곡선

① 장기적으로 생산성 향상을 위한 기술개발, 교육훈련, 투자촉진 정책들이 필요하다.

② 물가상승과 실업률이 함께 높아진 스태그플레이션 현상을 보여 주고 있다.

③ 물가를 잡기 위한 정책으로 총수요관리정책을 사용하는 것이 바람직하다.

④ 법인세 인하와 같은 조세 인하 정책을 사용할 수 있다.

해 설

그림은 단기에 총공급이 감소하고 있음을 보여 주고 있다. 이에 따라 물가가 상승하고 산출량이 감소하는 스태그플레이션 현상이 나타나고 있다.

• 'E₁' 상황 속에서 물가를 잡기 위한 정책으로 총수요를 감소시키면 물가 상승은 억제할 수 있지만 산출량은 더욱 감소하여 경기가 급속도로 침체국면에 빠질 수 있게 된다. 따라서 총공급을 증대시킬 수 있는 정책을 사용해야 한다.

• 공급 중시 측면에서는 법인세를 인하하면 기업의 생산능력을 제고시켜 총공급을 증가시키는 효과가 나타날 수 있다.

정답 ③

1103

원자재 가격 상승 충격이 발생할 경우 거시경제의 단기 균형과 관련한 다음 분석 중 옳은 것은?

15 서울시 7급

① 물가가 상승하고 실업률이 하락한다.
② 정부가 산출량 안정을 도모하려면 총수요 축소 정책을 실시하여야 한다.
③ 정부가 재정정책을 통하여 물가 안정과 산출량 안정을 동시에 달성할 수 있다.
④ 중앙은행이 물가 안정을 위하여 통화정책을 사용할 경우 실업률이 추가적으로 상승한다.

1104

아래 그림은 총수요곡선, 총공급곡선 그리고 잠재 GDP를 보여주고 있다. 그림에서 경제상태는(㉠)갭을 보여주고 있고, 잠재 GDP를 달성하기 위한 재정정책은 정부투자를 (㉡)하고 또는 조세를 (㉢)해야 한다. ㉠~㉢에 들어갈 말로 옳은 것은?

10 지방직 7급

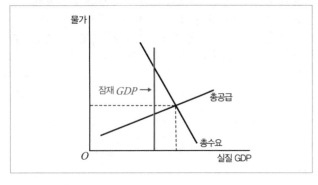

	㉠	㉡	㉢
①	디플레이션	증가	감소
②	인플레이션	증가	감소
③	인플레이션	감소	증가
④	디플레이션	감소	증가

해설

다음과 같은 그림으로 설명할 수 있다.

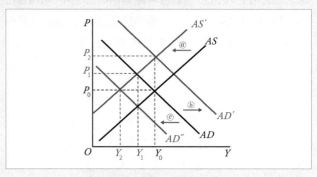

- 원자재 가격 상승 충격이 발생하면 총공급(AS)곡선이 왼쪽으로 이동(ⓐ)하여 물가는 상승($P_0 \rightarrow P_1$)하고 산출량이 감소($Y_0 \rightarrow Y_1$)하게 된다. 산출량이 감소한다는 것은 실업률이 증가한 다는 것을 의미한다(①).
- 이때 산출량을 이전 수준(Y_0)으로 유지하기 위해서는 총수요(AD)곡선을 오른쪽으로 이동(ⓑ)시키는 총수요 확대 정책이 필요하다(②). 그런데 이 경우에는 산출량은 이전 수준(Y_0)에서 유지되지만 물가는 이전 수준보다 더 높은 수준으로 상승($P_0 \rightarrow P_2$)하게 된다(③).
- 반대로 중앙은행이 물가 안정을 위해 (긴축)통화정책을 사용하면 AD곡선이 왼쪽으로 이동 (ⓒ)하게 되어 물가는 이전 수준(P_0)으로 유지할 수 있지만 산출량은 더욱 감소($Y_0 \rightarrow Y_2$)하게 되어 실업률이 추가적으로 상승하게 된다(④).

정답 ④

해설

주어진 그림에 따르면 현재 경제는 잠재 GDP 수준보다 높은 수준에서 균형을 이루고 있다. 이에 따라 총수요가 잠재 GDP보다 높은 수준이어서 경기가 과열되어 인플레이션이 발생하게 된다.
- 경기과열 문제를 해결하기 위해서는 총수요를 억제하는 정책이 필요해진다. 이를 위해 정부투자를 감소시키고, 조세를 증가시키는 긴축적 재정정책을 시행해야 한다.

정답 ③

1105

아래의 총수요-총공급 모형에 대한 설명 중에서 옳지 않은 것은?
13 서울시 7급

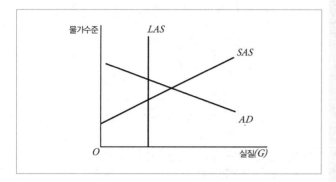

① 경기안정화를 위해 공개시장매도를 하는 통화정책이 필요하다.

② 경기안정화를 위해 정부지출을 감소시키는 재정정책이 필요하다.

③ 시간이 지남에 따라 단기 총공급 곡선은 좌측으로 이동하여 장기균형에 도달한다.

④ 시간이 지남에 따라 총수요 곡선은 좌측으로 이동하여 장기 균형에 도달한다.

⑤ 시간이 지남에 따라 기대 물가수준은 높아진다.

해 설

단기 균형에서 실질GDP가 장기의 완전고용산출량보다 크므로 현재 경기는 과열 국면에 있다. 경기 과열을 해결하기 위한 경기안정화 정책으로 긴축적 금융-재정정책이 필요하다.

• 시간이 경과함에 따라 경기과열에 따른 기대물가의 상승으로 단기 총공급곡선은 좌측으로 이동하여 장단기 동시 균형을 달성하게 된다. 이러한 과정은 노동력부족에 따른 임금 상승을 논거로 하여도 동일한 결과에 도달하게 된다.

정답 ④

1106

통화정책의 단기효과에 대한 설명 중 옳은 것은? 15 서울시 7급

① 화폐수요의 이자율 탄력성이 클수록 통화정책의 효과가 크다.

② 투자의 이자율 탄력성이 클수록 통화정책의 효과가 크다.

③ 임금 조정의 신축성이 클수록 통화정책의 효과가 크다.

④ 한계소비성향이 작을수록 통화정책의 효과가 크다.

해 설

IS-LM 모형에서 통화정책의 효과는 IS곡선의 기울기가 완만할수록, LM곡선의 기울기가 가파를수록 크게 나타난다.

• IS곡선의 기울기는 투자의 이자율 탄력성이 클수록, 한계소비성향이 클수록 완만해진다. 또한 LM곡선의 기울기는 화폐수요의 소득탄력성이 클수록, 화폐수요의 이자율탄력성이 작을수록 가팔라진다.

• 임금조정의 신축성이 크다는 것은 총공급(AS)곡선의 기울기가 가파르다는 의미이다. 임금과 같은 가격변수의 완전한 신축성을 전제하는 고전학파의 AS곡선이 수직임을 상기해보자. 따라서 AD-AS 모형에서 AD곡선을 이동시키는 통화정책의 효과는 작아진다.

정답 ②

1107

정부가 경기안정화 정책을 수행할 때 물가안정보다는 국민소득 안정화에만 정책목표를 두고 있고 중앙은행은 국민소득 안정화보다는 물가안정에만 정책목표를 두고 있다고 가정하자. 경기를 침체시키는 부(-)의 공급충격(negative supply shock)이 발생하였을 경우 아래의 설명 중 옳지 않은 것은?

14 서울시 7급

① 최종재화와 서비스에 대한 정부지출이 증가하게 된다.
② 중앙은행은 공개시장매입을 하게 된다.
③ 정부의 경기안정화 정책과 중앙은행의 통화정책이 물가수준에 미치는 효과는 서로 상충된다.
④ 정부의 경기안정화 정책과 중앙은행의 통화정책이 국민소득에 미치는 효과는 서로 상충된다.
⑤ 중앙은행은 이자율을 높이는 정책을 시행한다.

1108

거시경제의 총수요-총공급 모형에 대한 설명으로 옳은 것만을 <보기>에서 모두 고르면?

19 국회 8급

> **보기**
>
> ㉠ 단기 총공급곡선이 우상향하는 이유는 임금과 가격이 경직적이기 때문이다.
> ㉡ 예상 물가수준이 상승하면 단기 총공급곡선이 오른쪽으로 이동한다.
> ㉢ 총수요곡선이 우하향하는 이유는 물가수준이 하락하면 이자율이 하락하고 자산의 실질 가치가 상승하기 때문이다.
> ㉣ 자국화폐의 가치하락에 따른 순수출의 증가는 총수요곡선을 오른쪽으로 이동시킨다.

① ㉠, ㉢
② ㉡, ㉢
③ ㉠, ㉡, ㉣
④ ㉠, ㉢, ㉣
⑤ ㉡, ㉢, ㉣

주어진 내용을 그림으로 설명하면 다음과 같다.

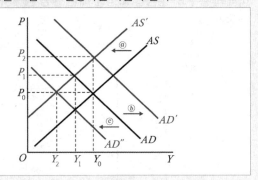

- 경기를 침체시키는 부(-)의 공급충격(Negative supply shock)이 발생하면 총공급(AS)곡선이 왼쪽으로 이동(ⓐ)하여 물가는 상승($P_0 \to P_1$)하고 산출량이 감소($Y_0 \to Y_1$)하게 된다.
- 국민소득 안정화에 중점을 두는 정부는 국민소득을 공급충격이 발생하기 전까지 회복시키기 위해 정부지출을 증가시킴으로써 AD곡선을 오른쪽으로 이동(ⓑ)하는 정책을 고려하게 된다. 이에 따라 국민소득은 이전수준(Y_0)으로 회복되지만 물가는 더 높은 수준($P_0 \to P_2$)으로 상승하게 된다.
- 중앙은행이 물가안정에 중점을 둔다면 물가가 공급충격이 발생하기 전까지 낮추기 위해 AD곡선을 왼쪽으로 이동(ⓒ)하는 정책을 고려하게 된다. 그 결과 물가는 이전 수준(P_0)으로 유지할 수 있지만 산출량은 더욱 감소($Y_0 \to Y_2$)하게 되어 실업률이 추가적으로 상승하게 된다.

정답 ②

단기 총공급곡선은 다음과 같이 나타낼 수 있다.

- 단기 총공급곡선(SAS): $P = P^e + \alpha(Y - Y_n)$
- 여기서 P는 실제물가, P^e는 예상물가, Y는 실제 산출량, Y_n은 자연산출량, α는 양(+)의 상수이다.

- 예상물가(P^e) 수준이 상승하면 단기 총공급곡선(SAS)은 왼쪽(상방)으로 이동하게 된다.
- ㉠ 새케인스 학파는 임금과 가격의 경직성으로 단기 총공급곡선이 우상향한다고 설명한다.
- ㉢ 물가수준이 하락하면 화폐시장에서 실질통화량 증가로 이자율이 하락하게 된다. 이러한 이자율의 하락은 투자를 증가시킨다. 또한 물가수준의 하락은 자산의 실질가치($\frac{A(\text{자산})}{P(\text{물가})}$)를 증가시켜 소비 증가를 가져온다. 그 결과 총수요가 증가하게 된다. 이에 따라 물가와 총수요 사이에는 역(-)의 관계가 성립하게 되어 총수요곡선은 우하향하게 된다.
- ㉣ 자국화폐의 가치 하락은 곧 환율상승을 의미한다. 이러한 환율상승으로 수출상품의 외화표시 가격이 하락하여 수출은 증가하게 되며, 수입상품의 자국 화폐표시 가격이 상승하여 수입은 감소하게 된다. 그 결과 순수출이 증가하게 되고, 이는 총수요를 증가시키게 되어 총수요곡선 자체가 오른쪽으로 이동하게 된다.

정답 ④

1109

현 경제상황이 장기균형에 있다고 가정하자. 최근 현금자동입출금기를 설치하고 운영하는 비용이 더욱 낮아지면서 통화수요가 하락하는 상황이 발생하였다. 이 상황은 장단기 균형에 어떠한 영향을 미치는가?   14 서울시 7급

① 단기에는 가격수준과 실질 GDP는 증가하지만, 장기에는 영향이 없다.
② 단기에는 가격수준과 실질 GDP는 증가하지만, 장기에는 가격수준만 상승할 뿐 실질 GDP에 대한 영향은 없다.
③ 단기에는 가격수준과 실질 GDP는 하락하지만, 장기에는 영향이 없다.
④ 단기에는 가격수준과 실질 GDP는 하락하지만, 장기에는 가격수준만 하락할 뿐 실질 GDP에 대한 영향은 없다.
⑤ 단기에는 가격수준과 실질 GDP는 증가하고, 장기에도 가격수준과 실질 GDP 모두 증가한다.

해 설

주어진 내용을 그림으로 나타내면 다음과 같다.

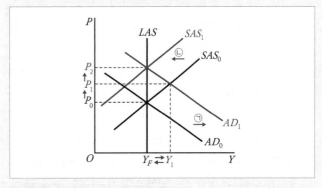

- 통화수요의 하락, 화폐수요의 감소는 LM곡선을 오른쪽으로 이동시켜, AD곡선도 오른쪽으로 이동(㉠)시킨다.
- 단기총공급곡선은 우상향이고 장기총공급곡선은 수직이다. 이에 따라 통화수요의 하락은 단기에는 가격(물가)수준과 실질GDP를 증가시키지만, 장기에는 단기 총공급곡선이 예상물가의 상승으로 좌상방으로 이동(㉡)하고, 그 결과 가격(물가)수준만 상승시킬 뿐 실질 GDP는 증가시키지 못한다.

정답 ②

1110

중앙은행이 실질 이자율을 3%로 유지하는 실질이자율 타게팅(targeting) 규칙을 엄격하게 따른다. 이 실질이자율 수준에서 국민 경제는 장기와 단기 균형상태에 있었다고 하자. 장기 공급곡선을 제외하고는 수직이거나 수평이지 않은 일반적인 IS, LM, AS, AD곡선을 가진 국민경제를 가정하였을 때 다음 중 옳지 않은 것은?   15 국회 8급

① 화폐수요 증가 충격을 받는 경우, LM곡선은 변하지 않는다.
② 화폐수요 증가 충격을 받는 경우, 단기에서 산출은 변하지 않는다.
③ 소비증가 충격을 받는 경우, LM곡선은 우측으로 이동한다.
④ 소비증가 충격을 받는 경우, 단기에서 산출은 증가한다.
⑤ 단기 총공급 감소 충격을 받는 경우, LM곡선은 좌측으로 이동한다.

해 설

LM곡선을 왼쪽으로 이동시키는 화폐수요 증가 충격을 받는 경우, 이를 그대로 허용하면 실질이자율이 상승하게 된다.
- 이 경우 중앙은행은 실질이자율을 3%로 계속 유지하기 위해서 화폐수요 증가에 상응하는 수단을 사용하게 된다. 이를 위해 LM곡선을 오른쪽으로 이동시키는 화폐공급 증가로 화폐수요 증가에 대응하게 된다. 이에 따라 양자는 서로 상쇄가 되면서 LM곡선은 불변이 되고, 단기에 산출량도 불변이 된다.
- 반면에 소비증가 충격을 받게 되면 IS곡선이 오른쪽으로 이동하게 되어 실질이자율이 상승하게 된다.
- 이 경우 중앙은행은 실질이자율을 3%로 계속 유지하기 위해 LM곡선을 오른쪽으로 이동시키는 수단을 사용하게 된다. 그 결과 단기에 산출량은 크게 증가하게 된다.
- 한편 단기에 총공급 감소 충격을 받게 되면, AS곡선이 왼쪽으로 이동하여 물가를 상승시키고, 이에 따른 실질통화량의 하락으로 LM곡선이 왼쪽으로 이동하여 실질이자율이 상승하게 된다.
- 이 경우 중앙은행은 실질이자율을 3%로 계속해서 유지하기 위해 화폐공급을 증가시키게 되므로, LM곡선은 불변이 된다.

정답 ⑤

1111

거시경제에 대한 설명으로 옳지 않은 것은? 12 국가직 7급

① 상대가격과 물가수준에 대한 착각이 있는 경우 단기 총공급곡선은 우상향할 수 있다.

② 고전학파 이론은 가격과 임금의 신축성을 가정하기 때문에 장기적인 이슈 분석에 유용하다.

③ 합리적 기대가설에 따르면 예견된 일회성 통화량의 증가는 실물경제에 큰 영향을 미치지 못한다.

④ 공급측면에서 부정적인 충격(negative supply shock)이 있을 때, 총수요 관리정책은 물가 안정과 고용 증대에 유용하다.

공급측면에서 부정적인 충격이란 예상치 못하게 총공급이 감소하는 경우를 말한다.

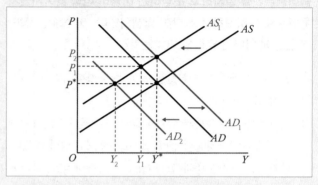

- 총공급 곡선이 왼쪽으로 이동하면서 물가가 상승($P^* \rightarrow P_1$)하고 산출량이 감소($Y^* \rightarrow Y_1$)하여 실업이 증가하게 된다.
- 이 경우 총수요를 증가(AD_1)시키면 산출량은 원래 수준(Y^*)을 유지할 수 있어 고용안정에는 효과가 있지만 물가는 더욱 상승($P^* \rightarrow P_2$)하여 물가안정을 해칠 수 있다.
- 반면에 총수요를 감소(AD_2)시키면 물가는 원래 수준(P^*)을 유지할 수 있어 물가안정에는 효과가 있지만 산출량은 더욱 감소($Y^* \rightarrow Y_2$)하여 고용상황은 더욱 불안해지게 된다.
- 결국 부정적인 공급충격이 있을 때의 총수요 관리정책은 물가안정과 고용 증대를 동시에 달성할 수 없는 것이다.

정답 ④

1112

갑작스러운 국제 유가 상승으로 A국에서 총생산이 줄어들고 물가가 높아지는 스태그플레이션(stagflation)이 발생하였다. <보기>는 이에 대한 대책으로 중앙은행 총재와 재무부 장관이 나눈 대화이다. 본 대화에 대한 논평으로 가장 옳지 않은 것은?

17 서울시 7급

보 기

• 중앙은행 총재: "무엇보다도 서민 생활안정을 위해 이자율을 올려 물가를 안정시키는 일이 급선무입니다."
• 재무부 장관: "물가안정도 중요하지만 경기침체 완화를 위해 재정을 확대하는 정책이 절실합니다."

① 이자율을 높이는 정책은 총수요를 감소시키는 결과를 가져오기 때문에 실업률을 보다 높일 수 있다.
② 재정확대 정책은 자연산출량(Natural rate of output)을 증대할 수 있는 방안이다.
③ 재정확대 정책을 실시할 경우 현재보다 물가 수준이 더욱 높아질 것을 각오해야 한다.
④ 만약 아무 조치도 취하지 않는다면, 침체가 장기화될 수 있다.

해 설

문제에서 "갑작스러운 국제 유가 상승으로 A국에서 총생산이 줄어들고 물가가 높아지는 스태그플레이션(Stagflation)이 발생하였다"는 내용을 'AD-AS 모형'을 이용하여 그림으로 나타내면 다음과 같다.

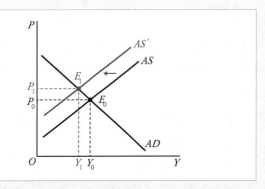

• 위의 그림은 국제 유가 상승으로 인해 총공급(AS)이 감소하게 되어 물가가 상승하고, 실제 산출량이 감소하는 변화를 보여 준다.
• 이 경우 물가를 안정시키고자 하는 중앙은행 총재의 입장을 반영하기 위해서는 다음 그림에서 나타난 것처럼 이자율의 상승을 통해 소비와 투자와 같은 총수요(AD)를 감소시켜야 한다.

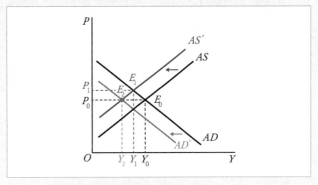

이에 따라 새로운 균형점(E_2)에서 물가는 이전 수준(P_0)으로 안정시킬 수 있지만, 산출량은 이전 수준(Y_1)에 비해 더욱 감소(Y_2)하게 되어, 결과적으로 실업률이 더 높아지게 된다(①).
• 국제 유가 상승으로 인한 경기침체에서 벗어나고자 하는 재무부 장관의 입장을 반영하기 위해서는 아래 그림에서와 같이 정부지출 증가를 통한 총수요(AD)를 증가시켜야 한다.

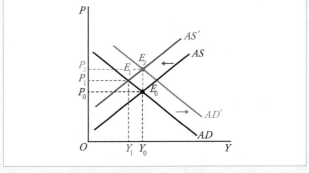

이에 따라 새로운 균형점(E_2)에서 산출량 수준은 이전 수준(Y_0)으로 안정시킬 수 있지만, 물가수준은 이전 수준(P_1)에 비해 더욱 상승(P_2)하게 되는 문제를 감수해야 한다(③). 다만 이경우 변화는 산출량은 '실제' 산출량이지 '자연' 산출량이 아님을 주의해야 한다(②).
• 국제 유가 상승으로 인한 경제침체를 해결하기 위해 앞에서 제시했던 총수요 관리정책을 사용하지 않게 되면 AS곡선 이동을 통해 문제가 해결될 때까지 경기침체 문제가 장기화된다(④).

정답 ②

1113

경제가 장기 균형상태에 있다고 하자. 유가 충격으로 인해 석유가격이 크게 상승했다. 다음 설명 중 가장 옳지 않은 것은?

19 서울시 7급

① 단기 총공급곡선의 이동으로 인해 단기에는 스태그플레이션이 발생한다.

② 단기 균형상태에서 정부지출을 증가시키면 실질 GDP가 증가하지만 물가수준의 상승을 피할 수 없다.

③ 단기 균형상태에서 통화량을 감소시키면 물가수준이 하락하고 실질 GDP는 감소한다.

④ 생산요소 가격이 신축성을 가질 정도의 시간이 주어지면 장기 공급곡선이 이동하여 새로운 장기균형이 형성된다.

장기 공급곡선(LAS)은 기술진보나 부존자원이 변화하는 경우에 이동하게 된다. 따라서 단기 생산요소 가격이 변화된다고 해서 장기 공급곡선(LAS)이 이동하지는 않는다. 새로운 장기 균형은 생산요소 가격이 신축성을 가질 정도의 시간이 지나 단기 총공급곡선(SAS)이 이동하여 도달하게 된다.

• 경제가 장기 균형상태에 있는 경우를 전제로 한 'AD-AS' 모형을 이용하여, 선택지에 나타난 상황을 그림으로 나타내면 다음과 같다.

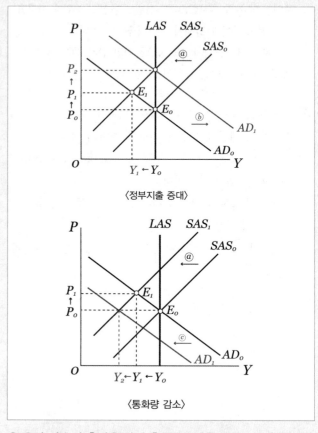

〈정부지출 증대〉

〈통화량 감소〉

① 유가 상승의 충격은 단기 총공급곡선을 왼쪽으로 이동시켜($SAS_0 \rightarrow SAS_1$: ⓐ), 이로 인한 균형수준(E_1)에서 물가는 상승($P_0 \rightarrow P_1$)하고 산출량이 감소($Y_0 \rightarrow Y_1$)하게 되는 스태그플레이션이 발생하게 된다.

② 정부지출의 증대는 총수요곡선을 오른쪽으로 이동시켜($AD_0 \rightarrow AD_1$: ⓑ), 실질 GDP를 원래 수준으로 다시 증가시킬 수 있지만($Y_1 \rightarrow Y_0$) 물가수준은 더욱 상승하게 된다($P_1 \rightarrow P_2$).

③ 통화량의 감소는 총수요곡선을 왼쪽으로 이동시켜($AD_0 \rightarrow AD_1$: ⓒ), 물가수준을 원래 수준으로 다시 하락시킬 수 있지만($P_1 \rightarrow P_0$) 실질 GDP는 더욱 감소하게 된다($Y_1 \rightarrow Y_2$).

정답 ④

1114

어떤 나라의 단기 총수요(AD)곡선이 $Y = 70 - P$, 단기 총공급(AS)곡선이 $Y = 10 + P$로 주어져 있다고 한다(여기에서 Y는 국민소득, P는 물가이다). 완전고용국민소득이 50일 때 다음 설명 중 옳지 않은 것은? 12 CPA

① 단기 균형물가수준은 30이다.
② 경기침체 갭(recessionary gap)은 10이다.
③ 향후 명목임금은 하락할 것이다.
④ 향후 단기 총공급곡선은 좌측으로 이동할 것이다.
⑤ 장기 균형물가수준은 20으로 떨어질 것이다.

해설

주어진 단기 AD곡선과 AS곡선을 연립해서 풀면 단기 균형물가수준은 P = 30이다(①).
- 단기 균형국민소득은 Y = 40이 되어 완전고용국민소득인 50에 비해 10만큼 부족한 경기침체 갭(Recessionary gap)이 존재한다(②). 이에 따라 노동시장에서는 비자발적 실업이 존재하고 이를 해결하는 과정에서 향후 명목임금의 하락으로 단기 총공급곡선은 오른쪽으로 이동하게 된다(③, ④).
- 한편 장기에는 국민소득이 완전고용국민소득과 일치하게 되므로 이를 장기균형에서의 AD곡선에 대입하면 P = 20이 된다(⑤). 이때 주의할 것은 AS곡선에 대입해서는 안 된다. 주어진 AS곡선은 '단기' AS곡선이기 때문이다.
- 앞의 내용들을 그림으로 나타내면 다음과 같다.

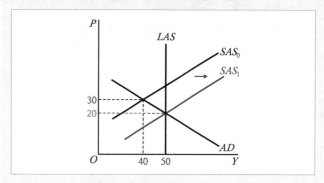

정답 ④

1115

장기균형 상태에 있던 경제에 기상변화로 인해 농작물 피해가 발생했다. 총수요-총공급 모형을 이용하여 기상변화가 경제에 미치는 영향을 설명한 것 중 옳은 것은? (단, 총수요곡선은 우하향하고, 단기 총공급곡선은 수평이고, 장기 총공급곡선은 수직이다.) 11 CPA

① 기상변화가 일시적이면 단기적으로는 물가가 상승하지만 소득은 불변이다.
② 기상변화가 일시적이면 장기적으로 물가는 기상변화 이전 수준으로 돌아가지만 소득은 감소한다.
③ 기상변화가 영구적이면 단기적으로 물가는 상승하지만 소득은 불변이다.
④ 기상변화가 영구적이면 장기적으로 물가가 상승하지만 소득은 기상변화 이전 수준으로 돌아간다.
⑤ 기상변화가 일시적이든 영구적이든 단기적으로 물가는 상승하고 소득은 감소한다.

해설

기상변화가 일시적인 단기와 영구적인 장기의 총공급곡선을 전제로 주어진 상황을 그림으로 나타내면 다음과 같다.

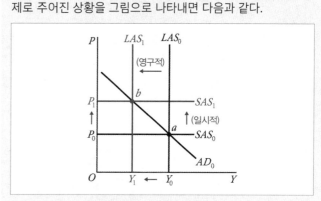

- 농작물 피해로 인한 부정적 공급충격을 가져오는 기상변화가 일시적이면 단기 총공급곡선이 상방으로 이동하여 물가는 상승하고 소득은 감소하게 된다(a → b).
- 기상변화가 영구적이면 잠재생산능력의 감소를 가져와 장기 총공급곡선 자체가 왼쪽으로 이동한다. 이에 따라 물가는 상승하고 소득은 감소하게 된다.

정답 ⑤

1116

총수요-총공급 분석에서 부정적 수요충격과 일시적인 부정적 공급충격이 발생할 경우 장기적인 현상에 대한 설명으로 옳은 것은?

19 국회 8급

① 물가수준과 총생산은 초기 균형수준으로 돌아간다.

② 물가수준은 영구적으로 상승하는 반면, 총생산은 잠재생산량 수준으로 돌아간다.

③ 총생산은 잠재생산량 수준으로 돌아가나, 물가수준은 초기대비 상승할 수도 있고 하락할 수도 있다.

④ 물가수준은 영구적으로 하락하는 반면, 총생산은 잠재생산량 수준으로 돌아간다.

⑤ 물가수준은 영구적으로 하락하고, 총생산도 감소한다.

부정적인 수요충격과 일시적인 부정적 공급충격이 발생하는 경우의 단기 균형을 그림으로 나타내면 다음과 같다.

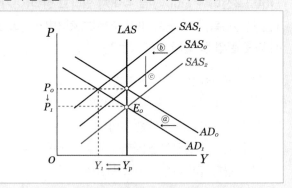

• 부정적 수요충격(ⓐ)과 일시적인 부정적 공급충격(ⓑ)이 발생할 경우, 단기적으로는 산출량은 감소하여 잠재생산량보다 작아져서 경기침체 국면에 들어가며, 물가수준은 알 수 없다. 물가수준은 부정적 수요충격과 부정적 공급충격의 상대적 크기에 따라 상승, 하락 또는 불변일 수 있기 때문이다.

• 장기적으로는 경기침체에 따른 기대물가의 하락으로 단기총공급곡선이 하방으로 이동(ⓒ)하여 장기균형상태에 도달하게 된다. 그 결과 생산량은 다시 잠재생산량 수준을 회복하게 되고, 물가수준은 하락하게 된다.

정답 ④

1117

총공급곡선은 경제주체들의 물가에 대한 기대에 따라 변동하며, $Y = \overline{Y} + \alpha(P - P^e)$의 함수형태로 표현된다. 여기서 Y는 GDP, $\overline{Y}$는 잠재GDP, P는 물가, P^e는 예상물가를 나타내며, $\alpha > 0$이다. 기대형성에 따라 장단기 균형이 어떻게 결정되는가에 대한 다음 설명 중 옳지 않은 것은? (단, 최초의 균형점은 A점이며 이때의 예상물가는 P_0이다. 적응적 기대(adaptive expectation) 하에서 예상물가는 직전기의 물가와 같다. LAS, SAS 및 AD는 각각 장기 총공급곡선, 단기 총공급곡선 및 총수요곡선이다.) 　　　11 CPA

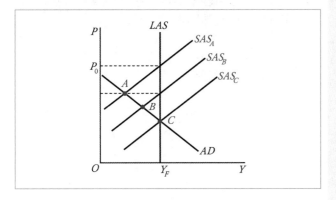

① 적응적 기대 하에서 한 기간이 지난 뒤 단기균형은 B점이다.

② 합리적 기대 하에서 한 기간이 지난 뒤 단기 총공급곡선은 SAS_c 이다.

③ 적응적 기대 하에서의 장기균형은 C점이다.

④ 합리적 기대 하에서의 장기균형은 C점이다.

⑤ 적응적 기대 하에서 장기균형까지 조정되는 동안 예상물가는 실제 물가보다 낮다.

해설

단기 총공급곡선이 '$Y = \overline{Y} + \alpha(P - P^e)$' 형태이고, A점에서 '$Y < \overline{Y}$'이므로 '$P < P^e$'가 성립한다. 따라서 적응적 기대 하에서는 장기균형까지 조정될 때까지 체계적 오류를 범하게 된다.

• 적응적 기대 하에서 한 기간이 지난 뒤 단기 총공급곡선이 SAS_B가 되어 단기균형은 B점에서 이루어진다(①).

• 합리적 기대 하에서 경제주체들의 물가에 대한 정확한 예상으로 인해 한 기간이 지난 뒤 단기 총공급곡선은 SAS_c가 된다(②).

• 적응적 기대이든 합리적 기대이든 장기균형은 SAS_c와 AD곡선 그리고 LAS가 모두 일치하는 C점에서 이루어진다(③, ④).

정답 ⑤

1118

중앙은행이 공개시장조작정책을 시행하여 국채를 매입하는 경우, 예상되는 경제현상으로 옳은 것만을 모두 고르면? (단, 총수요 곡선은 우하향한다.) 20 국가직 7급

ㄱ. 유동성선호이론에 의하면, 국채매입은 화폐시장에 초과 공급을 유발하여 이자율을 상승시킨다.
ㄴ. 단기적으로 총수요 증가를 통해 산출량은 증가하고 물가도 상승한다.
ㄷ. 장기적으로 경제는 자연산출량 수준으로 회귀한다.
ㄹ. 새고전학파에 따르면, 경제주체의 정책 예상이 완벽한 경우 단기에도 산출량은 불변이고 물가만 상승한다.

① ㄱ, ㄴ
② ㄴ, ㄷ
③ ㄷ, ㄹ
④ ㄴ, ㄷ, ㄹ

유동성 선호이론에 따르면 중앙은행이 공개시장조작정책을 시행하여 국채를 매입하게 되면 화폐시장에서는 통화량이 증가하고, 이에 따라 기존 이자율 수준에서 화폐의 초과공급이 발생한다. 이러한 초과공급을 해소하기 위해 화폐시장에서는 이자율이 하락하게 된다(ㄱ).

• 이자율의 하락은 투자 증가로 인한 총수요 증가를 가져와 물가가 상승하고 산출량이 증가하게 된다(ㄴ).

• 수요충격이든 공급충격이든 외생적인 충격에 의한 장기균형으로부터의 일시적인 이탈은 결국 시간이 지남에 따라 자연산출량 수준으로 복귀하게 된다(ㄷ).

• 합리적 기대를 전제로 하는 새고전학파에 따르면 경제주체들이 완전히 예견한 확장적 통화정책은 산출량을 증가시킬 수 없고 물가만 상승시키게 된다(ㄹ).

정답 ④

1119

다음의 인플레이션 요인들 중 그 성격이 다른 것은?

09 국회 8급

① 경기침체를 해소하기 위한 경기부양책으로 통화 공급량을 대폭 증가시켰다.
② 세계 경제의 성장으로 세계 원자재에 대한 수요가 크게 증가하고 있다.
③ 중국과 인도 등의 경제성장으로 우리나라의 수출이 크게 증가하였다.
④ 사회간접자본 확충을 위한 통신망 구축사업이 시행되었다.
⑤ 기업이 대규모 해외자본을 유치하여 투자를 확대하였다.

해설

세계 원자재에 대한 수요가 증가하게 되면 세계 원자재 가격이 상승하고 기업의 공급능력 감소로 총공급이 감소한다. 이로 인해 비용 인상 인플레이션이 발생할 수 있다.

• 통화 공급량 증가와 수출의 증가, 사회간접자본 확충 등의 투자 확대는 총수요를 증가시켜 수요 견인 인플레이션을 야기시킨다.

정답 ②

1120

어떤 국가에서 정부가 신용카드 수수료에 대한 세금을 인상하였다고 하자. 이 정책이 국민경제에 미치는 파급효과에 대한 설명 중 옳지 않은 것은? (단, 장기공급곡선을 제외하고는 수직이거나 수평이지 않은 일반적인 IS, LM, AS, AD곡선을 가진 경제를 가정함)

15 국회 8급

① 민간의 현금 보유비율은 증가한다.
② 통화량은 감소한다.
③ 단기에 이자율은 상승하고 산출은 감소한다.
④ 화폐수량설과 피셔효과(Fisher effect)에 따르면 장기적으로 물가는 하락한다.
⑤ 화폐수량설과 피셔효과에 따르면 장기적으로 실질이자율은 하락한다.

해설

정부의 신용카드 수수료에 대한 세금을 인상하면 카드사는 이에 대한 부담을 카드 가맹점에게 전가시키기 위해 수수료를 인상할 것이다. 이에 대해 카드 가맹점들은 수수료 부담을 줄이기 위해 구매자들에게 현금결제를 요구하게 된다.

• 이러한 상황에서 구매자들은 현금보유를 증가시키게 되고, 이에 따라 통화승수가 작아져서 통화량이 감소한다.
• 통화량의 감소는 LM곡선을 왼쪽으로 이동시켜 단기에 이자율은 상승하고 산출량은 감소하게 된다. 또한 AD곡선을 왼쪽으로 이동시켜 장기적으로 물가는 하락하게 된다.
• 물가 하락에 따라 실질이자율은 상승하게 된다.

정답 ⑤

1121

인플레이션에 대한 설명 중 옳은 것을 모두 고르면? 16 CPA

ⓐ 인플레이션은 현금 보유를 줄이기 위한 구두창 비용(shoeleather cost)을 발생시킨다.

ⓑ 인플레이션이 예측되지 못할 경우, 채권자와 채무자의 부가 재분배된다.

ⓒ 인플레이션이 안정적이고 예측 가능한 경우에는 메뉴비용(menu cost)이 발생하지 않는다.

ⓓ 인플레이션은 자원배분의 왜곡을 가져오지만, 상대가격의 변화를 발생시키지는 않는다.

---

① ⓐ, ⓑ

② ⓑ, ⓓ

③ ⓐ, ⓑ, ⓒ

④ ⓐ, ⓒ, ⓓ

해설

주어진 설명 내용을 각각 살펴보면 다음과 같다.

ⓐ 인플레이션이 예측된 경우라도 현금보유에 따른 구매력 저하를 조금이라도 막기 위해 현금 보유를 줄이고 이것을 은행에 예금해 두었을 때, 필요한 현금을 인출하기 위한 구두창 비용(Shoeleather cost)이 발생한다. 여기서 구두창 비용(= 구두 가죽 비용)은 "인플레이션이 예상될 때" 화폐가치의 하락을 예상하여 화폐 보유를 가능한 한 줄임으로 인해 빈번한 은행 방문으로 발생하는 비용을 의미한다.

ⓑ 인플레이션이 예측되지 못할 경우, 채권자는 불리하게 채무자는 유리하게 부가 재분배된다.

ⓒ 인플레이션이 안정적이고 예측 가능한 경우에도 인플레이션에 따라 상품 가격을 변경시킴으로서 감수해야 할 손실에 해당하는 메뉴비용(Menu cost)이 발생한다.

ⓓ 인플레이션은 모든 상품 가격이 동일한 비율로 상승하는 것이 아니기 때문에 절대가격은 물론이고 상대가격까지 변화시키게 된다. 이것은 자원배분 왜곡의 원인이기도 하다.

정답 ①

1122

합리적 경제주체들이 인플레이션율을 6%로 예상하고 다음과 같은 경제행위를 하였다. 실제 인플레이션율이 3%일 때 손해를 보는 경제주체를 모두 고른 것은? 12 서울시 7급

ⓐ 고정금리로 정기예금에 가입한 가계

ⓑ 고정된 봉급의 임금계약을 체결한 근로자

ⓒ 고정금리로 국채를 발행한 정부

ⓓ 고정금리로 주택담보 대출을 받은 창업자

---

① ⓐ, ⓑ

② ⓐ, ⓒ

③ ⓑ, ⓒ

④ ⓑ, ⓓ

⑤ ⓒ, ⓓ

해설

피셔 방정식(Fisher equation)에 따라 다음이 성립한다.

- 예상 실질이자율 = 명목이자율 - 기대 인플레이션율
- 실현된 실질이자율 = 명목이자율 - 기대 인플레이션율

- 주어진 문제에서 명목이자율이 일정하다고 가정하면, 실현된 실질이자율이 예상 실질이자율에 비해 3%만큼 높아진다. 그 결과 채권자는 유리하게, 채무자가 불리하게 소득의 재분배가 이루어진다.

- 이에 따라 채권보유자를 포함한 채권자, 현금보유자, 고정월급 생활자, 연금 수혜자 등은 유리해지고, 채권발행자를 포함한 채무자, 실물자산보유자, 기업, 은행 등은 불리해진다. 즉 가계와 근로자는 이익을 보고, 정부와 차입한 창업자는 손해를 본다.

정답 ⑤

1123

인플레이션은 사전에 예상된 부분과 예상하지 못한 부분으로 구분할 수 있다. 그리고 예상하지 못한 인플레이션은 여러 가지 경로로 사회에 부정적 영향을 미친다. 예상하지 못한 인플레이션으로 인한 부정적 영향에 대한 설명으로 가장 옳지 않은 것은?

19 서울시 공개경쟁 7급

① 투기가 성행하게 된다.
② 소득재분배 효과가 발생한다.
③ 피셔(Fisher) 가설이 성립하게 된다.
④ 장기계약이 만들어지기 어렵게 된다.

예상하지 못한 인플레이션은 오히려 이를 역이용하기 위한 투기 행위를 조장하고, 미래의 물가를 정확히 예측하지 못하는 이유로 장기계약에 나서는 것을 꺼리게 만든다.
• 예상하지 못한 인플레이션은 채권자에게 불리한 소득 재분배를 초래한다.
• 만약 인플레이션을 예상하면 채권자는 원하는 실질이자율을 확보하기 위하여 실질이자율에 예상인플레이션율만큼 더한 명목이자율을 요구함으로써 인플레이션으로 인한 손실을 막을 수 있다. 이것이 곧 '피셔 가설'이다.

정답 ③

1124

디플레이션(deflation)이 경제에 미치는 효과로 볼 수 없는 것은?

16 국가직 9급

① 고정금리의 경우, 채무자의 실질 채무부담이 증가한다.
② 명목이자율이 일정할 때 실질이자율이 내려간다.
③ 명목연금액이 일정할 때 실질연금액은 증가한다.
④ 디플레이션이 가속화될 것이라는 예상은 화폐수요를 증가시킨다.

디플레이션은 물가가 지속적으로 하락하는 현상을 의미한다. 따라서 그 효과는 인플레이션(Inflation)과 반대로 나타난다.
• 디플레이션이 지속되면 인플레이션의 경우와 반대로 화폐의 실질가치가 상승하게 된다.
• 이에 따라 고정금리(명목이자율)의 경우 채무자의 실질 채무부담이 증가하고(①), 일정하게 지급받는 명목연금액의 실질가치가 증가하고(③), 실질가치가 상승할 것으로 예상되는 화폐에 대한 수요가 증가하게 된다(④).
• 반면에 '실질이자율 = 명목이자율 - 인플레이션율'인 피셔 효과에 따르면, 디플레이션으로 인해 인플레이션율이 하락하여 실질이자율은 상승하게 된다(②).

정답 ②

1125

최저임금이 오를 때 실업이 가장 많이 증가하는 노동자 유형은?

10 지방직 7급

① 노동에 대한 수요가 탄력적인 숙련노동자
② 노동에 대한 수요가 탄력적인 비숙련노동자
③ 노동에 대한 수요가 비탄력적인 숙련노동자
④ 노동에 대한 수요가 비탄력적인 비숙련노동자

최저임금이 오를 때 실업이 가장 많이 증가하는 경우는 임금 상승에 따라 노동수요의 감소 폭이 크게 나타나는 경우이다. 이것은 노동수요가 임금에 대해 탄력적인 경우이다.
• 비숙련노동자들은 임금과 생산성과의 격차가 숙련노동자에 비해 크게 나타나게 되어 최저임금이 상승하는 경우 비숙련노동자들에 대한 노동수요가 더 크게 감소하게 된다.

정답 ②

1126

어느 경제에서 총생산함수는 $Y = 100\sqrt{N}$이고, 노동공급함수는 $N = 2,500(\frac{W}{P})$이며, 생산가능인구는 3,000명이다. 이 경제에서는 실질임금이 단기에는 경직적이지만 장기에는 신축적이라고 가정하자. 이 경제의 단기와 장기에서 일어나는 현상으로 옳지 않은 것은? (단, W는 명목임금, P는 물가수준을 나타낸다.)

18 국가직 7급

① 장기균형에서 취업자 수는 2,500명이다.
② 장기균형에서 명목임금이 10이라면 물가수준은 10이다.
③ 장기균형에서 실업자는 500명이다.
④ 기대치 않은 노동수요 감소가 발생할 경우 단기적으로 실업이 발생한다.

실질임금이 신축적인 장기에서 노동시장의 균형은 다음 조건을 충족할 때 달성된다.

$$VMP_N = W \Rightarrow MP_N \times P = W \Rightarrow MP_N = \frac{W}{P}$$

- 주어진 총생산함수를 노동(N)으로 미분하여 노동의 한계생산(MP_N)을 구하고, 이를 전제로 균형수준에서의 노동고용량(=취업자)을 구하면 다음과 같다.

$$\begin{aligned} &\cdot MP_N = \frac{dY}{dN} = 50 \times N^{-\frac{1}{2}} = 50 \times \frac{1}{\sqrt{N}} \\ &\cdot MP_N = \frac{W}{P} \Rightarrow 50 \times \frac{1}{\sqrt{N}} = \frac{N}{2,500} \\ &\Rightarrow 2,500 \times 50 = N \times \sqrt{N} \Rightarrow N = 2,500(\text{명}) \ \cdots\cdots ① \end{aligned}$$

- 주어진 조건에서 생산가능인구는 3,000명이다. 그리고 생산가능인구는 경제활동인구(=취업자+실업자)와 비경제활동인구로 구성된다. 따라서 생산가능인구에서 취업자 수를 뺀 나머지 500명은 단순히 실업자만을 의미하는 것이 아니라, 실업자와 비경제활동인구의 합한 수치이다(③).
- 균형수준에서 노동고용량(N)이 2,500명이므로 '$N = 2,500(\frac{W}{P})$'에서 명목임금(W)이 10인 경우에 물가수준(P) 역시 10이 되어야만 'N=2,500'이 성립함을 알 수 있다(②).
- 한편 기대치 않은 노동수요가 감소하는 경우, 노동시장에서는 균형실질임금 수준에서 실업 이 발생하게 된다. 이때 실질임금이 신축적이라면, 이러한 실업은 즉각적으로 해소될 수 있다. 그러나 단기에 실질임금이 경직적이라고 했으므로, 노동수요 감소로 인해 발생한 실업은 단기에서만큼은 해소될 수 없다(④).

정답 ③

1127

자연실업률에 관한 설명으로 가장 옳지 않은 것은?

10 국회 8급

① 인터넷의 발달은 자연실업률을 낮추는 역할을 했다.
② 일자리를 찾는 데 걸리는 시간 때문에 발생하는 실업은 자연실업률의 일부이다.
③ 산업 간 또는 지역 간의 노동수요 구성의 변화는 자연실업률에 영향을 미칠 수 있다.
④ 최저임금제나 효율성임금, 노조 등은 마찰적 실업을 증가시켜 자연실업률을 높이는 요인으로 작용한다.
⑤ 새케인즈학파의 이력현상에 의하면 실제실업률이 자연실업률을 초과하게 되면 자연실업률 수준도 높아지게 된다.

최저임금제나 효율성임금, 노조 등은 비자발적 실업을 증가시킨다. 따라서 자연실업률 수준과는 관계가 없다.
- 인터넷의 발달은 취업에 관한 정보를 빠르게 전달할 수 있어 자발적 실업인 마찰적 실업을 감소시켜 자연실업률을 낮추는 역할을 한다.

정답 ④

1128

비자발적 실업과 임금경직성 모형에 대한 설명으로 옳지 않은 것은?

13 보험계리사

① 현실적으로 비자발적 실업이 존재한다고 함은 임금이 하락하지 못하는 요인이 존재함을 뜻한다.
② 내부자 – 외부자 이론의 주장이 맞는다면, 경제활동인구 중 노동조합원의 비율이 증가할 때 실업률이 하락할 것이다.
③ 효율임금이론은 기업의 이윤극대화 결과 실질임금이 경직적으로 유지되고 비자발적 실업이 발생한다고 본다.
④ 최저임금제도는 특히 가장 숙련도가 낮은 단순노동자들에 있어서 비자발적 실업의 존재를 설명할 수 있는 요인이다.

해 설

비자발적 실업은 임금이 (하방)경직적일 때 발생한다.

• 효율성 임금과 최저임금은 시장 균형임금보다 높은 수준에서 결정되는데, 이때 결정된 임금이 하방경직이어서 노동시장에서는 노동의 비자발적 실업을 야기하게 된다.
• 내부자-외부자 이론에서는 내부자와 기업의 일치된 이해관계로 인해 시장 균형임금보다 높은 수준에서 실질임금이 결정되고 이로 인한 노동시장에서의 초과공급으로 인해 비자발적 실업이 발생한다고 주장한다. 따라서 경제활동인구 중 노동조합원의 비율이 증가할수록 실질임금이 상승하게 되어 비자발적 실업은 더욱 증가하게 된다.

정답 ②

1129

필립스곡선에 대한 설명으로 옳은 것은? 16 지방직 7급

① 물가연동제를 실시하는 고용계약의 비중이 클수록 단기 필립스곡선은 더 가파른 기울기를 갖는다.
② 단기 필립스곡선이 장기 필립스곡선보다 더 가파른 기울기를 갖는다.
③ 자연실업률이 상승하면 필립스곡선은 왼쪽으로 이동한다.
④ 예상물가상승률이 증가하면 단기 필립스곡선은 왼쪽으로 이동한다.

해 설

물가연동제를 실시하는 고용계약이 이루어진다는 것은 물가가 임금에 즉각적으로 반영되어 신축적이 된다는 의미이다. 이는 필립스곡선의 기울기를 상대적으로 가파르게 만드는 요인이다.

• 예상물가상승률을 반영한 필립스곡선은 다음과 같다.

• $\pi = \pi^e - \alpha(U - U_N)$
단, π는 물가상승률, π^e는 예상물가상승률, α는 양(+)의 상수, U는 실제실업률, U_N은 자연실업률이다.

• 단기 필립스곡선($\pi \neq \pi^e$)은 우하향하고 장기 필립스곡선($\pi = \pi^e$)은 자연실업률 수준에서 수직의 모습이다(②).
• 자연실업률이 상승하면 장기 필립스곡선은 오른쪽으로 이동하고(③), 예상물가상승률이 증가하면 단기 필립스곡선은 오른쪽(상방)으로 이동한다(④).

정답 ①

1130

어떤 경제를 다음과 같은 필립스(Phillips) 모형으로 표현할 수 있다고 할 때, 다음 설명 중 옳은 것은? 18 국회 8급

- $\pi_t = \pi_t^e - \alpha(u_t - \bar{u})$
- $\pi_t^e = 0.7\pi_{t-1} + 0.2\pi_{t-2} + 0.1\pi_{t-3}$

(단, π_t는 t기의 인플레이션율, π_t^e는 t기의 기대인플레이션율, α는 양의 상수, u_t는 t기의 실업률, $\bar{u}$는 자연실업률이다.)

① 기대 형성에 있어서 체계적 오류 가능성은 없다.
② 경제주체들은 기대를 형성하면서 모든 이용 가능한 정보를 활용한다.
③ 가격이 신축적일수록 α값이 커진다.
④ α값이 클수록 희생률(sacrifice ratio)이 커진다.
⑤ t기의 실업률이 높아질수록 t기의 기대 인플레이션율이 낮아진다.

주어진 식에 따르면 t기의 기대 인플레이션율(π_t^e)은 t기 이전의 인플레이션율인 과거 정보가 가중평균되어 예측되고 있다(②). 이것은 경제주체들이 적응적 기대를 하고 있다는 의미이고, 이에 따라 기대형성에 있어서 체계적인 예상오차가 발생한다(①).

- 가격이 신축적일수록 필립스곡선의 기울기는 가팔라진다. 이에 따라 필립스곡선의 기울기인 'α'값은 커지게 된다(③). 만약 이와 같이 커진 'α'값에 의해 필립스곡선의 기울기가 가팔라지면 인플레인션율이 하락할 때, 실업률의 상승이 작게 나타나게 되어 희생률(Sacrifice ratio)이 작아지게 된다(④).
- t기의 실업률이 높아질수록 낮아지는 것은 t기의 기대 인플레이션율이 아니라 't기의 인플레이션율'이다(⑤).

정답 ③

1131

갑국의 필립스곡선은 $\pi = \pi^e + 4.0 - 0.8u$로 추정되었다. 이에 따른 설명으로 가장 옳지 않은 것은? (단, π는 실제인플레이션율, π^e는 기대인플레이션율, u는 실제실업률이다.)

19 서울시 7급

① 단기 필립스곡선은 우하향하며 기대인플레이션율이 상승하면 위로 평행이동한다.
② 잠재 GDP에 해당하는 실업률은 5%이다.
③ 실제실업률이 자연실업률 수준보다 높으면 실제인플레이션율은 기대인플레이션율보다 높다.
④ 5%의 인플레이션율이 기대되는 상황에서 실제인플레이션율이 3%가 되기 위해서는 실제실업률은 7.5%가 되어야 한다.

갑국의 필립스곡선을 기대가 부가된 필립스곡선 형태로 변형하면 다음과 같이 정리할 수 있다.

- 기대가 부가된 필립스곡선: $\pi = \pi^e - \alpha(u - u_n)$
  또는 $\pi - \pi^e = -\alpha(u - u_n)$
  (여기서 π는 실제인플레이션율, π^e는 기대인플레이션율, u는 실제실업률, u_n은 자연실업률, α는 양(+)의 상수이다.)
- 갑국의 필립스곡선: $\pi = \pi^e + 4.0 - 0.8u$
  $\Rightarrow \pi = \pi^e - 0.8(u - 5)$ 또는 $\pi - \pi^e = -0.8(u - 5)$

- 단기 필립스곡선은 가로축이 실제실업률(u), 세로축이 실제인플레이션율(π)인 공간에 나타내어진다. 이에 따라 기울기가 '$\alpha = -0.8$'이 되어 우하향하는 모습을 보인다. 또한 기대인플레이션율(π^e)이 상승하면, 이것은 곧 단기 필립스곡선의 절편 값이 커진다는 의미이므로 단기 필립스곡선은 상방으로 평행이동하게 된다(①).
- 잠재 GDP에 해당하는 실업률이 자연실업률이다. 따라서 갑국의 자연실업률은 5%이다(②).
- 기대가 부가된 필립스곡선인 '$\pi - \pi^e = -\alpha(u - u_n)$'에서 실제실업률이 자연실업률 수준보다 높으면, 즉 $(u > u_n)$이면, 우변 값은 음(-)의 값이 된다. 따라서 좌변도 음(-)의 값이 되기 위해서는 '$\pi < \pi^e$'이 성립해야 하므로, 실제인플레이션율(π)은 기대인플레이션율(π^e)보다 낮아야 한다(③).
- 갑국의 필립스곡선인 '$\pi - \pi^e = -0.8(u - 5)$'에서 기대인플레이션율($\pi^e$)이 5%인 상황에서 실제인플레이션율($\pi$)이 3%가 되기 위한 실제실업률($u$)은 다음과 같이 도출된다(④).

$$\pi - \pi^e = -0.8(u - 5) \Rightarrow 3\% - 5\% = -0.8(u - 5\%)$$
$$\Rightarrow -2\% = -0.8(u - 5\%) \Rightarrow 2.5\% = u - 5\% \Rightarrow u = 7.5\%$$

정답 ③

1132

다음 그림은 장단기 총공급곡선과 장단기 필립스곡선을 나타낸 것이다. 현재 경제가 'C'점과 '3'점에서 균형을 이루고 있다고 하자. 예상하지 못한 화폐공급의 감소로 총수요곡선이 이동하였을 때, 새로운 단기 균형점으로 적절한 것은?

17 국가직 9급

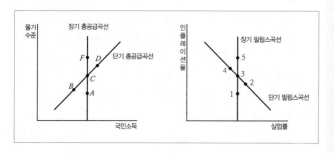

① B와 1
② B와 2
③ D와 2
④ D와 4

예상치 못한 화폐공급의 감소는 총수요곡선을 왼쪽으로 이동시켜 새로운 단기균형점은 'B'점으로 이동하게 된다.

• 새로운 단기균형점인 B점은 이전에 비해 물가가 하락하고, 국민소득이 감소(=실업 증가)하게 되어 단기 필립스곡선을 따라 '2'점으로 이동하게 된다.

• 여기서 단기 총공급곡선이 불변이므로 단기 필립스곡선도 이동하지 않는다는 것을 유의한다.

정답 ②

1133

한국 경제가 현재 단기 필립스곡선 SP_1 상의 a점에 있다고 가정하자. 중동지역 정세의 불안정으로 인해 에너지가격이 폭등할 경우 단기에서 장기까지 한국 경제의 예상 이동경로로 옳은 것은? (단, U_n 은 자연실업률 수준을 나타냄)

14 국회 8급

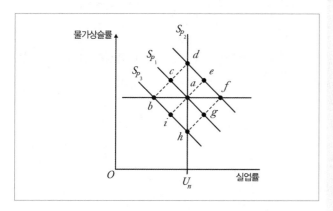

① a→c→d
② a→e→d
③ a→g→h
④ a→i→h
⑤ a→e→a

에너지 가격의 폭등은 '불리한 공급충격'을 가져와 물가상승률과 실업률을 모두 상승시켜 단기 필립스곡선은 우상방으로 이동한다($SP_1 \to SP_2$). 이에 따라 단기에 경제 상태는 a → e로의 변화가 나타나게 되어 경제는 자연산출량에 미치지 못하게 된다.

• 시간이 지남에 따라 결국 '불리한 공급충격'이 사라지게 되면, 경제주체들이 '기대하는 인플레이션의 하락'으로 필립스곡선 자체가 다시 '$SP_2 \to SP_1$'로 이동하여 장기에는 다시 자연실업률(U_n) 수준으로 되돌아옴으로써 'e → a'로의 변화가 나타난다.

• 여기서 출제자의 의도는 중동지역 정세가 다시 안정되어 '공급충격이 일시적인 경우'를 전제한 것으로 보인다.

정답 ⑤

1134

필립스곡선에 대한 설명으로 가장 옳지 않은 것은?

18 서울시 정기공채 7급

① 예상인플레이션율의 상승은 단기 필립스곡선을 위쪽으로 이동시킨다.

② 부의 공급충격이 발생하면 단기 필립스곡선은 위쪽으로 이동하고 스태그플레이션이 발생한다.

③ 단기 필립스곡선의 기울기가 급할수록 인플레이션율 1%포인트를 낮추기 위해 필요한 GDP의 %포인트 감소분으로 표시되는 희생비율이 높아진다.

④ 단기 필립스곡선의 기울기가 급할수록 총수요－총공급 모형에서의 단기 총공급곡선의 기울기도 급해진다.

해 설

단기 총공급곡선의 기울기 급하여 단기 필립스곡선의 기울기가 급할수록 인플레이션율 하락에 따른 실업률 증가가 상대적으로 작게 나타난다.

- 실업률의 증가는 GDP 감소를 수반한다. 결국 단기 필립스곡선의 기울기가 급할수록 인플레이션율 1%p를 낮추기 위해 필요한 GDP의 %p 감소분으로 표시되는 희생비율은 낮아지게 된다(③, ④).
- 단기 필립스곡선은 예상인플레이션율의 변화에 의해 이동하게 된다. 만약 부(-)의 공급충격의 발생으로 예상물가가 상승하게 되면 단기 총공급곡선은 좌상방으로 이동하게 되고, 이에 따라 예상인플레이션율의 상승으로 단기 필립스곡선 역시 우상방으로 이동하게 되어 인플레이션율 상승과 실업률 증가가 동시에 나타나는 스태그플레이션이 나타나게 된다(①, ②).

정답 ③

1135

실업률과 총생산에 관한 설명 중 옳은 것을 <보기>에서 모두 고르면?

13 국회 8급

> **보기**
>
> ㄱ. 오쿤(Okun)의 법칙은 자연실업률과 잠재 GDP의 관계를 실증 분석한 경험법칙이다.
> ㄴ. 고용의 유연성이 증가하면 경기변동에 따른 실업률의 변화가 심해진다.
> ㄷ. 단기적으로 경기적 실업이 증가하면 실제 GDP가 잠재 GDP 이하로 하락한다.
> ㄹ. 오쿤(Okun)에 따르면 경기적 실업이 증가하면 총생산 갭(침체갭)은 증가한다.

① ㄱ, ㄷ

② ㄴ, ㄹ

③ ㄱ, ㄴ, ㄷ

④ ㄴ, ㄷ, ㄹ

⑤ ㄱ, ㄴ, ㄷ, ㄹ

해 설

오쿤(Okun)의 법칙은 실제 실업의 존재가 실제 GDP가 잠재 GDP에 미달한다는 것을 경험적으로 실증분석한 결과물이다.

$$\frac{\text{잠재 } GDP - \text{실제 } GDP}{\text{잠재 } GDP} = \alpha(\text{실제 실업률} - \text{자연실업률})$$
(여기서 α는 양(+)의 상수이다.)

- 오쿤의 법칙에 따르면 실제 실업률이 자연실업률 수준보다 높을수록 GDP 갭은 커진다.

정답 ④

1136

단기 필립스곡선에 대한 설명으로 옳은 것은?

17 추가채용 국가직 7급

① 기대 인플레이션이 적응적 기대에 의해 이루어질 때, 실업률 증가라는 고통 없이 디스인플레이션(disinflation)이 가능하다.

② 단기 필립스곡선은 인플레이션과 실업률 사이의 양(+)의 관계를 나타낸다.

③ 기대 인플레이션이 높아지면 단기 필립스곡선은 위쪽으로 이동한다.

④ 실제 인플레이션이 기대 인플레이션보다 낮은 경우 단기적으로 실제 실업률은 자연실업률보다 낮다.

해 설

기대 인플레이션이 부가된 필립스곡선은 다음과 같이 나타낼 수 있다.

$$\pi = \pi^e - \alpha(U - U_N) \ \text{또는} \ \pi - \pi^e = -\alpha(U - U_N)$$

(여기서 π는 실제 인플레이션율, π^e는 기대 인플레이션율, U는 실제 실업률, U_N는 자연 실업률, α는 양(+)의 상수이다.)

- 기대 인플레이션율(π^e)이 높아지면 π^e이 상승하여, 필립스 곡선 자체가 상방으로 이동하게 된다. 마치 함수의 절편이 커지면 상방으로 이동하는 것과 비교하면 쉽다.

① 실업률 증가라는 고통 없이 디스인플레이션(Disinflation)이 가능한 것은 기대 인플레이션이 '합리적 기대'에 의해 이루어져서 필립스곡선이 수직인 경우이다.

② 단기 필립스곡선은 인플레이션과 실업률 사이에 역(-)의 관계가 성립하여 우하향하는 모습을 보인다.

④ 앞의 식에서 실제 인플레이션이 기대 인플레이션보다 낮은 경우($\pi < \pi^e$)에는 '$U > U_N$'이 성립하게 된다. 이에 따라 단기적으로 실제 실업률은 자연실업률보다 높게 된다.

정답 ③

1137

필립스곡선에 대한 설명으로 옳은 것은? 15 지방직 7급

① 단기 필립스곡선에서 합리적 기대와 정부의 정책에 대한 신뢰가 확보된 경우 고통 없는 인플레이션 감축이 가능하다.

② 단기 필립스곡선은 실업률이 낮은 시기에 인플레이션율도 낮아지는 경향이 있음을 밝힌 것이다.

③ 자연실업률 가설에 따르면 장기에서는 실업률과 인플레이션율 사이에 양의 관계가 존재한다.

④ 기대 인플레이션율이 적응적 기대에 의한다면, 단기 필립스곡선은 인플레이션율과 실업률을 모두 낮추려는 정책이 가능함을 보여준다.

해 설

합리적 기대와 정부 정책에 대한 신뢰가 확보된 경우 필립스곡선은 단기에서도 수직의 모습을 보인다. 이에 따라 실업률 상승이라는 희생이 없이도 인플레이션율을 낮출 수 있게 된다.

② 전통적인 단기 필립스곡선은 실업률과 인플레이션율의 상충관계를 보여준다. 이에 따라 실업률이 낮은 수준일 때 인플레이션율은 높은 수준을 유지하는 것을 보여준다.

③ 자연실업률 가설에 따르면 장기 필립스곡선은 자연실업률 수준에서 수직의 모습을 보여준다. 그 결과 실업률은 인플레이션율 수준과 관계없이 항상 자연실업률 수준에서 일정하다.

④ 기대 인플레이션율이 적응적 기대에 의할 때 필립스곡선은 우하향하는 모습을 보인다. 이에 따라 인플레이션율과 실업률을 모두 낮추려는 정책은 불가능하게 된다.

정답 ①

1138

다음 그림은 필립스곡선을 나타낸다. 현재 균형점이 A인 경우, (가)와 (나)로 인한 새로운 단기 균형점은? 17 국가직 7급

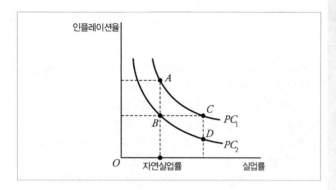

(가) 경제주체들의 기대형성이 적응적 기대를 따르고 예상하지 못한 화폐공급의 감소가 일어났다.

(나) 경제주체들의 기대형성이 합리적 기대를 따르고 화폐공급의 감소가 일어났다. (단, 경제주체들은 정부를 신뢰하며, 정부 정책을 미리 알 수 있다.)

	(가)	(나)
①	B	C
②	B	D
③	C	B
④	C	D

해설

경제주체들이 적응적 기대를 하게 되면 정책당국의 경기안정화 정책은 단기에서만큼은 효과가 나타나게 된다. 이에 따라 예상하지 못하게 화폐공급이 감소하게 되면 물가는 하락하고 실업률은 상승하게 된다. 이것은 경제가 '필립스곡선을 따라' A에서 C로 이동한다는 것을 의미한다.

• 경제주체들이 합리적 기대를 하게 되면 경기안정화 정책은 단기에서조차 효과가 나타나지 않으며, 물가만 변화시키는 것에 그친다. 이에 따라 정부 정책을 미리 알 수 있어 예상된 화폐공급의 감소는 물가만을 하락시킬 뿐 실업률은 변화가 없게 된다. 이것은 '필립스곡선 자체가 이동하게' 된다는 것을 의미하고, 이에 따라 경제는 A에서 B로 이동하게 된다는 것을 의미한다.

정답 ③

1139

인플레이션 진정정책의 사회적 비용에 대한 설명 중 옳지 않은 것은?

11 서울시 7급

① 산출량의 감소 또는 실업의 증가가 사회적 비용이다.
② 합리적 기대를 하는 경제일수록 사회적 비용이 크다.
③ 필립스곡선이 수직적이면 사회적 비용은 적을 것이다.
④ 임금 및 가격 경직성이 높은 경제일수록 사회적 비용은 크다.

해설

인플레이션 진정정책의 사회적 비용은 희생률로 측정할 수 있다.

• 희생률이란 인플레이션을 1%p 감소시키기 위해 감수해야 할 실업률의 증가 또는 산출량의 감소로 측정될 수 있다. 이러한 희생률은 필립스곡선의 기울기가 가파를수록 작아진다.

• 합리적 기대 하에 가격이 신축적인 경우 장기와 단기의 필립스곡선은 모두 수직이며 이 경우 정부정책에 대한 민간의 신뢰수준이 높으면 희생비용 없이, 즉 실업률의 상승 없이 인플레이션을 진정시킬 수 있다.

정답 ②

1140

필립스곡선(Phillips curve)에 대한 설명으로 옳지 않은 것은?

16 국가직 7급

① 1950년대 말 필립스(A. W. Phillips)는 영국의 실업률과 명목임금 상승률 사이에서 양(＋)의 상관관계를 찾아 냈다.

② 총공급곡선은 물가와 산출 분석에, 필립스곡선은 인플레이션과 실업 분석에 적절하다.

③ 이력현상(hysteresis)이 존재할 경우 거시경제정책은 장기적으로도 실업률에 영향을 미칠 수 있다.

④ 디스인플레이션 정책에 따른 희생률은 적응적 기대보다 합리적 기대에서 작게 나타난다.

전통적 필립스곡선은 영국의 실업률과 임금상승률 간의 역(－)의 관계를 보여 준다.

• '이력현상'이라는 것은 일시적인 충격으로 상승한 실업률이 충격이 사라진 이후에도 다시 하락하지 않고 자연 실업률 자체가 상승하게 되는 것을 말한다.

• 디스인플레이션 정책에 따른 희생률은 인플레이션율을 1%p 만큼 낮출 때 증가하게 되는 실업률 또는 감소하게 되는 GDP의 크기로 측정된다.

• 희생률은 필립스곡선의 기울기가 가파를수록 작게 나타난다. 이에 따라 수직의 필립스곡선이 도출되는 합리적 기대를 전제할 때 가장 작게 나타나게 된다.

정답 ①

THEME 08 | 경기변동론과 경제성장론

1141

총공급곡선이 물가(세로축)와 소득(가로축)의 평면에서 수직선으로 그려지는 것으로 알려진 가상의 경제가 있다. 이 경우 기술혁신에 따른 총요소생산성 향상의 거시경제적 효과 중 옳지 않은 것은?

09 국회 8급

① 소득과 물가가 반대방향으로 움직인다.
② 실질임금이 경기순응적인 특성을 보인다.
③ 동일한 요소투입에 대한 산출량이 증가한다.
④ 총공급곡선이 우측으로 이동함에 따라 균형소득이 증가한다.
⑤ 노동의 한계생산이 증가함에 따라 고용이 증가하고 실질임금이 감소한다.

해설

총요소생산성이 향상된다는 것은 동일한 생산요소 투입에 따라 산출량이 증가하거나, 동일한 산출량을 위해 투입되는 생산요소의 양이 감소한다는 것을 의미한다.

• 총요소생산성이 향상되면 수직의 총공급곡선은 오른쪽으로 이동한다. 이러한 경우 총수요곡선이 우하향한다면 총요소생산성 향상에 따라 소득은 증가하고 물가는 하락하게 된다.
• 노동의 한계생산성이 증가하게 되면 노동에 대한 수요가 증가하여 고용은 증가하고 실질임금도 상승하게 되어 실질임금이 경기순응적인 특성을 보이게 된다.
• 경제변수가 실질 GDP의 변화방향과 같은 방향으로 변화하는 경우에는 경기순응변수, 반대 방향으로 변화하는 경우에는 경기역행변수라고 한다.

정답 ⑤

1142

실물경기변동론의 주장으로 옳은 것만을 묶은 것은?

10 지방직 7급

ㄱ. 경기변동은 외부충격에 대한 시장의 자연스런 반응이다.
ㄴ. 경기변동의 주요인은 기술의 변화이다.
ㄷ. 이자율이 상승하면 현재의 노동공급이 감소한다.
ㄹ. 통화량의 변화가 경기변동을 초래하는 원인이다.

① ㄱ, ㄴ
② ㄷ, ㄹ
③ ㄱ, ㄴ, ㄷ
④ ㄱ, ㄴ, ㄹ

해설

실물적 경기변동이론(RBC)에 따르면 이자율이 변화하는 경우에는 현재와 미래 사이에서 노동의 기간 간 대체가 일어난다.

• 이자율이 일시적으로 상승하면 현재 노동에 비해 미래 노동의 상대가격이 더 커지므로, 미래 노동을 줄이고 현재 노동을 늘이는 노동의 기간 간 대체가 이루어진다(ㄷ).
• 이자율이 영구적으로 상승하면 현재노동을 증가시킬 유인이 존재하지 않으므로 노동의 기간 간 대체가 이루어지지 않는다.
• 실물적 경기변동이론에 따르면 경기변동의 원인은 생산성의 변화와 같은 실물적 경제충격이다.
• 통화량의 변화가 경기변동의 원인이라고 설명하는 것은 '화폐적 균형경기변동이론(MBC)'이다(ㄹ).

정답 ①

1143

실물적 경기변동이론(real business cycle theory)에 대한 설명으로 옳은 것만을 모두 고른 것은? 14 국가직 7급

> ㄱ. 메뉴비용(menu cost)은 경기변동의 주요 요인이다.
> ㄴ. 비자발적 실업이 존재하지 않아도 경기가 변동한다.
> ㄷ. 경기변동이 발생하는 과정에서 가격은 비신축적이다.
> ㄹ. 정책결정자들은 경기침체를 완화시키는 재정정책을 자제해야 한다.

① ㄱ, ㄷ
② ㄴ, ㄷ
③ ㄴ, ㄹ
④ ㄷ, ㄹ

실물적 경기변동이론은 실물적 경제충격으로 경기가 변동하지만 가격의 신축성을 전제로 하는 경제주체들의 최선의 선택을 통해 경제는 언제나 완전고용을 유지한다는 새고전학파의 이론이다.

• 새고전학파는 시장의 자동조절 기능을 신뢰하고, 시장에 대한 정부의 개입을 반대한다.
• 새케인스학파는 메뉴비용 등으로 인해 가격의 경직성이 존재하고, 이에 따라 경기변동이 지속성을 유지한다고 주장한다.

정답 ③

1144

다음 <보기>의 실물경기변동(Real Business Cycle) 이론에 대한 설명으로 옳은 것만을 모두 고른 것은? 11 국가직 9급

보기

> ㉠ 불확실성이 수반된 불균형 경기변동이론이다.
> ㉡ 경기변동은 주로 생산함수에 주어지는 충격에 기인한다.
> ㉢ 물가수준의 변화에 대한 예상착오가 경기변동의 주요 요인이다.
> ㉣ 경기변동을 경제 전체의 충격에 대한 경제주체들의 동태적 최적화 행동의 결과로 본다.

① ㉠, ㉡
② ㉠, ㉢
③ ㉡, ㉣
④ ㉢, ㉣

실물경기변동이론(RBC)은 생산함수 자체에 가해지는 실물적 충격에 대한 경제주체들의 최적화된 행동의 결과로 나타나는 균형 자체의 변화로 이해한다.

• 실물경기변동이론에서는 화폐부분에서 발생하는 요인들은 경기변동에 영향을 주지 못한다는 화폐의 중립성을 유지한다.
• 예상치 못한 통화량의 증가로 발생한 물가수준의 변화에 대한 예상착오로 경기변동을 설명하는 것은 화폐적 균형경기변동이론(MBC)이다.

정답 ③

1145

균형경기변동이론(Equilibrium Business Cycle Theory)에 대한 설명으로 옳은 것을 <보기>에서 모두 고르면?

<보기>

> ㄱ. 흉작이나 획기적 발명품의 개발은 영구적 기술충격이다.
> ㄴ. 기술충격이 일시적일 때 소비의 기간 간 대체효과는 크다.
> ㄷ. 기술충격이 일시적일 때 실질이자율은 경기순행적이다.
> ㄹ. 실질임금은 경기역행적이다.
> ㅁ. 노동생산성은 경기와 무관하다.

① ㄱ, ㄴ
② ㄱ, ㄹ
③ ㄴ, ㄷ
④ ㄷ, ㄹ
⑤ ㄹ, ㅁ

기술충격과 같은 유리한 공급충격이 일시적으로 발생하여 실질임금과 실질이자율이 상승하게 되면, 노동자들이 미래노동을 줄이고 현재노동을 늘리는 노동의 기간 간 대체가 나타나게 된다(ㄴ). 이에 따라 산출량이 증가하게 되어 실질임금과 실질이자율은 경기순행적이다(ㄷ, ㄹ).

· 획기적 발명품의 개발은 영구적 기술충격이지만, 흉작은 일시적인 불리한 공급충격에 해당한다(ㄱ).
· 기술진보 등으로 인해 노동생산성이 증가하면 노동에 대한 수요가 증가하게 되어 고용량이 증가하고, 이에 따라 산출량도 증가하게 되어 확장적 경기변동을 가져 온다(ㅁ).

정답 ③

1146

확장적 통화정책의 효과에 대한 서술 중 가장 옳은 것은?

① 경기회복을 위해서는 확장적 통화정책을 사용하여 이자율을 높이는 것이 효과적이다.
② 원화가치의 상승을 초래하여 수출에 부정적으로 작용할 수 있다.
③ 확장적 재정정책과 달리 정책의 집행에 긴 시간이 소요된다.
④ 이자율이 하락하여 민간지출이 증가함으로써 경기회복에 기여한다.

확장적 통화정책을 실시하면 화폐시장에서 이자율이 하락하고 이로 인한 민간지출의 증가가 총수요를 증가시켜 경기를 부양할 수 있게 해 준다.

① 투자와 같은 총수요 증가를 통해 경기회복을 위해서는 확장적 통화정책을 사용하여 이자율을 낮추는 것이 효과적이다.
② 확장적 통화정책은 이자율의 하락을 가져 오고, 이자율의 하락으로 자본유출이 일어나 외환시장에서 환율이 상승(원화가치의 하락)하여 수출에 긍정적인 영향을 주게 된다.
③ 확장적 통화정책은 확장적 재정정책과 비교할 때 집행(실행)시차가 상대적으로 짧아 정책 집행에 짧은 시간이 소요된다. 다만 외부시차가 상대적으로 길어 정책의 효과는 확장적 재정정책에 비해 늦게 나타나게 된다.

정답 ④

1147

정부의 거시경제정책 중 재량적 정책과 준칙에 따른 정책에 대한 설명으로 옳은 것은?

17 추가채용 국가직 7급

① 준칙에 따른 정책은 소극적 경제정책의 범주에 속한다.
② 매기의 통화증가율을 k%로 일정하게 정하는 것은 통화 공급량이 매기 증가한다는 점에서 재량적 정책에 해당한다.
③ 동태적 비일관성(dynamic inconsistency)은 재량적 정책 때문이 아니라 준칙에 따른 정책 때문에 발생한다.
④ 케인즈 경제학자들의 미세조정 정책은 준칙에 따른 정책보다는 재량적 정책의 성격을 띤다.

해설

재량정책은 정책목적을 달성하기 위해 필요한 최적의 정책수단을 정책당국의 판단에 따라 그때그때 상황에 맞게 사용하는 것을 말한다. 이에 따라 상황에 따라 최적 정책의 내용이 달라지는 이른바 '최적정책의 동태적 비일관성'이라는 문제가 나타나게 된다(③).

• 케인지언들의 '미세 조정(Fine tuning) 정책'은 대표적인 재량정책에 해당된다. 이러한 미세 조정 정책은 정책목표를 달성하기 위하여 필요한 정책수단을 조금씩 변화시키기만 하면 원하는 수준의 정책목표에 도달할 수 있다는 믿음을 전제한다(④).
• 매기의 통화증가율을 k%로 일정하게 정하자는 이른바 'k% 룰'은 재량정책이 아니라 준칙에 따른 정책의 대표적 예에 해당한다(②).
• '준칙' 역시 현재의 경제상황에 대한 대응수단이라는 의미에서 적극적 경제정책의 범주에 속하게 된다(①).

정답 ④

1148

경기안정화정책과 관련된 설명으로 옳지 않은 것은?

13 보험계리사

① 통화량 증가율을 일정하게 유지하도록 규정할 것을 주장한 프리드먼의 준칙에 의한 정책(Policy by rule)은 통화정책의 기능을 포기한 것과 유사하다.
② 루카스 비판(the Lucas critique)은 경제정책을 시행할 때 수동적인 시스템을 최적으로 통제(Optimal control)하는 것이 핵심이고, 경제변수들 간의 관계를 감안한다면 실제 정책효과를 제대로 파악할 수 없게 된다는 내용이다.
③ 통화정책에 비해 재정정책은, 정책이 시행된 후 기대되는 경제적 효과를 가져 오는 데에 걸리는 시간인 외부시차(Outside lag)가 더 짧고, 정책시차가 가장 짧은 정책으로는 소득세나 실업보험과 같은 자동안정장치(Automatic stabilizer)가 있다.
④ 최적 재량에 의한 정책(Policy by discretion)은 경제상황을 정책수립에 반영시키므로 비일관적일 수밖에 없다.

해설

루카스(R. Lucas)는 새로운 정책이 시행되면 경제주체들의 기대와 반응이 바뀌고 이에 따라 경제변수들 간의 관계, 즉 행태방정식에 있어서의 계수 값이 변한다고 하였다. 따라서 이러한 변화를 감안하지 않고 기존의 거시계량경제 모형을 이용하여 정책효과를 분석할 경우 실제 정책효과를 제대로 파악할 수 없게 된다고 비판한다.

• 루카스 비판은 경제정책의 시행은 기계와 같은 수동적인 시스템을 최적으로 통제하는 것이 아니라 정책당국과 민간부문의 경제주체 사이에 벌어지는 전략적 게임으로 인식되어야 함을 확인시켜 준다.

정답 ②

1149

중앙은행은 다음과 같은 테일러 준칙(Taylor rule)에 따라서 명목이자율을 결정한다. 이에 대한 설명으로 옳은 것만을 <보기>에서 모두 고르면?

18 지방직 7급

$$i_t = \pi_t + \rho + \alpha(\pi_t - \pi^*) + \beta(u_n - u_t)$$

(단, i_t는 t기의 명목이자율, π_t는 t기의 인플레이션율, ρ는 자연율 수준의 실질이자율, π^*는 목표 인플레이션율, u_n은 자연실업률, u_t는 t기의 실업률이며, α와 β는 1보다 작은 양의 상수라고 가정하자)

보기

ㄱ. t기의 인플레이션율이 1%p 증가하면, 중앙은행은 t기의 명목이자율을 $(1+\alpha)$%p 올려야 한다.

ㄴ. t기의 실업률이 1%p 증가하면, 중앙은행은 t기의 명목이자율을 1%p 낮춰야 한다.

ㄷ. t기의 인플레이션율이 목표인플레이션율과 같고 t기의 실업률이 자연실업률과 같으면, t기의 실질이자율은 ρ와 같다.

① ㄱ
② ㄴ
③ ㄱ, ㄷ
④ ㄴ, ㄷ

주어진 테일러의 준칙은 다음과 같이 나타낼 수도 있다.

$$i_t = \pi_t + \alpha\pi_t - \alpha\pi^* + \rho + \beta(u_n - u_t) \Rightarrow$$
$$i_t = \pi_t(1+\alpha) - \alpha\pi^* + \rho + \beta(u_n - u_t)$$

- t기의 인플레이션율(π_t)이 1%p 증가하면, 중앙은행은 t기의 명목이자율(i_t)을 $(1+\alpha)$%p만큼 올려야 한다(ㄱ).
- t기의 실업률(u_t)이 1% 증가하면, 중앙은행은 t기의 명목이자율(i_t)을 β%p만큼 낮춰야 한다(ㄴ).
- t기의 인플레이션율(π_t)이 목표인플레이션율(π^*)과 같고 t기의 실업률(u_t)이 자연실업률(u_n)과 같으면, 테일러의 준칙은 다음과 같아진다.

$$i_t = \pi_t + \rho + \alpha(\pi_t - \pi^*) + \beta(u_n - u_t) \Rightarrow i_t = \pi_t + \rho \Rightarrow i_t - \pi_t = \rho$$

따라서 t기의 실질이자율($r_t = i_t - \pi_t$)은 'ρ'와 같아지게 된다(ㄷ).

정답 ③

1150

중앙은행이 테일러 준칙(Taylor rule) 하에서 통화정책을 실행한다고 하자. 현재의 인플레이션율이 중앙은행의 인플레이션 목표치와 같고 현재의 생산량이 잠재생산량 수준과 같을 경우 중앙은행의 통화정책에 대한 설명으로 가장 옳은 것은?

19 서울시 공개 경쟁 7급

① 중앙은행은 기준금리를 낮추는 확장적 통화정책을 펼친다.
② 중앙은행은 기준금리를 높이는 긴축적 통화정책을 펼친다.
③ 중앙은행은 기준금리를 종전과 동일한 수준으로 유지하는 통화정책을 펼친다.
④ 중앙은행은 인플레이션 갭과 생산량 갭이 모두 양이라고 판단하고 이에 따른 통화정책을 펼친다.

현재의 인플레이션율이 중앙은행의 인플레이션 목표치와 같고 현재의 생산량이 잠재생산량 수준과 같다는 것은 인플레이션 갭과 생산량 갭이 모두 '0'인, 경제가 가장 이상적인 완전고용수준을 달성하고 있다는 의미이다. 따라서 중앙은행은 현재의 기준금리를 변동시킬 유인을 갖지 못하고, 현재의 통화정책을 고수하게 된다.

정답 ③

1151

경제성장에 관한 해로드-도마 모형(Harrod-Domar model)
과 솔로우 모형(Solow model)의 공통점에 대한 설명으로
옳은 것을 <보기>에서 모두 고르면?   11 국회 8급

보기

ㄱ. 생산요소 간 대체가 가능하고 규모에 대한 보수가 불변
인 콥－더글라스(Cobb－Douglas) 1차 동차 생산함수를
가정한다.

ㄴ. 매 기당 인구증가율과 자본증가율은 외생적으로 일정하
게 주어진다.

ㄷ. 저축률은 일정한 반면 사전적 투자수요와 사후적 투자지
출이 같아서 매 기당 균형이 유지된다.

ㄹ. 완전고용균형성장은 경제성장률, 자본증가율, 노동증가
율이 같을 때 이루어진다.

① ㉠, ㉡

② ㉠, ㉢

③ ㉡, ㉢

④ ㉡, ㉣

⑤ ㉢, ㉣

해 설

<보기>의 내용 중 잘못된 것을 검토하면 다음과 같다.

㉠ 해로드-도마 모형(Harrod-Domar model)에서는 생산요소 간
대체가 불가능한 Leontief 생산함수를 가정한다.

㉡ 해로드-도마 모형에서 자본증가율은 외생적으로 일정하다고
주어지지만, 솔로우 모형(Solow model)에서의 자본증가율인
$\frac{s \times f(k)}{k}$ 는 1인당 자본량인 k의 크기에 따라 변화한다.

정답 ⑤

1152

솔로우(Solow)의 성장모형에 대한 설명으로 옳은 것만을
모두 고른 것은?   14 국가직 7급

ㄱ. 생산요소 간의 비대체성을 전제로 한다.

ㄴ. 기술진보는 균형성장경로의 변화 요인이다.

ㄷ. 저축률 변화는 1인당 자본량의 변화 요인이다.

ㄹ. 인구증가율이 상승할 경우 새로운 정상상태(Steady state)
의 1인당 산출량은 증가한다.

① ㄱ, ㄴ

② ㄴ, ㄷ

③ ㄷ, ㄹ

④ ㄱ, ㄹ

해 설

솔로우(Solow)의 성장모형에서는 노동과 자본의 대체가 가능한
1차 동차 생산함수를 전제로 한다(ㄱ).

• 인구증가율이 상승할 때 새로운 정상상태(균제상태)에서의
1인당 산출량(소득)은 감소하게 된다(ㄹ).

• 저축률이 상승하면 새로운 정상상태(균제상태)에서의 1인당
자본량은 증가하게 된다(ㄷ).

• 솔로우(Solow)의 성장모형에서 지속적인 성장은 오직 외생적
으로 결정되는 '지속적인 기술 진보'에 의해서만 가능하다고
본다. 즉, 기술진보는 경제성장의 방향과 속도를 결정짓는 요
인으로 작용하는 것이다(ㄴ).

정답 ②

1153

솔로우 성장모형에 대한 설명으로 옳지 않은 것은?

14 지방직 7급

① 해로드－도마 모형의 대안으로 제시되었다.

② 인구증가율이 낮아지면 균제상태(steady state)에서의 일인당 국민소득은 증가한다.

③ 저축률이 높아지면 균제상태에서의 일인당 국민소득은 증가한다.

④ 자본의 감가상각률이 높아지면 균제상태에서의 일인당 국민소득의 증가율은 감소한다.

노동과 자본의 대체를 허용하지 않은 해로드-도마 모형의 대안으로 등장한 솔로우 성장모형에서는 인구증가율이 상승하면 새로운 균제상태에서 '1인당 소득은 감소'하지만, '1인당 소득증가율은 불변'이다(①, ②).

· 자본의 감가상각률은 인구증가율과 동일한 결과를 가져 온다. 따라서 자본의 감가상각률이 높아지면 역시 1인당 소득증가율은 불변이다(④).

· 저축률이 상승하면 1인당 새로운 균제상태에서 1인당 소득은 증가한다(③). 물론 새로운 균제상태에서의 1인당 소득증가율은 불변이다.

정답 ④

1154

솔로우 성장모형에서 A국의 저축률이 B국의 저축률보다 높을 때, 균제상태(steady state)에서의 A국과 B국에 대한 설명으로 옳은 것은? (단, 두 나라의 생산기술, 기술진보율, 인구증가율 등 다른 여건은 일정하다.)

12 지방직 7급

① A국의 경제성장률이 B국보다 높다.

② A국의 1인당 자본량이 B국보다 적다.

③ A국의 1인당 국민소득이 B국보다 많다.

④ A국의 1인당 국민소득 증가율이 B국보다 높다.

다른 모든 조건과 1인당 생산함수가 '$y = Ak^\alpha$'로 동일한 A국과 B국이 있다고 가정하자.

· 균제상태에서의 A국과 B국의 1인당 국민소득을 각각 y_A, y_B, 저축률을 각각 s_A, s_B라고 할 때, 다음과 같은 관계가 성립한다.

$$\frac{y_A}{y_B} = \left(\frac{s_A}{s_B}\right)^{\frac{\alpha}{1-\alpha}} \Rightarrow y_A = \left(\frac{s_A}{s_B}\right)^{\frac{\alpha}{1-\alpha}} \times y_B$$

· A국의 저축률(s_A)이 B국의 저축률(s_B)보다 높다면, '$\left(\frac{s_A}{s_B}\right) > 1$'

이 성립하게 되므로 A국의 1인당 국민소득이 B국의 국민소득보다 많게 된다.

① 균제상태에서 경제성장률은 인구증가율과 같다. 주어진 조건에서 인구증가율은 일정하다고 했을 뿐, 어느 나라의 인구증가율이 높은지는 알 수 없으므로 A국과 B국 중 어느 나라가 경제성장률이 높은지 주어진 조건만으로는 알 수 없다.

② 다른 모든 조건이 일정할 때 저축률이 높을수록 새로운 균제상태는 보다 우상방에서 이루어지게 되어 1인당 자본량은 커진다. 따라서 저축률이 높은 A국의 1인당 자본량이 B국보다 많다.

④ 균제상태에서 1인당 국민소득 증가율은 기술진보율과 같다. 주어진 조건에서 기술진보율은 일정하다고 했을 뿐, 어느 나라의 기술진보율이 높은지 알 수 없으므로 A국과 B국 중 어느 나라가 1인당 국민소득 증가율이 높은지 주어진 조건만으로는 알 수 없다.

정답 ③

1155

다음 중 솔로우(Solow) 성장 모형에 대한 설명으로 옳은 것은?

18 국가직 7급

① 자본 투입이 증가함에 따라 경제는 지속적으로 성장할 수 있다.
② 저축률이 상승하면 정상상태(steady state)의 1인당 자본은 증가한다.
③ 자본투입이 증가하면 자본의 한계생산이 일정하게 유지된다.
④ 인구증가율이 상승하면 정상상태의 1인당 자본이 증가한다.

저축률이 상승할 때, 정상상태의 변화를 그림으로 나타내면 다음과 같다.

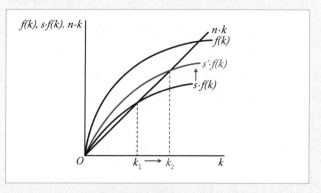

- 저축률 상승에 따라 새로운 정상상태에서의 1인당 자본량이 k_1에서 k_2로 증가한다는 것을 확인할 수 있다.
- 솔로우(Solow) 성장 모형에서는 '$Y = AL^\alpha K^\beta (\alpha + \beta = 1)$' 형태의 1차 동차 생산함수를 전제한다. 이에 따라 수확체감의 법칙이 성립한다. 즉, 자본의 한계생산이 체감하게 된다. 이것은 자본 투입이 증가할 때, 언젠가는 산출량 증가가 정체된다는 의미이다. 따라서 자본 투입만을 가지고서는 지속적인 성장을 기대할 수 없다(①, ③).
- 인구증가율이 상승할 때, 정상상태의 변화를 그림으로 나타내면 다음과 같다.

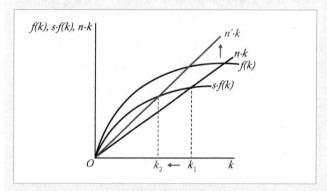

- 인구증가율 상승에 따라 새로운 정상상태에서의 1인당 자본량이 k_1에서 k_2로 감소한다는 것을 확인할 수 있다(④).

정답 ②

1156

솔로우(Solow) 성장모형에 대한 설명으로 옳지 않은 것은?

17 지방직 7급

① 기술진보 없이 지속적인 성장을 할 수 없다.
② 정상상태(Steady state)에서 인구증가율의 변화는 1인당 경제성장률에 영향을 미치지 않는다.
③ 한계생산이 체감하는 생산함수와 외생적인 기술진보를 가정한다.
④ 자본축적만으로도 지속적인 성장이 가능하다.

솔로우(Solow) 경제성장모형은 노동과 자본의 대체가 가능한 '1차 동차 생산함수'와 외생적으로 주어지는 기술진보를 가정한다. 이에 따라 수확체감의 법칙으로 인해 경제성장은 결국 한계수준에 도달하게 되어 정체되는 '수렴가설'이 성립하게 된다. 이것을 해결할 수 있는 것은 오직 지속적인 기술진보뿐이다(①, ③, ④).

• 정상상태(= 균제상태, 안정상태: Steady state)에서 모든 1인당 변수의 변화율은 '0'이 된다. 따라서 인구증가율이 변화하는 경우에도 일단 새로운 정상상태에 도달하게 되면 1인당 경제성장률은 변하지 않게 된다(②).

정답 ④

1157

솔로우의 성장모형에 대한 설명으로 가장 옳은 것은?

20 서울시 공개경쟁 7급

① 한 경제 내에 1인당 자본량이 증가하면 1인당 소득이 높아진다.
② 최초에 경제가 어디서 출발하는지에 따라 정상상태의 1인당 자본량은 달라진다.
③ 인구증가율이 양수(+)인 경제라도 정상상태(steady state)에 도달한 이후에는 총국민소득이 증가하지 않는다.
④ 현실적으로 신기술의 국가 간 빠른 전파속도를 감안할 때 솔로우 성장모형은 국가 간의 성장률 격차를 잘 설명해준다.

솔로우 성장모형에서 균제균형식은 다음과 같다.

$s \times y = (n + d + g) \times k$, 여기서 s는 저축률, y는 1인당 소득, n은 인구성장률, d는 감가상각률, g는 기술진보율, k는 1인당 자본량이다.

이에 따라 다른 모든 조건이 일정한 상태에서 우변의 1인당 자본량(k)이 증가하게 되면 좌변의 1인당 소득(y) 역시 높아진다.

② 솔로우 성장모형은 노동과 자본의 대체가 가능한 1차 동차 생산함수를 가정한다. 이에 따라 최초에 경제가 어디서 출발하는지와 관계없이 노동과 자본의 대체를 통해 결국 정상상태(=균제상태)를 회복하여 정상상태의 1인당 자본량은 같아진다.

③ 솔로우 성장모형에서는 정상상태에서의 총국민소득증가율($\frac{\Delta Y}{Y}$)은 인구증가율($\frac{\Delta L}{L}$)과 같아진다. 따라서 인구증가율이 양수(+)인 한 정상상태(steady state)에 도달한 이후에는 총국민소득은 인구증가율의 속도에 맞춰 증가하게 된다. 다만 주의할 것은 정상상태에 도달하는 한 1인당 소득은 불변이다. 정상상태에서 1인당 소득변화율($\frac{\Delta y}{y}$)이 '0'이기 때문이다. 이것은 총국민소득 증가율과 인구증가율이 같다는 것으로부터 오는 당연한 결과이다.

• 총국민소득증가율($\frac{\Delta Y}{Y}$)=인구증가율($\frac{\Delta L}{L}$)

• 1인당 국민소득 증가율($\frac{\Delta y}{y}$)=총국민소득증가율($\frac{\Delta Y}{Y}$)-인구증가율($\frac{\Delta L}{L}$)

④ 솔로우 성장모형은 노동과 자본의 대체가 가능한 1차 동차 생산함수를 가정한다. 이에 따라 성장과정에서 수확체감의 법칙이 나타나게 되어 결국 경제성장은 일정수준에서 멈추게 된다는 결론을 보여 준다. 이에 따라 모든 국가의 경제 수준은 수렴하게 된다고 주장한다(⇒수렴가설). 국가 간의 성장률 격차를 잘 설명해주는 이론은 이른바 '내생적 성장론'이다.

정답 ①

1158

솔로우(Solow) 성장모형에서 경제가 균제상태(Steady state)에 있었다. 그런데 외국인 노동자의 유입에 대한 규제가 완화되어 인구증가율이 높아졌다고 하자. 초기 균제상태와 비교할 때 새로운 균제상태에 대한 설명 중 가장 옳지 않은 것은? (단, 기술변화는 없다고 가정)   14 CPA

① 1인당 소득증가율의 하락
② 1인당 소득수준의 하락
③ 총소득증가율의 상승
④ 1인당 자본의 감소
⑤ 자본 한계생산성의 증가

경제가 균제상태에 도달하면 '1인당 변수 변화율 = 0'이 성립한다(①). 또한 균제상태에서는 총소득증가율(= 경제성장율)이 인구증가율과 같아지므로 인구증가율이 상승하면 총소득증가율 역시 상승하게 된다(③).

• 문제에서 주어진 조건을 그림으로 나타내면 다음과 같다.

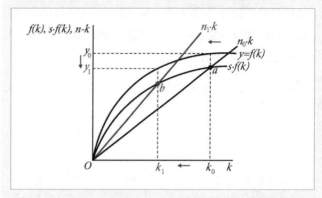

• 인구증가율이 높아지면($n_0 \rightarrow n_1$), 새로운 균제점은 a점에서 b점으로 이동하고, 이때 1인당 소득수준은 y_0에서 y_1로 하락하게 되며(②), 1인당 자본량은 k_0에서 k_1로 감소하게 된다(④).
• 솔로우 성장모형에서는 수확체감의 법칙이 성립하므로, 1인당 자본량이 증가하면 자본의 한계생산성은 감소하고, 1인당 자본량이 감소하게 되면 자본의 한계생산성은 증가하게 된다(⑤).

정답 ①

1159

솔로우(R. M Solow)의 경제성장모형에서 저축률, 감가상각률, 인구증가율, 기술진보가 중요한 역할을 한다. 솔로우 모형에 대한 설명으로 <보기>에서 옳은 것을 모두 고른 것은?   12 국회 8급

보 기

ㄱ. 인구증가율이 상승하면 장기적으로 1인당 소득증가율이 감소한다.
ㄴ. 저축률이 상승하면 단기적으로 1인당 소득과 경제성장률이 모두 높아진다.
ㄷ. 장기 일인당 소득은 감가상각률에 영향을 받지 않는다.
ㄹ. 장기 일인당 소득은 인구증가율에 영향을 받지 않는다.
ㅁ. 장기 일인당 소득증가율은 저축률에 영향을 받지 않는다.

① ㄱ, ㄴ
② ㄱ, ㄹ
③ ㄴ, ㄷ
④ ㄴ, ㅁ
⑤ ㄷ, ㅁ

<보기>의 내용을 차례로 검토해본다.
ㄱ. 인구증가율이 상승하면 장기적으로 1인당 소득증가율이 0 (불변)이다.
ㄴ. 저축률이 상승하면 단기적으로 1인당 소득은 증가하고 새로운 균제상태에 '도달할 때까지는' 경제성장률도 높아진다. 단기적으로는 저축률의 상승으로 '경제성장률>인구증가율'이 성립하여 1인당 소득도 증가하게 된다. 그러나 장기적으로 새로운 균제상태에 도달하게 되면 '경제성장률 = 인구증가율'이 성립하게 되어 1인당 소득증가율은 불변이 된다.
ㄷ. 감가상각률의 변화는 장기적으로 1인당 소득증가율을 변화시킬 수 없지만, 1인당 소득만큼은 변화한다.
ㄹ. 인구증가율의 변화는 장기적으로 1인당 소득증가율을 변화시킬 수 없지만, 1인당 소득만큼은 변화한다.
ㅁ. 저축률의 변화는 1인당 소득만큼은 변화시키지만, 장기적으로 1인당 소득증가율을 변화시키지는 못한다.

정답 ④

1160

솔로우 성장모형을 따르는 A국은 최근 발생한 지진과 해일로 인해 자본스톡의 10%가 파괴되었다. A국은 천재지변이 발생하기 전 정상상태(steady state)에 있었으며 인구증가율, 저축률, 감가상각률 등 경제 전반의 펀더멘털(fundamental)은 바뀌지 않았다. 향후 A국에 발생할 것으로 예상되는 현상에 대한 설명으로 옳은 것은? (단, A국의 외생적 기술진보율은 0이라고 가정한다.)

15 지방직 7급

① 지진과 해일이 발생하기 이전과 같은 정상상태로 향할 것이다.
② 지진과 해일이 발생하기 이전보다 높은 정상상태로 향할 것이다.
③ 지진과 해일이 발생하기 이전보다 낮은 정상상태로 향할 것이다.
④ 아무런 변화도 나타나지 않을 것이다.

정상상태(균제상태)란 시간이 경과해도 경제변수가 변하지 않고 일정한 값을 갖는 경우, 일단 한 번 정상상태에 도달하게 되면 기술진보와 같은 외생변수들의 변화가 없는 한 계속 유지되는 '장기' 균형상태를 의미한다. 따라서 A국 경제의 펀더멘털(Fundamental)이 바뀌지 않는 한 A국 경제는 결국 이전의 정상상태로 향하게 된다.

• 문제에서 제시된 내용들을 그림으로 나타내면 다음과 같다.

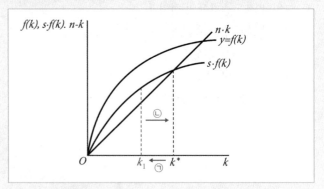

• 지진과 해일로 일시적으로 1인당 자본량의 감소가 나타나지만 (㉠), 실제투자액이 필요투자액보다 커져서 1인당 자본량은 다시 증가하게 되어(㉡), 결국 지진과 해일이 발생하기 이전과 같은 정상상태로 되돌아오게 된다.

정답 ①

1161

어떤 국가의 인구가 매년 1%씩 증가하고 있고, 국민들의 연평균 저축률은 20%로 유지되고 있으며, 자본의 감가상각률은 10%로 일정할 경우, 솔로우(Solow) 모형에 따른 이 경제의 장기균형의 변화에 대한 설명으로 옳은 것은?

18 국회 8급

① 기술이 매년 진보하는 상황에서 이 국가의 1인당 자본량은 일정하게 유지된다.
② 이 국가의 기술이 매년 2%씩 진보한다면, 이 국가의 전체 자본량은 매년 2%씩 증가한다.
③ 인구증가율의 상승은 1인당 산출량의 증가율에 영향을 미치지 못한다.
④ 저축률이 높아지면 1인당 자본량의 증가율이 상승한다.
⑤ 감가상각률이 높아지면 1인당 자본량의 증가율이 상승한다.

기술진보가 이루어지지 않는 한 균제상태에서의 1인당 산출량(1인당 소득) 변화율(증가율)은 '0'이 된다. 따라서 인구증가율이 상승한다고 하더라도 1인당 산출량 증가율에는 변화가 없게 된다.
① 1인당 산출량 변화율은 기술진보율과 일치한다. 따라서 기술이 매년 진보하는 상황에서 1인당 산출량은 증가하게 되고, 이를 위한 1인당 자본량 역시 증가하게 된다.
② 총산출량(총소득) 증가율은 다음과 같다.

> 총산출량 증가율=1인당 산출량 증가율+인구증가율=기술진보율+인구증가율

따라서 기술진보율이 2%, 인구증가율이 1%이므로 총산출량 증가율은 3%가 된다. 그런데 균제상태에서 총자본량 증가율은 총산출량 증가율과 일치하므로 총자본량 증가율 역시 3%가 된다.
④ 균제상태에서는 1인당 변수 변화율이 '0'이므로 저축률이 높아진다고 하더라도 1인당 자본량의 증가율은 '0'이 된다.
⑤ 균제상태에서는 1인당 변수 변화율이 '0'이므로 감가상각률이 높아진다고 하더라도 1인당 자본량의 증가율은 '0'이 된다.

정답 ③

1162

한 국가의 총생산함수는 $Y = AL^{\frac{2}{3}}K^{\frac{1}{3}}$ 이고, 1인당 자본량의 변동은 $\Delta k = (1-b)y - \delta k$ 라고 할 때, 생산물 시장의 균형조건이 $Y = C + I$ 이며, 소비함수는 $C = bY, \ O < b < 1$ 인 솔로우 성장 모형에서 황금률 수준의 소비율 b는? (단, Y는 총생산량, L은 인구(노동량), K는 자본량, A는 기술수준, y는 1인당 생산량, k는 1인당 자본량, C는 소비, I는 투자, b는 소비율, δ는 감가상각률을 의미한다.) 　　19 지방직 7급

① $\frac{1}{9}$

② $\frac{1}{3}$

③ $\frac{4}{9}$

④ $\frac{2}{3}$

해 설

총생산함수가 $Y = AL^{\alpha}K^{\beta}(\alpha + \beta = 1)$ 형태로 주어지는 경우 α는 노동소득분배율을 의미하고 β는 자본소득분배율을 의미한다.

• 솔로우 성장모형에서 황금률 수준에 도달하게 되면 소비율(b)은 노동소득분배율과 동일하고, 저축률(1-b)은 자본소득분배율과 동일해진다.

• 문제에서 주어진 생산함수의 α에 해당하는 $\frac{2}{3}$는 노동소득분배율이면서 소비율(b)이 되고, β에 해당하는 $\frac{1}{3}$은 자본소득분배율이면서 저축률(1-b)이 된다.

정답 ④

1163

어느 폐쇄경제에서 총생산함수가 $y = k^{\frac{1}{2}}$, 자본 축적식이 $\Delta k = sy - \delta k$, 국민소득계정 항등식이 $y = c + i$인 솔로우 모형에 대한 설명으로 옳지 않은 것은? (단, y는 1인당 산출, k는 1인당 자본량, c는 1인당 소비, i는 1인당 투자, δ는 감가상각률이다. 이 경제는 현재 정상상태(Steady state)에 놓여 있으며, 저축률 s는 40%로 가정한다.) 　　17 지방직 7급

① 저축률이 50%로 상승하면 새로운 정상상태에서의 1인당 산출은 현재보다 크다.

② 저축률이 50%로 상승하면 새로운 정상상태에서의 1인당 소비는 현재보다 크다.

③ 저축률이 60%로 상승하면 새로운 정상상태에서의 1인당 산출은 현재보다 크다.

④ 저축률이 60%로 상승하면 새로운 정상상태에서의 1인당 소비는 현재보다 크다.

해 설

솔로우 모형에서는 저축률이 상승할 때, 새로운 정상상태(= 균제상태)에서 1인당 산출량은 증가하게 된다. 따라서 현재 저축률인 40%보다 50% 또는 60%로 상승하게 되면 1인당 산출량은 모두 증가하게 된다(①, ③).

• 주어진 총생산함수는 다음과 같다.

$$y = k^{\frac{1}{2}} \Rightarrow Y = L^{\frac{1}{2}} \times K^{\frac{1}{2}} = L^{0.5} \times K^{0.5}$$

• 1인당 소득이 극대화되는 자본축적의 황금률에서 '자본소득분배율 = 저축률 = 50%'가 성립함을 알 수 있다. 그런데 현재 정상상태에서의 저축률이 40%라는 것은 현재 경제가 황금률 수준에 도달하지 못했음을 의미한다. 따라서 저축률이 50%로 상승하게 되면 새로운 정상상태에서 황금률 수준에 도달하게 되고, 이에 따라 1인당 소비는 증가하게 될 것이다(②).

• 저축률이 50%를 넘게 되면 황금률 수준에서 벗어나므로 다시 1인당 소비는 감소하게 된다. 다만 이 크기는 저축률이 40%일 때에 비해 클지 또는 작을지는 주어진 조건만 가지고서는 알 수 없다(④).

정답 ④

1164

A국 경제의 인구와 기술 수준은 고정되어 있다. 안정상태 (steady state)에서 자본의 한계생산물은 0.125, 감가상각률은 0.1이다. 현재 안정상태의 자본량에 대한 설명으로 옳은 것은? (단, 표준적인 솔로우 모형이다) 20 국가직 7급

① 황금률수준(golden rule level)의 자본량보다 많다.
② 황금률수준의 자본량보다 적다.
③ 황금률수준의 자본량과 동일하다.
④ 황금률수준의 자본량보다 많을 수도 적을 수도 있다.

해설

솔로우 모형에서 황금률수준 달성 조건은 다음과 같다.

> $MP_k = (n + d + g)$, 여기서 MP_k는 자본의 한계생산물, n은 인구증가율, d는 감가상각률, g는 기술진보율이다.

- 인구와 기술 수준이 고정되어 있으므로 n과 g는 모두 '0'의 값을 갖는다. 따라서 주어진 조건에 따라 '$MP_k(=0.125) > d(=0.1)$'이 되어 황금률수준 달성 조건을 충족하지 못한다.
- 표준적인 솔로우 모형에서는 자본의 한계생산물이 체감한다는 것을 가정한다. 이에 따라 1인당 자본량이 증가할수록 자본의 한계생산물(MP_k)은 작아지게 된다. 황금률수준 달성 조건을 충족하기 위해서는 현재의 자본의 한계생산물(MP_k)이 감가상각률($d=0.1$) 수준까지 작아져야 한다. 이를 위해서는 1인당 자본량이 증가해야 한다. 이것은 현재의 1인당 자본량 수준이 황금률수준의 자본량보다 적다는 의미이기도 하다.

정답 ②

1165

다음 글을 따를 때 A국에서 균제상태의 효율적 노동 1단위당 자본을 변화시켜 황금률수준의 효율적 노동 1단위당 자본을 달성하기 위하여 필요한 조건으로 옳은 것은?

19 국회 8급

> - A국의 총생산함수는 $Y = K^{\alpha}(E \times L)^{1-\alpha}$이다. (단, K는 총자본, L은 총노동, E는 노동 효율성, Y는 총생산, α는 자본의 비중을 의미한다.)
> - $\alpha = 0.5$, $s = 0.5$, $\delta = 0.1$, $n = 0.05$, $g = 0.03$ (단, s는 저축률, δ는 감가상각률, n은 인구증가율, g는 노동효율성 증가율을 의미한다.)

① 균제상태에서 효율적 노동 1단위당 자본이 황금률수준의 효율적 노동 1단위당 자본보다 많아서 저축률을 증가시켜야 한다.
② 균제상태에서 효율적 노동 1단위당 자본이 황금률수준의 효율적 노동 1단위당 자본보다 적어서 저축률을 증가시켜야 한다.
③ 균제상태에서 효율적 노동 1단위당 자본이 황금률수준의 효율적 노동 1단위당 자본보다 많아서 저축률을 감소시켜야 한다.
④ 균제상태에서 효율적 노동 1단위당 자본이 황금률수준의 효율적 노동 1단위당 자본보다 적어서 저축률을 감소시켜야 한다.
⑤ 균제상태에서 효율적 노동 1단위당 자본을 황금률수준의 효율적 노동 1단위당 자본으로 변화시키기 위한 추가 조건은 없다.

해설

주어진 총생산함수는 1차 동차 생산함수이다. 이에 따라 $\alpha = 0.5$이므로 자본소득분배율과 노동소득분배율은 모두 50%가 된다.

- 균제상태에서 황금률수준의 효율적 노동 1단위당 자본이 달성되면, 자본소득분배율은 저축률과 일치하게 되고 노동소득분배율은 소비율과 일치하게 된다. 그런데 주어진 조건에서 $s = 0.5$이므로 저축률이 50%이다. 이것은 현재 상태에서 이미 황금률수준에 도달해있다는 것을 의미한다.

정답 ⑤

1166

내생적 성장이론의 다양한 시사점이 아닌 것은? 19 지방직 7급

① 이윤극대화를 추구하는 민간기업의 연구개발투자는 양(＋)의 외부효과와 음(－)의 외부효과를 동시에 발생시킬 수 있다.

② 연구개발의 결과인 기술진보는 지식의 축적이므로 지대추구행위를 하는 경제주체들에 의하여 빠르게 진행될 수 있다.

③ 교육에 의하여 축적된 인적자본은 비경합성과 배제가능성을 가지고 있다.

④ 노동력 중 연구개발부분의 종사자는 기술진보를 통하여 간접적으로 생산량 증가에 기여한다.

비경합성을 특징으로 하는 지식자본과 달리 인적자본은 어느 한 부분에 이미 투입되고 있는 경우에는 더 이상 다른 부분에는 투입될 수 없게 된다. 따라서 인적자본은 '경합성'이라는 특성을 가진다.

정답 ③

1167

솔로우 모형과 내생적 성장이론에 대한 설명으로 옳지 않은 것은?

16 국가직 9급

① 솔로우 모형에서는 기술진보율이 균제상태에서의 1인당 소득의 증가율을 결정한다.

② 내생적 성장이론에서는 수확체감을 극복하면서 1인당 소득의 지속적인 증가가 가능하다.

③ 솔로우 모형에서는 경제성장의 요인인 기술진보율과 인구증가율이 외생적으로 결정된다.

④ 내생적 성장이론에서는 국가 간 소득 격차가 시간의 흐름에 따라 감소한다.

국가 간 소득 격차가 시간의 흐름에 따라 감소한다는 것은 Solow 성장모형이다.

• 내생적 성장이론에서는 오히려 국가 간 소득 격차가 시간의 흐름에 따라 커진다는 현상을 설명할 수 있다.

정답 ④

1168

경제성장모형에 대한 설명으로 가장 옳은 것을 <보기>에서 모두 고른 것은?

18 서울시 공개경쟁 7급

보기

> ㄱ. 해로드 ─ 도마(Harrod ─ Domar) 성장모형은 자본과 노동의 대체불가능성을 가정하여 완전고용에서 균형성장이 가능하지만, 기본적으로 자본주의 경제의 성장경로가 불안하다는 모형이다.
> ㄴ. 솔로우(Solow) 성장모형은 장기적으로 생산요소 간의 기술적 대체가 가능함을 전제하여 자본주의 경제의 안정적 성장을 설명하는 모형이다.
> ㄷ. 내생적(Endogenous) 성장이론은 각국의 지속적인 성장률 격차를 내생변수 간의 상호작용으로 설명하는 이론이다.

① ㄱ, ㄴ
② ㄱ, ㄷ
③ ㄴ, ㄷ
④ ㄱ, ㄴ, ㄷ

해 설

해로드-도마(Harrod-Domar) 성장모형과 솔로우(Solow) 성장모형의 가장 큰 차이는 자본과 노동의 대체 가능 여부이다.
• 내생적(Endogenous) 성장이론은 기술이라는 변수를 내생변수로 설정하여 지속적인 성장 가능성을 설명한다.
• 별도의 해설이 필요 없이 주어진 <보기> 내용을 정리해두면 될 것 같다.

정답 ④

1169

내생적 성장이론에 대한 설명으로 옳지 않은 것만을 모두 고른 것은?

14 국가직 7급

> ㄱ. 기술진보 없이는 성장할 수 없다.
> ㄴ. 자본의 한계생산성 체감을 가정한다.
> ㄷ. 경제개방, 정부의 경제발전 정책 등의 요인을 고려한다.
> ㄹ. AK 모형의 K는 물적 자본과 인적 자본을 모두 포함한다.

① ㄱ, ㄴ
② ㄱ, ㄹ
③ ㄴ, ㄷ
④ ㄷ, ㄹ

해 설

기술진보 없이는 지속적인 성장을 할 수 없다고 설명하는 것은 솔로우 성장모형과 달리 내생적 성장이론에 따르면 기술진보 이외에도 지식자본, 인적자본 등에 의해서도 경제가 성장할 수 있음을 설명한다(ㄱ).
• 내생적 성장이론에 해당하는 AK 모형에서는 자본의 한계생산이 일정하기 때문에 지속적인 자본의 투입만 있으면 지속적 성장이 가능하다고 한다(ㄴ).
• 내생적 성장이론에서도 전통적인 물적 자본만으로는 '지속적인 자본투입이 가능할 수 있는가'에 대해서 설명할 수 없다. 이를 극복하기 위해 지식자본과 인적자본의 중요성이 대두된다.

정답 ①

1170

신성장이론에서 가정하는 AK 모형에 대한 설명으로 옳지 않은 것은?

10 국가직 7급

① 저축률의 상승이 영구적으로 경제성장률을 높일 수 있다.
② 부국과 빈국 사이의 성장률 수렴현상이 강해진다.
③ 자본(K)에는 물적 자본 외에 인적 자본도 포함한다.
④ 수확체감의 법칙이 성립하지 않는다.

AK 모형의 생산함수인 Y = AK는 자본량의 증가에 따라 생산량이 증가하는 원점을 지나는 직선의 모습을 갖는다. 이에 따라 모든 점에서 자본의 한계생산성(= 자본의 수익률 = 실질이자율)이 A로 일정하게 되어 수확체감의 법칙이 성립하지 않는다. 따라서 자본축적을 위한 저축률이 상승하면 경제성장률도 높일 수 있다.

• 여기서의 자본은 단순한 물적 자본뿐만 아니라 인적 자본과 지식 자본 등을 포괄하는 넓은 의미의 자본이다. 따라서 자본축적 정도가 다른 부국과 빈국 사이에는 수렴현상이 나타날 수 없게 된다.

정답 ②

1171

내생적 성장이론에 대한 다음의 설명 중 옳지 않은 것은?

17 국회 8급

① R&D 모형에 따르면 연구인력의 고용이 늘어나면 장기 경제성장률을 높일 수 있다.
② AK 모형은 자본을 폭넓게 정의하여 물적 자본뿐만 아니라 인적자본도 자본에 포함한다.
③ AK 모형에서는 기술진보가 이루어지지 않으면 성장할 수 없다.
④ R&D 모형에 따르면, 지식은 비경합적이므로 지식자본의 축적이 지속적인 성장을 가능하게 한다.
⑤ AK 모형에서는 자본에 대해 수확체감이 나타나지 않는다.

AK 모형에서는 '$sA - d > 0$(여기서 s는 저축률, A는 기술수준, d는 감가상각률)' 조건만 충족되면 경제성장은 가능하다. 따라서 기술수준(A)에서 기술진보가 이루어지지 않는다고 하더라도, 저축률(s)이 상승하면 경제성장은 가능하다(③).

• R&D 모형을 제시한 로머(D. Romer)는 경제 내의 노동을 두 종류로 구분하여 노동력의 일부가 지식을 생산하는 데 투입된다고 주장하면서 지식의 비경합성을 강조한다. 이에 따라 R&D 연구 인력의 증가율이 높을수록, 지식이 효율적으로 생산될수록, 기존 지식의 지식 창출효과가 높을수록 균제상태에서 경제성장률이 높아진다(①, ④).

• 경제성장을 위한 지속적인 자본투입은 전통적인 물적 자본만을 전제하는 한 한계에 부딪치게 된다. 이를 극복하기 위하여 AK 모형은 자본을 폭넓게 정의하여 물적 자본뿐만 아니라 인적 자본과 지식 자본까지도 자본에 포함시킨다(②).

• AK 모형에서는 생산함수가 'Y = AK'이므로 자본량이 투입되면 생산량이 A배만큼 비례적으로 증가한다. 즉, 자본에 대해 수확체감이 나타나지 않는다(⑤).

정답 ③

1172

다음 중 내생적 성장이론에 대한 설명으로 옳은 것은?

15 CPA

① 로머(P. Romer)의 R&D 모형에 따르면 연구인력 증가만으로도 장기 경제성장률을 높일 수 있다.

② 가난한 나라와 부유한 나라의 1인당 소득수준이 장기적으로 수렴한다고 예측한다.

③ AK 모형에 따르면 저축률의 상승은 장기 경제성장률을 높일 수 없다.

④ 로머(P. Romer)의 R&D 모형에 따르면 지식이 경합성을 가지므로 지식 자본의 축적을 통해 지속적인 성장이 가능하다.

⑤ 루카스(R. Lucas)의 인적자본 모형에 따르면 교육 또는 기술습득의 효율성이 장기 경제성장률에는 영향을 미치지 못한다.

해 설

로머(P. Romer)의 R&D 모형에서는 지식자본의 파급효과로 인한 외부경제 효과를 강조한다. 따라서 지식자본의 축적을 위한 연구인력 확충으로도 경제성장에 영향을 줄 수 있다고 주장한다.

② 가난한 나라와 부유한 나라의 1인당 소득수준이 장기적으로 수렴한다고 예측하는 것은 솔로우 성장이론이다.

③ AK 모형에 따르면 1인당 자본증가율은 '$\frac{\triangle k}{k} = sA - d - n$'이다. 이에 따라 경제 전체의 자본 증가율, 즉 경제성장률은 sA의 크기와 같은 비율로 증가한다. 그 결과 AK 모형에서 경제성장률은 sA가 되며 장기적으로 경제성장률에 영향을 미치는 요인은 저축률(s)과 기술수준(A)이 되어 이러한 저축률과 기술수준의 변화는 경제성장률과 높은 상관관계를 갖게 된다.

④ 로머(P. Romer)의 R&D 모형에 따르면 지식은 비경합성을 가진다. 한 사람이 어떤 지식을 활용하고 있다고 해도, 이것을 다른 사람도 활용할 수 있기 때문이다.

⑤ 루카스(R. Lucas)의 인적자본 모형에 따르면 비경합적인 지식자본과는 달리 경합적인 인적자본은 생산인력이 가지고 있는 교육수준, 능력, 기술, 지식 등이 경제성장의 원동력이라고 주장한다.

정답 ①

1173

내생적 성장이론에 대한 다음 설명 중 가장 옳지 않은 것은?

17 서울시 7급

① R&D 모형에서 기술진보는 지식의 축적을 의미하며, 지식은 비경합성과 비배제성을 갖는다고 본다.

② R&D 모형과 솔로우(Solow) 모형은 한계수확체감의 법칙과 경제성장의 원동력으로서의 기술진보를 인정한다는 점에서는 동일하다.

③ 솔로우(Solow) 모형과 달리 AK 모형에서의 저축률 변화는 균제상태에서 수준효과뿐만 아니라 성장효과도 갖게 된다.

④ AK 모형에서 인적자본은 경합성과 배제가능성을 모두 가지고 있다.

해 설

R&D 모형은 지식자본(knowledge capital)의 역할을 강조한 로머(P. Romer)의 이론이다. R&D 모형에서 전제하는 생산함수는 다음과 같다.

> • $Y = F(K, AL) = K^{\alpha}(AL)^{1-\alpha}, \ 0 < \alpha < 1$
> • 여기서 K는 물적 자본, L = L_Y(최종재 생산인력)+L_A(지식을 생산하는 R&D 인력), A는 지식을 의미한다.

• 로머는 경제 내의 노동력을 두 종류로 구분하여 노동력의 일부가 지식을 생산하는 데 투입된다고 가정한다. 만약 이런 R&D 인력(L_A)이 존재하지 않으면 생산함수는 솔로우가 가정했던 자본(K)과 노동(L_Y: 최종재 생산인력)으로 이루어진 기존의 1차 동차 생산함수와 동일해져 수확체감의 법칙이 나타날 수 있게 된다(②).

• R&D 인력이 존재하는 한, 더 이상의 수확체감의 법칙은 나타나지 않고 지속적인 성장이 가능해진다. 결국 R&D 인력의 증가율이 높을수록, 지식이 효율적으로 생산될수록, 그리고 기존 지식의 새로운 지식 창출효과가 높을수록 균제상태에서의 성장률이 높아진다는 것이 R&D 모형이다.

• R&D 인력에 의해서 창출된 지식은 비경합성을 가지고 있으나, 이를 사용하기 위해서는 대가를 지불해야 하므로 배제성을 갖게 된다(①).

• AK 모형에서는 '$\Delta Y/Y = \Delta K/K = sA - d > 0$($s$는 저축률, A는 자본생산성, d는 감가상각률)'이 성립하는 한 외생적 기술진보가 없다고 하더라도 지속적인 경제성장이 가능함을 보여준다(③).

• 비경합성을 특징으로 하는 지식 자본과 달리 인적 자본은 경합성을 갖는다. 한 사람이 특정한 생산과정에 투입되면, 그 사람은 더 이상 다른 생산과정에는 투입될 수 없기 때문이다(④).

정답 ①

1174

경제성장에 대한 설명으로 옳은 것은? 17 추가채용 국가직 7급

① 솔로우 성장모형에서는 1인당 소득이 높은 나라일수록 경제가 빠르게 성장한다.

② 성장회계는 현실에서 이룩된 경제성장을 각 요인별로 분해해 보는 작업을 말한다.

③ 쿠즈네츠 가설에 따르면 경제성장의 초기 단계에서 발생한 소득불평등은 처음에 개선되다가 점차 악화된다.

④ 내생적 성장이론은 일반적으로 자본에 대한 수확체감을 가정한다.

해설

성장회계는 경제가 몇 % 성장했는데, 기술요인, 노동, 자본 등의 각 요인이 각각 몇 %만큼 성장에 기여했는가를 분석하는 것을 말한다.

① 솔로우 성장모형에서는 노동과 자본이 대체 가능한 1차 동차 생산함수를 전제한다. 이에 따라 자본량 증가에 따른 수확체감이 나타나게 되어 1인당 소득이 높은 나라일수록 경제가 느리게 성장하여 결국에는 정체되는 상태에 도달하게 된다.

③ 쿠즈네츠 가설은 '효율성'이 강조되는 경제성장의 초기 단계에서는 소득분배 정도가 오히려 악화되다가 점차 개선되는 것을 보여 준다.

④ 자본에 대한 수확체감을 가정하는 것은 솔로우 성장모형이다. 'AK 모형'과 같은 내생적 성장이론에서는 최소한 자본에 대한 수확이 '일정'하다는 것을 전제한다.

정답 ②

1175

신성장이론(New Growth Theory)에 대한 설명으로 옳지 않은 것은? 19 국가직 7급

① 기술혁신은 우연한 과학적 발견 등에 의해 외생적으로 주어진다고 간주한다.

② 기업이 연구개발에 참여하거나 기술변화에 기여할 때 경제의 지식자본스톡이 증가한다.

③ 개별 기업이 아닌 경제 전체 수준에서 보면 지식자본의 축적을 통해 수확체증(Increasing returns)이 나타날 수 있다.

④ 지식 공유에 따른 무임승차 문제를 완화하기 위해 지적 재산권에 대한 정부의 보호가 필요하다고 강조한다.

해설

기술혁신이 외생적이라고 보는 것은 솔로(R. Solow)의 성장이론이다.

• 내생적 성장이론라고도 불리는 신성장이론에서는 기술혁신이 내생적으로 결정된다고 본다.

정답 ①

1176

고전학파의 견해에 해당하지 않는 것은? 07 국가직 7급

① 세이의 법칙
② 실물부문과 화폐부문 간의 양분성
③ 유동성 선호설
④ 화폐수량설

유동성 선호설은 케인스의 대표적인 화폐이론이다.

정답 ③

1177

다음 중 화폐의 중립성에 대한 설명으로 옳은 것을 모두 고르면? 08 감정평가사

┌─────────────────────────────────┐
│ ㉠ 케인스 학파는 화폐의 중립성이 단기에 성립한다고 주장
│   한다.
│ ㉡ 고전학파는 화폐의 중립성이 장기에서는 물론 단기에서
│   도 성립한다고 주장한다.
│ ㉢ 통화 공급이 변화할 때 실질변수가 영향을 받지 않는 경
│   우를 말한다.
│ ㉣ 임금을 비롯한 가격변수가 경직적인 경우에 성립하지 않
│   는다.
└─────────────────────────────────┘

① ㉠, ㉢
② ㉡, ㉣
③ ㉡, ㉢, ㉣
④ ㉢, ㉣

가격변수의 경직성을 전제로 하는 케인스 학파에서는 통화 공급의 변화가 이자율의 변화를 통하여 실질변수에 영향을 미친다고 보고, 화폐의 중립성을 부정한다.

정답 ③

1178

케인스 학파의 입장을 <보기>에서 모두 고르면? 16 국외 8급

> **보기**
>
> ㄱ. 세이의 법칙(Say's law)이 성립한다.
> ㄴ. 생산된 것이 모두 판매되기 때문에 수요부족 상태가 장기적으로 지속될 가능성은 없다.
> ㄷ. 가격이 경직적이고 충분한 정도의 유휴설비가 존재하는 경우 경제 전체 생산량은 유효수요에 의해 결정된다.
> ㄹ. 모든 개인이 절약을 하여 저축을 증가시키면 총수요가 감소하여 국민소득이 감소하게 된다.
> ㅁ. 정부는 시장에 개입하지 않는 것이 바람직하다.
> ㅂ. 이자율은 화폐시장에서 결정된다.
> ㅅ. 임금의 하방경직성, 화폐환상(Money illusion)의 부재를 주장한다.

① ㄱ, ㄴ, ㄷ
② ㄴ, ㅁ, ㅂ
③ ㄷ, ㄹ, ㅁ
④ ㄷ, ㄹ, ㅂ
⑤ ㄹ, ㅂ, ㅅ

'ㄴ'의 내용이 'ㄱ'의 세이의 법칙의 내용이고, 이는 고전학파의 주요 핵심이론이다.
- 고전학파는 정부의 시장에 대한 개입을 반대한다(ㅁ).
- 임금의 하방경직성과 화폐환상의 존재는 케인스 학파의 주요 주장이다(ㅅ).

정답 ④

1179

케인즈 학파의 일반적 경제정책관에 관한 설명으로 옳지 않은 것은? 07 국가직 7급

① 정부의 적극적 정책개입을 주장한다.
② 재정정책의 상대적 유효성을 주장한다.
③ 재량에 의한 경제정책 운용을 주장한다.
④ 외적 충격에 의한 비수용적(non-accommodative) 정책을 주장한다.

수용적 정책이란 경기가 침체국면이어서 생산 활동이 위축되고 실업이 증가할 때, 이러한 문제를 해결하기 위하여 정책당국이 시장의 상황 속에 개입하여(현실을 받아들여) 재량적인 총수요 확대정책을 실시하여야 한다는 케인즈 학파의 대표적인 경제정책관이다.
- 비수용적 정책은 시장의 상황 속에 개입하지 않고 준칙에 의한 정책운용을 주장하는 통화주의의 대표적인 경제정책관이다.

정답 ④

1180

고전학파와 케인즈 학파의 거시경제관에 대한 설명으로 옳지 않은 것은?

11 지방직 7급

① 고전학파는 공급이 수요를 창출한다고 보는 반면 케인즈 학파는 수요가 공급을 창출한다고 본다.

② 고전학파는 화폐가 베일(Veil)에 불과하다고 보는 반면 케인즈 학파는 화폐가 실물경제에 영향을 미친다고 본다.

③ 고전학파는 실업문제 해소에 대해 케인즈 학파와 동일하게 재정정책이 금융정책보다 더 효과적이라고 본다.

④ 고전학파는 저축과 투자가 같아지는 과정에서 이자율이 중심적인 역할을 한다고 본 반면 케인즈 학파는 국민소득이 중심적인 역할을 한다고 본다.

고전학파는 노동시장에서 임금의 신축성으로 인해 완전고용이 달성된다고 이해함으로써 케인스식의 인위적인 총수요관리정책을 반대한다.

① 고전학파는 공급, 케인스 학파는 수요를 중시하는 학파이다.

② 고전학파는 화폐의 중립성을 주장하지만, 케인스학파는 화폐시장에서 결정되는 이자율이 생산물 시장에서 투자에 영향을 준다고 이해하기 때문에 화폐가 실물경제에 영향을 미친다고 본다.

④ 고전학파는 대부자금시장에서 결정되는 이자율의 신축성을 전제하고, 케인스학파는 가격의 경직성을 전제하기 때문에, 가격조정이 아닌 국민소득 조정과 같은 수량조정을 통해 불균형 해소를 도모한다.

정답 ③

1181

케인스학파와 통화주의학파에 관한 설명 중 옳은 것은?

12 CPA

① 케인스학파는 통화주의학파에 비해 투자의 이자율탄력성이 크다고 본다.

② 케인스학파는 적응적 기대를 수용하고, 통화주의학파는 합리적 기대를 수용한다.

③ 케인스학파는 구축효과를 강조하고, 통화주의학파는 재량적인 경제안정화정책을 강조한다.

④ 케인스학파는 단기 총공급곡선이 우상향한다고 보고, 통화주의학파는 장기 총공급곡선이 우하향한다고 본다.

⑤ 케인스학파는 단기 필립스곡선이 우하향한다고 보고, 통화주의학파는 장기 필립스곡선이 수직이라고 본다.

케인스학파는 우하향의 안정적인 단기 필립스곡선을 전제하고, 통화주의학파는 단기 필립스곡선은 우하향하지만, 장기 필립스곡선은 자연실업률 수준에서 수직이라고 본다.

① 케인스학파는 통화주의학파에 비해 투자의 이자율탄력성이 작다고 본다. 이에 따라 IS곡선의 기울기가 상대적으로 가파르다고 한다.

② 케인스학파와 통화주의학파는 모두 적응적 기대를 수용한다.

③ 케인스학파는 재량적인 경제안정화정책을 강조하고, 통화주의학파는 구축효과를 강조한다.

④ 케인스학파와 통화주의학파는 모두 단기 총공급곡선이 우상향한다고 보고, 통화주의학파는 장기 총공급곡선을 완전고용 산출량 수준에서 수직이라고 본다.

정답 ⑤

1182

케인스학파와 통화주의에 대한 설명 중 옳은 것은? 16 CPA

> ㉠ 케인스학파는 경제가 내재적으로 불안정하므로 정부가 장기적으로는 경기변동을 완화하는 안정화 정책을 실시하고, 단기적으로는 총공급 능력을 확충해야 한다고 주장하였다.
>
> ㉡ 통화주의자들은 장기적으로 화폐가 중립적일 때 인플레이션과 실업률 간에 역의 관계가 성립한다고 주장하였다.
>
> ㉢ 케인스학파는 낮은 총수요가 낮은 소득과 높은 실업의 원인이라고 주장하였다.
>
> ㉣ 통화주의자들은 중앙은행이 통화를 공급할 때에 사전에 명시되고 공표된 준칙을 따라야 한다고 주장하였다.

① ㉠, ㉡

② ㉠, ㉢

③ ㉡, ㉢

④ ㉢, ㉣

케인스학파는 시장의 내재적 한계로 인해 발생하는 경기변동에 대응하기 위하여 정부의 적극적 개입이 필요하다고 주장한다. 이때 경기안정화 정책은 단기적 총수요관리정책이다.

* 케인스학파는 전통적으로 경기변동에 대하여 단기적 대응만을 강조할 뿐, 장기적 대응에 대해서는 관심이 없다(㉠).
* 통화주의자들은 적응적 기대를 전제하여 화폐정책이 단기에서만큼은 실물시장에 영향을 줄 수 있지만, 장기적으로는 화폐의 중립성이 성립하여 물가에만 영향을 줄 뿐 실물시장에는 더 이상의 영향을 줄 수 없다고 주장한다. 이에 따라 장기 필립스 곡선은 자연실업률 수준에서 수직의 모습을 보이게 된다(㉡).

정답 ④

1183

다음 서술된 내용의 옳고(○), 그름(×)을 순서대로 바르게 배열한 것은? 09 지방직 7급

> (가) 케인스학파는 투자와 소비가 상대적으로 이자율에 둔감하다고 가정한다.
>
> (나) 통화주의학파는 장기적으로 물가상승률과 실업률 간에 음의 상관관계를 가정한다.
>
> (다) 피셔가설에 따르면 명목이자율 = 실질이자율 + 실질물가상승률이다.
>
> (라) 새케인스학파는 가격변수가 경직적이라고 가정한다.

	(가)	(나)	(다)	(라)
①	○	×	×	○
②	×	○	×	○
③	○	×	○	×
④	×	○	○	×

통화주의학파는 장기에 수직의 필립스 곡선을 전제한다. 따라서 장기적으로는 물가상승률과 실업률 간의 음(-)의 상관관계가 존재하지 않는다(나).

* 물가상승률은 명목 개념이다(다).

정답 ①

1184

새고전학파와 새케인즈학파의 정책효과에 대한 설명으로 가장 옳은 것은?

16 서울시 7급

① 새고전학파에 따르면 예측치 못한 정부지출의 증가는 장기적으로 국민소득을 증가시킨다.
② 새고전학파에 따르면 예상된 통화공급의 증가는 단기적으로만 국민소득을 증가시킨다.
③ 새케인즈학파에 따르면 예상치 못한 통화공급의 증가는 장기적으로 국민소득을 증가시킨다.
④ 새케인즈학파에 따르면 예상된 정부지출의 증가는 단기적으로 국민소득을 증가시킨다.

해 설

새케인즈학파에 따르면 설령 정부지출의 증가가 예상이 되었다고 하더라도 단기적으로는 여전히 임금과 물가와 같은 가격변수의 경직성이 성립하여 국민소득을 증가시킨다고 본다.

① 새고전학파에 따르면 예상치 못한 정부지출의 증가는 단기적으로만 국민소득을 증가시키고 장기적으로는 다시 이전 소득 수준으로 되돌아간다.
② 새고전학파에 따르면 예상된 통화공급의 증가는 단기적으로도 국민소득을 증가시키지 못한다.
③ 새케인즈학파에 따르면 예상치 못한 통화공급의 증가는 가격변수가 경직적인 단기와 달리 가격변수가 신축적인 장기에는 국민소득은 이전 수준으로 되돌아간다고 본다. 새케인즈학파에게도 장기에는 가격변수는 신축적이다. 새케인즈학파에게 장기란 가격변수가 비로소 신축적일 수 있는 기간을 의미한다. 다만 주로 단기적인 분석을 하고 있어 장기분석은 주요 연구대상이 아닐 뿐이다.

정답 ④

1185

경제정책에 대한 학파 간 차이를 옳게 설명한 것을 모두 고르면?

08 감정평가사

> ㉠ 새고전학파(New classical)에서는 예측되지 못한 정책만이 효과가 있다고 하였다.
> ㉡ 케인스학파는 경기변동의 주요 원인을 총수요의 변동보다는 총공급의 변동으로 설명하였다.
> ㉢ 새케인스학파(New Keynesian)는 메뉴비용이나 명목임금계약 등의 존재로 인하여 총수요관리 정책이 효과가 있다고 주장하였다.
> ㉣ 통화론자들은 화폐수요함수가 불안정하여 준칙에 따른 통화정책을 수행해야 한다고 주장하였다.

① ㉠, ㉡
② ㉠, ㉢
③ ㉠, ㉢, ㉣
④ ㉡, ㉣

해 설

케인스학파는 총수요의 변동을 경기변동의 주요 원인으로 설명한다(㉡).

• 통화론자들은 케인스학파와 달리 화폐수요함수가 대단히 안정적이기 때문에 통화정책의 유용성을 주장한다. 다만 이 경우에도 재량보다는 준칙에 의한 정책운용의 필요성을 강조한다 (㉣).

정답 ②

1186

합리적 기대이론에 관한 내용으로 옳지 않은 것은?

08 지방직 7급

① 가격과 임금이 완전하게 신축적이라고 전제한다.
② 불규칙적인 정책변동이 경제교란의 원천이라고 주장한다.
③ 재정정책은 단기와 장기에서 일반적으로 효율적이지 못하다고 본다.
④ 금융정책이 단기에는 효율적이나 장기에는 효율적이지 못하다고 본다.

합리적 기대이론에 따르면 경제주체들이 합리적 기대를 하고 가격이 신축적일 때, 경제주체들에 의해 예상된 정부정책은 장기에는 물론 단기에도 무용하게 된다.

정답 ④

1187

경제학파들의 안정화 정책에 대한 주장 중 옳지 않은 것은?

06 CPA

① 통화주의자들의 신화폐수량설에 따르면 화폐의 유통속도가 고정되어 있지는 않아도 안정적이다.
② 통화주의자들은 재량적 정책보다는 사전에 정해진 준칙에 따라 경제정책을 운영해 나가야 한다고 주장했다.
③ 초기의 케인스 경제학자들은 필립스곡선은 우하향하며, 경제안정화 정책에 유용하게 활용할 수 있다고 생각했다.
④ 새고전파 경제학자들이 수용하고 있는 합리적 기대이론에 따르면 예상되지 못한 정책도 실질변수에 영향을 미치지 못하게 된다.
⑤ 새케인스 경제학자들은 합리적 기대이론을 분석의 틀로 수용하되, 임금과 물가의 경직성에 대하여 미시경제학적으로 설명하고자 했다.

합리적 기대와 가격의 신축성을 전제하는 새고전파의 합리적 기대 이론에 따르는 경우에도 경제주체들이 미처 예상하지 못한 정책이 단기에서만큼은 효과가 있다고 주장한다.

정답 ④

1188

각 경제학파별 경제 안정화 정책에 관한 설명으로 옳지 않은 것은?

15 감정평가사

① 고전학파는 구축효과, 화폐의 중립성을 들어 경제 안정화 정책을 쓸 필요가 없다고 주장한다.
② 케인스 경제학자(Keynesian)는 IS곡선이 가파르고, LM곡선은 완만하므로 적극적인 재정정책이 경제안정화정책으로 바람직하다고 주장한다.
③ 통화주의자(Monetarist)는 신화폐수량설, 자연실업률 가설을 들어 재량적인 경제안정화정책을 주장한다.
④ 새고전학파(New Classical School)는 예상치 못한 경제안정화정책은 일시적으로 유효할 수 있다는 점을 인정한다.
⑤ 새케인스학파(New Keynesian School)는 임금과 물가가 경직적인 경우에는 경제안정화정책이 유효하다고 주장한다.

통화주의자(Monetarist)는 신화폐수량설, 자연실업률 가설을 들어 재량적인 경제안정화정책을 반대하고 '준칙'에 의한 경제안정화정책을 주장한다.

① 고전학파는 재정정책은 구축효과에 의해, 통화정책은 화폐의 중립성에 의해 무력하다는 점을 들어 경제 안정화 정책을 쓸 필요가 없다고 주장한다.
② 케인스 경제학자(Keynesian)는 투자의 이자율 탄력도가 비탄력적이어서 IS곡선이 가파르고, 화폐수요의 이자율 탄력도가 탄력적이어서 LM곡선은 완만하다고 한다. 이에 따라 통화정책에 비해 적극적인 재정정책이 경제안정화 정책으로 바람직하다고 주장한다.
④ 새고전학파(New Classical School)는 비록 경제주체들이 합리적 기대를 한다고 하더라도 예상치 못한 경제안정화정책만큼은 일시적으로 유효할 수 있다는 점을 인정한다.
⑤ 새케인스학파(New Keynesian School)는 임금과 물가가 경직적인 경우에는 비록 경제주체들이 합리적 기대를 한다고 하더라도 여전히 단기에서만큼은 경제안정화정책이 유효하다고 주장한다.

정답 ③

1189

새고전학파(New classical school)의 경제이론에 대한 설명으로 옳지 않은 것은?

08 지방직 7급

① 합리적 기대를 중시한다.
② 시장청산을 중시한다.
③ 메뉴비용을 중시한다.
④ 경제정책의 무력성을 중시한다.

메뉴비용은 가격의 경직성을 설명하기 위해 새케인스학파가 제시하는 개념이다.

정답 ③

1190

거시경제에 대한 설명으로 옳지 않은 것은? 12 국가직 7급

① 공급측면에서 부정적인 충격(Negative supply shock)이 있을 때, 총수요관리정책은 물가안정과 고용증대에 유용하다.

② 합리적 기대가설에 따르면 예견된 일회성 통화량의 증가는 실물경제에 큰 영향을 미치지 못한다.

③ 고전학파이론은 가격과 임금의 신축성을 가정하기 때문에 장기적인 이슈 분석에 유용하다.

④ 상대가격과 물가수준에 대한 착각이 있는 경우 단기 총공급곡선은 우상향할 수 있다.

해 설

공급측면에서 부정적인 충격(Negative supply shock)이 발생하면 총공급 곡선이 왼쪽으로 이동하여 물가가 상승하고 산출량이 감소하여 고용이 악화된다.

• 이러한 상황 속에서 총수요 증대정책을 시행하면 산출량을 이전 수준으로 회복시킬 수는 있지만 물가는 더욱 더 상승하게 되고, 총수요 긴축정책을 시행하면 물가는 이전 수준으로 회복시킬 수는 있지만 산출량은 더욱 더 감소하게 된다.

정답 ①

1191

A국과 B국은 다음과 같은 생산가능곡선을 가지고 있다. <보기>에서 옳은 것을 모두 고르면? (단, X는 냉장고의 생산량, Y는 자동차의 생산량임)

10 국회 8급

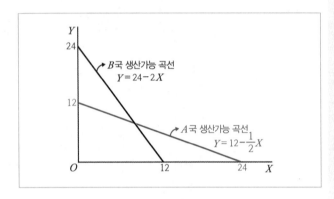

보기

㉠ A국에서 자동차 생산의 상대가격은 B국보다 크다.

㉡ 두 나라가 자유롭게 교역할 때, 냉장고 1대는 자동차 3대와 교환될 수 있다.

㉢ 교역이 발생할 때, B국은 자동차를 자국이 소비하는 양보다 더 많이 생산한다.

㉣ 두 나라의 생산가능곡선이 교차하는 곳에서 각 국이 소비하고 있다면 교역은 발생하지 않는다.

① ㉠, ㉡

② ㉠, ㉢

③ ㉠, ㉣

④ ㉡, ㉢

⑤ ㉢, ㉣

해설

주어진 그림을 기초로 <보기>의 각 경우를 판단해 보며 다음과 같다.

㉠ 자동차 생산의 상대가격은 A국에서는 냉장고 2이고, B국에서는 냉장고 1/2이다.

㉡ 냉장고 생산의 상대가격은 B국에서는 자동차 2이다. 즉 B국 내에서는 냉장고 1대를 얻기 위해서는 자동차를 2대까지는 포기할 수 있다. 그러므로 그 이상에서는 받아들이지 않는다. 따라서 냉장고 1대는 자동차 3대와 교환될 수 없다.

㉢ 교역이 발생할 때 A국은 냉장고, B국은 자동차에 완전특화를 하여 생산하여 교역조건에 따라 교환을 하게 된다. 이에 따라 B국은 자동차를 자국이 소비하는 양보다 더 많이 생산하여 일부를 수출하여 냉장고와 교환하게 된다.

㉣ 두 나라의 생산가능곡선이 교차하는 곳에서 각 국이 소비하고 있는 것은 비교우위를 정하는 데 아무런 관계가 없으므로 교역은 발생하게 된다.

정답 ②

1192

갑국과 을국 두 나라는 각각 A재와 B재를 생산하고 있다. 갑국은 1시간에 A재 16개 또는 B재 64개를 생산할 수 있다. 을국은 1시간에 A재 24개 또는 B재 48개를 생산할 수 있다. 두 나라 사이에서 교역이 이루어질 경우에 대한 설명으로 가장 옳은 것은?

19 서울시 공개 경쟁 7급

① 갑국은 A재 생산에 절대우위가 있다.
② 을국은 B재 생산에 절대우위가 있다.
③ 갑국은 A재 생산에 비교우위가 있다.
④ 양국 간 교역에서 교환비율이 A재 1개당 B재 3개일 경우, 갑국은 B재 수출국이 된다.

해 설

주어진 조건을 표로 정리하면 다음과 같다. 단, 각 수치는 시간당 생산량이다.

	A재	B재
갑국	16	64
을국	24	48

- 동일한 시간 동안 재화를 더 많이 생산하는 경우에 그 재화 생산에 절대우위가 있다고 한다. 따라서 갑국은 B재에 절대우위가 있고, 을국은 A재에 절대우위가 있다(①, ②).
- 양국의 B재 수량으로 나타낸 A재의 상대가격(기회비용)을 구하면 다음과 같다.

	A재 상대가격
갑국	$\frac{64}{16} = 4$
을국	$\frac{48}{24} = 2$

- 비교우위는 상대가격이 작은 상품에 대해 성립한다. 따라서 A재 생산에 비교우위가 있는 나라는 B국이다(③).
- 양국 사이에 무역이 가능한 교역조건(TOT)은 '$2 < TOT < 4$'이며, 이 경우 갑국은 B재를 수출하고 A재를 수입한다. 그리고 을국은 A재를 수출하고 B재를 수입한다.

정답 ④

1193

다음 표는 19세기 후반 강화도 조약 이전의 조선과 해외 열강에서 생산되는 X와 Y의 상품 단위당 소요되는 생산비용을 나타내고 있다. 강화도 조약 이전에는 조선과 해외 열강 사이에는 교역이 없다가, 이 조약에 따라 개항이 이루어졌다. 이들 국가에 오직 X와 Y 두 상품만 존재했다고 가정하면, 비교우위론에 입각하여 일어났을 상황으로 예측해 볼 수 있는 것은?

15 지방직 7급

상품 국가	X	Y
조선	10	20
해외 열강	10	10

① 조선은 개항 이후 수출 없이 수입만 했을 것이다.
② 조선에서 두 재화를 생산하는 기회비용이 모두 높으므로, 두 재화 모두 해외 열강으로 수출되었을 것이다.
③ 조선은 개항에도 불구하고 무역 없이 자급자족 상태를 이어 나갔을 것이다.
④ 조선은 상대적으로 기회비용이 낮은 재화를 수출하고, 상대적으로 기회비용이 높은 재화를 수입했을 것이다.

해 설

표가 없어도 답을 도출할 수 있는 문제이다.

- 비교우위론에 따르면 상품 생산에 따른 기회비용(= 상대가격)이 상대적으로 낮은 상품을 수출하고, 상대적으로 높은 상품을 수입하게 된다.
- 주어진 도표에서 X재 생산에 따른 기회비용($\frac{P_X}{P_Y}$)은 조선은 0.5, 해외 열강은 1이 되어 조선은 X재를 수출하고, Y재를 수입하게 된다.

정답 ④

1194

A는 하루에 6시간, B는 하루에 10시간 일해서 물고기와 커피를 생산할 수 있다. 다음 표는 각 사람이 하루에 생산할 수 있는 물고기와 커피의 양이다. 다음 설명 중 가장 옳은 것은? (단, 생산가능곡선은 가로축에 물고기, 세로축에 커피를 표시한다.)

18 서울시 공개경쟁 7급

구분	물고기(kg)	커피(kg)
A	12	12
B	15	30

① B가 물고기와 커피 모두 절대우위를 가지고 있다.
② A의 생산가능곡선의 기울기가 B의 생산가능곡선의 기울기보다 더 가파르다.
③ A와 B가 같이 생산할 때의 생산가능곡선은 원점에 대해서 볼록하다.
④ 물고기 1kg당 커피 1.5kg과 교환하면 A, B 모두에게 이익이다.

문제에서 주어진 시간동안 생산할 수 있는 물고기와 커피의 생산량이 일정하다. 즉, 생산가능곡선은 직선의 모습을 보인다. 만약 두 사람이 같이 생산하게 되는 경우 생산가능곡선은 두 사람의 생산가능곡선이 연결되는 부분에서 꺾이게 되어 다음 그림처럼 원점에 대해 오목한 모습을 보이게 된다(③). '0770번' 문제의 해설을 확인해보자.

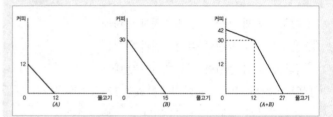

* 주어진 조건을 전제로 두 사람의 시간당 생산량을 표로 정리하면 다음과 같다.

구분	시간당 물고기(kg) 생산량	시간당 커피(kg) 생산량
A	2	2
B	1.5	3

A는 물고기 생산에 대해, B는 커피 생산에 대해 절대우위를 갖는다(①).

* 두 사람의 커피 생산량으로 나타낸 물고기의 상대가격(기회비용)을 표로 나타내면 다음과 같다.

구분	커피 수량으로 나타낸 물고기 상대가격
A	1
B	2

생산가능곡선의 기울기(커피 수량으로 나타낸 물고기 상대가격)는 A보다 B가 더 가파르다(②).

* 두 사람 모두 이익을 얻을 수 있는 교환조건(TOT)는 다음과 같다.

$$1 < TOT < 2$$

따라서 물고기 1kg당 커피 1.5kg과 교환하면 A, B 모두는 이익을 얻게 된다(④).

정답 ④

1195

갑국은 두 재화 X, Y만을 생산할 수 있다. 갑국은 생산가능곡선이 직선이며, X재만 생산하면 40단위, Y재만 생산하면 20단위를 생산할 수 있다. 국제시장에서 X재와 Y재가 동일한 가격에 거래될 때, 갑국의 선택에 대한 설명으로 가장 옳은 것은? (단, 갑국은 두 재화 모두를 소비하는 것을 선호한다.) 　　　　　　　　　　　　　　19 서울시 7급

① X재만 생산하여 교역에 응한다.
② Y재만 생산하여 교역에 응한다.
③ X재, Y재를 모두 생산하여 교역에 응한다.
④ 교역에 응하지 않는다.

해설

무역을 통해 이익을 얻기 위해서는 자국의 상대가격이 국제 상대가격보다 낮은 재화를 수출해야 한다.

- 갑국의 Y재 수량으로 나타낸 X재의 상대가격($\frac{Y}{X} = \frac{P_X}{P_Y}$)은 '$\frac{1}{2}(= \frac{Y}{X})$'이다.
- 국제시장에서 X재와 Y재가 동일한 가격에 거래된다고 했으므로 Y재 수량으로 나타낸 X재의 국제 상대가격은 '$1(= \frac{P_X}{P_Y})$'이다.
- 따라서 갑국은 X재를 수출하는 교역에 참여하면 이익을 얻을 수 있게 된다.
- 한편 갑국의 생산가능곡선이 직선이므로 '완전특화'가 이루어지게 되어, 갑국은 X재만을 생산하게 된다.

정답 ①

1196

세 국가 A, B, C로 이루어진 세계경제에서 노동력이 유일한 생산요소인 리카도(Ricardo) 모형을 가정하자. 밀과 자동차 두 가지 재화만 존재하며, 각 재화 1단위를 생산하는 데에 소요되는 노동량은 다음 표와 같다. 단 세 국가가 자유무역을 하게 되면 밀과 자동차의 교역조건은 1 : 1이 된다고 가정하자. 다음 설명 중 가장 옳지 않은 것은? 　　09 CPA

구분	밀	자동차
A국	3	6
B국	2	5
C국	4	2

① A국에서 밀 생산의 기회비용은 자동차 1/2 단위이다.
② B국은 A국 및 C국에 비해 밀 생산에서 비교우위를 갖는다.
③ 세 국가가 자유무역을 할 때 C국은 자동차 생산에 특화한다.
④ 세 국가가 자유무역을 할 때 A국은 밀과 자동차를 모두 생산한다.
⑤ B국은 A국에 비해 밀 생산 및 자동차 생산에서 절대우위를 갖는다.

해설

주어진 조건에 따른 각 상품의 상대가격(= 기회비용)을 표로 나타내면 다음과 같다.

구분	상대 상품 단위로 나타낸 기회비용		비교우위 상품
	밀의 기회비용	자동차의 기회비용	
A국	자동차 1/2	밀 2	밀
B국	자동차 2/5	밀 5/2	밀
C국	자동차 2	밀 1/2	자동차

- 리카도 모형에서는 교역조건(= 국제 상대가격)이 국내 상대가격(= 기회비용)보다 큰 상품에 대해 비교우위가 성립하게 되어 그 재화로 완전특화가 이루어진다.
- B국이 A국에 대해 밀 생산에 대해 비교우위가 있다는 것은 '상대적으로 그렇다'는 의미이고, A국 역시 주어진 교역조건에 따르면 C국에 비해 밀에 대해 비교우위가 있으므로 밀 생산에 특화하게 된다.
- B국은 A국에 비해 밀과 자동차를 생산할 때 소요되는 노동량이 모두 작다. 이에 따라 밀 생산 및 자동차 생산에서 모두 절대우위를 갖는다.

정답 ④

1197

다음 중 국가 간의 비교우위가 무역의 원인이 된다는 헥셔-올린(Heckscher-Ohlin) 정리의 가정을 모두 고르면?

08 지방직 7급

> ㄱ. 두 나라의 생산함수는 동일하다.
> ㄴ. 두 나라의 선호체계를 반영하는 사회후생함수는 동일하다.
> ㄷ. 두 나라의 요소부존도는 동일하다.
> ㄹ. 두 나라의 생산요소는 노동 한 가지이고, 한 국가 내의 노동의 이동은 자유롭다.

① ㄱ, ㄴ
② ㄷ, ㄹ
③ ㄱ, ㄴ, ㄷ
④ ㄱ, ㄴ, ㄹ

해 설

헥셔-올린의 정리에서는 각국의 생산함수와 사회후생함수가 동일하다는 가정에서 출발한다. 또한 각국의 부존 자원량은 서로 달라 요소부존도가 차이가 난다고 가정하며, 생산요소는 노동뿐만 아니라 자본의 존재도 전제한다.

• 리카도 모형에서는 생산요소로 노동 한 가지만을 전제한다.

정답 ①

1198

A국과 B국이 두 생산요소 노동(L)과 자본(K)을 가지고 두 재화 X와 Y를 생산한다고 가정하자. 두 재화 X와 Y의 생산기술은 서로 다르나 A국과 B국의 기술은 동일하다. 그리고 A국과 B국의 노동과 자본의 부존량은 각각 $L_A = 100$, $K_A = 50$이며, $L_B = 180$, $K_B = 60$이다. 또한 두 재화 X와 Y의 생산함수는 각각 $X = L^2 K$, $Y = LK^2$으로 주어진다. 헥셔-올린(Heckscher-Ohlin) 이론에 따를 경우 옳은 것을 모두 고르면?

13 국가직 7급

> ㉠ 상대적으로 자본이 풍부한 나라는 B국이다.
> ㉡ 상대적으로 노동집약적인 산업은 X재 산업이다.
> ㉢ A국은 Y재, B국은 X재에 비교우위가 있다.

① ㉠, ㉡
② ㉠, ㉢
③ ㉠, ㉡, ㉢
④ ㉡, ㉢

해 설

헥셔-오린(Heckscher-Ohlin) 이론에 따르면 상대적으로 풍부한 부존자원을 집약적으로 투입해서 생산하는 재화에 대해서 비교우위가 성립한다.

• A국은 노동과 자본 모두의 부존량이 B국보다 더 적지만, 그 중에서 자본이 상대적으로 풍부하다(㉠).
• B국은 노동과 자본 모두의 부존량이 A국보다 더 많지만, 그 중에서 노동이 상대적으로 풍부하다.
• 두 재화의 생산함수를 보면 X재는 노동집약재, Y재는 자본집약재이다(㉡).
• 결국 X재에 대해서는 B국이, Y재에 대해서는 A국이 비교우위를 갖는다(㉢).

정답 ④

1199

갑국과 을국으로 이루어진 세계경제가 있다. 생산요소는 노동과 자본이 있는데, 갑국은 노동 200단위와 자본 60단위, 을국은 노동 800단위와 자본 140단위를 보유하고 있다. 양국은 두 재화 X와 Y를 생산할 수 있는데, X는 노동집약적 재화이고 Y는 자본집약적 재화이다. 헥셔-올린 모형에 따를 때 예상되는 무역 패턴은?(단, 노동과 자본은 양국에서 모두 동질적이다.)

18 국가직 7급

① 갑국은 Y를 수출하고, 을국은 X를 수출한다.
② 갑국은 X를 수출하고, 을국은 Y를 수출한다.
③ 갑국과 을국은 X와 Y를 모두 생산하며, 그중 일부를 무역으로 교환한다.
④ 갑국과 을국은 X와 Y를 모두 생산하며, 각자 자급자족한다.

헥셔-올린 모형에 따르면 '상대적으로 풍부한 부존자원'을 '집약적으로 투입하는 상품'을 수출하게 된다.

- 주어진 표를 전제로 각국에서의 자본-노동비율로 나타낸 요소부존도($\frac{\text{자본 부존량}(K)}{\text{노동 부존량}(L)}$)를 구하면 다음과 같다.

	노동 부존량	자본 부존량	요소부존도 $\left(\frac{\text{자본 부존량}(K)}{\text{노동 부존량}(L)}\right)$	분류
갑국	200	60	$\frac{60}{200} = \frac{3}{10} = 0.3$	자본 풍부국
을국	800	140	$\frac{140}{800} = \frac{7}{40} ≒ 0.175$	노동 풍부국

- 갑국은 을국에 비해 자본이 상대적으로 풍부한(비록 자본 절대량이 을국에 비해 작지만) 자본 풍부국이 분류되고, 을국은 갑국에 비해 노동이 상대적으로 풍부한(노동 절대량이 갑국에 비해 많으면서도) 노동 풍부국으로 분류된다.
- 갑국은 자본 집약재인 Y재를 수출하고, 을국은 노동 집약재인 X재를 수출하는 무역이 이루어지게 된다.

정답 ①

1200

다음 그림의 색칠한 영역은 식량과 에너지 두 재화만 존재하는 경제의 국내 생산가능집합을 나타낸다. A와 C를 지나는 직선과 B에서 생산가능경계와 접하는 직선의 기울기는 -2이고, A에서 생산가능경계와 접하는 직선의 기울기는 -1이다. 생산가능집합의 우상방에 그려진 세 개의 곡선은 대표적 국내소비자의 무차별곡선이다. 폐쇄경제에서는 두 재화의 균형가격이 동일하고, 국제시장에서는 식량가격이 에너지 가격의 2배라고 할 때 다음 설명 중 가장 옳지 않은 것은? (단, 무역개방은 국제가격에 영향을 미치지 않는다.)

09 CPA

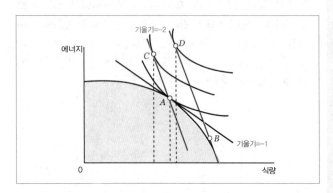

① 폐쇄경제에서 균형생산은 A에서 이루어진다.
② 폐쇄경제의 균형생산량을 유지하면서 국제무역이 이루어진다면 이 나라는 식량을 수출하고 에너지를 수입하게 될 것이다.
③ 개방경제 균형에서 이 나라는 식량생산을 늘리고 에너지 생산을 줄일 것이다.
④ 개방경제 균형에서 이 나라 소비자는 식량과 에너지를 모두 더 많이 소비하게 될 것이다.
⑤ A를 지나는 무차별곡선에서의 후생과 C를 지나는 무차별곡선에서의 후생의 차이로 무역이득을 설명할 수 있다.

폐쇄경제에서 A점에서 생산과 소비가 이루어진다(①).
• 개방 후에는 생산은 B점에서 부분특화가 이루어지고, 소비는 D점에서 이루어진다. 이에 따라 식량을 수출하고 에너지를 수입하게 된다(②).
• 개방 후 생산점 B에서는 개방 전 생산점인 A점에 비해 에너지 생산은 감소하고, 식량 생산은 증가하고(③), 개방 후 소비점 D에서는 식량과 에너지 소비가 개방 전에 비해 모두 증가하게 된다(④).
• A점에서 C점으로 후생증가를 교환의 이익, C점에서 D점으로의 후생증가를 특화의 이익, 그리고 이들의 합인 A점에서 D점으로의 후생의 증가를 무역의 이익이라고 한다(⑤).

정답 ⑤

1201

숙련노동자가 비숙련노동자에 비해 풍부한 A국과 비숙련노동자가 숙련노동자에 비해 풍부한 B국이 있다. 폐쇄경제를 유지하던 두 나라가 무역을 개시하여 A국은 B국에 숙련노동집약적인 재화를 수출하고, B국으로부터 비숙련노동집약적인 재화를 수입한다고 가정하자. 헥셔-올린 모형의 예측에 따라 이러한 무역 형태가 A국과 B국의 노동시장에 미칠 영향에 대한 설명으로 옳은 것은? (단, 두 나라 모두 숙련노동자의 임금이 비숙련노동자의 임금에 비해 높다.)

16 국가직 7급

① A국의 숙련노동자와 비숙련노동자의 임금격차가 확대될 것이다.
② B국의 숙련노동자와 비숙련노동자의 임금격차가 확대될 것이다.
③ A국 비숙련노동자의 교육 투자를 통한 숙련노동자로의 전환 인센티브가 감소한다.
④ B국 비숙련노동자의 교육 투자를 통한 숙련노동자로의 전환 인센티브가 증가한다.

• 헥셔-올린 모형에서는 상대적으로 풍부하게 보유하고 있는 부존자원이 집약적으로 투입되는 상품에 대해 비교우위가 성립되어 수출을 하게 된다.
• 문제에서 A국은 숙련노동집약적인 재화, B국은 비숙련노동집약적인 재화를 수출하게 된다.
• 양국 사이에 무역이 지속될수록 숙련노동자가 상대적으로 풍부한 A국에서는 숙련노동자에 대한 수요 증가에 따라 숙련노동자의 임금은 상승하게 되고, 비숙련노동자에 대한 수요 감소에 따라 비숙련노동자의 임금은 하락하게 되어, 양자의 임금격차는 더욱 확대된다. 반면에 비숙련노동자가 상대적으로 풍부한 B국에서는 그와는 반대인 현상이 나타나게 된다.
• 이에 따라 A국에서는 비숙련노동자들이 높은 임금을 받기 위해서 숙련노동자가 되기 위한 교육에 대한 투자의욕이 높아진다. 그러나 B국에서는 비숙련노동자들의 임금이 상승하여 그러한 투자의욕은 A국에 비해 낮아지게 된다.

정답 ①

1202

헥셔-올린 모형과 연관된 내용으로 자유무역 후 발생하는 현상으로 옳지 않은 것은?

10 지방직 7급

① 각국에서 임금과 자본의 가격이 동일해진다.
② 자본풍부국은 규모의 경제에 따른 이득을 얻는다.
③ 소국의 경우 노동의 부존량이 증가하면 자본집약적 재화의 생산량이 줄어든다.
④ 노동집약적 재화의 가격이 상승하면서 임금은 상승하고 자본의 가격은 하락한다.

규모의 경제로 인해 발생하는 무역을 산업 내 무역이라고 한다. 이것은 헥셔-올린 모형과 다른 현대적 무역 형태이다.
① 각국에서 임금과 자본의 가격이 동일해진다. ⇒ 요소가격 균등화 정리
③ 소국의 경우 노동의 부존량이 증가하면 자본집약적 재화의 생산량이 줄어든다. ⇒ 립진스키 정리
④ 노동집약적 재화의 가격이 상승하면서 임금은 상승하고 자본의 가격은 하락한다. ⇒ 스톨퍼-사물엘슨 정리

정답 ②

1203

A국은 자본이 상대적으로 풍부하고 B국은 노동이 상대적으로 풍부하다. 양국 간의 상품이동이 완전히 자유로워지고 양 국가가 부분 특화하는 경우, 헥셔-올린(Hecksher-Ohlin) 모형과 스톨퍼-새뮤엘슨(Stolper-Samuelson) 정리에서의 결과와 부합하는 것을 모두 고른 것은? 12 감정평가사

> ㉠ 두 국가의 자본가격은 같아진다.
> ㉡ B국 자본가의 실질소득이 증가한다.
> ㉢ A국 노동자의 실질소득이 감소하는 반면, B국 노동자의 실질소득은 증가한다.

① ㉠
② ㉠, ㉡
③ ㉠, ㉢
④ ㉡, ㉢

해설

헥셔-올린 정리에 따르면 상대적으로 풍부한 생산요소를 집약적으로 투입해서 생산하는 상품에 비교우위를 갖게 된다. 따라서 A국은 자본 집약재, B국은 노동 집약재에 대해 비교우위를 갖고 각각 수출하게 된다.

- 양국 사이에 무역이 계속 이루어짐에 따라 양국의 생산요소 가격은 상대적으로나 절대적으로나 균등해진다(요소가격 균등화 정리). 그 결과 양국의 자본가격은 같아진다(㉠).
- 스톨퍼-사무엘슨 정리에 따르면 한 재화의 상대가격의 상승은 그 재화에 대해 집약적으로 사용되는 생산요소 가격을 재화 가격 상승에 비해 더 높게 상승시키고, 다른 생산요소 가격은 절대적으로 하락시킨다. 이에 따라 A국에서는 노동자의 실질소득이 감소하고 자본가의 실질소득은 증가하며, 반대로 B국에서는 노동자의 실질소득이 증가하고 자본가의 실질소득이 감소하게 된다(㉡, ㉢).

정답 ③

1204

두 폐쇄경제 A국과 B국의 총생산함수는 모두 $Y = EK^{0.5}L^{0.5}$ 와 같은 형태로 나타낼 수 있다고 하자. A국은 상대적으로 K가 풍부하고 B국은 상대적으로 L이 풍부하며, A국은 기술수준이 높지만 B국은 기술수준이 낮다. 만약 현재 상태에서 두 경제가 통합된다면 B국의 실질 임금률과 실질 이자율은 통합 이전에 비하여 어떻게 변화하는가? (단, Y, K, L은 각각 총생산, 총자본, 총노동을 나타내며, E는 기술수준을 나타낸다.) 18 국회 8급

① 임금률은 상승하고 이자율은 하락할 것이다.
② 임금률은 하락하고 이자율은 상승할 것이다.
③ 임금률과 이자율 모두 상승할 것이다.
④ 임금률은 상승하지만 이자율의 변화는 알 수 없다.
⑤ 이자율은 하락하지만 임금률의 변화는 알 수 없다.

해설

헥셔-올린의 정리에 따르면 상대적으로 풍부한 부존자원을 집약적으로 투입해서 생산하는 상품으로 부분특화가 이루어져 수출을 하게 된다.

- 두 경제가 통합된다는 것은 두 경제 사이에는 자유무역이 발생하는 경우와 동일한 효과가 나타난다는 의미이기도 하다.
- B국은 노동풍부국이므로 노동집약재에 부분특화가 이루어져 수출하는 형태가 이루어진다. 이에 따라 노동에 대한 수요가 증가하여 임금률은 상승하고, 자본에 대한 수요가 감소하여 실질 이자율은 하락하게 된다.

정답 ①

1205

교역조건에 관한 다음의 설명 중 옳지 않은 것은? 11 CPA

① 한 국가의 수출재의 가격을 수입재의 가격으로 나눈 값을 그 국가의 교역조건이라고 정의한다.

② A국이 수출하는 재화에 대한 A국의 한계소비성향이 B국의 한계소비성향보다 작은 경우, A국이 B국으로부터 원조를 받으면 A국의 교역조건은 악화된다.

③ 수입재 산업 위주의 경제성장이 일어나면 교역조건이 악화되어 경제성장 이전보다 사회후생수준이 하락할 수 있다.

④ 대국(Large country)의 경우에 수입재에 대해 관세를 부과하면 교역조건이 개선되어 사회후생이 증가할 수 있다.

⑤ 소국(Small country)의 경우에 수입재에 대해 관세를 부과하면 교역조건에 영향을 미치지 않으며 사회후생은 감소한다.

해설

수출재를 X재, 수입재를 Y재라고 하면 교역조건은 $(\frac{P_X}{P_Y})$로 정의된다(①).

- 국제시장에서 교역조건에 영향을 줄 수 있는 대국에서 수입재 산업 위주의 경제성장이 일어나면, 국제시장에서 수입재에 대한 수요가 감소하고 이에 따라 수입재 가격의 하락으로 교역조건이 개선되어 경제성장 이전보다 사회후생수준이 상승할 수 있다. 그리고 대국에서 경제성장이 오히려 사회후생수준을 하락시키는 것은 수출재 중심의 경제성장이 일어나는 경우인, 이른바 '궁핍화 성장'이 이루어질 때이다(③).

- A국의 수출재를 X재라고 가정할 때, A국의 한계소비성향이 B국보다 작으므로, A국이 B국으로부터 원조를 받으면 A국에서의 X재에 대한 수요 증가보다 B국에서의 X재에 대한 수요 감소가 더 크게 작용하여 X재의 가격은 결과적으로 하락하게 된다. 그 결과 A국의 교역조건인 $(\frac{P_X}{P_Y})$이 하락하여 교역조건이 악화된다(②).

- 대국은 관세부과를 통해 교역조건을 개선시켜 사회후생을 증가시킬 수 있지만, 소국은 관세를 부과하여도 교역조건에 영향을 주지 못하며, 관세부과가 경제적 순손실(Deadweight loss)을 발생시켜 사회후생이 감소하게 된다(④, ⑤).

정답 ③

1206

A국과 B국의 독점적 경쟁시장에서 생산되는 자동차를 고려하자. 두 국가 간 자동차 무역에 대한 다음 설명 중 옳은 것은? 16 CPA

> ㉠ 무역은 자동차 가격의 하락과 다양성의 감소를 초래한다.
> ㉡ 산업 내 무역(intra-industry trade)의 형태로 나타난다.
> ㉢ A국과 B국의 비교우위에 차이가 없어도 두 국가 간 무역이 일어난다.
> ㉣ 각국의 생산자잉여를 증가시키지만, 소비자잉여를 감소시킨다.

① ㉠, ㉡

② ㉠, ㉢

③ ㉡, ㉢

④ ㉡, ㉣

해설

주어진 문제는 동일한 자동차 산업에서의 산업 내 무역에 관한 문제이다.

- 비교우위를 기초로 무역의 발생을 설명하는 이종 산업 간 무역과 달리 동종 산업 내 무역은 독점적 경쟁시장의 특징인 상품 차별화와 규모의 경제 등에 의해 무역이 발생한다는 것을 설명하며, 이를 통해 소비자들의 다양한 기호를 충족할 수 있게 됨을 보인다(㉠).

- 산업 내 무역은 시장의 확대로 인한 규모의 경제의 장점을 살림으로써 생산량 증대를 통한 생산자잉여의 증가는 물론이고, 가격의 하락과 다양한 소비를 가능하게 해줌으로써 소비자잉여 또한 증가시킨다(㉣).

정답 ③

1207

교역이 전혀 없던 두 국가 간에 완전한 자유무역이 개시된다고 하자. 다음 중 가장 옳은 것은? 16 서울시 7급

① 어느 한 개인이라도 이전보다 후생수준이 낮아지는 일은 없다.

② 산업 간 무역보다는 산업 내 무역이 더 많이 생길 것이다.

③ 무역의 확대로 양국에서의 실업이 감소한다.

④ 수출재 시장의 생산자잉여와 수입재 시장의 소비자잉여가 모두 증가한다.

해설

선택지를 각각 살펴보면 다음과 같다.

• 자유무역으로 수입을 하게 되면 소비자잉여의 증가와 생산자잉여의 감소가 나타나고, 수출을 하게 되면 생산자잉여의 증가와 소비자잉여가 감소가 나타나게 된다(①, ④).

• 선진국과 후진국 간에 자유무역이 이루어지는 경우에는 오히려 산업 간 무역이 산업 내 무역보다 더 많이 생길 수 있다(②).

• 무역의 확대될 때 수입국에서는 국내생산이 감소하게 되어 오히려 실업이 증가할 수 있다(③).

정답 ④

1208

A국에서 어느 재화의 국내 수요곡선과 국내 공급곡선은 다음과 같다.

• 국내 수요곡선: $Q_D = 16 - P$
• 국내 공급곡선: $Q_S = -6 + P$

A국이 자유무역을 허용하여 이 재화가 세계시장 가격 $P_W = 6$으로 거래되고 있다고 하자. 이 때, 단위당 2의 수입관세를 부과할 경우의 국내시장 변화에 대한 설명으로 옳지 않은 것은? (단, P는 이 재화의 가격이며, A국의 수입관세 부과는 세계시장 가격에 영향을 미치지 못한다.) 18 국가직 7급

① 소비자잉여는 18만큼 감소한다.

② 생산자잉여는 2만큼 증가한다.

③ 수요량은 4만큼 감소한다.

④ 사회후생은 4만큼 감소한다.

해설

현재의 국제가격(P_W) 수준에서 단위당 2의 관세를 부과하면 이 재화의 국내 판매가격(P'_W)은 8로 상승하게 된다.

• 문제에서 주어진 내용을 그림으로 나타내면 다음과 같다.

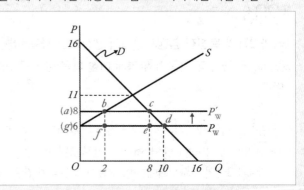

• 소비자잉여는 사다리꼴 $acdg$에 해당하는 $[(8+10)\times\frac{1}{2}\times 2 = 18]$만큼 감소하고(①), 생산자잉여는 삼각형 abg에 해당하는 $(2\times 2\times\frac{1}{2} = 2)$만큼 증가하게 된다(②).

• 관세 부과에 따른 사회후생은 삼각형 bfg와 삼각형 cde에 해당하는 $(2\times 2\times\frac{1}{2} + 2\times 2\times\frac{1}{2} = 4)$만큼 감소하게 되고(④), 이 재화의 국내 수요량은 10에서 8로 2만큼 감소하게 된다(③).

정답 ③

1209

한 나라의 쌀 시장에서 국내 생산자의 공급곡선은 P=2Q, 국내 소비자의 수요곡선은 P=12-Q이며, 국제시장의 쌀 공급곡선은 P=4이다. 만약 이 나라 정부가 수입쌀에 대해 50%의 관세를 부과한다면 정부의 관세수입 규모는? (단, 이 나라는 소규모 경제이며 Q는 생산량, P는 가격이다.)

18 서울시 정기공채 7급

① 2
② 3
③ 6
④ 8

해 설

문제에서 주어진 조건들을 그림으로 나타내면 다음과 같다.

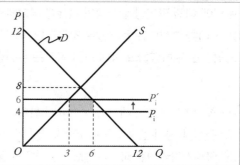

• 현재의 국제가격(P_i) 수준에서 50%의 관세를 부과하면 수입쌀의 국내 판매가격(P_i')은 6으로 상승하게 되어, 수입량이 3만큼 이루어진다. 결국 이에 따른 정부 관세수입의 규모는 색칠한 부분에 해당하는 6이 된다.

정답 ③

1210

소규모 개방경제에서 국내 생산자들을 보호하기 위해 Y재의 수입에 대하여 관세를 부과할 때 다음 중 옳은 것을 모두 고르면? (Y재에 대한 국내 수요곡선은 우하향하고 국내 공급곡선은 우상향한다.)

14 서울시 7급

┌─────────────────────────────────────┐
│ ㉠ Y재의 국내생산이 감소한다. │
│ ㉡ 국내 소비자잉여가 감소한다. │
│ ㉢ 국내 생산자잉여가 증가한다. │
│ ㉣ Y재에 대한 수요와 공급의 가격탄력성이 낮을수록 관세 │
│   부과로 인한 경제적 손실(Deadweight loss)이 커진다. │
└─────────────────────────────────────┘

① ㉠, ㉣
② ㉡, ㉢
③ ㉡, ㉢, ㉣
④ ㉠, ㉡, ㉢
⑤ ㉠, ㉢, ㉣

해 설

수입관세 부과의 결과를 정리해 보면 다음과 같다.

┌─────────────────────────────────────┐
│ ⓐ 국내생산증가(수입대체효과, 수입억제효과) │
│ ⓑ 국내소비감소효과(수입억제효과) │
│ ⓒ 소비자잉여 감소 효과 │
│ ⓓ 생산자잉여 증가 효과 │
│ ⓔ 경제적 순손실 발생 │
│ ⓕ 정부 재정수입 증대 효과 │
└─────────────────────────────────────┘

• 경제적 순손실은 국내 가격보다 낮은 상품 수입의 감소에서부터 발생한다.
• 수입관세 부과로 인한 수입 감소의 크기는 수요-공급곡선의 기울기가 완만할수록(작을수록) 커진다. 즉, 수요와 공급곡선의 기울기가 완만할수록(작을수록) 가격탄력성은 커지고, 이에 따라 경제적 순손실의 크기도 커지게 된다.

정답 ②

1211

어느 소국개방경제(Small open economy)가 특정 재화의 수입에 대해 단위당 일정액의 관세를 부과하였을 때 그 효과에 대한 분석으로 옳지 않은 것은? (단, 이 재화의 국내 수요곡선은 우하향하고 국내 공급 곡선은 우상향한다.)

12 국가직 7급

① 총잉여는 관세부과 이전보다 감소한다.
② 생산자 잉여는 증가하고 소비자잉여는 감소한다.
③ 국내시장가격은 국제가격보다 관세액과 동일한 금액만큼 상승한다.
④ 사회적 순후생손실(Net welfare loss)은 국내 소비량의 감소나 생산량의 증가와 무관하다.

해설

주어진 조건들을 그림으로 나타내면 다음과 같다.

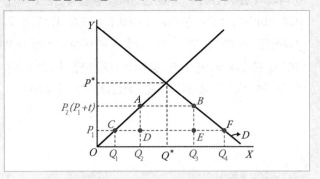

- 소국이 관세를 부과하면 상품가격(P_2)은 국제가격(P_1) 수준에서 정확히 관세부과(t) 크기만큼 상승한다. 이에 따라 국내생산량의 증가와 국내 소비량의 감소를 동시에 가져 온다.
- 생산자잉여는 P_1P_2AC만큼 증가하고, 소비자잉여는 P_1P_2BF만큼 감소한다. 그런데 증가하는 생산자잉여에 비해 감소하는 소비자잉여가 더 크게 나타나 결과적으로 총잉여는 감소하게 된다.
- 관세부과로 ABED만큼 정부의 재정수입이 증가하게 된다. 관세가 부과되면 수입량이 'Q_1Q_2 + Q_3Q_4'만큼 감소하게 되는데 이에 따라 △ACD + △BEF만큼의 사회적 순후생손실이 발생하게 된다.

정답 ④

1212

현재 A국은 소국 개방경제이며 X재에 대하여 자유무역이 이루어지고 있다. A국이 X재에 대하여 쿼터제도(수입할당제)를 시행할 경우 이에 대한 설명으로 옳은 것은? (단, X재에 대한 국내기업의 공급곡선은 우상향하고 국내수요곡선은 우하향한다. 그리고 개방 이전의 국내 균형가격은 국제가격보다 높은 상태임을 가정한다.)

09 국가직 7급

① 쿼터제도의 시행 후 정부의 관세수입이 증대될 것이다.
② 환율(원/달러)은 쿼터제도 시행 전에 비하여 상승할 것이다.
③ 국내기업의 X재 공급량은 쿼터제도 시행 전에 비하여 증가할 것이다.
④ 쿼터제도 시행 후 X재의 수입이 증가하여 소비자 후생이 증가할 것이다.

해설

쿼터제도를 실시하면 이전보다 X재 수입이 감소하여 국내가격이 상승하게 된다. 이에 따라 국내기업은 X재의 공급량을 증가시킨다.

① 정부의 관세수입은 수입관세를 부과할 때 발생한다.
② 쿼터제도를 실시하면 이전보다 X재 수입이 감소하여 외환시장에서 달러에 대한 수요가 감소한다. 이에 따라 환율(원/달러)은 쿼터제도 시행 전에 비하여 하락할 것이다.
④ 쿼터제도 시행 후 X재의 수입이 감소하고 X재의 가격은 상승하여 소비자 후생은 감소한다.

정답 ③

1213

국제시장 가격에 영향을 미치지 못하는 소국 A가 재화 B에 대해 무역정책을 고려하고 있다. 무역정책에는 수입가격의 일정비율을 관세로 부과하는 수입관세정책과 수입량을 제한하는 수입쿼터정책이 있다. 수입재 시장만을 고려한 부분균형분석에 기초해 볼 때 위 두 정책이 갖는 효과의 공통점은?

14 지방직 7급

① 국내의 허가된 수입업자가 국제가격과 국내가격의 차액만큼 이익을 본다.
② 국내 생산자의 잉여를 증가시킨다.
③ 정부의 관세 수입이 늘어난다.
④ 재화 B의 공급에서 국내생산이 차지하는 비중이 줄어든다.

해 설

- 국내의 허가된 수입업자가 국제가격과 국내가격의 차액만큼 이익을 보는 경우는 수입쿼터정책을 실시하는 경우에만 나타난다(①).
- 정부의 관세 수입이 늘어나는 것은 수입관세정책을 실시하는 경우에만 나타난다(③).
- 재화 B의 공급에서 국내생산이 차지하는 비중은 두 제도 모두에서 줄어드는 것이 아니라 증가하게 된다(④).

정답 ②

1214

대국(Large country)이 수입재에 대하여 종량세 형태의 관세를 부과할 때 대국에 미치는 영향에 대한 다음 설명 중 옳지 않은 것은?

11 CPA

① 소비자 잉여는 감소한다.
② 관세 부과 후 소비자가 지불하는 가격은 관세 부과 이전 국제시장 가격에 관세를 더한 금액과 일치한다.
③ 생산자 잉여는 증가한다.
④ 대국의 사회후생은 증가할 수도 있고 감소할 수도 있다.
⑤ 소비자 잉여와 생산자 잉여의 합은 항상 감소한다.

해 설

대국의 관세부과 효과를 그림을 통해 살펴보면 다음과 같다.

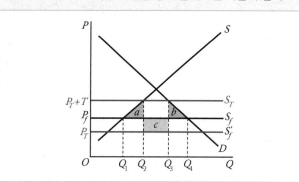

- 대국은 관세 부과를 통해 국제시장 가격(P_f)에 영향을 미칠 수 있다. 대국이 수입재에 관세 (T)를 부과하면 수입이 감소하고, 이로 인해 국제시장에서 수요 감소로 인해 수입재의 국제시장 가격 자체가 'P_f'에서 P_T로 하락하게 된다. 이에 따라 관세 부과 후 대국의 소비자가 지불하는 가격(P_T + T)은 관세 부과 이전 국제시장 가격(P_f)에 관세(T)를 더한 금액보다 낮아지게 된다(②).
- 대국이 관세를 부과하게 되면 경제적 순손실(Deadweight loss)의 발생으로 사회후생이 반드시 감소하는 소국과는 달리, 대국에서는 관세 부과에 따른 경제적 순손실(a + b)보다 재정 수입의 증가분(c)의 크기가 더 커지면 사회후생 자체도 증가할 수 있게 된다(④).
- 물론 관세 부과의 결과 소비자 잉여는 감소하고 생산자잉여는 증가하지만 두 가지 잉여의 합은 소국과 마찬가지로 대국에서도 감소한다.(①, ③, ⑤).

정답 ②

1215

A국이 수출 물품에 단위당 일정액을 지급하는 보조금 정책이 교역조건에 미치는 효과에 대한 설명으로 옳은 것을 모두 고르면? (단, 다른 조건은 일정하다.)

13 국가직 7급

> ㉠ A국이 대국이면, 교역조건은 악화된다.
> ㉡ A국이 소국이면, 교역조건은 개선된다.
> ㉢ A국이 소국이면, 국내시장에서 수출품의 가격은 상승한다.

① ㉠, ㉡
② ㉠, ㉢
③ ㉠, ㉡, ㉢
④ ㉡, ㉢

A국이 대국이면, 수출 보조금 지급에 따라 수출재 가격이 하락하여 교역조건이 악화되지만(㉠), 소국인 경우에는 교역조건에 영향을 미칠 수 없다(㉡).

- A국이 소국이면 수출재의 수출가격은 수출재의 국내가격에서 수출보조금을 뺀 가격이 되므로 수출재의 국내가격이 수출재의 수출가격보다 높아지게 된다(㉢).
- 소국의 보조금(α) 지급의 효과를 그림으로 나타내면 다음과 같다.

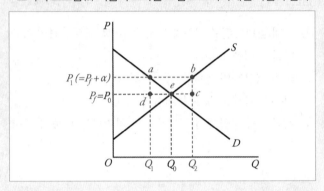

- 국내가격(P_0)과 국제가격(P_f)이 같다고 가정하자. 여기서 정부가 보조금을 α만큼 지급하게 되면, 국내가격은 국제가격에 보조금이 더 해진 '$P_f + \alpha$'가 된다. 이에 따라 국내소비는 Q_0에서 Q_1으로 감소하고, 해외에는 '$Q_1 \sim Q_2$'만큼을 P_1의 가격으로 수출하게 된다.
- 생산자의 총수입은 '국내 판매수입(사각형 $P_1 a Q_1 0$) + 해외판매수입(사각형 $Q_1 Q_2 cd$) + 수출보조금 수입(사각형 $abcd$)'이 된다.

정답 ②

AK Tip 관세동맹의 효과

> - 무역창출효과: 관세동맹으로 인해 가맹국들 간에 이전에 존재하지 않았던 무역이 새롭게 발생하는 효과 ⇒ 효율적인 생산이 이루어지는 국가를 상대로 무역을 할 수 있는 무역증가 효과
> - 무역전환효과: 관세동맹으로 인해 무역 상대국이 비가맹 국가에서 가맹 국가로 전환되는 효과 ⇒ 무역 상대국이 생산 효율국에서 생산 비효율국으로 바뀌게 되는 부정적 효과
> - 양자의 상대적 크기에 따라 관세동맹의 사회적 후생의 증감 여부가 결정

THEME 03 국제 금융론-개방 거시경제 균형

1216

다음 <보기> 중 국제경제에 대한 설명으로 옳은 것은 모두 몇 개인가?

14 국회 8급

보 기

㉠ 재정흑자와 경상수지 적자의 합은 0이다.

㉡ 경상수지 적자의 경우 자본수지 적자가 발생한다.

㉢ 규모에 대한 수확이 체증하는 경우 이종산업간(Inter-industry) 교역이 활발하게 되는 경향이 있다.

㉣ 중간재가 존재할 경우 요소집약도가 변하지 않더라도 요소가격 균등화가 이루어지지 않는다.

㉤ 만약 일국의 국민소득이 목표치를 넘을 경우 지출축소정책은 타국과 정책마찰을 유발한다.

① 1개
② 2개
③ 3개
④ 4개
⑤ 5개

해 설

<보기>의 내용을 차례대로 살펴보자.

㉠ 개방경제 하의 국민소득 계정에서의 항등식은 다음과 같다.

> 민간저축(Y - T + TR - C) + 정부저축(재정수지: T - TR - G) + 해외저축(M - X) = 투자(I)

만약 민간저축과 투자가 일정한 경우, 정부저축, 즉 재정수지가 흑자(T - TR - G> 0)이면 항등식이 성립하기 위해서는 해외저축은 같은 크기만큼 적자(M - X <0), 즉 경상수지는 흑자가 되어야 한다. 결국 일정한 경우에만 재정흑자와 경상수지 흑자의 합이 0인 것이다.

㉡ 경상수지가 적자인 경우 이를 상쇄하여 국제수지가 균형을 달성하기 위한 자본수지 흑자가 발생한다.

㉢ 규모에 대한 수확이 체증하는 경우는 곧 규모의 경제가 존재한다는 의미이다. 이러한 경우에 발생하는 것은 동종산업 간(Intra-industry) 교역, 즉 산업 내 무역이 발생하게 된다.

㉣ 요소가격균등화 정리는 최종재에 대해서 성립하므로 중간재가 존재하는 경우에는 성립하지 않을 수 있다.

㉤ 지출축소정책에는 외국으로부터의 수입 억제도 포함되므로 타국과의 통상마찰을 초래할 수도 있다.

정답 ②

1217

한국과 미국의 실질환율은 불변이나 미국보다 한국의 인플레이션율이 더 높아지는 경우 명목환율에 대한 설명으로 옳은 것은? (단, 다른 조건은 일정하다.)

12 지방직 7급

① 원/달러 명목환율이 하락한다.
② 원/달러 명목환율이 상승한다.
③ 원/달러 명목환율은 변화가 없다.
④ 원/달러 명목환율의 변화는 예측할 수 없다.

해 설

실질환율(q)과 변동률을 다음과 같이 나타낼 수 있다.

> $q = \frac{e \times P_U}{P_K} \Rightarrow \frac{\Delta q}{q} = \frac{\Delta e}{e} + \frac{\Delta P_U}{P_U} - \frac{\Delta P_K}{P_K}$
> (단, e는 명목환율, P_U는 미국의 물가수준, P_K는 한국의 물가수준이다.)

• 실질환율(q)이 불변이고, '$\frac{\Delta P_U}{P_U} < \frac{\Delta P_K}{P_K}$'이므로, '$\frac{\Delta e}{e} > 0$'이 성립하여 명목환율(e)은 상승하게 된다.

정답 ②

1218

원화, 달러화, 엔화의 현재 환율과 향후 환율이 다음과 같을 때, 옳지 않은 것은?

15 국가직 7급

현재 환율	향후 환율
1달러당 원화 환율 1,100원	1달러당 원화 환율 1,080원
1달러당 엔화 환율 110엔	100엔당 원화 환율 900원

① 한국에 입국하는 일본인 관광객 수가 감소할 것으로 예상된다.

② 일본 자동차의 대미 수출이 감소할 것으로 예상된다.

③ 미국에 입국하는 일본인 관광객 수가 감소할 것으로 예상된다.

④ 달러 및 엔화에 대한 원화 가치가 상승할 것으로 예상된다.

해설

교차환율을 이용하여 현재의 100엔당 원화 환율과 향후 1달러당 엔화 환율을 다음 같이 구할 수 있다.

- 현재의 1엔당 원화 환율(₩/¥)

$$= \frac{원}{달러} \times \frac{달러}{엔} = 1,100 \times \frac{1}{110} = 10$$

⇒ 현재의 100엔당 원화 환율은 1,000원

- 향후 1달러당 엔화 환율(¥/$) $= \frac{원}{달러} \times \frac{엔}{원} = 1,080 \times \frac{1}{9} = 120$

- 앞의 결과들을 전제하여 주어진 표를 다시 정리하여 비교하면 다음과 같다.

현재 환율	향후 환율
1달러당 원화 환율 1,100원	1달러당 원화 환율 1,080원
100엔당 원화 환율 1,000원	100엔당 원화 환율 900원
1달러당 엔화 환율 110엔	1달러당 엔화 환율 120엔

- 100엔당 원화환율이 하락하여 한국에 입국하는 일본인 부담이 커져서 일본인 관광객 수는 감소할 것이다(①).

- 1달러당 엔화 환율이 상승하여 일본의 가격경쟁력이 강화되어 일본 자동차의 대미 수출은 증가하고, 달러가치의 상승으로 미국에 입국하는 일본인 관광객 수가 감소할 것이다(②, ③).

- 1달러 및 100엔당 원화환율이 하락하게 되어 달러 및 엔화에 대한 원화 가치가 상승할 것이다(④).

정답 ②

1219

A국가에 대한 B국가의 명목환율(A국가의 통화 1단위와 교환되는 B국가의 통화량)이 매년 10%씩 상승한다고 하자. 만일 두 국가 사이에 구매력평가설(Purchasing Power Parity)이 성립한다면 다음 중 가장 옳은 것은?

18 서울시 공개경쟁 7급

① A국가의 물가상승률이 B국가의 물가상승률보다 낮을 것이다.

② A국가의 물가상승률이 B국가의 물가상승률보다 높을 것이다.

③ A국가에 대한 B국가의 실질환율은 해마다 10%씩 상승할 것이다.

④ A국가에 대한 B국가의 실질환율은 해마다 10%씩 하락할 것이다.

해설

명목환율이 A국가의 통화 1단위와 교환되는 B국가의 통화량으로 정의되고 있으므로 구매력 평가설은 다음과 같이 성립한다.

- $P_B = e \times P_A \Rightarrow e = \frac{P_B}{P_A} \Rightarrow \frac{\Delta e}{e} = \frac{\Delta P_B}{P_B} - \frac{P_A}{P_A}$

- $q = \frac{e \times P_A}{P_B} \Rightarrow \frac{\Delta q}{q} = \frac{\Delta e}{e} + \frac{\Delta P_A}{P_A} - \frac{P_B}{P_B}$

단, e는 명목환율, q는 실질환율, P_A는 A국의 물가, P_B는 B국의 물가이다.

- '$\frac{\Delta e}{e} = \frac{\Delta P_B}{P_B} - \frac{P_A}{P_A}$'에서 '$\frac{\Delta e}{e}$'이 매년 10%씩 상승한다고 했으므로, A국의 물가상승률이 B국의 물가상승률보다 약 10%p만큼 낮다는 것을 알 수 있다.

- '$\frac{\Delta q}{q} = \frac{\Delta e}{e} + \frac{\Delta P_A}{P_A} - \frac{P_B}{P_B}$'에서 '$\frac{\Delta e}{e} = \frac{\Delta P_A}{P_A} - \frac{P_B}{P_B} = 10\%$'가 성립하므로 실질환율은 불변이 된다.

- 구매력 평가설이 성립하면 실질환율은 일정한 값을 갖게 되므로 실질환율의 변동율은 '0%'임을 알 수 있다.

정답 ①

1220

고정환율제도와 이 제도에서 나타날 수 있는 현상에 대한 설명으로 옳은 것을 모두 고르면?

08 감정평가사

- ㉠ 국제수지*흑자가 발생할 경우 국내 통화공급이 감소한다.
- ㉡ 국제수지*적자가 발생할 경우 중앙은행이 외환을 매각 해야 한다.
- ㉢ 고정환율제도는 해외에서 발생한 충격을 완화시켜 주는 역할을 한다.
- ㉣ 국내 정책목표를 달성하기 위한 통화정책이 제약을 받 는다.

*국제수지＝경상수지＋자본수지

① ㉠, ㉡, ㉣
② ㉠, ㉢
③ ㉠, ㉣
④ ㉡, ㉢
⑤ ㉡, ㉣

해설

국제수지 흑자가 발생하면 외환시장에서는 외화의 초과공급으로 인해 환율의 하락 압력이 존재하게 되고, 외환당국이 이러한 압력을 해소하기 위해서 외화를 매입하게 된다. 이에 따라 국내 통화공급이 증가한다(㉠).

- 국제수지 적자가 발생하면 외환시장에서는 외화의 초과수요로 인해 환율의 상승 압력이 존재하게 되고, 외환당국은 이러한 압력을 해소하기 위해서 외화를 매각하게 된다(㉡).
- 고정환율제도 하에서는 해외에서 발생한 충격을 스스로 해소할 수 없게 되어(㉢), 그 충격을 해소하기 위해 통화당국이 외환시장에 개입하게 되고, 그 과정에서 통화량이 내생적으로 변화하게 되어 통화정책이 제약을 받게 된다(㉣).
- 통화량이 내생적으로 변화하게 된다는 의미는 고정환율제도 하에서 일정수준의 환율을 유지하기 위한 중앙은행의 외환시장에 대한 개입이 중앙은행이 '의도하지 않은' 통화량의 변화를 발생시킨다는 것을 말한다.

정답 ⑤

1221

변동환율제도를 채택한 개방경제에서, <보기> 중 이 경제의 통화가치를 하락시키는(환율 상승) 경우를 모두 고른 것은?

19 서울시 공개 경쟁 7급

보기

ㄱ. 원유 수입액의 감소
ㄴ. 반도체 수출액의 증가
ㄷ. 외국인의 국내주식 투자 위축
ㄹ. 자국 은행의 해외대출 증가

① ㄱ, ㄷ
② ㄱ, ㄹ
③ ㄴ, ㄷ
④ ㄷ, ㄹ

해설

원유 수입액의 감소(ㄱ)는 외환의 수요 감소, 반도체 수출액의 증가(ㄴ)는 외환의 공급 증가를 가져와 환율을 하락시킨다.

- 외국인의 국내주식 투자 위축(ㄷ)은 외환의 공급 감소, 자국 은행의 해외대출 증가(ㄹ)는 외환의 수요 증가를 가져와 환율을 상승시킨다.

정답 ④

1222

자유변동환율제도(Free Floating Exchange Rate System)에 관한 설명으로 옳지 않은 것은? 10 감정평가사

① 환율의 신속한 시장수급 조절기능은 대외 균형을 유지하는 데 도움이 된다.
② 고정환율제도에 비해서 상대적으로 통화정책의 자주성을 확보할 수 있다.
③ 각국의 정책당국들이 경쟁적으로 평가절상 정책을 실시한다.
④ 환율변동에 따른 교역당사자의 환위험 부담이 있다.
⑤ 각국의 이자율 수준이 환율 결정에 영향을 미친다.

해 설

고정환율제도는 대외요인으로 발생하는 환율변동 압력을 해소하기 위한 중앙은행의 외환시장에 대한 개입으로 인해 '의도하지 않는' 통화량의 변화를 발생시켜 독자적인 통화정책을 수행하기 어렵다(②).
- 변동환율제도는 외환의 수요와 공급에 의해 환율이 결정되는 제도이므로 평가절상이나 평가 절하와 같은 환율의 변동을 위해 정책당국들이 개입할 필요가 없어진다(①, ③). 또한 각국의 이자율 수준에 의한 자본 유출, 자본 유입으로 인해 외환시장에서의 환율 결정이 영향을 받을 수 있다(⑤).
- 예상치 못한 환율 변동으로 인해 교역당사자들이 예상치 못한 손해를 볼 수도 있다(④).
- 변동환율제 하에서 국내이자율이 상승하면, 이로 인해 가격이 하락할 국내채권을 매입하기 위한 외국으로부터의 자본유입으로 환율의 하락이 발생하게 된다.

정답 ③

1223

변동환율제도와 고정환율제도에 대한 설명으로 옳은 것만을 모두 고른 것은? 17 국가직 9급

> ㉠ 변동환율제도와 고정환율제도 모두에 있어서 외환시장의 수급상황이 국내통화량에 영향을 미치지 못한다.
> ㉡ 고정환율제도 하에서 통화정책보다 재정정책이 더 효과적이다.
> ㉢ 변동환율제도 하에서 자국의 경기안정화를 위한 독립적인 통화정책이 가능하다.

① ㉠
② ㉡
③ ㉠, ㉢
④ ㉡, ㉢

해 설

고정환율제도 하에서 중앙은행의 외환시장 안정을 위한 개입은 통화량의 내생적 변화를 가져온다.
- 고정환율제도 하에서 외환시장의 초과수요는 환율 상승압력을 초래하며, 이를 해결하기 위한 중앙은행의 보유외환 매각으로 통화량이 내생적으로 감소한다.
- 변동환율제도와 달리 고정환율제도 하에서는 통화량을 안정적으로 관리할 수 없어 독자적인 통화정책을 수행할 수 없게 된다. 이에 따라 재정정책이 더 효과적인 경기안정화 정책이 된다.

정답 ④

1224

최근 우리나라의 대미 달러 환율이 급속히 상승하였다. 이의 원인에 대한 설명으로 경제적 논리에 가장 부합하지 않는 것은? 10 국가직 7급

① 글로벌 금융위기로 인해 외국 기관투자가들이 우리나라 주식을 매각하였다.
② 대미 달러 환율 상승의 기대가 달러화에 대한 가수요를 부추겼다.
③ 국제 금융시장의 불확실성 증가로 인해 달러 수요가 증가하였다.
④ 우리나라 채권에 대한 미국 투자자들의 수요가 증가하였다.

해 설

우리나라 채권에 대한 미국 투자자들의 수요가 증가하면, 달러가 우리나라에 유입되어 달러 공급이 증가하고 이에 따라 환율은 하락하게 된다.

정답 ④

1225

외환시장에서 달러의 수요와 공급이 변화하는 과정을 설명한 것으로 옳은 것은? (단, 국내외 모든 상품수요의 가격탄력성은 1보다 크다.) 13 지방직 7급

① 원/달러 환율 상승 → 수입 감소 → 외환수요 증가
② 원/달러 환율 상승 → 수출 증가 → 외환공급 증가
③ 원/달러 환율 하락 → 수입 감소 → 외환수요 증가
④ 원/달러 환율 하락 → 수출 증가 → 외환공급 감소

해 설

다음과 같이 정리한다.

> 원/달러 환율 상승(하락)
> ⇒ 달러표시 수출가격 하락(상승), 원화표시 수입가격 상승(하락)
> ⇒ 수출 증가(감소), 수입 감소(증가)
> ⇒ 달러 공급 증가(감소), 달러 수요 감소(증가)

정답 ②

1226

쇠고기 수입 자유화의 영향으로 볼 수 없는 것은? 08 국회 8급

① 한우 사육 농가의 소득 감소
② 돼지고기에 대한 국내 수요의 감소
③ 한우 사육 농가의 생산자 잉여 감소
④ 달러화에 대한 원화표시 환율의 하락
⑤ 국내 쇠고기 소비자의 소비자 잉여 증가

해 설

쇠고기 수입이 자유화되면 수입 증가로 외환시장에서 외화에 대한 수요가 증가하여 환율이 상승하게 된다. 즉 달러화에 대한 원화표시 환율이 상승하게 된다.
① 한우 사육 농가의 소득 감소: 대체재 관계에 있는 한우에 대한 수요가 감소하기 때문이다.
② 돼지고기에 대한 국내 수요의 감소: 돼지고기와 수입 쇠고기는 대체재이기 때문이다.
③ 한우 사육 농가의 생산자 잉여 감소: 한우 가격 하락과 판매량이 감소하기 때문이다.
⑤ 국내 쇠고기 소비자의 소비자 잉여 증가: 쇠고기 가격이 하락하고 소비량이 증가하기 때문이다.
• 일반적으로 생산자 잉여와 소비자 잉여는 거래량이 증가할수록 커지고, 거래량이 감소할수록 작아진다. 더 나아가 생산자 잉여는 가격이 상승하면서 거래량이 증가하고, 소비자 잉여는 가격이 하락하면서 거래량이 증가한다면 더할 나위 없이 커지게 된다.

정답 ④

1227

최근 한국은행의 금융통화위원회에서 16개월간 동결되었던 정책금리를 인상하였다. 이에 따라 예상되는 결과로 옳지 않은 것은?

10 국회 8급

① 채권가격의 하락
② 원화가치의 하락
③ 통화증가율의 감소
④ 실질 GDP 감소와 물가 하락
⑤ 총수요의 감소로 인한 경제성장 둔화

해설

한국은행의 환매조건부 채권 금리(7일물 RP금리)를 기준금리로 하는 정책금리 인상으로 시중 이자율도 상승한다. 이에 따라 외화의 유입이 증가하여 외환시장에서 환율이 하락하게 된다. 그 결과 원화가치는 상승하게 된다.

• 한국은행이 공개시장에서 환매조건부 채권을 매도하면 채권가격의 하락으로 이자율을 상승시킬 수 있다. 이러한 채권의 매도가 이루어지면 시장에서는 통화량이 감소하게 된다(①, ③).
• 정책금리 인상으로 시중 이자율이 상승하면 민간의 소비와 투자가 감소로 총수요가 감소하여 AD곡선이 왼쪽으로 이동하게 되어 그 결과 실질 GDP 감소와 물가 하락을 가져온다. 이에 따라 경제성장이 둔화된다(④, ⑤).

정답 ②

1228

국제수지와 환율(달러의 원화표시 가격)에 대한 설명으로 옳은 것은?

13 서울시 7급

① 경상수지와 자본수지는 같은 방향으로 발생한다.
② 실질환율의 하락은 경상수지를 개선한다.
③ 인위적인 원화가치 부양은 외환보유고를 줄인다.
④ 국내 경제의 불확실성이 높아지면 환율이 하락한다.
⑤ 국내 이자율의 상승은 환율의 상승을 유발한다.

해설

인위적인 원화가치 부양이란 외화의 환율을 인하시킨다는 의미이다. 이를 위해서는 중앙은행이 외환시장이 보유외화를 매각해야 한다. 이로 인해 중앙은행의 외환보유고는 감소하게 된다.

① 경상수지가 적자일 때 이를 채우기 위해서 외자도입 등으로 인해 자본수지는 흑자가 된다.
② 실질환율이 하락한다는 것은 명목환율이 하락하거나, 국내물가가 상승한다는 의미이다. 이에 따라 순수출이 감소하여 경상수지는 악화된다.
④ 국내 경제의 불확실성이 높아지면 자본도피를 위한 외화수요가 증가하여 환율이 상승한다.
⑤ 국내 이자율의 상승은 국내 금융상품 구입을 위한 자본유입으로 외화의 공급이 증가하여 환율의 하락을 유발한다.

정답 ③

1229

최근에 우리나라 원/달러 환율이 1,000원/달러 이상으로 상승했다. 일반적으로 환율상승이 우리 경제에 미치는 영향으로 옳지 않은 것은?

08 국회 8급

① 국내 물가가 상승한다.
② 국내총생산이 감소한다.
③ 무역에서 수출이 증가한다.
④ 무역에서 수입이 감소한다.
⑤ 우리나라 화폐의 구매력이 감소한다.

해설

원/달러 환율이 상승하면 수출이 증가하고(③), 수입이 감소하여(④) 순수출이 증가하게 된다.

• 순수출의 증가로 총수요가 증가하게 되고, AD곡선이 오른쪽으로 이동하여 국내총생산이 증가하고(②), 물가가 상승하게 된다(①).
• 물가의 상승은 화폐의 구매력(= 화폐가치)을 감소시킨다(⑤).

정답 ②

1230

한 나라에서 자본도피가 일어나면 환율과 순수출은 어떻게 변하는가?

14 서울시 7급

① 환율은 평가절상 되고 순수출은 증가한다.
② 환율은 평가절상 되고 순수출은 감소한다.
③ 환율은 평가절하 되고 순수출은 증가한다.
④ 환율은 평가절하 되고 순수출은 감소한다.
⑤ 환율과 순수출 모두 변하지 않는다.

해 설

한 나라에서 자본도피가 일어나면 외환시장에서 자본도피를 위한 외화의 수요가 증가하여 환율은 상승(평가절하)되고 이에 따라 순수출은 증가한다.

정답 ③

1231

다음 글의 ㉠~㉡에 들어갈 내용으로 옳은 것은? (단, 수출과 수입수요의 가격탄력성 합의 절대치가 1보다 크다.)

13 국가직 9급

> 자유변동환율제도를 실시하는 소규모 개방경제 K국에서 대규모의 자본도피가 발생하면 K국의 화폐가치가 (㉠)하여 순수출(net export)이 (㉡)한다.

	㉠	㉡
①	하락	감소
②	하락	증가
③	상승	감소
④	상승	증가

해 설

대규모의 자본도피가 발생하면 외화에 대한 수요가 급증하여 외화의 환율이 상승(K국의 화폐가치 절하)하게 된다. 이에 따라 수출은 증가하고 수입은 감소하게 된다.

• 문제의 단서 조항에서 '수출과 수입수요의 가격탄력성 합의 절대치가 1보다 크다'는 것은 결국 'η(자국의 수입수요 탄력도) + η^*(해외의 수입수요 탄력도) > 1'라는 'Marshall-Lerner조건'을 충족하고 있다는 것이다. 그 결과 환율이 상승(K국 화폐의 평가절하)으로 순수출은 증가하게 된다.

정답 ②

1232

1달러당 950원이었던 환율이 상승하여 1,500원이 되었다면 이와 같은 환율변동이 미치는 영향으로 가장 적절하지 않은 것은?

09 서울시 7급

① 미국에 자동차를 수출하는 한국자동차 기업의 가격경쟁력은 올라갈 것이다.
② 미국에 자회사를 가지고 있는 한국의 모기업은 투자수익을 원화로 환산했을 때 큰 손해를 볼 수 있다.
③ 수입 가격이 상승하고 독점력 있는 수입업자는 가격상승분을 소비자에게 전가할 가능성이 크다.
④ 국내에서 생산되는 재화 및 서비스에 대한 총수요가 증가하여 인플레이션 압력이 발생한다.

해 설

미국에 자회사를 가지고 있는 한국의 모기업은 투자수익을 달러로 얻게 된다. 이러한 투자수익을 원화로 환산할 때 한국의 모기업은 1달러당 550원만큼씩 이익을 얻게 된다(②).

• 환율의 상승으로 수출상품의 달러표시 가격이 하락하여 수출가격경쟁력이 높아지고(①), 수출 증가와 수입 감소로 순수출이 증가하여 총수요가 증가하고 이로 인해 물가가 상승하게 된다(④).

• 환율상승은 수입품의 원화표시 가격의 상승을 가져오는데 이때 상승한 가격분을 독점적인 수입업자가 독점적인 지위를 이용해서 국내 소비자에게 전가할 수 있다(③).

정답 ②

1233

다음 그림은 국내 통화의 실질 절하(Real depreciation)가 t_0에 발생한 이후의 무역수지 추이를 보여준다. 이에 대한 설명 중 옳지 않은 것은? (단, 초기 무역수지는 균형으로 0이다.)

18 국회 8급

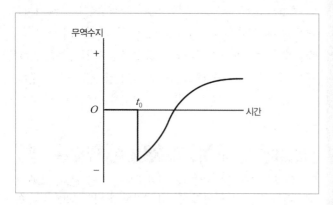

① 그림과 같은 무역수지의 조정과정을 J−곡선(J−curve)이라 한다.

② 실질 절하 초기에 수출과 수입이 모두 즉각 변화하지 않아 무역수지가 악화된다.

③ 실질 절하 후 시간이 흐름에 따라 수출과 수입이 모두 변화하므로 무역수지가 개선된다.

④ 수출수요탄력성과 수입수요탄력성의 합이 1보다 작다면 장기적으로 실질 절하는 무역수지를 개선한다.

⑤ 마샬−러너 조건(Marshall−Lerner condition)이 만족되면 장기적으로 실질 절하는 무역수지를 개선한다.

해 설

그림과 같이 국내 통화의 실질 절하가 수출과 수입에 즉각적으로 반영되지 못하여 초기에는 오히려 무역수지를 악화시키고, 어느 정도 시간이 흐른 후부터 비로소 무역수지를 개선시키는 효과가 나타난다. 이러한 추이를 'J-곡선(J-curve)'이라고 한다.

• 국내 통화의 실질 절하(Real depreciation)가 무역수지를 개선시키기 위해서는 수출수요 탄력성과 수입수요 탄력성의 합이 1보다 커야 된다는 것이 마샬-러너 조건(Marshall-Lerner condition)이다.

정답 ④

1234

다음 그림은 최근 3개월간 환율의 추이를 보여주고 있다. 8월 30일 이후의 환율 추이가 지속된 것으로 가정할 경우에 예상되는 것으로 옳지 않은 것은?

12 지방직 7급

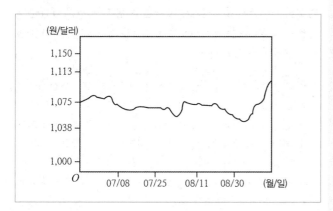

① 달러화에 대한 원화의 가치가 하락할 것이다.
② 미국 여행 시기를 앞당기는 것이 유리할 것이다.
③ 미국산 수입 농산물의 국내 가격은 상승할 것이다.
④ 국내 기업의 대미 수출품 가격 경쟁력이 약화될 것이다.

해설

주어진 그림에 따르면 8월 30일 이후의 환율 추이는 원/달러 환율이 지속적으로 상승하는 추세에 있다. 이에 따라 국내산 수출품의 달러 표시 가격이 하락하여 수출 가격 경쟁력은 강화된다. 또한 이러한 추이가 계속된다면 다음과 같은 변화가 생기게 된다.
① 달러 가치가 계속 상승할 것이므로 미국 여행에 대한 부담은 점점 더 커지게 될 것이다.
② 원/달러 환율의 상승은 곧 달러화에 대한 원화 가치가 지속적으로 하락한다는 것을 의미한다.
③ 원/달러 환율의 상승으로 미국산 수입 농산물의 원화 표시가격이 상승하게 되어 수입 농산물의 국내 가격은 상승하게 될 것이다.

정답 ④

1235

변동환율제에서 가격표시 명목환율(예를 들면, 미국의 $화의 원화표시 가격)의 변화나 그에 따른 반응에 대해서 올바르게 주장한 것은?

06 7급

① 다른 상황이 불변이고 환율이 하락하면 교역조건은 악화된다.
② 환율이 상승하면 국내에서 외국 제품에 대한 수요량이 증가한다.
③ 환율이 상승하면 해외에서 국내 제품에 대한 수요량이 감소한다.
④ 다른 상황이 불변이고 환율상승이 예상되면 자본의 해외 순유출이 커진다.
⑤ 과잉반응(Overshooting)이 지배적일 때, 국내통화량이 증가하면 환율은 떨어진다.

해설

다른 상황이 불변이고 환율 상승이 예상되면 경제주체들은 가능한 한 외화지급을 서두르고 외화수취를 미룰 것이다. 이에 따라 외화유출이 외화유입보다 더 많아져 자본의 해외 순유출이 커진다.
① 다른 상황이 불변이고 환율이 하락하면 수입품 가격이 하락하여 수출재 1단위당 받을 수 있는 수입재 수량이 증가하여 교역조건이 개선된다.
② 환율이 상승하면 수입품의 원화표시 가격이 상승하여 국내에서 외국 제품에 대한 수요량이 감소한다.
③ 환율이 상승하면 수출품의 외화표시 가격이 하락하여 해외에서 국내 제품에 대한 수요량이 증가한다.
⑤ 과잉반응(Overshooting)이 지배적일 때, 국내 통화량이 증가하면 국내 이자율이 하락하여 단기적으로 외화유출이 급등하여 환율은 빠른 속도로 상승하게 된다.

정답 ④

1236

환율에 대한 설명으로 옳지 않은 것은? 17 추가채용 국가직 7급

① 원화의 평가절상은 원유 등 생산 원자재를 대량으로 수입하는 우리나라의 수입 원가부담을 낮춰 내수 물가안정에 기여한다.

② 미국의 기준금리 인상은 원화의 평가절하를 유도하여 우리나라의 수출 기업에 유리하게 작용한다.

③ 대규모 외국인 직접투자가 우리나라로 유입되면 원화의 평가절하가 발생하고 우리나라의 수출 증대로 이어진다.

④ 실질환율은 한 나라의 재화와 서비스가 다른 나라의 재화와 서비스로 교환되는 비율을 말한다.

대규모 외국인 직접투자가 우리나라로 유입되면 환율의 하락에 따른 원화의 평가절상이 이루어지고, 이에 따라 수출품의 외화 표시 가격이 상승하게 되어 수출가격 경쟁력이 떨어져서 수출 감소가 초래된다.

① 원화의 평가절상, 곧 환율의 하락은 원유 등 생산 원자재를 대량으로 수입하는 우리나라의 수입 원가부담을 낮춰 내수 물가안정에 기여한다.

② 미국의 기준금리 인상은 자본유출로 인한 환율의 상승, 곧 원화의 평가절하를 유도하여 우리나라의 수출 기업에 유리하게 작용한다.

④ 자국화폐와 다른 나라의 화폐와의 교환비율을 명목환율이라고 한다. 그리고 실질환율은 다른 나라의 재화와 서비스 한 단위와 교환되는 자국의 재화와 서비스의 수량을 의미한다. 즉 자국의 재화와 서비스 수량으로 나타낸 다른 나라의 재화와 서비스의 상대가격을 의미한다.

정답 ③

1237

A국은 글로벌 과잉유동성에 따른 대규모 투기 자본 유입에 대응하기 위해 A국의 주식 및 채권에 대한 외국인 투자자금에 2%의 금융거래세를 부과하고자 한다. A국의 금융거래세 도입 정책에 대한 설명으로 옳지 않은 것은? 19 국외 8급

① A국 통화의 절하 요인이다.

② A국 자본수지의 흑자 요인이다.

③ A국 증권시장의 변동성을 줄이는 요인이다.

④ A국으로의 외환 유입을 줄이는 요인이다.

⑤ A국 기업의 외자조달 비용을 높이는 요인이다.

A국의 금융거래세 도입 정책은 주식 및 채권의 수익률을 낮추는 기능을 하게 된다. 이에 따라 A국으로의 자본유입은 이전에 비해 감소하게 된다(④). 결국 자본수지는 이전에 비해 악화되므로 적자요인으로 작용한다(②).

① A국으로의 자본유입 감소는 환율 상승을 야기하고, 이는 곧 A국 통화의 평가절하를 가져온다.

③ 증권시장에 투기성 자본이 유입되면, 증권시장이 불안정해진다. 따라서 A국의 금융거래세 도입으로 인해 투기성 자본유입이 감소하게 되면, 이전에 비해 A국 증권시장의 불안정성을 완화시킬 수 있게 된다.

⑤ A국으로의 자본유입 감소는 환율 상승을 야기하고, 이것은 A국 기업의 외자조달 비용(이자지급비용)을 높이는 요인으로 작용한다.

정답 ②

1238

미국 달러화 대비 갑, 을 병국 화폐의 가치 변동률이 각각 -2%, 3%, 4%일 때 가장 옳은 것은? 19 서울시 7급

① 갑국 화폐의 가치가 상대적으로 가장 크게 상승했다.
② 을국 제품의 달러 표시 가격이 상승했다.
③ 1달러당 병국 화폐 환율이 상승했다.
④ 병국 화폐 1단위당 을국 화폐 환율이 하락했다.

해 설

을국 화폐가 3%만큼 평가절상(달러 환율하락) 되었으므로 을국의 수출품의 달러표시 가격은 상승하게 된다.
① 미국 달러화 대비 화폐 가치가 상대적으로 가장 크게 상승한 것은 병국의 화폐가치이다.
③ 병국 화폐가 4%만큼 평가절상되었음은 1달러당 병국 화폐 환율은 하락했다는 의미이다.
④ 미국 달러화 대비 을국 화폐가치의 변동률(3%)보다 병국 화폐가치의 변동률(4%)이 더 크다. 이것은 을국 화폐 대비 병국 화폐가치가 상대적으로 더 상승했다는 의미이기도 하다. 따라서 병국 화폐 1단위당 을국 화폐 환율은 상승하게 된다.

정답 ②

1239

2개의 국가 간 상품가격(혹은 물가)과 환율의 관계를 설명하는 구매력평가설(Purchasing Power Parity)이 가장 유효한 경우는? 09 국회 8급

① 비교역재가 많은 경우
② FTA 등으로 인해 관세가 인하된 경우
③ 일물일가의 법칙이 성립하지 않는 경우
④ 유가 상승으로 운송비 등이 높아진 경우
⑤ 물가지수 산출에 포함되는 재화가 서로 상이한 경우

해 설

구매력 평가설은 관세 장벽과 같은 무역장벽이 존재하지 않는 경우에 성립한다.

정답 ②

1240

금 1돈 가격이 한국에서는 100,000원, 미국에서는 100달러이며, 현재 원/달러 환율은 1,100원이라고 한다. 금이 양국 간에 자유롭게 교역되며 관세와 운송비는 없다고 한다. 이에 대한 설명으로 옳은 것은? 10 지방직 7급

① 원/달러 환율은 상승할 것으로 예상된다.
② 원/달러 환율의 교역 후 환율은 1달러당 1,200원이다.
③ 한국의 금 가격은 상승하고 미국의 금 가격은 하락한다.
④ 현재의 원화가치는 교역 후 환율 수준에 비하여 고평가된 상태이다.

해 설

주어진 조건을 전제로 한국에서 100,000원을 주고 금 1돈을 구입하여 미국에 판매하게 되면 100달러를 받게 된다. 이것을 다시 현재의 원/달러 환율로 환전을 하면 110,000원을 받을 수 있다. 따라서 10,000원의 차익을 얻을 수 있는 것이다.
• 이에 따라 한국에서는 금에 대한 수요가 증가하여 금 가격이 상승하고, 미국에서는 금의 공급이 증가하여 금 가격이 하락하게 된다(③). 또한 이러한 과정에서 외환시장에서 달러의 공급이 증가하여 원/달러 환율은 1,000원까지 하락하게 된다(①, ②).
• 결과적으로 원화 가치는 교역 전에 비해 상승하게 되므로, 현재의 원화가치는 교역 후 환율 수준에 비하여 저평가된 상태이다(④).

정답 ③

1241

아래 표는 2006년과 2007년 한국과 미국의 물가지수, 명목환율 추이이다. 이에 대한 설명으로 옳은 것은? 07 CPA

구분	2006년	2007년
한국 물가지수	10,000	11,000
미국 물가지수	100	100
원/달러 명목환율	100	110

① 원/달러의 명목환율 움직임은 구매력 평가설의 주장과는 배치된다.
② 2006년과 2007년 한국의 통화증가율이 미국보다 낮았을 것이다.
③ 명목환율 상승으로 한국의 대미 수출이 증가한다.
④ 실질환율은 불변이다.
⑤ 한국의 2007년도 경제성장률이 미국보다 높았을 것이다.

주어진 표에 따르면 2006년 대비 2007년의 한국의 물가상승률은 10%, 미국의 물가상승률은 0%, 원/달러 명목환율 변동률은 10%이다.

① 구매력 평가설에 따르면 '환율 변동률 = 국내 물가상승률 - 외국 물가상승률'이 성립하므로 이것은 주어진 표가 구매력 평가설의 내용을 잘 반영하고 있음을 보여준다.
② 일반적으로 통화량의 증가는 물가의 상승을 가져오므로 한국의 통화량 증가율은 한국이 미국보다 높았다고 추정할 수 있다.
③ 비록 명목환율이 10% 상승했으나 한국의 물가 역시 10%만큼 상승했기 때문에 달러 표시 한국의 수출재 가격은 불변이 되어 수출 역시 불변이다.
④ 실질환율(q) $= \dfrac{e \times P_f}{P} = \dfrac{명목환율 \times 해외물가}{국내물가}$ 이므로 다음과 같은 근사식도 성립한다.

$$\frac{\Delta q}{q} \coloneqq \frac{\Delta e}{e} + \frac{\Delta P_f}{P_f} - \frac{\Delta P}{P} = 10\% + 0\% - 10\% = 0\%$$

따라서 실질환율은 불변이다.
⑤ 경제성장률은 실질GDP의 변동률로 계산된다. 그런데 주어진 표에서는 GDP에 대한 정보가 없으므로 양국의 경제성장률은 비교할 수 없다.

정답 ④

1242

교역재인 자동차와 비교역재인 돌봄 서비스만을 생산하는 갑국과 을국의 생산량과 가격은 다음과 같다. 이에 대한 설명으로 옳지 않은 것은? (단, 교역재와 비교역재를 모두 포함한 표준적 소비바구니(consumption basket)는 자동차 1대와 돌봄 서비스 10회로 구성된다.) 20 지방직 7급

구분	자동차		돌봄 서비스	
국가	1인당 생산량(대)	가격	1인당 생산량(회)	가격
갑	10	10	100	2
을	1	10	10	1

① 교역재만을 대상으로 한 갑국 통화와 을국 통화의 교환 비율은 1:1이다.

② 표준적 소비바구니를 대상으로 한 구매력평가(purchasing power parity) 반영 환율은 갑국 통화 3단위에 대해 을국 통화 2단위이다.

③ 교역재만을 대상으로 한 환율을 적용하면 을국 1인당 GDP는 갑국 1인당 GDP의 $\frac{1}{10}$ 이다.

④ 표준적 소비바구니를 대상으로 한 구매력평가 반영 환율을 적용하면 을국 1인당 GDP는 갑국 1인당 GDP의 $\frac{1}{10}$ 이다.

구매력 평가설은 양 국의 동일한 상품을 동일한 가격으로 구매할 수 있는 수준에서 환율이 결정된다는 이론이다. 이에 따라 다음과 같은 구매력 평가식이 성립한다.

- $P_{갑국} = E \times P_{을국}$
- 여기서 $P_{갑국}$은 갑국의 물가수준, $P_{을국}$은 을국의 물가수준, E는 을국 통화 1단위와 갑국 통화의 교환비율을 의미한다.

① 교역재인 자동차만을 대상으로 하는 경우에는 자동차 가격이 곧 물가수준을 대표한다. 이에 따라 구매력 평가식은 다음과 같다.

$$P_{갑국} = E \times P_{을국} \Rightarrow 10 = E \times 10 \Rightarrow E = 1$$

이에 따라 을국 통화 1단위와 갑국 통화 1단위가 교환된다.

② 교역재는 물론 비교역재까지 포함된 표준적 소비바구니를 대상으로 하는 경우 구매력 평가식은 다음과 같다.

- 갑국에서 표준적 소비바구니 구입을 위해 필요한 금액 $= (1 \times 10 + 10 \times 2) = 10 + 20 = 30$
- 을국에서 표준적 소비바구니 구입을 위해 필요한 금액 $= (1 \times 10 + 10 \times 1) = 10 + 10 = 20$
- $P_{갑국} = E \times P_{을국} \Rightarrow 30 = E \times 20 \Rightarrow E = \frac{3}{2} = 1.5$

이에 따라 을국 통화 2단위와 갑국 통화 3단위가 교환된다.

③ 교역재만을 대상으로 하는 경우 을국 통화 1단위와 갑국 통화 1단위가 교환된다. 또한 갑국의 1인당 GDP는 300($= 10 \times 10 + 100 \times 2$)이고, 을국의 1인당 GDP는 20($= 1 \times 10 + 10 \times 1$)이다. 따라서 교역재만을 대상으로 한 환율을 적용하면 을국 1인당 GDP는 갑국 1인당 GDP의 $\frac{1}{15}$ 이다.

④ 표준적 소비바구니를 대상으로 한 구매력평가 반영 환율을 적용하면 을국 통화 1단위와 갑국 통화 1.5단위가 교환된다. 이에 따라 을국의 GDP를 갑국의 통화로 환산하기 위해서는 을국의 GDP에 1.5로 곱하면 된다. 한편 갑국의 1인당 GDP는 300($= 10 \times 10 + 100 \times 2$)이고, 을국의 1인당 GDP는 20($= 1 \times 10 + 10 \times 1$)이다. 이에 따라 표준적 소비바구니를 대상으로 한 구매력평가 반영 환율을 적용할 때 을국의 1인당 GDP는 30이 된다. 따라서 을국 1인당 GDP는 갑국 1인당 GDP의 $\frac{1}{10}$ 이다.

정답 ③

1243

환율(원/달러) 변동에 대한 설명으로 옳은 것은?

09 국가직 7급

> ⊙ 국내물가가 상승하면 국내산 재화의 가격이 올라 상대적
> 으로 값이 싸진 외국제품의 수입이 증대하고 이에 따라
> 외환수요가 늘어 환율이 하락한다.
>
> ⓒ 국내 실질이자율이 상승하면 원화표시 금융자산의 예상
> 수익률이 상승하고 이에 따라 원화표시 금융자산에 대한
> 수요가 증가하면서 외국자금의 유입이 증가하여 환율이
> 하락한다.
>
> ⓒ 환율이 상승하면 수출은 감소하고 수입은 증가하여(경상
> 수지 악화), 수출기업이 위축되면서 경제성장이 둔화되
> 고 실업이 증가한다.
>
> ⓔ 환율이 상승하면 수입원자재 가격이 상승하고 외화부채
> 를 가진 기업의 부담이 커지고 국내 물가가 상승한다.

① ⊙, ⓒ

② ⊙, ⓔ

③ ⓒ, ⓒ

④ ⓒ, ⓔ

해설

국내 실질이자율의 증가는 원화표시 금융자산의 수익률을 상승
시켜 외화의 유입을 가져와 환율이 하락한다. 또한 환율이 상승
하면 수입품의 원화표시 가격이 상승하여 수입원자재 가격이 상
승하고, 외화부채를 가진 기업의 상환부담이 환율 상승분만큼
증가하게 된다.

⊙ 국내물가가 상승하면 국내산 재화의 가격이 올라 상대적으로
값이 싸진 외국제품의 수입이 증대하고 이에 따라 외환수요
가 늘어 환율이 상승한다.

ⓒ 환율이 상승하면 수출은 증가하고 수입은 감소하여(경상수
지 개선), 수출기업이 성장하면서 고용증가의 효과가 나타나
실업이 감소한다.

정답 ④

1244

환율과 관련된 설명으로 옳은 것은?

11 국회 8급

① 외환딜러가 ISO ticker 방식에 따라 환율을 EUR/USD
1.3025 − 1.3030으로 고시하였다면, 외환딜러는 미화 1
달러를 1.3025유로에 매입하고 1.3030유로에 매도하겠
다는 것을 말한다.

② 국내 예상 인플레이션율이 3.0%/년, 해외 예상 인플레
이션율이 2.0%/년인 경우 구매력 평가설에 따르면 향
후 1년간 자국통화의 대외가치가 1% 절하될 것으로 예
상된다.

③ 국가 간 이동이 용이하지 않은 재화가 많더라도 구매력
평가설은 성립한다.

④ 고정환율제도 하에서 환율의 변경 없이는 국제수지가
조정될 수 없다.

⑤ 이자율 평가설은 환율이 주로 경상수지에 의해 결정된
다고 강조한다.

해설

구매력 평가설에 따르면 다음과 같은 식이 성립한다.

> 명목환율 변동률 = 국내 (예상)물가 상승률 - 해외 (예상)물가 상승
> 률 =3%-2%=1%

이에 따라 명목환율은 1%만큼 상승하게 되고, 반대로 자국통화
의 대외가치가 1% 절하될 것으로 예상된다.

① 외환딜러가 ISO ticker 방식에 따라 환율을 EUR/USD 1.3025
− 1.3030으로 고시하였다면, 외환딜러는 1유로를 1.3025달
러에 매입하고 1.3030달러에 매도하겠다는 것을 말한다.

③ 구매력 평가설은 완전경쟁시장인 국가 간에 자유로운 차익거
래(Arbitrage)가 이루어진다는 전제 하에서 성립한다. 이에 따
라 국가 간 이동이 용이하지 않은 이른바 '비교역재'가 많을수
록 구매력 평가설이 성립하기가 어려워진다.

④ 고정환율제도 하에서는 환율 변동 대신 환율변동 압력을 해
소하기 과정에서 내생적으로 변동하는 통화량을 통해 국제수
지 균형을 달성하게 된다.

⑤ 이자율 평가설은 환율이 주로 경상수지가 아닌 자본수지에
의해 결정된다고 강조한다.

정답 ②

1245

환율과 국제수지에 대한 설명으로 옳지 않은 것은?

12 국가직 7급

① 자본이동이 자유로운 경우, 다른 조건은 일정하고 우리나라의 이자율만 상대적으로 상승하면 원화의 가치가 상승한다.

② 구매력 평가설에 따를 때, 다른 조건은 일정하고 우리나라의 통화량만 증가하는 경우 원/달러 환율은 하락한다.

③ 달러 대비 원화 가치의 하락은 우리나라의 대미 수출 증가요인으로 작용한다.

④ 원/달러 환율이 하락하는 경우 원화가 평가절상된 것이다.

해설

구매력 평가설에 따르면 다음과 같은 식이 성립한다.

> 명목환율 변동률 = 국내 (예상)물가 상승률 - 해외 (예상)물가 상승률

- 다른 조건은 일정하고 우리나라의 통화량만 증가하는 경우에는 우리나라의 물가가 상승한다. 이에 따라 원/달러 환율은 상승하게 된다(②).
- 자본이동이 자유로운 경우, 다른 조건은 일정하고 우리나라의 이자율만 상대적으로 상승하면 해외로부터 자본 유입이 이루어져 외환시장에서 외화의 공급이 증가하여 환율이 하락하게 된다. 이것은 곧 원화의 가치가 상승(평가절상)한다는 의미이다(①).

정답 ②

1246

국내와 미국에 투자를 고려하고 있는 국내 투자자를 상정해 보자. 이자율평형조건(Interest parity condition)에 대한 설명 중 옳지 않은 것은?

12 CPA

① 다른 조건이 일정할 때의 현재의 원/달러 환율과 달러 예금의 기대수익률 간에는 음(−)의 상관관계가 존재한다.

② 외환시장이 균형상태에 있을 때 이 투자자의 양국에서의 기대수익률이 일치해야 함을 의미한다.

③ 다른 조건이 일정할 때 달러 예금 금리의 상승은 원화의 절하를 초래한다.

④ 다른 조건이 일정할 때 원화 예금 금리의 상승은 원화의 절상을 초래한다.

⑤ 다른 조건이 일정할 때 미래의 기대 원/달러 환율의 상승은 원화의 절상을 초래한다.

해설

이자율 평가설에 따른 균형식은 다음과 같다(②).

> $$1 + r = \frac{E^e}{E}(1 + r^*)$$
>
> (여기서, r은 국내이자율, r^*는 미국이자율, E는 현물환율, E^e는 예상(환율)환율)

이 균형식으로부터 좌변이 커지면 자본유입이 이루어지고, 우변이 커지면 자본유출이 이루어진다.

① 다른 조건이 일정할 때의 현재의 원/달러 환율이 상승하면 '$1 + r > \frac{E^e}{E}(1 + r^*)$'을 성립시켜 달러 예금의 수익률이 상대적으로 작아짐에 따라 현재의 원/달러 환율과 달러 예금의 기대수익률 간에는 음(−)의 상관관계가 존재한다.

③ 다른 조건이 일정할 때 달러 예금 금리의 상승은 '$1 + r < \frac{E^e}{E}(1 + r^*)$'을 성립시켜, 자본유출로 인한 원화의 절하(= 달러 환율의 상승)를 초래한다.

④ 다른 조건이 일정할 때 원화 예금 금리의 상승은 '$1 + r > \frac{E^e}{E}(1 + r^*)$'을 성립시켜, 자본유입으로 인한 원화의 절상(= 달러 환율의 하락)을 초래한다.

⑤ 다른 조건이 일정할 때 미래의 기대 원/달러 환율의 상승은 '$1 + r < \frac{E^e}{E}(1 + r^*)$'을 성립시켜, 자본유출로 인한 원화의 절하(= 달러 환율의 상승)를 초래한다.

정답 ⑤

1247

커버된 이자율 재정거래가 다음과 같을 경우 나타날 수 있는 현상은? 05 7급

$$(1+i_A) < \frac{F}{S}(1+i_B)$$
(i_A는 A국의 이자율, i_B는 B국의 이자율, S는 현물환율, F는 선물환율)

① 환거래자는 A국의 현물환을 산다.
② 환거래자는 A국의 선물환을 판다.
③ 환거래자는 B국의 현물환을 판다.
④ 환거래자는 B국 채권을 산다.

문제에서 주어진 식에 따르면 환율의 변동으로부터 발생할 수 있는 위험을 사전적으로 제거하기 위해 선물환 계약을 체결하면 좌변의 A국의 투자수익률보다 B국의 투자수익률이 높다는 것을 보여준다.

• 환거래자는 보다 높은 수익을 얻을 수 있는 B국의 금융상품(채권)을 사게 된다. 이를 위해 B국의 금융상품을 사기 위해 필요한 B국의 화폐를 현물시장에서 구입하여, 이를 가지고 B국의 채권을 구입한 후에 선물시장에서 B국 화폐를 팔게 될 것이다.

정답 ④

1248

현재 현물환율(E)이 1,000원/달러이고 선물환율(F)은 1,100원/달러, 한국의 이자율은 5%, 미국의 이자율은 3%라고 가정할 때 다음 중 옳지 않은 것은? (단, 외환시장에는 이자재정거래자만이 존재하고 두 국가 간 자본이동은 완전하다고 가정한다.) 11 국회 8급

① 한국의 이자율은 상승할 것이다.
② 미국의 이자율은 하락할 것이다.
③ 한국에 투자하는 것이 유리하다.
④ E는 상승할 것이다.
⑤ F는 하락할 것이다.

이자율 평가설에 따른 균형식을 다음과 같다.

$$1+r = \frac{F}{E}(1+r^*)$$
(여기서, r은 국내이자율, r^*은 미국이자율, E는 현물환율, F는 선물환율)

• 앞의 식에서 좌변은 국내투자수익률이고 우변은 미국투자수익률이다. 그런데 문제에서 주어진 조건을 앞의 식에 대입하면 좌변인 국내투자수익률은 1.05가 되고, 우변인 미국투자수익률은 1.133이 되어 미국의 금융상품에 투자하는 것이 유리해진다(③).
• 주어진 조건에 따르면 '$1+r < \frac{F}{E}(1+r^*)$'이 성립하게 되어 이러한 불균형이 다시 균형을 회복하기 위해서는 한국 이자율(r)은 상승하고(①), 미국 이자율(r^*)은 하락할 것이다(②). 또한 현물환율(E)은 상승할 것이고(④), 선물환율(F)은 하락할 것이다(⑤).

정답 ③

1249

환율결정이론 중 무위험 금리평가 이론에 관한 설명으로 옳지 않은 것은?

09 국회 8급

① 선물환율이 고정되어 있는 경우 국내금리가 상승하면 자본이 유입되어 현물환율이 하락한다.

② 선물환율이 고정되어 있는 경우 국제금리가 상승하면 자본이 유출되어 현물환율이 상승한다.

③ 선물환율이 고정되어 있는 경우 현물환율이 상승하면 자본이 유출되어 국내금리가 상승한다.

④ 현물환율이 고정되어 있는 경우 선물환율이 상승하면 자본이 유출되어 국내금리가 상승한다.

⑤ 무위험 금리평가 이론이 성립하기 위해서는 자본이동이 완전히 자유로워야 한다.

해설

선물환율이 고정되어 있는 경우 현물환율이 상승하면 국내외 투자수익률 간에는 다음과 같은 관계가 성립한다.

$$K(1+r) > \left(\frac{K}{S}\right)(1+r^*)S_f$$

이것은 국내 금융상품의 수익률이 높다는 것을 의미한다. 이러한 경우에는 국내금리가 하락할 때 이자율 평가식이 성립하게 된다.

• 만약에 선물환율이 고정되어 있는 경우 국내금리가 상승하는 경우에도 국내외 투자수익률 간에는 앞의 경우와 동일한 상황이 나타난다. 따라서 이러한 경우에는 현물환율이 하락해야 이자율 평가식이 성립한다.

정답 ③

1250

우리나라의 물가수준을 P(원)이라 하고 미국의 물가수준을 P^f(달러)라 하자. 또한, 우리나라의 실질이자율을 r이라 하고 미국의 실질이자율을 r^f라 하자. 우리나라와 미국 사이의 환율결정과 관련된 논의들 중 옳은 것만을 <보기>에서 모두 고르면? (단, 여기서 환율은 원/달러 환율을 의미한다.)

20 국회 8급

보기

ㄱ. 구매력평가설에 따르면 환율은 $e = P/P^f$로 결정된다.

ㄴ. 구매력평가설에 따르면 국내 물가상승률이 미국의 물가상승률보다 클 경우 환율은 하락한다.

ㄷ. 이자율평가설에 따르면 $r < r^f$일 경우 다른 조건이 일정할 때 미래환율은 상승할 것으로 예상된다.

ㄹ. 이자율평가설에 따르면 r이 상승하면 다른 조건이 일정할 때 미래환율은 상승할 것으로 예상된다.

① ㄱ, ㄷ

② ㄱ, ㄹ

③ ㄴ, ㄷ

④ ㄴ, ㄹ

⑤ ㄴ, ㄷ, ㄹ

해설

구매력 평가설에 따른 환율 결정과 환율의 변화는 다음과 같다.

• $e \times P^f = P \Rightarrow e = P/P^f \Rightarrow \dfrac{\Delta e}{e} = \dfrac{\Delta P}{P} - \dfrac{\Delta P^f}{P^f}$

단, 여기서 e는 명목환율, P^f는 해외물가, P는 국내물가이다.

따라서 국내물가상승률이 미국의 물가상승률보다 클 경우 환율은 상승하게 된다(ㄱ, ㄴ).

• 이자율 평가설에 따른 균형식은 다음과 같다.

• $K(1+r) = \dfrac{K}{S}(1+r^f)S_e$

단, 여기서 K는 투자금액, r은 국내이자율, S는 현물환율, r^f는 해외이자율, S_e는 미래예상환율이다.

따라서 다른 조건이 일정할 때 '$r < r^f$'인 경우 다시 균형식이 성립하기 위해서는 미래예상환율(S_e)이 하락해야 한다(ㄷ). 또한 'r'이 상승하는 경우 다시 균형식이 성립하기 위해서는 미래예상환율(S_e)이 상승해야 한다(ㄹ).

정답 ②

1251

한국과 미국 간의 현물시장 환율이 1달러당 1,000원이고,
180일 만기 선물시장 환율이 1달러당 1,200원일 때 한국과
미국의 금융시장에 관한 설명으로 옳은 것은?   08 지방직 7급

① 한국의 무위험 이자율이 미국의 무위험 이자율보다 높다.
② 미국의 무위험 이자율이 한국의 무위험 이자율보다 높다.
③ 한국의 물가수준이 미국의 물가수준보다 높다.
④ 양 국가의 무위험 이자율에는 차이가 없다.

무위험 이자율 평가설에 따르면 다음 식이 성립한다.

$$r - r^* = \frac{S_f - S}{S}$$

(단, r은 한국 이자율, r*는 미국 이자율, S_f는 선물환율, S는 현물
환율)

• 문제에서 주어진 것처럼 선물환율이 현물환율보다 높다는 것
은 한국 이자율이 미국 이자율보다 높다는 것을 의미한다.

정답 ①

1252

환율에 대한 설명으로 <보기>에서 옳은 것을 모두 고르면?

14 국회 8급

보 기

ㄱ. 정부가 외환시장에서 달러를 매각하면 환율이 상승한다.
ㄴ. 세계 주요 외환시장에서 달러화 약세가 계속되면 환율
   이 하락한다.
ㄷ. 국가 간 자본이동이 어려우면, 예상되는 평가절하는 두
   국가 간의 이자율 차이만큼 나타난다.

① ㄱ
② ㄴ
③ ㄱ, ㄴ
④ ㄴ, ㄷ
⑤ ㄱ, ㄴ, ㄷ

정부의 외환시장에서의 달러매각은 달러공급을 증가시켜 원/달
러 환율을 하락시킨다.

• 예상되는 평가절하가 두 국가 간의 이자율 차이만큼 나타난다
고 설명하는 이자율 평가설은 국가 간 자유로운 자본이동을 전
제한다.

정답 ②

1253

구매력 평가설과 이자율 평가설이 성립한다고 가정한다. 한국과 미국의 명목이자율이 각각 5%, 6%이며, 한국의 예상 물가상승률이 3%일 경우 옳지 않은 것은? 11 국가직 7급

① 미국의 예상 물가상승률은 4%이다.
② 한국과 미국의 실질이자율은 동일하다.
③ 달러에 대한 원화의 실질환율은 상승한다.
④ 원/달러 환율은 1% 하락할 것으로 예상된다.

해설

이자율 평가설에 따르면 다음과 같은 식이 성립한다.

> 명목환율 변동률 = 국내 명목이자율 - 해외 명목이자율
> =5%-6%=-1% ......④

• 구매력 평가설에 따르면 다음과 같은 식이 성립한다.

> 명목환율 변동률
> = 국내 (예상)물가상승률 - 해외 (예상)물가상승률
> ⇒ -1%=3%-해외 (예상)물가상승률
> ⇒ 해외 (예상) 물가상승률=4% ......①

• 실질환율(q)과 변동률은 다음과 같다.

$$q = \frac{E \times P_f}{P} \Rightarrow \frac{\Delta q}{q} = \frac{\Delta e}{e} + \frac{\Delta P_A}{P_A} - \frac{\Delta P}{P}$$

> =-1%+4%-3%=0% ......③
> (여기서 E는 명목환율, P_f는 해외물가, P는 국내물가이다.)

• 피셔 방정식에 따르면 다음과 같은 식이 성립한다.

> • 실질 이자율 = 명목 이자율 - (예상)물가상승률
> • 한국 실질 이자율 = 5% - 3%=2%
> • 미국 실질 이자율 = 6% - 4%=2%

이에 따라 두 나라의 실질 이자율은 동일하다(②).

정답 ③

1254

투자자들이 위험에 대하여 중립적인 경우, 현재 환율이 1달러 당 1,000원이고, 1년 만기 채권의 이자율이 미국에서는 1%, 우리나라에서는 2%일 때, 국가 간 자금이 이동하지 않을 조건에 해당하는 것은? 19 지방직 7급

① 우리나라의 이자율이 1년 후 1%로 하락한다.
② 투자자가 1년 후 환율이 1달러당 1,010원이 될 것으로 예상한다.
③ 미국의 이자율이 1년 후 2%로 상승한다.
④ 투자자가 1년 후에도 환율이 1달러당 1,000으로 유지될 것으로 예상한다.

해설

투자가가 1년 후 환율이 1달러당 1,010원이 될 것으로 예상한다는 것은 환율 변동률이 1%라는 의미이다. 이것은 우리나라와 미국의 현재 금리 차와 동일해져서 이자율 평가식을 충족하게 된다. 따라서 국가 간 자금 이동이 이루어지지 않게 된다.

① 투자자가 투자를 결정할 때 기준으로 삼는 이자율은 현재의 이자율 수준이다. 따라서 우리나라의 이자율이 1년 후 1%로 하락하는 것은 현재의 투자조건과는 무관하다. 그 결과 환율이 불변인 한 금리수준이 높은 우리나라로의 자금 이동이 이루어지게 된다.

③ 투자자가 투자를 결정할 때 기준으로 삼는 이자율은 현재의 이자율 수준이다. 미국의 이자율이 1년 후 2%로 상승하는 것은 현재의 투자조건과는 무관하다. 그 결과 환율이 불변인 한 금리수준이 높은 우리나라로의 자금 이동이 이루어지게 된다.

④ 현재 우리나라와 미국의 금리 차는 1%이다. 따라서 투자자가 현재의 환율인 1달러당 1,000원이 1년 후까지 유지될 것이라고 예상하면 우리나라에 투자하는 것이 유리하므로 우리나라로의 자금유입이 이루어진다.

정답 ②

1255

아래의 그림은 어떤 소규모 개방경제의 국내 저축과 국내 투자를 나타낸다. 세계이자율이 r_0에서 r_1으로 하락할 경우 이 경제에 발생할 변화에 대한 다음 설명 중 옳은 것은?

12 국회 8급

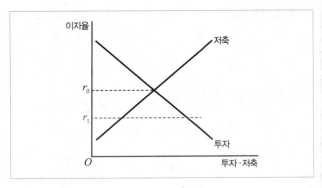

① 순수출은 증가한다.
② 순자본유출은 감소한다.
③ 실질환율(외국물가×명목환율/자국물가)은 상승한다.
④ 달러화 대비 명목환율은 상승한다.
⑤ 1인당 자본스톡은 감소한다.

해 설

세계이자율에 비해 국내이자율이 높아짐에 따라 다음과 같은 변화가 나타난다.

> 자본이 유입 ⇒ 순자본유출 감소 ⇒ 명목환율 하락, 실질환율 하락 ⇒ 순수출 감소

• 자본유입으로 이자율이 하락하여 투자가 증가하여 1인당 자본스톡은 증가하게 된다.

정답 ②

1256

한 국가의 무역수지가 흑자인 경우, <보기>에서 옳은 것을 모두 고른 것은?

19 서울시 7급

보기

㉠ $Y > C + I + G$ (단, Y는 국민소득, C는 소비, I는 투자, G는 정부지출을 의미한다.)
㉡ 국내 투자 > 국민 저축
㉢ 순자본유출 > 0

① ㉠, ㉡
② ㉠, ㉢
③ ㉡, ㉢
④ ㉠, ㉡, ㉢

해 설

개방경제의 국민소득 균형식과 저축-투자 항등식을 다음과 같이 나타낼 수 있다.

> 국민소득 균형식: $Y = C + I + G + NX(X - M)$
> (여기서 Y는 국민소득, C는 소비, I는 투자, G는 정부지출, NX는 순수출(=경상수지=무역 수지), X 는 수출, M은 수입이다.)

> 저축-투자 항등식: 국민저축(=민간저축+정부저축)+해외저축
> =국내 투자
> ⇒ 국민저축(=민간저축+정부저축)=국내투자 – 해외저축
> ⇒ 국민저축(=민간저축+정부저축)=국내투자+무역수지(=-해외저축)

> 순자본유출 = (+)의 무역수지(=경상수지=순수출)

• 무역수지(=경상수지=순수출)가 흑자(+)이므로, 국민소득 균형식에서 'Y'는 'C+I+G'보다 '무역수지'만큼 큰 값을 갖는다. 따라서 '$Y > C + I + G$'가 성립하게 된다.
• '국민저축(=민간저축+정부저축)=국내투자+무역수지(=-해외저축)'이므로 무역수지가 흑자(+)일 때 '국민저축>국내투자'가 성립하게 된다.
• '순자본유출 = (+)의 무역수지(= 경상수지 = 순수출)'이므로 '순자본유출 > 0'이 성립하게 된다.

정답 ②

1257

개방경제의 국민소득계정에 관한 설명으로 옳은 것을 모두 고른 것은?

12 감정평가사

> ㉠ 국민소득이 소비, 투자, 정부지출의 합보다 큰 경우에 순수출은 반드시 양이 된다.
> ㉡ 민간 투자가 민간 저축보다 더 큰 경우에 순수출은 반드시 양이 된다.
> ㉢ 정부 세금 수입이 지출보다 더 큰 경우에 순수출은 반드시 양이 된다.

① ㉠
② ㉠, ㉡
③ ㉡
④ ㉡, ㉢
⑤ ㉢

국민소득 균형식인 '$Y = C + I + G + (X - M)$'에서 국민소득의 크기인 Y가 소비, 투자, 정부지출의 합인 '$(C + I + G)$'보다 큰 경우에는 균형식이 만족하기 위해서는 '순수출$(X - M)$'은 반드시 양$(+)$의 값을 가져야 한다(㉠).

• 국민소득 균형식을 변형하면 다음과 같이 나타낼 수 있다.

> $Y = C + I + G + X - M \Rightarrow (Y - T - C) + (T - G) - I = X - M$
> (여기서 (Y - T - C)는 민간저축, (T - G)는 정부저축이고 양자의 합이 국내총저축)

• 만약 정부저축이 일정한 경우 민간투자(I)가 민간저축($Y - T - C$)보다 더 크면 좌변이 음$(-)$의 값을 갖게 된다. 따라서 균형식이 만족하기 위해서는 우변인 $(X - M)$도 음$(-)$의 값을 가져야 하므로 순수출$(X - M)$도 반드시 음$(-)$의 값을 가져야 한다(㉡).
• 한편 민간저축이 일정한 경우 정부세금수입이 지출보다 더 커서 $(T - G)$가 양$(+)$의 값을 갖게 된다고 하더라도 민간투자가 양$(+)$의 $(T - G)$보다 더 큰 경우에는 좌변은 음$(-)$의 값을 갖게 된다. 이에 따라 균형식이 충족되기 위해서는 우변인 순수출인 $(X - M)$이 음$(-)$의 값이 되어야 한다(㉢).

정답 ①

1258

어떤 나라의 국제수지표에서 경상수지와 재화 및 서비스수지의 크기는 같고, 준비자산의 증감은 없었다. 재화 및 서비스수지가 흑자를 나타내고 있는 경우에 다음 설명 중 적절한 것을 모두 고른 것은? (단, 오차 및 누락은 0이다.)

08 CPA

> ㉠ 순자본유출(Net capital outflow)은 양의 값을 가진다.
> ㉡ 국내저축의 크기는 국내투자의 크기보다 작다.
> ㉢ 국민소득의 크기는 소비, 투자, 정부지출의 합보다 크다.
> ㉣ 순수출과 순자본유출의 크기는 서로 같다.

① ㉠, ㉡, ㉢
② ㉠, ㉡, ㉣
③ ㉠, ㉢, ㉣
④ ㉡, ㉢, ㉣
⑤ ㉠, ㉡, ㉢, ㉣

개방경제 국제수지는 다음과 같은 구성을 보인다.

> 국제수지 = 경상수지 + 자본수지 + 준비자산 증감 + 오차 및 누락 = 0

• 준비자산의 증감이 없고, 오차 및 누락이 0이므로 다음 식이 성립한다.

> 국제수지 = 경상수지 + 자본수지 = 0

• 경상수지와 같은 재화 및 서비스 수지가 흑자$(+)$이므로 자본수지는 적자$(-)$이다(㉠, ㉣). 이에 따라 순자본유출은 양$(+)$의 값을 갖게 된다. 이러한 관계를 다음 표와 같이 정리할 수 있다.

> • 경상수지(순수출) $(+)$ ⇒ 자본수지 $(-)$ ⇒ 순해외투자(순자본유출) $(+)$
> • 경상수지(순수출) $(-)$ ⇒ 자본수지 $(+)$ ⇒ 순해외투자(순자본유출) $(-)$

• 개방경제 국민소득 균형식은 다음과 같다.

> • '경상수지(X - M) = - 해외저축(M - X)'
> • '민간저축(S_P) + 정부저축(T - G = S_G) + 해외저축(M - X) = 국내투자(I)'
> • 경상수지(X - M) 흑자 ⇒ 경상수지(X - M)>0 ⇒ 해외저축(M - X)<0
> • '해외저축(M - X) = 국내투자 - (민간저축 + 정부저축 = 국내저축)<0'

결국 '국내투자<국내저축'이 성립해야 하므로 국내저축의 크기는 국내투자의 크기보다 커야 한다(㉡).
• '국민소득(Y) = 소비(C) + 투자(I) + 정부지출(G) + 순수출(X-M)'에서 자본수지 적자로 '순수출(X-M)>0'이므로 국민소득의 크기는 소비, 투자, 정부지출의 합보다 크다(㉢).

정답 ③

1259

변동환율제 하에서의 국제수지표에 대한 설명으로 옳은 것만을 모두 고르면? (단, 국제수지표에서 본원소득수지, 이전소득수지, 오차와 누락은 모두 0과 같다.) <small>18 국가직 7급</small>

⊙ 국민소득이 국내총지출보다 크면 경상수지는 적자이다.
ⓛ 국민저축이 국내투자보다 작으면 경상수지는 적자이다.
ⓒ 순자본유출이 정(+)이면 경상수지는 흑자이다.

---

① ⊙
② ⓛ
③ ⊙, ⓒ
④ ⓛ, ⓒ

국민소득 균형식은 다음과 같다.

> 국민소득=국내총지출(=소비지출+투자지출+정부지출)+순수출(=경상수지)

따라서 국민소득이 국내총지출보다 크면 순수출은 양(+)의 값을 갖게 되므로, 순수출, 곧 경상수지는 흑자가 된다(⊙).

• 저축과 투자 사이에는 다음과 같은 관계가 성립한다.

> • 민간저축+정부저축+해외저축(=-순수출=-경상수지)=(국내)투자 또는
> • 국민저축+해외저축(=-순수출=-경상수지)=(국내)투자

따라서 국민저축이 국내투자보다 작으면 해외저축은 양(+)의 값을 갖게 되므로, 경상수지는 음(-)의 값을 갖게 되어 적자가 된다(ⓛ).

• 국제수지 균형식은 다음과 같다.

> 국제수지=경상수지+자본수지+오차 및 누락+준비자산 증감

문제에서 준비자산 증감에 대한 언급이 없으므로, 오차 및 누락과 같이 '0'으로 간주한다. 또한 경상수지는 순수출과 같은 의미이며, 자본수지는 순자본유출과 크기는 같고 부호는 반대이다. 이에 따라 순자본유출이 정(+)이라는 것은 자본수지가 음(-)의 값을 갖는다는 것과 동일한 의미이다. 결국 국제수지가 균형인 상태에서 자본수지가 음(-)이 되어 적자라는 것은 곧 경상수지는 양(+)이 되어 흑자라는 의미이다(ⓒ).

정답 ④

1260

한 나라의 국내저축이 증가할 때, 국내투자에 변화가 없다면 다음 중 어떠한 변화가 발생하는가? <small>14 서울시 7급</small>

① 순자본유출이 증가하여 순수출이 증가한다.
② 순자본유출이 증가하여 순수출이 감소한다.
③ 순자본유출이 감소하여 순수출이 증가한다.
④ 순자본유출이 감소하여 순수출이 감소한다.
⑤ 순자본유출이 일정하고 순수출도 일정하다.

한 나라의 국내저축이 증가할 때, 국내투자에 변화가 없다면 대부자금시장에서는 이자율이 하락한다. 이에 따라 순자본유출이 일어나고 이로 인한 환율의 상승으로 순수출이 증가한다.

정답 ①

1261

A국 경제 성장의 급격한 둔화로 A국으로 유입되었던 자금이 B국으로 이동할 때, B국의 상품수지와 이자율의 변화로 옳은 것은?

19 국회 8급

① 상품수지 악화, 이자율 하락
② 상품수지 악화, 이자율 상승
③ 상품수지 개선, 이자율 하락
④ 상품수지 개선, 이자율 상승
⑤ 상품수지 변화 없음, 이자율 하락

A국의 경제성장의 둔화는 A국의 소비감소를 야기한다. 이에 따라 A국의 상품수입이 감소하게 되어, 교역상대국인 B국의 상품수지는 악화된다.

- A국으로 유입되었던 자금이 B국으로 이동하게 되면 B국의 통화량이 증가하게 되어, 이자율의 하락을 야기한다.

정답 ①

1262

만성적인 국제수지 적자를 기록하고 있는 나라에서는 확대재정정책이 확대금융정책보다 더 효과적일 수 있다. 그 이유로 옳은 것은?

17 국회 8급

① 확대재정정책과 확대금융정책은 수입을 증가시킬 우려가 있다.
② 확대금융정책의 실시로 단기자본이 유출될 가능성이 있다.
③ 확대금융정책은 이자율을 상승시키고, 투자와 생산성을 위축시킨다.
④ 확대재정정책은 자국통화의 평가절하를 가져오고 이로 인해 수출이 감소한다.
⑤ 금융정책은 필립스곡선에 의해 제약되나 재정정책은 그렇지 않다.

확대금융정책의 실시는 화폐시장에서 이자율의 하락을 가져와, 자본유출로 인한 자본수지 적자가 국제수지 적자를 오히려 확대시킬 수 있다(②). 이자율 하락으로 인한 투자 증가로 국민소득이 증가하여 이로 인한 경상수지 악화도 예상할 수 있다(③).

- 확대재정정책의 실시는 화폐시장에서 이자율의 상승을 가져와 자본유입이 이루어진다. 이로 인해 자본수지가 개선되어, 결과적으로 국제수지 적자문제를 부분적으로 해결할 수 있는 것이다. 다만 자본유입으로 인한 화폐시장에서의 환율하락(＝자국통화의 평가절상)은 순수출의 감소로 인한 경상수지를 악화시킬 수 있다(④).
- 금융정책이나 재정정책은 모두 총수요관리정책에 해당되어, 필립스곡선에 의한 제약을 받게 된다(⑤).

정답 ②

1263

현재 우리나라는 i) 물건이 잘 팔리지 않아 재고가 늘어나고, ii) 시중에는 돈이 많이 풀려 유동성이 넘치고, iii) 수출의 호조와 외국인 증권투자자금의 유입으로 국제수지가 흑자를 보이고 있다고 하자. 그렇다면 우리 경제는 아래의 IS-LM-BP 모형에서 어느 국면에 위치하고 있는가?

11 국회 8급

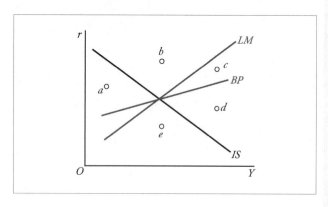

① a
② b
③ c
④ d
⑤ e

재고가 늘어난다는 것은 생산물 시장이 초과공급이라는 의미이므로 IS곡선 위쪽에 위치하고, 유동성이 넘친다는 것은 화폐시장이 초과공급이라는 의미이므로 LM곡선이 위쪽에 위치한다는 의미이다. 또한 국제수지가 흑자라는 것은 BP곡선 위쪽이라는 의미이다. 따라서 앞의 세 가지 모두를 충족하는 영역은 b영역이 되는 것이다.

정답 ②

1264

아래 그림은 변동환율제도를 채택하는 나라에서 화폐시장, 생산물시장, 국제수지의 균형상태를 나타내고 있다. 정부가 확대재정정책을 사용했을 때 각 곡선들의 이동방향으로 옳은 것은?

03 7급

① IS, LM 우측 이동
② IS곡선은 우측 이동, LM곡선은 좌측 이동
③ IS곡선은 좌측 이동, LM곡선은 우측 이동
④ IS곡선은 우측 이동, BP곡선은 좌측 이동

정부의 확대재정정책이 경제에 미치는 경로와 이를 그림으로 나타내면 다음과 같다.

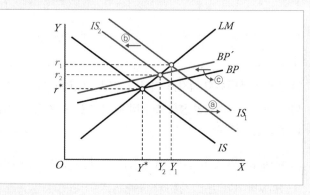

조세감면 ⇒ 가처분 소득의 증가 ⇒ 소비와 투자 증가 ⇒ IS곡선 우측 이동(ⓐ) ⇒ 국내이자율 상승, 국민소득 증가 ⇒ (자본유입에 의한 자본수지 흑자> 수입 증가로 인한 경상수지 적자) ⇒ 국제수지 흑자 ⇒ 외환시장에서 환율 하락(국내통화 평가절상) ⇒ 수출 감소, 수입 증가 ⇒ 순수출 감소 ⇒ IS곡선 좌측 이동(ⓑ), BP곡선 좌측 이동(ⓒ)

정답 ④

1265

중앙은행이 긴축적 통화정책을 시행할 때 나타나는 현상에 대한 설명으로 옳은 것만을 <보기>에서 모두 고르면?

19 국회 8급

보 기

ㄱ 이자율이 상승한다.

ㄴ 외환에 대한 수요가 증가한다.

ㄷ 국내 통화가치가 상승한다.

ㄹ 수입가격의 하락으로 무역수지가 개선된다.

① ㄱ, ㄴ   ② ㄱ, ㄷ

③ ㄴ, ㄷ   ④ ㄴ, ㄹ

⑤ ㄷ, ㄹ

해 설

중앙은행의 긴축적 통화정책으로 인해 발생하는 결과를 정리하면 다음과 같다.

> 긴축적 통화정책 ⇒ 이자율 상승(ㄱ) ⇒ 자본유입에 따른 외환의 공급 증가(ㄴ) ⇒ 환율 하락 ⇒ 국내 통화가치 상승(ㄷ), 수입가격 하락으로 수입이 증가하여 무역수지 악화(ㄹ)

정답 ②

1266

단기적으로 대미 환율(₩/$)을 가장 크게 하락시킬 가능성이 있는 우리나라 정부와 중앙은행의 정책 조합으로 옳게 짝지은 것은? (단, 우리나라는 자본이동이 완전히 자유롭고, 변동환율제도를 채택하고 있는 소규모 개방경제 국가이다. IS와 LM 곡선은 각각 우하향, 우상향하며, 경제주체들의 환율 예상은 정태적이다.)

20 국가직 7급

① 확장적 재정정책, 확장적 통화정책

② 확장적 재정정책, 긴축적 통화정책

③ 긴축적 재정정책, 확장적 통화정책

④ 긴축적 재정정책, 긴축적 통화정책

해 설

'단기적인' 대미 환율(₩/$)의 변화는 순수출의 변화보다 이자율의 변화에 따른 자본유출입으로 인해 발생한다.

• 자본이동이 완전히 자유로운 경우 국내 이자율의 상승은 자본유입을 통해 달러 공급을 증가시킨다. 이에 따라 대미 환율(₩/$)은 하락하게 된다.

• 국내 이자율을 상승시킬 수 있는 것은 확장적 재정정책과 긴축적 통화정책이다. 이를 통해 IS곡선은 오른쪽으로 이동하고, LM곡선은 왼쪽으로 이동하여 이자율을 크게 상승시키고 이에 따라 단기간 달러 공급이 급증하여 대미 환율(₩/$)이 크게 하락하게 된다.

정답 ②

1267

경제주체들의 환율 예상이 정태적으로 형성되는 경우, 변동환율제도를 채택한 소규모 개방경제 국가에서 중앙은행이 긴축적 통화정책을 실시할 때 나타나는 현상은? (단, 국가 간 자본이동이 완전하고, 다른 조건이 일정하다.)

19 지방직 7급

① 실질소득은 감소하고 자국화폐는 평가절상된다.

② 자국화폐는 평가절하되고 실질소득은 증가한다.

③ 실질소득은 변화가 없고 자국화폐는 평가절상된다.

④ 환율은 변화가 없고 실질소득은 감소한다.

해 설

중앙은행의 긴축적 통화정책으로 이자율이 상승하게 되면, 자본유입에 따른 환율하락이 이루어진다. 이에 따라 순수출이 감소하게 되어 실질국민소득이 감소하게 된다.

• 환율 하락은 자국화폐의 평가절상을 의미한다.

정답 ①

1268

세계는 A국, B국, C국의 세 국가로 구성되어 있으며, 국가 간 자본이동에는 아무런 제약이 없다. B국은 고정환율제도를 채택하고 있으며, C국은 변동환율제도를 채택하고 있다. A국의 경제 불황으로 인하여 B국과 C국의 A국에 대한 수출이 감소하였을 때, B국과 C국의 국내경제에 미칠 영향에 대한 설명으로 옳지 않은 것은?

16 지방직 7급

① B국 중앙은행은 외환을 매각할 것이다.
② C국의 환율(C국 화폐로 표시한 A국 화폐 1단위의 가치)은 상승할 것이다.
③ B국과 C국 모두 이자율 하락에 따른 자본유출을 경험한다.
④ C국이 B국보다 A국 경제 불황의 영향을 더 크게 받을 것이다.

해설

IS-LM 모형에 따를 때, A국의 경제 불황으로 인하여 B국과 C국의 A국에 대한 수출이 감소하게 되면, B국과 C국에서는 수출 감소로 총수요가 감소하게 되고, 이에 따라 이자율이 하락하게 된다. 이러한 이자율의 하락은 B국과 C국으로부터 A국으로의 자본유출을 발생시킨다(③).

• 고정환율제도를 채택하고 있는 B국에서는 자본유출로 인한 환율상승 압력이 존재하고, 이를 해소하기 위해 B국 중앙은행은 보유 외환을 매각하여 외환시장을 안정시키려 할 것이다(①). 그 결과 화폐시장에서는 통화량이 감소하게 되고, 경기는 더욱 침체 국면에 빠지게 된다.

• 변동환율제도를 채택하고 있는 C국에서는 자본유출로 인한 환율이 상승하고(②), 이에 따른 순수출의 증가로 총수요는 다시 증가하게 되어 경기는 회복국면을 맞게 된다. 결국 C국은 B국보다 A국의 경제 불황의 영향을 상대적으로 적게 받을 것이다(④).

정답 ④

1269

변동환율제를 채택하고 있는 어떤 소규모 개방경제에서 현재의 국내 실질이자율이 국제 실질이자율보다 낮다. 국제 자본이동성이 완전한 경우의 먼델-플레밍 모형(Mundell-Fleming model)에 의할 때 국내 경제 상황의 변화로 옳은 것을 <보기>에서 모두 고르면?

16 국회 8급

보기

ㄱ. 순자본유입이 발생할 것이다.
ㄴ. 순수출이 더 증가할 것이다.
ㄷ. 실질이자율이 더 상승할 것이다.
ㄹ. 외환시장에서 초과공급이 발생할 것이다.

① ㄱ, ㄴ
② ㄱ, ㄷ
③ ㄴ, ㄷ
④ ㄴ, ㄹ
⑤ ㄷ, ㄹ

해설

국내 실질이자율이 국제 실질이자율보다 낮다면, 외국의 금융자산 구입을 통해 수익을 얻기 위한 자본유출이 증가하게 되어 외환시장에서 외환에 대한 초과수요가 발생하게 된다. 이에 따라 외환시장에서 환율이 상승하게 되어 순수출이 증가하게 된다.

• 장기적으로 소규모 개방경제의 국내 이자율은 국제 이자율에 수렴하게 되어 국내 실질이자율은 상승하게 된다.

정답 ③

1270

A국은 기준금리를 유지하였는데 B국은 기준금리를 인상하였을 때 A국 경제에 미치는 단기적 영향 중 가장 적절하지 않은 것은? (단, A국 경제는 자본이동이 자유롭고 변동환율제도를 채택하고 있다.)

16 국회 8급

① 자본 유출 발생
② 환율의 상승(국내통화의 평가절하)
③ 무역수지의 개선
④ 자본수지의 악화
⑤ 고용의 감소

A국의 기준금리가 상대적으로 낮아지므로 자본유출이 이루어지고(①, ④), 이로 인한 환율의 상승으로 순수출이 증가하여 국민소득이 증가한다(②, ③). 이에 따라 고용은 이전에 비해 증가하게 된다.

정답 ⑤

1271

<보기>의 빈칸에 들어갈 것으로 가장 옳은 것은?

18 서울시 정기공채 7급

> **보 기**
>
> 먼델-플레밍 모형에서 정부가 수입규제를 시행할 경우, 변동환율제에서는 순수출이 (㉠), 고정환율제에서는 순수출이 (㉡).

	㉠	㉡
①	증가하고	증가한다
②	증가하고	불변이다
③	불변이고	불변이다
④	불변이고	증가한다

정부가 수입규제를 시행할 경우 수입 감소로 순수출이 증가한다.

• 변동환율제도 하에서는 수입 감소로 인한 외환에 대한 수요 감소로 환율이 하락하여 수출도 함께 감소하게 된다. 이에 따라 수입 감소와 수출 감소가 서로 상쇄되어 순수출에는 변화가 없게 된다.

• 고정환율제도 하에서는 '환율하락 압력'이 존재할 뿐, 환율은 불변이므로 수입 감소로 인한 순수출 증가 효과가 그대로 유지된다.

정답 ④

1272

변동환율제도 하의 개방경제거시모형에서 확대재정정책이 개방경제 대국에 미치는 단기효과를 바르게 나타낸 것은?

09 지방직

	이자율	실질환율	순수출	민간소비
①	상승	하락	감소	증가
②	상승	상승	증가	증가
③	하락	상승	증가	감소
④	하락	하락	감소	감소

해설

대국은 세계경제에서 차지하는 비중이 커서 국내에서의 경제변화가 세계에 미치는 국가이다. 이에 따른 확대재정정책의 단기효과 경로는 다음과 같다.

> 확대재정정책 ⇒ 이자율 상승, 국민소득 증가 ⇒ 소비 증가, 물가 상승 ⇒ 수입 증가(순수출 감소), 실질환율 하락

정답 ①

1273

세계 대부자금시장에서 대부자금에 대한 수요가 증가하는 경우 단기에 자본이동이 자유롭고 변동환율제를 채택하고 있는 소규모 개방경제의 순수출, 투자, 소득에 미치는 효과로서 옳은 것은? (단, 먼델-플레밍(Mundell-Fleming)모형을 가정함)

14 국회 8급

	순수출	투자	소득
①	증가	감소	증가
②	증가	증가	증가
③	증가	감소	감소
④	감소	증가	감소
⑤	감소	감소	감소

해설

세계 대부자금 시장에서의 변화는 소규모 개방경제에 다음과 같은 영향을 미친다.

> 대부자금 수요 증가 ⇒ 이자율 상승 ⇒ 소규모 개방경제가 직면하는 BP곡선 상방으로 이동 ⇒ 대내균형점에서 국제수지 적자 발생 ⇒ 외환시장에서 환율 상승 ⇒ 순수출 증가 ⇒ 국민소득 증가

• 세계 대부자금시장에서 대부자금에 대한 수요가 증가로 소규모 개방경제에서는 환율 상승으로 순수출 증가, 이자율 상승으로 투자 감소, 순수출 증가로 소득 증가가 나타난다.

정답 ①

1274

다음은 먼델-플레밍 모형을 이용하여 고정환율제도를 취하고 있는 국가의 정책효과에 대해서 설명한 것이다. ⊙과 ⓒ을 바르게 연결한 것은?

17 서울시 7급

> 정부가 재정지출을 (⊙)하면 이자율이 상승하고 이로 인해 해외로부터 자본 유입이 발생한다. 외환 시장에서 외화의 공급이 증가하여 외화 가치가 하락하고 환율의 하락 압력이 발생한다. 하지만 고정환율제도를 가지고 있기 때문에 환율이 변할 수는 없다. 결국 환율을 유지하기 위해 중앙은행은 외화를 (ⓒ)해야 한다.

	⊙	ⓒ
①	확대	매입
②	확대	매각
③	축소	매입
④	축소	매각

해설

고정환율제도 하에서의 재정정책의 전달경로를 정리하면 다음과 같다.

> 재정지출 확대(축소) ⇒ 이자율 상승(하락) ⇒ 자본유입(유출) ⇒ 외화공급(수요) 증가 ⇒ 환율하락(상승) 압력 발생 ⇒ 외화 매입(매각)

• 여기서 고정환율제 하에서 중앙은행은 외환시장의 안정을 위해 개입해야 한다는 것을 알 수 있다. 이에 따라 통화량이 의도하지 않게 내생적으로 변동하게 되어 통화량을 원하는 대로 통제할 수 없게 된다.

정답 ①

1275

고정환율체제 하에서 자산의 완전대체성과 자본의 완전이동성을 가정한 경우 정부의 정책효과에 대하여 옳게 설명한 것은?

10 지방직 7급

① 재정정책은 효과가 없다.
② 통화정책은 효과가 없다.
③ 재정정책과 통화정책이 모두 효과가 있다.
④ 재정정책과 통화정책이 모두 효과가 없다.

재정정책과 통화정책의 전달경로를 살펴보면 다음과 같다.

- 재정정책 전달경로

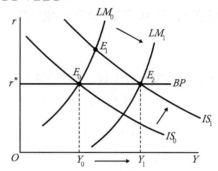

정부의 재정지출 증가 ⇒ IS곡선 오른쪽으로 이동 ⇒ 일시적 대내 균형점(E_1)에서 국민소득 증가로 경상수지 악화, 이자율 상승으로 자본수지 개선 ⇒ 높은 자본이동성으로 자본수지 개선의 효과가 경상수지 악화의 효과를 압도하여 국제수지 개선(흑자) ⇒ 환율 하락 압력 존재 ⇒ 중앙은행 외환 매입 ⇒ 내생적으로 통화량이 증가 ⇒ LM곡선이 오른쪽으로 이동 ⇒ 새로운 점(E_2)에서 균형달성 ⇒ 국민소득 증가

- 통화정책 전달경로

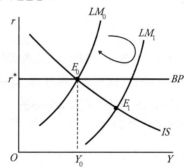

외생적으로 화폐공급이 증가 ⇒ LM곡선 오른쪽으로 이동 ⇒ 일시적 대내 균형점(E_1)에서 국민소득 증가로 경상수지 악화, 이자율 하락으로 자본수지 악화 ⇒ 국제수지 악화(적자) ⇒ 환율 상승 압력 존재 ⇒ 중앙은행 외환 매각 ⇒ 내생적으로 통화량이 감소 ⇒ LM곡선이 왼쪽으로 이동 ⇒ 원래의 균형점(E_0)으로 되돌아 감 ⇒ 국민소득 불변

정답 ②

1276

다음은 자본이동이 완전히 자유로운 고정환율제도에서의 재정정책 효과를 설명한 것이다. ㉠~㉢에 들어갈 말을 바르게 나열한 것은? (단, 이 국가는 소규모 개방경제국이다.)

11 지방직 7급

재정지출의 증대 → 환율(㉠)압력 → 중앙은행 외환 (㉡) 개입 → 통화량 (㉢) → 국민소득 증대

	㉠	㉡	㉢
①	상승	매입	감소
②	하락	매도	증가
③	하락	매입	증가
④	상승	매도	감소

해설

자본이동이 완전히 자유로운 고정 환율제도에서의 재정지출 증대가 미치는 경로를 다음과 같이 설명할 수 있다.

재정지출의 증대 ⇒ 국내이자율 상승, 국민소득 증가 ⇒ (해외 자본유입에 의한 자본수지 흑자>수입 증가로 인한 경상수지 적자) ⇒ 국제수지 흑자 ⇒ 외환시장에서 환율 하락 압력 존재 ⇒ 환율 하락 압력 제거를 통한 환율 안정을 위해 중앙은행의 외환 매입 ⇒ 외환매입 대금만큼 통화량 증가 ⇒ 국민소득 증가

정답 ③

1277

자본이동이 완전히 자유롭고 고정환율제도를 채택한 소규모 개방경제의 IS-LM-BP 모형을 고려할 때, 다음 중 균형 국민소득을 감소시키는 것은? (단, IS곡선은 우하향하고 LM곡선은 우상향한다고 가정)

14 CPA

① 화폐수요의 감소
② 독립투자지출의 증가
③ 화폐공급의 감소
④ 국제이자율의 상승
⑤ 조세삭감

해설

고정환율제도 하에서 금융정책은 무력하고, 재정정책은 유력하다. 따라서 화폐수요의 감소나 화폐공급의 감소는 소득의 변화와 무관하다. 한편 조세삭감이나 이와 동일한 방향으로 작용하는 독립투자지출의 증가 등은 소득을 증가시킨다. 문제에서는 소득을 감소시키는 원인을 묻고 있다.

* 국제이자율이 상승하는 경우의 변화를 다음 그림으로 통해 확인해보자.

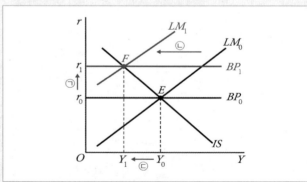

* 국제이자율이 r_0에서 r_1으로 상승하면(㉠), 국내의 대내균형점 E에서는 국제수지가 적자 상태가 되어 외환시장에서는 고정환율제도를 채택하고 있어 실제 환율은 상승할 수 없고, 환율상승 '압력'이 존재한다.
* 외환당국이 이 문제를 해결하기 위해서는 보유하고 있는 외환을 매각해야 하는데, 이 과정 에서 통화량 감소가 LM곡선의 좌측이동을 가져와(㉡), 새로운 대내외 균형은 F점에서 이루어지게 된다. 결국 소득은 Y_0에서 Y_1으로 감소하게 된다(㉢).

정답 ④

1278

변동환율제도를 채택하고 있는 소국-개방경제에서 정부가 경기부양을 위해 재정지출을 확대할 경우, 최종적으로 나타날 수 있는 현상으로 보기 어려운 것은?

08 국회 8급

① 수출이 감소한다.
② 이자율이 상승한다.
③ 자본수지가 개선된다.
④ 국민소득은 변함이 없다.
⑤ 국내통화가 평가절상된다.

주어진 조건들을 그림으로 나타내면 다음과 같다.

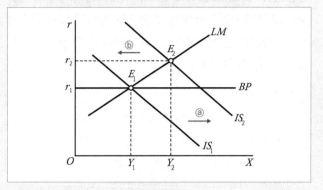

- 먼델-플레밍 모형에 따르면 자본이동이 완전한 소국 개방경제에서 경기부양을 위해 재정지출을 확대하면(ⓐ) 단기적으로는 이자율의 상승과 국민소득이 증가하게 된다.
- 이자율의 상승은 자본수지를 개선시키고(③), 국민소득의 증가는 수입을 증가시켜 경상수지를 악화시킨다. 그런데 자본수지 개선의 크기가 경상수지 악화의 크기를 압도하여 국제수지는 개선된다.
- 외환시장에서 외화공급이 증가하여 환율이 하락하게 되어 국내통화가 평가절상된다(⑤). 이러한 환율의 하락은 수출을 감소시키고(①) 수입을 증가시켜 순수출을 감소시킨다. 순수출의 감소로 총수요가 감소하여 경제는 원래의 수준으로 복귀한다(ⓑ).
- 재정지출 확대의 최종적 결과는 이자율과 국민소득은 불변이다(②, ④).

정답 ②

1279

변동환율제도를 도입하고 있으며 자본이동이 완전히 자유로운 소규모 개방경제에서, 최근 경기침체에 대응하여 정부가 재정지출을 확대하는 경우 나타날 수 있는 현상으로 옳은 것을 <보기>에서 모두 고르면?

17 국회 8급

> **보 기**
>
> ㉠ 균형이자율과 균형국민소득은 변화가 없다.
> ㉡ 국내통화가 평가절상되고 자본수지가 개선된다.
> ㉢ 수출이 감소하고 경상수지가 악화된다.
> ㉣ 균형이자율과 균형국민소득 모두 증가한다.

① ㉠, ㉡

② ㉠, ㉢

③ ㉢, ㉣

④ ㉠, ㉡, ㉢

⑤ ㉡, ㉢, ㉣

변동환율제도를 도입하고 있으며 자본이동이 완전히 자유로운 소규모 개방경제에서 이루어지는 확대재정정책의 효과는 'IS-LM-BP 모형'을 이용하여 다음과 같이 설명할 수 있다.

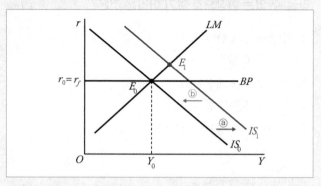

- 현재 E_0 수준에서 대내외 동시균형을 달성하고 있는 경제에서 확대재정정책을 실시하게 되면, IS곡선이 오른쪽으로 이동하여(ⓐ) 단기적 대내균형은 E_1 수준에서 이루어진다.
- 새로운 균형점에서 국내 균형이자율은 상승하여 자본유입이 이루어져 자본수지가 개선되고, 외환시장에서 환율이 하락(= 국내통화 평가절상)하게 된다(㉡). 이로 인해 순수출이 감소하게 되어 경상수지가 악화된다(㉢). 이러한 결과는 IS곡선을 왼쪽으로 이동시키는(ⓑ) 요인으로 작용하게 된다.
- 결국 장기적으로는 본래의 대내외 동시균형 수준으로 되돌아오게 된다. 따라서 변동환율제도 하에서 확대재정정책을 실시하는 경우에는 국내 균형이자율과 균형국민소득은 변하지 않게 된다(㉠, ㉣)

정답 ④

1280

자본이동이 불완전하고 변동환율제도를 채택한 소규모 개방경제의 IS-LM-BP 모형에서 균형점이 (Y_0, i_0)으로 나타났다. 이때, 확장적 재정정책에 따른 새로운 균형점에 대한 설명으로 옳은 것은? (단, Y는 총소득, i는 이자율이다.)

17 지방직 7급

① 총소득은 Y_0보다 크고, 이자율은 i_0보다 높다.
② 총소득은 Y_0보다 크고, 이자율은 i_0보다 낮다.
③ 총소득은 Y_0보다 작고, 이자율은 i_0보다 높다.
④ 총소득은 Y_0보다 작고, 이자율은 i_0보다 낮다.

해설

자본이동이 불완전하고 변동환율제도를 채택하고 있는 소규모 개방경제에서 확장적 재정정책이 실시되는 경우의 변화 과정을 다음 그림으로 나타낼 수 있다.

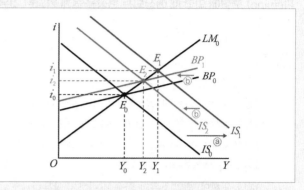

- 확장적 재정정책의 실시는 IS곡선을 오른쪽으로 이동시켜(ⓐ), 단기적 대내균형은 E_1점에서 이루어진다. 이러한 대내균형은 기존의 BP곡선 위쪽에 위치하게 되어, 국제수지는 흑자가 된다. 이에 따라 외환시장에서 환율의 하락을 가져온다.
- 환율의 하락으로 BP곡선은 왼쪽으로 이동하고(ⓑ), 환율하락으로 인한 순수출의 감소로 IS곡선 역시 왼쪽으로 이동하여(ⓑ), 최종 균형은 E_2점에서 달성된다. 이것과 최초의 수준인 E_0점과 비교해 보면, 총소득은 Y_0보다 커지고, 이자율은 i_0보다 높아졌다는 것을 알 수 있다.

정답 ①

1281

A국은 변동환율제도를 채택하고 자본이동이 완전히 자유로운 소규모개방경제국이다. IS-LM-BP 분석에서 A국 중앙은행이 화폐공급량을 증가시킬 때, 최종적인 경제효과로 옳지 않은 것은? (단, 국제이자율은 불변이고, IS곡선은 우하향하며, LM곡선은 우상향한다.)

12 지방직 7급

① 투자가 감소한다.
② 소비가 증가한다.
③ 소득이 증가한다.
④ 무역수지가 개선된다.

해설

괄호 안의 주어진 조건에 따라 그림을 그리면 다음과 같다.

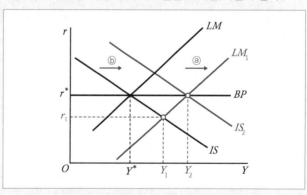

- 중앙은행이 화폐공급량을 증가시키면 LM곡선이 오른쪽으로 이동(ⓐ)하여 대내균형점에서 이자율이 하락하고 소득이 증가하게 된다. 이에 따라 자본유출이 이루어지고 소득이 증가함에 따라 수입이 증가하여 외환시장에서 환율이 상승하게 된다.
- 환율 하락으로 인한 순수출의 증가와 이자율 하락에 따른 투자의 증가 및 소득 증가에 따른 소비 증가로 총수요가 증가하게 되어 IS곡선이 오른쪽으로 이동(ⓑ)하게 되어 소득은 더 크게 증가하게 된다.

정답 ①

1282

소국 개방경제에서 현금 자동인출기의 보급 확대로 인해 통화수요가 감소했다고 가정할 경우, 먼델-플레밍(Mundell-Fleming) 모형에 의할 때 예상되는 현상을 옳게 기술한 것은?

07 국회 8급

> **보기**
>
> ㄱ. 변동환율제의 경우 소득이 감소한다.
>
> ㄴ. 변동환율제의 경우 자국화폐의 가치가 하락한다.
>
> ㄷ. 변동환율제의 경우 LM곡선이 좌측으로 이동한다.
>
> ㄹ. 고정환율제의 경우 LM곡선이 처음에는 좌측으로 이동했다가 다시 우측으로 이동한다.
>
> ㅁ. 고정환율제의 경우 소득과 환율이 변하지 않는다.

① ㄱ, ㄷ

② ㄱ, ㄹ

③ ㄴ, ㄹ

④ ㄴ, ㅁ

⑤ ㄷ, ㅁ

통화수요의 감소는 LM곡선을 오른쪽으로 이동시킨다. 이것은 확장적 금융정책과 동일한 효과를 나타낸다. 각 환율제도 하에서 이러한 전달경로를 살펴본다.

변동환율제도인 경우

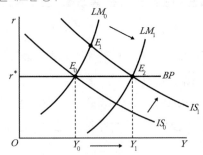

외생적으로 화폐공급이 증가 ⇒ LM곡선 오른쪽으로 이동 ⇒ 일시적 대내 균형점(E_1)에서 국민소득 증가로 경상수지 악화, 이자율 하락으로 자본수지 악화 ⇒ 국제수지 악화(적자) ⇒ 환율 상승 ⇒ 내생적으로 IS곡선 오른쪽으로 이동 ⇒ 새로운 점(E_2)에서 균형달성

고정환율제도인 경우

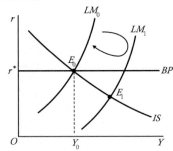

외생적으로 화폐공급이 증가 ⇒ LM곡선 오른쪽으로 이동 ⇒ 일시적 대내 균형점(E_1)에서 국민소득 증가로 경상수지 악화, 이자율 하락으로 자본수지 악화 ⇒ 국제수지 악화(적자) ⇒ 환율상승 압력 존재 ⇒ 중앙은행 외환 매각 ⇒ 내생적으로 통화량이 감소 ⇒ LM곡선이 왼쪽으로 이동 ⇒ 원래의 균형점(E_0)으로 되돌아 감

정답 ④

1283

자본이동이 완전히 자유로운 소규모 개방경제의 IS-LM-BP 모형에서 화폐수요가 감소할 경우 고정환율제도와 변동환율제도 하에서 발생하는 변화에 대한 설명으로 옳지 않은 것을 <보기>에서 모두 고르면?

18 국회 8급

보기

ㄱ. 변동환율제도 하에서 화폐수요가 감소하면 LM곡선이 오른쪽으로 이동한다.

ㄴ. 변동환율제도 하에서 이자율 하락으로 인한 자본유출로 외환수요가 증가하면 환율이 상승한다.

ㄷ. 변동환율제도 하에서 평가절하가 이루어지면 순수출이 증가하고 LM곡선이 우측으로 이동하여 국민소득은 감소하게 된다.

ㄹ. 고정환율제도 하에서 외환에 대한 수요증가로 환율상승압력이 발생하면 중앙은행은 외환을 매각한다.

ㅁ. 고정환율제도 하에서 화폐수요가 감소하여 LM곡선이 오른쪽으로 이동하더라도 최초의 위치로는 복귀하지 않는다.

① ㄱ, ㄴ
② ㄴ, ㄷ
③ ㄷ, ㄹ
④ ㄷ, ㅁ
⑤ ㄹ, ㅁ

주어진 조건들을 그림으로 나타내면 다음과 같다.

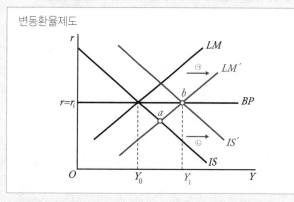

- 화폐수요의 감소는 LM곡선을 오른쪽으로 이동시킨다(㉠). 화폐수요의 감소로 대내 균형이 a점에서 이루어져 국제수지는 적자가 된다. 이에 따라 변동환율제도를 채택하고 있는 외환시장에서는 환율이 상승하게 되어 순수출이 증가하게 되고, 이것은 IS곡선을 오른쪽으로 이동시킨다(㉡). 결국 최종 대내외 동시균형은 b점에서 이루어져 국민소득은 Y_0에서 Y_1으로 증가하게 된다.

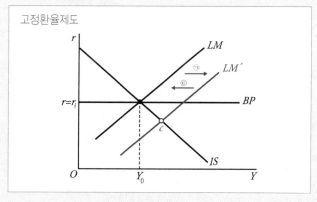

- 화폐수요의 감소는 LM곡선을 오른쪽으로 이동시킨다(㉠). 화폐수요의 감소로 대내 균형이 c점에서 이루어져 국제수지는 적자가 된다. 이에 따라 고정환율제도를 채택하고 있는 외환시장에서는 환율 상승압력이 존재하게 된다. 이를 해결하기 위해 중앙은행이 보유외환을 매각하게 되면 통화량이 감소하게 되어 LM곡선은 다시 왼쪽으로 이동하여 원래 수준으로 복귀하게 된다(㉢).

정답 ④

1284

먼델-플레밍 모형에 대한 설명으로 옳지 않은 것은?

11 국가직 7급

① 먼델－플레밍 모형은 IS-LM 모형과 마찬가지로 재화 및 용역시장을 설명하지만 순수출을 추가적으로 포함한다.

② 소국개방경제의 경우, 고정환율제 하에서는 재정정책만이 소득에 영향을 미친다.

③ 소국개방경제의 경우, 변동환율제 하에서는 금융정책만이 소득에 영향을 미친다.

④ 소국개방경제의 경우, 일국과 관련된 위험할증이 증가하면 소득이 감소한다.

일국과 관련된 위험할증(＝위험 프리미엄)이 증가하면 그 나라의 자본이 해외로 유출된다.

- 고정환율제도를 채택하고 있다면 외환시장에서 외화의 초과수요로 '환율상승 압력'이 발생하고, 이를 해결하기 위하여 중앙은행이 외환을 매각하면 통화량이 감소한다. 그 결과 이자율 상승에 따른 총수요의 감소로 국민소득은 감소하게 된다.
- 변동환율제도를 채택하고 있다면 외환시장에 외화의 초과수요로 '환율이 상승'하게 된다. 이러한 환율의 상승은 수출 증가와 수입 감소로 순수출을 증가시켜 총수요를 증가시킨다. 이러한 총수요의 증가는 국민소득을 증가시킨다.
- 출제자는 변동환율제도를 전제로 출제한 듯 보인다. 환율제도를 명시하는 세심한 출제를 기대한다.

정답 ④

1285

국가 간 자본의 자유이동과 자유변동환율제도를 가정할 때, 국민소득을 증가시키기 위한 확장적 재정정책과 확장적 통화정책의 효과에 대한 설명으로 옳은 것은? 10 지방직 7급

① 재정정책이 통화정책보다 효과가 크다.
② 재정정책과 통화정책 모두 효과가 없다.
③ 재정정책과 통화정책 모두 효과가 크다.
④ 통화정책이 재정정책보다 효과가 크다.

각 정책의 전달경로는 다음과 같다.

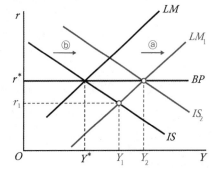

확장적 재정정책의 효과

정부의 재정지출 증가 ⇒ IS곡선 오른쪽으로 이동(ⓐ) ⇒ 일시적 대내 균형점(E_2)에서 국민소득 증가로 경상수지 악화, 이자율 상승으로 자본수지 개선 ⇒ 높은 자본이동성으로 자본수지 개선의 효과가 경상수지 악화의 효과를 압도하여 국제수지 개선(흑자) ⇒ 환율 하락 ⇒ 내생적으로 IS곡선 왼쪽으로 이동(ⓑ) ⇒ 원래의 균형점(E_1)으로 되돌아 감

확장적 통화정책의 효과

외생적으로 화폐공급이 증가 ⇒ LM곡선 오른쪽으로 이동(ⓐ) ⇒ 일시적 대내 균형점에서 국민소득 증가(Y_1)로 경상수지 악화, 이자율 하락(r_1)으로 자본수지 악화 ⇒ 국제수지 악화(적자) ⇒ 환율 상승 ⇒ 내생적으로 IS곡선 오른쪽으로 이동(ⓑ) ⇒ 새로운 점에서 균형 달성 ⇒ 국민소득 증가(Y_2)

정답 ④

1286

A국은 자본이동이 자유로운 소규모 개방경제로 변동환율제도를 채택하고 있다. IS-LM-BP 모형에서 확장적 재정정책과 확장적 통화정책이 국민소득에 미치는 효과로 옳은 것은? (단, 국제이자율은 불변, IS곡선은 우하향, LM곡선은 우상향한다.)

15 국가직 9급

① 통화정책이 재정정책보다 효과적이다.
② 재정정책이 통화정책보다 효과적이다.
③ 고정환율제도와 비교할 때 재정정책과 통화정책의 효과가 모두 더 크다.
④ 고정환율제도와 비교할 때 재정정책과 통화정책의 효과가 모두 더 작다.

A국은 자본시장이 완전히 개방되어 있고, 국제이자율이 불변이라는 것은 BP곡선이 국제이자율 수준에서 수평이라는 의미이다. 이에 따라 위 내용을 그림으로 설명하면 다음과 같다. 단 현재의 경제는 Y_0 수준에서 대내외 동시균형을 이루고 있다.

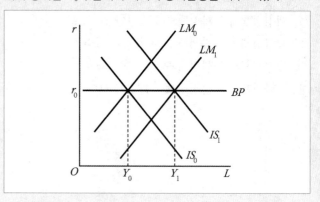

확장적 통화정책 ⇒ LM곡선 우측이동(LM_0→LM_1) ⇒ 이자율 하락, 국민소득 증가 ⇒ 자본유출, 경상수지 적자 ⇒ 국제수지 적자 ⇒ 환율 상승(국내통화 평가절하) ⇒ 수출 증가, 수입 감소 ⇒ 순수출 증가 ⇒ IS곡선 우측 이동(IS_0→IS_1) ⇒ 국민소득 추가적 증가 ⇒ 이자율 불변, 국민소득 증가

확장적 재정정책 ⇒ IS곡선 우측이동(IS_0→IS_1) ⇒ 이자율 상승, 국민소득 증가 ⇒ 자본유입, 경상수지 적자 ⇒ 국제수지 흑자 ⇒ 환율하락(국내통화 평가절상) ⇒ 수출 감소, 수입 증가 ⇒ 순수출 감소 ⇒ IS곡선 좌측 이동(IS_1→IS_0) ⇒ 국민소득은 이전수준으로 환원 ⇒ 이자율 불변, 국민소득 불변

• 고정환율제도 하에서는 확장적 금융정책은 완전히 무력하고, 확장적 재정정책은 유력하다. 따라서 고정환율제도와 비교할 때, 금융정책은 효과적이고 재정정책은 효과가 없다.

정답 ①

1287

다음 그림은 자본이동이 자유로운 소규모 개방경제를 나타낸다. IS_0, LM_0, BP_0 곡선이 만나는 점 A에서 균형이 이루어졌을 때, 이에 대한 설명으로 옳은 것은? 17 국가직 7급

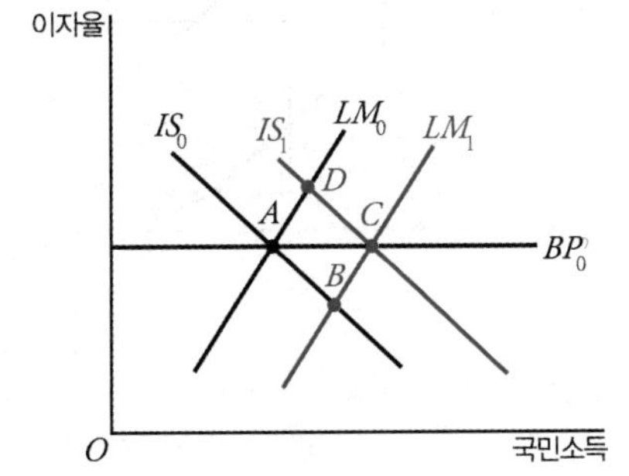

① 변동환율제 하에서 확장적 재정정책의 새로운 균형은 A 이다.
② 변동환율제 하에서 확장적 통화정책의 새로운 균형은 D 이다.
③ 고정환율제 하에서 확장적 통화정책의 새로운 균형은 C 이다.
④ 고정환율제 하에서 확장적 재정정책의 새로운 균형은 B 이다.

환율제도에 따른 경기안정화 정책의 경로를 정리하면 다음과 같다.

① 변동환율제 하에서 확장정 재정정책

> 정부의 재정지출 증가 ⇒ IS곡선 오른쪽으로 이동 ⇒ 'D' 수준에서 일시적 대내 균형 성립 ⇒ 국제수지 흑자 ⇒ 환율 하락 ⇒ 순수출 감소로 내생적으로 IS곡선 왼쪽으로 이동 ⇒ 원래의 균형점인 'A' 수준으로 복귀(재정정책 무용)

② 변동환율제 하에서 확장적 통화정책

> 외생적으로 화폐공급이 증가 ⇒ LM곡선 오른쪽으로 이동 ⇒ 'B' 수준에서 일시적 대내 균형 성립 ⇒ 국제수지 적자 ⇒ 환율 상승 ⇒ 순수출 증가로 내생적으로 IS곡선 오른쪽으로 이동 ⇒ 'C' 수준에서 새로운 균형달성(통화정책 유용)

③ 고정환율제 하에서 확장적 통화정책

> 외생적으로 화폐공급이 증가 ⇒ LM곡선 오른쪽으로 이동 ⇒ 'B' 수준에서 일시적 대내 균형 성립 ⇒ 국제수지 적자 ⇒ 외환시장에서 환율 상승 '압력' 발생 ⇒ 외환시장 안정을 위해 중앙은행 외화 매각 ⇒ 내생적으로 통화량이 감소 ⇒ LM곡선이 왼쪽으로 이동 ⇒ 원래의 균형점인 'A' 수준으로 복귀(통화정책 무용)

④ 고정환율제 하에서 확장적 재정정책

> 정부의 재정지출 증가 ⇒ IS곡선 오른쪽으로 이동 ⇒ 'D' 수준에서 일시적 대내 균형 성립 ⇒ 국제수지 흑자 ⇒ 외환시장에서 환율 하락 '압력' 발생 ⇒ 외환시장 안정을 위해 중앙은행 외화 매입 ⇒ 내생적으로 통화량 증가 ⇒ LM곡선 오른쪽으로 이동 ⇒ 'C' 수준에서 새로운 균형달성(재정정책 유용)

정답 ①

1288

자본이동이 완전히 자유로운 소국 개방경제를 가정하자. 먼델-플레밍의 IS-LM-BP 모형에 대한 설명으로 옳지 않은 것은? 16 국가직 7급

① BP곡선은 (산출, 이자율) 평면에서 수평선으로 나타난다.
② 고정환율제 하에서 통화정책은 국민소득에 영향을 미치지 못한다.
③ 변동환율제 하에서는 통화정책의 독자성이 보장된다.
④ 재정정책의 국민소득에 대한 효과는 고정환율제보다 변동환율제 하에서 더 커진다.

재정정책의 국민소득에 대한 효과는 고정환율제도 하에서, 통화정책의 국민소득에 대한 효과는 변동환율제도 하에서 상대적으로 크게 나타난다.

- 고정환율제도 하에서는 금융당국의 외환시장 개입에 따라 통화량이 '내생적'으로 변동하게 되어, 독자적 통화정책의 수행이 어려워진다.

정답 ④

1289

소국경제인 A국은 자본의 국제이동성이 완전한 변동환율
제도를 채택하고 있다. 경제가 균형을 이루고 있는 상태에
서 A국 정부가 재정지출을 증가시킬 때 발생할 것으로 기대
되는 현상으로 옳지 않은 것은?   10 지방직 7급

① 새로운 균형에서는 국민소득이 증가한다.
② 새로운 균형에서는 이자율이 변하지 않는다.
③ 재정지출 증가 후 해외로부터 자본이 유입된다.
④ A국의 화폐가치가 상승하는 방향으로 환율이 변한다.

주어진 조건들을 그림으로 나타내면 다음과 같다.

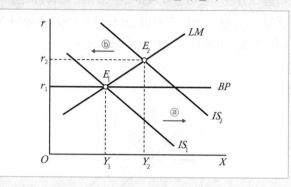

정부의 재정지출 증가 ⇒ IS곡선 오른쪽으로 이동(ⓐ) ⇒ 일시적
대내 균형점(E_2)에서 국민소득 증가로 경상수지 악화, 이자율 상
승으로 자본유입에 의한 자본수지 개선 ⇒ 높은 자본이동성으로
자본수지 개선의 효과가 경상수지 악화의 효과를 압도하여 국제
수지 개선(흑자) ⇒ 환율 하락 ⇒ 순수출이 감소하게 되어 내생적
으로 IS곡선 왼쪽으로 이동(ⓑ) ⇒ 원래의 균형점(E_1)으로 되돌
아 감

정답 ①

1290

정부가 경기부양을 위하여 확장금융정책을 시행하면서 동
시에 건전한 재정을 위하여 재정적자 폭을 줄이는 긴축재
정정책을 시행할 때, 소규모 개방경제인 이 나라에서 나타
날 것으로 기대되는 현상을 <보기>에서 모두 고르면?

15 국회 8급

보기
ㄱ 국내 채권 가격이 상승한다.
ㄴ 이자율 평가설(Interest rate parity)에 따르면 국내 통화
  의 가치가 하락한다.
ㄷ 국제수지 중에서 무역수지보다 자본수지의 개선을 가져
  온다.

① ㄱ
② ㄷ
③ ㄱ, ㄴ
④ ㄴ, ㄷ
⑤ ㄱ, ㄴ, ㄷ

확장금융정책(LM곡선 우측 이동)과 긴축재정정책(IS곡선 좌측
이동)으로 국내 이자율이 하락하게 되어 국내 채권가격이 상승
하게 된다(ㄱ).
• 이자율 하락으로 외화의 대외유출이 이루어지고 외환시장에
  서 외환에 대한 수요가 증가하여 환율을 상승시키고, 이것은
  국내통화의 가치를 하락시킨다(ㄴ).
• 이자율의 하락은 외화의 대외유출로 자본수지를 악화시키고,
  환율의 상승은 무역(경상)수지를 개선시킨다(ㄷ).

정답 ③

1291

외부로부터 디플레이션 충격이 발생하여 국내 경제에 영향을 미치고 있을 때, 확장적 통화정책을 시행할 경우의 거시경제 균형에 대한 효과로 옳지 않은 것은? 15 서울시 7급

① 폐쇄경제모형에 따르면 이자율이 하락하여 투자가 증가한다.
② 자본시장이 완전히 자유로운 소규모 개방경제모형에서는 고정환율을 유지하려면 다른 충격에 대응하는 통화정책을 독립적으로 사용할 수 없다.
③ 변동환율제를 채택하고 자본시장이 완전히 자유로운 소규모 개방경제모형에서는 수출이 감소한다.
④ 교역상대국에서도 확장적 통화정책을 시행할 경우 자국 통화가치를 경쟁적으로 하락시키려는 '환율전쟁' 국면으로 접어든다.

해설

외부에서 발생한 디플레이션 충격은 국내에서 순수출의 감소를 초래하여 국내 총수요의 감소를 가져온다. 이에 따라 이자율이 하락하고 국민소득이 감소하게 된다. 여기서 확장적 통화정책을 실시하면 이자율은 더욱 하락하게 되고, 이자율 하락에 따라 투자가 증가하게 된다(①).

- 만약 자본시장이 완전히 자유로운 소규모 개방경제모형에서 중앙은행이 고정환율을 유지하기 위해 외환시장에 개입하게 되면 중앙은행의 의도와 무관하게 내생적인 통화량의 변동을 초래하게 한다. 이러한 이유로 인해 고정환율제도 하에서는 중앙은행이 독립적인 통화정책을 사용할 수 없게 된다(②).
- 만약 외환시장에서 변동환율제를 채택하는 경우 이자율 하락은 자본유출을 가져 오고 이에 따른 환율상승으로 순수출이 증가하게 된다(③). 이것에 대해 교역상대국에서도 순수출 증가를 위해 확장적 통화정책으로 이자율을 떨어뜨려 자국통화 가치를 하락시키고자 하는 시도가 이루어질 수 있어 '환율전쟁'의 가능성이 대두된다(④).

정답 ③

1292

재화시장과 화폐시장에서 정상적인 균형관계가 성립할 때, 고정환율제도 하에서 확장적 통화정책의 효과에 대한 설명으로 옳지 않은 것은? (단, 확장적 통화정책은 국공채 매입을 통해 실시하고 국내 및 외국물가수준은 고정이며, 자본이동이 불완전할 경우 중앙은행이 완전중화정책을 실시하지만 자본이동이 완전할 경우에는 실시하지 않는다고 가정한다.) 11 국회 8급

① 자본이동이 불완전한 경우에 확장적 통화정책은 금리를 하락시킨다.
② 자본이동이 불완전한 경우에 확장적 통화정책은 실질국민소득을 향상시킨다.
③ 자본이동이 불완전한 경우에 확장적 통화정책은 자본의 이동성 정도와는 상관없이 국제수지를 악화시킨다.
④ 자본이동이 완전한 경우에 확장적 통화정책은 국제수지에 영향을 미치지 못한다.
⑤ 자본이동이 완전한 경우에 확장적 통화정책은 금리에는 영향을 주지 못하지만 실질국민 소득은 향상시킨다.

해설

중앙은행의 완전중화(불태화) 정책이란 국제수지가 불균형 상태에 있을 때, 중앙은행에 의한 외환시장개입의 결과 야기되는 본원통화의 변동을 중앙은행이 국내자산이나 부채를 이용하여 완전히 상쇄시키는 정책을 말한다.

- 중앙은행의 비중화(태화) 정책이란 국제수지가 불균형 상태에 있을 때, 중앙은행에 의한 외환시장 개입으로 야기되는 본원통화의 변동을 그대로 허용한다는 정책이다.
- 고정환율제도 하에서 확장적 통화정책을 실시할 경우 단기적으로 국내이자율이 하락한다. 이 자율이 하락하면 해외로 자본유출이 발생하고 이로 인해 외환시장에서는 환율상승 압력이 존재하게 된다.
- 주어진 가정에 따르면 자본이동이 완전한 경우에 중앙은행은 비중화 정책을 사용한다. 이에 따라 고정환율제 하에서는 변동환율제 하에서와 같이 환율변동을 통해 이러한 불균형을 해소할 수 없기 때문에, 통화당국이 환율상승 압력을 제거하기 위해 보유외화를 매각하게 된다. 그 과정에서 의도하지 않게 통화량이 내생적으로 감소하게 되어 최초의 확장적 통화정책은 무력해지게 된다.

정답 ⑤

AK 경제학

1거3득
기출문제집
1292

초판발행	2020년 1월 20일
개정판발행	2021년 4월 15일
지은이	허 역
펴낸이	안종만 · 안상준
펴낸곳	㈜ **박영시**
주 소	서울특별시 금천구 가산디지털2로 53,
	210호(가산동, 한라시그마밸리)
	등록 1959. 3. 11. 제300-1959-1호(倫)
전 화	02-733-6771
팩 스	02-736-4818
e-mail	pys@pybook.co.kr
homepage	www.pybook.co.kr
ISBN	979-11-303-1267-5(13320)
정 가	39,000원